International trade rules

국제무역규칙

강흥중

박영사

머리말

인간은 언제부터 서로 다른 생활양식을 가진 사람들과 거래를 해 왔을까? 그리고 언제부터 서로 다른 문화권 사이에 국제거래를 해 왔을까? 개인이든 국가든 간에 이러한 무역거래가 지금까지 어떻게 이어져 왔으며 앞으로도 계속될 수 있는 것일까?

오늘날 약 200여 개 이상의 국가들이 수백 가지의 언어를 사용해서 약 150만 가지의 상품을 거래하다 보면 매매당사자들 간에 역사, 종교, 풍속 등이 다르기 때문에 무역거래를 하면서 어떤 통일된 규칙 없이는 해석상의 차이가 발생하고, 이에 따라 오해와 마찰을 불러 일으키면서 시간과 비용의 낭비를 초래하게 되었다.

이러한 국제무역거래의 분쟁과 마찰을 제거하고, 분쟁발생시 해결의 기준을 제시함으로써 국제무역의 확대를 도모하기 위한 국제무역규칙이 세계 각국의 공적, 사적 기관에 의해 활발히 제·개정되어 왔으며, 이는 지금도 진행중이다.

이제 21세기 들어 국제무역을 둘러싼 환경은 지금까지 보다 더욱 급속하고, 현저하게 변화하고 있다. 또한 오늘날 세계화 시대가 도래 하면서 서양중심의 상거래 문화가 세계공통의 상거래 문화로 정착했으며 글로벌시장의 표준으로 자리매김 하였다.

나아가 세계무역은 중국, 남미, 러시아 등의 시장확대와 더불어 세계무역기구(WTO)의 본격적인 영향으로, 국가 간의 수출입 경쟁이 자유무역이란 이름하에 더욱 치열해지는 양상을 보이고 있다. 이로 인해 세계 각국은 살아남기 위한 방안으로 WTO를 중심으로 한 다자간 무역체제의 시장개방과 동시에 국가별·지역별로 양자간 자유무역협정(FTA)을 동시다발적으로 추진해가는 실정이며, 무역협상도 과거 관세인하 및 철폐에서 확장된 개념의 서비스, 투자, 지적재산권, 정부조달, 협력 등 여타의 분야로 확대되고 있다.

이를 통해 볼 때 앞으로 더 많은 국가 간에 무한경쟁이 요구될 것이며, 이제 세계시장에서의 생존과 자국의 이익을 위해서는 국제무역거래와 관련한 규칙에 대한 올바른 이해가 필수적 요소라 하겠다.

우리나라 헌법 제5조 ①항은 "이 헌법에 의하여 체결·공포된 조약과 일반적으로 승인된 국제법규는 국내법과 같은 효력을 가진다"라고 표기되어 있다. 따라서 '국내법과 조약'은 당연히 법적 구속력을 가지지만 '일반적으로 승인된 국제법규'에 속하는 협약, 관습, 통일규칙, UN모델법 등의 규범은 구속력을 가진다고 볼 수 없다. 그럼에도 불구하고 실제로 이들 규범은 법적 효력을 가지고 있다.

법의 구속력과 법적효력의 유사점 및 차이점에 대해서는 법철학적 사고와 법이론에 따라 학자마다 견해가 다르겠지만 그 문제는 일단 접어두고 본서에서는 국제적으로 아직까지 통일법이 마련되지 않은 상황에서 국제무역거래의 기준이 되고, 가장 많이 사용되는 6개 분야, 35개의 최신 국제무역 관련규칙(국내법, 조약, 협약, 협정, 관습, 통일규칙, UN모델법, 지침 등)을 제시하였다.

특히 국제무역계약과 관련한 규칙 중 가장 일반적이고, 향후 10년간 사용될 인코텀스 2020을 수록하였다.

이 책은 전체를 2부로 구성하였다. 제1부는 6개 분야의 국제무역규칙에 대한 개요로써 가장 많이 사용되고 있는 국제무역규칙을 중요도의 순서로 살펴보았다. 제2부는 35개 규칙의 영어원문 최신버전과 함께 국문 번역문을 대조할 수 있도록 하였다.

이 책은 무역학을 가르치는 교수, 무역학을 연구하는 학자, 대학 및 대학원에서 무역을 공부하는 학생 그리고 무역관련 자격증을 취득하려는 수험생과 무역의 현장에서 수고하고 있는 직장인이라면 반드시 알아야 할 내용들을 담고 있다.

이 책은 무역환경의 변화가 앞으로도 지속될 것이기에, 보다 다양한 국가와의 국제무역거래에서 필요한 내용을 담고자 하였으며, 현재를 중시하며 앞을 바라보는 마음으로 국제무역에 기여할 수 있는 밑거름이 되길 기대해본다.

이 책에서 부족한 부분은 향후 지속적인 개정을 통해 그 완성도를 높여갈 것을 약속드리며 이 책이 국제무역을 이해하는데 조금이라도 도움이 되기를 기대한다.

이 책의 자료수집을 위해 여러모로 도와준 박사과정의 고승완군에게 고마움을 표시하며, 발간에 힘써 주신 도서출판 박영사의 전 직원들께 감사의 말씀을 전한다.

2020년 1월
윤곡재에서

윤곡 강 흥 중

일러두기

* 본서는 일반적으로 국제법에서 말하는 국제조약집과는 다른 차원이다. 본서는 무역학의 입장에서 국회의 비준을 얻은 국가 간의 조약, 각 국 행정부의 협약 또는 협정은 물론이고, UN에서 결의한 각 국의 국내입법을 권고하는 모델법, 그리고 민간 기구가 주도하는 통일규칙 등을 망라하고 있다.

* 본서는 국제무역 관련규칙을 크게 6가지로 구분하고 중요도 순으로 배열하였다.

* 본서는 제1부의 국제무역규칙 개요와 제2부의 영한 대역으로 구성되었다. 특히 제2부는 독자의 구독성 및 편리성을 고려하여 왼쪽 페이지에는 영문 원본을, 오른쪽 페이지에는 국문 번역문을 수록하였다.

* 영어 원문의 경우 인터넷 공개자료 및 ICC eBook 등의 자료를 구입하여 활용하였다. 국문번역문의 경우에도 일부는 공개된 인터넷 자료를 이용하고 있음을 밝힌다. 영어원문 및 국문번역문은 설명을 덧붙이지 않았고, 추조해설도 하지 않았다. 이는 무역을 연구하려는 독자라면 반드시 원문을 그대로 보아야 하기 때문이다. 개별규칙들에 대해서는 다른 연구자들께서 이미 출간한 좋은 책들이 많이 있으니 독자들께서 취사선택하여 연구하기 바란다.

* 영어원문의 경우 서문 등은 제외하고 가능하면 본문만을 수록하였다(단, Incoterms 2020은 소개문을 함께 싣고 있다). 또한 부칙은 길거나 의미가 없을 경우에는 생략하였다.

* 인코텀스 2020 11개 각 조건의 명칭은 번역하지 않았다. 이는 일반적으로 국제무역거래시 국문 번역문을 사용하지 않기 때문이다. 또한 Incoterms의 각 조건들은 대문자로 표기하였다. 이는 ICC의 규정이며, 11개의 각 조건들은 국제무역의 현장에서 사용하는 고유명사이기 때문이다. 결코 각 조건의 원어명 약어가 아니다. 따라서 다음과 같은 용어의 사용은 오류임을 밝힌다.

  (예를 들어 EXW조건의 경우 : E.X.W., exw, e.x.w.는 잘못된 표기임)

* 인코텀스 2020을 수록하면서, 인코텀스 2010의 그림을 인용하였다. 다만 새로 제정된 DAP조건은 저자가 그림을 새로 작성하여 추가 하였다.

* 다음과 같은 경우 주의를 요한다(ICC와 I.C.C.의 차이점)
  - ICC : International Chamber of Commerce(국제상업회의소)의 약어이기는 하나 일반적으로는 고유명사화 되었음.
  - I.C.C. : Institute Cargo Clause(협회적하약관)는 약어로써 일반명사임.

* 독자의 이해를 돕기 위해 ( )를 이용하여, 한자 또는 영문을 병기하였다.

* 본문의 숫자 기호 등은 최대한 원문을 충실히 반영하였으나 필요한 경우에는 변환하여 수록하였다.

차례

PART 01 국제무역규칙 개요

국제무역규칙 개요

들어가는 말

오늘날 국제무역거래가 빈번해질수록 각 국가의 국내법은 국제무역거래시 많은 불편을 초래하고 심지어는 거래의 성립을 방해하기도 한다. 이러한 문제를 극복하기 위해 다음과 같은 노력이 꾸준히 진행되어 왔으며, 현재에도 진행중이다.

첫째, 국제사법(國際私法)의 원칙에 따라 개별거래의 준거법(準據法)을 정한다.

각국의 국제사법 규정이 다르기 때문에 어느 나라에서 재판이 진행되느냐에 따라 준거법 결정원칙이 달라지는 경우가 많다. 국제무역거래 분쟁시에는 일반적으로 법에 의한 해결 보다는 중재(仲裁)에 의해 해결하려고 한다.

둘째, 일정한 유형의 국제무역거래에 대하여는 각 국의 법을 통일시킨다.

20세기 들어 국제상업회의소(ICC), UN국제무역거래법위원회(UNCITRAL), 사법통일을 위한 국제협회(UNIDROIT) 등의 단체와 정부 간 기구를 중심으로 각국의 법을 통일하려는 노력을 기울이고 있으며, 해상법, 무체재산법, 매매법 분야에서 괄목할 만한 성과가 있었다. 특히 국제무역거래규칙을 통일하기 위해서 국가 간에 조약을 체결하거나 국제기구를 중심으로 통일규칙 또는 표준계약서를 제정하고 있다.

셋째, 권위 있는 국제기구가 모델법을 만들어 각국에 채택을 권고한다.

1980년 제정되어 1988년부터 발효된 국제물품매매계약에 관한 UN협약(UN Convention on Contracts for the International Sale of Goods; CISG, 일명 비엔나협약) 등은 국제 무역거래의 성립과 분쟁해결을 위한 중요한 법원(法源)으로 등장하였다. 이외에도 ICC는 INCOTERMS라는 정형무역거래조건을 제정하였다.

그러나 세계 각국은 아직도 국제무역거래의 많은 부분에서 공통적으로 적용할 수 있는 통일법을 제정하지 못하고 있다. 이는 법이라는 것이 강행규범으로서 강제되어야 하는 속성을 가지고 있기 때문에 세계 어느나라도 국제무역거래에서 야기되는 개인 간의 다툼을 법을 통해 해결하지 않으려고 한다.

물론 개인 간의 국제거래 분쟁을 다루는 국제사법재판소가 있지만 특별한 경우를 제외하고는 국제거래 당사자 간에 거의 이용하지 않고 있다.

따라서 국제무역거래에서 발생하는 여러 가지 문제를 해결하려면 어느 특정국가의 국내법을 인용하는 경우가 발생하는데, 이를 국제무역거래의 준거법이라 한다. 이렇게 어느 특정국가의 국내법이 국제무역거래의 준거법으로 사용되는 경우에 그 법은 더 이상 국내법이 아니다. 그렇다고 국제법도 아니기에 국제무역규칙의 범주에 포함하는 것이 옳다 하겠다.

이들 국제무역규칙에 대한 개요는 다음과 같으며, 반드시 일독하기 바란다.

1) 국제무역계약 관련 규칙

국제무역규칙 중 무역계약과 관련한 규칙으로서 가장 오래된 것은 영국의 국내법인 물품매매법(Sales of Goods Act)이다. 동 법은 1894년에 제정되었으며, 1979년에 개정한 후, 1995년에 다시 개정하여 오늘에 이르고 있다. 법을 전문적으로 연구하는 학자라면 이 법 말고도 민법의 효시라고 볼 수 있는 다른 법들을 연구해야 하겠지만 무역학을 연구하는 사람들이라면 반드시 한 번쯤은 공부해야 하는 법이다.

국제무역계약과 관련하여서 현재 가장 널리 사용되고 있는 규칙은 UN에 의해 제정된 '국제물품매매계약에 관한 협약(UNCISG; 일명 비엔나협약)'이며, 이 외에도 국제법협회(ILA)가 제정한 'CIF계약에 대한 와르쏘-옥스퍼드 규칙', 국제상업회의소(ICC)가 제정한 '무역거래조건에 관한 ICC규칙(일명 Incoterms)' 등이 있다. 특히 Incoterms는 1936년 제정된 이후 8차의 개정을 통하여 2020년 1월 1일부터 새로운 Incoterms 2020을 사용한다.

한편 1996년 UN국제무역거래법위원회(UNCITRAL)는 날로 발전하는 전자상거래와 관련하여 '전자상거래 모델법(Model Law on Electronic Commerce)'을 제정하여 각 국의 국내 입법시 이를 참고하도록 하고 있다.

2) 국제무역운송 관련 규칙

역사적으로 볼 때 국제무역운송의 시작은 해상운송이었다. 국제무역운송 관련 규칙 중 해상운송과 관련하여 가장 대표적인 것은 1924년 국제법협회(ILA)가 제정한 '헤이그규칙(Hague Rules)'이다.

헤이그규칙은 선하증권에 관한 규칙의 통일을 위한 국제협약(International Convention for the Unification of Certain Rules relating to Bills of Lading)이라고도 하며, 이후 1960년대 컨테이너에 의한 해상운송의 출현에 따라 헤이그규칙의 일부내용을 개정하여 1968년에 '헤이그-비스비규칙(Hagure-Visby Rules)'으로 개정하였다. 이후 UN에 의해 1978년에는 '함부르그규칙(Hamburg Rules)'으로 불리는 해상화물운송에 관한 UN협약(United Nations Convention on the Carriage of Goods by Sea)이 제정되었다.

또한 종전의 해상운송 일변도에서 탈피하여 복합운송이 발달함에 따라 UN이 1980년에 제정한 '국제화물복합운송에 관한 UN협약(United Nations Convention on International Multimodal Transport of Goods)'이 있으며, 항공운송의 증대에 따라 국제항공법전문가위원회가 국제항공운송에 관한 통일조약인 '국제항공운송에 관한 일부 규칙의 통일을 위한 협약(Convention for the Unification of Certain Rules Relating to International Transport by Air: 일명 바르샤바조약)'을 제정하였다.

1990년 이후에는 전자거래의 출현에 따라 국제해사위원회(CMI)가 전자적 거래에 대비하고자 해상화물운송장에 관한 통일규칙(Uniform Rules for Sea Waybills)과 '전자식 선하증권에 관한 규칙(Rules for Electronic

Bills of Lading)'을 제정하였다. 이후 1988년에는 UN무역개발위원회(UNCTAD)와 국제상업회의소(ICC)가 함께 '복합운송서류에 관한 UNCTAD/ICC규칙(UNCTAD/ICC Rules for Multimodal Transport Document)'을 제정하였으며, 1992년에 개정한 바 있다.

3) 국제해상보험 관련 규칙

생명보험을 비롯하여 오늘날의 모든 보험의 원류는 해상보험이다. 국제해상보험 관련 규칙으로서 최초의 법규는 영국이 1906년에 국내법으로 제정한 '해상보험법(Marine Insurance Act:MIA)'이다. 이보다 앞선 1877년에는 국제법협회(ILA)가 공동해손(general average)을 구성하는 손해 및 비용에 관한 국제통일규칙으로 공동해손에 관한 '요크-앤트워프규칙(YAR : York and Antwerp Rules)'을 제정한 바 있다. YAR은 그 후 수차의 개정을 거쳐 1994년 국제해사위원회(CMI)가 새로운 공동해손규칙을 제정하였으며, 최근에는 2016년 개정하였다. 이 외에도 런던보험자협회(ILU)가 '협회적화약관(Institute Cargo Clause)'과 '협회기간약관(Institute Time Clauses-Hulls)'을 제정하였다. 특히 적화보험과 관련하여 ILU는 1982년 신협회약관(I.C.C. A Clause, I.C.C. B Clause, I.C.C. C Clause)으로 개정하였다.

4) 국제무역대금결제 관련 규칙

국제무역대금결제와 관련한 최초의 규칙은 영국의 국내법인 '환어음법(Bills of Exchange Act)'으로 1882년에 제정되었다. 국제무역거래의 대금결제는 주로 추심에 의해 이루어진다. 추심결제방식은 어음을 전제로 하며, 특히 국제무역거래에는 환어음이 주로 사용되는바, 추심방식 이용에 따른 혼란을 방지하고 각국의 상이한 해석으로 인한 불확실성을 제거함으로써 무역을 활성화하는 것을 목적으로 국제상업회의소(ICC)가 '상업어음에 관한 통일규칙(Uniform Rules for the Collection of Commercial Paper: URC)'을 제정하였다. URC는 최근인 1996년 개정하여 시행하고 있다.

한편 국제무역대금결제가 신용장에 의해 이루어지는 경우와 관련해서 가장 널리 사용하는 규칙으로는 1933년 국제상업회의소(ICC)가 제정한 '화환신용장통일규칙 및 관례(Uniform Customs and Practice for Documentary Credits: UCP)'이다. UCP는 이후 수차의 개정을 거쳐 현재는 2006년 개정한 UCP 600을 사용하고 있다. 사실 신용장거래의 준거법으로서 최초의 규칙은 미국의 국내법이자 성문법인 '미국 통일상법전 제5편 신용장(Uniform Commercial Code-Article 5 Letters of Credit)'이다.

미국의 상법은 각 주(州)마다 다른데, 이를 통일한 법전이 통일상법전(Uniform Commercial Code)이다. 이를 줄여서 UCC라고 하며, 연방통일상법전이라고도 한다. 미국은 1890년부터 주마다 서로 상법이 달라 초래되는 혼란을 없애기 위해 논의해오다가 1942년에 통일상법전을 입안하였으며, 1952년 미국법률협회와 통일주법전국위원회에서 공포하였다. 이후 여러 번의 개정을 거쳐 1978년에 완성되었으며, 몇 차례 개정되어 오늘에 이르고 있다. 현재 루이지애나주를 제외한 각 주가 국내상거래(이를 Inter-Trade라고 함)의 기본규칙으로 삼고 있다.

한편 신용장에 의한 무역대금 결제가 전자적 방식으로 처리되고 있음을 반영하여 이를 위한 국제적 통일규칙의 필요성에 따라 국제상업회의소(ICC)가 2001년 eUCP 즉, '전자적 제시를 위한 화환신용장통일규칙 및 관행의 보칙 1.0(Supplement to the Uniform and Practice for Documentary Credits for Electronic Presentation-Version 1.0)'을 제정하였으며, 제1차 개정으로 eUCP 1.1버전을 2007년 7월부터 시행하여 오다가, 2019년에 eUCP Version 2.0으로 개정하였다. eUCP는 신용장거래에 있어서 국제무역대금결제가 전자적 기록에 의해 독립적으로 행하여지거나 또는 종이서류와 함께 이루어지는 경우를 수용하기 위하여 UCP 600을 보충하는 보칙으로서의 국제무역규칙이다.

그런데 국제무역대금의 결제는 최종적으로 은행 간에 이루어지는 것이 일반적이다. 이를 위한 국제무역대금결제규칙으로는 '국제표준은행관습'과 '보증신용장에 관한 UN협약', 그리고 '국제환어음과 약속어음에 관한 UN협약' 등이 있다. ICC의 국제표준은행관습(일명 ISBP)은 2002년 제정(ISBP 645)하였으며, ISBP 681로 개정하였다가 이후 2013년 개정(ISBP 745)하여 오늘에 이르고 있다.

최근에는 추심결제방식의 전자거래를 위한 국제적 통일규칙의 필요성에 따라 국제상업회의소(ICC)가 2019년에 eURC Version 1.0을 제정하였다.

5) 국제관세 관련 규칙

국제무역계약과 관련한 규칙 중 가장 중요한 인코텀스는 10년을 주기로 하여 2020년까지 8번에 걸쳐 개정되었다. 그런데 2000년 이후 개정된 3차례의 인코텀스는 관세와 관련한 내용을 포함하고 있다. 이는 21세기 들어 WTO의 무역원활화협정 등 관세가 무역에 미치는 영향을 반영한 것으로 풀이된다. 관세와 관련한 국제무역규칙은 약 30여 개에 달하고 있다. 그 중에서 중요한 것으로는 HS협정과 AEO제도가 있다.

HS협정은 세계적으로 통일된 무역상품의 품목분류방식으로 국제관세협력이사회(CCC)가 1973년 신상품 분류개발을 결의한 후 1983년 6월 통일시스템에 관한 국제조약을 채택한 후, HS체계를 완성하여 1988년부터 실시하고 있다.

HS 품목분류방식은 각국의 상품분류가 관세부과나 무역통계 및 보험·운송 등 사용목적에 따라 그 내용이 다르기 때문에 무역상품의 이동에 따라 일일이 상품분류를 변경 적용해야 하는 불편함을 해소하기 위해 이를 통일시켜 무역거래의 시간 및 경비부담을 줄이기 위한 것이다.

이 제도는 국제통일상품분류제도(harmonized commodity description and coding system: HCDCS)의 약칭으로 기존의 SITC(UN상품분류), CCCN, TSUSA(미국 관세율표) 등의 품목분류방식을 국제적으로 통일하기 위해서였다. 종래의 CCCN이 순수하게 관세부과 목적임에 반해 HS는 관세·무역·통계·운송·보험 등 무역의 전 분야에 사용될 수 있도록 CCCN을 보완한 다국적 상품분류를 말한다.

한편 AEO(Authorized Economic Operator)는 2001년 발생한 9·11 테러 이후 미국세관에서 안전을 강조하면서 통관이 지연되자 WCO(International World Customs:세계관세기구)에서 2005년 관련 규정을 강화하고 국제무역거래의 원활화를 위해 도입하였다.

AEO는 수출기업이 일정 수준 이상의 기준을 충족하면 세관에서의 통관절차 등을 간소화시켜주는 제도이다. AEO 적용대상에는 제조자, 수입자, 관세사, 운송인, 중계인, 항구 및 공항, 배송업자 등이 모두 포함된다.

이 제도는 2007년부터 시행 되고 있으며, WCO 전체 154개 회원국이 의무적으로 도입했다. 우리나라도 2008년 관세법 개정 등을 통해 이미 도입한 상태이며, 현재 '종합인증 우수업체제도'라는 명칭으로 시행되고 있다.

AEO는 여타의 국제무역규칙과는 달리 별도의 "AEO 협정"이 존재하지 않는다. 그러나 AEO를 국제협정과 유사하게 볼 수 있는 이유는 WTO의 무역원활화협정(제7조)에 AEO 조문이 포함되어 있기 때문이다.

무역원활화협정의 효과적 이행을 위해 세계관세기구(WCO)는 'SAFE Framework'이라는 지침을 만들어서 회원국들에게 배포하고 있다. SAFE Framework는 2005년 제정되었으며 최근 2018년에 개정하였다.

SAFE Framework은 AEO의 기준, 세관의 심사 등과 관련한 내용을 담은 가이드라인이며, 마치 UN이 모델법을 만들어 각 국에 권고하는 것과 같이 WCO가 무역원활화라는 WTO의 세계공통 이슈에 대해 권고하는 수준이라고 보면 적절할 것이다. 구체적인 부분은 모든 국가들이 동 지침을 참고로 하여 세부기준을 만들어 사용하고 있다.

다만 WCO는 각 국이 정보통신망을 사용하지 않으면 WTO의 무역원활화협정 제7조의 내용을 수행하기가 실질적으로 어려울 것으로 판단하고 있으며, 개정 교토협약 ICT 가이드라인의 6.4부를 참조하고, 정보를 수집할 때에는 SAFE 표준 프레임워크와 WCO Data Model을 사용하도록 권장하고 있다.

6) 국제무역분쟁 관련 규칙

무역분쟁과 관련하여 볼 때 국가 간의 분쟁해결은 WTO에서 다루고 있으며, 개인 간 또는 기업 간의 무역분쟁 해결은 국제사법재판을 통해 해결한다. 그러나 일반적으로 개인 간 또는 기업 간의 무역분쟁 해결은 중재제도가 이용되고 있다.

이러한 중재제도의 이용을 촉진하고, 통일된 상사중재제도 제정의 필요성에 따라 1958년 유엔경제사회이사회(United Nations Economic and Social Council)와 국제상업회의소(ICC)는 '외국중재판정의 승인과 집행에 관한 UN협약(United Nations Convention on the Recognition and Enforcement of Foreign Arbitral Awards:일명 뉴욕협약)'을 제정하였다.

이후 UN국제무역거래법위원회(UNCITRAL)는 각국 중재법의 표준이 되는 모델법(Model Law on International Commercial Arbitration)을 제정하였으며, 1985년에는 '표준국제상사중재법'을 제정하였고, 2006년 개정하였다.

이에 앞서 국제상업회의소(ICC)는 1923년에 산하기관으로 중재재판소를 설치하고, 1975년에는 국제상사분쟁의 우호적인 조정과 중재에 적용할 '국제상업회의소의 임의적 조정규칙(ICC Rules of Optional Conciliation)' 및 '국제상업회의소의 중재규칙(ICC Arbitration Rules)'을 제정하였다. 그 후 1986년 조정규칙을 전면적으로 개정·시행하였으며, 2017년 재개정하여 오늘에 이르고 있다.

* 위 6개 국제무역규칙에 대한 일람표는 다음과 같다.

〈국제무역규칙 일람표〉

구 분	국제무역규칙의 명칭	제정 및 개정연도	제정기관
국제무역계약 관련 규칙	인코텀스	2020	국제상업회의소(ICC)
	비엔나협약	1980	UN국제무역거래법위원회(UNCITRAL)
	국제상거래계약의 원칙	2016	사법통일을위한국제협회(UNIDROIT)
	물품매매법	1995	영국상원(House of Lords)
	미국무역정의	1990	전미국무역회의 (National Foreign Trade Convention)
	와르쏘-옥스퍼드 규칙	1932	국제법협회(ILA)
	전자상거래모델법	1996	UN국제무역거래법위원회(UNCITRAL)
국제무역운송 관련 규칙	헤이그 규칙	1924	국제법협회(ILA), 국제해사위원회(CMI)
	함부르크 규칙	1978	UN국제무역거래법위원회(UNCITRAL)
	바르샤바 협약	1929	국제항공운송협회(IATA)
	헤이그 의정서	1955	항공법회의(ICAO)
	몬트리올협약	1999	항공법회의(ICAO)
	복합운송에 관한 UN협약	1980	UN무역개발위원회(UNCTAD)
	복합운송서류에 관한 UN/ICC규칙	1992	UN무역개발위원회(UNCTAD), 국제상업회의소(ICC)
	CMI규칙	1990	국제해사위원회(CMI)
국제해상보험 관련 규칙	해상보험법	1906	영국상원(House of Lords)
	협회적화약관	2009	영국런던보험자협회(ILU)
	협회기간약관(선박)	1995	영국런던보험자협회(ILU)
	요오크-앤트워프 규칙	1994	국제해사위원회(CMI)
국제무역대금결제 관련 규칙	신용장통일규칙(UCP)	2007	국제상업회의소(ICC)
	전자신용장규칙(eUCP)	2019	국제상업회의소(ICC)
	국제표준은행관습(ISBP)	2013	국제상업회의소(ICC)
	보증신용장에 관한 UN협약	1995	UN무역개발위원회(UNCTAD)
	미국통일상법전 5편	1995	미국상원(United States Senate)
	추심에 관한 규칙(URC)	1995	국제상업회의소(ICC)
	전자추심에 관한 규칙(eURC)	2019	국제상업회의소(ICC)
	은행간 신용장대금상환에 관한 규칙	2008	국제상업회의소(ICC)
	환어음법	1882	영국상원(House of Lords)
	환어음과 약속어음에 관한 UN협약	1988	UN국제무역거래법위원회(UNCITRAL)
국제관세 관련 규칙	HS협약	1988	국제관세기구(WCO)
	AEO SAFE Framework	2005	국제관세기구(WCO)
국제무역분쟁 관련 규칙	뉴욕협약	1958	UN경제사회이사회(UNESC), 국제상업회의소(ICC)
	상사중재에 관한 UN모델법	2006	UN국제무역거래법위원회(UNCITRAL)
	UN상사중재규칙	2013	UN국제무역거래법위원회(UNCITRAL)
	중재에 관한 ICC규칙	2017	국제상업회의소(ICC)

주: 위 규칙들은 최신 개정규칙임

01

국제무역계약 관련 규칙

동일한 법과 관습, 언어가 사용되는 국내거래에 있어서도 끊임없이 분쟁이 발생하고 있는 것을 감안한다면 국제무역계약을 체결한다는 것이 쉬운 일이 아니다. 여기에서는 국제무역계약의 체결 및 순조로운 계약 이행을 위해 반드시 알아야 할 7개의 규칙을 다루고자 한다.

1-1 인코텀스, 2020

국제무역거래에서 가장 중요한 문제는 매도인과 매수인 간의 물품운송의 위험과 비용부담에 대한 책임 한계를 정하는 것이다.

그러나 세계 각국이 무역거래에서 사용하고 있는 무역거래조건은 그 해석이나 적용이 다양하여 무역업자간에 오해나 분쟁을 일으키고, 결국에는 소송으로 번지는 경우가 많기 때문에 국제무역의 확대 및 발전에 많은 혼란과 지장을 초래하게 되어 이를 사전에 예방하여 국제무역의 확대와 발전을 도모하고자 1920년 국제상업회의소(ICC)가 설립되었다.

ICC는 첫 사업으로 국제무역거래에서 빈번하게 사용되는 정형무역거래조건들을 국제적으로 통일시키는 작업을 시작하였으며, 그 노력의 결과 1936년 "정형무역거래조건의 해석에 관한 국제규칙"을 제정하였다. 이 규칙을 인코텀스라 부르고 있다.

International Commercial Terms는 Incoterms, 정형거래조건 통일규칙, 정형거래조건의 해석에 관한 국제적 통일규칙, 국내·국제거래조건의 사용에 관한 규칙(rules for the use of domestic and international trade terms) 등으로 불리고 있으며, 국제물품매매협약(CISG)과 함께 2대 매매규범으로 무역거래에서 널리 사용되고 있다. 또한, 매도인의 물품인도 의무와 그 인접의무에 관하여 상세히 규정하고 있다.

인코텀스는 변화하는 국제무역환경에 맞춰 10년 주기로 개정하기로 약속하고 1953년, 1967년, 1976년, 1980년, 1990년, 2000년, 2010년 그리고 최근인 2020년에 개정되어 오늘에 이르고 있다.

Incoterms는 당사자들이 Incoterms를 표준거래약관으로 적용하기로 약속한 경우에만 표준거래약관으로서 적용한다. 이와 같이 묵시적으로 Incoterms의 자치규범성을 인정하고 있다. 그러나 실제에 있어서는 거의 모든 경우의 국제무역거래에 있어 적용근거로 작용하고 있으며, 우리나라의 대법원도 동일한 입장이다.

즉 당사자들이 Incoterms를 관행으로서 적용하기로 의도한 경우에는 국제거래관행으로서 적용된다.

이는 Incoterms가 ① 국제거래에서 ② 당해 거래와 동종의 계약을 하는 자에게 널리 알려져 있고 ③ 통상적으로 준수되고 있는 관행으로서 ④ 계약의 당사자들이 계약체결 시에 알았거나 알았어야 하는 관행으로 적용 가능하기 때문이다.

특히 실무적용시 Incoterms는 CISG보다 우선하므로 Incoterms와 CISG의 규정이 상충하는 경우에는 Incoterms에 따른다. 다만 CISG에 규정되지 않은 사항의 경우에는 Incoterms가 단독으로 계약의 공백을 갈음하게 된다. 특히 매도인의 물품인도 장소, 위험이전 시기, 물품인도에 관한 통지, 운송계약의 체결, 부보 및 부보를 위한 정보제공, 수출입통관 등에 있어서 Incoterms지위는 거의 독보적이라 할 것이다.

Incoterms 2020은 다음의 경우 기존의 Incoterms 2010 분류기준을 유지하고 있다.

- Rules for Any Mode or Mods of Transport(모든 운송방식에 적용되는 규칙)

  복합운송 규칙 : EXW, FCA, CPT, CIP, DAP, DPU, DDP

- Rules for Sea and Inland Waterway Transport(해상운송과 내수로 운송에 적용되는 규칙)

  해상운송(전용) 규칙 : FAS, FOB, CFR, CIF

Incoterms 2020은 다음과 같이 기존의 Incoterms2010의 분류기준을 변경하였다.

즉 FCA/CPT/CIP 등을 전면 배치함으로써 컨테이너 화물 운송시 FOB/CFR/CIF가 오용되는 문제를 해결하였다. 예를 들면, 매매물품이 컨테이너로 운송됨에도 FCA가 아닌 FOB를 사용하는 경우에 ① 위험부담과 ② 적하보험과 관련하여 문제가 발생할 수 있다. 즉 "FOB airport, FOB warehouse"의 경우, 매수인은 어떤 종류의 운송계약을 체결하여야 하는지, 자신의 운송인의 물품수령 장소를 어디로 하여야 하는지(이는 매수인의 운송계약의 내용임)에 관하여 논란이 발생할 수 있다. 따라서 매수인이 자국의 내륙에서 물품을 수령하고자 하면서도, CIF계약을 체결하면서 특정 항구를 목적지로 지정하는 경우, 매도인은 운송계약의 목적지를 어디로 하여야 하는지, 보험구간은 어디까지로 하여야 하는지 논란이 발생할 수 있다.

최근에 개정한 INCOTERMS 2020은 전 세계적으로 2020년 1월 1일부터 사용한다.

1-2 비엔나협약, 1980

비엔나 협약의 공식명칭은 "국제물품매매계약에 관한 유엔 협약"이다. 이는 유엔국제무역거래법위원회(UNCITRAL: United Nations Convention on International Trade Law)에서 제안되었고, 1980년 3월 비엔나에서 개최된 유엔 외교회의에서 만장일치로 통과된 후 1988년 1월 1일부터 발효되었다. 일명 비엔나 협약, CISG, UNCCISG로도 불리고 있다.

이 협약은 기본적으로 국제물품매매계약에 관하여 국제적으로 통일된 관습을 성문화함으로써 무역거래의 법률적인 장벽을 제거하는 데 공헌하였으며, 국제무역의 발전을 증진시키기 위한 협약이다. 본 협약은 미국통일상법전의 영향을 받은 것으로 알려져 있으며 우리나라에서는 2005년 3월 1일 발효되었다.

비엔나 협약은 종전의 헤이그협약에 비하여 매우 합리적인 내용을 담고 있다. 또한 여러 거래 당사국의 환경을 고려하여 서방국가뿐만 아니라 사회주의 국가 및 제3세계 국가의 다양한 의견을 수렴함으로써 더욱 조화롭고 실용적이며 유연성을 가지고 있다.

비엔나 협약의 주요 특징은, 제1조 1항에서 규정하고 있는 것과 같이 동 협약은 당사자의 영업소가 모두 체약국내에 있거나 국내사법의 규칙에 따라 어느 체약국의 법률이 적용되는 국제매매에만 이를 적용하도록 하고 있다. 또한 비엔나 협약은 계약 위반의 유형을 세분화하지 않고 단순히 매도인에 의한 위반과 매수인에 의한 위반으로만 구분하고 이에 따른 상대방의 구제방법을 규정하고 있다. 마지막으로 동 협약을 해석함에 있어서 헤이그협약과는 달리 국제무역거래시의 '신의성실의 준수'에 대한 고려를 할 것을 추가로 명시하고 있다.

동 협약의 주요내용은 매매계약의 성립 및 당사자의 의무, 당사자의 의무위반에 대한 구제조치, 위험부담의 이전에 관한 규정을 두고 있다. 그러나 비용부담의 이전에 관한 규정은 두고 있지 않다.

비엔나협약은 체결국에 판매자와 구매자가 있거나, 섭외사법으로 비엔나협약을 적용하도록 하는 경우에만 적용된다. 따라서 우리나라와 다른 체결국간의 거래나, 우리나라의 법원에서 분쟁을 처리하는 경우 이 협약이 적용될 수 있다.

이 협약은 우리나라의 주요 무역상대국인 미국, 중국, 독일, 프랑스, 캐나다 등 전 세계 63개국이 가입한 국제물품매매에 관한 통일법으로써 국제물품매매에 적용될 준거법이 명확해졌다.

1-3 국제상거래계약의 원칙, 2016

국제무역거래는 서로 상이한 법률체계를 가지고 있는 국가 간의 거래이다. 따라서 문제가 발생하는 경우 어느 나라의 법을 따라 그 문제를 해결해야 하는가의 문제가 발생한다. 이때 특정국가의 국내법이 국제거래의 준거법이 되는 경우 국제성 결함으로 인하여 많은 문제가 발생하게 된다. 이러한 문제점을 해결하기 위한 방법으로 국제거래의 준거법을 법률적 지위가 없는 일반 규칙으로 제정하고, 당사자 사이에 채택함으로써 당해거래의 준거규범의 지위를 부여하는 방안이 모색되었다. 그 결과 나타난 것이 바로 이 UNIDROIT(International Institute for the Unification of Private Law; 사법통일국제연구소)의 국제상거래계약원칙이다.

UNIDROIT는 국가 간 사법을 조화·조정할 수 있는 방법을 찾아 실체법을 통일하는 정부 간 국제기구이다. 1926년 국제연맹의 보조기구로 시작해서 1940년 UNIDROIT 규정에 근거해 국제기구로 발족했다. 회원국은 현재 63개국이며, 주요 활동은 상법 분야이며 현재 11건의 국제협약과 2개의 모델법(영업특허 정보공개 모델법, 리스 모델법)을 채택하고 있다. 국제상사계약 원칙, 국제 본점 영업특허 약정 지침, 국경을 초월한 민사소송 원칙 등도 제정해 국가 간 법률충돌을 줄이고 있다.

UNIDROIT의 국제상거래계약 원칙은 국제거래에 가장 적합한 준칙들을 제시하고 있지만 다른 국제협약들처럼 각국의 계약법의 내용을 취합하는 타협적인 결과물이 아니며, 국제상거래에 적용하기에 적합한 보편적인 계약의 원칙을 제시하는 데 그 목적이 있다. 따라서 이 원칙은 중재법정에서 분쟁해결기준으로 이용하는 데 유용한 자료가 되고 있다.

이 원칙에서는 국내법 또는 통일사법의 결함을 보완하는 광범위한 관습과 당사자의 진정한 의사를 존중하는 조항을 반영함으로써 계약의 해석을 위한 실체성을 확보하고 있다.

이 원칙의 가장 큰 특징은 CISG(비엔나협약)와 같은 협약이 아니기 때문에 각 국에서 비준절차를 거쳐 국내입법을 할 필요가 없다는 것이다. 따라서 이 원칙은 일체의 구속력을 갖지 않으며, 오로지 설득력에 의해서만 실무상 적용이 가능하다.

UNIDROIT는 1994년에 국제상거래계약의 원칙(Principles of International Commercial Contracts)을 제정하였고, 2004년과 2010년 개정을 거쳐 최근에는 2016년 개정하였다.

2016년 개정된 UNIDROIT의 국제상거래계약원칙은 전문과 총 11장 211개 조문, 유권해석과 사례로 구성되어 있다. 이 개정의 주된 목적은 장기계약상의 특별한 필요를 더 잘 파악하고 고려하기 위함이다. 이를 위하여 최소한으로만 개정되었다. 개정내용은 단지 여섯 조문 즉 전문, 제1.11조, 제2.1.14조, 제5.1.7조, 제5.1.8조, 제7.3.7조만 변경되었으며, 대부분의 개정은 주석에서 이루어졌다.

본 원칙은 다음과 같은 점에서 그 중요성을 가진다.

첫째, 국내외 입법자가 일반계약법의 분야에서 또는 특정의 거래영역에서 새로운 입법을 준비할 때 UNIDROIT원칙에서 아이디어를 얻을 수 있다.

둘째, 이 원칙은 각국의 법원이나 민간의 중재인으로 하여금 기존의 국제규칙을 해석하고 보완하는 데 유용한 기준을 제공한다.

셋째, 협약이 아니기 때문에 일체의 구속력을 갖지 않는다. 그러므로 서로 다른 법체계를 가지고 있는 계약당사자가 이를 지침서로 활용하기가 용이하다.

넷째, 법은 아니지만 일반원칙으로서의 사명을 가지고 있다. 이에 따라 공정한 국제무역규칙의 역할을 담당하고 있다.

다섯째, 각 국의 법원이나 중재인이 선호하는 국제무역규칙이다.

1-4 물품매매법, 1995

국제무역거래에서 국제물품매매계약에 적용되는 통일적인 성문법은 없으나 날로 증가하는 국가간의 교역증대로 인하여 국제거래가 원만히 해결되기 위해서는 국제물품매매계약에 적용되는 법원칙이 필요하다.

오늘날 국제거래를 주도하고 있는 국가들은 미국, 영국 등 영미법계 국가들이며, 그러한 국가들의 정형화된 계약서 양식이 국제물품매매계약의 배경을 이루는 원칙들은 대개 영미법상의 원칙에서 유래된 것이다. 특히 영국의 물품매매법은 국제물품매매계약을 연구하는데 근원이 되는 법으로 **국제물품매매계약을 전반적으로 이해하는 데 있어서 영국물품매매법의 이해는 필수적이다.**

영국의 물품매매법은 영국과 스코틀랜드에서의 수출무역에 관련되는 법률제정을 목적으로 영국 하원의 원이었던 M. Chalmers경이 1603년 이후의 판례를 기초로 1888년 초안으로 발의하여, Herschellrud에 의하여 1889년과 1891년에 귀족원의 특별위원회(Select Committee)에 상정되고 1892년에는 그 적용범위를 잉글랜드, 웨일즈 및 아일랜드뿐만 아니라 스코틀랜드에도 확대하도록 한 최종법안을 확정하여 1893년에 "물품매매에 관한 법규를 규정한 법"으로 귀족원을 통과함으로써 제정되었고, 1894년 1월 1일부터 시행하였다. 그 후 1908년, 1967년, 1973년, 1977년, 1979년에 일부 개정되고, 1979년 12월 6일에 귀족원의 동의를 얻어 전면적으로 개정된 후 1980년 1월 1일부터 발효되었고, 이후 1979년 1차 개정, 1995년 2차 개정을 거쳐 오늘에 이르고 있다. 일반적으로 단순히 영국물품매매법이라 하면 1995년에 개정된 영국물품매매법을 의미한다.

본 법은 제1장 본법의 적용, 제2장 계약의 성립, 제3장 계약의 효력, 제4장 계약의 이행, 제5장 지급받지 못한 매도인의 물품에 대한 권리, 제6장 계약위반에 대한 소송, 제7장 보칙으로 총 7개의 장, 64개조로 구성되어 있다.

영국의 물품매매법은 국제물품매매계약을 연구하는 데 근원이 되는 법으로 특히 소유권의 이전, 처분권의 유보, 물품의 인도, 매도인의 유치권(lien), 운송정지권(Stopage in transit) 및 매도인과 매수인의 구제 등 무역계약과 관련하여 이론적인 바탕을 제공하고 있다.

1-5 미국무역정의, 1990

미국무역정의란 미국이 다른 나라와의 국제거래 또는 주와 주 간의 국내거래에서 사용할 수 있도록 한 무역거래조건을 말한다. 1919년에 처음 제정되어 1941년과 1990년에 개정되었다. 이 무역정의의 특징은 무역거래조건 중 FOB조건에 대한 해석규정이다. 미국에서 FOB만을 별도로 규정하고 있는 이유는 전통적인 FOB 조건은 영국을 중심으로 해상매매를 위하여 이용되었으나 운송수단이 다양한 미국에는 적절하지 않았다.

대륙 국가인 미국의 경우 운송수단이 선박뿐만 아니라 철도화차, 부선, 화물자동차 등이 존재하며 FOB 조건의 위험과 비용의 분기점이 전통적인 FOB 조건과는 다르다. 따라서 미국상인과의 무역거래에서 FOB 조건의 해석에 관한 분쟁이 종종 발생하였다. 이에 1919년 전미국무역협회(National Foreign Trade Council)가 개최되었고, 이 회의에서 '수출가격조건의 정의(Definition of Export Quotations)'가 채택되었다. 즉, 미국무역 정의란 미국의 지리적 특수성에 따라 다양하게 발생되는 무역거래조건에 대한 해석을 통일한 것을 말한다.

1919년 최초의 정의에서는 ① FOB ② FAS ③ CIF ④ C&F의 4가지 표준 가격조건을 채택하였고, 특히 FOB조건을 7가지로 세분화하여 표준해석을 하였다. 이 정의는 향후 Ex(point of origin)와 Ex Deck의 2종을 추가하여 6종으로 늘어났으나, 1941년 개정무역정의가 공표된 이후 무역관행의 변화에 부응하고 ICC의 Incoterms를 참조하여 1990년 제2차 개정이 있었다. 이 개정에서는 6가지의 조건을 규정하고 특히 FOB는 미국적인 특성을 감안하여 그 적용 유형을 인도장소를 기준하여 다음과 같이 6가지로 세분하였다.

(1) EXW(Ex Works named place) 지정장소 공장인도

(2) FOB

　① FOB (named inland carrier at named inland point of departure) :
　　지정국내 출발지에서 지정국내 운송인에게 인도

　② FOB (named inland carrier at named inland point of departure) :
　　지정국내 출발지에서 지정국내 운송인에게 인도(단 지정수출지까지의 운임지급)

　③ FOB (named inland carrier at named inland point of departure) :
　　지정국내 출발지에서 지정국내 운송인에의 인도(단 지정지점까지의 운임공제)

　④ FOB(named inland carrier at named point of exportation) :
　　지정국내 수출지에서 지정국내 운송인에게 인도

　⑤ FOB Vessel (named port of shipment) : 지정선적항에서 본선에 인도

　⑥ FOB (named inland point of in the country of importation) : 수입국 지정 내륙 지점까지의 반입 후 인도

(3) FAS ① FAS Vessel(named port shipment) 지정선적항 선측에서 인도

(4) CFR ① CFR(named point of destination) 지정목적지까지의 운임포함 인도

(5) CIF ① CIF(named point of destination) 지정목적지까지의 운임 · 보험료포함 인도

(6) DEQ Delivered ① Ex Quay(Duty paid) 관세지급 부두에서 인도

1-6 와르쏘-옥스퍼드 규칙, 1932

국제무역계약이 해상운송을 전제로 하여 이루어지는 여러 가지 조건들 중 CIF라는 조건이 있다. 오늘날에도 가장 많이 사용되고 있는 국제무역거래조건인데 그 해석을 둘러싸고 이견이 생기는 경우가 많다. 이에 국제공법과 국제사법의 연구·해명·진흥·법률·충돌의 해결에 관한 제안과 법률의 통일화 및 국제이해와 친선 촉진 사업 활동을 주요 목적으로 하고 있는 국제법협회(ILA:International Law Association)가 해상무역에 있어서 매매관습의 국제적 통일을 위한 규칙을 제정하기로 결의한 것은 1926년 개최된 동 협회의 비인(Wein)회의였다. 이 회의의 결과에 따라 CIF계약에 관한 통일 규칙을 기초할 위원이 선임되었으며 초안이 1928년 와르소(Warsaw)회의에 상정되어 '1928년 와르소 규칙(Warsaw Rules 1928)'으로 채택되었다.

국제상업회의소와 무역거래조건위원회는 와르소 규칙에 관심을 표하고 특히 미국과 독일로부터 수정안이 제출되고 1930년에 개최된 국제법협회의 뉴욕회의에서 이 규칙을 개정하기로 결정하였다. 특히 국제상업회의소의 지원 아래 1931년 10월 와르소 규칙의 개정초안이 작성되었으며, 1932년에는 Oxford에서 개최된 국제법협회의에서 개정되어 이를 'Warsaw Oxford Rules for CIF Contract, 1932(1932년 와르소-옥스퍼드 규칙)'이라고 한다.

이 규칙은 서문과 매도인 및 매수인의 권리·의무를 ① 규칙의 개요 ② 선적에 관한 매도인의 의무 ③ 선적시기 및 선적일의 증명 ④ 면책 ⑤ 위험 ⑥ 소유권 ⑦ 선화증권에 관한 매도인의 의무 ⑧ 특정선박-선박의 종류 ⑨ 도착지 지급 운임 ⑩ 수입세 및 기타의 비용 ⑪ 물품의 상태에 관한 매도인의 의무 ⑫ 보험에 관한 매도인의 의무 ⑬ 선적통지 ⑭ 수입·수출허가서·원산지 증명서 기타 ⑮ 품질증명서 기타 ⑯ 서류의 제공 ⑰ 선적후의 멸실 또는 손상 ⑱ 대금지급에 관한 매수인의 의무 ⑲ 물품검사에 관한 매수인의 권리 ⑳ 매매계약에 관한 권리와 구제 ㉑ 통지와 같이 총 21개조로 구성되어있다.

동 규칙은 CIF계약에 있어서 매도인과 매수인의 의무, 화물의 위험 및 소유권의 이전시기 등에 관한 규정이 있으며, 매도인(수출자)과 매수인(수입자)를 위하여 부보해야 할 해상보험의 담보조건 등에 대한 규정을 포함하고 있다. 이는 영국의 CIF 관습과 이에 관한 판례를 토대로 작성되었다.

이 와르소-옥스퍼드 규칙은 CIF계약을 체결하고자 하는 당사자에게 임의로 채택할 수 있는 통일적 해석기준을 제공하는 것을 그 목적으로 하고 있기 때문에 개개의 매매계약서 중에 본 규칙에 의한다는 뜻을 명시하지 않으면 당사자를 구속하지 못한다.

동 규칙은 CIF계약의 해석에 관하여 분쟁이 생기는 경우에 Incoterms 및 미국무역정의 등과 함께 유익한 분쟁해결의 기준이 되기도 한다.

1-7 전자상거래 모델법, 1996

과학의 발전과 전자·통신기술의 획기적 변화는 1990년대 이후 국제무역거래에도 큰 영향을 끼쳤다. 즉 과거의 무역거래가 종이문서 위주의 거래였다면, 현재의 무역거래는 전자문서라는 형태로 변모하고 있다.

이러한 국제무역거래의 변화에 부응하고자 하는 노력이 UN에 의해 시도되었다.

전자상거래 모델법은 유엔국제무역거래법위원회에서 제정했다. 이것은 모든 국가들이 서류에 기초한 통신문 형식의 정보 자료를 보관하는 대신, 대체 수단으로서 전자상거래에 관한 제도적 장애를 제거해 전자 문서 사용을 규율하는 입법을 추진하는 데 도움을 줄 목적으로 제정되었다.

전자상거래모델법의 특징은 소프트 법(Soft Law)의 형식을 취하고 있다. 이는 여러 나라가 체약국으로서 참가하는 조약법이 아니라 각국이 전자상거래법을 제정할 때 참고할 수 있는 규정 형식인 모델법을 취하고 있다. 따라서 그 자체로 구속력을 갖는 것이 아니고, 각국에서 국내 입법화하도록 표준안을 제시한 것이다.

또한 모델법의 적용 범위를 국제거래에 한정시키고 있지는 않다. 전자상거래는 전통적인 의미의 국경을 넘어 이루어지는 것이 통상관례이므로, 국제 거래에 한해 이를 적용한다는 것은 오히려 전자상거래의 법적인 장애 요인이 되는 결과를 가져오기 때문이다. 그 대신 각국은 국제 거래에 대한 적용을 한정할 수 있는 규정을 둘 수 있다.

이 모델법은 기본적으로는 전자상거래를 대상으로 하고 있지만, 그 개념을 직접 규정하고 있지는 않다. 물론 표준화된 형식으로 컴퓨터에서 컴퓨터로 데이터를 전송하는 EDI도 대상에 포함하고 있다. 하지만, 그에 국한하지 않고 전자 메일을 통해 전자 메시지를 전송하고, 인터넷을 이용해 자유로운 형식의 메시지를 교환하는 매체 중립적인 입장을 취하고 있다.

이 모델법의 가장 큰 특징은 종이 문서의 가독성·보존성·진정성·증거력 등의 기능을 전자 문서로 대체할 수 있는 대체성의 수단으로 인정했다. 이러한 접근 방법을 취하더라도, 전자상거래 당사자들이 종이 문서보다 더 엄격한 안전성 기준이나 비용을 부담해서는 안 되므로, 모델법은 탄력성 있는 기준을 채용하고 있다. 이에 따라 전자상거래에 관한 UNCITRAL 모델법은 종이 문서와 기본적인 요건을 추출하여 데이터 메시지가 그 요건을 충족하면 종이 문서에 갈음하는 법적 효력을 인정받도록 하고 있다.

이 모델법은 2부 17개 조로 구성되는데, 제 1부는 '전자상거래 일반', 제 2부는 '특정 영역에서의 전자상거래'로서 물품 운송 거래 및 운송 서류에 관한 2개 조항을 두고 있다.

02

국제무역운송 관련 규칙

국제무역거래에 있어서 시간적 · 공간적 괴리 현상을 물리적으로 극복함으로써 오늘날과 같은 무역거래를 가능하게 한 것은 국제운송이라 해도 과언이 아니다. 따라서 대부분의 무역관련규칙은 운송관습의 변화와 밀접한 관련이 있다. 여기에서는 국제무역운송의 이해를 위해 반드시 알아야 할 8개의 규칙을 다루고자 한다.

2-1 헤이그 규칙, 1924

운송인의 권리와 책임을 정의한 해상법상의 국제규칙으로서 1924년 제정되었다. 원래는 1921년 브뤼셀에서 개최된 국제법협회(ILA:International Law Association) 회의에서 해상운송에 관한 국제적 통일을 기하고, 선주와 하주 간의 이해 관계의 충돌을 피하기 위해 제정되었으나 1923년 '책임의 제한에 관한 브뤼셀 조약'(Brussels Convention on Limitation of Liability)으로 채택되었고 이후 선하증권상의 삽입 조항으로 채택되어 1924년 선하증권 통일 협약의 기초가 된 것을 말한다. 이 규칙의 정식 명칭은 '선하증권에 관한 약간의 규칙을 통일하기 위한 국제 협약'(International Convention for the Unifiction of Certain Rules relating to Bills of Lading)이다.

그 내용은 운송인 및 사용인의 사업상의 과실에 대해서 면책 및 책임 제한의 내용을 선하증권에 기재하는 것을 금지하는 한편, 선장 및 도선사의 항해상의 과실에 대해서는 당연히 면책되는 것으로 하는 동시에, 약간의 면책사유를 인정한 것이다. 이는 선하증권의 면책약관을 둘러싸고 있는 문제는 각 국가의 해운정책과도 밀접한 연관이 있으며, 해운업이 대기업화됨에 따라 해상 물품 운송상의 면책약관을 중심으로 선주(船主)와 하주(荷主)의 이해대립이 격화되었기 때문이다. 또한 각 국가별로 다른 법률적 체계는 대립관계를 더욱 심화시켰다. 이런 이해대립을 조정하기 위하여 1912년 국제법협회는 파리회의에서 국제적인 표준적 선하증권을 작성하는 것으로 하였다.

이 규칙은 선하증권에 의한 해상운송계약을 합리적으로 규율하여 운송인과 송하인 그리고 기타의 거래 당사자들의 정당한 지위를 확보하고 선하증권의 유통성을 강화시킴으로써 국제무역거래를 원활하게 하는 데 목적이 있다.

헤이그 규칙에서는 선하증권상의 운송인의 면책약관의 제한을 중심으로 해상운송계약법의 주요한 점을 거의 모두 규정하고 있는 것으로서, 운송인의 최소한의 의무, 최대한의 면책 및 책임한도를 명확하게 한 것이라고 할 수 있다.

헤이그 규칙의 주요내용으로 ① 운송기간의 책임기간 ② 면책특약의 금지 ③ 항해과실의 면책 ④ 화재의 면책 ⑤ 운송인의 책임한도 등이 있다.

위에서 열거한 헤이그 규칙은 용선 계약서에는 적용되지 아니한다. 그러나 만약 용선계약서에 의하여 용선된 선박에 선하증권이 발행되어, 그 선하증권이나 그와 비슷한 권리증권이 운송인과 증권 소지인의 관계를 규제하는 경우에는, 그 순간부터 그 선하증권도 헤이그 규칙에 따른다.

이 규칙은 선주에게 유리한 국제규칙으로 인정받음에 따라 이 후 Hague-Visby 규칙으로 개정되었다.

2-2 함부르크 규칙, 1978

기존의 헤이그규칙체계에서는 주로 선진국(선주)의 이익을 대변했다는 개도국의 주장을 수용하여 UNCITRAL이 중심이 되어 1978년 제정하여 1992년 11월에 발효된 선하증권 관련 국제규칙으로 원명은 "해상물품운송에 관한 UN협약"(United Nations Convention on the carriage of Goods by Sea)이다.

함부르크규칙은 운송인의 책임이 대폭적으로 강화되고 하주의 권리가 신장된 선하증권관련 국제규칙으로써 현재 국제적으로 발효하고 있으나 채택하고 있는 국가가 저개발국가를 중심으로 구성되어 있기 때문에 실효성은 미미한 편이다. 그러나 본 협약을 채택한 국가와 무역거래를 하게 되는 경우에는 직·간접으로 영향을 받을 수 있기 때문에 본 협약의 내용을 이해하는 것이 필요하다.

일반적으로 물품이 해상을 통하여 운송될 경우에는 1924년 헤이그 규칙과 1968년 헤이그-비스비 규칙 또는 함부르크 규칙에 의해 규율되고 있으며, 선주국가들은 헤이그 규칙과 헤이그-비스비 규칙을 주로 이용하고 있다.

그러나 헤이그규칙의 개정에 대하여 1964년 제네바에서 개최된 UN 무역개발회의(UNCTAD)에서 "모든 국가는 개도국을 돕기 위하여 개도국의 경제발전을 위한 해상 및 기타 운송수단을 확대시키고, 개도국을 위한 국제적 운송시설의 무제한 사용과 운임 및 보험조건의 개선을 보장하고, 그리고 무역외수지에 관한 그들의 수익을 증진하고 지출을 감소시키도록 하기 위한 이들 국가에서의 관광 사업을 촉진하는 조치를 개발하는 데에 협력하여야 한다"고 합의하였다. 이는 해상운송에 있어서 헤이그규칙 체제에 대한 전면적인 개편으로써 하주국인 개발도상국 중심으로 이루어졌으며 헤이그규칙에서 정한 선주국가 중심의 해상운송인의 책임 체계를 하주국 중심으로 옮기고자 하는 변혁을 주장하였다.

이에 국제해운입법의 상업적 · 경제적인 면을 검토하기 위하여 UNCTAD에 의하여 구성된 작업부 (Working Group)는 개발도상국의 관점에서 선하증권에 관한 규약을 검토하기로 결정하였으며, 1971년 UNCITRAL에 헤이그-비스비규칙에 내포된 규칙과 선하증권과 관련된 규칙에 관하여 검토를 권고하였고, 이에 UNCITRAL은 해상물품운송에 관한 조약초안(Draft Convention on the Carriage of Goods by Sea)을 1976년 12월 UN총회의 승인을 얻어 '1978년 UN해상물품운송에 관한 조약'(United Nations Convention on the Carriage of Goods by Sea, 1978), 즉 '함부르크 규칙'(Hamburg Rules)을 제정하였다.

이 조약은 1978년 UN총회가 결의한 UN 해상운송조약으로서 26개조의 실질 규정과 8개조의 절차 규정으로 성립되어 해상운송인의 책임을 강화하고 있으며 1992년 11월 잠비아가 20번째로 비준함에 따라 국제조약으로 발효되었다.

함부르크 규칙은 헤이그규칙이나 헤이그-비스비 규칙에 비해 해상운송인의 강행법적인 책임이 강화되었으며, 함부르크규칙에서는 면책약관을 삭제하고 운송인의 책임의 기본원칙을 추정과실주의를 채택함으로써 입증책임을 분명히 하였다.

함부르크규칙의 가장 큰 특징은 운송인의 면책조항 삭제와 책임한도액의 상향조정이라고 할 수 있다.

2-3 바르샤바 협약, 1929

정식명칭은 '국제항공운송에 관한 일부규칙의 통일을 위한 협약'(The Convention for the Unification of Certain Rules relating to International Transportation of Air)이다. 바르샤바 조약, 와르소 협약, 와르소 조약으로도 불린다.

1920년대에는 국제항공운송에 있어서 여객과 화물을 규제하는 통일법규가 없었다. 이에 항공운송의 여객과 화주의 권리 및 운송인의 책임을 기존의 육상운송과 해상운송에 관한 규정을 준용하였기 때문에 각 운송수단의 특성과 환경에 맞지 않는다는 문제가 대두되었으므로, 이를 해결하기 위한 통일규칙의 제정이 필요하게 되었다.

이러한 필요성을 절감한 프랑스 정부가 주체가 되어 소집된 1925년의 제1회 국제항공사법회의(CIDPA: Conférence international de droit privé aérien)에서 프랑스가 제출한 원안을 주요 안건으로 하여 조약초안이 작성되어 이 초안을 검사하기 위해서 동회의의 상설위원회로서 국제항공법전문가회의(CITEJA: Comité International Technique d'experts Juridiques Aériens)가 설치되었다.

이러한 배경에서 항공업무의 국제적인 협조 · 통일화가 요구되어 1929년 10월 12일 폴란드 바르샤바 (Warsaw)에서 개최된 제2회 국제항공법회의 (International Conference on Air Law)에서 체결되었으며, 이 협약은 제37조 2항의 규정에 따라 다섯 번째의 비준서가 기탁된 후 1933년 2월 13일에 발효되었다.

이 협약은 항공기에 유상승객, 수화물 또는 화물의 모든 국제운송에 적용되며, 이 협약은 항공운송기업이 항공기에 의하여 무상으로 행하는 운송에도 적용된다. 또한 당사자 간의 약정에 따라 출발지 및 도착지가 2개의 체약국의 영역 내에서 이루어져야 하며, 이 협약은 우편에 관한 국제협약에 따라 행하는 운송에는 적용하지 아니함을 규정하고 있다.

바르샤바 협약은 제1장 바르샤바 협약의 적용범위 및 정의와 제2장은 운송서류, 제3장은 운송인의 책임, 제4장 복합운송에 관한 규정, 제5장 총칙 및 최종규정과 같이 5개의 장, 총 41개조로 구성되어 있다. 또한 제2조와 관련한 추가의정서에서 체약국의 식민지나 보호령과 같은 영역의 항공운송은 제2조 1항을 적용하지 아니하는 것을 설명하고 있다.

바르샤바 협약의 특징을 살펴보면, 이 협약에서는 항공운송인의 등록 또는 담보권의 인정 및 이전, 차압, 운송제도, 공동공손(共同空損), 항공기 임대차, 제3자에 대한 손해배상 및 책임제도, 보험, 승무원의 법적 지위 등을 다루고 있다. 특히 이 조약은 항공운송인의 책임에 대한 통일조약으로 제정되었는데 항공기 사고로 인해 여객과 화물에 미친 손해배상범위와 책임한도를 설정하여 항공운송인과 여객 또는 화주의 이익을 조정하는 공평의 원칙을 견지하고 있다.

또한 운송인은 여객 운송시 항공기내 또는 비행 중에 발생한 승객의 사망, 부상 등에 대해 배상할 책임을 지고(제17조) 화물(수화물포함) 운송 시 화물의 파괴 멸실 훼손에 대해 배상해야 하며(18조 1항) 여객 화물 및 수하물(위탁수하물 휴대수하물)의 연착으로 인해 발생한 손해에 대해서도 책임을 져야 한다(제19조)는 것을 정의하고 있다.

2-4 헤이그 의정서, 1955

바르샤바 조약 체결 후 제2차 세계대전 후의 항공운송은 급속한 속도로 발달하였으며 항공기술의 발전은 항공운송의 안전도 또한 많이 향상되어 바르샤바 조약체제는 바뀐 항공운송환경과 관련한 여러 가지 면에서 현실에 맞지 않아 개정하게 되었다.

즉, 바르샤바 협약은 국제항공에 있어서 항공운송인의 책임을 중심으로 하는 각종 규정을 통일함으로써 국제항공의 발달에 지대한 공헌을 하였지만, 제2차 세계대전 후 국제항공이 비약적으로 발달함에 따라 항공사고의 빈도가 감소하게 되고 운송인의 책임한도액에 대한 불만이 증대하여 바르샤바조약을 개정하여야 한다는 요구가 고조되었다. 그리하여 국제민간항공기구(ICAO: International Civil Aviation Organization)가 설립됨에 따라 바르샤바 협약의 개정작업은 위원회의를 흡수한 ICC의 법률위원회에 이관되었으며, 1951년 스페인의 마드리드에서 ICAO 법률위원회에서 바르샤바협약의 개정초안이 제출되었으나 동법률위원회는 결론을 얻지 못하고, 마드리드회의에서 토의된 원칙에 의거한 초안을 작성하기 위해 소위원회를 설치하였다. 이 소위원회는 1952년 파리에서 개최되어 획기적인 내용을 담은 개정초안, 즉 파리초안을 연구하였다. 그러나 파리초안은 바르샤바조약의 대폭적인 개정을 내용으로 하고 있었기 때문에 1953년 리오 데 자네이로에서 개최된 법률위원회에서 미국, 프랑스, 이탈리아 등의 반대로 조약의 일부조항만을 개정한 리오 데 자네이로 초안이 작성되었다. 이 같은 과정을 거쳐 성립된 리오 데 자네이로 초안은 각국정부가 검토한 후, 1955년 9월 헤이그에서 열린 국제항공사법회의에서 수정을 가하여 동년 9월 28일 1929년 12월 바르샤바에서 서명되어 국제항공운송에 관한 일부규정의 통일을 위한 조약을 개정하기 위한 의정서(Protocol to Amend the Convention for Unification of Certain Rules Relating to International Carriage by Air Signed at Warsaw on 12 October 1929)를 채택하였다.

헤이그의정서 제19조는 "본의정서의 체약국간에 있어서는 조약과 의정서는 합쳐서 하나의 단일문서로 읽혀지고 해석되며 1955년 헤이그에서 개정된 바르샤바협약 이라고 알려진다"라고 규정하여 동의정서는 바르샤바협약을 개정한 조항만을 포함하고 개정하지 않은 조항을 그대로 사용하도록 하고 있다. 즉 헤이그의정서에 의해 개정된 부분과 바르샤바조약의 미개정부분이 합하여 헤이그개정조약을 구성한다.

이 의정서의 내용을 살펴보면 다음과 같다. 우선 운송 증권상의 기재내용을 단순화하였고(의정서 제3조, 제4조, 제6조, 제7조) 바르샤바 협약 제20조 2항의 "항공과실면책조항"을 삭제하였으며(의정서 제10조), 또한 여객에 대한 운송인의 책임한도액을 바르샤바조약보다 2배로 인상하여 여객 1인당 250,000프랑으로 규정하였고(의정서 제11조), 바르샤바 협약 제25조의 규정을 명확히 하였다(의정서 제13조).

헤이그 의정서의 가장 큰 의의는 책임한도액이 어느 정도 현실이 반영된 금액으로 인상되었다는 것이다. 또한 조약과 의정서를 하나의 단일문서로 보고 있으며 여객에 대한 책임한도액을 인상하였다는 부분과 양도가능 항공운송장의 발행가능성을 규정한 점, 클레임 청구기한을 연장한 점, 화물·수화물에 대한 과실면책조항을 삭제한 부분에서 그 의의를 찾을 수 있다. 그리고 원 조약의 당사국이 아니더라도 동 의정서를 비준하면 개정조약에 대한 가입효력이 있다. 이러한 규정에 따라 우리나라도 1967년 10월 11일부터 개정조약의 효력이 발생하였으나, 미국은 가입하지 않고 있다.

2-5 몬트리올 협약, 1999

바르샤바조약과 헤이그 의정서 등 여러 차례의 잦은 개정으로 복잡해진 조약체계와 각국의 차이를 통일하기 위하여 1999년 5월 28일에 캐나다 몬트리올에서 몬트리올 협약이 채택되었고, 2003년 11월 4일부로 발효되었다.(정식 명칭은 '국제항공운송에 있어서의 일부 규칙 통일에 관한 협약'(Convention for the Unification of Certain Rules for International Carriage by Air Done at Montreal on 28 May 1999)이다.

몬트리올협약에서는 100,000SDR 이하의 승객에 대한 손해(사망 또는 부상)에 대해서 항공운송인의 무과실 항변이 배제되고, 100,000SDR 이상의 손해에 대해서는 항공사에 대한 과실책임추정과 물가 변동률을 감안한 책임한도액 자동조정장치를 마련하여 항공운송인의 손해배상책임을 강화(제21조)하였고, 종래 바르샤바체제가 규정한 4개 관할 (항공사의 주소지, 항공사의 주된 영업소 소재지, 운송계약이 체결된 영업소 소재지, 도착지 법원) 에 '여객의 주소지 또는 영구 거주지'를 추가하여 여객운송에 있어 소제기를 위한 제5 관할권(제33조 2항)을 인정하였다. 또한, 운송증권이 서면으로 교부되지 않더라도 책임제한을 원용할 수 있도록 규정하고 있어 e-Ticket 등 운송 서류 간소화를 통한 e-Business 추진의 근거조항을 규정(제3조 및 제4조)하였다.

우리나라도 2007년 12월 29일 82번째 동 협약 당사국이 되어 협약 내용이 발효되었다. 이로 인해 과거의 바르샤바 체제에 속해 있는 우리나라는 승객의 권익이 충분히 보호되지 못하는 측면이 존재 했었는데 현재 운송구간에 따라 적용되는 상이한 협약이 통일되어 동 협약이 적용되며, 이 협약에 가입함으로써 우리나라 국적 승객들이 몬트리올협약에 따라 강화된 여객의 권익을 향유하게 될 수 있게 되었다.

또한, 몬트리올협약은 신속한 거래의 필요성을 고려하여 종전에는 문서 형태로만 허용되었던 항공권 및 항공화물운송장을 전자문서화로 교부하는 것을 허용함으로써, 항공사, 여행사, 항공화물대리점, 세관 당국 등 항공운송에 관련된 제반 이해당사자들의 문서 처리 비용을 대폭 절감하는 한편 전자문서를 교환하는 EDI (Electronic Data Interchange)시장을 대폭 확대시켰다. 또한 전자문서 형태의 운송관련 서류의 교환은 국제운송에 소요되는 시간을 대폭 단축함은 물론, 실시간 Data 교환을 통해 운송서류의 위조, 변조를 방지함으로써 거래의 안전성을 도모하는 등 수치로 환산할 수 없는 커다란 효과를 낳고 있다.

2-6 복합운송에 관한 UN협약, 1980

오늘날 국제무역운송은 더 이상 단일운송만으로 이루어지지는 않는 것이 현실이다.

국제복합운송(International Multimodal Transport)이란 복합운송인(Multimodal Transport Operator; MTO)에 의하여 국제간의 물품운송이 해상, 철도, 항공 등 두 가지 이상의 운송수단에 의해 이루어지는 운송방법이다.

복합운송인은 송화인에게 복합운송증권(Multimodal Transport Document)을 발행함과 동시에 화물의 멸실, 손상 또는 인도지연에 의하여 발생하는 손해에 대하여 화물의 수령 시로부터 인도 시까지, 즉 전 운송과정에 걸쳐 책임을 지게 된다.

이와 같이 복합운송은 컨테이너운송의 출현에 따라 최근에 발달된 운송형태로서, 이 또한 해상운송에 있어서의 헤이그 규칙과 같은 국제복합운송인의 책임에 관한 통일적인 국제협약이 필요하게 되었다.

IMCO(현재의 IMO(International Maritime Organization: 국제해사기구)와 UN/ECE의 합동위원회는 복합운송서류에 관련된 통일된 규칙을 마련하고자 국제복합운송초약안을 수정하여 1971년 11월 TCM조약안을 확정 발표하였다. 그러나 UNCTAD의 강력한 반대로 TCM 조약이 백지화되자 UNCTAD 산하의 무역 및 개발위원회(Trade and Development Board)는 복합운송조약 초안을 마련하기 위하여 정부 간 준비 위원회를 창설하였다. 정부 간 준비 위원회는 1973년 10월부터 1979년 3월까지 6차에 걸친 회의를 통하여 조약 초안의 성안을 위한 작업을 한 끝에 1979년 복합운송에 관한 UN협약 초안을 완성하였다. 이는 1979년과 1980년 5월에 제네바에서 두 차례 개최된 UN회의에 제출되었으며, 이 회의에는 총 85개국과 15개 특수기구 및 정부기구, 11개의 비정부기구가 참석하여 위 협약초안을 심의하였다. 결국 1980년 5월 24일 총 81개국의 찬성에 의하여 복합운송에 관한 UN협약이 성립하게 된 것이다.

복합운송에 관한 UN협약은 개발도상국들의 세력이 강한 UNCTAD의 주도 하에 성립되었기 때문에 화주국가의 입장에서 성립된 함부르크 규칙의 영향을 많이 받았다.

또한 복합운송에 관한 UN협약은 복합운송에 관하여 새로운 접근방법을 취하고 있다. 우선 동 조약은 최소한 복합운송인이 운송화물을 인수한 국가 또는 이를 수하인에게 인도한 국가가 이 조약의 체약국인 경우에 그 복합운송계약에 적용한다고 규정하여 명확한 적용범위를 확정하고 있다.

그러나 이러한 협약은 선진국과 개도국간에 의견대립 등 여러 가지 이유 때문에 협약의 성립이 지연됨에 따라 우선 민간 베이스로 국제상업회의소(International Chamber of Commerce; ICC)가 중심이 되어 국제규칙의 제정이 추진되어 1973년에 복합운송증권에 관한 통일규칙(Uniform Rules for a Combined Transport Document)이 제정되었고, 이는 1975년에 일부 개정되어 시행하고 있다.

그 후 UNCTAD에서 국제복합운송에 관한 국제협약을 1975년 말까지 제정하여 채택하려고 하였으나 개발도상국들이 자국에 미치는 경제적인 영향을 검토하는 과정에서 그 제정이 지연되다가 1980년에 이르러 국제물품복합운송에 관한 UN협약(United Nations Convention on International Multimodal Transport of Goods, 1980)이 성립하게 되었는데, 이 협약은 30개국의 비준이 있은 후 12개월 후에 발효하는 것으로 되어 있으며, 이는 발효 후에도 국제복합운송에 관한 기존의 규칙과 조화하여 적용되도록 되어 있다. 그러나 현재까지 이 협약은 30개국의 비준을 얻지 못하여 발효되지 못하고 있다.

2-7 복합운송서류에 관한 UN/ICC규칙, 1992

국제복합운송조약안의 작성은 1987년에 창립된 국제해사위원회(CMI)가 1913년 코펜하겐 회의에서, 통운송을 둘러싼 의논을 전개했고, 1948년 국제상업회의소(ICC)의 의뢰에 따라 1949년에 국제해사위원회(CMI)는 국제복합운송조약에 관한 초안을 공표했다. 그 후, UN구주경제위원회(UN/ECE)의 요청을 받은 사법통일국제협회(UNIDROIT)는 1961년 10월에 "국제물품복합운송계약에 관한 조약안을 작성하고, 최종안은 1966년 4월에 협회의 이사회에 제출되었다. IMCO와 UN/ECE의 합동위원회는 국제복합운송초약안을 수정하여 1971년 11월 TCM조약안을 확정 발표하였다. 그러나 UNCTAD의 강력한 반대로 TCM 조약안이 백지환원되자 복합운송조약의 심의는 UNCTAD의 무역개발위원회로 이전되었다.

1990년 유엔무역개발위원회(UNCTAD)의 해운위원회는 유엔 복합운송협약의 발효에 앞서 해운관련 국제기구와 긴밀한 협조 하에 기존의 헤이그 규칙과 헤이그-비스비 규칙뿐만 아니라 국제상업회의소(ICC)의 복합운송 통일규칙(1975)과 FIATA 복합운송서류 표준약관과 같은 현행 규칙을 기초로 새로운 복합운송서류에 관한 규칙을 제정할 것을 검토하였다.

이를 위하여 1988년에 UNCTAD와 ICC의 합동작업부가 구성되고 3년간의 작업을 거쳐 "복합운송서류에 관한 UNCTAD/ICC 규칙"(UNCTAD/ICC Rules for Multimodal Transport Documents)을 제정하고, 1991년 6월 11일에 ICC 집행위원회를 통과함으로써 1992년 1월 1일부터 이를 시행하고 있다. 이 규칙은 복합운송계약에서 이 규칙을 채택한 경우에만 적용되며, 또 이 규칙은 강행법규가 아니므로 복합운송계약에 적용 가능한 국제협약이나 강행적인 국내법이 있는 경우에는 이러한 강행법규를 우선하도록 하고 있다.

UNCTAD/ICC 증권규칙은 전문(preamble), 13개 규칙으로 다음과 같이 구성되어 있다.
① 적용 ② 용어정의 ③ 복합운송증권에 기재된 정보의 증거력 ④ 복합운송인의 의무 ⑤ 복합운송인의 책임 ⑥ 복합운송인의 책임한도 ⑦ 복합운송인의 책임제한권의 상실 ⑧ 송화인의 책임 ⑨ 물품의 멸실 및 손상의 통지 ⑩ 제소기한 ⑪ 복합운송인에 대한 본 규칙의 적용 ⑫ 복합운송인의 사용인, 대리인 및 ⑬ 강행법규

UNCTAD/ICC규칙의 특징은 첫째, 본 규칙은 단일운송 또는 복합운송의 여부에 관계없이 적용할 수 있으며 둘째, 운송인의 반증책임을 전제로 한 과실책임원칙과 함께 변형통합책임체계(modified uniform liability system)을 채택하였다. 셋째, 운송인은 항해과실·본선 관리상의 과실·고의 또는 중과실에 의한 화재가 아닌 경우 면책이며 감항성 결여 시 주의의무를 입증하면 면책이다. 넷째, 운송인의 책임한도가 종가운임을 제외하고 포장당 666.67SDR 또는 Kg당 2SDR 가운데 많은 금액을 초과하지 않으며, 해상이나 내수로 운송이 아닌 경우 Kg당 8.33SDR을 초과하지 않는다. 또한 컨테이너 화물의 경우 그 적입단위가 기재되면 그 단위를 책임한도 산정단위로 본다. 다섯째, 외관상 나타난 화물이 멸실 또는 손상 등은 화물 인도시에 그리고 외관상 나타나지 않은 멸실 또는 손상은 인도 후 6일 이내에 서면으로 고지하지 않으면 정상인도로 간주한다. 여섯째, 화물 인도 후 9개월 내에 소송이 제기되지 않으면 운송인은 모든 책임을 면한다. 마지막으로, 운송인의 고의 또는 무모에 의한 손해 그리고 예상할 수 있는 손해에 대한 작위 및 부작위에 대해서는 책임제한의 혜택이 박탈된다고 나타나 있다.

2-8 CMI규칙, 1990

1960년대 국제운송시장에 등장한 컨테이너는 화물을 신속하고 경제적으로 운반할 수 있으면 이로 인하

여 door to door 운송방식을 가능케 했다. 이는 복합운송방식의 활성화에 영향을 주었으며, 이러한 배경에서 유럽을 중심으로 새로운 양식의 운송서류, 즉 비유통 해상화물운송장의 이용이 확대되고 있다. 그러나 아직 국제협약이나 국내법(미국은 제외함)에서는 비유통 운송서류에 관한 규정이 없는 실정이다.

특히 선화증권의 성격상 권리증권의 성격은 서류(선화증권)를 소지하고 있는 자에게 화물을 인도하여야 하며 선화증권을 소지하고 있다는 것은 화물을 소지하고 있는 것과 동일하다. 그러나 국제운송시장의 변화와 함께 통신기술의 혁신적인 발달과 도입으로 이른바 "EDI(전자자료교환) 방식에 의한 무역"이 이루어지고 있어 과거와 같이 권리증권으로서의 선화증권 기능에는 한계가 있음을 알게 되었다.

따라서 1987년 창설된 국제해사위원회(Comite Maritime International: CMI)에서는 1990년 6월 "해상화물운송장에 관한 통일규칙"(Uniform Rules for Sea Waybills)을 마련하여 이를 공표하였다.

특히 1993년 제5차 개정 신용장 통일규칙(UCP)에서도 신용장이 선화증권 대신에 비유통 해상화물운송장을 요구하는 한, 은행은 그 명칭에 관계없이 일정한 요건을 갖추어 발행된 비유통의 해상운송서류를 수리하도록 하고 있다.

또한 무역거래에서 EDI를 사용하는 경우 전통적인 선화증권이 가지고 있는 성질을 보존하며 결제와 운송의 매커니즘을 달성하기 위한 각 당사자의 합의가 필요하며 이에 대비하여 국제해사위원회(CMI)에서는 위의 "해상화물운송장에 관한 통일규칙"과 함께 1990년 6월 "전자식 선화증권에 관한 규칙"(Rules for Electronic Bills of Lading)도 마련하여 공표하였다. 따라서 운송계약의 당사자 간에 상호 합의가 있을 경우에는, 전통적인 선화증권은 EDI시스템을 이용한 화물수령통신문(receipt message)으로 대체되고 위와 같은 CMI 규칙의 적용을 받을 수 있게 되었다. 전자선화증권에 관한 CMI규칙은 폐쇄형 세계은행간 금융전산망(SWIFT)과 달리 이를 적용하려는 어떠한 계약당사자에게도 개방되어 있는 개방형시스템이다. 반면에 계약당사자들이 개별적인 약정에서 이 규칙의 적용을 합의하지 않으면 아무런 효력을 발생하지 못한다.

CMI규칙은 기존의 EDI거래당사자간의 총괄약정 및 개별약정상의 결함을 보완하는 한편, 전자통신방식의 거래를 법적으로 인정하지 않는 법역에서 EDI거래의 당사자들의 합의로 이에 대한 법적 효력을 용이하게 부여할 수 있는 수단을 제공할 목적으로 제정되었다. 따라서 CMI규칙은 종래의 서류방식에 의한 거래에도 가능하도록 규정하고 있다.

특히, CMI규칙은 기존의 선화증권을 발행하지 않고 "운송 중 물품에 대한 권리의 전자적 이전"에 관한 방식을 규정하는데 그 중점을 두고 있다. CMI규칙은 강행법규가 아니며 당사자들이 계약자유의 원칙에 의거하여 상호 합의한 경우에 적용되는 규칙이다.

03

국제해상보험 관련 규칙

　국제무역거래시 발생하는 리스크의 사전예방에 실패하여 운송중의 사고로 인하여 손해가 발생하면, 수출자 또는 수입자 모두에게 큰 낭패가 아닐 수 없게 된다. 이러한 위험을 예방하거나 손해를 경감시키기 위한 대안이 운송보험이다. 이러한 국제무역 운송보험 중 최초의 보험은 해상보험이었다. 여기에서는 국제무역운송의 이해를 위해 반드시 알아야 할 4개의 규칙을 다루고자 한다.

3-1 　해상보험법, 1906

　해상보험은 선박운항과 관련하여 발생한 우연한 사고를 전제로 피보험자가 그 위험을 보험자에게 전가하여 보험사고발생 시 손해를 보상해 주는 손해보상계약의 일종이다. 즉 보험자와 피보험자가 보험목적물을 두고 일정한 계약을 체결하여 그 계약에 따라 보험자는 손해보상의 책임을 지고 피보험자도 이에 상응하는 의무를 부담하는 일종의 사행계약이다.

　세계 해상보험의 모든 준거가 되고 있는 영국해상보험법의 경우, 1906년 영국 해상보험법(Marine Insurance Act, MIA 1906)이 제정되기 전까지는 거의 대부분이 관습법(common law)으로 산재되어 있었다.

　이러한 당시의 불문법을 수정하지 않고 정확히 성문법으로 재현하려는 의도 하에, 해상보험법안(Marine Insurance Bill)이 1894년 Hershell 대법원판사(Lord Chancellor Hershell)를 통하여 상원에 처음으로 제안되었다. 그 후 1900년에 상원을 통과하여 1906년 12월 21일에 제정되었으며 다음 해 1907년 1월 1일부터 시행되었다.

　영국은 불문법 내지 판례법 국가로서 따로 성문법규가 없고 법원에서 내려진 판결이나 관습이 곧 법으로 해석된다. 따라서 영국의 판례법을 흔히 보통법이라고 하고, 상인들간의 관습법을 상관습법이라고 하고 있다. 그런데 해상보험은 예외적으로 성문법규를 가지고 있다.

　즉, 영국해상보험법(MIA)은 영국에서 근대 해상보험이 발달하기 시작한 17세기말 이후부터 19세기 말까지 사이에 형성되었던 약 2,000여개의 해상보험사건 판례들과 상관습법을 정리하여 성문법규화한 것이다.

　영국뿐만 아니라 세계의 해상보험 거래는 영국해상보험법을 모법으로 하고 있다고 해도 과언이 아니며,

이 법에 의한 판례와 런던보험자협회(ILU: Institute of London Underwriter)의 해상보험약관과 관습이 대부분의 국가에서 적용되고 있다.

영국해상보험법이 영국의 국내법이긴 하지만 오늘날 모든 나라들이 실제 상거래에 있어서는 영문해상보험증권에 준거법 약관을 삽입하여 사용하고 있는 경우가 많으며 우리나라에서 사용되고 있는 대부분의 해상보험약관에는 영국의 법률과 관습에 따른다는 준거법 약관이 삽입되어 있다.

영국 해상보험법(MIA, 1906)은 국제무역거래와 해운운송의 준거법으로 채택되고 있으며, 총 94개조로 구성되어 있다.

3-2 신협회적화약관 (A), (B), (C), 2009

영문해상보험증권은 시대의 요구에 따라 개정되지 않고 대체로 17세기에 사용된 본문을 그대로 남겨두고 최소한의 개정을 통해 실질적인 변경 없이 사용되었다.

그러나 해상운송 환경과 무역 패러다임의 변화로 보통보험약관으로서의 보험증권의 제규정은 매우 불완전하고 해상보험수요에 적합하지 않게 되었다.

이런 상황에서 보험증권에 이를 보충, 정정하는 각종 특별약관을 첨부하거나 기입하여 개개의 실제거래에 적합한 보험계약이 체결되었는데 이 경우에 사용되는 약관으로 가장 많이 사용되는 약관은 런던보험자협회(ILU)가 작성한 협회약관이다.

협회약관에는 여러 종류가 있고 화물의 종류마다 특유한 약관이 있지만 다수 화물에 공통으로 이용되는 정형적이고 기본적인 것으로 다음의 세 종류가 있다.

- 협회적하약관(단독해손 부담보) -FPA
- 협회적하약관(분손담보) -WA
- 협회적하약관(전위험담보) -All Risk

이 약관들은 모든 보험증권에 첨부되는 기본적인 약관이며 오늘날 영국뿐만 아니라 영문보험증권을 사용하는 여러 나라의 보험자에 의해 널리 채용되었으며 우리나라의 해상보험회사도 이를 그대로 사용했다.

그 후 이 세 종류의 약관은 1958년과 1963년에 대폭 개정되었으며 1983년에는 상기의 단독해손부담보약관이 I.C.C.(C)로, 단독해손담보약관이 I.C.C.(B)로, 전위험담보약관이 I.C.C.(A)로 명칭이 변경되었다.

이후 보험시장의 시대적 변화에 따라 2009년 1월 1일부터 협회적하약관(I.C.C.: Institute Cargo Clause)의 일부를 개정하여 사용하고 있다. 이를 '협회적하약관(I.C.C.) 2009'라고 한다. 도입된 지 25년이 지난 2006년 영국의 합동적화위원회(Joint Cargo Committee: JCC)는 3년 동안의 준비 과정을 거쳐 2009년 1월 1일자로 협회적화약관(I.C.C. 2009)을 공표하였다.

I.C.C.(2009)약관은 기존의 19개 약관 중 전혀 변경이 없는 약관은 3개뿐이고 일부용어의 변경과 표현을 명확히 한 약관이 10개이며, 실질적으로 내용이 바뀐 약관은 제4조, 5조, 7조, 8조, 10조, 15조가 해당된다.

ICC(2009) (A) (B) (C)의 규정은, 첫째, 담보위험(risk covered), 둘째, 면책조항(exclusion), 셋째, 보험기간(duration), 넷째, 보험금청구(claims), 다섯째, 보험이익(benefit of insurance), 여섯째, 손해경감(minimizing losses), 일곱째, 지연의 방지(avoidance of delay), 여덟째, 법률 및 관례(law and practice)의 8개 부분으로 구분하고 있다.

그런데 I.C.C. 2009 (A) (B) (C)의 기본내용은 제1조 위험약관, 제4조 일반면책 약관 및 제6조 전쟁면책약관을 제외하고는 그 내용이 서로 동일하다. 즉 제6조 전쟁면책약관에서 해적위험을 해상위험으로 취급하는 점에 있어서 I.C.C. 2009(A)에는 해적행위 제외(piracy except)라는 용어가 있으나 I.C.C 2009(B)와 I.C.C 2009(C)에는 이러한 용어가 없다.

3-3 협회기간약관(선박), 1995

협회기간약관으로 불리고 있는 선박보험은 해상보험의 일종으로서 선박을 보험의 목적물로 하고 침몰·좌초·교사·화재·충돌 기타의 해상위험으로 인하여 발생한 손해를 보상하는 보험이라고 정의할 수 있다. 그러나 선박은 건조 시부터 해체 시까지 위와 같은 해상위험에 한하지 않고, 여러 가지 육상위험에 노출되어 있는 경우도 있으며 또한 선박을 둘러싼 위험은 육상위험에 비하여 일반적으로 매우 거대하며, 다양한 경향을 보이고 있다.

더욱이 손해에 있어서도 물적 손해에 한하지 않고, 선박을 둘러싼 경제적 손해로서 선박소유자, 운항자 등의 비용수익의 손실, 손해배상책임 등 여러 가지 형태가 있으며, 특히 선박가액이 거액이라는 점이 특징이다. 따라서 이러한 선박을 기업 활동의 용구(用具)로 이용하는 해운, 조선, 해양개발, 수산 등의 해상기업 내지는 해상관련 기업의 활동은 이러한 특수한 위험과 손해에 대한 합리적인 보호책을 강구해야 했으며, 이러한 보호책으로서 강구된 것이 바로 선박보험이다.

이러한 선박보험은 선박보험계약에 의하여 실현되고, 선박보험계약의 내용은 주로 선박보험약관에 구체적으로 나타난다. 현재는 ILU(런던보험자협회)에서 제정한 협회기간보험약관-선박(Institute Time Clauses-Hulls)이 선박보험표준(기본)약관으로서 전 세계적으로 가장 많이 사용되고 있다. 1988년 협회기간보험약관-선박(ITC-Hulls)이 처음 제정된 이래 수차례에 걸쳐 개정되었는데, 최근 1995년에 다시 개정되었다.

특히, 선박보험 클레임 실무에서 보험자와 피보험자 사이에 가장 쟁점이 되는 것은 당해 사고가 과연 담보위험에 관한 것이냐에 대한 다툼이 대부분이다.

1777년 로이즈에서는 로이즈 협회 에스지 보험증권(Lloyd's SG policy Form)을 해상보험증권으로 사용하였다. 이는 해상위험이 지금과 같이 복잡하지 않았기 때문에 로이즈 협회 SG보험증권상의 위험약관에 명기된 14개의 열거 위험만으로도 충분히 보험담보가 가능했기 때문이다. 그러나 1880년대에 이르러 증기선이 출현하여 종래의 로이즈 협회 SG보험증권상의 약관 내용만으로는 보험담보가 불가능하였기 때문에 각 보험회사별로 독자적인 특별약관을 무질서하게 사용함으로써 1883년 4월 4일 로이즈에서 개최된 보험자 회의에서 약관의 통일화를 실현하게 되었고, 그 이후 1888년에 최초로 통일화된 협회기간보험약관-선박(ITC-Hulls)이 등장하게 되었다.

선박보험은 그 후 수차례에 걸쳐서 개정되었으며, 가장 주목할 만한 개정으로는 1982년에 선박보험 및 적하보험 모두에 사용할 수 있는 신해상보험증권(New Marine Policy Form)의 제정이었다. 신해상보험증권은 로이즈 협회 SG보험증권과는 달리 보험계약이 성립되었다는 사실을 증명하는 증거증권으로서의 역할만을 하였다.

따라서 로이즈 협회 SG보험증권상의 모든 중요한 약관이 1983년 협회기간보험약관-선박(ITC-Hulls)에 포함되어 하나의 완전한 독립된 표준약관으로 개정되었다. 그 후 보험회사와 로이즈로 구성된 합동선박위원회(Joint Hulls Committee)에서 1983년 협회기간보험약관-선박(ITC-Hulls)의 개정작업을 하여, 1995년 9월에 신약관을 공표하였고, 동년 11월 1일부터 런던보험시장에서 사용하게 되었다.

3-4 요오크–앤트워프 규칙, 2016

해손(average)이란 손상된 화물을 의미하는 아라비아어의 'awariya'에서 파생된 것으로 '전손과 구별되는 분손'을 의미하는 전문용어이다. 분손은 단독해손(prarticular average)과 공동해손(general average)으로 구분되며, 공동해손은 화물을 적재한 선박이 항해 도중 해상위험에 직면했을 때 관련된 당사자 공동의 안전을 위하여 고의적이며 합리적으로 화물을 투하(投荷)와 같이 희생하거나 혹은 비용을 지출한 경우에 이와 같은 희생손해 및 비용손해에 대해 관련된 당사자 모두가 분담하는 제도이다.

즉, 공동해손의 경우 선박소유자와 이해관계인의 책임문제와 동시에 보험보상이 이루어졌을 때는 보험자 대위(代位)의 문제가 보험자와 선박소유자 그리고 선박보험자와 적하보험자간의 이해관계의 충돌이 예측되며, 또한 보험계약법과 해상법이 직접 충돌할 수도 있다.

그러나 문제는 어떤 손해를 공동해손손해로 인정할지에 대해서 각 국가간에 준거법 혹은 관습법상 상당한 차이가 존재하기 때문에 공동해손의 정산에 있어서 현저하게 지장을 초래하게 되므로 공동해손규칙의 국제적 통일이 필요하게 되었다.

우리나라의 상법 제832조에서 공동해손의 정의는 "선박과 적하의 공동위험을 면하기 위하여, 선장이 선박 또는 적하에 대하여 한 처분으로 인하여 생긴 손해와 비용"을 말한다.

공동해손제도의 기원은 정확하게 알려져 있지는 않으나 해상보험제도가 생겨나기 훨씬 이전부터 상인들 간에 관습으로 행해졌다고 말하고 있다. 그러나 해상위험 회피수단의 하나인 해상보험제도가 발달함에 따라 그 제도적 의의는 점차 감소되어 왔으나 공동해손제도는 해상보험과는 별개의 제도로서 그 경제적 의의는 지속되어 왔다. 이에 따라 공동해손과 관련된 국제적 통일규칙인 'YAR(York-Antwerp Rules)'이 제정되었다.

1864년 York, 1887년 Antwerp에서 나아가 1890년에 이르러서는 공동해손에 관한 국제적 통일규칙이 완성되었다. 이것을 1890년 YAR이라 부르고 있지만 이 YAR은 세계 각국에서 채택되어 이윽고 해상화물운송계약에 공동해손은 1890년 YAR에 준거한다는 규정을 삽입하는 것이 관습이 되어 그 후에 1924년, 1950년 및 1974년에 개정하였다. 또한 1994년 시드니에서 개최된 만국해법회(CMI: Comité Maritime International)에서 1974년 및 1990년, 2004년 YAR을 대폭 개정한 새로운 공동해손에 관한 규칙이 2004년 요크-앤트워프 규칙이다. 이후 2004년 YAR은 상대적으로 적은 운송 계약에 관한 규칙이 포함되어 있었고, CMI는 YAR 규칙의 불만족을 인식하고, 중국에서 개최된 2012 CMI 컨퍼런스에서 IWG (International Working Group)가 "요크-앤트워프 규칙에 대한 전반적인 검토를 수행하고 선박 및 화물 소유자 및 해당 보험사의 요구 사항을 위한 새로운 규칙을 작성하기 위해 개정을 논의하게 되어 2016년 새로운 YAR을 발표하였다.

요크-앤트워프 규칙은 일반원칙을 규정한 7개의 문자규정(lettered rules)과 특별규칙을 적용한 23개의 숫자규정(numbered rules)으로 구성되어 있다. 공동해손의 정산에 있어서 숫자규정이 우선적으로 적용되며 숫자규정이 없는 경우에는 문자규정을 적용하는 것으로 되어 있다.

04

국제무역대금결제 관련 규칙

국제무역거래시 발생하는 리스크 중에서 수출자가 가장 염려하는 것이 수출대금의 회수이다. 국제무역 거래가 원활하게 이루어지고 국제무역거래의 확대를 통해 무역이익을 향유하기 위해서는 다른 어떤 것 보 다 중요하게 고려해야 하는 것이 바로 무역대금의 결제이다. 이는 비단 수출자에게 있어서만 고려되어야 할 사항은 아니다. 무역거래는 결국 수출자와 수입자 쌍방이 합의하여야 하기 때문이다. 여기에서는 국제 무역대금결제의 이해를 위해 반드시 알아야 할 10개의 규칙을 다루고자 한다.

4-1 신용장통일규칙, 2007

제1차 세계대전 이후 세계금융의 주도권을 잡기 위해 영국과 경쟁해온 미국은 국제무역거래에서의 대 금지급 시 많이 사용되고 있는 신용장 해석을 통일화해야 한다는 것이 미국무역업계의 전반적 의견이었다. 1920년에 Provisions adopted by the New york Banker's Commercial Credit Conference가 채택되고, 이어서 신용 장의 표준형에 대해 1922년에 Commercial Credit Conference Form이 제정되었다.

이러한 민간단체의 국내적인 통일운동은 프랑스, 독일을 비롯한 많은 유럽제국에도 파급되었고 신용장 의 국제적 통일화 운동이 일어났다.

'화환신용장에 관한 통일규칙 및 관례(UCP; Uniform Customers and Practice for Documentary credit)'는 국제 적으로 이용되고 있는 신용장의 해석, 취급, 관습 및 신용장의 형식 등에 대하여 이를 국제적으로 통일시키 기 위하여 국제상업회의소(ICC; International Chamber of Commerce)가 각국은행협회의 대표로 구성된 상업 화환신용장은행위원회(Banking Committee on Commercial Documentary Credit)의 협력을 얻어, 1933년 제정 한 민간단체의 규칙이다.

이 규칙은 수차에 걸쳐 개정되었으며, 현행규칙은 2006년 개정규칙으로서 2007년 7월 1일부터 시행되 고 있다. 이 규칙이 UCP 600이다. 이 UCP 600은 국제무역실무가들이나 은행의 실무담당자들에 의하여 신 용장에 준거규칙으로 삽입되어 사용됨으로써 분쟁의 해결에 일조하고 있다. 또한, ICC는 신용장통일규칙 (UCP)만으로는 신용장 관련분쟁이 원만히 해결될 수 없다는 점과 신용장이 전자적으로 사용될 때의 문제점을 보완하기 위하여 신용장통일규칙에 대한 보충규정인 eUCP 및 ISBP(국제표준은행관행)를 각각 제정함으로써 신용장분쟁을 미연에 방지하고 이미 발생한 분쟁을 원만하게 해결하고 있다.

UCP 600의 가장 큰 특징은 서류심사기간이 제7은행영업일 내에서 제5은행영업일로 단축되었다. 또한 연지급신용장의 할인을 허용하고 불명확한 용어를 제거하였다.

4-2 전자신용장 규칙, 2019

ICC 은행실무위원회는 UCP 500의 추록(supplement)으로 새로운 규칙을 마련하기 위하여 eUCP의 초안을 기초하기에 이르렀다. 은행실무 작업반은 제1차 초안을 2000년 12월에 각국의 국내위원회에 보내서 의견을 청취한 다음 2001년 2월에 접수된 의견을 검토하고 수차례의 수정을 거쳐 2001년 11월 7일 독일의 프랑크푸르트에서 개최된 ICC 은행위원회에서 '전자적 제시를 위한 화환신용장통일규칙 및 관례의 추록(Supplement to UCP 500 for Electronic Presentation)', 즉 eUCP를 최종 승인하였다. 이와 같이 제정된 eUCP는 2002년 4월 1일부터 실무에 적용하게 되었다.

eUCP의 성격은 UCP 500을 개정한 것이 아니라 UCP 500이 종이신용장을 기반으로 제정된 것에 추가하여 전자적 제시에 의한 신용장을 수용하기 위하여 부가적으로 제정된 국제규칙이라는 것이다. 따라서 eUCP는 신용장이 전자적으로 발행되거나 종이서류로 발행되더라도 이를 동시에 수용할 수 있도록 각 조항에서 용어의 정의를 내리고 있다. 그리고 eUCP는 신용장의 전자적 발행 또는 전자적 통지에 관하여 아무런 언급이 없기 때문에 오래 동안 관습적으로 사용되어온 UCP 500의 내용을 그대로 수용하고 있다고 보아야 할 것이다. 또한 eUCP는 UCP 500의 추록으로서 차후에 UCP 500이 개정될 것에 대비하여 후속버전이 나올 수 있도록 그 버전번호를 1.0버전으로 부여하였다. eUCP는 12개 조항으로 구성되어 있으며 각 조항의 내용은 특별히 전자적 제시와 관련된 경우를 제외하고는, UCP 500의 내용과 같다. eUCP는 기존의 UCP 500과의 조항 간에 오해를 방지하기 위하여 UCP의 번호 앞에 영문 "e"를 붙이도록 하였다.

eUCP는 본문 구성상 UCP500의 추록으로 되어 있기 때문에 UCP600이 시행되면서 UCP600에 맞게 수정되어 eUCP 1.1이 발표되었다. eUCP1.1에서는 eUCP1.0의 명칭에 나타났던 'UCP500'이라는 용어를 단순히 'UCP'라고만 표시함으로써 eUCP가 특정 UCP Version의 추록이라는 인식을 하지 않도록 유의하였다. 그리고 지난 2019년 7월 발전하는 전자 기술에 발맞추고 정확한 실무 지원을 위해 eUCP 개정이 논의되어 'eUPC 2.0(Uniform Customs and Practice for Documentary Credits, UCP 600, Supplement for Electronic Presentation Version 2.0)'이 발표되어 현재 실무에서 적용중에 있다.

eUCP 2.0에서 개정이 된 부분은 e4조와 e14조이다. e4조에서 은행은 전자기록과 서류와 연관된 상품, 서비스 또는 성능을 다루지 않는다고 명시하고 있으며, e14조에서는 은행은 폭동, 민사, 반란, 전쟁, 테러 행위, 사이버 공격 또는 파업 또는 잠금 또는 통제할 수 없는 장비, 소프트웨어 또는 통신 네트워크 장애를 포함한 기타 원인으로 발생된 문제로 데이터 처리 시스템에 접근할 수 없거나 장비, 소프트웨어 또는 통신 네트워크의 장애, 천재지변에 의한 장애 등 비즈니스 중단으로 인해 발생하는 결과에 대해 책임을 지지 않는다고 명시하여 은행의 책임을 명확히 하였다.

eUCP 2.0은 기존 12개 조항에 2개 조항을 추가하여 총 14개 조항으로 구성되었으며 그 내용은 다음과 같다. e1. eUCP의 적용범위, e2. UCP와 eUCP와의 관계, e3. 정의, e4. 전자기록과 서류 대 상품, 서비스, 성능, e5. 양식, e6. 제시, e7. 심사, e8. 거절, e9. 원본 및 사본, e10. 발행일자, e11. 운송, e12. 제시 후의 전자기록의 손상, e13. eUCP에 의한 전자기록의 제시에 대한 추가적 면제, e14. 불가항력이다.

4-3 국제표준은행관습, 2013

ISBP(International Standard Banking Practice For The Examination of Documents Under Documentary Credit ICC Publicaiton No. 645; 국제표준은행관습)는 UCP 적용에 관한 실무상의 보완서(Practical Complements)로서, UCP의 효력을 변경하지 아니하고 UCP를 일상에 어떻게 적용하여야 하는지를 상세히 설명하는 것이다. 신용장통일규칙의 부칙이나 해석 시 또는 개정자료를 제공하는 과정이 아니라 UCP 500 제13조 a항에 규정되었던 "국제표준은행관습"(International Standard Banking Practice)을 조문화하는 데 기본취지를 두고 있다.

ISBP(국제표준은행관습)의 범위는 UCP 명시조항뿐만 아니라 실제 은행에서 통용되는 관습을 포괄하고 있다. 구체적으로는 현행 UCP 본문조항, UCP 본문조항을 해설한 ICC 각종 공표물, ICC 은행위원회의 결정과 의견 및 이를 분석한 사례집, ICC와 제휴한 주요 금융기관의 결정과 의견 및 공표물, ICC 요청에 따른 신용장 분쟁 전문가 그룹의 의견이나 신용장에 관한 저명한 논문자료 등이다.

국제표준은행관습의 범위는 UCP에 반영된 관습을 전제로 하며, UCP의 명시규정뿐만 아니라 아직 조문화되지 아니한 국제은행관습도 포괄하는 의미로 해석되며 ICC에서 공표된 관련자료는 결과적으로 모두 국제표준은행관습의 범주에 포함된다.

ICC에서는 UCP 500을 이용하는 경우, 즉 신용장통일규칙을 어떻게 실무에 적용시키는가에 관해 은행이 서류를 검토할 때 객관성과 통일성을 유지하도록 하기 위하여 2003년 1월 200개의 판단기준을 정하고 ISBP(화환신용장 하에서의 서류점검에 관한 국제표준 은행실무)를 공표하였었는데, UCP600이 개정되면서 기존의 ISBP를 다시 개정(원문에서는 update라고 표기)하여 2007년 7월 1일부터 UCP600과 함께 사용하고 있다.

개정된 ISBP 2007은 ISBP 2002의 몇몇 내용이 UCP 600에 수용됨에 따라 관련 조항을 삭제하는 수준에서 조정되었다. 따라서 200개의 항목이 185개 항목으로 축소되었다. 이 기준은 UCP 600의 추록으로서 신용장거래 당사자들이 서류상의 하자를 판단하는 기준으로 활용함으로써 용어 해석상의 차이에 따르는 분쟁을 줄일 수 있다.

이후 ISBP(International Standard Banking Practice For The Examination of Documents Under Documentary Credit ICC Publicaiton No. 745, 국제표준은행관습)는 지난 2013년 최신 개정을 거쳐 현재 실무에서 적용 중이며 A~Q까지 문자 Heading으로 나누어 각각의 조항들을 나누어 설명하고 있다.

국제표준은행관습의 구성체계는 신용장 서류작성과 서류심사와 관련하여 총 17장, 297개 조항의 세부적인 서류심사목록으로 구성되어 있다. 따라서 UCP의 효력을 변경하지 아니하고 UCP의 일상 적용에 관하여 상세히 설명하고 있다. 아울러 ISBP가 해당 국가의 강행규정에 저촉되지 아니하는 한 신용장에 삽입하지 않더라도 UCP와 함께 신용장거래의 일상 업무에 사용된다.

4-4 보증신용장에 관한 UN협약, 1995

보증신용장(Stand-by L/C)은 상품거래와는 관계없이 마치 보증서처럼 이용되는 경우의 신용장을 말한다. 보증신용장은 그 문언이 보증서와 매우 흡사하지만 신용장이므로 신용장 통일규칙(UCP)의 적용을 받는다.

보증신용장은 제2차 세계대전 이후 미국에서 사용되기 시작한 제도인데, 미국 연방은행법이 은행의 업무범위를 정하면서 보증업무를 제외하였기 때문에 미국은행은 보증행위를 할 수 없다는 원칙이 판례를 통하여 확립되면서 보증의 역할을 대신하기 위하여 발달한 제도이다. 반면 유럽의 은행들이 많이 이용해온 독립보증서는 1930년대의 제네바 조약을 토대로 영국식 보증관행을 따르고 있다.

오늘날 국제금융시장에서 통용되는 은행지급보증서(L/G: letter of guarantee)는 보증은행으로서도 채권자-채무자간의 원인관계에 따른 분쟁에 말려들 필요 없이 지급 후 즉시 구상권을 행사할 수 있도록 하기 위해 무조건적인 지급의무가 있는 독립보증서(independent guarantee)를 발급하고 있다. 독립적 보증은 특히 해외 건설공사와 관련된 입찰보증, 선수금 환급보증, 이행보증 등에 많이 사용된다.

한편 1970년대 이후 독립보증서나 보증신용장이 국제거래에서 신용보강수단으로 널리 이용되어 왔는데 이를 규율하는 법규범에 미비점이 많아 ICC에서는 이에 관한 통일규칙을 제정하였다. 우선 보증신용장은 기존 UCP를 따르기로 하고, 독립보증서에 대해서는 1991년 요구불 보증에 관한 통일규칙(Uniform Rules for Demand Guarantees; URDG, ICC Publication No.458)을 새로 제정하였다.

그런데 UCP를 매 10년마다 개정하였고 1992년에는 URDG를 새로 제정한 ICC는 보증신용장과 독립보증서를 별개로 취급하였다. 따라서 법적인 견지에서는 보증신용장이나 독립보증서나 UCP 또는 URDG 중 어느 규칙을 따를 것인지는 서류에 표기하는 관행이나 거래용어상의 문제이지 법적인 문제는 아님을 확인하고 있다.

이렇게 보증신용장은 미국에서, 독립보증서는 미국 이외의 지역에서 각각 통용되고 있음에도 그 중요성에 비추어 법적인 규율이 미비한 것으로 드러남에 따라 이에 대한 준거법의 국제적인 통일화 운동이 전개되어 왔다. 따라서 유엔국제무역거래법위원회(UNCITRAL)에서는 1995년 12월 11일에 총29개조로 구성된 '독립적 보증서와 보증신용장에 관한 유엔협약(UN Convention on Independent Guarantees and Stand-by Letters of Credit; UN Guarantees Convention)'을 제정·공표하였다. 이는 국제무역거래에서 보증신용장의 이용을 확대시켜 나갈 뿐만 아니라 이 분야에 대한 각 국내법의 모델을 제공해 주고 있다.

보증신용장에 관한 UN협약은 UCP 규정의 흠결로 논란이 되었던 수익자의 사기적 행위에 대한 법원의 구제, 적용법의 선택 및 결정에 관한 규정을 두고 있으나, 각 당사자의 권리 의무관계에 관하여는 일반적인 사항만 규정하고 있을 뿐 대부분 국제적으로 인정되는 표준관행을 존중하고 있다. 그러므로 UN 보증협약이 발효되고 여러 나라가 동 협약에 가입한다 하더라도 UCP와 상호보완적으로 적용되어야 한다. 물론 ICC 규칙은 거래당사자가 합의하는 경우에 한하여 적용되는 반면, UN 협약은 조약이므로 이를 채택한 나라에서는 국내법적인 효력을 갖는다.

4-5 미국통일상법전 5편, 1995

미국은 1951년에 통일주법 전국위원회(The National Conference of Commission on Uniform State Law)와 미국법연구소(The American Law Institute)에 일임하여 총 10편으로 구성된 '통일상법전'을 제정하였으며, 그 중 제5편이 신용장에 관한 내용이다.

통일상법전은 당초 제10편으로 구성되었으나 그 후 1957년, 1962년, 1966년, 1972년, 1988년, 1995년, 1998년에 수정 보완되어 현재는 제11편으로 구성되어 있다.

미국 통일상법전 제5편은 1953년 제정·공포된 이래 국제무역계에서 차지하는 미국의 비중만큼 신용장거래의 중요한 성문법원으로 기능하여 왔으나 제5편은 제정된 지 40여 년이 경과되었지만 1962년을 제외하고 한 번도 제대로 개정 작업이 이루어지지 아니하여 그동안 현저히 발전·변화된 신용장거래의 해석 기준으로는 미흡하여 많은 문제점이 노출되었다. 그래서 미국 통일상법전 제5편은 1990년부터 개정 작업에 착수하여 5년여 간의 작업 끝에 1995년 말 전면 개정되어 1996년부터 시행되고 있다. 현재 50개 주 가운데 루이지애나주를 제외한 49개 주에서 이를 채택하고 있어 명실상부한 통일상법전이 되었다.

ICC의 신용장통일규칙(UCP)이 서류에 관한 상세한 규정을 두고 있다면 미국의 통일상법전은 주로 신용장거래에 필요한 정의나 기본적인 해석원칙을 규정하는데 중점을 두고 있다.

미국 통일상법전 제5편의 주요내용을 보면, 미국 통일상법전 제5-102조 제10항에 따르면, 신용장(letter of credit)이란 개설의뢰인의 요청이나 계산에 따라, 또는 금융기관인 경우에는 스스로 또는 자신의 계산에 따라 개설인이 수익자에게 금전적 가액의 지급이나 교부로써 서류의 제시에 대해 지급하겠다는 제5-104조의 요건을 충족하는 일정한 확약을 의미한다고 한다. 그러므로 미국 통일상법전 제5조는 화환신용장뿐만 아니라 보증신용장도 그 적용범위에 포함시키고 있다.

미국 통일상법전 제5-103조 d호는 수익자 또는 신용장에 의하여 지정된 자에 대한 개설인의 권리와 의무는, 개설인과 개설의뢰인간 그리고 개설의뢰인과 수익자간의 계약 또는 약정을 포함하여, 신용장을 발생시키거나 그의 기초가 되는 계약 또는 약정의 성립, 이행 또는 불이행과 독립되어 있다"라고 규정하고 있으며, 제5-108조 f호5에 의하면 "개설인은 기본계약, 약정 또는 거래의 이행 또는 불이행, 제3자의 작위 또는 부작위, 아래 e항에 언급되어 있는 표준관례 이외에 특수한 거래관행의 준수 또는 인식에 대하여 책임을 지지 아니한다"라고 하여 독립·추상성의 원칙을 규정하고 있다.

미국의 통일상법전 제5편은 미국의 국제적인 지위 등을 고려할 때 미국과 상거래시 경우에 따라 영향을 미칠 수도 있다.

4-6 추심에 관한 규칙, 1996

추심(推尋;Collection)이란 어음 소지인의 의뢰를 받아 수표 또는 어음을 지급인 또는 발행인 등에게 제시하여 지급하는 것을 말하는데, 구체적으로는 국제무역거래에서 사용하는 환어음 등의 진위여부를 밝히려고 그 발행은행에 문의하는 것을 말한다.

추심에서 은행은 접수된 지시에 따라 지시 또는 인수의 취득, 서류의 지급인도(D/P) 또는 인수인도(D/A), 기타의 조건들로 서류 인도 등을 목적으로 금융서류 또는 상업서류를 취급하게 된다. 여기에서 금융서류란 환어음, 약속어음, 수표 또는 기타 금전지급을 취득하기 위하여 사용되는 이와 유사한 증권을 말하고, 상업서류라 함은 송장, 운송서류, 권리증권 또는 기타 이와 유사한 서류 또는 그 밖의 금융서류가 아닌 모든 서류를 말한다.

은행은 실제 서류로 구성된 추심(collection)과 추심을 의뢰한 당사자로부터의 지시(instruction)를 구분하여야 한다. 모든 추심에는 추심지시가 있어야 하고, 추심지시서에 '추심에 관한 규칙' 준수문언이 표시되어 있어야 한다.

관계당사자 간에 별도의 합의가 있거나 국가, 주 또는 지방의 법률 및/또는 규칙에 반하는 경우에는 추심에 관한 통일규칙이 적용되지 않는다. 즉, 관계당사자가 일정한 사항을 통일규칙과 다르게 합의하면 이 합의가 통일규칙에 우선하며 국가, 주 또는 지방의 법률이나 규칙이 통일규칙과 상반하는 경우에는 이들 규칙이나 법률이 통일규칙에 우선한다.

ICC는 환어음의 추심에 관한 국제적인 통일규칙을 제정하고 무역거래자들의 환어음추심에 의한 결제시에 적용할 수 있도록 하였다. 이것이 바로 'URC(Uniform Rules for Collection)'이다.

URC가 처음 제정된 것은 1956년이며 그 후 1967년 및 1978년에 개정되었다가 1995년 ICC Publication No. 522로 대폭 개정되기에 이르렀다. ICC는 국제무역거래에서 사용되어 오던 추심에 관한 국제규칙을 1995년에 개정하면서 이 규칙은 추심지시서에 "통일규칙의 적용을 받는다"(Subject to Uniform Rules for Collections, 1995 Revision, NCC Publication No. 522)는 문언이 기재되어야만 적용된다고 하였다.

URC 제2조에서는 서류의 지급인도(D/P) 또는 인수인도(D/A), 기타의 조건들로 서류인도 등을 목적으로 금융서류 또는 상업서류를 취급하는 의미한다고 정의하고 있으며, 제3조에서는 추심의 관계당사자인 ① 은행에 추심업무를 위탁하는 추심의뢰인(principal) ② 추심의뢰인으로부터 추심업무를 위탁받은 추심요청 은행(remitting bank) ③ 추심요청은행 이외에 추심업무의 과정에 참여하는 추심은행(collecting bank) ④ 지급인에게 제시를 행하는 추심은행인 제시은행(presenting bank) ⑤ 추심의뢰서에 따라 제시를 받는 지급인 (drawee)을 정의하고 있다.

추심결제방식에서 은행은 "신의성실 및 상당한 주의"(good faith and reasonable care)만 하면 되고 신용장에서와 같이 대금지급 확약과 같은 주도적인 역할은 하지 않는다. 따라서 URC 522의 규정은 신용장통일규칙(UCP 600)과 비교하면 서류심사조항 등이 없이 '총칙 및 정의' '추심의 형식 및 구조', '제시의 형식', '의무와 책임', '지급', '이자 · 수수료 · 비용', '잡칙'과 같이 총 7개장 26개 조항으로 구성되어 있다.

4-7 전자추심에 관한 규칙, 2019

ICC는 2019년 eUCP 2.0의 개정과 함께 eURC 1.0을 새롭게 제정했다. eURC는 추심에 관한 통일규칙(URC 522)의 추록으로서 무역대금결제가 추심에 의해 이루어질 때 적용할 수 있도록 1995년 개정된 URC 522에 맞게 제정하여 2019년 7월 1일부터 실무에 적용하고 있다.

eURC의 성격은 기존의 URC가 종이서류의 추심을 기반으로 제정한 것이기에 전자적 제시에 의한 추심을 수용하기 위하여 부가적으로 제정된 국제규칙이다. 따라서 eURC는 추심이 전자적으로 발행되거나 종이서류로 발행되더라도 이를 동시에 수용할 수 있도록 각 조항에서 용어의 정의를 내리고 있다. 그리고 eURC는 추심의 전자적 발행 또는 전자적 통지에 관하여 아무런 언급이 없기 때문에 오랫동안 관습적으로 사용되어온 URC522의 내용을 그대로 수용하고 있다. 또한 eURC는 URC 522의 추록으로서 차후에 URC 522이 개정될 것에 대비하여 후속버전이 나올 수 있도록 그 버전번호를 1.0버전으로 부여하였다.

eURC는 13개 조항으로 구성되어 있으며 각 조항의 내용은 특별히 전자적 제시와 관련된 경우를 제외하고는, URC 522의 내용과 같다. eURC는 기존의 URC 522와의 조항 간 오해를 방지하기 위하여 URC의 번호 앞에 영문 "e"를 붙이도록 하였다.

eURC 1.0은 총 13개 조항으로 구성되어 있으며 그 내용은 다음과 같다. e1. eURC의 적용 e2. eURC의 범위, e3. URC와 eURC와의 관계, e4. 정의, e5. 전자기록과 서류 대 상품, 서비스, 성능, e6. 양식, e7. 제시, e8. 미결제 또는 비수락에 대한 통지, e9. 결제일 결정, e10. 전자기록의 공개, e11. 전자기록의 손상, e12. eURC에 의한 전자기록의 제시에 대한 추가적 면제, e13. 불가항력이다.

eURC 1.0에서 눈여겨 볼 점은 ICC은행실무위원회 역사상 처음으로 규칙 제정과 개정에 Simply Voting Platform이라는 새로운 방식이 도입되었다는 것이다. 이는 온라인 투표방식으로 eUCP 개정과 eURC의 제정의 찬반을 결정한 것으로 진화와 변화를 거듭해가는 디지털시대에 부응함으로써 앞으로 국제무역규칙의 제정 및 개정에 새로운 시도를 한 것으로 그 의미를 둘 수 있다.

4-8 은행 간 신용장대금상환에 관한 규칙, 2008

무역거래에서는 대금 결제 시 발행은행이 지정은행 앞으로 신용장대금을 상환함에 있어 상환은행을 통하여 이루어지는 은행 간 대금상환이 많이 활용되고 있다. 이러한 대금 결제방식의 증가이유로는 국제무역량의 증대에 따라 대량의 대금상환업무를 신속하고 효율적으로 처리하기 위하여 외환결제가 이루어지는 장소, 시간적 효율성을 조정하기 위하여 혹은 국제금리나 환율동향을 등을 고려하여 자금을 효율적으로 운용하여 은행의 수익성 제고를 기함과 동시에 자금의 운용조달과 환율변동에 수반하는 환차손의 위험을 회피시키는 환포지션의 조정 때문이다.

그러나 은행 간 대금상환이 이루어지는 경우에는 다양한 이점이 존재하지만 그 반대로 상환은행의 개입에 의하여 관계당사자간의 법률관계가 복잡해지는 등의 문제 때문에 오히려 분쟁이 발생하기 쉬운 측면이 존재하게 된다. 따라서 상환은행의 개입이 오히려 신용장거래를 저해하는 요인으로 작용할 수 있다.

이에 1981년 미국에 소재하는 은행(미국에 소재하는 해외은행의 지점을 포함)의 연합체인 국제은행업무협회는 '은행간 대금상환에 관한 관습 및 절차'를 제정하게 되었고, 이는 1995년에 국제상업회의소에 의하여 제정된 '은행 간 대금상환통일규칙(URR: Uniform Rules for Bank-to-Bank Reimbursements under Documentary Credits)'에 많은 영향을 미쳤다. URR 통일규칙은 대체로 화환신용장 거래 하에서 발생하는 은행 간 대금상환과 관련하여 상환은행의 법적성격, 대금상환에 따르는 발행은행의 의무와 책임, 지정은행의 구체적인 대금상환 청구절차 등을 규정함으로써 은행 간 대금상환업무를 신속 정확하게 처리할 것을 의도하고 있다. 동 규칙은 1996년 7월에 시행되었으며, 모두 17개조로 구성되어 있다.

URR은 ICC가 1995년에 Publication No.525로 제정한 은행간 대금상환 통일규칙으로서 기본적으로는 URC와 다를 바가 없다. 다만 URC가 어음만을 가지고 추심을 하는 것과 달리 URR은 화물을 대표하는 운송서류와 환어음이 같이 따라 다니면서 추심이 이루어진다는 것이다. 달리 명시되지 않는 한 이 규정은 상환수권 은행들을 구속하게 된다. 신용장 발행은행은 상환청구가 이 규칙에 따라 이루어지는 경우 신용장에 표시되어 있는 대로 책임을 진다. 상환은행은 발행은행이나 수권자의 지시에 따라 행동한다. 이 규칙은 UCP의 내용을 변경하거나 무효화시키지는 않는다. URR 525는 신용장통일규칙 개정에 따라 이 규칙이 URR725로 개정되어 2008년 10월 1일부터 시행되고 있다.

한편 UCP 600 제13조 a항에서는 신용장은 이 규칙의 적용을 받는다는 사실을 명시하여야 하며, 만약 이 규칙이 적용되지 않으면 신용장통일규칙 제13조 b항의 규정에 따라 개설은행이 신용장대금을 상환하여야 한다고 규정하고 있다.

4-9 환어음법, 1882

국제간의 환어음거래는 1882년 영국에서 제정한 환어음법(Bill of Exchange Act 1882)과 국제상업회의소(ICC)에 의해 제정된 추심에 관한 통일규칙(Uniform Rules for Collection, 2008 Revision ICC Publication No.725)에 의해 처리되고 있다.

환어음이란 국제거래에서 채권자인 어음의 발행인이 채무자인 지급인에 대하여 어음상의 표시금액을 수취인 또는 지시인 또는 소지인에게 일정한 기일 내에 일정한 장소에서 제시할 경우 무조건 지급할 것을 위탁하는 요식증권이다.

국제무역거래에서 이용되는 외국 환어음은 당사자가 2개국 이상에 걸쳐 있기 때문에 어음에 관련된 준거법이 문제가 된다. 일반적으로 어음행위에 관련한 내용은 행위지의 어음법에 의하도록 되어 있다. 즉 우리나라 수출상의 환어음은 우리나라의 어음법을 적용받지만 그 어음이 미국에서 발행되었다면 지급에 관하여는 미국의 어음법이 적용된다.

따라서 환어음이 국제결제와 금융의 수단으로 자주 이용됨에도 불구하고 전술한 바와 같이 각국마다 서로 다른 규율체계를 가지고 있기 때문에 어음의 국제적 이용에 많은 불편이 있어 왔다.

이에 어음에 관한 법의 국제적 통일이 일찍부터 요망되어 1930년에 제네바통일어음조약이 성립되었으나 제네바통일조약은 독일과 프랑스법을 기초로 하고 있기 때문에 대륙법계 국가들만 이를 수용하였다. 우리나라도 제네바통일조약에 기해 어음법과 수표법을 제정하였다.

한편, 영국과 미국을 중심으로 한 영미법계 국가들은 제네바 통일조약에 참가하지 않고 독자적인 어음법을 발전시켜 왔다. 즉, 영국에서는 판례법을 바탕으로 하여 1882년에 어음법(BEA 1882; Bill of Exchange Act)을 제정하였다. 본 법은 실제적인 상거래 수요에 맞도록 매우 자세하며 복잡한 규정체계를 가지고 있다.

환어음법은 제Ⅰ장 총칙(Preliminary)에서 본 법은 환어음으로서 이용될 수 있음을 정의를 내리고 있는 환어음, 수표 및 약속어음에 관한 법률로서 국제거래에 사용되는 환어음 등의 기본 관습에 대해 법전화한 법률이다. 본 법은 환어음의 당사자 및 각 용어에 관하여 명확한 규정을 내리고 있으며, 제Ⅱ장은 환어음의 방식 및 해석에 관해서 설명하면서 환어음의 정의를 내리고 있으며 총 72개조로 구성되어 있다.

4-10 환어음과 약속어음에 관한 UN협약, 1988

국제무역거래에 있어서 각 국가 간의 상이한 법체계는 같은 사건에 대하여 다른 법률적 해석을 양산하고 이는 국제무역거래의 원활한 활동에 장애요인으로 작용하게 된다. 따라서 일관된 법규의 필요성이 제기될 수 있는데 이는 역사적으로 볼 때 특히 상거래 분야에서 강하게 나타나고 있다.

국제무역관련 법규의 통일성과 관련한 움직임은 어음법에서 시작되었다. 각국의 무역거래 당사자들은 결제에 있어서 같은 목적하에 어음을 사용하면서도 그 어음은 서로 다른 법체계하에서 규제를 받아 왔다. 따라서 어음법 통일의 필요성은 국제적으로 관심이 고조되었으며 그 통일화된 법체계가 필요하게 되었다.

국제 어음에 관하여 1930년과 1931년에 걸쳐 제네바통일어음법과 통일수표법이 성립되었다. 그러나 영미법계가 적용되는 국가들은 제네바통일어음법과 통일수표법을 채용하지 않았으며 이를 채용한 국가 간에도 통일조약의 부보조항의 채용여부에 따라 그 내용이 반드시 일치하지 않는 실정이었다.

즉, 제네바조약이 성립된 이후에도 어음법계는 크게 통일법계와 영미법계로 양분화된 상태를 지속하여 특히 국제거래에 있어서 복잡한 법률문제가 야기되었다.

이에 일찍부터 독일과 프랑스를 중심으로 한 대륙법 국가들은 1930년 6월 제네바에서 '환어음과 약속어음법의 통일에 관한 협약'(Convention on the Unification of the Law Relating to Bills of Exchange and Promissory Notes)을 제정하였으며, 반면에 보통법 국가에서도 오랫동안의 판례를 기초로 영국이 1882년에 "환어음법"(Bills of Exchange Act)을 제정하고, 미국이 이를 계승하여 1896년에 "통일유통증권법"(Uniform Negotiable Instrument Act)을 제정함으로써 상당한 통일화의 접근을 보았다.

그러나 이들 양대 법체계는 여전히 합치하지 못하였기 때문에 1966년에 창설된 UNCITRAL(유엔국제무역법위원회)에서는 그 차이를 최소화하고 업계의 요구를 반영한 범세계적이고 현대적인 통일법을 제정하기로 하였다.

이에 따라 1971년부터 UNCITRAL 사무국은 UNIDROIT(사법통일을 위한 국제협회)의 협조를 얻어 국제환어음과 약속어음에 관한 통일법의 초안 작업을 시작한 후, 약 20년간의 연구과정을 거쳐 1987년 8월에 총 9개 장, 90개 조항의 '국제환어음과 약속어음에 관한 유엔협약'(United Nations Convention on International Bills of Exchange and International Promissory Note)의 최종안을 확정하고, 1988년 12월 유엔총회에서 채택하였다. 이 협약은 아직 발효되지는 않았으나 각 국내법에 대한 표준을 제공하고 국제거래 당사자간에 임의로 사용할 수 있다.

본 협약은 제1장 적용범위와 어음의 형식, 제2장 해석, 제3장 양도, 제4장 권리와 책임, 제5장 제시, 인수 거절 또는 지급거절 및 상환청구, 제6장 면책, 제7장 상실된 어음, 제8장 출소기한, 제9장 최종규정과 같이 총9장 및 90개조로 구성되어 있다. 본 협약은 어음에만 적용되며 수표에는 적용되지 아니한다.

05

국제관세 관련 규칙

관세와 관련한 국제무역규칙은 약 30여 개에 달하고 있다. 여기에서는 반드시 알아야 할 2개의 규칙을 다루고자 한다.

5-1 HS협약, 1988

HS는 1988년 국제협약으로 채택된 '국제통일상품분류체계'(Harmonized Commodity Description and Coding System)의 약칭이다. 종래의 SITC, CCCN, TSUSA 등의 상품분류방식을 국제적으로 통일하기 위하여 채택하였으며, 이 상품분류체계는 무역거래 상품을 숫자 코드로 분류하여 상품분류 체계를 통일함으로써 국제무역을 원활하게 하고 관세율 적용에 일관성을 유지하기 위한 것으로, 관세나 무역통계, 운송, 보험 등 다양한 목적에 사용하고 있다.

국제무역에서 거래되는 상품은 수출입 시 해당 HS협약 품목분류표에서 정한 일정한 코드를 부여하는 품목분류를 하여야 한다. 국제무역상품의 품목분류는 HS 협약에 따라 대부분의 국가가 공통으로 사용하고 있으며. HS 품목분류표는 수직적 분류 방법에 의해 분류하고 있다.

HS 품목분류표의 구성은 품목분류표에 전체적인 분류기준을 설정한 HS 해석에 관한 통칙과 대분류인 부(Section)가 21개, 중분류인 류(Chapter)가 97개로 되어 있지만 제77류는 유보되어 있고, 97개의 류(Chapter)에 절(Sub-Chapter), 소분류인 호(Heading)가 1,222개, 세분류인 소호(Sub-Heading)가 5,387개 및 각 부(Section)와 류(Chapter)의 주(Note)로 되어 있다. 또한 HS 코드 체계는 부(Section)는 없고, 류(Chapter)의 아라비아 숫자 두 단위와 호(Heading) 두 단위 및 소호(Sub-Heading) 두 단위의 6단위로 되어 있으며, 6단위 이하의 코드에 대하여는 협약국의 국내사정에 따라 추가하여 사용하도록 하였다.

본 협약에 따라 HS코드는 10자리까지 사용할 수 있다. 6자리까지는 국제 공통으로 사용하는 코드로서 앞의 1~2자리는 상품의 군별 구분, 3~4자리는 소분류로 동일류 내 품목의 종류별·가공도별 분류, 5~6자리는 세분류 동일호 내 품목의 용도·기능 등에 따른 분류이다. 7자리부터는 각 나라에서 세분화하여 부여하는 숫자인데, 한국은 10자리를 사용한다.

HS협약은 1973년 신상품분류 개발을 국제관세협력이사회(CCC)가 결의한 후 1983년 6월 통일시스템에 관한 국제조약을 채택한 후, HS체계를 완성하여 1988년 부터 세계적으로 사용하게 되었으며, 우리나라도 1988년 부터 시행하고 있다. 현재 세계의 모든 무역 거래에서 HS체계를 사용하고 있다.

5-2 | AEO제도, 2005

급격히 증가하는 무역규모와 날로 복잡해지는 공급망 등 국제무역의 환경변화에 대응하고자 신속통관을 도모하던 미국은 2001년 9. 11 테러를 기점으로 국경 및 운송보안의 확보를 미국 통관행정의 핵심 과제로 전환하게 되었고 해당 물류보안을 강화하기 위하여 2002년 미국의 대테러 민·관 협력 프로그램인 'C-TPAT(Customs-Trade Partnership Against Terrorism)' 제도를 도입 및 시행하게 되었다. 이는 민간기업이 자발적으로 법규 및 보안기준을 준수하도록 함으로써 무역 보안을 강화하는 동시에, 화물 및 운송수단에 대한 무역 흐름을 촉진하는 목적으로 도입되었다.

이렇게 미국에서 시작된 C-TPAT 제도가 WCO의 SAFE Framework를 통해 전세계로 확산되었다. 초기에는 통관 선진국을 중심으로 확대되었고 BRICs 및 기타 개도국을 중심으로 전세계로 확대되어 AEO라는 이름으로 2018년 현재 154개국이 도입하였다.

AEO는 세관에서 수출 기업이 일정 수준 이상 기준을 충족하면 통관 절차 등을 간소화시켜주는 제도이다. AEO 적용대상에는 제조자, 수입자, 관세사, 운송인, 중계인, 항구 및 공항, 배송업자 등이 모두 포함된다.

우리나라는 2008년 관세법 개정 등을 통해 AEO를 도입한 상태이며 '수출입안전관리우수업체'라는 명칭으로 불리고 있다.

AEO는 WCO(World Customs Organization; 국제관세기구)에 의해 전세계적으로 시행되고 있으나 국가 간의 조약이나 협약처럼 별도의 "AEO 협정"이 있지는 않다. 그럼에도 불구하고 국제협정과 유사하다. 이러한 근거는 AEO 조문이 다음과 같이 WTO의 무역원활화 협정 내에 포함되어 있기 때문이다.

- 모든 국가는 기한 내에 AEO를 시행하여야 하며, AEO 기업에 대해 혜택을 제공해야 한다.

이를 위해 WCO는 SAFE Framework라고 하는 가이드 지침을 만들어서 회원국들에게 배포하였다(2005년 제정, 2018년 개정).

SAFE Framework은 AEO 기준, 세관의 심사 등과 관련한 내용을 담은 가이드라인이며, 마치 UN이 모델법을 만들어 각국에 권고하는 것과 같이 WCO가 무역원활화라는 WTO의 세계공통 이슈에 대해 권고하는 수준이라고 보면 적절할 것이다.

WCO가 발표한 2018년 SAFE Package에는 AEO 검증 가이드와 같은 업데이트된 내용들이 포함되어 있다. 상호인정약정(MRA) 전략 가이드; 업데이트된 AEO 브로셔; MRA 이행지침; 사전화물정보(ACI) 이행지침; 업데이트된 통합공급망 관리지침; 상인 식별 번호(TIN)에 대한 권고 및 지침; 데이터 분석 핸드북; SAFE AEO 프로그램과 WTO TFA 7.7의 연계에 관한 자주 묻는 질문(FAQ) 등이 이에 포함된다.

06

국제무역분쟁 관련 규칙

국제무역거래는 서로 다른 법, 관습, 종교 등 수많은 위험요소를 지닌 채 진행되는 것이 일반적이다. 따라서 아무런 문제없이 거래가 완료된다는 것이 쉽지 않다. 무역거래는 사전에 많은 지식과 준비를 통해 시작되었지만 양 당사자가 모르고 있던 사실이나 양 당사자가 어떻게 해 볼 도리가 없이 발생하는 위험도 존재하는 것이 사실이다. 이런 경우에는 누군가에게 책임을 묻기가 상당히 어려워진다. 즉 원하든 원하지 않든 무역 거래 시 분쟁이 발생하는 경우가 종종 있게 된다.

따라서 이런 경우를 위해 사전에 분쟁방지를 위한 일련의 조치를 통해 불필요한 시간과 경비를 감소 또는 방지하고, 그럼에도 불구하고 만일 분쟁이 발생한 경우에는 분쟁해결의 원칙을 계약서 등에 미리 삽입함으로써 이를 지혜롭게 해결하려는 시도가 자연스레 생기게 되었다. 여기에서는 국제무역분쟁의 해결을 위한 4가지의 국제무역규칙을 살펴본다.

6-1 뉴욕협약, 1958

국제무역은 시장 환경, 언어, 관습, 경제적 상황, 분쟁 시 법률의 해석과 상관습이 서로 다른 당사자 간의 상거래이기 때문에 무역거래에서는 여러 가지의 분쟁이 발생되기 쉽다. 분쟁이 발생하게 되면 당사자는 청구권을 포기하거나 화해, 소송, 조정 등에 의하여 그 해결책을 찾아야 한다. 이 중에 가장 합리적이고 구속력 있고 비용과 시간을 절감할 수 있는 것은 중재에 의한 방법이라 할 수 있다.

상사중재(commercial arbitration)란 당사간의 합의에 의하여 사법상의 권리 또는 법률관계에 관한 분쟁을 법원의 소송절차에 의하지 아니하고 제3자를 중재인으로 선정하여 그 분쟁의 해결을 중재인의 판정에 맡기는 동시에 최종적으로 그 판정에 복종함으로써 분쟁을 해결하는 제도를 말한다.

그동안 상사중재와 관련하여 다양한 국가에서 다양한 시도가 진행된바, 남미국가가 중심이 되어 1889년에 성립된 '몬테비데오 협약'이 있었고, 1928년 2월에는 미주국가들이 중심이 되어 '부스타만테(Bustamante) 국제사법전'을 제정하였으며, 1972년 5월에는 동구권 국가들이 경제 및 과학기술협력관계에 따른 민사소송의 중재에 관한 '모스크바 협약'을 체결한 바 있고 또 1975년 1월에는 미주국들 사이에 외국중재판정의 승인과 집행을 보장하기 위한 '파나마 협약'이 체결되기도 하였다.

한편 국제기구의 차원에서 보면, 1958년 6월 10일 유엔 경제사회이사회의 48개국 대표와 ICC 등 15개 국제단체의 대표가 참석한 가운데 전문 16조로 구성된 '외국중재판정의 승인과 강행에 관한 유엔협약'(United Nations Convention on the Recognition and Enforcement of Foreign Arbitral Awards: 이하 뉴욕협약)이 체결되었다. 이 협약은 제12조 1항의 규정에 따라 세 번째의 가입서가 기탁된 후 1959년 6월 7일부터 발효되었다. 우리나라는 1968년 3월 4일 이 협약의 가입을 위한 서명을 마치고, 1973년 5월 9일부터 시행하고 있다.

6-2 상사중재에 관한 UN모델법, 2006

국제상거래에서 발생하는 분쟁을 해결하기 위하여 다양한 방법이 고려되고 있으며, 그 중에서도 국제상사중재는 법원에 의한 분쟁해결보다 경제성, 신속성, 기밀성, 전문성, 접근용이성과 같은 여러 가지 장점으로 인하여 널리 활용되고 있다.

유엔국제무역거래법위원회는 1976년에 중재계약과 중재절차 및 중재판정의 집행 등을 위한 중재규칙(UNCITRAL Arbitration Rules)을 제정하였으나, 중재과정에 있어서의 각국 법원의 감독과 통제에 필요한 일반규정을 두고 있지 않아서 각국의 중재법에서 표준으로 삼을 수 있는 모델법을 제정하기로 하고, 1981년부터 표준국제상사중재법의 초안 작업에 착수하여 1985년 6월 21일 제18차 UNCITRAL 회의에서 '유엔국제무역거래법위원회의 표준국제상사중재법'(UNCITRAL Model Law on International Commercial Arbitration)을 공식적으로 채택하고 각 회원국에게 이 표준법의 도입을 촉구하였다. 우리나라도 현행 중재법과 대한상사중재원의 중재규칙의 주요 내용들은 이 표준법을 따르고 있다.

UNCITRAL은 본 초안의 작업임무를 국제계약실무작업반(Working Group on International Contract Practice)에 위임하였고, 동 작업반은 1984년 6월까지 7차례의 회의를 거쳐 표준국제상사중재법초안(Draft text of the model law on international commercial arbitration)을 작성하였다. 본 초안은 각국 정부의 의견을 수렴하여 1985년 6월 3일부터 21일까지 비엔나에서 개최되어 UNCITRAL 제18차회기에 상정되어 'UNCITRAL 표준국제상사중재법(UNCITRAL Model law on International Commercial Arbitration)'으로 공식 채택되었다.

그러나 UNCITRAL 모델중재법 가운데 일부규정들은 국제상사중재가 점점 복잡하고 전문화된 분쟁으로 확대되고 있는 추세이기 때문에 이러한 상황에서 적절한 분쟁의 해결점을 모색하기 위하여 적합하고 실효성이 있는 규정으로 중재법이 개정할 필요성이 강하게 대두되었다.

따라서 UNCITRAL은 제32차 본회의(비엔나, 1999년 5월 17일에서 6월 4일)에서 중재법, 중재규칙 및 중재실무의 개선을 위한 생각과 제안의 수용 여부를 평가할 시기에 대하여 심도있는 고려를 한 결과, UNCITRAL 모델 중재법의 개정과 관련한 작업을 작업반 Ⅱ(Working Group Ⅱ : 중재 및 조정)에 위임하였다. 작업반의 우선항목으로 무엇보다도 모델중재법 제17조의 임시적 처분의 강제 집행과 제7조 제2항의 중재합의의 서면형식 요건을 포함하여야 한다고 결정하였다.

이를 통해 'UNCITRAL Model law on International Commercial Arbitration 2006'이 제정되었다.

6-3 UN상사중재규칙, 2013

UN국제무역거래법위원회의 중재규칙(UNCITRAL Arbitration Rules)이라 함은 국제무역관계법의 발전과 점진적인 통일을 위하여 유엔에 설치된 국제무역법위원회에 의하여 1976년 4월 28일 UNCITRAL 제9차 회기에서 채택하여 2013년 최신 개정을 거친 전문 43개 조문의 중재규칙이다.

이 중재규칙은 1966년 유엔에 UNCITRAL이 설치되고 1969년 제2차 UNCITRAL 회의에서 국제상사중재에 관한 법률의 조화와 통일을 추진하기로 결의하면서부터 그 제정 작업이 시작되었다.

본 규칙은 자본주의국가와 사회주의 국가, 개발도상국과 선진국 그리고 불문법계 국가와 성문법계 국가에 소속된 사기업간의 상사분쟁을 해결하는 데 널리 이용되도록 범세계적 사용을 위해 제정되어 보편타당성을 지닌 규칙으로 평가받고 있다.

동 규칙은 미국중재협회 중재규칙, 미주상사 중재위원회규칙과 ECAFE 규칙(1966, ESCAP), CMEA 중재규칙(1974), ECE 규칙(1966) 등의 중재규칙의 내용을 종합하여 제정되었으며, 유엔협약(1958), 유럽협약(1961), 워싱턴협약(1965) 등의 내용도 함께 고려되었다. 동 규칙은 우리나라의 관련 상사중재법규에도 상당한 영향을 미치는바, 우리나라 상사중재법규와 비교하면 크게 다섯 가지의 차이점을 보이고 있다.

먼저, 준거법에 대한 부분으로 UNCITRAL규칙에서는 당사자의 준거법에 대한 분명한 서면합의를 요구하고 있으나 우리나라 법규에서는 단지 중재원의 중재로 해결한다고 합의하였을 경우에도 우리나라 법규를 적용할 수 있다.

둘째, 우리나라의 법규에서는 중재당사자를 '사인간의 분쟁'으로 명시하고 있으나 UNCITRAL 중재규칙은 이러한 제한 규정이 없다.

셋째, 우리나라 법규는 중재로 해결할 수 있는 대상을 "상행위"에 한정시키고 있으나 UNCITRAL 중재규칙은 계약과 관련된 분쟁(dispute)으로만 규정하여 중재의 대상을 광범위하게 하고 있다.

넷째, 우리나라의 중재법제는 기관중재를 인정하고 임시중재를 부인하는 내용으로 일관하고 있으나 UNCITRAL 중재규칙은 기관중재를 수용하면서 오히려 임시중재에 적합한 법제로 되어 있다.

다섯째, 중재인의 선정기간, 통지기간, 업무수행기간 등에 있어서 UNCITRAL 중재규칙은 비교적 여유를 가질 수 있도록 넉넉하게 허용하고 있으나 우리나라의 경우 훨씬 짧게 하고 있다.

그러나 UNCITRAL 중재규칙은 당사자의 자율 또는 임시중재로 이용하기에 적합하고 중재인선정이나 절차진행을 지연시킬 수 있는 내용이 들어 있어 이는 성문법계 국가로부터 호응을 받지 못하고 있는 실정이다.

6-4 중재에 관한 ICC규칙, 2017

ICC(International Chamber of Commerce:국제상업회의소)는 국제적으로 인정받는 국제상사분쟁해결제도의 필요성을 인식하고 이를 위하여 1922년 7월 10일 ICC 중재규칙을 채택하고 1923년 중재법원(Court of Arbitration)을 설립하였고, 이 중재법원은 국제중재사건을 다루는 국제상사중재에 관한 선도적 기관의 지위를 가지게 되었다.

국제무역 촉진 및 국제상거래와 투자증진의 장벽을 제거하기 위한 노력의 일환으로 발전되어 온 ICC의 중재는 중재법원에 의하여 관리되고 감독되는데, "중재법원"은 국제상사분쟁의 해결과 관련된 "국제중재에 관한 위원회"(the Commission of International Arbitration), "국제해사중재기구"(IMAO), "국제전문가센터"와 더불어 4대 ICC 기구 중의 하나이다.

ICC 중재재판소의 명성이 높아지면서 상사중재업무가 급증하고 복잡하게 전개됨에 따라 1986년 7월 1일부터 중재규칙을 전면적으로 개정·시행하였으며, 또 1988년 1월 1일부터는 조정규칙을 전면적으로 개정하고 중재규칙은 그 부칙만을 개정하였다. 개정중재규칙의 주요 특징은 중재판정부의 구성에 관한 문제, 중재인의 선정, 기피 및 대체조항을 보다 명확히 하고, 기타 판정의 제한에 관한 구체적인 설명을 추가하는 정도였다. 그러나 ICC 중재규칙은 당사자의 중재장소와 언어 그리고 준거법의 제한을 두고 있지 않다. 따라서 당사자들은 매매계약시에 그 적용법률, 중재인의 수, 중재 장소와 언어 등에 관한 중재조항을 합의해 두는 것이 바람직하다 할 것이다.

이후 1998년 중재규칙 제1조는 "중재법원의 기능은 중재규칙에 따라 국제적인 성격을 띠는 상사분쟁을 중재에 의하여 해결하는 데 있다"라고 규정하여 그 적용대상을 국제적 성격을 갖는 상사분쟁에 한정하고 있다. ICC 중재제도는 모든 종류의 국제적인 상사분쟁에 이용되고 있으며, 당사자가 각 국가의 단체, 사적인 단체인지를 불문하고 모든 종류의 국제계약에 관련하여 생긴 분쟁을 ICC 중재에 회부할 수 있도록 한다. 이러한 보편성을 위하여 상대적으로 상세하지 않은 절차를 규정하고, 보통법 또는 대륙법의 절차에 편향되지 않도록 규정한다.

2017년 3월 1일부터 새로 개정된 '국제상공회의소 국재중재법원 중재규칙'이 적용되고 있다. 아울러 당사자들 및 중재판정부에 대한 ICC의 실무 지침을 새롭게 준비하였다. 개정된 중재규칙과 실무지침에서는 중재절차를 효율적으로 진행할 수 있는 방안들이 도입되었는데, 그 중에서 특기할 만한 사항이 바로 신속절차의 도입이다.

　개정된 ICC 중재규칙은 2017년 3월 1일 이후에 이루어진 중재합의에 대해 적용한다. 물론 당사자들의 명시적인 합의로 개정 중재규칙을 적용받을 수도 있다. 중재 제도는 단심제로 진행되므로 소송에 비하여 신속성이 장점으로 강조되어 왔으나, 중재 제도 특유의 절차(중재 판정부의 구성, 판정부 구성 이후 절차 관련 협의 등) 때문에 불필요하게 절차가 지연된다는 주장이 꾸준히 제기되어 왔다. 특히 상대적으로 소액인 사건의 경우에도 절차가 지연되어 추가적인 비용이 발생된다는 비판이 있었다. 이와 같은 문제를 해결하기 위해서 개정된 ICC 중재규칙에서는 신속절차를 새로 도입하여 보다 효율적인 중재절차를 진행할 수 있게 되었다. 현재의 ICC중재규칙은 43개 조문과 5개의 장과 부록(Appendix)으로 구성되어 있다.

국제무역규칙
영한 대역

제2부의 국제무역규칙들은 최근 개정한 내용들을 포함하고 있다. 여기에 해설을 덧붙이지 않은 이유는 책의 분량도 문제이지만 국제무역규칙을 제대로 공부하고 연구하기 해서는 반드시 한번은 원문을 정독해야 하기 때문이다. 우리가 국제무역규칙을 원어로 연구해야 하는 이유는 다음과 같다.

첫째, 원어로 된 국제무역규칙 중 많은 부분이 과거 일어로 번역 되었고, 이를 다시 한 국어로 번역함으로써 오해를 불러 일으키는 경우(예를 들면 선화?선하?)가 많았 기 때문이다.

둘째, 최근에는 '번역기 앱'이라는 전자적 수단에 의한 오역이 많이 발생하고 있다.

셋째, 무역관련 각종 시험에서 지문을 제대로 이해하거나 또는 답안을 작성하기 위해 서이다.

넷째, 무역실무상에서의 오해를 방지하기 위해서이다.

따라서 영문원본을 국문으로 번역한 경우에도 해석상의 차이가 발생할 수 있으므로 국문번역문은 원문의 내용을 이해하기 위한 보조적 수단으로 이용하길 권한다.

01

International Rules on the Contract of Trade

1-1 Incoterms, 2020

Introduction to *Incoterms 2020*

1. The purpose of the text of this Introduction is fourfold:

    ▶ to explain what the Incoterms 2020 rules do and do NOT do and how they are best incorporated;

    ▶ to set out the important fundamentals of the Incoterms rules: the basic roles and responsibilities of seller and buyer, delivery, risk, and the relationship between the Incoterms rules and the contracts surrounding a typical contract of sale for export/import and also, where appropriate, for domestic sales;

    ▶ to explain how best to choose the right Incoterms rule for the particular sale contract; and

    ▶ to set out the cental changes between *Incoterms 2010* and Incoterms 2020.

2. The Introduction follows this structure:

    Ⅰ. What the Incoterms rules do

    Ⅱ. What the Incoterms rules do NOT do

    Ⅲ. How best to incorporate the Incoterms rules

    Ⅳ. Delivery, risk and costs in the Incoterms 2020 rules

    Ⅴ. ncoterms 2020 rules and the carrier

    Ⅵ. Rules for the contract of sale and their relationship to other contracts

    Ⅶ. The eleven Incoterms 2020 rules-"sea and inland waterway" and "any mode(s) of transport":getting it right

    Ⅷ. Order within the Incoterms 2020 rules

    Ⅸ. Differences between *Incoterms 2010* and *Incoterms 2020*.

    Ⅹ. Caution with variants of Incoterms rules.

01

국제무역계약 관련 규칙

1-1 인코텀즈, 2020

인코텀즈 2020 소개문

1. 본 소개문의 목적은 다음의 네 가지이다.

   ▶ 인코텀즈 2020 규칙이 무슨 역할을 하고 또 하지 않는지 그리고 어떻게 인코텀즈규칙을 가장 잘 편
   입시킬 수 있는지를 설명하는 것

   ▶ 다음과 같은 인코텀즈규칙의 중요한 기초들을 기술하는 것: 매도인과 매수인의 기본적 역할과 책임,
   인도, 위험 및 인코텀즈규칙과 계약들(전형적인 수출/수입매매계약 및 해당되는 경우 국내매매계약
   을 둘러싼 계약들) 사이의 관계

   ▶ 어떻게 당해 매매계약에 올바른 인코텀즈규칙을 가장 잘 선택할지를 설명하는 것

   ▶ 인코텀즈 2010과 인코텀즈 2020의 주요한 변경사항들을 기술하는 것

2. 본 소개문의 구조는 다음과 같다.

   Ⅰ. 인코텀즈규칙은 무슨 역할을 하는가

   Ⅱ. 인코텀즈규칙이 하지 않는 역할은 무엇인가

   Ⅲ. 어떻게 인코텀즈규칙을 가장 잘 편입시킬 수 있는가

   Ⅳ. 인코텀즈 2020 규칙상 인도, 위험 및 비용

   Ⅴ. 인코텀즈 2020 규칙과 운송인

   Ⅵ. 매매계약규칙 및 이것과 다른 계약들과의 관계

   Ⅶ. 11개 인코텀즈 2020 규칙 - "해상운송과 내수로운송"에 적용되는 규칙 및 "모든 운송방식"에 적용되
   는 규칙: 올바른 사용법

   Ⅷ. 인코텀즈 2020 규칙 내 조항의 순서

   Ⅸ. 인코텀즈 2010과 인코텀즈 2020의 차이점

   Ⅹ. 인코텀즈규칙 변용시 유의점

3. This Introduction gives guidance on the use of, and about the fundamental principles behind, the Incoterms 2020 rules.

I . WHAT THE INCOTERMS RULES DO

4. The Incoterms rules explain a set of eleven of the most commonly-used three-letter trade terms, e.g. CIF, DAP, etc., reflecting business-to-business practice in contracts for the sale and purchase of goods.

5. The Incoterms rules describe
   ▶ Obligations: Who does what as between seller and buyer, e.g. who organises carriage or insurance of the goods of who obtains shipping documents and export or import licences;
   ▶ Risk: Where and when the seller "delivers" the goods, in other words where risk transfers from seller to buyer; and
   ▶ Costs: Which party is responsible for which costs, for example transport, packaging, loading or unloading costs, and checking of security-related costs. The Incoterms rules cover these areas in a set of ten articles, numbered A1/B1 etc., the A articles representing the seller's obligations and the B articles representing the buyer's obligations. See paragraph 53 below.

II . WHAT THE INCOTERMS RULES DO NOT DO

6. The Incoterms rules are NOT in themselves-and are therefore no substitute for-a contract of sale. They are devised to reflect trade practice for no particular *type* of goods-and for *any*. They can be used as much for the trading of a bulk cargo of iron ore as for five containers of electronic equipment of ten pallets of airfreighted fresh flowers.

7. The Incoterms rules do NOT deal with the following matters:
   ▶ whether there is a contract of sale at all;
   ▶ the specifications of the goods sold;
   ▶ the time, place, method of currency of payment of the price;
   ▶ the remedies which can be sought for breach of the contract of sale;
   ▶ most consequences of delay and other breaches in the performance of contractual obligations;
   ▶ the effect of sanctions;
   ▶ the imposition of tariffs;
   ▶ export or import prohibitions;

3. 본 소개문은 인코텀즈 2020 규칙의 사용과 그 기본원칙에 관한 지침을 제공한다.

I. 인코텀즈규칙은 무슨 역할을 하는가

4. 인코텀즈규칙은 예컨대 CIF, DAP 등과 같이 가장 일반적으로 사용되는 세 글자로 이루어지고 물품매매계약상 기업간 거래관행(business-to-business practice)을 반영하는 11개의 거래조건(trade term)을 설명한다.

5. 인코텀즈규칙은 다음 사항을 규정한다.
   ▶ 의무: 매도인과 매수인 사이에 누가 무엇을 하는지. 즉 누가 물품의 운송이나 보험을 마련하는지 또는 누가 선적서류와 수출 또는 수입허가를 취득하는지
   ▶ 위험: 매도인은 어디서 그리고 언제 물품을 "인도"하는지, 다시 말해 위험은 어디서 매도인으로부터 매수인에게 이전하는지
   ▶ 비용: 예컨대 운송비용, 포장비용, 적재 또는 양하비용 및 점거 또는 보안관련 비용에 관하여 어느 당사자가 어떤 비용을 부담하는지. 인코텀즈규칙은 A1/B1 등의 번호가 붙은 일련의 10개의 조항에서 위와 같은 사항들을 다루는데, 여기서 A 조항은 매도인의 의무를, 그리고 B 조항은 매수인의 의무를 지칭한다. 아래 53번 단락을 보라.

II. 인코텀즈규칙이 하지 않는 역할은 무엇인가

6. 인코텀즈규칙 그 자체는 매매계약이 아니며, 따라서 매매계약을 대체하지도 않는다. 인코텀즈규칙은 어떤 특정한 종류의 물품이 아니라 모든 종류의 물품에 관한거래관행을 반영하도록 고안되어 있다. 인코텀즈규칙은 산적화물(散積貨物, bulk cargo) 형태의 철광석 거래에도 적용될 수 있고 5개의 전자장비 컨테이너 또는 항공운송되는 5개의 생화 팔레트의 거래에도 적용될 수 있다.

7. 인코텀즈규칙은 다음의 사항을 다루지 않는다.
   ▶ 매매계약의 존부
   ▶ 매매물품의 성상(性狀)
   ▶ 대금지급의 시기, 장소, 방법 또는 통화
   ▶ 매매계약 위반에 대하여 구할 수 있는 구제수단
   ▶ 계약상 의무이행의 지체 및 그 밖의 위반의 효과
   ▶ 제재의 효력
   ▶ 관세부과
   ▶ 수출 또는 수입의 금지

▶ force majeure or hardship;

▶ intellectual property rights; or

▶ the method, venue, or law of dispute resolution in case of such breach.

Perhaps most importantly, it must be stressed that the Incoterms rules do NOT deal with the transfer of property/title/ownership of the goods sold.

8. These are matters for which the parties need to make specific provision in their contract of sale. Failure to do so is likely to cause problems later if disputes arise about performance and breach. In essence, the Incoterms 2020 rules are not themselves a contract of sale: they only become *part* of that contract when they are incorporated into a contract which already exists. Neither do the Incoterms rules provide the law applicable to the contract. there may be legal regimes which apply to the contract, whether international, like the Convention on the International Sale of Goods (CISG); of domestic mandatory law relating, for example, to health and safety or the environment.

III. HOW BEST TO INCORPORATE THE INCOTERMS RULES

9. If parties want the Incoterms 2020 rules to apply to their contract, the safest way to ensure this is to make that intention clear in their contract, through words such as "[the chosen Incoterms rule] [named port, place of point] Incoterms 2020".

10. Thus for example,

CIF Shanghai Incoterms 2020, or

DAP No 123, ABC Street, Importland Incoterms 2020.

11. Leaving the year out could cause problems that may be difficult to resolve. The parties, a judge or an arbitrator need to be able to determine which version of the Incoterms rules applies to the contract.

12. The place named next to the chosen Incoterms rule is even more important:

▶ in all Incoterms rules except the C rule, the named place indicates where the goods are "delivered". i.e. where risk transfers from seller to buyer;

▶ in the D rules, the named place is the place of delivery and also the place of destination and the seller must organise carriage to that point;

▶ in the C rules, the named place indicates the destination to which the seller must organise and pay for the carriage of the goods, which is not, however, the place or port of delivery.

▶ 불가항력 또는 이행곤란

▶ 지식재산권 또는

▶ 의무위반의 경우 분쟁해결의 방법, 장소 또는 준거법

  아마도 가장 중요한 것으로, 인코텀즈규칙은 매매물품의 소유권/물권의 이전을 다루지 않는다는 점도 강조되어야 한다.

8. 위와 같은 사항들은 당사자들이 매매계약에서 구체적으로 규정할 필요가 있다. 그렇게 하지 않는다면 의무의 이행이나 위반에 관하여 분쟁이 발생하는 경우에 문제가 생길 수 있다. 요컨대 인코텀즈 2020 규칙 자체는 매매계약이 아니다. 즉 인코텀즈규칙은 이미 존재하는 매매계약에 편입되는 때 그 매매계약의 일부가 될 뿐이다. 인코텀즈규칙은 매매계약의 준거법을 정하지도 않는다. 매매계약에 적용되는 법률체계(legal regimes)가 있으며, 이는 국제물품매매협약(CISG)과 같은 국제적인 것이거나 예컨대 건강과 안전 또는 환경에 관한 국내의 강행법률일 수 있다.

III. 어떻게 인코텀즈규칙을 가장 잘 편입시킬 수 있는가

9. 당사자들이 인코텀즈 2020 규칙이 계약에 적용되도록 하고자 하는 경우에 가장 안전한 방법은 계약에서 다음과 같은 문구를 통하여 그러한 의사를 명백하게 표시하는 것이다.

("[선택된 인코텀즈규칙] [지정항구, 장소 또는 지점] Incoterms 2020")

10. 따라서 예컨대,

CIF Shanghai Incoterms 2020 또는

DAP No 123, ABC Street, Importland Incoterms 2020.

11. 연도를 빠트리면 해결하기 어려운 문제가 발생할 수 있다. 당사자, 판사 또는 중재인이 어떤 버전의 인코텀즈규칙이 계약에 적용되는지 결정할 수 있어야 한다.

12. 선택된 인코텀즈규칙 바로 다음에 기명되는 장소는 더 중요하다.

▶ C 규칙을 제외한 모든 인코텀즈규칙에서 그러한 지정장소는 물품이 어디서 "인도"되는지, 즉 위험이 어디서 매도인으로부터 매수인에게 이전하는지를 표시한다.

▶ D 규칙에서 지정장소는 인도장소이자 목적지이고 매도인은 그 지점까지 운송을 마련 하여야 한다.

▶ C 규칙에서 지정장소는 매도인이 그 운송을 마련하고 그 비용도 부담하여야 하는 물품운송의 목적지이지만 인도장소나 인도항구는 아니다.

13. Thus, an FOB sale raising doubt the port of shipment leaves both parties uncertain as to where the buyer must present the ship to the seller for the shipment and the transport of the goods-and as to where the seller must deliver the goods on board so as to transfer risk in the goods from seller to buyer. Again, a CPT contract with an unclear named destination will leave both parties in doubt as to the point to which the seller must contract and pay for the transport of the goods.

14. It is best to avoid these types of issues by being as geographically specific as possible in naming the port, place or point, as the case may be, in the chosen Incoterms rule.

15. When incorporating a particular Incoterms 2020 rule into a sale contract, it is not necessary to use the trademark symbol. For futher guidance on trademark and copyright, please refer to http://iccwbo.org/incoterms-copyright/.

IV. DELIVERY, RISK AND COSTS IN THE INCOTERMS® 2020 RULES

16. A named place or port attached to the three letters, e.g. CIP Las Vegas or CIF Los Angeles, then, is critical in the workings of the Incoterms® 2020 rules. Depending on which Incoterms® rule is chosen, that place will identify either the place or port at which the goods are considered to have been "delivered" by the seller to the buyer, the place "delivery", or the place or port to which the seller must organize the carriage of the goods, i.e. their destination; or, in the case of the D rules, both.

17. In all Incoterms® 2020 rules, A2 will define the place or port of "delivery"- and that place or port is closest to the seller in EXW and FCA (seller's premises) and closet to the buyer in DAP, DPU and DDP.

18. The place or port of delivery identified by A2 is critical both for risk and for costs.

19. The place or port of delivery under A2 marks the place at which risk transfers from seller to buyer under A3. It is at that place or port that the seller performs its obligation to provide the goods under the contract as reflected in A1 such that the buyer cannot recover against the seller for the loss of or damage to the goods occurring after that point has passed.

20. The place or port of delivery under A2 also marks the central point under A9 which allocates costs to seller and buyer. In broad terms, A9 allocates costs before the point of delivery to the seller and costs after that point to the buyer.

13. 따라서 선적항에 관하여 의문을 야기하는 FOB 매매는 매수인이 물품의 선적과 운송을 위하여 어디서 매도인에게 선박을 제공하여야 하는지에 관하여 - 또한 매도인은 위험이 매수인에게 이전되도록 하기 위하여 어디서 물품을 선적하여야 하는지에 관하여 - 양당사자에게 불확실한 점을 남긴다. 마찬가지로 지정목적지가 불명확한 CPT 계약은 매도인이 체결하여야 하고 그 비용을 부담하여야 하는 물품 운송 계약의 목적지점에 관하여 양 당사자에게 의문을 남긴다.

14. 이러한 종류의 문제를 피하는 최상의 방법은 선택된 인코텀즈규칙에서 해당되는 항구나 장소 또는 지점의 지리적 위치를 가급적 구체적으로 지정하는 것이다.

15. 특정한 인코텀즈 2020 규칙을 매매계약에 편입할 때, 상표표지(trademark symbol)까지 표기할 필요는 없다. 상표와 저작권에 관한 상세한 안내는 <http://iccwbo.org/incoterms-copyright/>를 참조하라.

Ⅳ. 인코텀즈 2020규칙상 인도, 위험 및 비용

16. 따라서 예컨대 CIP Las Vegas 또는 CIF Los Angeles와 같이 세 글자 다음에 부가되는 지정장소나 지정항구는 인코텀즈 2020 규칙의 작동과정에서 매우 중요하다. 어떤 인코텀즈 2020 규칙이 선택되는지에 따라 그러한 장소는 물품이 매도인에 의하여 매수인에게 "인도된" 것으로 다루어지는 장소나 항구 또는 "인도"장소가 되거나 매도인이 마련하여야 하는 물품운송의 목적지나 목적항이 되고, D 규칙의 경우에는 양자 모두가 된다.

17. 모든 인코텀즈 2020 규칙에서 A2는 "인도"의 장소나 항구를 정한다 - 그리고 그러한 장소나 항구는 EXW나 FCA에서는 매도인에게 가장 가깝고(매도인의 영업구내)DAP와 DPU, DDP에서는 매수인에게 가장 가깝다.

18. A2에서 정해지는 인도장소나 인도항구는 위험과 비용 모두에 관하여 매우 중요하다.

19. A2의 인도장소나 인도항구는 A3 하에서 위험이 매도인으로부터 매수인에게 이전하는 장소를 확정한다. 매도인은 이러한 장소와 항구에서 A1에 반영되어 있는 계약에 따른 물품인도의무를 이행하며 그에 따라 매수인은 그 지점을 지난 뒤에 발생하는 물품의 멸실 또는 훼손에 대하여 매도인에게 책임을 묻지 못한다.

20. A2의 인도장소나 인도항구는 또한 A9 하에서 매도인과 매수인 사이에 비용을 할당하는 기준점을 확정한다. 대략 말하자면 A9에서 그러한 인도지점 전의 비용은 매도인이 분담하고 그러한 지점 후의 비용은 매수인이 분담한다.

Delivery points

Extremes and in-betweens: the four traditional Incoterms® rules groups

21. Versions of the Incoterms® rules before 2010 traditionally grouped the rules into four, namely E, F, C and D, with E and D Lying at extreme poles from each other in terms of the point of delivery and the F and C rules lying in between. While the Incoterms® rules have, since 2010, been grouped according to the means of transport used, the old groupings are still helpful in understanding the point of delivery. Thus, the delivery point in EXW is an agreed point for collection of the goods by the buyer, whatever the destination to which the buyer will take them. At the other extreme in DAP, DPU and DDP, the delivery point is the same as the destination point to which the seller or its carrier will carry the goods. In the first, EXW, risk transfers before the transport cycle even starts; in the second, the D rules, risk transfers very late in that cycle. Again, in the first, EXW and, for that matter, FCA (seller's premises), the seller performs its obligation to deliver the goods whether or not they actually arrive at their destination. In the second, the seller performs its obligation to deliver the goods only if they actually arrive at their destination.

22. The two rules at the extreme ends of the Incoterms® rules are EXW and DDP. However, traders should consider alternative rules to these two for their international contracts. Thus, with EXW the seller has to merely put the goods at the buyer's disposal. This may cause problems for the seller and the buyer, respectively, with loading and export clearance. The seller would be better advised to sell under the FCA rule. Likewise, with DDP, the seller owes some obligations to the buyer which can only be performed within the buyer's country, for example obtaining import clearance. It may be physically or legally difficult for the seller to carry out those obligations within the buyer's country and a seller would therefore be better advised to consider selling goods in such circumstances under the DAP or DPU rules.

23. Between the two extremes of E and D rules, there lie the three F rules (FCA, FAS and FOB), and the four C rules (CPT, CIP, CFR and CIF).

24. With all seven F and C rules, the place of delivery is on the seller's side of the anticipated carriage: consequently sales using these Incoterms® rules are often called "shipment" sales. Delivery occurs, for example,

When the goods are placed on board the vessel at the port of loading in CFR, CIF and FOB; or

By handing the goods over to the carrier in CPT and CIP; or

By loading them on the means of transport provided by the buyer or placing them at the disposal of the

인도지점

극단적 그룹과 중간적 그룹: 4가지의 전통적 인코텀즈규칙 그룹

21. 2010 전의 인코텀즈규칙 버전들에서는 전통적으로 개별 규칙들을 4개 그룹, 즉 E 그룹, F 그룹, C 그룹 및 D 그룹으로 분류하였는데, 인도지점의 측면에서 E 그룹과 D 그룹은 양극단에 있고 F 그룹과 C 그룹은 그 중간에 있다. 2010 버전부터 인코텀즈규칙은 사용된 운송수단에 따라 그룹을 분류하고 있으나 과거의 분류방법은 아직도 인도지점을 이해하는 데 유익하다. 따라서 EXW에서 인도지점은 매수인이 물품을 수취하기로 합의된 지점이며, 매수인이 그 물품을 가져갈 목적지는 어느 곳이든 무방하다. 반대편 극단에 있는 DAP, DPU 및 DDP의 경우에 인도지점은 매도인이나 그의 운송인이 운송할 물품의 목적지와 동일하다. 전자, 즉 EXW의 경우에는 운송과정이 시작되기도 전에 위험이 이전한다. 후자, 즉 D 규칙의 경우에는 운송과정의 막바지에 이르러 위험의 이전한다. 또 전자, 즉 EXW의 경우 및 같은 문제로 FCA(매도인의 영업구내)의 경우에 매도인의 물품인도의무는 물품이 실제로 목적지에 도착하는지와 무관하다. 후자의 경우에 매도인은 물품이 실제로 목적지에 도착한 경우에만 물품인도의무를 이행한 것으로 된다.

22. 인코텀즈규칙들 중 양극단에 있는 두 규칙, 즉 EXW와 DDP 규칙은 국제거래에서 전형적으로 사용되는 총 11개 규칙 중에 포함된다. 그러나 거래당사자들은 국제계약에서는 이러한 두 가지를 대체하는 규칙을 고려하여야 한다. EXW의 경우에 매도인은 물품을 단지 매수인의 처분 하에 두기만 하면 된다. 이는 적재와 수출통관에 관하여 매도인과 매수인에게 각각 문제를 야기할 수 있다. 따라서 매도인은 FCA규칙으로 매매하는 것이 더 좋다. 마찬가지로 DDP의 경우에 매도인은 매수인 국가에서만 이행될 수 있는 의무들 예컨대 수입통관을 할 의무를 부담한다. 매도인이 그러한 의무들을 매수인 국가에서 이행하기는 물리적으로나 법적으로 어려울 수 있고 따라서 매도인은 그러한 경우에 DAP나 DPU 규칙으로 물품을 매매하는 것을 고려하는 것이 더 좋다.

23. 양극단의 E규칙과 D 규칙 사이에 3개의 F 규칙(FCA, FAS 및FOB)과 4개의 C규칙(CPT, CIP, CFR 및 CIF)이 있다.

24. 모두 7개의 F 규칙 및 C 규칙에서 인도장소는 예정된 운송[구간상] 매도인 쪽에 있다. 따라서 이러한 인코텀즈규칙을 사용하는 매매를 흔히 "선적"매매("shipment" sales)라 한다.

인도는 예컨대 다음과 같이 일어난다.

CFR, CIF 및 FOB에서는 물품이 선적항에서 선박에 적재된 때, 또는

CPT 및 CIP에서는 물품을 운송인에게 교부함으로써 또는

buyer's carrier in FCA.

In the F and C groups, risk transfers at the seller's end of the main carriage such that the seller will have performed its obligation to deliver the goods whether or not the goods actually arrive at their destination. This feature, of being shipment sales delivery happening at the seller's end early in the transit cycle, is common to the F and the C rules, whether they are   the maritime Incoterms® rules or the Incoterms® rules intended for any modes[s] of transport

25. The F and the C rules do, however, differ as to whether it is the seller or buyer who contracts for or arranges the carriage of the goods beyond the place or port of delivery. In the F rules, it is the buyer who makes such arrangements, unless the parties agree otherwise. In the C rules, this obligation falls to the seller.

26. Given that a seller on any of the C rules contracts for arranges the carriage of the goods beyond delivery, the parties need to know what the destination is to which it must arrange carriage-and that is the place attached to the name of the Incoterms® rules, e.g. "CIF the port of Dalian" or "CIP the inland city of Shenyang". Whatever that named destination is, that place is not and never becomes the place of delivery. Risk will have transferred on shipment or on handing over the goods at the place of delivery, but the contract of carriage must have been made by the seller for the named destination. Delivery and destination, then, in the C rules, are necessarily not the same place.

V. Incoterms®2020 RULES AND THE CARRIER

27. In the F and the C rules, placing the goods, for example, on board the vessel or handing them over to, or placing them at the disposal of the carrier marks the point at which the goods are "delivered" by the seller to the buyer. Therefore this is the point at which risk transfers from the seller to the buyer.

28. Given those two important consequences, it becomes essential to identify who the carrier is where there is more than one carrier, each carrying out a separate leg of transport, for instance by road, rail, air or sea. Of course, where the seller has taken the far more prudent course of making one contract of carriage with one carrier taking responsibility for the entire carriage chain, in a so-called "through" contract of carriage, the problem does not arise. However, where there is no such "through" carriage contract, the goods could be handed over (where the CIP or CPT rules are used) to a road-haulier or rail company for onward transmission to a sea carrier. The same situation may arise with exclusively maritime transport where, for example, the goods are first handed over to a

FCA에서는 물품을 매수인이 제공하는 운송수단에 적재하거나 매수인의 운송인의 처분 하에 둠으로써,

F그룹과 C그룹에서 위험은 주된 운송을 위한 매도인의 끝 단에서 이전하며 그에 따라 매도인은 물품이 실제로 목적지에 도착하는지 여부와 무관하게 그의 물품인도의무를 이행하는 것으로 된다. 이러한 특징, 즉 선적매매의 경우에 인도는 운송과정의 초반에 매도인의 끝 단에서 일어난다는 특징은 그것이 해상운송을 위한 인코텀즈규칙인지 또는 모든 운송방식을 위한 인코텀즈규칙인지에 관계없이 F규칙과 C규칙에 공통된다.

25. 그러나 F규칙과 C규칙은 인도장소나 인도항구 이후의 물품운송계약을 체결하거나 운송을 마련하는 당사자가 매도인인지 아니면 매수인인지에 관하여 다르다. F규칙에서는 당사자들이 달리 합의하지 않는 한 매수인이 그렇게 하여야 한다. C규칙에서는 이러한 의무를 매도인이 부담한다.

26. 모든 C규칙에서는 매도인이 인도 이후의 물품운송계약을 체결하거나 운송을 마련하도록 하므로 당사자들은 그 운송의 목적지가 어디인지를 알아야 할 필요가 있는데, 당해 인코텀즈규칙의 명칭 뒤에 부가되는 지명, 예컨대 "CIF the port of Dalian" 또는 "CIP the inland city of Shenyang"이 곧 그러한 목적지이다. 그러한 지정목적지가 어디든지 간에 그러한 장소는 결코 인도장소가 아니며 인도장소로 되지도 않는다. 위험은 인도장소에서 물품의 선적과 동시에 또는 교부와 동시에 이미 이전하나, 그 전에 지정목적지로 향하는 운송계약은 매도인이 체결하였어야 한다. 따라서 C규칙에서는 인도지와 목적지가 반드시 동일한 곳이 아니다.

V. 인코텀즈 2020 규칙과 운송인

27. F규칙과 C규칙에서는 예컨대 물품을 선박에 적재하거나 운송인에게 교부하거나 운송인의 처분 하에 둠으로써 물품이 매도인에 의하여 매수인에게 "인도된" 지점이 확정된다. 따라서 이 지점에서 위험이 매도인으로부터 매수인에게 이전한다.

28. 위와 같은 두 가지의 중요한 효과 때문에 개별 운송구간 예컨대 도로, 철도, 항공 또는 해상운송구간을 각각 따로 담당하는 복수의 운송인이 있는 경우에 누가 운송인인지를 확정하는 것은 매우 중요하다. 물론 매도인이 매우 신중을 기하여 단일운송인이 운송의 모든 운송구간을 책임지는 하나의 운송계약을 체결하는 이른바 "통"운송계약(through" carriage contract)을 체결한 경우에는 문제가 발생하지 않는다. 그러나 그러한 "통"운송계약이 없는 경우에 물품은(CIP나 CPT 규칙이 사용되는 경우) 후속하는 해상운송인에게 전달하기 위하여 먼저 도로운송회사나 철도회사에게 교부될 수 있다. 해상운송만이 단독으로 사용되는 경우에도 예컨대 물품이 후속하는 해양운송인에게 전달하기 위하여 먼저 강호(江湖)

river or feeder short-sea carrier for onward transmission to an ocean carrier.

29. In these situations, when does the seller "deliver" the goods to the buyer: When it hands the goods over to the first, second or third carrier?

30. Before we answer that question, a preliminary point. While in most cases the carrier will be an independent third party engaged under a contract of carriage by either seller or the buyer (depending on whether the parties have chosen a C Incoterms® rule or an F Incoterms® rule). There are situations where no such independent third party is engaged at all because the seller or the buyer itself will carry the goods sold. This is more likely to happen in the D rules (DAP, DPU and DDP), where the seller may use its own means of transport to carry the goods to the buyer at the delivery destination. Provision has therefore been made in the Incoterms® 2020 rules for a seller under the D rules either to contract for carriage or to arrange for carriage, that is to say through its own means of transport: see A4.

31. The question asked at paragraph 29 above is not simply a "carriage" question: it is an important "sale" question. The question is not which carrier a seller or buyer of goods damaged in transit can sue under the contract of carriage. The "sale" question is: where there is more than one carrier involved in the carriage of the goods from seller to buyer, at which point in the carriage string dose the handing over of the goods mark the point of delivery and the transfer of risk as between seller and buyer?

32. There needs to be a simple answer to this question because the relations between the multiple carriers used, and between the seller and/or the buyer with those several carriers, will be complex, depending as they do on the terms of a number of separate contracts of carriage. Thus, for example, in any such chain of contracts of carriage, one carrier, such as a carrier actually performing a leg of the transit by road, may well act as the seller's agent in concluding a contract of carriage with a carrier by sea.

VI. RULES FOR THE CONTRACT OF SALE AND THEIR RELATIONSHIP TO OTHER CONTRACTS

33. The Incoterms® 2020 rules give a clear answer to this question where the parties contract on FCA. In FCA, THE relevant carrier is the carrier nominated by the buyer to whom the seller hands over the goods at the place or point agreed in the contract of sale. Thus even if a seller engages a road haulier to take the goods to the agreed delivery point, risk would transfer not at the place and time where the seller hands the goods over to the hauleir engaged by the seller, but at the place and time where the goods are placed at the disposal of the carrier engaged by the buyer. This is why

운송인이나 연안의 피더운송인에게 교부되는 때에는 같은 상황이 발생할 수 있다.

29. 이러한 경우에 매도인은 물품을 언제 매수인에게 "인도"한 것이 되는가?
   최초운송인에게 교부한 때인가 아니면 둘째 또는 셋째 운송인에게 교부한 때인가?

30. 그 질문에 대답하기 전에 선결문제가 있다. 대부분의 경우에 운송인은 (당사자들이 인코텀즈 C 규칙 또는 F 규칙을 선택하였는지에 따라) 매도인 또는 매수인이 운송계약에 따라 사용하는 독립된 제3자일 것이지만, 매도인 또는 매수인이 매매물품을 직접 운송함으로 인하여 그러한 독립된 제3자가 전혀 존재하지 않는 경우가 있을 수 있다. 이러한 일은 매도인이 자신의 운송수단을 사용하여 인도장소인 목적지까지 물품을 운송할 수도 있는 D규칙(DAP, DPU 및 DDP)에서 더 일어날 수 있다. 따라서 인코텀즈 2020 규칙에서는 D 규칙상 매도인이 운송계약을 체결하거나 아니면 운송을 마련하도록, 즉 자신의 운송수단으로 운송하도록 규정한다. A4를 보라.

31. 위의 29번 단락에서 제기된 질문은 단순히 "운송"문제가 아니다. 이는 중요한 "매매"문제이다. 이 문제는 운송 중 훼손된 물품에 관하여 매도인이나 매수인이 어느 운송인에게 운송계약상 책임을 물을 수 있는지의 문제가 아니다. 이는 "매매"문제이며, 물품을 매도인으로부터 매수인에게까지 운송하는 데 복수의 운송인이 참여한 경우에 운송과정 중 어느 지점에서 일어난 물품교부가 인도지점을 확정하는지 그리고 매도인과 매수인 사이에 위험이전을 초래하는지의 문제이다.

32. 이 문제에 대해서는 간단한 대답이 필요하다. 수개의 개별 운송계약들의 계약조건여하에 따라 복수의 운송인들 사이의 관계와 매도인 및/또는 매수인과 그러한 복수의 운송인 사이의 관계는 복잡할 것이기 때문이다. 따라서 예컨대 그러한 일련의 운송계약(chain of contracts of carriage)에서 도로운송구간을 실제로 담당한 운송인과 같은 어떤 운송인은 해상운송인과 운송계약을 체결함에 있어서 매도인의 대리인(seller's agent)으로 행동할 수 있다.

VI. 매매계약규칙 및 다른 계약들과의 관계

33. 인코텀즈 2020 규칙은 당사자들이 FCA로 계약한 경우에 이 문제에 대하여 분명한 답을 제공한다. FCA에서 관련된(relevant carrier) 매수인이 지정한 운송인이며 매도인은 매매계약상 합의된 장소 또는 지점에서 그 운송인에게 물품을 교부한다. 따라서 매도인이 도로운송인을 사용하여 물품을 합의된 인도지점까지 운송하더라도 위험은 매도인이 사용한 도로운송인에게 물품을 교부한 장소와 시점이 아니라 물품이 매수인이 사용한 운송인의 처분 하에 놓인 장소와 시점에 이전한다.
   이 때문에 FCA 매매에서는 인도장소나 인도지점을 가급적 정확하게 지정하는 것이 매우 중요하다.

the naming of place or point of delivery as precisely as possible is so important in FCA sales. The same situation can arise in FOB if a seller engages a feeder vessel or barge to takes the goods to the vessel engaged by the buyer. A similar answer is provided by Incoterms® 2020: delivery occurs when the goods are placed on board the buyer's carrier.

34. With the C rules, the position is more complex and may well attract different solutions under different legal systems. In CPT and CIP, the relevant carrier is likely to be regarded, at any rate in some jurisdictions, as the first carrier to whom the seller hands over the goods under A2 (unless the parties have agreed on the point of delivery). The buyer knows nothing of the contractual arrangements made between the seller and the first or subsequent carriers, or indeed between that first carrier and subsequent carriers. What the buyer does know, however, is that the goods are "in transit" to him or her—and that "transit" starts as far as the buyer knows, when the goods are put by the seller into the hands of the first carrier. The consequence is that risk transfers from seller to buyer at that early stage of "delivery" to the first carrier. The same situation can arise in CFR and CIF if a seller engages a feeder vessel or barge to take the good to the agreed port of shipment, if any. A similar answer might be suggested in some legal systems: delivery occurs when the goods are placed on board the vessel at the agreed port of shipment, if any.

35. Such a conclusion, if adopted, may seem harsh on the buyer. Risk would transfer from seller to buyer. Risk would transfer from seller to buyer in CPT and CIP sales when the goods are handed over to the first carrier. The buyer does not know at that stage whether or not that first carrier is responsible for loss of or damage to the goods under the relevant carriage contract. The buyer is not a party to that contract, has no control over it and will not know its terms. Yet, despite this. The buyer would end up bearing the risk in the goods from the very earliest moment of handing over, possibly without recovery against that first carrier.

36. While the buyer would end up bearing the risk of loss or damage to the goods at an early stage of the transport chain, it would, on this view however, have a remedy against the seller. "A2/A3 do not operate in a vacuum: under A4, the seller must contract for the carriage of the goods "from the agreed point of delivery, if any, at the place of delivery to the named place of destination or, if agreed, any point at the place." Even if risk has transferred to the buyer at the time the goods were handed over to the first carrier under A2/A3, if that first carrier does not undertake responsibility under its contract of carriage for the through carriage of the goods to the named destination, the seller.

37. This discussion of the role of the carrier in the delivery of the goods as between the seller and the buyer in the C and F Incoterms® rules raises the question: what role do the Incoterms® rules play in the contract of carriage,

FOB에서도 매도인이 피더선이나 바지선을 사용하여 물품을 매수인이 사용한 선박에 넘기도록 한 경우에는 동일한 상황이 발생할 수 있다. 이에 대하여 인코텀즈 2020은 유사한 답을 제공한다. 즉 인도는 물품이 매수인의 운송인에게 적재된 때 일어난다.

34. C 규칙에서는 상황이 더 복잡하며, 법제에 따라 다른 해법들을 도출할 것이다. C P T와 CIP의 경우에 어쨌든 어떤 법역에서는 (당사자들이 인도지점에 관하여 합의하지 않았다면) 매도인이 A2 하에서 물품을 교부한 최초운송인(first carrier)이 관련운송인으로 간주될 가능성이 있다. 매수인은 매도인과 최초운송인 또는 후속운송인 사이에 또는 사실 최초운송인과 후속운송인 사이에 체결된 운송계약에 관하여 아는 것이 없다. 단지 매수인이 아는 것은 물품이 자신에게로 "운송 중"에 있다는 점 - 그리고 매수인이 아는 한 "운송"은 매도인이 물품을 최초운송인의 수중에 넘긴 때 시작한다는 점이다. 그 결과, 위험은 그러한 "인도"의 초기단계, 즉 최초운송인에게 인도된 때 매도인으로부터 매수인에게 이전한다. CFR과 CIF에서도 매도인이 물품을 합의된 선적항이 있다면 그러한 선적항으로 가져가기 위하여 피더선이나 바지선을 사용한 경우에는 동일한 상황이 발생 할 수 있다. 이에 대하여 인코텀즈 2000은 유사한 답을 제공한다. 즉 인도는 물품이 합의된 선적항이 있다면 그러한 선적항에서 선박에 적재된 때 일어난다.

35. 이러한 결론을 채택된다면 매수인에게 가혹하게 보일 수 있다. CPT와 CIP 매매에서 위험은 물품이 최초운송인에게 교부된 때 매도인으로부터 매수인에게 이전한다. 이러한 단계에서 매수인은 최초운송인이 관련운송계약(relevant carriage contract)상 물품의 멸실 또는 훼손에 대하여 책임을 지는지 여부를 알지 못한다. 매수인은 그러한 계약의 당사자가 아니고, 그에 대하여 어떠한 통제를 할 수도 없고, 그 계약조건을 알지도 못할 것이다. 그럼에도 불구하고 매수인은 아마도 최초운송인에 대한 구상권을 갖지 못한 채 바로 그 물품교부의 최초시점부터 물품의 위험을 부담한 것으로 종결한다.

36. 매수인은 결국 운송과정의 초기단계에서 물품의 멸실 또는 훼손의 위험을 부담하는 것으로 종결될 것이지만 그럼에도 매수인은 매도인에 대하여 구제수단을 갖기도 한다. A2/A3는 진공상태에서 작동하는 것이 아니기 때문이다. 즉 A4 하에서 매도인은 "인도장소에 합의된 인도지점이 있는 때에는 그 인도지점으로부터 지정목적지까지 또는 합의가 있는 때에는 그 지정목적지의 어느 지점까지" 물품을 운송하는 계약을 체결하여야 한다. 비록 물품이 A2/A3에 따라 최초운송인에게 교부된 때 위험이 매수인에게 이전하였더라도 만약 그 최초운송인이 자신의 운송계약상 물품을 지정목적지까지 통운송(through carriage)을 하는 책임을 부담하지 않는다면, 매도인은 이러한 견해에서는 A4 하에서 매수인에 대하여 책임이 있다. 요컨대, 매도인은 매매계약에서 지정된 목적지까지 운송하는 운송계약을 체결하여야 한다.

37. 인코텀즈 C규칙과 F규칙에서 운송인이 매도인과 매수인 사이에서 물품인도에 관하여 어떤 역할을 하는지의 논의는 의문을 야기한다. 즉 인코텀즈규칙은 과연 운송계약에서 또는 사실 전통적으로 예컨대

or, indeed, in any of the other contracts typically surrounding an export contract, for example an insurance contract or a letter of credit?

38. The short answer is that the Incoterms® rules do not form part of those other contracts: where incorporated, the incoterms® rules apply to and govern only certain aspects of the contract of sale.

39. This is not the same as saying, however, that the Incoterms® rules have no impact on those other contracts. Goods are exported and imported thorough a network of contracts that, in an ideal world, should match the one with the other. Thus, the sale contract, for example, will require the tender of a transport document issued by the carrier to the seller/shipper under a contract of carriage and against which the seller/shipper/beneficiary might wish to be paid under a letter of credit. Where the three contracts match, things go well: where they do not, problems rapidly arise.

40. What the Incoterms® rules say, for example, about carriage or transport documents(in A4/B4 and A6/B6), or what they say about insurance cover(A5/B5), does not bind the carrier or the insurer or any of the banks involved. Thus, a carrier is only bound to issue a transport document as required by the contract of carriage it makes with the other party to that contract: it is not bound to issue a transport document complying with the Incoterms® rules. Likewise, an insurer is bound to issue a policy to the level and in th terms agreed with the party purchasing the insurance, not a policy which complies with the Incoterms® rules. Finally, a bank will look only at the documentary requirements in the letter of credit, if any, not at the requirements of the sales contract.

41. However, it is very much in the interests of all the parties to the different contracts in the network to ensure that the carriage or insurance terms they have agreed with the carrier or insurer, or the terms of a letter of credit, comply with what the sale contract says about ancillary contracts that need to be made or document that need to obtained and tendered. That task does not fall on the carrier, the insurer of the bank, none of whom are party to the contract of sale and none of whim are. therefore, party to or bound by the Incoterms® 2020 rules. It is, however, in the seller's and buyer's interest to try to ensure that the different parts of the network of contracts match-and the starting point is the sale contract-and therefore, where they apply, the Incoterms® 2020 rules.

보험계약이나 신용장과 같은 수출계약을 둘러싼 다른 계약들에서 어떤 역할을 하는가?

38. 짧은 대답은 인코텀즈 규칙은 그러한 다른 계약들의 일부를 이루지 않는다는 것이다. 즉 인코텀즈규칙은 편입되는 경우에 매매계약의 단지 일정한 국면에 적용되고 이를 규율한다.

39. 그러나 이는 인코텀즈규칙이 그러한 다른 계약들에 어떠한 영향도 주지 않는다는 말은 아니다. 물품은 이상적인 세계에서라면 서로 일치하는 계약들의 네트워크를 통하여 수출되고 수입된다. 따라서 매매계약은 예컨대 운송인이 운송계약상 매도인/송하인(seller/shipper)에게 발행하는 운송서류의 제공을 요구하고 매도인/송하인/수익자(seller/shipper/beneficiary)는 신용장상 그러한 운송서류와 상환으로 대금을 지급받고자 할 수 있다. 이러한 세 계약이 일치할 때 일이 잘 굴러간다. 그렇지 않을 때 문제가 속히 발생한다.

40. 예컨대 운송과 운송서류에 관한 인코텀즈규칙의 규정(A4/B4 및 A6/B6) 또는 부보에 관한 규정(A5/B5)은 관련된 해당 운송인이나 보험자 또는 어떤 은행도 구속하지 않는다. 따라서 운송인은 자신이 그의 상대방과 체결하는 운송계약에서 요구되는 바에 따라 운송서류를 발행할 의무가 없다. 마찬가지로 보험자는 인코텀즈규칙과 일치하는 보험증권이 아니라 그의 보험을 구매한 자와 합의한 수준과 조건을 갖춘 보험증권을 발행할 의무가 있다. 끝으로 은행은 매매계약조건이 아니라 오직 신용장상의 서류적 건을 주목한다.

41. 그러나 그 네트워크 안에 드는 다른 계약들의 모든 당사자들은 그들이 운송인이나 보험자와 한 운송조건이나 보험조건 또는 신용장조건이 매매계약의 내용 즉 장차 체결되어야 하는 부수적 계약들이나 장차 구비되어 제공되어야 하는 서류들에 관한 매매계약의 내용과 일치되도록 하는 데 매우 많은 이해관계를 갖는다. 이러한 작업은 매매계약의 당사자도 아니고 따라서 인코텀즈 2020 규칙의 당사자도 아니고 이에 구속되지도 않는 운송인이나 보험자 또는 은행이 하는 일이 아니다. 그러나 매도인과 매수인은 자신의 이익을 위하여 위 계약네트워크상의 다른 부분들이 - 먼저 매매계약과 일치하도록 하고 - 그에 따라 해당되는 경우에는 인코텀즈 2020 규칙과 일치하도록 노력하게 된다.

VII. THE ELEVEN INCOTERMS® 2020 RULES-"SEA AND INLAND WATERWAY" AND "ANY MODE(S) OF TRANSPORT": GETTING IT RIGHT

42. The main distinction introduced in the Incoterms® 2010 rules, that between Rules for any Mode or Modes of Transport (comprising EXW, FCA, CPT, CIP, DAP, the newly named DPU-the old DAT-and DDP), and Rules for sea and Inland Waterway Transport, (comprising FAS, FOB, CFR and CIF) has been retained.

43. The four so-called "maritime" Incoterms® rules are intended for use where the seller places the goods on board (or in FAS alongside) a vessel at a sea or river port. It is at this point that the seller delivers the goods to the buyer. When these rules are used, the risk of loss of or damage to those goods is on the buyer's shoulders from that port.

44. The seven Incoterms® rules for any mode or modes of transport (so called "multi-modal"), on the other hand, are intended for use where
    a) the point at which the seller hands the foods over to, or places them at the disposal of, a carrier, or
    b) the point at which the carrier hands the goods over to the buyer, or the point at which they are placed at the disposal of the buyer, or
    c) both points (a) and (b) are not on board (or in FAS alongside) a vessel.

45. Where delivery happens and risk transfers in each of these seven Incoterms® rules will depend on which particular rule is used. For example, in CPT, delivery happens at the seller's end when the goods are handed over to the carrier contracted by the seller. In DAP, on the other hand, delivery happens when the goods are placed at the buyer's disposal at the named place or point of destination.

46. The order in which the Incoterms® 2010 rules were presented has, as we have said, been largely retained in Incoterms® 2020 and it is important to underline the distinction between the two families of Incoterms® rules so that the right rule is used for the contract of sale depending on th means of transport used.

47. One of the most frequent problems in the use of the Incoterms® rules is the choice of the wrong rule for the particular type of contract.

48. Thus, for example, an FOB inland point (for example an airport or a warehouse) sale contract makes little sense: what type of contract of carriage must the buyer make? Does the buyer owe the seller an obligation to make a contract of carriage under which the carrier is bound to take over the goods at the named inland point or at the

VII. 11개 인코텀즈 2020 규칙 - "해상운송과 내수로운송"에 적용되는 규칙 및 "모든 운송방식"에 적용되는 규칙: 올바른 사용법

42. 인코텀즈 2010 규칙에 도입된 기본분류법, 즉 "모든 운송방식에 적용되는 규칙"(EXW, FCA, CPT, CIP, DAP, 신설 DPU(구 DAT) 및 DDP) "해상운송과 내수로운송에 적용되는 규칙"(즉 FAS, FOB, CFR 및 CIF)으로 구분하는 방법은 유지되었다.

43. 4개의 이른바 "해상"인코텀즈규칙("maritime" Incoterms rule)은 매도인이 물품을 바다나 강의 항구에서 선박이 적재하는 (FAS에서는 선측에는 두는) 경우에 사용하도록 고안되었다. 이러한 지점에서 매도인은 매수인에게 물품을 인도한다. 이러한 규칙이 사용되는 경우에 물품의 멸실 또는 훼손의 위험은 그러한 항구로부터 매수인이 부담한다.

44. 한편 모든 운송방식에 적용되는 7개의 인코텀즈규칙(이른바 "복합운송" 인코텀즈규칙("multi-modal" Incoterms rule)은 다음과 같은 지점이 선상(船上)(또는 FAS에서는 선측)이 아닌 경우에 사용되도록 고안되었다.
    a) 매도인이 물품을 운송인에게 교부하거나 운송인의 처분하에 두는 지점 또는
    b) 운송인이 물품을 매수인에게 교부하는 지점 또는 물품이 매수인의 처분하에 놓이는 지점 또는
    c) 위의 (a) 지점과 (b) 지점 모두

45. 이러한 각각의 7개 인코텀즈규칙에서 어디서 인도가 일어나고 위험이 이전하는지는 사용된 당해 규칙이 무엇인지에 달려있다. 예컨대 CPT의 경우에 인도는 물품이 매도인과 계약을 체결한 운송인에게 교부되는 때, 즉 매도인의 끝단에서 일어난다. 반면에 DAP의 경우에 인도는 물품이 지정목적지 또는 지정목적지점에서 매수인의 처분하에 놓인 때 일어난다.

46. 언급하였듯이 인코텀즈 2010 규칙의 배열순서는 인코텀즈 2020에서도 대체로 유지되었고, 이렇게 인코텀즈규칙을 2개의 묶음으로 분류한 것은 당해 매매계약에 사용된 운송수단에 맞는 올바른 규칙을 사용하도록 하기 위함이라는 것을 중요하게 강조한다.

47. 인코텀즈규칙을 사용할 대 가장 자주 발생하는 문제 중의 하나는 당해 계약의 종류에 맞지 않는 규칙이 선택되는 것이다.

48. 따라서 예컨대 내륙의 어떤 지점을 지정하는 FOB 매매계약(예컨대 FOB airport 또는 FOB warehouse)은 옳지 않다. 이때 매수인은 어떤 종류의 운송계약을 체결하여야 하는가? 매수인은 매도인에 대하여 운송인이 물품을 그에 지정된 내륙의 지점에서 아니면 그러한 지점과 가까운 항구에서 수령하도록 하는

nearest port to that point?

49. Again, a CIF named sea port sale contract where the buyer expects the goods to be brought to an inland point in the buyer's country makes little sense. Must the seller procure a contract of carriage and insurance cover to the eventual inland destination intended by the parties or to the seaport named in the sale contract?

50. Gaps, overlaps and unnecessary costs are likely to arise-and all this because the wrong Incoterms® rule has been chosen for the particular contract. What makes the mismatch "wrong" is that insufficient regard has been given to the two most important features of the Incoterms® rules, features which are mirrors of each other, namely the port, place or point of delivery and the transfer of risks.

51. The reason for the frequent misuse of the wrong Incoterms® rule is that Incoterms® rules are frequently regarded exclusively as price indicators: this or that is the EXW, FOB, or DAP price. The initials used in the Incoterms® rules are doubtless handy abbreviations for the formula used in the calculation of the price. Incoterms® rules are not, however, exclusively, or even primarily, price indicators. They are a list of general obligations that sellers and buyers owe each other under well-recognised forms of sale contract-and one of their main tasks is to indicate the port, place or point of delivery where the risk is transferred.

Ⅷ. ORDER WITHIN THE INCOTERMS 2020 RULES

52. All the ten A/B articles in each of Incoterm rules are important-but some are more important than others.

53. There has, indeed, been a radical shake-up in the internal order in which the ten articles within each Incoterms® rule have been organised. In Incoterms® 2020, the internal order within each Incoterms® rule now follows this sequence:
A1/B1 General obligations
A2/B2 Delivery/Taking delivery
A3/B3 Transfer of risks
A4/B4 Carriage
A5/B5 Insurance
A6/B6 Delivery/transport document
A7/B7 Export/import clearance
A8/B8 Checking/packaging/marking

운송계약을 체결할 의무를 부담하는가?

49. 또한 매수인이 매수인 국가의 내륙에 있는 어떤 지점까지 물품이 운송되도록 기대하는 경우에 어떤 해양항구(sea port)를 지정하는 CIF 매매계약은 옳지 않다. 매도인은 당사자들이 의도하는 내륙의 최종목적지까지 아니면 매매계약에서 지정된 해양항구까지 커버하는 운송계약과 보험을 마련하여야 하는가?

50. 공백부분, 중복부분과 불필요한 비용이 발생할 수 있고 - 이러한 모든 것은 당해 계약에서 잘못된 인코텀즈규칙이 선택되었기 때문이다. 그러한 불일치가 "잘못된 것"이 되는 이유는 인코텀즈규칙의 가장 중요한 두 가지 특징적 사항, 즉 인도항구, 인도장소 또는 인도지점이라는 사항과 위험이전이라는 사항이 상호간에 거울이라는 점을 충분히 고려하지 않았기 때문이다.

51. 잘못된 인코텀즈규칙을 종종 오용하게 되는 이유는 인코텀즈규칙이 종종 전적으로 가격지표라고 오해되기 때문이다. 즉 이것 또는 저것이 EXW 가격, FOB 가격 또는 DAP 가격이라고 말이다. 인코텀즈규칙에 사용되는 머리글자들은 가격산정에 사용되는 의심의 여지없는 편리한 약어들이다. 그러나 인코텀즈규칙은 전적인 가격지표가 아니며 주요한 가격지표도 아니다. 인코텀즈규칙은 널리 인정되는 정형적인 매매계약하에서 매도인과 매수인이 서로에 대하여 부담하는 일반적 의무들의 목록이고 인코텀즈규칙의 주요한 역할 중의 하나가 위험이 이전하는 인도항구나 인도장소 또는 인도지점을 표시하는 것이다.

VIII. 인코텀즈 2020의 순서

52. 각 인코텀즈규칙에 규정된 10개의 모든 A/B 조항이 다 중요하나 - 어떤 것은 다른 것보다 더 중요하다.

53. 사실 개별 인코텀즈규칙 내에서 조직적으로 짜여 있는 그러한 10개 조항의 내부적 순서는 철저하게 변경되었다. 인코텀즈 2020에서 개별 인코텀즈규칙의 내부적 순서는 다음과 같다.
    A1/B1 일반의무
    A2/B2 인도/인수
    A3/B3 위험이전
    A4/B4 운송
    A5/B5 보험
    A6/B6 인도/운송서류
    A7/B7 수출/수입통관
    A8/B8 점검/포장/하인표시

A9/B9 Allocation of costs

A10/B10 Notices

54. It will be noticed that concerning the Incoterms® 2020 rules, after recording in A1/B1 the basic goods/ payment obligations of the parties, Delivery and the Transfer of risks are moved to a more prominent location, namely to A2 and A3 respectively.

55. The broad sequence thereafter goes:

ancillary contracts (A4/B4 and A5/B5, carriage and insurance):

transport documents (A6/B6):

export/import clearance (A7/B7):

packaging (A8/B8):

costs(A9/B9); and

notices(A10/B10).

56. It is appreciated that this change in the order of the A/B articles will take some time-and cost-to become familiar. It is hoped that with delivery and risk now made more prominent, traders will find it easier to identify the differences among the various Incoterms® rules, I.e. the different points in time and place at which the seller "delivers" the goods to the buyer with risk transferring to the buyer from that time and point.

57. For the first time, the Incoterms® rules are published both in the traditional format setting out the eleven Incoterms® rules and in a new "horizontal" format setting out the ten articles within each Incoterms® rule under each of the headings listed above in paragraph 53, first for the seller and then for example, between the place of the buyer. Traders can therefore now far more easily see the difference. for example, between the place of delivery in FCA and the place of delivery in DAP; or the items of cost which fall on a buyer in CIF when compared with the items of cost which fall on a buyer in CFR. It is hopes that this "horizontal" representation of the Incoterms® 2020 rules will further assist traders in choosing the Incoterms® rule most appropriate to their commercial requirements.

A9/B9 비용분담

A10/B10 통지

54. 인코텀즈 2020 규칙에서는 A1/B1에서 당사자의 기본적인 물품제공/대금지급의무를 규정하고 이어 인도조항과 위험이전조항을 보다 두드러진 위치인 A2와 A3으로 각각 옮겼다는 것을 발견할 것이다.

55. 그 이후 항목의 대략적 순서는 다음과 같다.

부수적 계약들(A4/B4 및 A5/B5, 운송 및 보험)

운송서류(A6/B6)

수출/수입통관(A7/B7)

포장(A8/B8)

비용(A9/B9) 및

통지(A10/B10)

56. 이러한 A/B 조항들 순서의 변경은 그에 익숙해질 때까지 다소의 시간과 비용이 든다는 것을 알고 있다. 인도와 위험이 보다 두드러지게 됨으로써 거래당사자들이 다양한 인코텀즈규칙들 사이의 차이점들, 즉 매도인이 물품을 매도인에게 "인도"하는 시간과 장소, 그에 따라 위험이 매수인에게 이전하는 시간과 장소 측면에서 차이점들을 보다 쉽게 인지하기를 희망한다.

57. 처음으로 인코텀즈 (2020)에서는 11개의 인코텀즈규칙들을 배열하는 전통적 체제(traditional format)와 개별 인코텀즈규칙상의 10개의 조항들을 위의 53번 단락에 열거된 조항제목별로 그리고 선(先)매도인조항-후(後)매수인조항 순으로 편제하는 새로운 수평적 체제(horizontal format)를 함께 출간한다. 따라서 거래당사자들은 이제는 예컨대 FCA상의 인도장소와 DAP상의 인도장소의 차이점을 훨씬 더 쉽게 볼 수 있고, CIF상 매수인이 부담하는 비용항목을 CFR상의 매수인의 비용항목과 비교하여 볼 수 있다. 이러한 인코텀즈 2020 규칙의 "수평적" 편제방법은 거래당사자들이 상거래상의 여건에 가장 적절한 규칙을 선택하는 데 도움이 될 것이다.

IX. DIFFERENCES BETWEEN INCOTERMS® 2010 AND 2020

58. The most important initiative behind the Incoterms® 2020 rules has been to focus on how the presentation could be enhanced to steer users towards the right Incoterms® rule for their sale contract. Thus:

a) a greater emphasis in this introduction on making the right choice;

 b) a clearer explanation of the demarcation and connection between the sale contract and its ancillary contracts;

c) upgraded Guidance Notes presented now as Explanatory Notes to each Incoterms® rule; and

d) a re-ordering within the Incoterms® rules giving delivery and risk more prominence.

All these changes, though cosmetic in appearance, are in reality substantial attempts on the part of ICC to assist the international trading community towards smoother export/import transactions.

59. Apart form these general changes, there are more substantive changes in the Incoterms® 2020 rules when compared with Incoterms® 2010. Before looking at those changes, mention must be made of a particular development in trade practice which occurred since 2010 and which ICC has decided should not lead to a change in the Incoterms® 2020 rules, namely Verified Gross Mass(VGM).

60. Note on Verified Gross Mass (VGM)-Since 1 July 2016, Regulation 2 under the international Convention for the Safety of Life at Sea (5OLAS) imposed on shippers in the case of the shipment of containers the obligation either to weigh the packed container using calibrated and certified equipment, or to weigh the contents of the container and add the weight of the container when empty. In either case, the VGM is to be recorded with the carrier. A failure to comply bears the sanction under the SOLAS Convention that the container "should not be loaded onto a ship" see paragraph 4.2, MSC1/Circ.1475, 9 June 2014.

These weighing operations obviously incur expense and failure may lead to delay in loading. As this happened after 2010, it is unsurprising that there was some pressure in the consultations leading to incoterms 2020 for a clear indication to be given as to who, as between seller and buyer, should bear such obligations.

61. It was felt by the Drafting Group that obligations and costs relating to VGM were too specific and complex to warrant explicit mention in the incoterms 2020 rules.

62. Returning to the changes made by ICC to the incoterms 2020 rules in the incoterms 2020 rules, these are:

IX. 인코텀즈 2010과 인코텀즈 2020의 차이점

58. 인코텀즈 2020 규칙의 가장 중요한 동기는 사용자들로 하여금 매매계약에서 올바른 인코텀즈규칙을 사용하도록 유도하기 위하여 어떻게 하면 인코텀즈의 제시방식을 개선할 수 있을 것인지에 주력하는 데 있었다. 그에 따라 다음과 같은 점에 주력하였다.

    a) 본 소개문(introduction)에서 올바른 [인코텀즈규칙의] 선택을 더욱 강조하는 것
    b) 매매계약과 부수계약 사이의 구분과 연결을 더 명확하게 설명하는 것
    c) 각 인코텀즈규칙에 대한 기존의 사용지침(Guidance Note)을 개선하여 현재의 설명문(Explanatory Note)을 제시하는 것
    d) 개별 인코텀즈규칙 내에서 조항의 순서를 변경하여 인도와 위험을 더욱 두드러지게 하는 것.

    이러한 모든 변경은 비록 외견적인 포장이긴 하나 실제로 국제거래업계로 하여금 수출 수입거래를 더욱 순조롭게 하도록 돕고자 하는 ICC측의 실질적 시도이다.

59. 이러한 일반적 변경 외에도 인코텀즈 2010와 비교할 때 인코텀즈 2020 규칙에는 더 실질적인 변화가 있다. 이러한 변화를 보기 전에 먼저 꼭 언급할 것이 있는데 2010년 이후 거래관행의 특정한 발전이 있었지만 ICC는 이것 때문에 인코텀즈 2020 규칙을 계정하여야 하는 것은 아니라고 결정하였다. 검증총중량(Verified Gross Mass, VGM)(혹은 총중량검증제)이 그것이다.

60. 검증총중량(VGM)에 관한 노트-2016. 7. 1. 이후 국제해사인명안전협약(International Convention for the Safety of Life at Sea: SOLAS) 하의 규정 2(Regulation 2)에서는 컨테이너 선적의 경우에 송하인에게 [적입완료]된 컨테이너의 중량을 수치로 측정되는 검증된 장비를 사용하여 측정하거나 아니면 컨테이너 내용물의 중량을 측정하고 그에 빈 컨테이너의 중량을 합할 의무를 부과한다. 각각의 경우에 VGM은 운송에게 기록되어야 한다. 그 위반이 있으면 SOLAS 협약에 따른 제재가 부과되어 해당 컨테이너는 "선박에 적재 될 수 없다"(para 4.2, MSC1/Circ.1475, 9 June 2014 참조)

    이러한 측량작업은 분명히 비용을 발생시키고 그 불이행은 적재를 지연시킬 수 있다.
    이러한 일이 2010년 후에 발생함에 따라 의견수렴과정에서 인코텀즈 2020에서는 매도인과 매수인 사이에서 누가 그러한 의무를 부담하는지에 관하여 분명한 표시가 있어야 한다는 약간의 압력이 있었다는 것은 놀랄 일이 아니다.

61. 초안그룹(Drafting Group)은 VGM에 관한 의무와 비용이 너무 구체적이고 복잡하여 이를 인코텀즈 2020 규칙에 명시하는 것은 적절하지 않다고 느꼈다.

62. 이에 ICC가 인코텀즈 2010 규칙을 이번 인코텀즈 2020규칙에서 변경한 사항들은 다음과 같다.

[a] Bills of lading with an on-board notation and the FCA Incoterms rule

[b] Costs, where they are listed

[c] Different levels of insurance cover in CIF and CIP

[d] Arranging for carriage with seller's or buyer's own means of transport in FCA, DAP, DPU, and DDP

[e] Change in the three-letter initials for DAT to DPU

[f] Inclusion of security-related requirements within carriage obligations and costs

[g] Explanatory Notes for Users

[a] Bills of lading with an on-board notation and the FCA Incoterms rule

63. Where foods are sold FCA for carriage by sea, sellers or buyers (or more likely their banks where a letter of credit is in place) might want a bill of lading with an on-board notation

64. However, delivery under the FCA rule is completed before the loading of the goods in board vessel. it is by no means certain that the seller can obtain an on-board bill of lading from the carrier. That carrier is likely, under its contract of carriage, to be bound and entitled to issue an on-board bill of lading only once the goods are actually on board.

65. To cater for this situation, FCA A6/B6 of Incoterms 2020 now provides for and additional option. The buyer and the seller can agree that the buyer will instruct its carrier to issue on-board bill of lading to the seller after the loading of the goods, the seller then being obliged to tender that bill of lading to the buyer, typically through the banks. ICC recognises that, despite this somewhay unhappy union between an on-board bill of lading and FCA delivery, this caters for a demonstrated need in the marketplace. Finally, it should be emphasised that even where this optional mechanism is adopted, the seller is under no obligation to the buyer as to the terms of the contract of carriage.

66. Does it remain true to say that where containerised goods are delivered byweller to buyer by handing over to a carrier before loading onto a ship, the seller is well advised to sell on FCA terms rather than on FOB terms? The answer to that question is YES. Where Incoterms 2020 have made a difference, however, is that where such a seller still wants or needs a bill of lading with an on-board notation, the new additional option in the FCA term A6/B6 makes provision for such a document

[B] Costs, where they are listed

67. In the new ordering or the articles within the Incoterms 2020 rules, costs now appear at A9/B9 of each

[a] 본선적재표기가 있는 선하증권과 인코텀즈 FCA 규칙

[b] 비용- 어디에 규정할 것인가

[c] CIF와 CIP 간 부보수준의 차별화

[d] FCA ,DAP, DPU 및 DDP에서 매도인 또는 매수인 자신의 운송수단에 의한 운송 허용

[e] DAT에서 DPU로의 명칭변경

[f] 운송의무 및 비용 조항에 보안관련요건 삽입

[g] 사용자를 위한 설명문

[a] 본선적재표기가 있는 선하증권과 인코텀즈 FCA 규칙

63. 물품이 FCA 규칙으로 매매되고 해상운송 되는 경우에 매도인 또는 매수인(또는 신용장이 개설된 경우에는 그들의 은행이 그럴 가능성이 더 크다) 은 본선적재표기가 있는 선하증권을 원할 수 있다.

64. 그러나 FCA 규칙에서 인도는 물품의 본선적재 전에 완료된다. 매도인이 운송인으로부터 선적선하증권(on-board bill of lading)을 취득할 수 있는지는 결코 확실하지 않다.
운송인은 자신의 운송계약상 물품이 실제로 선적된 후에야 비로소 선적선하증권을 발행할 의무와 권리가 있다.

65. 이러한 상황에 대비하여 이제 인코텀즈 2020 FCA A6/B6에서는 추가적인 옵션을 규정한다. 매수인과 매도인은 매수인이 선적 후에 선적선하증권을 매도인에게 발행하도록 그의 운송인에게 지시할 것을 합의할 수 있고, 그렇다면 매도인은 전형적으로 은행들을 통하여 매수인에게 선적선하증권을 제공할 의무가 있다. ICC는 이러한 선적선하증권과 FCA 인도 사이의 약간의 불편한 결합에도 불구하고 이러한 규정이 시장의 증명된 필요에 부응한다고 인정한다. 끝으로 이러한 선택적 기제가 채택되더라도 매도인은 운송계약조건에 관하여 매수인에 대하여 어떠한 의무도 없다는 것을 강조한다.

66. 매도인이 컨테이너화물을 선적 전에 운송인에게 교부함으로써 매수인에게 인도하는 경우에 매도인은 FOB 조건 대신에 FCA 조건으로 매매하는 것이 좋다는 말은 여전히 진실인가? 이 질문에 대한 대답은 '그렇다'이다. 다만 인코텀즈 2020 규칙에서 달라진 것이 있다면 그러한 매도인이 본선적재표기가 있는 선하증권을 여전히 원하거나 필요로 하는 경우에 위와 같은 FCA 조건 A6/B6상의 새로운 추가적 옵션이 곧 그러한 서류에 관한 규정으로 작용한다는 것이다.

[b] 비용- 어디에 규정할 것인가

67. 인코텀즈 2020 규칙들 내의 새로운 조항순서에 따라 이제 비용은 각 인코텀즈규칙의 A9/B9에 나타난

Incoterms rule. Apart from that re-location, however ,there is another change that will become obvious to users early on. The various costs which fall to be allocated by various articles within the Incoterms rules have traditionally appeared in different parts of each Incoterms rule. Thus, for example, costs related to the obtaining of a delivery document in FOB 2010 where mentioned in A8, the article under the heading "Delivery Document" , but not in A6, the article under the heading "Allocation of Costs".

68. In the Incoterms 2020 rules, however, the equivalent of A6/B6, namely A9/B9, now lists all the costs allocated by each particular incoterms rule. A9/B9 in the Incoterms rules are consequently longer than A6/B6 in the Incoterms 2010 rules.

69. The purpose is to provide users with a one-stop list of costs, so that the seller or buyer can now find in one place all the costs for which it would be responsible under that particular incoterms rule. items of costs inbolbed in obtaining documents in FOB still also appear at A6/B6 as well as at A9/B9. The thinking here was that users interested in discovering the specific allocation of documentary costs might be more inclined to go to the specific article dealing with delivery documents rahter than to the general article listing all the costs.

[C] Different levels of insurance cover in CIF and CIP

70. In the Incoterms 2010 rules, A3 of both CIF and CIP imposed on the seller the obligation to "obtain at its own expense cargo insurance complying at least with the minimum cover as provided by Clauses (C) of the Institute Cargo Clauses(Lloyd's Market Association/International Underwriting Association 'LMA/IUA') or any similar clauses." Institute Cargo Clauses (C) provide cover for a number of listed risks, subject to itemised exclusions; Institute Cargo Clauses (A), on the other hand, cover "all risks", again subject to itemised exclusions. During the consultations leading to the Incoterms 2020 rules, the case was made for moving from institute cargo Clauses (C) to Institute Cargo Clauses (A), thus increasign the cover obtained by the seller for the benefit of the buyer. This could, of course, also involve an additional cost in premium. The contrary case, namely to stay with institute Cargo Clauses (C), was equally strongly put, particularly by those involved in the maritime trade of commodities. After considerable discussion within and beyond the Drafting Group, the decision was made to provide for different minimum cover in the CIF Incoterms rule and in the CIP Incoterms rule. In the first, which is much more likely to be used in the maritime commodity trades, the status quo has been retained, with institute Cargo Clauses (C) as the default position , although it is , of course, open to the parties to agree to higher cover. In the second, namely the CIP Incoterms rule, the seller must now obtain insurance cover complying with institute Cargo Clauses (A), although it is, of course, again open to the parties to agree on a lower level of cover.

다. 그러나 이러한 위치변경 외에도 사용자들이 금방 알 수 있는 다른 변경이 있다. 인코텀즈규칙의 여러 조항에 의하여 각 당사자에게 할당되는 다양한 비용은 전통적으로 개별 인코텀즈규칙의 여러 부분에 나누어져 규정되었다. 예컨대 FOB 2010에서 인도서류의 취득에 관한 비용은 "비용분담"("Allocation of Costs")이라는 제목의 A6이 아니라 "인도서류"(Delivery Document")라는 제목의 A8에서 언급되었다.

68. 그러나 이제 인코텀즈 2020 규칙에서는 그러한 A6/B6에 상당하는 조항 즉 A9/B9에서 당해 인코텀즈 규칙상의 분담비용을 모두 열거한다. 따라서 인코텀즈 2020규칙의 A9/B9은 인코텀즈 2010 규칙의 A6/B6보다 더 길다.

69. 그 목적은 사용자들에게 비용에 관한 일람표(one-stop list)를 제공하는 데 있으며, 그에 따라 이제 매도인과 매수인은 당해 인코텀즈규칙상 자신이 부담하는 모든 비용을 한 곳에서 찾아볼 수 있다. 비용항목은 또한 그 항목의 본래조항(home article)에도 언급되어 있고, 따라서 예컨대 FOB에서 서류를 취득하는 데 드는 비용은 A9/B9뿐만 아니라 A6/B6에도 여전히 나타난다. 이렇게 하기로 한 이유는 특정한 서류에 관한 비용분담을 알고자 하는 사용자는 모든 비용을 열거하는 일반조항보다는 인도서류를 다루는 특별조항을 보는 경향이 더 클 것이라는 생각 때문이었다.

[C] CIF와 CIP 간 부보수준의 차별화

70. 인코텀즈 2010 규칙에서는 CIF 및 CIP의 A3에서 매도인에게 "자신의 비용으로 (로이즈시장협회/국제보험업협의회) 협회적하약관이나 그와 유사한 약관의 C-약관에서 제공하는 최소담보조건에 따른 적하보험을 취득"할 의무를 부과하였다.
협회적하약관의 C-약관은 항목별 면책위험의 제한을 받는 다수의 담보위험을 열거한다. 한편 협회적하약관의 A-약관은 항목별 면책위험의 제한 하에 "모든 위험"("all risks")을 담보한다. 인코텀즈 2020 규칙의 초안을 위한 의견수렴과정에서 협회적하약관의 C-약관에서 협회적하약관의 A-약관으로 변경함으로써 매도인이 취득하는 부보의 범위를 확대하여 매수인에게 이익이 되도록 하자는 의견이 제기되었다. 당연히 이는 보험료 면에서 비용증가를 수반할 수 있다. 특히 일차산품 해상무역에 종사하는 사람들은 반대의견, 즉 협회적하약관의 C-약관의 원칙을 유지하여야 한다는 의견을 동등하게 강력히 제기하였다. 초안그룹 내외에서 상당한 논의를 거친 후 CIF 인코텀즈규칙과 CIP 인코텀즈규칙에서 최소부보에 관하여 다르게 규정하기로 결정되었다. 전자, 즉 CIF 규칙은 일차산품의 해상무역에서 사용될 가능성이 매우 높으므로 CIF 규칙에서는 현상유지 즉 협회적하약관 C-약관의 원칙을 계속 유지하되 다만 당사자들이 보다높은 수준의 부보를 하기로 달리 합의할 수 있도록 길을 열어 두었다. 후자, 즉 CIP 규칙의 경우에 이제 매도인은 협회적하약관의 A-약관에 따른 부보를 취득하여야 한다. 물론 또한 당사자들은 원한다면 보다 낮은 수준의 부보를 하기로 합의할 수 있다.

[d] arranging for carriage with seller's or buyer's own means if transport in FCA, DAP, DPU, and DDP

71. In the Incoterms 2010 rules, it was assumed throughout that where the goods were to be carried from the seller to the buyer, they would be carried by a third-party carrier engaged for the purpose either by the seller or the buyer, depending on which Incoterms rule was used.

72. It became clear in the deliberations leading to Incoterms 2020, however that there were some situations where, although the goods were to be carried from the seller to the buyer, they could be so carried without any third-party carrier being engaged at all. Thus, for example, there was nothing stopping a seller on a D rule from arranging for such carriage without outsourcing that function to a third party, namely by using its own means of transportation. Likewise, with an FCA purchase, there was nothing to stop the buyer from using its own vehicle for the collection of the goods and for their transport to the buyer's premises.

73. The rules appeared not to take account of these eventualities. The Incoterms 2020 rules now do, by expressly allowing not only for the making of a contract of carriage, but also for simply arranging for the necessary carriage.

[e] change in the three-letter initials for DAT to DPU

74. The only difference between DAT and DDP in the Incoterms 2010 rules was that in DAT the seller delivered the goods once unloaded from the arriving means of transport into a "terminal". whereas in DAP, the seller delivered the goods when the goods were placed at the disposal of the buyer on the arriving means of transport for unloading. It will also be recalled that the Guidance Note for DAT in Incoterms 2010 defined the word "terminal" broadly to include "any place, whether covered or not···".

75. ICC decided to make two changes to DAT, and DAP. First, the order in which the two Incoterms 2020 rules are presented has been inverted, and DAP, where delivery happens before unloading, now appears before DAT. Secondly, the name of the rule DAT has been changed to DPU(Delivered at Place Unloaded), emphasising the rality that the place of destination could be any place and not only a "terminal". However, if that place is not in a terminal, the seller should make sure that the place where it intends to deliver the goods is a place where it is able to unload the goods.

[f] Inclusion of security-related reqirements within carriage obligations and costs

76. It will be recalled that security-related reqirements made a rather subdued entry into the Incoterms 20120 rules, through A2/B2 and A10/B10 in each rule. The Incoterms 2010 rules were the first revision of the Incoterms

[d] FCA ,DAP , DPU 및 DDP에서 매도인 또는 매수인 자신의 운송수단에 의한 운송 허용

71. 인코텀즈 2010 규칙에서는 물품이 매도인으로부터 매수인에게 운송되어야 하는 경우에 사용된 당해 인코텀즈규칙에 따라 매도인 또는 매수인이 운송을 위하여 사용하는 제3자 운송인(third-party carrier)이 물품을 운송하는 것으로 전반적으로 가정되었다.

72. 그러나 인코텀즈 2020 초안의 논의과정에서 물품이 매도인으로부터 매수인에게 운송될 때 상황에 따라서는 제3자 운송인의 개입이 전혀 없이 운송될 수도 있는 경우가 있다는 것이 명백해졌다. 따라서 예컨대 D 규칙에서 매도인이 운송을 제 3자에게 아웃소싱하지 않고 즉 자신의 운송수단을 사용하여 운송하는 것을 못하도록 하는 그 어떤 것도 없다. 마찬가지로 FCA 매매에서 매수인이 물품을 수취하기 위하여 나아가 자신의 영업구내까지 운송하기 위하여 자신의 차량을 사용하는 것을 금지하는 그 어떤 것도 없다.

73. 인코텀즈 2010 규칙은 그러한 경우를 고려하지 않은 것 같았다. 이제 인코텀즈 2020 규칙에서는 운송계약을 체결하도록 허용하는 것 외에도 단순히 필요한 운송을 마련하는 것을 허용함으로써 그러한 경우를 고려한다.

[e] DAT에서 DPU로의 명칭변경

74. 인코텀즈 2010 규칙에서 DAT와 DAP의 유일한 차이점은, DAT의 경우에 매도인은 물품을 도착운송수단으로부터 양하한 후 "터미널"에 두어 인도하여야 하였고 DAP에 경우에 매도인은 물품을 도착운송수단에 실어둔 채 양하를 위하여 매수인의 처분하에 두었을 때 인도를 한 것으로 되었다는 점이다. 인코텀즈 2010의 DAT 사용지침(Guidance Note)에서는 "터미널"이라는 용어를 넓게 정의하여 "… 지붕의 유무를 불문하고 모든 장소"가 포함되도록 하였다는 점도 기억할 것이다.

75. ICC는 DAT와 DAP에서 두 가지를 변경하기로 결정하였다. 첫째, 이러한 두 인코텀즈 2020 규칙의 등장순서가 서로 바뀌었고, 양하 전에 인도가 일어나는 DAP가 이제는 DAT 앞에 온다. 둘째 , DAT 규칙의 명칭이 DPU(Delivered at Place Unloaded)로 변경되었고, 이는 "터미널" 뿐만 아니라 어떤 장소든지 목적지가 될 수 있는 현실을 강조하기 위함이다. 그러나 그러한 목적지가 터미널에 있지 않은 경우에 매도인은 자신이 물품을 인도하고자 하는 장소가 물품의 양하가 가능한 장소인지 꼭 확인하여야 한다.

[f] 운송의무 및 비용 조항에 보안관련요건 삽입

76. 되돌아보면 인코텀즈 2010규칙에서는 보안관련요건이 개별 규칙의 A2/B2 내지 A10/B10에 걸쳐 다소 얌전하게 들어가 있었다. 인코텀즈 2010 규칙은 21세기 초반에 들어 보안관련 우려가 널리 확산된 후

rules to come into force after security-related concerns became so prevalent in the early part of the century. Those concerns, and the associated shipping practices which they have created in their wake, are now much more established. Connected as they are to carriage requirements, and express allocation of security-related obligations has now been added to A4 and A7 of each Incoterms rule. The costs incurred by these requirements are also now given a more prominent position in the costs article, namely A9/B9

[g] Explanatory Notes for users

77. The guidance Notes appearing at the start of each Incoterms rule in the 2010 version now appear as "Explanatory Notes for Users". These Notes explain the fundamentals of each Incoterms 2020 rule, such as when it should be used, when risk transfers and how costs are allocated between seller and buyer. The Explanatory Notes are intended (a) to help the user accurately and efficiently steer towards the appropriate Incoterms rule for a particular transaction; and(b) to provide those deciding or advising on disputes or contracts governed by Incoterms 2020 with guidance on matters which might require interpretation. For guidance on more fundamental issues that cut across the Incoterms 2020 rules more generally, reference may, of course, also be made to the text of this introduction.

X. CAUTION WITH VARIANTS OF INCOTERMS RULES

78. Sometimes the parties want to alter an incoterms rule. The incoterms 2020 rules do not prohibit such alteration, but there are dangers in so doing. In order to avoid any unwelcome surprises, the parties would need to make the intended effect of such alterations extremely clear in their contract. Thus, for example, if the allocation of costs in the Incoterms 2020 rules is altered in the contract, the parties should aslo clearly state wheter they intend to vary the point at which delivery is made and the risk transfers to the buyer.

시행된 인코텀즈규칙의 최초 개정이었다. 그러한 우려 및 그에 관하여 초기에 그러한 우려 때문에 성립된 선적관행은 이제 상당히 정립되었다. 그러한 우려는 운송요건과 관련되기 때문에 이제 보안관련 의무의 명시적 할당이 개별 인코텀즈규칙의 A4와 A7에 추가되었다. 그러한 요건 때문에 발생하는 비용도 또한 이제는 더 현저한 위치 즉 비용조항인 A9/B9에 규정된다.

[g] 사용자를 위한 설명문

77. 2010 버전에서 개별 인코텀즈규칙의 첫머리에 있던 사용지침(Guidance Note)은 이제는 "사용자를 위한 설명문"("Explanatory Notes for Users")이 되었다. 이러한 설명문은 각 규칙이 어떤 경우에 사용되어야 하는지, 위험은 언제 이전하는지 그리고 매도인과 매수인 사이에 비용분담은 어떠한 지와 같은 개별 인코텀즈 2020 규칙의 기초를 설명한다. 설명문의 목적은 (a) 사용자들이 당해 거래에 적합한 인코텀즈규칙을 정확하고 효율적으로 찾도록 돕는 것과 (b) 인코텀즈 2020이 적용되는 분쟁이나 계약에 관하여 결정을 내리거나 조언하는 사람들에게 해석이 필요한 사항에 관하여 지침을 제공하는 것이다. 또한 물론 인코텀즈 2020 규칙 전반을 관통하는 보다 기초적인 쟁점들에 관한 지침에 관하여 보다 일반적으로는 본 소개문(Introduction)을 참조할 수 있다.

X. 인코텀즈규칙 변경 시 유의할 점

78. 때때로 당사자들은 인코텀즈규칙을 조금 고쳐서 사용하길 원한다. 인코텀즈 2020 규칙은 그러한 변경을 금지하지 않으나 그렇게 하는 데에는 위험이 따른다. 의외의 결과를 피하기 위하여 당사자들은 그러한 변경으로 의도하는 효과를 계약에서 매우 분명하게 표시하여야 한다. 따라서 예컨대 인코텀즈 2020 규칙상의 비용분담을 계약에서 변경하는 경우에 당사자들은 또한 인도가 이루어지고 위험이 매수인에게 이전하는 지점(point)까지도 바꾸기로 의도하는 것인지 여부를 명백하게 기술하여야 한다.

RULES FOR ANY MODE(S) OF TRANSPORT

EXW | Ex Works

EXW(insert named place of delivery) incoterms® 2020

EXPLANATORY NOTES FOR USERS

1. Delivery and risk-"Ex works' means that the seller delivers the goods to the buyer

    ▶ when it places the goods at the disposal of the buyer at a named place (like a factory or warehouse), and

    ▶ that named place may or may not be the seller's premises.

    For delivery to occur, the seller does not need to load the goods on any collecting vehicle, nor does it need to clear the goods for export, where such clearance is applicable.

2. Mode of transport-This rule may be used irrespective of the mode or modes of transport, if any, selected.

3. place or precise point of delivery-the parties need only name the place of delivery. However, the parties are well advised also to specify as clearly as possible the precise point within the named place of delivery. A named precise point of delivery makes it clear to both parties when the goods are delivered and when risk transfers to the buyer, such precision also marks the point at which costs are for the buyer's account. If the parties do not name the point of delivery, then they are taken to have left it to have left it to the seller to select the point "that best suits its purpose". This means that the buyer may incur the risk that the seller may choose a point just before the point at which goods are lost or damaged. Best for the buyer therefore to select the precise point within a place where delivery will occur.

모든 운송방식에 적용되는 규칙

EXW | Ex Works
EXW(지정인도장소 기입) Incoterms® 2020

DELIVERY

사용자를 위한 설명문

1. **인도와 위험** - "공장인도"는 매도인이 다음과 같이 한 때 매수인에게 물품을 인도하는 것을 의미한다.
   ▶ 매도인이 물품을 (공장이나 창고와 같은) 지정장소에서 매수인의 처분하에 두는 때, 그리고
   ▶ 그 지정장소는 매도이의 영업구내일 수도 있고 아닐 수도 있다.

   인도가 일어나기 위하여 매도인은 물품을 수취용 차량에 적재하지 않아도 되고, 물품의 수출통관이 요구되더라도 이를 수행할 필요가 없다.

2. **운송방식** - 본 규칙은 선택되는 어떤 운송방식이 있는 경우에 그것이 어떠한 단일 또는 복수의 운송방식인지를 불문하고 사용할 수 있다.

3. **인도장소 또는 정확한 인도지점** - 당사자들은 단지 인도장소만 지정하면 된다. 그러나 당사자들은 또한 지정인도장소 내에 정확한 지점을 가급적 명확하게 명시하는 것이 좋다. 그러한 정확한 지정인도지점은 양당사자에게 언제 물품이 인도되는지와 언제 위험이 매수인에게 이전하는지 명확하게 하며, 또한 그러한 정확한 지점은 매수인의 비용부담의 기준점을 확정한다. 당사자들이 인도지점을 지정하지 않는 경우에는 매도인이 "그의 목적에 가장 적합한" 지점을 선택하기로 한 것으로 된다. 이는 매수인으로서는 매도인이 물품의 멸실 또는 훼손이 발생한 지점이 아닌 그 직전의 지점을 선택할 수도 있는 위험이 있음을 의미한다. 따라서 매수인으로서는 인도가 이루어질 장소내에 정확한 지점을 선택하는 것이 가장 좋다.

4. A note of caution to buyers - EXW is the incoterms rule which imposes the least set of obligations on the seller. From the buyer's perspective, therefore, the rule should be used with care for different reasons as set out below.

5. Loading risk - Delivery happens-and risk transfers-when the goods are placed, not loaded, at the buyer's disposal. However, risk of loss of or damage to the goods occurring while the loading operation is carried out by the seller, as it may well be, might arguably lie with the buyer, who has not physically participated in the loading. This is common situation simply because the seller is more likely to have the necessary loading equipment at its own premises or because applicable safety or security rules prevent access to the seller's premises by unauthorised personnel. Where the buyer is keen to avoid any risk during loading at the seller's premises, then the buyer ought to consider choosing the FCA rule (under which, if the goods are delivered at the seller's premises, the seller owes the buyer an obligation to load, with the risk of loss of or damage to the goods during that operation remaining with the seller)

6. Export clearance - With delivery happening when the goods are at the buyer's disposal either at the seller's jurisdiction or within the same Customs Union, there is no obligation on the seller to organize export clearance or clearance within third countries through which the goods pass in transit.

   Indeed, EXW may be suitable for domestic trades, where there is no intention at all to export the goods. The seller's participation in export clearance is limited to providing assistance in obtaining such documents and information as the buyer may require for the purpose of exporting the goods. Where the buyer intends to export the goods and where it anticipates difficulty in obtaining export clearance, the buyer would be better advised to choose the FCA rule, under which the obligation and cost of obtaining export clearance lies with the seller.

A THE SELLER'S OBLIGATIONS

A1 General obligation

The seller must provide the goods and the commercial invoice in conformity with the contract of sale and any other evidence of conformity that may be required by the contract.

Any document to be provided by the seller may be in paper or electronic from as agreed or, where where is no agreement, as is customary.

4. **매수인을 위한 유의사항** - EXW는 매도인에게 최소의 일련의 의무를 지우는 인코텀즈규칙이다. 따라서 매수인의 관점에서 이 규칙은 아래와 같은 여러 가지 이유로 조심스럽게 사용하여야 한다.

5. **적재위험** - 인도는 물품이 적재된 때가 아니라 매수인의 처분하에 놓인 때에 일어난다.

그리고 그때 위험이 이전한다. 그러나 매도인이 적재작업을 수행하는 동안에 발생하는 물품의 멸실 또는 훼손의 위험을 적재에 물리적으로 참여하지 않은 매수인이 부담하는 것은 으레 그렇듯이 논란이 될 수 있다. 이러한 가능성 때문에 매도인이 물품을 적재하여야 하는 경우에 당사자들은 적재 중 물품의 멸실 또는 훼손의 위험을 누가 부담하는지를 미리 합의하에 두는 것이 바람직하다. 단순히 매도인이 그의 영업구내에서 필요한 적재장비를 가지고 있을 가능성이 더 많기 때문에 혹은 적용가능한 안전규칙이나 보안규칙에 의하여 권한 없는 인원이 매도인의 영어구내에 접근하는 것이 금지되기 때문에 매도인이 물품을 적재하는 것은 흔한 일이다. 매도인의 영업구내에서 일어나는 적재작업 중의 위험을 피하고자 하는 경우에 매수인은 FCA 규칙을 선택하는 것을 고려하여야 한다(FCA 규칙에서는 물품이 매도인의 영업구내에서 인도되는 경우에 매도인이 매수인에 대하여 적재의무를 부담하고 적재작업 중에 발생하는 물품의 멸실 또는 훼손의 위험은 매도인이 부담한다.)

6. **수출통관** - 물품이 매도인의 영업구내에서 또는 정형적으로 매도인의 국가나 관세동맹지역 내에 있는 다른 지정지점에서 매수인의 처분하에 놓인 때에 인도가 일어나므로, 매도인은 수출통관이나 운송 중에 물품이 통과할 제3국의 통관을 수행할 의무가 없다. 사실 EXW는 물품을 수출한 의사가 전혀 없는 국내거래에 적절하다. 수출통관에 관한 매도인의 참여는 물품수출을 위하여 매수인이 요청할 수 있는 서류와 정보를 취득하는 데 협력을 제공하는 것에 한정된다. 매수인이 물품을 수출하기를 원하나 수출통관을 하는 데 어려움이 예상되는 경우에, 매수인은 수출통관을 할 의무와 그에 관한 비용을 매도인이 부담하는 FCA 규칙을 선택하는 것이 더 좋다.

A 매도인의 의무

A1   일반의무

매도인은 매매계약에 일치하는 물품 및 상업송장과 그밖에 계약에서 요구될 수 있는 일치성에 관한 증거를 제공하여야 한다.

매도인이 제공하여야 하는 서류는 합의에 따라, 합의가 없는 경우에는 관행에 따라 종이서류 또는 전자적 방식으로 제공될 수 있다.

A2   Delivery

The seller must deliver the goods by placing them at the disposal of the buyer at the agreed point, if any, at the named place of delivery, not loaded on any collecting vehicle. if no specific point has been agreed within the named place of delivery, and if there are several points available, the seller may select the point that best suits its purpose. The seller must deliver the goods on the agreed date or within the agreed period

A3   Transfer of risk

The seller bears all risks of or damage to the goods until they have been delivered in accordance with A2, with the exception of loss or damage in the circumstance described in B3.

A4   Carriage

The seller has no obligation to the buyer to make a contract of carriage.

However, the seller must provide the buyer, at the buyer's request, risk and cost, with any information in the possession of the seller, including transport-related security requirements, that the buyer needs for arranging carriage

A5   Insurance

The seller has no obligation to the buyer to make a contract of insurance.

However, the seller must provide the buyer, at the buyer's request, risk and cost with information in the possession of the seller that buyer needs obtaining insurance.

A6   Delivery/transport document

The seller has no obligation to the buyer.

A7   Export/import clearance

Where applicable, the seller must assist the buyer, at the buyer's request, risk and cost, in obtaining any documents and/ or information related to all export/transit/import clearance formalities required by the countries of export/transit/import, such as:

▶ export/transit/import licence ;

▶ security clearance for export/transit/import;

▶ pre-shipment inspection; and

▶ any other official authorization

A2 인도

매도인은 지정인도장소에서, 그 지정인도장소에 합의된 지점이 있는 경우에는 그 지점에서 물품을 수취용 차량에 적재하지 않은 채로 매수인의 처분 하에 둠으로써 인도하여야 한다. 지정인도장소내에 합의된 특정한 지점이 없는 경우에 그리고 이용가능한 복수의 지점이 있는 경우에 매도인은 그의 목적에 가장 적합한 지점을 선택할 수 있다. 매도인은 합의된 기일에 또는 합의된 기간 내에 물품을 인도하여야 한다.

A3 위험이전

매도인은 물품이 A2에 따라 인도된 때까지 물품의 멸실 또는 훼손의 모든 위험을 부담하되, B3에 규정된 상황에서 발생하는 멸실 또는 훼손은 예외로 한다.

A4 운송

매도인은 매수인에 대하여 운송계약의 체결할 의무가 없다.

그러나 매도인은 매수인의 요청에 따라 매수인의 위험과 비용으로, 운송관련 보안요건을 포함하여 매수인이 운송을 마련하기 위하여 필요로 하는 정보로서 매도인 자신이 가지고 있는 정보를 매수인에게 제공하여야 한다.

A5 보험

매도인은 매수인에 대하여 보험계약을 체결한 의무가 없다. 그러나 매도인은 매수인의 요청에 따라 매수인의 위험과 비용으로 매수인이 부보하는 데 필요한 정보로서 매도인 자신이 가지고 있는 정보를 매수인에게 제공하여야 한다.

A6 인도/운송서류

매도인은 매수인에 대하여 의무가 없다.

A7 수출/수입통관

해당되는 경우에 매도인은 매수인의 요청에 따라 매수인의 위험과 비용으로 다음과 같은 수출국/통과국/수입국에 의하여 부과되는 모든 수출/통과/수입통관절차에 관한 서류 및/또는 정보를 취득하는 데 매수인에게 협력하여야 한다.

▶ 수출/통과/수입허가
▶ 수출/통과/수입을 위한 보안통과
▶ 선적전검사 및
▶ 그 밖의 공적 인가

A8   Checking/ packaging/marking

The seller must pay the costs of those checking operations(such as checking quality, measuring, weighing, counting) that are necessary for the purpose of delivering the goods in accordance with A2.

The seller must, at its own cost, package the goods, unless it is usual foe the particular trade to transport the type of goods sold unpackaged. The seller must package and mark the goods in the manner appropriate for their transport, unless the parties have agreed on specific packaging or marking requirements.

A9   Allocation of costs

The seller must pay all costs relating to the goods until they have been delivered in accordance with A2, other than those payable by the buyer under B9.

A10   Notices

The seller must give the buyer any notice needed to enable the buyer to take delivery of the goods.

B THE BUYER'S OBLIGATIONS

B1   General obligation

The buyer must pay the price of the goods as provided in the contract of sale.

Any document to be provided by the buyer may be in paper or electronic from as agreed or, where there is no agreement, as is customary.

B2   Taking delivery

The buyer must take delivery of the goods when they have been delivered under A2 and notice given A10

B3   Transfer of risk

The buyer bears all risks of loss of or damage to the goods from the time they have been delivered under A2

If the buyer fails to give notice in accordance with B10, than the buyer bears all risks of loss of or damage to the goods from the agreed date or the end of the agreed period for delivery, provided that the goods have been clearly identified as the contract goods.

A8   점검/포장/하인표시

매도인은 A2에따라 물품을 인도하기 위한 목적에서 필요한 점검작업(예컨대 품질점검, 용적측량, 중량측정, 수량계수)에 드는 비용을 부담하여야 한다.

매도인은 자신의 비용으로 물품을 포장하여야 하되 다만 특정한 거래에서 통상적으로 포장되지 않은 채 매매되어 운송되는 형태의 물품인 경우에는 그러하지 아니하다. 매도인은 당해 운송에 적절한 방법으로 물품을 포장하고 하인을 표시하여야 하되 다만 당사자들이 특정한 포장요건에 합의한 경우에는 그러하지 아니하다.

A9   비용부담

매도인은 B9에 따라 매수인이 부담하는 비용은 제외하고 물품이 A2에 따라 인도된 때까지 물품에 관한 모든 비용을 부담하여야 한다.

A10   통지

매도인은 매수인이 물품의 인도를 수령할 수 있도록 하는 데 필요한 통지를 해야 한다.

B 매수인의 의무

B1   일반의무

매수인은 매매계약에 규정된 바에 따라 물품의 대금을 지급하여야 한다.

매수인이 제공하여야 하는 서류는 합의에 따라, 합의가 없는 경우에는 관행에 따라 종이서류 또는 전자적 방식으로 제공될 수 있다.

B2   인수

매수인은 물품이 A2에 따라 인도되고 A10에 따른 통지가 있는 때에 그 물품의 인도를 수령하여야 한다.

B3   위험이전

매수인은 물품이 A2에 따라 인도된 때부터 물품의 멸실 또는 훼손의 모든 위험을 부담한다.

매수인이 B10에 따른 통지를 하지 않는 경우에 매수인은 합의된 인도기일 또는 합의된 인도기간의 만료일부터 물품의 멸실 또는 훼손의 모든 위험을 부담하되, 다만 물품은 계약물음으로 명확히 특정되어 있어야 한다.

B4   Carriage

It is up to the buyer to contract or arrange at its own cost for the carriage of the goods from the named place of delivery.

B5   Insurance

The buyer has no obligation to the seller to make a contract of insurance.

B6   Proof of delivery

The buyer must provide the seller with appropriate evidence of having taken delivery.

B7   Export/import clearance

Where applicable, it is up to the buyer to carry out and pay for all export/transit/import clearance formalities required by the countries of export/transit/import, such as;

▶ all export/transit/import licence;   ▶ security clearance for all export/transit/import;

▶ pre-shipment inspection; and   ▶ any other official authorization.

B8   Checking/packing/marking

The buyer has no obligation to the seller.

B9   Allocation of costs

The buyer must:

Pay all costs relating to the goods from the time they have been delivered under A2;

Reimburse all costs and charges incurred by the seller in providing assistance or information under A4, A5, or A7;

Pay, where applicable, all duties, taxes and other charges, as well as the cost of costs of carrying out customs formalities payable upon export; and

Pay any additional costs incurred by failing either to take delivery of the goods when they have been placed at its disposal or to give appropriate notice in accordance with B10, provided that the goods have been clearly identified as the contract goods.

B10   Notices

The buyer must whenever it is agreed that the buyer is entitled to determine the time within an agreed period and/or the point of taking delivery within the named place, give the seller sufficient notice.

B4   운송

자신의 비용으로 물품을 지정인도장소로부터 운송하는 계약을 체결하거나 그러한 운송을 마련
하는 것은 매수인의 몫이다.

B5   보험

매수인은 매도인에 대하여 보험계약을 체결한 의무가 없다.

B6   인도의 증거

매수인은 매도인에게 인도를 수령하였다는 적절한 증거를 제공하여야 한다.

B7   수출/수입통관

해당되는 경우에 다음과 같은 수출국/통과국/수입국에 의하여 부과되는 모든 수풀/통과/수입통관
절차를 수행하고 그에 관한 비용을 부담하는 것은 매수인의 몫이다.

▶ 수출/통관/수입허가   ▶ 수출/통관/수입을 위한 보안통관

▶ 선적전검사 및   ▶ 그 밖의 공적 인가

B8   점검/포장/하인표시

매수인은 매도인에 대하여 의무가 없다.

B9   비용부담

매수인은 물품이 A2에 따라 인도된 때부터 물품에 관한 모든 비용을 부담하여야 한다.

A4,A5및 A7에 따라 서류와 정보를 취득하는 데 협력을 제공하는 것과 관련하여 매도인에게 발생
한 모든 비용을 상환하여야 한다,

해당되는 경우에 물품의 수출에 부과되는 모든 관세, 세금 기타 공과금 및 수출통관절차를 수행
하는 비용을 부담하여야 한다. 그리고

물품이 자신의 처분하에 놓인 때에 물품의 인도를 수령하지 않거나 B10에 따른 적절한 통지를 하
지 않음으로써 발생하는 추가비용을 부담하여야 한다. 다만 물품은 계약물품으로 명확히 측정되
어 있어야 한다.

B10   통지

매수인은 자신이 합의된 기간 중의 어느 시기 및/ 또는 지정장소 내에 인도를 수령할 지점을 결정
할 권리를 가지는 것으로 합의된 경우에는 매도인에게 충분한 통지를 하여야 한다.

FCA | Free Carrier

FCA (insert named place of delivery) Incoterms® 2020

EXPLANATORY NOTES FOR USERS

1. Delivery and risk - "Free Carrier(named place)" means that the seller delivers the goods to the buyer in one or other of two ways.

    ▶ Frist, when the named place is the seller's premises, the goods are delivered.

    ▶ when they are loaded on the means of transport arranged by the buyer.

    ▶ Second, when the named place is another place, the goods are delivered

    ▶ when, having been loaded on the seller's means of transport,

    ▶ they reach the named other place and

    ▶ are ready for unloading from that seller's means of transport and

    ▶ at the disposal of the carrier or of another person nominated by the buyer

    Whichever of the two is chosen as the place of delivery, that place identifies where risk transfers to the buyer and the time from which costs are for the buyer's account

2. Mode of transport - This rule may be used irrespective of the mode of transport selected and may also be used where more than one mode of transport is employed.

3. Place or point of delivery - A sale under FCA can be concluded naming only the place of delivery, either at the seller's premises or elsewhere, without specifying the precise point of delivery within that named place. However, the parties are well advised also to specify as clearly as possible the precise point within the named place of delivery. A named precise point of delivery makes it clear to both parties when the goods are delivered and when risk transfers to the buyer; such precision also marks the point at which costs are for the buyer's account. Where the precise point is not identified, however, this may cause problems for the buyer. The seller in

FCA | Free Carrier

FCA(지정인도장소 기입) Incoterms® 2020

사용자를 위한 설명문

1. **인도와 위험** -"운송인인도(지정장소)"는 매도인이 물품을 매수인에게 다음과 같은 두 가지 방법 중 어느 하나로 인도하는 것을 의미한다.

   ▶ 첫째, 지정장소가 매도인의 영업구내인 경우, 물품은 다음과 같이 된 때 인도된다.

   ▶ 물품이 매수인이 마련한 운송수단에 적재된 때

   ▶ 둘째, 지정장소가 그 밖의 장소인 경우, 물품은 다음과 같이 된 때 인도된다.

   ▶ 매도인의 운송수단에 적재되어서

   ▶ 지정장소에 도착하고

   ▶ 매도인의 운송수단에 실린 채 양하 준비된 상태로

   ▶ 매수인이 지정한 운송인이나 제3자의 처분 하에 놓인 때

   그러한 두 장소 중에서 인도장소로 선택되는 장소는 위험이 매수인에게 이전하는 곳 이자 또한 매수인이 비용을 부담하기 시작하는 시점이 된다.

2. **운송방식** - 본 규칙은 어떠한 운송방식이 선택되는지를 불문하고 사용할 수 있고 둘 이상의 운송방식이 이용되는 경우에는 사용할 수 있다.

3. **인도장소 또는 인도지점** - FCA 매매는 지정장소 내에 정확한 인도지점을 명시하지 않고서 매도인의 영업 구내나 그 밖의 장소 중에서 어느 하나를 단지 인도장소로 지정하여 체결될 수 있다. 그러나 당사자들은 지정인도장소 내에 정확한 지점도 가급적 명확하게 명시하는 것이 좋다. 그러한 정확한 지정인도지점은 양 당사자에게 언제 물품이 인도되는지와 언제 위험이 매수인에게 이전하는지 명확하게 하며, 또한 그러한 정확한 지점은 매수인의 비용부담의 기준점을 확정한다. 그러나 정확한 지점이 지정되지 않은 경우에는 매수인에게 문제가 생길 수 있다. 이러한 경우에 매도인은 "그의 목적에 가장 적합한" 지점

this case has the right to select the point "that best suits its purpose": that point becomes the point of delivery, from which risk and costs transfer to the buyer. If the precise point of delivery is not identified by naming it in the contract, then parties are taken to have left it to the seller to select the point "that best suits its purpose". This means that the buyer may incur the risk that the seller may choose a point just before the point at which goods are lost or damaged. Best for the buyer therefore to select the precise point within a place where delivery will occur.

4. **'or procure goods so delivered'** - The reference to "procure" here caters for multiple sales down a chain (string sales), particularly, although not exclusively, common in the commodity trades.

5. **Export/import clearance** - FCA requires the seller to clear the goods for export, where applicable, However, the seller has no obligation to clear the goods for import or for transit through third countries, to pay any import duty or to carry out any import customs formalities.

6. **Bills of lading with an on-board notation in FCA sales** - We have already seen that FCA in intended for use irrespective of the mode or modes of transport used. Now if goods are being picked up by the buyer's road-haulier in Las Vegas, it would be rather uncommon to expect a bill of lading with an on-board notation to be issued by the carrier from Las Vegas, Which is not a port and which a vessel cannot reach for goods to be placed on board. Nonetheless, sellers selling FCA Las Vegas do sometimes find themselves in a situation where they need a bill of lading with an on-board notation(typically because of a bank collection or a letter of credit requirement), albeit necessarily stating that the goods have been placed on board in Los Angeles as well as stating that they were received for carriage in Las Vegas. To cater for this possibility of an FCA seller needing a bill of lading with an on-board notation, FCA incoterms 2020 has, for the first time, provided the following optional mechanism. If the parties have so agreed in the contract, the buyer must instruct its carrier to issue a bill of lading with an on- board notation to the seller. The carrier may or may not, of course, accede to the buyer's request, given that the carrier is only bound and entitled to issue such a bill of lading once the goods are on board in Los Angeles. However, if and when the bill of lading is issued to the seller by the carrier at the buyer's cost and risk, the seller must provide that same document to the buyer, who will need the bill of leading in order to obtain discharge of the goods from the carrier. This optional mechanism becomes unnecessary, of course, if the parties have agreed that the seller will present to the buyer a bill of lading stating simply that the goods have been received for shipment rather than that have been shipped on board. Moreover, it should be emphasized that even where this optional mechanism is adopted, the seller is under no obligation to the buyer as

을 선택할 권리를 갖는다. 즉 이러한 경우에 매도인은 "그의 목적에 가장 적합한" 지점을 선택할 권리를 갖는다. 즉 이러한 지점이 곧 인도지점이 되고 그곳에서부터 위험과 비용이 매수인에게 이전한다. 계약에서 이를 지정하지 않아서 정확한 인도지점이 정해지지 않은 경우에, 당사자들은 매도인이 "자신의 목적에 가장 적합한" 지점을 선택하도록 한 것으로 된다. 이는 매수인으로서는 매도인이 물품의 멸실 또는 훼손이 발생한 지점이 아닌 그 직전의 지점을 선택할 수도 있는 위험이 있음을 의미한다. 따라서 매수인으로서는 인도가 이루어질 장소 내에 정확한 지점을 선택하는 것이 가장 좋다.

4. **'또는 그렇게 인도된 물품을 조달한다'** - 여기에 "조달한다"(procure)고 규정한 것은 꼭 이 분야에서 그런 것만은 아니지만 특히 일차산품거래(commodity trades)에서 일반적인 수차에 걸쳐 연속적으로 이루어지는 매매('연속매매', 'string sales')에 대응하기 위함이다.

5. **수출/수입통관** - FCA에서는 해당되는 경우에 매도인이 물품의 수출통관을 하여야 한다. 그러나 매도인은 물품의 수입을 위한 또는 제3국 통과를 위한 통관을 하거나 수입관세를 납부하거나 수입통관절차를 수행할 의무가 없다.

6. **FCA 매매에서 본선적재표기가 있는 선하증권** - 이미 언급하였듯이 FCA는 사용되는 운송방식이 어떠한지를 불문하고 사용할 수 있다. 이제는 매수인의 도로운송인이 라스베이거스에서 물품의 수거(pick up)한다고 할 때, 라스베이거스에서 운소인으로부터 본선적재표기가 있는 선하증권을 발급받기를 기대하는 것이 오히려 일반적이지 않다. 라스베이거스는 항구가 아니어서 선박이 물품적재를 위하여 그곳으로 갈 수 없기 때문이다. 그럼에도 FCA Las Vegas 조건으로 매매하는 매도인은 때로는 (전형적으로 은행의 추심조건이나 신용장조건 때문에) 무엇보다도 물품이 라스베이거스에서 운송을 위하여 수령된 것으로 기재될 뿐만 아니라 그것이 로스앤젤레스에서 선적되었다고 기재된 본선적재표기가 있는 선하증권이 필요한 상황에 처하게 된다. 본선적재표기가 있는 선하증권을 필요로 하는 FCA 매도인의 이러한 가능성에 대응하기 위하여 인코텀즈 2020 FCA에서는 처음으로 다음과 같은 선택적 기제를 규정한다. 당사자들이 계약에서 합의한 경우에 매수인은 그의 운송인에게 본선적재표기가 있는 선하증권을 매도인에게 발행하도록 지시하여야 한다. 물론 운송인으로서는 물품이 로스앤젤레스에서 본선적재된 때에만 그러한 선하증권을 발행할 의무가 있고 또 그렇게 할 권리가 있기 때문에 매수인의 요청에 응할 수도 응하지 않을 수도 있다. 그러나 운송인이 매수인의 비용과 위험으로 매도인에게 선하증권을 발행하는 경우에는 매도인은 바로 그 선하증권을 매수인에게 제공하여야 하고 매수인은 운송인으로부터 물품을 수령하기 위하여 그 선하증권이 필요하다. 물론 당사자들의 합의에 의하여 매도인이 매수인에게 물품의 본선적재 사실이 아니라 단지 물품이 선적을 위하여 수령되었다는 사실을 기재한 선하증권을 제시하는 경우에는 이러한 선택적 기제는 불필요하다. 또한 강조되어야 할 것으로 이러한 선택적 기제가 적용되는 경우에도 매도인은 매수인에 대하여 운송계약조건에 관한 어떠한 의무도 없다. 끝

to the terms of the contract of carriage. Finally, when this optional mechanism is adopted, the dates of delivery inland and loading on board will necessarily be different, which may well create difficulties for the seller under a letter of credit.

A THE SELLER'S OBLIGATIONS

A1   General obligations

The seller must provide the goods and the commercial invoice in conformity that may be required by contract.

Any document to be provided by the seller may be in paper or electronic from as agreed or, where there is no agreement, as is customary.

A2   Delivery

The seller must deliver the goods to the carrier or another person nominated by the buyer at the named point, if any, at the named place, or procure goods so delivered.

The seller must deliver the goods

On the agreed date or,

At the time within the agreed period notified by the buyer under B10(b) or,

If no such time is notified, then at the end of the agreed period .

Delivery is completed either:

If the named place is the seller's premises, when the goods have been loaded on the means of provided by the buyer; or,

In any other case, when the goods are placed at the disposal of the carrier or another person nominated by the buyer on the seller's means of transport ready for unloading.

If no specific point has been notified by the buyer under B10(d) within the named place of delivery, and if there are several points available, the seller may select the point that best suits its purpose.

A3   Transfer of risk

The seller bears all risks of loss of or damage to the goods until they have been delivered in accordance with A2, with the exception of loss or damage in the circumstance described in B3.

A4   Carriage

The seller has no obligation to the buyer to make a contract of carriage.

으로, 이러한 선택적 기제가 적용되는 경우에 내륙의 인도일자와 본선적재일자는 부득이 다를 수 있을 것이고, 이로 인하여 매도인에게 신용장상 어려움이 발생할 수 있다.

A 매도인의 의무

A1　일반의무

매도인은 매매계약에 일치하는 물품 및 상업송장과 그 밖에 계약에서 요구될 수 있는 일치성에 관한 증거를 제공하여야 한다.

매도인이 제공하여야 하는 서류는 합의에 따라, 합의가 없는 경우에는 관행에 따라 종이서류 또는 전자적 방식으로 제공될 수 있다.

A2　인도

매도인은 물품을 지정장소에서, 그 지정장소에 지정된 지점이 있는 경우에는 그 지점에서 매수인이 지정한 운송인 또는 제3자에게 인도하거나 그렇게 인도된 물품을 조달하여야 한다.

매도인은 다음의 시기에 물품을 인도하여야 한다.

합의된 기일 또는,

B10(b)에 따라 매수인으로부터 통지받은 합의된 기간 중의 어느 시기 또는,

그러한 시기가 통지되지 않은 경우에는 합의된 기간의 만료일

인도는 다음의 시점에 완료된다.

지정장소가 매도인의 영업구내인 경우에는 물품이 매수인이 제공한 운송수단에 적재되는 때 또는,

그 밖의 경우에는 물품이 매도인의 운송수단에 실린 채 양하준비 된 상태로 매수인이 지정한 운송인 또는 제3자의 처분하에 놓인 때

지정인도장소 내에 매수인이 B10(d)에 따라 통지한 특정한 지점이 없고 또한 이용가능한 복수의 지점이 있는 경우에 매도인은 그의 목적에 가장 적합한 지점을 선택할 수 있다.

A3　위험이전

매도인은 물품이 A2에 따라 인도된 때까지 물품의 멸실 또는 훼손의 모든 위험을 부담하되, B3에 규정된 상황에서 발생하는 멸실 또는 훼손은 예외로 한다.

A4　운송

매도인은 매수인에 대하여 운송계약을 체결할 의무가 없다. 그러나 매도인은 매수인의 요청에 따

However, the seller must provide the buyer, at the buyer's request, risk and cost, with any information in the possession of the seller, including transport-related security requirements, that the buyer needs for arranging carriage.

If agreed, the seller must contract for carriage on the usual teams at the buyer's risk and cost.

The seller must comply with any transport-related security requirements up to delivery.

A5   Insurance

The seller has no obligation to the buyer to make a contract of Insurance.

However, the seller must provide the buyer, at the buyer's request, risk and cost, with information in the possession of the seller that the buyer needs for obtaining Insurance.

A6   Delivery/ transport document

The seller must provide the buyer at the seller's cost with the usual proof that the goods have delivered in accordance with A2.

The seller must provide assistance to the buyer, at the buyer's request, risk and cost, in obtaining a transport document.

Where the buyer has instructed the carrier to issue to the seller a transport document under B6, the seller must provide any such document to the buyer.

A7   Export/import clearance

a) Export clearance

Where applicable, the seller must carry out and pay for all export clearance formalities by the country of export, such as;

▶ export licence;

▶ security clearance for export;

▶ pre- shipment inspection; and

▶ any other official authorization

b) Assistance with import clearance

Where applicable, the seller must assist the buyer, at the buyer's request, risk and cost, in obtaining any documents and/ or information related to all transit/ import clearance formalities, including security requirements and pre-shipment inspection, needed by ant country of transit or the country of import.

라 매수인의 위험과 비용으로, 운송관련 보안요건을 포함하여 매수인이 운송을 마련하기 위하여 필요로 하는 정보로서 매도인 자신이 가지고 있는 정보를 매수인에게 제공하여야 한다.

합의가 있는 경우에 매도인은 매수인의 위험과 비용으로 통상적인 조건으로 운송계약을 체결하여야 한다.

매도인은 인도가 있을 때까지 운송관련 보안요건을 준수하여야 한다.

A5 보험

매도인은 매수인에 대하여 보험계약을 체결한 의무가 없다. 그러나 매도인은 매수인의 요청에 따라 매수인의 위험과 비용으로 매수인이 부보하는 데 필요한 정보로서 매도인 자신이 가지고 있는 정보를 제공하여야 한다.

A6 인도/운송서류

매도인은 자신의 비용으로 매수인에게 물품이 A2에 따라 인도되었다는 통상적인 증거를 제공하여야 한다.

매도인은 매수인의 요청에 따라 매수인의 위험과 비용으로 매수인이 운송서류를 취득하는 데 협력을 제공하여야 한다,

매수인이 B6에 따라 매도인에게 운송서류를 발행하도록 운송인에게 지시한 경우에 매도인은 그러한 서류를 매수인에게 제공하여야 한다.

A7 수출/수입통관

a) 수출통관

해당되는 경우에 매도인은 다음과 같은 수출국에 의하여 부과되는 모든 수출통관절차를 수행하고 그에 관한 비용을 부담하여야 한다.

▶ 수출허가
▶ 수출을 위한 보안통관
▶ 선적전검사 및
▶ 그 밖의 공적 인가

b) 수입통관에 관한 협력

해당되는 경우에 매도인은 매수인의 요청에 따라 매수인의 위험과 비용으로, 보안요건 및 선적검사를 포함하여 통과국 또는 수입국에 의하여 필요한 모든 통과/수입통관절차에 관한 서류 및/또는 정보를 취득하는 데 매수인에게 협력하여야 한다.

A8   Checking/packaging/marking

The seller must pay the costs of those checking operations(such as checking quality, measuring, weighing, counting) that are necessary for the purpose of delivering the goods in accordance with A2.

The seller must, at its own cost, package the goods, unless it is usual for the particular trade to transport the type of goods sold unpackaged. The seller must package and mark the goods in the manner appropriate for their transport, unless the parties have agreed on specific packaging or marking requirements.

A9   Allocation of costs

The seller must pay:

All costs relating to the goods until they have been delivered in accordance with A2, other than those payable by the buyer under B9;

The costs of providing the usual proof to the buyer under A6 that the goods have been delivered;

Where applicable, duties, taxes and any other costs related to export clearance under A7(a);and

The buyer for all costs and charges related to providing assistance in obtaining documents and information in accordance with B7(a)

A10   Notices

The seller must give the buyer sufficient notice either that the goods have been delivered in accordance with A2 or that the carrier or another person nominated by the buyer has failed to take the goods within the time agreed.

B THE BUYER'S OBLIGATIONS

B1   General obligation

The buyer must pay the price of the goods as provided in the contract of sale.

Any document to be provided by the buyer may be in paper or electronic from as agreed or, where there is no agreement, as is customary.

B2   Taking delivery

The buyer must take delivery of the goods when they have been delivered under A2

B3   Transfer of risk

The buyer bears all risks of loss of or damage to the goods from the time they have been delivered under A2.

A8 점검/포장/하인표시

매도인은 A2에 따라 물품을 인도하기 위한 목적에서 필요한 점검작업(예컨대 품질점검, 용적측량, 중량측정, 수량계수)에 드는 비용을 부담하여야 한다.

매도인은 자신의 비용으로 물품을 포장하여야 하되 다만 특정한 거래에서 통상적으로 포장되지 않은 채 매매되어 운송되는 형태의 물품인 경우에는 그러하지 아니하다.

매도인은 당해 운송에 적절한 방법으로 물품을 포장하고 하인을 표시하여야 하되 다만 당사자들이 특정한 포장요건이나 하인요건에 합의한 경우에는 그러하지 아니하다.

A9 비용부담

매도인은 다음의 비용을 부담하여야 한다.

물품이 A2에따라 인도된 때까지 물품에 관한 모든 비용. 다만 B9에 따라 매수인이 부담하는 비용은 제외한다.

물품이 인도되었다는 통상적인 증거를 A6에 따라 매수인에게 제공하는 데 드는 비용

해당되는 경우에 A7(a)에 따른 수출통관에 관한 관세, 세금 그 밖의 비용 및

B7(a)에 따라 서류와 정보를 취득하는 데 매수인이 협력을 제공하는 것과 관련한 모든 비용

A10 통지

매도인은 물품이 A2에 따라 인도된 사실 또는 매수인이 지정한 운송인 또는 제3자가 합의된 시기 내에 물품을 수령하지 않은 사실을 매수인에게 충분히 통지하여야 한다.

B 매수인의 의무

B1 일반의무

매수인은 매매계약에 규정된 바에 따라 물품의 대금을 지급하여야 한다.

매수인이 제공하여야 하는 서류는 합의에 따라, 합의가 없는 경우에는 관행에 따라 종이서류 또는 전자적 방식으로 제공될 수 있다.

B2 인수

매수인은 물품이 A2에 따라 인도된 때에 그 물품의 인도를 수령하여야 한다.

B3 위험이전

매수인은 물품이 A2에 따라 인도된 때부터 물품의 멸실 또는 훼손의 모든 위험을 부담한다.

If:

The buyer fails to nominate a carrier or another person under A2 or to give notice in accordance with B10; or

The carrier or person nominated by the buyer under B10(a) fails to take the goods into its charge,

Then, the buyer bears all risks of loss of or damage to the goods:

From the agreed date, or in the absence of an agreed date,

From the time selected by the buyer under B10(b); or, if no such time has been notified,

From the end of any agreed period for delivery,

Provided that the goods have been clearly identified as the contract goods.

B4   Carriage

The buyer must contract or arrange at its own cost for the carriage of the goods from the named place of delivery, except when the contract of carriage is made by the seller as provided for in A4.

B5   Insurance

The buyer has no obligation to the seller to make a contract of insurance.

B6   Delivery/transport document

The buyer must accept the proof that the goods have been delivered in accordance with A2.

If the parties have so agreed, the buyer must instruct the carrier to issue to the seller, at the buyer's cost and risk, a transport document stating that the goods have been loaded(such as a bill of leading with an onboard notation).

B7   Export/import clearance

a) Assistance with export clearance

Where applicable, the buyer must assist the seller at the seller's request, risk and cost in obtaining any documents and/or information related to all export clearance formalities, including security requirements and pre-shipment inspection, needed by the country of export.

b) Import clearance

Where applicable, the buyer must carry out and pay for all formalities required by any country of transit and the country of import, such as:

만약

매수인이 A2상의 운송인이나 제3자를 지정하지 않거나 B10에 따른 통지를 하지 않는 경우, 또는 B10(a)에 따라 매수인이 지정한 운송인이나 제3자가 물품을 수령하지 않는 경우 매수인은 다음의 시기부터 물품의 멸실 또는 훼손의 모든 위험을 부담한다.

합의된 인도기일부터 또는 합의된 인도기일이 없는 경우에는

매수인이 B10(b)에 따라 선택한 시기부터 또는 그러한 시기가 통지되지 않은 경우에는

합의된 인도기간의 만료일부터

다만 물품은 계약물품으로 명확히 특정되어 있어야 한다.

B4   운송

매수인은 자신의 비용으로 물품을 지정인도장소로부터 운송하는 계약을 체결하거나 그러한 운송을 마련하여야 하되, 다만 A4에 규정된 바에 따라 매도인이 운송계약을 체결하는 경우에는 예외이다.

B5   보험

매수인은 매도인에 대하여 보험계약을 체결할 의무가 없다.

B6   인도/운송서류

매수인은 물품이 A2에 일치하게 인도되었다는 증거를 인수하여야 한다.

당사자들이 합의한 경우에 매수인은 물품이 적재되었음을 기재한 (본선적재표기가 있는 선하증권과 같은) 운송서류를 자신의 비용과 위험으로 매도인에게 발행하도록 운송인에게 지시하여야 한다.

B7   수출/수입통관

a) 수출통관에 관한 협력

해당되는 경우에 매수인은 매도인의 요청에 따라 매도인의 위험과 비용으로, 보안요건 및 선적전 검사를 포함하여 수출국에 의하여 필요한 모든 수출통관절차에 관한 서류 및/또는 정보를 취득하는 데 매도인에게 협력하여야 한다.

b) 수입통관

해당되는 경우에 매수인은 다은과 같은 통과국 및 수입국에 의하여 부과되는 모든 절차를 수행하고 그에 관한 비용을 부담하여야 한다.

▶ import licence and any licence required for transit;

▶ security clearance for import and transit;

▶ pre-shipment inspection; and

▶ any other official authorisation.

B8   Checking/packing/marking

The buyer has no obligation to the seller.

B9   Allocation of costs

The buyer must pay:

All costs relating to the goods from the time they have been delivered under A2, other than those payable by the seller under A9;

The seller for all costs and charges related to providing assistance in obtaining documents and information in accordance with A4, A5, A6 and A7(b);

Where applicable, duties, taxes and any other costs related to transit or import clearance under B7(b); and

Any additional costs incurred, either because:

The buyer fails to nominate a carrier or another person under B10,

The carrier or person nominate by the buyer under B10 fails to take the goods into its charge.

Provided that the goods have been clearly identified as the contract goods.

B10   Notices

The buyer must notify the seller of

The name of the carrier or another person nominated within sufficient time as to enable the seller to deliver the goods in accordance with A2;

The selected time, if any, within the period agreed for delivery when the carrier or person nominated will receive the goods;

The mode of transport to be used by the carrier or the person nominated including any transport-related security requirements; and

The point where the goods will be received within the named place of delivery.

▶ 수입허가 및 통과를 위하여 필요한 허가

▶ 수입과 통과를 위한 보안통관

▶ 선적전검사 및

▶ 그 밖의 공적 인가

B8 **점검/포장/하인표시**

매수인은 매도인에 대하여 의무가 없다.

B9 **비용부담**

매수인은 다음의 비용을 부담하여야 한다.

물품이 A2에 따라 인도된 때부터 물품에 관한 모든 비용, 다만 A9에 따라 매도인이 부담하는 비용은 제외한다.

A4, A5, A6 및 A7(b)에 따라 서류와 정보를 취득하는 데 매도인이 협력을 제공하는 것과 관련한 모든 비용

해당되는 경우에 B7에 따른 통과통관 또는 수입통관에 관한 관세, 세금 그 밖의 비용 및,

다음의 경우에 발생하는 추가비용

매수인이 B10에 따른 운송인이나 제3자를 지정하지 않는 경우 또는

B10에 따라 매수인이 지정한 운송인이나 제3자가 물품을 수령하지 않는 경우 다만 물품은 계약물품으로 명확히 특정되어 있어야 한다.

B10 **통지**

매수인은 매도인에게 다음을 통지하여야 한다.

지정된 운송인 또는 제3자의 이름, 이는 매도인이 A2에 따라 물품의 인도할 수 있도록 하는 정도의 충분한 기간 전에 통지되어야 한다.

합의된 인도기간 내에서 운송인이나 제3자가 물품을 수령할 것으로 선택된 시기가 있는 경우 그 선택된 시기

운송관련 보안요건을 포함하여, 지정된 운송인 또는 제3자가 사용할 운송방식 및

지정인도장소 내에서 물품을 수령할 지점.

CPT | Carriage Paid To

CPT (insert named place of destination) Incoterms® 2020

DELIVERY

EXPLANATORY NOTES FOR USERS

1. **Delivery and risk**-"Carriage Paid To" means that the seller delivers the goods-and transfers the risk-to the buyer

    ▶ by handing them over to the carrier

    ▶ contracted by the seller

    ▶ or by procuring the goods so delivered.

    ▶ The seller may do so by giving the carrier physical possession of the goods in the manner and at the place appropriate to the means of transport used.

    Once the goods have been delivered to the buyer in this way, the seller does not guarantee that the goods will reach the place of destination in sound condition, in the stated quantity or indeed at all. This is because risk transfers from seller to buyer when the goods are delivered to the buyer by handing them over to the carrier; the seller must nonetheless contract for the carriage of the goods from delivery to the agreed destination. Thus, for example, goods are handed over to a carrier in Las Vegas (which is not a port) for carriage to Southampton (a port) or to Winchester (which is not a port). In either case, delivery transferring risk to the buyer happens in Las Vegas, and the seller must make a contract of carriage to either Southampton or Winchester.

2. **Mode of transport**-This rule may be used irrespective of the mode of transport selected and may also be used where more than one mode of transport is employed.

3. **Places (or points) of delivery and destination**-In CPT, two locations are important: the place or point (if any) at which the goods are delivered (for the transfer of risk) and the place or point agreed as the destination of

CPT | Carriage Paid To

CPT (지정목적지 기입) Incoterms® 2020

DELIVERY

사용자를 위한 설명문

1. **인도와 위험** - "운송비지급인도"는 매도인이 다음과 같이 매수인에게 물품을 인도하는 것을 - 그리고 위험을 이전하는 것을 - 의미한다.

   ▶ 매도인과 계약을 체결한 운송인에게

   ▶ 물품을 교부함으로써

   ▶ 또는 그렇게 인도된 물품을 조달함으로써

   ▶ 매도인은 사용되는 운송수단에 적합한 방법으로 그에 적합한 장소에서 운송인에게 물품의 물리적 점유를 이전함으로써 물품을 인도할 수 있다.

   물품이 이러한 방법으로 매수인에게 인도되면 매도인은 그 물품이 목적지에 양호한 상태로 그리고 명시된 수량 또는 그 전량이 도착할 것을 보장하지 않는다. 왜냐하면 물품이 운송인에게 교부됨으로써 매수인에게 인도된 때 위험은 매도인으로부터 매수인에게 이전하기 때문이다. 그러나 매도인은 물품을 인도지로부터 합의된 목적지까지 운송하는 계약을 체결하여야 한다. 따라서 예컨대 (항구인) 사우샘프턴이나 (항구가 아닌) 윈체스터까지 운송하기 위하여 (항구가 아닌) 라스베이거스에서 운송인에게 물품이 교부된다. 이러한 각각의 경우에 위험을 매수인에게 이전시키는 인도는 라스베이거스에서 일어나고 매도인은 사우샘프턴이나 윈체스터로 향하는 운송계약을 체결하여야 한다.

2. **운송방식** - 본 규칙은 어떠한 운송방식이 선택되는지를 불문하고 사용할 수 있고 둘 이상의 운송방식이 이용되는 경우에도 사용할 수 있다.

3. **인도장소(또는 인도지점)와 목적지** - CPT에서는 두 곳이 중요하다. 물품이 (위험이전을 위하여) 인도되는 장소 또는 지점(있는 경우)이 그 하나이고, 물품의 목적지로서 합의된 장소 또는 지점이 다른 하나이다

the goods (as the point to which the seller promises to contract for carriage).

4. Identifying the place or point of delivery with precision - The parties are well advised to identify both places, or indeed points within those places, as precisely as possible in the contract of sale. Identifying the place or point (if any) of delivery as precisely as possible is important to cater for the common situation where several carriers are engaged, each for different legs of the transit from delivery to destination. Where this happens and the parties do not agree on a specific place or point of delivery, the default position is that risk transfers when the goods have been delivered to the first carrier at a point entirely of the seller's choosing and over which the buyer has co control. Should the parties wish the risk to transfer at a later stage (e.g. at a sea or river port or at an airport), or indeed an earlier one (e.g. an inland point some way away from a sea or river port), they need to specify this in their contract of sale and to carefully think through the consequences of so doing in case the goods are lost or damaged.

5. Identifying the destination as precisely as possible - The parties are also well advised to identify as precisely as possible in the contract of sale the point within the agreed place of destination, as this is the point to which the seller must contract for carriage and this is the point to which the costs of carriage fall on the seller.

6. 'or procuring the goods so delivered' - The reference to "procure" here caters for multiple sales down a chain (string sales), particularly common in the commodity trades.

7. Costs of unloading at destination - If the seller incurs costs under its contract of carriage related to unloading at the named place of destination, the seller is not entitled to recover such costs separately from the buyer unless otherwise agreed between the parties.

8. Export/import clearance - CPT requires the seller to clear the goods for export, where applicable. However, the seller has no obligation to clear the goods for import or for transit through third countries, or to pay any import duty or to carry out any import customs formalities.

A THE SELLER'S OBLIGATIONS

A1   General obligations

The Seller must provide the goods and the commercial invoice in conformity with the contract of sale and any other evidence of conformity that may be required by the contract.

Any document to be provided by the seller may be in paper or electronic form as agreed or, where there is

(매도인은 이 지점까지 운송계약을 체결하기로 약속하기 때문이다).

4. **정확한 인도장소 또는 인도지점 지정** - 당사자들은 매매계약에서 가급적 정확하게 두 장소(인도장소 및 목적지) 또는 그러한 두 장소 내의 실제 지점들을 지정하는 것이 좋다. 인도장소나 인도지점(있는 경우)을 가급적 정확하게 지정하는 것은 복수의 운송인이 참여하여 인도지부터 목적지까지 사이에 각자 상이한 운송구간을 담당하는 일반적인 상황에 대응하기 위하여 중요하다. 이러한 상황에서 당사자들이 특정한 인도장소나 인도지점을 합의하지 않는 경우에 [본 규칙이 규정하는] 보충적 입장은, 위험은 물품이 매도인이 전적으로 선택하고 그에 대하여 매수인이 전혀 통제할 수 없는 지점에서 제1운송인에게 인도된 때 이전한다는 것이다. 그 후의 어느 단계에서 (예컨대 바다나 강의 항구로부터 멀리 있는 내륙의 어느 지점에서) 위험이 이전되길 원한다면, 당사자들은 이를 매매계약에 명시하고 물품이 실제로 멸실 또는 훼손되는 경우에 그렇게 하는 것의 결과가 어떻게 되는지를 신중하게 생각할 필요가 있다.

5. **가급적 정확한 목적지 지정** - 당사자들은 또한 매매계약에서 합의된 목적지 내의 지점을 가급적 정확하게 지정하는 것이 좋다. 그 지점까지 매도인은 운송계약을 체결하여야 하고 그 지점까지 발생하는 운송비용을 매도인이 부담하기 때문이다.

6. **'또는 그렇게 인도된 물품을 조달함'** - 여기에 "조달한다"(procure)고 규정한 것은 특히 일차산품거래(commodity trades)에서 일반적인 수차에 걸쳐 연속적으로 이루어지는 매매('연속매매', 'string sales')에 대응하기 위함이다.

7. **목적지의 양하비용** - 매도인이 자신의 운송계약상 지정목적지에서 양하에 관하여 비용이 발생한 경우에 매도인은 당사자간에 달리 합의되지 않은 한 그러한 비용을 매수인으로부터 별도로 상환받을 권리가 없다.

8. **수출/수입통관** - CPT에서는 해당되는 경우에 매도인이 물품의 수출통관을 하여야 한다. 그러나 매도인은 물품의 수입을 위한 또는 제3국 통과를 위한 통관을 하거나 수입관세를 납부하거나 수입통관절차를 수행할 의무가 없다.

A 매도인의 의무

A1 일반의무

매도인은 매매계약에 일치하는 물품 및 상업송장과 그밖에 계약에서 요구될 수 있는 일치성에 관한 증거를 제공하여야 한다.

매도인이 제공하여야 하는 서류는 합의에 따라, 합의가 없는 경우에는 관행에 따라 종이서류 또

no agreement, as is customary.

A2 Delivery

The seller must deliver the goods by handing them over to the carrier contracted in accordance with A4 or by procuring the goods so delivered. In either case the seller must deliver the goods on the agreed date or within the agreed period.

A3 Transfer of risks

The seller bears all risks of loss of or damage to the goods until they have been delivered in accordance with A2, with the exception of loss or damage in the circumstance described in B3.

A4 Carriage

The Seller must contract or procure a contract for the carriage of the goods from the agreed point of delivery, if any, at the place of delivery to the named place of destination or, if agreed, any point at that place. The contract of carriage must be made on usual terms at the seller' cost and provide for carriage by the usual route in a customary manner of the type normally used for carriage of the type of goods sold. If a specific point of delivery an the point at the named place of destination that best suit its purpose.

The seller must comply with any transport-related security requirements for transport to the destination.

A5 Insurance

The seller has no obligation to the buyer to make a contract of insurance. However, the seller must provide the buyer, at the buyer's request, risk and cost, with information in the possession of the seller that the buyer needs for obtaining insurance.

A6 Delivery-transport document

If customary or at the buyer's request, the seller must provide the buyer, at the seller's cost, with the usual transport document[s] for the transport contracted in accordance with A4.

This transport document must cover the contract goods and be dated within the period agreed for shipment. If agreed or customary, the document must also enable the buyer to claim the goods from the carrier at the named place of destination and enable the buyer to sell the goods in transit by the transfer of the document to a subsequent buyer or by notification to the carrier.

When such a transport document is issued in negotiable form and in several originals, a full set of originals

는 전자적 방식으로 제공될 수 있다.

A2 인도

매도인은 물품을 A4에 따라 운송계약을 체결한 운송인에게 교부하거나 그렇게 인도된 물품을 조달함으로써 인도하여야 한다. 각각의 경우에 매도인은 합의된 기일에 또는 합의된 기간 내에 인도하여야 한다.

A3 위험이전

매도인은 물품이 A2에 따라 인도된 때까지 물품의 멸실 또는 훼손의 모든 위험을 부담하되, B3에 규정된 상황에서 발생하는 멸실 또는 훼손은 예외로 한다.

A4 운송

매도인은 인도장소로부터, 그 인도장소에 합의된 인도지점이 있는 때에는 그 지점으로부터 지정목적지까지 또는 합의가 있는 때에는 그 지정목적지의 어느 지점까지 물품을 운송하는 계약을 체결하거나 조달하여야 한다. 운송계약은 매도인의 비용으로 통상적인 조건으로 체결되어야 하며 매매물품과 같은 종류의 물품을 운송하는 데 사용되는 통상적인 항로로 관행적인 방법으로 운송하는 내용이어야 한다. 특정한 지점이 합의되지 않거나 관례에 의하여 결정되지 않는 경우에 매도인은 그의 목적에 가장 적합한 인도지점 및 지정목적지의 지점을 선택할 수 있다.

매도인은 목적지까지 운송하는 데 요구되는 운송관련 보안요건을 준수하여야 한다.

A5 보험

매도인은 매수인에 대하여 보험계약을 체결할 의무가 없다. 그러나 매도인은 매수인의 요청에 따라 매수인의 위험과 비용으로 매수인이 부보하는 데 필요한 정보로서 매도인 자신이 가지고 있는 정보를 제공하여야 한다.

A6 인도/운송서류

관행이 있거나 매수인의 요청이 있는 경우에 매도인은 자신의 비용으로 매수인에게 A4에 따라 체결된 운송에 관한 통상적인 운송서류(들)를 제공하여야 한다.

이 운송서류는 계약물품에 관한 것이어야 하고 합의된 선적기간 이내로 일부(日附)되어야 한다. 합의나 관행이 있는 경우에 그 운송서류는 매수인이 지정목적지에서 운송인에 대하여 물품의 인도를 청구할 수 있도록 하는 것이어야 하고 또는 매수인이 후속매수인에게 운송서류를 양도함으로써 또는 운송인에 대한 통지로써 운송 중에 물품을 매각할 수 있도록 하는 것이어야 한다.

그러한 운송서류가 유통가능한 형식으로 복수의 원본으로 발행된 경우에 그 원본의 전통(全通)이

must be presented to the buyer.

A7   Export/import clearance

a) Export clearance

Where applicable, the seller must carry out and pay for all export clearance formalities required by the country of export of export, such as:

export licence;

security clearance for export;

pre-shipment inspection; and

any other official authorisation.

b) Assistance with import clearance

Where applicable, the seller must assist the buyer, at the buyer's request, risk and cost, in obtaining any documents and/or information related to all transit/import clearance formalities, including security requirements and pre-shipment inspection, needed by and country of transit or the country of import.

A8   Checking/packing/marking

The seller must pay the costs of those checking operations (such as checking quality, measuring, weighing, counting) that are necessary for the purpose of delivering the goods in accordance with A2.

The seller must, at its own cost, package the goods, unless it is usual for he particular trade to transport the type of goods sold unpackaged. The seller must package and mark the goods in the manner appropriate for their transport, unless the parties have agreed on specific packaging or marking requirements.

A9   Allocation of costs

The seller must pay:

a) all costs relating to the goods until they have been delivered in accordance with A2, other than those payable by the buyer under B9;

b) transport and all other costs resulting from A4, including the costs of loading the goods and transport-related security costs;

c) any charges for unloading at the agreed place of destination but only if those charges were for the seller's account under the contract of carriage;

d) the costs of transit that were for the seller's account under the contract of carriage;

매수인에게 제공되어야 한다.

A7   **수출/수입통관**

a) 수출통관

해당되는 경우에 매도인은 다음과 같은 수출국에 의하여 부과되는 모든 수출통관절차를 수행하고 그에 관한 비용을 부담하여야 한다.

수출허가

수출을 위한 보안통관

선적전검사 및

그 밖의 공적 인가

b) 수입통관에 관한 협력

해당되는 경우에 매도인은 매수인의 요청에 따라 매수인의 위험과 비용으로, 보안요건 및 선적전검사를 포함하여 통과국 또는 수입국에 의하여 필요한 모든 통과/수입통관절차에 관한 서류 및/또는 정보를 취득하는 데 매수인에게 협력하여야 한다.

A8   **점검/포장/하인표시**

매도인은 A2에 따라 물품을 인도하기 위한 목적에서 필요한 점검작업(예컨대 품질점검, 용적측량, 중량측정, 수량계수)에 드는 비용을 부담하여야 한다.

매도인은 자신의 비용으로 물품을 포장하여야 하되 다만 특정한 거래에서 통상적으로 포장되지 않은 채 매매되어 운송되는 형태의 물품인 경우에는 그러하지 아니하다. 매도인은 당해 운송에 적절한 방법으로 물품을 포장하고 하인이 표시하여야 하되 다만 당사자들이 특정한 포장요건이나 하인요건에 합의한 경우에는 그러하지 아니하다.

A9   **비용분담**

매도인은 다음의 비용을 부담하여야 한다.

a) 물품이 A2에 따라 인도된 때까지 물품에 관한 모든 비용. 다만 B9에 따라 매수인이 부담하는 비용은 제외한다.

b) 물품적재비용과 운송관련 보안비용을 포함하여, A4로부터 비롯하는 운송비용 및 그 밖의 모든 비용

c) 합의된 목적지의 양하비용 중에서 오직 운송계약상 매도인이 부담하기로 된 비용

d) 운송계약상 매도인이 부담하기로 된 통과비용

e) the costs of providing the usual proof to the buyer under A6 that the goods have been delivered;

f) where applicable, duties, taxes and any other costs related to export clearance under A7(a); and

g) the buyer for all costs and charges related to providing assistance in obtaining documents and information in accordance with B7(a).

A10 Notices

The seller must notify the buyer that the goods have been delivered in accordance with A2.

The seller must give the buyer any notice required to enable the buyer to receive the goods.

B THE BUYER'S OBLIGATIONS

B1 General obligations

The buyer must pay the price of the goods as provided in the contract of sale.

Any document to be provided by the buyer may be in paper or electronic form as agreed or, where there is no agreement, as is customary

B2 Taking delivery

The buyer must take delivery of the goods when they have been delivered under A2 and receive them from the carrier at the named place of destination or if agreed, at the point within that place.

B3 Transfer of risks

The buyer bears all risks of loss of or damage to the goods from the time they have been delivered under A2.

If the buyer fails to give notice in accordance with B10, then the buyer bears all risks of loss of or damage to the goods from the agreed date or the end of the agreed period for delivery, provided that the goods have been clearly identified as the contract goods.

B4 Carriage

The buyer has no obligation to the seller to make a contract of carriage.

B5 Insurance

The buyer has no obligation to the seller to make a contract of insurance.

B6 Delivery/transport document

The buyer must accept the transport document provided under A6 if it is in conformity with the contract.

e) 물품이 인도되었다는 통상적인 증거를 A6에 따라 매수인에게 제공하는 데 드는 비용

f) 해당되는 경우에 A7(a)에 따른 수출통관에 관한 관세, 세금 그 밖의 비용 및

g) B7(a)에 따라 서류와 정보를 취득하는데 매수인이 협력을 제공하는 것과 관련한 모든 비용.

A10   **통지**

매도인은 매수인에게 물품이 A2에 따라 인도되었음을 통지하여야 한다.

매도인은 매수인에게 매수인이 물품을 수령할 수 있도록 하는 데 필요한 통지를 하여야 한다.

B 매수인의 의무

B1   **일반의무**

매수인은 매매계약에 규정된 바에 따라 물품의 대금을 지급하여야 한다.

매수인이 제공하여야 하는 서류는 합의에 따라, 합의가 없는 경우에는 관행에 따라 종이서류 또는 전자적 방식으로 제공될 수 있다.

B2   **인수**

매수인은 물품이 A2에 따라 인도된 때에 그 물품의 인도를 수령하여야 하고 지정목적지에서 또는 합의된 경우에는 지정목적지 내의 지점에서 운송인으로부터 물품을 수령하여야 한다.

B3   **위험이전**

매수인은 물품이 A2에 따라 인도된 때부터 물품의 멸실 또는 훼손의 모든 위험을 부담한다.

매수인이 B10에 따른 통지를 하지 않은 경우에 매수인은 합의된 인도기일이나 합의된 인도기간의 만료일부터 물품의 멸실 또는 훼손의 모든 위험을 부담하여야 하되, 다만 물품은 계약물품으로 명확히 특정되어 있어야 한다.

B4   **운송**

매수인은 매도인에 대하여 운송계약을 체결할 의무가 없다.

B5   **보험**

매수인은 매도인에 대하여 보험계약을 체결할 의무가 없다.

B6   **인도/운송서류**

매수인은 A6에 따라 제공된 운송서류가 계약에 일치하는 때에는 이를 인수하여야 한다.

B7　Export/import clearance

a) Assistance with export clearance

Where applicable, the buyer must assist the seller at the seller's request, risk and cost in obtaining any documents and/or information related to all export clearance formalities, including security requirements and pre-shipment inspection, needed by the country of export.

b) Import clearance

Where applicable, the buyer must carry out and pay for all formalities required by any country of transit and the country of import, such as:

▶ import licence and any licence required for transit;　▶ security clearance for import and any transit;

▶ pre-shipment inspection; and　▶ any other official authorisation.

B8　Checking/packaging/marking

The buyer has no obligation to the seller.

B9　Allocation of costs

The buyer must pay:

a) all costs relating to the goods from the time they have been delivered under A2, other than those payable by the seller under A9;

b) the costs of transit, unless such costs were for the seller's account under the contract of carriage;

c) unloading costs, unless such costs were for the seller's account under the contract of carriage;

d) the seller for all costs and charges related to providing assistance in obtaining documents and information in accordance with A5 and A7(b);

e) where applicable, duties, taxes and any other costs related to transit or import clearance under B7(b); and

f) any additional costs incurred if it fails to give notice in accordance with B10, from the agreed date or the end of the agreed period for shipment, provided that the goods have been clearly identified as the contract goods.

B10　Notices

The buyer must, whenever it is agreed that the buyer is entitled to determine the time for dispatching the goods and/or the point of receiving the goods within the named place of destination, give the seller sufficient notice.

B7　　**수출/수입통관**

a) 수출통관에 관한 협력

해당되는 경우에 매수인은 매도인의 요청에 따라 매도인의 위험과 비용으로, 보안요건 및 선적전 검사를 포함하여 수출국에 의하여 필요한 모든 수출통관절차에 관한 서류 및/또는 정보를 취득하는 데 매도인에게 협력하여야 한다.

b) 수입통관

해당되는 경우에 매수인은 다음과 같은 통과국 및 수입국에 의하여 부과되는 모든 절차를 수행하고 그에 관한 비용을 부담하여야 한다.

▶ 수입허가 및 통과를 위하여 필요한 허가　　▶ 수입과 통과를 위한 보안통과

▶ 선적전검사 및　　▶ 그 밖의 공적 인가

B8　　**점검/포장/하인표시**

매수인은 매도인에 대하여 의무가 없다.

B9　　**비용분담**

매수인은 다음의 비용을 부담하여야 한다.

a) 물품이 A2에 따라 인도된 때부터 물품에 관한 모든 비용. 다만 A9에 따라 매도인이 부담하는 비용은 제외한다.

b) 통과비용. 다만 그러한 비용이 운송계약상 매도인이 부담하는 것으로 된 경우에는 그러하지 아니하다.

c) 양하비용. 다만 그러한 비용이 운송계약상 매도인이 부담하는 것으로 된 경우에는 그러하지 아니하다.

d) A5 및 A7(b)에 따라 서류와 정보를 취득하는 데 매도인이 협력을 제공하는 것과 관련한 모든 비용

e) 해당되는 경우에 B7(b)에 따른 통과통관 또는 수입통관에 관한 관세, 세금 그 밖의 비용 및

f) 매수인이 B10에 따른 통지를 하지 않는 경우에 합의된 기일 또는 합의된 선적기간의 만료일부터 발생하는 추가비용. 다만 물품은 계약물품으로 명확히 특정되어 있어야 한다.

B10　　**통지**

매수인은 자신이 물품의 발송시기 및/또는 지정목적지 내에 물품을 수령할 지점을 결정할 권리를 갖는 것을 합의된 경우에는 매도인에게 충분한 통지를 하여야 한다.

CIP | Carriage and Insurance Paid To

CIP (insert named place of destination) Incoterms® 2020

DELIVERY

EXPLANATORY NOTES FOR USERS

1. Delivery and risk - "Carriage and Insurance Paid To" means that seller delivers the goods-and transfers the risk-to the buyer

   ▶ by handing them over to the carrier

   ▶ contracted by the seller

   ▶ or by procuring the goods so delivered.

   ▶ The seller may do so by giving the carrier physical possession of the goods in the manner and at the place appropriate to the means of transport used.

   Once the goods have been delivered to the buyer in this way, the seller does not guarantee that the goods will reach the place of destination in sound condition, in the stated quantity or indeed at all. This is because risk transfers from seller to buyer by handing them over to the carrier; the seller must nonetheless contract for th carriage of the goods from delivery to the agreed destination. Thus, for example, goods are handed over to a carrier in Las Vegas (which is not a port) for carriage to Southampton (a port) or to Winchester (which is not a port). In either case, delivery transferring risk to the buyer happens in Las Vegas, and the seller must make a contract of carriage to either Southampton or Winchester.

2. Mode fo transport - This rule may be used irrespective of the mode of transport selected and may also be used where more than one mode of transport is employed.

3. Places (or points) of delivery and destination - In CIP two locations are important: the place or oint at which the goods are delivered (for the transfer of risk) and the place or point agreed as the destination of the

CIP | Carriage and Insurance Paid To

CIP (지정목적지 기입) Incoterms® 2020

DELIVERY

사용자를 위한 설명문

1. **인도와 위험** -"운송비, 보험료지급인도"는 매도인이 다음과 같이 매수인에게 물품을 인도하는 것을- 그리고 위험을 이전하는 것을- 의미한다.
   ▶ 매도인과 계약을 체결한 운송인에게
   ▶ 물품을 교부함으로써
   ▶ 또는 그렇게 인도된 물품을 조달함으로써
   ▶ 매도인은 사용되는 운송수단에 적합한 방법으로 그에 적합한 장소에서 운송인에게 물품의 물리적 점유를 이전함으로써 물품을 인도할 수 있다.

   물품이 이러한 방법으로 매수인에게 인도되면, 매도인은 그 물품이 목적지에 양호한 상태로 그리고 명시된 수량 또는 그 전량이 도착할 것을 보장하지 않는다. 왜냐하면 물품이 운송인에게 교부됨으로써 매수인에게 인도된 때 위험은 매도인으로부터 매수인에게 이전하기 때문이다. 그러나 매도인은 물품을 인도지로부터 합의된 목적지까지 운송하는 계약을 체결하여야 한다. 따라서 예컨대 (항구인) 사우샘프턴이나 (항구가 아닌) 윈체스터까지 운송하기 위하여 (항구가 아닌) 라스베이거스에서 운송인에게 물품이 교부된다. 이러한 각각의 경우에 위험을 매수인에게 이전시키는 인도는 라스베이거스에서 일어나고 매도인은 사우샘프턴이나 윈체스터로 향하는 운송계약을 체결하여야 한다.

2. **운송방식** - 본 규칙은 어떠한 운송방식이 선택되는지를 불문하고 사용할 수 있고 둘 이상의 운송방식이 이용되는 경우에도 사용할 수 있다.

3. **인도장소(또는 인도지점)와 목적지** - CIP에서는 두 곳이 중요하다. 물품이 (위험이전을 위하여) 인도되는 장소 또는 지점이 그 하나이고, 물품의 목적지로서 합의된 장소 또는 지점이 다른 하나이다(매도인은

goods (as the point to which the seller promises to contract for carriage).

4. Insurance - The seller must also contract for insurance cover against the buyer's risk of loss of or damage to the goods from the point of delivery to at least he point of destination. This may cause difficulty where the destination country requires insurance cover to be purchased locally: in this case the parties should consider selling and buying under CPT. The buyer should also note that under the CIP Incoterms 2020 rule the seller is required to obtain extensive insurance cover complying with Institute Cargo Clauses (A) or similar clause, rather than with the more limited cover under Institute Cargo Clauses (C). It is, however, still open to the parties to agree on a lower level of cover.

5. Identifying the place or point of delivery with precision - The parties are well advised to identify both places, or indeed points within those places, as precisely as possible in the contract of sale. Identifying the place or point (if any) of delivery as precisely as possible is important to cater for the common situation where several carriers are engaged, each for different legs of the transit from delivery to destination, Where this happens and the parties do not agree on a specific place or point of delivery, the default position is that risk transfers when the goods have been delivered to the first carrier at a point entirely of the seller's choosing and over which the buyer has no control. Should the parties wish the risk to transfer at a later stage(e.g. at a sea or river port), they need to specify this in their contract of sale and to carefully think through the consequences of so doing in case the goods are lost or damaged.

6. Identifying the destination as precisely as possible – The parties are also well advised to identify as precisely as possible in the contract of sale the point within the agreed place of destination, as this is the point to which the seller must contract for carriage and insurance and this is the point to which the costs of carriage and insurance fall on the seller.

7. 'or procuring the goods so delivered' - The reference to "procure" here caters for multiple sales down a chain (string sales), particularly common in the commodity trades.

8. Costs of unloading at destination - If the seller incurs costs under its contract of carriage related to unloading at the named place of destination, the seller is not entitled to recover such costs separately from the buyer unless otherwise agreed between the parties.

이 지점까지 운송계약을 체결하기로 약속하기 때문이다).

4. **보험** - 매도인은 또한 인도지점부터 적어도 목적지점까지 매수인의 물품의 멸실 또는 훼손 위험에 대하여 보험계약을 체결하여야 한다. 이는 목적지 국가가 자국의 보험자에게 부보하도록 요구하는 경우에는 어려움을 야기할 수 있다. 이러한 경우에 당사자들은 CPT로 매매하는 것을 고려하여야 한다. 또한 매수인은 인코텀즈 2020 CIP 하에서 매도인은 협회적하약관의 C-약관에 의한 제한적인 담보조건이 아니라 협회적하약관의 A-약관이나 그와 유사한 약관에 따른 광범위한 담보조건으로 부보하여야 한다는 것을 유의하여야 한다. 그러나 당사자들은 여전히 더 낮은 수준의 담보조건으로 부보하기로 합의할 수 있다.

5. **정확한 인도장소 또는 인도지점 지정** - 당사자들은 매매계약에서 가급적 정확하게 두 장소(인도장소 및 목적지) 또는 그러한 두 장소 내의 실제 지점들을 지정하는 것이 좋다. 인도장소나 인도지점(있는 경우)을 가급적 정확하게 지정하는 것은 복수의 운송인이 참여하여 인도지부터 목적지까지 사이에 각자 상이한 운송구간을 담당하는 일반적인 상황에 대응하기 위하여 중요하다. 이러한 상황에서 당사자들이 특정한 인도장소나 인도지점을 합의하지 않는 경우에 [본 규칙이 규정하는] 보충적 입장은, 위험은 물품이 매도인이 전적으로 선택하고 그에 대하여 매수인이 전혀 통제할 수 없는 지점에서 제1운송인에게 인도된 때 이전한다는 것이다. 그 후의 어느 단계에서 (예컨대 바다나 강의 항구에서 또는 공항에서) 또는 그 전의 어느 단계에서 (예컨대 바다나 강의 항구로부터 멀리 있는 내륙의 어느 지점에서) 위험이 이전되길 원한다면, 당사자들은 이를 매매계약에 명시하고 물품이 실제로 멸실 또는 훼손되는 경우에 그렇게 하는 것의 결과가 어떻게 되는지를 신중하게 생각할 필요가 있다.

6. **가급적 정확한 목적지 지정** - 당사자들은 매매계약에서 합의된 목적지 내의 지점을 가급적 정확하게 지정하는 것이 좋다. 그 지점까지 매도인은 운송계약과 보험계약을 체결하여야 하고 그 지점까지 발생하는 운송비용과 보험비용을 매도인이 부담하기 때문이다.

7. **'또는 그렇게 인도된 물품을 조달함'** - 여기에 "조달한다"(procure)고 규정한 것은 특히 일차산품거래(commodity trades)에서 일반적인 수차에 걸쳐 연속적으로 이루어지는 매매('연속매매', 'string sales')에 대응하기 위함이다.

8. **목적지의 양하비용** - 매도인이 자신의 운송계약상 지정목적지에서 양하에 관하여 비용이 발생한 경우에 매도인은 당사자간에 달리 합의되지 않은 한 그러한 비용을 매수인으로부터 별도로 상환받을 권리가 없다.

9. Export/import clearance - CIP requires the seller to clear the goods for export, where applicable. However, the seller has no obligation to clear the goods for import or for transit through third countries, or to pay any import duty or to carry out any import customs formalities.

A THE SELLER'S OBLIGATIONS

A1   General obligations

The seller must provide the goods and the commercial invoice in conformity with the contract of sale and any other evidence of conformity that may be required by the contract.

Any document to be provided by the seller may be in paper or electronic form as agreed or, where there is no agreement, as is customary.

A2   Delivery

The seller must deliver the goods by handing them over to the carrier contracted in accordance with A4 or by procuring the goods so delivered. In either case the seller must deliver the goods on the agreed date or within he agreed period.

A3   Transfer of risks

The seller bears all risks of loss of or damage to the goods until they have been delivered in accordance with A2, with the exception of loss or damage in the circumstance described in B3

A4   Carriage

The seller must contract or procure a contract for the carriage of the goods from the agreed point of delivery, if any, at the place of delivery to the named place of destination or, if agreed, any point at that place, The contract of carriage must be made on usual terms at the seller's cost and provide for carriage by the usual route in a customary manner of the type normally used for carriage of the type of goods sold. If a specific point is not agreed or is not determined by practice, the seller may select the point of delivery and the point at the maned place of destination that best suit its purpose.

The seller must comply with any transport-related security requirements for transport to the destination.

A5   Insurance

Unless otherwise agreed or customary in the particular trade, the seller must obtain at its own cost cargo insurance complying with the cover provided by Clauses (A) of the Institute Cargo Clauses (LMA/IUA) or

9. **수출/수입통관** - CIP에서는 해당되는 경우에 매도인이 물품의 수출통관을 하여야 한다. 그러나 매도인은 물품의 수입을 위한 또는 제3국 통과를 위한 통관을 하거나 수입관세를 납부하거나 수입통관절차를 수행할 의무가 없다.

A 매도인의 의무

A1   일반의무

매도인은 매매계약에 일치하는 물품 및 상업송장과 그밖에 계약에서 요구될 수 있는 일치성에 관한 증거를 제공하여야 한다.

매도인이 제공하여야 하는 서류는 합의에 따라, 합의가 없는 경우에는 관행에 따라 종이서류 또는 전자적 방식으로 제공될 수 있다.

A2   인도

매도인은 물품을 A4에 따라 운송계약을 체결한 운송인에게 교부하거나 그렇게 인도된 물품을 조달함으로써 인도하여야 한다. 각각의 경우에 매도인은 합의된 기일에 또는 합의된 기간 내에 인도하여야 한다.

A3   위험이전

매도인은 물품이 A2에 따라 인도된 때까지 물품의 멸실 또는 훼손의 모든 위험을 부담하되, B3에 규정된 상황에서 발생하는 멸실 또는 훼손은 예외로 한다.

A4   운송

매도인은 인도장소로부터, 그 인도장소에 합의된 인도지점이 있는 때에는 그 지점으로부터 지정목적지까지 또는 합의가 있는 때에는 그 지정목적지의 어느 지점까지 물품을 운송하는 계약을 체결하거나 조달하여야 한다. 운송계약은 매도인의 비용으로 통상적인 조건으로 체결되어야 하며 매매물품과 같은 종류의 물품을 운송하는 데 사용되는 통상적인 항로로 관행적인 방법으로 운송하는 내용이어야 한다. 특정한 지점이 합의되지 않거나 관례에 의하여 결정되지 않는 경우에 매도인은 그의 목적에 가장 적합한 인도지점 및 지정목적지의 지점을 선택할 수 있다.

매도인은 목적지까지 운송하는 데 요구되는 운송관련 보안요건을 준수하여야 한다.

A5   보험

특정한 거래에서 다른 합의나 관행이 없는 경우에 매도인은 자신의 비용으로, 사용되는 당해 운송수단에 적절한 (로이스시장협회/국제보험업협회의) 협회적하약관이나 그와 유사한 약관의 A-any similar clauses as appropriate to the means of transport used. The insurance shall be contracted with underwriters or an insurance company of good repute and entitle the buyer, or any other person having an insurable interest in the goods, to claim directly from the insurer.

When required by the buyer, the seller must, subject to the buyer providing any necessary information requested by the seller, provide at the buyer's cost any additional cover, if procurable, such as cover complying with the Institute War Clauses and/or Institute Strikes Clauses (LMA/IUA) or any similar clauses (unless such cover is already included with the cargo insurance described in the preceding paragraph).

The insurance shall cover at a minimum, the price provided in the contract plus 10% (i.e. 110%) and shall be in the currency of the contract.

The insurance shall cover the goods from the point of delivery set out in A2 to at least the named place of destination.

The seller must provide the buyer with the insurance policy or certificate or any other evidence of insurance cover. Moreover, the seller must provide the buyer, at the buyer's request, risk and cost, with information that the buyer needs to procure any additional insurance.

A6   Delivery/transport document

If customary or at the buyer's request, the seller must provide the buyer, at the seller's cost, with the usual transport document[s] for the transport contracted in accordance with A4.

This transport document must cover the contract goods and ve dated within the period agreed for shipment, If agreed or customary, the document must also enable the buyer to claim the goods from the carrier at the maned place of destination and enable the buyer to sell the goods in transit by the transfer of the document to a subsequent buyer or by notification to the carrier.

When such a transport document is issued in negotiable form and in several originals, a full set of originals must be presented to the buyer.

A7   Export/Import clearance

a) Export clearance

Where applicable, the seller must carry out and pay for all export clearance formalities required by the country of export, such as;

▶ export licence;

▶ security clearance for export;

▶ pre-shipment inspection; and

▶ any other official authorisation.

약관에서 제공하는 담보조건에 따른 적하보험을 취득하여야 한다. 보험계약은 평판이 양호한 보험인수업자나 보험회사와 체결하여야 하고, 보험은 매수인이나 물품에 피보험이익을 가지는 제3자가 보험자에 대하여 직접 청구할 수 있도록 하는 것이어야 한다.

매수인의 요청이 있는 경우에 매도인은 그가 요청하는 필요한 정보를 매수인이 제공하는 것을 조건으로 매수인의 비용으로, 가능하다면 (로이스시장협회/국제보험업협회의) 협회전쟁약관 및/또는 협회동맹파업약관 그 밖에 그와 유사한 약관에 의한 담보조건과 같은 추가보험을 제공하여야 한다(다만 바로 위의 단락에 규정된 적하보험에서 그러한 보험이 이미 포함되어 있는 때에는 그러하지 아니하다).

보험금액은 최소한 매매계약에 규정도니 대금에 10%를 더한 금액(즉 매매대금의 110%)이어야 하고, 보험의 통화는 매매계약의 통화와 같아야 한다.

보험은 물품에 관하여 A2에 규정된 인도지점부터 적어도 지정목적지까지 부보되어야 한다.

매도인은 매수인에게 보험증권이나 보험증명서 그 밖의 부보의 증거를 제공하여야 한다.

또한 매도인은 매수인에게, 매수인의 요청에 따라 매수인의 위험과 비용으로 매수인이 추가보험을 조달하는 데 필요한 정보를 제공하여야 한다.

A6   인도/운송서류

관행이 있거나 매수인의 요청이 있는 경우에 매도인은 자신의 비용으로 매수인에게 A4에 따라 체결된 운송에 관한 통상적인 운송서류(들)를 제공하여야 한다.

이 운송서류는 계약물품에 관한 것이어야 하고 합의된 선적기간 이내로 일부(日附)되어야 한다. 합의나 관행이 있는 경우에 그 운송서류는 매수인이 지정목적지에서 운송인에 대하여 물품의 인도를 청구할 수 있도록 하는 것이어야 하고 또한 매수인이 후속매수인에게 운송서류를 양도함으로써 또는 운송인에 대한 통지로써 운송 중에 물품을 매각할 수 있도록 하는 것이어야 한다.

그러한 운송서류가 유통가능한 형식으로 복수의 원본으로 발행된 경우에 그 원본의 전통(全通)이 매수인에게 제공되어야 한다.

A7   수출/수입통관

a) 수출통관

해당되는 경우에 매도인은 다음과 같은 수출국에 의하여 부과되는 모든 수출통관절차를 수행하고 그에 관한 비용을 부담하여야 한다.

▶ 수출허가

▶ 수출을 위한 보안통관

▶ 선적전검사 및

▶ 그 밖의 공적 인가

b) Assistance with import clearance

Where applicable, the seller must assist the buyer, at the buyer's request, risk and cost, in obtaining any documents and/or information related to all transit/import clearance formalities, including security requirements and pre-shipment inspection, needed by any country of transit or the country of import.

A8   Checking/packaging/marking

The seller must pay the costs of those checking operations (such as checking quality, measuring, weighing, counting) that are necessary for the purpose of delivering the goods in accordance with A2.

The seller must, at its own cost, package the goods, unless it is usual for the particular trade to transport the type of goods sold unpackaged. The seller must package and mark the goods in the manner appropriate for their transport, unless the parties have agreed on specific packaging or marking requirements.

A9   Allocation of costs

The seller must pay:

a) all costs relating to the goods until they have been delivered in accordance with A2, other than those payable by the buyer under B9;

b) transport and all other costs resulting from A4, including the costs of loading the goods and transport-related security costs;

c) any charges for unloading at the agreed place of destination but only if those chages were for the seller's account under the contract of carriage;

d) the costs of transit that were for the seller's account under the contract of carriage;

e) the costs of providing the usual proof to the buyer under A6 that the goods have been delivered;

f) the costs of providing the usual proof to the buyer under A6 that the goods have been delivered;

g) where applicable, duties, taxes and any other costs related to export clearance under A7(a); and

h) the buyer of all costs and charges related to providing assistance in obtaining documents and information in accordance with B7(a).

A10   Notices

The seller must notify the buyer that the goods have been delivered in accordance with A2.

The seller must give the buyer any notice required to enable the buyer to receive the goods.

b) 수입통관에 관한 협력

해당되는 경우에 매도인은 매수인의 요청에 따라 매수인의 위험과 비용으로, 보안요건 및 선적전 검사를 포함하여 통과국 또는 수입국에 의하여 필요한 모든 통과/수입통관 절차에 관한 서류 및/또는 정보를 취득하는 데 매수인에게 협력하여야 한다.

A8   점검/포장/하인표시

매도인은 A2에 따라 물품을 인도하기 위한 목적에서 필요한 점검작업(예컨대 품질점검, 용적측량, 중량측정, 수량계수)에 드는 비용을 부담하여야 한다.

매도인은 자신의 비용으로 물품을 포장하여야 하되 다만 특정한 거래에서 통상적으로 포장되지 않은 채 매매되어 운송되는 형태의 물품인 경우에는 그러하지 아니하다. 매도인은 당해 우송에 적절한 방법으로 물품을 포장하고 하인을 표시하여야 하되 다만 당사자들이 특정한 포장요건이나 하인요건에 합의한 경우에는 그러하지 아니하다.

A9   비용분담

매도인은 다음의 비용을 부담하여야 한다.

a) 물품이 A2에 따라 인도된 때까지 물품에 관한 모든 비용, 다만 B9에 따라 매수인이 부담하는 비용은 제외한다.

b) 물품적재비용과 운송관련 보안비용을 포함하여, A4로부터 비롯하는 운송비용 및 그 밖의 모든 비용

c) 합의된 목적지의 양하비용 중에서 오직 운송계약상 매도인이 부담하기로 된 비용

d) 운송계약상 매도인이 부담하기로 된 통과비용

e) 물품이 인도되었다는 통상적인 증거를 A6에 따라 매수인에게 제공하는 데 드는 비용

f) A5로부터 비롯하는 보험비용

g) 해당되는 경우에 A7(a)에 따른 수출통관에 관한 관세, 세금 그 밖의 비용 및

h) B7(a)에 따라 서류와 정보를 취득하는 데 매수인이 협력을 제공하는 것과 관련한 모든 비용

A10   통지

매도인은 매수인에게 물품이 A2에 따라 인도되었음을 통지하여야 한다.

매도인은 매수인에게 매수인이 물품을 수령할 수 있도록 하는 데 필요한 통지를 하여야 한다.

B THE BUYER'S OBLIGATIONS

B1　General obligations

The buyer must pay the price of the goods as provided in the contract of sale.

Any document to be provided by the buyer may be in paper may be in paper or electronic form as agreed or, where there is no agreement, as is customary.

B2　Taking delivery

The buyer must take delivery of the goods when they have been delivered under A2 and receive them from the carrier at the maned place of destination of if agreed, at the point within that place.

B3　Transfer of risks

The buyer bears all risks of loss of or damage to the goods from the time they gave been delivered under A2.

If the buyer fails to give notice in accordance with B10, then the buyer bears all risks of loss of or damage to the goods from the agreed date or the end of the agreed period for delivery, provided that the goods have been clearly identified as the contract goods.

B4　Carriage

The buyer has no obligation to the seller to make a contract of　carriage.

B5　Insurance

The buyer has no obligation to the seller to make a contract of insurance.

However, the buyer must provide the seller, upon request, with any information necessary for the seller to procure any additional insurance requested by the buyer under A5.

B6　Delivery/transport document

The buyer must accept the transport document provided under A6 if it is in conformity with the contract.

B7　Export/import clearance

a) Assistance with export clearance

Where applicable, the buyer must assist the seller at the seller's request, risk and cost in obtaining any documents and/or information related to all export clearance formalities, including security requirements and pre-shipment inspection, needed by the country of export.

B 매수인의 의무

B1   일반의무

매수인은 매매계약에 규정된 바에 따라 물품의 대금을 지급하여야 한다.

매수인이 제공하여야 하는 서류는 합의에 따라, 합의가 없는 경우에는 관행에 따라 종이 서류 또는 전자적 방식으로 제공될 수 있다.

B2   인수

매수인은 물품이 A2에 따라 인도된 때에 그 물품의 인도를 수령하여야 하고 지정목적지에서 또는 합의된 경우에는 지정목적지 내의 지점에서 운송인으로부터 물품을 수령하여야 한다.

B3   위험이전

매수인은 물품이 A2에 따라 인도된 때부터 물품의 멸실 또는 훼손의 모든 위험을 부담한다.

매수인이 B10에 따른 통지를 하지 않은 경우에 매수인은 합의된 인도기일이나 합의된 인도기간의 만료일부터 물품의 멸실 또는 훼손의 모든 위험을 부담하여야 하되, 다만 물품은 계약물품으로 명확히 특정되어 있어야 한다.

B4   운송

매수인은 매도인에 대하여 운송계약을 체결할 의무가 없다.

B5   보험

매수인은 매도인에 대하여 보험계약을 체결할 의무가 없다. 그러나 매수인은 요청이 있는 때에는 매도인이 A5에 따라 매수인이 요청한 추가보험을 조달하는 데 필요한 정보를 제공하여야 한다.

B6   인도/운송서류

매수인은 A6에 따라 제공된 운송서류가 계약에 일치하는 때에는 이를 인수하여야 한다.

B7   수출/수입통관

a) 수출통관에 관한 협력

해당되는 경우에 매수인은 매도인의 요청에 따라 매도인의 위험과 비용으로, 보안요건 및 선적전 검사를 포함하여 수출국에 의하여 필요한 모든 수출통관절차에 관한 서류 및 /또는 정보를 취득하는 데 매도인에게 협력하여야 한다.

b) Import clearance

Where applicable, the buyer must carry out and pay for all formalities required by any country of transit and the country of import, such as:

▶ import licence and any licence required for transit;

▶ security clearance for import and any transit;

▶ pre-shipment inspection; and

▶ any other official authorisation.

B8 Checking/packaging/marking

The buyer has no obligation to the seller.

B9 Allocation of costs

The buyer must pay:

a) all costs relating to the goods from the time they have been delivered under A2, other than those payable by the seller under A9;

b) the costs of transit, unless such costs were for the seller's account under the contract of carriage;

c) unloading costs. unless such costs were for the seller's account under the contract of carriage;

d) the costs of any additional insurance procured at the buyer's request under A5 and B5;

e) the seller for all costs and charges related to providing assistance in obtaining document and information in accordance with A5 and A7(b);

f) where applicable, duties, taxes and any other costs related to transit or import clearance under B7(b); and

g) any additional costs incurred if it fails to give notice in accordance with B10, from the agreed date or the end of the agreed period for shipment, provided that the goods have been clearly identified as the contract goods.

B10 Notices

The buyer must, whenever it is agreed that the buyer is entitled to determine the time for dispatching the goods and/or the point of receiving the goods within the named place of destination, give the seller sufficient notice.

b) 수입통관

해당되는 경우에 매수인은 다음과 같은 통과국 및 수입국에 의하여 부과되는 모든 절차를 수행하고 그에 관한 비용을 부담하여야 한다.

▶ 수입허가 및 통과를 위하여 필요한 허가
▶ 수입과 통과를 위한 보안통관
▶ 선적전검사 및
▶ 그 밖의 공적 인가

B8   점검/포장/하인표시

매수인은 매도인에 대하여 의무가 없다.

B9   비용분담

매수인은 다음의 비용을 부담하여야 한다.

a) 물품이 A2에 따라 인도된 때부터 물품에 관한 모든 비용. 다만 A9에 따라 매도인이 부담하는 비용은 제외한다.

b) 통과비용. 다만 그러한 비용이 운송계약상 매도인이 부담하는 것으로 된 경우에는 그러하지 아니하다.

c) 양하비용. 그러나 비용이 운송계약상 매도인이 부담하는 것으로 된 경우에는 그러하지 아니하다.

d) A5 및 A7(b)에 따라 서류와 정보를 취득하는 데 매도인이 협력을 제공하는 것과 관련한 모든 비용

f) 해당되는 경우에 B7(b)에 따른 통과통관 또는 수입통관에 관한 관세, 세금 그 밖의 비용 및

g) 매수인이 B10에 따른 통지를 하지 않는 경우에 합의된 기일 또는 합의된 선적기간의 만료일부터 발생하는 추가비용. 다만 물품은 계약물품으로 명확히 특정되어 있어야 한다.

B10   통지

매수인은 자신이 물품의 발송시기 및/또는 지정목적지 내에 물품을 수령할 지점을 결정 할 권리를 갖는 것으로 합의된 경우에는 매도인에게 충분한 통지를 하여야 한다.

DAP | Delivery at Place

DAP (insert named place of destination) Incoterms® 2020

DELIVERY

EXPLANATORY NOTES FOR USERS

1. Delivery and risk - "Delivery at Place" means that the seller delivers the goods-and transfers risk-to the buyer

   ▶ when the goods are placed at the disposal of the buyer

   ▶ on the arriving means of transport read for unloading

   ▶ at the named placed of destination or

   ▶ at the agreed point within that place, if any such point is agreed.

   The seller bears all risks involved in bringing the goods to the named place of destination or the agreed point within that place. In this Incoterms rule, therefore, delivery and arrival at destination are the same.

2. Mode of transport - This rule may be used irrespective of the mode of transport selected and may also be used where more than mode of transport is employed.

3. Identifying the place or point delivery/destination precisely - the parties are well advised to specify the destination place or point as cleary as possible and this for several reasons. First, risk of loss of or damage to the goods transfers to the buyer at that point of delivery/destination-and it is best for the seller and the buyer to be clear about the point at which the critical transfer happens. Secondly, the costs before that place or point of delivery /destination are for the account of the seller and the costs after that place or point are for the account of the buyer. Thirdly, the seller must contract or arrange for the carriage of the goods ot the agreed place or point delivery /destination. If it fails to do so, the seller is in breach of its obligations under the Incoterms DAP rule and will be liable to the buyer for any ensuing loss. Thus, for example, the seller would be responsible for any

DAP | Delivery at Place

DAP (지정목적지 기입) Incoterms® 2020

사용자를 위한 설명문

1. **인도와 위험** - "도착지인도"는 다음과 같이 된 때 매도인이 매수인에게 물품을 인도하는 것을-그리고 위험을 이전하는 것을-의미한다.
   ▶ 물품이 지정목적지에서 또는
   ▶ 지정목적지 내에 어떠한 지점이 합의된 경우에는 그 지점에서
   ▶ 도착운동수단에 실어둔 채 양하준비된 상태로
   ▶ 매수인의 처분 하에 놓인 때

   매도인은 물품을 지정목적지까지 또는 지정목적지 내의 합의된 지점까지 가져가는 데 수반되는 모든 위험을 부담한다. 따라서 본 인코텀즈규칙에서 인도와 목적지의 도착은 같은 것이다.

2. **운송방식** - 본 규칙은 어떠한 운송방식이 선택되는지를 불문하고 사용할 수 있고 둘 이상의 운송방식이 이용되는 경우에는 사용할 수 있다.

3. **정확한 인도장소/목적지 또는 인도/목적지점 지정** - 당사자들은 몇 가지 이유로 가급적 명확하게 목적지나 목적지점을 명시하는 것이 좋다. 첫째, 물품의 멸실 또는 훼손의 위험은 그러한 인도/목적지점에서 매수인에게 이전한다. - 따라서 매도인과 매수인은 그러한 결정적인 이전이 일어나는 지점에 대하여 명확하게 해두는 것이 가장 좋다. 둘째, 그러한 인도장소/목적지 또는 인도/목적지점 전의 비용은 매도인이 부담하고 그 후의 비용은 매수인이 부담한다. 셋째, 매도인은 물품을 합의된 인도장소/목적지 또는 인도/목적지점까지 운송하는 계약을 체결하거나 그러한 운송을 마련하여야 한다. 그렇게 하지 않는 경우에 매도인은 인코텀즈 DAP규칙상 그의 의무를 위반한 것이 되고 매수인에 대하여 그에 따른 손해배상책임을 지게 된다. 따라서 예컨대 매도인은 추가적인 후속운송(on-carriage)을 운송인이 매수인에게

additional costs levied by the carrier to the buyer for any additional on- carriage

4. **'or procuring the goods so delivered'** - The reference to "procure" here caters for multiple sales down a chain (string sales), particularly common in the commodity trades.

5. **Unloading costs** - The seller is not required th unload the goods from the arriving means of transportation. However, if the seller incurs costs under its contract of carriage related to unloading at the place of delivery/destination, the seller is not entitled to recover such costs separately from the buyer unless otherwise agreed between the parties.

6. **Export/import clearance** - DAP requires the seller to clear the goods for export, where applicable. However, the seller has no obligation to clear the goods for import or for post-delivery transit through third countries, to pay any import duty or to carry out any import customs formalities. As a result, if the buyer fails to organise import clearance, the goods will be held up at a port or inland terminal in the destination country. Who bears the risk of any loss that might occur while the goods are thus held up at the port of entry in the destination country? The answer is the buyer: delivery will not have occurred yet, B3(a) ensuring that the risk of loss of or damage to the goods is with the buyer until transit to a named inland point can be resumed. If, in order to avoid this scenario, the parties intend the seller to clear the goods for import, pay any import duty or tax and carry out any import customs formalities, the parties might consider using DDP.

A THE SELLER'S OBLIGATIONS

A1 General obligations

The seller must provide the goods and the commercial invoice in conformity with the contract of sale and any other evidence of conformity that may be required by the contract.

Any document to be provided by the seller may be in paper or electronic form as agreed or, where there is no agreement, as is customary.

A2 Delivery

The seller must deliver the goods by placing at the disposal of the buyer on the arriving means of transport ready for unloading at the agreed point, if any, at the named place of destination or by procuring the goods so delivered. In either case the seller must deliver the goods on the agreed date or within agreed period.

부과하는 추가비용에 대하여 책임을 지게 된다.

4. **'또는 그렇게 인도된 물품을 조달함'** - 여기에 "조달한다"(procure)고 규정한 것은 특히 일차산품거래 (commodity trades)에서 일반적인 수차에 걸쳐 연속적으로 이루어지는 매매('연속매매', 'string sales')에 대응하기 위함이다.

5. **양하비용** - 매도인은 도착운송수단으로부터 물품을 양하(unload)할 필요가 없다. 그러나 매도인이 자신의 운송계약상 인도장소/목적지에서 양하에 관하여 비용이 발생한 경우에 매도인은 당사자 간에 달리 합의되지 않은 한 그러한 비용을 매수인으로부터 별도로 상환 받을 권리가 없다.

6. **수출/수입통관** - DAP에서는 해당되는 경우에 매도인이 물품의 수출통관을 하여야 한다. 그러나 매도인은 물품의 수입을 위한 또는 인도 후 제3국 통과를 위한 통관을 하거나 수입관세를 납부하거나 수입통관절차를 수행할 의무가 없다. 따라서 매수인이 수입통관을 못하는 경우에는 물품은 목적지 국가의 항구나 내륙터미널에 묶이게 될 것이다. 그렇다면 물품이 목적지 국가의 입국항구(port of entry)에 묶여있는 동안에 발생하는 어떤 멸실의 위험은 누가 부담하는가? 그 답은 매수인이다. 즉 아직 인도가 일어나지 않았고, B3(a)는 내륙의 지정지점으로의 통과가 재개될 때까지 물품의 멸실 또는 훼손의 위험을 매수인이 부담하도록 하기 때문이다. 만일 이러한 시나리오를 피하기 위하여 물품의 수입통관을 하고 수입관세나 세금을 납부하고 수입통관절차를 수행하는 것을 매도인이 하도록 하고자 하는 경우에는 당사자들은 DDP를 사용하는 것을 고려할 수 있다.

A 매도인의 의무

A1 일반의무

매도인은 매매계약에 일치하는 물품 및 상업송장과 그밖에 계약서에서 요구될 수 있는 일치성에 관한 증거를 제공해야 한다.

매도인이 제공하여야 하는 서류는 합의에 따라, 합의가 없는 경우에는 관행에 따라 종이서류 또는 전자적 방식으로 제공될 수 있다.

A2 인도

매도인은 물품을 지정목적지에서, 그 지정목적지에 합의된 지점이 있는 때에는 그 지점에서 도착운송수단에 실어둔 채 양하준비된 상태로 매수안의 처분 하에 두거나 그렇게 인도된 물품을 조달함으로써 인도하여야 한다. 각각의 경우에 매도인은 합의된 기일에 또는 합의된 기간 내에 물품을 인도하여야 한다.

A3 Transfer of risks

The seller bears all risks of loss of or damage to the goods until they have been delivered in accordance with A2, with the exception of loss or damage in the circumstances described in B3.

A4 Carriage

The seller must contract or arrange at its own cost for the carriage of the goods to the named place of destination or to the agreed point, if any, at the named place of destination. If a specific point is not agreed or is not determined by practice, the seller may select the point at the named place of destination that best suits its purpose.

The seller must comply with any transport-related security requirements for transport to the destination.

A5 Insurance

The seller has no obligation to the buyer to make a contract of insurance.

A6 Delivery/transport document

The seller must provide the buyer, at the seller's cost. with any document required to enable the buyer to take over the goods.

A7 Export/import clearance

a) Export and transit clearance

Where applicable, the seller must carry out and pay for all export and transit clearance formalities required by the country of export any country of transit (other than country of import), such as:

▶ export/transit licence;

▶ security clearance for expert/transit;

▶ pre-shipment inspection; and

▶ any other official authorisation.

b) Assistance with import clearance

Where applicable, the seller must assist the buyer, at the buyer's request, risk and cost, in obtaining any documents and/or information related to all import clearance formalities, including security requirements and pre-shipment inspection, needed by the country of import.

A3   **위험이전**

매도인은 물품이 A2에 따라 인도된 때까지 물품의 멸실 또는 훼손의 모든 위험을 부담하되 B3에 규정된 상황에서 발생하는 멸실 또는 훼손은 예외로 한다.

A4   **운송**

매도인은 자신의 비용으로 물품을 지정목적지까지 또는 그 지정목적지에 합의된 지점이 있는 때에는 그 지점까지 운송하는 계약을 체결하거나 그러한 운송을 마련하여야 한다. 특정한 지점이 합의되지 않거나 관례에 의하여 결정되지 않는 경우에 매도인은 지정목적지에서 그의 목적에 가장 적합한 지점을 선택할 수 있다.

매도인은 목적지까지 운송하는 데 요구되는 운송관련 보안요건을 준수하여야 한다.

A5   **보험**

매도인은 매수인에 대하여 보험계약을 체결할 의무가 있다.

A6   **인도/운송서류**

매도인은 자신의 비용으로 매수인이 물품을 수령할 수 있도록 하는 데 필요한 서류를 제공하여야 한다.

A7   **수출/수입통관**

a) 수출통관

해당되는 경우에 매도인은 다음과 같은 수출국에 의하여 부과되는 모든 수출통관절차를 수행하고 그에 관한 비용을 부담하여야 한다.

▶ 수출허가
▶ 수출을 위한 보안통관
▶ 선적검사 및
▶ 그 밖의 공적 인가

b) 수입통관에 관한 협력

해당되는 경우에 매도인은 매수인의 요청에 따라 매수인의 위험과 비용으로, 보안요건 및 선적전 검사를 포함하여 통과국 또는 수입국에 의하여 필요한 모든 통과/수입통관절차에 관한 서류 및/또는 정보를 취득하는 데 매수인에게 협력하여야 한다.

A8   Checking/packaging/marking

The seller must pay the costs of those checking operations (such as checking quality, measuring, weighing, counting) that are necessary for the purpose of delivering the goods in accordance with A2.

The seller must, at its own costs, package the goods, unless it is usual for the particular trade to transport the type of goods sold unpackaged. The seller must package and mark the goods in the manner appropriate for their transport, unless the parties have agreed on specific packaging or marking requirements.

A9   Allocation of costs

The seller must pay:

a) all costs relating to the goods and their transport until they have been delivered in accordance with A2, other than those payable by the buyer under B9;

b) any charges for unloading at the place of destination but only if those charges were for the seller's account under contract of carriage;

c) the costs of providing the delivery/transport document under A6;

d) where applicable, duties, taxes and any other costs related to export and any transit clearance under A7(a); and

e) the buyer for all costs and charges related to providing assistance in obtaining documents and information in accordance with B5 and B7(a).

A10   Notices

The seller must give the buyer any notice required to enable the buyer to receive the goods.

B THE BUYER'S OBLIGATIONS

B1   General obligations

The buyer must pay the price of the goods as provided in the contract of sale.

Any document to be provided by the buyer may be in paper or electronic form as agreed or, where there is no agreement, as is customary.

B2   Taking delivery

The buyer must take delivery of the goods when they have been delivered under A2.

A8 점검/포장/하인표시

매도인은 A2에 다라 물품을 인도하기 위한 목적에서 필요한 점검작업(예컨대 품질점검, 용적측량, 중량측정, 수량계수)에 드는 비용을 부담하여야 한다.

매도인은 자신의 비용으로 물품을 포장하여야 하되 다만 특정한 거래에서 통상적으로 포장되지 않은 채 매매되어 운송되는 형태의 물품인 경우에는 그러하지 아니하다.

매도인은 당해 운송에서 적절한 방법으로 물품을 포장하고 하인을 표시하여야 하되 다만 당사자들이 특정한 포장요건이나 하인요건에 합의되는 경우에는 그러하지 아니하다.

A9 비용분담

매도인은 다음의 비용을 부담하여야 한다.

a) 물품이 A2에 따라 인도된 때까지 물품과 그 물품의 운송에 관한 모든 비용, 다만 B9에 따라 매수인이 부담하는 비용은 제외한다.

b) 목적지의 양하비용 중에서 오직 운송계약상 매도인이 부담하기로 된 비용

c) A6에 따라 인도/운송서류를 제공하는 데 드는 비용

d) 해당되는 경우에 A7(a)에 따른 수출통관 및 통과통관에 관한 관세, 세금 그 밖의 비용 및

e) B5 및 B7(a)에 따라 서류의 정보를 취득하는 데 매수인이 협력을 제공하는 것과 관련한 모든 비용

A10 통지

매도인은 매수인에게 매수인이 물품을 수령할 수 있도록 하는 데 필요한 통지를 하여야 한다.

B 매수인의 의무

B1 일반의무

매수인은 매매계약에 규정된 바에 따라 물품의 대금을 지급하여야 한다.

매수인이 제공하여야 하는 서류는 합의에 따라, 합의가 없는 경우에는 관행에 따라 종이서류 또는 전자적 방식으로 제공될 수 있다.

B2 인수

매수인은 물품이 A2에 따라 인도된 때에 그 물품의 인도를 수령하여야 한다.

B3 Transfer of risks

The buyer bears all risks of loss of or damage to the goods from the time they have been delivered under A2.

If:

a) the buyer fails to fulfil its obligations in accordance with B7, then it bears all resulting risks of loss of or damage to the goods; or

b) the buyer fails to give notice in accordance with B10, then

it bears all risks of loss of or damage to the goods from the agreed date or the end of the agreed period for delivery, provided that goods have been clearly identified as the contract goods.

B4 Carriage

The buyer has no obligation to the seller to make a contract of carriage.

B5 Insurance

The buyer has no obligation to the seller to make a contract of insurance.

However, the buyer must provide the seller, at the seller's request, risk and cost, with information that the seller needs for obtaining insurance.

B6 Delivery/transport document

The buyer must accept the document provided under A6.

B7 Export/import clearance

a) Assistance with export and transit clearance

Where applicable, the buyer must assist seller at the seller's request, risk and cost in obtaining any documents and/or information related to all export/transit clearance formalities, including security requirements and pre-shipment inspection, needed by the contry of export and any country of transit (other than the contry of import).

b) Import clearance

Where applicable the buyer must carry out and pay for all formalities required by the country of import, such as:

▶ import licence;

▶ security clearance for import;

▶ pre-shipment inspection; and

▶ any other official authorisation.

B3   위험이전

매수인은 물품이 A2에 따라 인도된 때부터 물품의 멸실 또는 훼손의 모든 위험을 부담한다.

만약

a) 매수인이 B7에 따른 의무를 이행하지 않는 경우에 매수인은 그로 인한 물품의 멸실 또는 훼손의 모든 위험을 부담한다. 또는

b) 매수인이 B10에 따른 통지를 하지 않은 경우에 매수인은 합의된 인도기일이나 합의된 인도기간의 만료일로부터 물품의 멸실 또는 훼손의 모든 위험을 부담한다.

　다만 물품은 계약물품으로 명확히 특정되어 있어야 한다.

B4   운송

매수인은 매도인에 대하여 운송계약을 체결할 의무가 없다.

B5   보험

매수인은 매도인에 대하여 보험계약을 체결할 의무가 없다. 그러나 매수인은 매도인의 요청에 따라 매도인의 위험과 비용으로 매도인이 부보하는 데 필요한 정보를 매도인에게 제공하여야 한다.

B6   인도/운송서류

매수인은 A6에 따라 제공된 서류를 인수하여야 한다.

B7   수출/수입통관

a) 수출통관에 관한 협력

해당되는 경우에 매수인은 매도인의 요청에 따라 매도인의 위험과 비용으로, 보안요건 및 선적전검사를 포함하여 수출국에 의하여 필요한 모든 수출통관절차에 관한 서류 및/또는 정보를 취득하는 데 매도인에게 협력하여야 한다.

b) 수입통관

해당되는 경우에 매수인은 다음과 같은 통과국 및 수입국에 의하야 부과되는 모든 절차를 수행하고 그에 관한 비용을 부담하여야 한다.

▶ 수입허가 및 통과를 위하여 필요한 허가

▶ 수입과 통과를 위한 보안통관

▶ 선적전검사 및

▶ 그 밖의 공적 인가

B8 Checking/packaging/marking

The buyer has no obligation to the seller.

B9 Allocation of costs

The buyer must pay:

a) all costs relating to the goods from the time they have been delivered under A2;

b) all costs of unloading necessary to take delivery of the goods from the arriving means of transport at the named place of destination, unless such costs were for the seller's account under the contract of carriage;

c) the seller for all costs and charges related to providing assistance in obtaining documents and information in accordance with A7(b);

d) where applicable duties, taxes and any other costs related to import clearance under B7(b); and

e) any additional costs incurred by the seller if the buyer fails to fulfil its obligations in accordance with B7 or to give notice in accordance with B10, provided that the goods have cleary identified ad the contract goods.

B10 Notice

The buyer must, whenever it is agreed that buyer is entitled to determine the time within an agreed period and/or the point of taking delivery within the named place of destination, give the seller sufficient notice.

B8 점검/포장/하인표시

매수인은 매도인에 대하여 의무가 없다.

B9 비용분담

매수인은 다음의 비용을 부담하여야 한다.

a) 물품이 A2에 따라 인도된 때부터 물품에 관한 모든 비용

b) 지정목적지에 도착운송수단으로부터 물품의 인도를 수령하는 데 필요한 모든 양하비용. 다만 그러한 비용을 운송계약상 매도인이 부담하기로 한 때에는 그러하지 아니하다.

c) A7(b)에 따라 서류와 정보를 취득하는 데 매도인이 협력을 제공하는 것과 관련한 모든 비용

d) 해당되는 경우에 B7(b)에 따른 수입통관에 관한 관세, 세금 그 밖의 비용 및

e) 매수인이 B7에 따른 의무를 이행하지 않거나 B10에 따른 통지를 하지 않는 경우에 매도인에게 발생하는 추가 비용. 다만 물품은 계약물품으로 명확히 특정되어 있어야 한다.

B10 통지

매수인은 자신이 물품의 발송시기 및/또는 지정목적지 내에 물품을 수령할 지점을 결정할 권리를 갖는 것으로 합의된 경우에는 매도인에게 충분한 통지를 하여야 한다.

DPU | Delivered at Place Unloaded

DPU (insert named place of destination) Incoterms® 2020

DELIVERY

EXPLANATORY NOTES FOR USERS

1. **Delivery and risk** - "Delivered at Place Unloaded" means that the seller delivers the goods - and transfers risk - to the buyer

   ▶ when the goods,

   ▶ once unloaded from the arriving means of transport,

   ▶ are placed at the disposal of the buyer

   ▶ at a named place of destination or

   ▶ at the agreed point within that place, if any such point is agreed.

   The seller bears all risks involved in vringing the goods to and unloading them at the named place of destination. In this Incoterms rule, therefore, the delivery and arrical at destination are the same. DPU is the only Incoterms rule that requires the seller to unload goods at destination. The seller should therefore ensure that it is in a position to organise unloading at the named place. Should rule should be avoided and DAP should be used instead.

2. **Mode of transport** – This rule may be used irrespective of the mode of transport selected and may also be used where more than one mode of transport is employed.

3. **Identifying the place or point of delivery/destination precisely** – The parties are well advised to specify the destination place or point as clearly as possible and this for several reasons. First, risk of loss of or damage to the goods transfers to the buyer at that point of delivery/destination-and it is best for the seller and the buyer to be clear about the point at which that critical transfer happens. Secondly, the costs before that place or point of

DPU | Delivered at Place Unloaded

DPU (지정목적지 기입) Incoterms® 2020

사용자를 위한 설명문

1. **인도와 위험** - "도착지양하인도"는 다음과 같이 된 때 매도인이 매수인에게 물품을 인도하는 것을 - 그리고 위험을 이전하는 것을 - 의미한다.
   ▶ 물품이
   ▶ 지정목적지에서 또는
   ▶ 지정목적지 내에 어떠한 지점이 합의된 경우에는 그 지점에서
   ▶ 도착운송수단으로부터 양하된 상태로
   ▶ 매수인의 처분하에 놓인 때.

   매도인은 물품을 지정목적지까지 가져가서 그곳에서 물품을 양하하는 데 수반되는 모든 위험을 부담한다. 따라서 본 인코텀즈 규칙에서 인도와 목적지의 도착은 같은 것이다. DPU는 매도인이 목적지에서 물품을 양하하도록 하는 유일한 인코텀즈 규칙이다. 따라서 매도인은 자신이 그러한 지정장소에서 양하를 할 수 있는 입장에 있는지를 확실히 하여야 한다. 당사자들은 매도인이 양하의 위험과 비용을 부담하기를 원하지 않는 경우에는 DPU를 피하고 그 대신 DAP를 사용하여야 한다.

2. **운송방식** - 본 규칙은 어떠한 운송방식이 선택되는지를 불문하고 사용할 수 있고 둘 이상의 운송방식이 이용되는 경우에도 사용할 수 있다.

3. **정확한 인도장소/목적지 또는 인도/목적지점 지정** - 당사자들은 몇 가지 이유로 가급적 명확하게 목적지나 목적지점을 명시하는 것이 좋다. 첫째, 물품의 멸실 또는 훼손의 위험은 그러한 인도/목적지점에서 매수인에게 이전한다 - 따라서 매도인과 매수인은 그러한 결정적인 이전이 일어나는 지점에 대하여 명확하게 해두는 것이 가장 좋다. 둘째, 그러한 인도장소/목적지 또는 인도/목적지점 전의 비용은 매도인

delivery/destination are ofr the account of the seller and the costs after that place or point are for the account of the buyer. Thirdly, the seller must contract or arrange for the carriage of the goods to the agreed place or point of delivery/destination. If it fails to do so, the seller is in breach of its obligations under this rule and will be liable to the buyer for the any ensuing loss. The seller would, for example, be responsible for any additional costs levied by the carrier to the buyer for any additional on-carriage.

4. 'or procuring the goods so delivered' – The reference to "procure" here caters for multiple sales down a chain (string sales), particularly common in the commodity trades.

5. Export/import clearance – DPU requires the seller to clear the goods for export, where applicable. However, the seller has no obligation to clear the goods for import or for post-delivery transit through third countries, to pay any import duty or to carry out any import customs formalities. As a result, if the buyer fails to organise import clearance, the goods will be held up at a port or inland terminal in the destination country. Who bears the risk of any loss that might occur while the goods are thus held up at the port of entry in the destination country? The answer is the buyer: delivery will not hace occurred yet, B3(a) ensuring that the risk of inland point can be resumed. If, in order to avoid this scenario, the parties intend the seller to clear the goods for import, pay any import duty or tax and carry out any import customs formalities, the parties might consider using DDP.

A THE SELLER'S OBLIGATIONS

A1 General obligations

The seller must provide the goods and the commercial invoice in conformity with the contract of sale and any other evidence of conformity that may be required by the contract.

Any document to be provided by the seller may be in paper or electronic form as agreed or, where there is no agreement, as is customary.

A2 Delivery

The seller must unload the goods from the arriving means of transport and must then deliver them by placing them at the disposal of the buyer at the agreed point, if any, at the named place of destination or by procuring the goods so delivered. In either case the seller must deliver the goods on the agreed date or within the agreed period.

이 부담하고 그 후의 비용은 매수인이 부담한다. 셋째. 매도인은 물품을 합의된 인도장소/목적지 또는 인도/목적지점까지 운송하는 계약을 체결하거나 그러한 운송을 마련하여야 한다. 그렇게 하지 않는 경우에 매도인은 본 규칙상 그의 의무를 위반한 것이 되고 매수인에 대하여 그에 따른 손해배상책임을 지게 된다. 따라서 예컨대 매도인은 추가적인 후속운송(on-carriage)을 위하여 운송인이 매수인에게 부과하는 추가비용에 대하여 책임을 지게 된다.

4. '또는 그렇게 인도된 물품을 조달함' – 여기에 "조달한다"(procure)고 규정한 것은 특히 일차산품거래(commodity trades)에서 일반적인 수차에 걸쳐 연속적으로 이루어지는 매매('연속매매', 'string sales')에 대응하기 위함이다.

5. 수출/수입통관 – DPU에서는 해당되는 경우에 매도인이 물품의 수출통관을 하여야 한다. 그러나 매도인은 물품의 수입을 위한 또는 인도 후 제3국 통과를 위한 통관을 하거나 수입관세를 납부하거나 수입통관절차를 수행할 의무가 없다. 따라서 매수인이 수입통관을 못하는 경우에 물품은 목적지 국가의 항구나 내륙터미널에 묶이게 될 것이다. 그렇다면 물품이 목적지 국가의 입국항구(port of entry)나 내륙터미널에 묶여있는 동안에 발생하는 어떤 멸실의 위험은 누가 부담하는가? 그 답은 매수인이다. 즉 아직 인도가 일어나지 않았고, B3(a)는 내륙의 지정지점으로의 통과가 재개될 때까지 물품의 멸실 또는 훼손의 위험을 매수인이 부담하도록 하기 때문이다. 이러한 시나리오를 피하기 위하여 물품의 수입신고를 하고 수입관세나 세금을 납부하고 수입통관절차를 수행하는 것을 매도인이 하도록 하는 경우에 당사자들은 DDP를 사용하는 것을 고려할 수 있다.

A 매도인의 의무

A1 일반의무
매도인은 매매계약에 일치하는 물품 및 상업송장과 그밖에 계약에서 요구될 수 있는 일치성에 관한 증거를 제공하여야 한다.
매도인이 제공하여야 하는 서류는 합의에 따라, 합의가 없는 경우에는 관행에 따라 종이서류 또는 전자적 방식으로 제공될 수 있다.

A2 인도
매도인은 물품을 도착운송수단으로부터 양하하여야 하고 또한 물품을 지정목적지에서, 그 지정목적지에 합의된 지점이 있는 때에는 그 지점에서 매수인의 처분하에 두거나 그렇게 인도된 물품을 조달함으로써 인도하여야 한다. 각각의 경우에 매도인은 합의된 기일에 또는 합의된 기간 내에 물품을 인도하여야 한다.

A3 Transfer of risks

The seller bears all risks of loss of or damage to the goods until they have been delivered in accordance with A2, with the exception of loss or damage in the circumstances described in B3.

A4 Carriage

The seller must contract or arrange at its own cost for the carriage of the goods to the named place of destination or to the agreed point, if any, at the named place of destination. If a specific point is not agreed or is not determined by practice, the seller may select the point at the named place of destination that best suits its purpose.

The seller must comply with any transport-related security requirements for transport to the destination.

A5 Insurance

The seller has no obligation to the buyer to make a contract of insurance.

A6 Delivery/transport document

The seller must provide the buyer, at the seller's cost, with any document required to enable the buyer to take over the goods.

A7 Export/import clearnace

a) Export and transit clearance

Where applicable, the seller must carry out and pay for all export and transit clearace formalities required by the country of export and any country of transit (other than the country of import), such as;

▶ export/transit licence;

▶ security clearance for export/transit;

▶ pre-shipment inspection; and

▶ any other official authorisation.

b) Assistance with import clearance

Where applicable, the seller must assist the buyer, at the buyer's request, risk and cost, in obtaining any documents and/or information related to all import clearance formalities, including security requirements and pre-shipment inspection, needed by the country of import.

A3   위험이전

매도인은 물품이 A2에 따라 인도된 때까지 물품의 멸실 또는 훼손의 모든 위험을 부담하되, B3에 규정된 상황에서 발생하는 멸실 또는 훼손은 예외로 한다.

A4   운송

매도인은 자신의 비용으로 물품을 지정목적지까지 또는 그 지정목적지에 합의된 지점이 있는 때에는 그 지점까지 운송하는 계약을 체결하거나 그러한 운송을 마련하여야 한다. 특정한 지점이 합의되지 않거나 관례에 의하여 결정되지 않는 경우에 매도인은 지정목적지에서 그의 목적에 가장 적합한 지점을 선택할 수 있다.

매도인은 목적지까지 운송하는 데 요구되는 운송관련 보안요건을 준수하여야 한다.

A5   보험

매도인은 매수인에 대하여 보험계약을 체결할 의무가 없다.

A6   인도/운송서류

매도인은 자신의 비용으로 매수인이 물품을 수령할 수 있도록 하는 데 필요한 서류를 제공하여야 한다.

A7   수출/수입통관

a) 수출통관 및 통과통관

해당되는 경우에 매도인은 다음과 같은 수출국과 통과국(수입국 제외)에 의하여 부과되는 모든 수출통관 및 통과통관절차를 수행하고 그에 관한 비용을 부담하여야 한다.

▶ 수출/통관허가
▶ 수출/통과를 위한 보안통관
▶ 선적전검사 및
▶ 그 밖의 공적 인가

b) 수입통관에 관한 협력

해당되는 경우에 매도인은 매수인의 요청에 따라 매수인의 위험과 비용으로, 보안요건 및 선적전검사를 포함하여 수입국에 의하여 필요한 모든 수입통관절차에 관한 서류 및/또는 정보를 취득하는 데 매수인에게 협력하여야 한다.

A8　Checking/packaging/marking

The seller must pay the costs of those checking operations (such as checking quality, measuring, weighing, counting) that are necessary for the purpose of delivering the goods in accordance with A2.

The seller must, at its own cost, package the goods, unless it is usual for the particular trade to transport the type of goods sold unpackaged.

The seller must package and mark the goods in the manner appropriate for their transport, unless the parities have agreed on specific packaging or marking requirements.

A9　Allocation of costs

The seller must pay:

a) all costs relating to the goods and their transport until they have been unloaded and delivered in accordance with A2, other than those payable by the buyer under B9;

b) the cost of providing the delivery/transport document under A6;

c) where applicable, duties, taxes and any other costs related to export and any transit clearance under A7(a); and

d) the buyer for all costs and charges related to providing assistance in obtaining documents and information in accordance with B5 and B7(a)

A10　Notices

The seller must give the buyer any notice required to enable the buyer to receive the goods.

B THE BUYER'S OBLIGATIONS

B1　General obligations

The buyer must pay the price of the goods as provided in the contract of sale.

Any document to be provided by the buyer may be in paper or electronic form as agreed or, where there is no agreement, as is customary.

B2　Taking delivery

The buyer must take delivery of the goods when they have been delivered under A2.

B3　Transfer of risks

The buyer bears all risks of loss of or damage to the goods from the time they have been delivered under A2.

A8   점검/포장/하인표시

매도인은 A2에 따라 물품을 인도하기 위한 목적에서 필요한 점검작업(예컨대 품질점검, 용적측량, 중량측정, 수량계수)에 드는 비용을 부담하여야 한다.

매도인은 자신의 비용으로 물품으로 포장하여야 하되 다만 특정한 거래에서 통상적으로 포장되지 않은 채 매매되어 운송되는 형태의 물품인 경우에는 그러하지 아니하다.

매도인은 당해 운송에 적절한 방법으로 물품을 포장하고 하인을 표시하여야 하되 다만 당사자들이 특정한 포장요건이나 하인요건에 합의한 경우에는 그러하지 아니하다.

A9   비용분담

매도인은 다음의 비용을 부담하여야 한다.

a) 물품이 A2에 따라 양하되어 인도된 때까지 물품과 그 물품의 운송에 관한 모든 비용. 다만 B9에
　　따라 매수인이 부담하는 비용은 제외한다.

b) A6에 따라 인도/운송서류를 제공하는 데 드는 비용

c) 해당되는 경우에 A7(a)에 따른 수출통관 및 통과통관에 관한 관세, 세금 그 밖의 비용 및

d) B5 및 B7(a)에 따라 서류와 정보를 취득하는 데 매수인이 협력을 제공하는 것과 관련한 모든 비용

A10   통지

매도인은 매수인에게 매수인이 물품을 수령할 수 있도록 하는 데 필요한 통지를 하여야 한다.

B 매수인의 의무

B1   일반의무

매수인은 매매계약에 규정된 바에 따라 물품의 대금을 지급하여야 한다.

매수인이 제공하여야 하는 서류는 합의에 따라, 합의가 없는 경우에는 관행에 따라 종이서류 또는 전자적 방식으로 제공될 수 있다.

B2   인수

매수인은 물품이 A2에 따라 인도된 때에 그 물품의 인도를 수령하여야 한다.

B3   위험이전

매수인은 물품이 A2에 따라 인도된 때부터 물품의 멸실 또는 훼손의 모든 위험을 부담한다.

If:

a) the buyer fails to fulfil its obligations in accordance with B7, then it bears all resulting risks of loss of or damage to the goods; or

b) the buyer fails to fulfil its obligations in accordance with B10, then it bears all risks of loss of or damage to the goods from the agreed date or the end of the agreed period for delivery.

provided that the goods have been clearly indentified as the contract goods.

B4   Carriage

The buyer has no obligation to the seller to make a contract of carriage.

B5   Insurance

The buyer has no obligation to the seller to make a contract of insurance.

However, the buyer must provide the seller, at the seller's request, risk and cost, with information that the seller needs for obtaning insurance.

B6   Delivery/transport document

The buyer must accept the document provided under A6.

B7   Export/import clearance

a) Assistance with export and transit clearance

Where applicable, the buyer must assist the seller at the seller's request, risk and cost in obtaining any documents and/or information related to all export/transit clearance formalities, including security requirements and pre-shipment inspection, needed by the country of export and any country of transit (other than the country of import).

b) Import clearance

Where applicable, the buyer must carry out and pay for all formalities required by the country of import, such as;

▶ import licence;

▶ security clearance for import;

▶ pre-shipment inspection; and

▶ any other official authorisation.

만약

a) 매수인이 B7에 따른 의무를 이행하지 않는 경우에 매수인은 그로 인한 물품의 멸실 또는 훼손의 모든 위험을 부담한다. 또는

b) 매수인이 B10에 따른 통지를 하지 않은 경우에 매수인은 그로 인한 물품의 멸실 또는 훼손의 모든 위험을 부담한다.

다만 물품은 계약물품으로 명확히 특정되어 있어야 한다.

B4 운송

매수인은 매도인에 대하여 운송계약을 체결할 의무가 없다.

B5 보험

매수인은 매도인에 대하여 보험계약을 체결할 의무가 없다. 그러나 매수인은 매도인의 요청에 따라 매도인의 위험과 비용으로 매도인이 부보하는데 필요한 정보를 매도인에게 제공하여야 한다.

B6 인도/운송서류

매수인은 A6에 따라 제공된 서류를 인수하여야 한다.

B7 수출/수입통관

a) 수출통관과 통과통관에 관한 협력

해당되는 경우에 매수인은 매도인의 요청에 따라 매도인의 위험과 비용으로, 보안요건 및 선적전 검사를 포함하여 수출국과 통과국(수입국 제외)에 의하여 필요한 모든 수출/통과통관절차에 관한 서류 및/또는 정보를 취득하는 데 매도인에게 협력하여야 한다.

b) 수입통관

해당되는 경우에 매수인은 다음과 같은 수입국에 의하여 부과되는 모든 절차를 수행하고 그에 관한 비용을 부담하여야 한다.

▶ 수입허가

▶ 수입을 위한 보안통과

▶ 선적전검사 및

▶ 그 밖의 공적 인가

B8   Checking/packaging/marking

The buyer has no obligation to the seller.

B9   Allocation of costs

The buyer must pay:

a) all costs relating to the goods from the time they have been delivered under A2;

b) the seller for all costs and charges related to providing assistance in obtaining documents and information in accordance with A7(b);

c) where applicable. duties, taxes and any other costs related to import clearance under B7(b): and

d) any additional costs incurred by the seller if the buyer fails to fulfil its obligations in accordance with B7 or to give notice in accordance with B10, provided that the goods have been clearly identified as the contract goods.

B10   Notices

The buyer must, whenever it is agreed that the buyer is entitled to determine the tie within an agreed period and/or the point of taking delivery within the named place of destination, give the seller sufficient notice.

B8   점검/포장/하인표시

매수인은 매도인에 대하여 의무가 없다.

B9   비용분담

매수인은 다음의 비용을 부담하여야 한다.

a) 물품이 A2에 따라 인도된 때부터 물품에 관한 모든 비용

b) A7(b)에 따라 서류와 정보를 취득하는 데 매도인이 협력을 제공하는 것과 관련한 모든 비용

c) 해당되는 경우에 B7(b)에 따른 수입통관에 관한 관세, 세금 그 밖의 비용 및

d) 매수인이 B7에 따른 의무를 이행하지 않거나 B10에 따른 통지를 하지 않는 경우에 매도인에게 발생하는 추가비용. 다만 물품은 계약물품으로 명확히 특정되어 있어야 한다.

B10   통지

매수인은 합의된 수령기간 내의 어느 시기 및/또는 지정목적지 내에서 인도를 수령할 지점을 결정할 권리를 갖는 것으로 합의된 경우에는 매도인에게 충분한 통지를 하여야 한다.

DDP | Delivered Duty Paid

DDP(insert named place of destination) Incoterms® 2020

EXPLANATORY NOTES FOR USERS

1. **Delivery and risk** - "Delivered Duty Paid" means that the seller delivers the goods to the buyer
   when the goods are placed at the disposal of the buyer,
   cleared for import,
   on the arriving means of transport,
   ready for unloading,
   at the named place of destination or at the agreed point within that place, if any such point is agreed.

   The seller bears all risks involved in bringing the goods to the named place of destination or to the agreed point within that place. In this Incoterms rule, therefore, delivery and arrival at destination are the same.

2. **Mode of transport** - This rule may be used irrespective of the mode of transport selected and may also be used where more than one mode of transport is employed.

3. **A note of caution to sellers: maximum responsibility** - DDP, with delivery happening at destination and with the sellers being responsible for the payment of import duty and applicable taxes is the Incoterms rule imposing on the seller the maximum level of obligation of all eleven Incoterms rules. From the seller's perspective, therefore, the rule should be used with care for different reasons as set out in paragraph 7.

4. **Identifying the place or point of delivery/destination precisely** - The parties are well advised to specify the destination place or point as clearly as possible and this for several reasons. First, risk of loss of or damage to the goods transfers to the buyer at that point of delivery/destination-and it is best for the seller and the buyer to be clear about the point at which that critical transfer happens. Secondly, the costs before that place or point

DDP | Delivered Duty Paid

DDP(insert named place of destination) Incoterms® 2020

사용자를 위한 설명문

1. **인도와 위험** - "관세지급인도"는 다음과 같이 된 때 매도인이 매수인에게 물품을 인도하는 것을 의미한다. 물품이 지정목적지에서 또는 지정목적지 내의 어떠한 지점이 합의된 경우에는 그러한 지점에서
   수입통관 후
   도착운송수단에 실어둔 채
   양하준비된 상태로
   매수인의 처분하에 놓인 때.

   매도인은 물품을 지정목적지까지 또는 지정목적지 내의 합의된 지점까지 가져가는 데 수반되는 모든 위험을 부담한다. 따라서 본 인코텀즈 규칙에서 인도와 목적지의 도착은 같은 것이다.

2. **운송방식** - 본 규칙은 어떠한 운송방식이 선택되는지를 불문하고 사용할 수 있고 둘 이상의 운송방식이 이용되는 경우에도 사용할 수 있다.

3. **매도인을 위한 유의사항: 최대책임** - DDP에서는 인도가 도착지에서 일어나고 매도인이 수입관세와 해당되는 세금의 납부책임을 지므로 DDP는 11개의 모든 인코텀즈 규칙 중에서 매도인에게 최고수준의 의무를 부과하는 규칙이다. 따라서 매도인의 관점에서, 본 규칙은 아래 7번 단락에서 보는 바와 같이 여러 가지 이유로 조심스럽게 사용하여야 한다.

4. **정확한 인도장소/목적지 또는 인도/목적지점 지정** - 당사자들은 몇 가지 이유로 가급적 명확하게 목적지나 목적지점을 명시하는 것이 좋다. 첫째, 물품의 멸실 또는 훼손의 위험은 그러한 인도/목적지점에서 매수인에게 이전한다 - 따라서 매도인과 매수인은 그러한 결정적인 이전이 일어나는 지점에 대하여 명확하게 해두는 것이 가장 좋다.

of delivery/destination are for the account of the seller, including the costs of import clearance, and the costs after that place or point, other than the costs of import, are for the account of the buyer. Thirdly, the seller must contract or arrange for the carriage of the goods to the agreed place or point of delivery/destination. If it fails to do so, the seller is in breach of its obligations under the Incoterms rule DDP and will be liable to the buyer for any ensuing loss. Thus, for example, the seller would be responsible for any additional costs levied by the carrier to the buyer for any additional on-carriage.

5. 'or procuring the goods so delivered'-The reference to "procure" here caters for multiple sales down a chain (string sales), particularly common in the commodity trades.

6. Unloading costs-If the seller incurs costs under its contract of carriage related to unloading at the place of delivery/destination, the seller is not entitled to recover such costs separately from the buyer unless otherwise agreed between the parties.

7. Export/import clearance-As set out in paragraph 3, DDP requires the seller to clear the goods for export, where applicable, as well as for import and to pay any import duty or to carry out any customs formalities. Thus if the seller is unable to obtain import clearance and would rather leave that side of things in the buyer's hands in the country of import, then the seller should consider choosing DAP or DPU, under which rules delivery still happens at destination, but with import clearance being left to the buyer. There may be tax implications and this tax may not be recoverable from the buyer; see A9(d).

A THE SELLER'S OBLIGATIONS

A1　General obligations

The seller must provide the goods and the commercial invoice in conformity with the contract of sale and any other evidence of conformity that may be required by the contract.

Any document to be provided by the seller may be in paper or electronic form as agreed or, where is no agreement, as is customary.

A2　Delivery

The seller must deliver the goods by placing them at the disposal of the buyer on the arriving means of transport ready for unloading at the agreed point, if any, at the named place of destination or by procuring

둘째, 수입통관비용을 포함하여 그러한 인도장소/ 목적지 또는 인도/목적지점 전의 비용은 매도인이 부담하고 수입비용을 제외한 그 후의 비용은 매수인이 부담한다. 셋째, 매도인은 물품을 합의된 인도장소/목적지 또는 인도/목적지점까지 운송하는 계약을 체결하거나 그러한 운송을 마련하여야 한다. 그렇게 하지 않는 경우에 매도인은 인코텀즈 DDP 규칙상 그의 의무를 위반한 것이 되고 매수인에 대하여 그에 따른 손해배상책임을 지게 된다. 따라서 예컨대 매도인은 추가적인 후속운송(on-carriage)을 위하여 운송인이 매수인에게 부과하는 추가비용에 대하여 책임을 지게 된다.

5. **'또는 그렇게 인도된 물품을 조달함'** - 여기에 "조달한다"(procure)고 규정한 것은 특히 일차산품거래(commodity trades)에서 일반적인 수차에 걸쳐 연속적으로 이루어지는 매매('연속매매', 'string sales')에 대응하기 위함이다.

6. **양하비용** - 매도인은 자신의 운송계약상 인도장소/목적지에서 양하에 관하여 비용이 발생한 경우에 당사자간에 달리 합의되지 않은 한 그러한 비용을 매수인으로부터 별도로 상환받을 권리가 없다.

7. **수출/수입통관** - 위의 3번 단락에서 보듯이, DDP에서는 해당되는 경우에 매도인이 물품의 수출통관 및 수입통관을 하여야 하고 또한 수입관세를 납부하거나 모든 통관절차를 수행하여야 한다. 따라서 매도인은 수입통관을 완료할 수 없어서 차라리 이러한 부분을 수입국에 있는 매수인의 손에 맡기고자 하는 경우에 인도는 여전히 목적지에서 일어나지만 수입통관은 매수인이 하도록 되어 있는 DAP나 DPU를 선택하는 것을 고려하여야 한다. 세금문제가 개재될 수 있는데 이러한 세금은 매수인으로부터 상환받을 수 없다. A9(d)를 보라.

A 매도인의 의무

A1   일반의무

매도인은 매매계약에 일치하는 물품 및 상업송장과 그밖에 계약에서 요구될 수 있는 일치성에 관한 증거를 제공하여야 한다.

매도인이 제공하여야 하는 서류는 합의에 따라, 합의가 없는 경우에는 관행에 따라 종이서류 또는 전자적 방식으로 제공될 수 있다.

A2   인도

매도인은 물품을 지정목적지에서, 그 지정목적지에 합의된 지점이 있는 때에는 그 지점에서 도착운송수단에 실어둔 채 양하준비된 상태로 매수인의 처분하에 두거나 그렇게 인도된 물품을 조달

the goods so delivered. In either case the seller must deliver the goods on the agreed date or within the agreed period.

A3   Transfer of risks

The seller bears all risks of loss of or damage to the goods until they have been delivered in accordance with A2, with the exception of loss or damage in the circumstances described in B3.

A4   Carriage

The seller must contract or arrange at its own cost for the caariage of the goods to the named place of destination or to the agreed point, if any, at the named place of destination. If a specific point is not agreed or is not determined by practice, the seller may select the point at the named place of destination that best suits its purpose.

The seller must comply with any transport-related security requirements for transport to the destination.

A5   Insurance

The seller has no obligation to the buyer to make a contract of insurance.

A6   Delivery/transport document

The seller must provide the buyer, at the seller's cost, with any document required to enable the buyer to take over the goods.

A7   Export/import clearance

Where applicable, the seller must carry out and pay for all export/transit/import clearance formalities required by the countries of export, transit and import, such as:

export/transit/import licence;

security clearance for export/transit/import;

pre-shipment inspection; and

any other official authorisation.

A8   Checking/packaging/marking

The seller must pay the costs of those checking operations (such as checking quality, measuring, weighing, counting) that are necessary for the purpose of delivering the goods in accordance with A2.

The seller must, at its own cost, package the goods, unless it is usual for the particular trade to transport

함으로써 인도하여야 한다. 각각의 경우에 매도인은 합의된 기일에 또는 합의된 기간 내에 물품을 인도하여야 한다.

A3 위험이전

매도인은 물품이 A2에 따라 인도된 때까지 물품의 멸실 또는 훼손의 모든 위험을 부담하되, B3에 규정된 상황에서 발생하는 멸실 또는 훼손은 예외로 한다.

A4 운송

매도인은 자신의 비용으로 물품을 지정목적지까지 또는 그 지정목적지에 합의된 지점이 있는 때에는 그 지점까지 운송하는 계약을 체결하거나 그러한 운송을 마련하여야 한다. 특정한 지점이 합의되지 않거나 관례에 의하여 결정되지 않는 경우에 매도인은 지정목적지에서 그의 목적에 가장 적합한 지점을 선택할 수 있다.

매도인은 목적지까지 운송하는 데 요구되는 운송관련 보안요건을 준수하여야 한다.

A5 보험

매도인은 매수인에 대하여 보험계약을 체결할 의무가 없다.

A6 인도/운송서류

매도인은 자신의 비용으로 매수인이 물품을 수령할 수 있도록 하는 데 필요한 서류를 제공하여야 한다.

A7 수출/수입통관

해당되는 경우에 매도인은 다음과 같은 수출국, 통과국 및 수입국에 의하여 부과되는 모든 수출/통과/수입통관절차를 수행하고 그에 관한 비용을 부담하여야 한다.

수출/통과/수입허가

수출/통과/수입을 위한 보안통관

선적전검사 및

그 밖의 공적 인가

A8 점검/포장/하인표시

매도인은 A2에 따라 물품을 인도하기 위한 목적에서 필요한 점검작업(예컨대 품질점검, 용적측량, 중량측정, 수량계수)에 드는 비용을 부담하여야 한다.

매도인은 자신의 비용으로 물품을 포장하여야 하되 다만 특정한 거래에서 통상적으로 포장되지

the type of goods sold unpackaged. The seller must package and mark the goods in the manner appropriate for their transport, unless the parties have agreed on specific packaging or marking requirements.

A9   Allocation of costs

The seller must pay:

a) all costs relating to the goods and their transport until the have been delivered in accordance with A2, other than those payable by the buyer under B9;

b) any charges for unloading at the place of destination but only if those charges were for the seller's account under the contract of carriage;

c) the cost of providing the delivery/transport document under A6;

d) where applicable, duties, taxes and any other costs related to export, transit and import clearance under A7; and

e) the buyer for all costs and charged related to providing assistance in obtaining documents and information in accordance with B5 and B7.

A10   Notices

The seller must give the buyer any notice required to enable the buyer to receive the goods.

B THE BUYER'S OBLIGATIONS

B1   General obligations

The buyer must pay the price of the goods as provided in the contract of sale.

Any documents to be provided by the buyer may be in paper or electronic form as agreed or, where there is no agreement, as is customary.

B2   Taking delivery

The buyer must take delivery of the goods when they have been   delivered   under A2.

B3   Transfer of risks

The buyer bears all risks of loss of or damage to the goods from the time they have been delivered under A2. If:

a) the buyer fails to fulfil its obligations in accordance with B7, then it bears all resulting risks of loss of or

않은 채 매매되어 운송되는 형태의 물품인 경우에는 그러하지 아니하다.

매도인은 당해 운송에 적절한 방법으로 물품을 포장하고 하인을 표시하여야 하되 다만 당사자들이 특정한 포장요건이나 하인요건에 합의한 경우에는 그러하지 아니하다.

A9   비용분담

매도인은 다음의 비용을 부담하여야 한다.

a) 물품이 A2에 따라 인도된 때까지 물품과 그 물품의 운송에 관한 모든 비용. 다만 B9에 따라 매수인이 부담하는 비용은 제외한다.

b) 목적지의 양하비용 중에서 오직 운송계약상 매도인이 부담하기로 된 비용

c) A6에 따라 인도/운송서류를 제공하는 데 드는 비용

d) 해당되는 경우에 A7(a)에 따른 수출, 통과 및 수입통관에 관한 관세, 세금 그 밖의 비용 및

e) B5 및 B7(a)에 따라 서류와 정보를 취득하는 데 매수인이 협력을 제공하는 것과 관련한 모든 비용

A10   통지

매도인은 매수인에게 매수인이 물품을 수령할 수 있도록 하는 데 필요한 통지를 하여야 한다.

B 매수인의 의무

B1   일반의무

매수인은 매매계약에 규정된 바에 따라 물품의 대금을 지급하여야 한다.

매수인이 제공하여야 하는 서류는 합의에 따라, 합의가 없는 경우에는 관행에 따라 종이서류 또는 전자적 방식으로 제공될 수 있다.

B2   인수

매수인은 물품이 A2에 따라 인도된 때에 그 물품의 인도를 수령하여야 한다.

B3   위험이전

매수인은 물품이 A2에 따라 인도된 때부터 물품의 멸실 또는 훼손의 모든 위험을 부담한다.

만약

a) 매수인이 B7에 따른 의무를 이행하지 않는 경우에 매수인은 그로 인한 물품의 멸실 또는 훼손

damage to the goods; or

b) the buyer fails to give notice in accordance with B10, then it bears all risks of loss of or damage to the goods from the agreed date or the end of the agreed period for delivery, provided that the goods have been clearly identified as the contract goods.

B4　Carriage

The buyer has no obligation to the seller to make a contract of carriage.

B5　Insurance

The buyer has no obligation to the seller to make a contract of insurance.

However, the buyer must provide the seller, at the seller's request, risk and cost, with information that the seller needs for obtaining insurance.

B6　Delivery/ transport document

The buyer must accept the document provided under A6.

B7　Export/ import clearance

Where applicable, the buyer must assist the seller, at the seller's request, risk and cost in obtaining any documents and/or information related to all export/transit/import clearance formalities required by the countries of export/transit/import, such as:

export/transit/import licence;

▶ security clearance for export, transit and import;

pre-shipment inspection; and

▶ any other official authorisation.

B8　Checking/packaging/marking

The buyer has no obligation to the seller.

B9　Allocation og costs

The buyer must pay:

a) all costs relating to the goods from the time they have been delivered under A2;

b) all costs of unloading necessary to take delivery of the goods from the arriving means of transport at the named place of destination, unless such costs were for the seller's account under the contract of carriage, and

의 모든 위험을 부담한다. 또는

b) 매수인이 B10에 따른 통지를 하지 않은 경우에 매수인은 합의된 인도기일이나 합의된 인도기
간의 만료일부터 물품의 멸실 또는 훼손의 모든 위험을 부담한다.

다만 물품의 계약물품으로 명확히 특정되어 있어야 한다.

B4   운송

매수인은 매도인에 대하여 운송계약을 체결할 의무가 없다.

B5   보험

매수인은 매도인에 대하여 보험계약을 체결할 의무가 없다. 그러나 매수인은 매도인의 요청에 따
라 매도인의 위험과 비용으로 매도인이 부보하는 데 필요한 정보를 매도인에게 제공하여야 한다.

B6   인도/운송서류

매수인은 A6에 따라 제공된 서류를 인수하여야 한다.

B7   수출/수입통관

해당되는 경우에 매수인은 매도인의 요청에 따라 매도인의 위험과 비용으로 다음과 같은 수출국/
통과국/수입국에 의하여 부과되는 모든 수출/통과/수입통관절차에 관한 서류 및/또는 정보를 취
득하는 데 매도인에게 협력하여야 한다.

수출/통과/수입허가

수출, 통과 및 수입을 위한 보안통관

선적전검사 및

그 밖의 공적 인가

B8   점검/포장/하인표시

매수인은 매도인에 대하여 의무가 없다.

B9   비용분담

매수인은 다음의 비용을 부담하여야 한다.

a) 물품이 A2에 따라 인도된 때부터 물품에 관한 모든 비용

b) 지정목적지에서 도착운송수단으로부터 물품의 인도를 수령하는 데 필요한 모든 양하비용. 다
만 그러한 비용을 운송계약상 매도인이 부담하기로 한 때에는 그러하지 아니하다.

c) any additional costs incurred by the seller if the buyer fails to fulfil its obligations in accordance with B7 or to give notice in accordance with B10, provided that the goods have been clearly identified as the contract goods.

B10 Notices

The buyer must, whenever it is agreed that the buyer is entitled to determine the time within an agreed period and/or the point of taking delivery within the named place of destination, give the seller sufficient notice.

c) 매수인이 B7에 따른 의무를 이행하지 않거나 B10에 따른 통지를 하지 않는 경우에 매도인에게 발생하는 추가비용. 다만 물품은 계약물품으로 명확히 특정되어 있어야 한다.

B10   통지

매수인은 합의된 수령기간 내의 어느 시기 및/또는 지정목적지 내에서 인도를 수령할 지점을 결정할 권리를 갖는 것으로 합의된 경우에는 매도인에게 충분한 통지를 하여야 한다.

RULES FOR SEA AND INLAND WATERWAY TRANSPORT

FAS | Free Alongside Ship

FAS(insert named place of destination) Incoterms® 2020

EXPLANATORY NOTES FOR USERS

1. Delivery and risk - "Free Alongside Ship" means that the seller delivers the goods to the buyer
   ▶ when the goods are placed alongside the ship (e.g. on a quay or a barge)
   ▶ nominated by the buyer
   ▶ at the named port of shipment
   ▶ or when the seller procures goods already so delivered.
   The risk of loss or damage to the goods transfers when the goods are alongside the ship, and the buyer bears all costs from that moment onwards.

2. Mode of transport - This rule is to be used only for sea or inland waterway transport where the parties intend to deliver the goods by placing the goods alongside a vessel. Thus, the FAS rule is not appopriate where goods are handed over to the carrier before they are alongside the vessel, for example where goods are handed over to a carrier at a container terminal. Where this is the case, parties should consider using the FCA rule rather than the FAS rule.

3. Identifying the loading point precisely – The parties are will advised to specify as clearly as possible the loading point at the named port of shipment there the goods are to be transferred from the quay or barge to the ship, as the costs and risks to that point are for the account of the seller and these costs and associated handling charges may vary according to the practice of the port.

해상과 내수로 운송에 사용 가능한 규칙

FAS | Free Alongside Ship

FAS(지정선적항 기입) Incoterms® 2020

사용자를 위한 설명문

1. **인도와 위험**– "선측인도"는 다음과 같이 된 매도인이 물품을 매수인에게 인도하는 것을 의미한다.
    ▶ 지정선적항에서
    ▶ 매수인이 지정한 선박의
    ▶ 선측에 (예컨대 부두 또는 바지 (barge)에) 물품이 놓인 때
    ▶ 또는 이미 그렇게 인도된 물품을 조달한 때
    물품의 멸실 또는 훼손의 위험은 물품이 선측에 놓인 때 이전하고, 매수인은 그 순간부터 향후의 모든 비용을 부담한다.

2. **운송방식** – 본 규칙은 당사자들이 물품을 선측에 둠으로써 인도하기로 하는 해상운송이나 내수로운송에만 사용되어야 한다. 따라서 FAS 규칙은 물품이 선측에 놓이기전에 운송인에게 교부되는 경우, 예컨대 물품이 컨테이너터미널에서 운송인에게 교부되는 경우에는 적절하지 않다. 이러한 경우에 당사자들은 FAS 규칙 대신에 FCA 규칙을 사용하는 것을 고려하여야 한다.

3. **정확한 적재지점 지정** – 당사자들은 지정선적항에서 물품이 부두나 바지(barge)로부터 선박으로 이동하는 적재지점을 가급적 명확하게 명시하는 것이 좋다. 그 지점까지의 비용과 위험은 매도인이 부담하고, 이러한 비용과 그와 관련된 처리비용(handling charges)은 항구의 관행에 따라 다르기 때문이다.

4. 'or procuring the goods so delivered' – The seller is required either to deliver the goods alongside the ship or to procure goods already so delivered for shipment. The reference to "procure" here caters for multiple sales down chain (string sales), particularly common in the commodity trades.

5. Export/ import clearance – FAS requires the seller to clear the goods for export, where applicable. However, the seller has no obligation to clear the goods for import or for transit through third counties, to pay any import duty or to carry out any import customs formalities.

A THE SELLER/S OBLIGATIONS

A1   General obligations

The seller must provide the goods and the commercial invoice in conformity with the contract of sale and any other evidence of conformity that may be required by the contract.

Any document to be provided by the seller may be in paper or electronic form as agreed or, where there is no agreement, as is customary.

A2   Delivery

The seller must deliver the goods either by placing them alongside the vessel nominated by the buyer at the loading point, if any, indicated by the buyer at the named port of shipment or by procuring the goods so delivered.

The seller must deliver the goods

1. on the agreed date

   Or

2. at the time within the agreed period notified by the buyer under B10

   Or

3. of no such time is notified, then at the end of the agreed period

   And

4. in the manner customary at the port.

   If no specific loading point has been indicated by the buyer, the seller may select the point within the named port of shipment that best suits its purpose.

4. **'또는 그렇게 인도된 물품을 조달함'** – 매도인은 물품을 선측에서 인도하거나 선적을 위하여 이미 그렇게 인도된 물품을 조달하여야 한다. 여기에 "조달한다"(procure)고 규정한 것은 특히 일차산품거래(commodity trades)에서 일반적인 수차에 걸쳐 연속적으로 이루어지는 매매 ("연속매매", 'strings sales')에 대응하기 위함이다.

5. **수출/수입통관** – FAS에서는 해당되는 경우에 매도인이 물품의 수출통관을 하여야 한다. 그러나 매도인은 물품의 수입을 위한 또는 제 3국 통과를 위한 통관을 하거나 수입관세를 납부하거나 수입통관절차를 수행할 의무가 없다.

A 매도인의 의무

A1   일반의무

매도인은 매매계약에 일치하는 물품 및 상업송장과 그밖에 계약에서 요구될 수 있는 일치성에 관한 증거를 제공하여야 한다.

매도인이 제공하여하 하는 서류는 합의에 따라, 합의가 없는 경우에는 관행에 따라 종이서류 또는 전자적 방식으로 제공될 수 있다.

A2   인도

매도인은 물품을 지정선적항에서, 그 지정선적항에 매수인이 표시하는 적재지점이 있는 경우에는 그 지점에서 매수인이 지정하는 선박의 선측에 두거나 그렇게 인도된 물품을 조달함으로써 인도하여야 한다.

매도인은 다음과 같이 물품을 인도하여야 한다.

1. 합의된 기일에

   또는

2. B10에 따라 매수인으로부터 통지받은 합의된 기간 중의 어느 시기에

   또는

3. 그러한 시기의 통지가 없는 경우에는 합의된 기간의 만료일에

   그리고

4. 그 항구에서 관행적인 방법으로

   매수인이 특정한 적재지점을 표시하지 않은 경우에 매도인은 지정선적항 내에서 그의 목적에 가장 적합한 지점을 선택할 수 있다.

A3 Transfer of risks

The seller bears all risk of loss of or damage to the goods until they have been delivered in accordance with A2, with the exception of loss or damage in the circumstances described in B3.

A4 Carriage

The seller has no obligation to the buyer to make a contract of carriage. However, the seller must provide the buyer, at the buyer's request, risk and cost, with any information in the possession of the seller, including transport-related security requirements, that the buyer needs for arranging carriage. If agreed, the seller must contract for carriage on the usual terms at the buyer's risk and cost.

The seller must comply with any transport-related security requirements up to delivery.

A5 Insurance

The seller has no obligation to the buyer to make a contract of insurance. However, the seller must provide the buyer, at the buyer's request, risk and cost, with information in the possession of the seller that the buyer needs for obtaining insurance.

A6 Delivery/ transport document

The seller must provide the buyer, at the seller's cost, with the usual proof that the goods have been delivered in accordance with A2.

Unless such proof is a transport document, the seller must provide assistance to the buyer, at the buyer's request, risk and cost, in obtaining a transport document.

A7 Export/import clearance

a) Export clearance

Where applicable, the seller must carry out and pay for all export clearance formalities required by the country of export, such as:

▶ export licence;

▶ security clearance for export;

▶ pre-shipment inspection; and

▶ any other official authorisation.

b) Assistance with import clearance

Where applicable, the seller must assist the buyer, at the buyer's request, risk and cost, in obtaining any documents and/or information related to all transit/import clearance formalities, including security

A3   위험이전

매도인은 물품이 A2에 따라 인도된 때까지 물품의 멸실 또는 훼손의 모든 위험을 부담하되, B3에 규정된 상황에서 발생하는 멸실 또는 훼손은 예외로 한다.

A4   운송

매도인은 매수인에 대하여 운송계약을 체결할 의무가 없다. 그러나 매도인은 매수인의 요청에 따라 매수인의 위험과 비용으로, 운송관련 보안요건을 포함하여 매수인이 운송을 마련하기 위하여 필요로 하는 정보로서 매도인 자신이 가지고 있는 정보를 매수인에게 제공하여야 한다. 합의가 있는 경우에 매도인은 매수인의 위험과 비용으로 통상적인 조건으로 운송계약을 체결하여야 한다. 매도인은 인도가 있을 때까지 운송관련 보안요건을 준수하여야 한다.

A5   보험

매도인은 매수인에 대하여 보험계약을 체결할 의무가 없다. 그러나 매도인은 매수인의 요청에 따라 매수인의 위험과 비용으로 매수인이 부보하는 데 필요한 정보로서 매도인 자신이 가지고 있는 정보를 제공하여야 한다.

A6   인도/ 운송서류

매도인은 자신의 비용으로 매수인에게 물품이 A2에 따라 인도되었다는 통상적인 증거를 제공하여야 한다. 그러한 증거가 운송서류가 아닌 경우에 매도인은 매수인의 요청에 따라 매수인의 위험과 비용으로 매수인이 운송서류를 취득하는 데 협력을 제공하여야 한다.

A7   수출/수입통관

a) 수출통관

해당되는 경우에 매도인은 다음과 같은 수출국에 의하여 부과되는 모든 수출통관절차를 수행하고 그에 관한 비용을 부담하여야 한다.

▶ 수출허가

▶ 수출을 위한 보안통관

▶ 선적전검사 및

▶ 그 밖의 공적 인가

b) 수입통관에 관한 협력

해당되는 경우에 매도인은 매수인의 요청에 따라 매수인의 위험과 비용으로, 보안요건 및 선적전 검사를 포함하여 통과국 또는 수입국에 의하여 필요한 모든 통과/수입통관절차에 관한 서류 및/

requirements and pre-shipment inspection, needed by any country of transit or the country of import.

A8 Checking/packaging/marking

The seller must pay the costs of those checking operations (such as checking quality, measuring, weighing, counting) that are necessary for the purpose of delivering the goods in accordance with A2.

The seller must, at its own cost, package the goods, unless it is usual for the particular trade to transport the type of goods sold unpackaged. The seller must package and mark the goods in the manner appropriate for their transport, unless the parties have agreed on specific packaging or marking requirements.

A9 Allocation of costs

The seller must pay:

a) all cost relating to the goods until they have been delivered in accordance with A2, other than those payable by the buyer under B9;

b) the costs of providing the usual proof to the buyer under A6 that the goods have been delivered;

c) where applicable, duties, taxes and any other costs related to export clearance under A7(a); and

d) the buyer for all costs and charges related to providing assistance in obtaining documents and information in accordance with B7(a).

A10 Notices

The seller must give the buyer sufficient notice either that the goods have been delivered in accordance with A2 or that the vessel has failed to take delivery of the goods within the time agreed.

B THE BUYER'S OBLIGATIONS

B1 General obligations

The buyer must pay the price of the goods as provided in the contract of sale.

Any document to be provided by the buyer may be in paper or electronic form as agrees or, where there is no agreement, as is customary.

B2 Taking delivery

The buyer must take delivery of the goods when they have been delivered under A2.

또는 정보를 취득하는 데 매수인에게 협력하여야 한다.

A8   점검/포장/하인표시

매도인은 A2에 따라 물품을 인도하기 위한 목적에서 필요한 점검작업(예컨대 품질점검, 용적측량, 중량측정, 수량계수)에 드는 비용을 부담하여야 한다.

매도인은 자신의 비용으로 물품을 포장하여야 하되 다만 특정한 거래에서 통상적으로 포장되지 않은 채 매매되어 운송되는 형태의 물품인 경우에는 그러하지 아니하다. 매도인은 당해 운송에 적절한 방법으로 물품을 포장하고 하인을 표시하여야 하되 다만 당사자들이 특정한 포장요건이나 하인요건에 합의한 경우에는 그러하지 아니하다.

A9   비용분담

매도인은 다음의 비용을 부담하여야 한다.

a) 물품이 A2에 따라 인도된 때까지 물품에 관한 모든 비용. 다만 B9에 따라 매수인이 부담하는 비용은 제외한다.

b) 물품이 인도되었다는 통상적인 증거를 A6에 따라 매수인에게 제공하는 데 드는 비용

c) 해당되는 경우에 A7(a)에 따를 수출통관에 관한 관세, 세금 그 밖의 비용

d) B7(a)에 따라 서류와 정보를 취득하는 데 매수인이 협력을 제공하는 것과 관련한 모든 비용

A10   통지

매도인은 물품이 A2에 따라 인도된 사실 또는 매수인이 지정한 선박이 합의된 시기 내에 물품의 인도를 수령하지 않은 사실을 매수인에게 충분히 통지하여야 한다.

B 매수인의 의무

B1   일반의무

매수인은 매매계약에 규정된 바에 따라 물품의 대금을 지급하여야 한다.

매수인이 제공하여야 하는 서류는 합의에 따라, 합의가 없는 경우에는 관행에 따라 종이서류 또는 전자적 방식으로 제공될 수 있다.

B2   인수

매수인은 물품이 A2에 따라 인도된 때에 그 물품의 인도를 수령하여야 한다.

B3 **Transfer of risks**

The buyer bears all risk of loss of or damage to the goods from the time they have been delivered under A2. If.

a) the buyer fails to give notice in accordance with B10; or

b) the vessel nominated by the buyer fails to arrive on time to enable the seller to comply with A2, fails to take the goods, or closes for cargo earlier than the time notified in accordance with B10:

(ⅰ) from the agreed date, or in the absence of an agreed date,

(ⅱ) from the date selected by the buyer under B10, or, if no such date has been notified,

(ⅲ) from the end of any agreed period for delivery, provided that the goods have been clearly identified as the contract goods.

B4 **Carriage**

The buyer must contract at its own cost for the carriage of the goods from the named port of shipment, except when the contract of carriage is made by the seller as provided for in A4.

B5 **Insurance**

The buyer has no obligation to the seller to make a contract of insurance.

B6 **Delivery/ transport document**

The buyer must accept the proof of delivery provided under A6.

B7 **Export/import clearance**

a) Assistance with export clearance

Where applicable, the buyer must assist the seller at the seller's request, risk and cost in obtaining any documents and/or information related to all export clearance formalities, including security requirements and pre-shipment inspection, needed by the country of export.

b) Import clearance

Where applicable, the buyer must carry out and pay for all formalities required by any country of transit and the country of import, such as:

▶ import licence and any licence required for transit;

▶ security clearance for import and any transit;

▶ pre-shipment inspection; and

B3   위험이전

매수인은 물품이 A2에 따라 인도된 때부터 물품의 멸실 또는 훼손의 모든 위험을 부담한다.

만약

a) 매수인이 B10에 따른 통지를 하지 않는 경우, 또는

b) 매수인이 지정한 선박이 매도인이 A2를 준수할 수 있도록 정시에 도착하지 아니하거나, 물품을 수령하지 않거나, B10에 따라 통지된 시기보다 일찍 선적을 마감하는 경우

매수인은 다음의 시기부터 물품의 멸실 또는 훼손의 모든 위험을 부담한다.

(i) 합의된 인도기일부터 또는 합의된 인도기일이 없는 경우에는

(ii) 매수인이 B10에 따라 선택한 일자부터 또는 그러한 일자가 통지되지 않은 경우에는

(iii) 합의된 인도기간의 만료일부터

다만 물품은 계약물품으로 명확히 특정되어 있어야 한다.

B4   운송

매수인은 자신의 비용으로 물품을 지정선적항으로부터 운송하는 계약을 체결하여야 하되, 다만 A4에 규정된 바에 따라 매도인이 운송계약을 체결하는 경우에는 예외이다.

B5   보험

매수인은 매도인에 대하여 보험계약을 체결할 의무가 없다.

B6   인도/ 운송서류

매수인은 A6에 따라 제공되는 인도의 증거를 인수하여야 한다.

B7   수출/수입통관

a) 수출통관에 관한 협력

해당되는 경우에 매수인은 매도인의 요청에 따라 매도인의 위험과 비용으로, 보안요건 및 선적전검사를 포함하여 수출국에 의하여 필요한 모든 수출통관절차에 관한 서류 및/또는 정보를 취득하는 데 매도인에게 협력하여야 한다.

b) 수입통관

해당되는 경우에 매수인은 다음과 같은 통과국 및 수입국에 의하여 부과되는 모든 절차를 수행하고 그에 관한 비용을 부담하여야 한다.

▶ 수입허가 및 통과를 위하여 필요한 허가

▶ 수입과 통과를 위한 보안통관

▶ 선적전검사 및

▶ any other official authorisation.

B8　Checking / Packaging / Marking

The buyer has no obligation to the seller.

B9　Allocation of costs

The buyer must pay:

a) all costs relating to the goods from the time they have been delivered under A2, other than those payable by the seller under A9;

b) the seller for all costs and charges related to providing assistance in obtaining documents and information in accordance with A4, A5, A6 and A7(b);

c) where applicable, duties, taxes and any other costs related to transit or import clearance under B7(b); and

d) any additional costs incurred, either because:

(i) the buyer has failed to give notice under B10, or

(ii) the vessel nominated by the buyer under B10 fails to arrive on time, fails to take the goods, or closes for cargo earlier than the time notified in accordance with B10, provided that the goods have been clearly identified as the contract goods.

B10　Notices

The buyer must give the seller sufficient notice of any transport-related security requirements, the vessel name, loading point and, if any, the selected delivery date within the agreed period.

▶ 그 밖의 공적인가

B8 점검/포장/하인표시

매수인은 매도인에 대하여 의무가 없다.

B9 비용분담

매수인은 다음의 비용을 부담하여야 한다.

a) 물품이 A2에 따라 인도된 때부터 물품에 관한 모든 비용. 다만 A9에 따라 매도인이 부담하는 비용은 제외한다.

b) A4, A5, A6 및 A7(b)에 따라 서류와 정보를 취득하는 데 매도인이 협력을 제공하는 것과 관련한 모든 비용

c) 해당되는 경우에 B7에 따른 통과통관 또는 수입통관에 관한 관세, 세금 그 밖의 비용

d) 다음의 경우에 발생하는 추가비용

(i) 매수인이 B10에 따른 통지를 하지 않는 경우, 또는

(ii) B10에 따라 매수인이 지정한 선박이 정시에 도착하지 않거나, 물품을 수령하지 않거나, B10에 따라 통지된 시기보다 일찍 선적을 마감하는 경우

다만 물품은 계약물품으로 명확히 특정되어 있어야 한다.

B10 통지

매수인은 매도인에게 운송관련 보안요건, 선박명, 적재지점 및 합의된 인도기간 내에서 선택된 인도일자가 있는 경우에는 그 일자를 충분히 통지하여야 한다.

FOB | Free On Board

FOB(insert named port of shipment) Incoterms® 2020

EXPLANATORY NOTES FOR USERS

1. Delivery and risk - "Free On Board"means that the seller delivers the goods to the buyer

    ▶ on board the vessel

    ▶ nominated by the buyer

    ▶ at the named port of shipment

    ▶ or procures the goods already so delivered.

    The risk of loss of or damage to the goods transfers when the goods are on board the vessel, and the buyer bears all costs from that moment onwards.

2. Mode of transport - This rule is to be used only for sea or inland waterway transport where the parties intend to deliver the goods 표 placing the goods on board a vessel. Thus, the FOB rule is not appropriate where goods are handed over to the carrier before they are on board the vessel, for example where goods are handed over to a carrier at a container terminal. Where tis is the case, parties should consider using the FCA rule rather than the FOB rule.

3. 'or procuring the goods so delivered' - The seller is required either to deliver the goods on board the vessel or to procure goods already so delivered for shipment. The reference to 'procure' here caters for multiple sales down a chain (string sales), particularly common in the commodity trades.

4. Export/import clearance - FOB requires the seller to clear the goods for export, where applicable. However, the seller has no obligation to clear the goods for import or for transit through third countries, to pay any import duty or to carry out any import customs formalities.

FOB | Free On Board

FOB(지정선적항 기입) Incoterms® 2020

사용자를 위한 설명문

1. **인도와 위험** - "본선인도"는 매도인이 다음과 같이 물품을 매수인에게 인도하는 것을 의미한다.
   ▶ 지정선적항에서
   ▶ 매수인이 지정한
   ▶ 선박에 적재함
   ▶ 또는 이미 그렇게 인도된 물품을 조달함
   물품의 멸실 또는 훼손의 위험은 물품이 선박에 적재된 때 이전하고, 매수인은 그 순간부터 향후의 모든 비용을 부담한다.

2. **운송방식** - 본 규칙은 당사자들이 물품을 선박에 적재함으로써 인도하기로 하는 해상운송이나 내수로 운송에만 사용되어야 한다. 따라서 FOB 규칙은 물품이 선박에 적재되기 전에 운송인에게 교부되는 경우, 예컨대 물품이 컨테이너터미널에서 운송인에게 교부되는 경우에는 적절하지 않다. 이러한 경우에 당사자들은 FOB 규칙 대신에 FCA 규칙을 사용하는 것을 고려하여야 한다.

3. **'또는 그렇게 인도된 물품을 조달함'** - 매도인은 물품을 선박에 적재하여 인도하거나 선적을 위하여 이미 그렇게 인도된 물품을 조달하여야 한다. 여기에 '조달한다'(procure)고 규정한 것은 특히 일차산품거래(commodity trades)에서 일반적인 수차에 걸쳐 연속적으로 이루어지는 매매('연속매매', 'string sales')에 대응하기 위함이다.

4. **수출/수입통관** - FOB에서는 해당되는 경우에 매도인이 물품의 수출통관을 하여야 한다. 그러나 매도인은 물품의 수입을 위한 또는 제3국 통과를 위한 통관을 하거나 수입관세를 납부하거나 수입통관절차를 수행할 의무가 없다.

A THE SELLER'S OBLIGATIONS

A1　General obligations

The seller must provide the goods and the commercial invoice in conformity with the contract of sale and any other evidence of conformity that may be required by the contract.

Any document to be provided by the seller may be in paper or electronic form as agreed or, where there is no agreement, as is customary.

A2　Delivery

The seller must deliver the goods either by placing them on board the vessel nominated by the buyer at the loading point, if any, indicated by the buyer at the named port of shipment or by procuring the goods so delivered.

The seller must deliver the goods

1, on the agreed date

or

2. at the time within the agreed period notified by the buyer under B10

or

3. if no such time is notified, then at the end of the agreed period

and

4. in the manner customary at the port

If no specific loading point has been indicated by the buyer, the seller may select the point within the named port of shipment that best suits its purpose.

A3　Transfer of risks

The seller bears all risk of loss of or damage to the goods until they have been delivered in accordance with A2, with the exception of loss or damage in the circumstances described in B3.

A4　Carriage

The seller has no obligation to the buyer to make a contract of carriage. However, the seller must provide the buyer, at the buyer's request, risk and cost, with any information in the possession of the seller, including transport-related security requirements, that the buyer needs for arranging carriage. If agreed, the seller must contract for carriage on the usual terms at the buyer's risk and cost.

The seller must comply with any transport-related security requirements up to delivery.

A 매도인의 의무

A1 일반의무

매도인은 매매계약에 일치하는 물품 및 상업송장과 그밖에 계약서에서 요구될 수 있는 일치성에 관한 증거를 제공하여야 한다.

매도인이 제공하여야 하는 서류는 합의에 따라, 합의가 없는 경우에는 관행에 따라 종이서류 또는 전자적 방식으로 제공될 수 있다.

A2 인도

매도인은 물품을 지정선적항에서, 그 지정선적항에 매수인이 표시하는 적재지점이 있는 경우에는 그 지점에서 매수인이 지정하는 선박에 적재하거나 그렇게 인도된 물품을 조달함으로써 인도하여야 한다.

매도인은 다음과 같이 물품을 인도하여야 한다.

1. 합의된 기일에

   또는

2. B10에 따라 매수인으로부터 통지받은 합의된 기간 중의 어느 시기에

   또는

3. 그러한 시기의 통지가 없는 경우에는 합의된 기간의 만료일에

   그리고

4. 그 항구에서 관행적인 방법으로

   매수인이 특정한 적재지점을 표시하지 않은 경우에 매도인은 지정선적항 내에서 그의 목적에 가장 적합한 지점을 선택할 수 있다.

A3 위험이전

매도인은 물품이 A2에 따라 인도된 때까지 물품의 멸실 또는 훼손의 모든 위험을 부담하되, B3에 규정된 상황에서 발생하는 멸실 또는 훼손은 예외로 한다.

A4 운송

매도인은 매수인에 대하여 운송계약을 체결할 의무가 없다. 그러나 매도인은 매수인의 요청에 따라 매수인의 위험과 비용으로, 운송관련 보안요건을 포함하여 매수인이 운송을 마련하기 위하여 필요로 하는 정보로서 매도인 자신이 가지고 있는 정보를 매수인에게 제공하여야 한다. 합의가 있는 경우에 매도인은 매수인의 위험과 비용으로 통상적인 조건으로 운송계약을 체결하여야 한다. 매도인은 인도가 있을 때까지 운송관련 보안요건을 준수하여야 한다.

A5 Insurance

The seller has no obligation to the buyer to make a contract of insurance. However, the seller must provide the buyer, at the buyer's request, risk and cost, with information in the possession of the seller that the buyer needs for obtaining insurance.

A6 Delivery/ transport document

The seller must provide the buyer, at the seller's cost, with the usual proof that the goods have been delivered in accordance with A2.

Unless such proof is a transport document, the seller must provide assistance to the buyer, at the buyer's request, risk and cost, in obtaining a transport document.

A7 Export/ import clearance

a) Export clearance

Where applicable, the seller must carry out and pay for all export clearance formalities required by the country of export, such as:

▶ export license;

▶ security clearance for export;

▶ pre-shipment inspection; and

▶ any other official authorization.

b) Assistance with import clearance

Where applicable, the seller must assist the buyer, at the buyer's request, risk and cost, in obtaining any documents and/or information related to all transit/import clearance formalities, including security requirements and pre-shipment inspection, needed by any country of transit or the country of import.

A8 Checking/ packaging/ marking

The seller must pay the costs of those checking operations (such as checking quality, measuring, weighing, counting) that are necessary for the purpose of delivering the goods in accordance with A2. The seller must, at its own cost, package the goods, unless it is usual for the particular trade to transport the type of goods sold unpackaged. The seller must package and mark the goods in the manner appropriate for their transport, unless the parties have agreed on specific packaging or marking requirements.

A5   보험

매도인은 매수인에 대하여 보험계약을 체결할 의무가 없다. 그러나 매도인은 매수인의 요청에 따라 매수인의 위험과 비용으로 매수인이 부보하는 데 필요한 정보로서 매도인 자신이 가지고 있는 정보를 제공하여야 한다.

A6   인도/ 운송서류

매도인은 자신의 비용으로 매수인에게 물품이 A2에 따라 인도되었다는 통상적인 증거를 제공하여야 한다. 그러한 증거가 운송서류가 아닌 경우에 매도인은 매수인의 요청에 따라 매수인의 위험과 비용으로 매수인이 운송서류를 취득하는 데 협력을 제공하여야 한다.

A7   수출/ 수입 통관

a) 수출통관

해당되는 경우에 매도인은 다음과 같은 수출국에 의하여 부과되는 모든 수출통관절차를 수행하고 그에 관한 비용을 부담하여야 한다.

▶ 수출허가
▶ 수출을 위한 보안통관
▶ 선적검사 및
▶ 그 밖의 공적 인가

b) 수입통관에 관한 협력

해당되는 경우에 매도인은 매수인의 요청에 따라 매수인의 위험과 비용으로, 보안요건 및 선적전 검사를 포함하여 통과국 또는 수입국에 의하여 필요한 모든 통과/ 수입통관절차에 관한 서류 및/ 또는 정보를 취득하는 데 매수인에게 협력하여야 한다.

A8   점검/ 포장/ 하인표시

매도인은 A2에 따라 물품을 인도하기 위한 목적에서 필요한 점검작업 (예컨대 품질점검, 용적측량, 중량측정, 수량계수)에 드는 비용을 부담하여야 한다. 매도인은 자신의 비용으로 물품을 포장하여야 하되, 다만 특정한 거래에서 통상적으로 포장되지 않은 채 매매되어 운송되는 형태의 물품인 경우에는 그러하지 아니하다. 매도인은 당해 운송에 적절한 방법으로 물품을 포장하고 하인을 표시하여야 하되, 다만 당사자들이 특정한 포장요건이나 하인요건에 합의한 경우에는 그러하지 아니하다.

A9 Allocation of costs

The seller must pay:

a) all costs relating to the goods until they have been delivered in accordance with A2, other than those payable by the buyer under B9;

b) the costs of providing the usual proof to the buyer under A6 that the goods have been delivered;

c) where applicable, duties, taxes and any other costs related to export clearance under A7(a); and

d) the buyer for all costs and charges related to providing assistance in obtaining documents and information accordance with B7(a).

A10 Notice

The seller must give the buyer sufficient notice either that the goods have been delivered in accordance with A2 or that the vessel has failed to take the goods within the time agreed.

B THE BUYER'S S OBLIGATIONS

B1 General obligations

The buyer must pay the price of the goods as provided in the contract of sale.

Any document to be provided by the buyer may be in paper or electronic from as agreed or, where there is no agreement, as is customary.

B2 Taking delivery

Ther buyer must take delivery of the goods when they have been delivered under A2.

B3 Transfer of risks

The buyer bears all risk of loss of or damage to the goods from the time they have been delivered under A2. If.

a) the buyer fails to give notice in accordance with B10; or

b) the vessel nominated by the buyer fails to arrive on time to enable the seller to comply with A2, fails to take the goods, or closes for cargo earlier than the time notified in accordance with B10:

(i) from the agreed date, or in the absence of an agreed date,

(ii) from the date selected by the buyer under B10, or, if no such date has been notified,

(iii) from the end of any agreed period for delivery, provided that the goods have been clearly identified as the contract goods.

A9   비용분담

매도인은 다음의 비용을 부담하여야 한다.

a) 물품이 A2에 따라 인도된 때까지 물품에 관한 모든 비용, 다만 B9에 따라 매수인이 부담하는 비용은 제외한다.

b) 물품이 인도되었다는 통상적인 증거를 A6에 따라 매수인에게 제공하는 데 드는 비용

c) 해당되는 경우에 A7(a)에 따른 수출통관에 관한 관세, 세금 그 밖의 비용

d) B7(a)에 따라 서류와 정보를 취득하는 데 매수인이 협력을 제공하는 것과 관련한 모든 비용

A10   통지

매도인은 물품이 A2에 따라 인도된 사실 또는 선박이 합의된 시기 내에 물품을 수령하지 않은 사실을 매수인에게 충분히 통지하여야 한다.

B 매수인의 의무

B1   일반의무

매수인은 매매계약에 규정된 바에 따라 물품의 대금을 지급하여야 한다.

매수인이 제공하여야 하는 서류는 합의에 따라, 합의가 없는 경우에는 관행에 따라 종이서류 또는 전자적 방식으로 제공될 수 있다.

B2   인수

매수인은 물품이 A2에 따라 인도된 때에 그 물품의 인도를 수령하여야 한다.

B3   위험이전

매수인은 물품이 A2에 따라 인도된 때부터 물품의 멸실 또는 훼손의 모든 위험을 부담한다.

만약

a) 매수인이 B10에 따른 통지를 하지 않는 경우 또는

b) 매수인이 지정한 선박이 매도인이 A2를 준수할 수 있도록 정시에 도착하지 아니하거나, 물품을 수령하지 않거나, B10에 따라 통지된 시기보다 일찍 선적을 마감하는 경우

매수인은 다음의 시기부터 물품의 멸실 또는 훼손의 모든 위험을 부담한다.

（ⅰ）합의된 인도기일부터 또는 합의된 인도기일이 없는 경우에는

（ⅱ）매수인이 B10에 따라 선택한 일자부터 또는 그러한 일자가 통지되지 않은 경우에는

（ⅲ）합의된 인도기간의 만료일부터

다만 물품은 계약물품으로 명확히 특정되어 있어야 한다.

B4   Carriage

The buyer must contract at its own cost for the carriage of the goods from the named port of shipment, except when the contract of carriage is made by the seller as provided for in A4.

B5   Insurance

The buyer has no obligation to the seller to make a contract of insurance.

B6   Delivery/ transport document

The buyer must accept the proof of delivery provided under A6.

B7   Export/ import clearance

a) Assistance with export clearance

Where applicable, the buyer must assist the seller at the seller's request, risk and cost in obtaining any documents and/ or information related to all export clearance formalities, including security requirements and pre-shipmen inspection, needs by the country of export.

b) Import clearance

Where applicable, the buyer must carry out and pay for all formalities required by any country of transit and the country of import, such as:

▶ import license and any license required for transit;

▶ security clearance for import and any transit;

▶ pre-shipment inspection; and

▶ any other official authorization.

B8   Checking/ packaging/ marking

The buyer has no obligation to the seller.

B9   Allocation of costs

The buyer must pay:

a) all costs relating to the goods from the time they have been delivered under A2, other than those payable by the seller under A9;

b) the seller for all costs and charges related to providing assistance in obtaining documents and information in accordance with A4, A5, A6 and A7(b); and

B4   운송

매수인은 자신의 비용으로 물품을 지정선적항으로부터 운송하는 계약을 체결하여야 하되, 다만
A4에 규정된 바에 따라 매도인이 운송계약을 체결하는 경우에는 예외이다.

B5   보험

매수인은 매도인에 대하여 보험계약을 체결할 의무가 없다.

B6   인도/ 운송서류

매수인은 A6에 따라 제공되는 인도의 증거를 인수하여야 한다.

B7   수출/수입통관

a) 수출통관에 관한 협력

해당되는 경우에 매수인은 매도인의 요청에 따라 매도인의 위험과 비용으로 보안요건 및 선적 전
검사를 포함하여 수출국에 의하여 필요한 모든 수출통관절차에 관한 서류 및/ 또는 정보를 취득
하는 데 매도인에게 협력하여야 한다.

b) 수입통관

해당되는 경우에 매수인은 다음과 같은 통과국 및 수입국에 의하여 부과되는 모든 절차를 수행하
고 그에 관한 비용을 부담하여야 한다.

▶ 수입허가 및 통과를 위하여 필요한 허가
▶ 수입과 통과를 위한 보안통관
▶ 선적전검사 및
▶ 그 밖의 공적 인가

B8   점검/ 포장/ 하인표시

매수인은 매도인에 대하여 의무가 없다.

B9   비용분담

매수인은 다음의 비용을 부담하여야 한다.

a) 물품이 A2에 따라 인도된 때부터 물품에 관한 모든 비용, 다만 A9에 따라 매도인이 부담하는 비
    용은 제외한다.
b) A4, A5, A6 및 A7(b)에 따라 서류와 정보를 취득하는 데 매도인이 협력을 제공하는 것과 관련한
    모든비용

d) any additional costs incurred, either because:

(i) the buyer has failed to give notice under B10, or

(ii) the vessel nominated by the buyer under B10 fails to arrive on time, fails to take the goods, or closes for cargo earlier than the time notified in accordance with B10, Provided that the goods have been clearly identified as the contract goods.

B10   Notice

The buyer must give the seller sufficient notice of any transport-related security requirements, the vessel name, loading point and, if any, the selected delivery date within the agreed period.

c) 해당되는 경우에 B7에 따른 통과통관 또는 수입통관에 관한 관세, 세금 그 밖의 비용 및

d) 다음의 경우에 발생하는 추가비용

(ⅰ) 매수인이 B10에 따른 통지를 하지 않는 경우, 또는

(ⅱ) B10에 따라 매수인이 지정한 선박이 정시에 도착하지 않거나, 물품을 수령하지 않거나, B10에 따라 통지된 시기보다 일찍 선적을 마감하는 경우

다만 물품은 계약물품으로 명확히 특정되어 있어야 한다.

B10 통지

매수인은 매도인에게 운송관련 보안요건, 선박명, 적재지점 및 합의된 인도기간 내에서 선택된 인도일자가 있는 경우에는 그 일자를 충분히 통지하여야 한다.

CFR | Cost and Freight

CFR(insert named place of destination) Incoterms® 2020

Explanatory notes for users

1. Delivery and risk - "Cost and Freight" means that the seller delivers the goods to the buyer. <on board the vessel >or procures the goods already so delivered. The risk of or damage to the goods transfers when the goods are on board the vessel, such that the seller is taken to have performed its obligation to deliver the goods whether or not the goods actually arrive at their destination in sound condition, in the stated quantity or, indeed, at all. In CFR, the seller owes no obligation to the buyer to purchase insurance cover: the buyer would be well-advised therefore to purchase some cover for itself.

2. Mode of transport – This rule is to be used only for sea or inland waterway transport. Where more than one mode of transport is to be used, which will commonly be the case where goods are handed over to a carrier at a container terminal, the appropriate rule to use is CPT rather than CFR.

3. 'or procuring the goods so delivered' – The reference to "procure" here caters for multiple sales down a chain (string sales), particularly common in the commodity trades.

4. Ports of delivery and destination – in CFR, two ports are important: the port where the goods are delivered on board the vessel and the port agreed as the destination of the goods. Risk transfers from seller to buyer when the goods are delivered to the buyer by placing them on board the vessel at the shipment port or by procuring the goods already so delivered. However, the seller must contract for the carriage of the goods from delivery to the agreed destination. Thus, for example, goods are placed on board a vessel in Shanghai (which is a port) for carriage to Southampton (also a port). Delivery here happens when the goods are on board in Shanghai, with risk transferring to the buyer at that time; and the seller must make a contract of carriage from Shanghai to Southampton.

CFR | Cost and Freight

CFR(지정목적항 기입) Incoterms® 2020

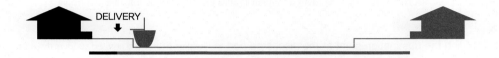

사용자를 위한 설명문

1. **인도와 위험** – "운임포함인도"는 매도인이 물품을 매수인에게 다음과 같이 인도하는 것을 의미한다. <선박에 적재함 > 또는 이미 그렇게 인도된 물품을 조달함 물품의 멸실 또는 훼손의 위험은 물품이 선박에 적재된 때 이전하고, 그에 따라 매도인은 명시된 수량의 물품이 실제로 목적지에 양호한 상태로 도착하는지를 불문하고 또는 사실 물품이 전혀 도착하지 않더라도 그의 물품인도의무를 이해한 것으로 된다. CFR에서 매도인은 매수인에 대하여 부보의무가 없다. 따라서 매수인은 스스로 부보하는 것이 좋다.

2. **운송방식** – 본 규칙은 해상운소이나 내수로 운송에만 사용되어야 한다 물품이 컨테이너터미널에서 운송인에게 교부되는 경우에 일반적으로 그러하듯이 둘 이상의 운송방식이 사용되는 경우에 사용하기 적절한 규칙은 CFR이 아니라 CPT이다.

3. **'또는 그렇게 인도된 물품을 조달함;** – 여기에 "조달한다"(procure)고 규정한 것은 특히 일차산품거래(commodity trades)에서 일반적인 수차에 걸쳐 연속적으로 이루어지는 매매 ('연속매매', 'string sales')에 대응하기 위함이다.

4. **인도항(port of delivery)과 목적항 (port of destination)** – CFR에서는 두 항구가 중요하다. 물품이 선박에 적재되어 인도되는 항구와 물품의 목적항으로 합의된 항구가 그것이다. 위험은 물품이 선적항에서 선박에 적재됨으로써 또는 이미 그렇게 인도된 물품을 조달함으로써 매수인에게 인도된 때 매도인으로부터 매수인에게 이전한다. 그러나 매도인은 물품을 인도지부터 합의된 목적지까지 운송하는 계약을 체결하여야 한다. 따라서 예컨대 물품은 (항구인) 사우샘프턴까지 운송을 위하여 (항구인) 상하이에서 선박에 적재된다. 그러면 물품이 상하이에서 적재된 때 여기서 인도가 일어나고, 그 시점에 위험이 매수인에게 이전한다. 그리고 매도인은 상하이에서 사우샘프턴으로 항하는 운송계약을 체결하여야 한다.

5. **Must the shipment port be named?** – While the contract will always specify a destination port, it might not specify the port of shipment, which is where risk transfers to the buyer. If the shipment port is of particular interest to the buyer, as it may, for example, where the buyer wishes to ascertain that the freight element of the price is reasonable, the parties are well advised to identify it as precisely as possible in the contract.

6. **Identifying the destination point at the discharge port** – The parties are well advised to identify as precisely as possible the point at the named port of destination, as the costs to that point are for the account of the seller. The seller must make a contract or contracts of carriage that cover(s) the transit of the goods from delivery to the names port or to the agreed point within that port where such a point has been agreed in the contract of sale.

7. **Multiple carriers** – It is possible that carriage is effected through several carriers for different legs of the sea transport, for example, first by a carrier operating a feeder vessel from Hong Kong to Shanghai, and then onto an ocean vessel from Shanghai to Southampton. The question which arises here is whether risk transfers from seller to buyer at Hong Kong or at Shanghai: where does delivery take place? The parties may well have agreed this in the sale contract itself. Where, however, there is no such agreement, the default position is that risk transfers when the goods have been delivered to the first carrier, i.e. Hong Kong, thus increasing the period during which the buyer incurs the risk of loss or damage. Should the parties wish the risk to at later stage (here, Shanghai) they need to specify this in their contract of sale.

8. **Unloading costs** – If the seller incurs costs under its contract of carriage related to unloading at the specified point at the port of destination, the seller is not entitled to recover such costs separately from the buyer unless otherwise agreed between the parties.

9. **Export/Import clearance** – CFR requires the seller to clear the goods for export, where applicable. However, the seller has no obligation to clear the goods for import or for transit through third countries, to pay any import duty or to carry out any import customs formalities.

A THE SELLER/S OBLIGATIONS

A1 General obligations

The seller must provide the goods and the commercial invoice in conformity with the contract of sale and any evidence of conformity that may be required by the contract.

Any document to be provided by the seller may be in paper or electronic form as agreed or, where there is no agreement, as is customary.

5. **선적항은 반드시 지전되어야 하는가?**- 계약에서 항상 목정항을 명시할 것이지만, 위험이 매수인에게 이 전하는 장소인 선적항은 명시하지 않을 수도 있다. 예컨대 매수인이 매매대금에서 운임요소가 합리적 인지 확인하고자 하는 경우에 그러하듯이 선적항이 특히 매수인의 관심사항인 경우에 당사자들은 계 약에서 선적항을 가급적 정확하게 특정하는 것이 좋다.

6. **양륙항 내 목적지점 지정**- 당사자들은 지정목적항 내의 지점을 가급적 정확하게 지정하는 것이 좋다. 그 지점까지 비용을 매도인이 부담하기 때문이다. 매도인은 물품을 인도자로부터 지정목적하까지 또는 그 지정목정항 내의 지점으로서 매매계약에서 합의된 지점까지 물품을 운송하는 단일 또는 복수이 계 약을 체결하여야 한다.

7. **복수의 운송인**- 예컨대 먼저 홍콩에서 상하이까지 피더선(feeder vessel)을 운항하는 운송인이 담당하고 이 어서 상하이에서 사우샘프턴까지 항해선박(ocean vessel)이 담당하는 경우와 같이, 상이한 해상운송구간 을 각기 담당하는 복수의 운송인이 운송을 수행하는 것도 가능하다. 이때 과연 위험은 매도인으로부터 매수인에게 홍콩에서 이전하는지 아니면 상하이에서 이전하는지 의문이 발생한다. 즉 인도는 어디서 일어나는가? 당사자들이 매매계약 자체에서 이를 잘 합의하였을 수도 있다. 그러나 그러한 합의가 없는 경우에는 [본 규칙의 규정하는] 보충적 입장은, 위험은 물품이 제1운송인에게 인도된 때, 즉 홍콩에서 이 전하고, 따라서 매수인이 멸실 또는 훼손의 위험을 부담하는 기간이 증가한다는 것이다. 당사자들은 그 뒤의 어느 단계에서 (여기는 상하이) 위험이 이전하기를 원한다면 이를 매매계약에 명시하여야 하나.

8. **양하비용** - 매도인은 자신의 운송계 상 목적항 내의 명시된 지점에서 양하에 관하여 비용이 발생한 경우에 당사자간의 합의되지 않은 한 그러한 비용을 매수인으로부터 별조로 상환받을 권리가 없다.

9. **수출/수입통관**- CFR에서는 해당되는 경우에 매도인이 물품의 수출통관을 하여야 한다. 그러나 매도인 은 물품의 수입을 위한 또는 제3국 통과를 위한 통관을 하거나 수입관세를 납부하거나 수입통관절차 를 수행할 의무가 없다.

A 매도인의 의무

A1 일반의무

매도인은 매매계약에 일치하는 물품 및 상업송장과 그밖에 계약에서 요구될 수 있는 일치성에 관 한 증거를 제공하여야 한다.

매도인이 제공하여야 하는 서류는 합의에 따라, 합의가 없는 경우에는 관행에 따라 종이서류 또 는 전자적 방식으로 제공될 수 있다.

A2 Delivery

The seller must deliver the goods either by placing them on board the vessel or by procuring the goods so delivered. In either case, the seller must deliver the goods on the agrees date or within the agrees period and in the manner customary at the port.

A3 Transfer of risks

The seller bears all risks of loss of or damage to the goods until they have been delivered in accordance with A2, with the exception of loss or damage in the circumstance described in B3.

A4 Carriage

The seller must contract or procure a contract for the carriage of the goods from the agreed point of delivery. if any, at the place of delivery to the named port of destination or, if agreed, any point any that port. The contract of carriage must be made on usual terms at the seller's cost and provide for carriage by the usual route in a vessel of the type normally used for the transport of the type of goods sold.

The seller must comply with any transport-related security requirements for transport to the destination.

A5 Insurance

The seller has no obligation to the buyer to make a contract of insurance. However, the seller must provide the buyer, at the buyer's request, risk and cost, with information in the possession of the seller that the buyer needs for obtaining insurance.

A6 Delivery/ transport document

The seller must, as its own cost, provide the buyer with the usual transport document for the agreed port of destination.

This transport document must cover the contract goods, be dated within the period agreed for shipment, enable the buyer to claim the goods from the carrier at the port of destination and, unless otherwise agreed, enable the buyer to sell the goods in transit by the transfer of the document to a subsequent buyer or by notification to the carrier.

When such a transport document is issued in negotiable form and in several originals, a full set of originals must be presented to the buyer.

A2 인도

매도인은 물품을 선박에 적재하거나 또는 그렇게 인도된 물품을 조달함으로써 인도하여야 한다. 각각의 경우에 매도인은 합의된 기일에 또는 합의된 기간 내에 당해 항구에서는 관행적인 방법으로 물품을 인도하여야 한다.

A3 위험이전

매도인은 물품이 A2에 따라 인도된 때까지 물품의 멸실 또는 훼손의 모든 위험을 부담하되, B3에 규정된 상황에서 발생하는 멸실 또는 훼손은 예외로 한다.

A4 운송

매도인은 물품을 인도장소로부터, 그 인도장소에 합의된 인도지점이 있는 때는 그 지점으로부터 지적목적항까지 또는 합의가 있는 때에는 그 지정목적하의 어느 지점까지 운송하는 계약을 체결하거나 조달하여야 한다. 운송계약은 매도인의 비용으로 통상적인 조건으로 체결되어야 하며 매매물품과 같은 종류의 물품을 운송하는 데 통상적으로 사용되는 종류의 선박으로 통상적인 항로로 운송하는 내용이어야 한다. 매도인은 목적지까지 운송하는 데 요구되는 운송관련 보안요건을 준수하여야 한다.

A5 보험

매도인은 매수인에 대하여 보험계약을 체결할 의무가 없다. 그러나 매도인은 매수인의 요청에 따라 매수인의 위험과 비용으로 매수인이 부보하는 데 필요한 정보로서 매도인 자신이 가지고 있는 정보를 제공하여야 한다.

A6 인도/운송서류

매도인은 자신의 비용으로 매수인에게 합의된 목적항에서 필요한 통상적인 운송서류를 제공하여야 한다.

이 운송서류는 계약물품에 관한 것이어야 하고, 합의된 선적기간 이내로 일부(日附)되어야 하며, 매수인이 목적항에서 운송인에 대하여 물품의 인도를 청구할 수 있도록 하는 것이어야 하고, 또한 달리 합의되지 않은 한 매수인이 후속매수인에게 그 운송서류를 양도함으로써 또는 운송인에 대한 통지로써 운송 중에 물품을 매각할 수 있도록 하는 것이어야 한다.

그러한 운송서류가 유통가능한 형식으로 복수의 원본으로 발행된 경우에 그 원본의 전통(全通)이 매수인에게 제공되어야 한다.

A7   Export/import clearance

a) Export clearance

Where applicable, the seller must catty out and pay for all export clearance formalities requtred by the country of expert, such as:

▶ export licence;

▶ security clearance for export;

▶ pre-shipment inspection; and

▶ any other official authorisation.

b) Assistance with import clearance

Where applicable, the seller must assist the buyer, at the buyer's request, risk and cost, in obtaining any documents and/or information related to all transit/import clearance formalities, including security requrements and pre-shipment inspection, needed by any county of transit or the country of import.

A8   Checking/packaging/marking

The seller must pay the costs of those checking operations (such as checking quality, measuring, weighing, counting) that are necessary for the purpose of delivering the goods in accordance with A1.

The seller must, at its own cost, package the goods, unless it is usual for the particular trade to transport the type of goods sold unpackaged. The seller must package and mark the goods in the manner appropriate for their transport, unless the parties have agreed on specific packaging or marking requirements.

A9   Allocation of costs

The seller must pay:

a) all costs relating to the goods until they have been delivered in accordance with A2, other than those payable by the buyer under B9;

b) the fright and all other costs resulting from A4, including the costs of loading the goods on board and transport-related security costs;

c) any charged for unloading at the agreed port of discharge that were for the seller's account under the contract of carriage;

d) the costs of transit that were for the seller's account under the contract of carriage;

e) the costs of providing the usual proof to the buyer under A6 that the goods have been delivered;

f) where applicable, duties, taxes and any other costs related to export clearance under A7(a); and

g) the buyer for all costs and charges related to providing assistance in obtaining documents and

A7   **수출/수입 통관**

a) 수출통관

해당되는 경우에 매도인은 다음과 같은 수출국에 의하여 부과되는 모든 수출통관절차를 수행하고 그에 관한 비용을 부담하여야 한다.

▶ 수출허가

▶ 수출을 위한 보안통관

▶ 선적전검사 및

▶ 그 밖의 공적 인가

b) 수입통관에 관한 협력

해당되는 경우에 매도인은 매수인의 요청에 따라 매수인의 위험과 비용으로, 보안요건 및 선적전검사를 포함하여 통과국 또는 수입국에 의하여 필요한 모든 통과/수입통관절차에 관한 서류 및/또는 정보를 취득하는 데 매수인에게 협력하여야 한다.

A8   **점검/포장/하인표시**

매도인은 A2에 따라 물품을 인도하기 위한 목적에서 필요한 점검작업 (예컨대 품질점검, 용적측량, 중량측정, 수량계수)에 드는 비용을 부담하여야 한다.

매도인은 자신의 비용으로 물품을 포장하여야 하되 다만 특정한 거래에서 통상적으로 포장되지 않은 채 매매되어 운송되는 형태의 물품인 경우에는 그러하지 아니하다.

매도인은 당해 운송에 적절한 방법으로 물품을 포장하고 하인을 표시하여야 하되 다만 당사자들이 특정한 포장요건이나 하인요건에 합의한 경우에는 그러하지 아니하다.

A9   **비용분담**

매도인은 다음의 비용을 부담하여야 한다.

a) 물품이 A2에 따라 인도된 때까지 물품에 관한 모든 비용. 다만 B9에 따라 매수인이 부담하는 비용은 제외한다.

b) 물품선적비용과 운송관련 보안비용을 포함하여, A4로부터 비롯하는 운임 및 그 밖의 모든 비용

c) 합의된 양륙항의 양하비용 중에서 운송계약상 매도인이 부담하기로 한 비용

d) 운송계약상 매도인이 부담하기로 된 통과비용

e) 물품이 인도되었다는 통상적인 증거를 A6에 따라 매수인에게 제공하는 데 드는 비용

f) 해당되는 경우에 A7(a)에 따른 수출통관에 관한 관세, 세금 그 밖의 비용 및

g) B7(a)에 따라 서류와 정보를 취득하는 데 매수인이 협력을 제공하는 것과 관련한 모든 비용

information in accordance with B7(a).

A10 Notices

The seller must notify the buyer that the goods have been delivered in accordance with A2.

The seller must give the buyer any notice required to enable the buyer to receive the goods.

B THE BUYER'S OBLIGATIONS

B1 General obligation

The buyer must pay the price of the goods as provided in the contract of sale.

Any document to be provided by the buyer may be in paper or electronic form as agrees or, where there is no agreement, as is customary.

B2 Taking delivery

The buyer must take delivery of the goods when they have been delivered under A2 and receive them from cattier at the named port of destination.

B3 Transfer of risks

The buyer bears all risks of loss of or damage to the goods from the time they have been delivered under A2. If the buyer fails to give notice in accordance with B10, then it bears all risks of loss of or damage to the goods from the agreed date or the end of the agreed period for shipment, provided that the goods have been clearly identified as the contract goods.

B4 Carriage

The buyer has no obligation to the seller make a contract of carriage.

B5 Insurance

The buyer has no obligation to the seller to make a contract of insurance.

B6 Delivery/ transport document

The buyer must accept the transport document document provided under A6 if it is in conformity with the contract.

A10 통지

매도인은 매수인에게 물품이 A2에 따라 인도되었음을 통지하여야 한다.

매도인은 매수인에게 매수인이 물품을 수령할 수 있도록 하는 데 필요한 통지를 하여야 한다.

B 매수인의 의무

B1 일반의무

매수인은 매매계약에 규정된 바에 따라 물품의 대금을 지급하여야 한다.

매수인이 제공하여야 하는 서류는 합의에 따라, 합의가 없는 경우에는 관행에 따라 종이서류 또는 전자적 방식으로 제공될 수 있다.

B2 인수

매수인은 물품이 A2에 따라 인도된 때에 그 물품의 인도를 수령하여야 하고 지정목적항에서 운송인으로부터 물품을 수령하여야 한다.

B3 위험이전

매수인은 물품이 A2에 따라 인도된 때부터 물품의 멸실 또는 훼손의 모든 위험을 부담한다.

매수인이 B10에 따른 통지를 하지 않은 경우에 매수인은 합의된 선적기일이나 합의된 선적기간의 만료일로부터 물품의 멸실 또는 훼손의 모든 위험을 부담하여야 하되, 다만 물품은 계약물품으로 명확히 특정되어 있어야 한다.

B4 운송

매수인은 매도인에 대하여 운송계약을 체결할 의무가 없다.

B5 보험

매수인은 매도인에 대하여 보험계약을 체결할 의무가 없다.

B6 인도/운송서류

매도인은 A6에 따라 제공된 운송서류가 계약에 일치하는 때에는 이를 인수하여야 한다.

B7　Export/import clearance

a) Assistance with export clearance

Where applicable, the buyer must assist the seller at the seller's request, risk and cost in obtaining any documents and/or information related to all export clearance formalities, including security requirements and pre-shipment inspection, needed by the county of export.

b) Import clearance

Where applicable, the buyer must carry out and pay for all formalities required by any country of transit and the county of transit and any licence required for transit;

- ▶ import licence and any licence required for transit;
- ▶ security clearance for import and any transit;
- ▶ pre-shipment inspection; and
- ▶ any other offical authorisation.

B8　Checking/packaging/marking

The buyer has no obligation to the seller.

B9　Allocation of costs

The buyer must pay:

a) all costs relating to the goods from the time they have been delivered under A2, other than those payable by the seller under A9;

b) the costs of transit, unless such costs were for the seller's account under the contract of carriage;

c) unloading costs including lighterage and wharfage charges, unless such costs and charges were for the seller's account under the contract of carriage.

d) the seller for all costs and charges related to providing assistance in obtaining documents and information in accordance with A5 and A7(b).

e) where applicable, duties, taxes and any other costs related to transit or import clearance under B7(b); and

f) any additional costs incurred if it fails to give notice in accordance with B10, from the agreed date or the end of the agreed period for shipment, provided that the goods have been clearly identified as the contract goods.

B10　Notice

The buyer must, whenever it is agreed that the buyer is entitled to determine the time for shipping the goods and/or the point of receiving the goods within the named port of destination, give the seller sufficient notice.

B7   **수출/수입통관**

a) 수출통관에 관한 협력

해당되는 경우에 매수인은 매도인의 요청에 따라 매도인의 위험과 비용으로, 보안요건 및 선적전 검사를 포함하여 수출국에 의하여 필요한 모든 수출통관절차에 관한 서류 및/또는 정보를 취득하는 데 매도인에게 협력하여야 한다.

b) 수입통관

해당되는 경우에 매수인은 다음과 같은 통과국 및 수입국에 의하여 부과되는 모든 절차를 수행하고 그에 관한 비용을 부담하여야 한다.

▶ 수입허가 및 통과를 위하여 필요한 허가

▶ 수입과 통과를 위한 보안통관

▶ 선적전검사 및

▶ 그 밖의 공적 인가

B8   **점검/포장/하인표시**

매수인은 매도인에 대하여 의무가 없다.

B9   **비용분담**

매수인은 다음의 비용을 부담하여야 한다.

a) 물품이 A2에 따라 인도된 때까지 물품에 관한 모든 비용. 다만 A9에 따라 매도인이 부담하는 비용은 제외한다.

b) 통과비용. 다만 그러한 비용이 운송계약상 매도인이 부담하는 것으로 된 경우에는 그러하지 아니하다.

c) 부선료와 부두사용료를 포함한 양하비용. 다만 그러한 비용이 운송계약상 매도인이 부담하는 것으로 된 경우에는 그러하지 아니하다.

d) A5 및 A7 (b)에 따른 서류와 정보를 취득하는 데 매도인이 협력을 제공하는 것과 관련한 모든 비용

e) 해당되는 경우에 B7(b)에 따른 통과통관 또는 수입통관에 관한 관세, 세금 그 밖의 비용 및

f) 매수인이 B10에 따른 통지를 하지 않는 경우에 합의된 선적기일 또는 합의된 선적기간의 만료일로부터 발생하는 추가비용. 다만 물품은 계약물품으로 명확히 특정되어 있어야 한다.

B10   **통지**

매수인은 자신이 물품의 선적시기 및/또는 지정목적항 내에 물품을 수령할 지점을 결정할 권리를 갖는 것으로 합의된 경우에는 매도인에게 충분한 통지를 하여야 한다.

CIF | Cost, Insurance and Freight

CIF (insert named port of destination) Incoterms® 2020

DELIVERY

EXPLANATORY NOTE FOR USERS

1. Delivery and risk—"Cost Insurance and Freight" means that the seller delivers the goods to the buyer on board the vessel or procures the goods already so delivered.

   The risk of loss of or damage to the goods transfers when the goods are on board the vessel, such that the seller is taken to have performed its obligation to deliver the goods whether or not the goods actually arrive at their destination in sound condition, in the stated quantity or, indeed, at all.

2. Mode of transport—This rule is to be used only for sea or inland waterway transport. Where more than one mode of transport is to be used, which will commonly be the case where goods are handed over to a carrier at a container terminal, the appropriate rule to use is CIP rather than CIF.

3. 'or procuring the goods so delivered'—The reference to "procure" here caters for multiple sales down a chain (string sales), particularly common in the commodity trades.

4. Ports of delivery and destination—In CIF, two ports are important: the port where the goods are delivered on board the vessel and the port agreed as the destination of the goods. Risk transfers from seller to buyer when the goods are delivered to the buyer by placing them on board the vessel at the shipment port or by procuring the goods already so delivered. However, the seller must contract for the carriage of the goods from delivery to the agreed destination. Thus, for example, goods are placed on board a vessel in Shanghai (which is a port) for carriage to Southampton (also a port). Delivery here happens when the goods are on board in Shanghai, with risk transferring

CIF | Cost, Insurance and Freight

CIF (지정목적항 기입) Incoterms® 2020

사용자를 위한 설명문

1. **인도와 위험** - '운임·보험료포함인도"는 매도인이 물품을 매수인에게 다음과 같이 인도하는 것을 의미한다.
   ▶ 선박에 적재함
   ▶ 또는 이미 그렇게 인도된 물품을 조달함

   물품의 멸실 또는 훼손의 위험은 물품이 선박에 적재된 때 이전하고, 그에 따라 매도인은 명시된 수량의 물품이 실제로 목적지에 양호한 상태로 도착하는지를 불문하고 또는 사실 물품이 전혀 도착하지 않더라도 그의 물품인도의무를 이행한 것으로 된다.

2. **운송방식** - 본 규칙은 해상운송이나 내수로운송에만 사용되어야 한다. 물품이 컨테이너터미널에서 운송인에게 교부되는 경우에 일반적으로 그러하듯이 둘 이상의 운송방식이 사용되는 경우에 사용하기 적절한 규칙은 CIF가 아니라 CIP이다.

3. **'또는 그렇게 인도된 물품을 조달함'** - 여기에 "조달한다"(procure)고 규정한 것은 특히 일차산품거래(commodity trades)에서 일반적인 수차에 걸쳐 연속적으로 이루어지는 매매('연속매매', 'string sales')에 대응하기 위함이다.

4. **인도항(port of delivery)과 목적항(port of destination)** - CIF에서는 두 항구가 중요하다. 물품이 선박에 적재되어 인도되는 항구와 물품의 목적항으로 합의된 항구가 그것이다. 위험은 물품이 선적항에서 선박에 적재됨으로써 또는 이미 그렇게 인도된 물품을 조달함으로써 매수인에게 인도된 때 매도인으로부터 매수인에게 이전한다. 그러나 매도인은 물품을 인도지부터 합의된 목적지까지 운송하는 계약을 체결하여야 한다. 따라서 예컨대 물품은 (항구인) 사우샘프턴까지 운송을 위하여 (항구인) 상하이에서 선박에 적재된다. 그러면 물품이 상하이에서 선적된 때 여기서 인도가 일어나고, 그 시점에 위험이 매수인

to the buyer at that time; and the seller must make a contract of carriage from Shanghai to Southampton.

5. **Must the shipment port be named?**—While the contract will always specify a destination port, it might not specify the port of shipment, which is where risk transfers to the buyer. If the shipment port is of particular interest to the buyer, as it may be, for example, where the buyer wishes to ascertain that the freight or the insurance element of the price is reasonable, the parties are well advised to identify it as precisely as possible in the contract.

6. **Identifying the destination point at the discharge port**—The parties are well advised to identify as precisely as possible the point at the named port of destination, as the costs to that point are for the account of the seller. The seller must make a contract or contracts of carriage that cover the transit of the goods from delivery to the named port or to the agreed point within that port where such a point has been agreed in the contract of sale.

7. **Multiple carriers**—It is possible that carriage is effected through several carriers for different legs of the sea transport, for example, first by a carrier operating a feeder vessel from Hong Kong to Shanghai, and then onto an ocean vessel from Shanghai to Southampton. The question which arises here is whether risk transfers from seller to buyer at Hong Kong or at Shanghai: where does delivery take place? The parties may well have agreed this in the sale contract itself. Where, however, there is no such agreement, the default position is that risk transfers when the goods have been delivered to the first carrier, i.e. Hong Kong, thus increasing the period during which the buyer incurs the risk of loss or damage. Should the parties wish the risk to transfer at a later stage (here, Shanghai) they need to specify this in their contract of sale.

8. **Insurance**—The seller must also contract for insurance cover against the buyer's risk of loss of or damage to the goods from the port of shipment to at least the port of destination. This may cause difficulty where the destination country requires insurance cover to be purchase locally: in this case the parties should consider selling and buying under CFR. The buyer should also note that under the CIF Incoterms® 2020 rule the seller is required to obtain limited insurance cover complying with Institute Cargo Clauses (C) or similar clause, rather than with the more extensive cover under Institute Cargo Clauses (A). It is, however, still open to the parties to agree on a higher level of cover.

9. **Unloading costs**—If the seller incurs costs under its contract of carriage related to unloading at the specified point at the port of destination, the seller is not entitled to recover such costs separately from the buyer unless otherwise agreed between the parties.

10. **Export/Import clearance**—CIF requires the seller to clear the goods for export, where applicable. However, the seller has no obligation to clear the goods for import or for transit through third countries, to pay any import

에게 이전한다. 그리고 매도인은 상하이에서 사우샘프턴으로 향하는 운송계약을 체결하여야 한다.

5. **선적항은 반드시 지정되어야 하는가?** - 계약에서 항상 목적항을 명시할 것이지만 위험이 매수인에게 이전하는 장소인 선적항은 명시하지 않을 수도 있다. 예컨대 매수인이 매매대금에서 운임요소 또는 보험요소가 합리적인지 확인하고자 하는 경우에 그러하듯이 선적항이 특히 매수인의 관심사항인 경우에 당사자들은 계약에서 선적항을 가급적 정확하게 지정하는 것이 좋다.

6. **양륙항 내 목적지점 지정** - 당사자들은 지정목적항 내의 지점을 가급적 정확하게 지정하는 것이 좋다. 그지점까지 비용을 매도인이 부담하기 때문이다. 매도인은 물품을 인도지로부터 지정목적항까지 또는 매매계약에서 그러한 지점이 합의된 경우에는 지정목적항 내의 지점까지 운송하는 단일 또는 복수의 계약을 체결하여야 한다.

7. **복수의 운송인** - 예컨대 먼저 홍콩에서 상하이까지 피더선(feeder vessel)을 운항하는 운송인이 담당하고 이어서 상하이에서 사우샘프턴까지 항해선박(ocean vessel)이 담당하는 경우와 같이, 상이한 해상운송구간을 각기 담당하는 복수의 운송인이 운송을 수행하는 것도 가능하다. 이때 과연 위험은 매도인으로부터 매수인에게 홍콩에서 이전하는지 아니면 상하이에서 이전하는지 의문이 발생한다. 즉 인도는 어디서 일어나는가? 당사자들이 매매계약 자체에서 이를 잘 합의하였을 수도 있다. 그러나 그러한 합의가 없는 경우에, [본 규칙이 규정하는] 보충적 입장은, 위험은 물품이 제1운송인에게 인도된 때, 즉 홍콩에서 이전하고, 따라서 매수인이 멸실 또는 훼손의 위험을 부담하는 기간이 증가한다는 것이다. 당사자들은 그 뒤의 어느 단계에서 (여기서는 상하이) 위험이 이전하기를 원한다면 이를 매매계약서 명시하여야 한다.

8. **보험** - 매도인은 또한 선적항부터 적어도 목적항까지 매수인의 물품의 멸실 또는 훼손 위험에 대하여 보험계약을 체결하여야 한다. 이는 목적지 국가가 자국의 보험자에게 부보하도록 요구하는 경우에는 어려움을 야기할 수 있다. 이러한 경우에 당사자들은 CFR로 매매하는 것을 고려하여야 한다. 또한 매수인은 인코텀즈 2020 CIF 하에서 매도인은 협회적하약관의 A-약관에 의한 보다 광범위한 담보조건이 아니라 협회적하약관의 C-약관이나 그와 유사한 약관에 따른 제한적인 담보조건으로 부보하여야 한다는 것을 유의하여야 한다. 그러나 당사자들은 여전히 더 높은 수준의 담보조건으로 부보하기로 합의할 수 있다.

9. **양하비용** - 매도인은 자신의 운송계약상 목적항 내의 명시된 지점에서 양하에 관하여 비용이 발생한 경우에 당사자간에 달리 합의되지 않은 한 그러한 비용을 매수인으로부터 별도로 상환받을 권리가 없다.

10. **수출/수입통관**- CIF에서는 해당되는 경우에 매도인이 물품의 수출통관을 하여야 한다. 그러나 매도인은 물품의 수입을 위한 또는 제3국 통과를 위한 통관을 하거나 수입관세를 납부하거나 수입통관절차를 수

duty or to carry out any import customs formalities.

A THE SELLER'S OBLIGATIONS

A1 General obligations

The seller must provide the goods and the commercial invoice in conformity with the contract of sale and any other evidence of conformity that may be required by the contract. Any document to be provided by the seller may be in paper or electronic form as agreed or, where there is no agreement as is customary.

A2 Delivery

The seller must deliver the goods either by placing them on board the vessel or by procuring the goods so delivered, In either case, the seller must deliver the goods on the agreed date or within the agreed period and in the manner customary at the port.

A3 Transfer of risks

The seller bears all risks of loss or damage to the goods until they have been delivered in accordance with A2, with the exception of loss or damage in the circumstance described in B3.

A4 Carriage

The seller must contract or procure a contract for the carriage of the goods from the agreed point of delivery, if any, at the place of delivery to the named port of destination or, if agreed, any point at that port. The contract of carriage must be made on usual terms at the seller's cost and provide for carriage by the usual route in a vessel of the type normally used for the transport of the type of goods sold.

The seller must comply with any transport-related security requirements for transport to the destination.

A5 Insurance

Unless otherwise agreed or customary in the particular trade, the seller must obtain, at its own cost, cargo insurance complying with the cover provided by Clauses (C) of the Institute Cargo Clauses (LMA/IUA) or any similar clauses. The insurance shall be contracted with underwriters or an insurance company of good repute and entitle the buyer, or any other person having an insurable interest in the goods, to claim directly from the insurer.

When required by the buyer, the seller must, subject to the buyer providing any necessary information

행할 의무가 없다.

A 매도인의 의무

A1 일반의무

매도인은 매매계약에 일치하는 물품 및 상업송장과 그밖에 계약에서 요구될 수 있는 일치성에 관한 증거를 제공하여야 한다.

매도인이 제공하여야 하는 서류는 합의에 따라, 합의가 없는 경우에는 관행에 따라 종이서류 또는 전자적 방식으로 제공될 수 있다.

A2 인도

매도인은 물품을 적재하거나 그렇게 인도된 물품을 조달함으로써 인도하여야 한다. 각각의 경우에 매도인은 합의된 기일에 또는 합의된 기간 내에 당해 항구에서 관행적인 방법으로 물품을 인도하여야 한다.

A3 위험이전

매도인은 물품이 A2에 따라 인도된 때까지 물품의 멸실 또는 훼손의 모든 위험을 부담하되, B3에 규정된 상황에서 발생하는 멸실 또는 훼손은 예외로 한다.

A4 운송

매도인은 물품을 인도장소로부터, 그 인도장소에 합의된 인도지점이 있는 때에는 그 지점으로부터 지정목적항까지 또는 합의가 있는 때에는 그 지정목적항의 어느 지점까지 운송하는 계약을 체결하거나 조달하여야 한다. 운송계약은 매도인의 비용으로 통상적인 조건으로 체결되어야 하며 매매물품과 같은 종류의 물품을 운송하는 데 통상적으로 사용되는 종류의 선박으로 통상적인 항로로 운송하는 내용이어야 한다. 매도인은 목적지까지 운송하는데 요구되는 운송관련 보안요건을 준수하여야 한다.

A5 보험

측정한 거래에서 다른 합의나 관행이 없는 경우에 매도인은 자신의 비용으로 (로이즈시장협회/국제보험업협회의) 협회적하약관이나 그와 유사한 약관의 C- 약관에서 제공하는 담보조건에 따른 적하보험을 취득하여야 한다. 보험계약은 평판이 양호한 보험인수업자나 보험회사와 체결하여야 하고, 보험은 매수인이나 물품에 피보험이익을 가지는 제3자가 보험자에 대하여 직접 청구할 수 있도록 하는 것이어야 한다.

매수인의 요청이 있는 경우에 매도인은 그가 요청하는 필요한 정보를 매수인이 제공하는 것을 조

requested by the seller, provide at the buyer's cost any additional cover, if procurable, such as cover complying with the Institute War Clauses and/or Institute Strikes Clauses (LMA/IUA) or any similar clauses (unless such cover is already included with the cargo insurance described in the preceding paragraph). The insurance shall cover, at a minimum, the price provided in the contract plus 10% (i.e. 110%) and shall be in the currency of the contract.

The insurance shall cover the goods from the point of delivery set out in A2 to at least the named port of destination.

The seller must provide the buyer with the insurance policy or certificate or any other evidence of insurance cover. Moreover, the seller must provide the buyer, at the buyer's request, risk and cost, with information that the buyer needs to procure any additional insurance.

A6 Delivery/transport document

The seller must, at its own cost, provide the buyer with the usual transport document for the agreed port of destination.

This transport document must cover the contract goods, be dated within the period agreed for shipment, enable the buyer to claim the goods from the carrier at the port of destination and, unless otherwise agreed, enable the buyer to sell the goods in transit by the transfer of the document to a subsequent buyer or by notification to the carrier.

When such a transport document is issued in negotiable form and in several originals, a full set of originals must be presented to the buyer.

A7 Export/import clearance

a) Export clearance

Where applicable, the seller must carry out and pay for all export clearance formalities required by the country of export, such as:

▶ export licence;

▶ security clearance for export;

▶ pre-shipment inspection; and

▶ any other official authorisation.

b) Assistance with import clearance

Where applicable, the seller must assist the buyer, at the buyer's request, risk and cost, in obtaining any documents and/or information related to all transit/import clearance formalities, including security requirements and pre-shipment inspection, needed by any country of transit or the country of import.

건으로 매수인의 비용으로, 가능하다면 (로이즈시장협회/국제보험업협회의) 협회전쟁약관 및/또는 협회동맹파업약관 그밖에 그와 유사한 약관에 의하여 부보하는 것과 같은 추가보험을 제공하여야 한다(다만 바로 위의 단락에 규정된 적하보험에서 그러한 보험이 이미 포함되어 있는 때에는 그러하지 아니하다).

보험금액은 최소한 매매계약에 규정된 대금에 10%를 더한 금액(즉 매매대금의 110%)이어야 하고, 보험의 통화는 매매계약의 통화와 같아야 한다.

보험은 물품에 관하여 A2에 규정된 인도지점부터 적어도 지정목적항까지 부보되어야 한다.

매도인은 매수인에게 보험증권이나 보험증명서 그 밖의 부보의 증거를 제공하여야 한다.

또한 매도인은 매수인에게, 매수인의 요청에 따라 매수인의 위험과 비용으로 매수인이 추가보험을 조달하는 데 필요한 정보를 제공하여야 한다.

A6 인도/운송서류

매도인은 자신의 비용으로 매수인에게 합의된 목적항에서 필요한 통상적인 운송서류를 제공하여야 한다.

이 운송서류는 계약물품에 관한 것이어야 하고, 합의된 선적기간 이내로 일부(日附)되어야 하며, 매수인이 목적항에서 운송인에 대하여 물품의 인도를 청구할 수 있도록 하는 것이어야 하고, 또한 달리 합의되지 않은 한 매수인이 후속매수인에게 그 운송서류를 양도함으로써 또는 운송인에 대한 통지로써 운송 중에 물품을 매각할 수 있도록 하는 것이어야 한다.

그러한 운송서류가 유통가능한 형식으로 복수의 원본으로 발행된 경우에 그 원본의 전통(全通)이 매수인에게 제공되어야 한다.

A7 수출/수입통관

a) 수출통관

해당되는 경우에 매도인은 다음과 같은 수출국에 의하여 부과되는 모든 수출통관절차를 수행하고 그에 관한 비용을 부담하여야 한다.

▶ 수출허가 ▶ 수출을 위한 보안통관
▶ 선적전검사 및 ▶ 그 밖의 공적 인가

b) 수입통관에 관한 협력

해당되는 경우에 매도인은 매수인의 요청에 따라 매수인의 위험과 비용으로, 보안요건 및 선적전검사를 포함하여 통과국 또는 수입국에 의하여 필요한 모든 통과/수입통관절차에 관한 서류 및/또는 정보를 취득하는 데 매수인에게 협력하여야 한다.

A8 Checking/packaging/marking

The seller must pay the costs of those checking operations (such as checking quality, measuring, weighing, counting) that are necessary for the purpose of delivering the goods in accordance with A2.

The seller must, at its own cost, package the goods, unless it is usual for the particular trade to transport the type of goods sold unpackaged. The seller must package and mark the goods in the manner appropriate for their transport, unless the parties have agreed on specific packaging or marking requirements.

A9 Allocation of costs

The seller must pay:

a) all costs relating to the goods until they have been delivered in accordance with A2, other than those payable by the buyer under B9:

b) the freight and all other costs resulting from A4, including the costs of loading the goods on board and transport-related security costs;

c) any charges for unloading at the agreed port of discharge that were for the seller's account under the contract of carriage;

d) the costs of providing the usual proof to the buyer under A6 that the goods have been delivered;

e) the costs of providing the usual proof to the buyer under A6 that the goods have been delivered;

f) the costs of insurance resulting from A5;

g) where applicable, duties, taxes and any other costs related to export clearance under A7(a); and

h) the buyer for all costs and charges related to providing assistance in obtaining documents and information in accordance with B7(a).

A10 Notices

The seller must notify the buyer that the goods have been delivered in accordance with A2.

The seller must give the buyer any notice required to enable the buyer to receive the goods.

B THE BUYER'S OBLIGATIONS

B1 General obligations

The buyer must pay the price of the goods as provided in the contract of sale.

Any document to be provided by the buyer may be in paper or electronic form as agreed or, where there is no agreement, as is customary.

A8   점검/포장/하인표시

매도인은 A2에 따라 물품을 인도하기 위한 목적에서 필요한 점검작업(예컨대 품질점검, 용적측량, 중량측정, 수량계수)에 드는 비용을 부담하여야 한다.

매도인은 자신의 비용으로 물품을 포장하여야 하되 다만 특정한 거래에서 통상적으로 포장되지 않은 채 매매되어 운송되는 형태의 물품인 경우에는 그러하지 아니하다.

매도인은 당해 운송에 적절한 방법으로 물품을 포장하고 하인을 표시하여야 하되 다만 당사자들이 특정한 포장요건이나 하인요건에 합의한 경우에는 그러하지 아니하다.

A9   비용분담

매도인은 다음의 비용을 부담하여야 한다.

a) 물품이 A2에 따라 인도된 때까지 물품에 관한 모든 비용. 다만 B9에 따라 매수인이 부담하는 비용은 제외한다.

b) 물품선적비용과 운송관련 보안비용을 포함하여, A4로부터 비롯하는 운임 및 그 밖의 모든 비용

c) 합의된 양륙항의 양하비용 중에서 운송계약상 매도인이 부담하기로 한 비용

d) 운송 계약상 매도인이 부담하기로 된 통과비용

e) 물품이 인도되었다는 통상적인 증거를 A6에 따라 매수인에게 제공하는 데 드는 비용

f) A5로부터 비롯하는 보험비용

g) 해당되는 경우에 A7(a)에 따른 수출통관에 관한 관세, 세금 그 밖의 비용 및

h) B7(a)에 따라 서류와 정보를 취득하는 데 매수인이 협력을 제공하는 것과 관련한 모든 비용

A10   통지

매도인은 매수인에게 물품이 A2에 따라 인도되었음을 통지하여야 한다.

매도인은 매수인에게 매수인이 물품을 수령할 수 있도록 하는 데 필요한 통지를 하여야 한다.

B 매수인의 의무

B1   일반의무

매수인은 매매계약에 규정된 바에 따라 물품의 대금을 지급하여야 한다.

매수인이 제공하여야 하는 서류는 합의에 따라, 합의가 없는 경우에는 관행에 따라 종이서류 또는 전자적 방식으로 제공될 수 있다.

B2   Taking delivery

The buyer must take delivery of the goods when they have beer delivered under A2 and receive them from the carrier at the named port of destination.

B3   Transfer of risks

The buyer bears all risks of loss of or damage to the goods from the time they have been delivered under A2. If the buyer fails to give notice in accordance with B10, then it bears all risks of loss of or damage to the goods from the agreed date or the end of the agreed period for shipment, provided that the goods have been clearly identified as the contract goods.

B4   Carriage

The buyer has no obligation to the seller to make a contract of carriage.

B5   Insurance

The buyer has no obligation to the seller to make a contract of insurance.

However, the buyer must provide the seller, upon request, with any information necessary for the seller to procure any additional insurance requested by the buyer under A5.

B6   Delivery/transport document

The buyer must accept the transport document provided under A6 if it is in conformity with the contract.

B7   Export/import clearance

a) Assistance with export clearance

Where applicable, the buyer must assist the seller at the seller's request, risk and cost in obtaining any documents and/or information related to all export clearance formalities, including security requirements and pre-shipment inspection, needed by the country of export.

b) Import clearance

Where applicable, the buyer must carry out and pay for all formalities required by any country of transit and the country of import, such as:

▶ import licence and any licence required for transit;

▶ security clearance for import and any transit;

▶ pre-shipment inspection; and

▶ any other official authorisation.

B2   인수

매수인은 물품이 A2에 따라 인도된 때에 그 물품의 인도를 수령하여야 하고 지정목적항에서 운송인으로부터 물품을 수령하여야 한다.

B3   위험이전

매수인은 물품이 A2에 따라 인도된 때부터 물품의 멸실 또는 훼손의 모든 위험을 부담한다.

매수인이 B10에 따른 통지를 하지 않은 경우에 매수인은 합의된 선적기일이나 합의된 선적기간의 만료일부터 물품의 멸실 또는 훼손의 모든 위험을 부담하여야 하되, 다만 물품은 계약물품으로 명확히 특정되어 있어야 한다.

B4   운송

매수인은 매도인에 대하여 운송계약을 체결할 의무가 없다.

B5   보험

매수인은 매도인에 대하여 보험계약을 체결할 의무가 없다. 그러나 매수인은 요청이 있는 때에는 매도인이 A5에 따라 매수인이 요청한 추가보험을 조달하는 데 필요한 정보를 제공하여야 한다.

B6   인도/운송서류

매수인은 A6에 따라 제공된 운송서류가 계약에 일치하는 때에는 이를 인수하여야 한다.

B7   수출/수입통관

a) 수출통관에 관한 협력

해당되는 경우에 매수인은 매도인의 요청에 따라 매도인의 위험과 비용으로, 보안요건 및 선적전검사를 포함하여 수출국에 의하여 필요한 모든 수출통관절차에 관한 서류 및/또는 정보를 취득하는 데 매도인에게 협력하여야 한다.

b) 수입통관

해당되는 경우에 매수인은 다음과 같은 통과국 및 수입국에 의하여 부과되는 모든 절차를 수행하고 그에 관한 비용을 부담하여야 한다.

▶ 수입허가 및 통과를 위하여 필요한 허가

▶ 수입과 통과를 위한 보안통관

▶ 선적전검사 및

▶ 그 밖의 공적 인가

B8 Checking/packaging/marking

The buyer has no obligation to the seller.

B9 Allocation of costs

The buyer must pay:

a) all costs relating to the goods from the time they have been delivered under A2, other than those payable by the seller under A9;

b) the costs of transit, unless such costs were for the seller's account under the contract of carriage;

c) unloading costs including lighterage and wharfage charges, unless such costs and charges were for the seller's account under the contract of carriage;

d) the costs of any additional insurance procured at the buyer's request under A5 and B5;

e) the seller for all costs and charges related to providing assistance in obtaining documents and information in accordance with A5 and A7(b);

f) where applicable, duties, taxes and any other costs related to transit or import clearance under B7(b); and

g) any additional costs incurred if it fails to give notice in accordance with B10, from the agreed date or the end of the agreed period for shipment, provided that the goods have been clearly identified as the contract goods.

B10 Notices

The buyer must, whenever it is agreed that the buyer is entitled to determine the time for shipping the goods and/or the point of receiving the goods within the named port of destination, give the seller sufficient notice.

B8 **점검/포장/하인표시**

매수인은 매도인에 대하여 의무가 없다.

B9 **비용분담**

매수인은 다음의 비용을 부담하여야 한다.

a) 물품이 A2에 따라 인도된 때부터 물품에 관한 모든 비용. 다만 A9에 따라 매도인이 부담하는 비용은 제외한다.

b) 통과비용. 다만 그러한 비용이 운송계약상 매도인이 부담하는 것으로 된 경우에는 그러하지 아니하다.

c) 부선료와 부두사용료를 포함한 양하비용. 다만 그러한 비용이 운송계약상 매도인이 부담하는 것으로 된 경우에는 그러하지 아니하다.

d) A5 및 B5 하에서 매수인의 요청에 따라 조달된 추가보험에 드는 비용

e) A5 및 A7(b)에 따라 서류와 정보를 취득하는 데 매도인이 협력을 제공하는 것과 관련한 모든 비용

f) 해당되는 경우에 B7(b)에 따른 통과통관 또는 수입통관에 관한 관세, 세금 그 밖의 비용 및

g) 매수인이 B10에 따른 통지를 하지 않는 경우에 합의된 선적기일 또는 합의된 선적기간의 만료일부터 발생하는 추가비용. 다만 물품은 계약물품으로 명확히 특정되어 있어야 한다.

B10 **통지**

매수인은 자신이 물품의 선적시기 및/또는 지정목적항 내에 물품을 수령할 지점을 결정할 권리를 갖는 것으로 합의된 경우에는 매도인에게 충분한 통지를 하여야 한다.

1-2 Vienna Convention, 1980

PREAMBLE

The states parties to this convention, bearing in mind the broad objectives in the resolutions adopted by the sixth special session of the general assembly of the united nations on the establishment of a new international economic order, considering that the development of international trade on the basis of equality and mutual benefit is an important element in promoting friendly relations among states, being of the opinion that the adoption of uniform rules which govern contracts for the international sale of goods and take into account the different social, economic and legal systems would contribute to the removal of legal barriers in international trade and promote the development of international trade, have decreed as follows:

PART I – Sphere of Application and General Provisions

Chapter I – Sphere of Application

Article 1

(1) This Convention applies to contracts of sale of goods between parties whose places of business are in different States:

    (a) when the States are Contracting States; or

    (b) when the rules of private international law lead to the application of the law of a Contracting State.

(2) The fact that the parties have their places of business in different States is to be disregarded whenever this fact does not appear either from the contract or from any dealings between, or from information disclosed by, the parties at any time before or at the conclusion of the contract.

(3) Neither the nationality of the parties nor the civil or commercial character of the parties or of the contract is to be taken into consideration in determining the application of this Convention.

Article 2

This Convention does not apply to sales:

    (a) of goods bought for personal, family or household use, unless the seller, at any time before or at the conclusion of the contract, neither knew nor ought to have known that the goods were bought for any such use;

    (b) by auction;

1-2 비엔나협약, 1980

전 문

이 협약의 당사국은, 신국제경제질서의 확립에 관하여 국제연합 총회 제6차 특별회의에서 채택된 결의의 광범한 목적을 유념하고, 평등과 상호의 이익을 기초로 한 국제무역의 발전은 국가간의 우호관계를 증진시키는 데 중요한 요소임을 고려하며, 국제물품매매의 계약을 규율하고, 상이한 사회적, 경제적 및 법률적 제도를 고려하는 통일규칙의 채택이 국제무역에서의 법률적인 장벽을 제거하는 데 공헌하며 또 국제무역의 발전을 증진시킬 것이라는 견해하에서, 다음과 같이 합의하였다.

제1부 적용범위 및 통칙

제1장 적용범위

제1조(적용의 기본원칙)

(1) 이 협약은 다음과 같은 경우에 영업소가 상이한 국가에 있는 당사자간의 물품매매계약에 적용된다.

    (a) 당해 국가가 모두 체약국인 경우, 또는

    (b) 국제사법의 규칙에 따라 어느 체약국의 법률을 적용하게 되는 경우.

(2) 당사자가 상이한 국가에 그 영업소를 갖고 있다는 사실이 계약의 체결전 또는 그 당시에 당사자간에 행한 계약이나 모든 거래에서, 또는 당사자가 밝힌 정보로부터 나타나지 아니한 경우에는 이를 무시할 수 있다.

(3) 당사자의 국적이나, 또는 당사자 또는 계약의 민사상 또는 상사상의 성격은 이 협약의 적용을 결정함에 있어서 고려되지 아니한다.

제2조(협약의 적용제외)

이 협약은 다음과 같은 매매에는 적용되지 아니 한다.

    (a) 개인용, 가족용 또는 가사용으로 구입되는 물품의 매매. 다만 매도인이 계약의 체결전 또는 그 당시에 물품이 그러한 용도로 구입된 사실을 알지 못하였거나 또는 알았어야 할 것도 아닌 경우에는 제외한다.

    (b) 경매에 의한 매매,

    (c)   on execution or otherwise by authority of law;

    (d)   of stocks, shares, investment securities, negotiable instruments or money;

    (e)   of ships, vessels, hovercraft or aircraft;

    (f)   of electricity.

Article 3

(1)   Contracts for the supply of goods to be manufactured or produced are to be considered sales unless the party who orders the goods undertakes to supply a substantial part of the materials necessary for such manufacture or production.

(2)   This Convention does not apply to contracts in which the preponderant part of the obligations of the party who furnishes the goods consists in the supply of labour or other services.

Article 4

This Convention governs only the formation of the contract of sale and the rights and obligations of the seller and the buyer arising from such a contract. In particular, except as otherwise expressly provided in this Convention, it is not concerned with:

    (a)   the validity of the contract or of any of its provisions or of any usage;

    (b)   the effect which the contract may have on the property in the goods sold.

Article 5

This Convention does not apply to the liability of the seller for death or personal injury caused by the goods to any person.

Article 6

The parties may exclude the application of this Convention or, subject to article 12, derogate from or vary the effect of any of its provisions.

Chapter II - General Provisions

Article 7

(1)   In the interpretation of this Convention, regard is to be had to its international character and to the need to promote uniformity in its application and the observance of good faith in international trade.

(2)   Questions concerning matters governed by this Convention which are not expressly settled in it are to be settled in conformity with the general principles on which it is based or, in the absence of such principles, in conformity with the law applicable by virtue of the rules of private international law.

(c) 강제집행 또는 기타 법률상의 권한에 의한 매매,

(d) 주식, 지분, 투자증권, 유통증권 또는 통화의 매매,

(e) 선박, 부선, 수상익선(水上翼船), 또는 항공기의 매매,

(f) 전기의 매매 등.

제3조(서비스계약 등의 제외)

(1) 물품을 제조하거나 또는 생산하여 공급하는 계약은 이를 매매로 본다. 다만 물품을 주문한 당사자가 그 제조 또는 생산에 필요한 재료의 중요한 부분을 공급하기로 약정한 경우에는 그러하지 아니하다.

(2) 이 협약은 물품을 공급하는 당사자의 의무 중에서 대부분이 노동 또는 기타 서비스의 공급으로 구성되어 있는 계약의 경우에는 적용되지 아니한다.

제4조(적용대상과 대상외의 문제)

이 협약은 단지 매매계약의 성립과 그러한 계약으로부터 발생하는 매도인과 매수인의 규율한다. 특히 이 협약에서 별도의 명시적인 규정이 있는 경우를 제외하고, 이협약은 다음과 같은 사항에는 관계되지 아니한다.

(a) 계약 또는 그 어떠한 조항이나 어떠한 관행의 유효성,

(b) 매각된 물품의 소유권에 관하여 계약이 미칠 수 있는 효과.

제5조(사망 등의 적용제외)

이 협약은 물품에 의하여 야기된 어떠한 자의 사망 또는 신체적인 상해에 대한 매도인의 책임에 대해서는 적용되지 아니한다.

제6조(계약에 의한 적용배제)

당사자는 이 협약의 적용을 배제하거나, 또는 제12조에 따라 이 협약의 어느 규정에 관해서는 그 효력을 감퇴키거나 변경시킬 수 있다.

제2장 총칙

제7조(협약의 해석원칙)

(1) 이 협약의 해석에 있어서는, 협약의 국제적인 성격과 그 적용상의 통일성의 증진을 위한 필요성 및 국제무역상의 신의성실의 준수에 대한 고려가 있어야 한다.

(2) 이 협약에 의하여 규율되는 사항으로서 이 협약에서 명시적으로 해결되지 아니한 문제는 이 협약이 기초하고 있는 일반원칙에 따라 해결되어야 하며, 또는 그러한 원칙이 없는 경우에는 국제사법의 원칙에 의하여 적용되는 법률에 따라 해결되어야 한다.

Article 8

(1) For the purposes of this Convention statements made by and other conduct of a party are to be interpreted according to his intent where the other party knew or could not have been unaware what that intent was.

(2) If the preceding paragraph is not applicable, statements made by and other conduct of a party are to be interpreted according to the understanding that a reasonable person of the same kind as the other party would have had in the same circumstances.

(3) In determining the intent of a party or the understanding a reasonable person would have had, due consideration is to be given to all relevant circumstances of the case including the negotiations, any practices which the parties have established between themselves, usages and any subsequent conduct of the parties.

Article 9

(1) The parties are bound by any usage to which they have agreed and by any practices which they have established between themselves.

(2) The parties are considered, unless otherwise agreed, to have impliedly made applicable to their contract or its formation a usage of which the parties knew or ought to have known and which in international trade is widely known to, and regularly observed by, parties to contracts of the type involved in the particular trade concerned.

Article 10

For the purposes of this Convention:

(a) if a party has more than one place of business, the place of business is that which has the closest relationship to the contract and its performance, having regard to the circumstances known to or contemplated by the parties at any time before or at the conclusion of the contract;

(b) if a party does not have a place of business, reference is to be made to his habitual residence.

Article 11

A contract of sale need not be concluded in or evidenced by writing and is not subject to any other requirement as to form. It may be proved by any means, including witnesses.

Article 12

Any provision of article 11, article 29 or Part II of this Convention that allows a contract of sale or its modification or termination by agreement or any offer, acceptance or other indication of intention to be made in any form other than in writing does not apply where any party has his place of business in a Contracting State which has made a declaration under article 96 of this Convention. The parties may not derogate from or vary the effect or this article.

제8조(당사자 진술이나 행위의 해석)

(1) 이 협약의 적용에 있어서 당사자의 진술 또는 기타의 행위는 상대방이 그 의도를 알았거나 또는 알 수 있었던 경우에는 당사자의 의도에 따라 해석되어야 한다.

(2) 전항의 규정이 적용될 수 없는 경우에는, 당사자의 진술 또는 기타의 행위는 상대방과 같은 종류의 합리적인 자가 동일한 사정에서 가질 수 있는 이해력에 따라 해석되어야 한다.

(3) 당사자의 의도 또는 합리적인 자가 가질 수 있는 이해력을 결정함에 있어서는, 당사자간의 교섭, 당사자간에 확립되어 있는 관습, 관행 및 당사자의 후속되는 어떠한 행위를 포함하여 일체의 관련된 사정에 대한 상당한 고려가 있어야 한다.

제9조(관습과 관행의 구속력)

(1) 당사자는 그들이 합의한 모든 관행과 당사자간에서 확립되어 있는 모든 관습에 구속된다.

(2) 별도의 합의가 없는 한, 당사자가 알았거나 또는 당연히 알았어야 하는 관행으로서 국제무역에서 해당되는 특정무역에 관련된 종류의 계약당사자에게 널리 알려져 있고 통상적으로 준수되고 있는 관행은 당사자가 이를 그들의 계약 또는 계약성립에 묵시적으로 적용하는 것으로 본다.

제10조(영업소의 정의)

이 협약의 적용에 있어서,

(a) 어느 당사자가 둘 이상의 영업소를 갖고 있는 경우에는, 영업소라 함은 계약의 체결전 또는 그 당시에 당사자들에게 알려졌거나 또는 예기되었던 사정을 고려하여 계약 및 그 이행과 가장 밀접한 관계가 있는 영업소를 말한다.

(b) 당사자가 영업소를 갖고 있지 아니한 경우에는, 당사자의 일상적인 거주지를 영업소로 참조하여야 한다.

제11조(계약의 형식)

매매계약은 서면에 의하여 체결되거나 또는 입증되어야 할 필요가 없으며, 또 형식에 관해서도 어떠한 다른 요건에 따라야 하지 아니한다. 매매계약은 증인을 포함하여 여하한 수단에 의해서도 입증될 수 있다.

제12조(계약형식의 국내요건)

매매계약 또는 합의에 의한 계약의 변경이나 해제, 또는 모든 청약, 승낙 또는 기타의 의사표시를 서면 이외의 형식으로 행하는 것을 허용하고 있는 이 협약의 제11조, 제29조 또는 제2부의 모든 규정은 어느 당사자가 이 협약의 제96조에 의거한 선언을 행한 체약국에 그 영업소를 갖고 있는 경우에는 적용되지 아니한다. 당사자는 본조의 효력을 감퇴시키거나 또는 변경하여서는 아니된다.

Article 13

For the purposes of this Convention "writing" includes telegram and telex.

PART II – Formation of the Contract

Article 14

(1) A proposal for concluding a contract addressed to one or more specific persons constitutes an offer if it is sufficiently definite and indicates the intention of the offeror to be bound in case of acceptance. A proposal is sufficiently definite if it indicates the goods and expressly or implicitly fixes or makes provision for determining the quantity and the price.

(2) A proposal other than one addressed to one or more specific persons is to be considered merely as an invitation to make offers, unless the contrary is clearly indicated by the person making the proposal.

Article 15

(1) An offer becomes effective when it reaches the offeree.

(2) An offer, even if it is irrevocable, may be withdrawn if the withdrawal reaches the offeree before or at the same time as the offer.

Article 16

(1) Until a contract is concluded an offer may be revoked if the revocation reaches the offeree before he has dispatched an acceptance.

(2) However, an offer cannot be revoked:

    (a) if it indicates, whether by stating a fixed time for acceptance or otherwise, that it is irrevocable; or

    (b) if it was reasonable for the offeree to rely on the offer as being irrevocable and the offeree has acted in reliance on the offer.

Article 17

An offer, even if it is irrevocable, is terminated when a rejection reaches the offeror.

Article 18

(1) A statement made by or other conduct of the offeree indicating assent to an offer is an acceptance. Silence or inactivity does not in itself amount to acceptance.

(2) An acceptance of an offer becomes effective at the moment the indication of assent reaches the offeror. An

제13조(서면의 정의)

이 협약의 적용에 있어서 "서면"이란 전보와 텔렉스를 포함한다.

제2부 계약의 성립

제14조(청약의 기준)

(1) 1인 이상의 특정한 자에게 통지된 계약체결의 제의는 그것이 충분히 확정적이고 또한 승낙이 있을 경우에 구속된다고 하는 청약자의 의사를 표시하고 있는 경우에는 청약으로 된다. 어떠한 제의가 물품을 표시하고, 또한 그 수량과 대금을 명시적 또는 묵시적으로 지정하거나 또는 이를 결정하는 규정을 두고 있는 경우에는 이 제의는 충분히 확정적인 것으로 한다.

(2) 1인 이상의 특정한 자에게 통지된 것 이외의 어떠한 제의는 그 제의를 행한 자가 반대의 의사를 명확히 표시하지 아니하는 한, 이는 단순히 청약을 행하기 위한 유인으로만 본다.

제15조(청약의 효력발생)

(1) 청약은 피청약자에게 도달한 때 효력이 발생한다.

(2) 청약은 그것이 취소불능한 것이라도 그 철회가 청약의 도달전 또는 그와 동시에 피청약자에게 도달하는 경우에는 이를 철회할 수 있다.

제16조(청약의 취소)

(1) 계약이 체결되기까지는 청약은 취소될 수 있다. 다만 이 경우에 취소의 통지는 피청약자가 승낙을 발송하기 전에 피청약자에게 도달하여야 한다.

(2) 그러나 다음과 같은 경우에는 청약은 취소될 수 없다.

  (a) 청약이 승낙을 위한 지정된 기간을 명시하거나 또는 기타의 방법으로 그 것이 철회불능임을 표시하고 있는 경우, 또는

  (b) 피청약자가 청약을 취소불능이라고 신뢰하는 것이 합리적이고, 또 피청약자가 그 청약을 신뢰하여 행동한 경우.

제17조(청약의 거절)

청약은 그것이 취소불능한 것이라도 어떠한 거절의 통지가 청약자에게 도달한 때에는 그 효력이 상실된다.

제18조(승낙의 시기 및 방법)

(1) 청약에 대한 동의를 표시하는 피청약자의 진술 또는 기타의 행위는 이를 승낙으로 한다. 침묵 또는 부작위 그 자체는 승낙으로 되지 아니한다.

(2) 청약에 대한 승낙은 동의의 의사표시가 청약자에게 도달한 때에 그 효력이 발생한다. 승낙은 동의의

acceptance is not effective if the indication of assent does not reach the offeror within the time he has fixed or, if no time is fixed, within a reasonable time, due account being taken of the circumstances of the transaction, including the rapidity of the means of communication employed by the offeror. An oral offer must be accepted immediately unless the circumstances indicate otherwise.

(3) However, if, by virtue of the offer or as a result of practices which the parties have established between themselves or of usage, the offeree may indicate assent by performing an act, such as one relating to the dispatch of the goods or payment of the price, without notice to the offeror, the acceptance is effective at the moment the act is performed, provided that the act is performed within the period of time laid down in the preceding paragraph.

Article 19

(1) A reply to an offer which purports to be an acceptance but contains additions, limitations or other modifications is a rejection of the offer and constitutes a counter-offer.

(2) However, a reply to an offer which purports to be an acceptance but contains additional or different terms which do not materially alter the terms of the offer constitutes an acceptance, unless the offeror, without undue delay, objects orally to the discrepancy or dispatches a notice to that effect. If he does not so object, the terms of the contract are the terms of the offer with the modifications contained in the acceptance.

(3) Additional or different terms relating, among other things, to the price, payment, quality and quantity of the goods, place and time of delivery, extent of one party's liability to the other or the settlement of disputes are considered to alter the terms of the offer materially.

Article 20

(1) A period of time for acceptance fixed by the offeror in a telegram or a letter begins to run from the moment the telegram is handed in for dispatch or from the date shown on the letter or, if no such date is shown, from the date shown on the envelope. A period of time for acceptance fixed by the offeror by telephone, telex or other means of instantaneous communication, begins to run from the moment that the offer reaches the offeree.

(2) Official holidays or non-business days occurring during the period for acceptance are included in calculating the period. However, if a notice of acceptance cannot be delivered at the address of the offeror on the last day of the period because that day falls on an official holiday or a non-business day at the place of business of the offeror, the period is extended until the first business day which follows.

Article 21

(1) A late acceptance is nevertheless effective as an acceptance if without delay the offeror orally so informs the offeree or dispatches a notice to that effect.

(2) If a letter or other writing containing a late acceptance shows that it has been sent in such circumstances that if

의사표시가 청약자가 지정한 기간내에 도달하지 아니하거나, 또는 어떠한 기간도 지정되지 아니한 때에는 청약자가 사용한 통신수단의 신속성을 포함하여 거래의 사정을 충분히 고려한 상당한 기간내에 도달하지 아니한 경우에는 그 효력이 발생하지 아니한다. 구두의 청약은 별도의 사정이 없는 한 즉시 승낙되어야 한다.

(3) 그러나 청약의 규정에 의하거나 또는 당사자간에 확립된 관습 또는 관행의 결과에 따라, 피청약자가 청약자에게 아무런 통지없이 물품의 발송이나 대금의 지급에 관한 행위를 이행함으로써 동의의 의사표시를 할 수 있는 경우에는, 승낙은 그 행위가 이행되어진 때에 그 효력이 발생한다. 다만 그 행위는 전항에 규정된 기간내에 이행되어진 경우에 한한다.

제19조(변경된 승낙의 효력)

(1) 승낙을 의도하고는 있으나 이에 추가, 제한 또는 기타의 변경을 포함하고 있는 청약에 대한 회답은 청약의 거절이면서 또한 반대청약을 구성한다.

(2) 그러나 승낙을 의도하고 있으나 청약의 조건을 실절적으로 변경하지 아니하는 추가적 또는 상이한 조건을 포함하고 있는 청약에 대한 회답은 승낙을 구성한다. 다만 청약자가 부당한 지체없이 그 상위를 구두로 반대하거나 또는 그러한 취지의 통지를 발송하지 아니하여야 한다. 청약자가 그러한 반대를 하지 아니하는 경우에는, 승낙에 포함된 변경사항을 추가한 청약의 조건이 계약의 조건으로 된다.

(3) 특히, 대금, 지급, 물품의 품질 및 수량, 인도의 장소 및 시기, 상대방에 대한 당사자 일방의 책임의 범위 또는 분쟁의 해결에 관한 추가적 또는 상이한 조건은 청약의 조건을 실질적으로 변경하는 것으로 본다.

제20조(승낙기간의 해석)

(1) 전보 또는 서신에서 청약자가 지정한 승낙의 기간은 전보가 발신을 위하여 교부된 때로부터, 또는 서신에 표시된 일자로부터, 또는 그러한 일자가 표시되지 아니한 경우에는 봉투에 표시된 일자로부터 기산된다. 전화, 텔렉스 또는 기타의 동시적 통신수단에 의하여 청약자가 지정한 승낙의 기간은 청약이 피청약자에게 도달한 때로부터 기산된다.

(2) 승낙의 기간 중에 들어 있는 공휴일 또는 비영업일은 그 기간의 계산에 산입된다. 그러나 기간의 말일이 청약자의 영업소에서의 공휴일 또는 비영업일에 해당하는 이유로 승낙의 통지가 기간의 말일에 청약자의 주소에 전달될 수 없는 경우에는, 승낙의 기간은 이에 이어지는 최초의 영업일까지 연장된다.

제21조(지연된 승낙)

(1) 지연된 승낙은 그럼에도 불구하고 청약자가 지체없이 구두로 피청약자에게 유효하다는 취지를 통지하거나 또는 그러한 취지의 통지를 발송한 경우에는, 이는 승낙으로서의 효력을 갖는다.

(2) 지연된 승낙이 포함되어 있는 서신 또는 기타의 서면상으로, 이것이 통상적으로 전달된 경우라면 적시

its transmission had been normal it would have reached the offeror in due time, the late acceptance is effective as an acceptance unless, without delay, the offeror orally informs the offeree that he considers his offer as having lapsed or dispatches a notice to that effect.

Article 22

An acceptance may be withdrawn if the withdrawal reaches the offeror before or at the same time as the acceptance would have become effective.

Article 23

A contract is concluded at the moment when an acceptance of an offer becomes effective in accordance with the provisions of this Convention.

Article 24

For the purposes of this Part of the Convention, an offer, declaration of acceptance or any other indication of intention "reaches" the addressee when it is made orally to him or delivered by any other means to him personally, to his place of business or mailing address or, if he does not have a place of business or mailing address, to his habitual residence.

PART III – Sale of Goods

Chapter I – General Provisions

Article 25

A breach of contract committed by one of the parties is fundamental if it results in such detriment to the other party as substantially to deprive him of what he is entitled to expect under the contract, unless the party in breach did not foresee and a reasonable person of the same kind in the same circumstances would not have foreseen such a result.

Article 26

A declaration of avoidance of the contract is effective only if made by notice to the other party.

Article 27

Unless otherwise expressly provided in this Part of the Convention, if any notice, request or other communication is given or made by a party in accordance with this Part and by means appropriate in the circumstances, a delay or error in the transmission of the communication or its failure to arrive does not deprive that party of the right to rely on the communication.

에 청약자에게 도달할 수 있었던 사정에서 발송되었다는 사실을 나타내고 있는 경우에는, 그 지연된 승낙은 승낙으로서의 효력을 갖는다. 다만 청약자가 지체없이 피청약자에게 청약이 효력을 상실한 것으로 본다는 취지를 구두로 통지하거나 또는 그러한 취지의 통지를 발송하지 아니하여야 한다.

제22조(승낙의 철회)

승낙은 그 승낙의 효력이 발생하기 이전 또는 그와 동시에 철회가 청약자에게 도달하는 경우에는 이를 철회할 수 있다.

제23조(계약의 성립시기)

계약은 청약에 대한 승낙이 이 협약의 규정에 따라 효력을 발생한 때에 성립된다.

제24조(도달의 정의)

이 협약의 제2부의 적용에 있어서, 청약, 승낙의 선언 또는 기타의 모든 의사표시는 그것이 상대방에게 구두로 통지되거나, 또는 기타 모든 수단에 의하여 상대방 자신에게, 상대방의 영업소 또는 우편송부처에, 또는 상대방이 영업소나 우편송부처가 없는 경우에는 그 일상적인 거주지에 전달되었을 때에 상대방에게 "도달"한 것으로 한다.

제3부 물품의 매매

제1장 총칙

제25조(본질적 위반의 정의)

당사자의 일방이 범한 계약위반이 그 계약하에서 상대방이 기대할 권리가 있는 것을 실질적으로 박탈할 정도의 손해를 상대방에게 주는 경우에는, 이는 본질적 위반으로 한다. 다만 위반한 당사자가 그러한 결과를 예견하지 못하였으며, 또한 동일한 종류의 합리적인 자도 동일한 사정에서 그러한 결과를 예견할 수가 없었던 경우에는 그러하지 아니하다.

제26조(계약해제의 통지)

계약해제의 선언은 상대방에 대한 통지로써 이를 행한 경우에 한하여 효력을 갖는다.

제27조(통신상의 지연과 오류)

이 협약 제3부에서 별도의 명시적인 규정이 없는 한, 어떠한 통지, 요청 또는 기타의 통신이 이 협약 제3부에 따라 그 사정에 적절한 수단으로 당사자에 의하여 행하여진 경우에는, 통신의 전달에 있어서의 지연 또는 오류, 또는 불착이 발생하더라도 당사자가 그 통신에 의존할 권리를 박탈당하지 아니한다.

Article 28

If, in accordance with the provisions of this Convention, one party is entitled to require performance of any obligation by the other party, a court is not bound to enter a judgement for specific performance unless the court would do so under its own law in respect of similar contracts of sale not governed by this Convention.

Article 29

(1) A contract may be modified or terminated by the mere agreement of the parties.

(2) A contract in writing which contains a provision requiring any modification or termination by agreement to be in writing may not be otherwise modified or terminated by agreement. However, a party may be precluded by his conduct from asserting such a provision to the extent that the other party has relied on that conduct.

Chapter II - Obligations of the Seller

Article 30

The seller must deliver the goods, hand over any documents relating to them and transfer the property in the goods, as required by the contract and this Convention.

Section I - Delivery of the goods and handing over of documents

Article 31

If the seller is not bound to deliver the goods at any other particular place, his obligation to deliver consists:

(a) if the contract of sale involves carriage of the goods - in handing the goods over to the first carrier for transmission to the buyer;

(b) if, in cases not within the preceding subparagraph, the contract related to specific goods, or unidentified goods to be drawn from a specific stock or to be manufactured or produced, and at the time of the conclusion of the contract the parties knew that the goods were at, or were to be manufactured or produced at, a particular place in placing the goods at the buyer's disposal at that place;

(c) in other cases - in placing the goods at the buyer's disposal at the place where the seller had his place of business at the time of the conclusion of the contract.

Article 32

(1) If the seller, in accordance with the contract or this Convention, hands the goods over to a carrier and if the goods are not clearly identified to the contract by markings on the goods, by shipping documents or otherwise,

제28조(특정이행과 국내법)

이 협약의 규정에 따라 당사자의 일방이 상대방에 의한 의무의 이행을 요구할 권리가 있는 경우라 하더라도, 법원은 이 협약에 의하여 규율되지 아니하는 유사한 매매계약에 관하여 국내법에 따라 특정이행을 명하는 판결을 하게 될 경우를 제외하고는 특정이행을 명하는 판결을 하여야 할 의무가 없다.

제29조(계약변경 또는 합의종료)

(1) 계약은 당사자 쌍방의 단순한 합의만으로 변경되거나 또는 종료될 수 있다.

(2) 어떠한 변경 또는 합의에 의한 종료를 서면으로 할 것을 요구하는 규정이 있는 서면에 의한 계약은 그 이외의 방법으로 변경되거나 합의에 의하여 종료될 수 없다. 그러나 당사자 일방은 자신의 행위에 의하여 상대방이 그러한 행위를 신뢰한 범위에까지 위의 규정을 원용하는 것으로부터 배제될 수 있다.

제2장 매도인의 의무

제30조(매도인의 의무요약)

매도인은 계약과 이 협약에 의하여 요구된 바에 따라 물품을 인도하고, 이에 관련된 모든 서류를 교부하며, 또 물품에 대한 소유권을 이전하여야 한다.

제1절 물품의 인도와 서류의 교부

제31조(인도의 장소)

매도인이 물품을 다른 특정한 장소에서 인도할 의무가 없는 경우에는, 매도인의 인도의 의무는 다음과 같이 구성된다.

(a) 매매계약이 물품의 운송을 포함하는 경우 - 매수인에게 전달하기 위하여 물품을 최초의 운송인에게 인도하는 것.

(b) 전항의 규정에 해당되지 아니하는 경우로서 계약이 특정물, 또는 특정한 재고품으로부터 인출되어야 하거나 또는 제조되거나 생산되어야 하는 불특정물에 관련되어 있으며, 또한 당사자 쌍방이 계약체결시에 물품이 특정한 장소에 존재하거나 또는 그 장소에서 제조되거나 생산된다는 것을 알고 있었던 경우 - 그 장소에서 물품을 매수인의 임의처분하에 두는 것.

(c) 기타의 경우 - 매도인이 계약체결시에 영업소를 가지고 있던 장소에서 물품을 매수인의 임의처분하에 두는 것.

제32조(선적수배의 의무)

(1) 매도인이 계약 또는 이 협약에 따라 물품을 운송인에게 인도하는 경우에 있어서, 물품이 하인에 의하거나 선적서류 또는 기타의 방법에 의하여 그 계약의 목적물로서 명확히 특정되어 있지 아니한 경우에

the seller must give the buyer notice of the consignment specifying the goods.

(2) If the seller is bound to arrange for carriage of the goods, he must make such contracts as are necessary for carriage to the place fixed by means of transportation appropriate in the circumstances and according to the usual terms for such transportation.

(3) If the seller is not bound to effect insurance in respect of the carriage of the goods, he must, at the buyer's request, provide him with all available information necessary to enable him to effect such insurance.

Article 33

The seller must deliver the goods:

(a) if a date is fixed by or determinable from the contract, on that date;

(b) if a period of time is fixed by or determinable from the contract, at any time within that period unless circumstances indicate that the buyer is to choose a date; or

(c) in any other case, within a reasonable time after the conclusion of the contract.

Article 34

If the seller is bound to hand over documents relating to the goods, he must hand them over at the time and place and in the form required by the contract. If the seller has handed over documents before that time, he may, up to that time, cure any lack of conformity in the documents, if the exercise of this right does not cause the buyer unreasonable inconvenience or unreasonable expense. However, the buyer retains any right to claim damages as provided for in this Convention.

Section II - Conformity of the goods and third party claims

Article 35

(1) The seller must deliver goods which are of the quantity, quality and description required by the contract and which are contained or packaged in the manner required by the contract.

(2) Except where the parties have agreed otherwise, the goods do not conform with the contract unless they:

(a) are fit for the purposes for which goods of the same description would ordinarily be used;

(b) are fit for any particular purpose expressly or impliedly made known to the seller at the time of the conclusion of the contract, except where the circumstances show that the buyer did not rely, or that it was unreasonable for him to rely, on the seller's skill and judgement;

(c) possess the qualities of goods which the seller has held out to the buyer as a sample or model;

(d) are contained or packaged in the manner usual for such goods or, where there is no such manner, in a manner adequate to preserve and protect the goods.

는, 매도인은 물품을 특정하는 탁송통지서를 매수인에게 송부하여야 한다.

(2) 매도인이 물품의 운송을 수배하여야 할 의무가 있는 경우에는, 매도인은 사정에 따라 적절한 운송수단에 의하여 그러한 운송의 통상적인 조건으로 지정된 장소까지의 운송에 필요한 계약을 체결하여야 한다.

(3) 매도인이 물품의 운송에 관련한 보험에 부보하여야 할 의무가 없는 경우에는, 매도인은 매수인의 요구에 따라 매수인이 그러한 보험에 부보하는 데 필요한 모든 입수가능한 정보를 매수인에게 제공하여야 한다.

제33조(인도의 시기)

매도인은 다음과 같은 시기에 물품을 인도하여야 한다.

(a) 어느 기일이 계약에 의하여 지정되어 있거나 또는 결정될 수 있는 경우에 그 기일,

(b) 어느 기간이 계약에 의하여 지정되어 있거나 또는 결정될 수 있는 경우에는, 매수인이 기일을 선택하여야 하는 사정이 명시되어 있지 않는 한 그 기간내의 어떠한 시기, 또는

(c) 기타의 모든 경우에는 계약체결후의 상당한 기간내,

제34조(물품에 관한 서류)

매도인이 물품에 관련된 서류를 교부하여야무가 있는 경우에는, 매도인은 계약에서 요구되는 시기와 장소와 방법에 따라 서류를 교부하여야 한다. 매도인이 당해 시기 이전에 서류를 교부한 경우에는, 매도인은 당해 시기까지는 서류상의 모든 결함을 보완할 수 있다. 다만 이 권리의 행사가 매수인에게 불합리한 불편이나 또는 불합리한 비용을 발생하게 하여서는 아니된다. 그러나 매수인은 이 협약에서 규정된 바의 손해배상을 청구하는 모든 권리를 보유한다.

제2절 계약물품의 일치와 제3자 청구권

제35조(물품의 일치성)

(1) 매도인은 계약에서 요구되는 수량, 품질 및 상품명세에 일치하고, 또한 계약에서 요구되는 방법으로 용기에 담거나 또는 포장된 물품을 인도하여야 한다.

(2) 당사자가 별도로 합의한 경우를 제외하고, 물품은 다음과 같지 아니하는 한 계약과 일치하지 아니한 것으로 한다.

(a) 물품은 그 동일한 명세의 물품이 통상적으로 사용되는 목적에 적합할 것.

(b) 물품은 계약체결시에 명시적 또는 묵시적으로 매도인에게 알려져 있는 어떠한 특정의 목적에 적합할 것. 다만 사정으로 보아 매수인이 매도인의 기량과 판단에 신뢰하지 않았거나 또는 신뢰하는 것이 불합리한' 경우에는 제외한다.

(c) 물품은 매도인이 매수인에게 견본 또는 모형으로서 제시한 물품의 품질을 보유할 것.

(d) 물품은 그러한 물품에 통상적인 방법으로, 또는 그러한 방법이 없는 경우에는 그 물품을 보존하고 보호하는 데 적절한 방법으로 용기에 담거나 또는 포장되어 있을 것.

(3) The seller is not liable under subparagraphs (a) to (d) of the preceding paragraph for any lack of conformity of the goods if at the time of the conclusion of the contract the buyer knew or could not have been unaware of such lack of conformity.

Article 36

(1) The seller is liable in accordance with the contract and this Convention for any lack of conformity which exists at the time when the risk passes to the buyer, even though the lack of conformity becomes apparent only after that time.

(2) The seller is also liable for any lack of conformity which occurs after the time indicated in the preceding paragraph and which is due to a breach of any of his obligations, including a breach of any guarantee that for a period of time the goods will remain fit for their ordinary purpose or for some particular purpose or will retain specified qualities or characteristics.

Article 37

If the seller has delivered goods before the date for delivery, he may, up to that date, deliver any missing part or make up any deficiency in the quantity of the goods delivered, or deliver goods in replacement of any non-conforming goods delivered or remedy any lack of conformity in the goods delivered, provided that the exercise of this right does not cause the buyer unreasonable inconvenience or unreasonable expense. However, the buyer retains any right to claim damages as provided for in this Convention.

Article 38

(1) The buyer must examine the goods, or cause them to be examined, within as short a period as is practicable in the circumstances.

(2) If the contract involves carriage of the goods, examination may be deferred until after the goods have arrived at their destination.

(3) If the goods are redirected in transit or redispatched by the buyer without a reasonable opportunity for examination by him and at the time of the conclusion of the contract the seller knew or ought to have known of the possibility of such redirection or redispatch, examination may be deferred until after the goods have arrived at the new destination.

Article 39

(1) The buyer loses the right to rely on a lack of conformity of the goods if he does not give notice to the seller specifying the nature of the lack of conformity within a reasonable time after he has discovered it or ought to have discovered it.

(2) In any event, the buyer loses the right to rely on a lack of conformity of the goods if he does not give the seller notice thereof at the latest within a period of two years from the date on which the goods were actually handed over to the buyer, unless this time-limit is inconsistent with a contractual period of guarantee.

(3) 매수인이 계약체결시에 물품의 어떠한 불일치를 알고 있었거나 또는 알지 못하였을 수가 없는 경우에는, 매도인은 물품의 어떠한 불일치에 대하여 전항의 제a호 내지 제d호에 따른 책임을 지지 아니한다.

제36조(일치성의 결정시점)

(1) 매도인은 위험이 매수인에게 이전하는 때에 존재한 어떠한 불일치에 대하여 계약 및 이 협약에 따른 책임을 진다. 이는 물품의 불일치가 그 이후에 드러난 경우에도 동일하다.

(2) 매도인은 전항에서 규정된 때보다 이후에 발생하는 어떠한 불일치에 대해서도 그것이 매도인의 어떠한 의무위반에 기인하고 있는 경우에는 이에 책임을 진다. 그러한 의무위반에는 일정한 기간동안 물품이 통상적인 목적 또는 어떠한 특정의 목적에 적합성을 유지할 것이라는 보증, 또는 특정된 품질이나 특질을 보유할 것이라는 보증의 위반도 포함된다.

제37조(인도만기전의 보완권)

매도인이 인도기일 이전에 물품을 인도한 경우에는, 매수인에게 불합리한 불편이나 또는 불합리한 비용을 발생시키지 아니하는 한, 매도인은 그 기일까지는 인도된 물품의 모든 부족분을 인도하거나, 또는 수량의 모든 결함을 보충하거나, 또는 인도된 모든 불일치한 물품에 갈음하는 물품을 인도하거나, 또는 인도된 물품의 모든 불일치를 보완할 수 있다. 그러나 매수인은 이 협약에서 규정된 바의 손해배상을 청구하는 모든 권리를 보유한다.

제38조(물품의 검사기간)

(1) 매수인은 그 사정에 따라 실행가능한 짧은 기간내에 물품을 검사하거나 또는 물품이 검사되도록 하여야 한다.

(2) 계약이 물품의 운송을 포함하고 있는 경우에는, 검사는 물품이 목적지에 도착한 이후까지 연기될 수 있다.

(3) 물품이 매수인에 의한 검사의 상당한 기회도 없이 매수인에 의하여 운송중에 목적지가 변경되거나 또는 전송(轉送)되고, 또한 계약 체결시에 매도인이 그러한 변경이나 전송의 가능성을 알았거나 또는 알았어야 하는 경우에는, 검사는 물품이 새로운 목적지에 도착한 이후까지 연기될 수 있다.

제39조(불일치의 통지시기)

(1) 매수인이 물품의 불일치를 발견하였거나 또는 발견하였어야 한 때부터 상당한 기간내에 매도인에게 불일치의 성질을 기재한 통지를 하지 아니한 경우에는, 매수인은 물품의 불일치에 의존하는 권리를 상실한다.

(2) 어떠한 경우에도, 물품이 매수인에게 현실적으로 인도된 날로부터 늦어도 2주 이내에 매수인이 매도인에게 불일치의 통지를 하지 아니한 경우에는, 매수인은 물품의 불일치에 의존하는 권리를 상실한다. 다만 이러한 기간의 제한이 계약상의 보증기간과 모순된 경우에는 그러하지 아니하다.

Article 40

The seller is not entitled to rely on the provisions of articles 38 and 39 if the lack of conformity relates to facts of which he knew or could not have been unaware and which he did not disclose to the buyer.

Article 41

The seller must deliver goods which are free from any right or claim of a third party, unless the buyer agreed to take the goods subject to that right or claim. However, if such right or claim is based on industrial property or other intellectual property, the seller's obligation is governed by article 42.

Article 42

(1) The seller must deliver goods which are free from any right or claim of a third party based on industrial property or other intellectual property, of which at the time of the conclusion of the contract the seller knew or could not have been unaware, provided that the right or claim is based on industrial property or other intellectual property:

   (a) under the law of the State where the goods will be resold or otherwise used, if it was contemplated by the parties at the time of the conclusion of the contract that the goods would be resold or otherwise used in that State; or

   (b) in any other case, under the law of the State where the buyer has his place of business.

(2) The obligation of the seller under the preceding paragraph does not extend to cases where:

   (a) at the time of the conclusion of the contract the buyer knew or could not have been unaware of the right or claim; or

   (b) the right or claim results from the seller's compliance with technical drawings, designs, formulae or other such specifications furnished by the buyer.

Article 43

(1) The buyer loses the right to rely on the provisions of article 41 or article 42 if he does not give notice to the seller specifying the nature of the right or claim of the third party within a reasonable time after he has become aware or ought to have become aware of the right or claim.

(2) The seller is not entitled to rely on the provisions of the preceding paragraph if he knew of the right or claim of the third party and the nature of it.

Article 44

Notwithstanding the provisions of paragraph (1) of article 39 and paragraph (1) of article 43, the buyer may reduce the price in accordance with article 50 or claim damages, except for loss of profit, if he has a reasonable excuse for his failure to give the required notice.

제40조(매도인의 악의)

물품의 불일치가 매도인이 알았거나 또는 알지 못하였을 수가 없는 사실에 관련되고 또 매도인이 이를 매수인에게 고지하지 아니한 사실에도 관련되어 있는 경우에는, 매도인은 제38조 및 제39조의 규정을 원용할 권리가 없다.

제41조(제3자의 청구권)

매도인은 매수인이 제3자의 권리 또는 청구권을 전제로 물품을 수령하는 것에 동의한 경우가 아닌 한, 제3자의 권리 또는 청구권으로부터 자유로운 물품을 인도하여야 한다. 그러나 그러한 제3자의 권리 또는 청구권이 공업소유권 또는 기타 지적소유권에 기초를 두고 있는 경우에는, 매도인의 의무는 제42조에 의하여 규율된다.

제42조(제3자의 지적소유권)

(1) 매도인은 계약 체결시에 매도인이 알았거나 또는 알지 못하였을 수가 없는 공업소유권 또는 지적소유권에 기초를 두고 있는 제3자의 권리 또는 청구권으로부터 자유로운 물품을 인도하여야 한다. 다만 그 권리 또는 청구권은 다음과 같은 국가의 법률에 의한 공업소유권 또는 기타 지적소유권에 기초를 두고 있는 경우에 한한다.

    (a) 물품이 어느 국가에서 전매되거나 또는 기타의 방법으로 사용될 것이라는 것을 당사자 쌍방이 계약 체결시에 예상한 경우에는, 그 물품이 전매되거나 또는 기타의 방법으로 사용되는 국가의 법률, 또는

    (b) 기타의 모든 경우에는, 매수인이 영업소를 갖고 있는 국가의 법률,

(2) 전항에 따른 매도인의 의무는 다음과 같은 경우에는 이를 적용하지 아니한다.

    (a) 계약 체결시에 매수인이 그 권리 또는 청구권을 알았거나 또는 알지 못하였을 수가 없는 경우, 또는

    (b) 그 권리 또는 청구권이 매수인에 의하여 제공된 기술적 설계, 디자인, 공식 또는 기타의 명세서에 매도인이 따른 결과로 발생한 경우.

제43조(제3자의 권리에 대한 통지)

(1) 매수인이 제3자의 권리 또는 청구권을 알았거나 또는 알았어야 하는 때로부터 상당한 기간내에 매도인에게 그 제3자의 권리 또는 청구권의 성질을 기재한 통지를 하지 아니한 경우에는, 매수인은 제41조 또는 제42조의 규정을 원용할 권리를 상실한다.

(2) 매도인이 제3자의 권리 또는 청구권 및 그 성질을 알고 있었던 경우에 매도인은 전항의 규정을 원용할 권리가 없다.

제44조(통지불이행의 정당한 이유)

제39조 제1항 및 제43조 제1항의 규정에도 불구하고, 매수인은 요구된 통지의 불이행에 대한 정당한 이유가 있는 경우에는 제50조에 따라 대금을 감액하거나 또는 이익의 손실을 제외한 손해배상을 청구할 수 있다.

Section III - Remedies for breach of contract by the seller

Article 45

(1) If the seller fails to perform any of his obligations under the contract or this Convention, the buyer may:

   (a) exercise the rights provided in articles 46 to 52;

   (b) claim damages as provided in articles 74 to 77.

(2) The buyer is not deprived of any right he may have to claim damages by exercising his right to other remedies.

(3) No period of grace may be granted to the seller by a court or arbitral tribunal when the buyer resorts to a remedy for breach of contract.

Article 46

(1) The buyer may require performance by the seller of his obligations unless the buyer has resorted to a remedy which is inconsistent with this requirement.

(2) If the goods do not conform with the contract, the buyer may require delivery of substitute goods only if the lack of conformity constitutes a fundamental breach of contract and a request for substitute goods is made either in conjunction with notice given under article 39 or within a reasonable time thereafter.

(3) If the goods do not conform with the contract, the buyer may require the seller to remedy the lack of conformity by repair, unless this is unreasonable having regard to all the circumstances. A request for repair must be made either in conjunction with notice given under article 39 or within a reasonable time thereafter.

Article 47

(1) The buyer may fix an additional period of time of reasonable length for performance by the seller of his obligations.

(2) Unless the buyer has received notice from the seller that he will not perform within the period so fixed, the buyer may not, during that period, resort to any remedy for breach of contract. However, the buyer is not deprived thereby of any right he may have to claim damages for delay in performance.

Article 48

(1) Subject to article 49, the seller may, even after the date for delivery, remedy at his own expense any failure to perform his obligations, if he can do so without unreasonable delay and without causing the buyer unreasonable inconvenience or uncertainty of reimbursement by the seller of expenses advanced by the buyer. However, the buyer retains any right to claim damages as provided for in this Convention.

(2) If the seller requests the buyer to make known whether he will accept performance and the buyer does not comply with the request within a reasonable time, the seller may perform within the time indicated in his request. The buyer

제3절 매도인의 계약위반에 대한 구제

제45조(매수인의 구제방법)

(1) 매도인이 계약 또는 이 협약에 따른 어떠한 의무를 이행하지 아니하는 경우에는, 매수인은 다음과 같은 것을 행할 수 있다.

    (a) 제46조 내지 제52조에서 규정된 권리를 행사하는 것,

    (b) 제74조 내지 제77조에서 규정된 바의 손해배상을 청구하는 것 등.

(2) 매수인은 손해배상 이외의 구제를 구하는 권리의 행사로 인하여 손해배상을 청구할 수 있는 권리를 박탈당하지 아니한다.

(3) 매수인이 계약위반에 대한 구제를 구할 때에는, 법원 또는 중재판정부는 매도인에게 어떠한 유예기간도 적용하여서는 아니된다.

제46조(매수인의 이행청구권)

(1) 매수인은 매도인에게 그 의무의 이행을 청구할 수 있다. 다만 매수인이 이러한 청구와 모순되는 구제를 구한 경우에는 그러하지 아니하다.

(2) 물품이 계약과 일치하지 아니한 경우에는, 매수인은 대체품의 인도를 청구할 수 있다. 다만 이러한 청구는 불일치가 계약의 본질적인 위반을 구성하고 또 대체품의 청구가 제39조에 따라 지정된 통지와 함께 또는 그 후 상당한 기간내에 행하여지는 경우에 한한다.

(3) 물품이 계약과 일치하지 아니한 경우에는, 매수인은 모든 사정으로 보아 불합리하지 아니하는 한 매도인에 대하여 수리에 의한 불일치의 보완을 청구할 수 있다. 수리의 청구는 제39조에 따라 지정된 통지와 함께 또는 그 후 상당한 기간내에 행하여져야 한다.

제47조(이행추가기간의 통지)

(1) 매수인은 매도인에 의한 의무의 이행을 위한 상당한 기간 만큼의 추가기간을 지정할 수 있다.

(2) 매수인이 매도인으로부터 그 지정된 추가기간내에 이행하지 아니하겠다는 뜻의 통지를 수령하지 않은 한, 매수인은 그 기간 중에는 계약위반에 대한 어떠한 구제도 구할 수 없다. 그러나 매수인은 이로 인하여 이행의 지연에 대한 손해배상을 청구할 수 있는 어떠한 권리를 박탈당하지 아니한다.

제48조(인도기일 후의 보완)

(1) 제49조의 규정에 따라, 매도인은 인도기일 후에도 불합리한 지체없이 그리고 매수인에게 불합리한 불편을 주거나 또는 매수인이 선지급한 비용을 매도인으로부터 보상받는 데 대한 불확실성이 없는 경우에는 자신의 비용부담으로 그 의무의 어떠한 불이행을 보완할 수 있다. 그러나 매수인은 이 협약에 규정된 바의 손해배상을 청구하는 모든 권리를 보유한다.

(2) 매도인이 매수인에 대하여 그 이행을 승낙할 것인지의 여부를 알려주도록 요구하였으나 매수인시 상당한 기간내에 그 요구에 응하지 아니한 경우에는 매도인은 그 요구에서 제시한 기간내에 이행할 수

may not, during that period of time, resort to any remedy which is inconsistent with performance by the seller.

(3) A notice by the seller that he will perform within a specified period of time is assumed to include a request, under the preceding paragraph, that the buyer make known his decision.

(4) A request or notice by the seller under paragraph (2) or (3) of this article is not effective unless received by the buyer.

Article 49

(1) The buyer may declare the contract avoided:

(a) if the failure by the seller to perform any of his obligations under the contract or this Convention amounts to a fundamental breach of contract; or

(b) in case of non-delivery, if the seller does not deliver the goods within the additional period of time fixed by the buyer in accordance with paragraph (1) of article 47 or declares that he will not deliver within the period so fixed.

(2) However, in cases where the seller has delivered the goods, the buyer loses the right to declare the contract avoided unless he does so:

(a) in respect of late delivery, within a reasonable time after he has become aware that delivery has been made;

(b) in respect of any breach other than late delivery, within a reasonable time:

(i) after he knew or ought to have known of the breach;

(ii) after the expiration of any additional period of time fixed by the buyer in accordance with paragraph (1) of article 47, or after the seller has declared that he will not perform his obligations within such an additional period; or

(iii) after the expiration of any additional period of time indicated by the seller in accordance with paragraph (2) of article 48, or after the buyer has declared that he will not accept performance.

Article 50

If the goods do not conform with the contract and whether or not the price has already been paid, the buyer may reduce the price in the same proportion as the value that the goods actually delivered had at the time of the delivery bears to the value that conforming goods would have had at that time. However, if the seller remedies any failure to perform his obligations in accordance with article 37 or article 48 or if the buyer refuses to accept performance by the seller in accordance with those articles, the buyer may not reduce the price.

Article 51

(1) If the seller delivers only a part of the goods or if only a part of the goods delivered is in conformity with the contract, articles 46 to 50 apply in respect of the part which is missing or which does not conform.

(2) The buyer may declare the contract avoided in its entirety only if the failure to make delivery completely or in conformity with the contract amounts to a fundamental breach of the contract.

있다. 매수인은 그 기간 중에는 매도인의 이행과 모순되는 구제를 구하여서는 아니된다.

(3) 특정한 기간내에 이행하겠다는 매도인의 통지는 매수인이 승낙여부의 결정을 알려주어야 한다는 내용의 전항에 규정하고 있는 요구를 포함하는 것으로 추정한다.

(4) 본조 제2항 또는 제3항에 따른 매도인의 요구 또는 통지는 매수인에 의하여 수령되지 아니한 경우에는 그 효력이 발생하지 아니한다.

제49조(매수인의 계약해제권)

(1) 매수인은 다음과 같은 경우에 계약의 해제를 선언할 수 있다.

  (a) 계약 또는 이 협약에 따른 매도인의 어떠한 의무의 불이행시 계약의 본질적인 위반에 상당하는 경우, 또는

  (b) 인도불이행의 경우에는, 매도인이 제47조 제1항에 따라 매수인에 의하여 지정된 추가기간내에 물품을 인도하지 아니하거나, 또는 매도인이 그 지정된 기간내에 인도하지 아니하겠다는 뜻을 선언한 경우.

(2) 그러나 매도인이 물품을 이미 인도한 경우에는, 매수인은 다음과 같은 시기에 계약의 해제를 선언하지 않는 한 그 해제의 권리를 상실한다.

  (a) 인도의 지연에 관해서는, 매수인이 인도가 이루어진 사실을 알게 된 때로부터 상당한 기간내,

  (b) 인도의 지연 이외의 모든 위반에 관해서는, 다음과 같은 때로부터 상당한 기간내.

   (ⅰ) 매수인이 그 위반을 알았거나 또는 알았어야 하는 때,

   (ⅱ) 제47조 제1항에 따라 매수인에 의하여 지정된 어떠한 추가기간이 경과한 때, 또는 매도인이 그러한 추가기간내에 의무를 이행하지 아니하겠다는 뜻을 선언한 때, 또는

   (ⅲ) 제48조 제2항에 따라 매도인에 의하여 제시된 어떠한 추가기간이 경과한 때, 또는 매수인이 이행을 승낙하지 아니하겠다는 뜻을 선언한 때.

제50조(대금의 감액)

물품이 계약과 일치하지 아니하는 경우에는 이미 지급된 여부에 관계없이, 매수인은 실제로 인도된 물품이 인도시에 가지고 있던 가액이 계약에 일치하는 물품이 그 당시에 가지고 있었을 가액에 대한 동일한 비율로 대금을 감액할 수 있다. 그러나 매도인이 제37조 또는 제48조에 따른 그 의무의 어떠한 불이행을 보완하거나, 또는 매수인이 그러한 조항에 따른 매도인의 이행의 승낙을 거절하는 경우에는, 매수인은 대금을 감액할 수 없다.

제51조(물품일부의 불일치)

(1) 매도인이 물품의 일부만을 인도하거나, 또는 인도된 물품의 일부만이 계약과 일치하는 경우에는, 제46조 내지 제50조의 규정은 부족 또는 불일치한 부분에 관하여 적용한다.

(2) 인도가 완전하게 또는 계약에 일치하게 이행되지 아니한 것이 계약의 본질적인 위반에 해당하는 경우에 한하여, 매수인은 계약 그 전체의 해제를 선언할 수 있다.

Article 52

(1) If the seller delivers the goods before the date fixed, the buyer may take delivery or refuse to take delivery.

(2) If the seller delivers a quantity of goods greater than that provided for in the contract, the buyer may take delivery or refuse to take delivery of the excess quantity. If the buyer takes delivery of all or part of the excess quantity, he must pay for it at the contract rate.

Chapter III − Obligations of the Buyer

Article 53

The buyer must pay the price for the goods and take delivery of them as required by the contract and this Convention.

Section I - Payment of the price

Article 54

The buyer's obligation to pay the price includes taking such steps and complying with such formalities as may be required under the contract or any laws and regulations to enable payment to be made.

Article 55

Where a contract has been validly concluded but does not expressly or implicitly fix or make provision for determining the price, the parties are considered, in the absence of any indication to the contrary, to have impliedly made reference to the price generally charged at the time of the conclusion of the contract for such goods sold under comparable circumstances in the trade concerned.

Article 56

If the price is fixed according to the weight of the goods, in case of doubt it is to be determined by the net weight.

Article 57

(1) If the buyer is not bound to pay the price at any other particular place, he must pay it to the seller:
   (a) at the seller's place of business; or
   (b) if the payment is to be made against the handing over of the goods or of documents, at the place where the handing over takes place.

(2) The seller must bear any increases in the expenses incidental to payment which is caused by a change in his place of business subsequent to the conclusion of the contract.

제52조(기일전의 인도 및 초과수량)

(1) 매도인이 지정된 기일전에 물품을 인도하는 경우에는, 매수인은 인도를 수령하거나 또는 이를 거절할 수 있다.

(2) 매도인이 계약에서 약정된 것보다도 많은 수량의 물품을 인도하는 경우에는, 매수인은 초과수량의 인도를 수령하거나 또는 이를 거절할 수 있다. 매수인이 초과수량의 전부 또는 일부의 인도를 수령하는 경우에는, 매수인은 계약비율에 따라 그 대금을 지급하여야 한다.

제3장 매수인의 의무

제53조(매수인의 의무요약)

매수인은 계약 및 이 협약에 의하여 요구된 바에 따라 물품의 대금을 지급하고 물품의 인도를 수령하여야 한다.

제1절 대금의 지급

제54조(대금지급을 위한 조치)

매수인의 대금지급의 의무는 지급을 가능하게 하기 위한 계약 또는 어떠한 법률 및 규정에 따라 요구되는 그러한 조치를 취하고 또 그러한 절차를 준수하는 것을 포함한다.

제55조(대금이 불확정된 계약)

계약이 유효하게 성립되었으나, 그 대금을 명시적 또는 묵시적으로 지정하지 아니하거나 또는 이를 결정하기 위한 조항을 두지 아니한 경우에는, 당사자는 반대의 어떠한 의사표시가 없는 한 계약 체결시에 관련거래와 유사한 사정하에서 매각되는 동종의 물품에 대하여 일반적으로 청구되는 대금을 묵시적으로 참조한 것으로 본다.

제56조(순중량에 의한 결정)

대금이 물품의 중량에 따라 지정되는 경우에 이에 의혹이 있을 때에는, 그 대금은 순중량에 의하여 결정되어야 한다.

제57조(대금지급의 장소)

(1) 매수인이 기타 어느 특정한 장소에서 대금을 지급하여야 할 의무가 없는 경우에는, 매수인은 다음과 같은 장소에서 매도인에게 이를 지급하여야 한다.

   (a) 매도인의 영업소, 또는

   (b) 지급이 물품 또는 서류의 교부와 상환으로 이루어져야 하는 경우에는, 그 교부가 행하여지는 장소.

(2) 매도인은 계약 체결후에 그 영업소를 변경함으로 인하여 야기된 지급의 부수적인 비용의 모든 증가액을 부담하여야 한다.

Article 58

(1) If the buyer is not bound to pay the price at any other specific time, he must pay it when the seller places either the goods or documents controlling their disposition at the buyer's disposal in accordance with the contract and this Convention. The seller may make such payment a condition for handing over the goods or documents.

(2) If the contract involves carriage of the goods, the seller may dispatch the goods on terms whereby the goods, or documents controlling their disposition, will not be handed over to the buyer except against payment of the price.

(3) The buyer is not bound to pay the price until he has had an opportunity to examine the goods, unless the procedures for delivery or payment agreed upon by the parties are inconsistent with his having such an opportunity.

Article 59

The buyer must pay the price on the date fixed by or determinable from the contract and this Convention without the need for any request or compliance with any formality on the part of the seller.

Section II - Taking delivery

Article 60

The buyer's obligation to take delivery consists:

(a) in doing all the acts which could reasonably be expected of him in order to enable the seller to make delivery; and

(b) in taking over the goods.

Section III - Remedies for breach of contract by the buyer

Article 61

(1) If the buyer fails to perform any of his obligations under the contract or this Convention, the seller may:

(a) exercise the rights provided in articles 62 to 65;

(b) claim damages as provided in articles 74 to 77.

(2) The seller is not deprived of any right he may have to claim damages by exercising his right to other remedies.

(3) No period of grace may be granted to the buyer by a court or arbitral tribunal when the seller resorts to a remedy for breach of contract.

제58조(대금지급의 시기)

(1) 매수인이 기타 어느 특정한 대금을 지급하여야 할 의무가 없는 경우에는, 매수인은 매도인이 계약 및 이 협정에 따라 물품 또는 그 처분을 지배하는 서류 중에 어느 것을 매수인의 임의처분하에 인도한 때에 대금을 지급하여야 한다. 매도인은 그러한 지급을 물품 또는 서류의 교부를 위한 조건으로 정할 수 있다.

(2) 계약이 물품의 운송을 포함하는 경우에는, 매도인은 대금의 지급과 상환하지 아니하면 물품 또는 그 처분을 지배하는 서류를 매수인에게 교부하지 아니한다는 조건으로 물품을 발송할 수 있다.

(3) 매수인은 물품을 검사할 기회를 가질 때까지는 대금을 지급하여야 할 의무가 없다. 다만 당사자간에 합의된 인도 또는 지급의 절차가 매수인이 그러한 기회를 가지는 것과 모순되는 경우에는 그러하지 아니하다.

제59조(지급청구에 앞선 지급)

매수인은 매도인측의 어떠한 요구나 그에 따른 어떠한 절차를 준수할 필요없이 계약 및 이 협약에 의하여 지정되었거나 또는 이로부터 결정될 수 있는 기일에 대금을 지급하여야 한다.

제2절 인도의 수령

제60조(인도수령의 의무)

매수인의 인도수령의 의무는 다음과 같은 것으로 구성된다.

(a) 매도인에 의만 인도를 가능케 하기 위하여 매수인에게 합리적으로 기대될 수 있었던 모든 행위를 하는 것, 그리고

(b) 물품을 수령하는 것.

제3절 매수인의 계약위반에 대한 구제

제61조(매도인의 구제방법)

(1) 매수인이 계약 또는 이 협약에 따른 어떠한 의무를 이행하지 아니하는 경우에는, 매도인은 다음과 같은 것을 행할 수 있다.

(a) 제62조 내지 제65도에 규정된 권리를 행사하는 것,

(b) 제74조 내지 제77조에 규정된 바의 손해배상을 청구하는 것 등.

(2) 매도인은 손해배상 이외의 구제를 구하는 권리의 행사로 인하여 손해배상을 청구할 수 있는 권리를 박탈당하지 아니한다.

(3) 매도인이 계약위반에 대한 구제를 구할 때에는, 법원 또는 중재판정부는 매수인에게 어떠한 유예기간도 허용하여서는 아니된다.

Article 62

The seller may require the buyer to pay the price, take delivery or perform his other obligations, unless the seller has resorted to a remedy which is inconsistent with this requirement.

Article 63

(1) The seller may fix an additional period of time of reasonable length for performance by the buyer of his obligations.

(2) Unless the seller has received notice from the buyer that he will not perform within the period so fixed, the seller may not, during that period, resort to any remedy for breach of contract. However, the seller is not deprived thereby of any right he may have to claim damages for delay in performance.

Article 64

(1) The seller may declare the contract avoided:

    (a) if the failure by the buyer to perform any of his obligations under the contract or this Convention amounts to a fundamental breach of contract; or

    (b) if the buyer does not, within the additional period of time fixed by the seller in accordance with paragraph (1) of article 63, perform his obligation to pay the price or take delivery of the goods, or if he declares that he will not do so within the period so fixed.

(2) However, in cases where the buyer has paid the price, the seller loses the right to declare the contract avoided unless he does so:

    (a) in respect of late performance by the buyer, before the seller has become aware that performance has been rendered; or

    (b) in respect of any breach other than late performance by the buyer, within a reasonable time:

        (i) after the seller knew or ought to have known of the breach; or

        (ii) after the expiration of any additional period of time fixed by the seller in accordance with paragraph (1) or article 63, or after the buyer has declared that he will not perform his obligations within such an additional period.

Article 65

(1) If under the contract the buyer is to specify the form, measurement or other features of the goods and he fails to make such specification either on the date agreed upon or within a reasonable time after receipt of a request from the seller, the seller may, without prejudice to any other rights he may have, make the specification himself in accordance with the requirements of the buyer that may be known to him.

(2) If the seller makes the specification himself, he must inform the buyer of the details thereof and must fix a reasonable time within which the buyer may make a different specification. If, after receipt of such a communication, the buyer fails to do so within the time so fixed, the specification made by the seller is binding.

제62조(매도인의 이행청구권)

매도인은 매수인에 대하여 대금의 지급, 인도의 수령 또는 기타 매수인의 의무를 이행하도록 청구할 수 있다. 다만 매도인이 이러한 청구와 모순되는 구제를 구한 경우에는 그러하지 아니하다.

제63조(이행추가기간의 통지)

(1) 매도인은 매수인에 의한 의무의 이행을 위한 상당한 기간 만큼의 추가기간을 지정할 수 있다.

(2) 매도인이 매수인으로부터 그 지정된 추가기간내에 이행하지 아니하겠다는 뜻의 통지를 수령하지 않은 한, 매도인은 그 기간 중에는 계약위반에 대한 어떠한 구제도 구할 수 없다. 그러나 매도인은 이로 인하여 이행의 지연에 대한 손해배상을 청구할 수 있은 어떠한 권리를 박탈당하지 아니한다.

제64조(매도인의 계약해제권)

(1) 매도인은 다음과 같은 경우에 계약의 해제를 선언할 수 있다.

    (a) 계약 또는 이 협약에 따른 매수인의 어떠한 의무의 불이행이 계약의 본질적인 위반에 상당하는 경우, 또는

    (b) 매수인이 제63조 제1항에 따라 매도인에 의하여 지정된 추가기간내에 대금의 지급 또는 물품의 인도수령의 의무를 이행하지 아니하거나, 또는 매수인이 그 지정된 기간내에 이를 이행하지 아니하겠다는 뜻을 선언한 경우.

(2) 그러나 매수인이 대금을 이미 지급한 경우에는, 매도인은 다음과 같은 시기에 계약의 해제를 선언하지 않는 한 그 해제의 권리를 상실한다.

    (a) 매수인에 의한 이행의 지연에 관해서는, 매도인이 그 이행이 이루어진 사실을 알기 전, 또는

    (b) 매수인에 의한 이행의 지연 이외의 모든 위반에 관해서는, 다음과 같은 때로부터 상당한 기간내.

      (i) 매도인이 그 위반을 알았거나 또는 알았어야 하는 때, 또는

      (ii) 제63조 제1항에 따라 매도인에 의하여 지정된 어떠한 추가기간이 경과한 때, 또는 매수인이 그러한 추가기간내에 의무를 이행하지 아지하겠다는 뜻을 선언한 때.

제65조(물품명세의 확정권)

(1) 계약상 매수인이 물품의 형태, 용적 또는 기타의 특징을 지정하기로 되어 있을 경우에 만약 매수인이 합의된 기일 또는 매도인으로부터의 요구를 수령한 후 상당한 기간내에 그 물품명세를 작성하지 아니한 때에는, 매도인은 그가 보유하고 있는 다른 모든 권리의 침해없이 매도인에게 알려진 매수인의 요구조건에 따라 스스로 물품명세를 작성할 수 있다.

(2) 매도인이 스스로 물품명세를 작성하는 경우에는, 매도인은 매수인에게 이에 관한 세부사항을 통지하여야 하고, 또 매수인이 이와 상이한 물품명세를 작성할 수 있도록 상당한 기간을 지정하여야 한다. 매수인이 그러한 통지를 수령한 후 지정된 기간내에 이와 상이한 물품명세를 작성하지 아니하는 경우에는, 매도인이 작성한 물품명세가 구속력을 갖는다.

Chapter IV – Passing of Risk

Article 66

Loss of or damage to the goods after the risk has passed to the buyer does not discharge him from his obligation to pay the price, unless the loss or damage is due to an act or omission of the seller.

Article 67

(1) If the contract of sale involves carriage of the goods and the seller is not bound to hand them over at a particular place, the risk passes to the buyer when the goods are handed over to the first carrier for transmission to the buyer in accordance with the contract of sale. If the seller is bound to hand the goods over to a carrier at a particular place, the risk does not pass to the buyer until the goods are handed over to the carrier at that place. The fact that the seller is authorized to retain documents controlling the disposition of the goods does not affect the passage of the risk.

(2) Nevertheless, the risk does not pass to the buyer until the goods are clearly identified to the contract, whether by markings on the goods, by shipping documents, by notice given to the buyer or otherwise.

Article 68

The risk in respect of goods sold in transit passes to the buyer from the time of the conclusion of the contract. However, if the circumstances so indicate, the risk is assumed by the buyer from the time the goods were handed over to the carrier who issued the documents embodying the contract of carriage. Nevertheless, if at the time of the conclusion of the contract of sale the seller knew or ought to have known that the goods had been lost or damaged and did not disclose this to the buyer, the loss or damage is at the risk of the seller.

Article 69

(1) In cases not within articles 67 and 68, the risk passes to the buyer when he takes over the goods or, if he does not do so in due time, from the time when the goods are placed at his disposal and he commits a breach of contract by failing to take delivery.

(2) However, if the buyer is bound to take over the goods at a place other than a place of business of the seller, the risk passes when delivery is due and the buyer is aware of the fact that the goods are placed at his disposal at that place.

(3) If the contract relates to goods not then identified, the goods are considered not to be placed at the disposal of the buyer until they are clearly identified to the contract.

Article 70

If the seller has committed a fundamental breach of contract, articles 67, 68 and 69 do not impair the remedies available to the buyer on account of the breach.

제4장 위험의 이전

제66조(위험부담의 일반원칙)
위험이 매수인에게 이전된 이후에 물품의 멸실 또는 손상은 매수인을 대금지급의 의무로부터 면제시키지 아니한다. 다만 그 멸실 또는 손상이 매도인의 작위 또는 부작위에 기인한 경우에는 그러하지 아니하다.

제67조(운송조건부 계약품의 위험)
(1) 매매계약이 물품의 운송을 포함하고 있는 경우에 매도인이 특정한 장소에서 이를 인도하여야 할 의무가 없는 때에는, 위험은 물품이 매매계약에 따라 매수인에게 송부하도록 최초의 운송인에게 인도된 때에 매수인에게 이전한다. 매도인이 특정한 장소에서 물품을 운송인에게 인도하여야 할 의무가 있는 경우에는, 위험은 물품이 그러한 장소에서 운송인에게 인도되기까지는 매수인에게 이전하지 아니한다. 매도인이 물품의 처분을 지배하는 서류를 보유하는 권한이 있다는 사실은 위험의 이전에 영향을 미치지 아니 한다.

(2) 그럼에도 불구하고, 위험은 물품이 하인, 선적서류, 매수인에 대한 통지 또는 기타의 방법에 의하여 계약에 명확히 특정되기까지는 매수인에게 이전하지 아니 한다.

제68조(운송중매매물품의 위험)
운송중에 매각된 물품에 관한 위험은 계약 체결시로부터 매수인에게 이전한다. 그러나 사정에 따라서는 위험은 운송계약을 구현하고 있는 서류를 발행한 운송인에게 물품이 인도된 때로부터 매수인이 부담한다. 그럼에도 불구하고, 매도인이 매매계약의 체결시에 물품이 이미 멸실 또는 손상되었다는 사실을 알았거나 또는 알았어야 하는 경우에 이를 매수인에게 밝히지 아니한 때에는, 그 멸실 또는 손상은 매도인의 위험부담에 속한다.

제69조(기타 경우의 위험)
(1) 제67조 및 제68조에 해당되지 아니하는 경우에는, 위험은 매수인이 물품을 인수한 때, 또는 매수인이 적시에 이를 인수하지 아니한 경우에는 물품이 매수인의 임의처분하에 적치되고 매수인이 이를 수령하지 아니하여 계약위반을 범하게 된 때로부터 매수인에게 이전한다.

(2) 그러나 매수인이 매도인의 영업소 이외의 장소에서 물품을 인수하여야 하는 경우에는, 위험은 인도의 기일이 도래하고 또 물품이 그러한 장소에서 매수인의 임의처분하에 적치된 사실을 매수인이 안 때에 이전한다.

(3) 계약이 아직 특정되지 아니한 물품에 관한 것인 경우에는, 물품은 계약의 목적물로서 명확히 특정되기까지는 매수인의 임의처분하에 적치되지 아니한 것으로 본다.

제70조(매도인의 계약위반시의 위험)
매도인이 계약의 본질적인 위반을 범한 경우에는, 제67조, 제68조 및 제69조의 규정은 그 본질적인 위반을 이유로 매수인이 원용할 수 있는 구제를 침해하지 아니한다.

Chapter V – Provisions Common to the Obligations of the Seller and of the Buyer

Section I - Anticipatory breach and Installment Contracts

Article 71

(1) A party may suspend the performance of his obligations if, after the conclusion of the contract, it becomes apparent that the other party will not perform a substantial part of his obligations as a result of:

(a) a serious deficiency in his ability to perform or in his creditworthiness; or

(b) his conduct in preparing to perform or in performing the contract.

(2) If the seller has already dispatched the goods before the grounds described in the preceding paragraph become evident, he may prevent the handing over of the goods to the buyer even though the buyer holds a document which entitles him to obtain them. The present paragraph relates only to the rights in the goods as between the buyer and the seller.

(3) A party suspending performance, whether before or after dispatch of the goods, must immediately give notice of the suspension to the other party and must continue with performance if the other party provides adequate assurance of his performance.

Article 72

(1) If prior to the date for performance of the contract it is clear that one of the parties will commit a fundamental breach of contract, the other party may declare the contract avoided.

(2) If time allows, the party intending to declare the contract avoided must give reasonable notice to the other party in order to permit him to provide adequate assurance of his performance.

(3) The requirements of the preceding paragraph do not apply if the other party has declared that he will not perform his obligations.

Article 73

(1) In the case of a contract for delivery of goods by instalments, if the failure of one party to perform any of his obligations in respect of any instalment constitutes a fundamental breach of contract with respect to that instalment, the other party may declare the contract avoided with respect to that instalment.

(2) If one party's failure to perform any of his obligations in respect of any instalment gives the other party good grounds to conclude that a fundamental breach of contract will occur with respect to future instalments, he may declare the contract avoided for the future, provided that he does so within a reasonable time.

(3) A buyer who declares the contract avoided in respect of any delivery may, at the same time, declare it avoided in respect of deliveries already made or of future deliveries if, by reason of their interdependence, those deliveries could not be used for the purpose contemplated by the parties at the time of the conclusion of the contract.

제5장 매도인과 매수인의 의무에 공통되는 규정

제1절 이행기일전의 계약위반과 분할이행계약

제71조(이행의 정지)

(1) 당사자 일방은 계약체결 후에 상대방이 다음과 같은 사유의 결과로 그 의무의 어떤 실질적인 부분을 이행하지 아니할 것이 명백하게 된 경우에는, 자기의 의무의 이행을 정지할 수 있다.

　(a) 상대방의 이행능력 또는 그 신뢰성의 중대한 결함, 또는

　(b) 상대방의 계약이행의 준비 또는 계약이행의 행위.

(2) 매도인이 전항에 기술된 사유가 명백하게 되기 전에 이미 물품을 발송한 경우에는, 비록 매수인이 물품을 취득할 권한을 주는 서류를 소지하고 있더라도, 매도인은 물품이 매수인에게 인도되는 것을 중지시킬 수 있다. 본항의 규정은 매도인과 매수인 간에서의 물품에 대한 권리에만 적용한다.

(3) 이행을 정지한 당사자는 물품의 발송 전후에 관계없이 상대방에게 그 정지의 통지를 즉시 발송하여야 하고, 또 상대방이 그 이행에 관하여 적절한 확약을 제공하는 경우에는 이행을 계속하여야 한다.

제72조(이행기일전의 계약해제)

(1) 계약의 이행기일 이전에 당사자의 일방이 계약의 본질적인 위반을 범할 것이 명백한 경우에는, 상대방은 계약의 해제를 선언할 수 있다.

(2) 시간이 허용하는 경우에는, 계약의 해제를 선언하고자 하는 당사자는 상대방이 그 이행에 관하여 적절한 확약을 제공할 수 있도록 하기 위하여 상대방에게 상당한 통지를 발송하여야 한다.

(3) 전항의 요건은 상대방이 그 의무를 이행하지 아니할 것을 선언한 경우에는 이를 적용하지 아니한다.

제73조(분할이행계약의 해제)

(1) 물품의 분할인도를 위한 계약의 경우에 있어서, 어느 분할부분에 관한 당사자 일방의 어떠한 의무의 불이행이 그 분할부분에 관하여 계약의 본질적인 위반을 구성하는 경우에는, 상대방은 그 분할부분에 관하여 계약의 해제를 선언할 수 있다.

(2) 어느 분할부분에 관한 당사자 일방의 어떠한 의무의 불이행이 상대방으로 하여금 장래의 분할부분에 관하여 계약의 본질적인 위반이 발생할 것이라는 결론을 내리게 하는 충분한 근거가 되는 경우에는, 상대방은 장래의 분할부분에 관하여 계약의 해제를 선언할 수 있다. 다만 상대방은 상당한 기간내에 이를 행하여야 한다.

(3) 어느 인도부분에 관하여 계약의 해제를 선언하는 매수인은 이미 행하여진 인도 또는 장래의 인도에 관해서도 동시에 계약의 해제를 선언할 수 있다. 다만 그러한 인도부분들이 상호 의존관계로 인하여 계약 체결시에 당사자 쌍방이 의도한 목적으로 사용될 수 없을 경우에 한한다.

Section II - Damages

Article 74

Damages for breach of contract by one party consist of a sum equal to the loss, including loss of profit, suffered by the other party as a consequence of the breach. Such damages may not exceed the loss which the party in breach foresaw or ought to have foreseen at the time of the conclusion of the contract, in the light of the facts and matters of which he then knew or ought to have known, as a possible consequence of the breach of contract.

Article 75

If the contract is avoided and if, in a reasonable manner and within a reasonable time after avoidance, the buyer has bought goods in replacement or the seller has resold the goods, the party claiming damages may recover the difference between the contract price and the price in the substitute transaction as well as any further damages recoverable under article 74.

Article 76

(1) If the contract is avoided and there is a current price for the goods, the party claiming damages may, if he has not made a purchase or resale under article 75, recover the difference between the price fixed by the contract and the current price at the time of avoidance as well as any further damages recoverable under article 74. If, however, the party claiming damages has avoided the contract after taking over the goods, the current price at the time of such taking over shall be applied instead of the current price at the time of avoidance.

(2) For the purposes of the preceding paragraph, the current price is the price prevailing at the place where delivery of the goods should have been made or, if there is no current price at that place, the price at such other place as serves as a reasonable substitute, making due allowance for differences in the cost of transporting the goods.

Article 77

A party who relies on a breach of contract must take such measures as are reasonable in the circumstances to mitigate the loss, including loss of profit, resulting from the breach. If he fails to take such measures, the party in breach may claim a reduction in the damages in the amount by which the loss should have been mitigated.

Section III - Interest

Article 78

If a party fails to pay the price or any other sum that is in arrears, the other party is entitled to interest on it, without prejudice to any claim for damages recoverable under article 74.

제2절 손해배상액

제74조(손해배상액산정의 원칙)

당사자 일방의 계약위반에 대한 손해배상액은 이익의 손실을 포함하여 그 위반의 결과로 상대방이 입은 손실과 동등한 금액으로 한다. 그러한 손해배상액은 계약 체결시에 위반의 당사자가 알았거나 또는 알았어야 할 사실 및 사정에 비추어서 그 위반의 당사자가 계약 체결시에 계약위반의 가능한 결과로서 예상하였거나 또는 예상하였어야 하는 손실을 초과할 수 없다.

제75조(대체거래시의 손해배상액)

계약이 해제되고 또한 해제후에 상당한 방법과 상당한 기간내에 매수인이 대체품을 구매하거나 또는 매도인이 물품을 재매각한 경우에는, 손해배상을 청구하는 당사자는 계약대금과 대체거래의 대금과의 차액뿐만 아니라 제74조에 따라 회수가능한 기타의 모든 손해배상액을 회수할 수 있다.

제76조(시가에 기초한 손해배상액)

(1) 계약이 해제되고 또한 물품에 시가가 있는 경우에는, 손해배상을 청구하는 당사자는 제75조에 따라 구매 또는 재매각을 행하지 아니한 때에는 계약대금과 계약해제시의 시가와의 차액뿐만 아니라 제74조에 따라 회수가능한 기타의 모든 손해배상액을 회수할 수 있다. 그러나 손해배상을 청구하는 당사자가 물품을 인수한 후에 계약을 해제한 경우에는, 계약해제시의 시가에 대신하여 물품인수시의 시가를 적용한다.

(2) 전항의 적용에 있어서, 시가라 함은 물품의 인도가 행하여졌어야 할 장소에서 일반적인 가격을 말하고, 그 장소에서 아무런 시가가 없는 경우에는 물품의 운송비용의 차이를 적절히 감안하여 상당한 대체가격으로 할 수 있는 다른 장소에서의 가격을 말한다.

제77조(손해경감의 의무)

계약위반을 주장하는 당사자는 이익의 손실을 포함하여 그 위반으로부터 야기된 손실을 경감하기 위하여 그 사정에 따라 상당한 조치를 취하여야 한다. 그러한 조치를 취하지 아니하는 경우에는, 위반의 당사자는 경감되었어야 하는 손실의 금액을 손해배상액에서 감액하도록 청구할 수 있다.

제3절 이자

제78조(연체금액의 이자)

당사자 일방이 대금 또는 기타 모든 연체된 금액을 지급하지 아니한 경우에는, 상대방은 제74조에 따라 회수가능한 손해배상액의 청구에 침해받지 아니하고 그 금액에 대한 이자를 청구할 권리를 갖는다.

Section IV - Exemptions

Article 79

(1) A party is not liable for a failure to perform any of his obligations if he proves that the failure was due to an impediment beyond his control and that he could not reasonably be expected to have taken the impediment into account at the time of the conclusion of the contract or to have avoided or overcome it or its consequences.

(2) If the party's failure is due to the failure by a third person whom he has engaged to perform the whole or a part of the contract, that party is exempt from liability only if:

(a) he is exempt under the preceding paragraph; and

(b) the person whom he has so engaged would be so exempt if the provisions of that paragraph were applied to him.

(3) The exemption provided by this article has effect for the period during which the impediment exists.

(4) The party who fails to perform must give notice to the other party of the impediment and its effect on his ability to perform. If the notice is not received by the other party within a reasonable time after the party who fails to perform knew or ought to have known of the impediment, he is liable for damages resulting from such non-receipt.

(5) Nothing in this article prevents either party from exercising any right other than to claim damages under this Convention.

Article 80

A party may not rely on a failure of the other party to perform, to the extent that such failure was caused by the first party's act or omission.

Section V - Effects of avoidance

Article 81

(1) Avoidance of the contract releases both parties from their obligations under it, subject to any damages which may be due. Avoidance does not affect any provision of the contract for the settlement of disputes or any other provision of the contract governing the rights and obligations of the parties consequent upon the avoidance of the contract.

(2) A party who has performed the contract either wholly or in part may claim restitution from the other party of whatever the first party has supplied or paid under the contract. If both parties are bound to make restitution, they must do so concurrently.

Article 82

(1) The buyer loses the right to declare the contract avoided or to require the seller to deliver substitute goods if it is impossible for him to make restitution of the goods substantially in the condition in which he received them.

제4절 면책

제79조(손해배상책임의 면제)

(1) 당사자 일방은 그 의무의 불이행이 자신의 통제를 벗어난 장해에 기인하였다는 점과 계약 체결시에 그 장해를 고려하거나 또는 그 장해나 장해의 결과를 회피하거나 극복하는 것이 합리적으로 기대될 수 없었다는 점을 입증하는 경우에는 자신의 어떠한 의무의 불이행에 대하여 책임을 지지 아니한다.

(2) 당사자의 불이행이 계약의 전부 또는 일부를 이행하기 위하여 고용된 제3자의 불이행에 기인한 경우에는, 그 당사자는 다음과 같은 경우에 한하여 그 책임이 면책된다.

  (a) 당사자가 전항의 규정에 따라 면책되고, 또

  (b) 당사자가 고용한 제3자가 전항의 규정이 그에게 적용된다면 역시 면책되는 경우.

(3) 본조에 규정된 면책은 장해가 존재하는 동안의 기간에만 효력을 갖는다.

(4) 불이행의 당사자는 장해와 그것이 자신의 이행능력에 미치는 영향에 관하여 상대방에게 통지하여야 한다. 불이행의 당사자가 장해를 알았거나 또는 알았어야 하는 때로부터 상당한 기간내에 그 통지가 상대방에게 도착하지 아니한 경우에는, 당사자는 그러한 불착으로 인하여 발생하는 손해배상액에 대한 책임이 있다.

(5) 본조의 규정은 어느 당사자에 대해서도 이 협약에 따른 손해배상액의 청구 이외의 모든 권리를 행사하는 것을 방해하지 아니한다.

제80조(자신의 귀책사유와 불이행)

당사자 일방은 상대방의 불이행이 자신의 작위 또는 부작위에 기인하여 발생한 한도내에서는 상대방의 불이행을 원용할 수 없다.

제5절 해제의 효과

제81조(계약의무의 소멸과 반환청구)

(1) 계약의 해제는 이미 발생한 모든 손해배상의 의무를 제외하고 양당사자를 계약상의 의무로부터 면하게 한다. 해제는 분쟁해결을 위한 어떠한 계약조항이나 계약의 해제에 따라 발생하는 당사자의 권리와 의무를 규율하는 기타 모든 계약조항에 영향을 미치지 아니한다.

(2) 계약의 전부 또는 일부를 이행한 당사자 일방은 상대방에 대하여 그 계약하에서 자신이 이미 공급하였거나 또는 지급한 것에 대한 반환을 청구할 수 있다. 당사자 쌍방이 반환하여야 할 의무가 있는 경우에는, 양당사자는 동시에 이를 이행하여야 한다.

제82조(물품반환이 불가능한 경우)

(1) 매수인이 물품을 수령한 상태와 실질적으로 동등한 물품을 반환하는 것이 불가능한 경우에는, 매수인은 계약의 해제를 선언하거나 또는 매도인에게 대체품의 인도를 요구하는 권리를 상실한다.

(2) The preceeding paragraph does not apply:

    (a) if the impossibility of making restitution of the goods or of making restitution of the goods substantially in the condition in which the buyer received them is not due to his act or omission;

    (b) if the goods or part of the goods have perished or deteriorated as a result of the examination provided for in article 38; or

    (c) if the goods or part of the goods have been sold in the normal course of business or have been consumed or transformed by the buyer in the course normal use before he discovered or ought to have discovered the lack of conformity.

Article 83

A buyer who has lost the right to declare the contract avoided or to require the seller to deliver substitute goods in accordance with article 82 retains all other remedies under the contract and this Convention.

Article 84

(1) If the seller is bound to refund the price, he must also pay interest on it, from the date on which the price was paid.

(2) The buyer must account to the seller for all benefits which he has derived from the goods or part of them:

    (a) if he must make restitution of the goods or part of them; or

    (b) if it is impossible for him to make restitution of all or part of the goods or to make restitution of all or part of the goods substantially in the condition in which he received them, but he has nevertheless declared the contract avoided or required the seller to deliver substitute goods.

Section VI - Preservation of the goods

Article 85

If the buyer is in delay in taking delivery of the goods or, where payment of the price and delivery of the goods are to be made concurrently, if he fails to pay the price, and the seller is either in possession of the goods or otherwise able to control their disposition, the seller must take such steps as are reasonable in the circumstances to preserve them. He is entitled to retain them until he has been reimbursed his reasonable expenses by the buyer.

Article 86

(1) If the buyer has received the goods and intends to exercise any right under the contract or this Convention to reject them, he must take such steps to preserve them as are reasonable in the circumstances. He is entitled to retain them until he has been reimbursed his reasonable expenses by the seller.

(2) If goods dispatched to the buyer have been placed at his disposal at their destination and he exercises the right

(2) 전항의 규정은 다음과 같은 경우에는 이를 적용하지 아니한다.

    (a) 물품을 반환하거나 또는 매수인이 물품을 수령한 상태와 실질적으로 동등한 물품을 반환하는 것이 불가능한 사유가 매수인의 작위 또는 부작위에 기인하지 아니한 경우,

    (b) 제38조에 규정된 검사의 결과로 물품의 전부 또는 일부가 이미 멸실되었거나 또는 변질된 경우, 또는

    (c) 매수인이 불일치를 발견하였거나 또는 발견하였어야 하는 때 이전에 물품의 전부 또는 일부가 이미 매수인에 의하여 정상적인 영업과정에서 매각되었거나, 또는 정상적인 사용과정에서 소비되었거나 또는 변형된 경우.

제83조(기타의 구제방법)

매수인은 제82조에 가라 계약의 해제를 선언하는 권리 또는 매도인에게 대체품의 인도를 요구하는 권리를 상실한 경우에도, 계약 및 이 협약에 따른 기타 모든 구제방법을 보유한다.

제84조(이익의 반환)

(1) 매도인이 대금을 반환하여야 할 의무가 있는 경우에는, 매도인은 대금이 지급된 날로부터의 그것에 대한 이자도 지급하여야 한다.

(2) 매수인은 다음과 같은 경우에는 물품의 전부 또는 일부로부터 취득한 이익을 매도인에게 반환하여야 한다.

    (a) 매수인이 물품의 전부 또는 일부를 반환하여야 하는 경우, 또는

    (b) 매수인이 물품의 전부 또는 일부를 반환하거나 또는 그가 물품을 수령한 상태와 실질적으로 동등하게 물품의 전부 또는 일부를 반환하는 것이 불가능함에도 불구하고, 매수인이 계약의 해제를 선언하였거나 또는 매도인에게 대체품의 인도를 요구한 경우.

제6절 물품의 보존

제85조(매도인의 보존의무)

매수인이 물품의 인도수령을 지체한 경우에, 또는 대금의 지급과 물품의 인도가 동시에 이행되어야 하는 때에 매수인이 그 대금을 지급하지 아니하고 매도인이 물품을 점유하고 있거나 또는 기타의 방법으로 그 처분을 지배할 수 있는 경우에는, 매도인은 물품을 보존하기 위하여 그 사정에 합리적인 조치를 취하여야 한다. 매도인은 자신의 합리적인 비용을 매수인으로부터 보상받을 때까지 물품을 유치할 권리가 있다.

제86조(매수인의 보존의무)

(1) 매수인이 물품을 수령한 경우에 있어서 그 물품을 거절하기 위하여 계약 또는 이 협약에 따른 어떠한 권리를 행사하고자 할 때에는, 매수인은 물품을 보존하기 위하여 그 사정에 합리적인 조치를 취하여야 한다. 매수인은 자신의 합리적인 비용을 매도인으로부터 보상받을 때까지 물품을 유치할 권리가 있다.

(2) 매수인 앞으로 발송된 물품이 목적지에서 매수인의 임의처분하에 적치된 경우에 있어서 매수인이 물

to reject them, he must take possession of them on behalf of the seller, provided that this can be done without payment of the price and without unreasonable inconvenience or unreasonable expense. This provision does not apply if the seller or a person authorized to take charge of the goods on his behalf is present at the destination. If the buyer takes possession of the goods under this paragraph, his rights and obligations are governed by the preceding paragraph.

Article 87

A party who is bound to take steps to preserve the goods may deposit them in a warehouse of a third person at the expense of the other party provided that the expense incurred is not unreasonable.

Article 88

(1) A party who is bound to preserve the goods in accordance with article 85 or 86 may sell them by any appropriate means if there has been an unreasonable delay by the other party in taking possession of the goods or in taking them back or in paying the price or the cost of preservation, provided that reasonable notice of the intention to sell has been given to the other party.

(2) If the goods are subject to rapid deterioration or their preservation would involve unreasonable expense, a party who is bound to preserve the goods in accordance with article 85 or 86 must take reasonable measures to sell them. To the extent possible he must give notice to the other party of his intention to sell.

(3) A party selling the goods has the right to retain out of the proceeds of sale an amount equal to the reasonable expenses of preserving the goods and of selling them. He must account to the other party for the balance.

PART VI – Final Provisions

Article 89

The Secretary-General of the United Nations is hereby designated as the depositary for this Convention.

Article 90

This Convention does not prevail over any international agreement which has already been or may be entered into and which contains provisions concerning the matters governed by this Convention, provided that the parties have their places of business in States parties to such agreement.

Article 91

(1) This Convention is open for signature at the concluding meeting of the United Nations Conference on Contracts for the International Sale of Goods and will remain open for signature by all States at the Headquarters of the United Nations, New York until 30 September 1981.

품을 거절하는 권리를 행사할 때에는, 매수인은 매도인을 위하여 물품을 점유하여야 한다. 다만 이것은 대금의 지급이 없이 그리고 불합리한 불편이나 불합리한 비용이 없이 행하여질 수 있는 경우에 한한다. 이 규정은 매도인이나 또는 매도인을 위하여 물품을 관리하도록 수권된 자가 목적지에 있는 경우에는 이를 적용하지 아니한다. 매수인이 본항의 규정에 따라 물품을 점유하는 경우에는, 매수인의 권리와 의무에 대해서는 전항의 규정을 적용한다.

제87조(제3자 창고에의 기탁)
물품을 보존하기 위한 조치를 취하여야 할 의무가 있는 당사자는 그 발생한 비용이 불합리한 것이 아닌 한, 상대방의 비용으로 물품을 제3자의 창고에 기탁할 수 있다.

제88조(물품의 매각)
(1) 제85조 또는 제86조에 따라 물품을 보존하여야 할 의무가 있는 당사자는 상대방이 물품의 점유 또는 반송에 있어서, 또는 대금이나 보존비용의 지급에 있어서 불합리하게 지연한 경우에는, 적절한 방법으로 물품을 매각할 수 있다. 다만 상대방에 대하여 그 매각의 의도에 관한 합리적인 통지가 있어야 한다.
(2) 물품이 급속히 변질되기 쉬운 것이거나 또는 그 보존에 불합리한 비용이 요구되는 경우에는, 제85조 또는 제86조에 따라 물품을 보존하여야 할 의무가 있는 당사자는 이를 매각하기 위한 합리적인 조치를 취하여야 한다. 보존의 의무가 있는 당사자는 가능한 한, 상대방에게 매각의 의도에 관하여 통지를 하여야 한다.
(3) 물품을 매각하는 당사자는 매각의 대금으로부터 물품의 보존과 그 매각에 소요된 합리적인 비용과 동등한 금액을 유보할 권리를 갖는다. 그러나 그 당사자는 상대방에게 잔액을 반환하여야 한다.

제4부 최종규정

제89조(협약의 수탁자)
국제연합의 사무총장은 이 협약의 수탁자로서 이에 임명된다.

제90조(타협정자의 관계)
이 협약은 이미 발효되었거나 또는 앞으로 발효되는 어떠한 국제적인 협정이 이 협약에 의하여 규율되는 사항에 관한 규정을 포함하고 있는 경우에는 이에 우선하지 아니한다. 다만 당사자 쌍방이 그러한 협정의 당사국에 영업소를 갖고 있는 경우에 한한다.

제91조(서명과 협약의 채택)
(1) 이 협약은 국제물품매매계약에 관한 국제연합회의의 최종일에 서명을 위하여 개방되며, 또 1981년 9월 30일까지 뉴욕의 국제연합본부에서 모든 국가에 의한 서명을 위하여 개방해 둔다.

(2) This Convention is subject to ratification, acceptance or approval by the signatory States.

(3) This Convention is open for accession by all States which are not signatory States as from the date it is open for signature.

(4) Instruments of ratification, acceptance, approval and accession are to be deposited with the Secretary-General of the United Nations.

Article 92

(1) A Contracting State may declare at the time of signature, ratification, acceptance, approval or accession that it will not be bound by Part II of this Convention or that it will not be bound by Part III of this Convention.

(2) A Contracting State which makes a declaration in accordance with the preceding paragraph in respect of Part II or Part III of this Convention is not to be considered a Contracting State within paragraph (1) of article 1 of this Convention in respect of matters governed by the Part to which the declaration applies.

Article 93

(1) If a Contracting State has two or more territorial units in which, according to its constitution, different systems of law are applicable in relation to the matters dealt with in this Convention, it may, at the time of signature, ratification, acceptance, approval or accession, declare that this Convention is to extend to all its territorial units or only to one or more of them, and may amend its declaration by submitting another declaration at any time.

(2) These declarations are to be notified to the depositary and are to state expressly the territorial units to which the Convention extends.

(3) If, by virtue of a declaration under this article, this Convention extends to one or more but not all of the territorial units of a Contracting State, and if the place of business of a party is located in that State, this place of business, for the purposes of this Convention, is considered not to be in a Contracting State, unless it is in a territorial unit to which the Convention extends.

(4) If a Contracting State makes no declaration under paragraph (1) of this article, the Convention is to extend to all territorial units of that State.

Article 94

(1) Two or more Contracting States which have the same or closely related legal rules on matters governed by this Convention may at any time declare that the Convention is not to apply to contracts of sale or to their formation where the parties have their places of business in those States. Such declarations may be made jointly or by reciprocal unilateral declarations.

(2) A Contracting State which has the same or closely related legal rules on matters governed by this Convention as one or more non-Contracting States may at any time declare that the Convention is not to apply to contracts of sale or to their formation where the parties have their places of business in those States.

(3) If a State which is the object of a declaration under the preceding paragraph subsequently becomes a Contracting

(2) 이 협약은 서명국에 의하여 비준, 승낙 또는 승인되는 것을 전제로 한다.

(3) 이 협약은 서명을 위하여 개방된 날로부터 서명국이 아닌 모든 국가에 의한 가입을 위하여 개방된다.

(4) 비준서, 승낙서, 승인서 및 가입서는 국제연합의 사무총장에게 기탁하는 것으로 한다.

제92조(일부규정의 채택)

(1) 체약국은 서명, 비준, 승낙, 승인 또는 가입의 당시에 그 국가가 이 협약의 제2부에 구속되지 아니한다 거나 또는 이 협약의 제3부에 구속되지 아니한다는 것을 선언할 수 있다.

(2) 이 협약의 제2부 또는 제3부에 관하여 전항의 규정에 따른 선언을 하는 체약국은 그 선언이 적용되는 각부에 의하여 규율되는 사항에 관해서는 이 협약의 제1조 제1항에서 규정하는 체약국으로 보지 아니 한다.

제93조(연방국가의 채택)

(1) 체약국이 그 헌법에 의하여 이 협약에서 취급되는 사항에 관하여 상이한 법체계가 적용되는 둘 이상의 영역을 보유하고 있는 경우에는, 체약국은 서명, 비준, 승낙, 승인 또는 가입의 당시에 이 협약을 전부 의 영역 또는 그 중의 하나 이상의 일부의 영역에만 적용한다는 것을 선언할 수 있으며, 또 언제든지 다 른 선언을 제출함으로써 앞의 선언을 변경할 수 있다.

(2) 전항의 선언은 수탁자에게 통고되어야 하며, 또 이 협약이 적용되는 영역을 명시적으로 기재하여야 한다.

(3) 본조에 따른 선언에 의하여, 이 협약이 체약국의 하나 이상의 일부의 영역에 적용되고 그 전부의 영역 에는 적용되지 아니한 경우에 당사자 일방의 영업소가 그 체약국에 있는 때에는, 그 영업소는 이 협약 의 적용에 있어서 체약국에 있지 아니한 것으로 본다. 다만 그 영업소가 이 협약이 적용되는 영역에 있 는 경우에는 그러하지 아니하다.

(4) 체약국이 본조 제1항에 따른 선언을 하지 아니하는 경우에는, 이 협약은 그 체약국의 전부의 영역에 적 용되는 것으로 한다.

제94조(관련법이 있는 국가의 채택)

(1) 이 협약이 규율하는 사항에 관하여 이와 동일하거나 또는 밀접한 관계가 있는 법령을 두고 있는 둘 이 상의 체약국은 당사자 쌍방이 이들 체약국에 영업소를 갖고 있는 경우의 매매계약 및 그 성립에 대하 여 이 협약을 적용하지 아니한다는 것을 언제라도 선언할 수 있다. 그러한 선언은 체약국이 공동으로 또는 호혜주의를 조건으로 하여 일방적으로 행할 수 있다.

(2) 이 협약이 규율하는 사항에 관하여 하나 이상의 비체약국과 동일하거나 또는 밀접한 관계가 있는 법령 을 두고 있는 체약국은 당사자 쌍방이 이들 해당 국가에 영업소를 갖고 있는 경우의 매매계약 및 그 성 립에 대하여 이 조약을 적재하지 아니한다는 것을 언제라도 선언할 수 있다.

(3) 전항에 따른 선언의 대상이 된 국가가 그 후 체약국이 된 경우에는, 그 선언은 이 협약이 그 새로운 체

State, the declaration made will, as from the date on which the Convention enters into force in respect of the new Contracting State, have the effect of a declaration made under paragraph (1), provided that the new Contracting State joins in such declaration or makes a reciprocal unilateral declaration.

Article 95

Any State may declare at the time of the deposit of its instrument of ratification, acceptance, approval or accession that it will not be bound by subparagraph (1)(b) of article 1 of this Convention.

Article 96

A Contracting State whose legislation requires contracts of sale to be concluded in or evidenced by writing may at any time make a declaration in accordance with article 12 that any provision of article 11, article 29, or Part II of this Convention, that allows a contract of sale or its modification or termination by agreement or any offer, acceptance, or other indication of intention to be made in any form other than in writing, does not apply where any party has his place of business in that State.

Article 97

(1) Declarations made under this Convention at the time of signature are subject to confirmation upon ratification, acceptance or approval.

(2) Declarations and confirmations of declarations are to be in writing and be formally notified to the depositary.

(3) A declaration takes effect simultaneously with the entry into force of this Convention in respect of the State concerned. However, a declaration of which the depositary receives formal notification after such entry into force takes effect on the first day of the month following the expiration of six months after the date of its receipt by the depositary. Reciprocal unilateral declarations under article 94 take effect on the first day of the month following the expiration of six months after the receipt of the latest declaration by the depositary.

(4) Any State which makes a declaration under this Convention may withdraw it at any time by a formal notification in writing addressed to the depositary. Such withdrawal is to take effect on the first day of the month following the expiration of six months after the date of the receipt of the notification by the depositary.

(5) A withdrawal of a declaration made under article 94 renders inoperative, as from the date on which the withdrawal takes effect, any reciprocal declaration made by another State under that article.

Article 98

No reservations are permitted except those expressly authorized in this Convention.

약국에 대하여 효력을 발생한 날로부터 본조 제1항에 따른 선언으로서의 효력을 갖는다. 다만 새로운 체약국이 그러한 선언에 참가하거나 또는 호혜주의를 조건으로 하는 일방적인 선언을 행하는 경우에 한한다.

제95조(제1조 제1항 b호의 배제)

어느 국가의 경우에도 이 협약의 비준서, 승낙서, 승인서 또는 가입서를 기탁할 당시에 이 협약의 제1조 제1항 b호의 규정에 구속되지 아니한다는 것을 선언할 수 있다.

제96조(계약형식요건의 유보)

체약국의 법률상 매매계약을 서면으로 체결하거나 또는 입증하도록 요구하고 있는 체약국은 제12조의 규정에 따라, 어떠한 매매계약이나 그 변경 또는 합의에 의한 해지 또는 모든 청약, 승낙 또는 기타의 의사표시를 서면 이외의 어느 방법으로 행하는 것을 인정하고 있는 이 협약의 제11조, 제29조 또는 제2부의 어떠한 규정도 당사자의 어느 일방이 그 체약국에 영업소를 갖고 있는 경우에는 이를 적용하지 아니한다는 것을 선언할 수 있다.

제97조(협약에 관한 선언절차)

(1) 서명시에 이 협약에 따라 행한 선언은 비준, 승낙 또는 승인에 즈음하여 이를 확인하여야 하는 것으로 한다.

(2) 선언 및 선언의 확인은 서면으로 이를 행하여야 하며, 또 정식으로 수탁자에게 통고하여야 한다.

(3) 선언은 관련된 국가에 대하여 이 협약이 효력을 발생함과 동시에 그 효력을 발생한다. 그러나 이 협약이 그 국가에 대하여 효력을 발생한 이후에 수탁자가 정식의 통고를 수령한 선언은 수탁자가 이를 수령한 날로부터 6개월을 경과한 후 이어지는 월의 최초일에 그 효력을 발생한다. 제94조에 따른 호혜주의를 조건으로 하는 일방적인 선언은 수탁자가 최후의 선언을 수령한 날로부터 6개월을 경과한 후 이어지는 월의 최초일에 그 효력을 발생한다.

(4) 이 협약에 따른 선언을 행한 모든 국가는 수탁자 앞으로 서면에 의한 정식의 통고를 함으로써 언제든지 이를 철회할 수 있다. 그러한 철회는 수탁자가 통고를 수령한 날로부터 6개월을 경과한 후 이어지는 월의 최초일에 그 효력을 발생한다.

(5) 제94조에 따른 선언의 철회는 그 철회가 효력을 갖는 날로부터 동조에 따른 다른 국가의 모든 호혜적인 선언의 효력을 상실하게 한다.

제98조(유보의 금지)

어떠한 유보도 이 협약에서 명시적으로 인정된 경우를 제외하고는 이를 허용하지 아니한다.

Article 99

(1) This Convention enters into force, subject to the provisions of paragraph (6) of this article, on the first day of the month following the expiration of twelve months after the date of deposit of the tenth instrument of ratification, acceptance, approval or accession, including an instrument which contains a declaration made under article 92.

(2) When a State ratifies, accepts, approves or accedes to this Convention after the deposit of the tenth instrument of ratification, acceptance, approval or accession, this Convention, with the exception of the Part excluded, enters into force in respect of that State, subject to the provisions of paragraph (6) of this article, on the first day of the month following the expiration of twelve months after the date of the deposit of its instrument of ratification, acceptance, approval or accession.

(3) A State which ratifies, accepts, approves or accedes to this Convention and is a party to either or both the Convention relating to a Uniform Law on the Formation of Contracts for the International Sale of Goods done at The Hague on 1 July 1964 (1964 Hague Formation Convention) and the Convention relating to a Uniform Law on the International Sale of Goods done at The Hague on 1 July 1964 (1964 Hague Sales Convention) shall at the same time denounce, as the case may be, either or both the 1964 Hague Sales Convention and the 1964 Hague Formation Convention by notifying the Government of the Netherlands to that effect.

(4) A State party to the 1964 Hague Sales Convention which ratifies, accepts, approves or accedes to the present Convention and declares or has declared under article 52 that it will not be bound by Part II of this Convention shall at the time of ratification, acceptance, approval or accession denounce the 1964 Hague Sales Convention by notifying the Government of the Netherlands to that effect.

(5) A State party to the 1964 Hague Formation Convention which ratifies, accepts, approves or accedes to the present Convention and declares or has declared under article 92 that it will not be bound by Part III of this Convention shall at the time of ratification, acceptance, approval or accession denounce the 1964 Hague Formation Convention by notifying the Government of the Netherlands to that effect.

(6) For the purpose of this article, ratifications, acceptances, approvals and accessions in respect of this Convention by States parties to the 1964 Hague Formation Convention or to the 1964 Hague Sales Convention shall not be effective until such denunciations as may be required on the part of those States in respect of the latter two Conventions have themselves become effective. The depositary of this Convention shall consult with the Government of the Netherlands, as the depositary of the 1964 Conventions, so as to ensure necessary co-ordination in this respect.

Article 100

(1) This Convention applies to the formation of a contract only when the proposal for concluding the contract is made on or after the date when the Convention enters into force in respect of the Contracting States referred to in subparagraph (1)(a) or the Contracting State referred to in subparagraph (1)(b) of article 1.

(2) This Convention applies only to contracts concluded on or after the date when the Convention enters into force in respect of the Contracting States referred to in subparagraph (1)(a) or the Contracting State referred to in subparagraph (1)(b) of article 1.

제99조(협약의 발효)

(1) 이 협약은 본조 제6항의 규정에 따라 제92조에 의한 선언에 기재되어 있는 문서를 포함하여 제10번째의 비준서, 승낙서, 승인서 또는 가입서가 기탁된 날로부터 12개월을 경과한 후 이어지는 월의 최초일에 그 효력을 발생한다.

(2) 어느 국가가 제10번째의 비준서, 승낙서, 승인서 또는 가입서를 기탁한 후에 이 협약을 비준, 승낙, 승인 또는 가입하는 경우에는, 이 협약은 그 적용이 배제되는 부을 제외하고 본조 제6항의 규정에 따라 그 국가의 비준서, 승낙서, 승인서 또는 가입서가 기탁된 날로부터 12개월을 경과한 후 이어지는 월의 최초일에 그 국가에 대하여 효력을 발생한다.

(3) 이 협약을 비준, 승낙, 승인 또는 가입하는 국가가 1964년 7월 1일 헤이그에서 작성된 국제물품매매계약의 성립에 관한 통일법에 관련한 협약(1964년 헤이그 성립협약) 및 1964년 7월 1일 헤이그에서 작성된 국제물품매매에 관한 통일법에 관련한 협약(1964년 헤이그 매매협약)의 일방 또는 쌍방의 당사국인 경우에는, 그 국가는 이와 동시에 네덜란드 정부에 폐기의 취지를 통고함으로써 경우에 따라서는 1964년 헤이그 매매협약과 1964년 헤이그 성립협약의 일방 또는 쌍방을 폐기하여야 한다.

(4) 1964년 헤이그 매매협약의 당사국으로서 이 협약을 비준, 승낙, 승인 또는 가입하는 국가가 제92조에 따라 이 협약의 제2부에 구속되지 아니한다는 것을 선언하거나 또는 선언한 경우에는, 그 국가는 이 협약의 비준, 승낙, 승인 또는 가입시에 네덜란드 정부에 폐기의 취지를 통고함으로써 1964년 헤이그 매매협약을 폐기하여야 한다.

(5) 1964년 헤이그 성립협약의 당사국으로서 이 협약을 비준, 승낙, 승인 또는 가입하는 국가가 제92조에 따라 이 협약의 제3부에 구속되지 아니한다는 것을 선언하거나 또는 선언한 경우에는, 그 국가는 이 협약의 비준, 승낙, 승인 또는 가입시에 네덜란드 정부에 폐기의 취지를 통고함으로써 1964년 헤이그 성립협약을 폐기하여야 한다.

(6) 본조의 적용에 있어서, 1964년 헤이그 성립협약 또는 1964년 헤이그 매매협약의 당사국에 의한 이 협약의 비준, 승낙, 승인 또는 가입은 당사국측의 이 두 가지 협약에 대한 폐기의 통고가 스스로 효력을 발생하기까지는 그 효력을 발생하지 아니한다. 이 협약의 수탁자는 이러한 점에 대한 필요한 상호조정을 확실히 하기 위하여 1964년 협약의 수탁자인 네덜란드 정부와 협의하여야 한다.

제100조(계약에 대한 적용일)

(1) 이 협약은 제1조 제1항 a호에 언급된 체약국이나 또는 동조 제1항 b호에 언급된 체약국에 대하여 그 효력을 발생하는 날 또는 그 이후에 계약의 체결을 위한 제의가 행하여진 경우에만 계약의 성립에 적용한다.

(2) 이 협약은 제1조 제1항 a호에 언급된 체약국이나 또는 동조 제1항 b호에 언급된 체약국에 대하여 그 효력을 발생하는 날 또는 그 이후에 체결되는 계약에만 적용한다.

Article 101

(1) A Contracting State may denounce this Convention, or Part II or Part III of the Convention, by a formal notification in writing addressed to the depositary.

(2) The denunciation takes effect on the first day of the month following the expiration of twelve months after the notification is received by the depositary. Where a longer period for the denunciation to take effect is specified in the notification, the denunciation takes effect upon the expiration of such longer period after the notification is received by the depositary.

Done at Vienna, this day of eleventh day of April, one thousand nine hundred and eighty, in a single original, of which the Arabic, Chinese, English, French, Russian and Spanish texts are equally authentic. In witness where of the undersigned plenipotentiaries, being duly authorized by their respective Governments, have signed this Convention.

1-3 Principles of International Commercial Contracts, 2016

PREAMBLE

(Purpose of the Principles)

These Principles set forth general rules for international commercial contracts.

They shall be applied when the parties have agreed that their contract be governed by them.(*)

They may be applied when the parties have agreed that their contract be governed by general principles of law, the lex mercatoria or the like.

They may be applied when the parties have not chosen any law to govern their contract.

They may be used to interpret or supplement international uniform law instruments. They may be used to interpret or supplement domestic law.

They may serve as a model for national and international legislators.

CHAPTER 1 — GENERAL PROVISIONS

ARTICLE 1.1 (Freedom of contract)

The parties are free to enter into a contract and to determine its content.

제101조(협약의 폐기)

(1) 체약국은 수탁자 앞으로 서면에 의한 정식의 통고를 함으로써 이 협약 또는 이 협약의 제2부 또는 제3부를 폐기할 수 있다.

(2) 폐기는 수탁자가 그 통고를 수령한 날로부터 12개월을 경과한 후 이어지는 월의 최초일에 그 효력을 발생한다. 폐기가 효력을 발생하기 위한 보다 긴 기간이 그 통고에 명시되어 있는 경우에는, 폐기는 수탁자가 그 통고를 수령한 날로부터 그러한 기간이 경과한 때에 그 효력을 발생한다.

이 협약은 1980년 4월 11일 당일에 비엔나에서 국제연합이 동등하게 인증한 아랍어, 중국어, 영어, 불어, 러시아어 및 스페인어를 정본으로 한 1통의 원본으로 작성되었다.

이상의 증거로서 아래에 명기된 전권위원들은 그 각각의 정부로부터 정당하게 위임을 받아 이 협약에 서명하였다.

1-3 국제상거래계약의 원칙, 2016

전문(목적)

이 계약의 원칙(이하 이 원칙이라 한다)은 국제상사계약을 위한 일반적 규범을 제공한다.

이 원칙은 당사자들이 '당해 계약을 이 원칙에 따르기로 합의'할 때 적용된다.

이 원칙은 당사자들이 '계약은 법의 일반원칙', '상관습(Lex Mercatoria)' 혹은 이에 준하는 것에 따른다고 합의할 때 적용될 수 있다.

이 원칙은 당사자들이 당해 계약을 준거할 법률을 선택할 수 없는 경우 적용될 수 있다.

이 원칙은 국제적으로 법을 통일하는 협정 등을 해석한다든지 보충하든지 하기 위해 이용될 수 있다.

이 원칙은 국내법을 해석하거나 보충하는 데 이용될 수 있다.

이 원칙은 국내 및 국제적인 입법에 종사하는 자들을 위한 표준으로 이용될 수 있다.

제1장 총칙

제1-1조 계약의자유

당사자들은 자유롭게 계약을 체결하고 자유롭게 그 내용을 결정할 수 있다.

ARTICLE 1.2 (No form required)

Nothing in these Principles requires a contract, statement or any other act to be made in or evidenced by a particular form. It may be proved by any means, including witnesses.

ARTICLE 1.3 (Binding character of contract)

A contract validly entered into is binding upon the parties. It can only be modified or terminated in accordance with its terms or by agreement or as otherwise provided in these Principles.

ARTICLE 1.4 (Mandatory rules)

Nothing in these Principles shall restrict the application of mandatory rules, whether of national, international or supranational origin, which are applicable in accordance with the relevant rules of private international law.

ARTICLE 1.5 (Exclusion or modification by the parties)

The parties may exclude the application of these Principles or derogate from or vary the effect of any of their provisions, except as otherwise provided in the Principles.

ARTICLE 1.6 (Interpretation and supplementation of the Principles)

In the interpretation of these Principles, regard is to be had to their international character and to their purposes including the need to promote uniformity in their application.

Issues within the scope of these Principles but not expressly settled by them are as far as possible to be settled in accordance with their underlying general principles.

ARTICLE 1.7 (Good faith and fair dealing)

Each party must act in accordance with good faith and fair dealing in international trade.

The parties may not exclude or limit this duty.

ARTICLE 1.8 (Inconsistent behaviour)

A party cannot act inconsistently with an understanding it has caused the other party to have and upon which that other party reasonably has acted in reliance to its detriment.

ARTICLE 1.9 (Usages and practices)

The parties are bound by any usage to which they have agreed and by any practices which they have established between themselves.

The parties are bound by a usage that is widely known to and regularly observed in international trade by parties in the particular trade concerned except where the application of such a usage would be unreasonable.

ARTICLE 1.10 (Notice)

Where notice is required it may be given by any means appropriate to the circumstances.

제2-1조 형식의 자유

이 원칙은 어느 것도 계약, 진술, 어떤 행위가 특정의 형식으로 이루어지고 또는 입증되어야 한다는 것을 필요로 하지 않는다. 증인을 포함한 어떤 수단으로든지 계약을 입증할 수 있다.

제1-3조 계약의 구속성

유효하게 체결된 계약은 당사자들을 구속한다. 계약의 수정이나 해지는 계약의 조항에 의거나 당사자간 합의 또는 이 원칙에서 달리 정하고 있는 경우에 한하여 가능하다.

제1-4조 강행규정

이 원칙은 관련된 국제사법상의 규범에 따라서 적용되는 강행규정에 대하여, 그것이 국내, 국제 또는 초국가적 규정 여부에 관계없이, 그 강행규정의 적용을 제한하지 아니한다.

제1-5조 당사자들에 의한 배제 또는 변경

계약당사자들은 이 원칙에 달리 정하고 있는 경우는 제외하고, 이 원칙의 적용을 배제하거나 이 원칙의 어떤 조항의 효력을 감축하거나 변경할 수 있다.

제1-6조 이 원칙의 해석과 보충

(1) 이 원칙의 해석을 하는 경우 이 원칙의 국제성과 그 적용의 통일성을 촉진할 필요성을 포함하는 제 목적을 고려하지 아니하면 안 된다.
(2) 이 원칙의 범위내의 문제들이 이 원칙에 의해서 명시적으로 해결되지 않는 경우 가능한 한 이 원칙이 기초로 하고 있는 일반원칙에 따라서 해결한다.

제1-7조 신의성실 및 공정거래

(1) 각 당사자는 국제거래의 신의성실 및 공정거래 원칙에 따라서 행동하여야 한다.
(2) 당사자들은 (1)항의 의무를 배제하거나 제한할 수 없다.

제1-8조 모순되는 행위(의 금지)

당사자는 상대방으로 하여금 이해하도록 하였던 사실과 상대방이 그 사실로 인하여 입은 손실에 대하여 합리적으로 대응한 것에 대하여 모순되는 행위를 하여서는 아니된다.

제1-9조 관습과 관행

(1) 당사자들은 합의한 관습과 당사자간에 성립된 관행에 구속된다.
(2) 당사자들은 관련된 특정거래분야의 거래자들에 의하여 국제거래에서 통상적으로 준수되거나 널리 알려진 관습에 의하여 구속된다. 다만, 그런 관습의 적용이 비합리적인 경우를 제외한다.

제1-10조 통지

(1) 통지가 필요한 경우 통지는 상황에 따라 적절한 수단에 의하여 이루어질 수 있다.

A notice is effective when it reaches the person to whom it is given.

For the purpose of paragraph (2) a notice "reaches" a person when given to that person orally or delivered at that person's place of business or mailing address.

For the purpose of this Article "notice" includes a declaration, demand, request or any other communication of intention.

ARTICLE 1.11 (Definitions)

In these Principles

"court" includes an arbitral tribunal;

where a party has more than one place of business the relevant "place of business" is that which has the closest relationship to the contract and its performance, having regard to the circumstances known to or contemplated by the parties at any time before or at the conclusion of the contract;

"long-term contract" refers to a contract which is to be performed over a period of time and which normally involves, to a varying degree, complexity of the transaction and an ongoing relationship between the parties;

"obligor" refers to the party who is to perform an obligation and "obligee" refers to the party who is entitled to performance of that obligation;

"writing" means any mode of communication that preserves a record of the information contained therein and is capable of being reproduced in tangible form.

ARTICLE 1.12 (Computation of time set by parties)

Official holidays or non-business days occurring during a period set by parties for an act to be performed are included in calculating the period.

However, if the last day of the period is an official holiday or a non-business day at the place of business of the party to perform the act, the period is extended until the first business day which follows, unless the circumstances indicate otherwise. The relevant time zone is that of the place of business of the party setting the time, unless the circumstances indicate otherwise.

CHAPTER 2 — FORMATION AND AUTHORITY OF AGENTS

SECTION 1: FORMATION

ARTICLE 2.1.1 (Manner of formation)

A contract may be concluded either by the acceptance of an offer or by conduct of the parties that is sufficient to show agreement.

ARTICLE 2.1.2 (Definition of offer)

A proposal for concluding a contract constitutes an offer if it is sufficiently definite and indicates the intention of the

(2) 통지는 수령인에게 도달한 때 효력이 발생한다.

(3) 위 (2)항의 목적을 위하여 통지는 수령인에게 구두로 전달한 때, 또는 수령인에게 배달되거나 영업소나 우편주소에 배달된 때 '도달'된 것으로 본다.

(4) 이 조항의 목적을 위하여 통지는 표시, 요구, 청구 또는 다른 어떤 의사의 전달을 포함한다.

제1-11조 정의

이 원칙에서 사용하는 용어의 정의는 다음과 같다.

'법정'은 중재판정소를 포함한다.

당사자 일방이 둘 이상의 영업소를 가지고 있는 경우에, 계약체결 저이나 그 체결시에 당사자 쌍방에 알려지거나 예기된 상황을 고려하여 계약 및 그 이행과 가장 밀접한 관련이 있는 곳을 "영업소"로 한다.

"장기계약"은 일정한 기간에 걸쳐 이행되어야 하는 계약으로서 그 정도는 다양하지만, 거래의 복잡성과 당사자간 관계의 지속성을 수반하는 계약을 말한다.

'채무자'라 함은 채무를 이행해야 할 당사자를 말하고 '채권자'는 그 채무의 이행을 하도록 할 권리를 갖는 자를 말한다.

'서면'이라 함은 거기에 포함된 정보의 기록을 보유하고 감지될 수 있는 형태로 재생할 수 있는 모든 전달형 태를 의미한다.

제1-12조 기간의 산정

(1) 당사자들에 의한 이행을 위하여 부여된 기간 중의 공휴일 및 비영업일은 기간 산정에 포함된다.

(2) 반대의 상황이 아닌 한, 기간의 말일이 이행당사자의 영업지역에서 공휴일 및 비영업일인 경우, 그 기간은 그 다음 첫 영업일까지 연장된다.

(3) 반대의 상황이 아닌 한, 관련되는 표준시간대는 시간을 수배한 당사자의 영업장소가 속한 지역이다.

제2장 계약의 성립 및 대리인의 권한

제1절 계약의 성립

제2-1-1조 성립의 형식

계약은 청약에 대한 승낙 또는 계약당사자의 합의를 나타내기에 충분한 당사자들의 행위에 의하여 체결될 수 있다.

제2-1-2조 청약의 정의

계약을 체결하려는 제의는 그것이 충분히 명확하고 상대방의 승낙이 있는 경우에 구속된다는 청약자의 의

offeror to be bound in case of acceptance.

ARTICLE 2.1.3 (Withdrawal of offer)

An offer becomes effective when it reaches the offeree.

An offer, even if it is irrevocable, may be withdrawn if the withdrawal reaches the offeree before or at the same time as the offer.

ARTICLE 2.1.4 (Revocation of offer)

Until a contract is concluded an offer may be revoked if the revocation reaches the offeree before it has dispatched an acceptance.

However, an offer cannot be revoked

if it indicates, whether by stating a fixed time for acceptance or otherwise, that it is irrevocable; or

if it was reasonable for the offeree to rely on the offer as being irrevocable and the offeree has acted in reliance on the offer.

ARTICLE 2.1.5 (Rejection of offer)

An offer is terminated when a rejection reaches the offeror.

ARTICLE 2.1.6 (Mode of acceptance)

A statement made by or other conduct of the offeree indicating assent to an offer is an acceptance. Silence or inactivity does not in itself amount to acceptance.

An acceptance of an offer becomes effective when the indication of assent reaches the offeror.

However, if, by virtue of the offer or as a result of practices which the parties have established between themselves or of usage, the offeree may indicate assent by performing an act without notice to the offeror, the acceptance is effective when the act is performed.

ARTICLE 2.1.7 (Time of acceptance)

An offer must be accepted within the time the offeror has fixed or, if no time is fixed, within a reasonable time having regard to the circumstances, including the rapidity of the means of communication employed by the offeror. An oral offer must be accepted immediately unless the circumstances indicate otherwise.

ARTICLE 2.1.8 (Acceptance within a fixed period of time)

A period of acceptance fixed by the offeror begins to run from the time that the offer is dispatched. A time indicated in the offer is deemed to be the time of dispatch unless the circumstances indicate otherwise.

사를 나타내고 있는 경우에는 청약이 된다.

제2-1-3조 청약의 철회

(1) 청약은 피청약자에게 도달한 때 효력이 발생한다.

(2) 청약은 비록 취소불능이라 하더라도 청약의 철회통지가 청약의 도달 전 또는 도달과 동시에 피청약자에게 도달한 경우에는 철회될 수 있다.

제2-1-4조 청약의 취소

(1) 계약이 체결될 때까지는 청약을 취소할 수 있다. 다만, 피청약자가 승낙의 통지를 발송하기 전에 그 취소의 통지가 피청약자에게 도달하는 경우에 한한다.

(2) 그러나 다음과 같은 경우에 청약은 취소할 수 없다.

① 청약이 승낙을 위한 일정기간을 설정하거나 기타 다른 방법으로 취소불능임을 표시하고 있는 경우

② 피청약자가 청약을 취소불능이라고 신뢰하는 것이 합리적이고 또한 피청약자가 청약을 신뢰하고 행동한 경우

제2-1-5조 청약에 대한 거절

청약은 그 거절통지가 청약자에게 도달한 때에 효력을 상실한다.

제2-1-6조 승낙의 형태

(1) 청약에 대하여 동의를 나타내는 피청약자의 진술 기타 행위는 승낙이 된다.

(2) 청약에 대한 승낙은 동의의 표시가 청약자에게 도달한 때 효력이 발생한다.

(3) 그러나 청약의 내용으로 보아서 또한 관습 또는 당사자간에 확립된 관행의 결과로써 피청약자가 청약자에게 통지하지 아니하고 행위를 함으로써 동의를 표시하는 경우에는 그 행위가 이루어진 때 승낙은 효력을 발생한다.

제2-1-7조 승낙기간

청약은 청약자가 정한 기간내 또는 기간을 정하지 않은 경우에는 청약자에 의하여 사용된 통신수단의 신속성을 포함하는, 제 사정을 고려한 합리적인 기간내에 승낙되어야 한다. 구두에 의한 청약은 달리 사정이 있지 않는 한, 즉시 승낙되어야 한다.

제2-1-8조 정해진 기간내의 승낙

청약자에 의하여 정해진 승낙기간은 청약이 발송된 때부터 기산한다. 청약에 게시된 시간은 반대의 상황이 아닌 한 발송시간으로 추정된다.

ARTICLE 2.1.9 (Late acceptance, Delay in transmission)

A late acceptance is nevertheless effective as an acceptance if without undue delay the offeror so informs the offeree or gives notice to that effect.

If a communication containing a late acceptance shows that it has been sent in such circumstances that if its transmission had been normal it would have reached the offeror in due time, the late acceptance is effective as an acceptance unless, without undue delay, the offeror informs the offeree that it considers the offer as having lapsed.

ARTICLE 2.1.10 (Withdrawal of acceptance)

An acceptance may be withdrawn if the withdrawal reaches the offeror before or at the same time as the acceptance would have become effective.

ARTICLE 2.1.11 (Modified acceptance)

A reply to an offer which purports to be an acceptance but contains additions, limitations or other modifications is a rejection of the offer and constitutes a counter-of- fer.

However, a reply to an offer which purports to be an acceptance but contains additional or different terms which do not materially alter the terms of the offer constitutes an acceptance, unless the offeror, without undue delay, objects to the discrepancy. If the offeror does not object, the terms of the contract are the terms of the offer with the modifications contained in the acceptance.

ARTICLE 2.1.12 (Writings in confirmation)

If a writing which is sent within a reasonable time after the conclusion of the contract and which purports to be a confirmation of the contract contains additional or different terms, such terms become part of the contract, unless they materially alter the contract or the recipient, without undue delay, objects to the discrepancy.

ARTICLE 2.1.13 (Conclusion of contract dependent on agreement on specific matters or in a particular form)

Where in the course of negotiations one of the parties insists that the contract is not concluded until there is agreement on specific matters or in a particular form, no contract is concluded before agreement is reached on those matters or in that form.

ARTICLE 2.1.14 (Contract with terms deliberately left open)

If the parties intend to conclude a contract, the fact that they intentionally leave a term to be agreed upon in further negotiations or to be determined by one of the parties or by a third person does not prevent a contract from coming into existence.

The existence of the contract is not affected by the fact that subsequently

the parties reach no agreement on the term;

제2-1-9조 늦은 승낙, 전달의 지연

(1) 늦은 승낙이라 하더라도 청약자가 부당하게 지체함이 없이 피청약자에게 승낙으로 취급하겠다는 취지를 통지하거나 또는 그런 취지로 통지를 한 경우에는 승낙으로서 효력이 있다.

(2) 늦은 승낙을 포함하는 통신이 통상의 통신사정이라면 적절한 시기에 청약자에게 도달하였을 것으로 인정되는 상황에서 발송되었음을 나타내고 있는 경우에는 청약자가 부당하게 지체함이 없이 피청약자에게 청약이 이미 실효한 것으로 처리하였음을 전달하지 않는 한, 늦은 승낙도 승낙으로서 효력을 갖는다.

제2-1-10조 승낙의 철회

승낙은 그 철회의 통지가 승낙의 효력이 발생하기 전 또는 발생과 동시에 청약자에게 도달한 때 철회될 수 있다.

제2-1-11조 변경된 승낙

(1) 승낙을 목적으로 하더라도 원청약에 부가, 제한 또는 기타 변경하는 내용을 포함하고 있는 회신은 청약의 거절이고 반대청약이다.

(2) 그러나 승낙을 목적으로 하는 회신에 부가적인 조건이나 상이한 조건을 포함하고 있다하더라도 청약의 조건을 실질적으로 변경하는 것이 아닌 경우에는 승낙이 된다. 다만, 청약자가 부당하게 지체함이 없이 그 변경된 내용에 이의를 제기하는 경우에는 그러하지 아니하다. 청약자가 이의를 제기하지 아니하는 경우에는 승낙에 포함된 조건에 의해서 변경된 청약조건이 계약조건이 된다.

제2-1-12조 확인서

계약체결 후 합리적인 기간 내에 송달된, 계약의 확인을 목적으로 하는 서면 중에 부가적인 조건이나 상이한 조건이 포함되고 있는 경우에, 그러한 조건은 계약의 일부가 된다. 다만, 그 조건이 계약을 실질적으로 변경하는 것이거나 또는 그 수취인이 부당하게 지체함이 없이 그 변경된 내용에 이의를 제기하는 경우에는 그러하지 아니하다.

제2-1-13조 특정사항 또는 특정형식에 의한 합의에 의존하는 계약체결

교섭과정에서 특정사항에 관한 합의 또는 특정형식에 의한 합의에 이르기까지, 계약은 체결되지 않은 것임을 일방당사자가 주장할 때에는 그 사항에 관하여 또는 그런 형식에 의한 합의 전에는 계약이 체결되지 아니한다.

제2-1-14조 의도적으로 미확정으로 남겨놓은 조건을 포함하는 계약

(1) 당사자가 계약체결을 의도하는 한 당사자가 고의로 특정한 계약조건을 추후 협상하여 합의하기로 하거나 당사자의 어느 일방 또는 제3자로 하여금 결정하도록 한 사실은 계약의 존재를 막지 아니한다.

(2) 계약의 존재는 사후에 발생하는 다음 각호의 사실에 의하여 영향을 받지 아니한다.

(가) 당사자가 그러한 계약조건에 대한 합의에 이르지 못하는 사실

the party who is to determine the term does not do so; or

the third person does not determine the term,

provided that there is an alternative means of rendering the term definite that is reasonable in the circumstances, having regard to the intention of the parties.

ARTICLE 2.1.15 (Negotiations in bad faith)

A party is free to negotiate and is not liable for failure to reach an agreement.

However, a party who negotiates or breaks off negotiations in bad faith is liable for the losses caused to the other party.

It is bad faith, in particular, for a party to enter into or continue negotiations when intending not to reach an agreement with the other party.

ARTICLE 2.1.16 (Duty of confidentiality)

Where information is given as confidential by one party in the course of negotiations, the other party is under a duty not to disclose that information or to use it improperly for its own purposes, whether or not a contract is subsequently concluded. Where appropriate, the remedy for breach of that duty may include compensation based on the benefit received by the other party.

ARTICLE 2.1.17 (Merger clauses)

A contract in writing which contains a clause indicating that the writing completely embodies the terms on which the parties have agreed cannot be contradicted or supplemented by evidence of prior statements or agreements. However, such statements or agreements may be used to interpret the writing.

ARTICLE 2.1.18 (Modification in a particular form)

A contract in writing which contains a clause requiring any modification or termination by agreement to be in a particular form may not be otherwise modified or terminated. However, a party may be precluded by its conduct from asserting such a clause to the extent that the other party has reasonably acted in reliance on that conduct.

ARTICLE 2.1.19 (Contracting under standard terms)

Where one party or both parties use standard terms in concluding a contract, the general rules on formation apply, subject to Articles 2.1.20 - 2.1.22.

Standard terms are provisions which are prepared in advance for general and repeated use by one party and which are actually used without negotiation with the other party.

(나) 그러한 계약조건을 결정할 당사자가 그 결정을 하지 아니하는 사실 또는

(다) 제3자가 그러한 계약조건을 결정하지 아니하는 사실.

다만 당사자의 의사를 고려하여, 상황에 따라 합리적인 저도로 그러한 계약조건을 확정하는 다른 방법이 있어야 한다.

제2-1-15조 불성실한 교섭

(1) 당사자는 자유롭게 교섭할 수 있고 합의에 이르지 못한 것에 대하여 책임을 부담하지 아니한다.

(2) 그러나, 교섭을 불성실하게 하거나 파기한 당사자는 상대방에게 손실을 입게 한데 대하여 책임을 부담한다.

(3) 특히, 상대방과 합의에 이르지 않으려는 의도로 교섭을 시작하거나 계속한 당사자는 불성실한 것으로 본다.

제2-1-16조 비밀유지 의무

일방 당사자에 의하여 교섭과정에서 비밀사항으로 제시된 정보는 후에 계약이 체결되는지 여부에 관계없이 상대방 당사자는 그 정보를 공개하지 아니할 의무가 있고 또는 그 자체의 목적에 비추어 부적절하게 사용하지 아니할 의무가 있다.

적절한 경우, 그 의무위반에 대한 구제책은 상대방당사자가 취득한 이익을 근거로 하는 보상을 포함할 수 있다.

제2-1-17조 완결조항

서면에 양당사자가 합의한 조건을 완전히 포용하고 있음을 나타내는 조항을 포함하고 있는 서면계약은 사전진술이나 합의의 증거에 의해서 부인되거나 보충될 수 없다. 그러나 이러한 진술이나 합의는 서면을 해석하는 데 이용될 수 있다.

제2-1-18조 특정형식의 변경조항

특정형식에 의한 합의로 변경 또는 해지가 이루어질 것을 요건으로 하는 조항을 포함하고 있는 서면 계약은 특정형식에 의하지 아니하는 다른 방법에 의해서는 변경되거나 해지하지 못한다. 다만, 일방 당사자는 자기의 행위에 대하여 상대방 당사자가 합리적으로 신뢰하고 활동한 범위 내에서 그러한 조항을 원용하는 것을 방해받지 아니한다.

제2-1-19조 표준약관에 의한 계약

(1) 일방 당사자 또는 양당사자가 계약체결 시에 표준약관을 사용하는 경우, 제2-1-20조(기습조항) 내지 제2-1-22조(서식의 다툼)를 제외하고, 성립에 대한 일반규칙이 적용된다.

(2) 표준약관은 일방당사자에 의하여 일반적이고 반복적인 사용을 위해 사전에 준비된 조항들로서 상대방 당사자와 교섭하지 아니하고도 현실적으로 사용되는 것을 말한다.

ARTICLE 2.1.20 (Surprising terms)

No term contained in standard terms which is of such a character that the other party could not reasonably have expected it, is effective unless it has been expressly accepted by that party.

In determining whether a term is of such a character regard shall be had to its content, language and presentation.

ARTICLE 2.1.21 (Conflict between standard terms and non-standard terms)

In case of conflict between a standard term and a term which is not a standard term the latter prevails.

ARTICLE 2.1.22 (Battle of forms)

Where both parties use standard terms and reach agreement except on those terms, a contract is concluded on the basis of the agreed terms and of any standard terms which are common in substance unless one party clearly indicates in advance, or later and without undue delay informs the other party, that it does not intend to be bound by such a contract.

SECTION 2: AUTHORITY OF AGENTS

ARTICLE 2.2.1 (Scope of the Section)

This Section governs the authority of a person ("the agent") to affect the legal relations of another person ("the principal") by or with respect to a contract with a third party, whether the agent acts in its own name or in that of the principal.

It governs only the relations between the principal or the agent on the one hand, and the third party on the other.

It does not govern an agent's authority conferred by law or the authority of an agent appointed by a public or judicial authority.

ARTICLE 2.2.2 (Establishment and scope of the authority of the agent)

The principal's grant of authority to an agent may be express or implied.

The agent has authority to perform all acts necessary in the circumstances to achieve the purposes for which the authority was granted.

ARTICLE 2.2.3 (Agency disclosed)

Where an agent acts within the scope of its authority and the third party knew or ought to have known that the agent was acting as an agent, the acts of the agent shall directly affect the legal relations between the principal and the third party and no legal relation is created between the agent and the third party.

However, the acts of the agent shall affect only the relations between the agent and the third party, where the agent with the consent of the principal undertakes to become the party to the contract.

제2-1-20조 의외조항/기습조항

(1) 표준약관에 포함된 조건 중 상대방이 합리적으로 예견할 수 없었던 성질을 가진 조건의 경우에는 상대방에 의해 명시적으로 승낙되지 아니하는 한 효력이 없다.

(2) 어떤 조건이 전항과 같은 성질의 것인지 아닌지를 결정하는 경우 그 내용, 언어 및 표시를 고려해야 한다.

제2-1-21조 표준약관과 비표준약관의 저촉

표준약관과 비표준약관 간에 저촉이 있는 경우에는 비표준약관이 우선한다.

제2-1-22조 서식의 다툼

양당사자가 표준약관을 사용하기로 하고, 그러한 표준약관을 제외하고 합의에 이른 경우, 계약은 그 합의된 내용 및 표준약관 중 실질적으로 공통적인 조건을 기초로 체결된 것으로 본다. 다만, 일방 당사자가 그러한 계약에 의하여 구속되지 아니한다는 의사를 분명히 미리 밝히든가 아니면 사후에 부당하게 지체함이 없이 상대방 당사자에게 통지하는 경우에는 그러하지 아니하다.

제2절 대리인의 권한

제2-2-1조 제2절의 범위

(1) 이 절은 제3자와의 계약과 관련하여 본인의 법률관계에 영향을 미치기 위하여, 한 사람(대리인)이 자신의 명의로 행동을 하든지 본인의 명의로 행동하든지 하는 경우, 그 대리인의 권한을 규율한다.

(2) 이 절은 한편으로서 본인 또는 대리인, 다른 편으로서 제3자와의 관계만을 규율한다.

(3) 이 절은 법률에 의하여 부여된 대리인 또는 공공기관 또는 사법 기관에 의하여 임명된 대리인의 권한을 규율하지는 않는다.

제2-2-2조 대리인의 권한의 설정과 범위

(1) 대리인에 대한 본인의 권한 부여는 명시적으로 또는 묵시적으로 할 수 있다.

(2) 대리인은 권한이 부여된 목적을 달성하기 위하여 필요한 모든 행위를 이행할 권한을 갖는다.

제2-2-3조 알려진 대리(明知 대리)

(1) 대리인이 주어진 권한의 범위내에서 행동하고, 제3자가 대리인으로서 행동하고 있다는 것을 알았거나 알았어야 하는 경우에, 대리인의 행위는 본인과 제3자간의 법률관계에 직접 효력이 있으며, 대리인과 제3자간에는 아무런 법률관계가 발생하지 않는다.

(2) 그러나 본인의 동의를 얻은 대리인이 계약당사자로서 수행하는 경우에 대리인의 행위는 대리인과 제3자간의 관계에만 효력이 있다.

ARTICLE 2.2.4 (Agency undisclosed)

Where an agent acts within the scope of its authority and the third party neither knew nor ought to have known that the agent was acting as an agent, the acts of the agent shall affect only the relations between the agent and the third party.

However, where such an agent, when contracting with the third party on behalf of a business, represents itself to be the owner of that business, the third party, upon discovery of the real owner of the business, may exercise also against the latter the rights it has against the agent.

ARTICLE 2.2.5 (Agent acting without or exceeding its authority)

Where an agent acts without authority or exceeds its authority, its acts do not affect the legal relations between the principal and the third party.

However, where the principal causes the third party reasonably to believe that the agent has authority to act on behalf of the principal and that the agent is acting within the scope of that authority, the principal may not invoke against the third party the lack of authority of the agent.

ARTICLE 2.2.6 (Liability of agent acting without or exceeding its authority)

An agent that acts without authority or exceeds its authority is, failing ratification by the principal, liable for damages that will place the third party in the same position as if the agent had acted with authority and not exceeded its authority.

However, the agent is not liable if the third party knew or ought to have known that the agent had no authority or was exceeding its authority.

ARTICLE 2.2.7 (Conflict of interests)

If a contract concluded by an agent involves the agent in a conflict of interests with the principal of which the third party knew or ought to have known, the principal may avoid the contract. The right to avoid is subject to Articles 3.2.9 and 3.2.11 to 3.2.15.

However, the principal may not avoid the contract

if the principal had consented to, or knew or ought to have known of, the agent's involvement in the conflict of interests; or

if the agent had disclosed the conflict of interests to the principal and the latter had not objected within a reasonable time.

ARTICLE 2.2.8 (Sub-agency)

An agent has implied authority to appoint a sub-agent to perform acts which it is not reasonable to expect the agent to perform itself. The rules of this Section apply to the sub-agency.

ARTICLE 2.2.9 (Ratification)

An act by an agent that acts without authority or exceeds its authority may be ratified by the principal. On

제2-2-4조 알려지지 않은 대리(不明知 대리)

(1) 대리인이 그 권한의 범위내에서 행동하고 제3자가 대리인이 대리인으로서 행동하고 있다는 것을 모르거나 모를 수밖에 없었던 경우 대리인의 행위는 대리인과 제3자의 관계에만 효력을 가진다.

(2) 그러나, 대리인이 영업상 제3자와 계약을 체결했을 때 그 기업의 소유자로 스스로를 대표하고 있는 경우, 제3자는 그 기업의 실질적인 소유자를 알게 되었을 때 그 대리인에 대응하는 권리를 그 실질 소유주에 대응해서 행사할 수 있다.

제2-2-5조 무권 대리인 또는 월권 대리인

(1) 대리인이 권한없이 행동하거나 월권하는 경우 그 행동은 본인과 제3자간의 법률관계에 효력을 미치지 아니한다.

(2) 그러나, 본인이 제3자로 하여금 대리인이 본인을 대신해서 행동하도록 수권하였고 대리인이 그 수권의 범위내에서 행동한 것으로 합리적인 신뢰를 하도록 하였다면, 본인은 제3자에 대하여 대리인의 수권 없음을 주장할 수 없다.

제2-2-6조 무권 또는 월권 대리인의 책임

(1) 무권 또는 월권 대리인은 본인의 추인을 받지 못한다면, 대리인이 수권을 가지고 행동했거나 월권하지 않았던 것과 같이 동일한 입장에서 제3자에게 부여한 손해에 대하여 책임을 진다.

(2) 그러나, 대리인은 만일 제3자가 대리인이 무권 또는 월권임을 알았거나 알았어야 하는 경우에는 책임을 지지 아니한다.

제2-2-7조 이해관계의 상반

(1) 대리인에 의하여 체결된 계약이, 제3자가 알았거나 알았어야 하는 본인의 이해관계와의 상반에 대리인을 연루시키고 있다면, 본인은 계약을 해제할 수 있다. 해제권은 제3-12조 및 제3-14조 내지 제3-17조에 따른다.

(2) 그러나, 본인은 다음과 같은 경우 계약을 해제할 수 없다.

   (a) 본인이 이해관계의 상반에 대한 대리인의 연루를 알았거나 알았어야 하거나, 동의한 경우

   (b) 대리인이 본인에 대한 이해관계의 상반을 고지하였으나 본인이 합리적인 기간내에 반대하지 않은 경우

제2-28조 복대리

대리인은 대리인이 직접 이행할 것을 기대하는 것이 합리적이지 않은 행위를 이행하기 위하여, 복대리인을 지명할 묵시적인 권한을 보유한다. 이 절의 규정은 복대리에 적용한다.

제2-2-9조 추인

(1) 무권 또는 월권 대리인의 행위는 본인에 의해서 추인될 수 있다. 추인이 되면 그 행위는 처음부터 수권

ratification the act produces the same effects as if it had initially been carried out with authority.

The third party may by notice to the principal specify a reasonable period of time for ratification. If the principal does not ratify within that period of time it can no longer do so.

If, at the time of the agent's act, the third party neither knew nor ought to have known of the lack of authority, it may, at any time before ratification, by notice to the principal indicate its refusal to become bound by a ratification.

ARTICLE 2.2.10 (Termination of authority)

Termination of authority is not effective in relation to the third party unless the third party knew or ought to have known of it.

Notwithstanding the termination of its authority, an agent remains authorised to perform the acts that are necessary to prevent harm to the principal's interests.

CHAPTER 3 – VALIDITY

SECTION 1: GENERAL PROVISIONS

ARTICLE 3.1.1 (Matters not covered)

This Chapter does not deal with lack of capacity.

ARTICLE 3.1.2 (Validity of mere agreement)

A contract is concluded, modified or terminated by the mere agreement of the parties, without any further requirement.

ARTICLE 3.1.3 (Initial impossibility)

The mere fact that at the time of the conclusion of the contract the performance of the obligation assumed was impossible does not affect the validity of the contract.

The mere fact that at the time of the conclusion of the contract a party was not entitled to dispose of the assets to which the contract relates does not affect the validity of the contract.

ARTICLE 3.1.4 (Mandatory character of the provisions)

The provisions on fraud, threat, gross disparity and illegality contained in this Chapter are mandatory.

으로 수행한 것과 동일한 효력을 지닌다.

(2) 제3자는 본인에게 통지함으로써 추인에 대한 합리적인 기간을 특정할 수 있다. 본인이 그 기간내에 추인을 하지 않을 경우 추인 기간은 더 이상 연장되지 않는다.

(3) 대리인의 행위시에 제3자가 수권의 결여를 알지 못했거나 알았어야 하지 않았던 경우, 추인전 어느 때든지, 본인에 통지함으로써 추인에 구속되지 않을 것을 밝힐 수 있다.

제2-2-10조 수권의 종료

(1) 수권의 종료는 제3자가 그 사실을 알았거나 알았어야 하지 않는 한, 제3자와의 관계에서 효력을 상실한다.

(2) 수권의 종료에도 불구하고 대리인은 본인의 이해관계에 손상을 주지 않도록 필요한 행위를 할 권한을 보유한다.

제3장 효력

일반적으로 각국의 계약법에서는 계약의 효력에 영향을 미치는 착오, 사기, 강박 등에 관한 규정을 두고 있으나 국제협약으로서의 CISG는 계약의 효력에 영향을 미치는 내용은 포함하지 않고 있다. 그러나 이 원칙에서는 계약의 준거규정으로서의 범위를 넓히기 위하여 이에 대한 내용을 도입하고 더 나아가 현저한 불공정 등 실질적으로 계약의 평등성을 침해하는 경우에도 계약을 해제할 수 있도록 하고 있다.

제3-1-1조 제외되는 사항

본조는 무능력 다루지 아니한다.

제3-1-2조 단순한 합의의 효력

계약은 당사자간의 추가적인 요건이 필요 없이 단순한 합의에 의하여 체결되거나 변경되거나 해지된다.

제3-1-3조 기본적 불능

(1) 계약체결시에 채무의 이행이 불가능했었다는 사실만으로는 계약의 효력에 영향을 미치지 아니한다.

(2) 계약체결시에 일방 당사자가 계약과 관련된 재산의 처분권이 없다는 사실만으로는 계약의 효력에 영향을 미치지 아니한다.

제3-1-4조 강행규정성

본장에 규저된 사기, 강박, 중대한 불균형 및 위법성에 관한 규정은 강행규정이다.

SECTION 2: GROUNDS FOR AVOIDANCE

ARTICLE 3.2.1 (Definition of mistake)

Mistake is an erroneous assumption relating to facts or to law existing when the contract was concluded.

ARTICLE 3.2.2 (Relevant mistake)

A party may only avoid the contract for mistake if, when the contract was concluded, the mistake was of such importance that a reasonable person in the same situation as the party in error would only have concluded the contract on materially different terms or would not have concluded it at all if the true state of affairs had been known, and the other party made the same mistake, or caused the mistake, or knew or ought to have known of the mistake and it was contrary to reasonable commercial standards of fair dealing to leave the mistaken party in error; or the other party had not at the time of avoidance reasonably acted in reliance on the contract. However, a party may not avoid the contract if it was grossly negligent in committing the mistake; or the mistake relates to a matter in regard to which the risk of mistake was as- sumed or, having regard to the circumstances, should be borne by the mistaken party.

ARTICLE 3.2.3 (Error in expression or transmission)

An error occurring in the expression or transmission of a declaration is considered to be a mistake of the person from whom the declaration emanated.

ARTICLE 3.2.4 (Remedies for non-performance)

A party is not entitled to avoid the contract on the ground of mistake if the circumstances on which that party relies afford, or could have afforded, a remedy for non-performance.

ARTICLE 3.2.5 (Fraud)

A party may avoid the contract when it has been led to conclude the contract by the other party's fraudulent representation, including language or practices, or fraudulent non-disclosure of circumstances which, according to reasonable commercial standards of fair dealing, the latter party should have disclosed.

ARTICLE 3.2.6 (Threat)

A party may avoid the contract when it has been led to conclude the contract by the other party's unjustified threat which, having regard to the circumstances, is so imminent and serious as to leave the first party no reasonable alternative. In particular, a threat is unjustified if the act or omission with which a party has been threatened is wrongful in itself, or it is wrongful to use it as a means to obtain the conclusion of the contract.

제2절 취소사유

제3-2-1조 착오의 정의

착오는 계약체결시에 존재하는 사실 또는 법률에 관련된 잘못된 인식을 말한다.

제3-2-2조 문제가 되는 착오

(1) 계약 당사자가 착오로 인한 계약을 해제할 수 있는 것은 계약이 체결되었을 때 오직 그 착오가 착오를 일으킨 당사자와 동일한 상황에서 합리적인 자가 만일 진정한 사항을 알고 있었다면 실질적으로 다른 조건으로 계약을 체결했거나 전혀 계약을 체결하지 않았을 만큼 중요한 경우이다. 그리고

　① 상대방이 동일한 착오를 했거나 착오를 일으키게 했거나, 착오를 알았거나 알았어야 했고, 착오를 일으킨 당사자를 방치하는 것이 공정거래에 대한 합리적인 상사표준에 위배된 경우

　② 상대방이 해제시까지 그 계약을 신뢰하고 합리적으로 행동하지 아니한 경우이다.

(2) 그러나 일방 당사자는 다음과 같은 경우에는 계약을 해제할 수 없다.

　① 착오를 일으킨 과실이 큰 경우

　② 착오의 위험이 예견되거나 제 상황을 고려하건데 그 착오가 착오를 일으킨 당사자에 의하여 부담되어야 하는 문제에 관련된 경우

제3-2-3조 표현 또는 송달의 과오

의사표시의 표현이나 송달과정에서 발생한 과오는 그 표시를 발송한 자의 착오로 간주된다.

제3-2-4조 불이행에 대한 구제

일방당사자가 신뢰한 상황이 불이행에 대한 구제책을 제공하거나 제공할 수 있었다면 그 당사자는 착오를 근거로 계약을 해제할 수 없다.

제3-2-5조 사기

일방당사자는 언어나 관행을 포함해서 상대방의 사기적인 표시에 의해서 또는 공정거래에 대한 상업의 합리적인 표준에 따라서 상대방이 공개했어야 하는 상황을 사기적인 방법으로 비공개함으로써, 상대방에 의하여 계약을 체결하도록 유도되었을 때 그 계약을 해제할 수 있다.

제3-2-6조 강박

일방당사자에게 합리적인 선택의 여지를 주지 못할 만큼, 사정을 고려하건데 절박하고 심각한 상대방의 부당한 강박에 의해서 계약을 체결하도록 유도되었을 경우에는 그 당사자는 계약을 해제할 수 있다. 특히, 일방당사자가 강박당한 작위 또는 부작위가 그 자체가 부당하거나 계약체결을 얻어내기 위한 수단으로서 부당하게 이용된 경우 그 강박은 부당한 것이다.

ARTICLE 3.2.7 (Gross disparity)

A party may avoid the contract or an individual term of it if, at the time of the conclusion of the contract, the contract or term unjustifiably gave the other party an excessive advantage. Regard is to be had, among other factors, to the fact that the other party has taken unfair advantage of the first party's dependence, economic distress or urgent needs, or of its improvidence, ignorance, inexperience or lack of bargaining skill, and the nature and purpose of the contract.

Upon the request of the party entitled to avoidance, a court may adapt the contract or term in order to make it accord with reasonable commercial standards of fair dealing.

A court may also adapt the contract or term upon the request of the party receiving notice of avoidance, provided that that party informs the other party of its request promptly after receiving such notice and before the other party has reasonably acted in reliance on it. Article 3.2.10(2) applies accordingly.

ARTICLE 3.2.8 (Third persons)

Where fraud, threat, gross disparity or a party's mistake is imputable to, or is known or ought to be known by, a third person for whose acts the other party is responsible, the contract may be avoided under the same conditions as if the behaviour or knowledge had been that of the party itself.

Where fraud, threat or gross disparity is imputable to a third person for whose acts the other party is not responsible, the contract may be avoided if that party knew or ought to have known of the fraud, threat or disparity, or has not at the time of avoidance reasonably acted in reliance on the contract.

ARTICLE 3.2.9 (Confirmation)

If the party entitled to avoid the contract expressly or impliedly confirms the contract after the period of time for giving notice of avoidance has begun to run, avoidance of the contract is excluded.

ARTICLE 3.2.10 (Loss of right to avoid)

If a party is entitled to avoid the contract for mistake but the other party declares itself willing to perform or performs the contract as it was understood by the party entitled to avoidance, the contract is considered to have been concluded as the latter party understood it. The other party must make such a declaration or render such performance promptly after having been informed of the manner in which the party entitled to avoidance had understood the contract and before that party has reasonably acted in reliance on a notice of avoidance.

After such a declaration or performance the right to avoidance is lost and any earlier notice of avoidance is ineffective.

ARTICLE 3.2.11 (Notice of avoidance)

The right of a party to avoid the contract is exercised by notice to the other party.

제3-2-7조 현저한 불균형

(1) 일방당사자는 계약체결시에 그 계약이나 어느 조건이 부당하게 상대방에게 초과이익을 제공하는 경우에는 그 계약 또는 개별조건을 해제할 수 있다. 그때 다음과 같은 요소들이 고려되어야 한다.

① 상대방이 일방당사자의 종속상태, 경제적 곤란 또는 그 당사자의 몰지각, 무지, 무경험 또는 교섭기술의 결여로, 부당한 이익을 취한 사실.

② 그 계약의 성질과 목적

(2) 해제권을 가진 당사자의 요청으로, 법정은 공정거래의 합리적 상사표준에 일치하도록 하기 위하여 그 계약 또는 조건을 수정할 수 있다.

(3) 법정은 또한 해제통지를 수령한 당사자의 요청으로 계약 또는 조건을 수정할 수 있다. 다만, 그 당사자는 해제통지를 수령한 후 즉시 그리고 상대방이 그 해제통지를 신뢰하고 합리적으로 행동하기 전에 그 요청을 상대방에게 통지한 경우에 한한다. 이때, 제3-13조(2)항이 준용된다.

제3-2-8조 제3자

(1) 사기, 강박, 현저한 불균형 또는 일방당사자의 착오가 제3자가 알고 있거나 알았어야 하고 또는 제3자에게 그 책임을 전가할 수 있고, 상대방이 제3자의 행위에 대하여 책임을 부담하는 경우, 그 계약은 제3자의 행위 또는 인지가 마치 상대방 자신의 것이었던 것과 동일한 조건으로 해제될 수 있다.

(2) 사기, 강박 또는 현저한 불균형이, 상대방으로서는 책임을 부담할 수 없는 제3자에 의한 행위여서 그 책임을 제3자에게 전가할 수 있는 경우에도, 상대방이 그 사기, 강박 또는 불균형을 알았거나 알았어야 하는 경우 또는 계약해제 시에 그 계약을 신뢰하여 합리적으로 행동하지 않았다면 그 계약을 해제할 수 있다.

제3-2-9조 확 인

계약을 해제할 권리가 있는 당사자가 해제통지를 할 기간이 진행되기 시작한 이후에 명시적 또는 묵시적으로 계약을 확인한 경우에는 계약해제권은 배제된다.

제3-2-10조 해제권의 상실

(1) 일방당사자가 착오에 대하여 계약을 해제할 권리가 있으나 상대방이 해제권을 가진 당사자가 양해하고 있는 것으로 알고 계약을 이행할 것임을 표시하거나 계약을 이행하는 경우 그 계약은 해제권을 가진 당사자가 양해하고 있는 것으로 하여 체결된 것으로 본다. 상대방은 해제권을 가진 당사자가 계약을 양해하고 있다는 태도를 통지 받은 후 즉시 그리고 그 당사자가 해제통지를 신뢰하고 합리적으로 행동하기 전에 그러한 표시를 하거나 그와 같은 이행을 하지 않으면 아니 된다.

(2) 위 (1)항의 표시 또는 이행 후, 동 해제권은 상실되고 그 이전의 모든 해제통지는 효력이 없다.

제3-2-11조 해제통지

계약해제를 하려는 당사자의 권리는 상대방에게 통지함으로써 행사된다.

ARTICLE 3.2.12 (Time limits)

Notice of avoidance shall be given within a reasonable time, having regard to the circumstances, after the avoiding party knew or could not have been unaware of the relevant facts or became capable of acting freely.

Where an individual term of the contract may be avoided by a party under Article 3.2.7, the period of time for giving notice of avoidance begins to run when that term is asserted by the other party.

ARTICLE 3.2.13 (Partial avoidance)

Where a ground of avoidance affects only individual terms of the contract, the effect of avoidance is limited to those terms unless, having regard to the circumstances, it is unreasonable to uphold the remaining contract.

ARTICLE 3.2.14 (Retroactive effect of avoidance)

Avoidance takes effect retroactively.

ARTICLE 3.2.15 (Restitution)

On avoidance either party may claim restitution of whatever it has supplied under the contract, or the part of it avoided, provided that the party concurrently makes restitution of whatever it has received under the contract, or the part of it avoided. If restitution in kind is not possible or appropriate, an allowance has to be made in money whenever reasonable.

The recipient of the performance does not have to make an allowance in money if the impossibility to make restitution in kind is attributable to the other party.

Compensation may be claimed for expenses reasonably required to preserve or maintain the performance received.

ARTICLE 3.2.16 (Damages)

Irrespective of whether or not the contract has been avoided, the party who knew or ought to have known of the ground for avoidance is liable for damages so as to put the other party in the same position in which it would have been if it had not concluded the contract.

ARTICLE 3.2.17 (Unilateral declarations)

The provisions of this Chapter apply with appropriate adaptations to any commu- nication of intention addressed by one party to the other.

SECTION 3: ILLEGALITY

ARTICLE 3.3.1 (Contracts infringing mandatory rules)

Where a contract infringes a mandatory rule, whether of national, international or supranational origin, applicable under Article 1.4 of these Principles, the effects of that infringement upon the contract are the effects, if any, expressly prescribed by that mandatory rule.

제3-2-12조 기간의 제한

(1) 해제의 통지는 상황을 고려해서 계약을 해제하려는 당사자가 관련사실을 알았거나 알았어야 하거나 또는 자유롭게 행동할 수 있게 된 후 합리적인 기간내에 이루어져야 한다.

(2) 계약의 개별 조건이 제3-10조(현저한 불균형)에서의 일방당사자에 의해서 해제될 수 있는 경우에 계약 해제통지를 하는 기간은 그 조건이 상대방에 의해서 주장되었을 때 개시되기 시작한다.

제3-2-13조 부분적 해제

해제의 원인이 계약의 개별조건에만 영향을 미치는 경우 해제의 효과는 상황을 고려해서 계약의 나머지 부분을 유지하는 것이 비합리적인 경우를 제외하고 그 조건에만 한정된다.

제3-2-14조 해제의 소급효과

해제는 소급효과가 발생한다.

제 3-2-15조 반환

(1) 취소시 각 당사자는 전부 또는 일부 취소된 계약상 공급한 것의 반환을 청구할 수 있되, 다만 그 당사자는 전부 또는 일부 취소된 계약상 자신이 수령한 것을 동시에 반환하여야 한다.

(2) 원물의 반환이 불가능하거나 적절하지 않은 경우에는 합리적인 가액이 반환되어야 한다.

(3) 이행수령자는 원물반환이 불가능한 것이 상대방에게 기인하는 경우에는 가액반환을 할 필요가 없다.

(4) 이행으로 수령한 것을 보관하거나 관리하기 위하여 합리적으로 지출된 비용의 상환청구는 허용된다.

제3-2-16조 손해배상

계약이 해제되는 것과 관계없이 해제원인을 알았거나 알았어야 할 당사자는 상대방이 계약이 체결되지 않았을 경우 유지할 수 있었던 지위에 놓일 수 있도록 손해배상을 할 책임이 있다.

제3-2-17조 일방적인 표시

제3장의 조항들은 적절한 보완과 함께 일방당사자와 상대방간의 의사의 전달에 준용된다.

제3절 위법성

제3-3-1조 강행규정에 반하는 계약

(1) 계약이 본 원칙 제1-4조에 따라 적용되는 국가적, 국제적 또는 초국가적 강행규정에 반하는 경우에 그 위반이 계약의 효력에 영향을 미치는 때에는 계약의 효력은 그 강행규정에 명시적으로 규정된 바에 따른다.

Where the mandatory rule does not expressly prescribe the effects of an infringement upon a contract, the parties have the right to exercise such remedies under the contract as in the circumstances are reasonable.

In determining what is reasonable regard is to be had in particular to:

the purpose of the rule which has been infringed;

the category of persons for whose protection the rule exists;

any sanction that may be imposed under the rule infringed;

the seriousness of the infringement;

whether one or both parties knew or ought to have known of the infringement;

whether the performance of the contract necessitates the infringement; and

the parties' reasonable expectations.

ARTICLE 3.3.2 (Restitution)

Where there has been performance under a contract infringing a mandatory rule under Article 3.3.1, restitution may be granted where this would be reasonable in the circumstances.

In determining what is reasonable, regard is to be had, with the appropriate adaptations, to the criteria referred to in Article 3.3.1(3).

If restitution is granted, the rules set out in Article 3.2.15 apply with appropriate adaptations.

CHAPTER 4 - INTERPRETATION

ARTICLE 4.1 (Intention of the parties)

A contract shall be interpreted according to the common intention of the parties.

If such an intention cannot be established, the contract shall be interpreted according to the meaning that reasonable persons of the same kind as the parties would give to it in the same circumstances.

ARTICLE 4.2 (Interpretation of statements and other conduct)

The statements and other conduct of a party shall be interpreted according to that party's intention if the other party knew or could not have been unaware of that intention.

If the preceding paragraph is not applicable, such statements and other conduct shall be interpreted according to the meaning that a reasonable person of the same kind as the other party would give to it in the same circumstances.

ARTICLE 4.3 (Relevant circumstances)

In applying Articles 4.1 and 4.2, regard shall be had to all the circumstances, including

preliminary negotiations between the parties;

practices which the parties have established between themselves;

(2) 강행규정이 계약에 대한 그러한 위반의 효력을 명시적으로 규정하지 않는 때에는 당사자는 상황에 따라 합리적인 계약상의 구제수단을 행사할 권리를 갖는다.

(3) 무엇이 합리적인지를 결정할 때에는 특히 다음 각호를 모두 고려하여야 한다.

　　가. 위반된 당해 규칙의 목적

　　나. 당해 규정이 보호하고자 하는 사람의 범주

　　다. 당해 규정의 위반에 의하여 부과되는 제재

　　라. 위반의 심각성

　　마. 당사자의 일방 또는 쌍방이 위반의 사실을 알았거나 알았어야 하는지 여부

　　바. 그 위반이 계약의 이행을 위하여 불가피하였는지 여부

　　사. 당사자들의 합리적 기대

제3-3-2조 반환

(1) 제3-3-1-조에서 규정하는 강행규정에 반하는 계약상 이행이 이루어진 경우에, 사정에 합리적인 때에는 그 반환청구가 허용된다.

(2) 무엇이 합리적인지를 결정할 때 제3-3-1조 제3항의 기준이 적절히 고려되어야 한다.

(3) 반환청구가 허용되는 경우에 그 반환에 대해서는 제3-2-15조의 규정을 준용한다.

제4장 해석

제4-1조 당사자의 의사

(1) 계약은 당사자의 공통의 의사에 따라서 해석되어야 한다.

(2) 그러한 의사가 입증될 수 없는 경우 계약은 계약당사자들과 같은 동일한 부류의 합리적인 자가 동일한 상황에서 취하는 의미에 따라서 해석되어야 한다.

제4-2조 진술과 기타 행위의 해석

(1) 일방당사자의 진술과 기타 행위는 만일 상대방이 그 의사를 알았거나 알 수 있었다면 그 당사자의 의사에 따라서 해석되어야 한다.

(2) 위 (1)항이 적용되지 않는 경우 그러한 진술과 기타 행위는 상대방과 같은 부류의 합리적인 자가 동일한 상황에서 취하는 의미에 따라서 해석되어야 한다.

제4-3조 문제되는 상황

제4-1조와 제4-2조를 적용하는 데는 다음과 같은 상황이 고려되어야 한다.

① 양당사자간의 사전 교섭

② 양당사자간에 성립되어온 관행

the conduct of the parties subsequent to the conclusion of the contract;

the nature and purpose of the contract;

the meaning commonly given to terms and expressions in the trade concerned;

usages.

ARTICLE 4.4 (Reference to contract or statement as a whole)

Terms and expressions shall be interpreted in the light of the whole contract or statement in which they appear.

ARTICLE 4.5 (All terms to be given effect)

Contract terms shall be interpreted so as to give effect to all the terms rather than to deprive some of them of effect.

ARTICLE 4.6 (Contra proferentem rule)

If contract terms supplied by one party are unclear, an interpretation against that party is preferred.

ARTICLE 4.7 (Linguistic discrepancies)

Where a contract is drawn up in two or more language versions which are equally authoritative there is, in case of discrepancy between the versions, a preference for the interpretation according to a version in which the contract was originally drawn up.

ARTICLE 4.8 (Supplying an omitted term)

Where the parties to a contract have not agreed with respect to a term which is important for a determination of their rights and duties, a term which is appropriate in the circumstances shall be supplied.

In determining what is an appropriate term regard shall be had, among other factors, to

the intention of the parties;

the nature and purpose of the contract;

good faith and fair dealing;

reasonableness.

CHAPTER 5 – CONTENT AND THIRD PARTY RIGHTS

SECTION 1: CONTENT

ARTICLE 5.1.1 (Express and implied obligations)

The contractual obligations of the parties may be express or implied.

ARTICLE 5.1.2 (Implied obligations)

Implied obligations stem from

the nature and purpose of the contract;

③ 계약체결에 따른 양당사자의 행위

④ 계약의 성질과 목적

⑤ 관련된 거래에서의 조건과 표현에 공통적으로 주어진 의미

⑥ 관습

제4-4조 계약 또는 진술의 전체적인 연관성

제 조건과 표현은 나타난 전체적인 계약 또는 진술에 비추어 해석되어야 한다.

제4-5조 모든 조건에 유효하게 되도록 해석

계약조건은 그 조건들 중 일부의 효력을 박탈하기보다는 모든 조건에 효력을 부여하도록 해석해야 한다.

제4-6조 문서작성자 불이익의 원칙

일방당사자에 의해서 제공된 계약조건이 불분명한 경우 그 당사자에 불리하게 해석되는 것이 바람직하다.

제4-7조 언어상의 불일치

계약이 균등하게 권한이 주어지는 둘 이상의 언어로 작성된 경우, 그 언어사이에 불일치가 발생하는 경우에 계약은 처음 작성한 쪽의 언어에 따라서 해석되도록 하는 것이 바람직하다.

제4-8조 생략된 조건의 보충

(1) 계약의 양당사자가 그들의 권리와 의무의 결정에 중요한 조건에 관하여 합의하지 않은 경우, 상황으로 보아 적절한 조건이 보충되어야 한다.

(2) 무엇이 적절한 조건인가를 결정하는데 다음과 같은 요소들이 고려되어야 한다.

① 양당사자의 의사

② 계약의 성질과 목적

③ 신의성실과 공정거래

④ 합리성

제5장 내용 및 제3자의 권리

제1절 내용

제5-1-1조 명시적 및 묵시적 채무

양당사자의 계약상의 채무는 명시적이거나 묵시적일 수 있다.

제5-1-2조 묵시적인 채무

묵시적 채무는 다음과 같이 구성된다.

① 계약의 성질과 목적

practices established between the parties and usages;

good faith and fair dealing;

reasonableness.

ARTICLE 5.1.3 (Co-operation between the parties)

Each party shall cooperate with the other party when such co-operation may reasonably be expected for the performance of that party's obligations.

ARTICLE 5.1.4 (Duty to achieve a specific result. Duty of best efforts)

To the extent that an obligation of a party involves a duty to achieve a specific result, that party is bound to achieve that result.

To the extent that an obligation of a party involves a duty of best efforts in the performance of an activity, that party is bound to make such efforts as would be made by a reasonable person of the same kind in the same circumstances.

ARTICLE 5.1.5 (Determination of kind of duty involved)

In determining the extent to which an obligation of a party involves a duty of best efforts in the performance of an activity or a duty to achieve a specific result, regard shall be had, among other factors, to the way in which the obligation is expressed in the contract;

the contractual price and other terms of the contract;

the degree of risk normally involved in achieving the expected result;

the ability of the other party to influence the performance of the obligation.

ARTICLE 5.1.6 (Determination of quality of performance)

Where the quality of performance is neither fixed by, nor determinable from, the contract a party is bound to render a performance of a quality that is reasonable and not less than average in the circumstances.

ARTICLE 5.1.7 (Price determination)

Where a contract does not fix or make provision for determining the price, the parties are considered, in the absence of any indication to the contrary, to have made reference to the price generally charged at the time of the conclusion of the contract for such performance in comparable circumstances in the trade concerned or, if no such price is available, to a reasonable price.

Where the price is to be determined by one party and that determination is manifestly unreasonable, a reasonable price shall be substituted notwithstanding any contract term to the contrary.

Where the price is to be fixed by one party or a third person, and that party or third person does not do so, the price shall be a reasonable price.

② 양당사자간에 성립된 관행과 관습

③ 신의성실과 공정거래

④ 합리성

제5-1-3조 당사자간 협력

각 당사자는 당사자의 채무이행을 위해서 합리적으로 기대되는 협력인 경우 상대방과 그러한 협력을 해야한다.

제5-1-4조 특정결과 달성 의무/최선의 노력 의무

(1) 당사자의 채무가 특정 결과를 달성하기로 하는 의무를 수반하는 경우에는 그 범위내에서 당사자는 그 결과를 달성할 의무를 부담한다.

(2) 당사자의 채무가 어떤 행위의 이행에 최선의 노력을 기울일 의무를 수반하는 경우에는 그 범위내에서 당사자는 같은 상황에서 동일한 부류의 합리적인 자에 의하여 이루어지는 것과 같은 노력을 해야 할 의무를 부담한다.

제5-1-5조 관련되는 의무의 종류 결정

일방당사자의 채무가 어떤 행위의 이행에 최선의 노력을 기울일 의무 또는 특정 결과를 달성할 의무인 경우 그 범위를 결정하는 데는 다음과 같은 요소들이 고려되어야 한다.

① 채무가 계약에서 명시된 방법

② 계약상의 가격과 기타 계약조건

③ 기대되는 결과를 달성하는 데 정상적으로 수반되는 위험의 정도

④ 채무이행에 영향을 미치는 상대방의 능력

제5-1-6조 이행의 質의 결정

이행의 질이 계약에 의해 확정되지도 않고 결정할 수도 없는 경우 당사자는 합리적인 그리고 상황으로 보아 평균 이하가 아닌 정도의 질의 이행을 할 의무를 부담한다.

제5-1-7조가격결정

(1) 계약이 가격을 확정하지 않거나 가격을 결정하는 조항도 두고 있지 않은 경우, 양당사자는 별도의 표시가 없는 한, 관련된 거래의 비교가능한 상황에서 그러한 이행을 위해 계약체결시에 일반적으로 부과되는 가격 또는 그와 같은 가격을 이용할 수 없을 때에는 합리적인 가격을 참조하는 것으로 한다.

(2) 가격이 일방당사자에 의하여 결정되어야 하더라도 그 결정이 명백히 비합리적인 경우 별도의 계약조건에도 불구하고 합리적인 가격으로 대체되어야 한다.

(3) 가격이 제3자에 의하여 결정되어야 할 경우에도 그 사람이 가격을 정할 수 없거나 결정하지 않을 때에는 가격은 합리적인 가격으로 결정되어야 한다.

Where the price is to be fixed by reference to factors which do not exist or have ceased to exist or to be accessible, the nearest equivalent factor shall be treated as a substitute.

ARTICLE 5.1.8 (Termination of a contract for an indefinite period)

A contract for an indefinite period may be terminated by either party by giving notice a reasonable time in advance. As to the effects of termination in general, and as to restitution, the provisions in Articles 7.3.5 and 7.3.7 apply.

ARTICLE 5.1.9 (Release by agreement)

An obligee may release its right by agreement with the obligor.

An offer to release a right gratuitously shall be deemed accepted if the obligor does not reject the offer without delay after having become aware of it.

SECTION 2: THIRD PARTY RIGHTS

ARTICLE 5.2.1 (Contracts in favour of third parties)

The parties (the "promisor" and the "promisee") may confer by express or implied agreement a right on a third party (the "beneficiary").

The existence and content of the beneficiary's right against the promisor are determined by the agreement of the parties and are subject to any conditions or other limitations under the agreement.

ARTICLE 5.2.2 (Third party identifiable)

The beneficiary must be identifiable with adequate certainty by the contract but need not be in existence at the time the contract is made.

ARTICLE 5.2.3 (Exclusion and limitation clauses)

The conferment of rights in the beneficiary includes the right to invoke a clause in the contract which excludes or limits the liability of the beneficiary.

ARTICLE 5.2.4 (Defences)

The promisor may assert against the beneficiary all defences which the promisor could assert against the promisee.

ARTICLE 5.2.5 (Revocation)

The parties may modify or revoke the rights conferred by the contract on the beneficiary until the beneficiary has accepted them or reasonably acted in reliance on them.

ARTICLE 5.2.6 (Renunciation)

The beneficiary may renounce a right conferred on it.

(4) 존재하지 않거나 소멸 혹은 이용할 수 없게 된 요소를 참조하여 가격이 확정되어야 하는 경우 가장 가까운 동등한 요소가 대안으로 이용되어야 한다.

제5-1-8조 불확정 기간의 계약

불확정 기간의 계약은 각 당사자에 의하여 미리 합리적인 기간을 통지함으로써 종료될 수 있다. 종료의 일반적 효력과 반환에 관하여 제7-3-5-조와 제7-3-7조의 규정이 적용된다.

제5-1-9조 합의에 의한 권리포기

(1) 채권자는 채무자와 합의에 의해서 그 권리를 포기할 수 있다.

(2) 무상으로 권리를 포기하려는 제안은 채무자가 그 사실을 안 후 지체 없이 그 제안을 거절하지 않는 한 수락된 것으로 추정된다.

제2절 제3자의 권리

제5-2-1조 제3자를 위한 계약

(1) 당사자(행약자와 수약자)들은 제3자(수혜자)에게 명시적 또는 묵시적 합의에 의해서 권한을 부여할 수 있다.

(2) 행약자에 대응하는 수혜자의 권리의 존재와 내용은 당사자들의 합의로 결정되고 그 합의하의 조건이나 기타 제한에 따른다.

제5-2-2조 제3자 동일성 검증

수익자는 계약에 의하여 충분히 확실하게 특정될 수 있어야 하나 계약체결시에 반드시 존재할 필요는 없다.

제5-2-3조 배제 및 제한

수혜자는 계약에 의해서 적절한 확실성을 가지고 동일성 검증이 되지 않으면 안 되지만 계약이 이루어진 때에 존재해야 할 필요는 없다.

수혜자에 대한 권리의 부여는 수혜자의 책임을 배제 또는 제한하는 계약 조항을 원용할 권리를 포함한다.

제5-2-4조 항변권

행약자는 행약자가 수약자에 대하여 주장할 수 있는 모든 항변권을 수혜자에 대하여 주장할 수 있다.

제5-2-5조 취 소

당사자들은 수혜자가 권리를 수락하거나, 권리를 신뢰하고 합리적으로 행동하기 전에는 계약에 의하여 수혜자에게 부여된 권리를 변경하거나 취소할 수 있다.

제5-2-6조 포 기

수혜자는 자기에게 부여된 권리를 포기할 수 있다.

SECTION 3: CONDITIONS

ARTICLE 5.3.1 (Types of condition)

A contract or a contractual obligation may be made conditional upon the occurrence of a future uncertain event, so that the contract or the contractual obligation only takes effect if the event occurs (suspensive condition) or comes to an end if the event occurs (resolutive condition).

ARTICLE 5.3.2 (Effect of conditions)

Unless the parties otherwise agree:

the relevant contract or contractual obligation takes effect upon fulfilment of a suspensive condition;

the relevant contract or contractual obligation comes to an end upon fulfilment of a resolutive condition.

ARTICLE 5.3.3 (Interference with conditions)

If fulfilment of a condition is prevented by a party, contrary to the duty of good faith and fair dealing or the duty of co-operation, that party may not rely on the non-fulfilment of the condition.

If fulfilment of a condition is brought about by a party, contrary to the duty of good faith and fair dealing or the duty of co-operation, that party may not rely on the fulfilment of the condition.

ARTICLE 5.3.4 (Duty to preserve rights)

Pending fulfilment of a condition, a party may not, contrary to the duty to act in accordance with good faith and fair dealing, act so as to prejudice the other party's rights in case of fulfilment of the condition.

ARTICLE 5.3.5 (Restitution in case of fulfilment of a resolutive condition)

On fulfilment of a resolutive condition, the rules on restitution set out in Articles 7.3.6 and 7.3.7 apply with appropriate adaptations.

If the parties have agreed that the resolutive condition is to operate retroactively, the rules on restitution set out in Article 3.2.15 apply with appropriate adaptations.

CHAPTER 6 – PERFORMANCE

SECTION 1: PERFORMANCE IN GENERAL

ARTICLE 6.1.1 (Time of performance)

A party must perform its obligations:

if a time is fixed by or determinable from the contract, at that time;

if a period of time is fixed by or determinable from the contract, at any time within that period unless circumstances

제3절 조건

제5-3-1-조 조건의 종류

계약이나 계약조건은 장래의 불확실한 사실에 의존할 수 있으며, 그에 따라 계약이나 계약조건은 그러한 사실이 발생한 때에 효력을 발생하거나(정지조건) 그러한 사실이 발생한 때에 소멸한다(해제조건).

제5-3-2조 조건의 효력

당사자들이 달리 합의하지 않은 한,

(가) 계약이나 계약상 의무는 정지조건의 성취와 동시에 효력을 발생한다.

(나) 계약이나 계약상 의무는 해제조건의 성취와 동시에 소멸한다.

제5-3-3조 조건성취에 대한 개입

(1) 당사자가 신의와 공정거래의 의무나 협력의무에 반하여 조건성취를 방해한 경우에, 그 당사자는 조건의 불성취를 주장하지 못한다.

(2) 당사자가 신의와 공정거래의 의무나 협력의무에 반하여 조건을 성취한 경우에, 그 당사자는 조건의 성취를 주장하지 못한다.

제5-3-4-조 권리를 보존할 의무

조건의 성취시까지 당사자는 신의와 공정거래에 좇아 행위할 의무에 반하여 조건의 성취로 인하여 생길 상대방의 권리를 침해하여서는 아니된다.

제5-3-5조 해제조건의 성취에 따른 반환

(1) 해제조건이 성취되는 때에는 제7-3-6조와 제7-3-7조의 반환에 관한 규정이 준용된다.

(2) 당사자들이 해제조건이 소급하여 효력을 갖도록 합의한 때에는 제3-2-15조의 반환에 관한 규정이 준용된다.

제6장 이행

제1절 이행일반

제6-1-1조 이행시기

당사자는 다음과 같은 시기에 그 채무를 이행하지 않으면 아니 된다.

　① 계약에서 시기가 확정되어 있거나 결정할 수 있는 경우에는 그 시기

　② 기간이 계약에서 확정되어 있거나 결정할 수 있을 경우, 상대방이 시기를 선택할 수 있도록 표시하고

indicate that the other party is to choose a time;

in any other case, within a reasonable time after the conclusion of the contract.

ARTICLE 6.1.2 (Performance at one time or in instalments)

In cases under Article 6.1.1(b) or (c), a party must perform its obligations at one time if that performance can be rendered at one time and the circumstances do not indicate otherwise.

ARTICLE 6.1.3 (Partial performance)

The obligee may reject an offer to perform in part at the time performance is due, whether or not such offer is coupled with an assurance as to the balance of the performance, unless the obligee has no legitimate interest in so doing.

Additional expenses caused to the obligee by partial performance are to be borne by the obligor without prejudice to any other remedy.

ARTICLE 6.1.4 (Order of performance)

To the extent that the performances of the parties can be rendered simultaneously, the parties are bound to render them simultaneously unless the circumstances indicate otherwise.

To the extent that the performance of only one party requires a period of time, that party is bound to render its performance first, unless the circumstances indicate otherwise.

ARTICLE 6.1.5 (Earlier performance)

The obligee may reject an earlier performance unless it has no legitimate interest in so doing.

Acceptance by a party of an earlier performance does not affect the time for the performance of its own obligations if that time has been fixed irrespective of the performance of the other party's obligations.

Additional expenses caused to the obligee by earlier performance are to be borne by the obligor, without prejudice to any other remedy.

ARTICLE 6.1.6 (Place of performance)

If the place of performance is neither fixed by, nor determinable from, the contract, a party is to perform:a monetary obligation, at the obligee's place of business;

any other obligation, at its own place of business.

A party must bear any increase in the expenses incidental to performance which is caused by a change in its place of business subsequent to the conclusion of the contract.

있는 상황이 아닌 한 그 기간 내 언제든지

③ 기타 다른 경우 계약체결 후 합리적인 시기 내

제6-1-2조 한번에 이루어지는 이행 또는 분할 이행

제6-1-1조 ②호 또는 ③호의 경우, 당사자는 그 이행이 한번에 이루어질 수 있다면, 별도의 사정이 있지 않는 한, 한번에 채무를 이행하여야 한다.

제6-1-3조 부분이행

(1) 이행이 이루어져야 할 시기에 부분적으로 이행하고자 하는 요청은 그러한 요청이 나머지 이행에 관한 보증을 동반하고 있는지 여부에 관계없이 채권자는 이를 거절할 수 있다. 다만, 채권자가 거절하는데 정당한 이익이 없는 경우에는 그러하지 아니하다.

(2) 부분적인 이행으로 인하여 채권자에게 유발된 추가적인 비용은 다른 구제책을 강구하는 것을 침해함이 없이 채무자에 의하여 부담되어야 한다.

제6-1-4조 이행의 순서

(1) 당사자들의 이행이 동시에 이루어질 수 있는 한 당사자들은, 별도의 사정이 있지 않는 한, 동시에 이행해야 한다.

(2) 일방당사자만의 이행이 일정기간을 필요로 하는 한 그 당사자는, 별도의 사정이 있지 않는 한, 먼저 그 이행을 하여야 한다.

제6-1-5조 이행기 이전의 이행

(1) 채권자는 이행기 이전의 이행을 거절할 수 있다. 다만, 거절하는 것이 정당한 이익이 없는 경우에는 그러하지 아니하다.

(2) 일방당사자가 이행기 이전의 이행을 승낙하더라도 이행시기가 상대방의 채무이행과 관계없이 확정되어 있는 경우, 그 자신의 채무이행기에는 영향을 미치지 아니 한다.

(3) 이행기 이전의 이행으로 채권자에게 발생한 추가비용은 채권자가 다른 구제책을 강구할 권리를 침해함이 없이 채무자에 의하여 부담되어야 한다.

제6-1-6조 이행지

(1) 이행지가 계약에서 확정되지 아니하고 결정할 수도 없는 경우 당사자는 다음과 같이 이행하여야 한다.
    ① 금전적 채무는 채권자의 영업소에서
    ② 기타 채무는 그 당사자 자신의 영업소에서

(2) 당사자는 계약체결 후에 그 영업장소를 변경함으로써 유발된, 이행에 부수되는 비용의 증가를 부담하여야 한다.

ARTICLE 6.1.7 (Payment by cheque or other instrument)

Payment may be made in any form used in the ordinary course of business at the place for payment.

However, an obligee who accepts, either by virtue of paragraph (1) or voluntarily, a cheque, any other order to pay or a promise to pay, is presumed to do so only on condition that it will be honoured.

ARTICLE 6.1.8 (Payment by funds transfer)

Unless the obligee has indicated a particular account, payment may be made by a transfer to any of the financial institutions in which the obligee has made it known that it has an account.

In case of payment by a transfer the obligation of the obligor is discharged when the transfer to the obligee's financial institution becomes effective.

ARTICLE 6.1.9 (Currency of payment)

If a monetary obligation is expressed in a currency other than that of the place for payment, it may be paid by the obligor in the currency of the place for payment unless

that currency is not freely convertible; or

the parties have agreed that payment should be made only in the currency in which the monetary obligation is expressed.

If it is impossible for the obligor to make payment in the currency in which the monetary obligation is expressed, the obligee may require payment in the currency of the place for payment, even in the case referred to in paragraph (1)(b).

Payment in the currency of the place for payment is to be made according to the applicable rate of exchange prevailing there when payment is due.

However, if the obligor has not paid at the time when payment is due, the obligee may require payment according to the applicable rate of exchange prevailing either when payment is due or at the time of actual payment.

ARTICLE 6.1.10 (Currency not expressed)

Where a monetary obligation is not expressed in a particular currency, payment must be made in the currency of the place where payment is to be made.

ARTICLE 6.1.11 (Costs of performance)

Each party shall bear the costs of performance of its obligations.

ARTICLE 6.1.12 (Imputation of payments)

An obligor owing several monetary obligations to the same obligee may specify at the time of payment the debt to which it intends the payment to be applied.

However, the payment discharges first any expenses, then interest due and finally the principal.

제6-1-7조 수표 또는 기타 수단에 의한 결제

(1) 결제는 결제장소에서 통상적인 영업절차에서 사용되는 어떤 형태로든지 이루어질 수 있다.

(2) 그러나, 위 (1)항에 의해 또는 임의로 수표 기타 지불지시 또는 지불약속에 의한 지불에 동의한 채권자는 그것이 현실적으로 지불이 이루어지는 것을 조건으로 하는 경우에만 동의한 것으로 추정된다.

제6-1-8조 이체에 의한 결제

(1) 채권자가 특정의 계좌를 제시하지 않는 한, 결제는 채권자가 계좌를 개설하고 있는 것으로 알려진 어떤 금융기관에라도 이체함으로써 이루어질 수 있다.

(2) 이체에 의한 결제시에 채무자의 채무는 채권자의 금융기관에 이체가 유효하게 이루어졌을 때 소멸된다.

제6-1-9조 결제통화

(1) 금전채무가 결제지의 통화 이외의 통화로 표시된 경우에도 채무자에 의해서 결제지 통화로 결제될 수 있다. 다만, 다음의 경우에는 그러하지 아니하다.
   ① 결제지 통화가 자유롭게 교환될 수 없는 경우
   ② 양당사자가 금전채무를 표시하고 있는 통화만으로 결제하기로 합의한 경우

(2) 채무자가 금전채무를 표시하고 있는 통화로 결제하는 것이 불가능한 경우 채권자는 위 (1)항 ②호의 경우라 하더라도 결제지 통화로 결제하는 것을 요구할 수 있다.

(3) 결제지 통화에 의한 결제는 결제가 이루어질 때의 그 지역에서의 적용환율에 따라서 이루어진다.

(4) 그러나, 채무자가 결제가 이루어져야 할 때 결제하지 않는 경우 채권자는 결제가 이루어져야 할 때 또는 실질적인 결제가 이루어지는 때의 적용환율에 다라 결제할 것을 요구할 수 있다.

제6-1-10조 통화가 표시되지 않은 경우

금전채무가 특정 통화를 표시하고 있지 않은 경우 결제는 결제가 이루어져야 할 장소의 통화로 이루어져야 한다.

제6-1-11조 이행비용

각 당사자는 채무이행의 비용을 부담한다.

제6-1-12조 결제의 충당

(1) 동일한 채권자에게 복수의 금전채무를 부담하는 채무자는 결제시에 그 결제가 적용되려는 채무를 지정할 수 있다. 그러나 그 결제는 우선 제 비용을, 그 다음에 이자, 마지막으로 그 원금을 변제하는 것으로 한다.

If the obligor makes no such specification, the obligee may, within a reasonable time after payment, declare to the obligor the obligation to which it imputes the payment, provided that the obligation is due and undisputed.

In the absence of imputation under paragraphs (1) or (2), payment is imputed to that obligation which satisfies one of the following criteria in the order indicated:

an obligation which is due or which is the first to fall due;

the obligation for which the obligee has least security;

the obligation which is the most burdensome for the obligor;

the obligation which has arisen first.

If none of the preceding criteria applies, payment is imputed to all the obligations proportionally.

ARTICLE 6.1.13 (Imputation of non-monetary obligations)

Article 6.1.12 applies with appropriate adaptations to the imputation of performance of non-monetary obligations.

ARTICLE 6.1.14 (Application for public permission)

Where the law of a State requires a public permission affecting the validity of the contract or its performance and neither that law nor the circumstances indicate otherwise

if only one party has its place of business in that State, that party shall take the measures necessary to obtain the permission;

in any other case the party whose performance requires permission shall take the necessary measures.

ARTICLE 6.1.15 (Procedure in applying for permission)

The party required to take the measures necessary to obtain the permission shall do so without undue delay and shall bear any expenses incurred.

That party shall whenever appropriate give the other party notice of the grant or refusal of such permission without undue delay.

ARTICLE 6.1.16 (Permission neither granted nor refused)

If, notwithstanding the fact that the party responsible has taken all measures required, permission is neither granted nor refused within an agreed period or, where no period has been agreed, within a reasonable time from the conclusion of the contract, either party is entitled to terminate the contract.

Where the permission affects some terms only, paragraph (1) does not apply if, having regard to the circumstances, it is reasonable to uphold the remaining contract even if the permission is refused.

ARTICLE 6.1.17 (Permission refused)

The refusal of a permission affecting the validity of the contract renders the contract void. If the refusal affects the validity of some terms only, only such terms are void if, having regard to the circumstances, it is reasonable to uphold

(2) 채무자가 그러한 지정을 하지 않는 경우 채권자는 결제후 합리적인 기간 내에, 채무가 예정되어 있고 다툼의 여지가 없는 한, 채무자에게 그 결제를 충당하는 채무를 지정할 수 있다.

(3) 위 (1) 또는 (2)항에서 충당이 없는 경우에, 결제는 표시된 순서대로 다음의 기준 중의 하나를 충족시키는 채무에 충당된다.

① 변제기가 도래한 채무 또는 처음으로 변제기가 도래한 채무

② 채권자가 최소의 담보를 가진 채무

③ 채무자에게 가장 큰 부담을 주는 채무

④ 처음으로 발생하는 채무

위의 기준들이 아무 것도 적용되지 않는 경우 결제는 모든 채무에 비례하여 충당된다.

제6-1-13조 비금전채무의 충당

제6-1-12조는 비금전채무의 이행의 충당에도 적절한 수정으로 준용된다.

제6-1-14조 공적 허가의 신청

어떤 국가의 법률이 계약의 효력 또는 이행에 영향을 미치는 공적 허가를 요구하는 경우 그리고 그 법률이나 상황이 별도로 지적하고 있는 것이 없는 경우 ① 일방당사자만이 그 국가에 영업소를 두고 있는 경우에는 그 당사자가 허가를 얻는 데 필요한 조치를 취해야 한다. ② 기타 다른 경우에는 이행에 허가를 필요로하는 당사자가 필요한 조치를 취해야 한다.

제6-1-15조 허가신청의 절차

(1) 허가를 얻는 데 필요한 조치를 취하게 될 당사자는 부당하게 지체함이 없이 조치를 취해야 하고 그에 수반되는 비용을 부담하여야 한다.

(2) 그 당사자는 언제든지 적절하게 부당하게 지체함이 없이 상대방에게 허가의 부여 또는 거절의 통지를 하여야 한다.

제6-1-16조 허가가 부여되지도 않고 거절되지도 않은 경우

(1) 책임있는 당사자가 요구되는 모든 조치를 취하였음에도 불구하고, 합의된 기간내에 또는 기간이 합의되지 않은 경우 계약체결 후 합리적인 기간 내에, 허가가 부여되지도 않고 또한 거절되지도 않은 경우, 각 당사자는 계약을 해지할 권리가 있다.

(2) 허가가 몇가지 조건에만 영향을 미치는 경우 위 (1)항은, 사정을 고려하건대, 비록 허가가 거절되더라도 나머지 계약을 유지하는 것이 합리적인 경우에는 적용되지 않는다.

제6-1-17조 허가가 거절되는 경우

(1) 계약의 효력에 영향을 미치는 허가의 거절은 계약을 무효로 한다. 그 거절이 몇가지 조항의 효력에만 영향을 미치는 경우 사정을 고려하건대, 나머지 계약을 유지하는 것이 합리적일 때에는 그 조항만이

the remaining contract.

Where the refusal of a permission renders the performance of the contract impossible in whole or in part, the rules on non-performance apply.

SECTION 2: HARDSHIP

ARTICLE 6.2.1 (Contract to be observed)

Where the performance of a contract becomes more onerous for one of the parties, that party is nevertheless bound to perform its obligations subject to the following provisions on hardship.

ARTICLE 6.2.2 (Definition of hardship)

There is hardship where the occurrence of events fundamentally alters the equilib- rium of the contract either because the cost of a party's performance has increased or because the value of the performance a party receives has diminished, and

the events occur or become known to the disadvantaged party after the conclu- sion of the contract;

the events could not reasonably have been taken into account by the disadvan- taged party at the time of the conclusion of the contract;

the events are beyond the control of the disadvantaged party; and

the risk of the events was not assumed by the disadvantaged party.

ARTICLE 6.2.3 (Effects of hardship)

In case of hardship the disadvantaged party is entitled to request renegotia- tions. The request shall be made without undue delay and shall indicate the grounds on which it is based.

The request for renegotiation does not in itself entitle the disadvantaged party to withhold performance.

Upon failure to reach agreement within a reasonable time either party may resort to the court.

If the court finds hardship it may, if reasonable,

terminate the contract at a date and on terms to be fixed, or

adapt the contract with a view to restoring its equilibrium.

CHAPTER 7 - NON-PERFORMANCE
SECTION 1: NON-PERFORMANCE IN GENERAL

ARTICLE 7.1.1 (Non-performance defined)

Non-performance is failure by a party to perform any of its obligations under the contract, including defective performance or late performance.

무효로 된다.

(2) 허가의 거절이 전체적으로 또는 부분적으로 계약의 이행을 불가능하게 하는 경우 불이행에 관한 제 규정이 적용된다.

제2절 하드십:이행곤란/사정변경의 원칙

제6-2-1조 계약의 준수

계약이행이 당사자 중의 한 쪽에 더욱 유리하게 되는 경우라 하더라도 그 당사자는 다음의 하드십 조항에도 불구하고 그 채무를 이행할 의무가 있다.

제6-2-2조 하드십의 정의

어떤 사태의 발생으로 인하여 일방당사자의 이행비용이 증가하거나 일방당사자가 수령하는 이행의 가치가 감소하는 이유로 계약의 균형이 본질적으로 변동되고, 그리고 다음과 같은 요건이 충족되는 경우에는 하드십이 존재하는 것으로 본다.

① 계약체결 이후 사태가 발생하거나 불이익을 받는 당사자에게 그 사태가 알려지게 된 경우

② 계약체결 시에 그 사태가 불이익을 받는 당사자에 의하여 합리적으로 고려되지 못한 경우

③ 사태가 불이익을 받는 당사자의 통괄 범위를 넘어선 경우

④ 사태의 위험이 불이익을 받는 당사자에 의하여 예견되지 못한 경우

제6-2-3조 하드십의 효과

(1) 하드십이 발생하는 경우 불이익을 받는 당사자는 재교섭을 요구할 권리가 있다. 그 요구는 부당하게 지체함이 없이 이루어져야 하고 그 기초가 되는 근거를 표시하여야 한다.

(2) 재교섭의 요구는 그 자체로 불이익을 받는 당사자가 이행을 유보할 권리가 있는 것은 아니다.

(3) 합리적인 기간 내에 합의에 도달하지 못한 경우 각 당사자는 법정에 소를 제기할 수 있다.

(4) 법정은 하드십을 인정하는 경우 합리적이라면 ① 법정이 정하는 날짜와 조건으로 계약을 해지할 수 있고 ② 균형을 회복시키는 관점에서 계약을 수정할 수 있다.

제7장 불이행

제1절 불이행 일반

제7-1-1조 불이행의 정의

불이행은 불완전이행이나 이행의 지체를 포함해서 일방당사자에 의하여 계약상의 채무를 이행하지 않는 것을 말한다.

ARTICLE 7.1.2 (Interference by the other party)

A party may not rely on the non-performance of the other party to the extent that such non-performance was caused by the first party's act or omission or by another event for which the first party bears the risk.

ARTICLE 7.1.3 (Withholding performance)

Where the parties are to perform simultaneously, either party may withhold performance until the other party tenders its performance.

Where the parties are to perform consecutively, the party that is to perform later may withhold its performance until the first party has performed.

ARTICLE 7.1.4 (Cure by non-performing party)

The non-performing party may, at its own expense, cure any non-performance, provided that

without undue delay, it gives notice indicating the proposed manner and timing of the cure;

cure is appropriate in the circumstances;

the aggrieved party has no legitimate interest in refusing cure; and

cure is effected promptly.

The right to cure is not precluded by notice of termination.

Upon effective notice of cure, rights of the aggrieved party that are inconsistent with the non-performing party's performance are suspended until the time for cure has expired.

The aggrieved party may withhold performance pending cure.

Notwithstanding cure, the aggrieved party retains the right to claim damages for delay as well as for any harm caused or not prevented by the cure.

ARTICLE 7.1.5 (Additional period for performance)

In a case of non-performance the aggrieved party may by notice to the other party allow an additional period of time for performance. During the additional period the aggrieved party may withhold performance of its own reciprocal obligations and may claim damages but may not resort to any other remedy. If it receives notice from the other party that the latter will not perform within that period, or if upon expiry of that period due performance has not been made, the aggrieved party may resort to any of the remedies that may be available under this Chapter.

Where in a case of delay in performance which is not fundamental the aggrieved party has given notice allowing an additional period of time of reasonable length, it may terminate the contract at the end of that period. If the additional period allowed is not of reasonable length it shall be extended to a reasonable length. The aggrieved party may in its notice provide that if the other party fails to perform within the period allowed by the notice the contract shall automatically terminate.

제7-1-2조 상대방에 의한 방해

일방 당사자는 상대방의 불이행이 자신의 작위 및 부작위, 또는 자신이 그 위험을 부담해야 하는 어떤 사태로 인하여 유발된 경우, 상대방의 불이행을 원용할 수 없다.

제7-1-3조 이행의 보류

(1) 당사자들이 동시에 이행해야 하는 경우 당사자는 상대방이 이행을 할 때까지 자신의 이행을 보류할 수 있다.

(2) 당사자들이 계속적으로 이행해야 하는 경우 나중에 이행을 해야 하는 당사자는 상대방이 이행할 때까지 자신의 이행을 보류할 수 있다.

제7-1-4조 불이행당사자의 보완

(1) 불이행당사자는 자신의 비용으로 다음의 요건하에서 불이행을 보완할 수 있다.

① 부당하게 지체함이 없이 제안하고자 하는 보완의 방법과 시기를 나타내는 통지를 할 것

② 보완은 사정상 적절할 것

③ 불이행으로 인한 피해당사자가 보완을 거절할 정당한 이익이 없을 것

④ 보완은 즉시 효과가 있을 것

(2) 보완권은 상대방의 해지통지에 의하여 배제되지 않는다.

(3) 보완의 통지가 유효한 경우 불이행당사자의 이행과 모순되는 피해당사자의 권리는 보완기간이 만료할 때까지 정지된다.

(4) 피해당사자는 보완이 이루어지는 기간 자신의 이행을 보류할 수 있다.

(5) 보완에도 불구하고 피해당사자는 지연으로 인한 손해배상청구권은 물론 보완에 의하여 유발되거나 방해받지 않는 손해에 대하여 손해배상청구권을 보유한다.

제7-1-5조 이행을 위한 추가기간

(1) 불이행의 경우 피해당사자는 상대방에게 통지함으로써 이행을 위한 추가기간을 허용할 수 있다.

(2) 추가기간 중에 피해당사자는 자신의 상응하는 채무이행을 보류할 수 있고 손해배상을 청구할 수 있으나 기타 다른 구제수단을 강구해서는 아니 된다. 상대방으로부터 그 추가기간 내에 이행하지 못하겠다는 통지를 받은 경우 또는 그 추가기간내에 이행이 이루어지지 않은 경우, 피해당사자는 제7장에서 이용가능한 모든 구제수단을 강구할 수 있다.

(3) 본질적이지 않은 이행지체의 경우에 피해당사자는 합리적인 범위의 추가기간을 허용하는 통지를 한 때에는 그 당사자는 그 기간의 말에 계약을 해지할 수 있다.

허용된 추가기간이 합리적인 범위가 되지 않을 때는 합리적인 기간으로 연장된다. 피해당사자는 그 통지에서 만일 상대방이 통지에 의해서 허용된 기간내에 이행하지 못할 경우 계약이 자동적으로 해지될 것임을 지정할 수 있다.

Paragraph (3) does not apply where the obligation which has not been performed is only a minor part of the contractual obligation of the non-performing party.

ARTICLE 7.1.6 (Exemption clauses)

A clause which limits or excludes one party's liability for non-performance or which permits one party to render performance substantially different from what the other party reasonably expected may not be invoked if it would be grossly unfair to do so, having regard to the purpose of the contract.

ARTICLE 7.1.7 (Force majeure)

Non-performance by a party is excused if that party proves that the non- performance was due to an impediment beyond its control and that it could not reasonably be expected to have taken the impediment into account at the time of the conclusion of the contract or to have avoided or overcome it or its consequences.

When the impediment is only temporary, the excuse shall have effect for such period as is reasonable having regard to the effect of the impediment on the performance of the contract.

The party who fails to perform must give notice to the other party of the impediment and its effect on its ability to perform. If the notice is not received by the other party within a reasonable time after the party who fails to perform knew or ought to have known of the impediment, it is liable for damages resulting from such non- receipt.

Nothing in this Article prevents a party from exercising a right to terminate the contract or to withhold performance or request interest on money due.

SECTION 2: RIGHT TO PERFORMANCE

ARTICLE 7.2.1 (Performance of monetary obligation)

Where a party who is obliged to pay money does not do so, the other party may re- quire payment.

ARTICLE 7.2.2 (Performance of non-monetary obligation)

Where a party who owes an obligation other than one to pay money does not per- form, the other party may require performance, unless

performance is impossible in law or in fact;

performance or, where relevant, enforcement is unreasonably burdensome or expensive;

the party entitled to performance may reasonably obtain performance from an- other source;

performance is of an exclusively personal character; or

the party entitled to performance does not require performance within a reasonable time after it has, or ought to have, become aware of the non-performance.

(4) 이행되지 못한 채무가 불이행당사자의 계약상의 채무의 미미한 부분인 경우에는 위 (3)항은 적용되지 않는다.

제7-1-6조 면 책

일방당사자의 불이행에 대한 책임을 제한하거나 배제하는 조항 또는 일방당사자로 하여금 상대방이 합리적으로 기대한 것과 실질적으로 다른 이행을 하도록 허용하는 조항은 계약의 목적을 고려해서 그렇게 주장하는 것이 현저히 불공정한 경우에는 이를 주장할 수 없다.

제7-1-7조 불가항력

(1) 불이행이 불가항력의 장애에 기인하고 그리고 그 장애를 계약체결 시에 고려하는 것과 그 장애 또는 그 결과를 회피·극복하는 것을 합리적으로 기대할 수 없었음을 그 당사자가 입증하는 경우 일방당사자의 불이행은 면책된다.

(2) 그 장애가 단지 일시적인 때에는 그 장애가 계약의 이행에 미치는 영향을 고려해서 그 면책은 합리적인 기간에 대하여만 효력이 발생한다.

(3) 이행을 하지 못한 당사자는 그 장애 및 자신의 이행능력에 미치는 영향에 대하여 상대방에게 통지를 하여야 한다. 이행하지 못한 당사자가 그 장애를 알았거나 알았어야 하는 때부터 합리적인 기간내에 그 통지가 상대방에 의하여 수령되지 않았다면 그러한 미수령으로 인하여 초래하는 손해에 대하여 그 당사자는 책임이 있다.

(4) 이 조항의 어떤 경우에도 당사자로 하여금 계약을 해지하거나 이행을 보류하거나 지불해야 할 금전에 대한 이자를 요구할 권리를 행사하는 것을 방해하지 아니 한다.

제2절 이행청구권

제7-2-1조 금전채무의 이행

금전을 결제할 의무가 있는 당사자가 결제하지 않는 경우 상대방은 결제를 청구할 수 있다.

제7-2-2조 비금전채무의 이행

금전결제 이외의 채무를 부담하는 당사자가 그 채무를 이행하지 않는 경우 상대방은 이행을 청구할 수 있다. 다만, 다음의 경우에는 그러하지 아니하다.

① 이행이 법률상 또는 사실상 불가능한 경우

② 이행 또는 경우에 따라서 집행이 비합리적으로 어렵거나 비용이 많이 드는 경우

③ 이행청구권을 가진 당사자가 다른 경로로 이행을 받는 것이 합리적으로 가능한 경우

④ 이행이 전적으로 개인적인 성격을 갖는 경우

⑤ 이행청구권을 가진 당사자가 불이행을 알았거나 알았어야 할 때로부터 합리적인 기간 내에 이행을 청구하지 않은 경우

ARTICLE 7.2.3 (Repair and replacement of defective performance)

The right to performance includes in appropriate cases the right to require repair, replacement, or other cure of defective performance. The provisions of Articles 7.2.1 and 7.2.2 apply accordingly.

ARTICLE 7.2.4 (Judicial penalty)

Where the court orders a party to perform, it may also direct that this party pay a penalty if it does not comply with the order.

The penalty shall be paid to the aggrieved party unless mandatory provisions of the law of the forum provide otherwise. Payment of the penalty to the aggrieved party does not exclude any claim for damages.

ARTICLE 7.2.5 (Change of remedy)

An aggrieved party who has required performance of a non-monetary obliga- tion and who has not received performance within a period fixed or otherwise within a reasonable period of time may invoke any other remedy.

Where the decision of a court for performance of a non-monetary obligation cannot be enforced, the aggrieved party may invoke any other remedy.

SECTION 3: TERMINATION

ARTICLE 7.3.1 (Right to terminate the contract)

A party may terminate the contract where the failure of the other party to perform an obligation under the contract amounts to a fundamental non-performance.

In determining whether a failure to perform an obligation amounts to a funda- mental non-performance regard shall be had, in particular, to whether

the non-performance substantially deprives the aggrieved party of what it was entitled to expect under the contract unless the other party did not foresee and could not reasonably have foreseen such result;

strict compliance with the obligation which has not been performed is of essence under the contract;

the non-performance is intentional or reckless;

the non-performance gives the aggrieved party reason to believe that it cannot rely on the other party's future performance;

the non-performing party will suffer disproportionate loss as a result of the preparation or performance if the contract is terminated.

In the case of delay the aggrieved party may also terminate the contract if the other party fails to perform before the time allowed it under Article 7.1.5 has expired.

ARTICLE 7.3.2 (Notice of termination)

The right of a party to terminate the contract is exercised by notice to the other party.

If performance has been offered late or otherwise does not conform to the contract the aggrieved party will lose its

제7-2-3조 불완전이행의 보수 또는 대체

이행청구권은 적절한 경우에 불완전이행에 대한 보수, 대체 또는 다른 보완을 청구할 권리를 포함한다. 이에 관해서는 제7-2-1조와 제7-2-2조가 함께 적용된다.

제7-2-4조 재판상의 벌과금

(1) 법정이 당사자에게 이행을 명하는 경우 그 명령에 따르지 않을 때는 벌과금을 지불하도록 지시할 수 있다.

(2) 벌과금은 법정지 법률의 강행규정이 달리 규정하지 아니 하는 한 지불되어야 한다. 피해당사자에 대한 벌과금의 지불은 손해배상청구를 배제하지 아니한다.

제7-2-5조 구제책의 변경

(1) 비금전채무의 이행을 청구하고 정해진 기간 또는 합리적인 기간 내에 이행을 수령하지 못한 피해당사자는 다른 어떤 구제책을 강구할 수 있다.

(2) 비금전채무의 이행에 대한 법정의 결정이 집행될 수 없는 경우 피해당사자는 다른 어떤 구제책을 강구할 수 있다.

제3절 해지

제7-3-1조 계약해지권

(1) 당사자는 상대방의 계약상 채무불이행이 본질적인 불이행에 이르는 경우 계약을 해지할 수 있다.

(2) 채무불이행이 본질적인 불이행인지를 결정하는 데는 특히 다음과 같은 사항들이 고려되어야 한다.

　① 불이행이 피해당사자로부터 계약에서 기대할 권리를 실질적으로 박탈했는지 여부. 다만, 상대방이 그러한 결과를 예견하지 못했고 합리적으로 예견할 수 없었던 경우에는 그러하지 아니하다.

　② 이행되지 못한 채무에 엄격하게 따르는 것이 계약에서 불가피한 것인지 여부

　③ 불이행이 고의적인지 또는 무모한 것인지 여부

　④ 불이행이 피해당사자에게 상대방의 장래의 이행을 신뢰할 수 없다고 믿는 근거를 제공하고 있는지 여부

　⑤ 불이행당사자가 계약이 해지되는 경우 이행준비나 이행의 결과 불균형의 손실을 입을 것인지 여부

(3) 이행이 지체되는 경우 피해당사자는 제7-1-5조에서 허용되는 기간이 만기가 되기까지 상대방이 이행을 하지 못했을 때 계약을 해지할 수 있다.

제7-3-2조 해지의 통지

(1) 당사자의 계약해지권은 상대방에게 통지함으로써 행사된다.

(2) 이행이 늦게 제공되거나 아니면 계약에 적합하지 아니한 때 그 늦은 제공 또는 부적합한 제공에 대하

right to terminate the contract unless it gives notice to the other party within a reasonable time after it has or ought to have become aware of the offer or of the non-conforming performance.

ARTICLE 7.3.3 (Anticipatory non-performance)

Where prior to the date for performance by one of the parties it is clear that there will be a fundamental non-performance by that party, the other party may terminate the contract.

ARTICLE 7.3.4 (Adequate assurance of due performance)

A party who reasonably believes that there will be a fundamental non-performance by the other party may demand adequate assurance of due performance and may meanwhile withhold its own performance. Where this assurance is not provided within a reasonable time the party demanding it may terminate the contract.

ARTICLE 7.3.5 (Effects of termination in general)

Termination of the contract releases both parties from their obligation to effect and to receive future performance.

Termination does not preclude a claim for damages for non-performance.

Termination does not affect any provision in the contract for the settlement of disputes or any other term of the contract which is to operate even after termination.

ARTICLE 7.3.6 (Restitution with respect to contracts to be performed at one time)

On termination of a contract to be performed at one time either party may claim restitution of whatever it has supplied under the contract, provided that such party concurrently makes restitution of whatever it has received under the contract. If restitution in kind is not possible or appropriate, an allowance has to be made in money whenever reasonable.

The recipient of the performance does not have to make an allowance in money if the impossibility to make restitution in kind is attributable to the other party.

Compensation may be claimed for expenses reasonably required to preserve or maintain the performance received.

ARTICLE 7.3.7 (Restitution with respect to long-term contracts)

On termination of a long-term contract restitution can only be claimed for the period after termination has taken effect, provided the contract is divisible.

As far as restitution has to be made, the provisions of Article 7.3.6 apply.

SECTION 4: DAMAGES

ARTICLE 7.4.1 (Right to damages)

Any non-performance gives the aggrieved party a right to damages either exclusively or in conjunction with any other remedies except where the non- performance is excused under these Principles.

여 알았거나 알았어야 하는 합리적인 기간 내에 상대방에게 통지하지 않은 경우에는 피해당사자는 계약을 해지할 권리를 상실한다.

제7-3-3조 이행기 이전의 불이행

당사자 중의 일방에 의하여 이행기 이전에 그 당사자에 의한 본질적인 불이행이 분명한 경우에 상대방은 계약을 해지할 수 있다.

제7-3-4조 정당한 이행의 상당한 보증

상대방에 의하여 본질적인 불이행이 있을 것이라고 합리적으로 확신하는 당사자는 정당한 이행의 상당한 보증을 요구할 수 있고 한편 그 자신의 이행을 보류할 수 있다. 이러한 보증이 합리적인 기간 내에 제공되지 않는 경우 이를 요구하는 당사자는 계약을 해지할 수 있다.

제7-3-5조 해지의 일반적 효과

(1) 계약의 해지는 장래의 이행을 실현하고 이를 수령해야 할 채무로부터 양당사자를 면제한다.
(2) 해지는 불이행에 대한 손해배상청구를 배제하지 않는다.
(3) 해지는 해지 이후에도 적용해야 하는, 분쟁해결이나 기타 다른 조건을 위한 계약의 조항에는 영향을 미치지 아니한다.

제7-3-6조 원상회복

(1) 일시에 이행되어야 하는 계약의 해제시 각 당사자는 자신이 계약상 공급한 것의 반환을 청구할 수 있다. 다만 그 당사자는 자신이 계약상 수령한 것을 동시에 반환하여야 한다.
(2) 원물반환을 하는 것이 불가능하거나 부적절한 경우에는, 합리적인 한 그 가액을 금전으로 반환하여야 한다.
(3) 원물반환이 불가능하게 된 원인이 상대방에게 있는 경우에 이행수령자는 가액을 반환할 필요가 없다.
(4) 수령한 이행을 보관하고 관리하는 데 합리적으로 필요한 비용은 그 상환을 청구할 수 있다.

제 7-3-7조 장기계약상 반환

(1) 장기계약의 해제시 반환은 해제가 효력을 발생한 후의 기간에 대해서만 청구할 수 있다. 다만 계약은 분리할 수 있는 것이어야 한다.
(2) 반환이 이루어져야 하는 경우에 그 반환에 대해서는 제7-3-6조의 규정이 적용된다.

제4절 손해배상

제7-4-1조 손해배상청구권

불이행은 불이행이 이 원칙에 의하여 면책되는 경우를 제외하고 피해당사자에게 배타적으로 또는 기타 다른 구제책과 함께 손해배상을 청구할 권리를 부여한다.

ARTICLE 7.4.2 (Full compensation)

The aggrieved party is entitled to full compensation for harm sustained as a result of the non-performance. Such harm includes both any loss which it suffered and any gain of which it was deprived, taking into account any gain to the aggrieved party resulting from its avoidance of cost or harm.

Such harm may be non-pecuniary and includes, for instance, physical suffering or emotional distress.

ARTICLE 7.4.3 (Certainty of harm)

Compensation is due only for harm, including future harm, that is established with a reasonable degree of certainty.

Compensation may be due for the loss of a chance in proportion to the probability of its occurrence.

Where the amount of damages cannot be established with a sufficient degree of certainty, the assessment is at the discretion of the court.

ARTICLE 7.4.4 (Foreseeability of harm)

The non-performing party is liable only for harm which it foresaw or could reasonably have foreseen at the time of the conclusion of the contract as being likely to result from its non-performance.

ARTICLE 7.4.5 (Proof of harm in case of replacement transaction)

Where the aggrieved party has terminated the contract and has made a replacement transaction within a reasonable time and in a reasonable manner it may recover the difference between the contract price and the price of the replacement transaction as well as damages for any further harm.

ARTICLE 7.4.6 (Proof of harm by current price)

Where the aggrieved party has terminated the contract and has not made a replacement transaction but there is a current price for the performance contracted for, it may recover the difference between the contract price and the price current at the time the contract is terminated as well as damages for any further harm. Current price is the price generally charged for goods delivered or services rendered in comparable circumstances at the place where the contract should have been performed or, if there is no current price at that place, the current price at such other place that appears reasonable to take as a reference.

ARTICLE 7.4.7 (Harm due in part to aggrieved party)

Where the harm is due in part to an act or omission of the aggrieved party or to an- other event for which that party bears the risk, the amount of damages shall be reduced to the extent that these factors have contributed to the harm, having regard to the conduct of each of the parties.

ARTICLE 7.4.8 (Mitigation of harm)

The non-performing party is not liable for harm suffered by the aggrieved party to the extent that the harm could

제7-4-2조 전면적인 배상

(1) 피해당사자는 불이행의 결과로 입은 손해에 대하여 전면적인 배상을 청구할 권리가 있다. 그러한 손해에는 피해당사자가 비용발생이나 손해를 회피하기 위해서 초래된 이익도 고려하여 입은 손실과 박탈당한 이익 모두를 포함한다.

(2) 그러한 손해에는 비금전적인 손해와 예컨대 신체적·정신적 고통을 포함한다.

제7-4-3조 손해의 확실성

(1) 배상은 장래의 손해를 포함해서 합리적인 정도의 확실성을 갖고 성립되는 손해에 대해서만 인정한다.

(2) 기회의 발생 가능성에 비례해서 기회의 상실에 대한 배상도 인정될 수 있다.

(3) 손해배상액이 충분한 정도의 확실성을 갖고 성립될 수 없는 경우 그 평가는 법정의 재량에 따른다.

제7-4-4조 손해의 예견가능성

불이행당사자는 그 불이행으로 인하여 초래되는 것이라고 계약체결시에 예견했거나 합리적으로 예견가능한 손해에 대하여만 책임을 부담한다.

제7-4-5조 대체거래의 경우 손해의 입증

피해당사자는 계약을 해지하고 또한 합리적인 기간 내에 합리적인 방법으로 대체거래를 한 경우 계약가격과 대체거래 가격 사이의 차이는 물론 그 차액 이상의 손해에 대한 손해배상을 청구할 수 있다.

제7-4-6조 시가에 의한 손해의 입증

(1) 계약을 해지하고 대체거래를 하지 않았으나 계약의 목적이 되는 이행에 대한 시가가 존재할 때에는 피해당사자는 계약가격과 해지시의 시가의 차액 및 그 차액 이상의 손해에 대한 손해배상을 청구할 수 있다.

(2) 시가는 계약이 이행되어야 하는 장소에서의 비교되는 상황에서 인도되는 물품 또는 제공되는 서비스에 대하여, 일반적으로 부과되는 가격을 말하며 또한 그 장소에서 시가가 없는 경우에는 합리적으로 고려했다고 보는 다른 장소에서의 시가를 말한다.

제7-4-7조 피해당사자에게 부분적으로 귀속되는 손해

손해가 피해당사자의 작위 또는 부작위로 인하여 또는 그 당사자가 위험을 부담하는 또 다른 사태로 인하여 부분적으로 귀속되는 경우, 손해배상액은 각 당사자들의 행위를 고려해서 이러한 요소들이 손해에 기여한 만큼 감액될 수 있다(과실상계의 원칙을 적용하는 규정이다).

제7-4-8조 손해의 경감

(1) 불이행당사자는 그 손해가 피해당사자가 합리적인 조치를 취함으로써 감소될 수 있었다면 그만큼 피

have been reduced by the latter party's taking reasonable steps.

The aggrieved party is entitled to recover any expenses reasonably incurred in attempting to reduce the harm.

ARTICLE 7.4.9 (Interest for failure to pay money)

If a party does not pay a sum of money when it falls due the aggrieved party is entitled to interest upon that sum from the time when payment is due to the time of payment whether or not the non-payment is excused. The rate of interest shall be the average bank short-term lending rate to prime borrowers prevailing for the currency of payment at the place for payment, or where no such rate exists at that place, then the same rate in the State of the currency of payment. In the absence of such a rate at either place the rate of interest shall be the appropriate rate fixed by the law of the State of the currency of payment. The aggrieved party is entitled to additional damages if the non-payment caused it a greater harm.

ARTICLE 7.4.10 (Interest on damages)

Unless otherwise agreed, interest on damages for non-performance of non-monetary obligations accrues as from the time of non-performance.

ARTICLE 7.4.11 (Manner of monetary redress)

Damages are to be paid in a lump sum. However, they may be payable in instalments where the nature of the harm makes this appropriate.

Damages to be paid in instalments may be indexed.

ARTICLE 7.4.12 (Currency in which to assess damages)

Damages are to be assessed either in the currency in which the monetary obligation was expressed or in the currency in which the harm was suffered, whichever is more appropriate.

ARTICLE 7.4.13 (Agreed payment for non-performance)

Where the contract provides that a party who does not perform is to pay a specified sum to the aggrieved party for such non-performance, the aggrieved party is entitled to that sum irrespective of its actual harm.

However, notwithstanding any agreement to the contrary the specified sum may be reduced to a reasonable amount where it is grossly excessive in relation to the harm resulting from the non-performance and to the other circumstances.

CHAPTER 8 – SET-OFF

ARTICLE 8.1 (Conditions of set-off)

Where two parties owe each other money or other performances of the same kind, either of them ("the first party")

해당사자가 입은 손해에 대하여 책임을 부담하지 아니한다.

(2) 피해당사자는 손해를 감소하기 위하여 시도하느라 합리적으로 발생한 비용을 청구할 권리가 있다.

제7-4-9조 금전결제를 하지 못한 경우의 이자

(1) 일방당사자가 만기에 일정액의 금전결제를 하지 못한 경우 피해당사자는 미결제의 면책여부에 관계없이 결제가 이루어져야 하는 때로부터 결제시까지 그 금액에 대한 이자를 청구할 수 있다.

(2) 이자율은 결제장소에서의 결제통화에 대하여 적용되는 최고우대 차용자의 평균 은행의 단기대출여신율로 하고, 그러한 이자율이 그 장소에 존재하지 않는 경우 결제통화 국가의 동일률을 적용한다. 각 장소에서 그러한 금리가 존재하지 않는 경우 이자율은 결제통화의 국가법률에 의하여 정하는 적정금리로 한다.

(3) 피해당사자는 미결제가 더 큰 손해를 초래하는 경우 추가적인 손해배상청구권을 갖는다.

제7-4-10조 손해배상에 대한 이자

달리 합의가 없는 경우, 비금전채무의 불이행에 대한 손해배상의 이자는 불이행의 때로부터 발생한다.

제7-4-11조 금전배상의 방법

(1) 손해배상은 일괄해서 지불되어야 한다. 그러나 손해의 성질이 분할지불에 적합한 경우 분할 지불할 수 있다.

(2) 분할 지불되는 손해배상은 지수조정이 이루어질 수 있다.

제7-4-12조 손해배상 산정통화

손해배상은 금전채무가 표시하는 통화 또는 손해가 발생한 통화 중 보다 적합한 것으로 산정한다.

제7-4-13조 불이행에 대한 합의지불

(1) 계약에서 불이행당사자가 불이행에 대하여 피해당사자에게 특정 금액을 지불하기로 된 경우 피해당사자는 현실적 손해에 관계없이 그 금액을 청구할 수 있다.

(2) 그러나 별도의 합의가 존재하더라도 특정금액은 불이행으로 초래되는 손해 그리고 기타의 사정에 비추어서 그 금액이 현저히 지나친 경우 합리적인 금액으로 감액할 수 있다.

제8장 상계

제8-1조 상계의 조건

(1) 양 당사자가 상호 동일한 금전상의 채무 또는 기타 이행을 부담하게 되는 경우 한 당사자(일방)는 채권

may set off its obligation against that of its obligee ("the other party") if at the time of set-off, the first party is entitled to perform its obligation;

the other party's obligation is ascertained as to its existence and amount and performance is due.

If the obligations of both parties arise from the same contract, the first party may also set off its obligation against an obligation of the other party which is not ascertained as to its existence or to its amount.

ARTICLE 8.2 (Foreign currency set-off)

Where the obligations are to pay money in different currencies, the right of set-off may be exercised, provided that both currencies are freely convertible and the parties have not agreed that the first party shall pay only in a specified currency.

ARTICLE 8.3 (Set-off by notice)

The right of set-off is exercised by notice to the other party.

ARTICLE 8.4 (Content of notice)

The notice must specify the obligations to which it relates.

If the notice does not specify the obligation against which set-off is exercised, the other party may, within a reasonable time, declare to the first party the obligation to which set-off relates. If no such declaration is made, the set-off will relate to all the obligations proportionally.

ARTICLE 8.5 (Effect of set-off)

Set-off discharges the obligations.

If obligations differ in amount, set-off discharges the obligations up to the amount of the lesser obligation.

Set-off takes effect as from the time of notice.

CHAPTER 9 – ASSIGNMENT OF RIGHTS, TRANSFER OF OBLIGATIONS, ASSIGNMENT OF CONTRACTS

SECTION 1: ASSIGNMENT OF RIGHTS

ARTICLE 9.1.1 (Definitions)

"Assignment of a right" means the transfer by agreement from one person (the "assignor") to another person (the "assignee"), including transfer by way of security, of the assignor's right to payment of a monetary sum or other performance from a third person ("the obligor").

ARTICLE 9.1.2 (Exclusions)

This Section does not apply to transfers made under the special rules governing the transfers:

자(상대방)의 채무에 대하여 다음과 같은 경우 상계시에 그 채무를 상계할 수 있다.

    (a) 일방이 그 채무를 이행할 권한이 있을 때

    (b) 상대방의 채무 존재 및 양이 확정되고 이행이 불가피한 경우

(2) 양 당사자의 채무가 동일한 계약에서 발생한 경우 일방은 그 존재나 금액에 관하여 확정되지 않은 상태에서 상대방의 채무에 대하여 채무를 상계할 수 있다.

제8-2조 외환상계

채무가 이종통화로 금전을 지불해야 하는 경우, 양 통화가 자유롭게 교환되고, 당사자들간에 일방이 특정통화로만 지불할 것을 합의하지 않는 한, 상계 권리는 행사될 수 있다.

제8-3조 통지에 의한 상계

상계권은 상대방에 대한 통지에 의하여 행사될 수 있다.

제8-4조 통지의 내용

(1) 통지는 관련되는 채무를 특정해야 한다.

(2) 통지에서 상계가 행사되는 채무를 특정하지 않는 경우 상대방은 합리적인 기간내에 일방에 대하여 상계가 관련된 채무를 선언할 수 있다.

제8-5조 상계의 효과

(1) 상계는 양쪽 채무를 소멸시킨다.

(2) 양쪽 채무가 양적인 면에서 다르다면, 상계는 더 적은 채무의 양을 한도로 채무를 소멸시킨다.

(3) 상계는 통지시로부터 효력을 얻는다.

제9장 채권의 양도, 채무의 이전, 계약의 양도

제1절 채권의 양도

제9-1-1조 정 의

채권의 양도는 합의에 의해서 일방(양도인)에게서 타인(양수인)에게 보증에 의한 이전을 포함해서 제3자(채무자)로부터의 금전적인 지불 또는 기타 이행에 대한 양도인의 권리 이전을 의미한다.

제9-1-2조 예외규정

이 절은 다음과 같은 이전을 규율하는 특정 법규가 적용되는 이전에는 적용하지 않는다.

of instruments such as negotiable instruments, documents of title or financial instruments, or

of rights in the course of transferring a business.

ARTICLE 9.1.3 (Assignability of non-monetary rights)

A right to non-monetary performance may be assigned only if the assignment does not render the obligation significantly more burdensome.

ARTICLE 9.1.4 (Partial assignment)

A right to the payment of a monetary sum may be assigned partially.

A right to other performance may be assigned partially only if it is divisible, and the assignment does not render the obligation significantly more burdensome.

ARTICLE 9.1.5 (Future rights)

A future right is deemed to be transferred at the time of the agreement, provided the right, when it comes into existence, can be identified as the right to which the assignment relates.

ARTICLE 9.1.6 (Rights assigned without individual specification)

A number of rights may be assigned without individual specification, provided such rights can be identified as rights to which the assignment relates at the time of the assignment or when they come into existence.

ARTICLE 9.1.7 (Agreement between assignor and assignee sufficient)

A right is assigned by mere agreement between the assignor and the assignee, without notice to the obligor.

The consent of the obligor is not required unless the obligation in the circum- stances is of an essentially personal character.

ARTICLE 9.1.8 (Obligor's additional costs)

The obligor has a right to be compensated by the assignor or the assignee for any additional costs caused by the assignment.

ARTICLE 9.1.9 (Non-assignment clauses)

The assignment of a right to the payment of a monetary sum is effective notwithstanding an agreement between the assignor and the obligor limiting or prohibiting such an assignment. However, the assignor may be liable to the obligor for breach of contract.

The assignment of a right to other performance is ineffective if it is contrary to an agreement between the assignor and the obligor limiting or prohibiting the assignment. Nevertheless, the assignment is effective if the assignee, at the time of the assignment, neither knew nor ought to have known of the agreement. The assignor may then be liable to the obligor for breach of contract.

    (a) 양도증권, 권리증권, 또는 금융 증권과 같은 증권

    (b) 영업 이전의 과정에서의 권리

제9-1-3조 비금전적 채권의 양도가능성

비금전적 이행에 대한 채권은 양도가 현저하게 가중되는 채무를 부담시키지 않는 경우에만 양도될 수 있다.

제9-1-4조 분할 양도

(1) 금전적 지불에 대한 권리는 부분적으로 양도될 수 있다.

(2) 기타 이행에 대한 채권은 분할 가능하고 양도가 현저하게 가중되는 채무를 부담시키지 않는 한 부분적으로 양도될 수 있다.

제9-1-5조 장래의 채권

장래의 채권은 합의시에 이전된 것으로 본다. 다만, 그 권리가 존재하고, 양도가 관련된 권리로 특정될 수 있는 경우에 한한다.

제9-1-6조 개별적 특정 없이 양도되는 채권

복수의 채권은 개별적 특정없이 양도될 수 있다. 다만, 그 채권이 양도시에 또는 존재할 때에 양도가 관련되는 채권으로서 특정될 수 있어야 한다.

제9-1-7조 양도인과 양수인간의 합의로 충분한 양도

(1) 채권은 양도인과 양수인간의 단순한 합의에 의해서 채무자에 대한 통지없이 양도될 수 있다.

(2) 그 상황에서의 채무가 기본적으로 일신 전속적이지 아닌 한, 채무자의 동의는 요구되지 않는다.

제9-1-8조 채무자의 추가적인 비용

채무자는 양도에 의해서 유발되는 추가비용에 대하여 양도인 또는 양수인에 의하여 보상받을 권리를 보유한다.

제9-1-9조 양도금지 조항

(1) 금전적 지불에 대한 권리의 양도는 양도를 제한하거나 금지하는 양도인과 채무자간의 합의에 불구하고 효력이 있다. 그러나 양도인은 계약의 위반에 대하여 채무자에게 책임을 부담한다.

(2) 기타 이행에 대한 권리의 양도는 양도를 제한하거나 금지하는 양도인과 채무자간의 합의에 반할 경우에는 효력이 없다. 그러나 만일 양수인이 양도시에 그 합의 사실(양도금지)을 알았거나 알았어야 하지 않는 한 양도는 효력이 있다. 그때 양도인은 계약의 위반에 대하여 채무자에게 책임을 부담한다.

ARTICLE 9.1.10 (Notice to the obligor)

Until the obligor receives a notice of the assignment from either the assignor or the assignee, it is discharged by paying the assignor.

After the obligor receives such a notice, it is discharged only by paying the assignee.

ARTICLE 9.1.11 (Successive assignments)

If the same right has been assigned by the same assignor to two or more successive assignees, the obligor is discharged by paying according to the order in which the notices were received.

ARTICLE 9.1.12 (Adequate proof of assignment)

If notice of the assignment is given by the assignee, the obligor may request the assignee to provide within a reasonable time adequate proof that the assignment has been made.

Until adequate proof is provided, the obligor may withhold payment.

Unless adequate proof is provided, notice is not effective.

Adequate proof includes, but is not limited to, any writing emanating from the assignor and indicating that the assignment has taken place.

ARTICLE 9.1.13 (Defences and rights of set-off)

The obligor may assert against the assignee all defences that the obligor could assert against the assignor.

The obligor may exercise against the assignee any right of set-off available to the obligor against the assignor up to the time notice of assignment was received.

ARTICLE 9.1.14 (Rights related to the right assigned)

The assignment of a right transfers to the assignee:

all the assignor's rights to payment or other performance under the contract in respect of the right assigned, and

all rights securing performance of the right assigned.

ARTICLE 9.1.15 (Undertakings of the assignor)

The assignor undertakes towards the assignee, except as otherwise disclosed to the assignee, that:

the assigned right exists at the time of the assignment, unless the right is a future right;

the assignor is entitled to assign the right;

the right has not been previously assigned to another assignee, and it is free from any right or claim from a third party;

the obligor does not have any defences;

neither the obligor nor the assignor has given notice of set-off concerning the assigned right and will not give any such notice;

제9-1-10조 채무자에 대한 통지

(1) 채무자가 양도인이나 양수인으로부터 양도의 통지를 수령할 때까지는 양도인에게 지불함으로써 채무를 소멸시킬 수 있다.

(2) 채무자가 그러한 통지를 수령한 후에는 양수인에게 지불함으로써만 채무면제를 할 수 있다.

제9-1-11조 연속적 양도

동일한 채권이 동일한 양도인에 의하여 둘 이상의 양수인에게 연속적으로 양도될 경우 채무자는 통지가 수령된 순서에 따라서 지불함으로써 채무를 소멸시킬 수 있다.

제9-1-12조 양도 증거의 적합성

(1) 양수인에 의해 양도의 통지가 이루어진 경우 채무자는 양수인에게 양도가 이루어진 증거의 적합성을 합리적인 시간내에 제공할 것을 요구할 수 있다.

(2) 적합한 증거가 제공될 때까지 채무자는 지불을 정지할 수 있다.

(3) 적합한 증거가 제공되지 않는 한 통지는 효력이 없다.

(4) 적합한 증거는 양도인으로부터 작성되고 양도가 발생한 것을 나타내는 문서(그 문서로 제한되는 것은 아니고)를 포함한다.

제9-1-13조 항변권과 상계권

(1) 채무자는 채무자가 양도인에게 주장할 수 있는 모든 항변권을 양수인에게 주장할 수 있다.

(2) 채무자는 양도통지가 수령될 때까지 양도인에 대하여 채무자로서 행사할 수 있었던 상계권을, 양수인에게 행사할 수 있다.

제9-1-14조 양도된 채권에 관련된 권리

채권의 양도는 다음과 같은 권리도 양수인에게 이전된다.

    (a) 양도된 채권과 관련하여 계약에서 지불 또는 기타 이행에 대한 양도인의 모든 권리

    (b) 양도된 채권의 이행을 보증하는 모든 권리

제9-1-15조 양도인의 담보

양도인은 양수인에 대하여 달리 공개된 것들을 제외하고 다음의 내용을 담보한다.

    (a) 양도된 채권은 그 권리가 장래의 채권이 아닌 한, 양도시에 존재할 것.

    (b) 양도인은 그 채권에 대한 양도권이 있을 것

    (c) 채권은 이미 다른 양수인에게 양도되지 않았고 그 채권은 제3자의 어떠한 다른 권리 또는 클레임으로 부터 자유로울 것

    (d) 채무자는 어떠한 항변권도 보유하지 않을 것

    (e) 채무자나 양도인 누구도 양도된 채권에 관한 상계의 통지를 하지 않았고, 그런 통지를 하지도 않을 것

the assignor will reimburse the assignee for any payment received from the obligor before notice of the assignment was given.

SECTION 2: TRANSFER OF OBLIGATIONS

ARTICLE 9.2.1 (Modes of transfer)

An obligation to pay money or render other performance may be transferred from one person (the "original obligor") to another person (the "new obligor") either

by an agreement between the original obligor and the new obligor subject to Article 9.2.3, or

by an agreement between the obligee and the new obligor, by which the new obligor assumes the obligation.

ARTICLE 9.2.2 (Exclusion)

This Section does not apply to transfers of obligations made under the special rules governing transfers of obligations in the course of transferring a business.

ARTICLE 9.2.3 (Requirement of obligee's consent to transfer)

The transfer of an obligation by an agreement between the original obligor and the new obligor requires the consent of the obligee.

ARTICLE 9.2.4 (Advance consent of obligee)

The obligee may give its consent in advance.

If the obligee has given its consent in advance, the transfer of the obligation becomes effective when a notice of the transfer is given to the obligee or when the obligee acknowledges it.

ARTICLE 9.2.5 (Discharge of original obligor)

The obligee may discharge the original obligor.

The obligee may also retain the original obligor as an obligor in case the new obligor does not perform properly.

Otherwise the original obligor and the new obligor are jointly and severally liable.

ARTICLE 9.2.6 (Third party performance)

Without the obligee's consent, the obligor may contract with another person that this person will perform the obligation in place of the obligor, unless the obligation in the circumstances has an essentially personal character.

The obligee retains its claim against the obligor.

ARTICLE 9.2.7 (Defences and rights of set-off)

The new obligor may assert against the obligee all defences which the original obligor could assert against the obligee.

The new obligor may not exercise against the obligee any right of set-off available to the original obligor against the obligee.

(f) 양도인은 양도 통지가 주어지기 전에 채무자로부터 수령된 지불에 대하여 양수인에게 상환할 것

제2절 채무의 이전

제9-2-1조 이전의 형식

금전 지불 또는 기타 이행을 제공할 채무는 일방(원 채무자)에게서 타인(신 채무자)에게 다음과 같이 이전될 수 있다.

1. 제9-2-3조의 조건을 충족하는 조건으로 원 채무자와 신 채무자간의 합의에 의하여
2. 채권자와 신 채무자간에 합의가 이루어지고, 신채무자가 채무를 인수함으로써

제9-2-2조 예외 조항

이 절은 영업을 양도하는 과정에서의 채무의 이전을 규율하는 특별 법규하에서 이루어진 채무의 이전에는 적용되지 않는다.

제9-2-3조 채무이전을 위한 채권자 동의의 요건

원 채무자와 신채무자간의 합의에 의한 채무의 이전은 채권자의 동의를 요한다.

제9-2-4조 채권자의 사전 동의

(1) 채권자는 사전에 채무인수에 대한 동의를 할 수 있다.
(2) 채권자가 사전에 동의를 한 경우 채무의 인수는 인수통지가 채권자에게 주어진 때 또는 채권자가 그 사실을 인지한 때 효력이 발생한다.

제9-2-5조 원 채무자의 채무면제

(1) 채권자는 원채무자를 채무면제할 수 있다.
(2) 채권자는 신 채무자가 적절하게 이행을 하지 않을 경우에 원채무자를 채무자로서 유보할 수 있다.
(3) 그렇지 않으면 원채무자와 신채무자는 연대하여 그리고 각각 책임을 진다.

제9-2-6조 제3자의 이행

(1) 채무자는 채무가 필수적으로 일신전속적인 성격을 갖고 있는 상황이 아닌 한, 채권자의 동의없이 채무자를 대신하여 채무를 이행할 다른 사람과 계약을 체결할 수 있다.
(2) 채권자는 채무자에 대하여 청구권을 보유한다.

제9-2-7조 항변권과 상계권

(1) 신 채무자는 원채무자가 채권자에게 주장할 수 있는 모든 항변권을 채권자에게 주장할 수 있다.
(2) 신채무자는 원채무자에게 주어졌던 채권자에 대한 어떤 상계권도 채권자에 대하여 행사할 수 없다.

ARTICLE 9.2.8 (Rights related to the obligation transferred)

The obligee may assert against the new obligor all its rights to payment or other performance under the contract in respect of the obligation transferred.

If the original obligor is discharged under Article 9.2.5(1), a security granted by any person other than the new obligor for the performance of the obligation is discharged, unless that other person agrees that it should continue to be available to the obligee. Discharge of the original obligor also extends to any security of the original obligor given to the obligee for the performance of the obligation, unless the security is over an asset which is transferred as part of a transaction between the original obligor and the new obligor.

SECTION 3: ASSIGNMENT OF CONTRACTS

ARTICLE 9.3.1 (Definitions)

"Assignment of a contract" means the transfer by agreement from one person (the "assignor") to another person (the "assignee") of the assignor's rights and obligations arising out of a contract with another person (the "other party").

ARTICLE 9.3.2 (Exclusion)

This Section does not apply to the assignment of contracts made under the special rules governing transfers of contracts in the course of transferring a business.

ARTICLE 9.3.3 (Requirement of consent of the other party)

The assignment of a contract requires the consent of the other party.

ARTICLE 9.3.4 (Advance consent of the other party)

The other party may give its consent in advance.If the other party has given its consent in advance, the assignment of the contract becomes effective when a notice of the assignment is given to the other party or when the other party acknowledges it.

ARTICLE 9.3.5 (Discharge of the assignor)

The other party may discharge the assignor.

The other party may also retain the assignor as an obligor in case the assignee does not perform properly.

Otherwise the assignor and the assignee are jointly and severally liable.

ARTICLE 9.3.6 (Defences and rights of set-off)

To the extent that the assignment of a contract involves an assignment of rights, Article 9.1.13 applies accordingly.

To the extent that the assignment of a contract involves a transfer of obligations, Article 9.2.7 applies accordingly.

제9-2-8조 이전된 채무에 관련된 권리

(1) 채권자는 이전된 채무와 관련하여 계약에서의 지불 또는 기타 이행에 대한 모든 권리를 신채무자에게 주장할 수 있다.

(2) 원채무자가 제9-2-5조 1항의 조건에서 면제되는 경우, 채무의 이행에 대하여 신채무자 이외의 타인에 의하여 제공된 담보는 그 타인이 채권자에게 계속 행사되어야 함을 합의하지 않는 한 면제된다.

(3) 원채무자의 채무면제는 채무의 이행을 위하여 채권자에게 주어진 원채무자의 담보에까지 확대 적용된다. 다만, 담보가 원채무자와 신채무자간의 거래의 일부분으로서 이전된 자산을 초과하지 않는 경우에 한한다.

제3절 계약의 양도

제9-3-1조 정의

계약의 양도라 함은 일방(양도인)으로부터 타인(양수인)에게 합의에 의해서 제3자와의 계약에서 발생하는 양도인의 권리와 채무의 이전을 의미한다.

제9-3-2조 제외 조항

이 절은 영업의 이전과정에서 계약의 이전을 규율하는 특별 법규하에서 이루어진 계약의 양도에는 적용하지 않는다.

제9-3-3조 제3자의 동의의 요건

계약의 양도는 계약양도와 관련된 제3자의 동의를 요건으로 한다.

제9-3-4조 제3자의 사전 동의

(1) 계약양도와 관련된 제3자는 사전에 동의를 할 수 있다.

(2) 그 제3자가 사전에 동의를 한 경우 계약의 양도는 양도의 통지가 제3자에게 주어진 때 또는 제3자가 그 통지를 인지한 때 효력을 얻는다.

제9-3-5조 양도인의 채무면제

(1) 제3자는 양도인을 채무면제할 수 있다.

(2) 제3자는 양수인이 적절하게 이행하지 않는 경우에 양도인을 채무자로서 유보할 수 있다.

(3) 그렇지 않으면 양도인과 양수인은 연대하거나 각각 채무를 부담한다.

제9-3-6조 항변권과 상계권

(1) 계약의 양도가 채권의 양도를 수반하는 범위내에서 제9-1-13조는 함께 적용된다.

(2) 계약의 양도가 채무의 이전을 수반하는 범위내에서 제9-2-7조는 함께 적용된다.

ARTICLE 9.3.7 (Rights transferred with the contract)

To the extent that the assignment of a contract involves an assignment of rights, Article 9.1.14 applies accordingly.

To the extent that the assignment of a contract involves a transfer of obligations, Article 9.2.8 applies accordingly.

CHAPTER 10 – LIMITATION PERIODS

ARTICLE 10.1 (Scope of the Chapter)

The exercise of rights governed by the Principles is barred by the expiration of a period of time, referred to as "limitation period", according to the rules of this Chapter.

This Chapter does not govern the time within which one party is required under the Principles, as a condition for the acquisition or exercise of its right, to give notice to the other party or to perform any act other than the institution of legal proceedings.

ARTICLE 10.2 (Limitation periods)

The general limitation period is three years beginning on the day after the day the obligee knows or ought to know the facts as a result of which the obligee's right can be exercised.

In any event, the maximum limitation period is ten years beginning on the day after the day the right can be exercised.

ARTICLE 10.3 (Modification of limitation periods by the parties)

The parties may modify the limitation periods.

However they may not shorten the general limitation period to less than one year;

shorten the maximum limitation period to less than four years;

extend the maximum limitation period to more than fifteen years.

ARTICLE 10.4 (New limitation period by acknowledgement)

Where the obligor before the expiration of the general limitation period acknowledges the right of the obligee, a new general limitation period begins on the day after the day of the acknowledgement.

The maximum limitation period does not begin to run again, but may be exceeded by the beginning of a new general limitation period under Article 10.2(1).

ARTICLE 10.5 (Suspension by judicial proceedings)

The running of the limitation period is suspended

when the obligee performs any act, by commencing judicial proceedings or in judicial proceedings already instituted, that is recognised by the law of the court as asserting the obligee's right against the obligor;

in the case of the obligor's insolvency when the obligee has asserted its rights in the insolvency proceedings; or

제9-3-7조 계약과 함께 이전되는 권리

(1) 계약의 양도가 채권의 양도를 수반하는 범위내에서 제9-1-14조는 함께 적용된다.

(2) 계약의 양도가 채무의 이전을 수반하는 범위내에서 제9-2-8조는 함께 적용된다.

제10장 시효

제10-1조 이 장의 범위

(1) 이 원칙에 의해서 준거되는 채권의 행사는 이 장의 제 규정에 따라서 시효(제소기간)로 표시되는 기간의 만료에 의해서 금지된다.

(2) 이 장은 상대방에게 통지를 하기 위해서 또는 법적 소송의 개시 이외의 행위를 이행하기 위한 채권의 취득 또는 행사를 위한 조건으로서 일방 당사자가 이 원칙하에서 요구되는 기간에는 적용하지 않는다.

제10-2조 시효(제소기간)

(1) 일반적인 시효는 결과적으로 채권자가 채권자의 채권이 행사될 수 있다는 사실을 알았거나 알았어야 하는 날 익일부터 시작해서 3년으로 한다.

(2) 어떤 경우에도, 최대 시효(제척기간)는 그 권리가 행사될 수 있는 날의 익일부터 시작해서 10년으로 한다.

제10-3조 당사자들에 의한 시효의 변경

(1) 당사자들은 시효를 변경할 수 있다.

(2) 그러나 다음과 같은 변경은 할 수 없다.

    (a) 일반 시효를 1년 이하로 단축

    (b) 최대 시효를 4년 이하로 단축

    (c) 최대 시효를 15년 이상으로 연장

제10-4조 인정에 의한 신 시효

(1) 채무자가 일반 시효의 만료 전에 채권자의 권리를 인정한 경우 신 일반 시효는 그 인정일 이후 익일부터 개시한다.

(2) 최대 시효는 갱신되지 않는다. 그러나 제10-2조 1항의 신 일반 시효의 개시에 의해서 초과될 수 있다.

제10-5조 사법적 절차에 의한 정지

(1) 시효의 진행은 다음의 경우 정지된다.

    (a) 채권자가 사법 절차를 개시함으로써 또는 이미 개시된 사법 절차에서 채무자에 대한 채권자의 권리를 주장함으로써 법정지의 법에 의하여 승인된 어떤 행위를 이행 했을 때

    (b) 채권자가 파산절차에서 그 권리를 주장했을 때 채무자의 파산의 경우

in the case of proceedings for dissolution of the entity which is the obligor when the obligee has asserted its rights in the dissolution proceedings.

Suspension lasts until a final decision has been issued or until the proceedings have been otherwise terminated.

ARTICLE 10.6 (Suspension by arbitral proceedings)

The running of the limitation period is suspended when the obligee performs any act, by commencing arbitral proceedings or in arbitral proceedings already instituted, that is recognised by the law of the arbitral tribunal as asserting the obligee's right against the obligor. In the absence of regulations for arbitral proceedings or provisions determining the exact date of the commencement of arbitral proceedings, the proceedings are deemed to commence on the date on which a request that the right in dispute should be adjudicated reaches the obligor.

Suspension lasts until a binding decision has been issued or until the proceedings have been otherwise terminated.

ARTICLE 10.7 (Alternative dispute resolution)

The provisions of Articles 10.5 and 10.6 apply with appropriate modifications to other proceedings whereby the parties request a third person to assist them in their attempt to reach an amicable settlement of their dispute.

ARTICLE 10.8 (Suspension in case of force majeure, death or incapacity)

Where the obligee has been prevented by an impediment that is beyond its control and that it could neither avoid nor overcome, from causing a limitation period to cease to run under the preceding Articles, the general limitation period is suspended so as not to expire before one year after the relevant impediment has ceased to exist.

Where the impediment consists of the incapacity or death of the obligee or obligor, suspension ceases when a representative for the incapacitated or deceased party or its estate has been appointed or a successor has inherited the respective party's position. The additional one-year period under paragraph (1) applies accordingly.

ARTICLE 10.9 (Effects of expiration of limitation period)

The expiration of the limitation period does not extinguish the right.

For the expiration of the limitation period to have effect, the obligor must assert it as a defence.

A right may still be relied on as a defence even though the expiration of the limitation period for that right has been asserted.

ARTICLE 10.10 (Right of set-off)

The obligee may exercise the right of set-off until the obligor has asserted the expiration of the limitation period.

ARTICLE 10.11 (Restitution)

Where there has been performance in order to discharge an obligation, there is no right of restitution merely because the limitation period has expired.

(c) 채권자가 해약절차에서 그 권리를 주장했을 때 채무자 존재의 해약을 위한 절차의 경우

(2) 정지는 최종 결정이 이루어졌거나 아니면 소송절차가 종결될 때까지 지속된다.

제10-6조 중재절차에 의한 정지

(1) 시효의 진행은 채권자가 중재절차를 개시함으로써 또는 이미 개시된 중재절차에서 채권자가 채무자에 대하여 권리를 주장함으로써 중재법정지의 법에 의하여 승인된 어떤 행위를 했을 때 정지된다. 중재절차를 위한 법규의 부존재 또는 중재절차의 개시의 정확한 날짜를 결정하는 조항이 없을 경우에, 중재절차는 분쟁중인 채권의 판정에 대한 청구가 채무자에게 도달한 날부터 개시되는 것으로 한다.

(2) 정지는 구속력 있는 결정이 이루어지거나 아니면 절차가 종료될 때까지 계속된다.

제10-7조 대안적 분쟁 해결

제10-5조 및 제10-6조는 양 당사자들이 분쟁의 우의적 해결에 도달하기 위하여, 적절한 변경으로, 제3자에게 요청하는 기타 절차에 적용한다.

제10-8조 불가항력, 사망 또는 무능력의 경우의 정지

(1) 채권자가 불가항력적이고 회피할 수도 없고 극복할 수도 없는 장애에 의해서 전 조에서의 시효의 진행 중지를 방해받는 경우, 일반 시효는 관련 장애가 중지된 후 1년 이전에 만료하지 않도록 하기 위하여 정지된다.

(2) 장애가 무능력, 채권자나 채무자의 사망인 경우, 정지는 무능력 또는 사망한 당사자 또는 그 재산에 대한 대리인이 임명되었거나 계승자가 각 당사자의 지위를 상속받은 경우에 중지된다. 제1항에서 추가된 1년은 함께 적용된다.

제10-9조 시효 만료의 효과

(1) 시효 만료는 채권을 소멸시키지 않는다.

(2) 시효 만료가 효력을 얻기 위해서는 채무자는 항변권으로서 이를 주장해야 한다.

(3) 채권은 그 권리에 대한 시효 만료가 주장된다 하더라도 항변권으로서 여전히 원용될 수 있다.

제10-10조 상계권

채권자는 채무자가 시효 만료를 주장할 때까지 상계권을 행사할 수 있다.

제10-11조 원상회복

채무변제를 위하여 이행을 한 경우, 시효가 만료되었다는 이유만으로 반환청구를 할 권리는 없다.

CHAPTER 11 – PLURALITY OF OBLIGORS AND OF OBLIGEES

SECTION 1: PLURALITY OF OBLIGORS

ARTICLE 11.1.1 (Definitions)

When several obligors are bound by the same obligation towards an obligee:

the obligations are joint and several when each obligor is bound for the whole obligation;

the obligations are separate when each obligor is bound only for its share.

ARTICLE 11.1.2 (Presumption of joint and several obligations)

When several obligors are bound by the same obligation towards an obligee, they are presumed to be jointly and severally bound, unless the circumstances indicate otherwise.

ARTICLE 11.1.3 (Obligee's rights against joint and several obligors)

When obligors are jointly and severally bound, the obligee may require performance from any one of them, until full performance has been received.

ARTICLE 11.1.4 (Availability of defences and rights of set-off)

A joint and several obligor against whom a claim is made by the obligee may assert all the defences and rights of set-off that are personal to it or that are common to all the co-obligors, but may not assert defences or rights of set-off that are personal to one or several of the other co-obligors.

ARTICLE 11.1.5 (Effect of performance or set-off)

Performance or set-off by a joint and several obligor or set-off by the obligee against one joint and several obligor discharges the other obligors in relation to the obligee to the extent of the performance or set-off.

ARTICLE 11.1.6 (Effect of release or settlement)

Release of one joint and several obligor, or settlement with one joint and several obligor, discharges all the other obligors for the share of the released or settling obligor, unless the circumstances indicate otherwise.

When the other obligors are discharged for the share of the released obligor, they no longer have a contributory claim against the released obligor under Article 11.1.10.

ARTICLE 11.1.7 (Effect of expiration or suspension of limitation period)

Expiration of the limitation period of the obligee's rights against one joint and several obligor does not affect:

the obligations to the obligee of the other joint and several obligors; or

제11장 수인의 채무자와 채권자

제1절 수인의 채무자

제11-1-1조 정의
수인의 채무자가 채권자에 대하여 동일한 채무를 부담하는 경우에
(가) 각 채무자가 채무의 전부를 부담하는 경우에 그 채무는 연대채무이다.
(나) 각 채무자가 각자의 부담부분에 한하여 채무를 부담하는 경우에 그 채무는 분할채무이다.

제11-1-2조 연대채무의 추정
수인의 채무가 채권자에 대하여 동일한 채무를 부담하느 경우에 다른 사정이 없다면 채무자는 연대하여 채무를 부담하는 것으로 추정된다.

제11-1-3조 연대채무자에 대한 채권자의 권리
채무자가 연대채무를 부담하는 경우에 채권자는 채무가 전부 이행될 때까지 채무자 중 어느 누구에 대하여 이행을 청구할 수 있다.

제11-1-4조 항변과 상계권의 이용가능성
채권자로부터 청구를 받은 연대채무자는 자신에게 고유하거나 모든 연대채무자에게 공통된 모든 항변과 상계권을 주장할 수 있으나 일인 또는 수인의 다른 연대채무자에게 고유한 항변이나 상계권을 주장하지 못한다.

제11-1-5조 이행 또는 상계의 효력
어느 연대채무자의 이행이나 상계 또는 어느 연대채무자에 대한 채권자의 상계는 채권자와의 관계에서 그 이행이나 상계를 한도로 다른 연대채무자의 채무를 소멸시킨다.

제11-1-6조 면제 또는 화해의 효력
(1) 일인의 연대채무자의 면제 또는 일인의 연대채무자와의 화해는 다른 사정이 없다면 그 면제를 받은 채무자 또는 화해를 한 채무자의 부담부분에 한하여 다른 모든 채무자의 채무르 면하게 한다.
(2) 면제받은 채무자의 부담부부만큼 채무를 면한 다른 채무자는 그 면제를 받은 채무자에 대하여 제11-1-10조에 따른 구상권을 갖지 못한다.

제11-1-7조 시효기간의 만료 또는 정지의 효력
(1) 일인의 연대채무자에 대한 채권자의 권리의 시효기간이 만료되더라도 이는 다음 각호에 대하여 효력이 없다.
(가) 다른 연대채무자의 채권자에 대한 채무 또는

the rights of recourse between the joint and several obligors under Article 11.1.10.

If the obligee initiates proceedings under Articles 10.5, 10.6 or 10.7 against one joint and several obligor, the running of the limitation period is also suspended against the other joint and several obligors.

ARTICLE 11.1.8 (Effect of judgment)

A decision by a court as to the liability to the obligee of one joint and several obligor does not affect:

the obligations to the obligee of the other joint and several obligors; or

the rights of recourse between the joint and several obligors under Article 11.1.10.

However, the other joint and several obligors may rely on such a decision, except if it was based on grounds personal to the obligor concerned. In such a case, the rights of recourse between the joint and several obligors under Article 11.1.10 are affected accordingly.

ARTICLE 11.1.9 (Apportionment among joint and several obligors)

As among themselves, joint and several obligors are bound in equal shares, unless the circumstances indicate otherwise.

ARTICLE 11.1.10 (Extent of contributory claim)

A joint and several obligor who has performed more than its share may claim the excess from any of the other obligors to the extent of each obligor's unperformed share.

ARTICLE 11.1.11 (Rights of the obligee)

A joint and several obligor to whom Article 11.1.10 applies may also exercise the rights of the obligee, including all rights securing their performance, to recover the excess from all or any of the other obligors to the extent of each obligor's unperformed share.

An obligee who has not received full performance retains its rights against the co-obligors to the extent of the unperformed part, with precedence over co-obligors exercising contributory claims.

ARTICLE 11.1.12 (Defences in contributory claims)

A joint and several obligor against whom a claim is made by the co-obligor who has performed the obligation:

may raise any common defences and rights of set-off that were available to be asserted by the co-obligor against the obligee;

may assert defences which are personal to itself ;

may not assert defences and rights of set-off which are personal to one or several of the other co-obligors.

ARTICLE 11.1.13 (Inability to recover)

If a joint and several obligor who has performed more than that obligor's share is unable, despite all reasonable efforts, to recover contribution from another joint and several obligor, the share of the others, including the one who has performed, is increased proportionally.

(나) 제11-1-10조에 따른 연대채무자 사이의 구상권

(2) 채권자가 제10-5조, 제10-6조 또는 제10-7조에 따라 일인의 연대채무자를 상대로 절차를 개시하는 경우에 다른 연대채무자에 대하여도 시효기간의 진행이 정지된다.

제11-1-8조 판결의 효력

(1) 채권자에 대한 연대채무자 일인의 채무에 관한 법원의 판결은 다음 각호에 대하여 효력이 없다.

(가) 채권자에 대한 다른 연대채무자의 채무 또는

(나) 제11-1-10조에 따른 연대채무자 사이의 구상권

(2) 그러나 그러한 판결이 그 채무자에게 고유한 사유에 기초하는 경우를 제외하고 다른 연대채무자는 그 판결을 원용할 수 있다. 그러한 경우에 제11-1-10조에 따른 연대채무자 사이의 구상권은 그에 사응하여 영향을 받는다.

제11-1-9조 연대채무자 사이의 부담부분

연대채무자 사이에서 다른 사정이 없다면 연대채무자의 부담부분은 균등하다.

제11-1-10조 구상권의 범위

자신의 부담부분을 초과하여 이행한 연대채무자는 다른 어느 채무자에게 그 채무자가 이행하지 아니한 각자의 부담부분을 한도로 그 초과부분을 구상할 수 있다.

제11-1-11조 채권자의 권리

(1) 제11-1-10조가 적용되는 연대채무자는 각 채무자가 이행하지 아니한 각자의 부담부분을 한도로 모든 또는 어느 다른 채무자에 대하여 초과부분에 관한 구상을 위하여 이행에 관한 모든 담보권을 포함하여 채권자의 구상권도 행사할 수 있다.

(2) 이행을 전부 받지 아니한 채권자는 아직 이행되지 아니한 부분의 범위내에서 구상권을 행사하는 연대채무자에 우선하여 연대채무자에 대한 그의 권리를 보유한다.

제11-1-12조 구상청구에 대한 항변

채무를 이행한 다른 연대채무자로부터 구상청구를 받은 연대채무자는

(가) 그 다른 연대채무자가 채권자에 대하여 주장할 수 있었던 공통된 항변과 상계권을 주장할 수 있다.

(나) 자신에게 고유한 항변사유를 주장할 수 있다.

(다) 다른 연대채무자 중의 어느 일인 또는 수인에게 고유한 항변사유와 상계권을 주장하지 못한다.

제11-1-13조 구상불능

자신의 부담부분을 초과하여 이행한 연대채무자가 모든 합리적인 노력에도 불구하고 어느 연대채무자로부터 상환을 받지 못하는 경우에 이행한 채무자를 포함하여 다른 채무자들의 부담부분은 비례적으로 증가한다.

SECTION 2: PLURALITY OF OBLIGEES

ARTICLE 11.2.1 (Definitions)

When several obligees can claim performance of the same obligation from an obligor:

the claims are separate when each obligee can only claim its share;

the claims are joint and several when each obligee can claim the whole performance;

the claims are joint when all obligees have to claim performance together.

ARTICLE 11.2.2 (Effects of joint and several claims)

Full performance of an obligation in favour of one of the joint and several obligees discharges the obligor towards the other obligees.

ARTICLE 11.2.3 (Availability of defences against joint and several obligees)

The obligor may assert against any of the joint and several obligees all the defences and rights of set-off that are personal to its relationship to that obligee or that it can assert against all the co-obligees, but may not assert defences and rights of set-off that are personal to its relationship to one or several of the other co-obligees.

The provisions of Articles 11.1.5, 11.1.6, 11.1.7 and 11.1.8 apply, with appropriate adaptations, to joint and several claims.

ARTICLE 11.2.4 (Allocation between joint and several obligees)

As among themselves, joint and several obligees are entitled to equal shares, unless the circumstances indicate otherwise.

An obligee who has received more than its share must transfer the excess to the other obligees to the extent of their respective shares.

제2절 수인의 채권자

제11-2-1조 정의

수인의 채권자가 채무자에게 동일한 채무의 이행을 청구할 수 있는 경우에

(가) 각 채권자가 자신의 지분에 한하여 청구할 수 있다면 채권은 분할채권이다.

(나) 각 채권자가 전부이행을 청구할 수 있다면 채권은 연대채권이다.

(다) 모든 채권자가 함께 이행을 청구하여야 한다면 채권은 공동채권이다.

제11-2-2조 연대채권의 효력

연대채권자 일인에 대한 채무의 전부이행은 다른 채권자에 대한 채무자의 채무를 소멸시킨다.

제11-2-3조 연대채권자에 대한 항변의 이용가능성

(1) 채무자는 어느 연대채권자에 대하여 그와 그 채권자 사이의 관계에 고유하거나 모든 연대채권자에 대하여 주장할 수 있는 모든 항변과 상계권을 주장할 수 있으나 그와 다른 연대채권자의 일인 또는 수인 사이의 관계에 고유한 항변과 상계권을 주장하지 못한다.

(2) 제11-1-5조, 제11-1-6조, 제11-1-7조 및 제11-1-8조의 규정은 연대채권에 준용한다.

제11-2-4조 연대채권자 사이의 구상

(1) 연대채권자 사이에서 다른 사정이 없는 한 연대채권자는 균등한 지분을 갖는다.

(2) 자신의 지분을 초과하여 수령한 채권자는 각 채권자의 지분의 한도 내에서 그 초과부분을 다른 채권자에게 이전하여야 한다.

1-4 Sale of Goods Act, 1995

PART I CONTRACTS TO WHICH ACT APPLIES

1. Contracts to which Act applies

1.-(1) This Act applies to contracts of sale of goods made on or after (but not to those made before) 1 January 1894.

(2)   In relation to contracts made on certain dates, this Act applies subject to the modification of certain of its sections as mentioned in Schedule 1 below.

(3)   Any such modification is indicated in the section concerned by a reference to Schedule 1 below.

(4)   Accordingly, where a section does not contain such a reference, this Act applies in relation to the contract concerned without such modification of the section.

PART II FORMATION OF THE CONTRACT

Contract of Sale

2. Contract of sale

2.-(1) A contract of sale of goods is a contract by which the seller transfers or agrees to transfer the property in goods to the buyer for a money consideration, called the price.

(2)   There may be a contract of sale between one part owner and another.

(3)   A contract of sale may be absolute or conditional.

(4)   Where under a contract of sale the property in the goods is transferred from the seller to the buyer the contract is called a sale.

(5)   Where under a contract of sale the transfer of the property in the goods is to take place at a future time or subject to some condition later to be fulfilled the contract is called an agreement to sell.

(6)   An agreement to sell becomes a sale when the time elapses or the conditions are fulfilled subject to which the property in the goods is to be transferred.

3. Capacity to buy and sell

3.-(1) Capacity to buy and sell is regulated by the general law concerning capacity to contract and to transfer and acquire property.

(2)   Where necessaries are sold and delivered to a minor or to a person who by reason of mental incapacity or drunkenness is incompetent to contract, he must pay a resonable price for them.

1-4 물품매매법, 1995

<h1 style="text-align:center">제1장 본법의 적용</h1>

제1조 적용되는 계약

(1) 본법은 1894년 1월 1일 또는 그 이후에 체결된 물품매매계약(다만 그 이전에 체결된 것은 제외하고)에 적용한다.

(2) 특정기일에 체결된 계약에 관하여, 본법은 하기 제1부칙에 명시된 바에 따라 각 조항을 일정하게 변경하여 적용한다.

(3) 하기 제1부칙에 관련된 각 조항에는 그러한 변경에 대하여 참조규정을 두고 있다.

(4) 따라서 각 조항에 그러한 참조규정을 명시하지 아니한 경우에는, 본법은 그 조항을 변경하지 아니하고 해당되는 계약에 적용한다.

<h1 style="text-align:center">제2장 계약의 성립</h1>

<h2 style="text-align:center">매매계약</h2>

제2조 매매의 합의

(1) 물품매매계약은 매도인이 대금이라는 금전상의 약인을 대가로 매수인에게 물품의 소유권을 이전하거나 또는 이전할 것을 약정하는 계약이다.

(2) 동일물품의 지분소유자간에도 매매계약은 체결할 수 있다.

(3) 매매계약은 절대적 또는 조건부로 할 수 있다.

(4) 매매계약에 의하여 물품의 소유권이전이 매도인으로부터 매수인에게 이전되는 경우에 그 계약은 매매라고 칭한다.

(5) 매매계약에 의하여 물품의 소유권이전이 장래에 이행되거나 또는 계약 이후에 충족되어야 할 일정한 조건을 전제로 한 경우에 그 계약은 매매의 합의라고 칭한다.

(6) 매매의 합의는 물품의 소유권이 이전되는데 필요한 시간이 경과되거나 또는 그 조건이 충족된 당시에 매매로 된다.

제3조 매매의 능력

(1) 매매의 능력은 계약의 능력, 소유권의 이전 및 취득의 능력에 관한 일반법에 의하여 정한다.

(2) 필수품이 미성년자에게 또는 심신박약 또는 만취의 사고로 인하여 계약의 능력이 없는 자에게 매각되고 또한 인도된 경우에는, 그 자는 이를 대가로 상당한 대금을 지급하여야 한다.

(3) In subsection (2) above "necessaries" means goods suitable to the condition in life of the minor or other person concerned and to his actual requirements at the time of the sale delivery.

Formalities of Contract

4. How contract of sale is made

4.-(1) Subject to this and any other Act, a contract of sale may be made in writing (either with or without seal), or by word of mouth, or partly in writing and party by word of mouth, or may be implied from the conduct of the parties.

(2) Nothing in this section affects the law relating to corporations.

Subject-Matter of Contract

5. Existing or future goods

5.-(1) The goods which form the subject of a contract of sale may be either existing goods, owned or possessed by the seller, or goods to be manufactured or acquired by him after the making of the contract of sale, in this Act called future goods.

(2) There may be a contract for the sale of goods the acquisition of which by the seller depends on a contingency which may or may not happen.

(3) Whereby a contract of sale the seller purports to effect a present sale of future goods, the contract operates as an agreement to sell the goods.

6. Goods which have perished

Where there is a contract for the sale of specific goods, and the goods without the knowledge of the seller have perished at the time when the contract is made, the contract is void.

7. Goods perishing before the sale but after agreement to sell

Where there is an agreement to sell specific goods and subsequently the goods, without any fault on the part of the seller or buyer, perish before the risk passes to the buyer, the agreement is avoided.

The Price

8. Ascertainment of price

8.-(1) the price in a contract of sale may be fixed by the contract, or may be left to be fixed in a manner agreed by contract, or may be determined by the course of dealing between the parties.

(2) Where the price is not determined as mentioned in subsection (1) above the buyer must pay a reasonable price.

(3) 상기 제2항에 있어서 "필수품"이란 미성년자 또는 기타 해당자의 생활상태에 적합하고 또한 매매 및 인도시에 그 자의 현실적인 요건에 적합한 물품을 의미한다.

계약의 형식

제4조 매매계약의 방식

(1) 본법 및 기타 여하한 법에 규정이 없는 한, 매매계약(날인된 또는 날인되지 아니한)은 서면, 또는 구두의 표현, 또는 일부서면 및 일부구두의 표현으로 하거나, 또는 당사자들의 행위에 의하여 묵시적으로 체결할 수 있다.

(2) 본조의 규정은 결코 법인에 관한 법률에 영향을 미치지 아니한다.

계약의 목적물

제5조 현물(現物) 또는 선물(先物)

(1) 매매계약의 목적을 구성하는 물품은 매도인이 소유 또는 점유하는 현물이거나, 또는 매매계약의 체결 이후에 매도인이 제조 또는 취득하는 물품, 즉 본법에서 정하는 선물이어야 한다.

(2) 매도인이 물품을 취득할 수 있는지의 여부가 발생할 수도 있고 또는 아니할 수도 있는 우연한 사고에 달려 있는 경우에는 그 물품에 대해서도 매매계약은 체결할 수 있다.

(3) 매매계약에 의하여 매도인이 선물을 현재 매매하려는 경우에는, 그 계약은 물품을 매매하는 합의로서 효력이 있다.

제6조 계약당시에 소멸된 물품

특정한 물품의 매매계약이 존재하더라도, 물품이 계약의 체결당시에 이미 소멸되고, 또 매도인이 이를 알지 못한 경우에는, 그 계약은 무효이다.

제7조 매매합의 후에 소멸된 물품

특정한 물품을 매매하는 합의가 존재하고, 또 그 후 위험이 매수인에게 이전하기 이전에 물품이 매도인 또는 매수인의 일방의 과실 이외의 원인으로 소멸된 경우에는, 그 합의는 무효가 된다.

대금

제8조 대금의 확정

(1) 매매계약의 대금은 계약에 의하여 확정하거나, 또는 이에 합의된 방법으로 확정하거나 또는 당사자간의 거래관행에 의하여 결정할 수 있다.

(2) 대금이 상기 제1항의 규정에 의하여 결정되지 아니한 경우에는, 매수인은 상당한 대금을 지급하여야 한다.

(3) What is a reasonable price is a question of fact dependent on the circumstances of each particular case.

9. Agreement to sell at valuation

9.-(1) Where there is an agreement to sell goods on the terms that the price is to be fixed by the valuation of a third party, and he cannot or does not make the valuation, the agreement is avoided ; but if the goods or any part of them have been delivered to and appropriated by the buyer he must pay a reasonable price for them.

(2) Where the third party is prevented from making the valuation by the fault of the seller or buyer, the party not at fault may maintain an action for damages against the party at fault.

Conditions and Warranties

10. Stipulations about time

10.-(1) Unless a different intention appears from the terms of the contract, stipulations as to time of payment are not of the essence of a contract of sale.

(2) Whether any other stipulation as to time is or is not of the essence of the contract depends on the terms of the contract.

(3) In a contract of sale "month" prima facie means calendar month.

11. When condition to be treated as warranty

11.-(1) Subsections (2) to (4) and (7) below do not apply to Scotland subsection (5) below applies only to Scotland.

(2) Where a contract of sale is subject to a condition to be fulfilled by the seller, the buyer may waive the condition, or may elect to treat the breach of the condition as a breach of warranty and not as a ground for treating the contract as repudiated.

(3) Whether a stipulation in a contract of sale is a condition, the breach of which may give rise to a right to treat the contract as repudiated, or a warranty, the breach of which may give rise to a claim for damages but not to a right to reject the goods and treat the contract as repudiated, depends in each case on the construction of the contract ; and a stipulation may be a condition, though called a warranty in the contract.

(4) Where a contract of sale is not severable and the buyer has accepted the goods or part of them, the breach of a condition to be fulfilled by the seller can only be treated as a breach of warranty, and not as a ground for rejecting the goods and treating the contract as repudiated, unless there is an express or implied term of the contract to that effect.

(5) In Scotland, failure by the seller to perform any material part of a contract of sale is a breach of contract, which entitles the buyer either within a reasonable time after delivery to reject the goods and treat the contract as repudiated, or to retain the goods and treat the failure to perform such material part as a breach which may give rise to a claim for compensation or damages.

(3) 상당한 대금에 관한 문제는 각 특정한 경우의 사정에 따라야 할 사실의 문제이다.

제9조 평가를 요하는 매매의 합의

(1) 제3자의 평가에 의하여 대금이 확정되는 것을 내용으로 하는 매매의 합의가 존재하고, 또 그 자가 평가할 수 없거나 또는 평가하지 아니한 경우에는, 그 합의는 무효가 된다. 다만 물품의 전부 또는 일부가 매수인에게 인도되고 또한 그에 의하여 충당된 경우에는, 매수인은 이를 대가로 상당한 대금을 지급하여야 한다.

(2) 제3자가 매도인 또는 매수인의 과실로 인하여 평가를 할 수 없게 된 경우에는, 과실이 없는 당사자는 과실이 있는 당사자에 대하여 손해배상의 소송권을 유보한다.

조건 및 담보

제10조 시기에 관한 약정

(1) 계약의 조항에 별도의 의사표시가 없는 한, 지급의 시기에 관한 약정은 매매계약의 요소가 되지 아니한다.

(2) 기타 시기에 관한 어떠한 약정이 계약의 요소인지의 여부는 계약의 조항에 달려 있다.

(3) 매매계약에 있어서 "월"이란 역월(歷月)을 의미하는 것으로 추정한다.

제11조 담보로 취급되는 조건

(1) 하기 제2항 내지 제4항 및 제7항은 스코틀랜드에 적용하지 아니하고, 또 하기 제5항은 스코틀랜드에만 적용한다.

(2) 매매계약이 매도인에 의하여 충족되어야 할 조건을 전제로 한 경우에는, 매수인은 그 조건을 포기하거나, 또는 그 조건의 위반을 담보의 위반으로 취급하면서 또한 계약의 이행거절의 사유로 취급하지 아니할 수 있다.

(3) 매매계약에 있어서 어떠한 약정이 그 위반으로 인하여 계약의 이행거절로 취급하는 권리를 발생하게 하는 조건(condition)인가, 아니면 그 위반으로 인하여 손해배상의 청구권을 발생하게 하지만 물품의 거절권 및 계약의 이행거절로 취급하는 권리를 발생하게 하지 아니하는 담보(warranty)인가의 여부는, 각 경우에 있어서 계약의 해석 여하에 달려 있다. 그리고 어떠한 약정은 계약에 있어서 담보로 칭하는 경우일지라도 조건이 될 수 있다.

(4) 매매계약이 분리가능하지 아니하고 또한 매수인이 물품의 전부 또는 일부를 인수한 경우에는, 매도인에 의하여 충족되어야 할 조건의 위반은 다만 담보의 위반으로 취급될 수 있으나, 결코 물품의 거절 및 계약의 이행거절의 사유로 취급될 수는 없다. 다만 그 효력에 대하여 명시적 또는 묵시적인 계약의 조항이 존재하는 경우에는 예외이다.

(5) 스코틀랜드에 있어서, 매도인이 매매계약의 어느 주요 부분을 이행하지 아니한 것은 계약의 위반이 되며, 그 경우에 매수인은 인도 후 상당한 기간내에 물품을 거절하고 또한 계약의 이행거절로 취급하거나, 또는 물품을 유보하고 또한 그러한 주요 부분의 불이행을 계약위반으로 취급하여 손해배상을 청구할 수 있다.

(6) Nothing in this section affects a condition or warranty whose fulfillment is excused by law by reason of impossibility or otherwise.

(7) Paragraph 2 of Schedule 1 below applies in relation to a contract made before 22 April 1967 or (in the application of this Act to Northern Ireland) 28 July 1967.

12. Implied terms about title, etc.

12.-(1) In a contract of sale, other than one to which subsection (3) below applies, there is an implied condition on the part of the seller that in the case of a sale he has a right to sell the goods, and in the case of an agreement to sell he will have such a right at the time when the property is to pass.

(2) In a contract of sale, other than one to which subsection (3) below applies, there is also an implied warranty that -

   (a) the goods are free, and will remain free until the time when the property is to pass, from any charge or encumbrance not disclosed or known to the buyer before the contract is made, and

   (b) the buyer will enjoy quiet possession of the goods except so far as it may be disturbed by the owner or other person entitled to the benefit of any charge or encumbrance so disclosed or known.

(3) This subsection applies to a contract of sale in the case of which there appears from the contract or is to be inferred from its circumstances an intention that the seller should transfer only such title as he or a third person may have.

(4) In a contract to which subsection (3) above applies there is an implied warranty that all charges or encumbrances known to the seller and not known to the buyer have been disclosed to the buyer before the contract is made.

(5) In a contract to which subsection (3) above applies there is also an implied warranty that none of the following will disturb the buyer's quiet possession of the goods, namely -

   (a) the seller ;

   (b) in a case where the parties to the contract intend that the seller should transfer only such title as a third person may have, that person ;

   (c) anyone claiming through or under the seller or that third person otherwise than under a charge or encumbrance disclosed or known to the buyer before the contract is made.

(6) Paragraph 3 of Schedule 1 below applies in relation to a contract made before 18 May 1973.

13. Sale by description

13.-(1) Where there is a contract for the sale of goods by description, there is an implied condition that the goods will correspond with the description.

(2) If the sale is by sample as well as by description it is not sufficient that the bulk of the goods corresponds with the sample if the goods do not also correspond with the description.

(3) A sale of goods is not prevented from being a sale by description by reason only that, being exposed for sale or hire, they are selected by the buyer.

(6) 본조의 규정은 불가능성 또는 기타의 사유에 의하여 법률상 그 충족이 면제되는 조건 또는 담보에 대하여 적용하지 아니한다.

(7) 하기 제1부칙의 제2조는 1967년 4월 22일 또는 (북아일랜드에 있어서) 1967년 7월 28일 이전에 체결된 계약에 대하여 적용한다.

제12조 물권 등에 관한 묵시담보

(1) 하기 제3항이 적용되는 이외의 매매계약에 있어서, 매도인 측은 물품의 매매인 때에는 매각권을 유보하고, 또한 매매의 합의인 때에는 소유권이 이전할 당시에 그러한 권리를 유보한다는 묵시적인 조건이 존재한다.

(2) 하기 제3항이 적용되는 이외의 매매계약에 있어서, 다음의 묵시적인 담보가 또한 존재한다.

   (a) 물품은 계약의 체결 이전에 매수인에게 통지 또는 고지되지 아니한 여하한 채무 또는 부담으로부터 영향을 받지 아니하고 또한 소유권이 이전될 당시에도 영향을 받지 아니하며, 또한

   (b) 매수인은 물품의 단순점유를 향유할 수 있다. 다만 그것이 통지 또는 고지된 여하한 부담 또는 채무의 수익권을 갖는 소유자 또는 기타 자에 의하여 침해되는 경우에는 예외이다.

(3) 본항은 매도인이 자신 또는 제3자가 유보하는 물권만을 이전할 것이라는 의사표시를 계약상에 명시하거나 또는 그러한 사정으로부터 추정할 수 있는 경우의 매매계약에 적용한다.

(4) 하기 제3항이 적용되는 계약에 있어서, 매도인에게 고지되고 또한 매수인에게 고지되지 아니한 모든 부담 또는 채무는 계약의 체결 이전에 매수인에게도 통지되었다는 묵시적인 담보가 존재한다.

(5) 하기 제3항이 적용되는 경우에 있어서, 또한 다음의 여하한 자도 매수인의 물품에 대한 단순점유를 침해하지 아니한다는 묵시적인 담보가 또한 존재한다. 즉 -

   (a) 매도인,

   (b) 매도인이 제3자가 유보하는 물권만을 이전할 것의 의사표시를 하는 계약당사자가 있는 경우에는, 그러한 자,

   (c) 매도인 또는 제3자를 통하여, 계약의 체결 이전에 매수인에게 통지 또는 고지되었어야 할 부담 또는 채무 이외의 배상을 청구하는 자.

(6) 하기 제1부칙의 제3조는 1973년 3월 18일 이전에 체결된 계약에 대하여 적용한다.

제13조 명세서에 의한 매매

(1) 명세서에 의한 물품의 매매계약이 존재한 경우에는, 그 물품은 명세서와 일치한다는 묵시적인 담보가 존재한다.

(2) 매매가 명세서와 함께 견본에 의하는 경우에는, 그 물품은 명세서와 일치하지 아니하는 한 견본과 일치한다는 사실은 충분하지 못하다.

(3) 물품의 매매를 위한 제시 또는 대차로 인하여 매수인이 물품의 매매를 지정하였다는 사유만으로, 그 매매가 명세서에 의한 매매로 될 수 없는 것은 아니다.

(4) Paragraph 4 of Schedule 1 below applies in relation to a contract made before 18 May 1937.

14. Implied terms about quality or fitness

14.-(1) Except as provided by this section and section 15 below and subject to any other enactment, there is no implied condition or warranty about the quality or fitness for any particular purpose of goods supplied under a contract of sale.

(2) Where the seller sells goods in the course of a business, there is an implied condition that the goods supplied under the contract are of merchantable quality, except that there is no such condition -

    (a) as regards defects specifically drawn to the buyer's attention before the contract is made ; or

    (b) if the buyer examines the goods before the contract is made, as regards defects which that examination ought to reveal.

(3) Where the seller sells goods in the course of a business and the buyer, expressly or by implication, makes known -

    (a) to the seller, or

    (b) where the purchase price or part of it is payable by instalments and the goods were previously sold by a credit-broker to the seller, to that credit-broker.

    any particular purpose for which the goods are being bought, there is an implied condition that the goods supplied under the contract are reasonably fit for that purpose, whether or not that is a purpose for which such goods are commonly supplied, except where the circumstances show that the buyer does not rely, or that it is unreasonable for him to rely, on the skill or judgment of the seller or credit-broker.

(4) An implied condition or warranty about quality or fitness for a particular purpose may be annexed to a contract of sale by usage.

(5) The preceding provisions of this section apply to a sale by a person who in the course of a business is acting as agent for another as they apply to a sale by a principal in the course of a business, except where that other is not selling in the course of a business and either the buyer knows that fact or reasonable steps are taken to bring it to the notice of the buyer before the contract is made.

(6) Goods of any kind are of merchantable quality within the meaning of subsection (2) above if they are as fit for the purpose or purposes for which goods of that kind are commonly bought as it is reasonable to expect having regard to any description applied to them, the price (if relevant) and all the other relevant circumstances.

(7) Paragraph 5 of Schedule 1 below applies in relation to a contract made on or after 18 May 1973 and before the appointed day, and paragraph 6 in relation to one made before 18 May 1973.

(8) In subsection (7) above and paragraph 5 of Schedule 1 below references to the appointed day are to the day appointed for the purposes of those provisions by an order of the Secretary of State made by statutory instrument.

(4) 하기 제1부칙의 제4조는 1973년 3월 18일 이전에 체결된 계약에 대하여 적용한다.

제14조 품질 또는 적격성에 관한 묵시담보

(1) 본조 및 하기 제15조의 규정 및 기타 여하한 법령에 규정이 없는 한, 매매계약에 의하여 제공된 물품이 어느 특정의 목적에 적합한 품질 또는 적격성을 갖추어야 한다는 묵시적인 조건 또는 담보가 존재하지 아니한다.

(2) 매도인이 영업중에 물품을 매각한 경우에는, 계약에 의하여 제공된 물품은 매매에 적합한 품질이어야 한다는 묵시적인 조건이 존재한다. 다만 다음의 경우는 그러한 조건이 존재하지 아니한다.

   (a) 계약의 체결 이전에 현저하게 매수인이 인지한 하자, 또는

   (b) 계약의 체결 이전에 매수인이 물품을 검사한 경우에는, 그 검사에 의하여 당연히 발견되었어야 할 하자.

(3) 매도인이 영업중에 물품을 매각하고 또한 매수인이 명시적으로 또는 묵시적으로 다음의 자에게 알려진 경우에는,-

   (a) 매도인, 또는

   (b) 물품대금의 전부 또는 일부가 분할지급될 수 있고 또한 그 물품이 사전에 신용매매중개인에 의하여 매도인에게 매각되었던 때에는, 그 신용매매중개인, 그 물품이 매입되는 어떠한 특정의 목적에 있어서, 계약에 의하여 제공되는 물품은 그러한 목적에 합리적으로 적합하다는 묵시적인 조건이 존재한다. 다만 그것이 물품을 통상적으로 제공하기 위한 목적인지의 여부는 불문하며, 또한 매수인이 매도인 또는 신용매매중개인의 기교 및 판단에 응하지 아니하거나 또는 그에 응하는 것이 불합리하게 된 사정이 밝혀진 경우는 제외한다.

(4) 특정의 목적에 적합한 품질 또는 적격성에 관한 묵시적인 조건 또는 담보는 관례에 의하여 매매계약에 추가할 수 있다.

(5) 본조의 전항 (1)~(4)의 규정은 영업중에 있으며 제3자를 위한 대리인으로서 행동하는 자에 의한 매매에 대해서도 영업중에 있는 본인에 의한 매매에 적용되는 바와 동일하게 적용한다. 다만 그 자가 영업중에 있어서 매각하지 아니하고 또한 그 사실을 계약의 체결 이전에 매수인이 알고 있거나 또는 합리적인 조치를 통하여 매수인에게 통지된 경우에는 예외이다.

(6) 모든 종류의 물품은 그것이 명세서, 대금(해당된 경우) 및 기타 모든 관련된 사정에 따라 합리적으로 기대된 바대로의 통상적인 매입목적에 적합한 경우에 상기 제2항에서 의미하는 매매에 적합한 품질로 본다.

(7) 상기 제1부칙의 제5조은 1973년 3월 18일 또는 그 이후 및 지정일 이전의 계약에 대하여 적용하며, 또 그 제6조는 1973년 3월 18일 이전에 체결된 계약에 대하여 적용한다.

(8) 상기 제7항 및 하기 제1부칙의 제5조에 있어서의 지정일은 국무성의 법령서에 의한 제규정을 위하여 지정된 일자를 말한다.

Sale by Sample

15. Sale by sample

15.-(1) A contract of sale is a contract for sale by sample where there is an express or implied term to that effect in the contract.

(2) In the case of a contract for sale by sample there is an implied condition -

    (a) that the bulk will correspond with the sample in quality ;

    (b) that the buyer will have a reasonable opportunity of comparing the bulk with the sample ;

    (c) that the goods will be free any defect, rendering them unmerchantable, which would not be apparent on reasonable examination of the sample.

(3) In subsection (2) (c) above "unmerchantable" is to be construed in accordance with section 14 (6) above.

(4) Paragraph 7 of Schedule 1 below applies in relation to a contract made before 18 May 1973.

PART III EFFECTS OF THE CONTRACT

Transfer of property as between Seller and Buyer

16. Goods must be ascertained

where there is a contract for the sale of unascertained goods no property in the goods is transferred to the buyer unless and until the goods are ascertained.

17. Property passes when intended to pass

17.-(1) Where there is a contract for the sale of specific or ascertained goods the property in them is transferred to the buyer at such time as the parties to the contract intend it to be transferred.

(2) For the purpose of ascertaining the intention of the parties regard shall be had to the terms of the contract, the conduct of the parties and the circumstances of the case.

18. Rules for ascertaining intention

Unless a different intention appears, the following are rules for ascertaining the intention of the parties as to the time at which the property in the goods is to pass to the buyer.

견본매매

제15조 견본에 의한 매매

(1) 계약상에 견본매개로 한다는 명시적 또는 묵시적인 조항이 존재한 경우에는, 그 매매계약은 견본에 의한 매매계약이라 한다.

(2) 견본에 의한 매매계약의 경우에는 다음과 같은 묵시적인 담보가 존재한다.

   (a) 현품은 품질에 있어서 견본과 일치하여야 하고,

   (b) 매수인은 현품을 견본과 대조하는 데 상당한 기회를 가져야 하고,

   (c) 물품은 견본의 정당한 검사에 의해서도 발견되지 아니하고 매매에 부적합한 것으로 간주되는 그러한 하자에 해당되지 아니하여야 한다.

(3) 상기 제2항 제c호에 있어서 "매매에 부적합"이란 상기 제14조 제6항에 준하여 해석되어야 한다.

(4) 하기 제1부칙의 제7조는 1973년 3월 18일 이전에 체결된 계약에 대하여 적용한다.

제3장 계약의 효력

매도인과 매수인간의 소유권이전

제16조 불확정물의 확정

아래 섹션 20A에 따라 불확정물의 매매계약이 존재한 경우에는, 그 물품이 확정되지 아니하는 한 확정되기까지 결코 물품의 소유권은 매수인에게 이전하지 아니한다.

제17조 특정물의 소유권이전

(1) 특정물 또는 확정물의 매매계약이 존재한 경우에는, 물품의 소유권은 계약당사자가 그 이전의 의사표시를 한 당시에 매수인에게 이전한다.

(2) 당사자의 의사표시를 확정하고자 할 경우에는, 계약의 조항, 당사자의 행위 및 그 경우의 사정을 고려하여야 한다.

제18조 의사표시의 확정규칙

별도의 의사표시가 없는 한, 물품의 소유권이 매수인에게 이전하는 시기에 관하여 당사자의 의사표시를 확정할 때에는 다음의 규칙에 따른다.

Rule 1.
Where there is an unconditional contract for the sale of specific goods in a deliverable state the property in the goods passes to the buyer when the contract is made, and it is immaterial whether the time of payment or the time of delivery, or both, be postponed.

Rule 2.
Where there is a contract for the sale of specific goods and the seller is bound to do something to the goods for the purpose of putting them into a deliverable state, the property does not pass until the thing is done and the buyer has notice that it has been done.

Rule 3.
Where there is a contract for the sale of specific goods in a deliverable state but the seller is bound to weigh, measure, test, or do some other act or thing with reference to the goods for the purpose of ascertaining the price, the property does not pass until the act or thing is done and the buyer has notice that it has been done.

Rule 4.
When goods are delivered to the buyer on approval or on sale or return or other similar terms the property in the goods passes to the buyer : –
(a) when he signifies his approval or acceptance to the seller or does any other act adopting the transaction ;
(b) if he does not signify his approval or acceptance to the seller but retains the goods without giving notice of rejection, then, if a time has been fixed for the return of the goods, on the expiration of that time, and, if no time has been fixed, on the expiration of a reasonable time.

Rule 5.
(1) Where there is a contract for the sale of unascertained or future goods by description, and goods of that description and in a deliverable state are unconditionally appropriated to the contract, either by the seller, with the assent of the buyer or by the buyer with the assent of the seller, the property in the goods then passes to the buyer ; and the assent may be express or implied, and may be given either before or after the appropriation is made.
(2) Where, in pursuance of the contract, the seller delivers the goods to the buyer or to a carrier or other bailee or custodier (whether named by the buyer or not) for the purpose of transmission to the buyer, and does not reserve the right of disposal, he is to be taken to have unconditionally appropriated the goods to the contract.
(3) Where there is a contract for the sale of a specified quantity of unascertainedgoods in a deliverable state forming part of a bulk which is identified either inthe contract or by subsequent agreement between the parties and the bulk isreduced to (or to less than) that quantity, then, if the buyer under that contractis the only buyer to whom goods are then due out of the bulk–
(a) the remaining goods are to be taken as appropriated to that contractat the time when the bulk is so reduced; and
(b) the property in those goods then passes to that buyer.
(4) Paragraph (3) above applies also (with the necessary modifications) where abulk is reduced to (or to less than) the aggregate of the quantities due to asingle buyer under separate contracts relating to that bulk and he is the onlybuyer to whom goods are then due out of that bulk.".

규칙1

인도가능한 상태에 있는 특정물의 무조건부의 매매계약이 존재한 경우에는, 물품의 소유권은 계약의 체결 당시에 매수인에게 이전하며, 또한 지급의 시기, 인도의 시기, 또는 그 양자가 연기되는지 여부는 중요하지 아니하다.

규칙2

특정물의 매매계약이 존재하고 또한 매도인이 그 물품에 대하여 인도가능한 상태로 하기 위한 일정한 행위의 의무가 있는 경우에는, 소유권은 그러한 행위가 이행되고 또한 매수인이 그 행위의 완료를 통지받기 전까지는 이전하지 아니 한다.

규칙3

인도가능한 상태에 있는 특정물의 매매계약이 존재하고, 반면에 대금을 확정하기 위하여 매도인지 물품에 관한 중량, 용적, 실험 또는 기타 일정한 행위를 이행하여야 할 의무가 있는 경우에는, 소유권은 그러한 행위 또는 조치가 이행되고 또한 매수인이 그 이행의 완료를 통지받기 전까지는 이전하지 아니한다.

규칙4

물품이 승인조건부 또는 잔품반환조건부 또는 기타 이와 유사한 조건부의 계약에 따라 매수인에게 인도된 경우에는, 그 물품의 소유권은 다음의 시기에 이전한다.

(a) 매수인이 매도인에게 승인 또는 승낙의 표시를 하거나 또는 그 거래를 수락하는 기타의 행위를 한 때,

(b) 매수인이 매도인에게 승인 또는 승낙의 표시를 하지 아니하고 또한 거절의 통지도 없이 물품을 유보하고 있는 경우에는, 물품의 반송기간이 확정되어 있으면 그 기간이 만료된 때, 또한 그 기간이 확정되어 있지 아니하면 상당한 기간이 만료된 때.

규칙5

(1) 명세서에 의한 불확정물 또는 선물의 매매계약이 존재하고, 또한 명세서에 일치하며 인도가능한 상태에 있는 물품이, 매수인의 동의를 얻어 매도인에 의하거나 또는 매도인의 동의를 얻어 매수인에 의하여 무조건부로 계약에 충당된 경우에는, 물품의 소유권은 그때 매수인에게 이전한다. 또한 그 동의는 명시적 또는 묵시적으로 할 수 있으며, 또 계약에 충당된 전후에도 할 수 있다.

(2) 계약에 따라 매도인이 물품을 매수인에게, 또는 매수인에게 수송할 목적으로 (매수인이 지정한 여부를 불문하고) 운송인 또는 기타 수탁자 또는 보관인에게 인도하고 또한 그 처분권을 유보하지 아니한 경우에는, 매도인은 물품을 무조건부로 계약에 충당한 것으로 본다.

(3) 계약상 또는 당사자 간의 후속 합의에 의해 식별된 벌크의 일부를 구성하는 배송 가능 상태에서 특정량의 미확정 상품의 판매 계약이 있는 경우, 그 벌크는 그 수량으로 (또는 그 미만으로) 축소된다. 그 계약에 따라 구매자가 상품을 구매 한 유일한 구매자인 경우 –

     (a) 나머지 상품은 벌크가 감소될 때 계약에 따라 적절하게 취해야 한다. 그리고

     (b) 그런 다음 해당 상품은 해당 구매자에게 전달된다.

(4) 위의 단락 (3)은 또한 대량 구매와 관련하여 별도의 계약에 따라 단일 구매자로 인해 대량 구매로 수량이 줄어든 (또는 적은 수량으로) 필요한 경우 (필요한 수정으로) 적용된다.

19. Reservation of right of disposal

19.-(1) Where there is a contract for the sale of specific goods or where goods are subsequently appropriated to the contract, the seller may, by the terms of the contract or appropriation, reserve the right of disposal of the goods until certain conditions are fulfilled ; and in such a case, notwithstanding the delivery of the goods to the buyer, or to a carrier or other bailee or custodier for the purpose of transmission to the buyer, the property in the goods does not pass to the buyer until the conditions imposed by the seller are fulfilled.

(2) Where goods are shipped, and by the bill of lading the goods are deliverable to the order of the seller or his agent, the seller is prima facie to be taken to reserve the right of disposal.

(3) Where the seller of goods draws on the buyer for the price, and transmits the bill of exchange and bill of lading to the buyer together to secure acceptance or payment of the bill of exchange, the buyer is bound to return the bill of lading of he does not honour the bill of exchange, and if he wrongfully retains the bill of lading the property in the goods does not pass to him.

20. Risk prima facie passes with property

20-(1) Unless otherwise agreed, the goods remain at the seller's risk until the property in them is transferred to the buyer, but when the property in them is transferred to the buyer the goods are at the buyer's risk whether delivery has been made or not.

(2) But where delivery has been delayed through the fault of either buyer or seller the goods are at the risk of the party at fault as regards any loss which might not have occurred but for such fault.

(3) Nothing in this section affects the duties or liabilities of either seller or buyer as a bailee or custodier of the goods of the other party.

20A Undivided shares in goods forming part of a bulk

(1) This section applies to a contract for the sale of a specified quantity ofunascertained goods if the following conditions are met—

    (a) the goods or some of them form part of a bulk which is identifiedeither in the contract or by subsequent agreement between the parties;and

    (b) the buyer has paid the price for some or all of the goods which are thesubject of the contract and which form part of the bulk.

(2) Where this section applies, then (unless the parties agree otherwise), as soonas the conditions specified in paragraphs (a) and (b) of subsection (1) aboveare met or at such later time as the parties may agree—

    (a) property in an undivided share in the bulk is transferred to the buyer,and

    (b) the buyer becomes an owner in common of the bulk.

제19조 처분권의 유보

(1) 특정물의 매매계약이 존재하거나 또는 물품이 계약의 체결 이후에 충당된 경우에는, 매도인은 계약의 조항 또는 충당에 의거하여 일정한 조건이 충족되기까지 물품의 처분권을 유보할 수 있다. 또한 그러한 계약의 경우에는 물품이 매수인에게 또는 매수인에게 수송할 목적으로 운송인 또는 기타 수탁자 또는 보관인에게 인도되었더라도, 물품의 소유권은 매도인에 의하여 정하여진 조건이 충족되기까지는 매수인에게 이전하지 아니한다.

(2) 물품이 선적되고, 또 선하증권에 의하여 물품이 매도인 또는 그 대리인의 지시인에게 인도될 수 있는 경우에는, 매도인은 물품의 처분권을 유보할 수 있는 것으로 추정한다.

(3) 물품의 매도인이 대금의 회수를 위하여 매수인 앞으로 환어음을 발행하고, 또 환어음의 인수 또는 지급을 위하여 매수인에게 선하증권과 함께 이를 송부한 경우에는, 매수인은 환어음을 수리하지 아니한 때에는 그 선하증권을 반송하여야 한다. 또한 매수인이 불법으로 선하증권을 유치하더라도, 물품의 소유권은 그에게 이전하지 아니한다.

제20조 위험이전의 동시성

(1) 별도의 합의가 없는 한, 물품에 대한 위험은 그 소유권이 매수인에게 이전되기까지는 매도인의 부담에 속한다. 반면 그 소유권이 매수인에게 이전되는 한 인도가 행하여진 여부를 불문하고 물품에 대한 위험은 매수인의 부담에 속한다.

(2) 다만 매수인 또는 매도인의 과실로 인하여 인도가 지연된 경우에는, 그러한 과실이 없었으면 발생되지 아니하였을 여하한 손해에 관련하여 물품에 대한 위험은 과실있는 당사자의 부담에 속한다.

(3) 본조의 규정은 결코 매도인 또는 매수인이 상대방의 물품에 대하여 수탁자 또는 보관인으로서 부담하는 의무 또는 책임에 영향을 미치지 아니한다.

제20A조 벌크의 일부를 구성하는 분할 되지 않은 상품

(1) 본 조는 다음 조건이 충족 될 경우 특정 수량의 미확정 상품 판매 계약에 적용된다.

   (a) 상품 또는 그 일부는 벌크의 일부를 구성하며 계약에서 또는 당사자 간의 후속 계약으로 식별된다.

   (b) 구매자는 계약의 대상이 되고 벌크의 일부를 구성하는 일부 또는 모든 상품의 가격을 지불한다.

(2) 이 항이 적용되는 경우(당사자들이 달리 동의하지 않는 한), 위의 (1) 항 (a) 및 (b)에 명시된 조건이 충족되거나 그 이후에 당사자들이 동의할 수 있는 시점에

   (a) 벌크에서 분할되지 않은 부분의 자산이 구매자에게 양도되고

   (b) 구매자는 대량의 공통 소유자가 된다.

(3) Subject to subsection (4) below, for the purposes of this section, the undividedshare of a buyer in a bulk at any time shall be such share as the quantity ofgoods paid for and due to the buyer out of the bulk bears to the quantity ofgoods in the bulk at that time.

(4) Where the aggregate of the undivided shares of buyers in a bulk determinedunder subsection (3) above would at any time exceed the whole of the bulkat that time, the undivided share in the bulk of each buyer shall be reducedproportionately so that the aggregate of the undivided shares is equal to thewhole bulk.

(5) Where a buyer has paid the price for only some of the goods due to him out ofa bulk, any delivery to the buyer out of the bulk shall, for the purposes of thissection, be ascribed in the first place to the goods in respect of which paymenthas been made.

(6) For the purposes of this section payment of part of the price for any goodsshall be treated as payment for a corresponding part of the goods.

20B Deemed consent by co-owner to dealings in bulk goods

(1) A person who has become an owner in common of a bulk by virtue ofsection 20A above shall be deemed to have consented to—

    (a) any delivery of goods out of the bulk to any other owner in commonof the bulk, being goods which are due to him under his contract;

    (b) any dealing with or removal, delivery or disposal of goods in the bulkby any other person who is an owner in common of the bulk in so faras the goods fall within that co-owner's undivided share in the bulkat the time of the dealing, removal, delivery or disposal.

(2) No cause of action shall accrue to anyone against a person by reason of thatperson having acted in accordance with paragraph (a) or (b) of subsection (1)above in reliance on any consent deemed to have been given under thatsubsection.

(3) Nothing in this section or section 20A above shall—

    (a) impose an obligation on a buyer of goods out of a bulk to compensateany other buyer of goods out of that bulk for any shortfall in the goodsreceived by that other buyer;

    (b) affect any contractual arrangement between buyers of goods out of abulk for adjustments between themselves; or

    (c) affect the rights of any buyer under his contract.

Transfer of Title

21. Sale by person not the owner

21.-(1) Subject to this Act, where goods are sold by a person who is not their owner, and who does not sell them under the authority or with the consent of the owner, the buyer acquires no better title to the goods than the seller had, unless the owner of the goods is by his conduct precluded from denying the seller's authority to sell.

(2) Nothing in this Act affects -

    (a) the provisions of the Factors Acts or any enactment enabling the apparent owner of goods to dispose of them as

(3) 아래 제(4)항에 따라 이 조의 목적 상 언제든지 대량으로 구매자의 분배되지 않은 부분은 대량 부담으로 구매자에게 지불된 상품의 수량과 구매자의 당시 상품 수량과 같은 비율이어야 한다.

(4) 상기 (3) 항에 따라 결정된 벌크에서 구매자의 분할되지 않은 부분의 총계가 언제라도 전체 벌크를 초과 할 경우, 각 구매자의 벌크에서 분할되지 않은 부분은 비례적으로 감소하여 미분할의 총계 부분은 전체와 같다.

(5) 구매자가 일부 물품에 대해서만 가격을 지불한 경우, 벌크로 구매자에게 배송하는 것은 이 조의 목적 상 우선적으로 다음과 같은 물품에 대해 물품에 귀속되어야 한다.

(6) 이 조의 목적상, 상품에 대한 가격의 일부를 지불하는 것은 상품의 해당 부분에 대한 지불로 처리된다.

제20B조 공동 소유주가 대량 상품 거래에 동의 한 것으로 간주

(1) 위의 20A 조에 따라 대량의 공동 소유자가 된 사람은 다음에 동의한 것으로 간주된다.

    (a) 그의 계약하에 있는 상품을 다른 소유자에게 벌크로 상품을 배송하는 행위

    (b) 물품을 취급, 제거할 때 벌크에서 공동 소유주의 분담금에 해당하는 한 벌크와 공동 소유자인 다른 사람이 벌크에서 상품을 취급 또는 제거, 배송 또는 처분하는 행위, 배달 또는 폐기.

(2) (1) 항 (a) 또는 (b) 항에 따라 행동한 사람 누구에게도 소송을 제기할 수 없다.

(3) 이 항 또는 위의 20A 항의 어느 것도 -

    (a) 다른 구매자가 수령 한 상품의 부족에 대해 벌크 이외의 다른 상품 구매자에게 보상 할 의무가 있는 벌크 이외의 상품 구매자에게 의무를 부과하지 못한다.

    (b) 불확실한 상품 구매자 사이의 계약에 영향을 미치지 못한다; 또는

    (c) 계약 하에있는 구매자의 권리에 영향을 미치지 못한다.

권리의 이전

제21조 비소유자에 의한 매매

(1) 본법에 규정이 없는 한, 물품이 그 소유자가 아니면서 원소유자의 수권 또는 동의를 받지 아니한 제3자에 의하여 매각된 경우에는, 매수인은 매도인이 갖는 그 이상의 물권을 취득할 수 없다. 다만 물품의 원소유자가 자신의 행위에 의하여 매도인이 갖는 매각의 권한을 부인할 수 없는 경우에는 예외이다.

(2) 본조의 규정은 결코 다음의 경우에 영향을 미치지 아니한다. -

    (a) 상사대리인법의 규정 또는 표견소유자에게 진정한 소유자와 동등하게 물품을 처분할 수 있도록 하

if he were their true owner;

(b) the validity of any contract of sale under any special common law or statutory power of sale or under the order of a court of competent jurisdiction.

22. Market overt

22.-(1) Where goods are sold in market overt, according to the usage of the market, the buyer acquires a good title to the goods provided he buys them in good faith and without notice of any defect or want of title on the part of the seller.

(2) This section does not apply to Scotland.

(3) Paragraph 8 of Schedule 1 below applies in relation to a contract under which goods were sold before 1 January 1968 or (in the application of this Act to Northern Ireland) 29 August 1967.

23. Sale under voidable title

When the seller of goods has a voidable title to them, but his title has not been avoided at the time of the sale, the buyer acquires a good title to the goods, provided he buys them in good faith and without notice of the seller's defect of title.

24. Seller in possession after sale

Where a person having sold goods continues or is in possession of the goods, or of the documents of title to the goods, the delivery or transfer by that person, or by a mercantile agent acting for him, of the goods or documents of title under any sale, pledge, or other disposition thereof, to any person receiving the same in good faith and without notice of the previous sale, has the same effect as if the person making the delivery or transfer were expressly authorised by the owner of the goods to make the same.

25. Buyer in possession after sale

25.-(1) Where a person having bought or agreed to buy goods obtains, with the consent of the seller, possession of the goods or the documents of title to the goods, the delivery or transfer by that person, or by a mercantile agent acting for him, of the goods or documents of title, under any sale, pledge, or other disposition thereof, to any person receive the same in good faith and without notice of any lien or other right of the original seller in respect of the goods, has the same effect as if the person making the delivery or transfer were a mercantile agent in possession of the goods or documents of title with the consent of the owner.

(2) For the purposes of subsection (1) above -

(a) the buyer under a conditional sale agreement is to be taken not to be a person who has bought or agreed to buy goods, and

(b) "conditional sale agreement" means an agreement for the sale of goods which is a consumer credit agreement within the

는 어떠한 제정법의 규정;

    (b) 매매에 대한 특정의 보통법 또는 제정법상의 권한, 또는 자격있는 관할법원의 명령에 의한 어떠한 매매계약의 효력.

제22조 공개시장에서의 매각

(1) 물품이 공개시장에서 시장의 관행에 의하여 매각된 경우에는, 매수인은 물품에 대한 정당한 권리를 취득한다. 다만 매수인은 선의로 이를 매입하고 또한 매도인 측에 권리상의 어떠한 하자 또는 결함이 있음을 알지 못한 경우에 한한다.

(2) 본조는 스코틀랜드에는 적용하지 아니한다.

(3) 하기 제1부칙의 제8조는 물품이 1968년 1월 1일 이전 또는 (본법을 북아일랜드에 적용하는 경우에) 1967년 8월 29일 이전에 매각된 계약에 대하여 적용한다.

제23조 취소가능한 권리하의 매매

물품의 매도인이 취소될 수 있는 물권을 갖고 있으며, 또한 그의 권리가 매매의 당시에 취소되지 아니한 경우에는, 매수인은 물품에 대한 정당한 권리를 취득한다. 다만 매수인은 선의로 이를 매입하고 또한 매도인 측에 권리상의 하자가 있음을 알지 못한 경우에 한한다.

제24조 매각후의 매도인의 점유

물품을 매각한 자가 물품 또는 물품에 대한 권리증서를 계속하여 점유하고 있는 경우에는, 그러한 자 또는 그의 상사대리인이 매매, 입질 또는 기타의 처분에 의하여 이를 선의로 인수하고 또한 사전의 매매에 대하여 알지 못한 어떠한 자에게 그 물품 또는 권리증서를 인도 또는 이전한 행위는, 그 인도 또는 이전한 자가 물품의 소유자로부터 명시적으로 수권받아서 한 행위와 동일한 효력이 있다.

제25조 매입후 매수인의 점유

(1) 물품을 매입하였거나 또는 매입하기로 합의한 자가 매도인의 동의를 얻어 물품 또는 물품에 대한 권리증서를 점유하고 있는 경우에는, 그러한 자 또는 그의 상사대리인이 매매, 입질 또는 기타의 처분에 의하여 이를 선의로 인수하고 또한 물품에 관한 원매도인의 유치권 또는 기타의 권리에 대하여 알지 못한 어떠한 자에게 그 물품 또는 권리증서를 인도 또는 이전한 행위는, 그 인도 또는 이전한 자가 소유자의 동의를 얻어 물품 또는 권리증서를 점유하는 상사대리인으로서 한 행위와 동일한 효력이 있다.

(2) 하기 제1항의 적용을 위하여,-

    (a) 조건부의 매매합의에 의한 매수인은 물품을 매입하였거나 또는 그러한 합의를 한 자로 보지 아니하며, 또

    (b) "조건부 매매합의"란 물품대금의 전부 또는 일부가 분할지급될 수 있도록 규정한 1974년 소비자신용매매법의 의미내에 있는 소비자신용매매의 합의에 상당하는 물품의 매매합의를 말한다. 또한 물품의 소유권은 (매수인이 물품을 점유한 경우에도) 분할지급에 관한 조건 또는 기타 합의에 명시된 조건

meaning of the Consumer Credit Act 1974 under which the purchase price or part of it is payable by instalments, and the property in the goods is to remain in the seller (notwithstanding that the buyer is to be in possession of the goods) until such conditions as to the payment of instalments or otherwise as may be specified in the agreement are fulfilled.

(3)　Paragraph 9 of Schedule 1 below applies in relation to a contract under which a person buys or agree to buy goods and which is made before the appointed day.

(4)　In subsection (3) above and paragraph 9 of Schedule 1 below references to the appointed day are to the day appointed for the purposes of those provisions by an order of the Secretary of State made by statutory instrument.

26. Supplementary to sections 24 and 25

In section 24 and 25 above "mercantile agent" means a mercantile agent having in the customary course of his business as such agent authority either -

(a)　to sell goods, or

(b)　to consign goods for the purpose of sale, or

(c)　to buy goods, or

(d)　to raise money on the security of goods.

PART IV PERFORMANCE OF THE CONTRACT

27. Duties of seller and buyer

It is the duty of the seller to deliver the goods, and of the buyer to accept and pay for them, in accordance with the terms of the contract of sale.

28. Payment and delivery are concurrent conditions

Unless otherwise agreed, delivery of the goods and payment of the price are concurrent conditions, that is to say, the seller must be ready and willing to give possession of the goods to the buyer in exchange for the price and the buyer must be ready and willing to pay the price in exchange for possession of the goods.

29. Rules about delivery

29.-(1) Whether it is for the buyer to take possession of the goods or for the seller to send them to the buyer is a question depending in each case on the contract, express or implied, between the parties.

(2)　Apart from any such contract, express or implied the place of delivery is the seller's place of business if he has one, and if not, his residence ; except that, if the contract is for the sale of specific goods, which to the knowledge of the parties when the contract is made are in some other place, then that place is the place of delivery.

(3)　Where under the contract of sale the seller is bound to send the goods to the buyer, but no time for sending

이 충족되기까지는 매도인에게 존속한다.

(3) 하기 제1부칙의 제9조는 어떠한 자가 물품을 매입하거나 또는 그러한 합의를 하고 또한 지정일 이전에 체결한 어떠한 계약에 대하여 적용한다.

(4) 상기 제3조 및 하기 제1부칙의 제9조에 있어서 지정일은 국무성의 법령서에 의한 제규정을 위하여 지정된 일자를 말한다.

제26조 제24조 및 제25조의 보칙

상기 제24조 및 제25조에 있어서 "상사대리인"이란 자신의 관습적인 영업중에 다음에 대한 대리권을 갖는 상사대리인을 의미한다.

　　(a) 물품을 매각하는 권한, 또는

　　(b) 매매할 목적으로 물품을 위탁하는 권한, 또는

　　(c) 물품을 매입하는 권한, 또는

　　(d) 물품을 담보로 하여 금전을 조달하는 권한.

제4장 계약의 이행

제27조 매도인과 매수인의 의무

매매계약의 조항과 일치하게 물품을 인도하는 것은 곧 매도인의 의무이며, 또한 물품을 인수하고 그 대금을 지급하는 것은 곧 매수인의 의무이다.

제28조 지급과 인도의 동시이행조건

별도의 합의가 없는 한, 물품의 인도 및 대금의 지급은 동시이행조건이다. 즉, 매도인은 대금과 상환으로 매수인에게 물품의 점유를 이전할 준비와 의지가 있어야 하며, 또한 매수인은 물품의 점유와 상환으로 매도인에게 대금을 지급할 준비와 의지가 있어야 한다.

제29조 인도의 규칙

(1) 매수인이 스스로 물품의 점유를 취득하여야 하는가 또는 매도인이 스스로 물품을 매수인에게 송부하여야 하는가의 여부는, 각 경우에 있어서 당사자간의 명시적 또는 묵시적인 계약에 따를 문제이다.

(2) 명시적 또는 묵시적인 계약이 존재하지 아니하는 한, 인도의 장소는 매도인의 영업장소로 하며, 또 영업장소가 없는 경우에는 매도인의 주소지로 한다. 다만 계약이 특정물의 매매를 위한 경우에는, 계약의 체결 당시에 특정물이 어떤 다른 장소에 있음을 당사자가 알고 있으면 그 장소를 인도의 장소로 한다.

(3) 매매계약에 의하여 매도인이 물품을 매수인에게 송부하여야 할 의무가 있으나, 그 송부를 위한 시기가

them is fixed, the seller is bound to send them within a reasonable time.

(4) Where the goods at the time of sale are in the possession of a third person, there is no delivery by seller to buyer unless and until the third person acknowledges to the buyer that he holds the goods on his behalf ; but nothing in this section affects the operation of the issue or transfer of any document of title to goods.

(5) Demand or tender of delivery may be treated as ineffectual unless made at a reasonable hour ; and what is a reasonable hour is a question of fact.

(6) Unless otherwise agreed, the expenses of and incidental to putting the goods into a deliverable state must be borne by the seller.

30. Delivery of wrong quantity

30.-(1) Where the seller delivers to the buyer a quantity of goods less than he contracted to sell, the buyer may reject them, but if the buyer accepts the goods so delivered he must pay for them at the contract rate.

(2) Where the seller delivers to the buyer a quantity of goods larger than he contracted to sell, the buyer may accept the goods included in the contract and reject the rest, or he may reject the whole.

(3) Where the seller delivers to the buyer a quantity of goods larger than he contracted to sell and the buyer accepts the whole of the goods so delivered he must pay for them at the contract rate.

(4) Where the seller delivers to the buyer the goods he contracted to sell mixed with goods of a different description not included in the contract, the buyer may accept the goods which are in accordance with the contract and reject the rest, or he may reject the whole.

(5) This section is subject to any usage of trade, special agreement, or course of dealing between the parties.

31. Instalment deliveries

31.-(1) Unless otherwise agreed, the buyer of goods is not bound to accept delivery of them by instalments.

(2) Where there is a contract for the sale of goods to be delivered by stated instalments, which are to be separately paid for, and the seller makes defective deliveries in respect of one or more instalments, or the buyer neglects or refuses to take delivery of or pay for one or more instalments, it is a question in each case depending on the terms of the contract and the circumstances of the case whether the breach of contract is a repudiation of the whole contract or whether if is a severable breach giving rise to a claim for compensation but not to a right to treat the whole contract as repudiated.

32. Delivery to carrier

32.-(1) Where, in pursuance of a contract of sale, the seller is authorised or required to send the goods to the buyer, delivery of the goods to a carrier (whether named by the buyer or not) for the purpose of transmission to the buyer is prima facie deemed to be a delivery of the goods to the buyer.

확정되지 아니한 경우에는, 매도인은 물품을 상당한 기간내에 송부하여야 한다.

(4) 매매당시에 물품이 제3자의 점유하에 있는 경우에는, 제3자가 매수인에게 그를 위하여 물품을 소지하고 있음을 통지하지 아니하는 한, 결코 매도인으로부터 매수인에게 인도가 있었다고 할 수 없다. 다만 본조의 규정은 물품에 관한 여하한 권리증서의 발행 또는 이전의 효력에 대하여 영향을 미치지 아니한다.

(5) 인도의 청구 또는 제공은 상당한 시간에 하지 아니하는 한, 그 효력이 없는 것으로 볼 수 있다. 또한 상당한 시간이라 함은 사실의 문제이다.

(6) 별도의 합의가 없는 한, 물품을 인도가능한 상태로 하기 위한 비용 및 기타 부수되는 비용은 매도인이 부담하여야 한다.

제30조 하자있는 수량의 인도

(1) 매도인이 매매계약보다 적은 수량의 물품을 매수인에게 인도한 경우에는, 매수인은 이를 거절할 수 있다. 그러나 매수인이 그러한 수량으로 인도된 물품을 인수한 경우에는, 매수인은 계약의 비율에 의하여 그 대금을 지급하여야 한다.

(2) 매도인이 매매계약보다 많은 수량의 물품을 매수인에게 인도한 경우에는, 매수인은 계약에 명시된 수량의 물품을 인수하고 또한 잔여수량을 거절하거나 또는 그 전량의 물품을 거절할 수 있다.

(3) 매도인이 매매계약보다 많은 수량의 물품을 매수인에게 인도하고 또한 매수인이 그러한 수량으로 인도된 물품의 전량을 인수한 경우에는, 매수인은 계약의 비율에 의하여 그 대금을 지급하여야 한다.

(4) 매도인이 매매계약의 물품과 계약에 없는 다른 명세의 물품을 혼합하여 매수인에게 인도한 경우에는, 매수인은 계약과 일치하는 물품을 인수하고 그 잔여품을 거절하거나, 또는 그 전량의 물품을 거절할 수 있다.

(5) 본조는 다른 상관행, 특정의 합의, 또는 당사자간의 거래지침이 있을 때에는 이를 전제로 하여 적용한다.

제31조 분할인도

(1) 별도의 합의가 없는 한, 물품의 매수인은 분할인도된 물품을 인수하여야 할 의무가 없다.

(2) 물품이 일정량으로 분할인도되어 대금이 개별적으로 지급되는 매매계약이 존재하고, 또한 매도인이 일회 또는 수회의 분할부분에 대하여 하자있게 인도하거나, 또는 매수인이 일회 또는 수회의 분할부분에 대하여 인수 또는 지급을 해태 또는 거절한 경우에는, 그 계약의 위반이 계약의 전부에 대한 이행거절에 속하는가 혹은 계약의 전부에 대한 이행거절의 권리를 발생하게 하지 아니하고 각 위반에 대하여 손해배상의 청구권을 발생하게 하는 분리가능한 위반에 속하는가의 여부는, 각 경우의 계약조항 및 사정에 따를 문제이다.

제32조 운송인에게의 인도

(1) 매매계약의 이행에 있어서, 매도인이 물품을 매수인에게 송부할 권한 또는 의무를 갖고 있는 경우에는, 매도인이 매수인에게 수송할 목적으로 물품을 운송인(매수인이 지정한 여부를 불문하고)에게 인도한 것은 곧 물품을 매수인에게 인도한 것으로 추정한다.

(2) Unless otherwise authorised by the buyer, the seller must make such contract with the carrier on behalf of the buyer as may be reasonable having regard to the nature of the goods and the other circumstances of the case ; and if the seller omits to do so, and the goods are lost or damaged in course of transit, the buyer may decline to treat the delivery to the carrier as a delivery to himself or may hold the seller responsible in damages.

(3) Unless otherwise agreed, where goods are sent by the seller to the buyer by a route involving sea transit, under circumstances in which it is usual to insure, the seller must give such notice to the buyer as may enable him to insure them during their sea transit ; and if the seller fails to do so, the goods are at his risk during such sea transit.

33. Risk where goods delivered at distant place

Where the seller of goods agrees to deliver them at his own risk at a place other than that where they are when sold, the buyer must nevertheless (unless otherwise agreed) take any risk of deterioration in the good necessarily incident to the course of transit.

34. Buyer's right of examining the goods

34.-(1) Where goods are delivered to the buyer, and he has not previously examined them, he is not deemed to have accepted them until he has had a reasonable opportunity of examining them for the purpose of ascertaining whether they are in conformity with the contract.

(2) Unless otherwise agreed, when the seller tenders delivery of goods to the buyer, he is bound on request to afford the buyer a reasonable opportunity of examining the goods for the purpose of ascertaining whether they are in conformity with the contract.

35. Acceptance

35.-(1) The buyer is deemed to have accepted the goods when he intimates to the seller that he has accepted them, or (except where section 34 above otherwise provides) when the goods have been delivered to him and he does any act in relation to them which is inconsistent with the ownership of the seller, or when after the lapse of a reasonable time the retains the goods without intimating to the seller that he has rejected them.

(2) Paragraph 10 of Schedule 1 below applies in relation to a contract made before 22 April 1967 or (in the application of this Act to Northen Ireland) 28 July 1967.

36. Buyer not bound to return rejected goods

Unless otherwise agreed, where goods are delivered to the buyer, and he refuses to accept them, having the right to do so, he is not bound to return them to the seller, but is sufficient if he intimates to the seller that he refuses to accept them.

(2) 매수인에 의하여 별도로 수권되지 아니하는 한, 매도인은 매수인을 대신하여 운송인과 물품의 성질 및 기타의 사정을 고려한 합리적인 계약을 체결하여야 한다. 그리고 매도인이 이를 해태하고 또 물품이 운송중에 멸실 또는 손상된 경우에는, 매수인은 운송인에게 인도한 것을 자신에게 인도한 것으로 처리하지 아니하거나 또는 매도인에 대하여 손해에 관한 책임을 주장할 수 있다.

(3) 별도의 합의가 없는 한, 매도인이 매수인에게 부보가 통상적인 사정하에서 해상운송이 포함된 운송경로로 물품을 송부한 경우에는, 매도인은 해상운송 동안에 대하여 매수인이 부보할 수 있도록 그에게 통지를 하여야 한다. 또한 매도인이 이를 해태한 경우에는, 그 해상운송 동안의 물품에 대한 위험은 매도인의 부담에 속한다.

제33조 격지인도시의 위험부담

물품의 매도인이 매매의 당시에 물품이 존재한 장소 이외의 장소에서 자신의 위험부담으로 이를 인도할 것을 합의한 경우에는, 매수인은 (별도의 합의가 없는 한) 그럼에도 불구하고 운송 중에 필연적으로 부수하는 물품의 훼손에 관한 어떠한 위험도 반드시 부담하여야 한다.

제34조 매수인의 물품검사권

(1) 물품이 매수인에게 인도되고, 또 매수인이 사전에 이를 검사하지 아니한 경우에는, 매수인은 물품이 계약과 일치하는가의 여부를 확인하기 위한 검사의 상당한 기회를 갖기까지는 물품을 인수한 것으로 보지 아니한다.

(2) 별도의 합의가 없는 한, 매도인이 매수인에게 물품의 인도를 제공한 경우에는, 매도인은 매수인의 청구에 의하여 물품이 계약과 일치하는가의 여부를 확인하기 위한 검사의 상당한 기회를 매수인에게 부여하여야 한다.

제35조 물품의 인수

(1) 매수인이 물품을 인수한 사실을 매도인에게 통지한 때, 또는 (상기 제34조에 별도의 규정이 되어 있는 경우는 제외하고) 물품이 매수인에게 인도되고 또한 매수인이 물품에 관하여 매도인의 소유권과 일치하지 아니한 어떠한 행위를 한 때, 또는 매수인이 물품을 거절한 사실을 매도인에게 통지하지 아니하고 상당한 기간의 경과후에도 이를 보유한 때, 매수인은 물품을 인수한 것으로 간주한다.

(2) 하기 제1부칙의 제10조는 1967년 4월 22일 이전 또는 (본법을 북아일랜드에 적용하는 경우에) 1967년 7월 28일 이전에 체결된 계약에 대하여 적용한다.

제36조 반송의 의무가 없는 거절물품

별도의 합의가 없는 한, 물품이 매수인에게 인도되고, 또 매수인이 주어진 권한으로 그 물품의 인수를 거절한 경우에는, 매수인은 매도인에게 물품을 반송하여야 할 의무가 없다. 다만 물품의 인수를 거절한 사실을 매도인에게 통지하면 그것으로 충분하다.

37. Buyer's liability for not taking delivery of goods

37.-(1) When the seller is ready and willing to deliver the goods, and requests the buyer to take delivery, and the buyer does not within a reasonable time after such request take delivery of the goods, he is liable to the seller for any loss occasioned by his neglect or refusal to take delivery, and also for a reasonable charge for the care and custody of the goods.

(2) Nothing in this section affects the rights of the seller where the neglect or refusal of the buyer to take delivery amounts to a repudiation of the contract.

PART V RIGHT OF UNPAID SELLER AGAINST THE GOODS

Preliminary

38. Unpaid seller defined

38.-(1) The seller of goods is an unpaid seller within the meaning of this Act -

    (a) when the whole of the price has not been paid or tendered ;

    (b) when a bill of exchange or other negotiable instrument has been received as conditional payment, and the condition on which it was received has not been fulfilled by reason of the dishonour of the instrument or otherwise.

(2) In this Part of this Act "seller" includes any person who is in the position of a seller, as, for instance, an agent of the seller to whom the bill of lading has been indorsed, or a consignor or agent who has himself paid (or is directly responsible for) the price.

39. Unpaid seller's rights

39.-(1) Subject to this and any other Act, notwithstanding that the property in the goods may have passed to the buyer, the unpaid seller of goods, as such, has by implication of law -

    (a) a lien on the goods or right to retain them for the price while he is in possession of them ;

    (b) in case of the insolvency of the buyer, a right of stopping the goods in transit after he has parted with the possession of them ;

    (c) a right of re-sale as limited by this Act.

(2) Where the property in goods has not passed to the buyer, the unpaid seller has (in addition to his other remedies) a right of withholding delivery similar to and co-extensive with his rights of lien or retention and stoppage in transit where the property has passed to the buyer.

40. Attachment by seller in Scotland

In Scotland a seller of goods may attach them while in his own hands or possession by arrestment or poinding ; and

제37조 물품인수거절의 책임

(1) 매도인이 물품을 인도할 준비와 의지를 갖춘 후에 매수인에게 인도를 수령하도록 요구하고, 또 매수인이 그 요구를 받은 후 상당한 기간내에 물품의 인도를 수령하지 아니한 경우에는, 매수인은 매도인에게 그 인도수령의 해태 또는 거절로 인하여 발생한 모든 손해, 그리고 물품의 보호 및 보관에 소요되는 상당한 비용을 보상하여야 할 책임이 있다.

(2) 본조의 규정은 인도수령에 대한 매수인의 해태 또는 거절이 계약의 이행거절에 해당하는 경우에 있어서 매도인의 권리에 영향을 미치지 아니한다.

제5장 지급받지 못한 매도인의 물품에 대한 권리

총칙

제38조 지급받지 못한 매도인의 정의

(1) 물품의 매도인은 다음과 같은 경우에 본법의 의미에 해당하는 지급받지 못한 매도인으로 본다.

   (a) 대금의 전액이 지급 또는 제공되지 아니한 경우,

   (b) 환어음 또는 기타 유통증권이 조건부 지급으로서 수취되고, 또한 그 수취된 조건이 증권의 지급거절 또는 기타의 사유로 인하여 충족되지 아니한 경우.

(2) 본법의 본장에 있어서 "매도인"이란 매도인의 지위에 있는 모든 자를 포함한다. 예를 들어 선하증권이 양도되어지는 매도인의 대리인, 또는 스스로 대금을 지급한 (또는 직접 책임이 있는) 송화인 또는 그 대리인과 같은 자이다.

제39조 지급받지 못한 매도인의 권리

(1) 본법 및 기타의 법에 규정이 없는 한, 물품의 소유권이 매수인에게 이전한 경우에도, 지급받지 못한 물품의 매도인은 법률의 추정에 의하여 다음과 같은 권리를 갖는다. -

   (a) 자신이 물품을 점유하고 있는 동안에는 대금의 지급을 위한 물품의 유치권 또는 유보권,

   (b) 매수인이 지급불능된 경우에, 물품의 점유를 이전한 후에는 물품의 운송정지권

   (c) 본법에 의하여 한정되어 있는 재매각권 등.

(2) 물품의 소유권이 매수인에게 이전하지 아니한 경우에는, 지급받지 못한 매도인은 (자신의 다른 구제방법 이외에) 소유권이 매수인에게 이전한 경우에 갖는 유치권 또는 유보권 그리고 운송정지권과 유사하고 또한 동일한 효력이 있는 인도보류권을 갖는다.

제40조 스코틀랜드에서의 압류권

스코틀랜드에 있어서 물품의 매도인은 자신이 이를 소지 또는 점유하고 있는 동안에 억류 또는 차압

such arrestment or poinding shall have the same operation and effect in a competition or otherwise as an arrestment or poinding by a third party.

Unpaid seller's lien

41. Seller's lien

41.-(1) Subject to this Act, the unpaid seller of goods who is in possession of them is entitled to retain possession of them until payment or tender of the price in the following cases ; -

  (a) where the goods have been sold without any stipulation as to credit ;

  (b) where the goods have been sold on credit but the term of credit has expired ;

  (c) where the buyer becomes insolvent.

(2) The seller may exercise his lien or right of retention notwithstanding that he is in possession of the goods as agent or bailee or custodier for the buyer.

42. Pat delivery

Where an unpaid seller has made part delivery of the goods, he may excercise his lien or right of retention on the remainder, unless such part delivery has been made under such circumstances as to show an agreement to waive the lien or right of retention.

43. Termination of lien

43.-(1) The unpaid seller of goods loses his lien or right of retention in respect of them -

  (a) when he delivers the goods to a carrier or other bailee or custodier for the purpose of transmission to the buyer without reserving the right of disposal of the goods ;

  (b) when the buyer or his agent lawfully obtains possession of the goods ;

  (c) by waiver of the lien or right of retention.

(2) An unpaid seller of goods who has a lien or right of retention in respect of them does not lose his lien or right of retention by reason only that he has obtained judgment or decree for the price of the goods.

Stoppage in Transit

44. Right of stoppage in transit

Subject to this Act, when the buyer of goods becomes insolvent the unpaid seller who has parted with the possession of the goods has the right of stopping them in transit, that is to say, he may resume possession of the goods as long as they are in course of transit, and may retain them until payment or tender of the price.

(poinding)에 의하여 물품을 압류할 수 있다. 또한 그러한 억류 또는 차압은 제3자의 억류 또는 차압과 경합되거나 또는 기타의 경우에 있어서도 그와 동일한 효력을 갖는다.

지급받지 못한 매도인의 유치권

제41조 매도인의 유치권

(1) 본법에 규정이 없는 한, 물품을 점유하고 있는 상태에서 지급받지 못한 매도인은 다음의 경우에 대금의 지급 또는 제공이 있을 때까지 그 물품의 점유를 유보할 권리가 있다. -

    (a) 물품이 신용매매에 관한 여하한 약정 없이 매각된 경우,

    (b) 물품이 신용매매에 의하여 매각되고 또한 그 신용기간이 만료된 경우,

    (c) 매수인이 지급불능된 경우.

(2) 매도인은 비록 그가 매수인의 대리인 또는 수탁자 또는 보관인으로서 물품을 점유하고 있는 경우에도, 그의 유치권 또는 유보권을 행사할 수 있다.

제42조 일부인도시의 유치권

지급받지 못한 매도인이 물품의 일부를 인도한 경우에는, 그 매도인은 잔여부분에 대하여 유치권 또는 유보권을 행사할 수 있다. 다만 그러한 일부의 인도가 매도인의 유치권 또는 유보권을 포기하는 합의로 볼 수 있는 사정에서 이루어진 경우에는 예외이다.

제43조 유치권의 소멸

(1) 지급받지 못한 매도인은 다음의 경우에 물품에 관한 그의 유치권 또는 유보권을 상실한다.

    (a) 매도인이 물품의 처분권을 유보하지 아니하고 매수인에게 수송할 목적으로 운송인 또는 기타 수탁자 또는 보관인에게 물품을 인도한 경우,

    (b) 매수인 또는 그 대리인이 적법하게 물품을 인도한 경우,

    (c) 매도인이 유치권 또는 유보권을 포기한 경우.

(2) 물품에 관한 유치권 또는 유보권을 갖고 있는 상태에서 지급받지 못한 물품의 매도인은 그가 물품의 대금에 관한 법원의 판결을 받은 사유만에 의하여 유치권 또는 유보권을 상실하지 아니한다.

운송정지권

제44조 매도인의 운송정지권

본법에 규정이 없는 한, 물품의 매수인이 지급불능된 경우에는, 지급받지 못한 매도인은 그가 물품의 점유를 이전한 상태에서 그 물품의 운송정지권을 갖는다. 즉, 지급받지 못한 매도인은 물품이 운송 중인 한, 그 물품의 점유를 회복할 수 있으며, 또한 대금의 지급 또는 제공이 있을 때까지 이를 유보할 수 있다.

45. Duration of transit

45.-(1) Goods are deemed to be in course of transit from the time when they are delivered to a carrier of ofter bailee or custodier for the purpose of transmission to the buyer, until the buyer or his agent in that behalf takes delivery of them from the carrier or other bailee or custodier.

(2) If the buyer or his agent in that behalf obtains delivery of the goods before their arrival at the appointed destination, the transit is at an end.

(3) If, after the arrival of the goods at the appointed destination, the carrier or other bailee or custodier acknowledges to the buyer or his agent, that he holds the goods on his behalf and continues in possession of them as bailee or custodier for the buyer or his agent, the transit is at an end, and it is immaterial that a further destination for the goods may have indicated by the buyer.

(4) If the goods are rejected by the buyer, and the carrier or other bailee or custodier continues in possession of them, the transit is not deemed to be at an end, even if the seller has refused to receive them back.

(5) When goods are delivered to a ship chartered by the buyer it is a question depending on the circumstances of the particular case whether they are in the possession of the master as a carrier or as agent to the buyer.

(6) Where the carrier or other bailee or custodier wrongfully refuses to deliver the goods to the buyer or his agent in that behalf, the transit is deemed to be at an end.

(7) Where part delivery of the goods has been made to the buyer or his agent in that behalf, the remainder of the goods may be stopped in transit, unless such part delivery has been made under such circumstances as to show an agreement to give up possession of the whole of the goods.

46. How stoppage in transit is effected

46.-(1) The unpaid seller may exercise his right of stoppage in transit either by taking actual possession of the goods or by giving notice of his claim to the carrier or other bailee or custodier in whose possession the goods are.

(2) The notice may be given either to the person in actual possession of the goods or to his principal.

(3) If given to the principal, the notice is ineffective unless given at such time and under such circumstances that the principal, by the exercise of reasonable diligence, may communicate it to his servant or agent in time to prevent a delivery to the buyer.

(4) When notice of stoppage in transit is given by the seller to the carrier or other bailee or custodier in possession of the goods, he must re-deliver the goods to, or according to the direction of, the seller ; and the expense of the re-delivery must be borne by the seller.

제45조 운송기간 및 그 종료

(1) 물품이 운송중인 것으로 보는 기간은, 그 물품이 매수인에게 수송할 목적으로 운송인 또는 기타 수탁자 또는 보관인에게 인도된 때부터 매수인 또는 그 대리인이 운송인 또는 기타 수탁자 또는 보관인으로부터 물품의 인도를 수령한 때까지로 한다.

(2) 물품이 지정된 목적지에 도착하기 이전에 매수인 또는 그 대리인이 이를 인도받은 경우에는, 운송은 종료한다.

(3) 물품이 지정된 목적지에 도착한 이후에, 운송인 또는 기타 수탁자 또는 보관인이 매수인 또는 그 대리인을 위하여 물품을 보유하고 또한 그를 위한 수탁자 또는 보관인으로서 물품의 점유를 계속하고 있음을 매수인 또는 그 대리인에게 통지한 경우에는, 운송은 종료한다. 이때 매수인이 물품의 또 다른 목적지를 지정하였는가의 여부는 중요하지 아니하다.

(4) 물품이 매수인에 의하여 거절되고, 또한 운송인 또는 기타 수탁자 또는 보관인이 그 점유를 계속하고 있는 경우에는, 매도인이 비록 물품의 회수를 거절하더라도, 운송은 종료한 것으로 보지 아니한다.

(5) 물품이 매수인이 용선한 선박에 인도된 경우에는, 선장이 물품을 운송인의 자격으로서 점유하는가 또는 매수인의 대리인으로서 점유하는가에 대한 여부는 각 특정한 경우의 사정에 따를 문제이다.

(6) 운송인 또는 기타 수탁자 또는 보관인이 물품을 매수인 또는 그 대리인에게 인도하는 것을 불법으로 거절한 경우에는, 운송은 종료한 것으로 본다.

(7) 물품의 일부가 매수인 또는 그 대리인에게 인도된 경우에는, 그 물품의 잔여부분에 대하여 운송정지권을 행사할 수 있다. 다만 그러한 일부의 인도가 물품의 전부에 관한 점유를 포기하는 합의로 볼 수 있는 사정에서 이루어진 경우에는 예외이다.

제46조 운송정지권의 행사

(1) 지급받지 못한 매도인은 물품의 현실적인 점유를 취득하거나 또는 물품을 점유하고 있는 운송인 또는 기타 수탁자 또는 보관인에게 자신의 청구권을 통지하는 방법에 의하여 그 운송정지권을 행사할 수 있다.

(2) 그 통지는 물품을 현실적으로 점유하고 있는 자 또는 그의 본인에게 할 수 있다.

(3) 본인에게 통지된 경우에는, 그 통지가 본인이 상당한 주의를 다하여 매수인에 대한 물품의 인도를 정지할 수 있는 기간내에 그의 사용인 또는 대리인에게 전달하는 데 요하는 기간 및 사정에 따라서 이루어지지 아니하는 한, 그 통지는 효력이 없다.

(4) 운송정지권의 통지가 매도인으로부터 물품을 점유하고 있는 운송인 또는 기타 수탁자 또는 보관인에게 이루어진 경우에는, 후자는 매도인에게 또는 매도인의 지시에 따라서 그 물품을 재인도하여야 한다. 또한 재인도의 비용은 매도인이 부담하여야 한다.

Re-sale, etc, by Buyer

47. Effect of sub-sale etc, by buyer

47.-(1) Subject to this Act, the unpaid seller's fight of lien or retention or stoppage in transit is not affected by any sale or other disposition of the goods which the buyer may have made, unless the seller has assented to it.

(2) Where a document of the goods, and that person transfers the document person as buyer or owner of the goods, and that person transfers the document to a person who takes it in good faith and for valuable consideration. then -

   (a) if the last-mentioned transfer was by way of sale the unpaid seller's right of lien or retention or stoppage in transit is defeated ; and

   (b) if the last-mentioned transfer was made by way of pledge or other disposition for value, the unpaid seller's right of lien or retention or stoppage in transit can only be exercised subject to the rights of the transferee.

Rescission : and Re-sale by Seller

48. Rescission : and re-sale by seller

48.-(1) Subject to this section, a contract of sale is not rescinded by the mere exercise by an unpaid seller of his right of lien or retention or stoppage in transit.

(2) Where an unpaid seller who has exercised his right of lien or retention or stoppage in transit re-sells the goods, the buyer acquires a good title to them as against the original buyer.

(3) Where the goods are of a perishable nature, or where the unpaid seller gives notice to the buyer of his intention to re-sell, and the buyer does not within a reasonable time pay or tender the price, the unpaid seller may re-sell the goods and recover from the original buyer damages for any loss occasioned by his breach of contract.

(4) Where the seller expressly reserves the right of re-sale in case the buyer should make default, and on the buyer making default re-sells the goods, the original contract of sale is rescinded but without prejudice to any claim the seller may have for damages.

PART VI ACTIONS FOR BREACH OF THE CONTRACT

Seller's Remedies

49. Action for price

49.-(1) Where, under a contract of sale, the property in the goods has passes to the buyer and he wrongfully neglects or refuses to pay for the goods according to the terms of the contract, the seller may maintain an action against

매수인의 전매 등

제47조 매수인의 전매 등의 효과

(1) 본법에 규정이 없는 한, 지급받지 못한 매도인의 유치권 또는 유보권 또는 운송정지권은 매수인이 행한 매각 또는 기타 어떠한 처분에 의하여 영향을 받지 아니한다. 다만 매도인이 이를 동의한 경우에는 예외이다.

(2) 물품의 권리증서가 매수인 또는 물품의 소유자로서 자격있는 어떠한 자에게 적법하게 양도되고, 또 그 양수인이 권리증서를 선의 및 유상으로 취득하는 자에게 다시 양도한 경우에는,-

　　(a) 후자의 양도가 매매의 방식에 의한 때에는 지급받지 못한 매도인의 유치권 또는 유보권 또는 운송정지권은 소멸되며, 또

　　(b) 후자의 양도가 입질 또는 기타 가치처분의 방식에 의한 때에는, 지급받지 못한 매도인의 유치권 또는 유보권 또는 운송정지권은 양수인의 권리를 전제로 한 범위내에서만 행사될 수 있다.

계약의 해제 및 매도인의 재매각

제48조 매도인의 재매각의 효과

(1) 본조에 규정이 없는 한, 매매계약은 지급받지 못한 매도인이 유치권 또는 유보권 또는 운송정지권을 행사한 사유만에 의하여 해제되지 아니한다.

(2) 지급받지 못한 매도인이 유치권 또는 유보권 또는 운송정지권을 행사한 후 물품을 재매각한 경우에는, 매수인은 원매수인에 대하여 그 물품의 정당한 권리를 취득한다.

(3) 물품이 소멸되기 쉬운 성질의 것인 경우, 또는 지급받지 못한 매도인이 매수인게게 재매각의 의사표시를 통지하고, 또한 매수인이 상당한 기간내에 대금을 지급 또는 제공하지 아니한 경우에는, 지급받지 못한 매도인은 그 물품을 재매각하고 또한 원매수인에 대하여 그 계약위반으로 야기된 모든 손해배상액의 배상을 청구할 수 있다.

(4) 매도인이 매수인의 채무불이행에 의하여 재매각권을 명시적으로 보유하고, 또 매수인의 채무불이행시에 물품을 재매각한 경우에는, 원매매계약은 해제된다. 그러나 계약의 해제는 손해배상을 위하여 매도인이 가질 수 있는 어떠한 청구권에 영향을 미치지 아니한다.

제6장 계약위반에 대한 소송

매도인의 구제방법

제49조 대금청구의 소송

(1) 매매계약에 의하여 물품의 소유권이 매수인에게 이전한 후 매수인이 계약의 조항에 따라 물품의 대금을 지급하는 것을 불법으로 해태 또는 거절한 경우에는, 매도인은 매수인에 대하여 물품의 대금청구의

him for the price of the goods.

(2) Where, under a contract of sale, the price is payable on a day certain irrespective of delivery and the buyer wrongfully neglects or refuses to pay such price, the seller may maintain an action for the price, although the property in the goods has not passed and the goods have not been appropriated to the contract.

(3) Nothing in this section prejudices the right of the seller in Scotland to recover interest on the price from the date of tender of the goods, or from the date on which the price was payable, as the case may be.

50. Damages for non-acceptance

50.-(1) Where the buyer wrongfully neglects or refuses to accept and pay for the goods, the seller may maintain an action against him for damage for non-acceptance.

(2) The measure of damages is the estimated loss directly and naturally resulting, in the ordinary course of events, from the buyer's breach of contract.

(3) Where there is an available market for the goods in question the measure of damages is prima facie to be ascertained by the difference between the contract price and the market or current price at the time or times when the goods ought to have been accepted or (if no time was fixed for acceptance) at the time of the refusal to accept.

Buyer's Remedies

51. Damages for non-delivery

51.-(1) Where the seller wrongfully neglects or refuses to deliver the goods to the buyer, the buyer may maintain an action against the seller for damages for non-delivery.

(2) The measure of damages is the estimated loss directly and naturally resulting, in the ordinary course of events, from the seller's breach of contract.

(3) Where there is an available market for the goods in question the measure of damages is prima facie to be ascertained by the difference between the contract price and the market or current price of the goods at the time or times when they ought to have been delivered or (if no time was fixed) at the time of the refusal to deliver.

52. Specific performance

52.-(1) In any action for breach of contract to deliver specific or ascertained goods the court may, if it thinks fit, on the plaintiff's application, by its judgment or decree direct that the contract shall be performed specifically, without giving the defendant the option of retaining the goods on payment of damages.

(2) The plaintiff's application may be made at any time before judgment or decree.

(3) The judgment or decree may be unconditional, or on such terms and conditions as to damages, payment of the price and otherwise as seem just to the court.

(4) The provisions of this section shall be deemed to be supplementary to, and not in derogation of, the right of

소송권을 보유할 수 있다.

(2) 매매계약에 의하여 대금이 물품의 인도와 상관없이 일정한 일자에 지급되도록 예정되어 있고, 또 매수인이 이를 불법으로 해태 또는 거절한 경우에는, 매도인은 대금청구의 소송권을 보유할 수 있다. 이는 물품의 소유권이 이전하지 아니하고 또 물품이 계약에 충당되지 아니한 경우에도 마찬가지이다.

(3) 본조의 규정은 스코틀랜드에 있어서 물품의 제공일, 또는 대금의 지급일로부터 대금의 이자를 회수할 수 있는 매도인의 권리에 영향을 미치지 아니한다.

제50조 인수거절의 손해배상액

(1) 매수인이 물품을 인수하고 대금을 지급하는 것을 불법으로 해태 또는 거절한 경우에는, 매도인은 매수인에 대하여 인수거절로 인한 손해배상청구의 소송권을 보유할 수 있다.

(2) 손해배상액의 한도는 통상적인 경우에 있어서 매수인의 계약위반으로부터 직접적으로 또한 당연히 발생할 수 있는 예상된 손해액으로 정한다.

(3) 문제의 물품을 거래하는 시장이 존재한 경우에는, 손해배상액의 한도는 계약가격과 시장 또는 유통가격과의 차액에 의하여 확정되는 것으로 추정한다. 시장 또는 유통가격은 물품을 인수하였어야 할 당시 또는 (인수의 시기를 정하지 아니한 경우에) 인수를 거절한 당시의 가격으로 한다.

매수인의 구제방법

제51조 인도거절의 손해배상액

(1) 매도인이 매수인에게 물품을 인도하는 것을 불법으로 해태 또는 거절한 경우에는, 매수인은 매도인에 대하여 인도거절로 인한 손해배상청구의 소송권을 보유할 수 있다.

(2) 손해배방액의 한도는 통상적인 경우에 있어서 매도인의 계약위반으로부터 직접적으로 또한 당연히 발생할 수 있는 예상된 손해액으로 정한다.

(3) 문제의 물품을 거래하는 시장이 존재한 경우에는, 손해배상액의 한도는 계약가격과 시장 또는 유통가격과의 차액에 의하여 확정되는 것으로 추정한다. 시장 또는 유통가격은 물품을 인도하였어야 할 당시 또는 (인도의 시기를 정하지 아니한 경우에) 인도를 거절한 당시의 가격으로 한다.

제52조 특정의 이행

(1) 특정물 또는 확정물을 인도하는 계약의 위반에 대한 소송에 있어서 법원은 원고의 신청에 따라 적합하다고 생각되는 경우에는, 판결 또는 법령에 의하여, 피고에게 손해배상액의 지급 당시에 물품을 보유할 권리를 부여함이 없이, 계약에 따른 특정의 이행을 명할 수 있다.

(2) 원고의 신청은 법원의 판결 또는 법령이 있기 이전의 어떠한 시기에도 이를 행할 수 있다.

(3) 판결 또는 법령은 무조건부로 하거나, 또는 손해배상액, 대금의 지급 및 기타 법원이 정당하다고 인정하는 그러한 조건부로 할 수 있다.

(4) 본조의 규정은 스코틀랜드에 있어서 특정이행의 권리를 보충하는 것으로 보며 또한 이를 훼손하는 것

specific implement in Scotland.

53. Remedy for breach of warranty

53.-(1) Where there is a breach of warranty by the seller, or where the buyer elects (or is compelled) to treat any breach of a condition on the part of the seller as a breach of warranty, the buyer is not by reason only of such breach of warranty entitled to reject the goods ; but he may -

(a) set up against the seller the breach of warranty in diminution or extinction of the price, or

(b) maintain an action against the seller for damages for the breach of warranty.

(2) The measure of damages for breach of warranty is the estimated loss directly and naturally resulting, in the ordinary course of events, from the breach of warranty.

(3) In the case of breach of warranty of quality such loss is prim facie the difference between the value of the goods at the time of delivery to the buyer and the value they would have had if they had fulfilled the warranty.

(4) The fact that the buyer has set up the breach of warranty in diminution or extinction of the price does not prevent him from maintaining an action for the same breach of warranty if he has suffered further damage.

(5) Nothing in this section prejudices or affects the buyer's right of rejection in Scotland as declared by this Act.

54. Interest, etc.

Nothing in this Act affects the right of the buyer or the seller to recover interest or special damages in any case where by law interest. or special damages may be recoverable, or to recover money paid where the consideration for the payment of it has failed.

PART VI SUPPLEMENTARY

55. Exclusion of implied terms

55.-(1) Where a right, duty or liability would arise under a contract of sale of goods by implication of law, it may (subject to the Unfair Contract Terms Act 1977) be negatived or varied by express agreement, or by the course of dealing between the parties, or by such usage as binds both parties to the contract.

(2) An express condition or warranty does not negative a condition or warranty implied by this Act unless inconsistent with it.

(3) Paragraph 11 of Schedule 1 below applies in relation to a contract made on or after 18 May 1973 and before 1 February 978, and paragraph 12 in relation to one made before 18 May 1973.

56. Conflict of laws

Paragraph 13 of Schedule 1 below applies in relation to a contract made on or after 18 May 1973 and before 1

으로 보지 아니한다.

제53조 담보위반의 구제방법

(1) 매도인의 담보위반이 존재하거나, 또는 매수인이 매도인측의 조건위반을 담보위반으로 취급한(또는 하게 된) 경우에는, 매수인은 그러한 담보위반의 사유만으로 물품을 거절할 권리는 없다. 그러나 매수인은 다음의 권리를 갖는다.

  (a) 매도인에 대하여 대금을 감액 또는 소멸하는 담보위반의 설정, 또는

  (b) 매도인에 대하여 담보위반으로 인한 손해배상청구의 소송.

(2) 담보위반으로 인한 손해배상액의 한도는 통상적인 경우에 있어서 담보위반으로부터 직접적으로 또한 당연히 발생할 수 있는 예상된 손해액으로 정한다.

(3) 품질에 관한 담보위반인 경우에는, 손해액은 물품이 매수인에게 인도된 당시의 가액과 물품이 담보에 합치하였어야 할 당시의 가액과의 차액에 의하여 정하는 것으로 추정한다.

(4) 매수인이 대금을 감액 또는 소멸하는 담보위반을 설정한 사실은, 매수인에게 더 이상의 손해가 있는 경우에 있어서 그 동일한 담보위반에 대하여 손해배상청구의 소송권을 방해하지 아니한다.

(5) 본조의 규정은 본법에서 인정한 스코틀랜드에 있어서 매수인의 물품거절권에 영향을 미치지 아니한다.

제54조 이자 등

본법의 규정은 매수인 또는 매도인이 법률에 의하여 회수할 무 있는 모든 경우의 이자 또는 특정의 손해배상액을 청구하거나, 또는 어떠한 금전의 지급에 대한 약인이 결여된 경우에 있어서 지급된 금전을 반환청구하는 권리에 영향을 미치지 아니한다.

제7장 보칙

제55조 명시 또는 묵시조건의 관계

(1) 매매계약에 있어서 법률의 추정에 의하여 발생하는 권리, 의무 또는 책임은 (1977년 불공정계약조건법을 제외하고) 명시적인 합의 또는 당사자간의 거래관례 또는 계약의 당사자 쌍방을 구속하는 관행에 의하여 부정되거나 또는 변경될 수 있다.

(2) 명시적인 조건 또는 담보는 본법에 있어서의 묵시적인 조건 또는 담보와 모순되지 아니하는 한 이를 부정하지 아니한다.

(3) 하기 제1부칙의 제11조는 1973년 5월 18일 또는 그 이후 및 1978년 2월 1일 이전에 체결한 계약에 대하여, 그리고 이 부칙 제12조는 1973년 5월 18일 이전에 체결한 계약에 대하여 각각 적용한다.

제56조 법률의 저촉

하기 제1부칙의 제13조는 1973년 5월 18일 또는 그 이후 및 1978년 2월 1일 이전에 체결한 계약에 대하여

February 1978, so as to make provision about conflict of laws in relation to such a contract.

57. Auction sales

57.-(1) Where goods are put up for sale by auction in lots, each lot is prima facie deemed to be the subject of a separate contract of sale.

(2) A sale by auction is complete when the auctioneer announces its completion by the fall of the hammer, or in other customary manner ; and until the announcement is made any bidder may retract his bid.

(3) A sale by auction may be notified to be subject to a reserve or upset price, and a right to bid may also be reserved expressly by or on behalf of the seller.

(4) Where a sale by auction is not notified to be subject to a right to bid by or on behalf of the seller, it is not lawful for the seller to bid himself or to employ any person to bid at the sale, or for the auctioneer knowingly to take any bid from the seller or any such person.

(5) A sale contravening subsection (4) above may be treated as a fraudulent by the buyer.

(6) Where, in respect of a sale by auction, a right to bid is expressly reserved (but not otherwise) the seller or any one person on his behalf may bid at the auction.

58. Payment into court in Scotland

In Scotland where a buyer has elected to accept goods which he might have rejected, and to treat a breach of contract as only giving rise to a claim for damages, he may, in an action by the seller for the price, be required, in the discretion of the court before which the action depends, to consign or pay into court the price of the goods, or part of the price, or to give other reasonable security for its due payment.

59. Reasonable time a question of fact

Where a reference is made in this Act to a reasonable time the question what is a reasonable time is a question of fact.

60. Right, etc., enforceable by action

Where a right, duty or liability is declared by this Act, it may (unless otherwise provided by this Act) be enforced by action.

61. Interpretation

61.-(1) In this Act, unless the context or subject matter otherwise requires, - "action" includes counterclaim and set-off, and in Scotland condescendence and claim and compensation ;

"bulk" means a mass or collection of goods of the same kind which—is contained in a defined space or area; and is such that any goods in the bulk are interchangeable withany other goods therein of the same number or quantity;";

"business" includes a profession and the activities of any government department (including a Northern Ireland department) or local or public authority ;

법률의 저촉에 관한 규정을 두고 있으므로 이러한 계약에 적용한다.

제57조 경매의 규칙

(1) 물품이 벌 단위로 경매에 부쳐진 경우에는, 각 벌(lot)은 별개의 매매계약의 목적물이 되는 것으로 추정한다.

(2) 경매는 경매인이 망치를 치거나 또는 기타 관습적인 방법으로 그 완결을 고지한 당시에 완료한다. 그리고 고지가 있기까지는 모든 경매참가자는 자신의 참가신청을 취소할 수 있다.

(3) 경매에 있어서 최저경매가격은 예고할 수 있으며, 또한 경매참가권도 매도인에 의하거나 또는 매도인을 대신하여 명시적으로 유보할 수 있다.

(4) 매도인에게 경매참가권이 있음을 예고하지 아니한 경매가 존재한 경우에는, 매도인이 스스로 경매의 신청을 하거나 또는 타인을 사용하여 경매의 신청을 하거나 또는 경매인이 이를 알고 매도인 또는 그 타인으로부터 경매의 신청을 받는 것은 위법으로 한다.

(5) 매수인은 상기 제4항의 규정에 반하는 매매를 사기로 취급할 수 있다.

(6) 경매에 관련하여 경매참가권도 매도인에게 의하거나 또는 매도인을 대신하는 어떠한 자에 의하여 명시적으로 유보할 수 있다.

제58조 스코틀랜드에서의 법원공탁

스코틀랜드에 있어서는 매수인이 거절할 수 있었던 물품을 인수하고, 또 계약의 위반을 단지 손해배상청구의 사유로만 취급하기로 한 경우에는, 매수인은 매도인이 제기한 대금청구의 소송에 있어서 그 소송이 예속되어 있는 법원의 재량에 의하여 대금의 전부 또는 일부를 법원에 공탁 또는 지급하거나, 또는 정당한 지급을 위한 정당한 담보물을 제공하여야 한다.

제59조 상당한 기간의 문제

본법에서 상당한 기간으로 명시하고 있는 경우에는, 그 상당한 기간에 대한 문제는 사실의 문제로 한다.

제60조 소송에 의한 권리 등의 강제집행

본법에서 정하고 있는 권리, 의무 또는 책임은 (별도의 규정이 없는 한) 소송에 의하여 강제집행할 수 있다.

제61조 용어의 해석

(1) 본법에 있어서, 그 내용 또는 취지상으로 별도의 해석이 요구되지 아니하는 한, - "소송"이란 반소(反訴)와 상계소(相計訴)를 포함하고, 또한 스코틀랜드에 있어서는 겸손의 청구, 클레임 및 보상의 청구를 포함하고, ;"영업"이란 모든 정부 부서(북아일랜드의 정부 부서를 포함하여) 또는 지방 또는 공공기관의 거래 또는 활동을 포함하고, "매수인"이란 물품을 매입하거나 또는 매입의 합의를 한 자를 의미하고, "매매계약"이란 매매뿐만 아니라 매매의 합의도 포함하고, "신용매매중개인"이란 영업중에 신용매매의 중개업을 경영하는 자를 의미한다. 그 중개업이란 다음의 자에게 신용매매를 원하는 개인을 소개시키

"buyer" means a person who buys or agrees to buy goods ;

"contract of sale" includes an agreement to sell as well as a sale ;

"credit-broker"means a person acting in the course of a business of credit brokerage carried on by him, that is a business of effecting introductions of individuals desiring to obtain credit -

(a) to persons carrying on any business so far as it relates to the provision of credit, or

(b) to other persons engaged in credit brokerage ;

"defendant" includes in Scotland defender, respondent, and claimant in a multiple poinding ;

"delivery"means voluntary transfer of possession from one person to another except that in relation to sections 20A and 20B above it includes such appropriationof goods to the contract as results in property in the goods being transferredto the buyer;

"document of title to goods" has the same meaning as it has in the Factors Acts ;

"Factors Acts" means the Factors Act 1889, the Factors (Scotland) Act 1890, and any enactment amending or substituted for the same ;

"fault" means wrongful act or default ;

"future goods" means goods to be manufactured or acquired by the seller after the making of the contract of sale ;

"goods" includes all personal chattels other than things in action and money, and in Scotland all corporeal moveables except money ; and in particular "goods" includes emblements, industrial growing crops, and things attached to or forming part of the land which are agreed to be severed before sale or under the contract of sale and includes an undivided share in goods;"

"plaintiff" includes pursuer, complainer, claimant in a multiple poinding and defendant or defender counter-claiming ;

"property"means the general property in goods, and not merely a special property ;

"quality", in relation to goods, includes their state or condition ;

"sale" includes a bargain and sale as well as a sale and delivery ;

"seller" means a person who sells or agrees to sell goods ;

"specific goods" means goods identified and agreed on at the time a contract of sale is made and includes an undivided share, specified as a fraction or percentage, of goods identified and agreed on as aforesaid;

"warranty" (as regards England and Wales and Northern Ireland) means an agreement with reference to goods which are the subject of a contract of sale, but collateral to the main purpose of such contract, the breach of which gives rise to a claim for damages, but not to a right to reject the goods and treat the contract as repudiated.

(2) As regards Scotland a breach of warranty shall be deemed to be a failure to perform a material part of the contract.

(3) A thing is deemed to be done in good faith within the meaning of this Act when it is in fact done honestly, whether it is done negligently or not.

(4) A person is deemed to be insolvent within the meaning of this Act if he has either ceased to pay his debts in the

는 영업을 말한다. -

(a) 신용매매에 대한 규정과 관계있는 영업을 경영하는 자, 또는

(b) 신용매매중개업에 종사하는 제3의 자. "피고"란 스코틀랜드에 있어서 피고의 변호인, 옹호인, 및 복식차압(複式差押)의 구상인(求償人)을 포함하고, "인도"란 일정한 자가 다른 자에게 점유를 자발적으로 이전하는 것을 의미하고, "물품의 권리증서"란 상사대리인법에서의 의미와 동일하고, "상사대리인법"이란 1889년 상사대리인법, 1890년 상사대리인법(스코틀랜드) 및 기타 본법을 개정 또는 대체하는 법령을 의미하고, "과실"(fault)이란 불법한 행위 또는 불이행을 의미하고, "선물"이란 매매계약의 체결 이후에 매도인이 제조 또는 취득하는 물품을 의미하고, "물품"이란 무체동산과 금전을 제외한 모든 순수동산을 포함하고, 또한 스코틀랜드에 있어서는 금전을 제외한 모든 유체동산을 포함하고, 특히 "물품"이란 인공경작물, 공업농작물, 및 매매 이전에 또는 매매계약에 의하여 토지로부터 분리하기로 합의되어 있는 토지부착물 또는 토지구성물을 포함하고, 벌크 (bulk)"는 같은 좋은의 물품의 집합을 의미한다.

(2) 담보의 위반; 스코틀랜드에 있어서 담보의 위반은 계약의 중대한 부분을 불이행 한 것으로 본다.

(3) 선의; 일정한 사항이 실제로 성실하게 이행되어진 때에는 부주의로 인한 여부를 불문하고, 이는 본법의 의미내에서 선의로 이행되어진 것으로 본다.

(4) 지급불능자; 일정한 자가 통상의 영업중에 금전채무의 지급을 중지하거나 또는 만기가 된 금전채무를 지급할 수 없는 경우에는, 그러한 자는 (파산된 여부를 불문하고) 본법의 의미내에서는 지급불능된 자로 본다.

ordinary course of business or he cannot pay his debts as they become due, [whether he has committed an act of bankruptcy or not, and whether he has become a notour bankrupt or not.]

(5)   Goods are in a deliverable state within the meaning of this Act when they are in such a state that the buyer would under the contract be bound to take delivery of them.

(6)   As regards the definition of "business" in subsection (1) above, paragraph 14 of Schedule 1 below applies in relation to a contract made on or after 18 May 1973 and before 1 February 1978, and paragraph 15 in relation to one made before 18 May 1973.

62. Savings : rules of law, etc.

62.-(1) The rules in bankruptcy relating to contracts of sale apply to those contracts, notwithstanding anything in this Act.

(2)   The rules of the common law, including the law merchant, except in so far as they are inconsistent with the provisions of this Act, and in particular the rules relating to the law of principal and agent and the effect of fraud, misrepresentation, duress or coercion, mistake, or other invalidating cause, apply to contracts for the sale of goods.

(3)   Nothing in this Act or the Sale of Goods Act 1893 affects the enactments relating to bills of sale, or any enactment relating to the sale of goods which is not expressly repealed or amended by this Act or that.

(4)   The provisions of this Act about contracts of sale do not apply to a transaction in the form of a contract of sale which is intended to operate by way of mortgage, pledge, charge, or security.

(5)   Nothing in this Act prejudices or affects the landlord's right of hypothec or sequestration for rent in Scotland.

63. Consequential amendments. repeals and savings

63.-(1) Without prejudice to section 17 of the Interpretation Act 1978 (repeal and re-enactment), the enactments mentioned in Schedule 2 below have effect subject to the amendments there specified (being amendments consequential on this Act)

(2)   The enactments mentioned in Schedule 3 below are repealed to the extent specified in column 3, but subject to the savings in Schedule 4 below.

(3)   The savings in Schedule 4 below have effect.

64. Short title and commencement

64.-(1) This Act may be cited as the Sale of Goods Act 1995.

(2)   This Act shall come into force at the end of the period of two months beginning with the day on which it is passed; but nothing in this Act shall have effect in relation to any contract concluded before the coming into force of this Act.

(3)   This Act extends to Northern Ireland.

(5) 인도가능한 상태; 물품은 매수인이 계약에 의하여 이의 인도를 수령하여야 할 상태에 있는 때에 본법의 의미내에서는 인도가능한 상태에 있는 것으로 한다.

(6) 영업; 상기 제1항의 "영업"에 대한 정의에 있어서, 하기 제1부칙의 제14조는 1973년 5월 18일 또는 그 이후에 체결된 계약에 대하여, 그리고 이 부칙의 제15조는 1973년 5월 18일 이전에 체결된 계약에 대하져 각각 적용한다.

제62조 단서규정

(1) 파산법에 있어서의 매매계약에 관한 규칙은 본법의 규정에도 불구하고 이를 매매계약에 적용한다.

(2) 상사법을 포함하여 보통법의 규칙은 물품의 매매계약에 이를 적용한다. 다만 그 규칙이 본법의 규정, 특히 본인과 대리인에 관한 법 및 사기, 부실표시, 강박, 착오 또는 기타 의사표시 무효원인의 효과에 관한 규칙과 모순되는 경우에는 제외한다.

(3) 본법 또는 1893년 물품매매법의 규정은 매매증권에 관한 법령, 또는 본법 또는 1893년 동법에 의하여 명시적으로 폐지 또는 개정되지 아니한 물품매매의 모든 법령에 영향을 미치지 아니한다.

(4) 매매계약에 관한 본법의 규정은 매매계약의 형식을 취하면서 저당, 질권, 부담 또는 기타 담보를 설정하고자 하는 거래에 대하여 적용하지 아니한다.

(5) 본조의 규정은 스코틀랜드에 있어서 임대료를 위한 지주의 담보권 또는 압류권을 침해하거나 또는 영향을 미치지 아니한다.

제63조 부칙의 효력

(1) 하기 제2부칙에 명시된 법령은,1978년 제정법의 해석법(폐지되고 새로 제정됨)의 제17조의 규정을 침해하지 아니하고 (본법에 부록되어 있는) 이에 명시하고 있는 개정사항을 전제로 하여 그 효력을 갖는다.

(2) 하기 제3부칙에 명시된 법령은, 이 부칙 제3항에 명시하고 있는 내용대로 폐지되었으며, 다만 하기 제4부칙의 단서규정을 전제로 한다.

(3) 하기 제4부칙의 단서규정은 효력을 갖는다.

제64조 명칭 및 시행일

(1) 본법은 1995년 물품매매법으로 인용할 수 있다.

(2) 본법은 통과 된 날로 시작하여 2개월의 기간이 끝날 때 발효한다. 그러나 본법의 어느 것도 발효되기 전에 체결된 계약과 관련하여 효력이 없다.

(3) 본법을 북아일랜드까지 확대한다.

1-5 American Foreign Trade Definition, 1990

FOREWORD

Since the issuance of American Foreign Trade Definitions in 1919 many changes in practice have occurred. The 1919 Definitions did much to clarify and simplify foreign trade practice, and received wide recognition and use by buyers and sellers throughout the world. At the Twenty Seventh National Foreign Trade Convention, 1940, further revision and clarification of these Definitions was urged as necessary to assist the foreign trader in the handling of his transactions.

The following Revised American Foreign Trade Definitions - 1990 are recommended for general use by both exporters and importers. These revised definitions have no status at law unless there is specific legislation providing for them, or unless they are confirmed by court decisions. Hence, it is suggested that seller and buyers agree to their acceptance as part of the contract of sale. These revised definitions will then become legally binding upon all parties.

In view of changes in practice and procedure since 1941, certain new responsibilities for sellers and buyers are included in these revised definitions. Also, in many instances, the old responsibilities are more clearly defined than in the 1941 Definitions, and the changes should be beneficial both to sellers and buyers. Widespread acceptance will lead to a greater standardization of foreign trade procedure, and to the avoidance of much misunderstanding.

Adoption by exporters and importers of these revised terms will impress on all parties concerned their respective responsibilities and rights.

General Notes of Caution

1. As foreign trade definitions have been issued by organizations in various parts of the world, and as the courts of countries have interpreted these definitions in different ways, it is important that sellers and buyers agree that their contracts are subject to the Revised American Foreign Trade Definitions - 1990 and that the various points listed are accepted by both parties.

2. In addition to the foreign trade terms listed herein, there are terms that are at times used, such as Free Harbor, C.I.F.&C. (Cost, Insurance, Freight, and Commission), C.I.F.C.&I. (Cost, Insurance, Freight, Commission, and Interest), C.I.F. Landed (Cost, Insurance, Freight, Landed), and others. None of these should be used unless there has first been a definite understanding as to the exact meaning thereof, It is unwise to attempt to interpret other terms in the light of the terms given herein. Hence, whenever possible, one of the terms defined herein should be used.

3. It is unwise to use abbreviations in quotations or in contracts which might be subject to misunderstanding.

4. When making quotations, the familiar terms "hundredweight" or "ton" should be avoided. A hundredweight

1-5 미국무역정의, 1990

서문

1919년 미국외국무역정의가 공표된 이래 실무에 있어서 많은 변화가 생겼다. 1919년 정의는 외국무역의 실무를 명확히 하고 또 간소화하는 데 큰 도움이 되었으며, 세계적으로 매수인과 매도인 사이에 널리 인정받고 또 사용되어 왔다. 1940년 제27차 전국 외국무역회의에서는 외국무역업자가 무역거래를 하는 데 도움을 줄 수 있도록 하기 위하여 이 정의를 개정하고 더욱 명확히 할 필요성이 촉구되었다.

다음의 1990년 개정미국외국무역정의는 수출업자와 수입업자 쌍방이 일반적으로 이용할 것을 추천한다. 이 개정정의는 특별법으로 규제를 하거나 또는 법원의 판결로 확인되지 아니하는 한, 법률적인 지위를 갖지 아니한다. 그러므로 매도인과 매수인은 이것을 매매계약의 일부로서 받아들이는 데 동의할 것을 권유한다. 그러한 경우 이 개정정의는 모든 당사자를 법률적으로 구속하게 될 것이다.

1941년 이래의 실무와 절차상의 변화를 감안하여 매도인과 매수인에 대한 새로운 책임이 이 개정정의에 포함되어 있다. 또한, 여러 경우에 있어서 각자의 책임이 1941년 정의에 있어서 보다 더 분명히 규정되어 있으며, 그 변경사항은 매도인과 매수인 쌍방에게 모두 유익한 것이다. 이 정의를 광범위하게 적용함으로써 외국무역의 절차가 더욱더 표준화되고 또 많은 오해를 피할 수 있게 될 것이다.

수출상과 수입상이 이 개정된 거래조건을 채택함으로써 모든 관계당사자가 각각의 책임과 권한을 분명히 할 수 있을 것이다.

일반적인 주의사항

1. 외국무역정의는 세계 각지의 여러 기관에서 발행되었으며, 또 각국의 법원이 이러한 정의를 각각 다르게 해석해 왔기 때문에 매도인과 매수인은 그들의 계약이 1990년 개정미국무역정의에 따르고 또 여기에 열거된 여러 조건을 당사자 쌍방이 지켜야 한다는 것은 중요한 일이다.

2. 이 정의에 열거된 외국무역조건 이외에도 때때로 사용되는 조건, 즉 선적항인도(Free Harbor), 운임 · 보험료 및 수수료 포함(C.I.F. & C), 운임 · 보험료 · 수수료 및 이자포함(C.I.F. & I.), 운임 · 보험료 및 양륙비 포함(C.I.F. Landed) 그리고 기타 조건들이 있다. 이러한 조건들의 정확한 의미를 먼저 이해하지 아니하는 한, 이들 중에서 어느 것도 사용하여서는 아니 된다. 이 정의에 있는 조건을 원용하여 다른 조건을 해석하는 것은 어리석은 일이다. 그러므로 언제든지 가능하다면 이 정의에서 규정된 조건 중의 하나를 사용하여야 한다.

3. 가격산정서나 계약서에 있어서 오해를 가져오기 쉬운 약어를 사용하는 것은 현명하지 못하다.

4. 가격을 산정함에 있어서 "hundred weight" 또는 "ton"이라는 상용어는 피하여야 한다. "hundred weight"는 Short Ton의 100파운드도 될 수 있고, Long Ton의 112파운드도 될 수 있다. 1톤은 2,000파운드의 Short

can be 100 pounds of the short ton, or 112 pounds of the long ton. A ton can be a short ton of 2,000 pounds, or a metric ton of 2,204.6 pounds, or a long ton of 2,240 pounds. Hence, the type of hundredweight or ton should be clearly stated in quotations and in sales confirmations. Also, all terms referring to quantity, weight, volume, length, or surface should be clearly defined and agreed upon.

5. If inspection, or certificate of inspection, is required, it should be agreed, in advance, whether the cost thereof is for account of seller or buyer.

6. Unless otherwise agreed upon, all expenses are for the account of seller up to the point at which the Buyer must handle the subsequent movement of goods.

7. There are a number of elements in a contract that do not fall within the scope of these foreign trade definitions. Hence, no mention of these is made herein. Seller and buyer should agree to these separately when negotiating contracts. This particularly applies to so-called "customary" practices.

DEFINITIONS OF QUOTATIONS

1. EXW (Ex Works—named place)

"Ex Factory", "Ex Mill", "Ex Mine", "Ex Plantation", "Ex Warehouse", etc. (named point of origin)

Under this term, the price quoted applies only at the point of origin, and the seller agrees to place the goods at the disposal of the buyer at the agreed place on the date or within the period fixed.

Under this quotation :

Seller must (1) bear all costs and risks of the goods until such time as the buyer is obliged to take delivery therof ; (2) render the buyer, at the buyer's request and expense, assistance in obtaining the documents issued in the country of origin, or of shipment, or of both, which the buyer may require either for purposes of exportation, or of importation at destination.

Buyer must (1) take delivery of the goods as soon as they have been placed at his disposal at the agreed place on the date or within the period fixed ;

(2) pay export taxes, or other fees or changes, if any, levied because of exportation ;

(3) bear all costs and risks of the goods from the time when he is obligated to take delivery whereof ;

(4) pay all costs and charges incurred in obtaining the documents issued in the country of origin, or of shipment, or of both, which may be required either for purposes of exportation or of importation at destination.

2. F.O.B.(Free on Board)

Note : Seller and buyer should consider not only the definitions but also the "Comments on all F.O.B. Terms" given at the end of this section, in order to understand fully their respective responsibilities and rights under the several classes of "F.O.B." terms.

Ton, 2,204.6파운드의 Metric Ton 또는 2,240파운드의 Long Ton 중에서 어느 것도 될 수 있다. 그러므로 "hundred weight"나 "ton"의 종류가 가격산정서나 매도확약서에서 분명히 표시되어야 한다. 또한 수량, 중량, 용적, 길이 또는 면적에 관한 모든 조건도 분명히 정의되고 합의되어야 한다.

5. 만약 물품검사나 검사증명서가 요구되는 경우에는, 이에 소요되는 비용은 매도인과 매수인 중에서 어느 쪽의 계산으로 할 것인가를 미리 합의하여야 한다.

6. 별도의 합의가 없는 한, 매수인이 그 후의 물품이동을 책임져야 하는 시점까지 소요되는 모든 비용은 매도인의 계산으로 한다.

7. 계약에 있어서는 이 외국무역정의의 범부에 속하지 아니하는 여러 요소가 있다. 그러므로 이 정의에서는 이에 대한 언급을 전혀 하지 아니하기로 한다. 매도인과 매수인은 계약을 교섭할 때 이에 대하여 따로 합의하여야 한다. 특히 이것은 소위 "관습적"인 실무에 적용된다.

가격조건의 정의

제1장 EXW(지정장소의 공장인도조건)

(지정원산지, "공장인도", "제조소인도" "광업소인도" "栽培地引渡"창고인도" 등) 이 조건하에서 산정가격이라 함은 원산지에서만 적용되는 것이며, 또 매도인은 물품을 지정된 기일 또는 기간 내에 약정된 장소에서 매수인의 임의처분하에 적치하기로 동의하는 것이다. 이 산정조건에 있어서, 매도인의 의무 (1) 매도인은 매수인이 물품을 인수할 때까지 그 물품에 대한 모든 비용과 위험을 부담하여야 하고, (2) 매도인은 매수인의 요청과 비용부담으로 매수인이 수출 또는 목적지에서의 수입을 위하여 필요로 하는 원산지 국가 또는 선적국가 또는 양 국가에서 발행되는 서류를 취득하는 데 협조를 제공하여야 한다.

매수인의 의무 (1) 매수인은 물품이 지정된 기일 또는 기간내에 약정된 장소에서 자신의 임의처분 하에 적치된 때를 이를 곧 인수하여야 하고,

(2) 매수인은 수출세 또는 수출로 인하여 부과되는 기타 요금 또는 경비가 있으면 이를 지급하여야 하고,

(3) 매수인은 물품의 인수를 하여야 할 때부터 그 물품에 대한 모든 비용과 위험을 부담하여야 하고,

(4) 매수인은 수출 또는 목적지에서의 수입을 위하여 필요로 하는 원산지국가 또는 선적국가 또는 양국가에서 발행되는 서류를 취득하는 데 소요되는 모든 비용을 지급하여야 한다.

제2장 F.O.B.(본선인도조건)

(주: 매도인과 매수인은 F.O.B. 조건의 각 종류에 따른 각자의 책임과 권리를 완전히 이해하기 위하여는, 이 정의뿐만 아니라 본절의 글에 있는 "F.O.B. 전체에 관한 주석"에 대하여도 숙고하여야 한다.).

(II-A) "F.O.B.(named inland carrier at named inland point of departure)"

Under this terms, the price quoted applies only at inland applies only at inland shipping point, and the seller arranges for loading of the goods on, or in, railway cars, trucks, lighters, barges, aircraft, or other conveyance furnished for transportation.

Under this quotation :

Seller must

(1) place goods on, or in, conveyance, or deliver to inland carrier for loading ;

(2) provide clean bill of lading or other transportation receipt, freight collect ;

(3) be responsible for any loss or damage, or both, until goods have been placed in, or on, conveyance at loading point, and clean bill of lading other transportation receipt has been furnished by the carrier ;

(4) render the buyer, at the buyer's request and expense, assistance in obtaining the documents issued in the country of origin, or of shipments, or of both, which the buyer may require either for purposes of exportation, or of importation at destination.

Buyer must

(1) be responsible for all movement of the goods from inland point of loading and pay all transportation costs ;

(2) pay export taxes, or other fees or charges, if any, levied because of exportation;

(3) be responsible for any loss or damage, or both, incurred after loading at named inland point of departure ;

(4) pay all costs and charges incurred in obtaining the documents issued in the country of origin, or of shipment, or of both, which may be required either for purposes of exportation, or of importation at destination.

(II-B) "F.O.B.(named inland carrier at named inland point of departure) Freight Prepaid To (named point of exportation)"

Under this term, the seller quotes a price including transportation charges to the named point of exportation and prepays freight to named point of exportation, without assuming responsibility for the goods after obtaining a clean bill of lading or other transportation receipt at named inland point of departure.

Under this quotation :

Seller must

(1) assume the seller's obligations as under II-A. except that under

(2) he must provide clean bill of lading or other transportation receipt, freight prepaid to named point of exportation.

Buyer must

(1) assume the same buyer's obligation as under II-A, except that he does not pay freight from loading point to named point of exportation.

(Ⅱ-A) 지정국내출발지에서 지정국내운송인에의 본선인도)

이 조건하에서 산정가격이라 함은 국내선적지에서만 적용되는 것이며, 또 매도인은 철도화차, 화물자동차, 부선, 화선, 항공기 또는 운송을 위하여 제공된 기타의 운송수단에 물품을 적재하도록 수배를 한다. 이 산정조건에 있어서,

매도인의 의무:

(1) 매도인은 물품을 운송수단에 적재하거나 또는 적재를 위하여 국내운송인에게 이를 인도하여야 하고,

(2) 매도인은 운임착지급조건의 무고장 선하증권 또는 기타 수송화물수령증을 제공하여야 하고,

(3) 매도인은 물품이 적재지에서 운송수단에 적재되고 운송인으로부터 무고장 선화증권 또는 수송화물수령증이 발급될 때까지의 모든 滅失 또는 손상에 대하여 책임을 져야 하고,

(4) 매도인은 매수인의 요청과 비용부담으로 매수인이 수출 또는 목적지에서의 수입을 위하여 필요로 하는 원산지국가 또는 선적국가 또는 양국가에서 발행되는 서류를 취득하는 데 협조를 제공하여야 한다.

매수인의 의무:

(1) 매수인은 국내적재지로부터의 물품이동에 대한 모든 책임을 져야 하며, 또 모든 운송비용을 지급하여야 하고,

(2) 매수인은 수출세 또는 수출로 인하여 부과되는 기타 요금 또는 경비가 있으면 이를 지급하여야 하고,

(3) 매수인은 지정된 국내출발지에서 적재 이후 발생하는 모든 멸실 또는 손해에 대하여 책임을 져야 하고,

(4) 매수인은 수출 또는 목적지에서의 수입을 위하여 필요로 하는 원산지국가 또는 선적국가 또는 양국가에서 발행되는 서류를 취득하는데 소요되는 모든 비용을 지급하여야 한다.

(Ⅱ-B) F.O.B.(지정수출지까지 운임선지급하여 지정국내출발지에서 지정국내운송인에의 본선인도)

이 조건하에서 매도인은 지정된 수출지까지의 운송비용을 포함하여 가격을 산정하여, 또 지정된 수출지까지의 운임을 선지급한다. 그러나 지정된 국내출발지에서 무고장 선화증권이나 기타 수송화물수령증을 취득한 이후에는 물품에 대한 책임을 지지 아니한다. 이 산정조건에 있어서,

매도인의 의무:

(1) 매도인은 (Ⅱ-A)에 규정된 바와 같은 매도인의 의무를 부담하여야 한다. 다만 (2)항에 의하여 매도인은 지정된 수출지까지 운임선지급조건의 무고장 선화증권 또는 기타 수송화물수령증을 제공하여야 한다.

매수인의 의무:

(1) 매수인은 (Ⅱ-A)에 규정된 바와 같은 매수인의 의무를 부담하여야 한다. 다만 매수인은 적재지에서 지정수출지까지의 운임을 지급하지 아니한다.

(II-C) "F.O.B.(named inland carrier at named inland point ofdeparture) Freight Allowed To (named point)"

Under this term, the seller quotes a price including the transportation charges to the named point, shipping freight collect and deducting the cost of transportation, without assuming responsibility for the goods after obtaining a clean bill of lading or other transportation receipt at named inland point of departure.

Under this quotation :

Seller must

(1) assume the same seller's obligations as under II-A, but deducts from his invoice the transportation cost to named point.

Buyer must

(1) assume the same buyer's obligations as under II-A, including payment of freight from inland loading point to named point, for which seller has made deduction.

(II-D) "F.O.B.(named inland carrier at named point of exportation)"

Under this term, the seller quotes a price including the costs of transportation of the goods to named point of exportation, bearing any loss or damage, or both, incurred up to that point.

Under this quotation :

Seller must

(1) place goods on, or in, conveyance, or deliver to inland carrier for loading ;

(2) provide clean bill of lading or other transportation receipt, paying all transportation costs from loading point to named point of exportation ;

(3) be responsible for any loss or damage, or both, until goods have arrived in, or on, inland conveyance at the named point of exportation ;

(4) render the buyer, at the buyer's request and expense, assistance in obtaining the documents issued in the country of origin, or of shipment, or of both, which the buyer may require either for purposes of exportation, or of importation at destination.

Buyer must

(1) be responsible for all movement of the goods from inland conveyance at named point of exportation ;

(2) pay export taxes, or other fees or charges, if any, levied because of exportation;

(3) be responsible for any loss or damage, or both, incurred after goods have arrived in, or on, inland conveyance at the named point of exportation ;

(4) pay all costs and charges incurred in obtaining the documents issued in the country of origin, or of shipment, or of both, which may be required either for purposes of exportation, or of importation at destination.

(II -C) F.O.B.(지정수출지까지 운임공제하여 지정국내출발지에서 지정국내운송인에의 본선인도)

이 조건하에서 매도인은 지정된 지점까지 운송비용을 포함하여 가격을 산정하고, 선적운임은 차지급이므로 그 운송비용은 가격에서 공제한다. 그러나 지정된 국내출발지에서 무고장 선화증권이나 기타 수송화물수령증을 취득한 이후에는 물품에 대한 책임을 지지 아니한다. 이 산정조건에 있어서,

매도인의 의무 (1) 매도인은 (II-A)에 규정된 바와 같은 매도인의 의무를 부담하여야 한다. 그러나 매도인은 지정된 수출지까지 운송비용을 자신의 · 송장에서 공제한다.

매수인의 의무:

(1) 매수인은 (II-A)에 규정된 바와 같은 매수인의 의무를 부담하여야 한다. 다만 매수인은 국내적재지에서 지정된 수출지까지의 운임에 대하여는 매도인이 이미 공제한 것이므로 이를 지급하여야 한다.

매도인의 의무:

(1) 매도인은 (II-A)에 규정된 바와 같은 매도인의 의무를 부담하여야 하지만, 지정항까지의 운임은 그 청구서에서 공제한다.

(II -D) F.O.B.(지정수출지에서 지정국내운송인에의 본선인도)

이 조건하에서 매도인은 지정된 수출지까지의 물품의 운송비용을 포함하여 가격을 산정하며, 또 그 지점까지 발생하는 모든 멸실 또는 손상에 대하여 책임을 진다. 이 산정조건에 있어서,

매도인의 의무:

(1) 매도인은 물품을 운송수단에 적재하거나 또는 적재를 위하여 국내운송인에게 이를 인도하여야 하고,

(2) 매도인은 적재지에서 지정된 수출지까지 모든 운송비용을 지급하고 무고장 선화증권 또는 기타 운송화물수령증을 제공하여야 하고,

(3) 매도인은 물품이 국내운송수단으로 지정된 수출지 도착할 때까지의 모든 멸실 또는 손상에 대하여 책임을 져야 하고,

(4) 매도인은 매수인의 요청과 비용부담으로 매수인이 수출 또는 목적지에서의 수입을 위하여 필요로 하는 원산지국가 또는 선적국가 또는 양국가에서 발행되는 서류를 취득하는 데 협조를 제공하여야 한다.

매수인의 의무:

(1) 매수인은 지정된 수출지에서 국내운송수단으로부터 물품이동에 대한 모든 책임을 져야 하고,

(2) 매수인은 수출세 또는 수출로 인하여 부과되는 기타 요금 또는 경비가 있으면 이를 지급하여야 하고,

(3) 매수인은 물품이 국내운송수단으로 지정된 수출지에 도착한 이후 발생하는 모든 멸실 또는 손상에 대하여 책임을 져야 하고,

(4) 매수인은 수출 또는 목적지에서의 수입을 위하여 필요로 하는 원산지국가 또는 선적국가 또는 양국가에서 발행되는 서류를 취득하는 데 소요되는 모든 비용을 지급하여야 한다.

(II-E) "F.O.B. Vessel (named port of shipment)"

Under this term, the seller quotes a price covering all expenses up to, and including, delivery of the goods upon the overseas vessel provided by, or for, the buyer at the named port of shipment.

Under this quotation :

Seller must

(1) pay all charges incurred in placing goods actually on board the vessel designated and provided by, or for, the buyer on the date or within the period fixed ;

(2) provide clean ship's receipt or on-board bill of lading ;

(3) be responsible for any loss or damage, or both, until goods have been placed on board the vessel on the date or within the period fixed ;

(4) render the buyer, at the buyer's request and expense, assistance in obtaining the documents issued in the country of origin, or of shipment, or of both, which the buyer may require either for purposes of exportation, or of importation at destination.

Buyer must

(1) give seller adequate notice of name, sailing date, loading berth of, and delivery time to, the vessel ;

(2) bear the additional costs incurred and all risks of the good from the time when the seller has placed them at his disposal if the vessel named by him fails to arrive or to load within the designated time ;

(3) handle all subsequent movement of the goods to destination ;

   (a) provide and pay for insurance ;

   (b) provide and pay for ocean and other transportation ;

(4) pay export taxes, or other fees or charges, if any, levied because of exportation;

(5) be responsible for any loss or damage, or both, after goods have been loaded on board the vessel ;

(6) pay all costs and charges incurred in obtaining the documents, other than ocean ship's receipt or bill of lading, issued in the country of origin, or of shipment, or of both, which may be required either for purposes of exportation, or of importation at destination.

(II-F) "F.O.B.(named inland point in country of importation)"

Under this term, the seller quotes a price including the cost of the merchandise and all costs of transportation to the named inland point in the country of importation.

Under this quotation :

Seller must

(1) provide and pay for all transportation to the named inland point in the country of importation ;

(2) pay export taxes, or other fees or charges, if any, levied because of exportation;

(II-E) F.O.B.(지정선적항에서 본선인도)

이 조건하에서 매도인은 지정된 선적항에서 매수인에 의하여 또는 매수인을 위하여 제공된 항해선박에 물품을 인도할 때까지 발생하는 모든 비용을 포함하여 가격을 산정한다. 이 산정조건에 있어서,

매도인의 의무:

(1) 매도인은 지정된 기일 또는 기간내에 매수인에 의하거나 또는 매수인을 위하여 지정되고 제공된 본선의 갑판상에 실제로 물품을 적치하는 데 발생하는 모든 경비를 지급하여야 하고,

(2) 매도인은 무고장 본선수령증 또는 본선적재 선화증권을 제공하여야 하고,

(3) 매도인은 물품이 지정된 기일 또한 기간내에 본선의 갑판상에 적치될 때까지의 모든 멸실 또는 손상에 대하여 책임을 져야 하고,

(4) 매도인은 매수인의 요청과 비용부담으로 매수인이 수출 또는 목적지에서의 수입을 위하여 필요로 하는 원산지국가 또는 선적국가 또는 양국가에서 발행되는 서류를 취득하는 데 협조를 제공하여야 한다.

매수인의 의무:

(1) 매수인은 선박의 명칭, 출항일, 적재를 위한 정박지 및 인도시기에 대하여 매도인에게 적절한 통지를 하여야 하고,

(2) 매수인이 지정한 선박이 지정된 기간내에 도착하지 아니하였거나 적재하지 아니한 경우에는, 매수인은 매도인이 물품을 매수인의 임의처분하에 적치한 때부터 발생하는 물품에 대한 추가적인 비용 및 모든 위험을 부담하여야 하고,

(3) 매수인은 목적지까지의 이어지는 물품이동에 대하여 다음의 모든 처리를 하여야 한다.

    (a) 보험계약을 체결하고 보험료를 지급하는 것,

    (b) 해상운송 및 기타 운송계약을 체결하고 운임을 지급하는 것.

(4) 매수인은 수출세 또는 수출로 인하여 부과되는 기타 요금 또는 경비가 있으면 이를 지급하여야 하고,

(5) 매수인은 물품이 본선의 갑판상에 적재된 이후의 모든 멸실 또는 손상에 대하여 책임을 져야 하고,

(6) 매수인은 수출 또는 목적지에서의 수입을 위하여 필요로 하는 원산지국가 또는 선적국가 또는 양국가에서 발행되는 무고장 본선수령증이나 선화증권 이외의 서류를 취득하는데 소요되는 모든 비용을 지급하여야 한다.

(II-F) F.O.B.(수입국내 지정국내지점에의 본선인도)

이 조건하에서 매도인은 물품대금 및 수입국가의 지정된 국내지점까지 모든 운송비용을 포함하여 가격을 산정한다. 이 산정조건에 있어서,

매도인의 의무:

(1) 매도인은 수입국가의 지정된 국내지점까지 운송계약을 체결하고 모든 운송비용을 지급하여야 하고,

(2) 매도인은 수출세 또는 수출로 인하여 부과되는 기타 요금 또는 경비가 있으며 이를 지급하여야 하고,

(3) 매도인은 해상보험계약을 체결하고 보험료를 지급하여야 하고,

(3) provide and pay for marine insurance ;

(4) provide and pay for war risk insurance, unless otherwise agreed upon between the seller and buyer ;

(5) be responsible for any loss or damage, or both, until arrival of goods on conveyance at the named inland point in the country of importation ;

(6) pay the costs of certificates of origin, consular invoices, or any other documents issued in the country of origin, or of shipment, or of both, which the buyer may require for the importation of goods into the country of destination and, where necessary, for their passage in transit through another country ;

(7) pay all costs of landing, including wharfage, landing charges, and taxes, if any ;

(8) pay all costs of customs entry in the country of importation ;

(9) pay customs duties and all taxes applicable to imports, if any, in the country of importation. Note : The seller under this quotation must realize that he is accepting important responsibilities, costs, and risks, and should therefore be certain to obtain adequate insurance. On the other hand, the importer or buyer may desire such quotations to relieve him of the risks of the voyage and to assure him of his landed costs at inland point in country of importation. When competition is keen, or the buyer is accustomed to such quotations from other sellers, seller may quote such terms, being careful to protect himself in an appropriate manner.

Buyer must

(1) take prompt delivery of goods from conveyance upon arrival at destination.

(2) bear any costs and be responsible for all loss or damage, or both, after arrival at destination.

Comments on All F.O.B. Terms

In connection with. F.O.B. terms, the following points of caution are recommended :

1. The method of inland transportation, such as trucks, railroad cars, lighters, barges, or aircraft should be specified.

2. If any switching charges are involved during the inland transportation, it should be agreed, in advance, whether these charges are for account of the seller or the buyer.

3. The term "F.O.B. (named port)", without designating the exact point at which the liability of the seller terminates and the liability of the buyer begins, should be avoided. The use of this term gives rise to disputes as to the liability of the seller or the buyer in the event of loss or damage arising while the goods are in port, and before delivery to or on board the ocean carrier. Misunderstandings may be avoided by naming the specific point of delivery.

4. If lighterage or trucking is required in the transfer of goods from the inland conveyance to ship's side, and there is a cost therefor, it should be understood, in advance, whether this cost is for account of the seller or the buyer.

5. The seller should be certain to notify the buyer of the minimum quantity required to obtain a carload, a truck-load, or a barge-load freight rate.

(4) 매도인과 매수인간에 별도의 합의가 없는 한, 매도인은 전쟁위험의 보험계약을 체결하고 보험료를 지급하여야 하고,

(5) 매도인은 물품이 운송수단으로 수입국가의 지정된 국내지점에 도착할 때까지 모든 멸실 또는 손상에 대하여 책임을 져야 하고,

(6) 매도인은 매수인이 물품을 목적국가로 수입하거나 또는 필요한 경우 수송중에 제3국을 통과하기 위하여 원산지국가 또는 선적국가 또는 양국가에서 발행되는 원산지증명서, 영사송장 또는 기타 모든 서류의 비용을 지급하여야 하고,

(7) 매도인은 부두사용료, 양륙비 그리고 필요하면 세금을 포함하여 모든 양륙비용을 지급하여야 하고,

(8) 매도인은 수입국가에서의 모든 수입통관의 비용을 지급하여야 하고,

(9) 매도인은 관세 그리고 필요하면 수입국가에서 수입에 적용되는 모든 세금을 지급하여야 한다.

　　주: 이 산정조건에 있어서 매도인은 중요한 책임, 비용 및 위험을 수락하고 있음을 인식하여야 하고, 이에 대한 적절한 보험계약을 체결하여야 한다. 한편, 수입상 또는 매수인은 항해의 위험을 면하고 수입국가의 국내지점에서의 양륙비용을 확보하기 위하여 이와 같은 산정조건을 원할 수 있다. 경쟁이 심하거나 또는 매수인이 다른 매도인과의 거래에서 이 산정조건에 익숙해 있을 때에는, 매도인은 적절하게 자신을 보호하도록 주의하면서 이 조건으로 산정하는 것이 좋다.

매수인의 의무:

(1) 매수인은 물품이 목적지에 도착하면 운송수단으로부터 신속히 물품을 인수하여야 하고,

(2) 매수인은 물품이 목적지에 도착한 이후의 모든 비용을 부담하여야 하고, 또 모든 멸실 또는 손상에 대하여 책임을 져야 한다.

F.O.B. 조건 전체에 관한 주석

F.O.B. 조건에 관련하여 다음의 사항을 주의하도록 권고한다.

1. 국내운송방법, 즉 화물자동차, 철도화차, 艀船, 貨船 또는 항공기 등이 명시되어야 한다.

2. 국내운송 동안에 환적비용이 발생하는 경우에는, 이 비용을 매도인 또는 매수인 중에 어느 쪽의 계산으로 할 것인가를 미리 합의하여야 한다.

3. "F.O.B.(named port)"라는 용어는 매도인의 책임이 끝나고 매수인의 책임이 시작되는 정확한 지점을 지정하지 아니한다면 피하는 것이 좋다. 이러한 용어를 사용하면 물품이 항구에 있는 동안 그리고 해상운송인에게 인도되거나 적재되기 전에 멸실 또는 손상이 발생하는 경우에 매도인 또는 매수인의 책임에 대하여 분쟁이 야기되기 쉽다. 이러한 오해는 특정한 인도지점을 지정함으로써 피할 수 있다.

4. 물품을 국내운송수단으로부터 본선의 선측까지 이동시키는 데 부선이나 화물 자동차가 필요한 경우에는, 그에 따른 비용을 매도인 또는 매수인 중에 어느 쪽의 계산으로 할 것인가는 미리 양해되어 있어야 한다.

5. 매도인은 매수인에게 1회차분량, 1화물자동차분량 또는 1화물선분량의 운임률을 산출하는 데 필요한

6. Under F.O.B. terms, excepting "F.O.B. (named inland point in country of importation)", the obligation to obtain ocean freight space, and marine and war risk insurance, rests with the buyer. Despite this obligation on the part of the buyer, in many trades the seller obtains the ocean freight space, and marine and war risk insurance, and provides for shipment on behalf of the buyer. Hence, seller and Buyer must have an understanding as to whether the buyer will obtain the ocean freight space, marine and war risk insurance, as is his obligation, or whether the seller agrees to do this for the buyer.

7. For the seller's protection, he should provide in his contract of sale that marine insurance obtained by the buyer include standard warehouse to warehouse coverage.

3. F.A.S. (Free Along Side)

Note : Seller and buyer should consider not only the definitions but also the "Comments" given of the end of this section, in order to understand fully their respective responsibilities and rights under "F.A.S." terms.

"F.A.S. Vessel (named port of shipment)"

Under this term, the seller quotes a price including delivery of the goods along side overseas vessel and within reach of its loading tackle.

Under this quotation :

Seller must

(1) place goods along side vessel or on dock designated and provided by, or for, buyer on the date or within the period fixed ; pay any heavy lift charges, where necessary, up to this point ;

(2) provide clean dock or ship's receipt ;

(3) be responsible for any loss or damage, or both, until goods have been delivered along side the vessel or on the dock ;

(4) render the buyer, at the buyer's request and expense, assistance in obtaining the documents issued in the country of origin, or of shipment, or of both, which the buyer may require either for purposes of exportation, or of importation at destination.

Buyer must

(1) give seller adequate notice of name, sailing date, loading berth of, and delivery time to, the vessel ;

(2) handle all subsequent movement of the goods from along side the vessel :

　(a) arrange and pay for demurrage or storage charges, or both, in warehouse or on wharf, where necessary ;

　(b) provide and pay for insurance ;

　(c) provide and pay for ocean and other transportation ;

(3) pay export taxes, or other fees or charges, if any, levied because of exportation;

(4) be responsible for any loss or damage, or both, while the goods are on a lighter or other conveyance along side vessel within reach of its loading tackle, or on the dock awaiting loading, or until actually loaded on board the vessel, and subsequent thereto ;

최소수량에 대하여 반드시 통지하여야 한다.

6. F.O.B. 조건에 있어서 "수입국가 지정국내지점에의 F.O.B." 조건을 제외하고는 항해선박의 선복수배와 해상 및 전재보험의 부보의무는 매수인에게 있다. 그러나 이러한 의무가 매수인측에 있음에도 불구하고, 많은 무역거래에 있어서는 매도인이 항해선박의 선복수배와 해상 및 전쟁보험을 부보하고 매수인 대신에 선적을 준비한다. 그러므로 매도인과 매수인은 매수인이 자신의 의무대로 선복수배와 부보를 할 것인가 또는 매도인이 매수인을 위하여 이를 대행하기로 동의할 것인가에 관하여 양해되어 있어야 한다.

7. 매도인은 자신을 보호하기 위하여 매수인이 부보하는 해상보험에는 표준적인 창고간약관을 포함한다는 것을 매매계약에 규정하여야 한다.

제3장 F.A.S.(선측인도조건)

F.A.S. Vessel (지정선적항에서의 선측인도)

이 조건하에서 매도인은 항해선박의 선측에 그리고 이 선박의 선적용구가 도달할 수 있는 범위 내에 물품을 인도하는 데 소요되는 비용을 포함하여 가격을 산정한다. 이 산정조건에 있어서,

매도인의 의무:

(1) 매도인은 지정된 기일 또는 기간 내에 매수인에 의하거나 또는 매수인을 위하여 지정되고 제공된 선박의 선측 또는 부두상에 물품을 적치하여야 하고, 필요한 경우에는 이 지점까지의 기중기 사용비용을 지급하여야 하고,

(2) 매도인은 무고장 부두수령증 또는 본선수령증을 제공하여야 하고,

(3) 매도인은 물품이 본선의 선측 또는 부두상에 인도될 때까지의 모든 멸실 또는 손상에 대하여 책임을 져야 하고,

(4) 매도인은 매수인의 요청과 비용부담으로 매수인이 수출 또는 목적지에서의 수입을 위하여 필요로 하는 원산지 국가 또는 선적국가 또는 양국가에서 발행되는 서류를 취득하는 데 협조를 제공하여야 한다.

매수인의 의무:

(1) 매수인은 선박의 명칭, 출항일, 적재를 위한 정박지 및 인도시기에 대하여 매도인에게 적절한 통지를 하여야 한다.

(2) 매수인은 본선의 선측으로부터 이어지는 물품이동에 대하여 다음의 모든 처리를 하여야 한다.

    (a) 창고 또는 필요한 경우에는 부두에서 체선료 또는 창고료를 준비하고 그 비용을 지급하는 것,

    (b) 보험계약을 체결하고 보험료를 지급하는 것,

    (c) 해상운송 및 기타 운송계약을 체결하고 운임을 지급하는 것.

(3) 매수인은 수출세 또는 수출로 인하여 부과되는 기타 요금 또는 경비가 있으면 이를 지급하여야 하고,

(4) 매수인은 물품이 선적용구가 도달하는 본선의 선측에 있는 부선 또는 기타 운송수단에 있는 동안 또는 부두상에 적재를 기다리고 있을 때, 또는 실제로 본선의 갑판상에 적재될 때까지, 그리고 그 이후에 발생하는 모든 멸실 또는 손상에 대하여 책임을 져야 하고,

(5) pay all costs and charges incurred in obtaining the documents, other than clean dock or ship's receipt, issued in the country of origin, or of shipment, or of both, which may be required either for purposes of exportation, or of importation at destination.

F.A.S. Comments

1. Under F.A.S. terms, the obligation to obtain ocean freight space, and marine and war risk insurance, rests with the buyer. Despite this obligation on the part of the buyer, in many trades the seller obtains ocean freight space, and marine and war risk insurance, and provides for shipment on behalf of the buyer, In others, the buyer notifies the seller to make delivery along side a vessel designated by the buyer and the buyer provided his own marine and war risk insurance. Hence, seller and Buyer must have an understanding as to whether the buyer will obtain the ocean freight space, and marine and war risk insurance, as is his obligation, or whether the seller agrees to do this for the buyer.

2. For the seller's protection, he should provide in his contract of sale that marine insurance obtained by the buyer include standard warehouse to warehouse coverage.

4. CFR (Cost and Freight)

Note : Seller and buyer should consider not only the definitions but also the "CFR Comments" and the "CFR and C.I.F. Comments", in order to understand fully their respective responsibilities and rights under CFR terms.

"CFR(named point of destination)"

Under this term, the seller quotes a price including the cost of transportation to the named point of destination.

Under this quotation :

Seller must

(1) provide and pay for transportation to named point of destination ;

(2) pay export taxes, or other fees or charges, if any, levied because of exportation;

(3) obtain and dispatch promptly to buyer, or agent, clean bill of lading to named point of destination ;

(4) where received-for-shipment ocean bill of lading may be tendered, be responsible for any loss or damage, or both, until the goods have been delivered into the custody of the ocean carrier ;

(5) where on-board ocean bill of lading is required, be responsible for any loss or damage, or both, until the goods have been delivered on board the vessel ;

(6) provide, at the buyer's request and expense, certificates of origin, consular invoice, or any other documents issued in the country of origin or of shipment, or of both, which the buyer may require for importation of goods into country of destination and, where necessary, for their passage in transit through another country.

Buyer must

(1) accept the documents when presented ;

(2) receive goods upon arrival, handle and pay for all subsequent movement of the goods, including taking delivery from vessel in accordance

(5) 매수인은 수출 또는 목적지에서의 수입을 위하여 필요로 하는 원산지국가 또는 선적국가 또는 양국가에서 발행되는 무고장 부두수령증이나 본선수령증 이외의 서류를 취득하는 데 소요되는 모든 비용을 지급하여야 한다.

F.A.S. 주석

1. F.A.S. 조건하에서 항해선박의 선복수배와 해상 및 전쟁위험의 부보의무는 매수인에게 있다. 그러나 이러한 의무가 매수인측에 있음에도 불구하고, 많은 무역거래에 있어서는 매도인이 항해선박의 선복수배와 해상 및 전쟁위험을 부보하고 매수인 대신에 선적을 준비한다. 그렇지 아니하면, 매수인은 자기가 지정한 선박의 선측에 물품을 인도하도록 매도인에게 통지하고, 매수인 자신이 해상 및 전쟁위험을 부보한다. 그러므로 매도인과 매수인은 매수인이 자기의 의무로 대로 선복수배와 부보를 할 것인가 또는 매도인이 매수인을 위하여 이를 대행하기로 동의할 것인가에 관하여 양해되어 있어야 한다.

2. 매도인은 자신을 보호하기 위하여 매수인이 부보하는 해상보험에는 표준적인 창고간약관을 포함한다는 것을 매매계약에 규정하여야 한다.

제4장 CFR(운임포함조건)

CFR (지정목적지까지의 운임포함)

이 조건하에서 매도인은 지정된 목적지까지의 운송비용을 포함하여 가격을 산정한다. 이 산정조건에 있어서,

매도인의 의무:

(1) 매도인은 지정된 목적지까지의 운송계약을 체결하고 운송비용을 지급하여야 하고,

(2) 매도인은 수출세 또는 수출로 인하여 부과되는 기타 요금 또는 경비가 있으면 이를 지급하여야 하고,

(3) 매도인은 지정된 목적지까지의 무고장 선화증권을 취득하여 이를 매수인 또는그 대리인에게 신속히 발송하여야 하고,

(4) 수령선화증권을 제공하는 경우, 매도인은 물품이 해상운송인의 관리하에 인도될 때까지의 모든 멸실 또는 손상에 대하여 책임을 져야 하고,

(5) 선적선화증권이 요구되는 경우, 매도인은 물품이 본선의 갑판상에 인도될 때까지의 모든 멸실 또는 손상에 대하여 책임을 져야 하고,

(6) 매도인은 매수인의 요청과 비용부담으로 매수인이 물품을 목적국가로 수입하거나 또는 필요한 경우 수송 중에 제3국을 통과하기 위하여 필요로 하는 원산지국가 또는 선적국가 또는 양국가에서 발행되는 원산지증명서, 영사송장 또는 기타 모든 서류를 제공하여야 한다.

매수인의 의무:

(1) 매수인은 서류가 제시될 때 이를 인수하여야 하고,

(2) 매수인은 도착한 물품을 수령하고, 선화증권의 약관과 조건에 따라 본선으로부터 인수를 포함한 그 이후의 물품이동에 대한 모든 처리를 하고 그 비용을 지급하여야 하며, 지정된 목적지에서의 관세, 조세

with bill of lading clauses and terms ; pay all costs of landing, including and duties, taxes, and other expenses at named point of destination ;

(3) provide and pay for insurance ;

(4) be responsible for loss of or damage to goods, or both, from time and place at which seller's obligations under (4) or (5) above have ceased ;

(5) pay the costs of certificates of origin, consular invoices, or any other documents issued in the country of origin, or of shipment, or of both, which may be required for the importation of goods into the country of destination and, where necessary, for their passage in transit through another country.

CFR Comments

1. For the seller's protection, he should provide in his contract of sale that marine insurance obtained by the buyer include standard warehouse to warehouse coverage.

2. The comments listed under the following C.I.F. terms in many cases apply to CFR terms as well, and should be read and understood by the CFR seller and buyer.

5. C.I.F. (Cost, Insurance, Freight)

Note : Seller and buyer should consider not only the definitions but also the "Comments", at the end of this section, in order to understand fully their respective responsibilities and rights under "C.I.F." terms.

"C.I.F. (named point of destination)"

Under this term, the seller quotes a price including the cost of the goods, the marine insurance, and all transportation charges to the named point of destination.

Under this quotation :

Seller must

(1) provide and pay for transportation to named point of destination ;

(2) pay export taxes, or other fees or charges, if any, levied because of exportation;

(3) provide and pay for marine insurance ;

(4) provide war risk insurance as obtainable in seller's market at time of shipment at buyer's expense, unless seller has agreed that buyer provide for war risk coverage (See Comment 10 (c)) ;

(5) obtain and dispatch promptly to buyer, or his agent, clean bill of lading to named point of destination, and also insurance policy or negotiable insurance certificate ;

(6) where received-for-shipment ocean bill of lading may be tendered, be responsible for any loss or damage, or both, until the goods have been delivered into the custody of the ocean carrier ;

(7) where on-board ocean bill of lading is required, be responsible for any loss or damage, or both, until the goods have been delivered on board the vessel ;

(8) provide, at the buyer's request and expense, certificates of origin, consular invoices, or any other documents

및 기타 비용을 포함하여 모든 양륙비용을 지급하여야 하고,

(3) 매수인은 보험계약을 체결하고 보험료를 지급하여야 하고,

(4) 매수인은 상기 매도인 의무 제4항과 제5항에 따른 매도인의 의무가 종료된 시기와 장소로부터 물품에 대한 멸실 또는 손상에 대하여 책임을 져야 하고,

(5) 매수인은 목적국가로 물품을 수입하거나 또는 필요한 경우 수송 중에 제3국을 통과하기 위하여 필요로 하는 원산지국가 또는 선적국가 도는 양국가에서 발행되는 원산지증명서, 영사송장 또는 기타 서류의 비용을 지급하여야 한다.

CFR 주석

1. 매도인은 자신을 보호하기 위하여 매수인이 부보하는 해상보험에는 표준적인 창고간약관을 포함한다는 것을 매매계약에 규정하여야 한다.

2. 다음의 C.I.F. 조건하에 열거된 주석은 많은 경우에 있어서 CFR 조건에도 적용되므로, CFR 조건의 매도인과 매수인도 이를 읽고 이해하여야 한다.

제5장 C.I.F.(운임·보험료포함조건)

주: 매도인과 매수인은 C.I.F. 조건에 따른 각자의 책임과 권리를 충분히 이해하기 위하여는, 이 정의뿐만 아니라 본 절의 끝에 있는 "주석"에 대하여도 숙고하여야 한다.

C.I.F.(지정목적항까지의 운임 · 보험료포함)

이 조건하에서 매도인은 지정된 목적지까지의 해상보험료 및 모든 운송비용을 포함하여 가격을 산정한다. 이 산정조건에 있어서,

매도인의 의무:

(1) 매도인은 지정된 목적지까지의 운송계약을 체결하고 운송비용을 지급하여야 하고,

(2) 매도인은 수출세 또는 수출로 인하여 부과되는 기타 요금 또는 경비가 있으면 이를 지급하여야 하고,

(3) 매도인은 해상보험계약을 체결하고 보험료를 지급하여야 하고,

(4) 매도인은 선적시 매도인의 보험시장에서 부보가 가능하다면 매수인의 비용부담으로 전쟁위험의 보험계약을 체결하여야 한다. 다만 매수인이 전쟁위험을 부보하기로 합의한 경우는 예외로 한다.

(5) 매도인은 지정된 목적지까지의 무사고 선화증권, 보험증권 또는 양도 가능한 보험증명서를 취득하여 이를 매수인 또는 그 대리인에게 신속히 발송하여야 하고,

(6) 수령선화증권을 제공하는 경우, 매도인은 물품이 해상운송인의 관리 하에 인도될 때까지의 모든 멸실 또는 손상에 대하여 책임을 져야 하고,

(7) 선적선화증권이 요구되는 경우, 매도인은 물품이 본선의 갑판상에 인도될 때까지의 모든 멸실 또는 손상에 대하여 책임을 져야 하고,

(8) 매도인은 매수인의 요청과 비용부담으로 매수인이 물품을 목적국가로 수입하거나 또는 필요한 경우

issued in the country of origin, or of shipment, or both, which the buyer may require for importation of goods into country of destination and, where necessary, for their passage in transit through another country.

Buyer must

(1) accept the documents when presented ;

(2) receive the goods upon arrival, handle and pay for all subsequent movements of the goods, including taking delivery from vessel in accordance with bill of lading clauses and terms ; pay all costs of landing, including any duties, taxes, and other expenses at named point of destination ;

(3) pay for war risk insurance provided by seller ;

(4) be responsible for loss of or damage to goods, or both, from time and place at which seller's obligations under (6) or (7) above have ceased ;

(5) pay the cost of certificates of origin, consular invoices, or any other documents issued in the country of origin, or of shipment, or both, which may be required for importation of the goods into the country of destination and, where necessary, for their passage in transit through another country.

CFR and C.I.F. Comments

Under CFR and C.I.F. contracts there are the following points on which the seller and the buyer should be in complete agreement at the time that the contract is concluded :

1. It should be agreed upon, in advance, who is to for miscellaneous expenses, such as weighing or inspection charges.

2. The quantity to be shipped on any one vessel should be agreed upon, in advance, with a view to the buyer's capacity to take delivery upon arrival and discharge of the vessel ; within the free time allowed at the port of importation.

3. Although the terms CFR and C.I.F. are generally interpreted to provide that charges for consular invoices and certificates of origin are for the account of the buyer, and are charged separately, in many trades these charges are included by the seller in his price. Hence, seller and buyer should agree, in advance, whether these charges are part of the selling price, or will be invoiced separately.

4. The point of final destination should be definitely known in the event the vessel discharges at a port other than the actual destination of the goods.

5. When ocean freight space is difficult to obtain, or forward freight contracts cannot be made at firm rates, it is advisable that sales contracts, as an exception to regular CFR or C.I.F. terms, should provide that shipment within the contract period be subject to ocean freight space being available to the seller, and should also provide that changes in the cost of ocean transportation between the time of sale and the time of shipment be for account of the buyer.

6. Normally, the seller is obligated to prepay the ocean freight. In some instances, shipments are made freight collect and the amount of the freight is deducted from the invoice rendered by the seller. It is necessary to be in agreement on this, in advance, in order to avoid misunderstanding which arises from foreign exchange fluctuations which might affect the actual cost of transportation, and from interest charges which might accrue

수송 중에 제3국을 통과하기 위하여 필요로 하는 원산지국가 또는 선적국가 도는 양국가에서 발행되는 원산지증명서, 영사송장 또는 기타 모든 서류를 제공하여야 한다.

매수인의 의무:

(1) 매수인은 서류가 제시될 때 이를 인수하여야 하고,

(2) 매수인은 도착한 물품을 수령하고, 선화증권 약관과 조건에 따라 본선으로부터 인수를 포함한 그 이후의 물품이동에 대한 모든 처리를 하고 그 비용을 지급하여야 하며, 지정된 목적지에서의 관세, 조세 및 기타 비용을 포함하여 모든 양륙비용을 지급하여야 하고,

(3) 매수인은 매도인이 체결한 전쟁위험의 보험료를 지급하여야 하고,

(4) 매수인은 상기 매도인 의무 제6항과 제7항에 따른 매도인의 의무가 종료된 시기와 장소로부터 물품에 대한 멸실 또는 손상에 대하여 책임을 져야 하고,

(5) 매수인은 목적국가로 물품을 수입하거나 또는 필요한 경우 수송 중에 제3국을 통과하기 위하여 필요로 하는 원산지국가 또는 선적국가 또는 양국가에서 발행되는 원산지증명서, 영사송장 또는 기타 서류의 비용을 지급하여야 한다.

CFR과 C.I.F.의 주석

CFR 및 C.I.F. 계약 하에서 매도인과 매수인은 다음의 사항에 대하여 매매계약 체결 시에 완전히 합의하여야 한다.

1. 계산비용이나 검사비용과 같은 잡다한 비용을 누가 지급할 것인가에 대하여 미리 합의하여야 한다.

2. 어느 하나의 선박에 선적될 수량은 수입항에서 허용된 무료보관 기간 내에 매수인이 선박의 도착과 하역시에 인수할 수 있는 능력과 본선의 하역능력을 고려하여 미리 합의하여야 한다.

3. CFR 및 C.I.F. 조건에 있어서 일반적으로 영사송장 및 원산지증명서의 비용은 매수인의 계산으로 하여 별도로 청구하여야 하는 것으로 해석되지만, 대부분의 무역거래에 있어서 이러한 비용은 매도인에 의하여 그 가격에 포함되어 있다. 그러므로 매도인과 매수인은 이러한 비용을 매매가격의 일부로 할 것인가 또는 별도로 송장에 표시할 것인가에 대하여 미리 합의하여야 한다.

4. 선박이 물품의 실제적인 목적지 이외의 항구에서 양륙하는 경우에는 최종의 목저지가 명확히 알려져야 한다.

5. 해상선박의 선복수배가 곤란하거나 또는 확정운임률로 운송계약을 할 수 없는 경우에는, 매매계약은 정규의 CFR 및 C.I.F. 조건에 대한 예외적인 방법으로 계약 기간 내의 선적은 매도인이 이용할 수 있는 해상선박의 선복에 따라야 한다는 것과, 매매시와 선적시의 운임변동은 매수인의 부담으로 한다는 것을 약정하여야 한다.

6. 매도인은 통상적으로 해상운임을 선지급하여야 할 책임을 진다. 그러나 어떤 경우에는 선적인 운임착지급을 조건으로 행하여지며, 그 운임금액은 매도인이 제공한 송장에서 공제된다. 이에 대하여는 실제의 운송비용을 영향을 미치는 환율변동과 신용장금융으로 생기는 이자비용으로부터 야기되는 오해를

under letter of credit financing. Hence, the seller should always prepay the ocean freight unless he has a specific agreement with the buyer, in advance, that goods can be shipped freight collect.

7. The buyer should recognize that he does not have the right to insist on inspection of goods prior to accepting the documents. The buyer should not refuse to take delivery of goods on account of delay in the receipt of documents, provided the seller has used due diligence in their dispatch through the regular channels.

8. Seller and buyers are advised against including in a C.I.F. contract any indefinite clause at variance with the obligations of a C.I.F. contract as specified in these Definitions. There have been numerous court decisions in the United States and other countries invalidating C.I.F. contracts because of the inclusion of indefinite clauses.

9. Interest charges should be included in cost computations and should not be charged as a separate item in C.I.F. contracts, unless otherwise agreed upon, in advance, between the seller and buyer ; in which case, however, the term C.I.F. and I. (Cost, Insurance, Freight, and Interest) should be used.

10. In connection with insurance under C.I.F. sales, it is necessary that seller and buyer be definitely in accord upon the following points :

   (a) The character of the marine insurance should be agreed upon so far as being W.A. (With Average) or F.P.A. (Free of Particular Average), as well as any other special risks that are covered in specific trades, of against which the buyer may wish individual protection. Among the special risks that should be considered and agreed upon between seller and buyer are theft, pilferage, leakage, breakage, sweat, contract with other cargoes, and others peculiar to any particular trade. It is important that contingent or collect freight and customs duty should be insured to cover Particular Average losses, as well as total loss after arrival and entry but before delivery.

   (b) The seller is obligated to exercise ordinary care and diligence in selecting an underwriter that is in good financial standing. However, the risk of obtaining settlement of insurance claims rests with the buyer.

   (c) War risk insurance under this term is to be obtained by the seller at the expense and risk of the buyer. It is important that the seller be in definite accord with the buyer on this point, particularly as to the cost. It is desirable that the goods be insured against both marine and war risk with the same underwriter, so that there can be no difficulty arising from the determination of the cause of the loss.

   (d) Seller should make certain that in his marine or war risk insurance, there be included the standard protection against strikes, riots and civil commotions.

   (e) Seller and buyer should be in accord as to the insured valuation, bearing in mind that merchandise contributes in General Average on certain bases of valuation which differ in various trades, It is desirable that a competent insurance broker be consulted, in order that full value be covered and trouble avoided.

피하기 위하여 미리 합의해 두는 것이 필요하다. 그러므로 매도인은 물품의 운임착지급조건으로 선적될 수 있다는 것을 매수인과 미리 약정하지 아니하는 한, 항상 해상운임을 선지급하여야 한다.

7. 매수인은 서류를 인수하기 전에 물품을 검사하겠다고 주장할 권리가 없다는 것을 인식하여야 한다. 매도인이 정규의 경로를 통하여 서류를 상당한 주의를 기울여 발송하였다면, 매수인은 서류의 수령지연을 이유로 물품의 인수를 거절하여서는 아니 된다.

8. 이 정의에 명시된 C.I.F.계약의 의무에 위배되는 불명확한 어떠한 조항은 C.I.F.계약에 삽입하지 아니하도록 권고한다. 미국과 기타 국가에서는 불명확한 조항을 포함시킴으로써 C.I.F.계약이 무효화된 판례가 많았다.

9. 이자비용은 원가 중에 포함하여 계산되어야 하며, 매도인과 매수인 사이에 미리 별도로 합의하지 아니하는 한, C.I.F.계약상에 별개의 항목으로 부과될 수 없다. 그러나 이러한 경우에는 C.I.F.&I.(운임 · 보험료 및 이자포함)조건을 사용하여야 한다.

10. C.I.F.매매에 따른 보험에 관련하여 매도인과 매수인은 다음의 사항을 명확히 합의하여야 한다.

    (a) 해상보험의 내용은 W.A.(분손담보) 조건으로 할 것인가 또는 F.P.A.(단독해손부담보) 조건으로 할 것인가뿐만 아니라 특정거래에 있어서 담보되어야 할 기타 특수한 위험 또는 매수인이 개인적으로 보호를 원하는 기타 특수한 위험을 추가로 부보할 것인가에 대하여도 합의가 되어야 한다. 매도인과 매수인간에 고려되고 합의되어야 할 특수한 위험이라는 것은 강도, 拔河, 누손, 파손, 汗損, 다른 화물과의 접촉 및 어떠한 특정거래에 있어서의 고유한 위험 등이다. 물품의 도착과 수입수속 이후 인도되기 전에 일어나는 전손은 물론 단독해손을 담보하기 위하여 추가적 또는 착지급운임과 관세에 대하여는 부보하여야 한다는 것이 중요하다.

    (b) 매도인은 통상적인 주의와 성의를 가지고 재정상태가 양호한 보험업자를 선정하여야 할 의무가 있다. 그러나 보험금청구금액의 산정에 따르는 위험은 매수인에게 있다.

    (c) 이 조건하에서 전쟁위험은 매도인이 매수인의 비용과 위험부담으로 부보하여야 한다. 매도인은 이 점에 있어서 특히 그 비용부담에 관하여 매수인과 명확하게 합의하는 것이 중요하다. 물품에 대한 해상보험 및 전쟁보험은 모두 동일한 보험업자에게 부보 하여 손해의 원인을 결정함에 있어서 야기되는 분쟁이 없도록 하는 것이 바람직하다.

    (d) 매도인은 해상보험 및 전쟁보험에 동맹파업, 소요 및 내란의 위험을 담보하는 표준약관을 포함시킬 것인지의 여부를 확실히 해 둘 필요가 있다.

    (e) 매도인과 매수인은 상품이 무역거래의 종류에 따라 각기 다른 일정한 평가기준에 의하여 공동해손을 분담하는 것을 염두에 두고, 피보험가액에 대하여 의견이 일치하여야 한다. 상품가액의 전액을 담보하고 분쟁을 피하기 위하여 자격 있는 보험중개인과 상담하는 것이 바람직한 일이다.

6. DEQ Delivered

Ex Quay (Duty Paid)

Note : Seller and buyer should consider not only the definitions but also the "DEQ Comments" at the end of this section, in order to understand fully their respective responsibilities and rights under "DEQ" terms.

Under this term, seller quotes a price including the cost of the goods and all additional costs necessary to place the goods on the dock at the named port of importation, duty paid, if any.

Under this quotation :

Seller must

(1)   provide and pay for transportation to named port of importation ;

(2)   pay export taxes, or other fees or charges, if any, levied because of exportation;

(3)   provide and pay for marine insurance ;

(4)   provide and pay for war risk insurance, unless otherwise agreed upon between the buyer and seller ;

(5)   be responsible for any loss or damage, or both, until the expiration of the free time allowed on the dock at the named port of importation ;

(6)   pay the costs of certificates of origin, consular invoices, legalization of bill of lading, or any other documents issued in the country of origin, or of shipment, or of both, which the buyer may require for the importation of goods into the country of destination and, where necessary, for their passage in transit through another country;

(7)   pay all costs of landing, including wharfage, landing charges and taxes, if any ;

(8)   pay all costs of customs entry in the country of importation ;

(9)   pay customs duties and all taxes applicable to imports, if any, in the country of importation, unless otherwise agreed upon.

Buyer must

(1)   take delivery of the goods on the dock at the named port of importation within the free time allowed ;

(2)   bear the cost and risk of the goods if delivery is not taken within the free time allowed.

DEQ Comments

This term is used principally in United States import trade. It has various modifications, such as "Ex Quay", "Ex Pier", etc., but it is seldom, if ever, used in American export practice. Its use in quotations for export is not recommended.

제6장 DEQ(부두인도조건)

Ex Quay(관세필 부두인도)

이 조건하에서 매도인은 물품의 원가와 지정된 수입항의 부두상에 물품을 적치하는 데 소요되는 모든 추가적인 비용을 포함하고 또 필요하며 관세도 지급한 것으로 가격을 산정한다. 이 산정조건에 있어서,

매도인의 의무:

(1) 매도인은 지정된 수입항까지의 운송계약을 체결하고 운송비용을 지급하여야 하고,

(2) 매도인은 수출세 또는 수출로 인하여 부과되는 기타 요금 또는 경비가 있으면 이를 지급하여야 하고,

(3) 매도인은 해상보험계약을 체결하고 보험료를 지급하여야 하고,

(4) 매도인은 매도인과 매수인 사이에 별도의 합의가 없는 한 전쟁위험의 보험계약을 체결하고 보험료를 지급하여야 하고,

(5) 매도인은 지정된 수입항의 부두상에 허용된 무료보관기간이 종료할 때까지의 모든 멸실 또는 손상에 대하여 책임을 져야 하고,

(6) 매도인은 매수인이 목적국가로 물품을 수입하거나 또는 필요한 경우 수송중에 제3국을 통과하기 위하여 필요로 하는 원산지 국가 또는 선적국가 또는 양국가에서 발행되는 원산지증명서, 영사송장, 선화증권의 사증 또는 기타 서류의 비용을 지급하여야 하고,

(7) 매도인은 부도사용료, 양륙비 그리고 세금을 포함하여 모든 양륙비용을 지급하여야 하고,

(8) 수입국에서의 모든 수입통관비용을 지급하여야 하고,

(9) 별도의 합의가 없는 한, 매도인은 관세 및 수입국에서의 수입에 대하여 적용되는 모든 세금을 지급하여야 한다.

매수인의 의무:

(1) 매수인은 지정된 수입항의 부두상에서 허용된 무료보관기간내에 물품을 인수하여야 하고,

(2) 매수인은 허용된 무료보관기간내에 인도를 수령하지 아니한 때에는 물품에 대한 비용과 위험을 부담하여야 한다.

DEQ의 주석

이 조건은 주로 미국의 수입거래에서 사용된다. 이 조건에는 "Ex Quay", "Ex Pier" 등과 같은 여러 가지의 변형이 있으나, 미국의 수출관습에서는 별로 사용되지 아니한다. 수출가격의 산정 시에 이 조건을 사용하는 것을 권고하지 아니한다.

1-6 Warsaw-Oxford Rules for C.I.F. Contract, 1932

PREAMBLE

These rules are intended to offer to those interested in the sale and purchase of goods on c.i.f. terms who have at present no standard form of contract or general conditions available a means of voluntarily and readily adopting in their c.i.f. contracts a set of uniform rules.

In the absence of any express adoption of these rules in the manner hereinafter appearing, they shall in no case bedeemed to govern the right and obligations of the parties to a sale of goods on c.i.f. terms.

RULE 1. SCHEME OF RULES

These Rules shall be known as the "Warsaw-Oxford Rules",and their adoption as herein provided shall be conclusive evidencethat the parties intend their contract to be a c.i.f. contract. Any of these Rules may be varied, or amended, or otherterms inserted in the c.i.f. contract, but such variation, amendmentor insertion may only be made by express agreement ofthe parties to the contract. In the absence of any such expressagreement these Rules shall apply without qualificationto any sale of goods involving either wholly or in part transitby sea, in connection with which they are expressly adoptedby a reference to the term "Warsaw-Oxford Rules", and therights and obligations of the parties shall be construed in accordance with the provisions of these Rules. In case of a conflict between the Rules and a contract thelatter shall govern. Reference to the Rules shall cover all otherprovisions on which the contract itself is silent.The expression! "usage of the particular trade" as employedin these Rules means a settled custom so general in theparticular trade that the parties to the contract of sale mustbe held to know of the existence of such a custom and to havecontracted with reference thereto.

RULE 2. DUTIES OF THE SELLER AS TO SHIPMENT

(I) The Seller must provide goods of the contractual descriptionand, subject to the provisions of the next succeedingparagraph and to those of Rules 7 (III) and (IV), have themloaded on board the vessel at the port of shipment in the manner customary at the port.

(II) Where the goods contracted to be sold are alreadyafloat, or have already been delivered into the custody of thecarrier in the manner provided in Rule 7 (III) and (IV), at thetime the sale is made, or where the seller is entitled to purchasegoods of the contractual description afloat in order to fulfil hiscontract, the seller shall have merely to appropriate these goodsto the contract of sale. Such appropriation need not takeplace till the documents are tendered to the buyer and suchtender shall imply the appropriation of the goods to the contractof sale.

1-6 와르쏘-옥스퍼드 규칙, 1932

전문

이 규칙은 CIF조건에 의한 물품의 매매에 이해관계자로서 현재 이용할 수 있는 일정한 표준계약형식 또는 일반거래조건을 갖고 있지 않은 자에게 CIF계약에 통일규칙을 임의로 또한 용이하게 채용하는 방법을 제공하는 데 목적이 있다.

다음에서 규정하는 방법에 따라 이 규칙을 채택한다는 취지를 명시하지 않을 때에는 이 규칙은 결코 CIF조건에 의한 물품매매당사자의 권리와 의무를 규제하는 것으로 간주되지 않는다.

규칙 1. 규칙의 개요.

이 규칙은 "와르소·옥스퍼드 규칙"이라 칭한다. 본문에 규정된 대로 이 규칙을 채용하는 것은 당사자가 그 계약을 CIF계약으로 하려고 하는 결정적 증거가 된다.

이 규칙은 이를 변경 또는 수정할 수 있고 또는 다른 조항을 CIF계약에 추가할 수 있다. 그러나 이러한 변경, 수정, 추가는 계약당사자간의 명시된 합의에 의해서만 가능하다. 이와 같은 명시된 합의가 없을 때에는 이 규칙은 전부 또는 일부가 해상운송에 의한 물품매매에 대하여 무조건 적용되며, 이 경우에는 "와르소·옥스퍼드 규칙"이라는 명칭을 인용함으로써, 이규칙의 사용이 명확하게 되고, 또 당사자의 권리와 의무는 이 규칙의 규정에 따라서 해석된다.

이 규칙과 계약이 상위될 때에는 계약이 유효한 것으로 한다. 이 규칙을 인용하였을 때에는 그것이 계약에 표시되어 있지 않더라도 이 규칙의 다른 제 규정의 채용도 포함하는 것이다.

이 규칙에서 사용되는 "특수거래의 관습"이라는 말은 특수거래에 있어서 일반적으로 확립된 관습을 의미하므로 매매계약의 당사자는 이와 같은 관습의 존재를 알고 이에 따라 계약한 것으로 간주한다.

규칙 2. 선적에 관한 매도인의 의무

(ⅰ) 매도인은 다음 항 및 규칙 7의 제3항 및 제4항에 규정된 경우를 제외하고는 계약 소정의 물품을 준비하고, 또 선적항에서의 관습상의 방법에 의하여 그 선적항에서 본선상에 적재하여야 한다.

(ⅱ) 매매계약은 한 물품이 계약 성립 당시 이미 선박 내에 적재되어 있는 경우, 또는 규칙 7 제3항 및 제4항에 규정한 방법에 의하여 이미 운송인의 보관하에 인도되었을 경우, 혹은 매도인이 그 계약을 이행하기 위하여 계약상 물품을 기 적재품에서 매입할 수 있는 권리를 가지는 경우에 매도인은 그 물품을 매매계약에 충당함으로써 충분하다. 이러한 충당은 그 물품에 대한 선적서류를 매수인에게 제공할 때까지 행할 필요가 없으며, 서류제공에 의해 매매계약에 의해 매매계약에 대한 계약상품이 충당된 것으로 추정한다.

RULE 3. TIME OF SHIPMENT AND EVIDENCE OF DATE

(I) The whole quantity of the goods contracted to besold must be shipped or delivered into the custody of the carrier,as the case may be, at the time or within the period, if any, specifiedin the contract of sale or, if no such time or period has beenspecified in the contract of sale or, if no such time or period hasbeen specified in the contract, within a reasonable time.

(II) The date of shipment or of delivery into the custodyof the carrier, as the case may be, mentioned in the billof lading or other document validly tendered as evidencingthe contract of carriage shall be prima facie evidence of theactual shipment or of the actual delivery, as the case may be,on that date without prejudice to the right of the buyer to provethe contrary.

RULE 4. EXCEPTIONS

The seller shall not be responsible for delay or failure toship the goods contracted to be sold or any part thereof orto deliver such goods, or any part thereof into the custody ofthe carrier, as the case may be, arising from force majeure, orfrom any extraordinary causes, accidents or hindrances ofwhat kind soever or wheresoever or the consequences thereofwhich it was impossible in the circumstances for the seller to haveforeseen or averted.In the event of any of the said causes, accidents or hindrances preventing, hindering or impeding the production, themanufacture, the delivery to the seller, or the shipment of thegoods contracted to be sold or any part thereof or the charteringof any vessel or part of vessel, notice thereof shall begiven to the buyer by the seller, and on such notice being giventhe time for shipment or delivery into the custody of the carrier,as the case may be, shall be extended until the operation of thecause, accident or hindrance preventing, hindering or impedingthe production, the manufacture, the delivery to the seller or theshipment of the said goods or any part thereof or the charteringof any vessel or part of vessel has ceased. But if any of thesecauses, accidents or hindrances continues for more than fourteendays from the time or from the expiration of the periodif any, specified in the contract of sale for the shipment of thegoods or their delivery into the custody of the carrier, as thecase may be, or if no such time or period has been specified inthe contract then from the expiration of the reasonable time contemplatedin Rule 3, the whole contract of sale or such partthereof as shall remain to be fulfilled by the seller may, at theoption of either party, be determined, such option shall be exercisedand notice to that effect shall be given by either party tothe other party at any time during the seven days next succeedingthe period of fourteen days hereinbefore mentioned butnot thereafter. And on such notice being given neither partyshall have any claim against the other party in respect of suchdetermination.

RULE 5. RISK

The risk shall be transferred to the buyer from the momentthe goods are loaded on board the vessel in accordance with theprovisions of Rule 2 or, should the seller be entitled in accordancewith the provisions of Rule 7 (III) and (IV) in lieu of loading thegoods on board the vessels to deliver the goods into the custodyof the carrier, from the time such delivery has effectively takenplace.

RULE 6. PROPERTY

Subject to the provisions of Rule 20 (III) the time of thepassing of the property in the goods shall be the moment whenthe seller delivers the documents into the possession of the buyer.

규칙 3. 선적시기 및 선적기일의 증명

（ⅰ） 매매계약이 된 물품의 전 수량은 계약상의 기일 또는 기간 내에 또는 계약에 이와 같은 기일 또는 기간이 정해져 있지 않을 때에는 상당한 기간 내에 이를 선적하거나 운송인의 보관 하에 인도하여야 한다.

（ⅱ） 운송계약의 증명으로 유효하게 제공된 선화증권이나 기타 서류에 기재된 선적일 또는 운송인에의 인도일은 그 날에 실제로 선적 또는 인도하였다는 일단의 명백한 증거가 된다. 다만, 이에 대한 반증을 제기할 매수인의 권리는 침해하지 못한다.

규칙 4. 예외

매매계약을 체결한 물품 또는 그 일부의 선적 또는 운송인에의 인도가 불가항력에 의하여, 또는 종류와 장소의 여하에 불문하고 일체의 비상적 원인, 우발사고 또는 장애, 또한 이들의 결과를 매도인이 예견하거나 회피할 수 없었던 사정에 의하여 지연 또는 불가능해졌을 경우 매도인은 이에 대한 책임을 지지 아니한다. 위에서 말한 원인, 사고 또는 장애의 어느 하나가 발생하여 계약물품의 생산・제조, 매도인에의 인도, 그 물품 또는 그 일부의 선적, 적재선박 또는 그 일부의 용선이 방해 또는 저지되었을 때에 매도인은 이 사실을 매수인에게 통지하여야 한다. 이 통지에 의해서 선적 또는 운송인에의 인도 시기는 계약물품의 생산・제조, 매도인에의 인도, 그 물품 또는 그 일부의 선적 또는 적재선박 또는 그 일부의 용선을 저지하거나 방해하는 원인・사고 또는 장애의 어느 하나가 물품의 선적 또는 운송인에의 인도에 대하여 매매계약에 지정된 기일 또는 기간 만료일로부터 14일 이상, 또는 그러한 기일 또는 기간이 지정되어 있지 않을 때는 규칙 3에 규정되어 있는 상당기간의 만료 후 14일 이상에 걸쳐서 계속하는 경우에는 매매계약의 전부 혹은 매도인이 이행하지 않은 계약 잔여분에 대하여 당사자 중 한편의 자유선택에 의하여 계약을 해제할 수 있다. 이러한 자유선택의 행사와 이에 대한 통지는 앞에서 말한 14일 후 7일 이내에 하여야 한다. 이러한 통지가 된 경우에는 당사자의 어느 한쪽이든 그 계약의 해제에 대하여 상대방 측의 당사자에게 어떠한 청구도 할 수 없다.

규칙 5. 위험

위험은 물품이 규칙 2의 규정에 따라 본선상에 적재된 순간부터 매수인에게 이전된다. 만약 매도인이 규칙 7 제3항 및 제4항의 규정에 따라 본선상에 적재하는 대신 운송인의 보관하에 인도할 수 있는 권한을 부여받은 경우에는, 이러한 인도가 유효하게 행하여진 때로부터 매도인에게 이전된다.

규칙 6. 소유권

물품에 대한 소유권의 이전 시기는 규칙 20 제2항에 규정된 경우를 제외하고는 매도인이 제반서류를 매수인에게 인도한 시점이다.

RULE 7. DUTIES OF THE SELLER AS TO BILLS OF LADING

(I) It shall be the duty of the seller to procure, at his owncost, a contract of carriage that is reasonable having regard tothe nature of the goods and the terms current on the contemplated route or in the particular trade. The said contract of carriagemust, subject to the usual or customary exceptions therein contained,provide for the delivery of the goods at the contractualdestination. Moreover, the said contract of carriage must,except as hereinafter provided, be evidenced by a "shipped"bill of lading, in good merchantable order, issued by the ship owneror his official agent or pursuant to a charterparty, dulydated and bearing the name of the ship.

(II) Where the contract of sale or the usage of the particulartrade so allows, the contract of carriage may, subject tothe provisions and qualifications hereinafter constrained, beevidenced by a "received for shipment" bill of lading or similardocument, as the case may be, in good merchantable order,issued by the ship owner or his official agent, or pursuant to acharterparty, and in such circumstance such "received for shipment"bill of lading or similar document shall for all purposesbe deemed to be a valid bill of lading, and may be tendered bythe seller accordingly. Moreover, in all cases where such a documenthas been duly noted with the name of the ship and thedate of shipment, it shall be deemed in all respects equivalent toa "shipped" bill of lading.

(III) When the seller is entitled to tender a "received forshipment" bill of lading, he must, subject to the provisions ofRule 2 (II) provide and have goods of the contractual descriptioneffectively delivered into the custody of the carrier at the portof shipment for transportation to the buyer with all reasonabledispatch.

(IV) When the seller is entitled by the terms of the contractof sale or by the usage of the particular trade to tender a"through" bill of lading, and such document involves part landand part sea transit, and should the carrier who issues the"through" bill of lading be a land carrier, the seller must, subjectto the provisions of Rule 2 (II), provide and have goods of thecontractual description effectively delivered into the custody ofthe said carrier for transportation to the buyer with all reasonabledispatch. Goods shall not be transmitted by inland waterways unlessthe seller is entitled by the terms of the contract of sale or by theusage of the particular trade to employ that means of transportation. The seller shall not be entitled to tender a "through" bill oflading providing for part and and part sea transit where thecontract of sale calls for sea transit only.

(V) When the goods are carried under a "through" billof lading this document must provide for the full and continuousprotection of the buyer from the moment the risk is transferredto the buyer in accordance with the provisions of Rule 5 through outthe whole of the transit, in respect of any legal remedy towhich the buyer may be entitled against each and any of thecarriers who shall have participated in the carriage of the goodsto the point of destination.

(VI) If a particular route is stipulated by the contract of sale,the bill of lading or other document validly tendered as evidencingthe contract of carriage must provide for the carriage of thegoods by that route, or if no route has been stipulated in thecontract of sale, then by a route followed by the usage of theparticular trade.

규칙 7. 선화증권에 관한 매도인의 의무

(ⅰ) 매도인은 자기의 비용으로 물품의 성질, 예정운송로 또는 특수거래에 관행되는 조건을 참작한 정당한 운송계약을 체결할 의무를 부담한다. 이 운송계약은 그 안에 포함된 통상 또는 관행상의 예외를 제외하고는 계약이 약정된 도착지에서의 그 물품의 인도에 관하여 정하여야 한다. 더욱이 운송계약은 다음 항에 규정된 경우를 제외하고는 선적선화증권으로 증명되어야 하는데, 이 선적선화증권은 거래에 적합한 형식으로 선박 소유자나 그의 정식 대리인에 의하여 용선계약에 따라 발행하며, 정당한 일부인을 하고 선박의 명칭이 기재되어 있어야 한다.

(ⅱ) 매매계약 또는 특수거래의 관습이 인정되는 경우에는 그 운송계약은 다음에 정하는 규정과 제한의 경우를 제외하고, 수취선화증권, 즉 거래에 적합한 형식으로 선박 소유자나 그의 정식 대리인에 의하여 용선계약에 따라 발행되는 수취선화증권 또는 이와 유사한 서류에 의하여 증명되어야 한다. 이와 같은 경우, 수취선화증권 또는 이와 유사한 서류는 모든 목적에 대하여 유효한 선화증권으로 보며, 매도인에 의하여 제공될 수 있다. 더욱이 이 증권이 정당하게 선명 및 선적일이 기재되어 있을 경우에는 모든 점에서 선적선화증권과 동등한 것으로 본다.

(ⅲ) 매도인이 수령선화증권을 제공할 권리를 갖고 있는 경우에는 규칙 2 제2항에 규정된 경우를 제외하고 계약에 기재된 물품을 준비해서 이를 신속히 매수인에게 수송하기 위하여 선적항에서 운송인의 보관에 유효하게 이를 인도하여야 한다.

(ⅳ) 매도인이 매매계약조건 또는 특수거래관습에 의하여 통선화증권을 제공할 권리를 갖고 있을 때에는 그 증권의 일부는 육상, 일부는 해상운송을 포함하고, 그 통선화증권의 발행자가 육상운송인인 경우에 매도인은 규칙 2 제2항에 규정된 경우를 제외하고, 계약에 기재된 물품을 준비해서 이를 신속히 매수인에게 수송하기 위하여 그 육상운송인의 보관에 유효하게 인도하여야 한다. 매도인은 매매계약조건 또는 특수거래의 관습에 의하여 내수로에 의한 수송방법을 사용할 권리를 가지지 않는 한, 이에 의한 물품의 수송을 할 수 없다. 매매계약이 해상운송만을 요구하는 경우에는 매수인은 내륙연결 운송조건의 통 선화증권을 제공할 권리를 갖지 않는다.

(ⅴ) 물품이 통 선화증권하에 운송되는 경우에 이 증권은 도착지까지의 물품운송에 관하여 각 운송인에 대하여, 매수인이 권리를 가지는 법률상의 구제에 관하여 규칙5의 규정에 의하여 위험이 매수인에게 이전된 시점부터 전 과정을 통하여 충분히 또 계속적으로 매수인을 보호한다는 것을 규정해야 한다.

(ⅵ) 매매계약에 의하여 특정한 운송로가 특약되어 있는 때에는 그 운송계약의 증명으로서 유효하게 제공되는 선화증권 또는 기타의 서류는 그 운송로에 의한 물품운송에 관하여 규정하여야 한다. 만약 운송로에 대하여 매매계약에 아무런 특약도 없을 때에는 특수거래의 관습에 따른 운송로에 의해 물품의 운송을 한다는 규정을 하여야 한다.

(VII) The bill of lading or other document validly tenderedas evidencing the contract of carriage shall deal, and dealonly, with the goods contracted to be sold.

(VIII) The seller shall not be entitled to tender a deliveryorder or a ship's release in lieu of a bill of lading unless thecontract of sale so provides.

RULE 8. SPECIFIC VESSEL-KIND OF VESSEL

(I)   Should the contract of sale call for shipment by aspecific vessel, or generally where the seller shall have chartereda vessel or part of vessel, and undertaken to ship the goods accordingly,the seller shall not be at liberty to provide a substituteunless and until the buyer shall have given his consent thereto.Such consent shall not be unreasonably withheld.

(II) Where the contract of sale calls for shipment bysteamer (unnamed) the seller may transmit the goods to thebuyer either by steamer or by motor vessel, all other conditionsbeing equal.

(III) If there is no provision made in the contract of saleas to the kind of vessel to be employed, or if a neural term suchas "vessel" is used therein, the seller shall be entitled, subjectto any usage of the particular trade, to ship the goods on thekind of vessel by which similar goods are in practice shipped onthe contemplated route.

RULE 9. FREIGHT PAYABLE AT DESTINATION

On arrival of the goods at the point where they are finallydischarged for delivery to the buyer, the buyer is bound to payany unpaid freight which may be due to the carrier. The buyershall be entitled to deduct the amount of any such payment whichhe shall be called upon to make from the amount he has contractedto pay for the goods, unless the seller shall already have madeproper allowance in respect of such unpaid freight in the invoicetendered to the buyer. If the seller should have to pay any unpaid freight whichmay be due to the carrier, because tender of the documentsis unavoidably made after the arrival of the goods, he may recoverthe amount thereof from the buyer. Subject to the provisions of Rule 10, the buyer shall in nocase be called upon to pay a larger sum in respect of unpaidfreight than will make up the amount which he has contractedto pay for the goods.

RULE 10. IMPORT DUTIES, ETC.

The payment of customs duties and charges payable forthe goods or of expenses incurred in respect of such goodsduring the course of transit to or after their arrival at the port ofdestination forms no part of the obligations of the seller, unlesssuch expenses shall be included in the freight. If the sellershould have to pay such duties and charges and/ or any expensesnot included in the freight, because tender of the documents isunavoidably made after arrival of the goods, he may recoverthe amount thereof from the buyer.

RULE 11. DUTIES OF THE SELLER AS TO CONDITIONS OF GOODS

(I)   The goods contracted to be sold must be shipped ordelivered into the custody of the carrier, as the case may be,in

(vii) 운송계약을 증명하는 것으로서 유효하게 제공된 선화증권 또는 기타 서류는 매매계약이 체결된 물품만을 취급한다.

(viii) 매매계약에 별도로 정한 바가 없으며 매도인은 선화증권 대신 화물인도지시서 또는 본선화물인도증을 제공할 권리가 없다.

규칙 8. 특정 선박-선박의 종류

(i) 매매계약이 특정 선박에 의한 선적을 요구하는 경우, 또는 일반적으로 매도인이 하나의 선박 혹은 선박의 일부를 용선해서 그에 따라 물품을 선적하기로 한 경우에는 매수인이 승낙하지 않은 한, 그리고 그 승낙을 할 때까지는 매도인은 임의로 대선을 제공할 수 없다. 이러한 매수인의 승낙은 상당한 이유 없이는 취소할 수 없다.

(ii) 매매계약이 기선(선명 미지정)에 의한 선적을 요구하는 경우에는 매도인은 다른 조건이 동일한 한 기선 또는 발동선 어느 것으로나 물품을 매수인에게 수송할 수 있다.

(iii) 매매계약에 사용 선박의 종류에 관하여 아무런 규정이 없을 때, 또는 막연히 "선박"이라고만 규정되어 있을 경우에 매도인은 특수거래의 관습에 따르는 경우를 제외하고는 동종 물품이 그 항로에서 실제 선적되는 종류의 선박에 물품을 선적할 권리를 가진다.

규칙 9. 목적지에서 지급하여야 할 운임

물품이 매수인에게 인도되기 위하여 최종의 양륙지점에 도착하면 매수인은 발송인에게 지급하여야 할 미지급운임을 지급하여야 한다. 매도인이 매수인에게 제공하는 송장에 이러한 미지급운임에 대하여 이미 적절한 공제가 되어 있지 않을 때에, 매수인은 청구에 의하여 지급하여야 할 이러한 금액을 약정의 물품대금에서 공제할 권리를 가진다.

만약 서류가 불가피한 사정으로 물품도착 이후에 제공되었기 때문에 매도인이 운송인에게 미지급운임을 지급하여야 하는 때에 매도인은 매수인으로부터 그 금액의 반환을 받을 수 있다.

규칙 10에 규정된 경우를 제외하고 매수인은 어떠한 경우에도 미지급운임에 관해서 그 물품에 대하여 지급하기로 계약한 이상의 금액을 지급하도록 청구받지 않는다.

규칙 10. 수입세 및 기타의 비용

물품에 관하여 지급을 요하는 관세 및 비용의 지급 또는 그 물품이 도착항까지의 운송 도중에 또는 도착항에 도착한 후에, 그 물품에 대하여 발생하는 비용의 지급은 그러한 경비가 운임에 포함되어 있지 않는 한 매도인의 의무가 되지 않는다.

만약 부득이한 사정으로 물품도착 후에 서류가 제공되어 매도인이 관세 및 통관 비용 또는 운임에 포함되어 있지 않는 제 비용을 지급한 경우에 매도인은 매수인으로부터 이들 금액의 상환을 받을 수 있다.

규칙 11. 물품의 상태에 관한 매도인의 의무

(i) 매매계약을 한 물품은 그 물품 고유의 변질 · 누손 · 용적 도는 중량상의 소모(선적시 또는 운송인에의

such a condition as, subject to risk of deterioration, leakageor wastage in bulk or weight inherent in the goods (and notconsequent upon the goods having been defective at the time ofshipment or of delivery into the custody of the carrier, as the casemay be, or incident to loading or transit) would enable them toarrive at their contractual destination on a normal journey andunder normal conditions in merchantable condition. In allowingfor ordinary deterioration, leakage, or inherent wastage inbulk or weight due regard shall be had to any usage of the particulartrade.

(II) Where the goods contracted to be sold are alreadyafloat or have been delivered into the custody of the carrier,as the case may be, at the time the sale is made, or where theseller in the exercise of any right to which he may be entitled tothat effect purchases goods of the contractual description afloatin order to fulfil his contract, it is an implied condition in thecontract of sale that the goods have been shipped or deliveredinto the custody of the carrier, as the case may be, in accordancewith the provisions of the preceding paragraph.

(III) Should any dispute arise as to the conditions of thegoods at the time of shipment or delivery into the custody ofthe carrier, as the case may be, and in the absence of any certificateissued in accordance with the terms of the contract of sale,with the usage of particular trade, or with the provisions of Rule15, the quality, the description and sate, and/ or the weight orquantity of the goods shall be determined according to theircondition at the time they were loaded on board the vessel, or,should the seller be entitled in accordance with the provisions ofRule 7 (III) and (IV) in lieu of shipment to deliver the goods intothe custody of the carrier, at the time such delivery has effectivelytaken place.

RULE 12. DUTIES OF THE SELLER AS TO INSURANCE

(I) It shall be the duty of the seller to procure at his owncost from an underwriter or insurance company of good reputea policy of marine insurance, evidencing a valid and subsistingcontract which shall be available for the benefit of buyer, coveringthe goods during the whole of the course of transit contemplatedin the contract of sale, including customary transshipment,if any, Subject to the next succeeding paragraph and to anyspecial provision in the contract of sale, the policy must affordthe holder thereof complete and continuous contractual protectionagainst all those risks that are by the usage of the particulartrade or on the contemplated route insured against atthe time of the shipment of the goods or their delivery into thecustody of the carrier, as the case may be. The seller shall not be bound to procure a policy coveringwar risks unless (a) special provision to this effect shall havebeen made in the contract of sale, or (b) the seller shall havereceived prior to the shipment of the goods or their delivery intothe custody of the carrier, as the case may be, notice from thebuyer to procure a policy covering such risks. Unless such specialprovision shall have been made in the contract of sale, anyadditional cost of procuring a policy covering war risks shall beborne by the buyer.

(II) Should the policy not be available when the documentsare tendered a Certificate of Insurance issued by an underwriteror insurance company of good repute in relation to apolicy of insurance as above defined, which reproduces the essentialterms and conditions of the policy in so far as they concernthe goods mentioned in the bill(s) of lading and invoice(s)and conveys to the holder thereof all the rights under the policyshall be accepted by the buyer

인도 시, 이미 그 물품에 생긴 하자에 의하지 않는 적재 혹은 수송시에 발생한 변질·누손·용적 또는 중량상의 소모)에 기인하는 위험을 제외하고, 통상의 항해 및 정상적인 조건 항에서 거래 가능한 상태로서 계약상의 도착지에 도착될 수 있도록 선적되어야 하며, 또는 운송인의 보관 하에 인도되어야 한다. 통상의 변질·누손·용적 또는 중량상에 있어서의 물품 고유의 소모에 대하여 공제하는 경우에는 특수거래의 관습을 상당히 고려하여야 한다.

(ⅱ) 매매계약을 체결한 물품이 매매 성립시 이미 선박 내에 적재되어 있는 경우, 혹은 이미 운송인이 보관하도록 인도되었을 경우, 또는 매도인이 자기에게 주어진 권리를 행사하여 그 계약을 이행하기 위하여 계약 기재의 물품을 이미 적재된 물품으로 매입하는 경우에는 물품을 전항의 규정에 따라 선적되었거나 운송인의 보관하에 인도된 것으로서 매매계약상 묵시조건으로 한다.

(ⅲ) 선적 시 또는 운송인의 보관에 인도되었을 때의 물품의 상태에 관하여 어떠한 분쟁이 발생하였을 때에는, 그리고 그때 매매계약의 조건, 특수거래의 관습, 또는 규칙 15의 규정에 의하여 발행된 아무런 증서가 없는 경우에는 그 물품의 품질·종류 및 상태, 중량 또는 수량은 선박상에 적재되었을 때의 그 물품의 상태에 따라 결정된다. 만약 매도인이 규칙 7 제3항 및 제4항의 규정에 의하여 물품을 선적하는 대신 운송인의 보관에 인도할 권리를 가지는 때에는, 그러한 인도가 유효하게 행하여진 그때의 물품에 따라 결정된다.

규칙 12. 보험에 관한 매도인의 의무

(ⅰ) 매도인은 자기 비용으로 신용 있는 보험업자 또는 보험회사로부터 매수인의 이익을 위해 유효한 실존의 보험계약을 증명하고 매매계약에 정해진 전운송구간(환적을 관례로 하는 것은 그 환적도 포함함)에 걸쳐 그 물품을 보호할 수 있는 해상보험증권을 취득할 의무를 부담한다. 다음 항 및 매매계약에 특별한 규정이 있는 경우를 제외하고 보험증권은 물품선적시 또는 운송인의 보관하에 인도될 때에 특수거래의 관습에 의하여 또는 예정항로에 대해 부보된 모든 위험에 관하여, 그 증권 소지자에게 완전하고 또는 계속적인 계약상의 보호를 해주는 것이어야 한다.

매도인은 전재위험을 담보로 하는 보험 증권을 취득할 의무를 부담하지 않는다. 다만, ① 매매계약에 그런 뜻의 특별규정이 있는 경우, 또는 ② 매도인이 물품의 선적 또는 운송인의 보관에 인도하기 전에 매수인으로부터 전쟁위험담보의 보험 증권을 취득해 달라는 통지를 받는 경우에는 예외로 한다.

매매계약에 이와 같은 특별 규정이 없는 한 전재위험담보의 보험증권을 취득하는 데 필요한 일체의 추가비용은 매수인이 부담한다.

(ⅱ) 만약 서류 제공 당시에 보험증권을 취득할 수 없는 때에는 전항에 규정된 보험증권에 관해 신용 있는 보험자 또는 보험회사가 발행한 보험증명서를 보험증권에 대신하여 매수인인은 인수한다. 이 보험증명서는 선화증권 및 송장에 기재된 물품에 관한 보증권의 중요 조건을 기재하고, 또 그 보험증권하에 승인된 일체의 권리를 증명서의 소지인에게 부여하여야 한다. 이 규칙이 의미하는 범위에서 해상보

in lieu thereof, and shall be deemedto be proof of marine insurance and to represent a policy ofinsurance within the meaning of these Rules. In such event theseller shall be deemed to guarantee that he will on the demandof the buyer, and with all due dispatch, produce or procure theproduction of the policy referred to in the Certificate.

(III) Unless it is the usage of the particular trade forthe seller to tender to the buyer an Insurance Broker's CoverNote in lieu of a policy of insurance, such a Cover Note shallnot be deemed to represent a policy of insurance within themeaning these Rules.

(IV) The value of the goods for insurance, shall be fixedin accordance with the usage of the particular trade, but inthe absence of any such usage it shall be the invoice c.i.f. value,of the goods to the buyer, less freight payable if any, on arrivaland plus a marginal profit of 10 percent of the said invoicec.i.f. value, after deduction of the amount of freight, if anypayable on arrival.

RULE 13. NOTICE OF SHIPMENT

In order to give the buyer an opportunity of taking outat his own cost additional insurance either to cover risks notcovered by "all those risks" contemplated in the first paragraphin Rule 12 (I), or to cover increased value, the sellershall give notice to the buyer that the goods have been shipped,or delivered into the custody of the carrier, as the casemay be, stating the name of the vessel, if possible, the marksand full particulars. The cost of giving such notice shall beborne by the buyer.The non-receipt of such notice by, or the accidental omissionto give any such notice to, the buyer shall not entitle thebuyer to reject the documents tendered by the seller.

RULE 14. IMPORT ANDEXPORT LICENCES, CERTIFICATES OF ORIGIN, ETC.

(I)   Should an export license be required in order to shipgoods of the contractual description, it shall be the duty ofthe seller at his own expense to apply for the license and to usedue diligence to obtain the grant of such license.

(II)   Nothing contained in these Rules shall entitle thebuyer to demand the tender by the seller of a certificate of originor consular invoice in respect of the goods contracted to besold unless (a) it is the usage of the particular trade for eitheror both of these documents to be obtained, or (b) the sellershall have been expressly instructed by the buyer, prior to theshipment of the goods or their delivery into the custody of thecarrier, as the case may be, to obtain such certificates and/orsuch invoices. The cost of procuring these documents shall beborne by the buyer. Should an import! license be required by the country ofdestination for goods of the contractual description, it shallbe the duty of the buyer to procure the same at his own expenseand to notify the seller that such license has been obtainedprior to the time for shipment of the goods.

RULE 15. CERTIFICATE OF QUALITY, ETC.

Where the contract of sale provides that a certificate ofquality and/or weight or quantity shall be furnished by theseller, without specifying the person or body by whom thiscertificate is to be issued, or where the usage of the particulartrade so allows, the seller shall furnish certificates issued by theappropriate public authority (if any) or a duly qualified independentinspector setting out the quality,

험을 증명하는 보험증권을 대표하는 것으로 본다. 이와 같은 경우에 매수인은 요구가 있을 때에는 매도인은 지체 없이 그 보험증명서에서 명시된 보험증권의 제출 또는 취득을 보증하는 것으로 본다.

(iii) 특수거래의 관습에 의하여 매도인의 보험증권 대신 보험중개인의 보험승낙서를 매수인에게 제공하는 관례가 없는 한 보험승낙서의 이 규칙이 의미하는 보험증권을 대신하는 것으로 보지 않는다.

(iv) 보험의 목적인 물품의 가격은 특수거래의 관습에 의하여 결정되지만, 그러한 관습이 없을 때에는 매수인에 대한 송장의 CIF가격에 그 10%에 해당하는 희망이익을 가산한 금액을 보험금액으로 한다. 다만, 물품도착시 지급하여야 할 운임이 있을 때에는 위의 송장가격에서 이것을 공제해야 한다.

규칙 13. 선적통지

규칙 12 제1항 전단에 기재된 "모든 위험"에 포함되어 있지 않은 위험이나 부보 후 급등한 가격에 대해 매수인이 자기비용으로 추가보험을 계약할 기회를 주기 위하여 가능한 한 선박명 · 화인 및 물품명세를 기재하고, 그 물품이 이미 선적되었거나 운송인의 보관하에 인도되었음을 매수인에게 통지하여야 한다.

이러한 통지를 하는 데 드는 비용은 매수인이 부담한다. 이러한 통지가 매수인에게 도달되지 않은 경우이거나 또는 사고로 통지가 되지 않은 경우에 매수인은 매도인으로부터 제출된 서류를 거절할 권리는 없다.

규칙 14. 수입 및 수출허가서 · 원산지증명서, 기타

(ⅰ) 계약상에 약정된 물품을 선적하기 위하여 수출허가를 필요로 할 때에는 매도인은 자기의 비용으로 허가신청을 하여야 하고, 그 허가를 얻기 위하여 상당한 주의를 하여야 한다.

(ⅱ) 매수인은 이 규칙의 규정에 의해 계약물품에 관한 원산지증명서 또는 영사송장의 제공을 매도인에게 요청할 권리를 갖지 않는다. 다만, ① 특수거래의 관습으로 이들 서류의 일방 또는 쌍방의 취득을 필요로 하는 경우, 또는 ② 그 물품의 선적 또는 운송인에게 인도하기 전에 매수인이 그러한 증명서 또는 송장을 취득하도록 매수인으로부터 명백히 지시를 받은 경우에는 예외로 한다. 이들 서류의 취득에 필요한 비용은 매수인이 부담한다.

만약 계약 소정의 물품에 대해 도착국에서 수입허가를 필요로 하는 때에는 매수인은 자기의 비용으로 그 허가를 얻어야 하며, 또 그 허가는 물품선적 전에 허가 받았음을 매도인에게 통지할 의무를 지닌다.

규칙 15. 품질증명서, 기타

매매계약에 발행자 또는 발행기관을 약정하지 않고 매도인이 품질증명서 및 중량 또는 수량증명서를 제공하도록 규정하는 경우, 또는 특수거래관습에 의하여 이러한 서류제공이 인정되는 경우에는 매도인은 선적 또는 운송인의 보관에 인도한 때와 장소에서 그 물품의 품질 · 종류 · 상태 및 중량 또는 수량을 기재한 적

de the weight or quantity of the goods at the time and placeof shipment, or of delivery into the custody of the carrier, as thecase may be. The cost (including legalization charges if sucha formality be necessary) of obtaining such certificates shallbe borne according to the usage of the particular trade or, ifnone, equality in all cases by the seller and the buyer.In the circumstances contemplated in the preceding paragraphof this Rule, such certificates shall be prima facie evidenceas between buyer and seller of the quality, description and state, and/or of the weight or quantity of the goods at the time thecertificate was issued, and as delivered under the contract of sale.

RULE 16. TENDER OF DOCUMENTS

(I) The seller must exercise all due diligence to send forwardthe documents, and it shall be his duty to tender them, orcause them to be tendered, with all due dispatch to the buyer.The documents shall not be forwarded by air route unless thecontract of sale so provides.By the term "documents" is meant the bill of lading, invoice,and policy of insurance, or other document validly tenderedin lieu thereof in accordance with the provisions of theseRules, together with such other documents, if any, as the sellermay be the terms of the contract of sale be obliged to procureand tender to the buyer. In the case of installment deliveries,the invoice may be a pro forma invoice in respect of each installmentexcept the final installment.

(II) The documents tendered to the buyer must be complete, valid and effective at the time of tender and drawn inaccordance with the provisions of these Rules. Where the billof lading or other document validly tendered in lieu thereofis drawn in a set and is made out in favor of the buyer, hisagent or representative as consignee, the seller shall not beobliged to tender more than one of the set. In all other circumstances,the full set of bills or other documents validly tenderedin lieu thereof must be tendered unless the seller shall provide,to the reasonable satisfaction of the buyer, an indemnity issuedby a bank of good repute in respect of the bills or other documentsas aforesaid which are not presented.

(III) Should any of the documents which the seller hasto procure and tender to the buyer be at variance upon somematerial point with the conditions stipulated by the contractof sale, the buyer shall be entitled to reject the tender of the documents.

RULE 17. LOSS OR DAMAGE AFTER SHIPMENT

If goods of the contractual description have been shippedor have been delivered into the custody of the carrier, as thecase may be, and proper documents have been obtained, theseller may validly tender such documents, even though at thetime of such tender the goods may have been lost or damaged,unless the seller knew of such loss or damage at the time of enteringinto the contract of sale.

RULE 18. DUTIES OF THE BUYER AS TO PAYMENT OF PRICE

(I) When the proper documents are tendered it shallbe the duty of the buyer to accept such documents and to paythe price in accordance with the terms of the contract of sale.The buyer shall be entitled to a reasonable opportunity of examiningthe documents and to a reasonable time in which to makesuch examination.

(II) The buyer, however, shall not be entitled when theproper documents are tendered to refuse to accept such

절한 공공기관 또는 유자격 검사인이 발행한 증명서를 제공하여야 한다. 이와 같은 증명서류를 취득하는 데 드는 비용(만약 공인의 형식을 필요로 할 때에는 공인수수료 포함)은 특수거래의 관습에 의하여 그 부담 자가 결정되며, 이러한 관습이 없을 때에는 매매 양자가 균등히 이를 부담한다.

전항의 경우, 이러한 증명서류로 매매 양자간에 있어 증명서발급 당시의 그 물품의 품질·종류·상태 및 중량 또는 수량에 관한 것 뿐만 아니라 매매계약하에서 인도되었다는 명백한 증거가 된다.

규칙 16. 서류의 제공

（ⅰ） 매도인은 모든 정당한 주의를 경주하여 서류를 발송하여야 하며, 또한 그것을 지체 없이 매수인에게 제공하거나 제공하게 할 의무를 부담한다. 매매계약이 없는 한 항공편에 의해 서류를 발송할 필요는 없다. 여기에서 "서류"라고 하는 선화증권·송장·보험증권 또는 이 규칙의 제 규정에 따라 이들 서류에 대신하여 유효하게 제공되는 기타의 서류를 의미하며, 만약 그 밖에 매매계약조건으로 매도인이 취득하여 매수인에게 제공하여야 하는 기타 서류가 있으면 그것까지 부대한 것을 말한다. 분할인도의 경우에는 최종의 분할부분을 제외한 각 분할부분에 대하여 가송장을 사용할 수 있다.

（ⅱ） 매수인에게 제공된 서류는 그 제공시 전부 완성되어 법률상으로나 실제상으로 유효한 것이어야 하며, 이 규칙의 제규정에 따라 작성된 것이어야 한다. 선화증권 또는 이에 대신하여 유효하게 제공된 기타의 서류가 일조로 작성되고, 또 그것이 매수인, 그의 대리인 또는 수화인인 그의 대표자를 위하여 발행되는 경우에는 매도인은 그 일조 중 1통 이상을 제공할 의무를 부담하지 않는다. 기타의 모든 경우에는 선화증권 또는 이에 대신하여 유효하게 제공된 기타의 서류는 일조 전부가 제공되어야 한다. 다만, 매도인이 제출하지 않은 선화증권 또는 이에 대신하는 기타 서류에 관하여 매수인을 상당히 만족시킬 수 있는 신용 있는 은행에서 발행한 보증서를 제출하는 경우에는 예외로 한다.

（ⅲ） 만약 매도인이 취득해서 매수인에게 제공해야 하는 서류 중에 어느 하나라도 어떠한 중요 사항에 관하여 매매계약에 약정된 조건과 상이할 때에 매수인은 그 서류의 제공을 거절할 권리가 있다.

규칙 17. 선적 후의 멸실 또는 손상

만약 계약상에 약정된 물품이 이미 선적되었거나 운송인의 보관에 인도되고 정당한 서류가 취득되었으면, 비록 그 서류 제공시에 그 상품이 멸실 또는 손상되었다고 하더라도 매도인이 매매계약 체결시 그러한 멸실 또는 손상을 몰랐을 때에 한하여 서류의 제공은 유효한 것으로 한다.

규칙 18. 대금지급에 관한 매수인의 의무

（ⅰ） 정당한 서류가 제공되었을 때에 매수인은 그 서류를 수리하고, 또 매매계약의 결제조건에 따라 대금을 지급할 의무를 진다. 매수인은 그 서류를 검사할 상당한 기회와 그러한 검사를 하는 데 필요한 상당한 시간을 받을 권리가 있다.

（ⅱ） 그러나 정당한 서류가 제공되었을 때에 매수이은 단지 물품의 검사의 김회가 부여되지 않았다는 것

documentsor to refuse to pay the price in accordance with the termsof the contract of sale, on the plea only that he has had no opportunityof inspecting the goods.

RULE 19. RIGHTS OF BUYER AS TO INSPECTION OF GOODS

Subject to the provisions of Rules 15 and 18, and to anyusage of the particular trade, the buyer shall not be deemed tohave accepted the goods unless and until he shall have been givena reasonable opportunity of inspecting them, either on arrivalat the point of destination contemplated in the contract of saleor prior to shipment, as the buyer may in his sole discretiondecide, and a reasonable time in which to make such inspection.The buyer shall, within three days from the completion of suchinspection. even though this has been a joint inspection, givenotice to the seller of any matter or thing by reason whereofhe may allege that the goods are not in accordance with thecontract of sale. If the buyer shall fail to give such notice, hemay no longer exercise his right of rejection of the goods.Nothing in this Rule shall affect any remedy to which the buyermay be entitled for any loss or damage arising from latent defect,or inherent quality or vice of the goods.

RULE 20. RIGHTS AND REMEDIES UNDER CONTRACT OF SALE

(I) Subject to any variation or amendment or insertionof other terms in the contract of sale, made in accordance withthe provisions of Rule 1, the liabilities of the parties under theseRules shall be at an end when they shall have discharged theirobligations as enunciated in these Rules.

(II) Nothing contained in these Rules shall affect any rightof lien or retention or stoppage in transit to which the sellermay by law be entitled, in respect of the goods contracted to besold.

(III) In the case of a breach of contract, not withstandingany other remedy to which the parties may be entitled, eitherparty shall have the right to sell or buy against the other partyand to charge him with the loss sustained thereby.

(IV) Nothing contained in these Rules shall affect anyremedies whatsoever to which the buyer or the seller may beentitled for breach of contract and/or other claim arising outof the contract of sale. Nevertheless, the seller and the buyer shall be respectivelydischarged from all liabilities in respect of any breach of contractand/or other claim arising out of the contract of saleunless formal application that the dispute shall be referred toarbitration is made or suit is brought within twelve calendarmonths after arrival of the goods at the point of destinationcontemplated by the contract of sale or where the goods donot arrive, within twelve months of the date when the goodswould in the ordinary course have arrived at the saiddestination.

RULE 21. NOTICES

Any notice required or authorized to be given by eitherparty under these Rules to other party shall be served eitherin a prepaid telegram, radiogram or cablegram sent to the lastknown place of business of the other party, or through thepost in a prepaid registered letter sent as aforesaid if such letterwould in the ordinary course of events be delivered to the addresseewithin twenty four hours from the time of the handingof such letter into the custody of the postal authorities.

을 이유로, 그 서류의 수리를 거절하거나 매매계약의 결제조건에 따르는 대금지급을 거절할 수는 없다.

규칙 19. 물품검사에 관한 매수인의 권리

규칙 15 및 규칙 18의 규정 및 특수거래의 관습에 의하지 않는 한 물품이 매매계약에 약정된 도착지점에 도착할 때, 또는 선적 전(어느 것에 의하는가는 매수인의 의사로 결정된다)에 상품을 검사하기 위한 상당한 기회 및 검사에 필요한 상당한 시간이 매수인에 부여되지 않으면 그것이 부여되기까지 매수인은 그 물품을 인수한 것으로 보지 않는다. 물품이 매매계약과 일치하지 않을 때에는 매수인은 이와 같이 주장할 수 있는 이유가 되는 모든 사항을 검사완료 후 3일 이내(공동검사의 경우에도)에 매도인에게 통지하여야 한다. 만약 매수인이 그러한 통지를 하지 않을 때에는 물품거절의 권리를 더 이상 행사할 수 없다.

이 규정은 물품에 숨겨 있는 결함 또는 물품고유의 성질 또는 하자로부터 발생하는 멸실 또는 손상에 대하여 매수인이 가지는 일체의 구제를 침해하는 것은 아니다.

규칙 20. 매매계약에 의한 권리와 구제

(ⅰ) 규칙 1의 규정에 따라 일체의 매매계약의 변경·수정 또는 다른 조건을 추가하는 경우 이외에는 이 규칙에 의한 당사자의 책임은 당사자가 이 규칙에 규정된 의무를 이행하였을 때에 끝난다.

(ⅱ) 이 규칙의 규정은 매매계약된 상품에 대하여 매도인이 법적으로 부여받은 유치권 또는 운송정지권을 침해하는 것은 아니다.

(ⅲ) 계약에 위반되는 행위가 있을 경우에 당사자는 다른 구제를 받을 권리를 가지는 경우라 할지라도 당사자인 매도인과 매수인은 그 상대방의 의사에 반하여 매각 또는 매입할 권리를 가지며, 그러한 매각 또는 매입으로 인하여 입은 손해를 상대방에게 청구할 수가 있다.

(ⅳ) 이 규칙의 규정은 계약의 위반 또는 매매계약으로부터 생기는 기타의 클레임에 대하여 매도인 또는 매수인이 권리를 가지는 일체의 구제를 침해하지 못한다. 그러나 그 상품이 매매계약에 약정된 도착지점에 도착한 후 12개월 이내, 또는 미착의 경우에는 보통 상태에서 도착지에 도착하여야 할 일자부터 12개월 이내에, 그 분쟁을 중재에 의뢰하는 정식신청을 하든가 소송을 제기하지 않으면 매도인과 매수인은 각각 계약의 위반 또는 매매계약으로부터 발생하는 기타의 클레임에 대한 일체의 책임을 면하게 된다.

규칙 21. 통지

이 규칙하에서 각 당사자가 그 상대방에 대하여 할 필요가 있거나, 또는 할 수 있는 권리를 가지는 모든 통지는 상대방이 최후로 통지해 온 영업소 앞으로 요금선급의 전신이나 무선전신 또는 해저전신 중 어느 방법으로든지 이루어지는 것이며, 만약 우편이 보통상태에서 우체국에 보낸 후 24시간 이내에 수신인에게 인도된다면, 요금선급의 등기우편으로도 그러한 통지가 이루어지는 것이다.

1-7 Model Law for Electronic Commerce, 1996

PART ONE. ELECTRONIC COMMERCE IN GENERAL

CHAPTER I. GENERAL PROVISIONS

Article 1. Sphere of application*

This Law** applies to any kind of information in the form of a data message used in the context*** of commercial**** activities.

> * The Commission suggests the following text for States that might wish to limit the applicability of this Law to international data messages: This Law applies to a data message as defined in paragraph (1) of article 2 where the data message relates to international commerce.
>
> ** This Law does not override any rule of law intended for the protection of consumers.
>
> *** The Commission suggests the following text for States that might wish to extend the applicability of this Law: This Law applies to any kind of information in the form of a data message, except in the following situations: [···].
>
> **** The term "commercial" should be given a wide interpretation so as to cover matters arising from all relationships of a commercial nature, whether contractual or not. Relationships of a commercial nature include, but are not limited to, the following transactions: any trade transaction for the supply or exchange of goods or services; distribution agreement; commercial representation or agency; factoring; leasing; construction of works; consulting; engineering; licensing; investment; financing; banking; insurance; exploitation agreement or concession; joint venture and other forms of industrial or business cooperation; carriage of goods or passengers by air, sea, rail or road.

Article 2. Definitions

For the purposes of this Law

(a) "Data message" means information generated, sent, received or stored by electronic, optical or similar means including, but not limited to, electronic data interchange (EDI), electronic mail, telegram, telex or telecopy;

(b) "Electronic data interchange (EDI)" means the electronic transfer from computer to computer of information using an agreed standard to structure the information;

(c) "Originator" of a data message means a person by whom, or on whose behalf, the data message purports to have been sent or generated prior to storage, if any, but it does not include a person acting as an intermediary with respect to that data message;

(d) "Addressee" of a data message means a person who is intended by the originator to receive the data message, but does not include a person acting as an intermediary with respect to that data message;

1-7 전자상거래 모델법, 1996

제1편 전자상거래 일반

제I장 총 칙

제 1 조. 적용범위*

이 법은** 상업활동*** 관계에서 사용되는 데이터메시지형태****의 모든 종류의 정보에 적용된다.

> * 위원회는 국가간의 데이터메시지에 대하여 이 법의 적용을 제한하려는 국가들(States)에 대하여 다음의
> 내용을 제의한다, "이 법은 국제통상과 관계되어 제2조의 제1문에서 정의된 데이터메시지에 적용된다.
> ** 이 법은 소비자를 보호하기 위한 어떤 법에도 어긋나지 않는다.
> *** 위원회는 이 법의 적용이 확대되기를 바라며, 국가들에게 입법 시 다음과 같은 내용으로 하기를 제의한다.
> "이 법은 다음 상황을 제외한 데이터 자료의 형태로서 어떤 종류의 정보에도 다 적용한다.
> **** commercial이라는 용어는 계약을 맺든 안 맺든 간에 거래적 성질의 모든 관계로부터 발생하는 문제를
> 해결하기 위해서 넓게 해석되어야 한다. 거래적 성질의 관계는 다음의 거래에 국한되는 것이 아니라
> 다음과 같은 거래를 포함한다. 즉, 어떤 공급 또는 상품 및 서비스 교환을 위한 무역협정 통상대표나 대리,
> 채권매수업, 임대업, 공장건축, 상담, 제조, 면허, 투자, 재정, 은행, 보험, 개발협정이나 허가 개발합작
> 그리고 산업협동이나 거래협동의 다른 형태들, 상품운반이나 항공, 선박 철도나 도로운송이다.

제2조 정의

이법의 목적은

(a) "데이터 메시지(Data Message)"라 함은 전자데이터교환(EDI), 전자메일(electronic mail), 전보(telegram), 텔렉스(telex) 또는 텔레카피(telecopy)를 포함하되, 이에 한정되지 않으며, 전자적, 광학적 기타 이와 유사한 수단에 의하여 생성, 송신, 수신 또는 저장되는 정보를 말한다;

(b) 'EDI(Electronic Data Interchange)'는 정보를 구축하기 위하여 합의된 표준을 사용하는 컴퓨터 사이의 정보의 전자적 이동을 말한다;

(c) 데이터 메시지의 "오리지네이터(Originator)"라 함은 그 자에 의하여, 또는 그 자를 위하여 데이터 메시지가 저장된 경우에는 그에 앞서서, 송신 또는 생성되었다고 할 수 있는 자이며, 당해 데이터 메시지에 관하여 매개자로서 행위하고 있는 자 이외의 자를 말한다.

(d) 데이터 메시지의 "수신인(Addressee)"이라 함은 어떤 데이터 메시지를 수령하는 것이 오리지네이터에 의하여 의도된 자로서, 그 데이터 메시지와의 관계에서 매개인으로서 행위하고 있는 자 이외의 자를 말한다.

(e) "Intermediary", with respect to a particular data message, means a person who, on behalf of another person, sends, receives or stores that data message or provides other services with respect to that data message;

(f) "Information system" means a system for generating, sending, receiving, storing or otherwise processing data messages.

Article 3. Interpretation

(1) In the interpretation of this Law, regard is to be had to its international origin and to the need to promote uniformity in its application and the observance of good faith.

(2) Questions concerning matters governed by this Law which are not expressly settled in it are to be settled in conformity with the general principles on which this Law is based.

Article 4. Variation by agreement

(1) As between parties involved in generating, sending, receiving, storing or otherwise processing data messages, and except as otherwise provided, the provisions of chapter III may be varied by agreement.

(2) Paragraph (1) does not affect any right that may exist to modify by agreement any rule of law referred to in chapter II.

CHAPTER II. APPLICATION OF LEGAL REQUIREMENTS TO DATA MESSAGES

Article 5. Legal recognition of data messages

Information shall not be denied legal effect, validity or enforceability solely on the grounds that it is in the form of a data message.

Article 5 bis. Incorporation by reference(as adopted by the Commission at its thirtyfirst session, in June 1998)

Information shall not be denied legal effect, validity or enforceability solely on the grounds that it is not contained in the data message purporting to give rise to such legal effect, but is merely referred to in that data message.

Article 6. Writing

(1) Where the law requires information to be in writing, that requirement is met by a data message if the information contained therein is accessible so as to be usable for subsequent reference.

(2) Paragraph (1) applies whether the requirement therein is in the form of an obligation or whether the law simply provides consequences for the information not being in writing.

(e) 특정의 데이터 메시지와의 관계에서 "매개인(Intermediary)"이라 함은, 타인을 위하여 데이터 메시지를 송신하거나, 수령하거나, 보관하거나 또는 당해 데이터 메시지와의 관계에서 기타의 용역을 제공하는 자를 말한다.

(f) 정보시스템(Information System)이라 함은 데이터 메시를 생성, 송신, 수령, 저장 또는 기타의 처리를 하기 위한 시스템을 말한다.

제3조 해석

(1) 이 법률의 해석에 있어 주목할 것은 이 법의 국제적 기원(Origin)과 이 법을 적용시키는 데 있어 통일성을 증진시키기 위한 필요와 신뢰의 준수이다.

(2) 이 법에 의해 규율되는 사항들에 관하여 이 법이 명백히 밝히고 있지 아니한 의무들은 이 법이 기초로 하는 일반원리에 따라 해결되어야 한다.

제4조 계약에 의한 변경

(1) 데이터메시지의 창작, 전송, 수신, 저장 또는 그 밖의 데이터메시지의 진행과정에 관련된 당사자들 사이의 관계에서 특별한 규정이 있는 경우를 제외하고는 계약에 의하여 제3장의 규정들을 변경할 수 있다.

(2) 제1항은 이미 계약에 의하여 수정된 권리계약에 영향을 미치지 못한다. 그 권리 관계는 제2장에서 언급된 법률규칙도 포함한다.

제2장 데이터메시지에 대한 적법요건의 적용

제5조 데이터메시지의 적법승인

정보는 단지 데이터메시지의 형태라는 이유 때문에, 그 법적 효과, 유효성, 강제가능성이 부인되지는 않을 것이다.

제5조_bis 참조 부여(1998년 6월, 31번째 위원회에서 채택 됨)

정보는 법적효과를 부여하고자 하는 취지의 데이터베이스에 포함되어 있지 않다는 단순한 이유로 법률효과나 유효성, 또는 강제적 시행가능성이 부인되어서는 아니되고 (그래도) 데이터 메세지에 참고는 된다.

제6조 서면

(1) 만약 법에서 정보가 성문화될 것을 요구하고 있다면, 정보가 데이터메시지에 포함되어서 나중에 참고할 수 있도록 되어 있는 경우에는 이 용건이 충족된 것이다.

(2) 제1항은 그 요건이 의무의 형태로 되어 있든지 또는 법이 성문화되어 있지 않은 정보에 대한 중대성을 단순한 것으로 보든지 간에 적용된다.

(3) The provisions of this article do not apply to the following: […].

Article 7. Signature

(1) Where the law requires a signature of a person, that requirement is met in relation to a data message if:

   (a) a method is used to identify that person and to indicate that person's approval of the information contained in the data message; and

   (b) that method is as reliable as was appropriate for the purpose for which the data message was generated or communicated, in the light of all the circumstances, including any relevant agreement.

(2) Paragraph (1) applies whether the requirement therein is in the form of an obligation or whether the law simply provides consequences for the absence of a signature.

(3) The provisions of this article do not apply to the following: […].

Article 8. Original

(1) Where the law requires information to be presented or retained in its original form, that requirement is met by a data message if:

   (a) there exists a reliable assurance as to the integrity of the information from the time when it was first generated in its final form, as a data message or otherwise; and

   (b) where it is required that information be presented, that information is capable of being displayed to the person to whom it is to be presented.

(2) Paragraph (1) applies whether the requirement therein is in the form of an obligation or whether the law simply provides consequences for the information not being presented or retained in its original form.

(3) For the purposes of subparagraph (a) of paragraph (1):

   (a) the criteria for assessing integrity shall be whether the information has remained complete and unaltered, apart from the addition of any endorsement and any change which arises in the normal course of communication, storage and display; and

   (b) the standard of reliability required shall be assessed in the light of the purpose for which the information was generated and in the light of all the relevant circumstances.

(4) The provisions of this article do not apply to the following: […].

Article 9. Admissibility and evidential weight of data messages

(1) In any legal proceedings, nothing in the application of the rules of evidence shall apply so as to deny the admissibility of a data message in evidence:

   (a) on the sole ground that it is a data message; or,

   (b) if it is the best evidence that the person adducing it could reasonably be expected to obtain, on the grounds that it is not in its original form.

(3) 본 조의 규정은 다음의 경우 [...]에는 적용되지 않는다.

제7조 서명

(1) 법에서 사람의 서명을 필요로 할 때, 다음과 같은 경우에 데이터메시지와 관련하여 그 요건을 충족한다.

    (a) 방법이 서명할 사람을 특정하거나, 데이터메시지 속에 포함된 정보가 서명인에게 도달되어 있는지를 지시하도록 되어 있는 경우.

    (b) 방법은 데이터메시지가 만들어지고 교환되는 목적에서 보아 신뢰할 만하고, 모든 상황에서 보아 중요한 합의가 있는 경우.

(2) 제1항은 그 요건이 의무의 형태로 되어 있든지 또는 법이 서명이 없는 것에 대한 중대성을 단순한 것으로 보든지 간에 적용된다.

(3) 본 조의 규정은 다음의 경우 [...]에는 적용되지 않는다.

제8조 원형

(1) 법이 그 원형으로 존재하거나 보유된 정보를 필요로 하는 때에는 그 요구는 다음과 같은 경우에 데이터메시지에 의하여 충족된다.

    (a) 데이터메시지 혹은 그 밖의 경우에서처럼 원형이 최종의 형태로 만들어진 시점으로부터 그 정보의 완벽성에 관하여 상당한 보증이 존재한다. 그리고

    (b) 원형은 정보가 있어야 하고, 그 정보는 그 정보를 가진 사람들에게 열람될 수 있어야 한다.

(2) 제1항은 그 요건이 의무의 형태로 되어 있든지 또는 법이 원형 속에 정보가 없거나 원형으로 보유되지 않은 것에 대한 중대성을 단순한 것으로 보든지 간에 적용된다.

(3) 제1항의 (a)를 위하여;

    (a) 보증이나 그리고 저장, 열람, 정보교환의 통상의 과정에서 생겨난 변화는 별개로 하고, 정보의 완벽성을 평가하는 데 대한 표준은 정보가 완전한 형태나 변하지 않은 형태로 남아 있어야 한다.

    (b) 요구된 신뢰성의 기준은 정보가 생성되는 목적의 견지나 관련된 모든 환경의 견지에서 평가되어야 한다.

(4) 본 조의 규정은 다음의 경우 [...]에는 적용되지 않는다.

제9조 데이터메시지의 허용성과 상당한 비중

(1) 소송과정에서, 데이터메시지는 증거법의 적용에 있어서 증거로서의 허용성이 부정되지 않을 것이다.

    (a) 데이터메시지가 유일한 증거라는 이유 때문에, 혹은

    (b) 만약 그것이 그것을 인용하는 사람이 그것을 합리적으로 얻을 수 있는 최상의 증거라면, 그것은 원형이 아니라는 이유 때문에,

(2) Information in the form of a data message shall be given due evidential weight. In assessing the evidential weight of a data message, regard shall be had to the reliability of the manner in which the data message was generated, stored or communicated, to the reliability of the manner in which the integrity of the information was maintained, to the manner in which its originator was identified, and to any other relevant factor.

Article 10. Retention of data messages

(1) Where the law requires that certain documents, records or information be retained, that requirement is met by retaining data messages, provided that the following conditions are satisfied:

  (a) the information contained therein is accessible so as to be usable for subsequent reference; and

  (b) the data message is retained in the format in which it was generated, sent or received, or in a format which can be demonstrated to represent accurately the information generated, sent or received; and

  (c) such information, if any, is retained as enables the identification of the origin and destination of a data message and the date and time when it was sent or received.

(2) An obligation to retain documents, records or information in accordance with paragraph (1) does not extend to any information the sole purpose of which is to enable the message to be sent or received.

(3) A person may satisfy the requirement referred to in paragraph (1) by using the services of any other person, provided that the conditions set forth in subparagraphs (a), (b) and (c) of paragraph (1) are met.

CHAPTER III. COMMUNICATION OF DATA MESSAGES

Article 11. Formation and validity of contracts

(1) In the context of contract formation, unless otherwise agreed by the parties, an offer and the acceptance of an offer may be expressed by means of data messages. Where a data message is used in the formation of a contract, that contract shall not be denied validity or enforceability on the sole ground that a data message was used for that purpose.

(2) The provisions of this article do not apply to the following: [···].

Article 12. Recognition by parties of data messages

(1) As between the originator and the addressee of a data message, a declaration of will or other statement shall not be denied legal effect, validity or enforceability solely on the grounds that it is in the form of a data message.

(2) The provisions of this article do not apply to the following: [···].

Article 13. Attribution of data messages

(1) A data message is that of the originator if it was sent by the originator itself.

(2) 데이터메시지의 형태로서의 정보는 적당한 증거의 비중으로 주어질 것이다. 데이터메시지의 증거의 비중을 평가함에 있어 데이터메시지가 생성되거나 저장되거나 상호 교환되는 방식의 신뢰성이 고려되어야 하고, 정보의 완벽성을 유지하는 방식의 신뢰성이 고려되어야 하고, 그것의 창작자를 확인하는 방식과 그 밖에 관련되는 요인도 고려되어야 한다.

제10조. 데이터메시지의 보존

(1) 준거법이 서류, 기록 혹은 보존된 정보를 필요로 한다면, 보존된 데이터메시지가 다음의 조건들을 충족할 때 이 요건은 달성된다.

    (a) 그 내부에 포함하고 있는 정보는 후에 참고로 활용되도록 접근할 수 있어야 한다. 그리고

    (b) 데이터메시지는 그것이 생성되거나, 주고받은 형태로 보존되거나, 혹은 생성되거나, 주고받은 당시의 정보의 내용을 정확히 보여 줄 수 있는 형태로 보존되어야 한다. 그리고

    (c) 그러한 정보는 데이터메시지의 출처와 의도, 그것을 보내고 받는 날짜와 시간의 확인이 가능하도록 보존되어야 한다.

(2) 제1항과 일치하는 서류나 기록, 정보를 보존해야 하는 의무는 메시지를 주고받도록 하는 것이 유일한 목적인 어떤 정보를 확장하는 것은 아니다.

(3) 어떤 이는 다른 어떤 사람의 서비스를 이용함으로써 제1항에 언급된 요구를 만족할 수 있다. 만약 그 상황이 제1항의(a)(b)(c)로 나아간다면 충족된다.

제3장 데이터메시지의 상호교환

제11조. 계약의 성립과 유효성

(1) 계약 성립의 전후관계에서 당사자들 사이에 다른 방법으로 합의하지 않는 한, 청약과 승낙은 데이터메시지의 방법으로 표현될 지도 모른다. 만약 데이터메시지가 계약의 성립에 사용되었다면, 데이터메시지가 계약 성립을 위하여 사용되었다는 이유만으로 그 계약의 유효성이나 강제가능성이 부인되지 않는다.

(2) 본 조의 규정은 다음의 경우 [...]에는 적용되지 않는다.

제12조. 데이터메시지의 당사자들에 의한 승인

(1) 데이터메시지의 창작자와 수신인 사이에 관하여 의지나 다른 진술의 표명은 오로지 그것이 데이터메시지의 형태로 존재한다는 이유에서 법적인 효과, 유효성이나 강제가능성이 부정되지 않는다.

(2) 본 조의 규정은 다음의 경우 [...]에는 적용되지 않는다.

제13조. 데이터메시지의 속성

(1) 데이터메시지가 창작자에 의해서 직접 송신되어 졌다면 그것은 창작자의 것이다.

(2) As between the originator and the addressee, a data message is deemed to be that of the originator if it was sent:

(a) by a person who had the authority to act on behalf of the originator in respect of that data message; or

(b) by an information system programmed by or on behalf of the originator to operate automatically.

(3) As between the originator and the addressee, an addressee is entitled to regard a data message as being that of the originator, and to act on that assumption, if:

(a) in order to ascertain whether the data message was that of the originator, the addressee properly applied a procedure previously agreed to by the originator for that purpose; or

(b) the data message as received by the addressee resulted from the actions of a person whose relationship with the originator or with any agent of the originator enabled that person to gain access to a method used by the originator to identify data messages as its own.

(4) Paragraph (3) does not apply:

(a) as of the time when the addressee has both received notice from the originator that the data message is not that of the originator, and had reasonable time to act accordingly; or

(b) in a case within paragraph (3) (b), at any time when the addressee knew or should have known, had it exercised reasonable care or used any agreed procedure, that the data message was not that of the originator.

(5) Where a data message is that of the originator or is deemed to be that of the originator, or the addressee is entitled to act on that assumption, then, as between the originator and the addressee, the addressee is entitled to regard the data message as received as being what the originator intended to send, and to act on that assumption. The addressee is not so entitled when it knew or should have known, had it exercised reasonable care or used any agreed procedure, that the transmission resulted in any error in the data message as received.

(6) The addressee is entitled to regard each data message received as a separate data message and to act on that assumption, except to the extent that it duplicates another data message and the addressee knew or should have known, had it exercised reasonable care or used any agreed procedure, that the data message was a duplicate.

Article 14. Acknowledgement of receipt

(1) Paragraphs (2) to (4) of this article apply where, on or before sending a data message, or by means of that data message, the originator has requested or has agreed with the addressee that receipt of the data message be acknowledged.

(2) Where the originator has not agreed with the addressee that the acknowledgement be given in a particular form or by a particular method, an acknowledgement may be given by

(2) 창작자와 수신인 사이에서 데이터메시지가 만약에 다음과 같이 보내졌다면 그것은 창작자의 것으로 간주된다.

    (a) 데이터메시지에 관해서 창작자를 대신해서 행동할 수 있는 권한을 가진 사람에 의해서 혹은

    (b) 창작자를 대신하거나 또는 그 사람에 의해서 자동적으로 작동되게 프로그램된 정보체제 시스템에 의해서

(3) 창작자와 수신인 사이에서 수신인은 데이터메시지를 창작자의 것으로 할 수 있고, 또 다음 경우에 그렇게 가정해서 행동할 수 있다(권리가 있다).

    (a) 데이터 메시지가 창작자의 것인지 확인하기 위해서 수신인은 창작자가 사전에 승인한 절차를 적절히 활용할 수 있다.

    (b) 수신인이 수신한 데이터메시지가 창작자와 관련된 사람이나 창작자의 대리인의 행동에 의하여 수신되었다면, 수신인은 데이터메시지가 창작자의 것인지 확인하기 위하여 창작자에 의하여 사용된 방법에 대하여 접근할 수 있다.

(4) 제3항은 다음의 경우에 적용되지 않는다.

    (a) 수신인이 창작자로부터 그 데이터메시지가 그의 것이 아니라는 통보를 받게 되는 때부터, 그래서 제대로 행동할 충분한 시간을 가졌을 때

    (b) 제3항의 (b)의 경우, 충분히 주의를 하였거나 승인된 절차를 거쳤다면 그 데이터메시지는 창작자의 것이 아니라는 사실을 수신인이 알았거나 알 수 있었던 때

(5) 데이터의 메시지가 창작자의 것이거나, 창작자의 것으로 여겨지는 경우, 또는 창작자와 수신인 사이에서 수신인이 그렇게 믿고 행동할 수 있는 권리가 있는 곳에서는 수신인은 수신된 데이터메시지를 창작자가 보내려 했던 것으로 볼 수 있다. 또 그러한 가정에서 수신인은 행동할 수 있다. 다만 수신인은 적절한 주의 또는 승인된 절차에 의해서 그 송신이 데이터메시지에 에러를 발생시켰다는 것을 알았거나 알 수 있었다면 그러한 자격은 없다.

(6) 수신인은 수신된 데이터메시지들을 각각 별개의 데이터메시지로 볼 수 있고, 또 그러한 가정에서 행동할 수 있다. 다만 그것이 다른 데이터메시지를 복제하였거나, 수신인이 충분히 주의를 하였거나 승인된 절차를 거쳤다면 그 데이터메시지가 복제된 것이라는 것을 알았거나 알 수 있었을 경우에는 그러하지 아니하다.

제14조 수령의 확인

(1) 본 조의 제2항 내지 제4항은 데이터메시지를 보내기 전이나 보낼 때에, 창작자가 데이터메시지의 수령의 확인을 요구했었거나, 수신인과 사이에 데이터메시지의 수령의 사실을 확인해 주기로 합의한 경우에 적용된다.

(2) 창작자와 수신인사이에 수취가 되었음을 알리는 특정한 형태 혹은 특별한 방법을 정하지 아니한 때에는 다음에 의하여 수취가 된 것으로 볼 수 있다.

    (a) any communication by the addressee, automated or otherwise, or

    (b) any conduct of the addressee, sufficient to indicate to the originator that the data message has been received.

(3) Where the originator has stated that the data message is conditional on receipt of the acknowledgement, the data message is treated as though it has never been sent, until the acknowledgement is received.

(4) Where the originator has not stated that the data message is conditional on receipt of the acknowledgement, and the acknowledgement has not been received by the originator within the time specified or agreed or, if no time has been specified or agreed, within a reasonable time the originator:

    (a) may give notice to the addressee stating that no acknowledgement has been received and specifying a reasonable time by which the acknowledgement must be received; and

    (b) if the acknowledgement is not received within the time specified in subparagraph (a), may, upon notice to the addressee, treat the data message as though it had never been sent, or exercise any other rights it may have.

(5) Where the originator receives the addressee's acknowledgement of receipt, it is presumed that the related data message was received by the addressee. That presumption does not imply that the data message corresponds to the message received.

(6) Where the received acknowledgement states that the related data message met technical requirements, either agreed upon or set forth in applicable standards, it is presumed that those requirements have been met.

(7) Except in so far as it relates to the sending or receipt of the data message, this article is not intended to deal with the legal consequences that may flow either from that data message or from the acknowledgement of its receipt.

Article 15. Time and place of dispatch and receipt of data messages

(1) Unless otherwise agreed between the originator and the addressee, the dispatch of a data message occurs when it enters an information system outside the control of the originator or of the person who sent the data message on behalf of the originator.

(2) Unless otherwise agreed between the originator and the addressee, the time of receipt of a data message is determined as follows:

    (a) if the addressee has designated an information system for the purpose of receiving data messages, receipt occurs:

        (i) at the time when the data message enters the designated information system; or

        (ii) if the data message is sent to an information system of the addressee that is not the designated information system, at the time when the data message is retrieved by the addressee;

    (b) if the addressee has not designated an information system, receipt occurs when the data message enters an information system of the addressee.

(3) Paragraph (2) applies notwithstanding that the place where the information system is located may be different from the place where the data message is deemed to be received under paragraph (4).

(a) 수신인 혹은 자동화되거나 그 밖에 다른 방법에 의한 통화

(b) 충분히 데이터메시지를 받았다는 것을 창작자가 확인할 수 있는 수신인의 행동

(3) 창작자가 데이터메시지의 확인을 조건으로 한 경우에는 데이터메시지의 수령확인이 창작자에게 도착할 때까지는 그것이 전송되지 않은 것으로 취급된다.

(4) 창작자가 데이터메시지의 수령확인을 조건으로 하지 않았고 지정하였거나 약속한 시간 안에 창작자에게 확인(수신인으로부터)이 도달하지 아니 하였거나 혹은 지정이나 약속한 시간이 없는 경우 상당한 시간 내에 창작자가 확인을 받지 못한 경우에, 창작자는 다음과 같이 할 수 있다.

    (a) 수신인에게 확인이 되지 않았다는 사실을 통보하거나, 확인을 보내는데 필요한 상당한 시간을 정하여 최고할 수 있다.

    (b) 만약(a)에서 주어진 시간 안에 수신인으로부터 확인을 받지 못하였다면, 창작자는 자기의 데이터메시지가 처음부터 전송되지 않은 것으로 취급하고, 그에 따른 권리가 있다면 이를 행사할 수 있다.

(5) 창작자가 수신인의 확인을 받은 경우에는, 관련된 데이터메시지가 수신인에 의하여 받은 것으로 간주된다. 그러한 가정은 데이터메시지가 수신된 메시지에 답장한 것을 의미하지는 않는다.

(6) 수신된 확인에서 관련된 데이터메시지가 기술적 요구사항에 충족된다는 기술이 있는 경우에는 데이터메시지의 요건을 갖춘 것으로 본다. 여기서 기술적 요구사항은 합의되거나, 적절한 기준으로 나아가는 것이다.

(7) 데이터메시지의 송수신에 관련되는 것을 제외하고, 본 조약은 데이터메시지나 영수증의 수취로부터 나올 수 있는 법적 결과(중요성)를 다루지는 않는다.

제15조 데이터메시지의 발송 및 수령의 시간과 장소

(1) 창작자와 수신인사이에 달리 합의가 없는 한, 데이터메시지의 전송은 창작자나 창작자를 대신해서 데이터메시지를 보내는 자가 통제할 수 없는 정보시스템에서 하게 된다.

(2) 창작자와 수신인사이에 달리 합의가 없는 한, 데이터메시지의 수령시간은 다음과 같이 정해진다.

    (a) 만약 수신인이 데이터메시지를 받기 위해서 정보시스템을 지정했다면, 수령은 다음의 경우에 생긴다.

        (ⅰ) 데이터메시지가 정해진 정보시스템에 들어올 때, 또는

        (ⅱ) 만약 수신인이 지정한 것과 다른 정보시스템으로 데이터메시지가 보내졌다면, 수신인에 의해 데이터메시지가 수신된 때

    (b) 만약 수신인이 정보시스템을 지정하지 않았다면, 수령은 데이터메시지가 수신인의 정보시스템에 들어온 때 생긴다.

(3) 제2항은 정보시스템이 위치한 장소가 아래의 제4항에서 데이터메시지가 수신된 것으로 여겨지는 장소와 다른 경우에도 적용된다.

(4) Unless otherwise agreed between the originator and the addressee, a data message is deemed to be dispatched at the place where the originator has its place of business, and is deemed to be received at the place where the addressee has its place of business. For the purposes of this paragraph:

(a) if the originator or the addressee has more than one place of business, the place of business is that which has the closest relationship to the underlying transaction or, where there is no underlying transaction, the principal place of business;

(b) if the originator or the addressee does not have a place of business, reference is to be made to its habitual residence.

(5) The provisions of this article do not apply to the following: [⋯].

PART TWO. ELECTRONIC COMMERCE IN SPECIFIC AREAS

CHAPTER I. CARRIAGE OF GOODS

Article 16. Actions related to contracts of carriage of goods

Without derogating from the provisions of part I of this Law, this chapter applies to any action in connection with, or in pursuance of, a contract of carriage of goods, including but not limited to:

(a) (i) furnishing the marks, number, quantity or weight of goods;

(ii) stating or declaring the nature or value of goods;

(iii) issuing a receipt for goods;

(iv) confirming that goods have been loaded;

(b) (i) notifying a person of terms and conditions of the contract;

(ii) giving instructions to a carrier;

(c) (i) claiming delivery of goods;

(ii) authorizing release of goods;

(ii) giving notice of loss of, or damage to, goods;

(d) giving any other notice or statement in connection with the performance of the contract;

(e) undertaking to deliver goods to a named person or a person authorized to claim delivery;

(f) granting, acquiring, renouncing, surrendering, transferring or negotiating rights in goods;

(g) acquiring or transferring rights and obligations under the contract.

Article 17. Transport documents

(1) Subject to paragraph (3), where the law requires that any action referred to in article 16 be carried out in writing or by using a paper document, that requirement is met if the action is carried out by using one or more data messages.

(4) 창작자와 수신인사이에 달리 합의가 없는 한, 데이터메시지는 창작자의 영업소로부터 전송한 것으로 간주하고, 수신인의 영업소에서 수령한 것으로 간주한다. 이 조문을 보충하면 다음과 같다.

    (a) 만약 창작자나 수신인이 두 곳 이상의 영업소를 가졌다면, 영업소는 주거래와 가장 가까운 관계의 곳 이거나 주거래가 없는 곳에서는 영업의 주된 장소가 된다.

    (b) 만약 창작자와 수신인이 영업소를 가지고 있지 않다면, 그 상주소지(habital residence)가 기준으로 된다.

(5) 본조의 규정은 다음의 경우 [...]에는 적용되지 않는다.

제2편 특수한 지역에서 전자상거래

제1장 상품운송

제16조 상품운송계약과 관련된 조치

이 법 제1편의 조항들을 위반하지 않는 한, 이 장은 상품운송계약과 관련되거나, 상품운송계약에 따르는 조치들에 적용된다. 이러한 조치로는 다음 것들이 포함된다.

(a)　(ⅰ) 상품의 표시, 수, 양, 무게를 나타내는 것

　　　(ⅱ) 상품의 가치 또는 성질의 발표 또는 진술

　　　(iii) 상품에 대한 영수증(수령)의 문제

　　　(iv) 상품이 적하되어 왔다는 확인

(b)　(ⅰ) 계약의 조건과 기간을 통지하는 것

　　　(ⅱ) 운반자에게 지시를 하는 것

(c)　(ⅰ) 상품의 인도를 요구

　　　(ⅱ) 상품포기를 위임하는 것

　　　(iii) 상품의 하자나 수량부족의 통지를 주는 것

(d)　계약의 수행과 관련된 진술이나 다른 통지를 주는 것

(e)　지정된 사람 또는 배달을 요구할 권리를 가진 사람에게 상품의 배달 책임을 떠맡는 것

(f)　상품의 교부, 획득, 포기, 양도, 운반 또는 협상하는 권리

(g)　계약상의 권리의무의 획득과 양도

제17조 운송장

(1) 본조 제3항에 의거하여, 법이 제16조에서 언급된 조치를 성문화하기를 요구하거나, 서류를 사용함으로써 수행되기를 요구한다면, 그러한 요건은 조치가 하나 또는 복수의 데이터메시지로서 이루어졌을 때, 충족된다.

(2) Paragraph (1) applies whether the requirement therein is in the form of an obligation or whether the law simply provides consequences for failing either to carry out the action in writing or to use a paper document.

(3) If a right is to be granted to, or an obligation is to be acquired by, one person and no other person, and if the law requires that, in order to effect this, the right or obligation must be conveyed to that person by the transfer, or use of, a paper document, that requirement is met if the right or obligation is conveyed by using one or more data messages, provided that a reliable method is used to render such data message or messages unique.

(4) For the purposes of paragraph (3), the standard of reliability required shall be assessed in the light of the purpose for which the right or obligation was conveyed and in the light of all the circumstances, including any relevant agreement.

(5) Where one or more data messages are used to effect any action in subparagraphs (f) and (g) of article 16, no paper document used to effect any such action is valid unless the use of data messages has been terminated and replaced by the use of paper documents. A paper document issued in these circumstances shall contain a statement of such termination. The replacement of data messages by paper documents shall not affect the rights or obligations of the parties involved.

(6) If a rule of law is compulsorily applicable to a contract of carriage of goods which is in, or is evidenced by, a paper document, that rule shall not be inapplicable to such a contract of carriage of goods which is evidenced by one or more data messages by reason of the fact that the contract is evidenced by such data message or messages instead of by a paper document.

(7) The provisions of this article do not apply to the following: [⋯].

(2) 제1항은 그 요건이 의무의 형태로 되어 있든지 또는 법이 성문화 또는 서류사용이 되어 있지 않은 것에 대한 중대성을 단순히 지적한 것이든지 간에 적용된다.

(3) 권리와 의무가 한 사람에게 모두 귀속된 경우에 이것이 법률상 유효하게 되기 위해서는 권리 또는 의무가 양도절차에 의하여 그 사람에게 이전되었거나, 서류에 의한 것이어야 한다. 만약 권리 혹은 의무가 하나 또는 그 이상의 데이터메시지를 사용함으로써 양도된다면, 그 요건은 충족될 것이며, 이 경우 적절한 방법에 의하여 이러한 데이터메시지 혹은 메시지는 독특한 것으로 된다.

(4) 제3항과 관련하여, 요구되는 신뢰성의 기준은 권리나 의무가 양도되는 목적 및 적절한 합의를 포함한 모든 상황을 감안하여 평가되어야 한다.

(5) 하나 또는 그 이상의 데이터메시지가 제16조의 (f)와 (g)의 조치를 유효하게 만드는 경우, 데이터메시지의 사용이 문서 사용에 의해 폐기되거나 대체되지 않는다면, 어떤 문서도 이와 같은 조치를 유효화시키지 않는다는 것은 옳다. 이러한 상황에서 종이서류의 폐기가 문제로 될 것이다. 종이서류에 의한 데이터메시지의 대체는 관련당사자들의 권리와 의무에 영향을 끼치지 못할 것이다.

(6) 만약 법규가 서면으로 증명된 상품운반계약에 강행적으로 적용될 수 있다면, 이는 계약이 서면 대신에 데이터메시지로 증명된다고 하여, 하나 또는 이상의 데이터메시지에 의하여 증명되는 상품운송계약에 적용할 수 없는 것은 아닐 것이다.

(7) 본조의 규정은 다음의 경우 [...]에는 적용되지 않는다.

02

International Rules on the Transport of Trade

2-1 Hague Rules, 1924

Article 1.

In this convention the following words are employed with the meaning set out below :

(a) "Carrier" includes the owner or the charterer who enters into a contract of carriage with a shipper.

(b) "Contract of carriage" applies only to contracts of carriage covered by a bill of lading or any similar document of title, in so far as such document relates to the carriage of goods by sea, including any bill of lading or any similar document as aforesaid issued under or pursuant to a charter party from the moment at which such bill of lading or similar document of title regulates the relations between a carrier and a holder of the same.

(c) "Goods" includes goods, wares, merchandises, and articles of every kind whatsoever except live animals and cargo which by the contract of carriage is stated as being carried on deck and is so carried.

(d) "Ship" means any vessel used for the carriage of goods by sea.

(e) "Carriage of goods" covers the period from the time when the goods are loaded on to the time they are discharged from the ship.

Article 2.

Subject to the provisions of Article 6, under every contract of carriage of goods by sea the carrier, in relation to the loading, handling, stowage, carriage, custody, care and discharge of such goods, shall be subject to the responsibilities and liabilities and entitled to the rights and immunities hereinafter set forth.

Article 3.

1. The carrier shall be bound before and at the beginning of the voyage to exercise due diligence to -

   (a) Make the ship seaworthy.

   (b) Properly man, equip and supply the ship.

   (c) Make the holds, refrigerating and cool chambers, and all other parts of the ship in which goods are carried, fit and safe for their reception, carriage and preservation.

2. Subject to the provisions of Article 4, the carrier shall properly and carefully load, handle, stow, carry, keep, care

02

국제무역운송 관련 규칙

헤이그 규칙, 1924

제1조 용어의 정의

이 협약에서 다음의 용어는 다음에서 설명하는 의미로 사용된다.

(a) "운송인"이란 송화인과 운송계약을 체결하는 선주 또는 용선자를 포함한다.

(b) "운송계약"이란 용선계약에 의하여, 그리고 그 조건에 따라 발행된 선화증권 및 이와 유사한 권리증서를 포함한다. 다만 이러한 선화증권 또는 이와 유사한 권리증서가 운송인과 선화증권을 소지한 자 간의 관계를 규정하는 순간부터 또 이러한 증서가 해상운송에 관계되는 운송계약인 경우에만 적용된다.

(c) "물품"이란 산 동물과 운송계약에 의하여 갑판적재화물이라고 기재되고 또 그렇게 운송되는 화물을 제외한 모든 종류의 물품, 제품 및 상품을 포함한다.

(d) "선박"이란 해상운송에 사용되는 일체의 선박을 뜻한다.

(e) "물품운송"의 기간은 물품이 선박에 적재되는 순간부터 선박으로부터 물품이 양화될 때까지의 기간을 말한다.

제2조 운송인의 권리와 책임

제6조의 규정의 경우를 제외하고, 모든 해상운송계약에서 운송인은 화물의 선적, 취급, 적부(선내작업), 운송, 보관, 관리 및 양화에 관하여 다음에 열거되는 의무와 책임을 지며, 또 권리와 면책권을 갖는다.

제3조 운송인의 의무

1. 운송인은 항해전과 항해시에 상당한 주의를 갖고 다음의 사항을 이행하여야 한다.

(a) 선박으로 하여금 내항능력을 갖추도록 한다.

(b) 선원의 승선, 선박 의장 및 필수품의 보급을 적절히 한다.

(c) 화물이 운송될 선창, 냉동실, 냉기실 및 기타 화물을 적재할 모든 장소를 화물의 수령, 운송 및 보존에 적합하고 안전하게 한다.

2. 제4조의 규정의 적용을 받는 경우를 제외하고는 운송인은 적절하고 신중하게 화물을 적재, 취급, 선내

for, and discharge the goods carried.

3. After receiving the goods into his charge the carrier or the master or agent of the carrier shall, on demand of the shipper, issue to the shipper a bill of lading showing among other things -

    (a) The leading marks necessary for identification of the goods as the same are furnished in writing by the shipper before the loading of such goods starts, provided such marks are stamped or otherwise shown clearly upon the goods if uncovered, or on the cases or coverings in which such goods are contained, in such a manner as should ordinarily remain legible until the end of the voyage.

    (b) Either the number of packages or pieces, or the quantity, or weight, as the case may be, as furnished in writing by the shipper.

    (c) The apparent order and condition of the goods.

    Provided that no carrier, master or agent of the carrier shall be bound to state or show in the bill of lading any marks, number, quantity, or weight which he has reasonable ground for suspecting not accurately to represent the goods actually received, or which he has no reasonable means of checking.

4. Such a bill of lading shall be prima facie evidence of the receipt by the carrier of the goods as therein described in accordance with paragraph 3 (a), (b) and (c).

5. The shipper shall be deemed to have guaranteed to the carrier the accuracy at the time of shipment of the marks, number, quantity and weight, as furnished by him, and the shipper shall indemnify the carrier against all loss, damages and expenses arising or resulting from inaccuracies in such particulars. The right of the carrier to such indemnity shall in no way limit his responsibility and liability under the contract of carriage to any person other than the shipper.

6. Unless notice of loss or damage and the general nature of such loss or damage be given in writing to the carrier or his agent at the port of discharge before or at the time of the removal of the goods into the custody of the person entitled to delivery thereof under the contract of carriage, or, if the loss or damage be not apparent, within three days, such removal shall be prima facie evidence of the delivery by the carrier of the goods as described in the bill of lading.

    If the loss or damage is not apparent, the notice must be given within three days of the delivery of the goods.

    The notice in writing need not be given if the state of the goods has, at the time of their receipt, been the subject of joint survey or inspection.

    In any event the carrier and the ship shall be discharged from all liability in respect of loss or damage unless suit is brought within one year after delivery of the goods or the date when the goods should have been delivered.

    In the case of an actual or apprehended loss or damage the carrier and the receiver shall give all reasonable facilities to each other for inspecting and tallying the goods.

작업(적부), 운송, 보관, 관리 및 양화하여야 한다.

3. 운송인, 선장 또는 운송인의 대리인은 화물을 자기 관리하에 인수한 후 송화인의 요구에 따라 여타 사항 가운데 다음의 사항을 기재한 선화증권을 송화인에게 발행하여야 한다.

   (a) 화물의 적재가 시작되기 전에 송화인이 서면으로 통지한 것과 동일한 화물임을 입증하는 데 필요한 주요 화인. 다만, 이러한 화인은 무포장일 때는 동 화물 자체에, 그리고 포장화물일 때는 화물이 들어 있는 상자나 포장에 항해가 종료될 때까지 통상 읽어 볼 수 있는 그러한 방법으로 명확히 압인되거나 그 밖의 방법으로 표시되어야 한다.

   (b) 송화인이 서면으로 통지한 대로 포장 및 개품의 수 또는 경우에 따라 수량이나 중량.

   (c) 화물의 외관상태.

다만, 운송인, 선장 또는 운송인의 대리인은 화물의 화인, 수량, 용적 또는 중량이 실제로 인수한 화물을 정확히 나타내지 못한다고 의심할 만한 정당한 근거가 있거나, 또는 이를 검사할 적절한 방법이 없는 경우에는 선화증권에 이를 기재하거나 표시할 의무가 없다.

4. 이와 같은 선화증권은 전기 제3항의 (a), (b), (c)에 따라 기재된 대로 운송인의 화물을 인수하였다는 추정적인 증거가 된다.

5. 송화인은 선적시 자기가 통지한 대로 화인, 숫자, 수량 및 중량의 정확성을 운송인에게 보증한 것으로 간주되며, 또한 송화인은 이러한 사항에 있어서 부정확성으로 인하여 발생되는 모든 손실, 손상 및 비용에 대해서 운송인에게 보상하여야 한다. 이러한 손해배상에 대한 운송인의 권리를 운송인이 송화인 이외의 모든 자에 대한 운송계약상의 의무와 책임을 어떠한 방법으로도 제한하지 않는다.

6. 운송계약에 의해서 화물을 인도받을 권리를 부여받은 자에게 화물이 이전 보관되기 이전, 또는 그 당시에 양화항에서 운송인 또는 그의 대리인에게 멸실, 손상과 또 이러한 멸실 및 손상의 개략적인 설명에 대한 통지를 서면으로 하지 않는 한, 또 만일 멸실이나 손상이 외관상 분명치 않은 경우에는 3일 이내에 이러한 통지를 하지 않으면 이러한 화물의 이전은 선화증권에 기재된 대로 동 화물을 운송인이 인도하였다는 추정적인 증거가 된다.

화물의 인수 당시 동 화물의 상태가 공동조사나 검사의 대상이 되었을 경우에 서면통지는 필요하지 않다.

화물이 인도된 날로부터, 또는 동 화물이 인도되었어야 하는 날로부터 1년 내에 소송이 제기되지 않으면 운송인 및 선박은 어떠한 경우에 있어서도 멸실 및 손상에 관련된 모든 책임으로부터 면제된다.

현실적 또는 추정적 멸실이나 손상이 발생한 경우에 운송인과 수화인은 화물을 검사하거나 검수하기 위한 모든 합리적인 편의를 상호 제공하여야 한다.

7. After the goods are loaded the bill of lading to be issued by the carrier, master, or agent of the carrier, to the shipper shall, if the shipper so demands, be a "shipped" bill of lading, provided that if the shipper shall have previously taken up any document of title to such goods, he shall surrender the same as against the issue of the "shipped" bill of lading, but at the option of the carrier such document of title may be noted at the port of shipment by the carrier, master, or agent with the name or names of the ship or ships upon which the goods have been shipped and the date or dates of shipment, and when so noted, if it shows the particulars mentioned in paragraph 3 of Article 3, shall for the purpose of this article be deemed to constitute a "shipped" bill of lading.

8. Any clause, covenant, or agreement in a contract of carriage relieving the carrier or the ship from liability for loss or damage to, or in connection with, goods arising from negligence, fault, or failure in the duties and obligations provided in this article or lessening such liability otherwise than as provided in this convention, shall be null and void and of no effect. A benefit of insurance in favour of the carrier or similar clause shall be deemed to be a clause relieving the carrier from liability.

Article 4.

1. Neither the carrier nor the ship shall be liable for loss or damage arising or resulting from un-seaworthiness unless caused by want of due diligence on the part of the carrier to make the ship seaworthy, and secure that the ship is properly manned, equipped and supplied, and to make the holds, refrigerating and cool chambers and all other parts of the ship in which goods are carried fit and safe for their reception, carriage and preservation in accordance with provisions of paragraph 1 of Article 3. Whenever loss or damage has resulted from un-seaworthiness the burden of proving the exercise of due diligence shall be on the carrier or other person claiming exemption under this article.

2. Neither the carrier not the ship shall be responsible for loss or damage arising or resulting from -

    (a) Act, neglect, or default of the master, mariner, pilot, or the servants of the carrier in the navigation or in the management of the ship.

    (b) Fire, unless caused by the actual fault or privity of the carrier.

    (c) Perils, dangers and accidents of the sea or other navigable waters.

    (d) Act of God.

    (e) Act of war.

    (f) Act of public enemies.

    (g) Arrest or restraint of princes, rulers or people, or seizure under legal process.

    (h) Quarantine restrictions.

    (i) Act or omission of the shipper or owner of the goods, his agent or representative.

    (j) Strikes or lockouts or stoppage or restraint of labour from whatever cause, whether partial or general.

    (k) Riots and civil commotions.

7. 화물이 선적된 후 운송인, 선장 또는 운송인의 대리인이 송화인에게 교부하는 선화증권은 송화인이 요구한다면 "선적" 선화증권이어야 한다. 다만, 송화인이 이미 동 화물에 대한 다른 어떤 권리증을 수령하였을 경우에는 "선적" 선화증권의 교부와 상환하여 동 권리증서를 반환하여야 한다. 그러나, 운송인의 재량에 따라 운송인, 선장 또는 운송인의 대리인은 동 권리증서에 화물이 선적된 선박명과 선적일자를 선적항에서 기재할 수 있으며, 이와 같이 기재되고 동 권리증서가 제3조 제3항에 규정된 사항을 표시할 경우, 이러한 권리증서는 이 조의 목적상 "선적" 선화증권의 요건을 구비한 것으로 간주한다.

8. 이 협약에 규정되어 있는 의무를 태만, 과실 또는 불이행으로 발생된 화물의 멸실, 손상 또는 화물과 관련된 멸실, 손상에 대한 책임으로부터 운송인 또는 선박을 면제시키거나, 이 협약의 규정과 달리 이러한 책임을 경감시키는 운송계약상의 일체의 조항, 계약 또는 합의사항은 무효로 한다. 운송인을 수익자로 한 보험이익 또는 이와 유사한 모든 조항은 운송인을 책임으로부터 면제시키는 것으로 간주한다.

제4조 운송인의 면책

1. 제3조 제1항의 규정에 따라 선박을 내항상태로 하고 선박의 승조원(乘組員)배치, 의장(艤裝) 및 필수보급품들을 적절히 하고 선박의 선창, 냉동실, 냉기실 및 기타 화물을 적재할 모든 장소를 화물의 인수, 운송, 보관에 적합하고 안전하게 하는 데 있어서, 운송인이 상당한 주의를 하지 않은 데에 그 원인이 있지 않는 한, 선박의 불내항성으로 인하여 발생되는 멸실 또는 손상 등에 대하여 운송인이나 선박이 공히 책임을 지지 않는다. 선박의 불내항성으로 인하여 멸실이나 손상이 발생하는 경우에는 상당한 주의를 기울였다는 것을 증명할 책임은 이 조의 규정에 의거 면책을 주장하는 운송인 또는 그 밖의 자에게 있다.

2. 운송인이나 선박은 다음 각호로 인하여 발생하는 멸실 또는 손상에 대하여 책임을 지지 않는다.

   (a) 선박의 운항 또는 선박관리에 있어서 선장, 선원, 수로안내인 또는 운송인의 고용인의 행위와 태만 또는 과실에 의한 손실.

   (b) 운송인의 사실상의 과실 또는 고의에 의한 경우를 제외한 화재로 인한 손실.

   (c) 해상 또는 기타의 가항수로(可航水路)에서의 재해, 위험 또는 사고로 인한 손실.

   (d) 천재지변에 의한 손실.

   (e) 전쟁행위에 의한 손실.

   (f) 공적의 행위로 인한 손실.

   (g) 군주, 통치자 또는 인민에 의한 구속, 억류 또는 재판상의 차압에 의한 손실.

   (h) 검역상의 제한에 의한 손실.

   (i) 화물의 송화인, 소유권자 또는 이들의 대리인이나 지정인의 태만행위에 의한 손실.

   (j) 원인 여하를 불문하고 부분적이거나 전면적이거나 간에 동맹파업, 직장폐쇄, 노동의 정지 또는 방해에 의한 손실

   (k) 폭동 및 내란에 의한 손실.

(l) Saving or attempting to save life or property at sea.

(m) Wastage in bulk or weight or any other loss or damage arising from inherent defect, quality or vice of the goods.

(n) Insufficiency of packing.

(o) Insufficiency or inadequacy of marks.

(p) Latent defects not discoverable by due diligence.

(q) Any other cause arising without the actual fault or privity of the carrier, or without the fault or neglect of the agents or servants of the carrier, but the burden of proof shall be on the person claiming the benefit of this exception to show that neither the actual fault or privity of the carrier nor the fault or neglect of the agents or servants of the carrier contributed to the loss or damage.

3. The shipper shall not be responsible for loss or damage sustained by the carrier or the ship arising or resulting from any cause without the act, fault or neglect of the shipper, his agents or his servants.

4. Any deviation in saving or attempting to save life or property at sea or any reasonable deviation shall not be deemed to be an infringement or breach of this convention or of the contract of carriage, and the carrier shall not be liable for any loss or damage resulting therefrom.

5. Neither the carrier nor the ship shall in any event be or become liable for any loss or damage to or in connection with goods in an amount exceeding 100 per package or unit, or the equivalent of that sum in other currency unless the nature and value of such goods have been declared by the shipper before shipment and inserted in the bill of lading.

This declaration if embodied in the bill of lading shall be prima facie evidence, but shall not be binding or conclusive on the carrier.

By agreement between the carrier, master or agent of the carrier and the shipper another maximum amount that mentioned in this paragraph may be fixed, provided that such maximum shall not be less than the figure above named. Neither the carrier nor the ship shall be responsible in any event for loss or damage to, or in connection with, goods if the nature or value thereof has been knowingly misstated by the shipper in the bill of lading.

6. Goods of an inflammable, explosive or dangerous nature to the shipment whereof the carrier, master or agent of the carrier has not consented with knowledge of their nature and character, may at any time before discharge be landed at any place, or destroyed or rendered innocuous by the carrier without compensation and the shipper of such goods shall be liable for all damages and expenses directly or indirectly arising out of or resulting from such shipment. If any such goods shipped with such knowledge and consent shall become a danger to the ship or cargo, they may in like manner be landed at any place, or destroyed or rendered innocuous by the carrier without liability on the part of the carrier except to general average, if any.

(l) 해상에서의 인명 및 재산의 구조 또는 구조하기 위한 기도(企圖)에 의한 손실.

(m) 화물고유의 하자 및 화물의 품질 또는 결함으로 인하여 발생하는 용적 또는 중량의 감손(減損)이나 기타의 일체의 멸실 또는 손상.

(n) 포장의 불충분에 의한 손실.

(o) 화인의 불충분 및 부적당함에 의한 손실.

(p) 상당한 주의를 하여도 발견할 수 없는 잠재적인 하자에 의한 손실.

(q) 운송인의 사실상의 과실이나 고의에 의하지 않거나 또 운송인의 대리인이나 고용인의 과실이나 태만에 의하지 않은 기타의 모든 원인, 그러나 화물의 멸실이나 손상이 운송인의 사실상의 과실이나 고의 또는 운송인의 대리인이나 고용인의 과실이나 태만에 의하여 발생하지 않았다는 것을 입증하는 책임은 이러한 면책의 혜택을 주장하는 자에게 있다.

3. 송화인은 송화인, 그의 대리인 또는 그의 고용인의 행위, 과실 또는 태만에 의하지 않은 원인으로 인하여 발생한 운송인이나 선박이 입은 멸실이나 손해에 대하여 책임을 지지 않는다.

4. 해상에서 인명 또는 재산을 구조하거나 이러한 구조를 시도하기 위한 이로(離路) 또는 그 외의 합리적인 이로는 이 협약이나 운송계약의 위반이나 침해로 간주하지 않으며, 운송인은 이러한 것에 의해 발생된 일체의 멸실이나 손상에 대하여 책임을 지지 않는다.

5. 운송인이나 선박은 어떠한 경우에도 화물의 멸실이나 손상 또는 화물과 관련된 멸실이나 손상에 대하여 송화인이 선적 전에 이러한 화물의 성질과 가격을 고지하고 선화증권에 기재하지 않은 경우에는 포장당 또는 단위당 100파운드를 초과하거나 또 다른 통화로 100파운드 상당액을 초과하는 경우에는 책임을 지지 않는다.

이와 같이 화물의 성질과 가격이 선화증권에 구체적으로 표현되어 있을 경우 이러한 기재는 추정증거가 된다. 그러나 이러한 기재가 운송인을 구속하거나 결정적 증거가 되는 것은 아니다. 운송인, 선장 또는 운송인의 대리인과 송화인은 합의에 의하여 이 조항에 규정되어 있는 금액보다 많은 최고금액을 정할 수도 있다. 다만, 이러한 협정최고액은 위에 언급된 금액보다 적어서는 안 된다.

송화인이 화물의 성질과 가격을 고의로 허위통지함으로써 선화증권에 잘못 기재되는 경우에는 운송인이나 선박은 화물의 멸실이나 손상 또는 화물과 관련된 멸실이나 손상에 대해 어떠한 경우에도 책임을 지지 않는다.

6. 인화성, 폭발성 또는 위험성이 있는 선적화물로서 운송인, 선장 또는 운송인의 대리인이 동 물품의 이러한 성질 및 특징을 알지 못했던 화물에 대하여 운송인은 양화 전 언제라도 손해보상의 책임없이 어디서나 양화하거나 파괴 또는 무해화시킬 수 있다. 그리고 이러한 화물의 송화인은 이러한 화물의 선적으로 인하여 직접 또는 간접적으로 발생하는 모든 손해와 비용에 대해서 책임을 진다. 이러한 화물이 운송인이 그 성질을 알면서 선적된 경우에도, 그리고 선박 또는 적화(積貨)에 위험하게 될 경우에 위에 규정된 방법에 의하여 운송인은 공동해손이 성립되는 경우를 제외하고 아무런 책임없이 어떤 장소에서든지 양화시키거나 파괴 또는 무해화시킬 수 있다.

Article 5.

A carrier shall be at liberty to surrender in whole or in part all or any of his rights and immunities or to increase any of his responsibilities and obligations under this convention, provided such surrender or increase shall be embodied in the bill of lading issued to the shipper. The provisions of this convention shall not be applicable to charter parties, but if bills of lading are issued in the case of a ship under a charter party they shall comply with the terms of this convention. Noting in these rules shall be held to prevent the insertion in a bill of lading of any lawful provision regarding general average.

Article 6.

Notwithstanding the provisions of the preceding articles, a carrier, master or agent of the carrier and a shipper shall in regard to any particular goods be at liberty to enter into any agreement in any terms as to the responsibility and liability of the carrier for such goods, and as to the rights and immunities of the carrier in respect of such good, or his obligation as to seaworthiness, so far as this stipulation is not contrary to public policy, or the care or diligence of his servants or agents in regard to the loading, handling, stowage, carriage, custody, care and discharge of the goods carried by sea, provided that in this case no bill of lading has been or shall be issued and that the terms agreed shall be embodied in a receipt which shall be a non-negotiable document and shall be marked as such.

Any agreement so entered into shall have full legal effect.

Provided that this article shall not apply to ordinary commercial shipments made in the ordinary course of trade, but only to other shipments where the character or condition of the property to be carried or the circumstances, terms and conditions under which the carriage is to be performed are such as reasonably to justify a special agreement.

Article 7.

Nothing herein contained shall prevent a carrier or a shipper from entering into any agreement, stipulation, condition, reservation or exemption as to the responsibility and liability of the carrier or the ship for the loss or damage, or in connection with, the custody and care and handling of goods prior to the loading on, and subsequent to, the discharge from the ship on which the goods are carried by sea.

Article 8.

The provision of this convention shall not affect the rights and obligations of the carrier under any statute for the time being in force relating to the limitation of the liability of owners of seagoing vessels.

Article 9.

The monetary units mentioned in this convention are to be taken to be gold value.

Those contracting States in which the pound sterling is not a monetary unit reserve to themselves the right of translating the sums indicated in this convention in terms of pound sterling into terms of their own monetary system in round figures. The national laws may reserve to the debtor the right of discharging his debt in national currency according to the rate of exchange prevailing on the day of the arrival of the ship at the port discharge of the goods concerned.

제5조 운송인의 의무증감 및 권리포기

운송인은 이 협약에 규정된 그의 권리와 면책의 전부 또는 일부를 자유로이 포기하거나 그의 의무와 책임을 자유로이 증가시킬 수 있다. 다만, 이러한 포기나 증가는 송화인에게 발행된 선화증권에 구체화되어 있어야 한다. 이 협약의 규정은 용선계약에는 적용되지 않는다. 그러나 용선계약하의 선박의 경우에서도 선화증권이 발행된다면 이러한 선화증권은 이 협약의 규정에 따른다. 이 규칙의 어떠한 규정도 공동해손에 관한 합법적 규정을 선화증권에 삽입하는 것을 방해하지는 않는다.

제6조 운송인의 계약자유

앞의 각 조의 규정에도 불구하고 운송인, 선장 또는 운송인의 대리인과 송화인은 어떠한 특정화물에 관하여도 동 화물에 대한 운송인의 의무와 책임, 또한 동 화물에 대한 운송인의 권리와 면책에 관하여 이러한 약정이 공공질서에 위배되지 않는 한 내항성에 대한 운송인의 의무, 해상운송화물의 선적, 취급, 적부(선내작업), 운송, 보관, 관리 및 양화에 대한 운송인의 사용인 또는 대리인의 주의 또는 성실성에 관하여 어떠한 조건으로도 자유로이 약정을 할 수 있다. 다만, 이러한 경우 선화증권을 발행하지 않았거나 발행하지 않을 것을 조건으로 하여 약정된 조건의 비유통성 증서라고 명시된 화물수령증에 구체화되어 있어야 한다.

이와 같이 체결된 약정은 완전한 법적 효력을 갖는다. 다만, 이 조항은 통상의 상거래로 이루어진 통상의 상업적 적화에 적용되는 것이 아니고 운송해야 할 재산의 특성과 상태 또는 운송이행에 따르는 사정과 조건이 특약을 정당화할 만큼 합리적이어야 한다.

제7조 선적 전후의 책임에 관한 계약자유

이 협약의 어떠한 규정도 해상운송화물의 선적 전과 운송된 선박으로부터 양화 후에 있어서 화물을 보관, 관리, 취급할 때 또는 이에 관련하여 발생되는 멸실 또는 손상에 대한 운송인 또는 선박의 의무 및 책임에 관하여 운송인이나 송화인이 어떠한 협정, 계약, 조건, 유보 또는 면책을 체결하는 것을 방해하지는 않는다.

제8조 선주의 책임제한

이 협약의 제 규정은 항해선박 선주의 책임을 제한하는데 관계되는 현행법상의 운송인의 권리와 의무에 영향을 미치지 않는다.

제9조 화폐의 기준에 관한 조약

이 협약에서 말하는 화폐단위는 금본위가액으로 한다. 파운드 스털링을 화폐단위로 사용하고 있지 않는 계약당사자 국가들은 이 협약에 파운드 스털링으로 표시된 금액을 자국의 화폐제도에 따라 개수로 환산할 권한을 유보한다. 채무자는 국내법에 의하여 관련화물의 양화항에 선박이 도착하는 당일의 환율에 의하여 자기의 채무를 자국통화로 변제할 권리를 유보한다.

Article 10.

The provisions of this convention shall apply to all bills of lading issued in any of the contracting States.

Article 11.

After an interval of not more than two years from the day on which the convention is signed, the Belgian Government shall place itself in communication with the Governments of the high contracting parties which have declared themselves prepared to ratify the convention, with a view to deciding whether it shall be put into force. The ratifications shall be deposited at Brussels at a date to be fixed by agreement among the said Governments. The first deposit of ratifications shall be recorded in a proces-verbal signed by the representatives of the Powers which take part therein and by the Belgian Minister for Foreign Affairs.

The subsequent deposit of ratifications shall be made by means of a written notification, addressed to the Belgian Government and accompanied by the instrument of ratification.

A duly certified copy of the proces-verbal relating to the first deposit of ratifications, of the notifications referred to in the previous paragraph, and also of the instruments of ratification accompanying them, shall be immediately sent by the Belgian Government through the diplomatic channel, to the Powers who have signed this convention or who have acceded to it. In the cases contemplated in the preceding paragraph, the said Government shall inform them at the same time of the date on which it received the notification.

Article 12.

Non-signatory States may accede to the present convention whether or not they have been represented at the International Conference at Brussels.

A State which desires to accede shall notify its intention in writing to the Belgian Government, forwarding to it the document of accession, which shall be deposited in the archives of the said Government.

The Belgian Government shall immediately forward to all the State which have signed or acceded to the convention a duly certified copy of the notification and of the act of accession, mentioning the date on which it received the notification.

Article 13.

The high contraction parties may at the time of signature, ratification or accession declare that their acceptance of the present convention does not include any or all of the self-governing dominions, or of the colonies, overseas possessions, protectorates or territories under their sovereignly or authority, and they may subsequently accede separately on behalf of any self-governing dominion, colony, overseas possession, protectorate or territory excluded in their declaration. They may also denounce the convention separately in accordance with its provisions in respect of any self-governing dominion, or any colony, overseas possession, protectorate or territory under their sovereignty or authority.

Article 14.

The present convention shall take effect, in the case of the States which have taken part in the first deposit of ratifications, one year after the date of the protocol recording such deposit. As respects the States which ratify subsequently or which accede, and also in

제10조 이 협약의 적용범위

이 협약의 규정은 어느 체약국에서 발행되는 모든 선화증권에도 적용된다.

제11조 협약의 비준

이 협약이 서명된 날로부터 2년의 기간이 경과하기 전에 벨기에 정부는 이 협약의 시행여부를 결정하기 위하여 협약비준의 준비를 선언한 체약당사국 정부와 연락을 취하도록 한다. 협약비준서는 체약국 정부간의 합의에 의해 지정된 일자에 브뤼셀에 기탁되어져야 한다.

비준서의 제1회 기탁은 이에 참가한 국가의 대표들과 벨기에 외무부장관이 서명한 의사록에 기록된다. 그 후의 비준서의 기탁은 벨기에 정부 앞으로 비준서가 첨부된 서면통지의 방법에 의하여 이루어진다.

비준서의 제1회 기탁에 관한 의사록, 전항에서 언급한 통지 및 이에 첨부된 비준서 등의 인증사본은 벨기에 정부가 외교통로를 통하여 이 협약에 서명하거나 가입을 동의한 국가에 즉시 송부하도록 한다. 전항에서 언급된 방식과 같이 서면 통지에 의한 비준이 이루어지는 경우에는 벨기에 정부가 그러한 통지를 접수하는 같은 날짜에 이들의 국가에 알려야 한다.

제12조 협약의 가입

비서명 국가는 브뤼셀 국제협의회에 대표를 파견하였거나, 안하였거나에 관계없이 이 협약에 가입할 수 있다.

가입을 희망하는 국가는 이러한 의향을 벨기에 정부에 서면으로 통지하여야 하며, 벨기에 정부 문서록에 기탁될 가입동의문서를 동 정부에 발송하여야 한다.

벨기에 정부는 이 협약에 서명하거나, 가입동의한 모든 국가에게 이러한 통지서를 접수한 일자를 기입하여 가입동의서 및 통지서의 인증사본을 즉시 송부하도록 한다.

제13조 자치령 등의 개별가입

체약당사국은 이 협약을 서명, 비준, 동의시에 이 협약의 승인이 자국의 주권·권력하에 있는 자치령, 식민지, 해외속령, 보호령 또는 지배령의 전부 또는 그 일부에 대해서는 적용되지 않음을 선언할 수 있으며, 또 동 선언에서 제외된 자치령, 식민지, 해외속령, 보호령 또는 지배령을 대신하여 개별적으로 가입을 동의할 수도 있다.

체약국은 동 규정에 의거 그들의 주권·권력하에 있는 자치령, 식민지, 해외속령, 보호령 또는 지배령에 대해서 개별적으로 협약을 폐기할 수도 있다.

제14조 효력의 발생

이 협약은 비준서의 제1회 기탁에 참가한 국가의 경우에는 동 기탁을 기록한 의정서 날짜로부터 1년 후에 효력을 발생한다. 추후에 이 협약에 비준하거나 동의한 국가에 관하여는, 그리고 제12조에 따라 이 협약이

cases in which the convention is subsequently put into effect in accordance with Article 13, it shall take effect six months after the notifications specified in paragraph 2 of Article 11 and paragraph 2 of Article 12 have been received by the Belgian Government.

Article 15.

In the event of one of the contracting States wishing to denounce the present convention, the denunciation shall be notified in writing to the Belgian Government, which shall immediately communicate a duly certified copy of the notification to all the other States, informing them of the date on which it was received.

The denunciation shall only operate in respect of the State which made the notification, and on the expiry of one after the notification has reached the Belgian Government.

Article 16.

Any one of the contracting States shall have the right to call for a fresh conference with a view to considering possible amendments. A State which would exercise this right should notify its intention to the other States through the Belgian Government, which would make arrangements for convening the Conference.

Done at Brussels, in single copy, August 25, 1924.

2-2 Hamburg Rules, 1978

PREAMBLE

The states parties to this convention, having recognized the desirability of determining by agreement certain rules relating to the carriage of goods by sea.

Have decided to conclude a Convention for this purpose and have thereto agreed as follows :

PART I. GENERAL PROVISIONS

Article 1. Definitions

In this Convention :

1. "Carrier" means any person by whom or in whose name a contract of carriage of goods by sea has been concluded with a shipper.
2. "Actual carrier" means any person to whom the performance of the carriage of the goods , or of part of the carriage, has been entrusted by the carrier, and includes any other person to whom such performance has been entrusted.

추후에 시행될 경우에는 벨기에 정부가 제11조 제2항 및 제12조 제2항에 규정된 통지서를 접수한 날로부터 6개월 후에 효력이 발생한다.

제15조 조약의 폐기

체약국 중 어느 한 국가가 이 협약의 폐기를 원하는 경우에는 그러한 폐기의사를 서면으로 벨기에 정부에 통지하여야 하며, 벨기에 정부는 다른 모든 체약국에게 폐기통지서가 접수된 일자를 알리는 동 폐기통지의 인증사본을 즉시 전달하여야 한다.

협약의 폐기는 그러한 의사를 통지한 국가에 대하여 통지서가 벨기에 정부에 도착된 후 1년을 경과한 때에 효력을 발생하게 된다.

제16조 조약의 개정

체약국 중 어느 나라도 가능한 협약 개정안의 심의를 하기 위하여 새로운 회의를 제기할 권리를 갖는다.

이러한 권리를 행사하려는 국가는 회의소집을 준비하게 될 벨기에 정부를 통하여 그러한 의사를 다른 체약국에게 통지하여야 한다.

1924년 8월 25일 브뤼셀에서 본서 1통을 작성하였다.

2-2 함부르크 규칙, 1978

전 문

이 협약의 체약국은,

해상화물운송에 관한 약간의 규칙을 합의에 의하여 결정하는 것이 바람직하다고 인정하여, 이러한 목적을 위하여 하나의 협약을 체결하고, 이에 다음과 같이 합의하였다.

제1부 총칙

제1조 정 의

이 협약에서,

1. "운송인"이란 스스로 또는 자기 명의로 송화인과 해상화물운송계약을 체결한 자를 말한다.
2. "실제운송인"이란 운송인으로부터 화물운송의 전부 또는 일부의 이행을 위탁받은 자를 말하며, 그러한 이행을 위탁받은 그 외의 자를 포함한다.

3. "Shipper" means any person by whom or in whose name or on whose behalf a contract of carriage of goods by sea has been concluded with a carrier, or any person by whom or in whose name or on whose behalf the goods are actually delivered to the carrier in relation to the contract of carriage by sea.

4. "Consignee" means the person entitled to take delivery of the goods.

5. "Goods" includes live animals ; where the goods are consolidated in a container, pallet or similar article of transport or where they are packed, "goods" includes such article of transport or packaging if supplied by the shipper.

6. "Contract of carriage by sea " means any contract whereby the carrier undertakes against payment of freight to carry goods by sea and also carriage another ; however , a contract which involves carriage by sea and also crriage by some other means is deemed to be a contract of carriage by sea for the purposes of this Convention only in so far as it relates to the carriage by sea.

7. "Bill of lading " means a document which evidences a contract of carriage by sea and the taking over or loading of the goods by the carrier, and by which the carrier undertakes to deliver the goods against surrender of the document. A provision in the document that the goods are to be delivered to the order of a named person, or to order, or to bearer, constitutes such an undertaking.

8. "Writing" includes, inter alia, telegram and telex.

Article 2. Scope of application

1. The provision of this Convention are applicable to all contracts of carriage by sea between two different States, if:

   (a) the port of loading as provided for in the contract of carriage by sea is located in a Contracting States, or

   (b) the port of discharge as provided for in the contract of carriage by sea is located in a Contracting State, or

   (c) one of the optional ports of discharge provided for in the contract of carriage by sea is the actual port of discharge and such port is located in a Contracting State, or

   (d) the bill of lading or other document evidencing the contract of carriage by sea is issued in a Contracting State, or

   (e) the bill of lacing or other document evidencing the contract of carriage by sea provided that the provisions of this Convention or the legislation of any State giving effect to them are to govern the contract.

2. The provision of this Convention are applicable without regard to the nationality of the ship, the carrier, the actual carrier, the shipper, the consignee or any other interested person.

3. The provisions of this Convention are not applicable to charter-parties. However, where a bill of lading is issued pursuant to a charter-party, the provisions of the Convention apply to such a bill of lading if it governs the relation between the carrier and the holder of the bill of lading, not being the charterer.

4. If a contract provides for future carriage of goods in a series of shipments during an agree period, the provisions of this Convention apply to each shipment. However, where a shipment is made under a charter-party, the provisions of paragraph 3 of this Article apply.

3. "송화인"이란 스스로 또는 자기 명의로 또는 대리인으로 하여금 운송인과 해상화물운송계약을 체결한 자 및 스스로 또는 자기 명의로 또는 대리인으로 하여금 해상운송계약과 관련하여 화물을 운송인에게 실제로 인도하는 자를 말한다.

4. "수화인"이란 화물을 인도받을 권리를 부여받은 자를 말한다.

5. "화물"이란 산 동물을 포함한다. 화물이 컨테이너, 팰리트 또는 이와 유사한 운송용구에 통합되어 있거나 또는 화물이 포장되어 있는 경우, 그러한 운송용구 또는 포장이 송화인으로부터 공급되었을 경우에 "화물"은 그와 같은 운송용구 또는 포장을 포함한다.

6. "해상운송계약"이란 운송인이 운임의 지급을 대가로 하여 어느 항구에서 다른 항구까지 화물을 해상으로 운송할 것을 약정하는 계약을 말한다. 그러나 해상운송과 함께 약간의 다른 운송수단에 의한 운송도 포함하는 계약은 단지 해상운송과 관련되는 범위내에서만 이 협약의 목적상 해상운송계약으로 간주한다.

7. "선화증권"이란 해상운송계약 및 운송인에 의한 물품의 수령 또는 선적을 증명하는 증권으로서, 운송인이 그러한 증권과 상환으로 물품을 인도할 것을 약정하는 증권을 말한다. 화물을 지명된 자의 지시인 또는 피배서인 또는 소지인에게 인도되어야 한다는 의미의 증권상의 규정은 그러한 약정에 해당한다.

8. "문서"란 여러 가지 중에서, 특히 전보 및 텔렉스를 포함한다.

제2조 적용범위

1. 이 협약의 규정은 다음의 경우에 상이한 두 국가간의 모든 해상운송계약에 적용된다.

   (a) 해상운송계약에서 정한 선적항이 체약국내에 있을 경우, 또는

   (b) 해상운송계약에서 정한 양륙항이 체약국내에 있을 경우, 또는

   (c) 해상운송계약에서 정한 양륙항 선택권부항구 중의 하나가 실제의 양륙항이고, 또 그 항구가 체약국내에 있을 경우, 또는

   (d) 선화증권 또는 기타의 해상운송계약을 증명하는 증권이 체약국내에서 발행될 경우, 또는

   (e) 선화증권 또는 기타의 해상운송계약을 증명하는 증권이 이 협약의 규정 또는 이 협약의 규정을 시행하고 있는 국가의 법을 당해 해상운송계약에 적용한다는 뜻을 규정하고 있을 경우.

2. 이 협약의 규정은 선박, 운송인, 실제운송인, 송화인, 수화인 및 기타의 모든 이해관계인의 국적에 관계없이 적용된다.

3. 이 협약의 규정은 용선계약에는 적용되지 아니한다. 그러나 선화증권이 용선계약에 따라서 발행된 경우에, 이 협약의 규정은 선화증권이 운송인과 용선자 이외의 선화증권소지인과의 관계를 규율하는 때에 적용된다.

4. 약정기간 중의 일련의 선적에 있어서 미래의 화물운송에 관한 계약조항이 규정되어 있을 때에 이 협약의 규정은 각 선적마다 적용된다. 그러나 선적이 용선계약에 의하여 이루어지는 경우에 이 조 제3항의 규정이 적용된다.

Article 3. Interpretation of the Convention

In the interpretation and application of the provision of this Convention regard shall be had to its international character and to the meed to promote uniformity.

PART II. LIABILITY OF THE CARRIER

Article 4. Period of responsibility

1. The responsibility of the carrier for the goods under this Convention covers the period during which the carrier is in charge of the goods at the port of loading, during the carriage and at the port of discharge.

2. For the purpose of paragraph 1 of this Article, the carrier is deemed to be in charge of the goods at the port of loading, during the carriage and at the port of the goods

    (a) from the time he has taken over the goods from :

    (i) the shipper, or a person acting on his behalf; or

    (ii) an authority or other third party to whom, pursuant to law or regulations applicable at the port of loading, the goods must be handed over for shipment ;

    (b) until the time he has delivered the goods ;

    (i) by handing over the goods to the consignee ; or

    (ii) in cases where the consignee does mot receive the goods from the carrier, by placing them at the disposal of the consignee in accordance with the contract or with the law or with the usage of the particular trade, applicable at the port of discharge : or

    (iii) by handing over the goods to an authority or other third party to whom, pursuant to law or regulations applicable at the port of discharge, the goods must be handed over.

3. In paragraphs 1 and 2 of this Article, reference to the carrier or to the consignee means, in addition to the carrier or the consignee, the servants or agents, respectively of the carrier or the consignee.

Article 5. Basis of liability

1. The carrier is liable for loss resulting from loss of or damage to the goods, as well as from delay in delivery, if the occurrence which caused the loss, damage or delay took place while the goods were in his charge as defined in article 4. unless the carrier proves that he, his servants or agents took all measures that could reasonably be required to avoid the occurrence and its consequences.

2. Delay in delivery occurs when the goods have not been delivered at the port of discharge provided for in the contract of carriage by sea within the time expressly agreed upon or, in the absence of such agreement, within the time, which it would be reasonable to require of a diligent carrier, having regard to the circumstances of the case.

3. The person entitled to make a claim for the loss of goods may treat the goods as lost if they have not been

제3조 협약의 해석

이 협약의 규정의 해석 및 적용에 있어서는 이 협약의 국제적 성격 및 통일을 추진할 필요성에 유의하여야 한다.

2부 운송인의 책임

제4조 책임의 기간

1. 이 협약에 의한 화물운송인의 책임은 화물이 선적항에서 운송 중 및 양륙항에서 운송인의 관리하에 있는 기간에 걸쳐 적용된다.

2. 이 조 제1항의 목적을 적용하기 위하여 다음의 기간에는 화물이 운송인의 관리하에 있는 것으로 본다.
   (a) 운송인이 화물을,
   (i) 송화인 또는 송화인을 대신하여 행동을 하는 자, 또는
   (ii) 선적항에서 적용되는 법령이나 규칙에 따라서 선적하기 위해 화물을 수령해야 할 당국 또는 기타 제3자로부터 수령한 때로부터
   (b) 운송인이 화물을, (i) 수화인에게 화물을 교부함으로써, 또는
   (ii) 수화인이 운송인으로부터 화물을 수령하지 아니하는 경우에는 양륙항에서 적용되는 계약 또는 법률이나 당해 거래의 관습에 따라서 화물을 수화인의 임의처분상태로 넘김으로써, 또는
   (iii) 양륙항에서 적용되는 법령이나 규칙에 따라서 화물을 교부하여야 할 당국 또는 기타 제3자에게 화물을 교부함에 의하여 인도할 때까지.

3. 이 조 제1항 및 제2항에서 말하는 운송인 또는 수화인이란 운송인 또는 수화인은 물론이고 운송인 또는 수화인의 사용인 또는 대리인까지 포함된다.

제5조 책임의 원칙

1. 운송인은 화물의 멸실, 손상 또는 인도지연의 원인으로 된 사고가 제4조에 정의된 운송인의 관리하에 있는 동안에 일어난 때에는 화물의 멸실, 손상 또는 인도지연으로 인하여 생긴 손해에 대하여 책임을 진다. 다만, 운송인이 자신, 그 사용인 또는 대리인이 사고 및 그 결과를 배제하기 위하여 합리적으로 요구되는 모든 조치를 취하였다는 것을 운송인이 증명한 경우에는 그러하지 아니하다.

2. 인도지연은 화물이 해상운송계약에 규정되어진 양륙항에서 명시적으로 합의된 기간내에, 또 만일 그러한 합의가 없는 경우에는 당해 경우의 상황을 고려하여 성실한 운송인에게 요구되는 합리적인 기간내에 인도되지 아니한 때에 발생한다.

3. 화물이 이 조 제2항에 의한 인도기간의 만료일을 경과한 후 60일 이내에 제4조에 의하여 요구되는 대

delivered as required by article 4 within 60 consecutive days following the expiry of the time for delivery according to paragraph 2 of this Article.

4.　(a)　The carrier is liable

　　　(ⅰ) for loss of or damage to the goods or delay in delivery caused by fire, if the claimant proves that the fire arose from fault or neglect on the part of the carrier, his servants or agents ;

　　　(ⅱ) for such loss, damage or delay in which is proved by the claimant to have resulted from the fault or neglect of the carrier, his servants or agents, in taking all measures that could reasonably be required to put out the fire and avoid or mitigate its consequences.

　　(b)　In case of fire on board the ship affecting the goods, if the claimant or the carrier so desires, a survey in accordance with shipping practices must be held into the cause and circumstances of the fire. and a copy of the surveyor's report shall be made available on demand to the carrier and the claimant

5.　With respect to live animals, the carrier is not liable for loss, damage or delay in delivery resulting from any special risks inherent in that kind of carriage. If the carrier proves that he has complied with any special instructions given to him by the shipper respecting the animals and that, in the circumstances of the case, the loss, damage or delay in delivery could be attributed to such risks, it is presumed that the loss, damage or delay in delivery was so caused, unless there is proof that all or a part of the loss, damage or delay in delivery resulted from or neglect on the part of the carrier, his servants or agents.

6.　The carrier is not liable, except in general average, where loss, damage or delay in delivery resulted from measures to save life from reasonable measures to save property at sea.

7.　Where fault or neglect on the part of the carrier, his servants or agents combines with another cause to produce loss. damage or delay in delivery the carrier is liable only to the extent that the loss, damage or delay in delivery is attributable to such fault or neglect , provided that the carrier proves the amount of the loss, damage or delay in delivery not attributable thereto.

Article 6. Limits of liability

1.　(a) The liability of the carrier for loss resulting from loss of or damage to goods according to the provisions of article 5 is limited to an amount equivalent to 835 units of account per package or other shipping unit or 2.5 units of account per kilogramme of gross weight of the goods lost or damaged, whichever is the higher.

　　(b)　The liability of the carrier for delay in delivery according to the provisions of article 5 is limited to an amount equivalent to two and a half times the fright payable for the goods delayed, but not exceeding the total freight payable under the contract of carriage of goods by sea.

　　(c)　In no case shall the aggregate liability of the carrier, under both sub-paragraphs (a) and (b) of this paragraph, exceed the limitation which would be established under subparagraph (a) of this paragraph for total loss of the goods with respect to which such liability was incurred.

로 인도되지 아니한 경우에는 화물의 멸실에 대하여 배상청구를 할 권리가 있는 자는 화물을 멸실한 것으로 취급할 수 있다.

4. (a) 운송인은,
   (ⅰ) 화재가 운송인, 그 사용인 또는 대리인측의 과실 또는 부주의로 인하여 일어났다는 것을 청구권자가 증명한 때에는 그 화재로 인하여 야기된 화물의 멸실이나 손상 또는 인도지연에 대하여, 그리고
   (ⅱ) 화재를 진화하고 화재로 인한 손실을 방지하거나 경감시키기 위하여 합리적으로 요구되는 모든 조치를 취함에 있어서, 운송인 또는 그 사용인이나 대리인의 과실 또는 부주의로 인하여 야기된 것이라고 청구권자가 증명하는 화물의 멸실, 손상 또는 인도지연에 대하여 책임을 진다.

   (b) 화물에 영향을 미치는 선박상의 화재의 경우 청구권자 또는 운송인이 요망하는 경우에는 화재의 원인과 상황을 밝히기 위하여 해운관습에 따라 검사를 실시하여야 하며, 운송인과 청구권자의 요청이 있는 때에는 그 검사인의 보고서 사본을 이용할 수 있도록 하여야 한다.

5. 산 동물에 관하여 운송인은 그러한 종류의 운송에 따른 고유의 특별한 위험으로 인하여 야기된 멸실, 손상 또는 인도지연에 대하여 책임을 지지 아니한다. 운송인이 산 동물에 관하여 송화인으로부터 받은 특별한 지시에 따랐다는 것 및 당해 경우의 상황에서 그 멸실, 손상 또는 인도지연은 그러한 위험의 탓으로 돌릴 수 있다는 것을 증명한 때에는, 그 멸실, 훼손 또는 인도지연의 전부 또는 일부가 운송인 또는 그 사용인이나 대리인 측의 과실 또는 부주의로 인하여 야기된 것이라는 증거가 없는 한, 그 멸실, 손상 또는 인도지연은 그러한 위험으로 인하여 야기된 것으로 추정한다.

6. 운송인은 공동해손(共同海損)의 경우를 제외하고, 인명을 구조하기 위한 조치 또는 해상에서의 재물을 구조하기 위한 합리적인 조치로 인하여 야기된 멸실, 손상 또는 인도지연에 대하여는 책임을 지지 아니한다.

7. 운송인 또는 그 사용인이나 대리인측의 과실 또는 부주의가 다른 원인과 경합하여 멸실, 손상 또는 인도지연의 범위내에서만 책임을 진다. 다만, 이 경우에 운송인은 그러한 과실 또는 부주의 탓으로 돌릴 수 없는 멸실, 손상 또는 인도지연에 의한 손해액을 증명하여야 한다.

제6조 책임의 한도

1. (a) 제5조의 규정에 의한 화물의 멸실 또는 손상으로 인하여 야기된 손해에 대한 운송인의 책임은 1포장당 또는 1선적단위당 835계산단위, 또는 멸실 또는 손상된 화물의 총중량 1킬로그램당 2.5계산 단위에 상당하는 금액 중 높은 금액으로 제한된다.

   (b) 제5조의 규정에 의한 인도지연에 대한 운송인의 책임은 지연된 화물의 대가로 지급되는 운임의 2배 반에 상당하는 금액으로 제한된다. 그러나 이는 해상화물운송계약에 따라서 지급되는 총운임을 초과하지 아니한다.

   (c) 어떠한 경우에도 이 항 (a) 및 (b)호에 의한 운송인 책임의 총액은 화물의 전손에 대한 책임이 발생된 경우 그 전손에 대하여 이 항 (a)호에 의하여 확정되는 한도액을 초과하지 못한다.

2. For the purpose of calculating which amount is the higher in accordance with paragraph 1 (a) of this Article, the following rules apply:

   (a) Where a container, pallet or similar article of transport is used to consolidate goods, the package or other shipping units enumerated in the bill of lading, if issued, or otherwise in any other document evidencing the contract of carriage by sea, as packed in such article of transport are deemed packages or shipping units. Except as aforesaid the goods in such article of transport are deemed one shipping unit.

   (b) In cases where the article of transport itself has been lost or damaged, that article of transport, if not owned or otherwise supplied by the carrier, is considered one separate shipping unit.

3. Unit of account means the unit of account mentioned in article 26.

4. By agreement between the carrier and the shipper, limits of liability exceeding those provided for in paragraph 1 may be fixed.

Article 7. Application to non-contractual claims

1. The defences and limits of liability provided for in this Convention apply in any action against the carrier in respect of loss or damage to the goods covered by the contract of carriage by sea, as well as of delay in delivery whether the action is founded in contract, in tort or otherwise.

2. If such an action is brought against a servant or agent of the carrier, such servant or agent, if he proves that he acted within the scope of his employment. is entitled to avail himself of the defences and limits of liability which the carrier is entitled to invoke under this Convention.

3. Except as provided in article 8, the aggregate of the amounts recoverable from the carrier and from any person referred to in paragraph 2 of this Article shall not exceed the limits of liability provided for in this Convention.

Article 8. Loss of right to limit responsibility

1. The carrier is not entitled to the benefit of the limitation of liability provided for in article 6 if it is proved that the loss, damage or delay in delivery resulted from an act or omission of the carrier done with the intent to cause such loss, damage or recklessly and with knowledge that such loss ,damage or delay would probably result.

2. Notwithstanding the provision of paragraph 2 of article 7, a servant or agent of the carrier is not entitled to the benefit of the limitation of liability provided for in article 6 if it is proved that the loss, damage or delay in delivery resulted from an act or omission of such servant or agent, done with the intent to cause such loss, damage or delay , or recklessly and with knowledge that such loss, damage or delay would probably result.

Article 9. Deck cargo

1. The carrier is entitled to carry the goods on deck only if such carriage is in accordance with an agreement with the shipper or with the usage of the particular trade or is required by statutory rules or regulations.

2. If the carrier and the shipper have agreed that the goods shall or may be carried on deck, the carrier must insert

2. 이 조 제1항 (a)호에 의한 고액을 산정하기 위하여 다음의 원칙을 적용한다.

    (a) 컨테이너, 팰리트 기타 이와 유사한 운송용구가 화물을 통합하기 위하여 사용되는 경우 이러한 운송용구에 적재된 것으로 선화증권이 발행되었거나, 또는 기타 해상운송계약을 증명하는 증권이 발행된 경우에는 그러한 증권에 표시되어 있는 포장이나 기타의 선적단위를 포장 또는 그러한 선적단위로 본다. 앞의 이와 같은 경우를 제외하고는 이러한 운송용구 내의 화물을 하나의 선적단위로 본다.

    (b) 운송용구 자체가 멸실 또는 손상된 경우 그 운송용구를 운송인이 소유하거나 또는 공급한 것이 아닌 때에는 이를 하나의 별개의 선적단위로 본다.

3. 계산단위는 제26조에서 언급된 계산단위를 의미한다.

4. 운송인과 송화인 간의 합의에 의하여 제1항에 규정된 책임한도를 초과하는 한도를 정할 수 있다.

제7조 비계약적 청구에 대한 적용

1. 이 협약에서 정하는 책임에 관한 항변 및 한도는 소송이 계약에 의거한 것이거나 불법행위 및 기타에 의거한 것이거나를 묻지 아니하고 해상운송계약이 적용되는 화물의 멸실 또는 손상은 물론이고, 인도지연에 관한 운송인에 대한 모든 소송에 적용된다.

2. 이러한 소송이 운송인의 사용인 또는 대리인에 대하여 제기된 경우에, 그러한 사용인 또는 대리인이 그 직무의 범위내에서 행동하였다는 것을 증명한 때에는, 그 사용인 또는 대리인은 이 협약하에 운송인이 원용할 수 있는 책임에 관한 항변 및 한도를 이용할 권리를 가지게 된다.

3. 제8조에 규정된 경우를 제외하고 운송인 및 이 조 제2항에 관련되어 있는 모든 자로부터 배상을 받아야 할 총액은 이 협약에 규정된 책임한도를 초과하지 못한다.

제8조 책임한도의 권리상실

1. 운송인은 멸실, 손상 또는 인도지연이 그러한 멸실, 훼손 또는 인도지연을 일으킬 의도로서, 또한 그러한 멸실, 손상 또는 인도지연이 일어나리라는 것을 알면서도 무모하게 행한 운송인의 작위 또는 부작위로 인하여 야기된 것이 증명된 때에는 제6조에 규정된 책임제한의 이익에 대한 권리를 가지지 못한다.

2. 제7조 제2항의 규정에도 불구하고 운송인의 사용인 또는 대리인은 멸실, 손상 또는 인도지연이 그러한 멸실, 손상 또는 인도지연을 일으킬 의도로서, 또한 그러한 멸실, 손상 또는 인도지연이 일어나리라는 것을 알면서도 무모하게 행한 그러한 사용인 또는 대리인의 작위 또는 부작위로 인하여 야기된 것이 증명된 때에는 제6조에 규정된 책임제한의 이익에 대한 권리를 가지지 못한다.

제9조 갑판적 화물

1. 운송인은 송화인과의 합의, 특정 상거래의 관습 또는 법령화된 규칙이나 규정에 따라 이루어지는 경우에 한하여 화물을 갑판적으로 운송할 권리를 가진다.

2. 운송인과 송화인이 화물을 갑판적으로 운송하여야 한다는 것 또는 갑판적으로 운송할 수 있다는 것을

in the bill of lading or other document evidencing the contract of carriage by sea a statement to that effect. In the absence of such a statement the carrier gas the burden of proving that an agreement for carriage on deck has been entitled into ; however, the carrier is not entitled to invoke such an agreement against a third party, including a consignee, who has acquired the bill of lading in good faith.

3. Where the goods have been carried in deck contrary to the provisions of paragraph 1 of this Article or where the carrier may not under paragraph 2 of this Article invoke an agreement for carriage on deck, the carrier, notwithstanding the provisions of paragraph 1 of article 5, is liable for loss of or damage to the goods, as well as for delay in delivery, resulting solely from the carriage on deck, and the extent of his liability is to be determined in accordance with the provisions of article 6 or article 8 of this Convention, as the case may be.

4. Carriage of goods on deck contrary to express agreement for carriage under deck is deemed to be an act or omission of the carrier within the meaning of article 8.

Article 10. Liability of the carrier and actual carrier

1. Where the performance of the carriage or part thereof has been entrusted to an actual carrier, whether or not in pursuance of a liberty under the contract of carriage by sea to do so, the carrier nevertheless remains responsible for the entire carriage according to the provision of this Convention. The carrier is responsible, in relation to the carriage performed by the actual carrier, for the acts and omissions of the actual carrier and of his servants and agents acting within the scope of their employment.

2. All the provisions of this Convention governing the responsibility of the carrier also apply to the responsibility of the actual carrier for the carriage performed by him. The provisions of paragraphs 2 and 3 of article 7 and of paragraph 2 of article 8 apply if an action is brought against a servant or agent of the actual carrier.

3. Any special agreement under which the carrier assumes obligations not imposed by this Convention or waives rights conferred by this Convention affects the actual carrier only if agreed to by him expressly and in writing. Whether or not the actual carrier has so agreed, the carrier nevertheless remains bound by the obligation or waivers resulting from such special agreement.

4. Where and to the extent that both the carrier and the actual carrier are liable, their liability is joint and several.

5. The aggregate of the amounts recoverable from the carrier, the actual carrier and their servants and agents shall not exceed the limits of liability provided for in this Convention.

6. Nothing in this Article shall prejudice any right of recourse as between the carrier and the actual carrier.

Article 11. Through carriage

1. Notwithstanding the provisions of paragraph 1 of article 10, where a contract of carriage by sea provides explicitly that a specified part of the carriage covered by the said contract is to be performed by a named person other than the carrier, the contract may also provide that the carrier is not liable for loss, damage or delay in delivery caused by an occurrence which takes place while the goods are in the charge of the actual carrier during such part of the carriage.

합의한 경우에 운송인은 선화증권 또는 기타의 해상운송계약을 증명하는 증권에 그러한 의미의 내용을 기재하여야 한다. 그러한 내용이 기재되어 있지 않을 때에 운송인은 갑판적운송에 관한 협의가 되어 있다는 것을 증명할 책임이 있다. 그러나 운송인은 수화인을 포함하여 선의로 선화증권을 취득한 제3자에 대하여는 그러한 합의를 원용할 권리가 없다.

3. 이 조 제1항의 규정에 위반하여 화물을 갑판적으로 운송한 경우, 또는 운송인이 이 조 제2항에 의한 갑판적운송에 관한 합의를 원용할 수 없는 경우에 운송인은 제5조 제1항의 규정에도 불구하고, 오로지 갑판적운송으로부터 야기되는 화물의 멸실, 손상 또는 인도지연에 대하여 책임을 지며, 이러한 경우 운송인의 책임범위는 이 협약 제6조 또는 제8조의 규정에 의하여 결정된다.

4. 창내적(艙內積) 운송에 관한 명시적 합의에 위반된 화물의 갑판적 운송은 제8조의 의미에 해당되는 작위 또는 부작위로 본다.

제10조 운송인과 실제운송인의 책임

1. 운송의 전부 또는 일부의 이행이 실제운송인에게 위탁된 때에는, 그것이 해상운송계약에서 자유롭게 그렇게 하도록 하고 있거나 또는 아니하거나 간에 운송인은 이 협약의 규정에 따라서 전운송에 대하여 책임을 진다. 운송인은 실제운송인에 의하여 이행된 운송과 관련하여 그들의 직무의 범위내에서 행위를 하는 실제운송인 및 실제운송인의 사용인 또는 대리인의 작위 또는 부작위에 대하여 책임을 진다.

2. 운송인의 책임을 규율하는 이 협약의 모든 규정은 실제운송인이 이행한 운송에 대한 실제운송인의 책임에 관해서도 역시 적용한다. 제7조 제2항과 제3항 및 제8조 제2항의 규정은 실제운송인의 사용인 또는 대리인에 대하여 소송이 제기된 경우에 적용한다.

3. 운송인이 이 협약에 의하여 부과되지 아니하는 의무를 인수하거나, 또한 이 협약에 의하여 부여된 권리를 포기한다는 특약은 실제운송인이 명시적으로 또한 문서로 합의한 때에 한하여 실제운송인에 대하여도 그 효력이 미친다. 실제운송인이 그러한 합의를 하였거나 하지 아니하였거나를 묻지 아니하고 운송인은 그러한 특약으로부터 생기는 의무 또는 권리의 포기에 기속된다.

4. 운송인과 실제운송인이 함께 책임을 지는 경우 또한 그 한도에서 양자는 연대책임을 지게 된다.

5. 운송인, 실제운송인 및 그 사용인과 대리인으로부터 배상을 받을 수 있는 총액은 이 협약에 규정된 책임한도액을 초과하지 못한다.

6. 이 조의 어떠한 규정도 운송인과 실제운송인 간의 구상권을 침해하지 아니한다.

제11조 통운송

1. 제10조 제1항의 규정에도 불구하고 해상운송계약에서 그 계약이 적용되는 운송의 특정 부분이 운송인 이외의 지명된 자에 의하여 이행된다는 것이 명시적으로 규정되어 있는 경우에는 화물이 그러한 운송 부분에서 실제운송인의 관리하에 있는 동안에 일어난 사고에 의하여 야기된 멸실, 손상 또는 인도지연에 대하여 운송인이 책임을 지지 않는다는 것을 그 계약에 규정할 수 있다. 그럼에도 불구하고 제21조

Nevertheless, any stipulation limiting or excluding such liability is without effect if no judicial proceedings can be instituted against the actual carrier in a court competent under paragraph 1 or 2 of article 21. The burden of proving that any loss, damage or delay in delivery has been caused by such an occurrence rests upon the carrier.

2. The actual carrier is responsible in accordance with the provisions of paragraph 2 of article 10 for loss, damage or delay in delivery caused by an occurrence which takes place while the goods are in his charge.

PART III. LIABILITY OF THE SHIPPER

Article 12. General rule

The shipper is not liable for loss sustained by the carrier or the actual carrier, or for damage sustained by the ship, unless such loss or damage was caused by the fault or neglect of the shipper, his servants or agents. Nor is any servant or agent of the shipper liable for such loss or damage unless the loss or damage was caused by fault or neglect on his part.

Article 13. Special rules on dangerous goods

1. The shipper must mark or label in a suitable manner dangerous goods as dangerous.

2. Where the shipper hands over dangerous goods to the carrier or an actual carrier, as the case may be, the shipper must inform him of the dangerous character of the goods and, if necessary, of the precautions to be taken. If the shipper fails to do so and such carrier or actual carrier does not otherwise have knowledge of their dangerous character:

   (a) the shipper is liable to carrier and any actual carrier for the loss resulting from the shipment of such goods, and

   (b) the goods may at any time be unloaded, destroyed or rendered innocuous, as the circumstances may require without payment of compensation.

3. The provision of paragraph 2 of this Article may not be invoked by any person if during the carriage he has taken the goods in his charge with knowledge of their dangerous character.

4. If, in cases where the provisions of paragraph 2, subparagraph (b), of this Article do not apply or may not be invoked, dangerous goods become an actual danger to life or property, they may be unloaded, destroyed or rendered innocuous, as the circumstances may require, without payment of compensation except where there is an obligation to contribute in general average or where the carrier is liable in accordance with the provision of article 5.

제1항 또는 제2항에 의하여 합법적 관할권을 가지는 법원에서 실제운송인에 대한 소송을 제기할 수 없는 경우에는, 그러한 책임을 제한하거나 면제하는 조항은 효력이 없다. 멸실, 손상 또는 인도지연이 그러한 사고로 인하여 일어났다는 것을 증명할 책임은 운송인이 진다.

2. 실제운송인은 제10조 제2항의 규정에 의하여 화물이 자기의 관리하에 있는 동안에 발생된 사고로 인하여 생긴 멸실, 손상 또는 인도지연에 대하여 책임을 진다.

제3부 송화인의 책임

제12조 일반원칙

송화인은 운송인 또는 실제운송인이 입은 손실 또는 선박이 입은 손상이 송화인 또는 그 사용인이나 대리인의 과실 또는 부주의로 인하여 야기된 것이 아닌 한, 그러한 멸실 또는 손상에 대하여 책임을 지지 아니한다. 송화인의 사용인 또는 대리인도 그러한 멸실 또는 손상이 그 사용인 또는 대리인 측의 과실 또는 부주의로 인하여 야기된 것이 아닌 한, 그 멸실 또는 손상에 대하여 책임을 지지 아니한다.

제13조 위험물에 관한 특칙

1. 송화인은 위험물에 관하여는 적절한 방법으로 위험성을 표시하는 표지 또는 꼬리표를 달아야 한다.

2. 송화인이 운송인 또는 실제운송인에게 위험물을 교부할 때에는 송화인은 각 경우에 따라서 화물의 위험성 및 필요한 경우 취하여야 할 예방조치를 운송인 또는 실제운송인에게 통지하여야 한다. 송화인이 그러한 통지를 하지 않거나 운송인 또는 실제운송인이 화물의 위험성을 달리 인식하지 못한 때에는:

   (a) 송화인은 그러한 화물의 선적으로부터 야기되는 손실에 대하여 운송인 및 실제운송인에게 책임을 지고, 또

   (b) 그 화물은 필요한 상황에서는 배상금을 지급하지 아니하고 언제든지 이를 양화하고 파괴하거나 또 해가 없도록 할 수 있다.

3. 운송 중 화물의 위험성을 인식하고 그 화물을 자기의 관리하에 수령한 자는 이 조 제2항의 규정을 원용할 수 없다.

4. 이 조 제2항 (b)호의 규정이 적용되지 아니하거나, 또는 이를 원용할 수 없는 경우에 위험물이 인명 또는 재물에 실제의 위험을 주게 될 때에는, 그 위험물은 필요한 상황에서는 배상금을 지급하지 아니하고, 이를 양화하고 파괴하거나 또는 해가 없도록 할 수 있다. 다만, 공동해손분담금을 부담할 의무를 지는 경우 또는 운송인이 제5조의 규정에 의하여 책임을 지는 경우에는 제외한다.

PART IV. TRANSPORT DOCUMENTS

Article 14. Issue of bill of lading

1. When the carrier or the actual carrier takes the goods in his charge, the carrier must , on demand of the shipper, issue to the shipper a bill of lading.

2. The bill of lading may be signed by a person having authority from the carrier. A bill of lading signed by the master of the ship carrying the goods is deemed to have been signed on behalf of the carrier.

3. The signature on the bill of lading may be handwriting, printed in facsimile, perforated, stamped, in symbols, or made by any other mechanical or electronic means, if not inconsistent with the law or the country where the bill of lading is issued.

Article 15. Contents of bill of lading

1. The bill of lading must include, inter alia, the following particulars :

    (a) the general nature of the goods, the leading marks necessary for identification of the goods, an express statement, if applicable, as to the dangerous character of the goods, the number of packages or pieces, and the weight of the goods or their quantity otherwise expressed, all such particulars as furnished by the shipper;

    (b) the apparent condition of the goods ;

    (c) the name and principal place of business of the carrier;

    (d) the name of the shipper ;

    (e) the consignee if named by the shipper ;

    (f) the port of loading under the contract of carriage by sea and the date on which the goods were taken over by the carrier at the port of loading;

    (g) the port of discharge under the contract of carriage by sea ;

    (h) the number of originals of the bill of lading, if more than one ;

    (i) the place of issuance of the bill of lading ;

    (j) the signature of the carrier or a person acting on his behalf ;

    (k) the freight to the extent payable by the consignee or other indication that freight is payable by him ;

    (l) the statement referred to in paragraph 3 of article 23 ;

    (m) the statement, if applicable, that the goods shall or may be carried on deck;

    (n) the date or the period of delivery of the goods at the port of discharge if expressly agreed upon between the parties; and

    (o) any increased limit or limits of liability where agreed in accordance with paragraph 4 of article 6.

2. After the goods have been loaded on board, if the shipper so demands, the carrier must issue to the shipper a "shipped"bill of lading which, in addition to the particulars required under paragraph 1 of this Article, must state that the goods are on board a named ship or ships, and the date or dates of loading. If the carrier has previously

제4부 운송증권

제14조 선화증권의 발행

1. 운송인 또는 실제운송인이 화물을 자기의 관리하에 인수한 때에는 운송인은 송화인의 요구에 따라 송화인에게 선화증권을 발행하여야 한다.
2. 선화증권은 운송인으로부터 수권을 받은 자가 서명할 수 있다. 화물을 운송하는 선박의 선장이 서명한 선화증권은 운송인을 대신하여 서명된 것으로 본다.
3. 선화증권이 발행되는 국가의 법률에 저촉되지 않는 한 선화증권상의 서명은 자필, 복사인쇄, 관혈(貫穴), 압인(押印), 부호로 하거나 또는 기타의 기계적 또는 전자적 방법에 의하여 할 수 있다.

제15조 선화증권의 내용

1. 선화증권에는 무엇보다도 다음의 사항이 포함되어야 한다.
    (a) 송화인에 의해 제출된 화물의 일반적인 종류, 화물의 식별에 필요한 주요 화인, 해당되는 경우 화물의 위험성에 관한 명백한 표시, 포장 또는 개품의 수 및 화물의 중량 또는 그 밖의 표시로 된 수량
    (b) 화물의 외관상태
    (c) 운송인의 명칭 및 주된 영업소의 소재지
    (d) 송화인의 명칭
    (e) 송화인이 지명한 경우에는 수화인
    (f) 해상운송 계약상의 선적항 및 운송인이 선적항에서 화물을 인수받은 일자
    (g) 해상운송계약상의 양륙항
    (h) 2통 이상이 발행된 경우에는 선화증권의 원본의 수
    (i) 선화증권의 발행지
    (j) 운송인 또는 운송인을 대신하여 행하는 자의 서명
    (k) 수화인이 지급할 범위의 운임 또는 운임은 수화인이 지급한다는 기타의 표시
    (l) 제23조 제3항과 관련된 문언
    (m) 해당되는 경우 화물을 갑판적으로 운송하여야 한다는, 또는 갑판적으로 우송되어질 수 있다는 뜻의 문언
    (n) 당사자간에 명백히 합의된 경우에는 양륙항에서 화물을 인도할 일자 또는 기간
    (o) 제6조 제4항에 따라서 합의된 경우에는 증가시킨 한도 혹은 책임의 한도
2. 화물이 선적된 후 송화인의 요구가 있을 때에 운송인은 송화인에게 이 조 제1항에 의하여 필요로 하는 사항에 추가하여 화물이 지정된 선박에 적재되었다는 사실 및 선적의 일자를 반드시 기재한 선적선화증권을 발행하여야 한다. 운송인이 이미 송화인에게 그 화물에 관하여 선화증권 또는 기타 권리증권을 발행한 경우에 송화인은 운송인의 요구에 의하여 선적선화증권과 상환으로 그러한 증권을 반환하여

issued to the shipper a bill of lading or other document of title with respect to any of such goods, on request of the carrier, the shipper must surrender such document in exchange for a "shipped" bill of lading. The carrier may amend any previously issued document in order to meet the shipper's demand for a "shipped" bill of lading if, as amended, such document includes all the information required to be contained in a "shipped" bill of lading.

3. The absence in the bill of lading of one or more particulars referred to in this Article does not affect the legal character of the document as a bill of lading provided that it nevertheless meets the requirements set out in paragraph 7 of article 1.

Article 16. Bills of lading : reservations and evidentiary effect

1. If the bill of lading contains particulars concerning the general nature, leading marks, number of packages or pieces, weight or quantity of the goods which the carrier or other person issuing the bill of lading on his behalf knows or has reasonable grounds to suspect do not accurately represent the goods actually taken over or, where a "shipped" bill of lading in issued, loaded, or if he had on reasonable means of checking such particulars, the carrier or such other person must insert in the bill of lading a reservation specifying these inaccuracies, grounds of suspicion or the absence of reasonable means of checking.

2. If the carrier or other person issuing the bill of lading on his behalf fails to note on the bill of lading the apparent condition of the goods, he is deemed to have noted on the bill of lading that the goods were in apparent good condition.

3. Except for particulars in respect of which and to the extent to which a reservation permitted under paragraph 1 of this Article has been entered :

    (a) the bill of lading is prima facie evidence of the taking over or, where a "shipped" bill of lading is issued, loading, by the carrier of the goods as described in the bill of lading ; and

    (b) proof to the contrary by the carrier is not admissible if the bill of lading has been transferred to a third party, including a consignee, who in good faith has acted in reliance on the description of the goods therein.

4. A bill of lading which does not, as provided in paragraph 1, subparagraph (k) of article 15, set forth the freight or otherwise indicate that freight is payable by the consignee or does not set forth demurrage incurred at the port of loading payable by the consignee, is prima facie evidence that no freight or such demurrage is payable by him. However, proof to the contrary by the carrier is not admissible when the bill of lading has been transferred to a third party, including a consignee, who in good faith has acted in reliance on the absence in the bill of lading of any such indication.

Article 17. Guarantees by the shipper

1. The shipper is deemed to have guaranteed to the carrier the accuracy of particulars relating to the general nature of the goods, their marks, number, weight and quantity as furnished by him for insertion int the bill of lading. The shipper must indemnify the carrier against the loss resulting from inaccurancies in such particulars. The shipper remains liable even if the bill of lading has been transferred by him, The right of the carrier to such indemnity in no way limits his liability under the contract of carriage by sea to any person other than the shipper.

2. Any letter of guarantee or agreement by which the shipper undertakes to indemnify the carrier against loss resulting from

야 한다. 운송인은 이미 발행된 증권을 수정함으로써 선적선화증권에 기재할 것을 요구하는 모든 정보를 포함하고 있는 경우에는 선적선화증권에 대한 송화인의 청구에 응하기 위하여 이미 발행된 증권을 수정할 수 있다.

3. 선화증권에 이 조에서 정하는 사항의 하나 이상이 결여되어 있더라도 제1조 제7항의 규정에 의한 요건을 충족하는 한 선화증권으로서의 증권의 법률적 성질에 영향을 미치지 아니한다.

제16조 선화증권 : 유보 및 증거력

1. 선화증권에 기재된 화물의 일반적 성질, 주요화인, 포장 또는 개품의 수, 중량 또는 수량에 관한 사항이 실제로 인수한 화물 또는 선적선화증권이 발행되어 있는 경우에는 실제 선적된 화물을 정확하게 나타내고 있지 않다는 것을 운송인 또는 운송인을 대신하여 선화증권을 발행하는 자가 알고 있거나, 그렇게 의심할 만한 정당한 근거가 있을 경우, 또는 그러한 사항을 확인할 적당한 방법이 없는 경우에 운송인 또는 운송인을 대신하여 선화증권을 발행하는 자는 이러한 부정확성, 의심할 만한 근거 또는 적정한 확인방법의 결여에 관하여 명시하는 유보조항을 선화증권에 삽입하여야 한다.

2. 운송인 또는 운송인을 대신하여 선화증권을 발행하는 자가 선화증권상에 화물의 외관상태를 표시하지 아니한 경우에는 화물이 외관상으로 양호한 상태에 있었다는 것을 선화증권에 표시한 것으로 본다.

3. 이 조 제1항에 의하여 허용되는 유보사항 및 그 유보의 범위를 제외하고:

   (a) 선화증권은 운송인이 선화증권에 기재된 대로 화물을 인수하였다는 것 또는 선적선화증권이 발행된 경우에는 선적하였다는 사실에 대한 추정증거가 된다. 또한

   (b) 선화증권이 수화인을 포함하여 그 화물의 기재사항을 신뢰하고 행한 선의의 제3자에게 양도되어 있는 경우에는 운송인에 의한 반증은 허용되지 아니한다.

4. 제15조 제1항 (k)호에 규정된 바에 따라서 운임을 기재하지 아니하거나 또는 기타의 방법으로 운임을 수화인이 지급한다는 것을 표시하지 아니하거나, 또는 수화인이 선적항에서 발생된 체선료를 지급한다는 것을 기재하지 아니한 선화증권은 수화인이 운임 또는 그러한 체선료를 지급하지 않는다는 추정적인 증거가 된다. 그러나 수화인을 포함하여 선화증권에 그러한 표시가 없는 데 대하여 신뢰하고 행한 선의의 제3자에게 선화증권이 양도되어 있는 경우에는 운송인에 의한 반증은 허용되지 아니한다.

제17조 송화인에 의한 보증

1. 송화인은 선화증권에 기재하기 위하여 자기가 제출한 화물의 일반적 성질, 그 화인, 번호, 중량 및 수량에 관한 사항이 정확하다는 것을 운송인에게 보증한 것으로 본다. 송화인은 그러한 사항의 부정확으로 인하여 야기된 손실에 대하여 운송인에게 보상하여야 한다. 송화인은 선화증권을 양도한 경우에도 그 책임을 져야 한다. 그러한 보상에 관한 운송인의 권리는 해상운송계약에 의하여 송화인 이외의 모든 자에 대한 운송인의 책임을 결코 제한하지 못한다.

2. 선화증권에 기재하기 위하여 송화인이 제공한 사항 또는 화물의 외관상태에 관하여 운송인 또는 운송

the issuance of the bill of lading by the carrier, or by a person acting on his behalf, without entering a reservation relating to particulars furnished by the shipper for insertion in the bill of lading, or to the apparent condition of the goods, is void and of no effect as against any third party, including a consignee, to whom the bill of lading has been transferred.

3. Such letter of guarantee or agreement is valid as against the shipper unless the carrier or the person acting on his behalf, by omitting the reservation referred to in paragraph 2 of this Article, intends to defraud a third party, including a consignee, who acts in reliance on the description of the goods in the bill of lading. In the latter case, if the reservation omitted relates to particulars furnished by the shipper for insertion in the bill of lading, the carrier has no right of indemnity from the shipper pursuant to paragraph 1 of this Article.

4. In the case of intended fraud referred to in paragraph 3 of this Article the carrier is liable, without the benefit of the limitation of liability provided for in this Convention, for the loss incurred by a third party, including a consignee, because he has acted in reliance on the description of the goods in the bill of lading.

Article 18. Documents other than bills of lading

Where a carrier issues a document other than a bill of lading to evidence the receipt of the goods to be carried, such a document is prima facie evidence of the conclusion of the contract of carriage by sea and the taking over by the carrier of the goods as therin described.

PART V. CLAIMS AND ACTIONS

Article 19. Notice of loss, damage or delay

1. Unless notice of loss or damage, specifying the general nature of such loss or damage, is given in writing by the consignee to the carrier not later than the working day after the day when the goods were handed over to the consignee, such handing over is prima facie evidence of the delivery by the carrier of the goods as described in the document of transport or, if no such document has been issued, in good condition.

2. Where the loss or damage is not apparent, the provisions of paragraph 1 of this Article apply correspondingly if notice in writing is not given within 15 consecutive days after the day when the goods were handed over to the consignee.

3. If the state of the goods at the time they were handed over to the consignee has been the subject of a joint survey or inspection by the parties, notice in writing need not be given of loss or damage ascertained during such survey or inspection.

4. In the case of any actual or apprehended loss or damage the carrier and the consignee must give all reasonable facilities to each other for inspecting and tallying the goods.

5. No compensation shall be payable for loss resulting from delay in delivery unless a notice has been given in writing to the carrier within 60 consecutive days after the day when the goods were handed over to the consignee.

인을 대신하여 행하는 자가 유보조항을 삽입하지 아니하고 선화증권을 발행함으로써 야기된 손실에 대하여 송화인이 운송인에게 보상할 의무를 진다고 약정하는 어떠한 보증서 또는 합의서도 수화인을 포함한 선화증권의 양도를 받은 제3자에 대해서는 무효로 한다.

3. 운송인 또는 운송인을 대신하여 행하는 자가 이 조 제2항에 규정된 유보조항을 생략함으로써 수화인을 포함하여 선화증권상의 화물에 관한 기재사항을 신뢰하고 행하는 제3자를 기만할 것을 목적으로 한 경우를 제외하고, 그러한 보증서 또는 합의서는 송화인에 대해서는 효력이 있다. 후자의 경우 그 생략된 유보조항이 선화증권에 기재하기 위하여 송화인이 제공한 사항에 관한 것인 경우에 운송인은 이 조 제1항에 의하여 송화인으로부터 보상을 받을 권리를 가지지 못한다.

4. 이 조 제3항의 규정에 의한 기만하고자 하는 의도가 있는 경우에 운송인은 수화인을 포함하여 선화증권상의 화물에 관한 기재사항을 신뢰하고 행한 제3자가 입은 손실에 대하여 이 조약에 규정된 책임제한의 혜택도 없이 책임을 진다.

제18조 선화증권 이외의 증권

운송인이 운송화물의 인수를 증명하기 위하여 선화증권 이외의 증권을 발행한 경우에 그러한 증권은 해상운송계약의 성립과 운송인이 화물을 그 증권에 기재된 대로 인수하였다는 추정증거가 된다.

제5부 청구 및 소송

제19조 멸실, 손상 또는 지연의 통지

1. 화물이 수화인에게 인도된 날의 바로 다음 거래일 중에 수화인이 운송인에게 문서로 멸실 또는 손상의 일반상황을 명기하여 통지를 하지 아니한 경우에는, 그러한 인도는 운송인이 화물을 운송증권에 기재된 대로, 또는 그러한 증권이 발행되지 아니한 때에는 양호한 상태로 인도하였다는 추정적인 증거가 된다.

2. 멸실 또는 손상이 외관상으로 확인되지 아니한 경우로서 화물이 수화인에게 인도된 날로부터 연속되는 15일 이내에 문서로 통지가 되지 아니한 경우에는 이 조 제1항의 규정이 그대로 적용된다.

3. 화물이 수화인에게 인도될 때에 그 화물의 상태가 양당사자들에 의한 공동의 조사 또는 검사의 대상이 된 경우에는, 그 조사 또는 검사(檢査) 중에 확인된 멸실 또는 손상에 관하여는 문서에 의한 통지를 요하지 아니한다.

4. 멸실 또는 손상이 실제로 일어난 경우이거나 또는 일어났을 것이라는 의심이 있는 경우에 운송인 및 수화인은 화물의 검사 및 검수를 위하여 상호간에 상당한 편의를 제공하여야 한다.

5. 화물이 수화인에게 인도된 날로부터 연속되는 60일 이내에 운송인에게 문서에 의한 통지를 하지 아니한 경우에도 인도지연으로부터 야기된 손실에 대한 배상금은 지급하지 아니한다.

6. If the goods have been delivered by an actual carrier, any notice given under this Article to him shall have the same effect as if it had been given to the carrier, and any notice given to the carrier shall have effect as if given to such actual carrier.

7. Unless notice of loss or damage, specifying the general nature of the loss or damage, is given in writing by the carrier or actual carrier to the shipper not later than 90 consecutive days after the occurrence of such loss or damage or after the delivery of the goods in accordance with paragraph 2 of article 4, whichever is later, the failure to give such notice is prima facie evidence that the carrier or the actual carrier has sustained no loss or damage due to the fault or neglect of the shipper, his servants or agents.

8. For the purpose of this Article, notice given to a person acting on the carrier's or the actual carrier's behalf, including the master or the officer in charge of the ship, or to a person acting on the shipper's behalf is deemed to have been given to the carrier, to the actual carrier or to the shipper, respectively.

Article 20. Limitation of actions

1. Any action relating to carriage of goods under this Convention is time-barred if judicial or arbitral proceedings have not been instituted within a period of two years.

2. The limitation period commences of the day on which the carrier has delivered the goods or part thereof or in cases where no goods have been delivered, on the last day on which the goods should have been delivered.

3. The day on which the limitation period commences is not included in the period.

4. The person against whom a claim is made at any time during the running of the limitation period extent that period by a declaration in writing to the claimant. This period may be further extended by another declaration or declarations.

5. An action for indemnity by a person held liable may be instituted even after the expiration of the limitation period provided for in the preceeding paragraphs if instituted within the allowed by the law of the State where proceedings are instituted. However, the time allowed shall not be less than 90days commencing from the day when the person instituting such action for indemnity has settled the claim or has been with process in the action against himself.

Article 21. Jurisdiction

1. In judical proceedings relating to carriage of goods under this Convention the plaintiff, at his option, may institute an action in a court which, according to the law of the State, where the court is situated, is competent and within the jurisdiction of which is situated one of the following places:

    (a) the principal place of business or, in the absence thereof, the habitual residence of the defendant ; or

    (b) the place where the contract was made provided that the defendant has there a place of business, branch or agency through which the contract was made; or

    (c) the port of loading or the port of discharge ; or

    (d) any additional place designated for that purpose in the contract of carriage by sea.

2. (a) Notwithstanding the preceeding provision of this Article, an action may be instituted in the courts of any port or place

6. 화물을 실제운송인이 인도할 경우에는, 이 조에 의하여 실제운송인에게 행한 어떠한 통지도 운송인에게 행한 경우와 동일한 효력을 가지며, 또 운송인에게 행한 어떠한 통지도 실제운송인에게 행한 경우와 동일한 효력을 갖는다.

7. 멸실 또는 손상이 발생한 날 또는 화물을 제4조 제2항에 따라 인도한 날 중 늦은 날로부터 연속되는 90일 이내에 운송인 또는 실제운송인이 송화인에게 문서로 멸실 또는 손상의 개황을 명기하여 통지를 하지 아니하였다면, 그러한 통지의 불이행은 운송인 또는 실제운송인이 송화인 또는 그 사용인이나 대리인의 과실 또는 부주의로 인하여 멸실 또는 손상을 입지 아니하였다는 추정증거가 된다.

8. 이 조의 적용에 있어서 선장 및 선박의 관리를 하는 고급선원을 포함한 운송인 또는 실제운송인을 대신하여 행하는 자 또는 송화인을 대신하여 행하는 자에 대한 통지는 각각 운송인이나 실제운송인 또는 송화인에 대하여 한 것으로 본다.

제20조 소송의 제한

1. 법적절차 또는 중재절차가 2년내에 개시되지 아니한 때에는, 이 협약에 의한 화물운송에 관한 어떠한 소송도 무효로 된다.

2. 제한기간은 운송인이 화물의 전부 또는 일부를 인도한 날 또는 화물의 인도가 되지 않은 경우에는 화물을 인도하였어야 할 최종일에 개시한다.

3. 제한기간이 개시되는 날은 그 기간에 포함되지 아니한다.

4. 배상청구를 받은 자는 제한기간의 진행 중에 언제라도 배상청구자에게 문서로 통고함으로써 그 기간을 연장할 수 있다. 이 기간은 그 후의 다른 통고에 의하여 다시 연장할 수 있다.

5. 책임을 져야 하는 자에 의한 구상(求償)청구소송은 앞의 제항에 규정된 제한기간의 만료 후에라도 소송절차를 개시하는 국가의 법률에 의하여 허용된 기간내에는 이를 제기할 수 있다. 그러나 그러한 허용기간은 그러한 구상청구소송을 제기하는 자가 자기에 대한 청구를 해결한 날 또는 자기에 대한 소송에서 소장(訴狀)의 송달을 받은 날로부터 기산하여 90일 미만에는 허용되지 아니한다.

제21조 재판관할권

1. 이 협약에 의한 화물운송에 관한 소송절차에 있어서 원고(原告)는 자기의 선택에 의하여 법원소재국의 법률에 따라 정당한 재판관할권을 가지고 또 다음 장소의 하나가 그 관할권내에 소재하는 법원에 소송(訴訟)을 제기할 수 있다.

  (a) 피고의 주된 영업소의 소재지 또는 그런 곳이 없는 때에는 피고의 평소의 거주지, 또는

  (b) 계약체결장소, 다만, 이 경우에는 피고가 그 곳에 계약을 체결한 사무소, 지점 또는 대리점이 있는 곳이어야 한다. 또는

  (c) 선적항 또는 양륙항, 또는

  (d) 해상운송계약에서 그 목적을 위하여 지정하고 있는 추가장소.

2. (a) 이 조 전항의 규정에 불구하고 체약국의 법률 및 국제법의 적용가능한 규칙에 따라서 운송선박 또

in a Contracting State at which the carrying vessel or any other vessel of the same ownership may have been arrested in accordance with applicable rules of the law of that State and of international law. However, in such a case, at the petition of the defendant, the claimant must remove the action at his choice, to one of the jurisdictions referred to in paragraph 1 of this Article for the determination of the claim, but before such removal the defendant must furnish security sufficient to ensure payment of any judgement that may subsequently be awarded to the claimant in the action.

(b) All questions relating to the sufficiency or otherwise of the security shall be determined by the court of the port or place of the arrest.

3. No judical proceedings relating to carriage of goods under this Convention may be instituted in a place not specified in paragraph 1 or 2 of thus Article.

The provisions of this paragraph do not constitute an obstacle to the jurisdiction of the Contracting States for provisional or protective measures.

4. (a) Where an action has been instituted in a court competent under paragraph 1 or 2 of this Article or where judgement has been delivered by such a court, no new action may be stated between the same parties on the same grounds unless the judgement of the court before which the first action was instituted is not enforceable in the country in which the new proceedings are instituted ;

(b) for the purpose of this Article the institution of measures with a view to obtaining enforcement of a judgement is not to be considered as the starting of a new action ;

(c) for the purpose of this Article the removal of an action to a different court within the same country, or to a court in another country, in accordance with paragraph 2 (a) of this Article, is not to be considered as the starting of a new action.

5. Notwithstanding the provisions of the preceeding paragraphs, an agreement made by the parties, after a claim under the contract of carriage by sea has arisen, which designates the place where the claimant may institute an action, is effective.

Article 22. Arbitration

1. Subject to the provisions of this Article, parties may provide by agreement evidenced in writing that any dispute that may arise relating to carriage of goods under this Convention shall be referred to arbitration.

2. Where a charter-party contains a provision that disputes arising thereunder shall be referred to arbitration and a bill of lading issued pursuant to the charter-party does not contain a special annotation providing that such provision shall be binding upon the holder of the bill of lading, the carrier may not invoke such provision as against a holder having acquired the bill of lading in good faith.

3. The arbitration proceedings shall, at the option of the claimant, be instituted at one of the following places :

(a) a place in a State within whose territory is situated :

(i) the principal place of business of the defendant or, in the absence thereof, the habitual residence of the defendant ; or

는 이와 같은 소유권하에 있는 다른 선박이 압류되어 있는 체약국내의 어떠한 항구 또는 장소의 법원에서도 소송을 제기할 수 있다. 그러나 이 경우에는 피고의 신청이 있으면, 청구권자는 자기의 선택에 따라 당해 청구의 결정을 위하여 이 조 제1항에 규정된 관할법원 중의 한 곳으로 소송을 이송(移送)하여야 한다. 그러나 그러한 이송 이전에 피고는 당해 소송에서 후에 청구권자에게 선고될지도 모르는 판결에 대한 지급을 보장하기 위한 충분한 담보를 제공하여야 한다.

(b) 담보의 충분성 또는 기타의 담보에 관한 문제는 압류가 된 항구 또는 장소의 법원이 이를 결정한다.

3. 이 협약에 의한 화물운송에 관한 소송절차는 이 조 제1항 및 제2항에 명시되어 있지 아니한 곳에서는 이를 제기할 수 없다. 이 항의 규정은 예비적 또는 보전적 조치를 위한 체약국의 재판관할권에 대한 장애로 해석되지 아니한다.

4. (a) 소송이 이 제1항 및 제2항에 의하여 정당한 재판관할권을 가지는 법원에 제기되어 있거나 또는 그러한 법원이 판결을 선고한 경우에는 처음의 소송이 제기된 법원의 판결이 새로운 절차가 제기된 국가에서 집행할 수 없는 경우가 아닌 한 동일 당사자간에 동일한 근거로 새로운 소송을 개시할 수 없다.

(b) 이 조의 적용에 있어서 판결의 집행을 얻기 위한 수단의 제기는 새로운 소송의 개시로 인정하지 아니한다.

(c) 이 조의 적용에 있어서 동일국가내의 다른 법원으로의 이송 또는 이 조 제2항 (a)호에 의한 타국의 법원으로의 이송은 새로운 소송의 개시로 인정하지 아니한다.

5. 앞의 제항의 규정에 불구하고 해상운송계약에 의한 청구가 발생한 후에 청구권자가 소송을 제기할 수 있는 장소를 지정하는 당사자에 의하여 이루어진 합의는 유효하다.

제22조 중 재

1. 이 조의 규정에 따라서 당사자는 이 협약에 의한 화물운송에 관하여 야기되는 어떠한 분쟁도 중재(仲裁)에 맡겨야 한다는 것을 문서로 증명된 합의에 의해 규정할 수 있다.

2. 용선계약서에 용선계약에 따라 발생하는 분쟁을 중재에 맡겨야 한다는 규정이 포함되어 있고, 이러한 용선계약에 따라 발행되는 선화증권에 그러한 규정이 선화증권 소지자를 구속한다는 특별한 주기사항이 포함되어 있지 아니한 경우에 운송인은 선의로 선화증권을 취득한 소지인에 대하여 그러한 규정을 원용할 수 없다.

3. 중재절차는 신청인의 선택에 따라 다음 장소 중의 한 곳에서 이를 제기하여야 한다.

(a) 일국의 영토내에 소재하는 다음 장소:

(ⅰ) 피신청인의 주된 영업소의 소재지 또는 그런 곳이 없는 때에는 피신청인의 평소의 거주지, 또는

(ii) the place where the contract was made, provided that the defendant has there a place of business, branch or agency through which the contract was made ; or

(iii) the port of loading or the port of discharge ; or

(b) any place designated for that purpose in the arbitration clause or agreement.

4. The arbitrator or arbitration tribunal shall apply the rules of this Convention.

5. The provisions of paragraphs 3 and 4 of this Article are deemed to be part of every arbitration clause or agreement, and any term of such clause or agreement which is inconsistent therewith is null and void.

6. Nothing in this Article affects the validity of an agreement relating to arbitration made by the parties after the claim under the contract of carriage by sea has arisen.

PART VI. SUPPLEMENTARY PROVISIONS

Article 23. Contractual stipulations

1. Any stipulation in a contract of carriage by sea, in a bill of lading, or in any other document evidencing the contract of carriage by sea is null and void to the extent that it derogates, directly or indirectly from the provisions of this Convention. The nullity of such a stipulation does not affect the validity of the other provisions of the contract or document of which it forms a part. A clause assigning benefit of insurance of the goods in favour of the carrier, or any similar clause, is null and void.

2. Notwithstanding the provisions of paragraph 1 of this Article, a carrier may increase his responsibilities and obligations under this Convention.

3. Where a bill of lading or any other document evidencing the contract of carriage by sea is issued, it must contain a statement that the carriage is subject to the provisions of this Convention which nullify any stipulation derogating therefrom to the detriment of the shipper or the consignee.

4. Where the claimant in respect of the goods has incurred loss as a result of a stipulation which is null and void by virtue of the present Article, or as a result of the omission of the statement referred to in paragraph 3 of this Article, the carrier must pay compensation to the extent required in order to give the claimant compensation in accordance with the provisions of this Convention for any loss of or damage to the goods as well as for delay in delivery. The carrier must, in addition, pay compensation for costs incurred by the claimant for the purpose of exercising his right, provided that costs incurred in the action where the foregoing provision is invoked are to be determined in accordance with the law of the State where proceedings are instituted.

Article 24. General average

1. Nothing in this Convention shall prevent the application of provisions in the contract of carriage by sea or national law regarding the adjustment of general average.

    (ⅱ) 계약체결장소, 다만, 이 경우에는 피신청인이 그 곳에 계약을 체결한 사무소, 지점 또는 대리점이 있는 곳이어야 한다. 또는

    (ⅲ) 선적항 또는 양륙항, 또는

  (b) 중재조항 또는 중재합의에 의하여 그 목적을 위하여 지정된 장소

4. 중재인 또는 중재판정부는 이 협약의 규칙을 적용하여야 한다.

5. 이 조 제3항 및 제4항의 규정은 모든 중재조항 또는 중재합의의 일부인 것으로 보며, 그러한 규정에 저촉되는 중재조항 또는 중재합의의 규정은 무효로 한다.

6. 이 조의 어떠한 규정도 해상운송계약에 의한 청구가 발생된 후에 당사자에 의하여 이루어진 중재에 관한 합의의 효력에 영향을 미치지 아니한다.

제6부 보 칙

제23조 계약조항

1. 해상운송계약 중의 규정 또는 선화증권 또는 기타의 해상운송계약을 증명하는 증권에 포함된 규정은 이 협약의 규정을 직접 또는 간접으로 훼손하는 범위내에서 이를 무효로 한다. 이러한 규정의 무효는 그것이 일부를 형성하고 있는 계약 또는 증권의 다른 규정의 효력에 영향을 미치지 아니한다. 화물에 관한 보험의 이익을 운송인을 위하여 양도한다는 조항 또는 기타 이와 유사한 조항은 무효로 한다.

2. 이 조 제1항의 규정에도 불구하고 운송인은 이 협약상의 자기의 책임 및 의무를 증가시킬 수 있다.

3. 선화증권 또는 해상운송계약을 증명하는 기타의 증권이 발행되는 경우에는 당해 운송이 송화인 또는 수화인의 불이익으로 이 협약을 훼손하는 조항을 무효로 한다는 이 협약의 규정에 따른다는 뜻의 기재사항을 포함하여야 한다.

4. 화물에 관한 청구권자가 이 조에 의한 무효조항 때문에 또는 이 조 제3항에서 정하는 기재의 누락 때문에 손실을 입은 경우에 운송인은 청구권자에게 화물의 멸실, 손상 또는 인도지연에 대하여 이 협약의 규정에 따라 배상을 하기 위하여 요구되는 범위내에서 손해배상을 하여야 한다. 또한 운송인은 청구권자가 그 권리의 행사를 위하여 발생된 비용에 대하여도 배상을 하여야 한다. 그러나 위의 규정이 원용되는 소송에서 발생된 비용은 당해 소송이 제기된 국가의 법에 따라서 결정된다.

제24조 공동해손

1. 이 협약의 어떠한 규정도 공동해손의 정산에 관한 해상운송계약 또는 국내법의 규정의 적용을 방해하지 아니한다.

2. With the exception of article 20, the provisions of this Convention relating to the liability of the carrier for loss of or damage to the goods also determine whether the consignee may refuse contribution in general average and the liability of the carrier to indemnify the consignee in respect of any such contribution made or any salvage paid.

Article 25. Other conventions

1. This Convention does not modify the rights or duties of the carrier, the actual carrier and their servants and agents, provided for in international conventions or national law relating to the limitation of liability of owners of seagoing ships.

2. The provisions of articles 21 and 22 of this Convention do not prevent the application of the mandatory provisions of any other multilateral convention already in force at the date of this Convention relating to matters dealt with in the said Articles, provided that the dispute arises exclusively between parties having their principal place of business in States members of such other convention. However, this paragraph does not affect the application of paragraph 4 of article 22 of this Convention.

3. No liability shall arise under the provisions of this Convention for damage caused by a nuclear incident if the operator of a nuclear installation is liable for such damage :

   (a) under either the Paris Convention of 29 July 1960 on Third Party Liability in the Field of Nuclear Energy as amended by the Additional Protocol of 28 January 1964, or the Vienna Convention of 21 May 1963 on Civil Liability for Nuclear Damage, or

   (b) by virtue of national law governing the liability for such damage, provided that such law is in all respects as favourable to persons who may suffer damage as either the Paris or Vienna Conventions.

4. No liability shall arise under the provisions of this Convention for any loss of or damage to or delay in delivery of luggage for which the carrier is responsible under any international convention or national law relating to the carriage of passengers and their luggage by sea.

5. Nothing contained in this Convention prevents a Contracting State from applying any other international convention which is already in force at the date of this Convention and which applies mandatorily to contacts of carriage of goods primarily by a mode of transport other than transport by sea. This provision also applies to any subsequent revision or amendment of such international convention.

Article 26. Unit of account

1. The unit of account referred to in article 6 of this Convention is the Special Drawing Right as defined by the International Monetary Fund. The amounts mentioned in article 6 are to be converted into the national currency of a State according to the value of such currency at the date of judgment or the date agreed upon by the parties. The value of a national currency, in terms of the Special Drawing Right, of a Contracting State which is a member of the International Monetary Fund is to be calculated in accordance with the method of valuation applied by the International Monetary Fund in effect at the date in question for its operations and transactions. The value of a national currency in terms of the Special Drawing Right of a Contracting State which is not a member of the International Monetary Fund is to be calculated in a manner determined by that State.

2. 제20조의 규정이 적용되는 경우를 제외하고 화물의 멸실 또는 손상에 대한 운송인의 책임에 관한 이 협약의 제규정은 수화인이 공동해손 분담금을 거절할 수 있는가의 여부를 결정하고, 부담한 그러한 분담금 또는 지급한 구조료에 관하여 수화인에게 보상할 운송인의 책임을 결정한다.

제25조 기타 협약

1. 이 협약은 항해선박의 소유자의 책임제한에 관한 국제협약 또는 국내법에 규정된 운송인, 실제운송 및 운송인과 실제운송인의 사용인과 대리인의 권리 또는 의무를 변경하지 아니한다.

2. 이 협약 제21조 및 제22조의 규정은 동 조에서 취급되는 문제와 관련하여 이 협약의 성립일에 이미 실시되고 있는 기타의 다국간협조의 강행규정의 적용을 방해하지 아니한다. 다만 이러한 분쟁은 오로지 그러한 다른 협약의 회원국에 주된 영업소를 가진 당사자간에 발생하는 경우여야 한다. 그러나 이 항은 이 협약 제22조 제4항의 적용에 영향을 미치지 아니한다.

3. 원자력 사고로 인하여 야기된 손해에 대하여 원자력시설의 운영자가 다음의 협약 또는 국내법에 의하여 책임을 지는 경우에는 이 협약의 규정에 의한 책임은 일체 발생되지 아니한다.

    (a) 1964년 1월 28일의 추가의정서에 의하여 개정된 원자력분야의 제3자 책임에 관한 1960년 7월 29일의 파리협약 또는 원자력손해에 대한 민사책임에 관한 1963년 5월 21일의 비엔나협약, 또는

    (b) 그러한 손해에 대한 책임을 규율하는 국내법, 다만 그러한 국내법이 모든 점에서 파리협약 또는 비엔나협약에서와 같이 손해를 입은 자에게 유리한 것이어야 한다.

4. 운송인이 해상여객 및 그 수화물의 운송에 관한 국제협약 또는 국내법에 의하여 책임을 지는 수화물의 멸실, 손상 또는 인도지연에 대하여는 이 협약의 규정에 의한 책임은 일체 발생되지 아니한다.

5. 이 협약에 포함된 어떠한 규정도 체약국이 이 협약의 성립일에 이미 실시되고 있고 또 주로 해상운송 이외의 운송수단에 의하여 이루어지는 화물운송계약에 대하여 강제적으로 적용되는 모든 다른 국제협약을 적용하는 것을 방해하지 아니한다. 이 규정은 그러한 국제협약의 다음에 있을 모든 수정 또는 개정에 관하여도 역시 이를 적용한다.

제26조 계산단위

1. 이 협약 제6조에 규정된 계산단위는 국제통화기금(IMF)에서 정의된 특별인출권(SDR)으로 한다. 제6조에 의한 금액은 판결의 선고일 또는 당사자에 의해 합의된 날의 국내 통화가치에 따라서 그 국가의 국내통화로 이를 환산한다. 국제통화기금의 회원인 체약국의 특별인출권에 의한 국내통화가치는 그 운영과 거래에 관하여 당해 일자에 실시되고 있는 국제통화기금에 의해 적용되는 평가방법에 따라서 이를 산출한다.

2. Nevertheless, those States which are not members of the International Monetary Fund and whose law does not permit the application of the provisions of paragraph 1 of this Article may, at the time of signature, or at the time of ratification, acceptance, approval or accession or at any time thereafter, declare that the limits of liability provided for in this Convention to be applied in their territories shall be fixed as : 12,500 monetary units per package or other shipping unit or 37,5 monetary units per kilogram of gross weight of the goods.

3. The monetary unit referred to in paragraph 2 of this Article corresponds to sixty-five and a half milligrams of gold of millesimal fineness nine hundred. The conversion of the amounts referred to in paragraph 2 into the national currency is to be made according to the law of the State concerned.

4. The calculation mentioned in the last sentence of paragraph 1 and the conversion mentioned in paragraph 3 of this Article is to be made in such a manner as to express in the national currency of the Contracting State as far as possible the same real value for the amounts in article 6 as is expressed there in units of account. Contracting States must communicate to the depositary the manner of calculation pursuant to paragraph 1 of this Article, or the result of the conversion mentioned in paragraph 3 of this Article, as the case may be, at the time of signature or when depositing their instruments of ratification, acceptance, approval or accession, or when availing themselves of the option provided for in paragraph 2 of this Article and whenever there is a change in the manner of such calculation or in the result of such conversion.

PART VI. FINAL CLAUSES

Article 27. Depositary

The Secretary-General of the United Nations is hereby designated as the depositary of this Convention.

Article 28. Signature, ratification, acceptance, approval, accession

1. This Convention is open for signature by all States until 30 April 1979 at the Headquarters of the United Nations, New York.

2. This Convention is subject to ratification, acceptance or approval by the States which are not signatory States.

3. After 30 April 1979, this Convention will be open for accession by all States which are not signatory States.

4. Instruments of ratification, acceptance, approval and accession are to be deposited with the Secretary-General of the United Nations.

Article 29. Reservations

No reservations may be made to this Convention.

Article 30. Entry into force

1. This Convention enters into force on the first day of the month following the expiration of one year from the

2. 그러나 국제통화기금의 회원이 아닌 국가로서 그 국가의 법률이 이 조 제1항의 규정의 적용을 허용하지 아니하는 국가는 서명이나 비준, 승낙, 승인 또는 가입시 또는 그 후 어느 때라도 자국의 영토내에서 이 협약에서 규정하는 책임한도를 다음과 같이 결정한다는 것을 선언할 수 있다.

   1포장당 또는 기타의 선적 단위당 12,500화폐단위 또는 화물의 총중량의 1kg당 37.5화폐단위.

3. 이 조 제2항에 규정된 화폐단위는 순도 1,000분의 900의 금 65.5mg에 상당한다. 제2항에 의한 금액의 국내통화로의 환산은 관련국가의 법률에 따라서 이루어진다.

4. 이 조 제1항 말미에 규정된 산출 및 이 조 제3항에 규정된 환산은 가능한 한 제6조에 계산단위로서 표시되어 있는 금액과 동일한 실질가치를 체약국의 국내통화로 표시할 수 있는 방법으로 이루어져야 한다. 체약국은 이 조 제1항에 의한 산출방법 또는 이 조 제3항에 규정된 환산의 결과에 관하여 각 경우에 따라서 서명시(署名時) 또는 비준서, 승낙서, 승인서 또는 가입서를 기탁할 때, 또는 이 조 제2항에 규정된 선택권을 이용할 때 및 그러한 산출방법 또는 그러한 환산의 결과에 변경이 있을 때에는 수탁자에게 이를 통지하여야 한다.

제7부 최종조항

제27조 수탁자
국제연합의 사무총장을 이 협약의 수탁자로 지정한다.

제28조 서명, 비준, 승낙, 승인, 가입
1. 이 협약은 1979년 4월 30일까지 모든 국가의 서명을 위하여 뉴욕에 있는 국제연합본부에 이를 개방한다.
2. 이 협약은 서명국에 의한 비준, 승낙 또는 승인이 있어야 한다.
3. 1979년 4월 30일 후에는 이 협약은 서명국이 아닌 모든 국가들의 가입을 위하여 이를 개방한다.
4. 비준, 승낙, 승인 및 가입의 문서는 국제연합 사무총장에게 기탁하여야 한다.

제29조 유 보
이 협약에는 어떠한 유보조항도 첨부될 수 없다.

제30조 발 효
1. 이 협약은 제20번째의 비준, 승낙, 승인 또는 가입의 문서의 기탁일로부터 1년이 경과된 다음 월의 초

date of deposit of the 20th instrument of ratification, acceptance, approval or accession.

2. For each State which becomes a Contracting State to this Convention after the date of the deposit of the 20th instrument of ratification, acceptance, approval or accession, this Convention enters into force on the first day of the month following the expiration of one year after the deposit of teh appropriate instrument on behalf of that State.

3. Each Contracting State shall apply the provisions of this Convention to contracts of carriage by sea concluded on or after the date of the entry into force of this Convention in respect of that State.

Article 31. Denunciation of other conventions

1. Upon becoming a Contracting State to this Convention, any State party to the International Convention for the Unification of Certain Rules relating to Bills of Lading signed at Brussels on 25 August 1924 (1924 Convention) must notify the Government of Belgium as the depositary of the 1924 Convention of its denunciation of the said convention with a declaration that the denunciation is to take effect as from the date when this Convention enters into force in respect of that State.

2. Upon the entry into force of this Convention under paragraph 1 of article 30, the depositary of this Convention must notify the Government of Belgium as the depositary of the 1924 Convention of the date of such entry into force. and of the names of the Contracting States in respect of which the Convention has entered into force.

3. The provisions of paragraphs 1 and 2 of this Article apply correspondingly in respect of States parties to the Protocol signed on 23 February 1968 to amend the International Convention for the Unification of Certain Rules relating to Bills of Lading signed at Brussels on 25 August 1924.

4. Notwithstanding article 2 of this Convention, for the purposes of paragraph 1 of this Article, a Contracting State may, if it deems it desirable, defer the denunciation of the 1924 Convention as modified by the 1968 Protocol for a maximum period of five years from the entry into force of this Convention. It will then notify the Government of Belgium of its intention. During this transitory period, it must apply to the Contracting States this Convention to the exclusion of any other one.

Article 32. Revision and amendment

1. At the request of not less than one-third of the Contracting States to this Convention, the depositary shall convene a conference of the Contracting States for revising or amending it.

2. Any instrument of ratification, acceptance, approval or accession deposited after the entry into force of an amendment to this Convention, is deemed to apply to the Convention as amended.

Article 33. Revision of the limitation amounts and unit of account or monetary unit

1. Notwithstanding the provisions of article 32, a conference only for the purpose of altering the amount specified in article 6 and paragraph 2 of article 26, or of substituting either or both of the units defined in paragraphs 1 and 3 of article 26 by other units is to be convened by the depositary in accordance with paragraph 2 of this

일에 효력이 발생한다.

2. 제20번째의 비준, 승낙, 승인 또는 가입의 문서를 기탁한 날 이후에 이 협약의 체약국이 된 국가에 대하여는 이 협약은 그 국가를 위하여 적절한 문서가 기탁된 후 1년이 경과된 다음 월의 초일에 효력이 발생한다.

3. 각 체약국은 자국에 관하여 이 협약의 발효일 이후에 체결되는 해상운송계약에 대하여 이 협약의 규정을 적용하여야 한다.

제31조 기타 협약의 폐기

1. 1924년 8월 25일 브뤼셀에서 서명된 선화증권에 관한 규칙의 통일을 위한 국제협약(1924년 협약)의 당사국은 이 협약의 체약국이 됨과 동시에 1924년 협약의 수탁국인 벨기에 정부에 대하여 이 협약이 자국에 대하여 효력이 발생하는 날로부터 폐기의 효력이 발생한다는 것을 선언함으로써 1924년 협약의 폐기를 통고하여야 한다.

2. 제30조 제1항에 의하여 이 협약이 발효된 때에는 이 협약의 수탁자는 1924년 협약의 수탁국인 벨기에 정부에 대하여 그 발효일 및 협약의 효력이 발생하게 된 체약국명을 통고하여야 한다.

3. 이 조 제1항 및 제2항의 규정은 1924년 8월 25일 브뤼셀에서 서명된 선화증권에 관한 규칙의 통일을 위한 국제협약을 개정하기 위하여 1968년 2월 23일에 서명된 의정서의 당사국에 대하여도 마찬가지로 적용된다.

4. 이 협약 제2조의 규정에도 불구하고, 이 조 제1항의 규정을 적용하는데 있어서 체약국은 그것이 바람직하다고 볼 때에는, 1924년 협약 및 1968년 의정서에 의하여 개정된 1924년 협약의 폐기를 협약의 효력이 발생하는 날로부터 5년을 최장기간으로 하여 연기할 수 있다. 이 경우 그 체약국은 벨기에 정부에 그러한 뜻을 통고하여야 한다. 이 잠정기간에는 체약국에 대하여는 다른 모든 협약을 배제하고 이 협약을 적용하여야 한다.

제32조 개정 및 수정

1. 이 협약의 체약국의 3분의 1이상의 요청이 있으면 수탁자는 협약을 개정하거나 수정하기 위하여 체약국의 회의를 소집하여야 한다.

2. 이 협약의 개정에 효력이 발생한 후에 기탁된 비준, 승낙, 승인 또는 가입의 문서는 개정된 협약에 적용되는 것으로 본다.

제33조 책임한도액 및 계산단위 또는 화폐단위의 개정

1. 제32조의 규정에도 불구하고 수탁자는 이 조 제2항에 따라서 제6조 및 제26조 제2항에 규정된 금액을 변경하거나, 또는 제26조 제1항과 제3항에서 정의된 단위의 하나 또는 양자를 다른 단위로 대체하는 목적만으로 하는 회의를 소집한다. 금액의 변경은 그 실질가치의 중요한 변경을 이유로 하는 경우에만

Article. An alteration of the amounts shall be made only because of a significant change in their real value.

2. A revision conference is to be convened by the depositary when not less than one-fourth of the Contracting States so request.

3. Any decision by the conference must be taken by a two-thirds majority of the participating States. The amendment is communicated by the depositary to all the Contracting States for acceptance and to all the States signatories of the Convention for information.

4. Any amendment adopted enters into force on the first day of the month following one year after its acceptance by two-thirds of the Contracting States. Acceptance is to be effected by the deposit of a formal instrument to that effect, with the depositary.

5. After entry into force of an amendment a Contracting State which has accepted the amendment is entitled to apply the Convention as amended in its relations with Contracting states which have not within six months after the adoption of the amendment notified the depositary that are not be bound by the amendment.

6. Any instrument of ratification, acceptance, approval or accession deposited after the entry into force of an amendment to this Convention, is deemed to apply to the Convention as amended.

Article 34. Denunciation

1. A Contracting State may denounce this Convention at any time by means of a notification in writing addressed to the depositary.

2. The denunciation takes effect on the first day of the month following the expiration of one year after the notification is received by the depositary. Where a longer period is specified in the notification, the denunciation takes effect upon the expiration of such longer period after the notification is received by the depositary.

DONE at Hamburg, this thirty-first day of March one thousand nine hundred and seventy-eight in a single original, of which the Arabic, Chinese , English, French, Russian and Spanish texts are equally authentic.

IN WITNESS WHEREOF the undersigned plenipotentiaries, being duly authorized by their respective Governments, have signed the present Convention.

할 수 있다.

2. 수탁자는 체약국의 4분의 1 이상이 요청하는 때에는 개정회의(改訂會議)를 소집한다.

3. 회의의 모든 결정은 참가한 국가의 3분의 2의 다수결에 의하여 이루어진다. 수탁자는 개정사항을 모든 체약국에 대하여는 그 승낙을 위하여, 또한 모든 서명국에 대하여는 그 정보를 위하여 통지한다.

4. 채택된 모든 개정사항은 체약국의 3분의 2에 의한 승낙시로부터 1년이 지난 다음 월의 초일에 효력이 발생한다. 승낙은 그 취지의 공식문서를 수탁자에 기탁함으로써 이루어진다.

5. 개정의 효력이 발생한 후에 개정을 승낙한 체약국은 개정의 채용 후 6월 이내에 수탁자에 대하여 개정에 의하여 구속받지 않는다는 것을 통지하지 아니한 체약국과의 관계에서 개정된 협약을 적용할 권리가 있다.

6. 이 협약의 개정의 효력이 발생한 후에 기탁된 비준, 승낙, 승인 또는 가입의 문서는 개정된 조약에 대하여 적용되는 것으로 간주한다.

제34조 폐 기

1. 체약국은 언제든지 수탁자에게 송부된 문서에 의한 통고에 의하여 이 협약을 폐기할 수 있다.

2. 폐기는 수탁자가 통고를 받은 후 1년이 경과된 다음 월의 초일에 효력이 발생한다. 통고에서 이 기간보다 장기간을 명시하고 있는 경우에는, 폐기는 수탁자가 통고를 받은 후 그러한 장기간이 경과된 때에 효력이 발생한다.

1978년 3월 31일 함부르그에서 동등한 정본(正本)인 아랍어, 중국어, 영어, 프랑스어, 러시아어 및 스페인어의 원문을 1통으로 작성하였다.

위의 증인으로 각자의 정부로부터 정당하게 권한을 부여받은 하기 전권 위원이 이 협약에 서명하였다.

2-3 Warsaw Convention, 1929

CHAPTER I SCOPE-DEFINITIONS

Article 1.

(1) This Convention shall apply to all international transportation of persons, baggage, or goods performed by aircraft for hire. It shall apply equally to gratuitous transportation by aircraft performed by an sir transportation enterprise.

(2) For the purposes of this Convention the expression "international transportation" shall mean any transportation in which, according to the contract made by the parties, the place of departure and the place of destination, whether or not there be a break in the transportation or a transshipment, are situated either within the territories of two High Contracting Parties, or within the territory of a single High Contracting Party, if there is an agreed stopping place within a territory subject to the sovereignty, suzerainty, mandate or authority of another Power, even though that Power is not a party to this Convention. Transportation without such an agreed stopping place between territories subject to the sovereignty, suzerainty, mandate or authority of the same High Contracting Party shall not be deemed to be international for the purposes of this Convention.

(3) Transportation to be performed by several successive air carriers shall be deemed, for the purposes of this Convention, to be one undivided transportation, if it has been regarded by the parties as a single operation, whether it has been agreed upon under the form of a single contract or of a series of contracts, and it shall not loss its international character merely because one contract of a series of contracts is to be performed entirely within a territory subject to the sovereignty, suzerainty, mandate, or authority of the same High Contracting Party.

Article 2.

(1) This Convention shall apply to transportation performed by the State or by legal constituted under public law provided ti fails within the conditions laid down in Article 1.

(2) This Convention shall not apply to transportation performed under the terms of any international postal Convention.

CHAPTER II TRANSPORTATION DOCUMENTS

Section I - Passenger Ticket

Article 3.

(1) For the transportation of passengers the carrier must deliver a passenger ticket which shall contain the following particulars:

2-3 바르샤바 협약, 1929

제1장 범위 및 정의

제1조

(1) 이 협약은 항공기에 의하여 유상으로 행하는 승객, 수하물, 또는 화물의 모든 국제운송에 적용한다. 이 협약은 또한 항공운송기업이 항공기에 의하여 무상으로 행하는 운송에도 적용한다.

(2) 이 협약의 적용에 있어서 "국제운송"(International transportation)이란 운송의 중단 또는 환적의 유무를 불문하고, 당사자간의 약정에 따라 출발지 및 도착지가 두 개의 체약국의 영역내에 있는 운송이나 또는 출발지 및 도착지가 단일의 체약국의 영역내에 있고 또 합의된 기항지가 이 협약의 체약국의 여부를 불문하고 타국의 주권, 종주권, 위임통치 또는 권력하에 있는 영역내에서의 운송을 말한다. 동일한 체약국의 주권, 종주권, 위임통치 또는 권력하에 있는 영역간의 운송으로서 그러한 예정된 기항지가 없는 것은 이 협약의 적용에 있어서 국제운송이라고 보지 아니한다.

(3) 둘 이상의 운송인이 계속하여 행하는 항공운송은 당사자가 단일의 취급을 한 때에는 단일의 계약형식에 의하거나 또는 일련의 계약형식에 의하거나를 불문하고, 본조의 적용에 있어서 불가분의 운송을 구성하는 것으로 보며, 또 이러한 운송은 단일의 계약이거나 또는 일련의 계약이 동일한 체약국의 주권, 종주권, 위임통치 또는 권력하에 있는 영역내에서 모두 이행되는 것이라는 사실만으로써 그의 국제적인 성질을 잃는 것은 아니다.

제2조

(1) 이 협약은 운송이 제1조에 규정된 조건에 합치하는 한, 국가 또는 기타의 공법인에 의하여 행하는 운송에 적용한다.

(2) 이 협약은 우편에 관한 국제협약에 따라 행하는 운송에는 적용하지 아니한다.

제2장 운송서류

제1절 여객항공표

제3조

(1) 여객운송에 있어서는, 운송인은 다음의 사항을 기재한 여객항공표를 교부하여야 한다.

(a) The place and date of issue ;

(b) The place of departure and of destination ;

(c) The agreed stopping places, provided that the carrier may reserve the right to alter the stopping places in case of necessity, and that if he exercises that right, the alteration shall not have the effect of depriving the transportation of its international character;

(d) The name and address of the carrier or carriers ;

(e) A statement that the transportation is subject to the rules relating to liability established by this Convention.

(2) The absence, irregularity, or loss of the passenger ticket shall not affect the existence or the validity of the contract of transportation, which shall none the less be subject to the rules of this Convention. Nevertheless, if the carrier accepts a passenger without a passenger ticket having been delivered he shall not be entitled to avail himself of those provisions of this Convention which exclude or limit his liability.

Section II - Baggage Check

Article 4.

(1) For the transportation of baggage, other than small personal objects of which the passenger takes charge himself, the carrier must deliver a baggage check.

(2) The baggage check shall be made out in duplicate, one part for the passenger and the other part for the carrier.

(3) The baggage check shall contain the following particulars ;

(a) The place and date of issue ;

(b) The place of departure of the destination;

(c) The name and address of the carrier or carriers;

(d) The number of the passenger ticket ;

(e) A statement that delivery of the baggage will be made to the bearer of the baggage check;

(f) The number and weight of the packages ;

(g) The amount of the value declared in accordance with Article 22 (2) ;

(h) A statement that the transportation is subject to the rules relating to liability established by this Convention.

(4) The absence irregularity, or loss of the baggage check shall not affect the existence or the validity of transportation which shall none the less be subject to the rules of this Convention. Nevertheless, if the carrier accepts baggage without a baggage check having been delivered, or if the baggage check does not contain the particulars set out at (d), (f), and (h) above, the carrier shall mot be entitled to avail himself of those provisions of the Convention which exclude or limit his liability.

(a) 발행의 장소 및 일자,

(b) 출발지 및 도착지,

(c) 예정된 기항지. 다만 운송인은 필요한 경우에는 그 기항지를 변경할 권리를 유보할 수 있으며, 또 운송인이 이러한 권리를 행사한다 하더라도 그 변경은 당해 운송의 국제적인 성질을 잃게 하지는 아니한다.

(d) 운송인의 명칭과 주소,

(e) 운송이 이 협약에 정하여진 책임에 관한 규칙에 따른다는 표시 등.

(2) 여객항공표의 부존재, 불비, 또는 멸실은 운송계약의 존재 또는 효력에 영향을 미치는 것이 아니며, 운송계약은 이 경우에도 이 협약의 규정에 적용을 받는다. 다만 운송인은 여객항공표를 교부하지 아니하고 여객을 인수한 때에는 운송인의 책임을 배제하거나 또는 제한하는 이 협약의 규정을 원용할 권리를 갖지 못한다.

제2절 수하물표

제4조

(1) 여객이 보관하는 휴대품 이외의 수화물의 운송에 있어서는, 운송인은 수하물표를 교부하여야 한다.

(2) 수하물표는 2통으로 작성하여야 한다. 그 중의 1통은 여객용으로 하고 또 다른 1통은 운송인용으로 한다.

(3) 수하물표에는 다음의 사항을 기재하여야 한다.

(a) 발행의 장소 및 일자,

(b) 출발지 및 도착지,

(c) 운송인의 명칭과 주소,

(d) 여객항공표의 번호,

(e) 수화물표의 소지인에게 수화물을 인도한다는 뜻의 표시,

(f) 소포의 개수 및 중량,

(g) 제 22조 제 2항에 따라 신고된 가액,

(h) 운송이 이 협약에서 정하는 책임에 관한 규정에 따른다는 뜻의 표시 등.

(4) 수화물표의 부존재, 불비, 또는 멸실은 운송계약의 존재 또는 효력에 영향을 미치는 것이 아니며, 운송계약은 이 경우에도 이 협약의 규정에 적용을 받는다. 다만 운송인이 수화물표를 교부하지 아니하고 수화물을 인수하거나, 또는 수화물표에 상기 제3항 제d호, 제f호 및 제h호에 정하여진 사항의 기재가 없는 때에는, 운송인은 그의 책임을 배제하거나 또는 제한하는 이 협약의 규정을 원용할 권리를 갖지 못한다.

Section III -Air Waybill

Article 5.

(1) Every carrier of goods has the right to require the consignor to make out and hand over to him a document called an "air waybill" ; every consignor has the right to require the carrier to accept this document.

(2) The absence, irregularity, or loss of this document shall not affect the existence or the validity of the contract of transportation which shall, subject to the provisions of Article 9, be none the less governed by the rules of this Convention.

Article 6.

(1) the air waybill shall be made out by the consignor in three original parts and be handed over with the goods.

(2) The first part shall be marked "for the carrier", and shall be signed by the consignor. The second part shall be marked "for the consignee" ; it shall be signed by the consignor and by the carrier and shall accompany the goods. The third part shall be signed by the carrier and handed by him to the consignor after the goods have been accepted.

(3) The carrier shall sign on acceptance of the goods.

(4) The signature of the carrier may be stamped ; that of the consignor may be printed or stamped.

(5) If, at the request of the consignor, the carrier makes out the air waybill, he shall be deemed, subject to proof to the contrary, to have done so on behalf of the consignor.

Article 7.

The carrier of goods has the right to require the consignor to make out separate waybills when there is more than one package.

Article 8.

The air waybill shall contain the following particulars :

    (a) The place and date of its execution ;

    (b) The place of departure and of destination ;

    (c) The agreed sopping places, provided that the carrier may reserve the right to alter the stopping places in case of necessary, and that if he exercises that right the alteration shall not have the effect of depriving the transportation of its international character ;

    (d) The name and address of the consignor ;

    (e) The name and address of the first carrier ;

    (f) The name and address of the consignee, if the case so requires ;

제3절 항공화물운송장

제5조

(1) 화물의 모든 운송인은 송하인에 대하여 "항공화물운송장"이라는 서류를 작성하여 이의 교부를 청구할 권리를 갖는다. 모든 송하인은 운송인에 대하여 그 서류의 수령을 청구할 권리를 갖는다.

(2) 이러한 서류의 부존재, 불비, 또는 멸실은 운송계약의 존재 또는 효력에 영향을 미치는 것이 아니며, 운송계약은 이 경우에도 제9조의 규정에 따르는 것을 조건으로 이 협약의 규정에 적용을 받는다.

제6조

(1) 항공화물운송장은 송하인이 원본 3통을 작성하여 이를 화물과 함께 교부하여야 한다

(2) 제1의 원본에는 "운송인용"(for the carrier)이라고 기재하고 송하인이 이에 서명하여야 한다. 제2의 원본에는 "송하인용"(for the consignee)이라고 기재하고 송하인 및 운송인이 이에 서명한 후 이를 화물과 함께 송부하여야 한다. 제3의 원본에는 운송인이 서명하여야 하며, 이는 화물을 인수한 후에 송하인에게 교부하여야 한다.

(3) 운송인은 화물을 인수한 때에 서명하여야 한다.

(4) 운송인의 서명은 타인(打印)으로써 이에 대체할 수 있다. 송하인의 서명은 인쇄 또는 타인으로써 이에 대체할 수 있다.

(5) 운송인은 송하인의 청구에 따라 항공화물운송장을 작성한 경우에는, 반증이 없는 한 송하인에 대신하여 이를 작성한 것으로 본다.

제7조

화물의 운송인은 2개 이상의 포장이 있는 때에는, 송하인에 대하여 각각 항공화물운송장을 작성할 것을 청구할 권리를 갖는다.

제8조

항공화물운송장에는 다음의 사항을 기재하여야 한다.

    (a) 작성의 장소 및 일자,

    (b) 출발지 및 도착지,

    (c) 합의된 기항지. 다만 운송인은 필요한 경우에는 그 기항지를 변경할 권리를 유보할 수 있으며, 또 운송인이 이러한 권리를 행사한다 하더라도 그 변경은 당해 운송의 국제적인 성질을 잃게 하지는 아니한다.

    (d) 송하인의 성명 및 주소,

    (e) 최초의 운송인의 성명 및 주소,

    (f) 필요한 경우에는 수하인의 성명 및 주소,

(g) The nature of the goods ;

(h) The number of the packages, the method of packing, and the particular marks or numbers upon them ;

(i) The weight, the quantity, the volume, or dimensions of the goods ;

(j) The apparent condition of the goods and of the packing ;

(k) The freight, if it has been agreed upon, the date and place of payment, and the person who is to pay it ;

(l) If the goods are sent for payment on delivery, the price of the goods, and, if the case so requires, the amount of the expenses incurred ;

(m) The amount of the value declared in accordance with Article 22 (2) ;

(n) The number of parts of the air waybill ;

(o) The document handed to the carrier to accompany the air waybill ;

(p) The time fixed for the completion of the transportation and a brief note of the route to be followed, if these matters have been agreed upon ;

(q) A statement that the transportation is subject to the rules relating to liability established by this Convention.

Article 9.

If the carrier accepts goods without an air waybill having been made out, or if the air waybill does not contain all the particulars set out in Article 8 (a) to (i), inclusive, and (q), the carrier shall not be entitled to avail himself of the provisions of this Convention which exclude or limit his liability.

Article 10.

(1) The consignor shall be responsible for the correctness of the particulars and statements relating to the goods which he inserts in the air waybill.

(2) The consignor shall be liable for all damages suffered by the carrier or any other person by reason of the irregularity, incorrectness or incompleteness of the said particulars and statements.

Article 11.

(1) The air waybill shall be prima facie evidence of the conclusion of the contract, of the receipt of the goods and of the conditions of transportation.

(2) The statements in the air waybill relating to the weight, dimensions, and packing of the goods, as well as those relating to the number of packages, shall be prima facie evidence of the facts stated ; those relating to the quantity, volumed, and condition of the goods shall not constitute evidence against the carrier except so far as they both have been, and are stated in the air waybill to have been, checked by him in the presence of the consignor, or relate to the apparent condition of the goods.

(g) 화물의 종류,

(h) 포장의 개수, 포장의 방법 및 특별한 기호 또는 번호,

(i) 화물의 중량, 수량 및 용적 또는 크기,

(j) 화물 및 포장의 외관상태,

(k) 운임을 약정한 경우에는 그 운임, 지급의 기일과 장소 및 지급인,

(l) 대금과 상환으로 발송하는 경우에는 화물의 대금 및 필요한 비용액,

(m) 제22조 제2항에 따라 신고된 가액,

(n) 항공화물운송장의 통수,

(o) 항공화물운송장에 첨부하기 위하여 운송인에게 교부된 서류,

(p) 특약이 있는 경우에는 운송의 기한 및 경로의 개요,

(q) 운송이 이 협약에 정하여진 책임에 관한 규정에 따른다는 뜻의 표시 등.

제9조

운송인이 항공화물운송장 없이 화물을 인수하거나 또는 항공화물운송장이 제8조 제 a항 내지 제i항 및 제q항에 규정된 모든 명세를 기재하지 아니한 경우에는, 운송인은 그의 책임을 배제하거나 또는 제한하는 이 협약의 규정을 원용할 권리를 갖지 못한다.

제10조

(1) 송하인은 화물에 관하여 항공화물운송장에 기재된 명세 및 신고가 정확하다는 것에 대하여 책임을 진다.

(2) 송하인은 전기의 명세 및 신고의 불비, 부정확 또는 불완전한 것으로 인하여 운송인 또는 기타의 자가 입은 모든 손해에 대하여 책임을 진다.

제11조

(1) 항공화물운송장은 계약의 체결, 화물의 수령 및 운송의 조건에 관한 추정적인 증거가 된다.

(2) 화물의 중량, 크기와 포장 및 포장의 개수에 관한 항공화물운송장의 기재는 그 기재된 사실에 대한 추정적인 증거가 된다. 화물의 수량, 용적 및 상태에 관한 기재는 운송인이 송하인의 입회하에 화물을 점검하고 그 뜻을 항공화물운송장에 기재한 경우 또는 화물의 외관상태에 관한 기재의 경우를 제외하고는, 운송인에 대하여 불리한 증거를 구성하는 것은 아니다.

Article 12.

(1) Subject to his liability to carry out all his obligations under the contract of transportation, the consignor shall have the right to dispose of the goods by withdrawing them at the airport of departure or destination, or by stopping them in the course of the journey on any landing, or by calling for them to be delivered at the place of destination, or in the course of the journey to a person other than the consignee named in the air waybilll, or by requiring them to be returned to the airport of departure, He must not exercise this right of disposition in such a way as to prejudice the carrier or other consignors, and he must repay any expenses occasioned by the exercise of this right.

(2) If it is impossible to carry out the orders of the consignor the carrier must so inform him forthwith.

(3) If the carrier obeys the orders of the consignor for the disposition of the goods without requiring the production of the air waybill delivered to the latter, he will be liable, without prejudice to his right of recovery from the consignor, for any damage which may be caused thereby to any person who is lawfully in possession of that part of the air waybill.

(4) The right conferred on the consignor shall cease at the moment when that of the consignee begins in accordance with Article 13, below. Nevertheless, if the consignee declines to accept the waybill or the goods, or if he cannot be communicated with, the consignor shall resume his right of disposition.

Article 13.

(1) Except in the circumstances set out in the preceding Article, the consignee shall be entitled, on arrival of the goods at the place of destination, to require the carrier to hand over to him the air waybill and to deliver the goods to him, on payment of the charges due and on complying with the conditions of transportation set out in the air waybill.

(2) Unless it is otherwise agreed, it shall be the duty of the carrier to give notice to the consignee as soon as the goods arrive.

(3) If the carrier admits the loss of the goods, or if the goods have not arrived at the expiration of seven days after the date on which they ought to have arrived, the consignee shall be entitled to put into force against the carrier the rights which flow from the contract of transportation.

Article 14.

The consignor and the consignee can respectively enforce all the rights given them by Articles 12 and 13, each in his own name, whether he is acting in his own interest or in the interest of another, provided that he carries out the obligations imposed by the contract.

Article 15.

(1) Articles 12, 13, and 14 shall not affect either the relations of the consignor and the consignee with each other or the mutual relations of third parties whose rights are derived either from the consignor or from the consignee.

(2) The provisions of Articles 12, 13, and 14 and only by varied by express provision in the air waybill.

제12조

(1) 송하인은 운송계약으로부터 발생하는 모든 채무를 이행할 것을 조건으로, 출발공항 또는 도착공항에서 화물을 회수하거나, 운송도중 착륙할 때에 화물을 정지하거나 또는 항공화물운송장에 기재한 수하인 이외의 자에 대하여 도착지에서 또는 운송도중에 화물을 인도하거나, 또는 출발공항으로 화물의 반송을 청구하는 것으로 인하여, 화물을 처분할 권리를 갖는다. 다만 그 권리의 행사로 인하여 운송인 또는 기타의 송하인을 해하여서는 아니되며, 또 그 행사로 의하여 생긴 비용을 부담하여야 한다.

(2) 운송인은 송하인의 지시에 따를 수 없을 경우에는, 즉시 그 뜻을 송하인에게 통고하여야 한다.

(3) 운송인은 송하인에게 교부한 항공화물운송장의 제시를 요구하지 아니하고 화물의 처분에 관한 송하인의 지시에 따른 경우에는 이로 인하여 그 항공운송장의 정당한 소지인에게 입힌 손해에 대하여 책임을 진다. 다만 이로 인하여 송하인에 대한 운송인의 상환청구권을 해하는 것은 아니다.

(4) 송하인의 권리는 수하인의 권리가 제13조에 의하여 생긴 때에는 소멸한다. 다만 수하인이 항공화물운송장 또는 화물의 수령을 거부한 경우 또는 수하인을 알 수 없는 경우에는, 송하인은 그 처분의 권리를 회복한다.

제13조

(1) 전조에 규정된 경우를 제외하고, 화물이 도착지에 도착한 경우에는, 수하인은 운송인에 대하여 채무액을 지급하고 항공화물송송장에 기재된 운송의 조건을 충족한 때에는 항공화물운송장의 교부 및 화물의 인도를 청구할 권리를 갖는다.

(2) 별도의 합의가 없는 한, 운송인은 화물이 도착한 때에는 그 사실을 수하인에게 통지하여야 할 의무를 진다.

(3) 운송인이 화물의 멸실을 인정하거나 또는 화물이 도착할 날로부터 7일의 기산이 경과하여도 도착되지 아니한 경우에는, 수하인은 운송인에 대하여 운송계약으로부터 생기는 권리를 행사할 수 있다.

제14조

송하인 및 수하인은 계약에 의하여 부담하는 채무를 이행하는 것을 조건으로 하여 자신을 위하거나 또는 타인을 위하거나를 불문하고, 각자의 이름으로 제12조 및 제 13조에 의하여 송하인 및 수하인 각각에게 부여된 모든 권리를 행사할 수 있다.

제15조

(1) 제12조, 제13조 및 제14조는 송하인과 수하인간의 관계 또는 송하인이나 수하인으로부터 권리를 취득한 제3자 상호간의 관계에 영향을 미치지 아니한다.

(2) 제12조, 제13조 및 제14조의 규정은 항공화물운송장의 명시적인 규정에 의하여서만 변경될 수 있다.

Article 16.

(1) The consignor must furnish such information and attach to the air waybill such documents as are necessary to meet the formalities of customs, octroi, or police before the goods can be delivered to the consignee. The consignor shall be liable to the carrier for any damage occasioned by the absence, insufficiency, or irregularity of any such information or documents, unless the damage is due to the fault of the carrier or his agents.

(2) The carrier is under no obligation to inquire into the correctness or sufficiency of such information or documents.

CHAPTER III LIABILITY OF THE CARRIER

Article 17.

The carrier shall be liable for damage sustained in the event of the death or wounding of a passenger or any other bodily injury suffered by a passenger, if the accident which caused the damage so sustained took place on board the aircraft or in the course of any of the operations of embarking or disembarking.

Article 18.

(1) The carrier shall be liable for damage sustained in the event of the destruction or loss of, or of damage to, any checked baggage or any goods, if the occurrence which caused the damage so sustained took place during the transportation by air.

(2) The transportation by air within the meaning of the preceding paragraph shall comprise the period during which the baggage or goods are in charge of the carrier, whether in an airport or on board an aircraft, or, in the case of a landing outside an airport, in any place whatsoever.

(3) The period of the transportation by air shall not extend to any transportation by land, by sea, or by river performed outside an airport if, however, such transportation takes place in the performance of a contract for transportation by air, for the purpose of loading, delivery or transshipment, any damage is presumed, subject to proof to the contrary, to have been the result of an event which took place during the transportation by air.

Article 19.

The carrier shall be liable for damage occasioned by delay in the transportation by air of passengers, baggage, or goods.

Article 20.

(1) The carrier shall not be liable if he proves that he and his agents have taken all necessary measures to avoid the damage or that it was impossible for him or them to take such measures.

제16조

(1) 송하인은 화물이 수하인에게 인도되기 전에 세관, 입시세관 또는 경찰의 절차를 이행하기 위하여 필요한 정보를 제공하고 또 필요한 서류를 항공화물운송장에 첨부하여야 한다. 송하인은 운송인에 대하여 그 정보 및 서류의 부존재, 부족 및 불비로부터 생기는 손해에 대타여 책임을 진다. 다만 그 손해가 운송인 또는 그 대리인의 과실로 인한 경우에는 그러하지 아니하다.

(2) 운송인은 그러한 정보 및 서류가 정확한가의 여부 또는 충분한가의 여부를 검사하여야 할 의무를 지지 아니한다.

제3장 운송인의 책임

제17조

운송인은 여객의 사망 또는 부상 또는 기타의 모든 신체적인 장해의 경우의 손해에 대하여서는 그 손해의 원인이 된 사고가 항공기 내에서 발생하였거나 또는 승강을 위한 작업중에 발생하였을 경우에는 이에 책임을 진다.

제18조

(1) 운송인은 탁송수화물 또는 화물의 파괴, 멸실 또는 손상된 경우의 손해에 대하여서는 그 손해의 원인이 된 사고가 항공운송중에 발생하였을 경우에는 이에 책임을 진다.

(2) 전항에 있어서 항공운송중이란 수화물 또는 화물이 공항 또는 항공기 내에서 또는 공항 이외에 착륙한 경우에는 장소의 여하를 불문하고 운송인의 관리하에 있는 기간을 말한다.

(3) 항공운송의 기간에는 공항 이외에서 행하는 육상운송, 해상운송 또는 하천운송의 기간을 포함하지 아니한다. 다만 이러한 운송이 항공운송계약의 이행에 있어서 적재, 인도 또는 환적을 위하여 행하여진 경우에는, 손해는 반증이 없는 한 모든 항공운송중의 사고로부터 발생하는 것으로 추정된다.

제19조

운송인은 여객, 수화물 또는 화물의 항공운송에 있어서의 연착으로부터 발생하는 손해에 대하여 책임을 진다.

제20조

(1) 운송인은 운송인 및 그의 대리인이 손해의 방지에 필요한 모든 조치를 취하였다는 사실 또는 그 조치를 취할 수 없었다는 사실을 증명한 경우에는 이에 책임을 지지 아니한다.

(2) In the transportation of goods and baggage the carrier shall not be liable if he proves that the damage was occasioned by an error in piloting, in the handling of the aircraft, or in navigation and that, in all other respects, he and his agents have taken all necessary measures to avoid the damage.

Article 21.

If the carrier proves that the damage was caused by or contributed to by the negligence of the injured person the Court may, in accordance with the provisions of its own law, exonerate the carrier wholly or partly from his liability.

Article 22.

(1) In the transportation of passengers the liability of the carrier for each passenger shall be limited to the sum of 125,000 francs. Where, in accordance with the law of the Court to which the case is submitted, damages may be awarded in the form of periodical payments, the equivalent capital value of the said payments shall not exceed 125,000 francs, Nevertheless, by special contract, the carrier and the passenger may agree to a higher limit of liability.

(2) In the transportation of checked baggage and of goods, the liability of the carrier shall be limited to a sum of 250 francs per kilogram, unless the consignor has made, at the time when the package was handed over to the carrier, a special declaration of the value at delivery and has paid a supplementary sum if the case so requires. In that case the carrier will be liable to pay a sum not exceeding the declared sum, unless he proves that that sum is greater than the actual value to the consignor at delivery.

(3) As regards objects of which the passenger takes charge himself the liability of the carrier shall be limited to 5,000 francs per passenger.

(4) The sums mentioned above shall be deemed to refer to the French franc consisting of 65 1/2 milligrams of gold at the standard of fineness of nine hundred thousandths. These sums may be converted into any national currency in round figures.

Article 23.

Any provision tending to relieve the carrier of liability or to fix a lower limit than that which is laid down in this Convention shall be null and void, but the nullity of any such provision shall not involve the nullity of the whole contract, which shall remain subject to the provisions of this Convention.

Article 24.

(1) In the cases covered by Articles 18 and 19 any action for damages, however founded, can only be brought subject to the conditions and limits set out in this Convention.

(2) In the cases covered by Article 17 the provisions of the preceding paragraph shall also apply, without prejudice to the questions as to who are the persons who have the right to bring suit and what are their respective rights.

(2) 화물 및 수화물의 운송에 있어서는, 운송인은 손해가 조종, 항공기의 취급 또는 항행에 관한 과실로부터 발생하였다는 사실 및 운송인과 그의 대리인이 기타의 모든 점에서 손해를 방지하기 위하여 필요한 모든 조치를 취하였다는 사실을 증명한 경우에는 이에 책임을 지지 아니한다.

제21조

피해자의 과실이 손해의 원인이 되었거나 또는 그 원인의 일부가 되었다는 사실을 운송인이 증명한 경우에는, 법률은 자국의 법률의 규정에 따라 운송인의 책임을 면제하거나 또는 경감할 수 있다.

제22조

(1) 여객운송에 있어서는, 각 여객에 대한 운송인의 책임은 125,000프랑의 금액을 한도로 한다. 소송이 제기된 법원에 속하는 국가의 법률에 따라 손해배상을 정기지급의 방법으로 할 것을 판결할 수 있을 경우에는, 정기지급금의 원금은 125,000프랑을 초과하여서는 아니된다. 그러나 여객은 운송인과의 특약에 의하여 보다 고액의 책임한도를 정할 수 있다.

(2) 탁송수화물 및 화물의 운송에 있어서는, 운송인의 책임은 1킬로그램당 250프랑의 금액을 한도로 한다. 다만 송하인이 수화물을 운송인에게 교부함에 있어서 인도시의 가액을 특별히 신고하고 또 필요로 하는 종가요금을 지급한 경우에는 그러하지 아니하다. 이 경우에는 운송인은 신고된 가액이 인도시 송하인에 있어서의 실제의 가치를 초과하는 것을 증명하지 아니하는 한, 신고된 가액을 한도로 하는 금액을 지급하여야 한다.

(3) 여객이 보관하는 물건에 관하여서는, 운송인의 책임은 승객 1인에 대하여 5,000프랑의 금액을 한도로 한다.

(4) 전항에 기재된 금액은 순분 1,000분의 900의 금의 65.5밀리그램으로 이루어지는 프랑스 프랑에 의하는 것으로 한다. 그 금액은 각국의 통화의 단수가 없는 금액으로 환산할 수 있다.

제23조

운송인의 책임을 면제하거나 또는 이 협약에 정하여진 책임한도액보다 낮은 한도액을 정하는 모든 규정은 이를 무효로 한다. 그러나 전체적인 계약은 이러한 조항의 무효에 의하여 무효로 되지 아니하고 계속 이 협약의 규정에 적용을 받는다.

제24조

(1) 제18조 및 제19조에 의하여 정하여진 경우에는, 책임에 관한 소송은 명의의 여하를 불문하고 이 협약에 정하여진 조건 및 제한하에서만 이를 제기할 수 있다.

(2) 전항의 규정은 제17조에 의하여 정하여진 경우에도 이를 적용한다. 다만 소송을 제기하는 권리를 가지는 자의 결정 및 이러한 자가 각자 가지는 권리의 결정에 영향을 미치지 아니한다.

Article 25.

(1) The carrier shall not be entitled to avail himself of the provisions of this Convention which exclude or limit his liability, if the damage is caused by his wilful misconduct or by such default on his part as, in accordance with the law of the Court to which the case is submitted, is considered to be equivalent to wilful misconduct.

(2) Similarly the carrier shall not be entitled to avail himself of the said provisions, if the damage is caused the same circumstances as aforesaid by any agent of the carrier acting within the scope of his employment.

Article 26.

(1) Receipt by the person entitled to delivery of baggage or goods without complaint is prima facie evidence that the same have been delivered in good condition and in accordance with the document of transportation.

(2) In the case of damage, the person entitled to delivery must complain to the carrier forthwith after the discovery of the damage, and, at the latest, within three days from the date of receipt in the case of baggage and seven days from the date of receipt in the case of goods. In case of delay the complaint must be made at the latest within fourteen days from the date on which the baggage or goods have been placed at his disposal.

(3) Every complaint must be made in writing upon the document of transportation or by separate notice in writing dispatched within the times aforesaid.

(4) Failing complaint within the times aforesaid, no action shall lie against the carrier, save in the case of fraud on his part.

Article 27.

In the case of the death of the person liable, an action for damages lies in accordance with the terms of this Convention against those legally representing his estate.

Article 28.

(1) An action for damages must be brought, at the option of the plaintiff, in the territory of one of the High Contracting Parties, either before the Court of the domicile of the carrier or of his principal place of business, or where he has a place of business through which the contract has been made, or before the Court at the place of destination.

(2) Questions of procedure shall be governed by the law of the Court to which the case is submitted.

Article 29.

(1) The right to damages shall be extinguished if an action is not brought within two years, reckoned from the date of arrival at the destination, or from the date on which the aircraft ought to have arrived, or from the date on which the transportation stopped.

(2) The method of calculating the period of limitation shall be determined by the law of the Court to which the case is submitted.

제25조

(1) 손해가 운송인의 고의에 의하여 발생하거나 또는 소송이 제기되는 법원이 속하는 국가의 법률에 의하면 고의에 상당하다고 인정되는 과실에 의하여 발생하는 경우에는, 운송인은 운송인의 책임을 배제하거나 제한하는 이 협약의 규정을 원용하는 권리를 가지지 못한다.

(2) 운송인은 그의 대리인이 그 직무를 행함에 있어서 전항과 동일한 조건에서 손해를 발생시킨 경우에도 전항의 권리를 가지지 못한다.

제26조

(1) 수하인이 이의 없이 수화물 및 화물을 수령한 경우에는, 이것은 반증이 없는 한 수화물 및 화물이 양호한 상태로 또한 운송서류에 따라 인도되었다는 추정적인 증거가 된다.

(2) 훼손이 있는 경우에는, 수하인은 훼손을 발견한 후 즉시, 늦어도 수화물에 있어서는 그 수령일로부터 3일 이내에, 화물에 있어서는 그 수령일로부터 7일 이내에 운송인에게 이의를 제기하여야 한다. 연착의 경우에는 이의는 수하인이 수화물이나 화물을 처분할 수 있는 날로부터 14일 이내에 이를 제기하여야 한다.

(3) 모든 이의는 운송서류에 유보를 기재함으로써 또는 전기의 기간 내에 별개의 서면을 발송함으로써 제기되어야 한다.

(4) 소정의 기간 내에 이의를 제기하지 아니한 경우에는, 운송인에 대한 소송은 운송인에게 사기가 있는 경우를 제외하고는 수리되지 아니한다.

제27조

채무자가 사망한 경우에는, 손해에 관한 소송은 이 협약에 정하여진 제한에 따라 채무자의 법률적인 승계인에 대하여 이를 제기할 수 있다.

제28조

(1) 손해에 관한 소송은 원고의 선택에 따라 어느 1개의 체약국의 영역에 있어서 운송인의 주소지, 운송인의 주된 영업소의 소재지 또는 운송인이 계약을 체결한 영업소의 소재지의 법원 또는 도착지의 법원의 어느 쪽에 제기하여야 한다.

(2) 소송절차의 문제는 소송이 제기된 법원이 속하는 국가의 법률에 의한다.

제29조

(1) 손해에 관한 권리는 도착지에서의 도착일, 항공기가 도착하여야 할 일자 또는 운송의 중지일로부터 기산하여 2년의 기한내에 제기되지 아니하면 소멸된다.

(2) 출소기한의 계산방법은 소송이 제기된 법원의 국가의 법률에 의하여 결정된다.

Article 30.

(1) In the case of transportation to be performed by various successive carriers and falling within the definition set out in the third paragraph of Article 1, each carrier who accepts passengers, baggage or goods shall be subject to the rules set out in this Convention, and is deemed to be one of the contracting parties to the contract of transportation insofar as the contract deals with that part of the transportation which is performed under his supervision.

(2) In the case of transportation of this nature, the passenger or his representative can take action only against the carrier who performed the transportation during which the accident or the delay occurred, save in the case where, by express agreement, the first carrier has assumed liability for the whole journey.

(3) As regards baggage or goods, the passenger or consignor shall have a right of action against the first carrier, and the passenger or consignee who is entitled to delivery shall have a right of action against the last carrier, and further, each may take action against the carrier who performed the transportation during which the destruction, loss, damage, or delay took place. These carriers shall be jointly and severally liable to the passenger or to the consignor or consignee.

CHAPTER IV PROVISIONS RELATING TO COMBINED TRANSPORTATION

Article 31.

(1) In the case of combined transportation performed partly by air and partly by any other mode of transportation, the provisions of this Convention shall apply only to the transportation by air, provided that the transportation by air falls within the terms of Article 1.

(2) Nothing in this Convention shall prevent the parties in the case of combined transportation from inserting in the document of air transportation conditions relating to other modes of transportation, provided that the provisions of this Convention are observed as regards the transportation by air.

CHAPTER V GENERAL AND FINAL PROVISIONS

Article 32.

Any clause contained in the contract and all special agreements entered into before the damage occurred by which the parties purport to in fringe the rules laid down by this Convention, whether by deciding the law to be applied, or by altering the rules as to jurisdiction, shall be null and void. Nevertheless for the transportation of goods arbitration clauses shall be allowed, subject to this Convention, if the arbitration is to take place within one of the jurisdictions referred to in the first paragraph of Article 28.

Article 33.

Nothing contained in this Convention shall prevent the carrier either form refusing to enter into any contract of

제30조

(1) 둘 이상의 운송인이 순차적으로 행하는 운송으로서 제1조 제3항의 정의에 해당하는 경우에는, 여객, 수화물 또는 화물을 인도한 각 운송인은 이 협약의 규정에 적용을 받으며, 또 그는 운송인의 관리하에 행하여지는 부분의 운송에 운송계약이 관련하는 한도에서 운송계약의 당사자의 1인으로 본다.

(2) 위와 같은 운송의 경우에는, 여객 또는 그의 권리의 승계인은 사고 또는 연착을 일으키게 한 운송을 행한 운송인에 대하여서만 청구할 수 있다. 다만 명시적인 특약에 의하여 최초의 운송인이 전체의 항로에 대하여 책임을 지는 경우에는 그러하지 아니하다.

(3) 수화물 또는 화물에 관하여서는, 여객 또는 송하인은 최초의 운송인에 대하여, 그리고 인도받을 수 있는 권리를 가지는 여객 또는 수하인은 최후의 운송인에 대하여 청구할 수 있다. 또한 당해 여객, 송하인 및 수하인은 파괴, 멸실, 손상 또는 연착이 발생하도록 운송을 한 운송인에 대하여 청구할 수 있다. 이러한 운송인은 당해 여객, 송하인 및 수하인에 대하여 연대하여 책임을 진다.

제4장 복합운송에 관한 규정

제31조

(1) 운송의 일부는 항공에 의하여 행하여지고 또 일부는 기타의 운송방식에 의하여 행하여지는 복합운송의 경우에는, 이 협약의 규정은 항공운송에 대하여서만 적용된다. 다만 그 항공운송이 제1조의 조건에 합치하는 것인 경우에 한한다.

(2) 이 협약의 규정은 복합운송의 경우에는 당사자가 항공운송서류에 다른 운송방식에 관련된 조건을 기재하는 것을 막는 것은 아니다. 다만 항공운송에 관하여서는 이 협약의 규정을 준수하여야 한다.

제5장 총칙 및 최종규정

제32조

운송계약의 모든 약관 및 손해가 발생하기 전의 모든 특약은 당사자가 그 약관 또는 특약으로써 적용할 법률을 결정하거나 또는 재판관할권에 관한 규칙을 변경하는 것에 의하여 이 협약의 규정에 위반한 때에는 이를 무효로 한다. 다만 화물운송에 있어서는 중재약관은 중재가 제28조 제1항에 정하여진 법원의 관할구역에서 행하여지는 경우에는 이 협약의 제한내에서 허용된다.

제33조

이 협약의 규정은 운송인이 운송계약의 체결을 거부하거나 또는 이 협약의 규정에 저촉되지 아니하는 조항

transportation, or from making regulations which do not conflict with the provisions of this Convention.

Article 34.

This Convention shall not apply to international transportation by air performed by way of experimental trial by air navigation enterprises with the view to the establishment of regular lines of air navigation, nor shall it apply to transportation performed in extraordinary circumstances outside the normal scope of an air carrier's business.

Article 35.

The expression "days" when used in this Convention means current days, not working days.

Article 36.

This Convention is drawn up in French in a single copy which shall remain deposited in the archives of the Ministry for Foreign Affairs of Poland and of which one duly certified copy shall be sent by the Polish Government to the Government of each of the High Contracting Parties.

Article 37.

(1) This Convention shall be ratified. The instruments of ratification shall be deposited in the archives of the Ministry for Foreign Affairs of Poland, which shall give notice of the deposit to the Government of each of the High Contracting Parties.

(2) As soon as this Convention shall have been ratified by five of the High Contracting Parties it shall come into force as between them on the nineteenth day after the deposit of the fifth ratification. Thereafter it shall come into force between the High Contracting Parties which shall have ratified and the High Contracting Party which deposits its instrument on ratification on the nineteenth day after the deposit.

(3) It shall be the duty of the Government of the Republic of Poland to notify the Government of each of the High Contracting Parties of the date on which this Convention comes into force as well as the date of the deposit of each ratification.

Article 38.

(1) This Convention shall, after it has come into force, remain open for adherence by any state.

(2) The adherence shall be effected by a notification addressed to the Government of the Republic of Poland, which shall inform the Government of each of the High Contracting Parties thereof.

(3) The adherence shall take effect as from the nineteenth day after the notification made to the Government of the Republic of Poland.

Article 39.

(1) Any one of the High Contracting Parties may denounce this Convention by a notification addressed to the Government of the Republic of Poland, which shall at once inform the Government of each of the High Contracting Parties.

(2) Denunciation shall take effect six months after the notification of denunciation, and shall operate only as regards the party which shall have proceeded to denunciation.

을 정하는 것을 막는 것은 아니다.

제34조

이 협약은 항공기업이 정기항공로선의 개선을 위하여 최초의 시험으로서 행하는 국제항공운송, 그리고 항공사업의 통상적인 업무의 범위외에 있어서 예외적인 사정하에서 행하여지는 운송에는 이를 적용하지 아니한다.

제35조

이 협약에 있어서 사용되는 "일수"는 영업일에 의하지 아니하고, 력일(current days)에 의한다.

제36조

이 협약은 프랑스어로 본문 1통을 작성하고 그 본문은 폴란드 외무부의 기록에 이를 기탁한다. 그의 정히 인증된 부본은 폴란드 정부가 각 체약국의 정부에 이를 송부한다.

제37조

(1) 이 협약은 비준되어야 한다. 비준서는 폴란드 외무부의 기록에 기탁되고 폴란드 외무부는 그 기탁을 각 체약국의 정부에 통고하여야 한다.

(2) 이 협약은 5개의 체약국이 비준한 때에는, 다섯 번째의 비준서를 기탁한 날로부터 90일째에 이를 체약국간에 효력을 발생한다. 그 후에는 이 협약은 비준하였던 체약국과 새로 비준서를 기탁하는 체약국간에 그 기탁이 있었던 날로부터 90일째에 효력을 발생한다.

(3) 폴란드공화국 정부는 각 체약국의 정부에 이 협약의 효력의 발생일 및 각 비준서의 기탁일을 통고하여야 할 의무를 진다.

제38조

(1) 이 협약은 그 효력이 발생한 후에는 모든 국가의 가입을 위하여 개방해 둔다.

(2) 가입은 폴란드공화국 정부에 통고를 함으로써 행하여지고, 이 정부는 그 가입을 각 체약국의 정부에 통고하여야 한다.

(3) 가입은 폴란드공화국 정부에 통고가 있었던 날로부터 90일째부터 효력을 발생 한다.

제39조

(1) 각 체약국은 폴란드공화국 정부에 통고를 함으로써 이 협약을 폐기할 수 있다. 이 정부는 즉시 그 폐기를 각 체약국의 정부에 통고하여야 한다.

(2) 폐기는 폐기의 통고 후 6개월에 그 폐기절차를 한 국가에 대하여서만 효력이 발생한다.

Article 40.

(1) Any High Contracting Party may, at the time of signature or of deposit of ratification or of adherence, declare that the acceptance which it gives to this Convention does not apply to all or any of its colonies, protectorates, territories mandate, or any other territory subject to its sovereignty or its authority, or any other territory under its suzerainty.

(2) Accordingly any High Contracting Party may subsequently adhere separately in the name of all or any of its colonies, protectorates, territories under mandate, or any other territory subject to its sovereignty or to its authority or any other territory under its suzerainty which have been thus excluded by its original declaration.

(3) Any High Contracting Party may denounce this Convention, in accordance with its provisions, separately or for all or any of its colonies, protectorates, territories under mandate, or any other territory subject to its sovereignty or to its authority, or any other territory under its suzerainty.

Article 41.

Any High Contracting Party shall be entitled not earlier than two years after the coming into force of this Convention to call for the assembling of a new international conference in order to consider any improvements which may be made in this Convention. To this end it will communicate with the Government of the French Republic which will take the necessary measures to make preparations for such conference. This Convention, done at Warsaw on October 12, 1929, shall remain open for signature until January 31, 1930.

ADDITIONAL PROTOCOL

With Reference to Article 2

The High Contracting Parties reserve to themselves the right to declare at the time of ratification or of adherence that the first paragraph of Article 2 of this Convention shall not apply to international transportation by air performed directly by the state, its colonies, protectorates, or mandated territories, or by any other territory under its sovereignty, suzerainty, or authority.

2-4 Hague Protocol, 1955

The Governments undersigned Considering that it is desirable to amend the Convention for the Unification Certain Rules Relating to International Carriage by Air signed at Warsaw on 12 October 1929, Have agreed as follows :

제40조

(1) 체약국은 서명 또는 비준서를 기탁하거나 가입함에 있어서 자국에 의한 이 협약의 승낙이 자국의 식민지, 보호령, 위임통치의 영역, 기타 주권이나 권력하에 있는 영역의 전부나 일부 또는 자국의 종주권하에 있는 기타 영역에 미치는 것이 아니라고 선언할 수 있다.

(2) 따라서 체약국은 그 후에는 제 1항에 의한 최초의 선언에서 제외된 자국의 식민지, 보호령, 위임통치의 영역, 기타 주권이나 권력하에 있는 영역의 전부나 일부 또는 자국의 종주권하에 있는 기타 영역의 이름으로 각기 가입할 수 있다.

(3) 체약국은 또한 이 협약의 규정에 따라 자국의 식민지, 보호령, 위임통치의 영역의 전부나 일부 또는 자국의 종주권하에 있는 기타의 영역에 대하여 각기 이 협약을 폐기할 수 있다.

제41조

각 체약국은 이 협약을 개선하는 것에 관하여 심의하기 위하여 이 협약이 효력을 발생한 후 빨라도 2년 후에 새로운 국제회의의 개최를 요청할 권리를 갖는다. 이를 위하여는 각 체약국은 프랑스공화국 정부에 신청하고 이 정부는 그 회의의 준비를 위하여 필요한 조치를 취하여야 한다.

이 협약은 1929년 10월 12일에 바르샤바에서 작성되고 1930년 1월 31일까지 서명을 위하여 개방해 둔다.

추가의정서

(제2조에 관하여)

체약국은 비준 또는 가입함에 있어서 국가 또는 그의 식민지, 보호령, 위임통지의 영역, 기타 주권, 종주권이나 권력하에 있는 영역이 직접 행하는 국제항공운송에 대하여서는, 이 협약 제2조 제1항을 적용하지 아니할 것을 선언할 권리를 유보한다.

2-4 헤이그 의정서, 1955

아래에 서명한 정부는 1929년 10월 12일 바르샤바에서 서명된 국제항공운송에 관한 일부규칙의 통일을 위한 협약을 개정함이 바람직하다고 고려하여, 다음과 같이 합의하였다.

CHAPTER I AMENDMENTS TO THE CONVENTION

Article I. In Article 1 of the Convention

    (a)   paragraph 2 shall be deleted and replaced by the following ;

"2. For the purpose of this Convention, the expression international carriage means any carriage in which, according to the agreement between the parties, the place of departure the place of destination, whether or not there be a break in the carriage or a transhipment, are situated either within the territories of two High Contracting Parties or within the territory of a single High Contracting Party if there is an agreed stopping place within the territory of another State, even if that State is not a High Contracting Party. Carriage between two points within the territory of a single High Contracting Party without an agreed stopping place within the territory of another State is not international carriage for the purposes of this Convention."

    (b)   paragraph 3 shall be deleted and replaced by the following ;

"3. Carriage to be performed by several successive air carrier is deemed , for the purpose of this Convention to be one undivided carriage if it has been regarded by the parties as a single operation, whether it had been agreed upon under the form of a single contract or of a series of contracts, and it does not lose its international character merely because one contract or a series of contracts is to be performed entirely within the territory of the same State."

Article II. In Article 2 of the Convention

paragraph 2 shall be deleted and replaced by the following :

"2. This Convention shall not apply to carriage of mail and postal packages."

Article III. In Article 3 of the Convention

    (a)   paragraph 1 shall be deleted and replaced by the following :

"1. In respect of the carriage of passengers a ticket shall be delivered containing :

① an indication of the places of departure and destination ;

② if the places of departure and destination are within the territory of a single High Contracting Party , one or more agreed stopping places being within the territory of another State, an indication of at least one such stopping places ;

③ a notice to the effect that, if the passenger's journey involves an ultimate destination or stop in a country other than the country of departure, the Warsaw Convention may be applicable and that the Convention governs and in most cases limits the liability of carriage for death or personal injury and in respect of loss of or damage to baggage."

    (b)   paragraph 2 shall be deleted and replaced by the following :

"2. The passenger ticket shall constitute prima facie evidence of the conclusion and conditions of the contract of carriage. The absence, irregularity or loss of the passenger ticket dose not affect the existence or the validity of the contract of carriage which shall, none the less be subject to the rules of this Convention. Nevertheless, if, with the consent of the carrier, the passenger embarks without a passenger ticket having been delivered, or is the ticket dose not include the notice required

제 1 장 협약의 개정

제1조 협약 제1조에서

(a) 제2항은 이를 삭제하고 다음 규정으로써 이에 대치한다.

"2. 이 협약의 적용에 있어서 국제운송이라 함은 당사자간의 약정에 의하여 운송의 중단 또는 환적의 유무를 불문하고, 출발지 및 도착지가 2개의 체약국의 영역내에 있거나 또는 이 협약 체약국의 여부를 불문하고 타국의 영역내에 있는 운송을 말한다. 단일의 체약국의 영역내에 2개 지점간의 운송으로서 타 국가의 영역내에 예정된 기항지가 없는 것은 이 협약의 적용에 있어서 국제운송이 아니다."

(b) 제3항은 이를 삭제하고 다음 규정으로써 이에 대치한다.

"3. 둘 이상의 운송인이 순차적으로 행하는 항공운송은 당사자가 단일의 취급을 한 경우에는, 단일의 계약형식에 의하거나 또는 일련의 계약형식에 의하거나를 불문하고, 본조의 적용상 불가분의 운송을 구성하는 것으로 보며, 또 이러한 운송은 단일의 계약이거나 또는 일련의 계약이 동일한 체약국의 영역에서 모두 이행되는 것이라는 사실만으로써 그의 국제적 성질을 잃는 것은 아니다."

제2조 협약 제2조에서

제2항은 이를 삭제하고 다음 규정으로써 이에 대치한다.

"2. 이 협약은 우편 및 우편소화물의 운송에는 적용하지 아니한다."

제3조 협약 제3조에서

(a) 제1항은 이를 삭제하고 다음 규정으로써 이에 대치한다.

"1. 여객운송에 있어서는, 다음의 사항을 기재한 여객항공표를 교부하여야 한다.

① 출발지 및 도착지의 표시,

② 출발지 및 도착지가 타국의 영역내에 있으면, 적어도 이러한 1개의 기항지의 표시,

③ 여객의 항정이 출발국 이외의 국가에 최종 도착지 또는 기항지를 포함하는 경우에는 바르샤바 협약이 적용되고 또한 동 협약이 사망이나 장해 및 수화물의 멸실이나 손상에 관한 운송인의 책임을 규율하며 대부분의 경우에 이를 제한한다는 뜻의 고지.

(b) 제2항은 이를 삭제하고 다음 규정으로써 이에 대치한다.

"2. 여객항공표는 반증이 없는 한 운송계약의 체결과 조건의 증거력을 갖는다.

여객항공표의 부존재, 부비 또는 멸실은 운송계약의 존재 또는 효력에 영향을 미치는 것이 아니고, 운송계약은 이 경우에도 이 협약의 규정의 적용을 받는다. 다만 여객이 여객항공표를 교부받지 아니하고 운송인의 동의를 얻어 항공기에 탑승한 경우 또는 항공표에 본조 제1항 c호에서 요구된 고지를 포함하지 아니한 경우에는, 운송인은 제22조의 규정을 원용할 권리를 갖지 못한다."

by paragraph 1 (c) of this Article, the carrier shall not be entitled to avail himself of the provisions of Article 22."

Article IV. In Article 4 of the Convention

(a) paragraph 1,2 and 3 shall be deleted and replaced by the following :

"1. In respect of the carriage of registered baggage, a baggage check shall be delivered, which, unless combined with or incorporated in a passenger ticket which complies with the provisions of Article 3, paragraph 1, shall contain:

① an indication of the places of departure and destination ;

② if the places of departure and destination are within the territory of a single High Contracting Party, one or more agreed stopping being within the territory of another State, an indication of at least one such stopping place;

③ a notice to the effect that, if the carriage involves an ultimate destination or stop in a country other than the country of departure, the Warsaw Convention may be applicable and that the Convention governs and in most cases limits the liability of carriers in respect of loss of or damage to baggage."

(b) paragraph 4 shall be deleted and replaced by the following :

"2. The baggage check shall constitute facie evidence of the registration of the baggage and of the conditions of the contract of carriage. The absence, irregularity or loss of the baggage check does not affect the existence or the validity of the contract which shall, none the less, be subject to the rules of this Convention. Nevertheless, if the carrier takes charge of the baggage without a baggage check having been delivered or if the baggage check (unless combined with or incorporated in the passenger ticket which complies with the provisions of Article 3, paragraph 1 (c)) does not include the notice required by paragraph 1 (c) of this Article, he shall not be entitled to avail himself of the provisions of Article 22, paragraph 2."

Article V. In Article 6 of the Convention

paragraph 3 shall be deleted and replaced by the following :

"3. The carrier shall sign prior to the loading of the cargo on board the aircraft."

Article VI. Article 8 of the Convention shall be deleted and replace by the following

"The air waybill shall contain :

(a) an indication of the places of departure and destination ;

(b) if the places of departure and destination are within the territory of a single High Contracting Party , one or more agreed stopping places being within the territory of another State, an indication of at least one such stopping place ;

(c) a notice to the consignor to the effect that, if the carriage involves an ultimate destination or stop in a country other than the country of departure, the Warsaw Convention may be applicable and that the Convention governs and in most cases limits the liability of carriers in respect of loss of or damage to cargo."

Article VII. Article 9 of the Convention shall be deleted and replaced by the following

"If, with the consent of the carrier, cargo is loaded on board the aircraft without an air waybill having been made out,

제4조 협약 제4조에서

(a) 제1항, 제2항 및 제3항은 이를 삭제하고 다음 규정으로써 이에 대치한다.

"1. 탁송수화물의 운송에 있어서는, 다음의 사항을 기재한 수화물표가 교부되어야 한다. 다만 제3조 1항에 따른 여객항공표에 병합되거나 통합된 경우에는 그러하지 아니하다.

① 출발지 및 도착지,

② 출발지 및 도착지가 단일의 체약국의 영역내에 있는 경우에는 1 또는 그 이상의 예정된 기항지가 타국의 영역내에 있으면, 적어도 1개의 이러한 예정된 기항지의 표시,

③ 운송이 출발국 이외의 국가에 최종 도착지 또는 기항지를 포함하는 경우에는 바르샤바 협약이 적용되고 또한 동 협약이 수화물의 멸실이나 손상에 관한 운송인의 책임을 규율하며 대부분의 경우에 이를 제한한다는 뜻의 고지."

(b) 제4항은 이를 삭제하고 다음 규정으로써 이에 대치한다.

"2. 수화물표는 수화물의 등록 또는 운송계약의 조건에 관하여 증거력을 갖는다. 수화물표의 수화물의 등록 또는 운송계약의 조건에 관하여 존재 또는 효력에 영향을 미치는 것이 아니며, 운송계약은 이 경우에도 이 협약의 규정의 적용을 받는다. 다만 운송인이 수화물표를 교부하지 아니하고 수화물을 인수한 경우 또는 수화물표(제3조 1항 c호의 규정에 따른 여객항공표에 병합되거나 통합된 경우에는 그러하지 아니함.)가 본조 제1항 c호에서 요구된 고지를 기재하지 아니한 경우에는, 운송인은 제22조 2항의 규정을 원용할 권리를 갖지 못한다."

제5조 이 협약 제6조에서

제3항은 이를 삭제하고 다음 규정으로써 이에 대치한다.

"3. 운송인은 항공기에 화물을 적재하기에 앞서 서명하여야 한다."

제6조 협약 제8조는 이를 삭제하고 다음 규정으로써 이에 대치한다.

"항공화물운송장에는 다음의 사항을 기재하여야 한다.

(a) 출발지 및 도착지,

(b) 출발지 및 도착지가 단일의 체약국의 영역내에 있는 경우에 1또는 그 이상의 예정된 기항지가 다른 국가의 영역내에 있으면, 적어도 1개의 이러한 예정된 기항지의 표시,

(c) 운송이 출발국 이외의 국가에 최종 도착지 또는 기항지를 포함한 경우에는 바르샤바 협약이 적용되고 또한 동 협약이 수화물의 멸실이나 손상에 관한 운송인의 책임을 규율하여 대부분의 경우에는 이를 제한한다는 뜻의 송화인에 대한 고지."

제7조 협약 제9조는 이를 삭제하고 다음 규정으로써 이에 대치한다.

"운송인의 동의를 얻어 항공화물운송장을 작성하지 아니하고 화물을 항공기상에 적재하거나 또는 항공화

or if the art waybill does not include the notice required by Article 8, paragraph (c), the carrier shall not be entitled to avail himself of the provisions of Article 22, paragraph 2. "

Article VIII. In Article 10 of the Convention

paragraph 2 shall be deleted and replaced by the following :

"2. The consignor shall indemnify the carrier against all damage suffered by him, or by any other person to whom the carrier is liable, by reason of the irregularity, incorrectness or incompleteness of the particulars and statements furnished by the consignor."

Article IX To Article 15 of the Convention

the following paragraph shall be added :

"3. Nothing in Convention prevents the issue of a negotiable air waybill."

Article X. Paragraph 2 of Article 20 of the Convention shall be deleted.

Article XI. Article 22 of the Convention shall be deleted and replaced by the following:

"Article 22. 1. In the carriage of persons the liability of the carrier for each passenger is limited to the sum of two hundred and fifty thousand francs. where, in accordance with the law of the court seized of the case, damages may be awarded in the form of periodical payments, the equivalent capital value of the said payments shall not exceed two hundred and fifty thousand francs, Nevertheless, by special contract, the carrier and the passenger may agree to a higher limit of liability.

2.　(a) In the carriage of registered baggage and of cargo, the liability of the carrier is limited to a sum of two hundred and fifty francs per kilogram, unless the passenger or consignor has made, at the time when the package was handed over to the carrier, a special declaration of interest in delivery at destination and has paid a supplementary sum if the case so requires. In that case the carrier will be liable to pay a sum not exceeding the declared sum, unless he proves that the sum is greater than the passenger's or consignor's actual interest in delivery at destination.

　　(b) In the case of loss, damage or delay of part of registered baggage or cargo, or of any object contained therein, the weight to be taken into considertion in determining the amount to which the carrier's liability is limited shall be only the total weight of the package or packages concerned. Nevertheless, when the loss, damage or delay of a part of the registered baggage or cargo, or of an object contained therein, affects the value of other packages covered by the same baggage check or the same air waybill, the total weight of such package or packages shall also be taken into consideration in determining the limit of liability.

3.　As regards objects of which the passenger takes charge himself the liability of the carrier is limited to five thousand francs per passenger.

물운송장에 제8조 c항이 규정한 고지를 기재하지 아니한 경우에는, 운송인은 제22조 2항의 규정을 원용할 권리를 갖지 못한다."

제8조 협약 제10조에서

제2항은 이를 삭제하고 다음 규정으로써 이에 대치한다.

"2. 송화인은 그가 제공한 명세 및 신고의 부비, 부정확 또는 불완전한 것으로 인하여 운송인이나 또는 운송인의 책임을 지는 기타의 자가 입은 모든 손해에 대하여 책임을 진다."

제9조 협약 제15조에서

다음 조항을 추가한다.

"3. 이 협약의 어떠한 규정도 유통성이 있는 항공화물운송장이 발급을 막는 것은 아니다."

제10조 협약 제20조 2항은 이를 삭제한다.

제11조 협약 제22조는 이를 삭제하고 다음 규정으로써 이에 대치한다.

"제22조 1. 여객운송에 있어서는, 각 여객에 대한 운송인의 책임은 250,000프랑의 금액을 한도로 한다. 소송이 제기된 법원이 속하는 국가의 법률에 따라 손해배상을 정기지급의 방법으로 할 것을 판결할 수 있는 경우에는, 정기지급금의 원금은 250,000프랑을 초과하여서는 아니된다. 그러나 여객은 운송인과의 특약에 의하여 보다 고액의 책임한도를 정할 수 있다.

2. (a) 여객화물 및 화물의 운송에 있어서는, 운송인의 책임은 1킬로그램당 250프랑의 금액을 하도록 한다. 다만 송화인의 운송인에게 수화물을 인도함에 있어서 인도시의 가액을 특별히 신고하고 또 필요로 하는 종가과금을 지급한 경우에는 그러하지 아니하다. 이 경우에는 운송인은 신고된 가액이 인도시의 가액을 송화인의 실제의 가액을 초과하는 것을 증명하지 아니하는 한, 신고된 가액을 한도로 하는 금액을 지급하여야 한다.

    (b) 탁송된 수화물이나 화물의 일부 또는 그 내용이 되어 있는 물건의 멸실, 손상 또는 연착의 경우에는, 운송인의 책임한도를 결정함에 있어서 고려될 중량은 당해 수화물의 총중량으로 한다. 그러나 탁송된 수화물이나 화물의 일부 또는 그 내용이 되어 있는 물건의 멸실, 손상 또는 연착이 동일한 수화물표 또는 항공화물 운송장에 기재된 다른 화물의 가치에 영향을 미치는 경우에는, 이러한 다른 화물들의 전량이 책임한도를 결정함에 있어서는 고려되어야 한다.

3. 여객이 보관하는 물건에 관하여는 운송인의 책임은 여객 1인에 대하여 5,000프랑의 금액을 한도로 한다.

4. The limits prescribed in this article shall not prevent the court from awarding, in accordance with its own law, in addition, the whole or part of the court costs and of the other expenses of the litigation incurred by the plaintiff. The foregoing provision shall not apply if the amount of the damages awarded, excluding court costs and other expenses of the litigation, does not exceed the sum which the carrier has offered in writing to the plaintiff within a period of six months from the date of the occurrence causing the damage, or before the commencement of the action, if that is later.

5. The sums mentioned in francs in this Article shall be deemed to refer to a currency unit consisting of sixty-five and a half milligrams of gold of millesimal fineness nine hundred. These sums may be converted into national currencies in round figures. Conversion of the sums into national currencies other than gold shall, in case of judicial proceedings, be made according to the gold value of such currencies at the date of the judgment."

Article XII. In Article 23 of the Convention

the existing provision shall he re-numbered as paragraph

1 and another paragraph shall be added as follows : -

"2. Paragraph 1 of this Article shall not apply to provisions governing loss or damage resulting from the inherent defect, quality or vice of the cargo carried."

Article XIII. In Article 25 of the Convention

paragraphs 1 and 2 shall be deleted and replaced by the following :

"The limits of liability specified in Article 22 shall not apply if it is proved that the damage resulted from an act or omission of the carrier, his servants or agents, done with intent to cause damage or recklessly and with knowledge that damage would probably result ; provided that, in the case of such act or omission of a servant or agent, it is also proved that he was acting within the scope of his employment."

Article XIV. After Article 25 of the Convention, the following article shall be inserted :

"Article 25A.

1. If an action is brought against a servant or agent of the carrier arising out of damage to which this Convention relates, such servant or agent, if he proves that he acted within the scope of his employment, shall be entitled to avail himself of the limits of liability which that carrier himself is entitled to invoke under Article 22.

2. The aggregate of the amounts recoverable from the carrier, his servants and agents, in that case, shall not exceed the said limits.

3. The provisions of paragraphs 1 and 2 of this article shall not apply if it is proved that the damage resulted from an act or omission of the servant or agent done with intent to cause damage or recklessly and with knowledge that damage would probably result."

Article XV. In Article 25 of the Convention

paragraph 2 shall be deleted and replaced by the following :

4. 본조에 규정된 책임한도는 이에 부가하여 법원이 자국의 법령에 따라서 원고가 부담한 소송비용 및 기타 비용의 전부 또는 일부를 제정함을 막는 것은 아니다. 이 규정은 소송비용 및 기타 비용을 제외하고, 제정 받은 손해배상액이 운송인이 손해사고의 발생일로부터 6개월 이내 또는 소송의 제기가 이보다 늦으면 소송의 개시 이전에 원고에 대하여 서면으로 신고한 금액을 초과하지 아니한 경우에는 적용하지 아니한다.

5. 본조에서 프랑으로 표시된 금액은 순분 1,000분의 900의 금의 65.5밀리그램으로 이루어지는 프랑스 프랑에 의하는 것으로 한다. 그 금액은 각국의 통화의 단수가 없는 금액으로 환산할 수 있다. 금 이외의 각국 통화에의 환산은 소송의 경우에는 판결시의 이러한 통화의 금 가치에 따라야 한다.

제12조 협약 제23조에서, 현행의 규정을 제1항으로 제2항을 다음과 같이 추가한다.

"2. 본조 제1항은 운송되는 화물의 성질 또는 고유의 缺陷으로부터 생기는 멸실 또는 손상에 관한 약관에는 적용하지 아니한다."

제13조 협약 제25조에서

제1항 및 제2항은 이를 삭제하고 다음 규정으로써 이에 대치한다.

"제22조에 규정된 책임한도는 운송인, 그 사용인 또는 대리인이 손해를 발생시킬 의사로써 또는 무모하게 그리고 손해가 아마 발생할 것이라는 인식으로써 행한 작위나 부작위로부터 손해가 발생하였다고 증명된 경우에는 이를 적용하지 아니한다. 다만 이러한 사용인이나 대리인의 작위나 부작위의 경우에 있어서, 그는 자신의 직무 범위 내에서 행동하였음을 증명하여야 한다."

제14조 협약 제25조의 뒤에 다음 규정을 삽입한다.

"제 25A조. 1. 소송이 이 협약이 규정하는 손해에 관하여 운송인의 사용인 또는 대리인에 대하여 제기된 경우에는, 이러한 사용인 또는 대리인은 직무의 범위 내에서 행동하였음을 증명하는 한, 운송인 자신이 제22조를 원용할 권리가 있는 책임한도를 원용할 권리를 갖는다.

2. 이러한 경우에, 운송인, 그 사용인 또는 대리인으로부터 배상받을 수 있는 총금액은 전기의 책임한도를 초과하여서는 아니된다.

3. 본조 제1항 및 제2항의 규정은 사용인 또는 대리인이 손해를 발생시킬 의사로써 또는 무모하게 그리고 손해가 아마 발생할 것이라는 인식을 가지고 행하여진 작위나 부작위로부터 손해가 발생하였다고 증명되는 한, 이에 적용되지 아니한다."

제15조 협약 제26조에서

제2항은 이를 삭제하고 다음 규정으로써 이에 대치한다.

"2 In the case of damage, the person entitled to delivery must complain to the carrier forthwith after the discovery of the damage, and, at the latest, within seven days from the date of receipt in the case of baggage and fourteen days from the date of receipt in the case of cargo. In the case of delay the complaint must be made at the latest within twenty-one days from the date on which the baggage or cargo have been placed at his disposal."

Article XVI. Article 34 of the Convention shall be deleted and replaced by the following :

"The provisions of Articles 3 to 9 inclusive relating to documents of carriage shall not apply in the case of carriage performed in extraordinary circumstances outside the normal scope of an air carrier's business."

Article XVII. After Article 40 of the Convention, the following Article shall be inserted :

"Article 40 A.

1. In Article 37, paragraph 2 and Article 40, paragraph 1, the expression High Contracting Party shall mean State. In all other cases, the expression High Contracting Party shall mean a State whose ratification of or adherence to the Convention has become effective and whose denunciation thereof has not become effective.

2. For the purposes of the Convention the word territory means not only the metropolitan territory of a State but also all other territories for the foreign relations of which that State is responsible."

CHAPTER II. SCOPE OF APPLICATION OF THE CONVENTION AS AMENDED

Article XVIII.

The Convention as amended by this Protocol shall apply to international carriage as defined in Article 1 of the Convention, provided that the places of departure and destination referred to in that Article are situated either in the territories of two parties to this Protocol or within the territory of a single party to this Protocol with an agreed stopping place within the territory of another State.

CHAPTER III. FINAL CLAUSES

Article XIX.

As between the Parties to this Protocol, the Convention and the Protocol shall be read and interpreted together as one single instrument and shall be known as the Warsaw Convention as amended at The Hague, 1955.

Article XX.

Until the date on which this Protocol comes into force in accordance with the provisions of Article XXII, paragraph 1, it shall remain open for signature on behalf of any State which up to that date has ratified or adhered to the Convention or which has participated in the Conference at which this Protocol was adopted.

"2. 손상이 있는 경우에는, 수화인은 손상을 발견한 후에 즉시, 늦어도 수화물에 있어서는 그 수령일로부터 7일 이내에, 화물에 있어서는 그 수령일로부터 14일 이내에 운송인에 대하여 이의를 제기하여야 한다. 연착의 경우에는 이의는 수화인이 수화물이나 화물을 처분할 수 있는 날로부터 21일 이내에 제기하여야 한다."

제16조 협약 제34조에서는 이를 삭제하고 다음 규정으로써 이에 대치한다.

"운송서류에 관한 제3조 내지 제9조의 규정은 항공운송사업의 범위를 벗어난 特殊한 사정 하에서 행하여진 운송의 경우에는 이를 적용하지 아니한다."

제17조 협약 제40조의 뒤에 다음의 조항을 삽입한다.

"제40조.
1. 제37조 제2항 및 제40조 1항에서 체약국이라 함은 국가를 말한다. 그 이외의 모든 경우에는, 체약국이라 함은 협약의 비준이나 가입이 효력을 발생하고 그 폐기가 효력을 발생하지 아니한 국가를 말한다.
2. 협약의 적용상 영역이라 함은 국가의 본토의 영역만이 아니고 국가의 대외관계에 대하여 책임을 지는 기타의 모든 영역을 말한다."

제 2 장 개정협약의 적용범위

제XVIII조

이 의정서에 대하여 개정된 협약은 협약 제1조에서 정한 국제운송에 적용한다. 다만 출발지 및 도착지가 이 의정서의 2개 당사국의 영역내에 있거나, 또는 타국의 영역내에 예정된 기항지를 가지고 이 의정서의 단일의 당사국의 영역내에 출발지 및 도착지가 위치한 경우를 조건으로 한다.

제 3 장 최종조항

제XIX조

이 의정서의 당사국간에 있어서는, 협약과 의정서는 합쳐서 하나의 단일문서로 취급되고 이해되어야 하며, 또 1955년 헤이그에서 개정된 바르샤바 협약이라고 한다.

제XX조

이 의정서가 제 XXII조 1항의 규정에 따라 효력이 발생될 때까지는, 이 의정서는 그 때까지 협약에 비준하거나 가입한 모든 국가 및 이 의정서를 채택한 회의에 참석한 국가에 의한 서명을 위하여 개방해 둔다.

Article XXI.

1. This Protocol shall be subject to ratification by the signatory States.

2. Ratification of this Protocol by any State which is not a Party to the Convention shall have the effect of adherence to the Convention as amended by this Protocol.

3. The instruments of ratification shall be deposited with the Government of the People's Republic of Poland.

Article XXII.

1. As soon as thirty signatory States have deposited their instruments of ratification of this Protocol, it shall come into force between them on the ninetieth day after the deposit of the thirtieth instrument of ratification. It shall come into force for each State ratifying thereafter on the ninetieth day after deposit of its instrument of ratification.

2. As soon as this Protocol comes into force it shall be registered with the United Nations by the Government of the people's Republic of Poland.

Article XXIII.

1. This Protocol shall, after it has come into force, be open for adherence by any non-signatory State.

2. Adherence to this Protocol by any State which is not a Party to the Convention shall have the effect of adherence to the Convention as amended by this Protocol.

3. Adherence shall be effected by the deposit of an instrument of adherence with the Government of the People's Republic of Poland and shall take effect on the ninetieth day after the deposit.

Article XXIV.

1. Any Party to this Protocol may denounce the Protocol by notification addressed to the Government of the People's Republic of Poland.

2. Denunciation shall take effect six months after the date of receipt by the Government of the People's Republic of Poland of the notification of denunciation.

3. As between the Parties to this Protocol, denunciation by any of them of the Convention in accordance with Article 39 thereof shall not be construed in any way as a denunciation of the Convention as amended by this Protocol.

Article XXV.

1. This Protocol shall apply to all territories for the foreign relations of which a State Party to this Protocol is responsible, with the exception of territories in respect of which a declaration has been made in accordance with paragraph 2 of this Article.

2. Any State may, at the time of deposit of its instrument of ratification or adherence, declare that its acceptance of this Protocol does not apply to any one or more of the territories for the foreign relations of which such State is responsible.

3. Any State may subsequently, by notification to the Government of the People's Republic of Poland, extend the application of this Protocol to any or all of the territories regarding which it has made a declaration in accordance with

제XXI조

1. 이 의정서는 서명국의 비준을 받아야 한다.
2. 협약의 당사국이 아닌 국가에 의한 이 의정서의 비준은 이 의정서에 의하여 개정된 협약에의 가입의 효력이 발생한다.
3. 비준서는 폴란드공화국 정부에 기탁하여야 한다.

제XXII조

1. 30번째의 서명국이 이 의정서의 비준서를 기탁하면, 이 의정서는 30번째의 비준서를 기탁한 날로부터 90일째에 그들 국가간에 효력이 발생한다. 이 의정서는 그 후 비준한 각 국가에 대하여는 비준서를 기탁한 날로부터 90일째에 발생한다.
2. 이 의정서는 효력이 발생하면, 폴란드공화국 정부가 국제연합에 이를 등록하여야 한다.

제XXIII조

1. 이 의정서는 그 효력이 발생한 후에는 비준국가에 의한 가입을 위하여 개방해 둔다.
2. 협약의 당사국이 아닌 국가에 의한 이 의정서에의 가입은 이 의정서에 의하여 개정된 협약에의 가입의 효력을 갖는다.
3. 가입은 폴란드공화국 정부에 가입서를 기탁함으로써 이루어지며, 또 기탁의 날 이후 90일째에 효력이 발생한다.

제XXIV조

1. 이 의정서는 당사국은 폴란드공화국 정부에 대한 통고로써 의정서를 폐기할 수 있다.
2. 폐기는 폴란드공화국 정부가 폐기의 통고를 받은 날로부터 6개월째에 효력이 발생한다.
3. 이 의정서의 당사국간에 있어서는, 협약 제39조에 따른 어느 당사국에 의한 협약의 폐기는 이 의정서에 의하여 개정된 협약을 모든 면에서 폐기하는 것으로 해석되어서는 아니된다.

제XXV조

1. 이 의정서는 본조 제2항에 따라 선언을 한 영역을 제외하고 이 의정서의 당사국이 대외관계에 있어서 책임을 지는 모든 영역에 적용한다.
2. 어느 국가든지 동 국가의 비준서 또는 가입서를 기탁함에 있어서, 이 의정서의 승낙은 이러한 국가가 대외관계에 있어서 책임을 지는 1또는 2 이상의 영역에는 적용하지 아니한다고 선언할 수 있다.
3. 어느 국가든지 그 후에 폴란드공화국 정부에 대한 통고로써, 본조 제2항에 따라 선언을 한 일부 또는 전부의 영역에 이 의정서의 적용을 확장시킬 수 있다.

paragraph 2 of this Article. The notification shall take effect on the ninetieth day after its receipt by that Government.

4. Any State Party to this Protocol may denounce it, in accordance with the provisions of Article XXIV, paragraph 1, separately for any or all of the territories for the foreign relations of which such State is responsible.

Article XXVI.

No reservation may be made to this Protocol except that a State may at any time declare by a notification addressed to the Government of the People's Republic of Poland that the Convention as amended by this Protocol shall not apply to the carriage of persons, cargo and baggage for its military authorities on aircraft, registered in that State, the whole capacity of which has been reserved by or on behalf of such authorities.

Article XXVII.

The Government of the People's Republic of Poland shall give immediate notice to the Government of all States signatories to the Convention or this Protocol, all States Parties to the Convention or this Protocol, and all States Members of the International Civil Aviation Organization or of the United Nations and to the International Civil Aviation Organization :

(a) of any signature of this Protocol and the date thereof;

(b) of the deposit of any instrument of ratification or adherence in respect of this Protocol and the date thereof ;

(c) of the date on which this Protocol comes into force in accordance with Article XXII, paragraph 1 ;

(d) of the receipt of any notification of denunciation and the date thereof;

(e) of the receipt of any declaration or notification made under Article XXV and the date thereof ; and

(f) of the receipt of any notification made under Article XXVI and the date thereof.

In witness whereof the undersigned Plenipotentiaries, having been duly authorized, have signed this Protocol.

Done at The Hague on the twenty-eighth day the month of September of the year One Thousand Nine Hundred and Fifty-five, in there authentic texts in the English, French and Spanish languages. In the case of any inconsistency, the text in the French language, in which language the Convention was drawn up, shall prevail.

This Protocol shall be deposited with the Government of the People's Republic of Poland with which, in accordance with Article XX, It shall remain open for signature, and that Government shall send certified copies therof to the Governments of all States signatories to the Convention or this Protocol, all States Parties to the Convention or this Protocol, and all States Members of the International Civil Aviation Organization or of the United Nations, and to the International Civil Aviation Organization.

통고는 동 정부가 이를 접수한 날로부터 90일째에 효력이 발생한다.

4. 이 의정서는 어느 당사국이든지 이러한 국가가 대외관계에 있어서 책임을 지는 일부 또는 전부의 지역에 대하여 개별적으로 제 XXIV조 1항의 규정에 따라 이 의정서를 폐기할 수 있다.

제XXVI조

이 의정서에 대하여는 유보를 할 수 없다. 다만 어느 국가든지 이 의정서에 의하여 개정된 협약의 동 국가에 등록된 항공기로서 그의 모든 적재용적이 당사국에 의하여 또는 이를 위하여 보류되었던 항공기에 의한 군 당국을 위한 여객, 화물 및 수화물의 운송에는 적용하지 아니한다는 것을 폴란드공화국 정부에 대한 통고로써 언제든지 선언할 수 있다.

제XXVII조

폴란드 공화국 정부는 협약이나 의정서의 모든 서명국 정부, 협약이나 이 의정서의 모든 당사국 정부 및 국제민간항공기구가 국제연합의 모든 회원국 정부 및 국제민간항공기구에 다음의 사항을 즉시 통고하여야 한다.

  (a) 이 의정서의 서명 및 그 일자,

  (b) 이 의정서에 대한 비준서 또는 가입서의 기탁 및 그 일자,

  (c) 이 의정서가 제 XXII조 1항에 따라 효력이 발생한 일자,

  (d) 폐기통고의 접수 및 그 일자,

  (e) 제 XXV조에 의한 선언 또는 통고의 접수 및 그 일자,

  (f) 제 XXVI조에 의한 통고의 접수 및 그 일자.

그 이상의 증거로서 아래에 서명한 전권위원들은 적법한 권한을 위임받아 이 의정서에 서명을 하였다.

1955년 9월 28일 헤이그에서 영어, 프랑스어 및 스페인어로 된 3통의 정본으로 작성되었다. 상위가 있는 경우에는 이 협약에서 사용된 프랑스어본이 우선한다.

이 의정서는 폴란드공화국 정부에 기탁되어야 하며, 제 XX조의 규정에 따라 서명이 개방되며, 또 동 정부는 이의 인증된 등본을 협약이나 이 의정서의 모든 서명국, 협약이나 이 의정서의 모든 당사국과 국제민간항공기구나 국제연합의 모든 회원국 및 국제민간항공기구에 전달하여야 한다.

2-5 Montreal Convention, 1999

THE STATES PARTIES TO THIS CONVENTION

RECOGNIZING the significant contribution of the Convention for the Unification of Certain Rules relating to International Carriage by Air signed in Warsaw on 12 October 1929, hereinafter referred to as the "Warsaw Convention", and other related instruments to the harmonization of private international air law;

RECOGNIZING the need to modernize and consolidate the Warsaw Convention and related instruments;

RECOGNIZING the importance of ensuring protection of the interests of consumers in international carriage by air and the need for equitable compensation based on the principle of restitution; REAFFIRMING the desirability of an orderly development of international air transport operations and the smooth flow of passengers, baggage and cargo in accordance with the principles and objectives of the Convention on International Civil Aviation, done at Chicago on 7 December 1944; CONVINCED that collective State action for further harmonization and codification of certain rules governing international carriage by air through a new Convention is the most adequate means of achieving an equitable balance of interests; HAVE AGREED AS FOLLOWS:

Chapter 1

General Provisions

Article 1 – Scope of Application

1. This Convention applies to all international carriage of persons, baggage or cargo performed by aircraft for reward. It applies equally to gratuitous carriage by aircraft performed by an air transport undertaking.

2. For the purposes of this Convention, the expression international carriage means any carriage in which, according to the agreement between the parties, the place of departure and the place of destination, whether or not there be a break in the carriage or a transhipment, are situated either within the territories of two States Parties, or within the territory of a single State Party if there is an agreed stopping place within the territory of another State, even if that State is not a State Party. Carriage between two points within the territory of a single State Party without an agreed stopping place within the territory of another State is not international carriage for the purposes of this Convention.

3. Carriage to be performed by several successive carriers is deemed, for the purposes of this Convention, to be one undivided carriage if it has been regarded by the parties as a single operation, whether it had been agreed upon under the form of a single contract or of a series of contracts, and it does not lose its international character merely because one contract or a series of contracts is to be performed entirely within the territory of the same State.

2-5 몬트리올 협약, 1999

이 협약의 당사국은, 1929년 10월 12일 바르샤바에서 서명된 국제항공운송에 있어서의 일부 규칙 통일에 관한 협약(이하 '바르샤바협약'이라 한다) 및 기타 관련 문서들이 국제항공사법의 조화에 지대한 공헌을 하여왔음을 인식하며, 바르샤바협약 및 관련 문서를 현대화하고 통합하여야 할 필요성을 인식하며, 국제항공운송에 있어서 소비자 이익 보호의 중요성과 원상회복의 원칙에 근거한 공평한 보상의 필요성을 인식하며, 1944년 12월 7일 시카고에서 작성된 국제민간항공협약의 원칙과 목적에 따른 국제항공운송사업의 질서정연한 발전과 승객 · 수하물 및 화물의 원활한 이동이 바람직함을 재확인하며, 새로운 협약을 통하여 국제항공운송을 규율하는 일부 규칙의 조화 및 성문화를 진작하기 위한 국가의 공동행동이 공평한 이익균형의 달성에 가장 적합한 수단임을 확신하며, 다음과 같이 합의하였다.

제1장 총 칙

제1조 적용 범위

1. 이 협약은 항공기에 의하여 유상으로 수행되는 승객 · 수하물 또는 화물의 모든 국제운송에 적용된다. 이 협약은 항공운송기업이 항공기에 의하여 무상으로 수행되는 운송에도 동일하게 적용된다.

2. 이 협약의 목적상, 국제운송이라 함은 운송의 중단 또는 환적이 있는지 여부를 불문하고, 당사자간 합의에 따라 출발지와 도착지가 두 개의 당사국의 영역내에 있는 운송, 또는 출발지와 도착지가 단일의 당사국 영역내에 있는 운송으로서 합의된 예정 기항지가 타 국가의 영역내에 존재하는 운송을 말한다. 이때 예정 기항지가 존재한 타 국가가 이 협약의 당사국인지 여부는 불문한다. 단일의 당사국 영역내의 두 지점간 수행하는 운송으로서 타 국가의 영역내에 합의된 예정 기항지가 존재하지 아니하는 것은 이 협약의 목적상 국제운송이 아니다.

3. 2인 이상의 운송인이 연속적으로 수행하는 운송은 이 협약의 목적상, 당사자가 단일의 취급을 한 때에는, 단일의 계약형식 또는 일련의 계약형식으로 합의하였는지 여부를 불문하고 하나의 불가분의 운송이라고 간주되며, 이러한 운송은 단지 단일의 계약 또는 일련의 계약이 전적으로 동일국의 영역내에서 이행된다는 이유로 국제적 성질이 상실되는 것은 아니다.

4. This Convention applies also to carriage as set out in Chapter V, subject to the terms contained therein.

Article 2 – Carriage Performed by State and Carriage of Postal Items

1. This Convention applies to carriage performed by the State or by legally constituted public bodies provided it falls within the conditions laid down in Article 1.

2. In the carriage of postal items, the carrier shall be liable only to the relevant postal administration in accordance with the rules applicable to the relationship between the carriers and the postal administrations.

3. Except as provided in paragraph 2 of this Article, the provisions of this Convention shall not apply to the carriage of postal items.

Chapter II

Documentation and Duties of the Parties Relating to the Carriage of Passengers, Baggage and Cargo

Article 3 – Passengers and Baggage

1. In respect of carriage of passengers, an individual or collective document of carriage shall be delivered containing:
   (a) an indication of the places of departure and destination;
   (b) if the places of departure and destination are within the territory of a single State Party, one or more agreed stopping places being within the territory of another State, an indication of at least one such stopping place.

2. Any other means which preserves the information indicated in paragraph 1 may be substituted for the delivery of the document referred to in that paragraph. If any such other means is used, the carrier shall offer to deliver to the passenger a written statement of the information so preserved.

3. The carrier shall deliver to the passenger a baggage identification tag for each piece of checked baggage.

4. The passenger shall be given written notice to the effect that where this Convention is applicable it governs and may limit the liability of carriers in respect of death or injury and for destruction or loss of, or damage to, baggage, and for delay.

5. Non-compliance with the provisions of the foregoing paragraphs shall not affect the existence or the validity of the contract of carriage, which shall, nonetheless, be subject to the rules of this Convention including those relating to limitation of liability.

Article 4 – Cargo

1. In respect of the carriage of cargo, an air waybill shall be delivered.

2. Any other means which preserves a record of the carriage to be performed may be substituted for the delivery of an air waybill. If such other means are used, the carrier shall, if so requested by the consignor, deliver to the consignor a cargo receipt permitting identification of the consignment and access to the information contained in the record preserved by such other means.

Article 5 – Contents of Air Waybill of Cargo Receipt

The air waybill or the cargo receipt shall include:

4. 이 협약은 또한, 제5장의 조건에 따라, 동장에 규정된 운송에도 적용된다.

제2조 국가가 수행하는 운송 및 우편물의 운송

1. 이 협약은 제1조에 규정된 조건에 합치하는 한, 국가 또는 법적으로 설치된 공공기관이 수행하는 운송에도 적용된다.
2. 우편물의 운송의 경우, 운송인은 운송인과 우정당국간 관계에 적용되는 규칙에 따라 관련 우정당국에 대해서만 책임을 진다.
3. 본 조 제2항에서 규정하고 있는 경우를 제외한 이 협약의 규정은 우편물의 운송에 적용되지 아니한다.

제2장 승객·수하물 및 화물의 운송과 관련된 증권과 당사자 의무

제3조 승객 및 수하물

1. 승객의 운송에 관하여 다음 사항을 포함한 개인용 또는 단체용 운송증권을 교부한다.
   (a) 출발지 및 도착지의 표시
   (b) 출발지 및 도착지가 단일의 당사국 영역내에 있고 하나 또는 그 이상의 예정 기항지가 타국가의 영역내에 존재하는 경우에는 그러한 예정 기항지 중 최소한 한 곳의 표시
2. 제1항에 명시된 정보를 보존하는 다른 수단도 동항에 언급된 증권의 교부를 대체할 수 있다. 그러한 수단이 사용되는 경우, 운송인은 보존된 정보에 관한 서면 신고서의 교부를 승객에게 제안한다.
3. 운송인은 개개의 위탁수하물에 대한 수하물 식별표를 여객에게 교부한다.
4. 운송인은 이 협약이 적용가능한 경우 승객의 사망 또는 부상 및 수하물의 파괴·분실 또는 손상 및 지연에 대한 운송인의 책임을 이 협약이 규율하고 제한할 수 있음을 승객에게 서면으로 통고한다.
5. 전항의 규정에 따르지 아니한 경우에도 운송계약의 존재 및 유효성에는 영향을 미치지 아니하며, 책임의 한도에 관한 규정을 포함한 이 협약의 규정이 적용된다.

제4조 화 물

1. 화물 운송의 경우, 항공운송장이 교부된다.
2. 운송에 관한 기록을 보존하는 다른 수단도 항공운송장의 교부를 대체할 수 있다. 그러한 수단이 사용되는 경우, 운송인은 송하인의 요청에 따라 송하인에게 운송을 증명하고 그러한 수단에 의하여 보존되는 기록에 포함된 정보를 수록한 화물수령증을 교부한다.

제5조 항공운송장 또는 화물수령증의 기재사항

항공운송장 또는 화물수령증에는 다음의 사항을 기재한다.

(a) an indication of the places of departure and destination;

(b) if the places of departure and destination are within the territory of a single State Party, one or more agreed stopping places being within the territory of another State, an indication of at least one such stopping place; and

(c) an indication of the weight of the consignment.

Article 6 – Document Relating to the Nature of the Cargo

The consignor may be required, if necessary, to meet the formalities of customs, police and similar public authorities to deliver a document indicating the nature of the cargo. This provision creates for the carrier no duty, obligation or liability resulting therefrom.

Article 7 – Description of Air Waybill

1. The air waybill shall be made out by the consignor in three original parts.

2. The first part shall be marked "for the carrier"; it shall be signed by the consignor. The second part shall be marked "for the consignee"; it shall be signed by the consignor and by the carrier. The third part shall be signed by the carrier who shall hand it to the consignor after the cargo has been accepted.

3. The signature of the carrier and that of the consignor may be printed or stamped.

4. If, at the request of the consignor, the carrier makes out the air waybill, the carrier shall be deemed, subject to proof to the contrary, to have done so on behalf of the consignor.

Article 8 – Documentation for Multiple Packages

When there is more than one package:

(a) the carrier of cargo has the right to require the consignor to make out separate air waybills;

(b) the consignor has the right to require the carrier to deliver separate cargo receipts when the other means referred to in paragraph 2 of Article 4 are used.

Article 9 –Non-compliance with Documentary Requirements

Non-compliance with the provisions of Articles 4 to 8 shall not affect the existence or the validity of the contract of carriage, which shall, nonetheless, be subject to the rules of this Convention including those relating to limitation of liability.

Article 10 – Responsibility for Particulars of Documentation

1. The consignor is responsible for the correctness of the particulars and statements relating to the cargo inserted by it or on its behalf in the air waybill or furnished by it or on its behalf to the carrier for insertion in the cargo receipt or for insertion in the record preserved by the other means referred to in paragraph 2 of Article 4. The foregoing shall also apply where the person acting on behalf of the consignor is also the agent of the carrier.

2. The consignor shall indemnify the carrier against all damage suffered by it, or by any other person to whom the carrier is liable, by

   (a) 출발지 및 도착지의 표시

   (b) 출발지 및 도착지가 단일의 당사국 영역내에 존재하고 하나 또는 그 이상의 예정 기항지가 타국가의 영역내에 존재하는 경우에는 그러한 예정 기항지의 최소한 한 곳의 표시

   (c) 화물의 중량 표시

제6조 화물의 성질에 관련된 서류

세관·경찰 및 유사한 공공기관의 절차를 이행하기 위하여 필요한 경우, 송하인은 화물의 성질을 명시한 서류를 교부할 것을 요구받을 수 있다. 이 규정은 운송인에게 어떠한 의무·구속 또는 그에 따른 책임을 부과하지 아니한다.

제7조 항공운송장의 서식

1. 항공운송장은 송하인에 의하여 원본 3통이 작성된다.
2. 제1의 원본에는 '운송인용'이라고 기재하고 송하인이 서명한다. 제2의 원본에는 '수하인용'이라고 기재하고 송하인 및 운송인이 서명한다. 제3의 원본에는 운송인이 서명하고, 화물을 접수받은 후 송하인에게 인도한다.
3. 운송인 및 송하인의 서명은 인쇄 또는 날인하여도 무방하다.
4. 송하인의 청구에 따라 운송인이 항공운송장을 작성하였을 경우, 반증이 없는 한 운송인은 송하인을 대신하여 항공운송장을 작성한 것으로 간주된다.

제8조 복수화물을 위한 증권

1개 이상의 화물이 있는 경우,

   (a) 화물의 운송인은 송하인에게 개별적인 항공운송장을 작성하여 줄 것을 청구할 권리를 갖는다.

   (b) 송하인은 제4조제2항에 언급된 다른 수단이 사용되는 경우에는 운송인에게 개별적인 화물수령증의 교부를 청구할 권리를 갖는다.

제9조 증권상 요건의 불이행

제4조 내지 제8조의 규정에 따르지 아니하는 경우에도 운송계약의 존재 및 유효성에는 영향을 미치지 아니하며, 책임의 한도에 관한 규정을 포함한 이 협약의 규정이 적용된다.

제10조 증권의 기재사항에 대한 책임

1. 송하인은 본인 또는 대리인이 화물에 관련하여 항공운송장에 기재한 사항, 본인 또는 대리인이 화물수령증에의 기재를 위하여 운송인에게 제공한 사항, 또는 제4조제2항에 언급된 다른 수단에 의하여 보존되는 기록에의 기재를 위하여 운송인에게 제공한 사항의 정확성에 대하여 책임진다. 이는 송하인을 대신하여 행동하는 자가 운송인의 대리인인 경우에도 적용된다.
2. 송하인은 본인 또는 대리인이 제공한 기재사항의 불비·부정확 또는 불완전으로 인하여 운송인이나

reason of the irregularity, incorrectness or incompleteness of the particulars and statements furnished by the consignor or on its behalf.

3. Subject to the provisions of paragraphs 1 and 2 of this Article, the carrier shall indemnify the consignor against all damage suffered by it, or by any other person to whom the consignor is liable, by reason of the irregularity, incorrectness or incompleteness of the particulars and statements inserted by the carrier or on its behalf in the cargo receipt or in the record preserved by the other means referred to in paragraph 2 of Article 4.

Article 11 – Evidentiary Value of Documentation

1. The air waybill or the cargo receipt is prima facie evidence of the conclusion of the contract, of the acceptance of the cargo and of the conditions of carriage mentioned therein.

2. Any statements in the air waybill or the cargo receipt relating to the weight, dimensions and packing of the cargo, as well as those relating to the number of packages, are prima facie evidence of the facts stated; those relating to the quantity, volume and condition of the cargo do not constitute evidence against the carrier except so far as they both have been, and are stated in the air waybill or the cargo receipt to have been, checked by it in the presence of the consignor, or relate to the apparent condition of the cargo.

Article 12 – Right of Disposition of Cargo

1. Subject to its liability to carry out all its obligations under the contract of carriage, the consignor has the right to dispose of the cargo by withdrawing it at the airport of departure or destination, or by stopping it in the course of the journey on any landing, or by calling for it to be delivered at the place of destination or in the course of the journey to a person other than the consignee originally designated, or by requiring it to be returned to the airport of departure. The consignor must not exercise this right of disposition in such a way as to prejudice the carrier or other consignors and must reimburse any expenses occasioned by the exercise of this right.

2. If it is impossible to carry out the instructions of the consignor, the carrier must so inform the consignor forthwith.

3. If the carrier carries out the instructions of the consignor for the disposition of the cargo without requiring the production of the part of the air waybill or the cargo receipt delivered to the latter, the carrier will be liable, without prejudice to its right of recovery from the consignor, for any damage which may be caused thereby to any person who is lawfully in possession of that part of the air waybill or the cargo receipt.

4. The right conferred on the consignor ceases at the moment when that of the consignee begins in accordance with Article 13. Nevertheless, if the consignee declines to accept the cargo, or cannot be communicated with, the consignor resumes its right of disposition.

Article 13 – Delivery of the Cargo

1. Except when the consignor has exercised its right under Article 12, the consignee is entitled, on arrival of the cargo at the place of destination, to require the carrier to deliver the cargo to it, on payment of the charges due

운송인이 책임을 부담하는 자가 당한 모든 손해에 대하여 운송인에게 보상한다.

3. 본 조 제1항 및 제2항의 규정을 조건으로, 운송인은 본인 또는 대리인이 화물수령증 또는 제4조제2항에 언급된 다른 수단에 의하여 보존되는 기록에 기재한 사항의 불비·부정확 또는 불완전으로 인하여 송하인이나 송하인이 책임을 부담하는 자가 당한 모든 손해에 대하여 송하인에게 보상한다.

제11조 증권의 증거력

1. 항공운송장 또는 화물수령증은 반증이 없는 한, 그러한 증권에 언급된 계약의 체결, 화물의 인수 및 운송의 조건에 관한 증거가 된다.

2. 화물의 개수를 포함한, 화물의 중량·크기 및 포장에 관한 항공운송장 및 화물수령증의 기재사항은 반증이 없는 한, 기재된 사실에 대한 증거가 된다. 화물의 수량·부피 및 상태는 운송인이 송하인의 입회 하에 점검하고, 그러한 사실을 항공운송장이나 화물수령증에 기재한 경우 또는 화물의 외양에 관한 기재의 경우를 제외하고는 운송인에게 불리한 증거를 구성하지 아니한다.

제12조 화물의 처분권

1. 송하인은 운송계약에 따른 모든 채무를 이행할 책임을 조건으로, 출발공항 또는 도착공항에서 화물을 회수하거나, 운송도중 착륙할 때에 화물을 유치하거나, 최초 지정한 수하인 이외의 자에 대하여 도착지에서 또는 운송도중에 화물을 인도할 것을 요청하거나 또는 출발공항으로 화물을 반송할 것을 청구함으로써 화물을 처분할 권리를 보유한다. 송하인은 운송인 또는 다른 송하인을 해하는 방식으로 이러한 처분권을 행사해서는 아니되며, 이러한 처분권의 행사에 의하여 발생한 어떠한 비용도 변제하여야 한다.

2. 송하인의 지시를 이행하지 못할 경우, 운송인은 즉시 이를 송하인에게 통보하여야 한다.

3. 운송인은 송하인에게 교부한 항공운송장 또는 화물수령증의 제시를 요구하지 아니하고 화물의 처분에 관한 송하인의 지시에 따른 경우, 이로 인하여 항공운송장 또는 화물수령증의 정당한 소지인에게 발생된 어떠한 손해에 대하여도 책임을 진다. 단, 송하인에 대한 운송인의 구상권은 침해받지 아니한다.

4. 송하인에게 부여된 권리는 수하인의 권리가 제13조에 따라 발생할 때 소멸한다. 그럼에도 불구하고 수하인이 화물의 수취를 거절하거나 또는 수하인을 알 수 없는 때에는 송하인은 처분권을 회복한다.

제13조 화물의 인도

1. 송하인이 제12조에 따른 권리를 행사하는 경우를 제외하고, 수하인은 화물이 도착지에 도착하였을 때 운송인에게 정당한 비용을 지급하고 운송의 조건을 충족하면 화물의 인도를 요구할 권리를 가진다.

and on complying with the conditions of carriage.

2. Unless it is otherwise agreed, it is the duty of the carrier to give notice to the consignee as soon as the cargo arrives.

3. If the carrier admits the loss of the cargo, or if the cargo has not arrived at the expiration of seven days after the date on which it ought to have arrived, the consignee is entitled to enforce against the carrier the rights which flow from the contract of carriage.

Article 14 – Enforcement of the Rights of Consignor and Consignee

The consignor and the consignee can respectively enforce all the rights given to them by Articles 12 and 13, each in its own name, whether it is acting in its own interest or in the interest of another, provided that it carries out the obligations imposed by the contract of carriage.

Article 15 – Relations of Consignor and Consignee or Mutual Relations of Third Parties

1. Articles 12, 13 and 14 do not affect either the relations of the consignor and the consignee with each other or the mutual relations of third parties whose rights are derived either from the consignor or from the consignee.

2. The provisions of Articles 12, 13 and 14 can only be varied by express provision in the air waybill or the cargo receipt.

Article 16 – Formalities of Customs, Police or Other Public Authorities

1. The consignor must furnish such information and such documents as are necessary to meet the formalities of customs, police and any other public authorities before the cargo can be delivered to the consignee. The consignor is liable to the carrier for any damage occasioned by the absence, insufficiency or irregularity of any such information or documents, unless the damage is due to the fault of the carrier, its servants or agents.

2. The carrier is under no obligation to enquire into the correctness or sufficiency of such information or documents.

Chapter III

Liability of the Carrier and Extent of Compensation for Damage

Article 17 – Death and Injury of Passengers – Damage to Baggage

1. The carrier is liable for damage sustained in case of death or bodily injury of a passenger upon condition only that the accident which caused the death or injury took place on board the aircraft or in the course of any of the operations of embarking or disembarking.

2. The carrier liable for damage sustained in case of destruction or loss of, or of damage to, checked baggage upon condition only that the event which caused the destruction, loss or damage took place on board the aircraft or during any period within which the checked baggage was in the charge of the carrier. However, the carrier is not liable if and to the extent

2. 별도의 합의가 없는 한, 운송인은 화물이 도착한 때 수하인에게 통지를 할 의무가 있다.

3. 운송인이 화물의 분실을 인정하거나 또는 화물이 도착되었어야 할 날로부터 7일이 경과하여도 도착되지 아니하였을 때에는 수하인은 운송인에 대하여 계약으로부터 발생된 권리를 행사할 권리를 가진다.

제14조 송하인과 수하인의 권리행사

송하인과 수하인은 운송계약에 의하여 부과된 채무를 이행할 것을 조건으로 하여 자신 또는 타인의 이익을 위하여 행사함을 불문하고 각각 자기의 명의로 제12조 및 제13조에 의하여 부여된 모든 권리를 행사할 수 있다.

제15조 송하인과 수하인의 관계 또는 제3자와의 상호관계

1. 제12조 · 제13조 및 제14조는 송하인과 수하인의 상호관계 또는 송하인 및 수하인과 이들 중 어느 한쪽으로부터 권리를 취득한 제3자와의 상호관계에는 영향을 미치지 아니한다.

2. 제12조 · 제13조 및 제14조의 규정은 항공운송장 또는 화물수령증에 명시적인 규정에 의해서만 변경될 수 있다.

제16조 세관 · 경찰 및 기타 공공기관의 절차

1. 송하인은 화물이 수하인에게 인도될 수 있기 전에 세관 · 경찰 또는 기타 공공기관의 절차를 이행하기 위하여 필요한 정보 및 서류를 제공한다. 송하인은 그러한 정보 및 서류의 부재 · 불충분 또는 불비로부터 발생한 손해에 대하여 운송인에게 책임을 진다. 단, 그러한 손해가 운송인 · 그의 고용인 또는 대리인의 과실에 기인한 경우에는 그러하지 아니한다.

2. 운송인은 그러한 정보 또는 서류의 정확성 또는 충분성 여부를 조사할 의무가 없다.

제3장 운송인의 책임 및 손해배상의 범위

제17조 승객의 사망 및 부상 – 수하물에 대한 손해

1. 운송인은 승객의 사망 또는 신체의 부상의 경우에 입은 손해에 대하여 사망 또는 부상을 야기한 사고가 항공기상에서 발생하였거나 또는 탑승과 하강의 과정에서 발생하였을 때에 한하여 책임을 진다.

2. 운송인은 위탁수하물의 파괴 · 분실 또는 손상으로 인한 손해에 대하여 파괴 · 분실 또는 손상을 야기한 사고가 항공기상에서 발생하였거나 또는 위탁수하물이 운송인의 관리하에 있는 기간중 발생한 경우에 한하여 책임을 진다. 그러나, 운송인은 손해가 수하물 고유의 결함 · 성질 또는 수하물의 불완전에 기인하는 경우 및 그러한 범위 내에서는 책임을 부담하지 아니한다. 개인소지품을 포함한 휴대수하

that the damage resulted from the inherent defect, quality or vice of the baggage. In the case of unchecked baggage, including personal items, the carrier is liable if the damage resulted from its fault or that of its servants or agents.

3. If the carrier admits the loss of the checked baggage, or if the checked baggage has not arrived at the expiration of twenty-one days after the date on which it ought to have arrived, the passenger is entitled to enforce against the carrier the rights which flow from the contract of carriage.

4. Unless otherwise specified, in this Convention the term "baggage" means both checked baggage and unchecked baggage.

Article 18 – Damage to Cargo

1. The carrier is liable for damage sustained in the event of the destruction or loss of or damage to, cargo upon condition only that the event which caused the damage so sustained took place during the carriage by air.

2. However, the carrier is not liable if and to the extent it proves that the destruction, or loss of, or damage to, the cargo resulted from one or more of the following:

    (a) inherent defect, quality or vice of that cargo;

    (b) defective packing of that cargo performed by a person other than the carrier or its servants or agents;

    (c) an act of war or an armed conflict;

    (d) an act of public authority carried out in connection with the entry, exit or transit of the cargo.

3. The carriage by air within the meaning of paragraph 1 of this Article comprises the period during which the cargo is in the charge of the carrier.

4. The period of the carriage by air does not extend to any carriage by land, by sea or by inland waterway performed outside an airport. If, however, such carriage takes place in the performance of a contract for carriage by air, for the purpose of loading, delivery or transhipment, any damage is presumed, subject to proof to the contrary, to have been the result of an event which took place during the carriage by air. If a carrier, without the consent of the consignor, substitutes carriage by another mode of transport for the whole or part of a carriage intended by the agreement between the parties to be carriage by air, such carriage by another mode of transport is deemed to be within the period of carriage by air.

Article 19 – Delay

The carrier is liable for damage occasioned by delay in the carriage by air of passengers, baggage or cargo. Nevertheless, the carrier shall not be liable for damage occasioned by delay if it proves that it and its servants and agents took all measures that could reasonably be required to avoid the damage or that it was impossible for it or them to take such measures.

Article 20 – Exoneration

If the carrier proves that the damage was caused or contributed to by the negligence or other wrongful act or omission of the person claiming compensation, or the person from whom he or she derives his or her rights, the carrier shall be wholly or partly exonerated from its liability to the claimant to the extent that such negligence or wrongful act or

물의 경우, 운송인·그의 고용인 또는 대리인의 과실에 기인하였을 때에만 책임을 진다.

3. 운송인이 위탁수하물의 분실을 인정하거나 또는 위탁수하물이 도착하였어야 하는 날로부터 21일이 경과하여도 도착하지 아니하였을 때 승객은 운송인에 대하여 운송계약으로부터 발생되는 권리를 행사할 권한을 가진다.

4. 별도의 구체적인 규정이 없는 한, 이 협약에서 '수하물'이라는 용어는 위탁수하물 및 휴대 수하물 모두를 의미한다.

제18조 화물에 대한 손해

1. 운송인은 화물의 파괴·분실 또는 손상으로 인한 손해에 대하여 손해를 야기한 사고가 항공운송중에 발생하였을 경우에 한하여 책임을 진다.

2. 그러나, 운송인은 화물의 파괴·분실 또는 손상이 다음 중 하나 이상의 사유에 기인하여 발생하였다는 것이 입증되었을 때에는 책임을 지지 아니한다.

   (a) 화물의 고유한 결함·성질 또는 화물의 불완전

   (b) 운송인·그의 고용인 또는 대리인 이외의 자가 수행한 화물의 결함이 있는 포장

   (c) 전쟁 또는 무력분쟁행위

   (d) 화물의 입출국 또는 통과와 관련하여 행한 공공기관의 행위

3. 본 조 제1항의 의미상 항공운송은 화물이 운송인의 관리하에 있는 기간도 포함된다.

4. 항공운송의 기간에는 공항외부에서 행한 육상·해상운송 또는 내륙수로운송은 포함되지 아니한다. 그러나, 그러한 운송이 항공운송계약을 이행함에 있어서, 화물의 적재·인도 또는 환적을 목적으로 하여 행하여졌을 때에는 반증이 없는 한 어떠한 손해도 항공운송중에 발생한 사고의 결과라고 추정된다. 운송인이 송하인의 동의없이 당사자간 합의에 따라 항공운송으로 행할 것이 예정되어 있었던 운송의 전부 또는 일부를 다른 운송수단의 형태에 의한 운송으로 대체하였을 때에는 다른 운송수단의 형태에 의한 운송은 항공운송의 기간내에 있는 것으로 간주된다.

제19조 지 연

운송인은 승객·수하물 또는 화물의 항공운송중 지연으로 인한 손해에 대한 책임을 진다. 그럼에도 불구하고, 운송인은 본인·그의 고용인 또는 대리인이 손해를 피하기 위하여 합리적으로 요구되는 모든 조치를 다하였거나 또는 그러한 조치를 취할 수 없었다는 것을 증명한 경우에는 책임을 지지 아니한다.

제20조 책임 면제

운송인이 손해배상을 청구하는 자 또는 그로부터 권한을 위임받은 자의 과실·기타 불법적인 작위 또는 부작위가 손해를 야기하였거나 또는 손해에 기여하였다는 것을 증명하였을 때에는 그러한 과실·불법적인 작위 또는 부작위가 손해를 야기하였거나 손해에 기여한 정도에 따라 청구자에 대하여 책임의 전부 또는

omission caused or contributed to the damage. When by reason of death or injury of a passenger compensation is claimed by a person other than the passenger, the carrier shall likewise be wholly or partly exonerated from its liability to the extent that it proves that the damage was caused or contributed to by the negligence or other wrongful act or omission of that passenger. This Article applies to all the liability provisions in this Convention, including paragraph 1 of Article 21.

Article 21 - Compensation in Case of Death or Injury of Passengers

1. For damages arising under paragraph 1 of Article 17 not exceeding 100,000 Special Drawing Rights for each passenger, the carrier shall not be able to exclude or limit its liability.

2. The carrier shall not be liable for damages arising under paragraph 1 of Article 17 to the extent that they exceed for each passenger 100,000 Special Drawing Rights if the carrier proves that:

   (a) such damage was not due to the negligence or other wrongful act or omission of the carrier or its servants or agents; or

   (b) such damage was solely due to the negligence or other wrongful act or omission of a third party.

Article 22 - Limits of Liability in Relation to Delay, Baggage and Cargo

1. In the case of damage caused by delay as specified in Article 19 in the carriage of persons, the liability of the carrier for each passenger is limited to 4,150 Special Drawing Rights.

2. In the carriage of baggage, the liability of the carrier in the case of destruction, loss, damage or delay is limited to 1,000 Special Drawing Rights for each passenger unless the passenger has made, at the time when the checked baggage was handed over to the carrier, a special declaration of interest in delivery at destination and has paid a supplementary sum if the case so requires. In that case the carrier will be liable to pay a sum not exceeding the declared sum, unless it proves that the sum is greater than the passenger's actual interest in delivery at destination.

3. In the carriage of cargo, the liability of the carrier in the case of destruction, loss, damage or delay is limited to a sum of 17 Special Drawing Rights per kilogram, unless the consignor has made, at the time when the package was handed over to the carrier, a special declaration of interest in delivery at destination and has paid a supplementary sum if the case so requires. In that case the carrier will be liable to pay a sum not exceeding the declared sum, unless it proves that the sum is greater than the consignor's actual interest in delivery at destination.

4. In the case of destruction, loss, damage or delay of part of the cargo, or of any object contained therein, the weight to be taken into consideration in determining the amount to which the carrier's liability is limited shall be only the total weight of the package or packages concerned. Nevertheless, when the destruction, loss, damage or delay of a part of the cargo, or of an object contained therein, affects the value of other packages covered by the same air waybill, or the same receipt or, if they were not issued, by the same record preserved by the other means referred to in paragraph 2 of Article 4, the total weight of such package or packages shall also be taken into consideration in determining the limit of liability.

일부를 면제받는다. 승객의 사망 또는 부상을 이유로 하여 손해배상이 승객이외의 자에 의하여 청구되었을 때, 운송인은 손해가 승객의 과실·불법적인 작위 또는 부작위에 기인하였거나 이에 기여하였음을 증명한 정도에 따라 책임의 전부 또는 일부를 면제받는다. 본 조는 제21조제1항을 포함한 이 협약의 모든 배상책임 규정에 적용된다.

제21조 승객의 사망 또는 부상에 대한 배상

1. 운송인은 승객당 100,000 SDR을 초과하지 아니한 제17조제1항상의 손해에 대한 책임을 배제하거나 제한하지 못한다.
2. 승객당 100,000 SDR을 초과하는 제17조제1항상의 손해에 대하여, 운송인이 다음을 증명하는 경우에는 책임을 지지 아니한다.
   (a) 그러한 손해가 운송인·그의 고용인 또는 대리인의 과실·기타 불법적인 작위 또는 부작위에 기인하지 아니하였거나,
   (b) 그러한 손해가 오직 제3자의 과실·기타 불법적인 작위 또는 부작위에 기인하였을 경우

제22조 지연·수하물 및 화물과 관련한 배상책임의 한도

1. 승객의 운송에 있어서 제19조에 규정되어 있는 지연에 기인한 손해가 발생한 경우, 운송인의 책임은 승객 1인당 4,150 SDR로 제한된다.
2. 수하물의 운송에 있어서 수하물의 파괴·분실·손상 또는 지연이 발생한 경우 운송인의 책임은 승객 1인당 1,000 SDR로 제한된다. 단, 승객이 위탁수하물을 운송인에게 인도할 때에 도착지에서 인도시 이익에 관한 특별신고를 하였거나 필요에 따라 추가요금을 지급한 경우에는 그러하지 아니한다. 이러한 경우, 운송인은 신고가액이 도착지에 있어서 인도시 승객의 실질이익을 초과한다는 것을 증명하지 아니하는 한 신고가액을 한도로 하는 금액을 지급할 책임을 진다.
3. 화물의 운송에 있어서 화물의 파괴·분실·손상 또는 지연이 발생한 경우 운송인의 책임은 1킬로그램당 17 SDR로 제한된다. 단, 송하인이 화물을 운송인에게 인도할 때에 도착지에서 인도시 이익에 관한 특별신고를 하였거나 필요에 따라 추가 요금을 지급한 경우에는 그러하지 아니하다. 이러한 경우, 운송인은 신고가액이 도착지에 있어서 인도시 송하인의 실질이익을 초과한다는 것을 증명하지 아니하는 한 신고가액을 한도로 하는 금액을 지급할 책임을 진다.
4. 화물의 일부 또는 화물에 포함된 물건의 파괴·분실·손상 또는 지연의 경우, 운송인의 책임한도를 결정함에 있어서 고려하여야 할 중량은 관련 화물의 총 중량이다. 그럼에도 불구하고 화물의 일부 또는 화물에 포함된 물건의 파괴·분실·손상 또는 지연이 동일한 항공운송장 또는 화물수령증에 기재하거나 또는 이러한 증권이 발행되지 아니하였을 때에는 제4조제2항에 언급된 다른 수단에 의하여 보존되고 있는 동일한 기록에 기재되어 있는 기타 화물의 가액에 영향을 미칠 때에는 운송인의 책임한도를 결정함에 있어 그러한 화물의 총 중량도 고려되어야 한다.

5. The foregoing provisions of paragraphs 1 and 2 of this Article shall not apply if it is proved that the damage resulted from an act or omission of the carrier, its servants or agents, done with intent to cause damage or recklessly and with knowledge that damage would probably result; provided that, in the case of such act or omission of a servant or agent, it is also proved that such servant or agent was acting within the scope of its employment.

6. The limits prescribed in Article 21 and in this Article shall not prevent the court from awarding, in accordance with its own law, in addition, the whole or part of the court costs and of the other expenses of the litigation incurred by the plaintiff, including interest. The foregoing provision shall not apply if the amount of the damages awarded, excluding court costs and other expenses of the litigation, does not exceed the sum which the carrier has offered in writing to the plaintiff within a period of six months from the date of the occurrence causing the damage, or before the commencement of the action, if that is later.

Article 23 - Conversion of Monetary Units

1. The sums mentioned in terms of Special Drawing Right in this Convention shall be deemed to refer to the Special Drawing Right as defined by the International Monetary Fund. Conversion of the sums into national currencies shall, in case of judicial proceedings, be made according to the value of such currencies in terms of the Special Drawing Right at the date of the judgement. The value of a national currency, in terms of the Special Drawing Right, of a State Party which is a Member of the International Monetary Fund, shall be calculated in accordance with the method of valuation applied by the International Monetary Fund, in effect at the date of the judgement, for its operations and transactions. The value of a national currency, in terms of the Special Drawing Right, of a State Party which is not a Member of the International Monetary Fund, shall be calculated in a manner determined by that State.

2. Nevertheless, those States which are not Members of the International Monetary Fund and whose law does not permit the application of the provisions of paragraph 1 of this Article may, at the time of ratification or accession or at any time thereafter, declare that the limit of liability of the carrier prescribed in Article 21 is fixed at a sum of 1,500,000 monetary units per passenger in judicial proceedings in their territories; 62,500 monetary units per passenger with respect to paragraph 1 of Article 22; 15,000 monetary units per passenger with respect to paragraph 2 of Article 22; and 250 monetary units per kilogram with respect to paragraph 3 of Article 22. This monetary unit corresponds to sixty-five and a half milligrams of gold of millesimal fineness nine hundred. These sums may be converted into the national currency concerned in round figures. The conversion of these sums into national currency shall be made according to the law of the State concerned.

3. The calculation mentioned in the last sentence of paragraph I of this Article and the conversion method mentioned in paragraph 2 of this Article shall be made in such manner as to express in the national currency of the State Party as far as possible the same real value for the amounts in Articles 21 and 22 as would result from the application of the first three sentences of paragraph 1 of this Article. States Parties shall communicate to the depositary the manner of calculation pursuant to paragraph 1 of this Article, or the result of the conversion in paragraph 2 of this Article as the case may be, when depositing an instrument of ratification, acceptance, approval of or accession to this Convention and whenever there is a change in either.

5. 손해가 운송인·그의 고용인 또는 대리인이 손해를 야기할 의도를 가지거나 또는 무모하게 손해가 야기될 것을 인지하고 행한 작위 또는 부작위로부터 발생되었다는 것이 입증되었을 때에는 본 조 제1항 및 제2항에 전술한 규정은 적용되지 아니한다. 단, 고용인 또는 대리인이 작위 또는 부작위를 행한 경우에는 그가 자기의 고용업무의 범위내에서 행하였다는 것이 입증되어야 한다.

6. 제21조 및 본 조에 규정된 책임제한은 자국법에 따라 법원이 원고가 부담하는 소송비용 및 소송과 관련된 기타 비용에 이자를 포함한 금액의 전부 또는 일부를 재정하는 것을 방해하지 아니한다. 전기 규정은 소송비용 및 소송과 관련된 기타 비용을 제외한, 재정된 손해액이 손해를 야기한 사건의 발생일로부터 6월의 기간내에 또는 소송의 개시가 상기 기간이후일 경우에는 소송 개시전에 운송인이 원고에게 서면으로 제시한 액수를 초과하지 아니한 때에는 적용되지 아니한다..

제23조 화폐단위의 환산

1. 이 협약에서 특별인출권으로 환산되어 언급된 금액은 국제통화기금이 정의한 특별인출권을 의미하는 것으로 간주된다. 재판절차에 있어서 국내통화로의 환산은 판결일자에 특별인출권의 국내통화환산액에 따라 정한다. 국제통화기금의 회원국의 특별인출권의 국내통화환산금액은 국제통화기금의 운영과 거래를 위하여 적용하는 평가방식에 따라 산출하게 되며, 동 방식은 판결일자에 유효하여야 한다. 국제통화기금의 비회원국인 당사국의 특별인출권의 국내통화환산금액은 동 당사국이 결정한 방식에 따라 산출된다.

2. 그럼에도 불구하고, 국제통화기금의 비회원국이며 자국법에 따라 본 조 제1항의 적용이 허용되지 아니하는 국가는 비준·가입시 또는 그 이후에 언제라도 제21조에 규정되어 있는 운송인의 책임한도가 자국의 영역에서 소송이 진행중인 경우 승객 1인당 1,500,000화폐단위, 제22조제1항과 관련해서는 승객 1인당 62,500화폐단위, 제22조제2항과 관련해서는 승객 1인당 15,000화폐단위 및 제22조제3항과 관련해서는 1킬로그램당 250화폐단위로 고정된다고 선언할 수 있다. 이와 같은 화폐단위는 1,000분의 900의 순도를 가진 금 65.5밀리그램에 해당한다. 국내통화로 환산된 금액은 관계국 통화의 단수가 없는 금액으로 환산할 수 있다. 국내통화로 환산되는 금액은 관련국가의 법률에 따른다.

3. 본 조 제1항 후단에 언급된 계산 및 제2항에 언급된 환산방식은 본 조 제1항의 전 3단의 적용에 기인되는 제21조 및 제22조의 가액과 동일한 실질가치를 가능한 한 동 당사국의 국내통화로 표시하는 방법으로 할 수 있다. 당사국들은 본 조 제1항에 따른 산출방식 또는, 경우에 따라 본 조 제2항에 의한 환산의 결과를 이 협약의 비준서·수락서·승인서 또는 가입서 기탁시 또는 상기 산출방식이나 환산결과의 변경시 수탁자에 통보한다.

Article 24 – Review of Limits

1. Without prejudice to the provisions of Article 25 of this Convention and subject to paragraph 2 below, the limits of liability prescribed in Articles 21, 22 and 23 shall be reviewed by the Depositary at five-year intervals, the first such review to take place at the end of the fifth year following the date of entry into force of this Convention, or if the Convention does not enter into force within five years of the date it is first open for signature, within the first year of its entry into force, by reference to an inflation factor which corresponds to the accumulated rate of inflation since the previous revision or in the first instance since the date of entry into force of the Convention. The measure of the rate of inflation to be used in determining the inflation factor shall be the weighted average of the annual rates of increase or decrease in the Consumer Price Indices of the States whose currencies comprise the Special Drawing Right mentioned in paragraph 1 of Article 23.

2. If the review referred to in the preceding paragraph concludes that the inflation factor has exceeded 10 percent, the Depositary shall notify States Parties of a revision of the limits of liability. Any such revision shall become effective six months after its notification to the States Parties. If within three months after its notification to the States Parties a majority of the States Parties register their disapproval, the revision shall not become effective and the Depositary shall refer the matter to a meeting of the States Parties. The Depositary shall immediately notify all States Parties of the coming into force of any revision.

3. Notwithstanding paragraph 1 of this Article, the procedure referred to in paragraph 2 of this Article shall be applied at any time provided that one-third of the States Parties express a desire to that effect and upon condition that the inflation factor referred to in paragraph 1 has exceeded 30 percent since the previous revision or since the date of entry into force of this Convention if there has been no previous revision. Subsequent reviews using the procedure described in paragraph 1 of this Article will take place at five-year intervals starting at the end of the fifth year following the date of the reviews under the present paragraph.

Article 25 – Stipulation on Limits

A carrier may stipulate that the contract of carriage shall be subject to higher limits of liability than those provided for in this Convention or to no limits of liability whatsoever.

Article 26 – Invalidity of Contractual Provisions

Any provision tending to relieve the carrier of liability or to fix a lower limit than that which is laid down in this Convention shall be null and void, but the nullity of any such provision does not involve the nullity of the whole contract, which shall remain subject to the provisions of this Convention.

Article 27 – Freedom to Contract

Nothing contained in this Convention shall prevent the carrier from refusing to enter into any contract of carriage, from waiving any defences available under the Convention, or from laying down conditions which do not conflict with the provisions of this Convention.

Article 28 – Advance Payments

In the case of aircraft accidents resulting in death or injury of passengers, the carrier shall, if required by its national

제24조 한도의 검토

1. 이 협약 제25조의 규정을 침해하지 아니하고 하기 제2항을 조건으로 하여, 제21조 내지 제23조에 규정한 책임한도는 5년 주기로 수탁자에 의하여 검토되어야 하며, 최초의 검토는 이 협약의 발효일로부터 5년이 되는 해의 연말에 실시된다. 만일 이 협약이 서명을 위하여 개방된 날로부터 5년내에 발효가 되지 못하면 발효되는 해에 협약의 발효일 이후 또는 이전 수정 이후 누적 물가상승률에 상응하는 물가상승요인을 참고하여 검토된다. 물가상승요인의 결정에 사용되는 물가상승률의 기준은 제23조제1항에 언급된 특별인출권을 구성하는 통화를 가진 국가의 소비자물가지수의 상승 또는 하강률의 가중평균치를 부여하여 산정한다.

2. 전항의 규정에 따라 검토를 행한 결과 인플레이션 계수가 10퍼센트를 초과하였다면 수탁자는 당사국에게 책임한도의 수정을 통고한다. 이러한 수정은 당사국에게 통고된 후 6월 경과시 효력을 발생한다. 만일 당사국에게 통고된 후 3월 이내에 과반수의 당사국들이 수정에 대한 불승인을 표명한 때에는 수정은 효력을 발생하지 아니하며, 수탁자는 동 문제를 당사국의 회합에 회부한다. 수탁자는 모든 당사국에게 수정의 발효를 즉시 통보한다.

3. 본 조 제1항에도 불구하고, 본 조 제2항에 언급된 절차는 당사국의 3분의 1 이상이 이전의 수정 또는 이전에 수정이 없었다면 이 협약의 발효일 이래 본 조 제1항에 언급된 인플레이션계수가 30퍼센트를 초과할 것을 조건으로 하여 그러한 효과에 대한 의사를 표시한 경우에는 언제나 적용 가능하다. 본 조 제1항에 기술된 절차를 사용한 추가검토는 본 항에 따른 검토일로부터 5년이 되는 해의 연말에 개시하여 5년 주기로 한다.

제25조 한도의 규정

운송인은 이 협약이 정한 책임한도보다 높은 한도를 정하거나 어떤 경우에도 책임의 한도를 두지 아니한다는 것을 운송계약에 규정할 수 있다.

제26조 계약조항의 무효

운송인의 책임을 경감하거나 또는 이 협약에 규정된 책임한도보다 낮은 한도를 정하는 어떠한 조항도 무효다. 그러나, 그러한 조항의 무효는 계약 전체를 무효로 하는 것은 아니며 계약은 이 협약의 조항에 따른다.

제27조 계약의 자유

이 협약의 어떠한 규정도 운송인이 운송계약의 체결을 거절하거나, 이 협약상의 항변권을 포기하거나 또는 이 협약의 규정과 저촉되지 아니하는 운송조건을 설정하는 것을 방해하지 못한다.

제28조 선배상지급

승객의 사망 또는 부상을 야기하는 항공기사고시, 운송인은 자국법이 요구하는 경우 자연인 또는 배상을

law, make advance payments without delay to a natural person or persons who are entitled to claim compensation in order to meet the immediate economic needs of such persons. Such advance payments shall not constitute a recognition of liability and may be offset against any amounts subsequently paid as damages by the carrier.

Article 29 – Basis of Claims

In the carriage of passengers, baggage and cargo, any action for damages, however founded, whether under this Convention or in contract or in tort or otherwise, can only be brought subject to the conditions and such limits of liability as are set out in this Convention without prejudice to the question as to who are the persons who have the right to bring suit and what are their respective rights. In any such action, punitive, exemplary or any other non-compensatory damages shall not be recoverable.

Article 30 – Servants, Agents – Aggregation of Claims

1. If an action is brought against a servant or agent of the carrier arising out of damage to which the Convention relates, such servant or agent, if they prove that they acted within the scope of their employment, shall be entitled to avail themselves of the conditions and limits of liability which the carrier itself is entitled to invoke under this Convention.

2. The aggregate of the amounts recoverable from the carrier, its servants and agents, in that case, shall not exceed the said limits.

3. Save in respect of the carriage of cargo, the provisions of paragraphs 1 and 2 of this Article shall not apply if it is proved that the damage resulted from an act or omission of the servant or agent done with intent to cause damage or recklessly and with knowledge that damage would probably result.

Article 31 – Timely Notice of Complaints

1. Receipt by the person entitled to delivery of checked baggage or cargo without complaint is prima facie evidence that the same has been delivered in good condition and in accordance with the document of carriage or with the record preserved by the other means referred to in paragraph 2 of Article 3 and paragraph 2 of Article 4.

2. In the case of damage, the person entitled to delivery must complain to the carrier forthwith after the discovery of the damage, and, at the latest, within seven days from the date of receipt in the case of checked baggage and fourteen days from the date of receipt in the case of cargo. In the case of delay, the complaint must be made at the latest within twenty-one days from the date on which the baggage or cargo have been placed at his or her disposal.

3. Every complaint must be made in writing and given or dispatched within the times aforesaid.

4. If no complaint is made within the times aforesaid, no action shall lie against the carrier, save in the case of fraud on its part.

Article 32 – Death of Person Liable

In the case of the death of the person liable, an action for damages lies in accordance with the terms of this Convention against those legally representing his or her estate.

받을 권한이 있는 자의 즉각적인 경제적 필요성을 충족시키기 위하여 지체없이 선배상금을 지급한다. 이러한 선배상지급은 운송인의 책임을 인정하는 것은 아니며, 추후 운송인이 지급한 배상금과 상쇄될 수 있다.

제29조 청구의 기초

승객 · 수하물 및 화물의 운송에 있어서, 손해에 관한 어떠한 소송이든지 이 협약 · 계약 · 불법행위 또는 기타 어떠한 사항에 근거하는지 여부를 불문하고, 소를 제기할 권리를 가지는 자와 그들 각각의 권리에 관한 문제를 침해함이 없이, 이 협약에 규정되어 있는 조건 및 책임한도에 따르는 경우에만 제기될 수 있다. 어떠한 소송에 있어서도, 징벌적 배상 또는 비보상적 배상은 회복되지 아니한다.

제30조 고용인 · 대리인 – 청구의 총액

1. 이 협약과 관련된 손해로 인하여 운송인의 고용인 또는 대리인을 상대로 소송이 제기된 경우, 그들이 고용범위 내에서 행동하였음이 증명된다면 이 협약하에서 운송인 자신이 주장할 수 있는 책임의 조건 및 한도를 원용할 권리를 가진다.
2. 그러한 경우, 운송인 · 그의 고용인 및 대리인으로부터 회수가능한 금액의 총액은 전술한 한도를 초과하지 아니한다.
3. 화물운송의 경우를 제외하고는 본 조 제1항 및 제2항의 규정은 고용인 또는 대리인이 손해를 야기할 의도로 무모하게, 또는 손해가 발생할 것을 알고 행한 작위 또는 부작위에 기인한 손해임이 증명된 경우에는 적용되지 아니한다.

제31조 이의제기의 시한

1. 위탁수하물 또는 화물을 인도받을 권리를 가지고 있는 자가 이의를 제기하지 아니하고 이를 수령하였다는 것은 반증이 없는 한 위탁수하물 또는 화물이 양호한 상태로 또한 운송서류 또는 제3조제2항 및 제4조제2항에 언급된 기타 수단으로 보존된 기록에 따라 인도되었다는 명백한 증거가 된다.
2. 손상의 경우, 인도받을 권리를 가지는 자는 손상을 발견한 즉시 또한 늦어도 위탁수하물의 경우에는 수령일로부터 7일 이내에 그리고 화물의 경우에는 수령일로부터 14일 이내에 운송인에게 이의를 제기하여야 한다. 지연의 경우, 이의는 인도받을 권리를 가지는 자가 수하물 또는 화물을 처분할 수 있는 날로부터 21일 이내에 제기되어야 한다.
3. 개개의 이의는 서면으로 작성되어야 하며, 전술한 기한내에 발송하여야 한다.
4. 전술한 기한내에 이의가 제기되지 아니한 때에는 운송인에 대하여 제소할 수 없다. 단, 운송인 측의 사기인 경우에는 그러하지 아니한다.

제32조 책임있는 자의 사망

책임있는 자가 사망하는 경우, 손해에 관한 소송은 이 협약의 규정에 따라 동인의 재산의 법정 대리인에 대하여 제기할 수 있다.

Article 33 – Jurisdiction

1. An action for damages must be brought, at the option of the plaintiff, in the territory of one of the States Parties, either before the court of the domicile of the carrier or of its principal place of business, or where it has a place of business through which the contract has been made or before the court at the place of destination.

2. In respect of damage resulting from the death or injury of a passenger, an action may be brought before one of the courts mentioned in paragraph 1 of this Article, or in the territory of a State Party in which at the time of the accident the passenger has his or her principal and permanent residence and to or from which the carrier operates services for the carriage of passengers by air, either on its own aircraft or on another carrier's aircraft pursuant to a commercial agreement, and in which that carrier conducts its business of carriage of passengers by air from premises leased or owned by the carrier itself or by another carrier with which it has a commercial agreement.

3. For the purposes of paragraph 2,

    (a) "commercial agreement" means an agreement, other than an agency agreement, made between carriers and relating to the provision of their joint services for carriage of passengers by air;

    (b) "principal and permanent residence" means the one fixed and permanent abode of the passenger at the time of the accident. The nationality of the passenger shall not be the determining factor in this regard.

4. Questions of procedure shall be governed by the law of the court seized of the case.

Article 34 – Arbitration

1. Subject to the provisions of this Article, the parties to the contract of carriage for cargo may stipulate that any dispute relating to the liability of the carrier under this Convention shall be settled by arbitration. Such agreement shall be in writing.

2. The arbitration proceedings shall, at the option of the claimant, take place within one of the jurisdictions referred to in Article 33.

3. The arbitrator or arbitration tribunal shall apply the provisions of this Convention.

4. The provisions of paragraphs 2 and 3 of this Article shall be deemed to be part of every arbitration clause or agreement, and any term of such clause or agreement which is inconsistent therewith shall be null and void.

Article 35 – Limitation of Actions

1. The right to damages shall be extinguished if an action is not brought within a period of two years, reckoned from the date of arrival at the destination, or from the date on which the aircraft ought to have arrived, or from the date on which the carriage stopped.

2. The method of calculating that period shall be determined by the law of the court seized of the case.

Article 36 – Successive Carriage

1. In the case of carriage to be performed by various successive carriers and falling within the definition set out in

제33조 재판관할권

1. 손해에 관한 소송은 원고의 선택에 따라 당사국중 하나의 영역내에서 운송인의 주소지, 운송인의 주된 영업소 소재지, 운송인이 계약을 체결한 영업소 소재지의 법원 또는 도착지의 법원중 어느 한 법원에 제기한다.

2. 승객의 사망 또는 부상으로 인한 손해의 경우, 소송은 본 조 제1항에 언급된 법원 또는 사고발생 당시 승객의 주소지와 주된 거주지가 있고 운송인이 자신이 소유한 항공기 또는 상업적 계약에 따른 타 운송인의 항공기로 항공운송서비스를 제공하는 장소이며, 운송인 자신 또는 상업적 계약에 의하여 타 운송인이 소유하거나 임대한 건물로부터 항공운송사업을 영위하고 있는 장소에서 소송을 제기할 수 있다.

3. 제2항의 목적을 위하여,

    (a) '상업적 계약'이라 함은 대리점 계약을 제외한, 항공승객운송을 위한 공동서비스의 제공과 관련된 운송인간의 계약을 말한다.

    (b) '주소지 및 영구거주지'라 함은 사고발생당시 승객의 고정적이고 영구적인 하나의 주소를 말한다. 이 경우 승객의 국적은 결정요인이 되지 않는다.

4. 소송절차에 관한 문제는 소송이 계류중인 법원의 법률에 의한다.

제34조 중 재

1. 본 조의 규정에 따를 것을 조건으로, 화물운송계약의 당사자들은 이 협약에 따른 운송인의 책임에 관련된 어떠한 분쟁도 중재에 의하여 해결한다고 규정할 수 있다.

2. 중재절차는 청구인의 선택에 따라 제33조에 언급된 재판관할권 중 하나에서 진행된다.

3. 중재인 또는 중재법원은 이 협약의 규정을 적용한다.

4. 본 조 제2항 및 제3항의 규정은 모든 중재조항 또는 협정의 일부라고 간주되며, 이러한 규정과 일치하지 아니하는 조항 또는 협정의 어떠한 조건도 무효이다.

제35조 제소기한

1. 손해에 관한 권리가 도착지에 도착한 날·항공기가 도착하였어만 하는 날 또는 운송이 중지된 날로부터 기산하여 2년 내에 제기되지 않을 때에는 소멸된다.

2. 그러한 기간의 산정방법은 소송이 계류된 법원의 법률에 의하여 결정된다.

제36조 순차운송

1. 2인 이상의 운송인이 순차로 행한 운송으로서 이 협약 제1조제3항에 규정된 정의에 해당하는 운송의

paragraph 3 of Article 1, each carrier which accepts passengers, baggage or cargo is subject to the rules set out in this Convention and is deemed to be one of the parties to the contract of carriage in so far as the contract deals with that part of the carriage which is performed under its supervision.

2. In the case of carriage of this nature, the passenger or any person entitled to compensation in respect of him or her can take action only against the carrier which performed the carriage during which the accident or the delay occurred, save in the case where, by express agreement, the first carrier has assumed liability for the whole journey.

3. As regards baggage or cargo, the passenger or consignor will have a right of action against the first carrier, and the passenger or consignee who is entitled to delivery will have a right of action against the last carrier, and further, each may take action against the carrier which performed the carriage during which the destruction, loss, damage or delay took place. These carriers will be jointly and severally liable to the passenger or to the consignor or consignee.

Article 37 - Right of Recourse against Third Parties

Nothing in this Convention shall prejudice the question whether a person liable for damage in accordance with its provisions has a right of recourse against any other person.

Chapter IV

Combined Carriage

Article 38 - Combined Carriage

1. In the case of combined carriage performed partly by air and partly by any other mode of carriage, the provisions of this Convention shall, subject to paragraph 4 of Article 18, apply only to the carriage by air, provided that the carriage by air falls within the terms of Article 1.

2. Nothing in this Convention shall prevent the parties in the case of combined carriage from inserting in the document of air carriage conditions relating to other modes of carriage, provided that the provisions of this Convention are observed as regards the carriage by air.

Chapter V

Carriage by Air Performed by a Person other than the Contracting Carrier

Article 39 - Contracting Carrier - Actual Carrier

The provisions of this Chapter apply when a person (hereinafter referred to as "the contracting carrier") as a principal makes a contract of carriage governed by this Convention with a passenger or consignor or with a person acting on behalf

경우, 승객·수하물 또는 화물을 인수하는 각 운송인은 이 협약에 규정된 규칙에 따라야 하며, 또한 운송계약이 각 운송인의 관리하에 수행된 운송부분을 다루고 있는 한 동 운송계약의 당사자 중 1인으로 간주된다.

2. 이러한 성질을 가지는 운송의 경우, 승객 또는 승객에 관하여 손해배상을 받을 권한을 가지는 자는, 명시적 합의에 의하여 최초의 운송인이 모든 운송구간에 대한 책임을 지는 경우를 제외하고는, 사고 또는 지연이 발생된 동안에 운송을 수행한 운송인에 대하여 소송을 제기할 수 있다.

3. 수하물 또는 화물과 관련하여, 승객 또는 송하인은 최초 운송인에 대하여 소송을 제기할 수 있는 권리를 가지며, 인도받을 권리를 가지는 승객 또는 수하인은 최종 운송인에 대하여 소송을 제기할 권리를 가지며, 또한, 각자는 파괴·분실·손상 또는 지연이 발생한 기간중에 운송을 수행한 운송인에 대하여 소송을 제기할 수 있다. 이들 운송인은 여객·송하인 또는 수하인에 대하여 연대하거나 또는 단독으로 책임을 진다.

제37조 제3자에 대한 구상권

이 협약의 어떠한 규정도 이 협약의 규정에 따라 손해에 대하여 책임을 지는 자가 갖고 있는 다른 사람에 대한 구상권을 행사할 권리가 있는지 여부에 관한 문제에 영향을 미치지 아니한다.

제4장 복합운송

제38조 복합운송

1. 운송이 항공과 다른 운송형식에 의하여 부분적으로 행하여지는 복합운송의 경우에는 이 협약의 규정들은, 제18조제4항을 조건으로 하여, 항공운송에 대하여만 적용된다. 단, 그러한 항공운송이 제1조의 조건을 충족시킨 경우에 한한다.

2. 이 협약의 어떠한 규정도 복합운송의 경우 당사자가 다른 운송형식에 관한 조건을 항공운송의 증권에 기재하는 것을 방해하지 아니한다. 단, 항공운송에 관하여 이 협약의 규정이 준수되어야 한다.

제5장 계약운송인 이외의 자에 의한 항공운송

제39조 계약운송인 – 실제운송인

본 장의 규정은 어떤 사람(이하 '계약운송인'이라 한다.)이 승객 또는 송하인·승객 또는 송하인을 대신하여 행동하는 자와 이 협약에 의하여 규율되는 운송계약을 체결하고, 다른 사람(이하 '실제운송인'이라 한다.)이 계약

of the passenger or consignor, and another person (hereinafter referred to as "the actual carrier") performs, by virtue of authority from the contracting carrier, the whole or part of the carriage, but is not with respect to such part a successive carrier within the meaning of this Convention. Such authority shall be presumed in the absence of proof to the contrary.

Article 40 – Respective Liability of Contracting and Actual Carriers

If an actual carrier performs the whole or part of carriage which, according to the contract referred to in Article 39, is governed by this Convention, both the contracting carrier and the actual carrier shall, except as otherwise provided in this Chapter, be subject to the rules of this Convention, the former for the whole of the carriage contemplated in the contract, the latter solely for the carriage which it performs.

Article 41 – Mutual Liability

1. The acts and omissions of the actual carrier and of its servants and agents acting within the scope of their employment shall, in relation to the carriage performed by the actual carrier, be deemed to be also those of the contracting carrier.

2. The acts and omissions of the contracting carrier and of its servants and agents acting within the scope of their employment shall, in relation to the carriage performed by the actual carrier, be deemed to be also those of the actual carrier. Nevertheless, no such act or omission shall subject the actual carrier to liability exceeding the amounts referred to in Articles 21, 22, 23 and 24. Any special agreement under which the contracting carrier assumes obligations not imposed by this Convention or any waiver of rights or defences conferred by this Convention or any special declaration of interest in delivery at destination contemplated in Article 22 shall not affect the actual carrier unless agreed to by it.

Article 42 – Addressee of Complaints and Instructions

Any complaint to be made or instruction to be given under this Convention to the carrier shall have the same effect whether addressed to the contracting carrier or to the actual carrier. Nevertheless, instructions referred to in Article 12 shall only be effective if addressed to the contracting carrier.

Article 43 – Servants and Agents

In relation to the carriage performed by the actual carrier, any servant or agent of that carrier or of the contracting carrier shall, if they prove that they acted within the scope of their employment, be entitled to avail themselves of the conditions and limits of liability which are applicable under this Convention to the carrier whose servant or agent they are, unless it is proved that they acted in a manner that prevents the limits of liability from being invoked in accordance with this Convention.

Article 44 – Aggregation of Damages

In relation to the carriage performed by the actual carrier, the aggregate of the amounts recoverable from that carrier and the contracting carrier, and from their servants and agents acting within the scope of their employment, shall not

운송인으로부터 권한을 받아 운송의 전부 또는 일부를 행하지만 이 협약의 의미내에서 그러한 운송의 일부에 관하여 순차운송인에는 해당되지 않는 경우에 적용된다. 이와 같은 권한은 반증이 없는 한 추정된다.

제40조 계약운송인과 실제운송인의 개별적 책임

실제운송인이 제39조에 언급된 계약에 따라 이 협약이 규율하는 운송의 전부 또는 일부를 수행한다면, 본장에 달리 정하는 경우를 제외하고, 계약운송인 및 실제운송인 모두는 이 협약의 규칙에 따른다. 즉, 계약운송인이 계약에 예정된 운송의 전부에 관하여 그리고 실제운송인은 자기가 수행한 운송에 한하여 이 협약의 규칙에 따른다.

제41조 상호 책임

1. 실제운송인이 수행한 운송과 관련하여, 실제운송인·자신의 고용업무의 범위내에서 행동한 고용인 및 대리인의 작위 또는 부작위도 또한 계약운송인의 작위 또는 부작위로 간주된다.
2. 실제운송인이 수행한 운송과 관련하여, 계약운송인, 자신의 고용업무의 범위내에서 행동한 고용인 및 대리인의 작위 또는 부작위도 또한 실제운송인의 작위 및 부작위로 간주된다. 그럼에도 불구하고, 그러한 작위 및 부작위로 인하여 실제운송인은 이 협약 제21조 내지 제24조에 언급된 금액을 초과하는 책임을 부담하지 아니한다. 이 협약이 부과하지 아니한 의무를 계약운송인에게 부과하는 특별 합의·이 협약이 부여한 권리의 포기 또는 이 협약 제22조에서 예정된 도착지에서의 인도 이익에 관한 특별 신고는 실제운송인이 합의하지 아니하는 한 그에게 영향을 미치지 아니한다.

제42조 이의제기 및 지시의 상대방

이 협약에 근거하여 운송인에게 행한 이의나 지시는 계약운송인 또는 실제운송인 어느 쪽에 행하여도 동일한 효력이 있다. 그럼에도 불구하고, 이 협약 제12조에 언급된 지시는 계약운송인에게 행한 경우에 한하여 효력이 있다.

제43조 고용인 및 대리인

실제운송인이 수행한 운송과 관련하여, 실제운송인 또는 계약운송인의 고용인 또는 대리인은 자기의 고용업무의 범위내의 행위를 증명할 경우 이 협약하에서 자신이 귀속되는 운송인에게 적용할 이 협약상 책임의 조건 및 한도를 원용할 권리를 가진다. 단, 그들이 책임한도가 이 협약에 따라 원용되는 것을 방지하는 방식으로 행동하는 것이 증명된 경우에는 그러하지 아니한다.

제44조 손해배상총액

실제운송인이 수행한 운송과 관련하여, 실제운송인과 계약운송인, 또는 자기의 고용업무의 범위내에서 행동한 고용인 및 대리인으로부터 회수가능한 배상총액은 이 협약에 따라 계약운송인 또는 실제운송인의 어

exceed the highest amount which could be awarded against either the contracting carrier or the actual carrier under this Convention, but none of the persons mentioned shall be liable for a sum in excess of the limit applicable to that person.

Article 45 - Addressee of Claims

In relation to the carriage performed by the actual carrier, an action for damages may be brought, at the option of the plaintiff, against that carrier or the contracting carrier, or against both together or separately. If the action is brought against only one of those carriers, that carrier shall have the right to require the other carrier to be joined in the proceedings, the procedure and effects being governed by the law of the court seized of the case.

Article 46 - Additional Jurisdiction

Any action for damages contemplated in Article 45 must be brought, at the option of the plaintiff, in the territory of one of the States Parties, either before a court in which an action may be brought against the contracting carrier, as provided in Article 33, or before the court having jurisdiction at the place where the actual carrier has its domicile or its principal place of business.

Article 47 - Invalidity of Contractual Provisions

Any contractual provision tending to relieve the contracting carrier or the actual carrier of liability under this Chapter or to fix a lower limit than that which is applicable according to this Chapter shall be null and void, but the nullity of any such provision does not involve the nullity of the whole contract, which shall remain subject to the provisions of this Chapter.

Article 48 - Mutual Relations of Contracting and Actual Carriers

Except as provided in Article 45, nothing in this Chapter shall affect the rights and obligations of the carriers between themselves, including any right of recourse or indemnification.

Chapter VI

Other Provisions

Article 49 - Mandatory Application

Any clause contained in the contract of carriage and all special agreements entered into before the damage occurred by which the parties purport to infringe the rules laid down by this Convention, whether by deciding the law to be applied, or by altering the rules as to jurisdiction, shall be null and void.

Article 50 - Insurance

States Parties shall require their carriers to maintain adequate insurance covering their liability under this Convention. A carrier may be required by the State Party into which it operates to furnish evidence that it maintains adequate insurance covering its liability under this Convention.

느 한쪽에 대하여 재정할 수 있는 최고액을 초과하여서는 아니된다. 그러나, 상기 언급된 자 중 누구도 그에게 적용가능한 한도를 초과하는 금액에 대하여 책임을 지지 아니한다.

제45조 피청구자

실제운송인이 수행한 운송과 관련하여, 손해에 관한 소송은 원고의 선택에 따라 실제운송인 또는 계약운송인에 대하여 공동 또는 개별적으로 제기될 수 있다. 소송이 이들 운송인중 하나에 한하여 제기된 때에는 동 운송인은 다른 운송인에게 소송절차에 참가할 것을 요구할 권리를 가지며, 그 절차와 효과는 소송이 계류되어 있는 법원의 법률에 따르게 된다.

제46조 추가재판관할권

제45조에 예정된 손해에 대한 소송은 원고의 선택에 따라 이 협약 제33조에 규정된 바에 따라 당사국 중 하나의 영역내에서 계약운송인에 대한 소송이 제기될 수 있는 법원 또는 실제운송인의 주소지나 주된 영업소 소재지에 대하여 관할권을 가지는 법원에 제기되어야 한다.

제47조 계약조항의 무효

본 장에 따른 계약운송인 또는 실제운송인의 책임을 경감하거나 또는 본 장에 따라 적용가능한 한도보다 낮은 한도를 정하는 것은 무효로 한다. 그러나, 그러한 조항의 무효는 계약 전체를 무효로 하는 것은 아니며 계약은 이 협약의 조항에 따른다.

제48조 계약운송인 및 실제운송인의 상호관계

제45조에 규정된 경우를 제외하고는 본 장의 여하한 규정도 여하한 구상권 또는 손실보상청구권을 포함하는, 계약운송인 또는 실제운송인간 운송인의 권리 및 의무에 영향을 미치지 아니한다.

제6장 기타 규정

제49조 강제적용

적용될 법을 결정하거나 관할권에 관한 규칙을 변경함으로써 이 협약에 규정된 규칙을 침해할 의도를 가진 당사자에 의하여 손해가 발생되기 전에 발효한 운송계약과 모든 특별합의에 포함된 조항은 무효로 한다.

제50조 보 험

당사국은 이 협약에 따른 손해배상책임을 담보하는 적절한 보험을 유지하도록 운송인에게 요구한다. 운송인은 취항지국으로부터 이 협약에 따른 손해배상책임을 담보하는 보험을 유지하고 있음을 증명하는 자료를 요구받을 수 있다.

Article 51 – Carriage Performed in Extraordinary Circumstances

The provisions of Articles 3 to 5, 7 and 8 relating to the documentation of carriage shall not apply in the case of carriage performed in extraordinary circumstances outside the normal scope of a carrier's business.

Article 52 – Definition of Days

The expression "days" when used in this Convention means calendar days, not working days.

Chapter VII

Final Clauses

Article 53 – Signature, Ratification and Entry into Force

1. This Convention shall be open for signature in Montreal on 28 May 1999 by States participating in the International Conference on Air Law held at Montreal from 10 to 28 May 1999. After 28 May 1999, the Convention shall be open to all States for signature at the headquarters of the International Civil Aviation Organization in Montreal until it enters into force in accordance with paragraph 6 of this Article.

2. This Convention shall similarly be open for signature by Regional Economic Integration Organisations. For the purpose of this Convention, a "Regional Economic Integration Organisation" means any organisation which is constituted by sovereign States of a given region which has competence in respect of certain matters governed by this Convention and has been duly authorized to sign and to ratify, accept, approve or accede to this Convention. A reference to a "State Party" or "States Parties" in this Convention, otherwise than in paragraph 2 of Article 1, paragraph 1(b) of Article 3, paragraph (b) of Article 5, Articles 23, 33, 46 and paragraph (b) of Article 57, applies equally to a Regional Economic Integration Organisation. For the purpose of Article 24, the references to "a majority of the States Parties" and "one-third of the States Parties" shall not apply to a Regional Economic Integration Organisation.

3. This Convention shall be subject to ratification by States and by Regional Economic Integration Organisations which have signed it.

4. Any State or Regional Economic Integration Organisation which does not sign this Convention may accept, approve or accede to it at any time.

5. Instruments of ratification, acceptance, approval or accession shall be deposited with the International Civil Aviation Organization, which is hereby designated the Depositary.

6. This Convention shall enter into force on the sixtieth day following the date of deposit of the thirtieth instrument of ratification, acceptance, approval or accession with the Depositary between the States which have deposited such instrument. An instrument deposited by a Regional Economic Integration Organisation shall not be counted for the purpose of this paragraph.

제51조 비정상적인 상황하에서의 운송

운송증권과 관련된 제3조 내지 제5조·제7조 및 제8조의 규정은 운송인의 정상적인 사업범위를 벗어난 비정상적인 상황에는 적용되지 아니한다.

제52조 일의 정의

이 협약에서 사용되는 '일(日)'이라 함은 영업일(營業日)이 아닌 역일(曆日)을 말한다.

제7장 최종 조항

제53조 서명·비준 및 발효

1. 이 협약은 1999년 5월 10일부터 28일간 몬트리올에서 개최된 항공법에 관한 국제회의에 참가한 국가의 서명을 위하여 1999년 5월 28일 개방된다. 1999년 5월 28일 이후에는 본 조 제6항에 따라 이 협약이 발효하기 전까지 국제민간항공기구 본부에서 서명을 위하여 모든 국가에 개방된다.

2. 이 협약은 지역경제통합기구의 서명을 위하여 동일하게 개방된다. 이 협약의 목적상, '지역경제통합기구'라 함은 이 협약이 규율하는 특정 문제에 관하여 권한을 가진, 일정지역의 주권국가로 구성된 기구이며, 이 협약의 서명·비준·수락·승인 및 가입을 위한 정당한 권한을 가진 기구를 말한다. 이 협약상의 '당사국'이란 용어는 제1조제2항·제3조제1항나목·제5조나항·제23조·제33조·제46조 및 제57조나항을 제외하고, 지역경제통합기구에도 동일하게 적용된다. 제24조의 목적상, '당사국의 과반수' 및 '당사국의 3분의 1'이란 용어는 지역경제통합기구에는 적용되지 아니한다.

3. 이 협약은 서명한 당사국 및 지역경제통합기구의 비준을 받는다.

4. 이 협약에 서명하지 아니한 국가 및 지역경제통합기구는 언제라도 이를 수락·승인하거나 또는 이에 가입할 수 있다.

5. 비준서·수락서·승인서 또는 가입서는 국제민간항공기구 사무총장에게 기탁된다. 국제민간항공기구 사무총장은 이 협약의 수탁자가 된다.

6. 이 협약은 30번째 비준서, 수락서, 승인서 및 가입서가 기탁된 날로부터 60일이 되는 날 기탁한 국가간에 발효한다. 지역경제통합기구가 기탁한 문서는 본 항의 목적상 산입되지 아니한다.

7. For other States and for other Regional Economic Integration Organisations, this Convention shall take effect sixty days following the date of deposit of the instrument of ratification, acceptance, approval or accession.

8. The Depositary shall promptly notify all signatories and States Parties of:

    (a) each signature of this Convention and date thereof;

    (b) each deposit of an instrument of ratification, acceptance, approval or accession and date thereof;

    (c) the date of entry into force of this Convention;

    (d) the date of the coming into force of any revision of the limits of liability established under this Convention;

    (e) any denunciation under Article 54.

Article 54 – Denunciation

1. Any State Party may denounce this Convention by written notification to the Depositary.

2. Denunciation shall take effect one hundred and eighty days following the date on which notification is received by the Depositary.

Article 55 – Relationship with other Warsaw Convention Instruments

This Convention shall prevail over any rules which apply to international carriage by air:

1. between States Parties to this Convention by virtue of those States commonly being Party to

    (a) the Convention for the Unification of Certain Rules relating to International Carriage by Air signed at Warsaw on 12 October 1929 (hereinafter called the Warsaw Convention);

    (b) the Protocol to amend the Convention for the Unification of Certain Rules relating to International Carriage by Air signed at Warsaw on 12 October 1929, done at The Hague on 28 September 1955(hereinafter called The Hague Protocol);

    (c) the Convention, Supplementary to the Warsaw Convention, for the Unification of Certain Rules relating to International Carriage by Air Performed by a Person other than the Contracting Carrier, signed at Guadalajara on 18 September 1961 (hereinafter called the Guadalajara Convention);

    (d) the Protocol to amend the Convention for the Unification of Certain Rules relating to International Carriage by Air signed at Warsaw on 12 October 1929 as amended by the Protocol done at The Hague on 28 September 1955, signed at Guatemala City on 8 March 1971 (hereinafter called the Guatemala City Protocol);

    (e) Additional Protocol Nos. 1 to 3 and Montreal Protocol No. 4 to amend the Warsaw Convention as amended by The Hague Protocol or the Warsaw Convention as amended by both The Hague Protocol and the Guatemala City Protocol, signed at Montreal on 25 September 1975 (hereinafter called the Montreal Protocols); or

2. within the territory of any single State Party to this Convention by virtue of that State being Party to one or more of the instruments referred to in sub-paragraphs (a) to (e) above.

7. 다른 국가 및 지역경제통합기관에 대하여 이 협약은 비준서·수락서·승인서 및 가입서가 기탁된 날로부터 60일이 경과하면 효력을 발생한다.

8. 수탁자는 아래의 내용을 모든 당사국에 지체없이 통고한다.

    (a) 이 협약의 서명자 및 서명일

    (b) 비준서·수락서·승인서 및 가입서의 제출 및 제출일

    (c) 이 협약의 발효일

    (d) 이 협약이 정한 배상책임한도의 수정의 효력발생일

제54조 폐 기

1. 모든 당사국은 수탁자에 대한 서면통고로써 이 협약을 폐기할 수 있다.

2. 폐기에 관한 통고는 수탁자에게 접수된 날로부터 180일 경과 후 효력을 갖는다.

제55조 기타 바르샤바 협약문서와의 관계

1. 이 협약은 아래 협약들의 당사국인 이 협약의 당사국간에 국제항공운송에 적용되는 모든 규칙에 우선하여 적용된다.

    (a) 1929년 10월 12일 바르샤바에서 서명된 '국제항공운송에 있어서의 일부 규칙의 통일에 관한 협약'(이하 바르샤바협약이라 부른다.)

    (b) 1955년 9월 28일 헤이그에서 작성된 '1929년 10월 12일 바르샤바에서 서명된 국제항공운송에 있어서의 일부 규칙의 통일에 관한 협약의 개정의정서'(이하 헤이그의정서라 부른다.)

    (c) 1961년 9월 18일 과달라하라에서 서명된 '계약운송인을 제외한 자에 의하여 수행된 국제항공운송에 있어서의 일부 규칙의 통일을 위한 협약'(이하 과달라하라협약이라 부른다.)

    (d) 1971년 3월 8일 과테말라시티에서 서명된 '1955년 9월 28일 헤이그에서 작성된 의정서에 의하여 개정된, 1929년 10월 12일 바르샤바에서 서명된 국제항공운송에 있어서의 일부 규칙의 통일에 관한 협약의 개정의정서' (이하 과테말라시티의정서라 부른다.)

    (e) 1975년 9월 25일 몬트리올에서 서명된 '헤이그의정서와 과테말라시티의정서 또는 헤이그의정서에 의하여 개정된 바르샤바협약을 개정하는 몬트리올 제1.2.3.4. 추가의정서'(이하 몬트리올의정서라 부른다.)

2. 이 협약은 상기 가목 내지 마목의 협약중 하나 이상의 당사국인 이 협약의 단일당사국 영역내에서 적용된다.

Article 56 - States with more than one System of Law

1. If a State has two or more territorial units in which different systems of law are applicable in relation to matters dealt with in this Convention, it may at the time of signature, ratification, acceptance, approval or accession declare that this Convention shall extend to all its territorial units or only to one or more of them and may modify this declaration by submitting another declaration at any time.

2. Any such declaration shall be notified to the Depositary and shall state expressly the territorial units to which the Convention applies.

3. In relation to a State Party which has made such a declaration:

    (a) references in Article 23 to "national currency" shall be construed as referring to the currency of the relevant territorial unit of that State; and

    (b) the reference in Article 28 to "national law" shall be construed as referring to the law of the relevant territorial unit of that State.

Article 57 - Reservations

No reservation may be made to this Convention except that a State Party may at any time declare by a notification addressed to the Depositary that this Convention shall not apply to:

(a) international carriage by air performed and operated directly by that State Party for non-commercial purposes in respect to its functions and duties as a sovereign State; and/or

(b) the carriage of persons, cargo and baggage for its military authorities on aircraft registered in or leased by that State Party, the whole capacity of which has been reserved by or on behalf of such authorities.

IN WITNESS WHEREOF the undersigned Plenipotentiaries, having been duly authorized, have signed this Convention. DONE at Montreal on the 28th day of May of the year one thousand nine hundred and ninety-nine in the English, Arabic, Chinese, French, Russian and Spanish languages, all texts being equally authentic. This Convention shall remain deposited in the archives of the International Civil Aviation Organization, and certified copies thereof shall be transmitted by the Depositary to all States Parties to this Convention, as well as to all States Parties to the Warsaw Convention, The Hague Protocol, the Guadalajara Convention, the Guatemala City Protocol and the Montreal Protocols.

제56조 하나 이상의 법체계를 가진 국가

1. 이 협약에서 다루는 사안과 관련하여 서로 상이한 법체계가 적용되는 둘 이상의 영역단위를 가지는 국가는 이 협약의 서명 · 비준 · 수락 · 승인 및 가입시 이 협약이 모든 영역에 적용되는지 또는 그중 하나 또는 그 이상의 지역에 미치는가를 선언한다. 이는 언제든지 다른 선언을 제출함으로써 변경할 수 있다.

2. 그러한 선언은 수탁자에게 통고되어야 하며, 이 협약이 적용되는 영역단위에 대하여 명시적으로 진술하여야 한다.

3. 그러한 선언을 행한 당사국과 관련하여,

   (a) 제23조상 '국내통화'라는 용어는 당사국의 관련 영역단위의 통화를 의미하는 것으로 해석된다.

   (b) 제28조상 '국내법'이라는 용어는 당사국의 관련 영역단위의 법을 의미하는 것으로 해석된다.

제57조 유 보

이 협약은 유보될 수 없다. 그러나 당사국이 아래의 내용에 대하여 이 협약이 적용되지 않음을 수탁자에 대한 통고로서 선언한 경우에는 그러하지 아니하다.

   (a) 주권국가로서의 기능과 의무에 관하여 비상업적 목적을 위하여 당사국이 직접 수행하거나 운영하는 국제운송

   (b) 당사국에 등록된 항공기 또는 당사국이 임대한 항공기로서 군당국을 위한 승객 · 화물 및 수하물의 운송. 그러한 권한전체는 상기 당국에 의하여 또는 상기 당국을 대신하여 보유된다.

이상의 증거로서 아래 전권대표는 정당하게 권한을 위임받아 이 협약에 서명하였다.

이 협약은 1999년 5월 28일 몬트리올에서 영어 · 아랍어 · 중국어 · 프랑스어 · 러시아어 및 서반아어로 작성되었으며, 동등하게 정본이다. 이 협약은 국제민간항공기구 문서보관소에 기탁되며, 수탁자는 인증등본은 바르샤바협약 · 헤이그의정서 · 과달라하라협약 · 과테말라시티의정서 및 몬트리올 추가의정서의 당사국과 이 협약의 모든 당사국에 송부한다.

2-6 UN Convention on International Multimodal-Transport of Goods, 1980

THE STATES PARTIES TO THIS CONVENTION, RECOGNIZING :

(a) That international multimodal transport is one means of facilitating the orderly expansion of world trade ;

(b) The need to stimulate the development of smooth, economic and efficient multimodal transport services adequate to the requirements of the trade concerned;

(c) The desirability of ensuring the orderly development of international multimodal transport in the interest of all countries and the need to consider the special problems of transit countries ;

(d) The desirability of determining certain rules relating to the carriage of goods by international multimodal transport contracts, including equitable provisions concerning the liability of multimodal transport operators ;

(e) The need that this Convention should not affect the application of any international convention or national law relating to the regulation and control of transport operations ;

(f) The right of each State to regulate and control at the national level multimodal transport operators and operations ;

(g) The need to have regard to the special interest and problems of developing countries, for example, as regards introduction of new technologies, participation in multimodal services of their national carriers and operators, cost efficiency thereof and maximum use of local labour and insurance ;

(h) The need to ensure a balance of interests between suppliers and users of multimodal transport services ;

(i) The need to facilitate customs procedures with due consideration to the problems of transit countries ;

AGREEING TO THE FOLLOWING BASIC PRINCIPLES :

(a) That a fair balance of interests between developed and developing countries should be established and an equitable distribution of activities between these groups of countries should be attained in international multimodal transport ;

(b) That consultation should take place on terms and conditions of service, both before and after the introduction of any new technology in the multimodal transport of goods, between the multimodal transport operator, shippers, shippers' organizations and appropriate national authorities ;

(c) The freedom for shippers to choose between multimodal and segmented transport services ;

(d) That the liability of the multimodal transport operator under this Convention should be based on the principle of presumed fault or neglect ;

HAVE DECIDED to conclude a Convention for this purpose and have thereto agreed as follows :

2-6 | 복합운송에 관한 UN 협약, 1980

이 협약의 당사국들은 다음 사항을 인지하고,

    (a) 국제복합운송은 세계무역의 질서있는 확대를 촉진하기 위한 하나의 수단이라는 점.

    (b) 관련무역의 요구에 적합한 원활하고, 경제적이며, 효율적인 복합운송서비스의 발전을 활성화하여야 할 필요성.

    (c) 모든 국가들의 이익을 위한 국제복합운송이 질서있는 발전의 보장 필요성과 통과국들의 특수 문제점들에 대한 검토의 필요성.

    (d) 복합운송 운영자의 책임에 관한 공평한 규정을 포함하여 국제복합운송계약에 관한 약간의 규칙을 제정하여야 할 필요성.

    (e) 이 협약이 운송운영의 관리 및 규제와 관련 국내법 또는 국제협약의 적용에 영향을 미쳐서는 안 된다는 필요성.

    (f) 복합운송 운영자와 그 운영을 국가적 차원에서 관리하고 규제하여야 할 각국의 권리.

    (g) 신기술의 도입, 국내운송인과 운영인의 복합서비스에의 참여, 그에 따른 생산비의 효율화 및 국내노동력과 보험이용의 최대화와 같은 개발도상국들의 특수한 이해와 문제점들에 대한 고려의 필요성.

    (h) 복합운송서비스의 이용자들과 제공자들간의 이익의 균형을 확보하여야 할 필요성.

    (i) 통과국들의 문제점을 적의 고려하여 통관절차를 촉진하여야 할 필요성.

다음의 기본원칙에 합의하며,

    (a) 선진국과 개발도상국간의 공평한 이익의 균형이 확립되어야 하며, 이들 그룹국가들간에 국제복합운송의 공평한 배분이 이루어져야 한다.

    (b) 화물의 복합운송에 있어서 새로운 기술이 도입되기 이전 및 이후에 복합운송업자, 화주, 화주기구(단체) 및 해당국가의 국가기관들 사이에 서비스의 조건에 관한 협의가 이루어져야 한다.

    (c) 화주는 복합운송서비스와 구간별운송서비스 중에서 선택할 자유가 있다.

    (d) 이 협약하에서 복합운송인의 책임은 추정과실 또는 태만의 원칙에 의거한다.

이러한 목적을 달성하기 위하여 이 협약을 체결하기로 하고, 다음과 같이 합의한다.

PART I. GENERAL PROVISIONS

Article 1. Definitions. For the purposes of this Convention :

1. "International multimodal transport" means the carriage of goods by at least two different modes of transport on the basis of a multimodal transport contract from a place in one country at which the goods are taken in charge by the multimodal transport operator to a place designated for delivery situated in a different country. The operations of pick-up and delivery of goods carried out in the performance of a unimodal transport contract, as defined in such contract, shall not be considered as international multimodal transport.

2. "Multimodal transport operator" means any person who on his own behalf or through another person acting on his behalf concludes a multimodal transport contract and who acts as a principal, not as an agent or on behalf of the consignor or of the carriers participating in the multimodal transport operations, and who assumes responsibility for the performance of the contract.

3. "Multimodal transport contract" means a contract whereby a multimodal transport operator undertakes, against payment of freight, to perform or to procure the performance of international multimodal transport.

4. "Multimodal transport document" means a document which evidences a multimodal transport contract, the taking in charge of the goods by the multimodal transport operator, and an undertaking by him to deliver the goods in accordance with the terms of that contract.

5. "Consignor" means any person by whom or in whose name or on whose behalf a multimodal transport contract has been concluded with the multimodal transport operator, or any person by whom or in whose name or on whose behalf the goods are actually delivered to the multimodal transport operator in relation to the multimodal transport contract.

6. "Consignee" means the person entitled to take delivery of the goods.

7. "Goods" includes any container, pallet or similar article of transport or packaging, if supplied by the consignor.

8. "International convention" means an international agreement concluded among States in written from and governed by international law.

9. "Mandatory national law" means any statutory law concerning carriage of goods the provisions of which cannot be departed from by contractual stipulation to the detriment of the consignor.

10. "Writing" means, inter alia, telegram or telex.

Article 2. Scope of application.

The provisions of this Convention shall apply to all contracts of multimodal transport between places in two States, if :

(a) The place for the taking in charge of the goods by the multimodal transport operator as provided for in the multimodal transport contract is located in a Contracting State, or

(b) The place for delivery of the goods by the multimodal transport operator as provided for in the multimodal transport contract is located in a Contracting State.

제1부 총 칙

제1조 정 의

이 협약을 적용하는 데 있어:

1. "국제복합운송"이란 복합운송인이 화물을 자기의 관리하에 인수한 한 국가의 지점(장소)에서 다른 국가에 위치하고 있는 지정된 인도지점까지 복합운송계약에 의하여 적어도 두 가지 종류 이상의 상이한 운송수단에 의한 화물운송을 의미한다. 어느 단일 운송수단에 의한 운송계약의 이행으로 그러한 계약에 정의된 바대로 행한 집화(集貨)와 인도는 국제복합운송으로 간주하지 않는다.

2. "복합운송인"이란 스스로 또는 자신을 대리하여 행하는 타인(他人)을 통하여 복합운송계약을 체결하고, 송화인이나 복합운송운영에 참여하는 운송인의 대리인으로서 또는 그러한 운송인을 대신하여서가 아니라 주체로서 행동하고, 또한 계약의 이행에 관한 책임을 지는 자를 말한다.

3. "복합운송계약"이란 복합운송인이 운임의 지급을 댓가로 국제복합운송을 실행하거나 또는 그 실행을 확보할 것을 약정하는 계약을 말한다.

4. "복합운송증권"이란 복합운송계약과 복합운송인이 자기의 관리하에 화물을 인수하였다는 것 및 그 계약의 조건에 따라서 운송인이 화물을 인도할 의무를 부담하는 것을 증명하는 증권을 말한다.

5. "송화인"이란 스스로 또는 자기명의로 또는 대리인에 의하여 복합운송인과 복합운송계약을 체결한 자, 또는 스스로 또는 자기명의로 또는 대리인에 의하여 복합운송계약과 관련하여 화물을 복합운송인에게 실제로 인도하는 자를 말한다.

6. "수화인"이란 화물을 인도받을 권리를 가진 자를 말한다.

7. "화물"에는 만일 송화인에 의해 공급된 것인 경우에는 컨테이너, 팰리트 또는 유사한 운송용구나 포장용구를 포함한다.

8. "국제협약"이란 국가들간에 문서형식으로 체결되고 국제법의 적용을 받는 국제적 합의를 말한다.

9. "강행국내법"이란 화물운송에 관한 법률로서 계약조항으로 그 규정을 송화인에게 불이익이 되게 변경할 수 없는 성문법을 의미한다.

10. "문서"란 특히 전보 및 텔렉스를 포함한다.

제2조 적용범위

이 협약의 규정은 다음과 같은 경우의 두 국가간의 모든 복합운송계약에 적용한다.

    (a) 복합운송인이 복합운송계약에 규정된 대로 화물을 자기의 관리하에 인수한 곳이 체약국(締約國)에 있을 때, 또는

    (b) 복합운송인이 복합운송계약에 규정된 대로 화물을 인도한 곳이 체약국에 있을 때.

Article 3. Mandatory application.

1. When a multimodal transport contract has been concluded which according to article 2 shall be governed by this Convention, the provisions of this Convention shall be mandatorily applicable to such contract.

2. Nothing in this Convention shall affect the right of the consignor to choose between multimodal transport and segmented transport.

Article 4. Regulation and control of multimodal transport.

1. This Convention shall not affect, or be incompatible with, the application of any international convention or national law relating to the regulation and control of transport operations.

2. This Convention shall not affect the right of each State to regulate and control at the national level multimodal transport operations and multimodal transport operators, including the right to take measures relating to consultations, especially before the introduction of new technologies and services, between multimodal transport operators, shippers, shippers organizations and appropriate national authorities on terms and conditions of service ; licensing of multimodal transport operators ; participation in transport ; and all other steps in the national economic and commercial interest.

3. The multimodal transport operator shall comply with the applicable law of the country in which he operates and with the provisions of this Convention.

PART II. DOCUMENTATION

Article 5. Issue of multimodal transport document.

1. When the goods are taken in charge by the multimodal transport operator, he shall issue a multimodal transport document which, at the option of the consignor, shall be in either negotiable or non-negotiable form.

2. The multimodal transport document shall be signed by the multimodal transport operator or by a person having authority from him.

3. The signature on the multimodal transport document may be in handwriting, printed in facsimile, perforated, stamped, in symbols, or made by any other mechanical or electronic means, if not inconsistent with the law of the country where the multimodal transport document is issued.

4. If the consignor so agrees, a non-negotiable multimodal transport document may be issued by making use of any mechanical or other means preserving a record of the particulars stated in article 8 to be contained in the multimodal transport document. In such a case the multimodal transport operator, after having taken the goods in charge, shall deliver to the consignor a readable document containing all the particulars so recorded, and such document shall for the purposes of the provisions of this Convention be deemed to be a multimodal transport document.

제3조 강행적 적용

1. 제2조에 의거 이 협약에 의해 규율되는 복합운송계약이 체결된 때에는 이 협약의 규정은 그러한 계약에 강행적으로 적용된다.
2. 이 협약의 여하한 규정도 송화인이 복합운송과 구간별 운송 중에서 선택할 수 있는 권리에 영향을 미치지 않는다.

제4조 복합운송의 규율과 규제

1. 이 협약은 운송운영의 규율과 규제에 관한 국내법이나 국제협약의 적용에 영향을 미치거나 그것과 저촉되지 아니한다.
2. 이 협약은 특히 새로운 기술과 서비스를 도입하기 이전의 복합운송인, 화주, 화주기구(단체) 및 유관국가기관간의 서비스조건에 관한 협의, 복합운송인의 면허, 운송에의 참여 및 국가경제적 상업적 이해에 대한 그 밖의 모든 조치에 관한 권리를 포함하여 각국이 국가적인 차원에서 복합운송업과 복합운송인에 대하여 규율하고 규제할 수 있는 권리에 영향을 미치지 않는다.
3. 복합운송인은 자기가 영업을 하고 있는 나라에서 적용되는 법률 및 이 협약의 규정을 준수하여야 한다.

제2부 증 서

제5조 복합운송증권의 발급

1. 복합운송인은 화물을 자기의 관리하에 인수한 때에는 송화인의 선택에 따라 유통성증권의 형태 또는 비유통성증권 형태의 복합운송증권을 발급하여야 한다.
2. 복합운송증권은 복합운송인 또는 그로부터 권리를 부여받은 자가 서명하여야 한다.
3. 복합운송증권이 발행되는 국가의 법에 위반되지 않는 한, 복합운송증권의 서명은 자필, 복사, 인쇄, 천공(穿孔), 압인(押印), 부호 기타의 기계적 또는 전자적 방법으로 할 수 있다.
4. 송화인이 합의할 경우에는 제8조에 규정된 복합운송증권에 포함되어야 할 명세들의 기록을 보존하는 기계적 또는 기타의 방법을 사용하여 비유통성 복합운송증권을 발급할 수 있다. 그러한 경우 복합운송인은 화물을 자신의 관리하에 인수한 후 기록되어 있는 모든 명세를 포함하고 있는 판독이 가능한 증권을 송화인에게 인도하여야 하며, 그러한 증권은 협약의 적용에 있어 복합운송증권으로 간주된다.

Article 6. Negotiable multimodal transport document.

1. Where a multimodal transport document is issued in negotiable form :

    (a) It shall be made out to order or to bearer ;

    (b) If made out to order it shall be transferable by endorsement ;

    (c) If made out to bearer it shall be transferable without endorsement ;

    (d) If issued in a set of more than one original it shall indicate the number of originals in the set ;

    (e) If any copies are issued each copy shall be marked "non-negotiable copy".

2. Delivery of the goods may be demanded from the multimodal transport operator or a person acting on his behalf only against surrender of the negotiable multimodal transport document duly endorsed where necessary.

3. The multimodal transport operator shall be discharged from his obligation to deliver the goods if, where a negotiable multimodal transport document has been issued in a set of more than one original, he or a person acting on his behalf has in good faith delivered the goods against surrender of one of such originals.

Article 7. Non-negotiable multimodal transport document.

1. Where a multimodal transport document is issued in non-negotiable form it shall indicate a named consignee.

2. The multimodal transport operator shall be discharged from his obligation to deliver the goods if he makes delivery thereof to the consignee named in such non-negotiable multimodal transport document or to such other person as he may be duly instructed, as a rule, in writing.

Article 8. Contents of multimodal transport document.

1. The multimodal transport document shall contain the following particulars :

    (a) The general nature of the goods, the leading marks necessary for identification of the goods, an express statement, if applicable, as to the dangerous character of the goods, the number of packages or pieces, and the gross weight of the goods or their quantity otherwise expressed, all such particulars as furnished by the consignor ;

    (b) The apparent condition of the goods ;

    (c) The name and principal place of business of the multimodal transport operator ;

    (d) The name of the consignor ;

    (e) The consignee, if named by the consignor ;

    (f) The place and date of taking in charge of the goods by the multimodal transport operator ;

    (g) The place of delivery of the goods ;

    (h) The date or the period of delivery of the goods at the place of delivery, if expressly agreed upon between the parties ;

    (i) A statement indicating whether the multimodal transport document is negotiable or non-negotiable ;

    (j) The place and date of issue of the multimodal transport document ;

    (k) The signature of the multimodal transport operator or of a person having authority from him ;

제6조 유통성 복합운송증권

1. 복합운송증권이 유통성증권 형태로 발급되었을 경우
    (a) 지시식 또는 소지인식으로 작성되어야 하며,
    (b) 지시식으로 작성된 경우에 복합운송증권은 배서에 의하여 양도할 수 있어야 하며,
    (c) 소지인식으로 작성된 경우에 복합운송증권은 배서에 의하지 않고 양도할 수 있어야 하며,
    (d) 2통 이상의 원본이 1조로 발급된 경우에는 조를 이루고 있는 원본의 통수를 표시하여야 하고,
    (e) 사본을 발급할 때는 매 사본마다 "비유통성사본"이라고 표시하여야 한다.
2. 화물의 인도는 필요한 경우 정당하게 배서된 유통성 복합운송증권과의 상환(相換)으로만 복합운송인 또는 그를 대신하여 행하는 자에게 청구할 수 있다.
3. 유통성 복합운송증권이 2통 이상의 원본을 1조로하여 발급된 경우에 복합운송인 또는 그를 대신하여 행하는 사람이 선의로 그러한 원본 중 1통과 상환으로 화물을 인도한 때에는, 복합운송인은 화물을 인도할 의무가 면제된다.

제7조 비유통성 복합운송증권

1. 복합운송증권이 비유통성증권의 형태로 발급될 경우에는 지명된 수화인을 증권에 표시하여야 한다.
2. 복합운송인은 그러한 비유통성 복합운송증권상에 표시되어 있는 수화인 또는 그가 일반적으로 서면에 의해 정당하게 지시를 받은 그 밖의 자에게 화물을 인도한 경우에는 화물을 인도할 의무가 면제된다.

제8조 복합운송증권의 내용

1. 복합운송증권에는 다음과 같은 사항이 포함되어야 한다.
    (a) 화물의 일반적인 성질, 화물의 식별에 필요한 주요 하인(荷印), 해당되는 경우 화물의 위험성에 관한 명시 문언, 포장 및 개품의 수, 화물의 총중량 또는 기타의 방법으로 표시된 수량, 기타 송화인이 제출한 모든 사항들
    (b) 화물의 외관상태
    (c) 복합운송인의 명칭 및 주된 영업소의 소재지
    (d) 송화인의 명칭
    (e) 송화인이 지명한 경우는 수화인
    (f) 복합운송인이 화물을 자기 관리하에 인수한 장소 및 일자
    (g) 화물의 인도장소
    (h) 당사자간에 명시적으로 합의된 경우에는 인도지에서의 화물의 인도기일 또는 기간
    (i) 복합운송증권이 유통성인지 비유통성인지를 나타내는 표시
    (j) 복합운송증권이 발행된 장소 및 일자
    (k) 복합운송인 또는 그로부터 수권(受權)한 자의 서명.

(l) The freight for each mode of transport, if expressly agreed between the parties, or the freight, including its currency, to the extent payable by the consignee or other indication that freight is payable by him.

(m) The intended journey route, modes of transport and places of transhipment, if known at the time of issuance of the multimodal transport document ;

(n) The statement referred to in paragraph 3 of article 28 ;

(o) Any other particulars which the parties may agree to insert in the multimodal transport document, if not inconsistent with the law of the country where the multimodal transport document is issued.

2. The absence from the multimodal document of one or more of the particulars referred to in paragraph 1 of this article shall not affect the legal character of the document as a multimodal transport document provided that it nevertheless meets the requirements set out in paragraph 4 of article 1.

Article 9. Reservation in the multimodal transport document.

1. If the multimodal transport document contains particulars concerning the general nature, leading marks, number of packages or pieces, weight or quantity of the goods which the multimodal transport operator or a person acting on his behalf knows, or has resonable grounds to suspect, do not accurately represent the goods actually taken in charge, or if he has no reasonable means of checking such particulars the multimodal transport operator or a person acting on his behalf shall insert in the multimodal transport document a reservation specifying these inaccuracies, grounds of suspicion or the absence of reasonable means of checking.

2. If the multimodal transport operator or a person acting on his behalf fails to note on the multimodal transport document the apparent condition of the goods, he is deemed to noted on the multimodal transport document that the goods were in apparent good condition.

Article 10. Evidentiary effect of the multimodal transport document.

Except for particulars in respect of which and to the extent to which a reservation permitted under article 9 has been entered :

(a) The multimodal transport document shall be prima facie evidence of the taking in charge by the multimodal transport operator of the goods as described therein ; and

(b) Proof to the contrary by the multimodal transport operator shall not be admissible if the multimodal transport document is issued in negotiable form and has been transferred to a third party, including a consignee, who has acted in good faith in reliance on the description of the goods therein.

Article 11. Liability for intentional misstatements or omissions.

When the multimodal transport operator, with intent to defraud, gives in the multimodal transport document false information concerning the goods or omits any information required to be included under paragraph 1 (a) or (b0 of article 8 or under article 9, he shall be liable, without the benefit of the limitation of liability provided for in this

(l) 당사자간에 명시적으로 합의된 경우 운송수단별 운임 또는 수화인이 지급할 범위의 운임과 운임으로 지급할 통화 및 운임을 수화인이 지급할 것임을 나타내는 기타의 표시

(m) 예정된 운송경로, 운송수단 및 복합운송증권의 발급시에 알려진 경우에는 환적지

(n) 제28조 제3항에 규정된 내용의 기재

(o) 당사자간에 복합운송증권에 기재하기로 합의된 기타의 사항으로서 복합운송증권이 발급된 나라의 법률에 위반되지 아니하는 것.

2. 복합운송증권이 이 조 제1항에 규정된 사항 중에서 하나 이상이 결여되어 있더라도 제1조 제4항에 규정된 요건을 충족하는 한 복합운송증권으로서의 증권의 법률적 성질에는 영향을 미치지 아니한다.

제9조 복합운송증권상의 유보

1. 복합운송증권에 기재된 화물의 일반적 성질, 주요화인, 포장 또는 개품의 수, 중량 또 수량에 관한 사항이 실제로 자기의 관리하에 인수한 물건을 정확하게 표시하고 있지 아니하는 것을 복합운송인 또는 복합운송인을 대신하여 행하는 자가 알고 있거나, 그렇게 의심할만한 정당한 이유가 있을 때, 또는 그러한 사항을 확인할 적당한 방법이 없는 때에는 복합운송인 또는 복합운송인을 대신하여 행하는 사람은 그러한 부정확성, 의심할 이유 또는 적당한 확인방법의 결여에 관한 유보사항을 복합운송증권에 기재하여야 한다.

2. 운송인 또는 운송인을 대신하여 행하는 사람이 복합운송증권에 화물의 외관상태를 기재하지 아니한 때에는 화물이 외관상 양호한 상태에 있었다는 것을 복합운송증권에 기재한 것으로 본다.

제10조 복합운송증권의 증거력

제9조에 의하여 허용되는 유보사항 및 그 유보의 범위를 제외하고,

(a) 복합운송증권은 복합운송인이 동 증권에 기재된 대로 화물을 자기의 관리하에 인수하였다는 것에 대한 추정증거가 된다.

(b) 복합운송증권이 유통증권의 형태로 발행되어 수화인을 포함하여, 그 화물의 기재를 신뢰한 선의의 제3자에게 양도되었을 때에는 복합운송인에 의한 반증은 허용되지 아니한다.

제11조 고의에 의한 부실기재나 기재누락에 대한 책임

복합운송인이 사기(詐欺)를 하기 위하여 복합운송증권상에 화물에 관한 허위정보를 표시하거나, 제8조 제1항 (a) 또는 (b) 또는 제9조에 의하여 요구되는 정보를 누락시킨 경우에, 복합운송인은 수화인을 포함하여 발급된 복합운송증권상의 화물명세를 신뢰하고 행위를 한 제3자가 입은 손실, 손해 또는 비용에 대하여, 이

Convention, for any loss, damage or expenses incurred by a third party including a consignee, who acted in reliance on the description of the goods in the multimodal transport document issued.

Article 12. Guarantee by the consignor.

1. The consignor shall be deemed to have guaranteed to the multimodal transport operator the accuracy, at the time the goods were taken in charge by the multimodal transport operator, of particulars relating to the general mature of the goods, their marks, number, weight and quantity and, if applicable , to the dangerous character of the goods, as furnished by him for insertion in the multimodal transport document.

2. The consignor shall indemnify the multimodal transport operator against loss resulting from inaccuracies un or inadequacies of the particulars referred to in paragraph 1 of this article. The consigner shall remain liable even if the multimodal transport document has been transferred by him .The right of the multimodal transport operator to such indemnity shall in no way limit his liability under the multimodal transport contract to any person other than the consignor.

Article 13. Other document.

The issue of the multimodal transport document does not preclude the issue, if necessary , of other documents relating to transport or other services involved in international multimodal transport, in accordance with applicable international conventions or national law. However, the issue of such other documents shall not affect the legal character of the multimodal transport document.

PART III. LIABILITY OF THE MULTIMODAL TRANSPORT OPERATOR

Article 14. Period of responsibility.

1. The responsibility of the multimodal transport operator for the goods this Convention covers the period from the time he takes the goods in his charge to the time of their delivery.

2. For the purpose of this article, the multimodal transport operator is deemed to be in charge of the goods :
   (a) From the time he has taken over the goods from :
       (i) The consignor or a person acting on his behalf ; or
       (ii) An authority or other third party to whom, pursuant to law or regulation applicable at the place of taking in charge, the goods must be handed over for transport ;
   (b) Until the time he has delivered the goods :
       (i) By handing over the goods to the consignee ; or
       (ii) In cases where the consignee does not receive the goods from the multimodal transport operator, by placing them at the disposal of the consignee in accordance with the multimodal transport contract or with the law or with the usage of the particular trade applicable at the place of delivery ; or

협약에 규정된 책임제한의 혜택없이 배상할 책임을 져야 한다.

제12조 송화인에 의한 보증

1. 송화인은 복합운송인이 화물을 자기의 관리하에 인수할 때에 복합운송증권의 기재를 위하여 자기가 제공한 화물의 일반적 성질, 그 화인, 개수, 중량 및 수량, 그리고 해당되는 경우에 화물의 위험성에 관한 사항이 정확하다는 것을 복합운송인에게 보증한 것으로 본다.

2. 송화인은 이 조 제1항에 관한 사항이 부정확 또는 부적절로 인하여 발생된 손실에 대하여 복합운송인에게 보상하여야 한다. 송화인은 복합운송증권을 양도한 경우에도 그 책임을 면하지 못한다. 그러한 보상에 관한 복합운송인의 권리는 복합운송계약에 의한 송화인 이외의 모든 사람에 대한 복합운송인의 책임을 결코 제한하지 않는다.

제13조 기타 서류

복합운송증권의 발급은 적용되는 국제조약 또는 국내법에 따라 필요한 경우 운송 또는 국제복합운송에 관련된 기타 서비스에 대한 다른 증권의 발급을 배제하지 아니한다. 그러나 이와 같은 다른 증권의 발행은 복합운송증권의 법률적 성질에 영향을 미치지 아니한다.

제3부 복합운송인의 책임

제14조 책임의 기간

1. 이 협약에 의한 화물에 대한 복합운송인의 책임은 화물을 복합운송인의 관리하에 인수한 때로부터 화물을 인도할 때까지의 기간에 미친다.

2. 이 조를 적용하는 데 있어서 다음의 기간에는 화물이 복합운송인의 관리하에 있는 것으로 본다.
   (a) 복합운송인이 화물을,
      (ⅰ) 송화인 또는 송화인에 갈음하여 행위를 하는 사람, 또는
      (ⅱ) 인수지에서 적용되는 법령에 따라 운송하기 위하여 화물을 교부하여야 할 당국 또는 기타의 제3자로부터 인수한 때로부터,
   (b) 복합운송인이 화물을,
      (ⅰ) 수화인에게 화물을 교부함으로써,
      (ⅱ) 수화인이 복합운송인으로부터 화물을 수령하지 아니하는 경우에는 복합운송계약 또는 법률이나 인도지에서 적용되는 특정거래의 관습에 따라서 화물을 수화인의 임의처분상태로 급부함으로써, 또는

(iii) By handing over the goods to an authority or other third party to whom, pursuant to law or regulations applicable at the place of delivery, the goods must be handed over.

3. In paragraphs 1 and 2 of this article , reference to the multimodal transport operator shall include his servants or agents or any other person of whose services he makes use for the performance of the multimodal transport contract, and reference to the consignor or consignee shall include their servants or agents.

Article 15. The liability of the multimodal transport operator for his servants, agents and other persons.

Subject to article 21. the multimodal transport operator shall be liable for the acts and omissions of his servants or agents, when any such servant or agent is acting within the scope of his employment , or of any other person of whose services he makes use for the performance of the multimodal transport contract, when such person is acting in the performance of the contract, as if such acts and omissions were his own.

Article 16. Basis of liability.

1. The multimodal transport operator shall be liable for loss resulting from loss of or damage to the goods, as well as from delay in delivery, if the occurrence which caused the loss, damage or delay in delivery took place while the goods were in his charge as defined in article 14, unless the multimodal transport operator proves that he, his servants or agents or any other person referred to in article 15 took all measures that could reasonably be required to avoid the occurrence and its consequences.

2. Delay in delivery occurs when the goods have not been delivered within the time expressly agreed upon or, in the absence of such agreement, within the time which it would be reasonable to require of a diligent multimodal transport operator, having regard to the circumstances of the case.

3. If the goods have not been delivered within 90 consecutive days following the date of delivery determined according to paragraph 2 of this article, the claimant may treat the goods as lost.

Article 17. Concurrent causes.

Where fault or neglect on the part of the multimodal transport operator, his servants or agents or any other person referred to in article 15 combines with another cause to produce loss, damage or delay in delivery, the multimodal transport operator shall be liable only to the extent that the loss, damage or delay in delivery is attributable to such fault or neglect, provided that the multimodal transport operator proves the part of the loss, damage or delay in delivery not attributable thereto.

Article 18. Limitation of liability.

1. When the multimodal transport operator is liable for loss resulting from loss of or damage to the goods according to article 16, his liability shall be limited to an amount not exceeding 920 units of account per package or other shipping unit or 2.75 units of account per kilogram of gross weight of the goods lost or damaged, whichever is the higher.

2. For the purpose of calculating which amount is the higher in accordance with paragraph 1 of this article, the following rules shall apply :

(iii) 인도지에서 적용되는 법령에 따라서 화물을 교부하여야 할 당국 또는 기타의 제3자에게 화물을 교부함으로써 인도할 때까지.

3. 이 조 제1항 및 제2항에서 복합운송인이란 복합운송계약의 이행을 위하여 복합운송인이 고용하는 사용인이나 대리인 및 기타 그의 업무수행에 필요한 자를 포함하며, 송화인 또는 수화인이란 송화인 또는 수화인의 사용인 또는 대리인을 포함한다.

제15조 복합운송인의 그 사용인, 대리인 및 그 밖의 사람에 관한 책임

제21조의 적용을 전제로 하여 복합운송인은 그 직무의 범위내에서 행위를 하고 있는 복합운송인의 사용인이나 대리인 또는 복합운송계약의 이행을 위하여 복합운송인이 고용하는 그 밖의 사람의 작위 또는 부작위에 대하여 복합운송인 자신의 작위 또는 부작위인 것처럼 책임을 진다.

제16조 책임의 원칙

1. 복합운송인은 화물의 멸실, 손상 또는 인도지연에 의한 사고가 제14조에 정의된 운송인의 관리하에 있는 동안에 발생한 때에는 그 멸실, 손상 또는 인도지연으로 인하여 발생한 손실에 대하여 책임을 진다. 그러나 복합운송인이 자신 또는 제15조에 규정된 그 사용인이나 대리인 또는 그 밖의 사람이 사고 및 그 결과를 방지하기 위하여 합리적으로 요구되는 모든 조치를 취하였다는 것을 증명한 때에는 그러하지 아니하다.

2. 인도지연은 화물이 명시적으로 합의된 기한내에, 또 그러한 합의가 없는 경우에는 당해 상황을 고려하여 성실한 복합운송인에게 요구되는 합리적인 기한내에 인도되지 아니한 때에 발생한다.

3. 화물이 이 조 제2항에 의한 인도기간을 경과한 후 연속되는 90일내에 인도되지 아니한 경우에 배상청구인은 화물이 멸실된 것으로 취급할 수 있다.

제17조 원인의 동시발생

복합운송인 또는 제15조에 규정된 그 사용인이나 대리인 또는 그 밖의 사람에 의한 과실 또는 부주의가 다른 원인과 결합하여 멸실, 손상 또는 인도지연을 발생시킨 경우에 복합운송인은 그러한 과실 또는 부주의로 돌릴 수 있는 멸실, 손상 또는 인도지연의 범위내에서만 책임을 진다. 다만, 이러한 경우 복합운송인은 그러한 과실 또는 부주의로 돌릴 수 없는 멸실, 손상 또는 인도지연의 부분을 증명하여야 한다.

제18조 책임의 한도

1. 복합운송인이 제16조의 규정에 의하여 화물의 멸실 또는 손상으로 인한 손해에 대하여 책임을 지는 경우, 그 책임은 1포장당 또는 기타의 적재단위당 920계산단위를 초과하지 아니하는 금액과 멸실 또는 손상된 화물의 총중량 1킬로그램당 2.75계산단위 중 많은 금액으로 제한된다.

2. 이 조 제1항에 의한 고액을 산정하는 데 있어서 다음의 원칙을 적용한다.

(a) Where a container, pallet or similar article of transport is used to consolidate goods, the packages or other shipping units enumerated in the multimodal transport document as packed in such article of transport are deemed packages or shipping units. Except as aforesaid, the goods in such article of transport are deemed one shipping unit.

(b) In cases where the article of transport itself has been lost or damaged, that article of transport, if not owned or otherwise supplied by the multimodal transport operator, is considered one separate shipping unit.

3. Notwithstanding the provisions of paragraphs 1 and 2 of this article, if the international multimodal transport does not, according to the contract, include carriage of goods by sea or by inland waterways, the liability of the multimodal transport operator shall be limited to an amount not exceeding 8.33 units of account per kilogram of gross weight of the goods lost or damaged.

4. The liability of the multimodal transport operator for loss resulting from delay in delivery according to the provisions of article 16 shall be limited to an amount equivalent to two and a half times the freight payable for the goods delayed, but not exceeding the total freight payable under the multimodal transport contract.

5. The aggregate liability of the multimodal transport operator, under paragraphs 1 and 4 or paragraphs 3 and 4 of this article, shall not exceed the limit of liability for total loss of the goods as determined by paragraph 1 or 3 of this article.

6. By agreement between the multimodal transport operator and the consignor, limits of liability exceeding those provided for in paragraphs 1, 3 and 4 of this article may be fixed in the multimodal transport document.

7. "Unit of account" means the unit of account mentioned in article 31.

Article 19. Localized damage.

When the loss of or damage to the goods occurred during one particular stage of the multimodal transport, in respect of which an applicable international convention or mandatory national law provides a higher limit of liability than athe limit that would follow from application of paragraphs 1 to 3 of article 18, then the limit of the multimodal transport operator's liability for such loss or damage shall be determined by reference to the provisions of such convention or mandatory national law.

Article 20. Non-contractual liability.

1. The defences and limits of liability provided for in this Convention shall apply in any action against the multimodal transport operator in respect of loss resulting from loss of or damage to the goods, as well as from delay in delivery, whether the action be founded in contract, in tort or otherwise.

2. If an action in respect of loss resulting from loss of or damage to the goods or from delay in delivery is brought against the servant or agent of the multimodal transport operator, if such servant or agent proves that he acted within the scope of his employment, or against any other person of whose services he makes use for the performance of the multimodal transport contract, if such other person proves that he acted within the performance of the contract, the servant or agent or such other person shall be entitled to avail himself of the defences and limits of liability which the multimodal transport operator is entitled to invoke under this Convention.

3. Except as provided in article 21, the aggregate of the amounts revocable from the multimodal transport operator

(a) 컨테이너, 팰리트 기타 이와 유사한 운송용구가 화물을 집적하기 위하여 사용되는 경우, 이러한 운송용구에 포장된 것으로 복합운송증권에 표시되어 있는 포장물 또는 적재단위를 포장물 또는 적재단위로 본다. 이와 같은 상기의 경우를 제외하고는 이러한 운송용구내의 화물을 적재단위로 본다.

(b) 운송용구 자체가 멸실 또는 손상된 경우, 그 운송용구를 복합운송인이 소유하거나 공급한 것이 아닌 때에는 이를 하나의 별개의 적재단위로 간주한다.

3. 이 조 제1항 및 제2항의 규정에 불구하고 만일 국제복합운송이 계약에 의하여 내수 또는 해상운송을 포함하지 않을 경우에 복합운송인의 책임은 멸실 또는 손상된 화물의 총중량 킬로그램당 8.33계산단위를 초과하지 않은 금액으로 제한된다.

4. 제16조의 규정에 의한 인도지연으로 야기된 손해에 대한 복합운송인의 책임은 인도지연된 화물에 대하여 지급되는 운임의 2.5배에 상당하는 금액으로 제한된다. 그러나 복합운송계약하에서 지급되는 운임총액을 초과할 수는 없다.

5. 이 조 제1항과 제4항 또는 제3항과 제4항에 의한 복합운송인의 책임총액은 이 조 제1항 또는 제3항에 의해 결정되는 화물의 全損에 대한 책임의 한도를 초과하지 못한다.

6. 복합운송인과 송화인 간의 합의에 의해 이 조 제1항, 제3항 및 제4항에 규정된 한도를 초과하는 책임한도를 복합운송증권에 규정할 수 있다.

7. 계산단위는 제31조에 규정된 계산단위를 의미한다.

제19조 국지적 손해

화물의 멸실 또는 손상이 복합운송의 어느 한 특정구간에서 발생하고, 그 구간에 적용되는 국제협약 또는 강행적인 국내법이 제18조 제1항부터 제3항까지에 적용되는 경우의 한도보다 높은 한도를 규정하고 있는 경우에는 그러한 멸실 또는 손상에 대한 복합운송인의 책임한도는 그러한 협약 또는 강행적 국내법의 규정에 따라서 결정된다.

제20조 계약외적인 책임

1. 이 협약에서 정하는 책임에 관한 항변 및 한도는 소송이 계약에 근거를 둔 것이든, 불법행위 또는 기타에 근거를 둔 것이든 간에 화물의 멸실, 손상 또는 인도지연으로 야기된 손해에 대하여 복합운송인에 대한 모든 소송에 적용된다.

2. 화물의 멸실, 손상 또는 인도지연으로부터 야기된 손해에 관한 소송이 복합운송인의 사용인 또는 대리인에 대하여 제기된 경우, 그러한 사용인 또는 대리인이 그 직무의 범위내에서 행위를 하였다는 것을 증명하였거나, 또는 그러한 소송이 복합운송계약의 이행을 위하여 복합운송인이 고용한 그 밖의 사람에 대하여 제기된 경우에, 만일 그러한 사람이 그가 계약이행의 범위내에서 행하였음을 입증한 때에는 그 사용인이나 대리인 또는 그 밖의 사람은 이 협약에 의해서 복합운송인이 원용할 수 있는 책임에 관한 항변 및 한도를 이용할 권리가 있다.

3. 제21조에 규정된 경우를 제외하고 복합운송인 및 그 사용인이나 대리인 또는 복합운송계약의 이행을

and from a servant or agent or any other person of whose services he makes use for the performance of the multimodal transport contract shall not exceed the limits of liability provided for in this Convention.

Article 21. Loss of the right to limit liability.

1. The multimodal transport operator is not entitled to the benefit of the limitation of liability provided for in this Convention if it is proved that the loss, damage or delay in delivery resulted from an act or omission of the multimodal transport operator done with the intent to cause such loss, damage or delay or recklessly and with knowledge that such loss, damage or delay would probably result.

2. Notwithstanding paragraph 2 of article 20, a servant or agent of the multimodal transport operator or other person of whose services he makes use for the performance of the multimodal transport contract is not entitled to the benefit of the limitation of liability provided for in this Convention if it is proved that the loss, damage or delay in delivery resulted from an act or omission of such servant, agent or other person, done with the intent to cause such loss, damage or delay or recklessly and with knowledge that such loss, damage or delay would probably result.

PART IV. LIABILITY OF THE CONSIGNOR

Article 22. General rule.

The consignor shall be liable for loss sustained by the multimodal transport operator if such loss is caused by the fault or neglect of the consignor, or his servants or agents when such servants or agents are acting within the scope of their employment. Any servant or agent of the consignor shall be liable for such loss if the loss is caused by fault or neglect on his part.

Article 23. Special rules on dangerous goods.

1. The consignor shall mark or label in a suitable manner dangerous goods as dangerous.

2. Where the consignor hands over dangerous goods to the multimodal transport operator or any person acting on his behalf, the consignor shall inform him of the dangerous character of the goods and, if necessary, the precautions to be taken. If the consignor fails to do so and the multimodal transport operator does not otherwise have knowledge of their dangerous character :

   (a) The consignor shall be liable to the multimodal transport operator for all loss resulting from the shipment of such goods ; and

   (b) The goods may at any time be unloaded, destroyed or rendered innocuous, as the circumstances may require, without payment of compensation.

3. The provisions of paragraph 2 of this article may not be invoked by any person if during the multimodal transport he has taken the goods in his charge with knowledge of their dangerous character.

4. If, in cases where the provisions of paragraph 2 (b) of this article do not apply or may not be invoked, dangerous

위하여 복합운송인이 고용한 그 밖의 사람으로부터 배상받을 수 있는 총액은 이 협약에 규정된 책임의 한도를 초과하지 못한다.

제21조 책임제한의 권리상실

1. 멸실, 손상 또는 인도지연이 그러한 멸실, 손상 또는 인도지연을 야기시키기 위하여, 또는 무모하게 그리고 그러한 멸실, 손상 또는 인도지연이 일어날 것을 알면서 행한 복합운송인의 작위 또는 부작위로 인하여 야기된 것이 증명된 경우에 복합운송인은 이 조약에 규정된 책임제한의 이익에 대한 권리를 갖지 못한다.

2. 제20조 제2항의 규정에도 불구하고 멸실, 손상 또는 인도지연이 그러한 멸실, 손상 또는 지연을 야기시키기 위하여, 또는 무모하게 그리고 그러한 멸실, 손상 또는 인도지연이 일어날 것을 알면서 행한 복합운송인의 사용인이나 대리인 또는 복합운송계약의 이행을 위하여 복합운송인이 고용한 그 밖의 사람의 작위 또는 부작위로 인하여 야기된 것이 증명된 때에 그러한 사용인이나 대리인 또는 그 밖의 사람은 이 협약에 규정된 책임제한의 이익에 대한 권리를 갖지 못한다.

제4부 송화인의 책임

제22조 일반원칙

송화인은 송화인 자신 또는 그 사용인이나 대리인이 그 직무의 범위내에서 행하고 있을 때의 과실이나 부주의로 인하여 복합운송인이 입은 손실에 대하여 책임을 져야 한다. 송화인의 사용인 또는 대리인도 그러한 손실이 그 사용인 또는 대리인에 의한 과실 또는 부주의에 의한 것일 경우 그러한 손실에 대하여 책임을 져야 한다.

제23조 위험물에 관한 특별규칙

1. 송화인은 위험물에 관하여 적절한 방법으로 위험하다는 표시를 하거나 꼬리표를 달아야 한다.

2. 송화인이 복합운송인 또는 복합운송인에 대신하여 행하는 사람에게 위험물을 인도하는 경우에 송화인은 화물의 위험성 및 필요한 경우에 취하여야 할 예방조치를 복합운송인에게 통지하여야 한다. 송화인이 그러한 통지를 행하지 못하고 복합운송인이 화물의 위험성에 관하여 인지하고 있지 아니한 경우에는:

   (a) 송화인은 그러한 화물의 적재로 인하여 발생하는 모든 손실에 대하여 복합운송인에 대하여 책임을 지고, 그리고

   (b) 그러한 화물은 필요한 상황에서는 배상금을 지급하지 아니하고, 언제든지 이를 양화시키거나 파괴시키거나 무해하게 처분할 수 있다.

3. 복합운송 중 화물의 위험성을 알고 그 화물을 자기의 관리하에 수령한 사람은 이 조 제2항의 규정을 원용할 수 없다.

4. 이 조 제2항 (b)의 규정에 적용되지 아니하고 또 이를 원용할 수 없는 경우로서 위험물이 인명 또는 재

goods become and actual danger to life or property, they may be unloaded, destroyed or rendered innocuous, as the circumstances may require, without payment of compensation except where there is an obligation to contribute in general average or where the multimodal transport operator is liable in accordance with the provisions of article 16.

PART V. CLAIMS AND ACTIONS

Article 24. Notice of loss, damage or delay.

1. Unless notice of loss or damage, specifying the general nature of such loss or damage, is given in writing by the consignee to the multimodal transport operator not later than the working day after the day when the goods were handed over to the consignee, such handing over is prima facie evidence of the delivery by the multimodal transport operator of the goods as described in the multimodal transport document.

2. Where the loss or damage is not apparent, the provisions of paragraph 1 of this article apply correspondingly if notice in writing is not given within six consecutive days after the day when the goods were handed over to the consignee.

3. If the state of the goods at the time they were handed over to the consignee has been the subject of a joint survey or inspection by the parties or their authorized representatives at the place of delivery, notice in writing need not be given of loss or damage ascertained during such survey of inspection.

4. In the case of any actual or apprehended loss or damage the multimodal transport operator and the consignee shall give all reasonable facilities to each other for inspecting and tallying the goods.

5. No compensation shall be payable for loss resulting from delay in delivery unless notice has been given in writing to the multimodal transport operator within 60 consecutive days after the day when the goods were delivered by handing over to the consignee or when the consignee has been notified that the goods have been delivered in accordance with paragraph 2 (b) (ii) or (iii) of article 14.

6. Unless notice of loss or damage, specifying the general nature of the loss or damage, is given in writing by the multimodal transport operator to the consignor not later than 90 consecutive days after the occurrence of such loss or damage or after the delivery of the goods in accordance with paragraph 2 (b) of article 14, whichever is later, the failure to give such notice is prima facie evidence that the multimodal transport operator has sustained no loss or damage due to the fault or neglect of the consignor, his servants or agents.

7. If any of the notice periods provided for in paragraph 2, 5 and 6 of this article terminates on a day which is not a working day at the place of delivery, such period shall be extended until the next working day.

8. For the purpose of this article, notice given to a person acting on the multimodal transport operator's behalf, including any person of whose services he makes use at the place of delivery, or to a person acting on the consignor's behalf, shall be deemed to have been given to the multimodal transport operator, or to the consignor, respectively.

물에 실제의 위험을 주게 될 때에는 그 위험물은 필요한 상황에서는 공동해손분담금을 부담할 의무를 지는 경우, 또는 복합운송인이 제16조의 규정에 의하여 책임을 지는 경우를 제외하고는 배상금을 지급하지 아니하고, 이를 양화(揚貨)하거나 파괴시키거나 무해하게 처분할 수 있다.

제5부 청구 및 소송

제24조 멸실, 손상 또는 지연의 통지

1. 화물이 수화인에게 교부된 날의 다음 영업일까지 수화인이 복합운송인에 대하여 멸실 또는 손상의 개황을 명기한 문서에 의한 통지를 하지 아니한 때에는, 그러한 교부는 복합운송인이 화물을 복합운송증권에 기재된 대로 인도하였다는 추정적인 증거가 된다.

2. 멸실 또는 손상이 외관상으로 확인될 수 없는 경우로서 화물이 수화인에게 교부된 날로부터 연속된 6일 이내에 문서에 의한 통지가 되지 아니한 때에는, 이 조 제1항의 규정이 그대로 적용된다.

3. 화물이 수화인에게 교부될 때에 그 상태가 양당사자 또는 인도지에서 권한이 부여된 대리인들에 의한 공동의 조사 또는 검사의 대상이 된 때에는, 그 조사 또는 검사 중에 확인된 멸실 또는 손상에 관하여 문서에 의한 통지를 요하지 아니한다.

4. 멸실 또는 손상이 실제로 발생하였거나 또는 발생할 것이라는 우려가 있을 경우에 복합운송인 및 수화인은 화물의 검사 및 검수를 위하여 서로 모든 응분의 편의를 제공하여야 한다.

5. 화물이 수화인에게 교부됨으로써 인도된 날 혹은 제14조 제2항 (b) (ⅱ) 혹은 (ⅲ)에 의거 인도되었음을 수화인이 통지받은 날로부터 연속된 60일 이내에 복합운송인에 대하여 문서에 의한 통지를 하지 아니한 때에는 인도지연으로 인하여 야기된 손실에 대한 배상금은 지급되지 아니한다.

6. 멸실 또는 손상이 야기된 날 또는 화물을 제14조 제2항 (b)에 의거 인도한 날 중 더 늦은 날로부터 멸실 또는 손상의 개황을 명기하여 통지를 하지 아니하였다면, 그러한 통지의 불이행은 복합운송인이 송화인 또는 그의 사용인 및 대리인의 과실 또는 부주의로 인하여 멸실 또는 손상을 입지 아니하였다는 추정적인 증거가 된다.

7. 이 조 제2항과 제5항 및 제6항에 규정된 통지기간이 인도지의 영업일이 아닌 날에 종료되는 때에는 그러한 기간은 다음 영업일까지 연장된다.

8. 이 조를 적용하는데 있어 인도지에서 복합운송인이 고용한 사람을 포함하여 복합운송인을 대신하여 행하는 사람 또는 송화인을 대신하여 행하는 사람에게 한 통지는 각각 복합운송인 또는 송화인에게 한 통지로 본다.

Article 25. Limitation of actions.

1. Any action relating to international multimodal transport under this Convention shall be time-barred if judicial or arbitral proceedings have not been instituted within a period of two years. However, if notification in writing, stating the nature and main particulars of the claim, has not been given within six months after the day when the goods were delivered or, where the goods have not been delivered, after the day on which they should have been delivered, the action shall be time-barred at the expiry of this period.

2. The limitation period commences on the day after the day on which the multimodal transport operator has delivered the goods or part whereof or, where the goods have not been delivered, on the day after the last day on which the goods should have been delivered.

3. The person against whom a claim is made may at any time during the running of the limitation period extend that period by a declaration in writing to the claimant. This period may be further extended by another declaration or declarations.

4. Provided that the provisions of another applicable international convention are not to the contrary, a recourse action for indemnity by a person held liable under this Convention may be instituted even after the expiration of the limitation period provided for in the preceding paragraphs if instituted within the time allowed by the law of the State where proceedings are instituted ; however, the time allowed shall not be less than 90 days commencing from the day when the person instituting such action for indemnity has settled the claim or has been served with process in the action against himself.

Article 26. Jurisdiction.

1. In judicial proceedings relating to international multimodal transport under this Convention, the plaintiff, at his option, may institute an action in a court which, according to the law of the State where the court is situated, is competent and within the jurisdiction of which is situated one of the following places :

    (a) The principal place of business or, in the absence therof, the habitual residence of the defendant ; or

    (b) The place where the multimodal transport contract was made, provided that the defendant has there a place of business, branch or agency through which the contract was made ; or

    (c) The place of taking the goods in charge for international multimodal transport or the place of delivery ; or

    (d) Any other place designated for that purpose in the multimodal transport contract and evidenced in the multimodal transport document.

2. No judicial proceedings relating to international multimodal transport under this Convention may be instituted in a place not specified in paragraph 1 of this article. The provisions of this article do not constitute an obstacle to the jurisdiction of the Contracting States for provisional or protective measures.

3. Notwithstanding the preceding provisions of this article, an agreement made by the parties after a claim has arisen, which designates the place where the plaintiff may institute an action, shall be effective.

4. (a) Where an action has been instituted in accordance with the provisions of this article or where judgement in such an action has been delivered, no new action shall be instituted between the same parties on the

제25조 제소(提訴)의 제한

1. 법적 절차 또는 중재절차가 2년 이내에 제기되지 않으면 이 협약에 의한 국제복합운송에 관한 어떠한 소송도 시효가 소멸한다. 그러나 배상청구의 종류와 주요사항을 명기한 서면에 의한 통지가 화물이 인도된 날로부터 또는 화물이 인도되지 않았을 때는 인도되었어야 했을 날로부터 6개월내에 이루어지지 아니한 때에는 소송은 그 기간 만료시에 시효가 소멸된다.

2. 제한기간은 복합운송인이 화물의 전부 또는 일부를 인도한 날의 익일 또는 화물이 인도되지 않았을 때는 화물이 인도되었어야 했을 마지막 날의 익일로부터 시작된다.

3. 배상청구를 받은 자는 제한기간의 진행 중에 언제라도 배상청구자에 대한 서면통고로서 그 기간을 연장할 수 있다. 이 기간은 그 후의 별도의 통고나 통고들에 의하여 다시 연장될 수 있다.

4. 적용되는 다른 국제협약의 규정에 저촉되지 아니하는 한, 이 협약에서 책임을 지게 된 사람에 의한 구상청구소송은 앞의 제 항에 규정된 제한기간의 경과 후에도 소송절차를 개시하는 국가의 법률에 의하여 허용된 기간내에는 이를 제기할 수 있다. 그러나 그 허용기간은 그러한 구상청구소송을 제기하는 자가 자기에 대한 청구를 해결한 날 또는 자기에 대한 소송에서 소장(訴狀)의 송달을 받은 날로부터 기산하여 90일 미만이 아니어야 한다.

제26조 재판관할권

1. 이 협약에 의한 국제복합운송에 관한 법적 절차에서 원고는 자기의 선택에 의하여, 그 법원이 소재한 국가의 법률에 의하여 정당한 재판관할권을 가지고 또 다음 장소 중의 하나가 소재하는 그 관할권내의 법원에 소송을 제기할 수 있다.
   (a) 피고의 주된 영업소의 소재지 또는 그것이 없는 때에는 피고의 일상 거주지;
   (b) 복합운송계약이 체결된 장소; 다만 이 경우에는 피고가 그 곳에 계약을 체결한 사무소, 지점 또는 대리점을 가진 곳이어야 한다.
   (c) 국제복합운송을 위하여 화물을 인수한 장소 또는 인도지;
   (d) 복합운송계약상에 그 목적을 위하여 지정하고 있거나 복합운송증권상에서 증명하고 있는 기타의 장소.

2. 이 협약에 의한 복합운송에 관한 법적 절차는 이 조 제1항에 특정되어 있지 아니한 장소에서는 이를 제기할 수 없다. 이 조의 규정은 예비적 조치 또는 보전적 조치를 위한 체약국의 재판관할권에 대한 장애로 해석되지 아니한다.

3. 앞의 제1항 및 제2항의 규정에도 불구하고 청구가 발생한 후에 원고가 소송을 제기할 수 있는 장소를 지정하는 당사자 간에 이루어진 합의는 효력이 있다.

4. (a) 소송이 이 조의 제규정에 의하여 제기되어 있는 경우, 또는 그러한 소송에서 판결이 선고된 경우에는 처음의 소송에서의 판결이 새로운 절차가 제기된 국가에서 집행할 수 없는 것이 아닌 한 동일 당사자간에 동일한 사유에 의한 새로운 소송을 제기할 수 없다.

same grounds unless the judgement in the first action is not enforceable in the country in which the new proceedings are instituted ;

(b) For the purposes of this article neither the institution of measures to obtain enforcement of a judgement nor the removal of an action to a different court within the same country shall be considered as the starting of a new action.

Article 27. Arbitration.

1. Subject to the provisions of this article, parties may provided by agreement evidenced in writing that any dispute that may arise relating to international multimodal transport under this Convention shall be referred to arbitration.

2. The arbitration proceedings shall, at the potion of the claimant, be instituted at one of the following places ;

    (a) A place in a State within whose territory is situated;

    (i) The principal place of business of the defendant or, in the absence thereof, the habitual residence of the defendant ; or

    (ii) The place where the multimodal transport contract was made, provided that the defendant has there a place of business branch or agency through which the contract was made ; or

    (iii) The place of taking the goods in charge for international multimodal transport or the place of delivery ; or

    (b) Any other place designate for that purpose in the arbitration clause or agreement.

3. The arbitrator or arbitration tribunal shall apply the provisions of this Convention.

4. The provisions of paragraphs 2 and 3 of this article shall be deemed to be part of every arbitration clause or agreement and any term of such clause or agreement which s inconsistent therewith shall be null and void.

5. Nothing in this article shall affect the validity of an agreement on arbitration made by the parties after the claim relating to the international multimodal transport has arisen.

PART VI. SUPPLEMENTARY PROVISIONS

Article 28. Contractual stipulations.

1. Any stipulation in a multimodal transport contract or multimodal transport document shall be null and void to the extent that it derogates, directly or indirectly, from the provisions of this Convention. The nullity of such a stipulation shall not affect the validity of other provisions of the contract or document of which it forms a part. A clause assigning benefit of insurance of the goods in favour of the multimodal transport operator or any similar clause shall be null and void.

2. Notwithstanding the provisions of paragraph 1 of this article, the multimodal transport operator may, with the agreement of the consignor, increase his responsibilities and obligations under this Convention.

3. The multimodal transport document shall contain a statement that the international multimodal transport is subject to the provisions of thus Convention which nullify any stipulations derogating therefrom to the detriment of the consignor or the consignee.

(b) 이 조를 적용하는 데 있어 판결의 집행을 얻기 위한 수단의 제기 또는 동일 국가내의 다른 법원으로의 소송의 이송(移送)은 새로운 소송의 개시로 간주되지 아니한다.

제27조 중 재

1. 이 조의 규정에 따라서 당사자는 이 협약에 의한 복합운송에 관하여 야기되는 어떠한 분쟁도 중재에 위탁하여야 한다는 것을 문서에 의하여 증명되는 합의로 규정할 수 있다.

2. 중재절차는 신청인의 선택에 의하여 다음의 각호에 게기하는 장소 중의 하나에서 이를 제기하여야 한다.

   (a) 일국의 영토내에 소재하는 다음 장소;

   (ⅰ) 피신청인의 주된 영업소의 소재지 또는 그것이 없는 때에는 피신청인의 일상의 거주지; 또는

   (ⅱ) 복합운송계약이 체결된 장소; 다만 이 경우에는 피신청인이 그곳에 계약을 체결한 사무소, 지점 또는 대리점을 가진 경우에 한한다; 또는

   (ⅲ) 국제복합운송을 위하여 화물을 인수한 장소 또는 인도지; 또는

   (b) 중재조항 또는 중재계약에 의하여 그 목적을 위하여 지정된 그 밖의 장소.

3. 중재인 또는 중재판정부는 이 협약의 규정을 적용하여야 한다.

4. 이 조 제2항 및 제3항의 규정은 모든 중재조항 또는 합의의 일부인 것으로 간주되며, 그러한 규정에 저촉되는 중재조항 또는 중재합의규정은 무효로 한다.

5. 이 조의 어떠한 규정도 복합운송과 관련된 청구가 발생한 후에 당사자에 의하여 이루어진 중재에 관한 합의의 효력에 영향을 미치지 아니한다.

제6부 보 칙

제28조 계약조항

1. 복합운송계약 또는 복합운송증권에 있는 조항 중 이 협약의 규정은 직접 또는 간접으로 해하는 범위내에서 이를 무효로 한다. 이러한 조항의 무효는 그것이 일부를 이루고 있는 계약 또는 증권의 다른 규정의 효력에 영향을 미치지 아니한다. 화물에 관한 보험의 이익을 복합운송인을 위하여 양도한다는 조항 또는 기타 이와 유사한 조항은 무효로 한다.

2. 이 조 제1항의 규정에도 불구하고 복합운송인은 송화인의 동의를 얻어 이 협약에서의 자기의 책임 및 의무를 증가시킬 수 있다.

3. 복합운송증권에는 당해 복합운송이 송화인 또는 수화인에 불이익이 되게 이 협약을 해하는 조항은 무효로 한다는 협약의 규정을 적용받는다는 뜻의 기재사항을 포함하여야 한다.

4. Where the claimant in respect of the goods has incurred loss as a result of a stipulation which is null and void by virtue of the present article, or as a result of the omission of the statement referred to in paragraph 3 of this article, the multimodal transport operator must pay compensation to the extent required in order to give the claimant compensation in accordance with the provisions of this Convention for any loss of or damage to the goods as well as for delay in delivery. The multimodal transport operator must, in addition, pay compensation for costs incurred by the claimant for the purpose of exercising his right, provided that costs incurred in the action where the foregoing provision is invoked are to be determined in accordance with the law of the State where proceedings are instituted.

Article 29. General average.

1. Nothing in this Convention shall prevent the application of provisions in the multimodal transport contract or national law regarding the adjustment of general average, if and to the extent applicable.

2. With the exception of article 25, the provisions of the Convention relating to the liability of the multimodal transport operator for loss of or damage to the goods shall also determine whether the consignee may refuse contribution in general average and the liability of the multimodal transport operator to indemnify the consignee in respect of any such contribution made or any salvage paid.

Article 30. Other Conventions.

1. This Conventions does not modify the rights or duties provided for in the Brussels International Convention for the unification of certain rules relating to the limitation of owners of sea-going vessels of 25 August 1924 ; in the Brussels International Convention relating to the limitation of the liability of owners of sea-going ships of 10 October 1957 ; in the London Convention on limitation of liability for maritime claims of 19 November 1976 ; and in the Geneva Convention relating to the limitation of the liability of owners of inland navigation vessels (CLN) of 1 March 1973, including amendments to these Conventions, or national law relating to the limitation of liability of owners of sea-going ships and inland navigation vessels.

2. The provisions of article 26 and 27 of this Convention do not prevent the application of the mandatory provisions of any other international convention relating to matters dealt with in the said articles, provided that the dispute arises exclusively between parties having their principal place of business in States parties to such other convention. However, this paragraph does not affect the application of paragraph 3 of article 27 of thus Convention.

3. No liability shall arise under the provisions of this Convention for damage caused by a nuclear incident if the operator of a nuclear installation is liable for such damage ;

    (a) Under either the Paris Convention of 29 July 1960 in Third Party Liability in the Field of Nuclear Energy as amended by the Additional Protocol of 28 January 1964 or the Vienna Convention of 21 May 1963 on Civil Liability for Nuclear Damage, or amendments thereto ; or

    (b) By virtue of national law governing the liability for such damage, provided that such law is in all respects as favourable to persons who may suffer damage as either the Paris or Vienna Conventions.

4. 화물에 관한 배상청구자가 이 조에 의한 무효조항으로 인하여 또는 이 조 제3항에 의한 기재사항이 결여되어 손실을 입은 경우에 복합운송인은 배성청구자에게 화물의 멸실 또는 손상 또한 인도지연에 대하여 이 협약의 규정에 의거 배상을 하기 위하여 요구되는 범위내에서 손해배상을 하여야 한다. 또한 복합운송인은 배상청구권자가 그 권리를 행사하기 위하여 지출한 비용에 대하여도 배상을 하여야 한다. 다만, 앞의 규정이 원용되는 소송에서 발생된 비용은 소송이 제기된 국가의 법에 따라서 결정된다.

제29조 공동해손

1. 이 협약의 어떠한 규정도 공동해손의 정산에 관한 복합운송계약 또는 국내법의 규정이 있는 경우 또한 적용가능한 범위내에서, 그 적용을 방해하지 아니한다.

2. 제25조의 규정이 적용되는 경우를 제외하고 화물의 멸실 또는 손상에 관한 복합운송인의 책임에 관한 이 협약의 제규정은 수화인이 공동해손분담금을 거절할 수 있는가의 여부를 결정하고, 또 부담한 그러한 분담금 또는 지급한 구조료에 관하여 수화인에게 보상할 복합운송인의 책임을 결정한다.

제30조 다른 협약

1. 이 협약은 1924년 8월 25일자 해상항행선박 소유자의 책임제한에 관한 약간의 규칙통일을 위한 브뤼셀 국제협약, 1957년 10월 10일자 해상항행선박 소유자의 책임제한에 관한 브뤼셀 국제협약, 1976년 11월 19일자 해사채권의 책임제한에 관한 런던협약 및 1973년 3월 1일자 내항선박 소유자의 책임제한에 관한 제네바협약 및 이들 제협약의 개정 혹은 내항선박과 해상항행선박 소유자의 책임제한에 관한 국내법에 규정되어 있는 제반권리와 의무를 변경하지 않는다.

2. 이 협약의 제26조 및 제27조의 규정은 동조에서 취급된 사항들과 관련한 다른 국제협약의 강행적 규정들의 적용을 방해하지 않는다. 다만, 분쟁이 전적으로 그러한 다른 협약 당사국내에 주된 영업소를 가지고 있는 당사자들 간에 발생된 경우에 한한다. 그러나 이 항은 이 협약 제27조 제3항의 적용에 대해서는 영향을 미치지 않는다.

3. 원자력시설의 운영자가 원자력사고로 야기된 손해에 대하여 다음 법규에 의하여 책임을 지는 경우에는, 이 협약에 의한 책임은 발생하지 아니한다.

   (a) 1964년 1월 28일의 추가의정서에 의하여 개정된 원자력에너지분야의 제3자에 대한 책임에 관한 1960년 7월 29일 파리협약 또는 원자력손해에 대한 민사책임에 관한 1963년 5월 21일 비엔나협약 혹은 그 개정; 또는

   (b) 그러한 손해에 대한 책임을 규율하는 국내법; 다만, 그러한 국내법이 모든 점에서 파리협약 또는 비엔나협약에서처럼 손해를 입은 자에게 유리한 경우에 한한다.

4. Carriage of goods such as carriage of goods in accordance with the Geneva Convention of 19 May 1956 on the Contract for the International Carriage of Goods by Road in article 2, or the Berne Convention of 7 February 1970 concerning the Carriage of Goods by Rail , article 2, shall not for States Parties to Conventions governing such carriage be considered as international multimodal transport within the meaning of article 1, paragraph 1, of this Convention, in so far as such States are bound to apply the provisions of such Conventions to such carriage of goods.

Article 31. Unit of account or monetary unit and conversion.

1. The unit of account referred to in article 18 of this Convention is the Special Drawing Right as defined by the International Monetary Fund. The amounts referred to in article 18 shall be converted into the national currency of a State according to the value of such currency on the date of the judgement or award or the date agreed upon by the parties. The value of a national currency, in terms of the Special Drawing Right, of a Contracting State which is a member of the International Monetary Fund, shall be calculated in accordance with the method of valuation applied by the International Monetary Fund, in effect on the date in question, for its operations and transactions. The value of a national currency in terms of the Special Drawing Right of a Contracting State which is not a member of the International Monetary Fund shall be calculated in a manner determined by that State.

2. Nevertheless, a State which is not a member of the International Monetary Fund and whose law does not permit the application of the provisions of paragraph 1 of this article may, at the time of signature, ratification, acceptance, approval or accession, or at any time thereafter, declare that the limits of liability provided for in this Convention to be applied in its territory shall be fixed as follows : with regard to the limits provided for in paragraph 1 of article 18, to 13,750 monetary units per package or other shipping unit or 41,25 monetary units per kilogram of gross weight of the goods, and with regard to the limit provided for in paragraph 3 of article 18, to 124 monetary units.

3. The monetary unit referred to in paragraph 2 of this article corresponds to sixty-five and a half milligrams of gold millesimal fineness nine hundred. The conversion of the amount referred to in paragraph 2 of this article into national currency shall be made according to the law of the State concerned.

4. The calculation mentioned in the last sentence of paragraph 1 of this article and the conversion referred to in paragraph 3 of this article shall be made in such a manner as to express in the national currency of the Contracting State as far as possible the same real value for the amounts in article 18 as is expressed there in units of account.

5. Contracting States shall communicate to the depositary the manner of calculation pursuant to the last sentence of paragraph 1 of this article, or the result of the conversion pursuant to paragraph 3 of this article, as the case may be, at the time of signature or when depositing their instruments of ratification, acceptance, approval or accession, or when availing themselves of the option provided for in paragraph 2 of this article and whenever there is a change in the manner of such calculation or in the result of such conversion.

4. 국제도로화물운송계약에 관한 1956년 5월 19일자의 제네바협약의 제2조 또는 철도화물운송에 관한 1970년 2월 7일 베른협약 제2조에 의거한 화물운송과 같은 화물운송은 그러한 운송을 규제하는 협약 당사국들에 대해, 그러한 당사국들이 동 화물운송에 대한 해당 협약규정의 적용을 받을 의무를 갖는 한 이 협약 제1조 제1항에서 의미하는 국제복합운송으로 간주하지 않는다.

제31조 계산단위 또는 통화단위 및 환산

1. 이 협약 제18조에 규정된 계산단위는 국제통화기금(IMF)에서 정의하는 특별인출권(SDR)으로 한다. 제18조에 규정된 금액은 판결이나 중재판정의 날 또는 당사자간에 합의한 날의 국내통화가치에 따라서 그 국가의 국내통화로 이를 환산한다. 국제통화기금의 가맹국인 체약국의 국내통화가 특별인출권에 대해 갖는 가치는 그 운영과 거래에 관하여 해당 일자에 실시되고 있는 국제통화기금이 적용되는 평가방법에 의해서 이를 산출한다. 국제통화기금의 가맹국이 아닌 체약국의 국내통화가 특별인출권에 대해 갖는 가치는 그 국가에서 결정하는 방법에 의해서 이를 산출한다.

2. 전항의 규정에도 불구하고 국제통화기금의 회원국이 아닌 국가로서, 그 법률상 이 조 제1항의 규정이 적용이 허용되지 아니하는 국가는 서명서나 비준, 승낙, 승인, 가입시 또는 그 후 어느 때라도 자국의 영토내에서 이 협약에 규정된 책임한도를 다음과 같이 결정한다는 것을 선언할 수 있다. 즉 제18조 제1항에 규정되어 있는 한도에 대해서는 포장 또는 선적단위당 13,750화폐단위 또는 화물총중량의 킬로그램당 41.25화폐단위 그리고 제18조 제3항에 규정된 한도에 대해서는 124화폐단위로 한다.

3. 이 조 제2항에 규정된 화폐단위는 순도 1,000분의 900의 금 65.5mg에 상당한다. 제2항의 규정에 의한 금액의 국내통화로의 환산은 관련국의 법률에 따라서 이루어진다.

4. 이 조 제1항 말미에 규정된 산출 및 이 조 제3항에 규정된 환산은 가능한 한 제18조에 규정된 계산단위로서 표시되어 있는 금액과 동일한 실질가치를 체약국의 국내통화로 표시할 수 있는 방법으로 이루어져야 한다.

5. 체약국은 이 조 제1항 말미의 규정에 의한 산출방법 또는 이 조 제3항에 규정된 환산의 결과에 관하여, 각 경우에 따라서 서명시 또는 비준서, 승낙서, 승인서 또는 가입서를 기탁할 때 또는 이 조 제2항에 규정된 선택권을 행사할 때 및 그러한 산출방법 또는 그러한 환산의 결과에 변경이 있을 때에는 수탁자에게 이를 통지하여야 한다.

PART VII. CUSTOMS MATTERS

Article 32. Customs transit.

1. Contracting States shall authorize the use of the procedure of customs transit for international multimodal transport.

2. Subject to provisions of national law or regulations and intergovernmental agreements, the customs transit of goods in international multimodal transport shall be in accordance with the rules and principles contained in article I to VI of the annex to this Convention.

3. When introducing laws or regulations in respect of customs transit procedures relating to multimodal transport of goods, Contracting States should take into consideration articles I to VI of the annex to this Convention.

PART VIII. FINAL CLAUSES

Article 33. Depositary.

The Secretary-General of the United Nations is hereby designated as the depositary of this Convention.

Article 34. Signature, ratification, acceptance, approval, accession.

1. All States are entitled to become Parties to this Convention by :
    (a) Signature not subject to ratification, acceptance or approval ; or
    (b) Signature subject to and followed by ratification, acceptance or approval ; or
    (c) Accession.

2. This Convention shall be open for signature as from 1 September 1980 until and including 31 August 1981 at the Headquarters of the United Nations in New York.

3. After 31 August 1981, this Convention shall be open for accession by all States which are not signatory States.

4. Instruments of ratification, acceptance, approval and accession are to be deposited with the depositary.

5. Organizations for regional economic integration, constituted by sovereign States members of UNCTAD, and which have competence to negotiate, conclude and apply international agreements in specific field covered by this Convention, shall be similarly entitled to become Parties to this Convention in accordance with the provisions of paragraph 1 to 4 of this article, thereby assuming in relation to other Parties to this Convention the rights and duties under this Convention in the specific fields referred to above.

Article 35. Reservations.

No reservation may be made to this Convention.

제7부 통관문제

제32조 보세운송

1. 체약국은 국제복합운송을 위한 보세운송절차의 이용을 승인하여야 한다.
2. 국내법이나 규칙 및 국가간의 협정에 따라서 국제복합운송에 있어서의 화물의 보세운송은 이 협약 부속서 제Ⅰ조부터 제Ⅵ조까지에 포함되어 있는 규칙과 원칙에 따라야 한다.
3. 화물의 복합운송과 관련된 보세운송절차에 관한 법이나 규칙을 도입할 경우에 체약국은 이 협약 부속서 제Ⅰ조부터 제Ⅵ조까지를 고려하여야 한다.

제8부 최종조항

제33조 수탁자

UN사무총장을 이 협약의 수탁자로 임명한다.

제34조 서명, 비준, 승낙, 승인 및 가입

1. 모든 국가는 다음의 방법에 의해 이 협약의 당사국이 될 수 있다.
   (a) 비준, 승낙, 승인을 조건으로 하지 않는 서명; 또는
   (b) 비준, 승낙 또는 승인을 조건으로 서명한 후 비준하고 승낙하고 승인함; 또는
   (c) 가입
2. 이 협약은 서명을 위해 1980년 9월 1일부터 1981년 8월 31일까지 뉴욕 UN본부에 개방된다.
3. 1981년 8월 31일 이후 이 협약은 비서명국가들의 가입을 위해 개방된다.
4. 비준, 승낙, 승인 및 가입문서는 수탁자인 UN사무총장에게 기탁되어야 한다.
5. UNCTAD회원인 주권국가로 구성된 지역적 경제통합기구로서, 이 협약에 의하여 포함되는 특정분야의 국제협약들에 대해 협상하고 체결하고 적용할 권한이 있는 기구는 이 조 제1항부터 제4항까지의 규정에 따라 동일하게 이 협약의 당사자가 될 수 있으며, 그에 의해서 이 협약 당사국과의 관계에 관하여는 전기한 특정분야내에서 이 협약에 의한 제권리와 의무를 갖는다.

제35조 유보

이 협약에 대한 유보는 불허된다.

Article 36. Entry into force.

1. This Conventions hall enter into force 12 months after the Governments of 30 States have either signed it not subject to ratification, acceptance or approval or have deposited instruments of ratification, acceptance, approval or accession with the depositary.

2. For each States which ratifies, accepts, approves or accedes to this Convention after the requirements for entry into force given in paragraph 1 of this article have been met, the Convention shall enter into force 12 months after the deposit by such State of the appropriate instrument.

Article 37. Date of application.

Each Contracting State shall apply the provisions of this Convention to multimodal transport contracts concluded on or after the date of entry into force of this Convention in respect of that State.

Article 38. Rights and obligations under existing conventions.

If, according to article 26 or 27, judicial or arbitral proceedings are brought in a Contracting State in a case relating to international multimodal transport subject to this Convention which takes place between two States of which only one is a Contracting State, and if both these States are at the time of entry into force of this Convention equally bound by another international convention, the court or arbitral tribunal may, in accordance with the obligations under such convention, give effect to the provisions thereof.

Article 39. Revision and amendments.

1. At the request of not less than one-third of the Contracting States, the Secretary-General of the United Nations shall, after the entry into force of this Convention, convene a conference of the Contracting States for revising or amending it. The Secretary-General of the United Nations shall circulate to all Contracting States the texts of any proposals for amendments at least three months before the opening date of the conference.

2. Any decision by the revision conference, including amendments, shall be taken by a two-thirds majority of the States, present and voting. Amendments adopted by the conference shall be communicated by the depositary to all the Contracting States for acceptance and to all the States signatories of the Convention for information.

3. Subject to paragraph 4 below, any amendment adopted by the conference shall enter into force only for those Contracting States which have accepted it, on the first day of the month following one year after its acceptance by two-thirds of the Contracting States. For any State accepting an amendment after it has been accepted by two-thirds of the Contracting States, the amendment shall enter into force on the first day of the month following one year after its acceptance by that State.

4. Any amendment adopted by the conference altering the amounts specified in article 18 and paragraph 2 of article 31 or substituting either or both the units defined in paragraphs 1 and 3 of article 31 by other units shall enter into force on the first day of the month following one year after its acceptance by two-thirds of the Contracting States. Contracting States which have accepted the altered amounts or substituted units shall apply them in their relationship with all Contracting States.

제36조 발 효

1. 이 협약은 30개국의 정부가 비준, 승낙, 혹은 승인을 조건으로 하지 않고 서명을 했거나 비준, 승낙, 승인 또는 가입문서를 수탁자에게 기탁한 12개월 후에 효력이 발생된다.

2. 이 조 제1항의 발효요건이 충족되고 난 후 이 협약에 비준, 승낙, 승인 혹은 가입한 각국에 대해서는 그러한 국가에 의해 적절한 문서가 기탁된 때로부터 12개월 후에 이 협약의 효력이 발생된다.

제37조 적용일자

각 체약국은 이 협약이 발효된 이후에 체결된 복합운송계약에 대해 이 협약의 규정을 적용해야 한다.

제38조 기존협약하에서의 제권리와 의무

만일 이 협약에 따른 국제복합운송과 연관되어 양국가 중 한 국가만이 체약국인 경우에 제26조 및 제27조에 의거한 법적 절차나 중재절차가 한 체약국내에서 제기되었을 경우, 그리고 양국가가 이 협약 발효 당시 똑같이 다른 국제조약에 구속받을 경우 법원이나 중재판정부는 그러한 협약하에서의 의무에 따라 그 협약의 규정을 적용할 수 있다.

제39조 개 정

1. 이 협약 발효 후 수탁자인 유엔사무총장은 이 협약 체약국 3분의 1 이상의 요청에 의해 협약개정을 위한 체약국회의를 소집하여야 한다. 유엔사무총장은 적어도 회의개시 3개월 이전에 개정제안의 본문을 모든 체약국에 회람하여야 한다.

2. 개정을 포함한 개정회의 결정은 참가투표국 3분의 2의 다수결에 의하여 결정된다. 수탁자는 전체약국에 대해서는 승낙을 위해, 협약의 전서명국에 대해서는 정보목적으로, 회의에서 채택된 개정사항들을 통보하여야 한다.

3. 다음의 제4항을 적용하는 것을 전제로 하여 회의에서 채택된 개정사항은 체약국 3분의 2에 의한 승낙 후 1년이 경과한 익월의 초에 그 개정을 승낙한 체약국에 대해서만 효력이 발생된다. 체약국 3분의 2가 개정을 승낙한 후에 동 개정을 승낙한 국가에 대해서는 그 국가가 동 개정을 승낙한 후 1년이 경과한 익월의 초일에 발효한다.

4. 제18조와 제31조 제2항에 정해진 금액의 변경 또는 제31조 제1항과 제3항에 정의된 단위들의 일방 혹은 쌍방을 다른 단위로 대체하는 회의에서 채택된 개정은 그 개정을 체약국 3분의 2가 승낙한 후 1년이 경과한 익월의 초일에 발효한다. 변경된 금액이나 대체된 단위들을 승낙한 체약국은 전 체약국들과의 관계에 그들을 적용하여야 한다.

5. Acceptance of amendments shall be effected by the deposit of a formal instrument to that effect with the depositary.

6. Any instrument of ratification, acceptance, approval or accession deposited after the entry into force of any amendment adopted by the conference shall be deemed to apply to the Convention as amended.

Article 40. Denunciation.

1. Each Contracting State may denounce this Convention at any time after the expiration of a period of two years from the date on which this Convention has entered into force by means of a notification in writing addressed to the depositary.

2. Such denunciation shall take effect on the first day of the month following the expiration of one year after the notification is received by the depositary. Where a longer period is specified in the notification, the denunciation shall take effect upon the expiration of such longer period after the notification is received by the depositary.

IN WITNESS WHEREOF the undersigned, being duly authorized thereto, have affixed their signatures hereunder on the dates indicated.

DONE at Geneva, this twenty-fourth day of May, one thousand nine hundred and eighty, in one original in the Arabic, Chinese, English, French, Russian, and Spanish languages, all texts being equally authentic.

ANNEX

PROVISIONS ON CUSTOMS MATTERS RELATING TO INTERNATIONAL MULTIMODAL TRANSPORT OF GOODS

Article I.

For the purposes of this Convention : "Customs transit procedure" means the customs procedure under which goods are transported under customs control from one customs office to another.

"Customs office of destination" means any customs office at which a customs transit operation is terminated.

"Import/export duties and taxed" means customs duties and all other duties, taxed, fees or other charges which are collected on or in connection with the import/export of goods, but not including fees and charges which are limited in amount to the approximate cost of services rendered.

"Customs transit document" means a form containing the record of data entries and information required for the customs transit operation.

Article II.

1. Subject to the provisions of the law, regulations and international conventions in force in their territories. Contracting States shall grant freedom of transit to goods in international multimodal transport.

2. Provided that the conditions laid down in the customs transit procedure used for the transit operation are

5. 개정의 승낙은 그 취지에 대한 공식문서를 수탁자에게 기탁함으로써 효력이 발생된다.

6. 회의에 의해 채택된 개정이 효력을 발생한 후에 기탁된 비준서, 승낙서, 승인서 또는 가입서는 개정된 협약에 적용되는 것으로 본다.

제40조 폐 기

1. 각 체약국은 이 협약이 효력을 발생한 날로부터 2년의 기간이 경과한 후에는 수탁자를 수신인으로 한 서면의 통지방법에 의해서 언제라도 이 협약을 폐기할 수 있다.

2. 그러한 폐기는 수탁자가 그 통지를 접수한 날로부터 일년이 경과한 후의 익월의 초일에 효력을 발생한다. 통지상에 그보다 장기간이 표기되어 있을 시는 수탁자가 통지를 접수한 날로부터 그러한 기간이 경과함으로써 폐기의 효력이 발생한다.

이상의 증거로서 서명자는 정당하게 위임을 받고 기재일자에 서명하였다.

1980년 5월 24일 제네바에서 아랍어, 중국어, 영어, 불어, 러시아어 및 스페인어로 된 동일한 내용의 정본 1통을 작성하였다.

부속서

국제물품복합운송에 관한 통관규정

제 I 조

이 협약을 적용하는 데 있어: "보세운송절차"란 화물이 한 세관으로부터 타 세관으로 보세상태로 운송되는 세관절차를 말한다.

"도착지세관"이란 보세운송작업이 종료되는 지점의 세관을 말한다.

"수입/수출 관세와 세금"이란 화물의 수입/수출 또는 그와 관련하여 징수한 모든 비용 혹은 수수료, 관세 기타 제세금을 의미하지만, 제공한 서비스의 개략적인 실비로 금액은 제한되어 있는 비용과 수수료는 제외한다.

"보세운송서류"란 보세운송작업을 위해 필요로 하는 정보나 기입사항을 수록한 양식을 말한다.

제 II 조

1. 체약국들은 그들의 영역내에서 효력을 발생하고 있는 법, 규칙 및 국제협약의 규정에 따라 국제복합운송에서의 화물의 자유로운 통과를 허용해야 한다.

2. 통과운송을 위해 이용되는 보세운송절차에 요하는 조건들이 세관당국이 만족할 만큼 충족되었다는

fulfilled to the satisfaction of the customs authorities, goods in international multimodal transport :

(a) Shall not, as a general rule, be subject to customs examination during the journey except to the extent deemed necessary to ensure compliance with rules and regulations which the customs are responsible for enforcing. Flowing from this, the customs authorities shall normally restrict themselves to the control of this, customs seals and other security measures at points of entry and exit ;

(b) Without prejudice to the application of law and regulations concerning public or national security, public morality or public health, shall not be subject to any customs formalities or requirements additional to those of the customs transit regime used for the transit operation.

Article III.

In order to facilitate the transit of goods, each Contracting State shall :

(a) If it is the country of shipment, as far as practicable, take all measures to ensure the completeness and accuracy of the information required for the subsequent transit operations ;

(b) If it is the country of destination ;

(i) Take all necessary measures to ensure that goods in customs transit shall be cleared, as a rule, at the customs office of destination of the goods ;

(ii) Endeavour to carry out the clearance of goods at a place as near as is possible to the place of final destination of the goods, provided that national law and regulations do not require otherwise.

Article IV.

1. Provided that the conditions laid down in the customs transit procedure are fulfilled to the satisfaction of the customs authorities, the goods in international multimodal transport shall not be subject to the payment of import/export duties and taxes or deposit in lieu thereof in transit countries.

2. The provisions of the preceding paragraph shall not preclude :

(a) The levy of fees and charges by virtue of national regulations on grounds of public security or public health ;

(b) The levy of fees and charges, which are limited in amount to the approximate cost of services rendered, provided they are imposed under conditions of equality.

Article V.

1. Where a financial guarantee for the customs transit operation is required, it shall be furnished to the satisfaction of the customs authorities of the transit country concerned in conformity with its national law and regulations and international conventions.

2. With a view to facilitating customs transit, the system of customs guarantee shall be simple, efficient, moderately priced and shall cover import/export duties and taxes chargeable and, in countries where they are

전제하에 국제복합운송에서의 화물은;
  (a) 세관이 시행하여야 할 책임이 있는 규칙이나 법규의 이행을 확인하기 위해 필요하다고 간주되는 정도를 제외하고 원칙적으로 운송도중 세관검사 대상이 되어서는 안 된다. 그 결과 세관당국은 통상적으로 화물의 입출지점에서의 세관봉인 및 기타 안전조치의 관리에만 자신들을 한정하여야 한다.
  (b) 공공 혹은 국가안전, 공중도덕, 공중위생에 관한 법이나 규칙의 적용을 해함이 없이 통과운송에 사용되는 보세운송제도의 절차 또는 요건 이상의 세관절차나 요건의 대상이 되어서는 안 된다.

제 III 조
화물의 통과를 용이하게 하기 위하여 각 체약국은:
  (a) 선적국일 경우, 그 다음의 통과운송을 위해 요구되는 정보의 정확성 및 완전성을 확보하기 위하여 실행가능한 모든 조치를 다해야 한다.
  (b) 도착국일 경우에,
    (ⅰ) 보세운송 중인 화물이 일반적으로 도착지 세관에서 통관절차가 끝날 수 있도록 보증하기 위해 모든 필요한 조치를 다하여야 한다.
    (ⅱ) 국내법이나 규정이 달리 요구하고 있지 않는 한 화물의 최종 목적지에 가장 인접한 지점에서 화물의 통관이 이루어지도록 노력하여야 한다.

제 IV 조
1. 보세운송절차에 열거되어 있는 조건들이 세관당국이 만족할 만큼 이행되었음을 전제로하여 국제복합운송하에 있는 화물은 통과국에서 수입/수출관세와 세금이나 또는 그에 대신하는 공탁금의 지급대상이 되어서는 안 된다.
2. 전항의 규정은 다음의 사항을 배제하지 않는다.
  (a) 공공안전이나 공중위생상의 사유로 인하여 국내규정에 의거 부과된 수수료나 비용의 징수.
  (b) 공평한 조건하에 부과된다는 전제하에서 제공된 서비스의 개략적인 실비로 금액이 제한되어 있는 수수료나 비용의 징수.

제 V 조
1. 보세운송수속을 위해 재정보증이 요구될 경우 통과국의 국내법, 규정 및 국제협약에 따라서 통과국 세관당국이 만족할 수 있도록 제공되어져야 한다.
2. 보세운송을 용이하도록 하기 위하여 세관보증제도는 단순하고, 효율적이며, 적정선에서 평가되어야 하고, 수입/수출 관세와 부과될 수 있는 제세금을 포함하여야 하며, 그리고 벌금을 보증의 대상으로 하는 국가에서는 여타 벌과금을 포함하여야 한다.

covered by guarantees, any penalties due.

Article VI.

1. Without prejudice to any other documents which may be required by virtue of an international convention or national law and regulations, customs authorities of transit countries shall accept the multimodal transport document as a descriptive part of the customs transit document.

2. With a view to facilitating customs transit, customs transit documents shall be aligned, as far as possible, with the layout reproduced below.

제 VI 조

1. 제 국제협약이나 국내법 및 규정들에 의해 요구되는 다른 서류의 효력을 해함이 없이 통과국의 세관당국은 복합운송증권을 해당부분의 보세운송서류로 인정하여야 한다.

2. 보세운송을 용이하도록 하기 위하여 보세운송서류는 가능한 한 아래의 서식에 따라 작성되어져야 한다.

2-7 UN/ICC Rules for Multimodal Transport Documents, 1992

Introduction

1. The ICC Uniform Rules for a combined transport document (ICC publication no 298) which are based on the Comite Maritime International (CMI) "Tokyo Rules" and the draft convention known as the "TCM"-draft, elaborated by UNIDROIT, have gained world-wide recognition and been incorporated in several widely used standard transport documents such as the FIATA combined transport bill of lading and the BIMCO/INSA COMBIDOC. Pending the entry into force of the United Nations Convention on International Multimodal Transport of Goods of 1980, (the "MT Convention") the Committee on Shipping of UNCTAD instructed the UNCTAD secretariat, in close cooperation with the competent commercial parties and international bodies, to elaborate provisions for multimodal transport documents based on the Hague Rules and the Hague-Visby Rules as well as existing documents such as the FBL and the ICC Uniform Rules. The UNCTAD secretariat consequently established contact with the commercial parties and a joint UNCTAD/ICC working group was created to elaborate a new set of rules.

2. The Rules are available to international trade for world-wide application and will be acceptable to the international banking community being fully compatible with the latest revision of the ICC Uniform Customs and Practice for Documentary Credits, (UCP) which will become available in the near future. However, the Rules only cover a part of the customary contents of an multimodal transport contract. Thus, an MTO wishing to use the Rules as a basis for his multimodal transport contract would have to add other clauses dealing with matters such as : optional stowage, routing, freight and charges, liens, both-to-blame collision, general average, jurisdiction and arbitration, and applicable law, to satisfy his particular needs. Such additions could, of course, also be made with respect to matters covered by the Rules, but only to the extent that they are not contradictory thereto.

1. Applicability.

1.1. These Rules apply when they are incorporated, however this is made, in writing, orally or otherwise, into a contract of carriage by reference to the "UNCTAD/ICC Rules for multimodal transport documents", irrespective of whether there is a unimodal or a multimodal transport contract involving one or several modes of transport or whether a document has been issued or not.

1.2. Wherever such a reference is made, the parties agree that these Rules shall supersede any additional terms of the multimodal transport contract which are in conflict with these Rules, except insofar as they increase the responsibility or obligations of the multimodal transport operator.

2-7 　복합운송서류에 관한 UN/ICC규칙, 1992

소 개

1. 복합운송증권에 관한 국제상업회의소의 통일규칙(ICC Uniform Rules)은 국제해사위원회(CMI)의 동경규칙(Tokyo Rules)과 UNIDRIOT(로마사법국제위원회)의 노력에 의하여 성안된 "TCM" 안으로 불리는 협약 초안을 바탕으로 한 것이며, 이는 세계적으로 널리 호응을 받아왔다. 특히, 이는 FIATA(국제운송주선인협회)의 복합운송증권과 BIMCO/INSA (발트 · 백해해운동맹/국제선주협회)의 COMBIDOC 같이 널리 사용되고 있는 많은 표준운송증권에 채용되고 있다. 1980년의 UN국제물품복합운송협약(복합운송협약)의 발효를 앞두고, UNCTAD의 해운위원회는 UNCTAD 사무국이 적임의 상거래당사자 및 국제기구와 긴밀히 협조하여 헤이그규칙과 헤이그-비스비 규칙은 물론 FBL이나 ICC통일규칙과 같은 기존의 증권을 바탕으로 하여, 복합운송증권에 관한 규정을 마련할 것을 지시한 바 있다. 그 결과, UNCTAD 사무국은 상거래 당사자들과 접촉을 계속하였으며, 새로운 규칙을 마련하기 위한 UNCTAD/ICC합동작업반이 조직되었다.

2. 본 규칙은 범세계적으로 국제무역거래에 적용될 수 있으며, 가까운 장래에 이용될 ICC의 화환신용장 통일규칙(UCP)의 최신의 개정내용과 완전히 일치되기 때문에 국제금융계에서도 받아들여질 수 있을 것이다.

   그러나 본 규칙은 복합운송계약의 관습적인 내용의 일부분만을 다루고 있을 뿐이다. 따라서 본 규칙을 토대로 복합운송계약을 체결하고자 하는 MTO(복합운송인)는 필요에 따라 적부의 재량(optimal stowage), 운송경로(routing), 운임과 비용, 유치권(lines), 쌍방과실충돌, 공동해손, 재판관할과 중재 및 준거법 등의 문제에 관하여는 별도의 조항을 추가하여야 할 것이다. 본 규칙에서 다루고 있는 문제에 관하여도, 그러한 조항을 추가할 수 있는 것은 물론이지만, 그것은 어디까지나 본 규칙과 상충되지 않는 범위 내에서 가능하다.

1. 적용범위

1.1. 본 규칙은 서면이나 구두 또는 기타의 방법으로 "복합운송계약에 관한 UNCTAD/ICC규칙"을 명시함으로써 운송계약에 합당한 경우에 적용된다. 이 경우 단일의 또는 복수의 운송수단을 사용하는 단일운송계약인가 또는 복합운송계약인가와는 상관없으며, 또한 증권이 발행되었는지의 여부와도 상관없다.

1.2. 그러한 지시가 있을 경우, 계약 당사자는 그 계약에 복합운송인의 의무와 책임을 가중하는 경우를 제외하고, 본 규칙은 본 규칙과 저촉되는 복합운송 계약의 어떠한 추가조항에 대하여도 우선한다는 것에 동의한다.

2. Definitions.

2.1. "Multimodal transport contract"(multimodal transport contract) means a single contract for the carriage of goods by at least two different modes of transport.

2.2. "Multimodal transport operator"(MTO) means any person who concludes a multimodal transport contract and assumes responsibility for the performance thereof as a carrier.

2.3. "Carrier" means the person who actually performs or undertakes to perform the carriage, or part thereof, whether he is identical with the multimodal transport operator or not.

2.4. "Consignor" means the person who concludes the multimodal transport contract with the multimodal transport operator.

2.5. "Consignee" means the person entitled to receive the goods from the multimodal transport operator.

2.6. "Multimodal transport document"(MT document) means a document evidencing a multimodal transport contract and which can be replaced by electronic data interchange messages insofar as permitted by applicable law and be,

(a) issued in a negotiable form, or

(b) issued in a non-negotiable form indicating a named consignee.

2.7. "Taken in charge" means that the goods have been handed over to and accepted for carriage by the MTO.

2.8. "Delivery" means

(a) the handing over of the goods to the consignee, or

(b) the placing of the goods at the disposal of the consignee in accordance with the multimodal transport contract or with the law or usage of the particular trade applicable at the place of delivery, or

(c) the handing over of the goods to an authority or other third party to whom, pursuant to the law or regulations applicable at the place of deliver, the goods must be handed over.

2.9. "Special Drawing Right"(SDR) means the unit of account as defined by the International Monetary Fund.

2.10. "Goods" means any property including live animals as well as containers, pallets or similar articles of transport or packaging not supplied by the MTO. irrespective of whether such property is to be or is carried on or under deck.

3. Evidentiary effect of the information contained in the multimodal transport document.

The information in the MT document shall be prima facie evidence of the taking in charge by the MTO of the goods as described by such information unless a contrary indication, such as "shipper's weight, load and count", "shipper-packed container" or similar expressions, has been made in the printed text or superimposed on the document. Proof to the contrary shall not be admissible when the MT document has been transferred, or the equivalent electronic data interchange message has been transmitted to and acknowledged by the consignee who in good faith has relied and acted thereon.

2. 용어정의

2.1. "복합운송계약"은 적어도 두 가지 이상의 다른 운송수단에 의하여 물품을 운송하기 위한 단일계약을 의미한다.

2.2. "복합운송인(MTO)"는 복합운송계약을 체결하고 또한 운송인으로서 그 계약 이행의 채무를 맡은 자를 의미한다.

2.3. "운송인"은 복합운송인과 동일인이거나 아니거나와 상관없이, 실제로 운송의 전부 또는 일부를 이행하거나 또는 그 이행을 인수하는 자를 의미한다.

2.4. "송하인"은 복합운송인과 복합운송계약을 체결하는 하는 자를 의미한다.

2.5. "수하인"은 복합운송인으로부터 물품을 수령할 수 있는 권리가 있는 자를 의미한다.

2.6. "복합운송증권(MT Documents)"은 다음의 형식으로 발행된 복합운송계약을 증명하는 증권을 의미하며, 이를 관련법규가 허용하는 경우 전자자료교환메시지로써 갈음할 수 있다.

　(a) 유통가능한 형식으로 발행되는 것

　(b) 또한 특정 수항인이 지정된 유통 불가능한 형식으로 발행되는 것

2.7. "인수한"이라는 것은 물품이 운송을 위하여 복합운송인에게 인도되고 또한 복합운송인이 이를 수령하였다는 것을 의미한다.

2.8. "인도"는 다음의 행위를 의미한다.

　(a) 물품을 수하인에게 넘겨주는 것, 또는

　(b) 복합운송계약에 따라 또는 인도장소에서 적용될 수 있는 특정거래에 관한 법이나 관습에 따라 물품을 수하인이 처분할 수 있는 상태로 두는 것, 또는

　(c) 물품을 그 인도장소에서 적용될 수 있는 법규에 의하여 넘겨주어야 할 당국 또는 기타의 제3자에게 넘겨주는 것.

2.9. "특별인출권(SDR)"은 국제통화기금에서 정의하는 계산단위를 의미한다.

2.10. "물품"은 살아있는 동물뿐만 아니라, 복합운송인이 제공한 것이 아닌 컨테이너, 팔레트 또는 이와 유사한 운송이나 포장을 위한 용구를 포함한 모든 재물을 의미하며, 이는 갑판에 또는 갑판 아래 적재되어 운송될 예정인가 또는 운송되는가와 상관없다.

3. 복합운송증권에 기재된 정보의 증거력

복합운송증권상의 정보는 <송하인이 계량·적재·계수함>(shipper's weight load and count), <송하인이 포장한 컨테이너임>(shipper-packed container) 또는 이와 유사한 표현과 같은 반대의 표시가 별도로 증권에 인쇄되어 있거나 또는 부가문언으로 되어 있는 경우를 제외하고는, 복합운송인이 그러한 정보에 의하여 표시된 물품을 인수하였다는 사실에 대한 추정증거(prima facie evidence)가 된다. 이에 대한 반증은, 복합운송증권이 양도되었거나 또는 복합운송증권에 갈음하는 전자자료교환 메시지가 선의로 이를 신뢰하고 그것에 따라 행위를 하는 수하인에게 전달되고 또한 이를 수하인이 확인하고 있는 때에는 허용되지 아니한다.

4. Responsibilities of the multimodal transport operator.

4.1.   Period of responsibility. The responsibility of the MTO for the goods under these Rules covers the period from the time the MTO has taken the goods in his charge to the time of their delivery.

4.2.   The liability of the MTO for his servants, agents and other persons. The multimodal transport operator shall be responsible for the acts and omissions of his servants or agents, when any such servant or agent is acting within the scope of his employment, or of any other person of whose services he makes use for the performance of the contract, as if such acts and omissions were his own.

4.3.   Delivery of the goods to the consignee. The MTO undertakes to perform or to procure the performance of all acts necessary to ensure delivery of the goods :

   (a) when the MT document has been issued in a negotiable form "to bearer", to the person surrendering one original of the document, or

   (b) when the MT document has been issued in a negotiable form "to order", to the person surrendering one original of the document duly endorsed, or

   (c) when the MT document has been issued in a negotiable form to a named person, to that person upon proof of his identity and surrender of one original document ; if such document has been trasferred "to order" or in blank the provisions of (b) above apply, or

   (d) when the MT document has been issued in a non-negotiable form, to the person named as consignee in the document upon proof of his identity, or

   (e) when no document has been issued, to a person as instructed by the consignor or by a person who has acquired the consignor's or the consignee's rights under the multimodal transport contract to give such instructions.

5. Liability of the multimodal transport operator.

5.1.   Basis of Liability. Subject to the defences set forth in Rule 5.4 and Rule 6, the MTO shall be liable for loss of or damage to the goods, as well as for delay in deliver, if the occurrence which caused the loss, damage or delay in delivery took place while the goods were in his charge as defined in Rule 4.1., unless the MTO proves that no fault or neglect of his own, his own, his servants or agents or any other person referred to in Rule 4 has caused or contributed to the loss, damage or delay in delivery. However, the MTO shall not be liable for loss following from delay in delivery unless the consignor has made a declaration of interest in timely delivery which has been accepted by the MTO.

5.2.   Delay in delivery. Delay in delivery occurs when the goods have not been delivered within the time expressly agreed upon or, in the absence of such agreement, within the time which it would be reasonable to require of a diligent MTO, having regard to the circumstances of the case.

4. 복합운송의 의무

4.1. 본 규칙하에서의 물품에 관한 복합운송인의 의무는 복합운송인이 물품을 인수한 시점에서 이를 인도하는 시점까지의 기간에 걸쳐 인정된다.

4.2. 복합운송인의 사용인, 대리인 및 기타의 피용자의 행위에 대한 복합운송인의 책임

복합운송인은 자기의 사용인 또는 대리인이 그 직무의 범위 내에서 행위를 하는 경우 그러한 사용인 또는 대리인의 작위 또는 계약의 이행을 위하여 그 업무를 이용하는 자의 작위 또는 부작위에 대하여, 마치 그러한 작위 또는 부작위가 복합운송인 자신의 작위 또는 부작위인 것과 마찬가지로 책임을 진다.

4.3. 수하인에 대한 물품의 인도

복합운송인은 다음과 같이 물품의 인도를 보장하기 위하여 필요한 모든 조치를 이행하거나 그 이행을 주선할 의무가 있다.

(a) 복합운송증권이 유통가능한 형식으로 "소지인식"(to bear)된 경우에는, 발행 1통의 증권원본을 제시하는 자에 대한 인도, 또는

(b) 복합운송증권이 유통가능한 형식으로 "지시인식으로"(to order) 발행된 경우에는, 정당하게 배서된 1통의 증권원본을 제시하는 자에 대한 인도, 또는

(c) 복합운송증권이 유통가능한 형식으로 특정인 앞으로 발행된 경우에는, 자신의 동일성을 증명하고 1통의 증권원본을 제시하는 그 특정인에 대한 인도(증권이 지신인으로, 또는 백지배서로 양도된 때에는 위(b)의 규정이 적용된다), 또는

(d) 복합운송증권이 유통불가능한 형식으로 발행된 경우에는, 자신의 동일성을 증명하는 증권에 수하인으로 지정되어 있는 특정인에 대한 인도, 또는

(e) 아무런 증권도 발행되지 아니한 경우에는, 송하인이 지시하는 자 또는 복합운송계약상 그러한 지시를 할 수 있는 송하인이나 수하인의 권리를 취득한 자가 지시하는 자에 대한 인도

5. 복합운송인의 책임

5.1. 책임의 기초

규칙 5.4 및 규칙 6에 규정되어 있는 항변은 별문제로 하고, 복합운송인은 물품의 멸실이나 손상뿐 아니라 인도지연에 대하여 그러한 멸실, 손상 및 지연이 규칙 4.1에 정의되고 있는 바와 같이 복합운송인이 물품이 자기의 관리 아래 발생한 경우에는, 복합운송인이 자기자신 또는 그 사용인, 또는 기타 규칙 4에 언급된 자의 과실 또는 태만으로 그러한 멸실, 손상 및 지연이 발생한 것이 아님을 증명하지 않는 한, 그 멸실, 손상 및 지연에 대하여 책임을 진다. 그러나, 복합운송인은 송하인이 물품의 적기 인도에 대한 이익을 선언하고 복합운송인이 이를 수락한 경우가 아니면, 인도의 지연으로 인한 손해에 대한 책임을지지 아니한다.

5.2 인도의 지연

인도의 지연은 물품이 명시적으로 합의된 시일 내에 인도되지 아니하거나, 또는 그러한 합의가 없는 경우에는 관련 상황을 고려하여 성실한 복합운송인에 대하여 기대할 수 있는 합리적인 시일내에 인도되지

5.3. Conversion of delay into final loss. If the goods have not been delivered within ninety consecutive days following the date of delivery determined according to Rule 5.2., the claimant may, in the absence of evidence to the contrary, treat the goods as lost.

5.4. Defences for carriage by sea or inland waterways. Notwithstanding the provisions of Rule 5.1. the MTO shall not be responsible for loss, damage or delay in delivery with respect to goods carried by sea or inland waterways when such loss, damage or delay during such carriage has been caused by : act, neglect, or default of the master, mariner, pilot or the servants of the carrier in the navigation or in the management of the ship, fire, unless caused by the actual fault or privity of the carrier, however, always provided that whenever loss or damage has resulted from unseaworthiness of the ship, the MTO can prove that due diligence has been exercised to make the ship seaworthy at the commencement of the voyage.

5.5. Assessment of compensation.

5.5.1. Assessment of compensation for loss of or damage to the goods shall be made by reference to the value of such goods at the place and time they are delivered to the consignee or at the place and time when, in accordance with the multimodal transport contract, they should have been so delivered.

5.5.2. The value of the goods shall be determined according to the current commodity exchange price or, if there is no such price, according to the current market price or, if there is no commodity exchange price or current market price, by reference to the normal value of goods of the same kind and quality.

6. Limitation of liability of the multimodal transport operator.

6.1. Unless the nature and value of the goods have been declared by the consignor before the goods have been taken in charge by the MTO and inserted in the MT document, the MTO shall in no event be or become liable for any loss of or damage to the goods in an amount exceeding the equivalent of 666.67 SDR per package or unit or 2 SDR per kilogramme of gross weight of the goods lost or damaged, whichever is the higher.

6.2. Where a container, pallet or similar article of transport is loaded with more than one package or unit, the packages or other shipping units enumerated in the MT document as packed in such article of transport are deemed packages or shipping units. Except as aforesaid, such article of transport shall be considered the package or unit.

6.3. Notwithstanding the above-mentioned provisions, if the multimodal transport does not, according to the contract, include carriage of goods by sea or by inland waterways, the liability of the MTO shall be limited to an amount not exceeding 8.33 SDR per kilogramme of gross weight of the goods lost or damaged.

6.4. When the loss of or damage to the goods occurred during one particular stage of the multimodal transport, in respect of which an applicable international convention or mandatory national law would have provided another limit of liability if a separate contract of carriage had been made for that particular stage of transport, then the limit of the MTO's liability for such loss or damage shall be determined by reference to the provisions

아니한 때에 발생한다.

5.3. 지연의 경우 전손취급문제

만일 물품이 규칙 5.2에 의하여 정하여진 인도기일로부터 90일 내에 인도되지 아니한 경우에는, 청구권자는 반증이 없는 한 그 물품을 멸실된 것으로 취급할 수 있다.

5.4. 해상운송 또는 내수운송의 경우의 항변

규칙 5.1의 규정에도 불구하고, 복합운송인은 해상 또는 내수로로 운송된 물품에 관하여는 그 멸실, 손상 또는 인도지연이 그러한 운송 중에 다음의 사유로 인하여 발생한 경우에는, 물품의 멸실, 손상 또는 지연에 대하여 책임을 지지 아니한다.

· 선장, 해원, 도선사 또는 운송인의 사용인에 항해 또는 선박의 관리에 관한 행위, 태만 또는 과실

· 운송인의 고의 또는 과실로 인하여 발생한 것이 아닌 화재.

그러한 멸실 또는 손실이 선박의 감항능력의 불비로 인하여 발생한 경우에는, 복합운송인은 항해의 개시 시에 선박의 감항능력을 확보하기 위하여 상당한 주의를 다하였음을 증명할 수 있어야 한다.

5.5. 배상액의 산정

5.5.1. 물품의 멸실이나 손상에 대한 배상액은 물품이 수하인에게 인도되는 장소와 시간 또는 물품을 복합운송계약에 따라 인도하여야 할 장소와 시간의 물품의 가액에 의하여 평가된다.

5.5.2. 물품의 가액은 상품거래소의 시가 또는 그러한 가격이 없는 경우 시장가격, 또는 상품거래소 가격이나 시장가격이 모두 없는 경우 동종·동질의 물품의 통상가격에 따라 결정한다.

6. 복합운송인의 책임한도

6.1. 복합운송인이 물품을 인수하기 전에 송하인이 물품의 종류와 가액을 통고하고 또한 이를 복합운송증권에 기재한 경우를 제외하고, 복합운송인은 어떠한 경우에도 매 포장당 또는 매 단위당 667.67 SDR 또는 멸실 또는 손상된 물품의 총중량에 대한 매 Kg당 2 SDR의 둘 중에서 많은 쪽의 금액을 초과하지 않는 범위 내에서만 책임을 진다.

6.2. 컨테이너, 팔레트 또는 이와 유사한 운송용구가 한 개 이상의 짐짝 또는 단위의 물품과 함께 적재된 경우에는, 그러한 운송용구에 포장된 것으로 복합운송증권에 기재된 짐짝 기타의 적재단위의 개수를 책임한도액의 산정에 관한 짐짝 또는 단위로 본다. 앞에서 언급한 경우를 제외하고, 그러한 운송 용구도 별도의 짐짝 또는 단위로 취급한다.

6.3. 위에서 언급한 규정에도 불구하고, 계약에 따라 복합운송인이 해상 또는 내수로의 운송을 포함하지 아니하는 경우에는, 복합운송인의 책임은 멸실 또는 손상된 물품의 총중량에 대한 매 Kg당 8.33 SDR을 초과하지 아니하는 금액으로 제한한다.

6.4. 물품의 멸실 또는 손상이 복합운송 중의 어느 한 특정구간에서 발생한 경우, 그 운송구간에 관하여 국제협약이나 국내의 강행법에서 그 구간에 대하여만 별도로 운송계약을 체결하였다면 적용할 수 있는 다른 책임의 한도를 규정하고 있는 때에는, 물품의 멸실 또는 손상에 대한 복합운송인의 책임의 한도

of such convention or mandatory national law.

6.5. If the MTO is liable in respect of loss following from delay in delivery, or consequential loss or damage other than loss of or damage to the goods, the liability of the MTO shall be limited to an amount not exceeding the equivalent of the freight under the multimodal transport contract for the multimodal transport.

6.6. The aggregate liability of the MTO shall not exceed the limits of liability for total loss of the goods.

7. Loss of the right of the multimodal transport operator to limit liability.

The MTO is not entitled to the benefit of the limitation of liability if it is proved that the loss, damage or delay in delivery resulted from a personal act or omission of the MTO done with the intent to cause such loss, damage or delay, or recklessly and with knowledge that such loss, damage or delay would probably result.

8. Liability of the consignor.

8.1. The consignor shall be deemed to have guaranteed to the MTO the accuracy, at the time the goods were taken in charge by the MTO, of all particulars relating to the general nature of the goods, their marks, number, weight, volume and quantity and, if applicable, to the dangerous character of the goods, as furnished by him or on his behalf for insertion in the MT document.

8.2. The consignor shall indemnify the MTO against any loss resulting from inaccuracies in or inadequacies of the particulars referred to above.

8.3. The consignor shall remain liable even if the MT document has been transferred by him.

8.4. The right of the MTO to such indemnity shall in no way limit his liability under the multimodal transport contract to any person other than the consignor.

9. Notice of loss or damage to the goods.

9.1. Unless notice of loss of or damage to the goods, specifying the general nature of such loss or damage, is given in writing by the consignee to the MTO when the goods are handed over to the consignee, such handing over is prima facie evidence of the delivery by the MTO of the goods as described in the MT document.

9.2. Where the loss or damage is not apparent, the same prima facie effect shall apply if notice in writing is not given within 6 consecutive days after the day when the goods were handed over the consignee.

10. Time-bar.

The MTO shall, unless otherwise expressly agreed, be discharged of all liability under these Rules unless suit is brought within 9 months after the delivery of the goods, or the date when the goods should have been delivered, or the date when in accordance with Rule 5.3, failure to deliver the goods would give the consignee the right to treat the goods as lost.

11. Applicability of the rules to actions in tort.

These Rules apply to all claims against the MTO relating to the performance of the multimodal transport contract,

는 그러한 국제협약 또는 국내의 강행법 규정에 의하여 결정된다.

6.5. 복합운송인이 인도의 지연에 따라 손실 또는 물품의 멸실이나 손상 이외의 간접적인 손실 또는 손해에 대하여 책임이 있는 때에는, 복합운송인의 책임은 복합운송을 위한 복합운송계약에 의한 운임을 초과하지 아니하는 금액으로 제한한다.

6.6. 복합운송인의 종합적인 책임의 총액은 물품의 전손인 경우에 대한 책임의 한도를 초과하지 아니한다.

7. 복합운송인의 책임제한권의 상실

복합운송인은 멸실, 손상 또는 인도의 지연이 그 멸실, 손상 또는 지연을 일으킬 의도를 가지고, 또는 무모하게 또한 그러한 멸실, 손상 또는 지연이 발생할 것이라는 것을 알면서 행한 복합운송인의 개인적인 작위 또는 부작위로 일어났다는 것이 증명된 때에는, 복합운송인은 책임제한의 이익을 주장하지 못한다.

8. 송하인의 책임

8.1. 송하인은 복합운송인이 물품을 인수할 때에 송하인이 직접 또는 송하인에 갈음하여 혹은 복합운송증권에 삽입하기 위하여 제공한 물품의 일반적인 종류, 기호, 개수, 중량, 용적과 수량 및 적용가능한 경우 물품의 위험성에 관한 모든 명세에 대하여 복합운송인에게 그 정확성을 담보한 것으로 본다.

8.2. 송하인은 위의 명세와 관련하여 그것이 부정확하거나 또한 부적절함으로써 발생한 모든 손실에 대하여 복합운송인에게 배상하여야 한다.

8.3. 송하인은 복합운송증권을 양도한 후에도 그 책임을 면하지 못한다.

8.4. 복합운송인이 비록 송하인으로부터 그러한 배상을 받을 권리가 있다고 하여도, 복합운송계약에 따라 송하인 이외의 제3자에게 지는 책임이 제한되는 것은 결코 아니다.

9. 물품의 멸실 및 손상의 통지

9.1. 수하인이 물품의 인도를 받을 때에 물품의 멸실 또는 손상에 대하여 그 개황을 명시하여 복합운송인에게 서면으로 통지하지 아니하는 한, 그 물품의 인도는 복합운송인이 물품을 복합운송증권에 기재된 대로 인도하였다는 사실에 대한 증거가 된다.

9.2. 멸실이나 손상이 겉으로 명백히 드러나지 아니한 경우에는, 물품이 수하인에게 인도된 날에 이은 6일 이내에 서면에 의한 통지가 없으면 마찬가지로 추정증거력이 인정된다.

10. 제척기간

복합운송인은 별도의 명시적인 합의가 없는 한, 물품의 인도일 또는 물품을 인도하여야 할 날, 또는 규칙 5.3에 따라 물품의 인도의 혜택에 대하여 수하인이 전손으로 취급할 권리가 있는 날로부터 9개월 내에 소송을 제기하지 않으면, 본 규칙에 따른 모든 책임을 면한다.

11. 불법행위에 대한 본 규칙의 적용

본 규칙은 복합운송인의 복합운송계약의 이행에 관하여 복합운송인에 대한 모든 청구에 대하여 그것이 계

whether the claim be founded in contract or in tort.

12. Applicability of the rules to the multimodal transport operator's servants, agents and other persons employed by him.

These Rules apply whenever claims relating to the performance of the multimodal transport contract are made against any servant, agent or other person whose services the MTO has used in order to perform the multimodal transport contract, whether such claims are founded in contract or in tort, and the aggregate liability of the MTO of such servants, agents or other persons shall not exceed the limits in Rule 6.

13. Mandatory law.

These Rules shall only take effect to the extent that they are not contrary to the mandatory provisions of international conventions or national law applicable to the multimodal transport contract.

Explanation of the Rules

Rule 1 – Applicability.

The Rules do not apply when they are not referred to. It is possible to refer to the Rules even for port to port traffic and when unimodal transport is intended.

Parties having referred to the Rules, and thereby incorporated the Rules into their contract, must avoid inserting stipulations which derogate from the Rules and which thus would be contradictory. It is stated in Rule 1.2 that the parties by referring to the Rules agree that the Rules would supersede anything which has been stated to the contrary.

Rule 2 – Definitions.

It has been thought that definitions should not include "multimodal transport" but rather focus on the "multimodal transport contract".

The definition of "carrier" is included in order to distinguish any performing carrier - not identical to the MTO - from the MTO.

The definition of "MT document" includes negotiable, non-negotiable transport documents as well as the case where the paper document has been replaced by electronic data interchange messages.

The definition of "delivery" only deals with the situation at the place of destination. Since the shipper controls the handing over of the goods for carriage, and problems seldom occur in practice to determine the beginning of the carrier's period of responsibility, it is sufficient to refer to the case when the goods are delivered to the consignee and third parties subsequent to carriage.

Rule 3 – Evidentiary effect of the information contained in the multimodal transport document.

With respect to the responsibility for information in the MT document, the expression in art. 3.4. of the Hague-Visby Rules, "third party", has not been used, since the governing factor is whether or not the consignee has

약을 근거로 한 것인가 또는 불법행위를 근거로 한 것인가를 묻지 아니하고 적용한다.

12. 복합운송인의 사용인, 대리인 및 기타의 MTO의 피용인에 대한 본 규칙의 적용

본 규칙은 복합운송계약의 이행에 관한 청구가 복합운송인이 복합운송계약을 이행하기 위하여 그 업무를 이용하는 모든 사용인, 대리인 또는 기타의 피용자에 대하여 제기되는 경우, 그것이 계약을 근거로 한 것인가 또는 불법행위를 근거로 한 것인가를 묻지 아니하고 적용되며, 그러한 사용인, 대리인 또는 피용자에 대한 복합운송인의 책임의 총액은 규칙 6에 규정된 한도를 초과하지 못한다.

13. 강행법규

본 규칙은 단일운송계약에 적용될 수 있는 국제협약이나 국내법의 강행규정에 저촉되지 아니한 범위내에서만 그 효력이 있다.

규칙의 해설

규칙 1. 적용범위

복합운송증권에 관한 ICC 통일규칙은 이를 적용한다는 명시가 없을 때에는 적용되지 않는다. 본 규칙은 항구와 항구 사이의 운송이나 단일의 운송수단에 의한 운송을 목적으로 할 때에도 적용할 수 있다.

본 규칙의 적용을 명시함으로써 이를 계약의 내용으로 포함시킨 당사자는 본 규칙에 저촉되는 조항을 삽입하지 않도록 하여야 한다. 규칙 제1, 2조는 계약당사자들은 본 규칙을 적용하기로 명시함으로써 본 규칙이 이와 상충되는 다른 어떤 조항보다 우선한다는 데 동의한다고 명시하고 있다.

규칙 2. 용어정의

용어의 정의규정에는 "복합운송"이 아니라, "복합운송계약"에 역점을 두어야 한다고 생각되어 왔다.

"운송인(carrier)"은 MTO(복합운송인)와 일치하지 않는 실제운송인을 복합운송인과 구별하기 위하여 정의되어 있다.

"복합운송증권"의 정의에는 유통성이 있는 운송증권 및 유통성이 없는 운송증권과 함께 증서 대신에 전자식 자료교환(EDI)메시지도 포함되고 있다.

"인도"는 목적지에서의 인도의 경우만 언급하고 있다. 운송을 위해 물품을 넘겨주는 일은 송하인(shipper)이 지배하며, 운송인의 책임 개시시점이 언제부터인가를 결정하는 것은 실제로 거의 문제가 되지 않기 때문에, 물품이 운송된 후에 수하인과 제3자에게 인도되는 경우만을 언급하여도 충분한 것이다.

규칙 3. 복합운송증권에 기재된 정보의 증거력

복합운송증권에 담긴 정보에 관한 책임과 관련하여, 헤이그-비스비규칙 제3조 제4항에 규정된 "제3자"라는 표현은 사용되지 않고 있는데, 이는 수하인이 그 정보를 신뢰하고 그 정보에 따라 어떤 행위를 하였는가의 여

relied and acted upon the information and not his position as a "party" or "third party" in relation to the MTO. In particular, such an expression may be misleading where the seller has handed over the goods to the carrier and the buyer under an FOB or an FCA contract has concluded the contract of carriage. In such a case, the FOB/FCA - buyer - although relying on the information in the MT document - could not be considered a "third party".

Rule 4 - Responsibilities of the multimodal transport operator.

The period of responsibility includes the whole time when the MTO is in charge of the goods. The particular problem when the goods are delivered at destination is covered by the definition of "deliver".

The words "within the scope of his employment" and "for the performance of the contract" would limit the vicarious liability of the MTO. However, it should be observed that these expressions may well be given a different interpretation in different jurisdictions. In particular, it is uncertain under some laws whether the MTO would be responsible for theft by his employees or other persons acting in the performance of the contract.

The modalities of delivering the goods to the consignee have been clearly set forth with reference to different types of negotiable MT documents and to nonnegotiable MT documents. It should be observed that the modalities of delivery are different in these cases. A particular reference to the replacement of paper documents by electronic data interchange messages has been made.

Rule 5 - Liability of the multimodal transport operator.

The Hague and Hague-Visby Rules, in art. IV (4), contain a long list of defences which apply to the benefit of the carrier. With the exception of the particular defences of error in navigation and management of the vessel (nautical fault) as well as of fire (art. IV (4) (a) and (b)), the Hague-Visby Rules imply for all practical purposes a liability of the carrier for presumed fault or neglect, In any event, the Rules would have to ensure that the vessel operating MTO would benefit from the same defences which would have applied to a contract for a unimodal sea transport and that a non-vessel operating MTO (NTO-MTO) would have the possibility of instituting recourse actions against the actual (performing) carrier basically according to Rules which are compatible with the Rules determining his own liability.

These objectives would - although not exactly, but still for all practical purposes - be reached if the defences of nautical fault and of fire are clearly mentioned combined with a liability based upon presumed fault or neglect. A complete incorporation of the so-called network liability principled, taking all modes of transport into consideration, would be far too complicated. In any event, mandatory provisions applicable to unimodal transport would supersede the Rules (ef. Rule 13).

In view of the fact that the carrier's liability is based upon the principle of presumed fault - and not on the strict "common carrier" liability - and not on the strict "common carrier" liability - it has been deemed unnecessary to burden the text with specific exceptions from liability of the kind mentioned in the Hague Rules (art. IV (4) (c-p)). However, should an operator choose to list in his document some of the typical situations for non-liability as appear

부가 문제의 관건이지, 복합운송인과 관련된 "당사자" 또는 "제3자"로서의 그 지위는 중요한 문제가 아니기 때문이다. 특히, 그러한 표현은 매도인이 운송인에게 물품을 인도하고, 매수인이 본선인도조건(FOB) 또는 운송인인도조건(FCA)의 계약에 따라 이미 운송계약을 체결한 경우에 오해를 불러일으킬 수 있다. 그러한 경우, FOB/FCA 조건의 매수인은 비록 복합운송증권상의 정보를 신뢰할지라도, 제3자로 인정될 수는 없는 것이다.

규칙 4. 복합운송인의 의무

복합운송인(MTO)이 의무를 부담하는 기간은 복합운송인이 당해 물품을 그 관리 아래 두고 있는 전기간이 된다. 물품이 목적지에의 인도된 경우의 문제는 "인도"의 정의에서 다루어진다.

"그 직무의 범위 내에서" 또는 "계약의 이행을 위하여"라는 문구는 복합운송인의 대위책임을 제한한다. 그러나 이들 표현은 재판관할지역에 따라 각기 달리 해석될 수도 있다는 점에 유의하여야 한다. 특히, 나라에 따라 복합운송인이 그 사용인이나 그 밖의 계약의 이행으로서 행위를 하는 사람에 의한 절도에 대하여 책임을 져야 하는가가 법적으로 명확하지 않은 경우가 있다.

물품을 수하인에게 인도하는 방식은 서로 다른 형식의 유통성이 있는 복합운송증권과 유통성이 없는 복합운송증권의 경우와 관련하여 명확히 규정되어 있다. 이 두 경우 인도방식이 각기 다르다는 점에 유의하여야 한다. 또한 서면에 의한 증권이 전자자료교환(EDI) 메시지로 대치된 경우에 대하여도 별도로 언급되고 있다.

규칙 5. 복합운송인의 책임

헤이그규칙 내지 헤이그-비스비 규칙 제42조에는 운송인에게 유리하게 적용 될 수 있는 항변사유에 관한 항목이 길게 열거되어 있다. 항해 및 선박의 관리상의 과실 곧 해기과실(nautical fault)과 함께, 화재의 경우의 특별한 면책을 제외하면(제4조 4항(a)와 (b), 헤이그-비스비규칙상의 운송인의 책임은 실제적으로 운송인의 과실추정(presumed fault or neglect)의 책임을 의미한다. 여하튼간에, 복합운송에 관한 ICC 통일규칙은 선박을 운항하는 복합운송인이 단일의 해상운송계약에 적용되어 온 것과 동일한 항변사유에 의한 이익을 향유할 수 있으며, 선박을 운항하지 않는 복합운송인(NVO-MTO)은 기본적으로 그 책임을 규정하는 ICC통일규칙과 양립할 수 있는 규칙에 의하여 실제운송인을 상대로 구상의 제소를 할 수 있도록 보장하여야 할 것이다. 이러한 목표는 항해과실이나 화재의 경우에 대한 운송인의 면책이 과실추정에 기초를 둔 책임과 함께 명백히 규정될 때에는, 비록 완전하지는 못하더라도 실제적으로는 상당한 정도로 그 달성이 가능할 것이다.

모든 운송수단을 고려하여, 이른바 각 운송구간이 이종책임의 원칙(network liability principle)을 완전히 채용한다면 지나치게 복잡해질 것이다. 여하간 단일운송에 적용되는 강행규정이 본 규칙에 우선하게 될 것이다(규칙 13 참조).

운송인의 책임은 엄격한 "공중운송인(common carrier)의 책임이 아니라, 과실추정의 원칙에 기초를 두고 있다는 점에 비추어, 헤이그 규칙(제4조 제4항 c-p)에 언급된 종류에 특별한 면책사유를 구체적으로 열거할 필요는 없는 것으로 인정되어 왔다. 그러나 만일 복합운송인이 헤이그규칙에 규정된 전형적인 면책의 경우를

from the However Rules this would not be contradictory in the sense of Rule 1.2 provided the text of Rule 5.1 is maintained.

In order to make the basis of liability compatible with the Hangue-Visby Rules, an exemption from liability is expressed in Rule 5.4 under the heading "Defences for carriage of goods by sea or inland waterways". Here, the two fundamental defences for nautical fault and fire are mentioned. These defences are, as in the Hague-Visby Rules, subject to the overriding requirement that, when the loss or damage has resulted from unseaworthiness of the vessel, the multimodal transport operator can prove that due diligence has been exercised to make the vessel seaworthy at the commencement of the voyage. The words "actual fault or privity of the carrier" imply that the MTO will only be liable in case of acts or omissions occurring on the managerial level in his company. However, the result would be the same in most jurisdictions according to general principles of law which would render contractual provisions exempting a party from liability inbald in cases of loss or damage caused by personal wilful misconduct or gross negligence. The basis of liability expressed in the Hamburg Rules art. 5.1 and the MT Convention art. 16 has been used to set forth the general principle of a liability for presumed fault or neglect.

With respect to liability for delay it should be noted that such liability is not expressly referred to in the Hague-Visby Rules and that, in various jurisdictions, it is uncertain whether the Hague-Visby Rules cover such liability, In Rule 5.1 it is stipulated that the MTO should be relieved from liability for loss following from delay unless the consignor made a deciaration of interest in timely delivery accepted by the MTO. The problem of a possible conflict with mandatory law is taken care of by Rule 13 containing a general provision dealing with that problem.

The Hamburg Rules art. 5.3 and the MT Convention art. 16.3 contain provisions converting pending delay into a right for the claimant to treat the goods as lost. The period has been set at 90 days in the MT Convention, while the period is only 60 days in the Hamburg Rules, The longer period of 90 days has been chosen for the conversion in order to avoid that conversion occurs under the multimodal transport contract before such a conversion has been possible under any underlying unimodal transport contract. This will facilitate recourse actions by the MTO against his sub-contractors. It should be observed that conversion only takes place in the absence of proof that the goods in fact have not been lost.

The stipulation in Rule 5.5 with respect to assessment of compensation reflect the main principle of international conventions and national laws dealing with this problem. The method to assess partial damage has not been dealt with.

Individual MTOs may choose to deal with this problem in additional stipulations in their MT documents.

Rule 6 – Limitation of liability of the multimodal transport operator.

Rule 6 has been based on the limitation provisions of the Hague-Visby Rules including the so-called "container formula" meaning that the claimant could use the units inside the container for limitation purposes provided they

자기의 증권에 열거한다고 하여도, 그것은 규칙 5.1의 문언이 유지되는 한, 규칙 1.2의 규정과 상충되지는 않을 것이다.

책임의 기초를 헤이그-비스비 규칙과 일치시키기 위하여, 규칙 5.4에서는 "해상 또는 내수로에 의한 물품 운송에 관한 면책"이라는 표제 아래 책임이 면제되는 경우가 규정되어 있다. 여기에는, 항해과실 및 화재에 대한 두 가지 근본적인 면책이 규정되어 있는 것이다. 이들 면책사유는 헤이그-비스비 규칙에서와 마찬가지로, 선박이 감항능력을 갖추지 못하였기 때문에 멸실이나 손상이 발생한 경우에는, 복합운송인은 그 선박이 항해를 개시할 때에 감항능력을 확보하기 위하여 상당한 주의를 다하였다는 것을 증명할 수 있어야 한다는 우선적인 요건을 충족시켜야만 그것이 인정된다. "운송인의 고의 또는 과실"이라는 문언은 복합운송인이 자신의 회사 내의 관리자적 지위에서 발생하는 작위 또는 부작위에 대해서만 책임을 질 것임을 암시한다. 그러나 법의 일반원칙에 의하면, 개인적인 고의 또는 중과실로 인하여 발생한 멸실이나 손상에 대하여 책임을 면제하는 취지의 계약조항은 그 효력이 없다는 것은 거의 모든 국가의 법정에서 마찬가지의 결과가 될 것이다. 함부르크규칙 제5조 제1항과 복합운송협약 제16조에 표시되고 있는 책임의 기초는 과실추정책임의 일반원칙을 설정하는 데 곧잘 사용되어 왔다.

지연에 대한 책임과 관련하여 유의할 점은 헤이그-비스비 규칙에는 그러한 책임에 관하여 명시적으로 언급되어 있지 않으며, 따라서 헤이그-비스비 규칙이 그러한 책임에 대하여 적용될 수 있는가는 각 국의 법정에서 불명확하다는 점이다. 규칙 5.1에는 송하인이 물품의 시기적절한 인도에 관한 이익이 있다는 것을 표시한 데 대하여 복합운송인이 그것을 동의한 경우 외에는, 복합운송인은 지연으로 인한 손실에 대해 책임을 지지 않는다는 취지가 규정되어 있다. 강행법규에 대한 저촉가능성의 문제는, 이에 관한 일반조항을 규정하고 있는 규칙 13과 관련이 있다.

함부르크 규칙 제5조 제3항과 복합운송협약 제16조 제3항은 물품의 지연이 오래 계속될 때에는, 청구권자가 이를 전손이 된 것으로 취급할 수 있는 권리를 규정하고 있다. 복합운송협약에서는 그 기간이 90일로 되어 있으나, 함부르크규칙에서는 60일이다. 90일이라는 보다 긴 기간을 정한 것은 단일운송 계약에 의하여 그러한 권리가 발생하기 전에 복합운송계약 아래서 그러한 권리가 발생하는 일이 없도록 하기 위한 것이다. 그렇게 함으로써, 복합운송인이 하수급인에 대한 구상청구조치를 원활히 할 수 있을 것이다. 여기서 유의하여야 할 점은, 당해 물품이 실제로 멸실되지 않았다는 증거가 없을 때에만 그러한 권리가 발생한다는 것이다.

손해배상액의 산출에 관한 규칙 5.5의 규정은 이 문제에 관한 국제협약과 각국법의 주요 원칙을 반영하고 있다. 분손의 경우 이를 평가하는 방법은 대해서는 다루고 있지 않다. 복합운송인들은 개별적으로 복합운송증권에 추가조항을 별도로 삽입하여 이 문제를 다룰 수도 있다.

규칙 6. 복합운송인의 책임의 한도

규칙 6은 컨테이너 속의 운송물의 단위의 개수가 운송증권에 기재된 경우 청구권자는 그 단위의 개수를 책임제한의 기준으로 주장할 수 있다는 취지의 이른바 "컨테이너 방식을 포함한 헤이그-비스비 규칙상의 책

have been mentioned in the transport document. Since it is intended that the Rules should also cover multimodal transport not including sea transport, the CMR limit of liability of 8.33 SDR per kilogramme has in this case been used. It should be observed that this provision does not only serve to increase the per kilogram limitation but also to reduce the effect which the "container formula" might lead to. The average weight of units in containers in a number of trades is stated to be about 50 Killogrammes and, if the "container formula" applies, this would mean 100 SDR if the limitation amount equals 2 SDR and 460.5 SDR if the limitation amount equals 8.33 SDR. These amounts should be compared with the limitation of the Hague-Visby Rules which amounts to 666.67 SDR.

It should be noted that the Rule provides limitation of liability not only for loss of or damage to the goods and delay in delivery, but also for consequential loss. Physical damage or loss may well result in various indirect losses which under various jurisdictions may not be excluded by principles to limit the exposure of the liable party and a monetary limitation of this type of liability is therefore appropriate. As has been said, the combined unit and per kilogram limitation of the Hague-Visby Rules applies together with the so-called "container formula" using the units inside the container for limitation purposes when they have been mentioned in the transport document. Also, the higher per kilogram amount 8.33 SDR per kilogramme applies where the multimodal transport does not involve sea transport. However, another monetary limit may apply when loss or damage could be localized to a particular stage of the transport, where according to an applicable international convention or mandatory national law such other limit of liability is stipulated. This serves to ensure that both parties will have access to such higher or lower limit of liability as they would have had if they had concluded a contract of carriage for the relevant segment of the transport. Liability for delay in delivery or consequential loss is limited to an amount not exceeding the equivalent of the freight charged under the multimodal transport contract. Since it should not be possible for the claimant to get the "freight" limitation in addition to the unit and per kilogram limitation, Rule 6.6 provides for an aggregation of the limits so that they may never exceed the limit of liability for total loss of the goods.

Rule 7 – Loss of the right of the multimodal transport operator to limit liability.

The provision in Rule 7 on loss of the right to limit liability ensures that the right to limit liability is preserved when the blameworthy behaviour has not occurred on the managerial level but only on the part of the MTO's servants or agents.

For this purpose the word "personal" has been added before the words "act or omission". Thus, a distinction is made between the MTO's own behaviour and the behaviour of others, and the MTO does not lose his right to limit liability in cases where he is only vicariously liable for acts or omissions of other persons.

Rule 8 – Liability of the consignor.

This Rule makes the consignor liable under the principle that he is deemed to have guaranteed to the MTO the accuracy of all information given with respect to the goods and, in particular, their dangerous character. The consignor's duty to indemnify the MTO against loss resulting from wrong information in these respects is not

임제한의 규정을 토대로 하고 있다. 또한 동 규칙은 해상운송을 포함하지 않는 복합운송에도 적용하고자 한 것이기 때문에, 이 경우에는 CMR(국제운송조약)에 의한 책임한도액인 매 Kg당 8.33 SDR이 적용된다. 그러나 이 규정은 Kg을 기준으로 하는 책임한도액을 인상시킬 뿐 아니라, "컨테이너 방식"의 영향을 줄이는 기능도 한다는 점에 유의할 필요가 있다. 일반무역의 경우 컨테이너 속의 단위의 평균중량은 약 50Kg으로 표시되고 있으며, 만일 "컨테이너 방식"이 적용될 경우 책임한도액은 2SDR로 계산하면 100SDR이 되고, 8.33 SDR로 계산하면 460.5 SDR이 된다. 이들 금액은 헤이그-비스비 규칙상의 책임한도액인 666.67SDR과 비교해 볼 필요가 있다.

유의할 필요가 있는 이 규칙은 물품의 멸실 또는 손상 및 인도의 지연에 대한 책임의 제한뿐 아니라 간접적인 손실에 대한 책임의 제한에 관해서도 규정하고 있다는 점이다. 물리적인 멸실이나 손상의 결과로 여러 가지 간접적인 손실이 발생하기 쉬운데, 그러한 손실은 여러 나라의 법정에서 책임이 있는 당사자의 책임을 제한하는 원칙이 제외되지 않을 수도 있기 때문에, 그런 종류의 책임에 대해서는 금전적인 한도를 두는 것이 적절한 것이다. 앞에서 언급한 바와 같이, 헤이그-비스비 규칙의 단위와 Kg 기준의 책임한도는 컨테이너 내부의 단위가 운송증권에 명시된 경우 책임한도액을 결정하기 위해 그 컨테이너 내부의 단위를 기준으로 하는 소위 "컨테이너 방식"과 함께 적용된다. 또한 해상운송이 포함되지 않은 복합운송의 경우에는 Kg당 8.33SDR의 높은 한도액이 적용된다. 그러나 멸실이나 손상이 운송의 특정 단계에서 발생하였다는 것이 판명될 수 있을 경우에는, 다른 금액의 한도가 적용될 수도 있다. 이는 그 책임한도가 적용되어야 할 국제협약이나 국내의 강행법규에 의해 규정되고 있는 경우이다. 그렇게 함으로써, 양측 모두가 마치 당해 운송부분에 대해 별도로 운송계약을 체결하였을 경우와 마찬가지로 높은 한도나 낮은 한도의 책임을 적용할 수 있게 될 것이다.

인도의 지연이나 간접적인 손실에 대한 책임은 당해 복합운송계약에서 부과된 운임액을 초과하지 않는 금액으로 제한된다. 청구권자가 단위와 Kg기준의 한도에 추가하여 "운임"을 한도로 한 배상을 받을 수 없으며, 따라서 규칙 6.6은 책임한도의 총액은 물품의 전손에 대한 책임한도액을 초과하지 못한다고 규정하고 있다.

규칙 7. 복합운송인의 책임제한권의 상실

책임을 제한할 수 있는 권리의 상실에 관한 규칙 7의 규정은, 책임질 행위가 복합운송인의 경영진에 의한 것이 아니라 사용인이나 대리인에 의한 것인 경우에 책임을 제한할 수 있는 권리가 보장되도록 하고 있다. 이 취지와 관련하여 "작위 또는 부작위"라는 말 앞에 "개인적인"이라는 말이 덧붙여져 있다. 따라서 복합운송인 자신의 행위와 타인의 행위 사이에는 차이가 있으며, 복합운송인은 타인의 작위나 부작위에 대하여 단지 대위책임을 지는 경우에는 책임을 제한할 수 있는 권리를 상실하지 않는 것이다.

규칙 8. 송하인의 책임

이 규칙은, 송하인이 물품에 관하여 제공한 모든 정보, 특히 물품의 위험성에 관한 정보가 정확하다는 것을 복합운송인에게 보증한 것으로 본다는 원칙 아래 송하인의 책임을 규정하고 있다. 이때 송하인이 그릇된 정보를 제공함으로써 복합운송인에게 입힌 손실을 보상하여야 할 의무가 있는데, 이는 정보를 부정확하게

limited to cases where inaccurate information is given but also applies when the information is inadequate. The consignor remains liable even if he has assigned his rights under the multimodal transport contract to someone else by transferring the document. The fact that the MTO may proceed against the consignor does not in any way prevent him from holding other persons liable as well, for instance under the principle that anyone who tenders goods of a dangerous nature to the MTO under the applicable law could become liable in tort.

Rule 9. – Notice of loss of or damage to the goods.

With respect to notice of loss of or damage to the goods a distinction has been made between apparent and non-apparent loss or damage. In the former case, notice should be given in writing to the MTO when the goods were handed over to the consignee. In the letter case, notice should be given within six consecutive days after the day when the goods were handed over to the consignee. In case of late notice, the MTO would have established a prima facie case to the effect that it is presumed that no loss or damage has occurred unless the contrary could be proven by the claimant. The Rule does not deal with actions by the MTO against the consignor and therefore no period for notice of such claims has been provided for.

Rule 10 – Time-bar.

The time-bar has been set at 9 months. The Hague-Visby Rules provide for a one-year limit and the MT convention for a two-year limit. A time-bar of 9 months had to be chosen in order to ensure that the MTO would have adequate possibilities to institute recourse actions against the performing carrier. In the absence of any legal provision protecting the MTO's recourse possibilities as aforesaid, a shorter period has to be chosen than the period which applies under mandatory law to the performing carrier.

Rule 11 – Applicability of the rules to actions in tort.

The MTO would also need to be protected from claims when they relate to the performance of the contract but nevertheless the claimant seeks to avoid the Rules by founding his claim in tort. The Rule will not work when there is no contractual relationship between the MTO and the claimant. However, it contains an important protection for the MTO against a possible circumvention of the Rules by the person who has agreed to be bound by the Rules.

Rule 12 – Applicability of the rules to the multimodal transport operator's servants, agents and other persons employed by him.

This Rule purports to protect the servants and agents and other persons employed by the MTO, and thereby indirectly the MTO himself, by stipulating that the same protection which applies to the MTO would also apply to the benefit of "any servant, agent or other person whose services the multimodal transport operator has used in order

제공한 경우에만 한정되는 것이 아니라, 정보가 부적절한 경우에도 적용된다. 송하인이 운송증권을 이전함으로써 타인에게 복합운송계약상의 자기의 권리를 양도한 경우에도 송하인의 책임은 그대로 남는다. 복합운송인은 송하인에게 책임을 추구할 수 있다고 하더라도, 타인에 대한 복합운송인의 책임은 결코 소멸되지 않는다. 예를들면, 복합운송인에게 위험성이 있는 물품을 제공한 사람이 관련법규에 따라 불법행위책임을 져야 하는 경우에도, 송하인의 책임은 여전히 인정되는 것이다.

규칙 9. 물품의 멸실 및 손상의 통지

물품의 멸실이나 손상에 대한 통지에 관해서는, 겉으로는 드러난 멸실이나 손상의 경우와 겉으로 드러나지 않은 멸실이나 손상사이에 차이를 두고 있다. 겉으로 드러난 멸실이나 손상의 경우에는, 수하인이 물품을 인도받을 때에 복합운송인에게 그 사실을 서면으로 통지하여야 한다. 겉으로 드러나지 않은 손상의 경우에는, 물품이 수하인에게 인수된 날에 이은 6연속일 이내에 그 사실을 통지하여야 한다. 통지가 늦은 경우, 복합운송인은 청구권자가 물품의 멸실이나 손상에 대한 명백한 증거를 제시하지 못하는 한, 멸실이나 손상이 발생하지 않은 것으로 추정할 수 있는 추정증거를 확보할 수 있다. 이 규칙에서는 송하인에 대하여 복합운송인이 취할 수 있는 조치에 관하여는 규정하고 있지 않으며, 따라서 그러한 복합운송인의 청구에 관한 통지기간은 마련되어 있지 않은 것이다.

규칙 10. 소멸시효

책임소멸에 관한 시효기간은 9개월로 정해져 있다. 헤이그-비스비 규칙은 1년, 그리고 복합운송협약은 2년의 시효기간을 두고 있다. 9개월이라는 시효기간을 택한 것은 복합운송인이 적절한 시기에 실제 운송인에 대한 구상청구소송을 제기할 수 있도록 하기 위해서이다. 이와 같은 복합운송인의 구상청구의 가능성에 대한 법적인 보호교정이 없으면, 강행법규에 의하여 실제운송인에 대하여 적용되는 기간보다 짧은 기간을 선택하지 않을 수 없을 것이다.

규칙 11. 불법행위소송에 대한 규칙의 적용

복합운송인은 계약의 이행과 관련되고 있음에도 불구하고 청구권자가 불법행위를 근거로 한 배상청구를 함으로써 이 규칙의 적용을 회피하려고 할 경우에도 보호를 받을 수 있어야 한다. 이 규칙은 복합운송인과 청구권자 사이에 계약관계가 없을 때에는 원칙적으로 적용될 수 없을 것이다. 그러나 이 규칙을 따르기로 합의한 자가 규칙에서 벗어나는 일이 없도록 복합운송인을 보호하기 위한 중요한 규정이 이 규칙에 포함되어 있다.

규칙 12. 복합운송인의 사용인, 대리인 및 기타의 피용인에 대한 본 규칙의 적용

이 규칙은, 복합운송인이 고용한 사용인, 대리인 및 기타의 피용자를 보호하고 또한 이로써 간접적으로 복합운송인 자신을 보호하고자 한 것인데, 복합운송인에게 적용되는 것과 동일한 보호가 복합운송계약을 이행하기 위하여 해당 복합운송인이 그 업무를 이용하는 모든 사용인, 대리인 및 기타의 피용자에도 적용된다고 명시하고 있다. 또한 이 경우 청구가 계약에 근거를 둔 것이거나 불법행위를 근거로 한 것이거나 상관

to perform the MT contract". Also in these cases it does not matter whether such claims are founded in contract or in tort. This Rule is of the same essence as the so-called Himalay-clauses which are usually to be found in the bills of lading and other transport documents. It should be noted that the carrier is given the same protection under the Hague-Visby Rules even in the absence of a clause. But it is uncertain, at least in some jurisdictions, whether the protection also applies to "independent contractors" as distinguished from "servants or agents". It is particularly important that the protection in case of a multimodal transport contract is not limited only to "servants or agents", since the MTO frequently engages various sub-contractors in order to perform the contract. In Anglo-American law, some difficulties may arise to make this particular Rule effective in view of the difficulties in obtaining protection for third parties by contractual arrangements. This might require particular techniques in order to obtain the desired protection when English or United States law applies to the carriage, e.g. to stipulate that the MTO, when agreeing with the consignor to apply Rule 12, has done so as an agent or a trustee of the other persons concerned.

Rule 13 - Mandatory law.

This Rule only serves as a reminder. Mandatory provisions of international conventions or national law which may apply to the multimodal transport contract will supersede the Rules. It could be argued that the multimodal transport contract is a contract of its own type and that therefore no infringement of mandatory law applicable to unimodal transport could occur. However, the "conversion" of a unimodal carrier into an MTO may be considered an unacceptable way to avoid mandatory law and that therefore mandatory law, in such a case, would defeat some of the stipulations of these Rules. If it does, the Rules will become ineffective but only to such extent.

2-8 CMI Rules, 1990

CMI Uniform Rules for Sea Waybill

1. Scope of Application.

(1) These Rules shall be called the "CMI Uniform Rules for Sea Waybills".

(2) They shall apply when adopted by a contract of carriage which is not covered by a bill of lading or similar document of title, whether the contract be in writing or not.

2. Definitions.

In these Rules :

없다. 이 규칙은 널리 선하증권 기타의 운송증권에서 볼 수 있는 소위 히말라야조항과 같이 아주 중요한 것이다. 유의할 점은 운송인은 그러한 조항이 없을 때라도 헤이그-비스비 규칙 아래서와 똑같은 보호를 받는다는 사실이다. 그러나 적어도 국가에 따라서는 "사용인 또는 대리인"과 구별되는 "독립계약자"도 마찬가지의 보호를 받을 수 있는지의 여부에 관하여 명확하지 않은 경우도 있다. 복합운송계약에서는 복합운송인이 계약의 이행을 위하여 하수급인을 사용하는 일이 많기 때문에, "사용인 또는 대리인에게만 계약상의 보호가 한정되지 않아야 하는 것이 특히 중요하다. 영미법에서는, 계약에 의하여 제3자가 보호받도록 하기가 어렵기 때문에 이 특별한 규칙을 시행하는 데 어려움이 있을 수 있다. 따라서 영국이나 미국의 법이 운송관계에 적용될 때에는 그 원하는 보호를 확보하기 위한 특별한 기술이 필요할런지 모른다. 즉, 복합운송인이 규칙 12조를 적용하기로 송하인과 합의할 때에 자신이 관련된 사용인 등의 대리인 또는 수탁자로서 그러한 합의를 할 것임을 명시할 필요가 있다.

규칙 13. 강행법규

이 규칙은 하나의 지침에 지나지 않는다. 따라서 <복합>운송계약에 적용될 수 있는 국제협약이나 국내법의 강행규정은 이 규칙에 우선한다. 복합운송계약은 그 자체가 하나의 고유한 계약이며, 따라서 <단일> 운송에 적용될 수 있는 강행법을 위반하는 일은 있을 수 없다는 데 대하여는 논란이 있을 수 있다. 그러나, 단일운송인이 복합운송인으로 전환하는 것은 강행법을 회피하기 위한 수단으로 용납될 수는 없는데, 그렇게 되면 그런 경우 강행법이 이 규칙의 일부 조항의 적용을 배제하게 될 것이기 때문이다. 그렇게 되면, 이 규칙은 그만큼 실효성이 없어질 것이다.

2-8 CMI규칙, 1990

해상운송장에 관한 CMI 통일규칙

1. 적용범위

(i) 본 규칙은 '해상운송장에 관한 CMI 통일규칙'이라고 부른다.

(ii) 본 규칙은 운송계약의 서면여부에 관계없이 선하증권(이하 B/L로 약칭) 또는 유사한 권리증권에 편입되지 않은 운송계약이 채용한 경우에 적용된다.

2. 정의

본 규칙에서는,

"Contract of carriage" shall mean any contract of carriage subject to these Rules which is to be performed wholly or partly be sea.

"Goods" shall mean any goods carried or received for carriage under a contract of carriage.

"Carrier" and "Shipper" shall mean the parties named in or identifiable as such from the contract of carriage.

"Consignee" shall mean the party named in or identifiable as such from the contract of carriage, or any person substituted as consignee in accordance with rule 6 (1).

"Right of Control" shall mean the rights and obligations referred to in rule 6.

3. Agency.

(1) The shipper on entering into the contract of carriage does so not only on his own behalf but also as agent for and on behalf of the consignee, and warrants to the carrier that he has authority so to do.

(2) This rule shall apply if, and only if, it be necessary by the law applicable to the contract of carriage so as to enable the consignee to sue and be sued thereon. The consignee shall be under no greater liability than he would have been had the contract of carriage been covered by a bill of lading or similar document of title.

4. Rights and Responsibilities.

(1) The contract of carriage shall be subject to any International Convention or National Law which is, or if the contract of carriage had been covered by a bill of lading or similar document of title would have been, compulsorily applicable thereto. Such convention or law shall apply notwithstanding any thing inconsistent therewith in the contract of carriage.

(2) Subject always to subrule (1), the contract of carriage is governed by :

   (a)   these Rules ;

   (b)   unless otherwise agreed by the parties, the carrier's standard terms and conditions for the trade, if any, including any terms and conditions relating to the non-sea part of the carriage ;

   (c)   any other terms and conditions agreed by the parties.

(3) In the event of any inconsistency between the terms and conditions mentioned under subrule (2) (b) or (c) and these Rules, these Rules shall prevail.

5. Description of the Goods.

(1) The shipper warrants the accuracy of the particulars furnished by him relating to the goods, and shall indemnify the carrier against any loss, damage or expense resulting from any inaccuracy.

(2) In the absence of reservation by the carrier, any statement in a sea way-bill or similar document as to the quantity or condition of the goods shall

   (a)   as between the carrier and the shipper be prima facie evidence of receipt of the goods as so stated ;

   (b)   as between the carrier and the consignee be conclusive evidence of receipt of the goods, as so stated, and proof to

'운송계약'은 본 규칙에 준거하여 화물의 전부 또는 일부를 해상운송하기로 한 일체의 운송계약을 의미한다.

'화물'은 운송계약에 의거 운송된 또는 운송을 위해 수령한 일체의 화물을 의미한다.

'운송인' 및 '송하인'은 운송계약에 지정되어 있거나 그 계약에서 확인할 수 있는 당사자를 의미한다.

'수하인'은 운송계약에 지정되어 있거나 그 계약에서 확인할 수 있는 당사자, 또는 제6조 (i)항에 의거 수하인으로 대체되는 사람을 의미한다.

'화물처분권'은 규칙 제6조에 규정된 권리 및 의무를 의미한다.

3. 대리권

(i) 송하인은 자기를 위해서 뿐만 아니라 수하인의 대리인으로서 또는 그를 대신하여 운송계약을 체결하는 것이며, 또 송하인은 그렇게 체결할 권한이 있음을 운송인에게 담보하는 것이다.

(ii) 본 규칙은 수하인이 운송계약에 의거 제소할 수 있고, 제소당할 수 있게 하기 위해 운송계약의 준거법이 요구한 경우 및 경우에만 적용된다. 수하인은 B/L 또는 유사한 권리증권에 편입된 운송계약에서 부담하는 책임의 이상은 부담하지 아니한다.

4. 권리 및 책임

(i) 운송계약은 B/L 또는 유사한 권리증권에 운송계약이 편입되었을 경우에 강행 적용되었어야 할 일체의 국제조약 또는 국내법의 적용을 받는다. 그리고 운송계약에 그 조약 또는 법에 반하는 조항이 있더라도 그 조약 또는 법은 적용된다,

(ii) 항상 위 (i)항의 규정을 전제로 운송계약은 다음에 의해 규율된다.

    (a) 본 규칙,

    (b) 당사자간에 별도의 합의가 없으면, 해상구간 이외의 구간에 대한 운송조건 및 조항이 있는 경우에는 그것이 포함된 운송인의 표준조건 및 조항,

    (c) 당사자간에 합의된 기타 일체의 조건 및 조항.

(iii) 위 (ii)항 (b) 또는 (c)의 조건 및 조항과 본 규칙이 모순되면 본 규칙이 우선한다.

5. 화물의 명세

(i) 송하인은 자기가 제공한 화물명세의 정확성을 담보하며, 그 부정확으로 인해 발생한 일체의 멸실, 손상 또는 비용을 운송인에게 배상해야 한다.

(ii) 운송인의 유보문구가 없으면, 화물의 수량 또는 상태에 대한 해상운송장 또는 유사한 증권상의 일체의 기재는,

    (a) 운송인과 송하인 사이에는 기재된 내용의 화물을 수령했다는 추정적 증거가 된다.

    (b) 운송인과 수하인 사이에는, 수하인이 항상 선의로 행동할 경우에는, 기재된 내용의 화물을 수령했

the contrary shall not be permitted, provided always that the consignee has acted in good faith.

6. Right of Control.

(1) Unless the shipper has exercised his option under subrule (2) below, he shall be the only party entitled to give the carrier instructions in relation to the contract of carriage. Unless prohibited by the applicable law, he shall be entitled to change the name of the consignee at any time up to the consignee claiming delivery of the goods after their arrival at destination, provided he gives the carrier reasonable notice in writing, or by some other means acceptable to the carrier, thereby undertaking to indemnify the carrier against any additional expense caused thereby.

(2) The shipper shall have the option, to be exercised not later than the receipt of the goods by the carrier, to transfer the right of control to the consignee. The exercise of this option must be noted on the sea waybill or similar document, if any. Where the option has been exercised the consignee shall have such rights as are referred to in subrule (1) above and the sipper shall cease to have such rights.

7. Delivery.

(1) The carrier shall deliver the goods to the consignee upon production of proper identification.

(2) The carrier shall be under no liability for wrong delivery if he can prove that he has exercised reasonable care to ascertain that the party claiming to be the consignee is in fact that party.

8. Validity.

In the event of anything contained in these Rules or any such provisions as are incorporated into the contract of carriage by virtue of rule 4, being inconsistent with the provisions of any International Convention or National Law compulsory applicable to the contract of carriage, such Rules and provisions shall to that extent but no further be null and void.

CMI Rules for Electronic Bills of Lading

1. Scope of Application.

These rules shall apply whenever the parties so agree.

2. Definitions.

a. "Contract of Carriage" means any agreement to carry goods wholly or partly by sea.

b. "EDI" means Electronic Data Interchange, i.e. the interchange of trade data effected by tele-transmission.

c. "UN/EDIFACT" means the United Nations Rules for Electronic Data Interchange for Administration, Commerce and Transport.

d. "Transmission" means one or more messages electronically sent together as one unit of dispatch which includes heading and terminating data.

다는 결정적 증거가 되며, 이에 대한 반증은 허용되지 아니한다.

6. 화물처분권

(i) 송하인이 아래 (ii)항의 선택권을 행사하지 않았다면, 송하인은 운송계약과 관련하여 운송인에게 지시할 권한이 있는 유일한 당사자이다. 적용법이 금지하지 않으면, 송하인은 그로 인해 발생한 일체의 추가비용을 보상한다는 보증하에 서면 또는 기타 운송인이 수긍하는 방법으로 운송인에게 적절히 통지하고, 목적지에 화물이 도착한 후 수하인이 화물인도를 청구하기 전까지는, 언제라도 송하인은 수하인의 명칭을 변경할 권한이 있다.

(ii) 송하인에게는 운송인이 화물을 수령하기 전에 화물의 처분권을 수하인에게 이전할 수 있는 선택권이 있다. 선택권을 행사한 때에는 해상운송장 또는 유사한 증권에 그 사실이 명기되어야 한다. 선택권이 행사되면 수하인은 위 (i)항에 규정된 권리를 보유하며, 송하인의 권리는 중단된다.

7. 인도

(i) 운송인은 수하인이 적절한 방법으로 신원을 증명하면 화물을 인도해야 한다.

(ii) 운송인은 수하인임을 주장하는 당사자가 진정한 수하인인지를 확인하기 위해 상당한 주의를 기울였음을 입증한 경우에는, 인도착오에 대하여 일체 책임지지 않는다.

8. 효력

본 규칙 또는 제4조에 의거 운송계약에 편입된 조항이 운송계약에 강행 적용되는 국제조약 또는 국내법 조항에 반하는 경우, 본 규칙 또는 편입된 조항은 반하는 범위 내에서만 효력을 상실한다.

1990년 전자선하증권에 관한 CMI 규칙

1. 적용범위

본 규칙은 당사자들이 적용하기로 합의한 때에 적용한다.

2. 정의

a. '운송계약'은 화물의 전부 또는 일부를 해상운송하기로 한 합의를 의미한다.

b. 'EDI'란 전자자료교환, 즉 전송으로 효력을 발휘하는 거래자료의 교환을 의미한다.

c. 'UN/EDIFACT'란 행정, 상업 및 운송을 위한 전자자료교환에 관한 유엔규칙을 의미한다.

d. '전송'은 제목및 종결어가 포함된 1단위 발신으로서 동시에 전송되는 단일 또는 복수의 통신문을 의미한다.

e. "Confirmation" means a Transmission which advises that the content of a Transmission appears to be complete and correct, without prejudice to any subsequent consideration or action that the content may warrant.

f. "Private Key" means any technically appropriate form, such as a combination of numbers and/or letters, which the parties may agree for securing the authenticity and integrity of a Transmission.

g. "Holder" means the party who is entitled to the rights described in Article 7 (a) by virtue of its possession of a valid Private Key.

h. "Electronic Monitoring System" means the device by which a computer system can be examined for the transactions that it recorded, such as a Trade Data Log or an Audit Trail.

i. "Electronic Storage" means any temporary, intermediate or permanent storage of electronic data including the primary and the back-up storage of such data.

3. Rules of procedure.

a. When not in conflict with these Rules, the Uniform Rules of Conduct for Interchange of Trade Data by Tele-transmission, 1987 (UNCID) shall govern the conduct between the parties.

b. The EDI under these Rules should conform with the relevant UN/EDI-FACT standards. However, the parties may use any other method of trade data interchange acceptable to all of the users.

c. Unless otherwise agreed, the document format for the Contract of Carriage shall conform to the UN Layout Key or compatible national standard for bills of lading.

d. Unless otherwise agreed, a recipient of a Transmission is not authorized to act on a Transmission unless he has sent a Confirmation.

e. In the event of a dispute arising between the parties as to the data actually transmitted, an Electronic Monitoring System may be used to verify the data received. Data concerning other transactions not related to the data in dispute are to be considered as trade secrets and thus not available for examination. If such data are unavoidably revealed as part of the examination of the Electronic Monitoring System, they must be treated as confidential and not released to any outside party or used for any other purpose.

f. Any transfer of rights to the goods shall be considered to be private information, and shall not be released to any outside party not connected to the transport or clearance of the goods.

4. Form and content of the receipt message.

a. The carrier, upon receiving the goods from the shipper, shall give notice of the receipt of the goods to the shipper by a message at the electronic address specified by the shipper.

b. This receipt message shall include :
(i) the name of the shipper ;
(ii) the description of the goods, with any representations and reservations, in the same tenor as would be required if a paper bill of lading were issued ;

e. '확인'은 전송의 내용이 담보할 지도 모를 일체의 후속적 약인 또는 조치를 침해하지 않고, 그 내용이 외관상 완전하고 정확하다는 것을 고지하는 전송을 의미한다.

f. '비밀키'는 전송의 진정성 및 완전성을 보장하기 위해 기술적으로 적절하게 수자 및 또는 문자를 조합하여 당사자가 합의한 일체의 방식을 의미한다.

g. '소지인'은 유효한 비밀키를 보유함으로써 제7조 (a)항에 명시된 권리를 보유할 수 있는 당사자를 의미한다.

h. '전자감시시스템'은 거래장부 또는 감사기록과 같은 거래내력이 기록되는 컴퓨터 시스템을 점검할 수 있는 장치를 의미한다.

i. '전자보관'은 원기록 및 예비기록을 포함한 일체의 전자자료의 일시적, 중간적 또는 영구적 보관을 의미한다.

3. 절차에 관한 규칙

a. 본 규칙에 저촉되지 아니하면, 1987년 거래자료 전송교환의 운영에 관한 통일규칙(UNCID)이 당사자들의 행위를 규율한다.

b. 본 규칙에 의거한 EDI는 UN/EDIFACT의 표준과 일치해야 한다. 그러나 당사자들은 이용자 모두가 수용할 수 있는 기타의 다른 거래자료 교환방법을 사용할 수 있다.

c. 별도의 합의가 없으면, 운송계약의 서식은 유엔의 B/L 서식 또는 그에 부합하는 국내의 B/L 표준서식과 일치해야 한다.

d. 별도의 합의가 없으면, 전송의 수령인은 그가 확인하지 않은 전송에 근거하여 행동해서는 안 된다.

e. 실제로 전송된 자료에 대해 당사자간에 분쟁이 발생한 경우에는, 수령된 자료의 검증을 위해 전자감시시스템을 이용할 수 있다. 분쟁자료와 관련이 없는 타거래자료는 비밀로 취급하고 검증에 이용해서는 안 된다. 만약 이러한 자료가 전자감시시스템의 검증과정에 불가피하게 노출될 경우, 그 자료는 비밀로 취급하고 어떠한 외부자에게 유출 또는 일체 다른 목적으로 사용해서는 안 된다.

f. 화물에 대한 일체의 권리이전은 비밀정보로 취급해야 하고, 또 화물의 운송 또는 통관과 관련이 없는 어떠한 외부자에게도 유출해서는 아니된다.

4. 수령통신문의 형식 및 내용

a. 송하인으로부터 화물을 수령한 운송인은 송하인이 지정한 전자주소로 통신문을 전송하여 송하인에게 화물의 수령을 통지해야 한다.

b. 이 수령통신문에는 다음의 사항을 포함해야 한다.
　(ⅰ) 송하인의 명칭;
　(ⅱ) 서면 B/L을 발행할 때에 요구되는 것과 같은 내용의 화물의 명세, 일체의 표시 및 유보;

  (ⅲ) the data and place of the receipt of the goods ;

  (ⅳ) a reference to the carrier's terms and conditions of carriage ; and

  (ⅴ) the Private Key to be used in subsequent Transmissions.

   The shipper must confirm this receipt message to the carrier, upon which Confirmation the shipper shall be the Holder.

c. Upon demand of the Holder, the receipt message shall be updated with the date and place of shipment as soon as the goods have been loaded on board.

d. The information contained in (ⅱ), (ⅲ) and (ⅳ) of paragraph (b) above including the date and place of shipment if updated in accordance with paragraph (c) of this Rule, shall have the same force and effect as if the receipt message were contained in a paper bill of lading.

5. Terms and conditions of the Contract of Carriage.

a. It is agreed and understood that whenever the carrier makes a reference to its terms and conditions of carriage, these terms and conditions shall form part of the Contract of Carriage

b. Such terms and conditions must be readily available to the parties to the Contract of Carriage.

c. In the event of any conflict or inconsistency between such terms and conditions and these Rules, these Rules shall prevail.

6. Applicable law.

The Contract of Carriage shall be subject to any international convention or national law which would have been compulsorily applicable if a paper bill of lading had been issued.

7. Right of Control and Transfer.

a. The Holder is the only party who may, as against the carrier :

  (1) claim delivery of the goods ;

  (2) nominate the consignee or substitute a nominated consignee for any other party, including itself ;

  (3) transfer the Right of Control and Transfer to another party ;

  (4) instruct the carrier on any other subject concerning the goods, in accordance with the terms and conditions of the Contract of Carriage, as if he were the holder of a paper bill of lading.

b. A transfer of the Right of Control and Transfer shall be effected: (ⅰ) by notification of the current Holder to the carrier of its intention to transfer its Right of Control and Transfer to a proposed new Holder, and (ⅱ) confirmation by the carrier of such notification message, whereupon (ⅲ) the carrier shall transmit the information as referred to in article 4 (except for the Private Key) to the proposed new Holder, whereafter (ⅳ) the proposed new Holder shall advise the carrier of its acceptance of the Right of Control and Transfer, whereupon (ⅴ) the carrier shall cancel the current Private Key and issue a new Private Key the new Holder.

c. If the proposed new Holder advises the carrier that it does not accept the Right of Control and Transfer or fails

(iii) 화물의 수령일 및 수령장소;

(iv) 운송인의 운송조건 및 조항에 대한 조회처;

(v) 이후의 전송에 사용될 비밀키, 송하인은 운송인에게 이러한 통신문의 수령을 확인해야 하며, 확인을 해야 비로소 송하인은 전자 B/L의 소지인이 된다.

c. 소지인의 요구가 있으면 화물이 선적되는 대로 수령통신문에 선적일자 및 선적장소를 갱신해야 한다.

d. 본조 (c)에 의거 갱신된 선적일자 및 선적장소를 포함하여 본조 (b)항 (ii), (iii), (iv)에 열거한 정보는 마치 그 수령통신문이 서면 B/L에 편입된 것과 같이 동일한 효력 및 효과를 발휘한다.

5. 운송계약의 조건 및 조항

a. 운송인이 운송조건 및 조항에 대해 조회처(reference)를 두었을 경우에는, 조회처의 조건 및 조항은 운송계약의 일부로 합의되고 이해된다.

b. 조회처의 조건 및 조항은 운송계약의 당사자가 언제든지 접근할 수 있어야 한다.

c. 운송조건 및 조항과 본 규칙이 모순 또는 불일치한 경우 본 규칙이 우선한다.

6. 적용법

운송계약은 만약 서면 B/L이 발행되었다면 강행 적용되었을 일체의 국제조약 또는 국내법의 적용을 받는다.

7. 운송물의 처분권 및 양도권

a. 소지인은 운송인에게 다음의 사항을 행할 수 있는 유일한 당사자이다.

(i) 화물의 인도청구;

(ii) 수하인의 지정 또는 지정된 수하인을 자기가 포함된 다른 당사자로 변경;

(iii) 다른 당사자에게 운송물의 처분권 및 양도권을 양도;

(iv) 그가 마치 서면 B/L의 소지인인 것처럼 운송계약의 조건 및 조항에 따라 운송인에게 화물에 대한 기타 일체의 지시.

b. 처분권 및 양도권의 양도는 다음과 같이 이행되어야 한다.

(i) 현재의 소지인이 처분권 및 양도권을 예정된 새로운 소지인에게 양도할 의사를 운송인에게 통지하면,

(ii) 운송인이 그 통지의 수령을 확인한 뒤에,

(iii) 운송인은 제4조에 열거된 정보(비밀키는 제외)를 새로운 소지인에게 전송하고, 그 후에

(iv) 새로운 소지인은 처분권 및 양도권의 인수를 운송인에게 통지하면, 그 후에

(v) 운송인은 현재의 비밀키를 폐기하고 새로운 비밀키를 새로운 소지인에게 부여한다.

c. 예정된 새로운 소지인이 처분권 및 양도권을 引受하지 않겠다는 뜻을 운송인에게 통지하거나, 또는 상

to advise the carrier of such acceptance within a reasonable time, the proposed transfer of the Right of Control and Transfer shall not take place. The carrier shall notify the current Holder accordingly and the current Private Key shall retain its validity.

d. The transfer of the Right of Control and Transfer in the manner described above shall have the same effects as the transfer of such rights under a paper bill of lading.

8. The Private Key.

a. The Private Key is unique to each successive Holder. It is not transferable by the Holder. The carrier and the Holder shall each maintain the security of the Private Key.

b. The carrier shall only be obliged to send a Confirmation of an electronic message to the last Holder to whom it issued a Private Key, when such Holder secures the Transmission containing such electronic message by the use of the Private Key.

c. The Private Key must be separate and distinct from any means used to identity the Contract of Carriage, and ant security password or identification used to access the computer network.

9. Delivery.

a. The carrier shall notify the Holder of the place and date of intended delivery of the goods. Upon such notification the Holder has a duty to nominate a consignee and to give adequate delivery instructions to the carrier with verification by the Private Key. In the absence of such nomination, the Holder will be deemed to be the consignee.

b. The carrier shall deliver the goods to the consignee upon production of proper identification in accordance with the delivery instructions specified in paragraph (a) above ; such delivery shall automatically cancel the Private Key.

c. The carrier shall be under no liability for mis-delivery if it can prove that it exercised reasonable care to ascertain that the party who claimed to be the consignee was in fact that party.

10. Option to receive a paper document.

a. The Holder has the option at any time prior to delivery of the goods to demand from the carrier a paper bill of lading. Such document shall be made available at a location to be determined by the Holder, provided that no carrier shall be obliged to make such document available at a place where it has no facilities and in such instance the carrier shall only be obliged to make the document available at the facility nearest to the location determined by the Holder. The carrier shall not be responsible for delays in delivering the goods resulting from the Holder exercising the above option.

b. The carrier has the option at any time prior to delivery of the goods to issue to the Holder a paper bill of lading unless the exercise of such option could result in undue delay or disrupts the delivery of the goods.

c. A bill of lading issued under Rules 10 (a) or (b) shall include ;

   (i) the information set out in the receipt message referred to in Rule 4 (except for the Private Key) ; and

   (ii) a statement to the effect that the bill of lading has been issued upon termination of the procedures for EDI under the

당한 기간내에 그 처분권 및 양도권의 인수를 통지하지 아니한 경우에는, 그 처분권 및 양도권은 양도 되지 않는다. 운송인은 현재의 소지인에게 그 사실을 통지해야 하며, 이때 현재의 비밀키는 계속 유효 하게 된다.

d. 위와 같은 처분권 및 양도권의 이전은 서면 B/L에 의해 그 권리를 이전하는 것과 동일한 효력을 발휘한다.

8. 비밀키

a. 승계되는 소지인의 비밀키는 각각 고유한 것이다. 소지인은 비밀키를 양도할 수 없다. 운송인과 소지 인은 각각 비밀키의 보안을 유지해야 한다.

b. 운송인으로부터 비밀키를 부여받은 최종소지인이 비밀키를 사용하여 전자통신문이 포함된 전송을 수 취한 경우에만, 운송인은 최종소지인에게 전자통신문의 확인을 발송할 의무가 있다.

c. 비밀키는 운송계약의 진정성을 입증하기 위해 사용되는 기타의 수단 및 컴퓨터망에 접근하기 위해 사 용되는 일체의 암호 또는 신원확인과 다른 독립된 것이어야 한다.

9. 인도

a. 운송인은 소지인에게 예정된 화물의 인도장소 및 그 일자를 통지해야 한다. 그러한 통지를 받으면 비 밀키로 입증된 소지인은 수하인을 지정하고 운송인에게 적절한 인도지시를 할 의무가 있다. 그러한 지 정이 없으면 소지인 자신이 수하인으로 간주된다.

b. 운송인은 (a)의 인도지시에 따라 신원이 적절히 확인되면 수하인에게 화물을 인도해야 한다. 화물이 인 도되면 비밀키는 자동 폐기된다.

c. 운송인은 수하인임을 주장하는 당사자가 진정한 수하인인지를 확인하기 위해 상당한 주의를 기울였 음을 입증한 경우에는, 인도착오에 대해 책임지지 아니한다.

10. 서면운송서류에 대한 선택권

a. 소지인은 화물이 인도되기 전에는 언제라도 운송인에게 서면 B/L을 요구할 수 있다. 그 서류는 소지인 이 지정한 장소에서 교부되어야 한다. 다만 운송인은 운송인의 시설이 없는 곳에서 그러한 서류를 교 부할 의무는 없고, 이때 운송인은 소지인이 지정한 장소에 가장 가까운 시설에서 교부할 수 있다. 소지 인이 상기의 선택권을 행사하여 발생한 화물의 인도지연에 대해 운송인은 책임지지 아니한다.

b. 그 선택권의 행사로 화물의 인도를 부당하게 지연시키거나 불능이 되지 않는 경우에 한해, 운송인은 화물이 인도되기 전에 언제라도 소지인에게 서면 B/L을 발행할 수 있다.

c. 본조 (a) 또는 (b)에 의거 발행된 B/L은 다음의 사항을 포함해야 한다.
   (i) 제4조에 열거된 수령통신문에 포함되어 있는 정보(비밀키는 제외); 그리고
   (ii) B/L이 전자선하증권에 관한 CMI 규칙에 의거 EDI 절차의 종료와 동시에 발행되었다는 취지의 문구

CMI Rules for Electronic Bills of Lading. The aforementioned bill of lading shall be issued at the option of the Holder either to the order of the Holder whose name for this purpose shall then be inserted in the bill of lading or "to bearer".

d. The issuance of a paper bill of lading under Rule 10 (a) or (b) shall cancel the Private Key and terminate the procedures for EDI under these Rules. Termination of these procedures by the Holder or the carrier will not relieve any of the parties to the Contract of Carriage of their rights, obligations or liabilities while performing under the present Rules nor of their rights, obligations or liabilities under the Contract of Carriage.

e. The Holder may demand at any time the issuance of a print-out of the receipt message referred to in Rule 4 (except for the Private Key) marked as "non-negotiable copy". The issuance of such a print-out shall not cancel the Private Key nor terminate the procedures for EDI.

11. Electronic data is equivalent to writing.

The carrier and the shipper and all subsequent parties utilizing these procedures agree that any national or local law, custom or practice requiring the Contract of Carriage to be evidenced in writing and signed, is satisfied by the transmitted and confirmed electronic data residing on computer data storage media displayable in human language on a video screen or as printed out by a computer. In agreeing to adopt these Rules, the parties shall be taken to have agreed not to raise the defence that this contract is not in writing.

가 기재되어야 한다. 상기의 B/L은 소지인의 선택에 따라, 소지인의 명칭이 B/L에 기재되는 '소지인 지시식'(to order of the holder) 또는 '지참인식'(to bearer)으로 발행되어야 한다.

d. 본조 (a) 또는 (b)에 의거 서면 B/L이 발행되면, 비밀키는 폐기되며 본 규칙에 의거한 EDI 절차는 종료된다. 소지인 또는 운송인에 의해 EDI 절차가 종료되더라도, 운송계약의 어떠한 당사자도 본 규칙에 의거한 권리, 의무 또는 책임, 또는 그 운송계약에 의거한 권리, 의무 또는 책임을 면제받지 못한다.

e. 소지인은 언제라도 제4조에 언급된(비밀키는 제외) 수령통신문을 '비유통성 사본'으로 표기하여 출력을 요구할 수 있다. 그러한 출력이 교부되더라도 비밀키는 폐기되지 아니하며, 또 EDI 절차도 종료되지 아니한다.

11. 전자자료와 서면자료의 동등성

운송인, 송하인 및 본 절차를 이용하는 일체의 후속당사자는, 운송계약이 서면으로 작성되고 서명되어질 것을 요구하는 일체의 국내 또는 현지법, 관습 또는 관행이 컴퓨터에 의해 인간의 언어로 화면에 표현되거나 출력됨으로써 컴퓨터의 기억장치에 내장되어 있는 자료가 전송 및 인증되는 전자정보에 의해 충족될 수 있다는 사실에 합의한다. 본 규칙을 채택하기로 합의한 때에는, 당사자는 운송계약이 서면에 의한 것이 아니라는 항변을 제기하지 않기로 합의한 것으로 간주한다.

03

International Rules on the Marine Insurance

3-1 MIA, 1906

1. Marine insurance defined

A contract of marine insurance is a contract whereby the insurer undertakes to indemnify the assured, in manner and to the extent thereby agreed, against marine losses, that is to say, the losses incident to marine adventure.

2. Mixed sea and land risks

2.-(1) A contract of maine insurance may, by its express terms, or by usage of trade, be extended so as to protect the assured against losses on inland waters or on any land risk which may be incidental to any sea voyage.

(2) Where a ship in course of building, or the launch of a ship, or any adventure analogous to a marine adventure, is covered by a policy in the form of a marine policy, the provisions of this Act, in so far as applicable, shall apply thereto ; but, except as by this section provided, nothing in this Act shall alter or affect any rule of law applicable to any contract of insurance other than a contract of marine insurance as by this Act defined.

3. Marine adventure and maritime perils defined

3.-(1) Subject to the provisions of this Act, every lawful marine adventure may be the subject of a contract of marine insurance.

(2) In particular there is a marine adventure where -

   (a)   Any ship goods or other movables are exposed to maritime perils. Such property is in this Act referred to as "insurable property" ;

   (b)   The earning or acquisition of any freight, passage money, commission, profit, or other pecuniary benefit, or the security for any advances, loan, or disbursements, in endangered by the exposure of insurable property to maritime perils ;

   (c)   Any liability to a third party may be incurred by the owner of, or other person interested in or responsible for, insurable property, by reason of maritime perils.

03

국제해상보험 관련 규칙

해상보험법, 1906

해상보험

제1조 해상보험법의 정의

해상보험계약이란 보험자가 그 계약에 의하여 합의한 방법과 범위 내에서 해상손해, 즉 해상사업에 수반되는 손해에 대하여 피보험자에게 손해보상을 약속하는 계약이다.

제2조 해상 육상 혼합위험

(1) 해상보험계약은 명시적인 조건이나 무역관행에 의하여 피보험자를 보호하기 위해 해상항해에 수반될 수 있는 내수 또는 일체의 육상위험의 손해까지 확장될 수 있다.

(2) 건조 중의 선박, 또는 선박의 진수, 또는 해상사업과 유사한 일체의 사업이 해상보험증권양식의 보험증권에 의해서 부담되는 경우 적용가능한 한 이 법의 규정들이 적용되어야 한다. 그러나 본조에서 규정하는 경우를 제외하고, 이 법의 어떤 규정도 이 법에서 정의하고 있는 해상보험계약 이외의 일체의 보험계약에 적용되는 법률의 일체의 원칙을 변경하거나 영향을 미치는 것은 아니다.

제3조 해상사업과 해상위험의 정의

(1) 이 법의 규정을 전제로 하여, 모든 적법한 해상사업은 해상보험계약의 목적이 될 수 있다.

(2) 특히 다음의 경우에 해상사업이 있다.

   (a) 일체의 선박, 화물 또는 동산이 해상위험에 노출되는 경우. 그러한 재산을 이 법에서는 "피보험재산"이라고 한다.

   (b) 일체의 화물운임, 여객운임, 수수료, 이윤 또는 기타 금전적 이익의 수입이나 취득, 또는 일체의 전도금이나 대출금 또는 선비를 위한 담보가 피보험재산이 해상위험에 노출됨으로써 위험에 직면한 경우.

   (c) 피보험재산의 소유자 또는 피보험재산에 기타 이해관계가 있거나 책임이 있는 자가 해상위험 때문에 제3자에 대해 배상책임을 부담하는 경우.

"Maritime perils" means the perils consequent on, or incidental to, the navigation of the sea, that is to say, perils of the seas, fire, war perils, pirates, rovers, thieves, captures, seizures, restraints, and detainments of princes and peoples, jettisons, barratry, and any other perils, either of the like kind or which may be designated by the policy.

INSURABLE INTEREST

4. Avoidance of wagering or gaming contracts

4.-(1) Every contract of marine insurance by way of gaming or wagering is void.

(2) A contract of marine insurance is deemed to be a gaming or wagering contract -

   (a)   Where the assured has not an insurable interest as defined by this Act and the contract is entered into with no expectation of acquiring such an interest ; or

   (b)   Where the policy is made "interest or no interest." or "without further proof of interest than the policy itself." or "without benefit of salvage to the insurer." or subject to any other like term.

   Provided that, where there is no possibility of salvage, a policy may be effected without benefit of salvage to the insurer.

5. Insurable interest defined

5.-(1) Subject to the provisions of this Act, every person has an insurable interest who is interested in a marine adventure.

(2) In particular a person is interested in a marine adventure where he stands in any legal or equitable relation to the adventure or to any insurable property at risk therein, in consequence of which he may benefit by the safety or due arrival of insurable property, or may be prejudiced by its loss, or by damage thereto, or by the detention thereof, or may incur liability in respect thereof.

6. When interest must attach

6.-(1) The assured must be interested in the subject-matter insured at the time of the loss though he need not be interested when the insurance is effected ;

   Provided that where the subject-matter is insured "lost or not lost," the assured may recover although he may not have acquired his interest until after the loss, unless at the time of effecting the contract of insurance the assured was aware of the loss, and the insurer was not.

(2) Where the assured has no interest at the time of the loss, he cannot acquire interest by any act or election after he is aware of the loss.

7. Defeasible or contingent interest

7.-(1) A defeasible interest is insurable, as also is a contingent interest.

(2) In particular, where the buyer of goods has insured them, he has an insurable interest, notwithstanding that he might, at his election, have rejected the goods, or have treated them as at the seller's risk, bu reason of the

"해상위험"은 바다의 항해에 기인하거나 부수하는 위험을 의미하며, 즉 바다의 위험, 화재, 전쟁위험, 해적, 강도, 절도, 포획, 나포, 군주와 국민의 억류 및 억지, 투하, 선원의 악행, 및 이와 동종의 또는 보험증권에 기재되는 일체의 기타 위험을 말한다.

피보험이익

제4조 도박 또는 사행계약의 무효

(1) 사행 또는 도박을 목적으로 하는 모든 해상보험계약은 무효이다.

(2) 해상보험계약은 다음의 경우 사행 또는 도박계약으로 간주된다.

    (a) 피보험자가 이 법에서 정의하고 있는 피보험이익을 갖지 않고, 또한 그와 같은 이익을 취득할 기대가능성 없이 계약이 체결되는 경우, 또는

    (b) 보험증권이 "이익의 유무 불문", 또는 "보험증권 자체 이외에 이익의 추가 증명 없음", 또는 "보험자에게 구조물의 권리 없음", 또는 이와 유사한 기타 일체의 용어에 따라 작성되는 경우

    단, 구조의 가능성이 없는 경우 보험자에게 구조물의 권리없이 보험계약이 체결될 수 있다.

제5조 피보험이익의 정의

(1) 이 법의 규정이 있는 경우를 제외하고, 해상사업에 이해관계가 있는 자는 모두 피보험이익을 갖는다.

(2) 특히 해상사업에 대하여 또는 해상사업에서 위험에 노출된 일체의 피보험재산에 대하여 어떤 자가 보통법 또는 형평법상 관계에 있는 경우, 그 결과로 인하여 피보험재산의 안전이나 예정시기의 도착으로 이익을 얻거나, 피보험재산의 멸실이나 손상 또는 억류로 손해를 입거나, 또는 피보험재산에 관하여 배상책임을 발생시키는 자는 해상사업에 이해관계가 있다.

제6조 이익이 귀속되어야 할 시기

(1) 피보험자는 보험계약이 체결될 때 보험의 목적에 이해관계를 가질 필요는 없지만, 손해발생시에는 반드시 보험의 목적에 이해관계를 가져야 한다.

    단, 보험의 목적이 "멸실 여부를 불문함"이란 조건으로 보험가입되는 경우에는, 보험계약의 체결시 피보험자가 손해발생사실을 알고 있었고 보험자는 그 사실을 알지 못하였을 경우가 아닌 한, 피보험자는 손해발생 후까지 자기의 이익을 취득할 수 없을지라도 보험금을 받을 수 있다.

(2) 피보험자가 손해발생시 이익을 가지고 있지 않은 경우, 피보험자는 손해발생을 알고 난 후에는 어떠한 행위 또는 선임에 의해서도 이익을 취득할 수 없다.

제7조 소멸이익 또는 불확정이익

(1) 불확정이익이 보험가능한 바와 같이, 소멸이익도 보험가능하다.

(2) 특히 화물의 매수인이 화물을 보험에 가입하는 경우에는, 매도인의 화물인도의 지연 또는 기타 이유로 매수인이 자기의 선택권에 따라 화물인수를 거절하거나 또는 매도인의 위험에 속하는 것으로서 화물

latter's delay in making delivery or otherwise.

8. Partial interest

A partial interest of any nature is insurable.

9. Reinsurance

9.-(1) The insurer under a contract of marine insurance has an insurable interest in his risk, and may reinsure in respect of it.

(2) Unless the policy otherwise provides, the original assured has no right or interest in respect of such reinsurance.

10. Bottomry

The lender of money on bottomry or respondentia has an insurable interest in respect of the loan.

11. Master's and seamen's wages

The master or any member of the crew of a ship has an insurable interest in respect of his wages.

12. Advance freight

In the case of advance freight, the person advancing the freight has an insurable interest, in so far as such freight is not repayable in case of loss.

13. Charges of insurance

The assured has an insurable interest in the charges of any insurance which he may effect.

14. Quantum of interest

14.-(1) Where the subject-matter insured is mortgaged, the mortgagor has an insurable interest in the full value thereof, and the mortgagee has an insurable interest in respect of any sum due or to become due under the mortgage.

(2) A mortgagee, consignee, or other person having an interest in the subject-matter insured may insure on behalf and for the benefit of other persons interested as well as for his own benefit.

(3) The owner of insurable property has an insurable interest in respect of the full value thereof, notwithstanding that some third person may have agreed, or be liable, to indemnify him in case of loss.

15. Assignment of interest

Where the assured assigns or otherwise parts with his interest in the subject-matter insured, he does not thereby transfer to the assignee his rights under the contract of insurance, unless there be an express or implied agreement with the assignee to that effect.

을 처리할 수 있음에도 불구하고, 매수인은 피보험이익을 갖는다.

제8조 일부의 이익

모든 종류의 일부 이익은 보험에 가입될 수 있다.

제9조 재보험

(1) 해상보험계약의 보험자는 자기의 위험에 대한 피보험이익을 가지며, 그 이익에 관하여 재보험에 가입할 수 있다.

(2) 보험증권에 별도로 규정하지 않는 한, 원보험의 피보험자는 그러한 재보험에 관하여 어떤 권리 또는 이익을 갖지 않는다.

제10조 모험대차

선박모험대차 또는 적화모험대차의 대금업자는 그 대출금에 관하여 피보험이익을 갖는다.

제11조 선장과 선원의 급료

선박의 선장 또는 모든 선원은 자기의 급료에 관하여 피보험이익을 갖는다.

제12조 선불운임

선불운임의 경우에 운임을 선불한 자는 손해발생 시 그러한 운임이 상환될 수 없는 한도 내에서 피보험이익을 갖는다.

제13조 보험의 비용

피보험자는 자기가 체결하는 모든 보험의 비용에 대한 피보험이익을 갖는다.

제14조 이익의 크기

(1) 보험의 목적이 저당되어 있는 경우, 저당권설정자는 보험의 목적의 전체 가액에 관하여 피보험이익을 가지며, 저당권자는 저당권에 의해 지불되는 일체의 금액 또는 지불하게 되어 있는 일체의 금액에 관하여 피보험이익을 갖는다.

(2) 저당권자, 수화인 또는 보험의 목적에 대한 이익을 갖고 있는 기타의 자는 자기 자신을 위해서는 물론 이해관계가 있는 타인을 위해서 그리고 그러한 타인을 대리하여 보험에 가입할 수 있다.

(3) 피보험재산의 소유자는, 누군가 제3자가 손해발생시 자기에게 손해보상을 약정하거나 또는 손해보상할 책임이 있는 경우에도 불구하고, 피보험재산의 전체 가액에 관하여 피보험이익을 갖는다.

제15조 이익의 양도

피보험자가 보험의 목적에 대한 자기의 이익을 양도하거나 또는 기타의 방법으로 분할처분하는 경우, 피보험자는 이에 의해 보험계약상 자기의 권리를 이전하지 아니한다. 단, 그러한 취지의 양수인과의 명시적 또는 묵시적 합의가 있는 경우에는 보험계약상 피보험자의 권리가 양수인에게 이전된다. 그러나 본조의 규정

But the provisions of this section do not affect a transmission of interest by operation of law.

INSURABLE VALUE

16. Measure of insurable value

Subject to any express provision or valuation in the policy, the insurable value of the subject-matter insured must be ascertained as follows : -

16.-(1) In insurance on ship, the insurable value is the value, at the commencement of the risk, of the ship, including her outfit, provisions and stores for the officers and crew, money advanced for seamen's wages, and other disbursements (if any) incurred to make the ship fit for the voyage or adventure contemplated by the policy, plus the charges of insurance upon the whole :

The insurable value, in the case of a steamship, includes also the machinery, boilers, and coals and engine stores if owned by the assured, and , in the case of a ship engaged in a special trade, the ordinary fittings requisite for that trade :

(2) In insurance on freight, whether paid in advance or otherwise, the insurable value is the gross amount of the freight at the risk of the assured, plus the charges of insurance :

(3) In insurance on goods or merchandise, the insurable value is the prime cost of the property insured, plus the expenses of and incidental to shipping and the charges of insurance upon the whole :

(4) In insurance on any other subject-matter the insurable value is the amount at the risk of the assured when the policy attaches, plus the charges of insurance.

DISCLOSURE AND REPRESENTATIONS

17. Insurance is uberrimae fidei

A contract of marine insurance is a contract based upon the utmost good faith, and, if the utmost good faith be not observed by either party, the contract may be avoided by the other party.

18. Disclosure by assured

18.-(1) Subject to the provisions of this section, the assured must disclose to the insurer, before the contract is concluded, every material circumstance which is known to the assured, and the assured is deemed to know every circumstance which, in the ordinary course of business, ought to be known by him. If the assured fails to make such disclosure, the insurer may avoid the contract.

(2) Every circumstance is material which would influence the judgment of a prudent insurer in fixing the premium, or determining whether he will take the risk.

(3) In the absence of inquiry the following circumstances need not be disclosed, namely : -

    (a)   Any circumstance which diminishes the risk ;

은 법률의 효력에 의한 이익의 이전에는 영향을 미치지 아니한다.

보험가액

제16조 보험가액의 평가기준

보험증권상 명시규정 또는 평가액이 있는 경우를 제외하고, 보험의 목적의 보험가액은 다음과 같이 확정하여야 한다.

(1) 선박에 관한 보험에서 보험가액은 선박의 의장구, 고급선원과 보통선원을 위한 식료품과 소모품, 해원의 급료에 대한 선불금 및 보험증권에 의해 예정된 항해 또는 해상사업에 대해 선박을 적합하도록 만들기 위해 지출한 기타 선비(지출한 경우)를 포함하여 선박의 위험개시시의 가액에 그 전체에 관한 보험비용을 가산한 금액이다.

  기선의 경우에 보험가액은 또한 기계와 보일러 및 피보험자의 소유인 경우의 석탄과 엔진소모품을 포함하며, 특수무역에 종사하는 선박의 경우에는 그러한 무역에 필수적인 통상적인 설비를 포함한다.

(2) 운임에 관한 보험에서는, 선불운임이든 아니든 불문하고, 보험가액은 피보험자의 위험에 속하는 운임의 총액에 보험비용을 가산한 금액이다.

(3) 화물 또는 상품에 관한 보험에서 보험가액은 피보험재산의 원가에 선적비용과 선적의 부수비용 및 그 전체에 대한 보험비용을 가산한 금액이다.

(4) 일체의 기타 보험의 목적에 관한 보험에서 보험가액은 보험계약이 시작되는 때에 피보험자의 위험에 속하는 금액에 보험비용을 가산한 금액이다.

고지와 표시

제17조 보험은 최대선의를 기초로 한다

해상보험계약은 최대선의를 기초로 한 계약이며, 따라서 당사자 일방이 최대선의를 지키지 않으면 타방은 그 계약을 취소할 수 있다.

제18조 피보험자의 고지

(1) 본조의 규정에 따라서, 피보험자는 자기가 알고 있는 모든 중요사항을 계약이 성립되기 전에 보험자에게 고지하여야 하며, 피보험자는 통상의 업무상 마땅히 알아야 하는 모든 사항을 알고 있는 것으로 간주한다. 피보험자가 그러한 고지를 하지 않은 경우에는 보험자는 계약을 취소할 수 있다.

(2) 보험료를 결정하거나 또는 위험의 인수여부를 결정하는데 있어서 신중한 보험자의 판단에 영향을 미치는 모든 사항은 중요사항이다.

(3) 다음의 사항은 질문이 없는 경우에 고지할 필요가 없다. 즉,

   (a) 위험을 감소시키는 일체의 사항

(b) Any circumstance which is known or presumed to be known to the insurer. The insurer is presumed to know matters of common notoriety or knowledge, and matters which an insurer in the ordinary course of his business, as such, ought to know ;

(c) Any circumstance as to which information is waived by the insurer ;

(d) Any circumstance which it is superfluous to disclose by reason of any express or implied warranty.

(4) Whether any particular circumstance, which is not disclosed, be material or not is, in each case, a question of fact.

(5) The term "circumstance" includes any communication made to, or information received by, the assured.

19. Disclosure by agent effecting insurance

Subject to the provisions of the preceding section as to circumstances which need not be disclosed, where an insurance is effected for the assured by an agent, the agent must disclose to the insurer -

(a) Every material circumstance which is known to himself, and an agent to insure is deemed to know every circumstance which in the ordinary course of business ought to be known by, or to have been communicated to, him ; and

(b) Every material circumstance which the assured is bound to disclose, unless it came to his knowledge too late to communicate it to the agent.

20. Representations pending negotiation of contract

20.-(1) Every material representation made by the assured or his agent to the insurer during the negotiations for the contract, and before the contract is concluded, must be true. If it be untrue the insurer may avoid the contract.

(2) A representation is material which would influence the judgment of a prudent insurer in fixing the premium, or determining whether he will take the risk.

(3) A representation may be either a representation as to a matter of fact, or as to a matter of expectation or belief.

(4) A representation as to a matter of fact is true, if it be substantially correct, that is to say, if the difference between what is represented and what is actually correct would not be considered material by a prudent insurer.

(5) A representation as to a matter of expectation or belief is true if it be made in good faith.

(6) A representation may be withdrawn or corrected before the contract is concluded.

(7) Whether a particular representation be material or not is, in each case, a question of fact.

21. When contract is deemed to be concluded

A contract of marine insurance is deemed to be concluded when the proposal of the assured is accepted by the insurer, whether the policy be then issued or not ; and for the purpose of showing when the proposal was accepted, reference may be made to the slip or covering note or other customary memorandum of the contract.

(b) 보험자가 알고 있거나 또는 알고 있는 것으로 추정되는 일체의 사항 보험자는 일반적으로 소문난 상황이나 상식에 속하는 상황 및 보험자가 자기의 통상의 업무상 마땅히 알아야 하는 상황들을 알고 있는 것으로 추정된다.

(c) 보험자가 그에 관한 정보를 포기한 일체의 사항

(d) 어떠한 명시 또는 묵시담보 때문에 고지할 필요없는 일체의 사항

(4) 고지되지 않은 어떠한 특정 사항이 중요한 것인지 또는 아닌지의 여부는 각각의 경우에 있어서 사실문제이다.

(5) "사항"이란 말은 피보험자에게 행한 일체의 통신 또는 피보험자가 접수한 정보를 포함한다.

제19조 보험계약을 체결하는 대리인의 고지

보험계약이 피보험자를 위하여 대리인에 의해 체결되는 경우 고지되어야 할 필요가 없는 사항에 관한 전조의 규정을 제외하고, 대리인은 보험자에게 다음의 사항을 고지하여야 한다.

(a) 대리인 자신이 알고 있는 모든 중요사항, 그리고 보험계약을 체결하는 대리인은 통상의 업무상 마땅히 알고 있어야 하는 모든 사항과 대리인에게 마땅히 통지되었을 모든 사항을 알고 있는 것으로 간주한다. 그리고

(b) 피보험자가 고지할 의무가 있는 모든 모든 중요사항, 다만 피보험자가 너무 늦게 알게 되어 대리인에게 통지하지 못한 경우에는 그러하지 아니하다.

제20조 계약의 협의중 표시

(1) 계약의 협의중 및 계약이 성립되기 전에 피보험자 또는 그 대리인이 보험자에게 행한 모든 중요한 표시는 진실이어야 한다. 그것이 진실이 아닌 경우 보험자는 그 계약을 취소할 수 있다.

(2) 위험의 인수여부를 결정하고 보험료를 결정하는 데 있어서 신중한 보험자의 판단에 영향을 미치는 표시는 중요한 것이다.

(3) 표시는 사실문제에 관한 표시일 수 있고, 또는 기대나 신념의 문제에 관한 표시일 수도 있다.

(4) 사실문제에 관한 표시는, 그것이 실질적으로 정확한 경우, 즉 표시된 것과 실제적으로 정확한 것과의 차이를 신중한 보험자가 중요한 것으로 간주하지 않는 경우, 진실한 표시이다.

(5) 기대 또는 신념의 문제에 관한 표시는 그것이 선의로 행하여진 경우 진실한 표시이다.

(6) 표시는 계약이 성립되기 전에 철회되거나 수정될 수 있다.

(7) 특정의 표시가 중요한 것인가 아닌가의 여부는 각각의 경우에 있어서 사실문제이다.

제21조 보험계약이 성립된 것으로 간주되는 시기

해상보험계약은, 보험증권의 발행여부에 관계없이, 피보험자의 청약이 보험자에 의해 승낙된 때 성립한 것으로 간주한다. 그리고 청약이 승낙된 때를 증명하기 위해서 슬립이나 보험인수증서 또는 기타 관례적인 계약서를 참조할 수 있다.

THE POLICY

22. Contract must be embodied in policy

Subject to the provisions of any statute, a contract of marine insurance is inadmissible in evidence unless it is embodied in a marine policy in accordance with this Act. The policy may be executed and issued either at the time when the contract is concluded, or afterwards.

23. What policy must specify

23.-(1) A marine policy must specify - (1) The name of the assured, or of some person who effects the insurance on his behalf :

24. Signature of insurer

24.-(1) A marine policy must be signed by or on behalf of the insurer, provided that in the case of a corporation the corporate seal may be sufficient, but nothing in this section shall be construed as requiring the subscription of a corporation to be under seal.

(2) Where a policy is subscribed by or on behalf of two or more insurers, each subscription, unless the contrary be expressed, constitutes a distinct contract with the assured.

25. Voyage and time policies

25.-(1) Where the contract is to insure the subject-matter "at and from," or from one place to another or others, the policy is called a "voyage policy," and where the contract is to insure the subject-matter for a definite period of time the policy is called a "time policy." A contract for both voyage and time may be included in the same policy.

26. Designation subject-matter

26.-(1) The subject-matter insured must be designated in a marine policy with reasonable certainty.

(2) The nature and extent of the interest of the assured in the subject-matter insured need not be specified in the policy.

(3) Where the policy designates the subject-matter insured in general terms, it shall be construed to apply to the interest intended by the assured to be covered.

(4) In the application of this section regard shall be had to any usage regulating the designation of the subject-matter insured.

27. Valued policy

27.-(1) A policy may be either valued or unvalued.

(2) A valued policy is a policy which specifies the agreed value of the subject-matter insured.

(3) Subject to the provisions of this Act, and in the absence of fraud, the value fixed by the policy is, as between the insurer and assured, conclusive of the insurable value of the subject intended to be insured, whether the loss be

보험증권

제22조 보험계약은 보험증권에 구현되어야 한다

어떠한 제정법의 규정이 있는 경우를 제외하고, 해상보험계약은 본법에 따라 해상보험증권에 구현되지 않는 한 증거로서 인정되지 않는다. 보험증권은 계약이 성립된 때 또는 그 후에 작성되고 발행될 수 있다.

제23조 보험증권의 필수 기재사항

해상보험증권은 다음 사항을 반드시 기재하여야 한다.

(1) 피보험자의 성명, 또는 피보험자를 위하여 보험계약을 체결하는 자의 성명.

제24조 보험자의 서명

(1) 해상보험증권은 반드시 보험자에 의해 서명되거나 또는 보험자를 대리하여 서명되어야 한다. 단, 법인의 경우 법인의 인장으로 충분하다. 그러나 본조의 규정은 법인의 서명이 인장으로 날인되는 것을 요구하는 것으로 해석해서는 안 된다.

(2) 하나의 보험증권이 2인 이상의 보험자에 의해 서명되거나 또는 2인 이상의 보험자를 대리하여 서명되는 경우에는, 반대의 표시가 없는 한, 각각의 서명은 피보험자와 별도의 계약을 구성한다.

제25조 항해보험증권과 기간보험증권

(1) 보험계약이 보험의 목적을 "에서 및 부터" 또는 어느 장소로부터 다른 1개 장소나 수개의 장소까지 보험인수하는 경우, 그 보험증권을 "항해보험증권"이라고 부르며, 보험계약이 보험의 목적을 일정 기간에 대하여 보험인수하는 경우, 그 보험증권을 "기간보험증권"이라고 부른다. 항해와 기간의 양자를 위한 계약이 동일한 보험증권에 포함될 수 있다.

제26조 보험의 목적의 명시

(1) 보험의 목적은 반드시 해상보험증권에 상당히 명확하게 명시되어야 한다.

(2) 보험의 목적에 대한 피보험자의 이익의 성질과 범위는 보험증권에 명기할 필요가 없다.

(3) 보험증권에 보험의 목적을 총괄적 문언으로 명시하는 경우, 그것은 피보험자가 보험보장을 받을 것으로 의도한 이익에 적용되는 것으로 해석하여야 한다.

(4) 본조의 적용에 있어서 보험의 목적의 명시를 규정하는 일체의 관행을 고려하여야 한다.

제27조 기평가보험증권

(1) 보험증권은 기평가보험증권이거나 또는 미평가보험증권일 수 있다.

(2) 기평가보험증권은 보험의 목적의 협정보험가액을 기재한 보험증권이다.

(3) 본법의 규정이 있는 경우를 제외하고, 그리고 사기가 없는 경우에, 보험증권에 의해 정해진 가액은 보험자와 피보험자 사이에서는 손해가 전손이든 분손이든 관계없이 보험에 가입하려고 의도한 보험의

total or partial.

(4)   Unless the policy otherwise provides, the value fixed by the policy is not conclusive for the purpose of determining whether there has been a constructive total loss.

28. Unvalued policy

An unvalued policy is a policy which does not specify the value of the subject-matter insured, but, subject to the limit of the sum insured, leaves the insurable value to be subsequently ascertained, in the manner hereinbefore specified.

29. Floating policy by ship or ships

29.-(1) A floating policy is a policy which describes the insurance in general terms, and leaves the name of the ship or ships and other particulars to be defined by subsequent declaration.

(2)   The subsequent declaration or declarations may be made by indorsement on the policy, or in other customary other customary manner.

(3)   Unless the policy otherwise provides, the declarations must be made in the order of dispatch or shipment. They must, in the case of goods, comprise all consignments within the terms of the policy, and the value of the goods or other property must be honestly stated, but an omission or erroneous declaration may be rectified even after loss or arrival, provided the omission or declaration was made in good faith.

(4)   Unless the policy otherwise provides, where a declaration of value is not made after notice of loss or arrival, the policy must be treated as an unvalued policy as regards the subject-matter of that declaration.

30. Construction of terms in policy

30.-(1) A policy may be in the form in the First Schedule to this Act.

(2)   Subject to the provisions of this Act, and unless the context, of the policy otherwise requires, the terms and expressions mentioned in the First Schedule to this Act shall be construed as having the scope and meaning in that Schedule assigned to them.

31. Premium to be arranged

31.-(1) Where an insurance is effected at a premium to be arranged, and no arrangement is made, a reasonable premium is payable.

(2)   Where an insurance is effected on the terms that an additional premium is to be arranged in a given event, and that event happens, but no arrangement is made, then a reasonable additional premium is payable.

DOUBLE INSURANCE

32. Double insurance

32.-(1) Where two or more policies are effected by or on behalf of the assured on the same adventure and interest or

목적의 보험가액으로서 결정적이다.

(4) 보험증권이 별도로 규정하지 않는 한, 보험증권에 정해진 가액은 추정전손의 존재여부를 결정하는 목적을 위하여는 결정적인 것은 아니다.

제28조 미평가보험증권

미평가보험증권은 보험의 목적의 가액을 기재하지 않고, 보험금액의 한도에 따라서 앞에서 명시된 방법으로 보험가액이 추후 확정되도록 하는 보험증권이다.

제29조 선박 또는 제선박의 부동보험증권

(1) 부동보험증권은 총괄적 문언으로 보험계약을 기술하고, 선박이나 제선박의 명칭과 기타의 자세한 사항은 추후 확정통지에 의해 한정되도록 하는 보험증권이다.

(2) 추후의 확정통지는 보험증권상의 배서에 의해 또는 기타 관습적인 방법으로 할 수 있다.

(3) 보험증권이 별도로 규정하지 않는 한, 확정통지는 반드시 발송 또는 선적의 순서에 따라 하여야 한다. 화물의 경우 확정통지는 반드시 보험증권의 조건에 해당되는 모든 적송품을 포함하여야 하고, 화물이나 기타 재산의 가액은 반드시 정직하게 신고되어야 한다. 그러나 확정통지가 생략된 사항 또는 잘못된 확정통지는, 그것이 선의로 이루어진 경우에 한하여, 심지어 손해발생 후 또는 도착 후에도 수정될 수 있다.

(4) 보험증권이 별도로 규정하지 않는 한, 손해의 통지 후 또는 도착의 통지 후까지 가액에 대한 확정통지가 이루어지지 않는 경우에, 그 보험증권은 그러한 확정통지의 대상인 보험의 목적에 관하여는 반드시 미평가보험증권으로 처리되어야 한다.

제30조 보험증권의 용어의 해석

(1) 보험증권은 본법의 제1부칙에 있는 양식이 사용될 수 있다.

(2) 본법의 규정이 있는 경우를 제외하고, 그리고 보험증권의 문맥상 별도의 해석을 필요로 하지 않는 한, 본법의 제1부칙에서 언급된 용어와 어구은 그 부칙에 정하고 있는 범위와 의미를 갖는 것으로 해석하여야 한다.

제31조 추후 협정되는 보험료

(1) 추후 협정되는 보험료의 조건으로 보험계약이 체결되고, 보험료에 대한 협정이 이루어지지 않는 경우에는, 합리적인 보험료가 지불되어야 한다.

(2) 일정한 경우에 추가보험료가 협정된다는 조건으로 보험계약이 체결되고, 그러한 경우가 발생하지만 추가보험료가 협정되지 않는 경우에는, 합리적인 추가보험료가 지불되어야 한다.

중복보험

제32조 중복보험

(1) 동일한 해상사업과 이익 또는 그 일부에 관하여 둘 이상의 보험계약이 피보험자에 의해서 또는 피보험

any part thereof, and the sums insured exceed the indemnity allowed by this Act, the assured is said to be over-insured by double insurance.

(2) Where the assured is over-insured by double insurance -

    (a) The assured, unless the policy otherwise provides, may claim payment from the insurers in such order as he may think fit, provided that he is not entitled to receive are sum in excess of the indemnity allowed by this Act ;

    (b) Where the policy under which the assured claims is a valued policy, the assured must give credit as against the valuation for any sum received by him under any other policy without regard to the actual value of the subject-matter insured ;

    (c) Where the policy under which the assured claims is an invalued policy he must give credit, as against the full insurable value, for any sum received by him under any other policy ;

    (d) Where the assured receives any sum in excess of the indemnity allowed by this Act, he is deemed to hold such sum in trust for the insurers, according to their right of contribution among themselves.

WARRANTIES, ETC.

33. Nature of warranty

33.-(1) A warranty , in the following sections relating to warranties, means a promissory warranty, that is to say, a warranty by which the assured undertake that some particular thing shall not be done, or that some condition shall be fulfilled, or whereby he affirms or negatives the existence of a particular state of facts.

(2) A warranty may be express or implied.

(3) A warranty, as above defined, is a condition which must be exactly complied with, whether it be material to the risk or not. If it be not so complied with, then, subject to any express provision in the policy, the insurer is discharged from liability as form the date of the breach of warranty, but without prejudice to any liability incurred by him before that date.

34. When breach of warranty excused

34.-(1) Non-compliance with a warranty is excused when, by reason of a change of circumstances, the warranty ceases to be applicable to the circumstances of the contract, or when compliance with the warranty is rendered unlawful by any subsequent law.

(2) Where a warranty is broken, the assured cannot avail himself of the defence that the breach has been remedied, and the warranty complied with, before loss.

(3) A breach of warranty may be waived be the insurer.

35. Express warranties

35.-(1) An express warranty may be in any form of words from which the intention to warrant is to inferred.

자를 대리하여 체결되고, 보험금액이 본법에서 허용된 손해보상액을 초과하는 경우, 피보험자는 중복보험에 의해 초과보험되었다고 말한다.

(2) 피보험자가 중복보험에 의해 초과보험이 되는 경우

    (a) 피보험자는, 보험증권이 별도로 규정하지 않는 한, 자기가 적절하다고 생각하는 순서에 따라 보험자들에게 보험금을 청구할 수 있다. 단, 피보험자는 본법에 의해 허용되는 손해보상액을 초과하는 일체의 금액을 수취할 수 있는 권리는 없다.

    (b) 피보험자가 보험금을 청구하는 보험증권이 기평가보험증권인 경우, 피보험자는 보험의 목적의 실제 가액에 관계없이 여타 보험증권에 의해 그가 수취한 일체의 금액을 평가액에서 공제하여야 한다.

    (c) 피보험자가 보험금을 청구하는 보험증권이 미평가보험증권인 경우, 피보험자는 여타 보험증권에 의해 그가 수취한 일체의 금액을 전체의 보험가액에서 공제하여야 한다.

    (d) 피보험자가 본법에 의해 허용된 손해보상액을 초과하는 금액을 수취한 경우, 보험자들 상호간에 분담금에 대한 그들의 권리에 따라, 피보험자는 보험자들을 위해 수탁된 그러한 금액을 보유한 것으로 간주한다.

담보 기타

제33조 담보의 성질

(1) 담보에 관한 다음의 제조항에서의 담보는 약속담보를 의미하고, 즉 그것에 의해 피보험자가 어떤 특정한 사항이 행하여지거나 행하여지지 않을 것 또는 어떤 조건이 충족될 것을 약속하는 담보, 또는 그것에 의해 피보험자가 특정한 사실상태의 존재를 긍정하거나 부정하는 담보를 의미한다.

(2) 담보는 명시담보일 수도 있고, 또는 묵시담보일 수도 있다.

(3) 위에서 정의한 담보는, 그것이 위험에 대하여 중요한 것이든 아니든 관계없이, 반드시 정확하게 충족되어야 하는 조건이다. 만약 그것이 정확히 충족되지 않으면, 보험증권에 명시적인 규정이 있는 경우를 제외하고, 보험자는 담보위반일로부터 책임이 해제된다. 그러나 담보위반일 이전에 보험자에게 발생한 책임에는 영향을 미치지 아니한다.

제34조 담보위반이 허용되는 경우

(1) 담보의 불충족이 허용되는 경우는 상황의 변경에 의해 담보가 계약상황에 적용될 수 없게 된 경우, 또는 담보의 충족이 그 이후의 어떠한 법률에 의해 위법이 되는 경우이다.

(2) 담보의 위반이 있는 경우, 피보험자는 손해발생 이전에 그 위반이 교정되고 따라서 담보가 충족되었다는 항변을 이용할 수 없다.

(3) 담보의 위반은 보험자가 그 권리를 포기할 수 있다.

제35조 명시담보

(1) 명시담보는 담보하려는 의사가 추정될 수 있는 것이면 어떠한 형태의 어구도 가능하다.

(2) An express warranty must be included in, or written upon, the policy, or must be contained in some document incorporated by reference into the policy.

(3) An express warranty does not include an implied warranty, unless it be inconsistent therewith.

36. Warranty of neutrality

36.-(1) Where insurable property, whether ship or goods, is expressly warranted neutral, there is an implied condition that the property shall have a neutral character at the commencement of the risk, and that, so far as the assured can control the matter, its neutral character shall be preserved during the risk.

(2) Where a ship is expressly warranted "neutral" there is also an implied condition that, so far as the assured can control the matter, she shall be properly documented, that is to say, that she shall carry the necessary papers to establish her neutrality, and that she shall not falsify or suppress her papers, or use simulated papers. If any loss occurs through breach of this condition, the insurer may avoid the contract.

37. No implied warranty of nationality

There is no implied warranty as to the nationality of a ship, or that her nationality shall not be changed during the risk.

38. Warranty of good safety

Where the subject-matter insured is warranted "well" or "in good safely" on a particular day, it is sufficient if it be safe at any time during that day.

39. Warranty of seaworthiness of ship

39.-(1) In a voyage policy there is an implied warranty that at the commencement of the voyage the ship shall be seaworthy for the purpose of the particular adventure insured.

(2) Where the policy attaches while the ship is in port, there is also an implied warranty that she shall, at the commencement of the risk, be reasonably fit to encounter the ordinary perils of the port.

(3) Where the policy relates to a voyage which is performed in different states, during which the ship requires different kinds of or further preparation or equipment, there is an implied warranty that at the commencement of each stage the ship is seaworthy in respect of such preparation or equipment for the purposes of that stage.

(4) A ship is deemed to be seaworthy when she is reasonably fit in all respects to encounter the ordinary perils of the seas of the adventure insured.

(5) In a time policy there is no implied warranty that the ship shall be seaworthy at any stage of the adventure, but where, with the privity of the assured, the ship is sent to sea in an unseaworthy state, the insurer is not liable for any loss attributable to un-seaworthiness.

(2) 명시담보는 반드시 보험증권에 포함되거나 또는 기재되거나, 또는 보험증권 내의 언급에 의해 보험증권의 일부인 서류에 포함되어 있어야 한다.

(3) 명시담보는, 그것이 묵시담보와 상반되지 않는 한, 묵시담보를 배제하지 않는다.

제36조 중립담보

(1) 피보험재산이 선박이든 화물이든 중립적일 것을 명시담보로 한 경우에는, 그 재산은 위험의 개시시에 중립적 성질을 가지고 있어야 하고, 또한 피보험자가 사정을 지배할 수 있는 한, 그 재산의 중립적 성질은 위험기간중 보존되어야 한다는 묵시조건이 있다.

(2) 선박이 "중립적"일 것을 명시담보로 한 경우에는, 피보험자가 사정을 지배할 수 있는 한, 선박은 또한 그에 관한 적절한 서류를 갖추어야 한다는 묵시조건이 있다. 즉 선박은 그중립성을 입증하는 데 필요한 서류를 비치하여야 하고, 또 선박의 서류를 위조하거나 은익해서는 안되며 허위서류를 사용해서는 안된다는 묵시조건이 있다. 만약 이 조건의 위반으로 인하여 손해가 발생한 경우, 보험자는 계약을 취소할 수 있다.

제37조 국적에 관한 묵시담보는 없다

선박의 국적에 관한 묵시담보는 없으며, 또한 선박의 국적이 위험기간중 변경되어서는 안 된다는 묵시담보도 없다.

제38조 상당안전담보

보험의 목적이 특정일에 "무사히" 또는 "상당히 안전한 상태로" 있을 것을 담보로 하는 경우, 해당일의 어떠한 시간이든 안전하면 그것으로 충분하다.

제39조 선박의 감항성담보

(1) 항해보험증권에서는 항해의 개시시에 선박은 보험에 가입된 특정한 해상사업의 목적을 위하여 감항이어야 한다는 묵시담보가 있다.

(2) 선박이 항구에 있는 동안에 보험계약이 개시되는 경우에는, 또한 선박이 위험개시시에 그 항구의 통상적인 위험에 대응하는 데 있어서 합리적으로 적합하여야 한다는 묵시담보가 있다.

(3) 상이한 여러 단계로 수행되는 항해에 보험계약이 관련되어 있고, 그 제단계마다 선박이 상이한 종류의 준비나 장비 또는 추가적인 준비나 장비를 필요로 하는 경우에는, 각 단계의 개시시에 선박은 그 단계의 목적을 위하여 그와 같은 준비나 장비에 관하여 감항이어야 한다는 묵시담보가 있다.

(4) 선박이 피보험해상사업의 통상적인 바다의 위험에 대응하는 데 있어서 모든 점에서 합리적으로 적합한 때에는, 선박은 감항인 것으로 간주된다.

(5) 기간보험증권에서는 선박이 어떠한 단계의 해상사업에서도 감항이어야 한다는 묵시담보는 없다. 그러나 피보험자가 은밀히 알고 있으면서도 선박이 불감항상태로 취항한 경우에는, 보험자는 불감항에 기인하는 어떠한 손해에 대해서도 보상책임이 없다.

40. No implied warranty that goods are seaworthy

40.-(1) In a policy on goods or other movables there is no implied warranty that the goods or movables are seaworthy.

(2) In a voyage policy on goods or other movables there is an implied warranty that at the commencement of the voyage the ship is not only seaworthy as a ship, but also that she is reasonably fit to carry the goods or other movables to the destination contemplated by the policy.

41. Warranty of legality

There is an implied warranty that the adventure insured is a lawful one, and that, so far as the assured can control the matter, the adventure shall be carried out in a lawful manner.

THE VOYAGE

42. Implied condition as to commencement of risk

42.-(1) Where the subject-matter is insured by a voyage policy "at and from" or "from" a particular place, it is not necessary that the ship should be at that place when the contract is concluded, but there is an implied condition that the adventure shall be commenced within a reasonable time, and that if the dventure be not so commenced the insurer may avoid the contract.

(2) The implied condition may be negatived by showing that the delay was caused by circumstances known to the insurer before the contract was concluded, or by showing that he waived the condition.

43. Alteration of port of departure

Where the place of departure is specified by the policy, and the ship instead of sailing from that place sails from any other place, the risk does not attach.

44. Sailing for different destination

Where the destination is specified in the policy, and the ship, instead of sailing for that destination, sails for any other destination, the risk does not attach.

45. Change of voyage

45.-(1) Where, after the commencement of the risk, the destination of the ship is voluntarily changed form the destination contemplated by the policy, there is said to be a change of voyage.

(2) Unless the policy otherwise provides, where there is a change of voyage, the insurer is discharged from liability as from the time of change, that is to say, as from the time when the determination to change it is manifested ; and it is immaterial that the ship may not in fact have left the course of voyage contemplated by the policy when the loss occurs.

46. Deviation

46.-(1) Where a ship, without lawful excuse, deviates from the voyage contemplated by the policy, the insurer is

제40조 화물이 감항이라는 묵시담보는 없다

(1) 화물이나 기타 동산에 관한 보험계약에서는, 화물이나 동산이 감항이라는 묵시담보는 없다.

(2) 화물이나 기타 동산에 관한 항해보험계약에서는 선박이 항해의 개시시에 선박으로서 감항일 뿐 아니라 보험증권에서 예정된 목적지까지 화물이나 기타 동산을 운송하는 데 합리적으로 적합하다는 묵시담보가 있다.

제41조 적법담보

피보험해상사업은 적법한 사업이어야 하고, 피보험자가 사정을 지배할 수 있는 한 그 해상사업은 적법한 방법으로 수행되어야 한다는 묵시담보가 있다.

항해

제42조 위험개시에 관한 묵시조건

(1) 보험의 목적이 특정 장소 "에서 및 부터" 또는 특정 장소 "로부터" 항해보험증권에 의해 보험에 가입되는 경우, 계약체결시에 선박이 그 장소에 있어야 할 필요는 없지만, 항해가 합리적인 기간내에 개시되어야 하고, 만약 항해가 그렇게 개시되지 않으면 보험자는 계약을 취소할 수 있다는 묵시조건이 있다.

(2) 그 묵시조건은 계약이 체결되기 전에 보험자가 알고 있는 상황에 의해 지연이 발생하였다는 것을 증명함으로써, 또는 보험자가 그 조건에 대한 권리를 포기하였다는 것을 증명함으로써 무효화될 수 있다.

제43조 출항항의 변경

출항장소가 보험증권에 명기되어 있는 경우, 선박이 그 장소에서 출항하는 대신에 어떠한 다른 장소에서 출항하는 때에는, 위험은 개시하지 아니한다.

제44조 다른 목적항을 향한 항해

목적항이 보험증권에 정하여진 경우, 선박이 그 목적항을 향하여 항해하지 않고 다른 목적항을 향하여 항해한 때에는, 위험은 개시하지 아니한다.

제45조 항해의 변경

(1) 위험의 개시후 선박의 목적지가 보험증권에 의해 예정된 목적지로 부터 임의로 변경되는 경우에, 항해의 변경이라고 말한다.

(2) 보험증권에 별도로 규정하지 않는 한, 항해의 변경이 있는 경우에는, 보험자는 변경시 부터, 즉 항해를 변경할 결의가 명백한 때부터 책임이 해제된다. 그리고 손해발생시 선박이 보험증권에 의해 예정된 항로를 실제 떠나지 않았다는 사실은 중요하지 아니하다.

제46조 이로

(1) 선박이 적법한 이유없이 보험증권에 의해 예정된 항해에서 이탈하는 경우, 보험자는 이로부터 책임이

discharged from liability as from the time of deviation, and it is immaterial that the ship may have regained her route before any loss occurs.

(2) There is a deviation from the voyage contemplated by the policy -

    (a) Where the course of the voyage is specifically designated by the policy, and that course is departed from ; or

    (b) Where the course of the voyage is not specifically designated by the policy, but the usual and customary course is departed from.

(3) The intention to deviate is immaterial ; there must be a deviation in fact to discharge the insurer from his liability under the contract.

47. Several ports of discharge

47.-(1) Where several ports of discharge are specified by the policy, the ship may proceed to all or any of them, but, in the absence of any usage or sufficient cause to the contrary, she must proceed to them, or such of them as she goes to, in the order designated by the policy. If she does not there is a deviation.

(2) Where the policy is to "ports of discharge." within a given area, which are not named, the ship must, in the absence of any usage or sufficient cause to the contrary, proceed to them, or such of them as she goes to, in their geographical order. If she does not there is a deviation.

48. Delay in voyage

In the case of a voyage policy, the adventure insured must be prosecuted throughout its course with reasonable despatch, and, if without lawful excuse it is not so prosecuted, the insurer is discharged from liability as from the time when the delay became unreasonable.

49. Excuses for deviation or delay

49.-(1) Deviation or delay in prosecuting the voyage contemplated by the policy is excused -

    (a) Where authorized by any special term in the policy ; or

    (b) Where caused by circumstances beyond the control of the master and his employer ; or

    (c) Where reasonably necessary in order to comply with an express or implied warranty ; or

    (d) Where reasonably necessary for the safety of the ship or subject-matter insured ; or

    (e) For the purpose of saving human life, or aiding a ship in distress where human life may be in danger ; or

    (f) Where reasonably necessary for the purpose of obtaining medical or surgical aid for any person on board the ship ; or

    (g) Where caused by the barratrous conduct of the master or crew, if barratry be one of the perils insured against.

(2) When the cause excusing the deviation or delay ceases to operate, the ship must resume her course, and prosecute her voyage, with reasonable despatch.

해제되고, 선박이 손해발생 전에 선박의 항로에 복귀하였다는 사실은 중요하지 아니하다.

(2) 다음의 경우에 보험증권에 의해 예정된 항해로부터 이로가 있다.

    (a) 항로가 보험증권에서 특별히 지정되어 있는 경우에는, 그 항로를 떠났을 때, 또는

    (b) 항로가 보험증권에 의해 특별히 지정되어 있지 않는 경우에는, 통상적이고 관습적인 항로를 떠났을 때.

(3) 이로할 의사는 중요하지 아니하다. 즉 보험자가 계약상 책임을 면하기 위해서는 반드시 실제 이로가 있어야 한다.

제47조 수개의 양화항

(1) 보험증권에 수개의 양화항이 명기되어 있는 경우, 선박은 그들 항구의 전부 또는 일부로 항행할 수 있다. 그러나 어떠한 관습이나 반대의 충분한 이유가 없는 한, 반드시 보험증권에 지정된 순서에 따라 그들 항구 또는 선박이 흔히 항행하는 것과 같은 항구로 항행하여야 한다. 만약 선박이 그와 같이 항행하지 않으면, 이로가 있다.

(2) 보험증권이 특정 항구가 명기되지 않고 일정 지역내의 "제양화항"까지로 기재되어 있는 경우에는, 어떠한 관습이나 반대의 충분한 이유가 없는 한, 선박은 반드시 지리적 순서에 따라 그들 항구 또는 흔히 항행하는 것과 같은 항구로 항행하여야 한다. 만약 선박이 그와 같이 항행하지 않으면, 이로가 있다.

제48조 항해의 지연

항해보험증권의 경우에서, 보험가입된 해상사업은 반드시 전과정을 통해 상당히 신속하게 수행되어야 하고, 만약 적법한 이유없이 그와 같이 수행되지 않으면, 그 지연이 부당하게 되었던 때부터 보험자는 책임이 해제된다.

제49조 이로 또는 지연의 허용

(1) 보험증권에 예정된 항해를 수행하는 데 있어서 다음의 경우에는 이로 또는 지연이 허용된다.

    (a) 보험증권의 어떠한 특별한 문언에 의해 인정되는 경우, 또는

    (b) 선장과 그의 고용주의 지배할 수 없는 상황에 기인하는 경우, 또는

    (c) 명시담보 또는 묵시담보를 충족하기 위해 합리적으로 필요한 경우, 또는

    (d) 선박 또는 보험의 목적의 안전을 위해 합리적으로 필요한 경우, 또는

    (e) 인명을 구조하거나 또는 인명이 위험한 경우의 조난선을 구조하기 위해서, 또는

    (f) 선박에 승선한 자에 대해 내과 또는 외과의 치료를 받기 위해서 합리적으로 필요한 경우, 또는

    (g) 선원의 악행이 피보험위험의 하나인 경우에 선장이나 선원의 악행에 기인하는 경우.

(2) 이로 또는 지연을 허용하는 사유의 효과가 중단되는 때에는, 선박은 반드시 상당히 신속하게 본래의 항로로 복귀하여 항해를 수행하여야 한다.

ASSIGNMENT OF POLICY

50. When and how policy is assignable

50.-(1) A marine policy is assignable unless it contains terms expressly prohibiting assignment. It may be assigned either before or after loss.

(2) Where a marine policy has been assigned so as to pass the beneficial interest in such policy, the assignee of the policy is entitled to sue thereon in his own name ; and the defendant is entitled to make any defence arising out of the contract which he would have been entitled to make if the action had been brought in the name of the person by or on behalf of whom the policy was effected.

(3) A marine policy may be assigned by indorsement thereon or in other customary manner.

51. Assured who has no interest cannot assign

Where the assured has parted with or lost his interest in the subject-matter insured, and has not, before or at the time of so doing, expressly or impliedly agreed to assign the policy, any subsequent assignment of the policy is inoperative : Provided that nothing in this section affects the assignment of a policy after loss.

THE PREMIUM

52. When premium payable

Unless otherwise agreed, the duty of the assured or his agent to pay the premium, and the duty of the insurer to issue the policy to the assured or his agent, are concurrent conditions, and the insurer is not bound to issue the policy until payment or tender of the premium.

53. Policy effected through broker

53.-(1) Unless otherwise agreed, where a marine policy is effected on behalf of the assured by a broker, the broker is directly responsible to the insurer for the premium, and the insurer is directly responsible to the assured for the amount which may be payable in respect of losses, or in respect of returnable premium.

(2) Unless otherwise agreed, the broker has, as against the assured, a lien upon the policy for the amount of the premium and his charges in respect of effecting the policy ; and, where he has dealt with the person who employs him as a principal, he has also a lien on the policy in respect of any balance on any insurance account which may be due to him from such person, unless when the debt was incurred he had reason to believe that such person was only an agent.

보험증권의 양도

제50조 보험증권이 양도될 수 있는 시기와 방법

(1) 해상보험증권에 양도를 명시적으로 금지하는 문언을 포함하고 있지 않는 한, 해상보험증권은 양도할 수 있다. 해상보험증권은 손해발생의 이전이든 이후이든 양도될 수 있다.

(2) 해상보험증권이 그러한 보험증권상의 수익권의 이익을 이전할 목적으로 양도된 경우에, 보험증권의 양수인은 자기 자신의 이름으로 그 보험증권에 관한 소송을 제기할 수 있는 권리가 있고, 자기의 이름으로 보험계약을 체결한 자 또는 타인을 위해 보험계약이 체결되는 경우의 그 타인의 이름으로 소송이 제기되었을 경우에 피고가 항변할 권리가 있었을 그 계약에 기인한 어떠한 항변을 피고는 할 수 있는 권리가 있다.

(3) 해상보험증권은 그 보험증권상의 배서 또는 기타 관습적인 방법에 의해 양도될 수 있다.

제51조 이익을 갖지 않는 피보험자는 양도할 수 없다

피보험자가 보험의 목적에 대한 자기의 이익을 포기하거나 상실한 경우, 그리고 그렇게 하기 전에 또는 그렇게 할 당시에, 보험증권을 양도하기로 명시적으로 또는 묵시적으로 합의하지 않은 경우에는, 그 이후의 어떠한 보험증권의 양도는 효력이 없다.

단, 본조의 규정은 손해발생 후의 보험증권의 양도에는 영향을 미치지 아니한다.

보험료

제52조 보험료의 지불시기

별도로 약정하지 않는 한, 피보험자 또는 그 대리인의 보험료의 지불의무와 피보험자 또는 그 대리인에 대한 보험자의 보험증권의 발급의무는 동시조건이며, 따라서 보험자는 보험료의 지불 또는 보험료의 변제를 제공할 때까지는 보험증권을 발급할 의무가 없다.

제53조 보험중개인을 통해 체결된 보험계약

(1) 별도로 약정하지 않는 한, 해상보험증권이 피보험자를 대리하여 보험중개인에 의해 체결되는 경우, 보험중개인은 보험료에 대해 보험자에게 직접적으로 책임이 있고, 보험자는 손해에 대한 보험금 또는 환급보험료에 관해 지급하여야 할 금액에 대해 피보험자에게 직접적인 책임이 있다.

(2) 별도로 약정하지 않는 한, 보험중개인은 피보험자를 상대로 보험료의 금액과 보험계약의 체결과 관련한 보험중개인의 비용에 대하여 보험증권에 관한 유치권을 갖는다. 그리고 본인으로서 보험중개인을 고용하고 있는 자와 보험중개인이 거래관계를 가지고 있는 경우, 보험중개인은 그와 같은 자가 보험중개인에게 지불해야 할 보험계정상의 어떠한 부족액에 관하여도 보험증권에 관한 유치권을 갖는다. 단, 부채가 발생하였던 당시에, 보험중개인이 그와 같은 자가 단지 대리인이었다는 것을 믿을 만한 이유가 있었던 경우에는 그러하지 아니하다.

54. Effect of receipt on policy

Where a marine policy effected on behalf of the assured by a broker acknowledges the receipt of the premium, such acknowledgment is, in the absence of fraud, conclusive as between the insurer and the assured, but not as between the insurer and broker.

LOSS AND ABANDONMENT

55. Included and excluded losses

55.-(1) Subject to the provisions of this Act, and unless the policy otherwise provides, the insurer is liable for nay loss proximately caused by a peril insured against, but, subject as aforesaid, he is not liable for any loss which is not proximately caused by a peril insured against.

(2) In particular - (a) The insurer is not liable for any loss attributable to the wilful misconduct of the assured, but, unless the policy otherwise provides, he is liable for any loss proximately caused by a peril insured against, even though the loss would not have happened but for the misconduct or negligence of the master or crew ;

(b) Unless the policy otherwise provides, the insurer on ship or goods is not liable for any loss proximately caused by delay, although the delay be caused by a peril insured against ;

(c) Unless the policy otherwise provides, the insurer is not liable for ordinary wear and tear, ordinary leakage and breakage, inherent vice or nature of the subject-matter insured, or for any loss proximately caused by rats or vermin, or for any injury to machinery not proximately caused by maritime perils.

56. Partial and total loss

56.-(1) A loss may be either total or partial. Any loss other than a total loss, as hereinafter defined, is a partial loss.

(2) A total loss may be either an actual total loss, or a constructive total loss.

(3) Unless a different intention appears from the terms of the policy, an insurance against total loss includes a constructive, as well as an actual, total loss.

(4) Where the assured brings an action for a total loss and the evidence proves only a partial loss, he may, unless the policy otherwise provides, recover for a partial loss.

(5) Where goods reach their destination in specie, but by reason of obliteration of marks, of otherwise, they are incapable of identification, the loss, if any, is partial, and not total.

57. Actual total loss

57.-(1) Where the subject-matter insured is destroyed, or so damaged as to cease to be a thing of the kind insured, or where the assured is irretrievably deprived thereof, there is an actual total loss.

(2) In the case of an actual total loss no notice of abandonment need be given.

제54조 보험증권상 보험료영수의 효과

피보험자를 대리하여 보험중개인에 의해 체결된 해상보험계약이 보험료의 영수사실을 인정하고 있는 경우에는, 그러한 사실인정은 사기가 없는 한 보험자와 피보험자 사이에는 결정적인 것이지만, 보험자와 보험중개인 사이에는 결정적인 것이 아니다.

손해와 위부

제55조 보상손해와 면책손해

(1) 본법에 규정이 있는 경우를 제외하고 그리고 보험증권에 별도로 규정하지 않는 한, 보험자는 피보험위험에 근인하여 발생하는 모든 손해에 대하여 책임이 있다. 그러나 전술한 경우를 제외하고, 보험자는 피보험위험에 근인하여 발생하지 않는 모든 손해에 대하여는 책임이 없다.

(2) 특히, (a) 보험자는 피보험자의 고의 불법행위에 기인하는 모든 손해에 대하여 책임이 없다. 그러나 보험증권에 별도로 규정하지 않는 한, 선장이나 선원의 불법행위 또는 과실이 없었다면 손해가 발생하지 않았을 경우에도, 보험자는 피보험위험에 근인하는 모든 손해에 대하여는 책임이 있다.

    (b) 보험증권에 별도로 규정하지 않는 한, 선박이나 화물에 관한 보험자는 지연이 피보험위험에 기인한 경우에도 지연에 근인한 모든 손해에 대하여 책임이 없다.

    (c) 보험증권에 별도로 규정하지 않는 한, 보험자는 통상의 자연소모, 통상의 누손과 파손, 보험의 목적의 고유의 하자나 성질에 대해, 또는 쥐 또는 충에 근인하는 모든 손해에 대해, 또는 해상위험에 근인하지 않는 기계장치의 손상에 대해 책임이 없다.

제56조 분손과 전손

(1) 손해는 전손이거나 또는 분손인 경우도 있다. 다음에 정의하고 있는 전손을 제외한 일체의 손해는 분손이다.

(2) 전손은 현실전손이거나 또는 추정전손인 경우도 있다.

(3) 보험증권의 문언에서 다른 의도가 나타나 있지 않는 한, 전손에 대한 보험은 현실전손은 물론 추정전손을 포함한다.

(4) 피보험자가 전손에 대한 소송을 제기한 경우에 오직 분손에 대해서만 증거가 입증되는 때에는, 피보험자는 보험증권에 별도로 규정하고 있지 않는 한 분손에 대한 보험금을 받을 수 있다.

(5) 화물이 같은 종류의 것으로 목적지에 도착하지만, 화물표지가 지워지거나 또는 기타의 이유로 같은 화물이라는 증명이 불가능한 경우에는, 만일 손해가 있다면 그 손해는 분손이며 전손은 아니다.

제57조 현실전손

(1) 보험의 목적이 파괴되거나 또는 보험에 가입된 종류의 물건으로서 존재할 수 없을 정도로 손상을 입은 경우, 또는 피보험자가 회복할 수 없도록 보험의 목적의 점유를 박탈당하는 경우에, 현실전손이 있다.

(2) 현실전손의 경우에는 위부의 통지가 필요없다.

58. Missing ship

Where the ship concerned in the adventure is missing, and after the lapse of a reasonable time no news of her has been received, an actual total loss may be presumed.

59. Effect of transhipment, etc.

Where, by a peril insured against, the voyage is interrupted at an intermediate port or place, under such circumstances as, apart from any special stipulation in the contract of affreightment, to justify the master in landing and reshipping the goods or other movables, or in transhipping them, and sending them on to their destination, the liability of the insurer continues, notwithstanding the landing or transhipment.

60. Constructive total loss defined

60.-(1) Subject to any express provision in the policy, there is a constructive total loss where the subject-matter insured is reasonably abandoned on account of its actual total loss appearing to be unavoidable, or because it could not be preserved from actual total loss without an expenditure which would exceed its value when the expenditure had been incurred.

(2) In particular, there is a constructive total loss -

(i) Where the assured is deprived of the possession of his ship or goods by a peril insured against, and (a) it is unlikely that he can recover the ship or goods, as the case may be, or (b) the cost of recovering the ship or goods, as the case may be, would exceed their value when recovered ; or

(ii) In the case of damage to a ship, where she is so damaged by a peril insured against that the cost of repairing the damage would exceed the value of the ship when repaired.

In estimating the cost of repairs, no deduction is to be made in respect of general average contributions to those repairs payable by other interests, but account is to be taken of the expense of future salvage operations and of any future general average contributions to which the ship would be liable if repaired ; or

(iii) In the case of damage to goods, where the cost of repairing the damage and forwarding the goods their destination would exceed their value on arrival.

61. Effect of constructive total loss

61. Where there is a constructive total loss the assured may either treat the loss as a partial loss, or abandon the subject-matter insured to the insurer and treat the loss as if it were an actual total loss.

62. Notice of abandonment

62.-(1) Subject to the provisions of this section, where the assured elects to abandon the subject-matter insured to the insurer, he must give notice of abandonment. If he fails to do so the loss can only be treated as a partial loss.

(2) Notice of abandonment may be given in writing, or by word of mouth, or partly in writing and partly by word of mouth, and may be given in any terms which indicate the intention of the assured to abandon his insured

제58조 행방불명선박

해상사업에 종사하는 선박이 행방불명되고, 상당한 기간이 경과한 후에도 그 선박에 대한 소식을 수취하지 못하는 경우에는, 현실전손으로 추정할 수 있다.

제59조 환적 등의 효과

항해가 피보험위험으로 인하여 중간항구 또는 중간지점에서 중단되는 경우, 해상화물운송계약서의 어떠한 특별한 약정과 관계없이, 선장이 화물이나 기타 동산을 양륙하여 재선적하거나 또는 화물이나 기타 동산을 환적하여 그 목적지까지 운송하는 것이 정당화되는 상황하에서는, 보험자의 책임은 그 양륙이나 환적에도 불구하고 계속된다.

제60조 추정전손의 정의

(1) 보험증권에 명시규정이 있는 경우를 제외하고, 보험의 목적의 현실전손이 불가피한 것으로 생각되기 때문에, 또는 비용이 지출되었을 때에는 보험의 목적의 가액을 초과할 비용의 지출없이는 현실전손으로부터 보험의 목적이 보존될 수 없기 때문에, 보험의 목적이 합리적으로 포기된 경우에, 추정전손이 있다.

(2) 특히, 다음의 경우에는 추정전손이 있다.

　(ⅰ) 피보험자가 피보험위험으로 인하여 자기의 선박 또는 화물의 점유를 박탈당하고, (a) 피보험자가 경우에 따라서 선박 또는 화물을 회복할 수 있는 가능성이 없는 경우, 또는 (b) 경우에 따라 선박 또는 화물을 회복하는 비용이 회복되었을 때의 그들 가액을 초과할 경우, 또는

　(ⅱ) 선박의 손상의 경우에는, 선박이 피보험위험으로 인하여 손상을 입은 결과로 손상의 수리비용이 수리되었을 때의 선박의 가액을 초과할 경우.

　　　수리비를 견적함에 있어서, 그러한 수리비에 대하여 다른 이해관계자가 지불할 공동해손분담금이 수리비에서 공제되지 않아야 한다. 그러나 장래의 구조작업의 비용과 선박이 수리된다면 선박이 책임을 부담하게 될 일체의 장래의 공동해손분담금은 수리비에 가산되어야 한다. 또는

　(ⅲ) 화물의 손상의 경우에는, 그 손상을 수리하는 비용과 그 화물을 목적지까지 계속운송하는 비용이 도착시 화물의 가액을 초과할 경우.

제61조 추정전손의 효과

추정전손이 존재하는 경우에, 피보험자는 그 손해를 분손으로 처리할 수도 있고, 보험의 목적을 보험자에게 위부하고 그 손해를 현실전손의 경우에 준하여 처리할 수도 있다.

제62조 위부의 통지

(1) 본조의 규정이 있는 경우를 제외하고, 피보험자가 보험의 목적을 보험자에게 위부할 것을 선택하는 경우에, 피보험자는 위부의 통지를 하여야 한다. 만약 피보험자가 위부의 통지를 하지 못하면, 그 손해는 오로지 분손으로만 처리될 수 있다.

(2) 위부의 통지는 서면으로 하거나, 구두로도 할 수 있고, 또는 일부는 서면으로 일부는 구두로 할 수 있으

interest in the subject-matter insured unconditionally to the insurer.

(3) Notice of abandonment must be given with reasonable diligence after the receipt of information of the loss, but where the information is of a doubtful character the assured is entitled to a reasonable time to make inquiry.

(4) Where notice of abandonment is properly given, the rights of the assured are not prejudiced by the fact that the insurer refuses to accept the abandonment.

(5) The acceptance of an abandonment may be either express or implied from the conduct of the insurer. The mere silence of the insurer after notice is not an acceptance.

(6) Where notice of abandonment this accepted the abandonment is irrevocable. The acceptance of the notice conclusively admits liability for the loss and the sufficiency of the notice.

(7) Notice of abandonment this unnecessary where, at the time when the assured receives information of the loss, there would be no possibility of benefit to the insurer if notice were given to him.

(8) Notice of abandonment may be waived by the insurer.

(9) Where an insurer has reinsured his risk, no notice of abandonment need be given by him.

63. Effect of abandonment

63.-(1) Where there is a valid abandonment the insurer is entitled to take over the interest of the assured in whatever may remain of the subject-matter insured, and all proprietary rights incidental thereto.

(2) Upon the abandonment of a ship, the insurer thereof is entitled to any freight in course of being earned, and which is earned by her subsequent to the casually causing the loss, less the expenses of earning it incurred after the casualty ; and, where the ship is carrying the owner's goods, the insurer is entitled to a reasonable remuneration for the carriage of them subsequent to the casualty causing the loss.

PARTIAL LOSSES (INCLUDING SALVAGE AND GENERAL AVERAGE AND PARTICULAR CHARGES

64. Particular average loss

64.-(1) A particular average loss is a partial loss of the subject-matter insured, caused by a peril insured against, and which is not general average loss.

(2) Expenses incurred by or on behalf of the assured for the safety or preservation of the subject-matter insured, other than general average and salvage charges, are called particular charges. Particular charges are not included in particular average.

며, 보험의 목적에 대한 피보험자의 보험이익을 보험자에게 무조건 위부한다는 피보험자의 의사를 나타내는 것이면 어떠한 용어로도 할 수 있다.

(3) 위부의 통지는 반드시 손해에 관한 신뢰할 수 있는 정보를 수취한 후에 상당한 주의로서 이를 통지하여야 한다. 그러나 그 정보가 의심스러운 성질을 가지고 있는 경우에는, 조사할 수 있는 상당한 기간이 피보험자에게 주어진다.

(4) 위부의 통지가 정당하게 행하여지는 경우에는, 피보험자의 권리는 보험자가 위부의 승낙을 거부한다는 사실에 의해 피해를 입지 않는다.

(5) 위부의 승낙은 보험자의 행위에 의해 명시적 또는 묵시적으로 할 수 있다. 위부의 통지 후 보험자의 단순한 침묵은 승낙이 아니다.

(6) 위부의 통지가 승낙되는 경우에는, 위부는 철회할 수 없다. 통지의 승낙은 손해에 대한 책임과 충분한 요건을 갖춘 통지임을 결정적으로 인정하는 것이다.

(7) 피보험자가 손해의 정보를 받은 시기에는 위부통지가 보험자에게 행하였다고 할지라도 보험자에게 이득의 가능성이 없었을 경우에는, 위부의 통지는 불필요하다.

(8) 위부의 통지는 보험자가 그 권리를 포기할 수 있다.

(9) 보험자가 자기의 위험을 재보험한 경우에는, 보험자는 위부의 통지를 할 필요가 없다.

제63조 위부의 효과

(1) 유효한 위부가 있는 경우에는, 보험자는 보험의 목적에 남아 있을 수 있는 것은 무엇이든 그것에 대한 피보험자의 이익과 그에 부수되는 소유권에 속하는 모든 권리를 양도받을 수 있는 권리가 있다.

(2) 선박의 위부시에, 그 선박의 보험자는 선박이 취득중에 있는 운임과 손해를 초래한 재난 이후에 취득되는 운임에서 그 재난 이후에 운임을 취득하기 위해 지출된 비용을 공제한 운임을 취득할 권리가 있다. 그리고 그 선박이 선주의 화물을 운송하고 있는 경우에는, 보험자는 손해를 초래한 재난 이후의 그 화물의 운송에 대해 합리적인 보수를 받을 권리가 있다.

분손(구조료와 공동해손 및 단독비용 포함)

제64조 단독해손손해

(1) 단독해손손해는 피보험위험으로 인하여 발생한 보험의 목적의 분손이며, 공동해손손해가 아닌 분손이다.

(2) 보험의 목적의 안전이나 보존을 위해 피보험자에 의하여 또는 피보험자를 대리하여 지출한 비용으로서 공동해손과 구조비용이 아닌 비용은 단독비용이라고 부른다. 단독비용은 단독해손에 포함되지 아니한다.

65. Salvage charges

65.-(1) Subject to any express provision in the policy, salvage charges incurred in preventing a loss by perils insured against may be recovered as a loss by those perils.

(2) "Salvage charges" means the charges recoverable under maritime law by a salvor independently of contract. They do not include the expenses of services in the nature of salvage rendered by the assured or his agents, or any person employed for hire by them for the purpose of averting a peril insured against. Such expenses, where properly incurred, may be recovered as particular charges or as a general average loss, according to the circumstances under which they were incurred.

66. General average loss

66.-(1) A general average loss is a loss caused by or directly consequential on a general average act. It includes a general average expenditure as wall as a general average sacrifice.

(2) There is a general average act where any extraordinary sacrifice or expenditure is voluntarily and reasonably made or incurred in time of peril for the purpose of preserving the property imperilled in the common adventure.

(3) Where there is a general average loss, the party on whom it fails is entitled, subject to the conditions imposed by maritime law, to a rateable contribution from the other parties interested, and such contribution is called a general average contribution.

(4) Subject to any express provision in the policy, where the assured has incurred a general average expenditure, he may recover from the insurer in respect of the proportion of the loss which falls upon him: and, in the case of a general average sacrifice, he may recover from the insurer in respect of the whole loss without having enforced his right of contribution from the other parties liable to contribute.

(5) Subject to any express provision in the policy, where the assured has paid, or is liable to pay, a general average contribution in respect of the subject insured, he may recover therefor from the insurer.

(6) In the absence of express stipulation, the insurer is not liable for any general average loss or contribution where the loss was not incurred for the purpose of avoiding, or in connection with the avoidance of, a peril insured against.

(7) Where ship, freight, and cargo, or any two of those interests, are owned by the same assured, the liability of the insurer in respect of general average losses or contributions is to be determined as if those subjects were owned by different persons.

MEASURE OF INDEMNITY

67. Extent of liability of insurer for loss

67.-(1) The sum which the assured can recover in respect of a loss on a policy by which he is insured, in the case of an unvalued policy to the full extent of the insurable value, or, in the case of a valued policy to the full extent of the

제65조 구조비용

(1) 보험증권에 명시적인 규정이 있는 경우를 제외하고, 피보험위험에 의한 손해를 방지하기 위해 지출한 구조비용은 그러한 위험에 의한 손해로서 보상될 수 있다.

(2) "구조비용"은 계약과 관계없이 해법상 구조자가 보상받을 수 있는 비용을 의미한다. 구조비용에는 피보험위험을 피하기 위하여 피보험자나 그 대리인 또는 보수를 받고 그들에 의해 고용된 자가 행하는 구조의 성격을 띤 서비스의 비용을 포함하지 아니한다. 그와 같은 비용은, 정당하게 지출된 경우에, 지출되는 상황에 따라서 단독비용 또는 공동해손손해로서 보상될 수 있다.

제66조 공동해손손해

(1) 공동해손손해는 공동해손행위로 인한 손해 또는 공동해손행위의 직접적인 결과로서 발생하는 손해이다. 공동해손손해는 공동해손비용은 물론 공동해손희생을 포함한다.

(2) 공동의 해상사업에 있어서 위험에 직면한 재산을 보존할 목적으로 위험의 작용시에 어떠한 이례적인 희생 또는 비용이 임의로 그리고 합리적으로 초래되거나 지출되는 경우에, 공동해손행위가 있다.

(3) 공동해손손해가 존재하는 경우에, 그 손해를 입은 당사자는 해법에 의해 부과되는 조건에 따라 다른 이해관계자들에 대하여 비례적인 분담금을 청구할 수 있는 권리가 있으며, 그러한 분담금을 공동해손분담금이라고 한다.

(4) 보험증권에 어떠한 명시적인 규정이 있는 경우를 제외하고, 피보험자가 공동해손비용을 지출한 경우에, 피보험자는 그에게 귀속되는 그 손해의 부담부분을 보험자로부터 보상받을 수 있다. 그리고 공동해손희생의 경우에, 피보험자는 분담의무가 있는 다른 당사자들에 대하여 그의 분담청구권을 행사하지 않고, 손해의 전액을 보험자로부터 보상받을 수 있다.

(5) 보험증권에 어떠한 명시적인 규정이 있는 경우를 제외하고, 피보험자가 보험의 목적에 관하여 공동해손분담금을 지불하였거나 지불할 책임이 있는 경우에, 피보험자는 그러한 분담금을 보험자로부터 보상받을 수 있다.

(6) 명시적인 약정이 없는 한, 피보험위험을 피할 목적으로 또는 피보험위험을 피하는 것과 관련하여 손해가 발생하지 않은 경우에는, 보험자는 어떠한 공동해손손해 또는 공동해손분담금에 대해 보상책임이 없다.

(7) 선박과 운임 및 적화 또는 이들 이익중 어떠한 두가지가 동일한 피보험자에 의해 소유되는 경우에, 공동해손손해나 공동해손분담금에 관한 보험자의 책임은 그러한 이익들이 상이한 자에 의해 소유되고 있는 경우에 준하여 결정되어야 한다.

손해보상의 한도

제67조 손해에 대한 보험자의 책임의 범위

(1) 피보험자가 보험가입되어 있는 보험증권상의 손해에 관하여, 미평가보험증권의 경우에는 보험가액의 전액까지, 또는 기평가보험증권의 경우에는 보험증권에 확정되어 있는 가액의 전액까지, 피보험자가

value fixed by the policy, is called the measure of indemnity.

(2) Where there is a loss recoverable under the policy, the insurer, or each insurer if there be more than one, is liable for such proportion of the measure of indemnity as the amount of his subscription bears to the value fixed by the policy in the case of a valued policy, or to the insurable value in the case of an unvalued policy.

68. Total loss

Subject to the provisions of this Act and to any express provision in the policy, where there is a total loss of the subject-matter insured -

68.-(1) If the policy be a valued policy, the measure of indemnity is the sum fixed by the policy :

(2) If the policy be an unvalued policy, the measure of indemnity is the insurable value of the subject-matter insured.

69. Partial loss of ship

Where a ship is damaged, but is not totally lost, the measure of indemnity, subject to any express provision in the policy, is as follows -

69.-(1) Where the ship has been repaired, the assured is entitled to the reasonable cost of the repairs, less the customary deductions, but not exceeding the sum insured in respect of any one casualty :

(2) Where the ship has been only partially repaired, the assured is entitled to the reasonable cost of such repairs, computed as above, and also to be indemnified for the reasonable depreciation, if any, arising from the unrepaired damage, provided that the aggregate amount shall not exceed the cost of repairing the whole damage, computed as above :

(3) Where the ship has not been repaired, and has not been sold in her damaged state during the risk, the assured is entitled to be indemnified for the reasonable depreciation arising from the unrepaired damage, but not exceeding the reasonable cost of repairing such damage, computed as above.

70. Partial loss of freight

Subject to any express provision in the policy, where there is a partial loss of freight, the measure of indemnity is such proportion of the sum fixed by the policy in the case of a valued policy, or of the insurable value in the case of an unvalued policy, as the proportion of freight lost by the assured bears to the whole freight at the risk of the assured under the policy.

71. Partial loss of goods, merchandise, etc.

Where there is a partial loss of goods, merchandise, or other moveables, the measure of indemnity, subject to any express provision in the policy, is as follows : -

71.-(1) Where part of the goods, merchandise or other movables insured by a valued policy is totally lost, the measure of indemnity is such proportion of the sum fixed by the policy as the insurable value of the part lose

보상받을 수 있는 금액을 손해보상의 한도라고 한다.

(2) 보험증권에 의해 보상받을 수 있는 손해가 있는 경우에, 보험자는, 또는 둘 이상의 보험자가 있는 경우 각각의 보험자는 손해보상한도 중에서, 기평가보험증권의 경우 보험증권에 확정되어 있는 가액에 대한, 또는 미평가보험증권의 경우 보험가액에 대한, 그의 인수금액의 비율에 해당되는 부분을 보상할 책임이 있다.

제68조 전손

본법의 규정이 있는 경우와 보험증권에 어떠한 명시적인 규정이 있는 경우를 제외하고, 보험의 목적의 전손이 있는 경우에는,

(1) 만약 보험증권이 기평가보험증권이면, 손해보상의 한도는 보험증권에 확정되어 있는 금액이다.

(2) 만약 보험증권이 미평가보험증권이면, 손해보상의 한도는 보험의 목적의 보험가액이다.

제69조 선박의 분손

선박이 손상되지만 전손이 아닌 경우에, 손해보상의 한도는 보험증권에 어떠한 명시적인 규정이 있는 경우를 제외하고 다음과 같다.

(1) 선박이 수리된 경우에, 피보험자는 관습상의 공제액을 차감한 합리적인 수리비를 보상받을 수 있는 권리가 있다. 그러나 매 1회의 사고에 대하여 보험금액을 초과하지 아니한다.

(2) 선박이 오직 일부분만이 수리된 경우에, 피보험자는 상기와 같이 계산된 일부분의 수리에 대한 합리적인 수리비를 보상받을 수 있는 권리가 있으며, 미수리된 손상으로 부터 발생하는 합리적인 감가액에 대해, 어떠한 감가액이 있는 경우, 손해보상을 받을 수 있는 권리가 있다. 단, 그 총액은 상기와 같이 계산된 전체 손상의 수리비를 초과하지 아니한다.

(3) 선박이 수리되지 않고 위험기간중에 손상상태로 매각되지 않은 경우에, 피보험자는 미수리손상으로 부터 발생하는 합리적인 감가액에 대해 손해보상을 받을 수 있는 권리가 있다. 그러나 상기와 같이 계산된 그러한 손상의 합리적인 수리비를 초과하지 아니한다.

제70조 운임의 분손

보험증권에 어떠한 명시적인 규정이 있는 경우를 제외하고, 운임의 분손이 있는 경우에, 손해보상의 한도는, 보험증권상 피보험자의 위험에 속하는 전체의 운임에 대한 피보험자가 상실한 운임의 비율을, 기평가보험증권의 경우에는 보험증권에 확정되어 있는 금액에 곱한 금액이며, 미평가보험증권의 경우에는 보험가액에 곱한 금액이다.

제71조 화물, 상품 등의 분손

화물이나 상품 또는 기타 동산의 분손이 있는 경우에, 손해보상의 한도는 보험증권에 어떠한 명시적인 규정이 있는 경우를 제외하고 다음과 같다.

(1) 기평가보험증권에 의해 보험가입된 화물이나 상품 또는 기타 동산의 일부가 전손되는 경우에, 손해보상의 한도는 미평가보험증권의 경우에서와 같이 확정된 전체의 보험가액에 대한 멸실된 일부의 보험

bears to the insurable value of the whole, ascertained as in the case of an unvalued policy :

(2) Where part of the goods, merchandise, or other movables insured by an unvalued policy is totally lost, the measure of indemnity is the insurable value of the part lost, ascertained as in case of total loss:

(3) Where the whole or any part of the goods or merchandise insured has been delivered damaged at its destination, the measure of indemnity is such proportion of the sum fixed by the policy in the case of a valued policy, or of the insurable value in the case of an unvalued policy, as the difference between the gross sound and damaged values at the place of arrival bears to the gross sound value:

(4) "Gross value" means the wholesale price or, if there be no such price, the estimated value, with, in either case, freight, landing charges, and duty paid beforehand ; provided that, in the case of goods or merchandise customarily sold in bond, the bonded price is deemed to be the gross value. "Gross proceeds" means the actual price obtained at a sale where all charges on sale are paid by the sellers.

72. Apportionment of valuation

72.-(1) Where different species of property are insured under a single valuation, the valuation must be apportioned over the different species in proportion to their respective insurable values, as in the case of an unvalued policy. The insured value of any part of a species is such proportion of the total insured value of the same as the insurable value of the part bears to the insurable value of the whole, ascertained in both cases as provided by this Act.

(2) Where a valuation has to be apportioned, and particulars of the prime cost of each separate species, quality, or description of goods cannot be ascertained, the division of the valuation may be made over the net arrived sound values of the different species, qualities, or descriptions of goods.

73. General average contributions and salvage charges

73.-(1) Subject to any express provision in the policy, where the assured has paid, or is liable for, any general average contribution, the measure of indemnity is the full amount of such contribution, if the subject-matter liable to contribution is insured for its full contributory value ; but, if such subject-matter be not insured for its full contributory value, or if only part of it be insured, the indemnity payable by the insurer must be reduced in proportion to the under insurance, and where there has been a particular average loss which constitutes a deduction from the contributory value, and for which the insurer is liable, that amount must be deducted from the insured value in order to ascertain what the insurer is liable to contribute.

(2) Where the insurer is liable for salvage charges the extent of his liability must be determined on the like principle.

74. Liabilities to Third Parties

Where the assured has effected an insurance in express terms against any liability to a third party, the measure of

가액의 비율을 보험증권에 확정되어 있는 금액에 곱한 금액이다.

(2) 미평가보험증권에 의해 보험가입된 화물이나 상품 또는 기타 동산의 일부가 전손되는 경우에, 손해보상의 한도는 전손의 경우에서와 같이 확정된 멸실된 일부의 보험가액이다.

(3) 보험가입된 화물이나 상품의 전부 또는 어느 일부가 손상되어 목적지에서 인도되는 경우에, 손해보상의 한도는 총정상가액에 대한 도착장소에서의 총정상가액과 총손상가액과의 차액의 비율을, 기평가보험증권의 경우 보험증권에 확정하고 있는 금액에 곱한 금액이며, 미평가보험증권의 경우 보험가액에 곱한 금액이다.

(4) "총가액"이란 도매가격을 의미하고, 그러한 가격이 없는 경우에는 견적가액을 의미하며, 어느 경우에서든 운임과 양륙비용 및 기지불한 세금을 포함한다. 단, 관습상 보세화물로 매각되는 화물이나 상품의 경우에는 보세가격이 총가액으로 간주된다. "총수익금"이란 매도인이 모든 매각비용을 지불한 경우의 매각으로 취득한 실제 가격을 의미한다.

제72조 평가액의 할당

(1) 서로 다른 종류의 재산이 단일 평가액에 의해 보험가입되는 경우에, 미평가보험증권의 경우에서와 같이 각각의 보험가액의 비율에 따라 상이한 종류의 재산에 대해 그 평가액이 할당되어야 한다. 일부분인 한 종류의 협정보험가액은, 본법에서 규정한 바에 따라 모두 확정된 전체의 재산의 보험가액에 대한 그 일부분의 보험가액의 비율을, 전체 재산의 총협정보험가액에 곱한 금액이다.

(2) 평가액을 할당하여야 하고, 각각 별개의 화물의 종류나 품질 또는 품목의 원가의 명세가 확정될 수 없는 경우에, 화물의 상이한 종류나 품질 또는 품목의 정미도착정상가액에 대하여 평가액을 분할할 수 있다.

제73조 공동해손분담금과 구조비용

(1) 보험증권에 어떠한 명시적인 규정이 있는 경우를 제외하고, 피보험자가 어떠한 공동해손분담금을 지급하였거나 지급책임이 있는 경우에, 만약 분담책임이 있는 보험의 목적이 분담가액의 전액에 대해 보험가입되어 있으면, 손해보상의 한도는 그러한 분담금의 전액이다. 그러나 만약 보험의 목적이 분담가액의 전액에 대해 보험에 가입되지 않은 경우, 또는 그 일부만이 보험에 가입되어 있는 경우에, 보험자가 지급할 손해보상은 일부보험의 비율에 따라 감액되어야 한다. 그리고 보험자에게 보상책임이 있는 손해로서 분담가액에서 공제되는 단독해손손해가 있는 경우에, 보험자가 분담책임이 있는 금액을 확정하기 위해서는 그 단독해손손해의 금액이 협정보험가액에서 공제되어야 한다.

(2) 보험자가 구조비용에 대해 책임이 있는 경우에, 보험자의 책임의 범위는 전항과 유사한 원칙에 의해 결정되어야 한다.

제74조 제3자에 대한 배상책임

피보험자가 제3자에 대한 어떠한 배상책임을 상대로 명시적인 조건으로 보험계약을 체결한 경우에, 손해

indemnity subject to nay express provision in the policy, is the amount paid or payable by him to such third party in respect of such liability.

75. General provisions as to measure of indemnity.

75.-(1) Where there has been a loss in respect of any subject-matter not expressly provided for in the foregoing provision of this Act, the measure of indemnity shall be ascertained, as nearly as may be, in accordance with those provisions, in so far as applicable to the particular case.

(2) Nothing in the provisions of this Act relation to the measure of indemnity shall affect the rules relating to double insurance, or prohibit the insurer from disproving interest wholly or in part, or from showing that at the time of the loss the whole or any part of the subject-matter insured was not at risk under the policy.

76. Particular average warranties

76.-(1) Where the subject-matter insured is warranted free from particular average, the assured cannot recover for a loss of part, other than a loss incurred by a general average sacrifice, unless the contract contained in the policy be apportionable ; bet, if the contract be apportionable, the assured may recover for a total loss of any apportionable part.

(2) Where the subject -matter insured is warranted free from particular average, either wholly or under a certain percentage, the insurer is nevertheless liable for salvage charges, and for particular charges and other expenses properly incurred pursuant to the provisions of the suing and labouring clause in order to avert a loss insured against.

(3) Unless the policy otherwise provides, where the subject-matter insured is warranted free from particular average under a specified percentage, a general average loss cannot be added to a particular average loss to make up the specified percentage.

(4) For the purpose of ascertaining where the specified percentage has been reached, regard shall be had only to the actual loss suffered by the subject-matter insured. Particular charges and the expenses of and incidental to ascertaining and proving the loss must be excluded.

77. Successive losses

77.-(1) Unless the policy otherwise provides, and subject to the provisions of this Act, the insurer is liable for successive losses, even though the total amount of such losses may exceed the sum insured.

(2) Where, under the same policy, a partial loss, which has not been repaired or otherwise made good, is followed by a total loss, the assured can only recover in respect of the total loss :
Provided that nothing in this section shall affect the liability of the insurer under the suing and labouring clause.

78. Suing and labouring clause

78.-(1) Where the policy contains a suing and labouring clause, the engagement thereby entered into is deemed to be supplementary to the contract of insurance, and the assured may recover from the insurer any expenses properly

보상의 한도는, 보험증권에 어떠한 명시적인 규정이 있는 경우를 제외하고, 그와 같은 배상책임에 관하여 피보험자가 그러한 제3자에게 지불하였거나 지불해야 할 금액이다.

제75조 손해보상의 한도에 관한 일반 규정

(1) 본법의 앞의 제규정에서 명시적으로 규정되지 않은 보험의 목적에 관한 손해가 있는 경우에, 손해보상의 한도는 특별한 경우에 적용할 수 있는 한, 그러한 규정들에 따라 가능한 한 비슷하게 확정되어야 한다.

(2) 손해보상한도에 관한 본법의 제규정상의 어떤 것도 중복보험에 관한 제규칙에 영향을 미치지 아니하고, 구러한 규정의 어떤 것도 피보험이익의 전부 또는 일부를 보험자가 부인하는 것을 금지하는 것도 아니며, 손해발생시에 보험의 목적의 전부 또는 일부가 보험증권하의 위험에 처해 있지 않았다는 것을 보험자가 입증하는 것을 금지하는 것도 아니다.

제76조 단독해손담보

(1) 보험의 목적이 단독해손의 면책을 담보로 하는 경우에는, 피보험자는 공동해손희생에 의해 발생한 손해가 아닌 일부의 손해에 대해 보상받을 수 없다. 단, 보험증권에 포함된 계약이 가분될 수 있는 경우에는 그러하지 아니하다. 그러나 계약이 가분될 수 있는 경우에는, 피보험자는 일체의 가분되는 일부의 전손에 대해 보상받을 수 있다.

(2) 보험의 목적이 전부 또는 일정 비율 미만의 단독해손의 면책을 담보로 하는 경우에는, 보험자는 그럼에도 불구하고 구조비용 및 피보험손해를 피하기 위하여 손해방지약관의 규정에 따라 정당하게 지출한 단독비용과 기타 비용에 대해 보상책임이 있다.

(3) 보험증권에 별도로 규정하지 않는 한, 보험의 목적이 일정 비율 미만의 단독해손의 면책을 담보로 하는 경우에는, 그 일정 비율을 충족시키기 위해서 공동해손손해가 단독해손손해에 가산될 수 없다.

(4) 일정 비율이 충족되었는지의 여부를 확정하기 위해서는, 오직 보험의 목적이 입은 실제 손해만을 고려하여야 한다. 단독비용과 손해를 확정하고 입증하는 비용 및 그에 부수하는 비용은 반드시 제외하여야 한다.

제77조 연속손해

(1) 보험증권에 별도로 규정하지 않는 한, 그리고 본법에 규정이 있는 경우를 제외하고, 비록 연속손해의 합계금액이 보험금액을 초과하는 경우에도, 보험자는 그러한 연속손해에 대하여 보상책임이 있다.

(2) 동일한 보험증권에서 분손이 발생하고, 이것이 수리되지 않거나 기타의 방법으로 원상복구되지 않은 상태에서 전손이 발생하는 경우에, 피보험자는 오로지 전손에 대해서만 보상받을 수 있다.

단, 본조의 규정은 손해방지약관에 의한 보험자의 책임에는 영향을 미치지 아니한다.

제78조 손해방지약관

(1) 보험증권에 손해방지약관을 포함하고 있는 경우에, 그 약관에 의해 체결된 약정은 보험계약을 보충하는 것으로 간주된다. 따라서 보험자가 전손에 대한 보험금을 지급하였거나, 보험의 목적이 단독해손의

incurred pursuant to the clause, notwithstanding that the insurer may have paid for a total loss, or that the subject-matter may have been warranted free from particular average, either wholly or under a certain percentage.

(2) General average losses and contributions and salvage charges, as defined by this Act, are not recoverable under the suing and labouring clause.

(3) Expenses incurred for the purpose of averting or diminishing any loss not covered by the policy are not recoverable under the suing and labouring clause.

(4) It is the duly of the assured and his agents, in all cases, to take such measures as may be reasonable for the purpose of averting or minimising a loss.

RIGHTS OF INSURER ON PAYMENT

79. Right of subrogation

79.-(1) Where the insurer pays for a total loss, either of the whole, or in the case of goods of any apportionable part, of the subject-matter insured, he thereupon becomes entitled to take over the interest of the assured in whatever may remain of the subject-matter so paid for, and he is thereby subrogated to all the rights and remedies of the assured in and in respect of that subject-matter as from the time of the casualty causing the loss.

(2) Subject to the foregoing provisions, where the insurer pays for a partial loss, he acquires no title to the subject-matter insured, or such part of it as may remain, but he is thereupon subrogated to all rights and remedies of the assured in and in respect of the subject-matter insured as from the time of the casualty causing the loss, in so far as the assured has been indemnified, according to this Act, by such payment for the loss.

80. Right of contribution

80.-(1) Where the assured is over-insured by double insurance, each insurer is bound, as between himself and the other insurers, to contribute rateably to the loss in proportion to he amount for which he is liable under his contract.

(2) If any insurer pays more than his proportion of the loss, he is entitled to maintain an action for contribution against the other insurers, and is entitled to the like remedies as a surety who has paid more than his proportion of the debt.

81. Effect of under-insurance

Where the assured is insured for an amount less than the insurable value or, in the case of a valued policy, for an amount less than the policy valuation, he is deemed to be his own insurer in respect of the uninsured balance.

전부 또는 일정 비율 미만의 면책을 담보로 하고 있는 경우에도 불구하고, 피보험자는 그 약관에 따라 정당하게 지출한 일체의 비용을 보험자로부터 보상받을 수 있다.

(2) 본법에서 규정하고 있는 공동해손손해와 분담금 및 구조비용은 손해방지약관에 의해 보상될 수 없다.

(3) 보험증권에 부담하지 않는 어떠한 손해를 피하거나 경감할 목적으로 지출한 비용은 손해방지약관에 의해 보상될 수 없다.

(4) 손해를 피하거나 최소화하기 위해 합리적인 조치를 취하는 것은 모든 경우에 있어서 피보험자와 그의 대리인의 의무이다.

보험금의 지급에 관한 보험자의 권리

제79조 대위권

(1) 보험자가 보험의 목적의 전부의 전손 또는 화물의 경우에 가분할 수 있는 일부분의 전손에 대해 보험금을 지급한 경우에, 그 결과 보험자는 전손보험금이 지급된 보험의 목적의 잔존물에 대한 피보험자의 이익을 승계할 수 있는 권리를 갖게 된다. 그리고 전손보험금의 지급에 의해 보험자는 손해를 야기한 재난의 발생 시부터 보험의 목적에 대한, 그리고 보험의 목적과 관련한 피보험자의 모든 권리와 구제수단을 대위한다.

(2) 전항의 규정을 제외하고, 보험자가 분손에 대해 보험금을 지급한 경우에는, 보험의 목적에 대한 어떠한 소유권이나 보험의 목적의 잔존부분에 대한 어떠한 소유권도 취득하지 못한다. 그러나 분손보험금을 지급한 결과로서 보험자는, 피보험자가 손해에 대한 분손보험금의 지급에 의해 본법에 따라 손해보상을 받은 한도내에서, 손해를 야기한 재난의 발생시부터 보험의 목적에 대한, 그리고 보험의 목적과 관련한 피보험자의 모든 권리와 구제수단을 대위한다.

제80조 분담의 권리

(1) 피보험자가 중복보험에 의해 초과보험이 되는 경우에, 각각의 보험자는 자기 자신과 다른 보험자들 사이에서는 자기의 계약에 의해 책임이 있는 금액의 비율에 따라 비례적으로 손해를 분담할 의무가 있다.

(2) 어떠한 보험자가 손해에 대한 자기의 분담부분을 초과하여 지급하는 경우에, 그 보험자는 다른 보험자를 상대로 분담금에 대한 소송을 제기할 수 있는 권리가 있으며, 부패에 대한 자기의 분담부분을 초과하여 지불한 보증인과 동일한 구제수단을 강구할 수 있는 권리가 있다.

제81조 일부보험의 효과

피보험자가 보험가액 보다 적은 금액에 대해서 또는 기평가보험증권의 경우에는 보험평가액보다 적은 금액에 대해서 보험에 가입되었을 경우에는, 피보험자는 보험에 가입되지 않은 차액에 대해서는 자기 보험자로 간주된다.

RETURN OF PREMIUM

82. Enforcement of return

Where the premium, or a proportionate part thereof is, by this Act, declared to be returnable,

 (a) If already paid, it may be recovered by the assured from the insurer ; and

 (b) If unpaid, it may be retained by the assured or his agent.

83. Return by agreement

Where the policy contains a stipulation for the return of the premium, or a proportionate part thereof, on the happening of a certain event, and that event happens, the premium, or, as the case may be, the proportionate part thereof, is thereupon returnable to the assured.

84. Return for failure of consideration

84.-(1) Where the consideration for the payment of the premium totally fails, and there has been no fraud or illegality on the part of the assured or his agents, the premium is thereupon returnable to the assured.

(2) Where the consideration for the payment of the premium is apportionable and there is a total failure of any apportionable part of the consideration, a proportionate part of the premium is, under the like conditions, thereupon returnable to the assured.

(3) In particular : -

 (a) Where the policy is void, or is avoided by the insurer as from the commencement of the risk, the premium is returnable, provided that there has been no fraud or illegality on the part of the assured ; but if the risk is not apportionable, and has once attached, the premium is not returnable ;

 (b) Where the subject-matter insured, or part thereof, has never been imperilled, the premium, or, as the case may be, a proportionate part thereof, is returnable :

  Provided that where the subject-matter has been insured "lost or not lost" and has arrived in safety at the time when the contract is concluded, the premium is not returnable unless, at such time, the insurer knew of the safe arrival ;

 (c) Where the assured has no insurable interest throughout the currency of the risk, the premium is returnable, provided that this rule does not apply to a policy effected by way of gaming or wagering ;

 (d) Where the assured has a defeasible interest which is terminated during the currency of the risk, the premium is not returnable ;

 (e) Where the assured has over-insured under an unvalued policy, a proportionate part of the premium is returnable ;

 (f) Subject to the foregoing provisions, where the assured has over-insured by double insurance, a proportionate part of the several premiums is returnable ;

보험금의 환급

제82조 환급의 강제

보험료 또는 그 보험료의 비례부분이 본법에 의하여 환급되어야 한다고 규정되어 있는 경우에는,

(1) 보험료가 이미 지급되었을 때에는 피보험자는 보험자로부터 이를 회수할 수 있으며, 또

(2) 보험료가 미지급일 때에는 피보험자 및 그 대리인은 이를 유보할 수 있다.

제83조 합의에 의한 환급

보험증권에 일정한 사유가 발생할 때에 보험료 또는 그 비례부분을 환급한다는 취지의 약관이 삽입되어 있는 경우에는, 그 사유가 발생하였을 때에는 보험료 또는 그 비례부분은 피보험자에 환급되어야 한다.

제84조 약인의 결여에 의한 환급

(1) 보험료의 지급에 대한 약인이 전부 소멸된 경우에 피보험자 및 그 대리인측에 사기 또는 위법이 없었을 때에는, 보험료는 피보험자에게 환급되어야 한다.

(2) 보험료의 지급에 대한 약인이 분할가능한 경우에 약인의 분할가능한 부분이 전부 소멸된 때에는, 보험료의 비례부분은 전항과 동일한 조건으로 피보험자에게 환급되어야 한다.

(3) 특히,-

  (a) 보험계약이 무효이든지 또는 보험자에 의하여 보험개시의 시부터 취소되는 경우에는, 피보험자 측에 사기 또는 위법이 없었을 때에 한하여 보험료는 환급되어야 한다. 그러나 위험이 분할불가능하고 그 위험이 일단 개시된 경우에는, 보험료는 환급되지 아니한다.

  (b) 보험의 목적 또는 그 일부가 전혀 위험에 직면하지 아니한 경우에는, 보험료 또는 그 비례부분은 환급되어야 한다.

    다만 보험의 목적이 "멸실여부를 불문함"이란 조건으로 부보된 경우에 보험의 목적이 계약성립시에 안전하게 도착한 때에는, 계약성립시에 보험자가 그 안전한 도착을 알고 있었을 경우를 제외하고 보험료는 환급되지 아니한다.

  (c) 피보험자가 보험기간을 통하여 피보험이익을 갖지 아니한 경우에는, 보험료는 환급되어야 한다. 다만 이 규칙은 사행 또는 도박의 방법으로 체결한 보험계약에는 적용되지 아니한다.

  (d) 피보험자가 소멸할 수 있는 이익을 가진 경우에 그 이익이 보험기간중에 소멸한 때에는, 보험료는 환급되지 아니한다.

  (e) 피보험자가 미평가보험증권에 의하여 초과보험되었을 경우에는, 보험료의 비례부분은 환급되어야 한다.

  (f) 전항에 별도의 규정이 있는 경우를 제외하고, 피보험자가 중복보험에 의하여 초과보험되었을 경우에는, 각 보험료의 비례부분은 환급되어야 한다.

    다만 둘 이상의 보험계약이 상이한 시기에 체결된 경우에, 먼저 체결한 보험계약이 임의의 시기에 전

Provided that, if the policies are effected at different times, and any earlier policy has at any time borne the entire risk, or if a claim has been paid on the policy in respect of the full sum insured thereby, no premium is returnable in respect of that policy, and when the double insurance if effected knowingly by the assured no premium is returnable.

MUTUAL INSURANCE

85. Modification of Act in case of mutual insurance

85.-(1) Where two or more persons mutually agree to insure each other against marine losses there is said to be a mutual insurance.

(2) The provisions of this Act relating to the premium do not apply to mutual insurance, but a guarantee, or such other arrangement as may be agreed upon, may be substituted for the premium.

(3) The provisions of this Act, in so far as they may be modified by the agreement of the parties, may in the case of mutual insurance be modified by the terms of the policies issued by the association, or by the rules and regulations of the association.

(4) Subject to the exceptions mentioned in this section, the provisions of this Act apply to a mutual insurance.

SUPPLEMENTAL

86. Ratification by assured

86. Where a contract of marine insurance is in good faith effected by one person on behalf of another, the person on whose behalf it is effected may ratify the contract even after he is aware of a loss.

87. Implied obligations varied by agreement or usage

87.-(1) Where any right , duty, or liability would arise under a contract of marine insurance by implication of law, it may be negatived or varied by express agreement, or by usage, if the usage be such as to bind both parties to the contract.

(2) The provisions of this section extend to any right, duty, or liability declared by this Act which may be lawfully modified by agreement.

88. Reasonable time, etc., a question of fact

Where by this Act any reference is made to reasonable time, reasonable premium, or reasonable diligence, the question what is reasonable is a question of fact.

89. Ship as evidence

Where there is a duly stamped policy, reference may be made as heretofore, to the slip or covering note, in any legal proceeding.

위험을 담보하였거나 또는 그 보험계약에 의하여 부보된 보험금액의 전액에 대한 보험금이 지급되었을 때에는, 그 보험계약에 관한 보험료는 환급되지 아니한다. 그리고 피보험자가 중복보험인 것을 알면서 계약을 체결한 경우에는 보험료는 환급되지 아니한다.

상호보험

제85조 상호보험에 있어서의 본법의 수정

(1) 2인 이상이 해상손해에 대하여 상호간에 보험하기로 합의한 경우에 이를 상호보험이라고 말한다.

(2) 본법의 보험료에 관한 규정은 상호보험에는 적용되지 아니한다. 그러나 보증이나 또는 합의될 기타의 약정으로써 보험료에 대치할 수 있다.

(3) 본법의 규정중에 당사자의 합의에 의하여 수정될 수 있는 것에 한하여는, 상호보험에 있어서 조합이 발행한 보험증권의 제조건이나 또는 조합의 규칙 및 규정에 의하여 이를 수정할 수 있다.

(4) 본조에서 정한 예외규정을 제외하고, 본법의 제규정은 상호보험에 적용된다.

보칙

제86조 피보험자에 의한 추인

해상보험계약이 본인 아닌 대리인에 의하여 선의로 체결된 경우에는, 그 계약이 체결된 본인은 손해의 발생을 알고 난 후일지라도 그 계약을 추인할 수 있다.

제87조 합의 또는 관습에 의하여 변경된 묵시조건

(1) 해상보험계약에 따라 법의 묵시적인 내용에 의하여 어떠한 권리, 의무 또는 책임이 발생하는 경우에는, 명시적인 합의나 또는 관습이 보험계약의 양당사자를 다같이 구속하는 경우의 그 관습에 의하여 이를 부정하거나 또는 변경할 수 있다.

(2) 본조의 규정은 합의에 의하여 합법적으로 수정될 수 있는 본법이 정하는 여하한 권리, 의무 또는 책임에도 적용된다.

제88조 상당한 기간 등은 사실의 문제이다

본법에 있어서 상당한 기간, 상당한 보험료 또는 상당한 주의라는 용어를 사용하고 있는 경우에는, 무엇이 상당한 것인가의 문제는 사실의 문제이다.

제89조 인증으로서의 보험인수각서

정당히 인지를 첨부한 보험증권이 있는 경우에는, 일체의 소송절차에 있어서 보험인수각서 또는 보험인수증을 종래와 같이 증거로 인용할 수 있다.

90. Interpretation of terms

In this Act, unless the context or subject-matter otherwise requires,

"Action" includes counterclaim and set-off ;

"Freight" includes the profit derivable by a shipowner from the employment of his ship to carry his own goods or movables, as well as freight payable by a third party, but does not include passage money ;

"Movables" means any movable tangible property, other than the ship, and includes money, valuable securities, and other documents ;

"policy" means a marine policy.

91. Savings

91.-(1) Nothing in this Act, or in any repeal effected thereby, shall affect -

(a) The provisions of the Stamp Act, 1981, or any enactment for the time being in force relating to the revenue ;

(b) The provisions of the Companies Act, 1862, or any enactment amending or substituted for the same ;

(c) The provisions of any statute not expressly repealed by this Act.

(2) The rules of the common law including the law merchant, save in so far as they are inconsistent with the express provision of this Act, shall continue to apply to contracts of marine insurance.

92. Repeals

The enactments mentioned in the Second Schedule of this Act are hereby repealed to the extent specified in that schedule.

93. Commencement

This Act shall come into operation on the first day of January one thousand nine hundred and seven.

94. Short title

This Act may be cited as the Marine Insurance Act, 1906.

SCHEDULE

FIRST SCHEDULE

From of Policy (see section 30)

Lloyd's S. G. Policy

BE IT KNOWN THAT [ ] as well in [ ] own name as for and in the name and names of all and every other person or persons to whom the same doth, may, or shall appertain, in part of in all doth make assurance and cause [ ] and them,

제90조 용어의 해석

본법에서는 문맥상 또는 취지상 별도의 해석을 요하지 않는 한, "소송"이란 반소 및 상계소를 포함한다.

"운임"이란 제3자가 지급하는 운임은 물론 선주가 자신의 선박을 사용하여 자신의 화물이나 동산을 운송함으로써 수득하는 이윤도 포함하지만 여객운임은 포함하지 아니 한다.

"동산"이란 선박 이외의 모든 이동가능한 유체재산을 의미하며, 또 화폐, 유가증권 및 기타의 증서를 포함한다.

"보험증권"이란 해상보험증권을 의미한다.

제91조 유보

(1) 본법의 제규정이나 또는 본법에 의하여 폐지된 법률의 제규정은 다음의 규정에 하등의 영향을 미치지 아니한다. -

    (a) 1891년 인지세법 또는 세입에 관한 현행제정법의 제규정,

    (b) 1862년 회사법 및 동법의 개정법 또는 동법을 대신하는 제정법의 제규정,

    (c) 본법에 의하여 명시적으로 폐지되지 아니한 제정법의 제규정.

(2) 상사법을 포함하는 보통법상의 제규칙은 본법의 명시적인 규정과 저촉되는 것을 제외하고 계속하여 해상보험계약에 적용된다.

제92조

본조는 1927년 법률개정법에 의하여 폐기되었음.

제93조

본조는 1927년 법률개정법에 의하여 폐기되었음.

제94조 약칭(Short title)

본법은 "1906년 해상보험법"으로서 이를 인용할 수 있다.

부칙

제1 부칙

보험증권의 양식

(a)는 자기(b) 자신의 이름으로 또한 보험의 목적의 일부 또는 전부가 귀속되거나 귀속될 수 있는, 또는 귀속하게 될 기타 모든 사람 또는 사람들을 위하여 그리고 그들의 이름으로 보험계약을 체결하고, 그 자신(c)과 그들 모두가 (d)에서 및 부터 멸실여부를 불문하고 보험에 가입된 것으로 인정한다.

and every of them, to be insured lost or not lost, at and from [ ]. Upon any kind of goods and merchandises, and also upon the body, tackle, apparel, ordnance, munition, artillery, boat, and other furniture, of and in the good ship or vessel called the [ ] whereof is master under God, for this present voyage, [ ] or whosoever else shall go for master in the said ship, or by whatsoever other name or names the said ship, or the master thereof, is or shall be named or called ; beginning the adventure upon the said goods and merchandises from the loading thereof aboard the said ship, [ ] upon the said ship, &c. [ ] and so shall continue and ensure, during her abode there, upon the said ship, &c. And further, until the said ship, with all her ordnance, tackle, apparel, &c., and goods and merchandises whatsoever shall be arrived at [ ] upon the said ship, &c., until she hath moored at anchor twenty-four hours in good safety ; and upon the goods and merchandises, until the same be there discharged and safely landed. And it shall be lawful for the said ship, &c., in this voyage, to proceed and sail to and touch and stay at any ports or places whatsoever [ ] without prejudice to this insurance. The said ship, &c., goods and merchandises, &c., for so much as concerns the assured by agreement between the assured and assurers in this policy, are and shall be valued at [ ].

Touching the adventures and perils which we the assurers are contented to bear and do take upon us in this voyage : they are of the seas, men-of-war, fire, enemies, pirates, rovers, thieves, jettisons, letters of mart and countermart, surprisals, takings at sea, arrests, restraints, and detainments of all kings, princes, and people, of what nation, condition, or quality soever, barratry of the master and mariners, and of all other perils, losses, and misfortunes, that have or shall come to the hurt, detriment, or damage of the said goods and merchandises, and ship, &c., or any part thereof. And in case of any loss or misfortune it shall be lawful to the assured, their factor, servants and assigns, to sue, labour, and travel for, in and about the defence, safeguards, and recovery of the said goods and merchandises, and ship, &c., or any part thereof, without prejudice to this insurance, to the charges whereof we, the assurers, will contribute each one according to the rate and quantity of his sum herein assured. And it is especially declared and agreed that no acts of the insurer or insured in recovering, saving, or preserving the property insured shall be considered as a waiver, or acceptance of abandonment. And it is agreed by us, the insurers, that this writing, or policy of assurance shall be of as much force and effect as the surest writing or policy of assurance heretofore made in Lombard Street, or in the Royal Exchange, or elsewhere in London. And so we, the assurers, are contented, and do hereby promise and bind ourselves, each one for his own part, our heirs, executors, and goods to the assured, their executors, administrators and, assigns, for the true performance of the premises, confessing ourselves paid the consideration due unto us for this assurance by the assured, at and after the rate of [ ].

IN WITNESS WHEREOF we, the assurers, have subscribed our names and sums assured in London.

N.B. - Corn, fish, salt, fruit, flour and seed are warranted free from average, unless general, or the ship be stranded - sugar, tobacco, hemp, flax, hides and skins are warranted free from average, under five pounds per cent., and all other good, also the ship and freight, are warranted free from average, under three pounds per cent. unless general, or the ship be stranded.

(e)라고 부르는 감항성이 있는 선박에 적재된 모든 종류의 화물과 상품에 관하여, 그리고 그러한 선박의 선체, 태클(권양기), 의장구, 병기, 군수품, 대포, 보우트 및 기타 의장에 관하여, (f)가 본항해에 대하여는 현재 하나님 다음으로 그 선박의 선장이며, 또한 누구든지 장래에 상기 선박의 선장으로 간주될 것이고, 상기 선박 또는 그 선장은 어떠한 이름이나 이름들로 지명되거나 호칭되고 있으며, 장래에도 지명되거나 호칭될 것이다.

상기 화물과 상품에 관한 위험은 상기 선박에 화물이 적재되는 때부터 개시하고, 상기 선박 등에 관한 위험도 상술한 바와 같이 개시되며, 상기 선박 등에 관하여는 그곳에서 선박의 정박 중에 계속된다. 그리고 상기 선박 등에 관하여는 선박의 모든 병기, 태클, 의장구 등과 무엇이든 화물 및 상품을 적재한 상기 선박이 상기 장소에 도착할 때까지, 선박이 안전한 상태로 닻을 내리고 정박한 후 24시간 경과할 때까지 계속된다. 그리고 화물과 상품에 관하여는 동화물과 상품이 그곳에서 양화되고 안전하게 양륙될 때까지 계속된다. 그리고 본항해에 있어서 상기 선박 등이 항행하고 어떠한 항구나 장소로 출항하며, 그곳에서 기항하고 정박하는 것은 적법한 것이고, 무엇이든 이 보험에는 영향을 미치지 아니한다.

상기 선박 기타, 화물과 상품 등은 이 보험증권에서 피보험자와 보험자와의 합의에 의해 피보험자에게 관련되는 한, (i)로 평가되고 또한 평가되어야 한다.

우리들 보험자가 이 항해에서 부담하고 책임을 지기로 약속한 해상사업과 위험은 다음과 같다. 즉 바다의 위험, 군함, 화재, 외적, 해적, 강도, 도적, 투하, 포획면허장과 보복포획면허장, 습격, 해상탈취, 어떠한 국가나 상황이나 성질에 관계없이 모든 국왕과 여왕 및 국민의 압류와 억지 및 억류, 선장이나 선원의 악행, 상기 화물과 상품 및 선박 기타 또는 그 일부의 파손이나 훼손 또는 손상을 가져 왔거나 가져오게 될 모든 기타 위험과 손해 및 불행이다.

그리고 어떠한 손해나 불행이 발생한 경우에, 상기 화물과 상품 및 선박 기타, 또는 그 일부의 방비와 보호 및 회복에 있어서, 그리고 그것에 대하여 피보험자, 그 대리인, 사용인 및 양도인이 손해방지를 하거나 여행하는 것은 적법한 것이며, 이 보험의 효력에는 영향을 미치지 아니한다. 그에 따른 비용은 우리들 보험자가 이 보험증권에서 인수한 비율과 금액에 따라 각각 분담한다.

피보험재산을 회복하거나 구조하거나 또는 보존하는 보험자 또는 피보험자의 행위는 권리포기 또는 위부의 승낙으로 간주하지 않는다는 것을 특별히 선언하고 합의한다.

그리고 이 문서나 보험증권은 롬바르드가, 왕립거래소, 또는 런던의 어느 곳에서 지금까지 작성된 가장 확실한 문서나 보험증권과 동일한 효력을 갖는 것으로 우리들 보험자는 동의한다.

그리고 우리들 보험자는 ---의 비율로 피보험자가 이 보험에 대해 우리에게 지불해야 할 약인을 지불하였음을 자인하면서, 약속의 진정한 이행을 위해 피보험자와 그들의 유언집행인과 관리인 및 양수인에 대하여 만족스럽게 이 보험증권에 의해 약속하고, 또한 우리들 자신, 자기 자신의 부담부분에 대해 각자와 우리의 상속인과 유언집행인 및 화물에 책임을 부담한다.

이에 대한 증거로서, 우리들 보험자는 런던에서 우리들의 이름과 보험인수한 금액에 서명하였다.

유의사항 -- 곡물, 어류, 소금, 과일, 밀가루 및 종자는 공동해손 또는 선박이 좌초되지 않는 한, 해손의 면책을 담보로 하고, 설탕, 연초, 대마, 아마, 크고 적은 짐승의 피혁은 5% 미만의 해손의 면책을 담보로 하며, 모든 기타 화물과 또한 선박과 운임은 공동해손 또는 선박이 좌초되지 않는 한, 3% 미만의 해손의 면책을 담보로 한다.

RULES FOR CONSTRUCTION OF POLICY

The following are the rules referred to by this Act for the construction of a policy in the above or other like form, where the context does not otherwise require :

1. Lost or not lost. Where the subject-matter is insured "lost or not lost," and the loss has occurred before the control is concluded, the risk attaches unless, at such time, the assured was aware of the loss, and the insurer was not.

2. From. Where the subject-matter is insured "from" a particular place, the risk does not attach until the ship starts on the voyage insured.

3. At and from. (a) Where a ship is insured "at and from" a particular place, and she is at that place in good safety when the contract is concluded, the risk attaches immediately.

    (b) If she be not at that place when the contract is concluded the risk attaches as soon as she arrives there in good safety, and, unless the policy otherwise provides, it is immaterial that she is covered by another policy for a specified time after arrival.

    (c) Where chartered freight is insured "at and from" a particular place, and the ship is at that place in good safety when the contract is concluded the risk attaches immediately. If she be not there when the contract is concluded, the risk attaches as soon as she arrives there in good safety.

    (d) Where freight, other than chartered freight, is payable without special conditions and is insured "at and from" a particular place, the risk attaches pro rata as the goods or merchandise are shipped ; provided that if there be cargo in readiness which belongs to the shipowner, or which some other person has contracted with him to ship, the risk attaches as soon as the ship is ready to receive such cargo.

4. From the loading thereof. Where goods or other movables are insured "from the loading thereof," the risk does not attach until such goods or movables are actually on hoard, and the insurer is not liable for them while in transit from the shore to the ship.

5. Safely landed. Where the risk on goods or other movables continues until they are "safely landed," they must be landed in the customary manner and within a reasonable time after arrival at the port of discharge, and if they are not so landed the risk ceases.

보험증권의 해석을 위한 규칙

보험증권의 문맥이 별도의 해석을 필요로 하지 않는 경우에는, 전술한 양식이나 기타 유사한 양식의 보험증권의 해석을 위해 본법에 의해 적용되는 규칙은 다음과 같다.

제1조 멸실 여부를 불문함

보험의 목적이 "멸실 여부를 불문함"의 조건으로 보험에 가입되고, 계약이 성립되기 전에 손해가 발생한 경우에는, 계약의 성립시에 피보험자가 손해발생을 알고 있었고 보험자가 알고 있지 못한 경우를 제외하고, 위험이 개시한다.

제2조부터

보험의 목적이 특정 장소 "로부터" 보험에 가입되는 경우에는, 선박이 피보험항해를 출항할 때에 위험이 개시한다.

제3조에서 및 부터

[선박] (a) 선박이 특정 장소 "에서 및 부터" 보험에 가입되고, 계약이 성립할 때 안전하게 그 장소에 있는 경우에는, 위험은 즉시 개시한다.

(b) 계약이 성립할 때 선박이 그 장소에 없는 경우에는, 위험은 선박이 안전하게 그 곳에 도착하는 순간에 개시한다. 그리고 보험증권에 별도로 규정하지 않는 한, 선박이 도착 후 일정 기간동안 다른 보험증권에 의해 부담되고 있다는 것은 중요하지 아니하다.

[운임] (c) 용선료가 특정 장소 "에서 및 부터" 보험에 가입되어 있고, 계약이 성립할 때 선박이 안전하게 그 장소에 있는 경우에는, 위험은 즉시 개시한다. 계약이 성립할 때 선박이 그 곳에 없는 경우에는, 위험은 선박이 안전하게 그곳에 도착하는 순간에 개시한다.

(d) 용선료 이외의 운임이 특별한 조건없이 지불되고, 특정 장소 "에서 및 부터" 보험에 가입되어 있는 경우에는, 위험은 화물이나 상품이 선적되는 비율에 따라 개시한다. 단, 선주에게 속하는 적화 또는 기타의 어떤 자가 선적하기로 선주와 계약한 적화가 그 곳에서 선적준비되어 있는 경우에는, 위험은 선박이 그러한 적화를 수취할 준비가 완료되면 지체없이 개시한다.

제4조 적재시부터

화물이나 기타 동산이 "그것의 적재시부터" 보험에 가입되는 경우에는, 위험은 그러한 화물이나 동산이 실제 선적된 때에 개시하고, 보험자는 육지로 부터 선박까지 운송되는 동안에 그러한 화물이나 동산에 대해 책임이 없다.

제5조 안전히 양륙되는

화물이나 기타 동산의 위험이 "안전히 양륙되는" 때까지 계속되는 경우에는, 그들 화물이나 동산은 반드시 관습적인 방법으로, 그리고 양화항에 도착 후 상당한 기간 내에 양륙하여야 한다. 그리고 만약 화물이나 동산이 그와 같이 양륙되지 않으면, 위험은 종료한다.

6. Touch and stay. In the absence of any further license or usages, the liberty to touch and stay " at any port or place whatsoever" does not authorize the ship to depart from the course of her voyage from the port of departure to the port of destination.

7. Perils of the seas. The term "perils of the seas" refers only to fortuitous accidents or casualties of the seas. It does not include the ordinary action of the winds and waves.

8. Pirates. The term "pirates" includes passengers who mutiny and rioters who attack the ship from the shore.

9. Thieves. The term "thieves" does not cover clandestine theft or a theft committed by any one of the ship's company, whether crew or passengers.

10. Restraint of princes. The term "arrests, etc., of kings, princes, and people" refers to political or executive acts, and does not include a loss caused by riot or by ordinary judicial process.

11. Barratry. The term "Barratry" includes every wrongful act wilfully committed by the master or crew to the prejudice of the owner, or, as the case may be, the character.

12. All other perils. The term "all other perils" includes only perils similar in kind to the perils specifically mentioned in the policy.

13. Average unless general. The term "average unless general" mean a partial loss of the subject-matter insured other than a general average loss, and does not include "particular charges."

14. Stranded. Where the ship has stranded, the insurer is liable for the excepted losses, although the loss in not attributable to the stranding, provided that when the stranding takes place the risk has attached, and, if the policy be on goods, that the damaged goods are on board.

15. Ship. The term "ship" includes the hull, materials and outfit, stores and provisions for the officers and crew, and, in the case of vessels engaged in a special trade, the ordinary fittings requisite for the trade, and also, in the case of a steamship, the machinery, boilers, and coals and engine stores, if owned by the assured.

제6조 기항 및 정박

어떠한 추가적인 허가나 관습이 없는 경우에는, "어떠한 항구나 장소이든 어느 곳에서든" 기항하거나 정박하는 자유는, 출항항으로 부터 목적항까지의 선박의 항해의 항로에서 선박이 이탈하는 것을 인정하는 것은 아니다.

제7조 바다의 위험

"바다의 위험"이란 말은 오직 바다의 우연한 사고나 재난만을 의미한다. 그것은 풍파의 통상적인 작용은 포함하지 아니한다.

제8조 해적

"해적"이란 말은 폭동을 일으키는 승객과 육지로부터 선박을 공격하는 폭도를 포함한다.

제9조 도적

"도적"이란 말은 은밀한 절도 또는 선원이든 승객이든 불문하고 승선자에 의한 절도는 포함하지 아니한다.

제10조 군주의 억지

"국왕과 여왕 및 국민의 억류 등"이라는 말은 정치적이나 행정적 행위를 의미하며, 소요로 인한 손해 또는 통상적인 재판과정으로 인한 손해는 포함하지 아니한다.

제11조 선장이나 선원의 악행

"선장이나 선원의 악행"이란 말은 소유자 또는 경우에 따라서는 용선자에게 손해를 입히는 선장이나 선원에 의해 고의로 행해지는 모든 부정행위를 포함한다.

제12조 모든 기타 위험

"모든 기타 위험"이란 말은 오로지 보험증권에서 특별히 기재된 위험과 동종의 위험만을 포함한다.

제13조 공동해손이 아닌 해손

"공동해손이 아닌 해손"이란 말은 공동해손손해가 아닌 분손을 의미하고, "단독비용"을 포함하지 아니한다.

제14조 좌초

선박이 좌초한 경우에는, 비록 손해가 그 좌초에 기인한 것이 아닐지라도, 보험자는 제외된 손해에 대해서도 보상책임이 있다. 단, 위험이 개시한 후에 좌초가 발생하는 때, 그리고 보험증권이 화물에 관한 경우에는 손상된 화물이 선상에 있을 것을 조건으로 한다.

제15조 선박

"선박"이란 말은 선체, 자재와 의장구, 고급선원과 보통선원을 위한 소모품과 식료품을 포함하고, 특수무역에 종사하는 선박의 경우에는 그 무역에 필요한 통상적인 의장을 포함하며, 또한 기선의 경우에는 기계와 보일러 및 피보험자가 소유한 경우의 석탄과 엔진소모품을 포함한다.

16. Freight. The term "freight" includes the profit derivable by a shipowner from the employment of his ship to carry his own goods or movables, as well as freight payable by a third party, but does not include passage money.

17. Goods. The term "goods" mean goods in the nature of merchandise, and does not include personal effects or provisions and stores for use on board.In the absence of any usage to the contrary, deck cargo and living animals must be insured specifically, and not under the general denomination of goods.

SECOND SCHEDULE

None

3-2 New I.C.C (A), (B), (C), 2009

INSTITUTE CARGO CLAUSES (A)

RISKS COVERED

Risks

1. This insurance covers all risks of loss of or damage to the subject-matter insured except as excluded by the provisions of Clauses 4, 5, 6 and 7 below.

General Average

2. This insurance covers general average and salvage charges, adjusted or determined according to the contract of carriage and/or the governing law and practice, incurred to avoid or in connection with the avoidance of loss from any cause except those excluded in Clauses 4, 5, 6 and 7 below.

Both to Blame Collision Clause

3. This insurance indemnifies the Assured, in respect of any risk insured herein, against liability incurred under any Both to Blame Collision Clause in the contract of carriage. In the event of any claim by carriers under the

제16조 운임

"운임"이란 말은 제3자에 의해 지불되는 운임은 물론, 선주가 자신의 화물이나 동산을 운송하기 위해 자기의 선박을 사용함으로써 파생되는 수익을 포함한다. 그러나 운임에는 승객운임은 포함하지 아니한다.

제17조 화물

"화물"이란 말은 상품의 성질의 화물을 의미하고, 개인의 소지품이나 선상에서 사용하기 위한 식료품과 소모품은 포함하지 아니한다.

반대의 관습이 없는 한, 갑판적 적화와 살아있는 동물은 특정하여 보험에 가입되어야 하고, 화물의 포괄적 명칭으로 보험에 가입되어서는 안된다.

제2부칙

[이 부칙은 1927년 제정법률개정법(Statute Law Revision Act 1927)에 의해 폐지되었다].

3-2 신협회적화 약관, 2009

협회적화약관 (A)

담보위험

위험

제1조 이 보험은 보험의 목적의 멸실 또는 손상의 모든 위험을 담보한다. 다만 하기 제4조, 제5조, 제6조 및 제7조의 규정에 의해 제외되는 위험은 그러하지 아니하다.

공동해손

제2조 이 보험은 하기 제4조, 제5조, 제6조 및 제7조에서 제외한 원인 이외의 원인에 의한 손실을 피하기 위하여 또는 피하는 것과 관련하여 발생한 공동해손 및 구조비를 담보한다. 공동해손 및 구조비의 정산 및 결정은 해상운송계약 및/또는 준거법 및 관례에 따른다.

쌍방과실충돌약관

제3조 이 보험은, 피보험자가 이 보험의 일체의 담보위험에 관하여, 운송계약상의 쌍방과실충돌약관하에 의해 부담하는 책임액을 보상한다. 상기 약관에 의거 운송인으로부터 청구를 받았을 경우, 피보험자는 그

said Clause, the Assured agree to notify the Insurers who shall have the right, at their own cost and expense, to defend the Assured against such claim.

Exclusions

4. In no case shall this insurance cover

    4.1 loss damage or expense attributable to wilful misconduct of the Assured

    4.2 ordinary leakage, ordinary loss in weight or volume, or ordinary wear and tear of the subject-matter insured

    4.3 loss damage or expense caused by insufficiency or unsuitability of packing or preparation of the subjectmatter insured to withstand the ordinary incidents of the insured transit where such packing or preparation is carried out by the Assured or their employees or prior to the attachment of this insurance (for the purpose of these Clauses "packing" shall be deemed to include stowage in a container and "employees" shall not include independent contractors)

    4.4 loss damage or expense caused by inherent vice or nature of the subject-matter insured

    4.5 loss damage or expense caused by delay, even though the delay be caused by a risk insured against (except expenses payable under Clause 2 above)

    4.6 loss damage or expense caused by insolvency or financial default of the owners managers charterers or operators of the vessel where, at the time of loading of the subject-matter insured on board the vessel, the Assured are aware, or in the ordinary course of business should be aware, that such insolvency or financial default could prevent the normal prosecution of the voyage

    This exclusion shall not apply where the contract of insurance has been assigned to the party claiming hereunder who has bought or agreed to buy the subject-matter insured in good faith under a binding contract.

    4.7 loss damage or expense directly or indirectly caused by or arising from the use of any weapon or device employing atomic or nuclear fission and/or fusion or other like reaction or radioactive force or matter.

5. 5.1 In no case shall this insurance cover loss damage or expense arising from

    5.1.1 unseaworthiness of vessel or craft or unfitness of vessel or craft for the safe carriage of the subject-matter insured, where the Assured are privy to such unseaworthiness or unfitness, at the time the subject-matter insured is loaded therein

    5.1.2 unfitness of container or conveyance for the safe carriage of the subject-matter insured, where loading therein or thereon is carried out prior to attachment of this insurance or by the Assured or their employees and they are privy to such unfitness at the time of loading.

    5.2 Exclusion 5.1.1 above shall not apply where the contract of insurance has been assigned to the party claiming hereunder who has bought or agreed to buy the subject-matter insured in good faith under a binding contract.

    5.3 The Insurers waive any breach of the implied warranties of seaworthiness of the ship and fitness of the ship to

취지를 보험자에게 통지할 것을 약속한다. 보험자는 자기의 비용으로 운송인의 청구에 대하여 피보험자를 보호할 권리를 갖는다.

면책조항

제4조 어떠한 경우에도 이 보험은 다음 손해를 담보하지 않는다.

4.1 피보험자의 고의의 불법행위에 기인하는 멸실, 손상 또는 비용

4.2 보험의 목적의 통상적인 누손, 통상적인 중량손 또는 용적손 또는 자연소모

4.3 이 보험의 대상이 되는 운송에서 통상 발생하는 사고에 견딜 수 있도록 보험의 목적의 포장 또는 준비를 완전하고 적절하게 하지 않음으로 인하여 발생한 멸실, 손상 또는 비용. 다만 그러한 포장 또는 준비가 피고험자 또는 사용인에 의해 실행되거나 이 보험의 개시 전에 실행되는 경우에 한한다(이 조항에 있어서 "포장"에는 컨테이너에 적부하는 것을 포함하고, "사용인"에는 독립계약자를 포함하지 아니한다)

4.4 보험의 목적의 고유의 하자 또는 성질로 인하여 발생한 멸실, 손상 또는 비용

4.5 지연이 피보험위험으로 인하여 발생된 경우에도, 지연으로 인하여 발생한 멸실, 손상 또는 비용(상기 제2조에 의해 지급하는 비용은 제외한다)

4.6 본선의 소유자, 관리자, 용선자 또는 운항자의 파산 또는 재정상의 궁핍으로 인한 멸실, 손상 또는 비용. 다만 보험의 목적으로 본선에 적재할 때 피보험자가 그러한 파산 또는 재정상의 궁핍이 그 항해의 정상적인 수행을 방해할 수 있다는 사실을 알고 있었거나 또는 통상의 업무상 당연히 알고 있었을 경우에 한한다. 이 면책규정은, 구속력 있는 계약에 따라, 선의로 보험의 목적을 구입한 자 또는 구입하는 것에 동의한 자에, 보험 계약이 양도되어, 그 자가 이 보험에 의하여 보험금을 청구하는 경우에는 적용되지 아니한다.

4.7 원자력 또는 핵의 분열 및/또는 융합 또는 기타 이와 유사한 반응 또는 방사능이나 방사성물질을 응용한 무기 또는 장치의 사용으로 인하여 직접 또는 간접적으로 발생한 멸실, 손상 또는 비용.

제5조 5.1 어떠한 경우에도 이 보험은 다음 사유로부터 생긴 멸실, 손상 또는 비용을 담보하지 아니한다.

5.1.1 선박 또는 부선의 불감항, 또는 보험의 목적의 안전운송을 위한 선박 또는 부선의 부적합. 다만 보험의 목적을 적재할 때의 피보험자가 그와 같은 불감항 또는 부적합을 알고 있을 경우에 한한다.

5.1.2 보험의 목적의 안전운송을 위한 컨테이너 또는 운송용구의 부적합. 다만 그 적재가 이 보험의 개시 전에 실행되는 경우 또는 피보험자 또는 그 사용인에 의해 실행되고 또한 그들이 적재할 때에 그러한 부적합을 알고 있을 경우에 한한다.

5.2 상기 5.1.1 면책규정은, 구속력 있는 계약하에서, 선의로 보험의 목적을 구입한 자 또는 구매하는 것에 동의한 자에, 이 보험계약이 양도되어, 그 자가 이 보험에 의해 보험금을 청구하는 경우에는 적용되지 아니한다.

5.3 보험자는 선박의 감항 및 보험의 목적으로 목적지로 운송하기 위한 선박의 적합에 대한 묵시담보의

carry the subject-matter insured to destination.

6. In no case shall this insurance cover loss damage or expense caused by

6.1 war civil war revolution rebellion insurrection, or civil strife arising therefrom, or any hostile act by or against a belligerent power

6.2 capture seizure arrest restraint or detainment (piracy excepted), and the consequences thereof or any attempt thereat

6.3 derelict mines torpedoes bombs or other derelict weapons of war.

7. In no case shall this insurance cover loss damage or expense

7.1 caused by strikers, locked-out workmen, or persons taking part in labour disturbances, riots or civil commotions

7.2 resulting from strikes, lock-outs, labour disturbances, riots or civil commotions

7.3 caused by any act of terrorism being an act of any person acting on behalf of, or in connection with, any organisation which carries out activities directed towards the overthrowing or influencing, by force or violence, of any government whether or not legally constituted

7.4 caused by any person acting from a political, ideological or religious motive.

DURATION

Transit Clause

8. 8.1 Subject to Clause 11 below, this insurance attaches from the time the subject-matter insured is first moved in the warehouse or at the place of storage (at the place named in the contract of insurance) for the purpose of the immediate loading into or onto the carrying vehicle or other conveyance for the commencement of transit, continues during the ordinary course of transit and terminates either

8.1.1 on completion of unloading from the carrying vehicle or other conveyance in or at the final warehouse or place of storage at the destination named in the contract of insurance,

8.1.2 on completion of unloading from the carrying vehicle or other conveyance in or at any other warehouse or place of storage, whether prior to or at the destination named in the contract of insurance, which the Assured or their employees elect to use either for storage other than in the ordinary course of transit or for allocation or distribution, or

8.1.3 when the Assured or their employees elect to use any carrying vehicle or other conveyance or any container for storage other than in the ordinary course of transit or

8.1.4 on the expiry of 60 days after completion of discharge overside of the subject-matter insured from the oversea vessel at the final port of discharge, whichever shall first occur.

8.2 If, after discharge overside from the oversea vessel at the final port of discharge, but prior to termination of this insurance, the subject-matter insured is to be forwarded to a destination other than that to which it is insured, this insurance, whilst remaining subject to termination as provided in Clauses 8.1.1 to 8.1.4, shall not extend beyond the time the

위반에 대하여 보험자의 권리를 포기한다.

제6조 어떠한 경우에도 이 보험은 다음의 위험에 기인하여 발생한 멸실, 손상 또는 비용을 담보하지 아니한다.

6.1 전쟁, 내란, 혁명, 반역, 반란 또는 이로 인하여 발생하는 국내투쟁, 또는 교전국에 의하거나 또는 교전국에 대하여 가해진 일체의 적대행위

6.2 포획, 나포, 강류, 억지 또는 억류(해적 위험은 제외함), 또는 이러한 행위의 결과 또는 이러한 행위의 기도

6.3 유기된 기뢰, 어뢰, 폭탄, 또는 기타의 유기된 전쟁병기

제7조 어떠한 경우에도 이 보험은 다음의 멸실, 손상 또는 비용을 담보하지 아니한다.

7.1 동맹파업자, 직장폐쇄를 당한 노동자 또는 노동분쟁, 소요 또는 폭동에 가담한 자에 의하여 발생한 것

7.2 동맹파업, 직장폐쇄, 노동분쟁, 소요 또는 폭동의 결과로 생긴 것.

7.3 일체의 테러행위, 즉 합법적 또는 불법적으로 설립된 일체의 정부를, 무력 또는 폭력으로, 전복 또는 영향력을 미치기 위하여 행동하는 조직을 대신하여 또는 그 조직과 연대하여 행동하는 자의 행위에 의한 것.

7.4 정치적, 사상적 또는 종교적 동기에 의하여 행동하는 자에 의하여 발생한 것

보험기간

운송약관

제8조 8.1 하기 약관 제11조를 조건으로 하여, 이 보험은 운송개시를 위해 운송 차량 또는 기타 운송용구에 보험의 목적으로 곧바로 적재할 목적으로(이 보험계약에 명시된 장소의) 창고 또는 보관장소에서 보험의 목적이 최초로 움직인 때에 개시되고, 통상의 운송과장 중에 계속되며,

8.1.1 보험계약에 기재된 목적지의 최종창고 또는 보관장소에서, 운송 차량 또는 기타 운송용구로부터 양하가 완료된 때

8.1.2 보험계약에 기재된 목적지로 가는 도중이든 목적지든 불문하고, 피보험자 또는 그 사용인이 통상의 운송과정상의 보관 이외의 보관을 위해, 또는 할당 또는 분배를 위하여 사용하고자 선택한 기타의 창고 또는 보관장소에서, 운송 차량 또는 기타 운송용구로부터 양하가 완료된 때, 또는

8.1.3 피보험자 또는 그 사용인이 통상의 운송과정이 아닌 보관을 목적으로, 운송차량 또는 기타 운송용구 또는 컨테이너를 사용하고자 선택한 때, 또는

8.1.4 최종 양륙항에서 외항선으로부터 보험의 목적의 양륙을 완료 한 후 60일의 경과한 때 중 어느 것이든 먼저 발생한 때에 종료된다.

8.2 최종양륙항에서 외항선으로부터 양륙후, 그러나 이 보험이 종료되기 전에 보험의 목적이 부보된 목적지 이외의 장소로 계속 운송되는 경우, 이 보험은 약관 8.1.1에서 8.1.4에 규정된 보험종료규정에 따라 계속되나, 보험의 목적이 그러한 목적지로 운송개시를 위해 최초로 움직인 때에 종료된다.

subject-matter insured is first moved for the purpose of the commencement of transit to such other destination.

8.3 This insurance shall remain in force (subject to termination as provided for in Clauses 8.1.1 to 8.1.4 above and to the provisions of Clause 9 below) during delay beyond the control of the Assured, any deviation, forced discharge, reshipment or transhipment and during any variation of the adventure arising from the exercise of a liberty granted to carriers under the contract of carriage.

Termination of Contract of Carriage

9. If owing to circumstances beyond the control of the Assured either the contract of carriage is terminated at a port or place other than the destination named therein or the transit is otherwise terminated before unloading of the subject-matter insured as provided for in Clause 8 above, then this insurance shall also terminate unless prompt notice is given to the Insurers and continuation of cover is requested when this insurance shall remain in force, subject to an additional premium if required by the Insurers, either

9.1 until the subject-matter insured is sold and delivered at such port or place, or, unless otherwise specially agreed, until the expiry of 60 days after arrival of the subject-matter insured at such port or place, whichever shall first occur, or

9.2 if the subject-matter insured is forwarded within the said period of 60 days (or any agreed extension thereof) to the destination named in the contract of insurance or to any other destination, until terminated in accordance with the provisions of Clause 8 above.

Change of Voyage

10. 10.1 Where, after attachment of this insurance, the destination is changed by the Assured, this must be notified promptly to Insurers for rates and terms to be agreed. Should a loss occur prior to such agreement being obtained cover may be provided but only if cover would have been available at a reasonable commercial market rate on reasonable market terms.

10.2 Where the subject-matter insured commences the transit contemplated by this insurance (in accordance with Clause 8.1), but, without the knowledge of the Assured or their employees the ship sails for another destination, this insurance will nevertheless be deemed to have attached at commencement of such transit.

CLAIMS

Insurable Interest

11. 11.1 In order to recover under this insurance the Assured must have an insurable interest in the subjectmatter insured at the time of the loss.

11.2 Subject to Clause 11.1 above, the Assured shall be entitled to recover for insured loss occurring during the period covered by this insurance, notwithstanding that the loss occurred before the contract of insurance was concluded, unless the Assured were aware of the loss and the Insurers were not.

8.3 이 보험은 피보험자가 좌우할 수 없는 지연·일체의 이로·부득이한 양하·재선적·환적 및 운송
계약상 운송인에게 부여된 자유 재량권의 행사로부터 생기는 위험의 변경기간 중(상기 약관 8.1.1에
서 8.1.4까지의 규정된 보험종료규정 및 하기 제9조의 규정에 따라)유효하게 계속된다.

운송계약종료

제9조 피보험자가 좌우할 수 없는 사정에 의하여 운송계약이 그 계약서에 기재된 목적지 이외의 항구 또는
지역에서 종료되거나 또는 기타의 사정으로 제8조에 규정된 보험의 목적의 양하 이전에 운송이 종료
될 경우에는 이 보험도 또한 종료된다. 다만(피보험자가) 지체없이 그 취지를 보험자에게 통지하고 담
보의 계속을 요청할 경우에 보험자의 청구가 있으면 추가보험료를 지급하는 조건으로, 이 보험은

9.1 보험의 목적이 상기 항구 또는 지역에서 매각된 후 인도될 때 또는 별도의 합의가 없는 한, 그러한
항구 또는 지역에 보험의 목적의 도착 후 60일이 경과될 때 중 어느 한 쪽이 먼저 생길 때까지

9.2 만약 보험의 목적이 상기 60일의 기간(또는 합의하에 60일의 기간을 연장한 기간) 내에 보험계약에
기재된 목적지 또는 기타의 목적지로 계속 운반될 경우에는 상기 제8조의 규정에 따라 보험이 종료
될 때까지 유효하게 존속된다.

항해변경

제10조 10.1 이 보험의 개시 후 목적지가 피보험자에 의하여 변경된 경우에는 지체없이 그 취지를 보험자
에게 통지하고, 보험요율과 보험조건을 협정해야 한다. 그러한 협정전에 손해가 발생한 경우에는 영리
보험시장에서 타당하다고 생각되는 보험조건 및 보험요율에 의한 담보를 받을 수 있는 때에 한하여 담
보한다.

10.2 보험의 목적이 이 보험(약관 제8.1조에 따라)에서 예상된 운송을 개시하였지만, 피보험자 또는 그들의
사용인이 알지 못하고 선박이 다른 목적지로 향하는 경우에도 이 보험은 그러한 운송의 개시시에 개시
한 것으로 간주된다.

보험금청구

피보험이익

제11조 11.1 이 보험에서 보상을 받기 위해서는 피보험자가 손해가 발생하였을 때에 보험의 목적에 대한
피보험이익을 갖고 있어야 한다.

11.2 상기 11.1의 규정을 조건으로 하여, 피보험손해가 보험계약체결 이전에 발생한 경우에도 피보험자
가 그 손해의 발생사실을 알고 보험자가 몰랐을 경우를 제외하고는 피보험자는 이 보험의 담보기간
중에 생긴 피보험손해에 대하여 보상을 받을 권리가 있다.

Forwarding Charges

12. Where, as a result of the operation of a risk covered by this insurance, the insured transit is terminated at a port or place other than that to which the subject-matter insured is covered under this insurance, the Insurers will reimburse the Assured for any extra charges properly and reasonably incurred in unloading storing and forwarding the subject-matter insured to the destination to which it is insured.

    This Clause 12, which does not apply to general average or salvage charges, shall be subject to the exclusions contained in Clauses 4, 5, 6 and 7 above, and shall not include charges arising from the fault negligence insolvency or financial default of the Assured or their employees.

Constructive Total Loss

13. No claim for Constructive Total Loss shall be recoverable hereunder unless the subject-matter insured is reasonably abandoned either on account of its actual total loss appearing to be unavoidable or because the cost of recovering, reconditioning and forwarding the subject-matter insured to the destination to which it is insured would exceed its value on arrival.

Increased Value

14. 14.1 If any Increased Value insurance is effected by the Assured on the subject-matter insured under this insurance the agreed value of the subject-matter insured shall be deemed to be increased to the total amount insured under this insurance and all Increased Value insurances covering the loss, and liability under this insurance shall be in such proportion as the sum insured under this insurance bears to such total amount insured.

    In the event of claim the Assured shall provide the Insurers with evidence of the amounts insured under all other insurances.

    14.2 Where this insurance is on Increased Value the following clause shall apply:

    The agreed value of the subject-matter insured shall be deemed to be equal to the total amount insured under the primary insurance and all Increased Value insurances covering the loss and effected on the subject-matter insured by the Assured, and liability under this insurance shall be in such proportion as the sum insured under this insurance bears to such total amount insured.

    In the event of claim the Assured shall provide the Insurers with evidence of the amounts insured under all other insurances.

BENEFIT OF INSURANCE

15. This insurance

    15.1 covers the Assured which includes the person claiming indemnity either as the person by or on whose behalf the contract of insurance was effected or as an assignee,

    15.2 shall not extend to or otherwise benefit the carrier or other bailee.

계반비용

제12조 이 보험은 담보위험이 발생한 결과, 피보험운송이 이 보험에서 담보되는 보험의 목적의 목적지 이외의 항구 또는 지역에서 종료될 경우에 보험자는 보험의 목적을 양륙·보관하고, 부보된 목적지로 계속 운반함에 따라 적절하고 합리적으로 발생한 추가비용을 피보험자에게 보상한다.

이 제12조는 공동해손 또는 구조비에는 적용되지 아니하고, 상기 제4조, 제5조, 제6조 및 제7조에 규정된 면책조항의 적용을 받으며, 또한 피보험자 또는 그 사용인의 과실·태만·지급불능·재정상의 궁핍으로부터 생긴 비용을 포함하지 아니한다.

추정전손

제13조 추정전손에 대한 보험금 청구는 보험의 목적의 현실전손이 불가피하다고 생각될 때, 또는 보험의 목적을 회복시켜 거기에 손질을 하고 그것을 담보목적지까지 계속 운반하는 데 소요되는 비용이 그 목적지에 도착했을 때의 보험의 목적의 가액을 초과할 것 같기 때문에 보험의 목적이 정당하게 포기되지 않는 한, 이 보험 증권에서는 보상되지 않는다.

증액

제14조 14.1 이 보험의 목적에 대하여 피보험자가 증액보험을 부보한 경우에는 이 보험의 목적의 협정보험가액은 이 보험 및 이와 동일한 손해를 담보하는 모든 증액보험의 총보험금액으로 증가된 것으로 간주되며, 이 보험에서의 보상책임은 총보험금액에 대한 이 보험의 보험금액의 비율로 부담할 것이다.

보험금을 청구할 때에 피보험자는 모든 타보험의 보험금액을 증명할 수 있는 서류를 보험자에게 제출해야 한다.

14.2 이 보험이 증액보험일 경우에는 다음 약관을 적용한다.

이 보험의 목적의 협정보험가액은 원보험 및 피보험자에 의하여 그 보험의 목적에 대해 부보되어 동일한 손해를 담보하는 모든 증액보험의 총보험금액과 동액으로 간주되며, 이 보험에서의 보상책임은 총보험금액에 대한 이 보험의 보험금액의 비율로서 부담하게 된다.

보험금을 청구할 때에는 피보험자는 모든 타보험의 보험금액을 증명할 수 있는 서류를 보험자에게 제출해야 한다.

보험이익

제15조 이 보험은

15.1 이 보험계약을 체결하거나 또는 자기를 위해 체결된 자로서, 또는 양수인으로서 보험금을 청구하는 자를 포함하는 피보험자를 대상으로 한다.

15.2 확장 또는 기타 방법에 의해 운송인 또는 기타 수탁자에게 유리하게 이용되어서는 안 된다.

MINIMISING LOSSES

Duty of Assured

16. It is the duty of the Assured and their employees and agents in respect of loss recoverable hereunder

  16.1 to take such measures as may be reasonable for the purpose of averting or minimising such loss, and

  16.2 to ensure that all rights against carriers, bailees or other third parties are properly preserved and exercised and the Insurers will, in addition to any loss recoverable hereunder, reimburse the Assured for any charges properly and reasonably incurred in pursuance of these duties.

Waiver

17. Measures taken by the Assured or the Insurers with the object of saving, protecting or recovering the subject matter insured shall not be considered as a waiver or acceptance of abandonment or otherwise prejudice the rights of either party.

Avoidance of delay

18. It is a condition of this insurance that the Assured shall act with reasonable despatch in all circumstances within their control.

Law and practice

19. This insurance is subject to English law and practice.

NOTE:- Where a continuation of cover is requested under Clause 9, or a change of destination is notified under Clause 10, there is an obligation to give prompt notice to the Insurers and the right to such cover is dependent upon compliance with this obligation.

손해경감

피보험자의무

제16조 이 보험에서 보상하는 손해에 관하여 다음 사항을 이행하는 것은 피보험자, 그 사용인 및 대리인의 의무이다.

16.1 손해를 방지하거나 경감시키기 위해 합리적인 조치를 강구하는 것, 그리고

16.2 운송인, 수탁자 기타 제3자에 대한 일체의 권리가 적절히 보존되고 행사되도록 확보해 놓는 것. 그리고 보험자는 이 보험에서 보상하는 손해에 더하여 상기 의무를 수행함에 있어 적절하고 합리적으로 발생한 비용을 피보험자에게 보상한다.

포기

제17조 보험의 목적을 구조, 보호 또는 회복하기 위한 피보험자 또는 보험자의 조치는 위부의 포기 또는 승인으로 간주되지 아니하며, 또한 각 당사자의 권리를 침해하지도 아니한다.

지연의 방지

제18조 피보험자는 자기가 조치할 수 있는 모든 여건 하에서 상당히 신속하게 행동하는 것이 이 보험의 조건이다.

법률 및 관례

제19조 이 보험은 영국의 법률 및 관습에 준거하는 것으로 한다.

의사항-약관 제9조에 의해 담보의 계속이 요청되거나, 또는 약관 제10조에 의해 항해의 변경이 통지되는 경우, 지체 없이 그 취지를 보험자에게 통지할 의무가 있으며, 계속 담보를 받을 수 있는 권리는 이 의무의 이행 여부에 달려 있다.

INSTITUTE CARGO CLAUSES (B)

RISKS COVERED

Risks

1. This insurance covers, except as excluded by the provisions of Clauses 4, 5, 6 and 7 below,

   1.1 loss of or damage to the subject-matter insured reasonably attributable to

   1.1.1 fire or explosion

   1.1.2 vessel or craft being stranded grounded sunk or capsized

   1.1.3 overturning or derailment of land conveyance

   1.1.4 collision or contact of vessel craft or conveyance with any external object other than water

   1.1.5 discharge of cargo at a port of distress

   1.1.6 earthquake volcanic eruption or lightning,

   1.2 loss of or damage to the subject-matter insured caused by

   1.2.1 general average sacrifice

   1.2.2 jettison or washing overboard

   1.2.3 entry of sea lake or river water into vessel craft hold conveyance container or place of storage,

   1.3 total loss of any package lost overboard or dropped whilst loading on to, or unloading from, vessel or craft.

General Average

2. This insurance covers general average and salvage charges, adjusted or determined according to the contract of carriage and/or the governing law and practice, incurred to avoid or in connection with the avoidance of loss from any cause except those excluded in Clauses 4, 5, 6 and 7 below.

"Both to Blame Collision Clause"

3. This insurance indemnifies the Assured, in respect of any risk insured herein, against liability incurred under any Both to Blame Collision Clause in the contract of carriage. In the event of any claim by carriers under the said Clause, the Assured agree to notify the Insurers who shall have the right, at their own cost and expense, to defend the Assured against such claim.

EXCLUSIONS

4. In no case shall this insurance cover

   4.1 loss damage or expense attributable to wilful misconduct of the Assured

협회적하약관 (B)

담보위험

위험

제1조 이 보험은 다음의 손해를 담보한다. 다만 하기 제4조, 제5조, 제6조 및 제7조의 규정에 의해 면책되는 위험은 제외한다.

  1.1 다음 위험과 상당인과관계가 있는 보험의 목적의 멸실 또는 손상

   1.1.1 화재 또는 폭발

   1.1.2 선박 또는 부선의 좌초·교사·침몰 또는 전복

   1.1.3 육상운송용구의 전복 또는 탈선

   1.1.4 선박·부선 또는 운송용구와 물 이외의 타물과의 충돌 또는 접촉

   1.1.5 조난항에서의 적하의 양륙

   1.1.6 지진·화산의 분화 또는 낙뢰

  1.2 다음 위험으로 인한 보험의 목적의 멸실 또는 손상

   1.2.1 공동해손희생

   1.2.2 투하 또는 파동에 의한 갑판상의 유실

   1.2.3 선박·부선·선창·운송용구·컨테이너 또는 보관 장소에의 해수·호수 또는 강물의 유입

  1.3 선박 또는 부선에 선적 또는 양륙작업 중 해수면으로 낙하하여 멸실 되거나 추락하여 발생한 포장 단위의 전손

공동해손

제2조 이 보험은 하기 제4조, 제5조, 제6조 및 제7조에서 제외한 원인 이외의 원인에 의한 손실을 피하기 위하여 또는 피하는 것과 관련하여 발생한 공동해손 및 구조비를 담보한다. 공동해손 및 구조비의 정산 및 결정은 해상운송계약 및/또는 준거법 및 관례에 따른다.

쌍방과실충돌약관

제3조 이 보험은, 피보험자가 이 보험의 일체의 담보위험에 관하여, 운송계약상의 쌍방과실충돌약관하에 의해 부담하는 책임액을 보상한다. 상기 약관에 의거 운송인으로부터 청구를 받았을 경우, 피보험자는 그 취지를 보험자에게 통지할 것을 약속한다. 보험자는 자기의 비용으로 운송인의 청구에 대하여 피보험자를 보호할 권리를 갖는다.

면책조항

제4조 어떠한 경우에도 이 보험은 다음 손해를 담보하지 않는다.

  4.1 피보험자의 고의적인 위협행위에 기인한 멸실·손상 또는 비용

4.2 ordinary leakage, ordinary loss in weight or volume, or ordinary wear and tear of the subject-matter insured

4.3 loss damage or expense caused by insufficiency or unsuitability of packing or preparation of the subject matter insured to withstand the ordinary incidents of the insured transit where such packing or preparation is carried out by the Assured or their employees or prior to the attachment of this insurance (for the purpose of these Clauses "packing" shall be deemed to include stowage in a container and "employees" shall not include independent contractors)

4.4 loss damage or expense caused by inherent vice or nature of the subject-matter insured

4.5 loss damage or expense caused by delay, even though the delay be caused by a risk insured against (except expenses payable under Clause 2 above)

4.6 loss damage or expense caused by insolvency or financial default of the owners managers charterers or operators of the vessel where, at the time of loading of the subject-matter insured on board the vessel, the Assured are aware, or in the ordinary course of business should be aware, that such insolvency or financial default could prevent the normal prosecution of the voyage This exclusion shall not apply where the contract of insurance has been assigned to the party claiming hereunder who has bought or agreed to buy the subject-matter insured in good faith under a binding contract

4.7 deliberate damage to or deliberate destruction of the subject-matter insured or any part thereof by the wrongful act of any person or persons.

4.8 Loss, damage or expense directly or indirectly caused by or arising from the use of any weapon or device employing atomic or nuclear fission and/or fusion or other like reaction or radioactive force or matter.

5. 5.1 In no case shall this insurance cover loss damage or expense arising from

5.1.1 unseaworthiness of vessel or craft or unfitness of vessel or craft for the safe carriage of the subject-matter insured, where the Assured are privy to such unseaworthiness or unfitness, at the time the subject-matter insured is loaded therein

5.1.2 unfitness of container or conveyance for the safe carriage of the subject-matter insured, where loading therein or thereon is carried out prior to attachment of this insurance or by the Assured or their employees and they are privy to such unfitness at the time of loading.

5.2 Exclusion 5.1.1 above shall not apply where the contract of insurance has been assigned to the party claiming hereunder who has bought or agreed to buy the subject-matter insured in good faith under a binding contract.

5.3 The Insurers waive any breach of the implied warranties of seaworthiness of the ship and fitness of the ship to carry the subject-matter insured to destination.

6. In no case shall this insurance cover loss damage or expense caused by

6.1 war civil war revolution rebellion insurrection, or civil strife arising therefrom, or any hostile act by or against a belligerent power

4.2 보험의 목적의 통상의 누손, 중량 또는 용적의 통상의 감소 및 자연소모

4.3 이 보험의 대상이 되는 운송에서 통상 발생하는 사고에 견딜 수 있도록 보험의 목적의 포장 또는 준비를 완전하고 적절하게 하지 않음으로 인하여 발생한 멸실·손상 또는 비용. 다만 그러한 포장 또는 준비가 피보험자 또는 사용인에 의해 실행되거나 이 보험의 개시 전에 실행되는 경우에 한한다 (이 조항에 있어서 "포장"에는 컨테이너에 적부하는 것을 포함하고, "사용인"에는 독립계약자를 포함하지 아니한다.)

4.4 보험의 목적의 고유의 하자 또는 성질로 인하여 발생한 멸실·손상 또는 비용

4.5 지연이 피보험위험에 기인하여 발생한 경우라도, 그 지연에 근인하여 발생한 멸실, 손상 또는 비용 (다만 위의 제2조에 따라 지급되는 비용은 제외한다)

4.6 본선의 소유자, 관리자, 용선자 또는 운항자의 파산 또는 재정상의 궁핍으로 인한 멸실, 손상 또는 비용, 다만 보험의 목적을 본선에 적재할 때 피보험자가 그러한 파산 또는 재정상의 궁핍이 그 항해의 정상적인 수행을 방해할 수 있다는 사실을 알고 있었거나 또는 통상의 업무상 당연히 알고 있었을 경우에 한한다. 이 면책 규정은, 구속력 있는 계약에 따라, 선의로 보험의 목적을 구입한 자 또는 구입하는 것에 동의한 자에, 보험계약이 양도되어, 그 자가 이 보험에 의해 보험금을 청구하는 경우에는 적용되지 아니한다.

4.7 보험의 목적 또는 그 일부에 대한 어떠한 자 또는 자들의 불법행위에 의한 고의적인 손상 또는 고의적인 파괴

4.8 원자력 또는 핵의 분열 및/또는 융합 또는 기타 이와 유사한 반응 또는 방사능이나 방사성물질을 응용한 무기 또는 장치의 사용으로 인하여 직접 또는 간접적으로 발생한 멸실·손상 또는 비용

제5조 5.1 어떠한 경우에도 이 보험은 다음 사유로부터 생긴 멸실, 손상 또는 비용을 담보하지 아니한다.

5.1.1 선박 또는 부선의 불감항, 또는 보험의 목적의 안전운송을 위한 선박 또는 부선의 부적합. 다만 보험의 목적을 적재할 때의 피보험자가 그와 같은 불감항 또는 부적합을 알고 있을 경우에 한한다.

5.1.2 보험의 목적의 안전운송을 위한 컨테이너 또는 운송용구의 부적합. 다만 그 적재가 이 보험의 개시 전에 실행되는 경우 또는 피보험자 또는 그 사용인에 의해 실행되고 또한 그들이 적재할 때에 그러한 부적합을 알고 있을 경우에 한한다.

5.2 상기 5.1.1 면책규정은, 구속력 있는 계약하에서, 선의로 보험의 목적을 구입한 자 또는 구매하는 것에 동의한 자에, 이 보험계약이 양도되어, 그 자가 이 보험에 의해 보험금을 청구하는 경우에는 적용되지 아니한다.

5.3 보험자는 선박의 감항 및 보험의 목적으로 목적지로 운송하기 위한 선박의 적합에 대한 묵시담보의 위반에 대하여 보험자의 권리를 포기한다.

제6조 어떠한 경우에도 이 보험은 다음의 위험에 기인하여 발생한 멸실, 손상 또는 비용을 담보하지 아니한다.

6.1 전쟁, 내란, 혁명, 반역, 반란, 또는 이로 인하여 발생하는 국내투쟁, 또는 교전국에 의하거나 또는 교전국에 대하여 가해진 일체의 적대행위

6.2   capture seizure arrest restraint or detainment, and the consequences thereof or any attempt thereat

6.3   derelict mines torpedoes bombs or other derelict weapons of war

7.   In no case shall this insurance cover loss damage or expense

7.1   caused by strikers, locked-out workmen, or persons taking part in labour disturbances, riots or civil commotions

7.2   resulting from strikes, lock-outs, labour disturbances, riots or civil commotions

7.3   caused by any act of terrorism being an act of any person acting on behalf of, or in connection with, any organisation which carries out activities directed towards the overthrowing or influencing, by force or violence, of any government whether or not legally constituted

7.4   caused by any person acting from a political, ideological or religious motive.

DURATION

Transit Clause

8.   8.1 Subject to Clause 11 below, this insurance attaches from the time the subject-matter insured is first moved in the warehouse or at the place of storage (at the place named in the contract of insurance) for the purpose of the immediate loading into or onto the carrying vehicle or other conveyance for the commencement of transit, continues during the ordinary course of transit and terminates either

8.1.1 on completion of unloading from the carrying vehicle or other conveyance in or at the final warehouse or place of storage at the destination named in the contract of insurance,

8.1.2 on completion of unloading from the carrying vehicle or other conveyance in or at any other warehouse or place of storage, whether prior to or at the destination named in the contract of insurance, which the Assured or their employees elect to use either for storage other than in the ordinary course of transit or for allocation or distribution, or

8.1.3 when the Assured or their employees elect to use any carrying vehicle or other conveyance or any container for storage other than in the ordinary course of transit or

8.1.4 on the expiry of 60 days after completion of discharge overside of the subject-matter insured from the oversea vessel at the final port of discharge, whichever shall first occur.

8.2   If, after discharge overside from the oversea vessel at the final port of discharge, but prior to termination of this insurance, the subject-matter insured is to be forwarded to a destination other than that to which it is insured, this insurance, whilst remaining subject to termination as provided in Clauses 8.1.1 to 8.1.4, shall not extend beyond the time the subject-matter insured is first moved for the purpose of the commencement of transit to such other destination.

8.3   This insurance shall remain in force (subject to termination as provided for in Clauses 8.1.1 to 8.1.4 above and to the provisions of Clause 9 below) during delay beyond the control of the Assured, any deviation, forced discharge, reshipment or transhipment and during any variation of the adventure arising from the exercise of a

6.2 포획, 나포, 강류, 억지 또는 억류, 또는 이러한 행위의 결과 또는 이러한 행위의 기도

6.3 유기된 기뢰, 어뢰, 폭탄, 또는 기타의 유기된 전쟁병기.

제7조 어떠한 경우에도 이 보험은 다음의 멸실, 손상 또는 비용을 담보하지 아니한다.

7.1 동맹파업자, 직장폐쇄를 당한 노동자 또는 노동분쟁, 소요 또는 폭동에 가담한 자에 의하여 발생한 것

7.2 동맹파업, 직장폐쇄, 노동분쟁, 소요 또는 폭동의 결과로 생긴 것.

7.3 일체의 테러행위, 즉 합법적 또는 불법적으로 설립된 일체의 정부를, 무력 또는 폭력으로, 전복 또는 는 영향력을 미치기 위하여 행동하는 조직을 대신하여 또는 그 조직과 연대하여 행동하는 자의 행위에 의한 것.

7.4 정치적, 사상적 또는 종교적 동기에 의하여 행동하는 자에 의하여 발생한 것

보험기간

운송약관

제8조 8.1 하기 약관 제11조를 조건으로 하여, 이 보험은 운송개시를 위해 운송 차량 또는 기타 운송용구에 보험의 목적으로 곧바로 적재할 목적으로(이 보험계약에 명시된 장소의) 창고 또는 보관장소에서 보험의 목적이 최초로 움직인 때에 개시되고, 통상의 운송과장 중에 계속되며,

8.1.1 보험계약에 기재된 목적지의 최종창고 또는 보관장소에서, 운송 차량 또는 기타 운송용구로부터 양하가 완료된 때

8.1.2 보험계약에 기재된 목적지로 가는 동중이든 목적지든 불문하고, 피보험자 또는 그 사용인이 통상의 운송과정상의 보관 이외의 보관을 위해, 또는 할당 또는 분배를 위하여 사용하고자 선택한 기타의 창고 또는 보관장소에서, 운송 차량 또는 기타 운송용구로부터 양하가 완료된 때, 또는

8.1.3 피보험자 또는 그 사용인이 통상의 운송과정이 아닌 보관을 목적으로, 운송차량 또는 기타 운송용구 또는 컨테이너를 사용하고자 선택한 때, 또는

8.1.4 최종 양륙항에서 외항선으로부터 보험의 목적의 양륙을 완료 한 후 60일의 경과한 때 중 어느 것이든 먼저 발생한 때에 종료된다.

8.2 최종양륙항에서 외항선으로부터 양륙 후, 그러나 이 보험이 종료되기 전에 보험의 목적이 부보된 목적지 이외의 장소로 계속 운송되는 경우, 이 보험은 약관 8.1.1에서 8.1.4에 규정된 보험종료규정에 따라 계속되나, 보험의 목적이 그러한 목적지로 운송개시를 위해 최초로 움직인 때에 종료된다.

8.3 이 보험은 피보험자가 좌우할 수 없는 지연·일체의 이로·부득이한 양하·재선적·환적 및 운송계약상 운송인에게 부여된 자유 재량권의 행사로부터 생기는 위험의 변경기간 중(상기 약관 8.1.1에서 8.1.4까지의 규정된 보험종료규정 및 하기 제9조의 규정에 따라)유효하게 계속된다.

liberty granted to carriers under the contract of carriage.

Termination of Contract of Carriage

9. If owing to circumstances beyond the control of the Assured either the contract of carriage is terminated at a port or place other than the destination named therein or the transit is otherwise terminated before unloading of the subject-matter insured as provided for in Clause 8 above, then this insurance shall also terminate unless prompt notice is given to the Insurers and continuation of cover is requested when this insurance shall remain in force, subject to an additional premium if required by the Insurers, either

    9.1   until the subject-matter insured is sold and delivered at such port or place, or, unless otherwise specially agreed, until the expiry of 60 days after arrival of the subject-matter insured at such port or place, whichever shall first occur, or

    9.2   if the subject-matter insured is forwarded within the said period of 60 days (or any agreed extension thereof) to the destination named in the contract of insurance or to any other destination, until terminated in accordance with the provisions of Clause 8 above.

Change of Voyage

10. 10.1 Where, after attachment of this insurance, the destination is changed by the Assured, this must be notified promptly to Insurers for rates and terms to be agreed. Should a loss occur prior to such agreement being obtained cover may be provided but only if cover would have been available at a reasonable commercial market rate on reasonable market terms.

    10.2 Where the subject-matter insured commences the transit contemplated by this insurance (in accordance with Clause 8.1), but, without the knowledge of the Assured or their employees the ship sails for another destination, this insurance will nevertheless be deemed to have attached at commencement of such transit.

CLAIMS

Insurable Interest

11. 11.1 In order to recover under this insurance the Assured must have an insurable interest in the subject matter insured at the time of the loss.

    11.2 Subject to Clause 11.1 above, the Assured shall be entitled to recover for insured loss occurring during the period covered by this insurance, notwithstanding that the loss occurred before the contract of insurance was concluded, unless the Assured were aware of the loss and the Insurers were not.

Forwarding Charges

12. Where, as a result of the operation of a risk covered by this insurance, the insured transit is terminated at a port or place other than that to which the subject-matter insured is covered under this insurance, the Insurers will reimburse the Assured for any extra charges properly and reasonably incurred in unloading storing and forwarding the subject-matter insured to the destination to which it is insured.

운송계약종료

제9조 피보험자가 좌우할 수 없는 사정에 의하여 운송계약이 그 계약서에 기재된 목적지 이외의 항구 또는 지역에서 종료되거나 또는 기타의 사정으로 제8조에 규정된 보험의 목적의 양하 이전에 운송이 종료될 경우에는 이 보험도 또한 종료된다. 다만(피보험자가) 지체없이 그 취지를 보험자에게 통지하고 담보의 계속을 요청할 경우에 보험자의 청구가 있으면 추가보험료를 지급하는 조건으로, 이 보험은

9.1 보험의 목적이 상기 항구 또는 지역에서 매각된 후 인도될 때 또는 별도의 합의가 없는 한, 그러한 항구 또는 지역에 보험의 목적의 도착 후 60일이 경과될 때 중 어느 한 쪽이 먼저 생길 때까지

9.2 만약 보험의 목적이 상기 60일의 기간(또는 합의하에 60일의 기간을 연장한 기간) 내에 보험계약에 기재된 목적지 또는 기타의 목적지로 계속 운반될 경우에는 상기 제8조의 규정에 따라 보험이 종료될 때까지 유효하게 존속된다.

항해변경

제10조 10.1 이 보험의 개시 후 목적지가 피보험자에 의하여 변경된 경우에는 지체없이 그 취지를 보험자에게 통지하고, 보험요율과 보험조건을 협정해야 한다. 그러한 협정전에 손해가 발생한 경우에는 영리보험시장에서 타당하다고 생각되는 보험조건 및 보험요율에 의한 담보를 받을 수 있는 때에 한하여 담보한다.

10.2 보험의 목적이 이 보험(약관 제8.1조에 따라)에서 예상된 운송을 개시하였지만, 피보험자 또는 그들의 사용인이 알지 못하고 선박이 다른 목적지로 향하는 경우에도 이 보험은 그러한 운송의 개시시에 개시한 것으로 간주된다.

보험금청구

피보험이익

제11조 11.1 이 보험에서 보상을 받기 위해서는 피보험자가 손해가 발생하였을 때에 보험의 목적에 대한 피보험이익을 갖고 있어야 한다.

11.2 상기 11.1의 규정을 조건으로 하여, 피보험손해가 보험계약체결 이전에 발생한 경우에도 피보험자가 그 손해의 발생사실을 알고 보험자가 몰랐을 경우를 제외하고는 피보험자는 이 보험의 담보기간 중에 생긴 피보험손해에 대하여 보상을 받을 권리가 있다.

계반비용

제12조 이 보험은 담보위험이 발생한 결과, 피보험운송이 이 보험에서 담보되는 보험의 목적의 목적지 이외의 항구 또는 지역에서 종료될 경우에 보험자는 보험의 목적을 양륙·보관하고, 부보된 목적지로 계속 운반함에 따라 적절하고 합리적으로 발생한 추가비용을 피보험자에게 보상한다. 이 제12조는 공동해손 또는 구조비에는 적용되지 아니하고, 상기 제4조, 제5조, 제6조 및 제7조에 규정된 면책조항의 적용을 받으며, 또한

This Clause 12, which does not apply to general average or salvage charges, shall be subject to the exclusions contained in Clauses 4, 5, 6 and 7 above, and shall not include charges arising from the fault negligence insolvency or financial default of the Assured or their employees.

Constructive Total Loss

13. No claim for Constructive Total Loss shall be recoverable hereunder unless the subject-matter insured is reasonably abandoned either on account of its actual total loss appearing to be unavoidable or because the cost of recovering, reconditioning and forwarding the subject-matter insured to the destination to which it is insured would exceed its value on arrival.

Increased Value

14. 14.1 If any Increased Value insurance is effected by the Assured on the subject-matter insured under this insurance the agreed value of the subject-matter insured shall be deemed to be increased to the total amount insured under this insurance and all Increased Value insurances covering the loss, and liability under this insurance shall be in such proportion as the sum insured under this insurance bears to such total amount insured. In the event of claim the Assured shall provide the Insurers with evidence of the amounts insured under all other insurances.

    14.2 Where this insurance is on Increased Value the following clause shall apply:

    The agreed value of the subject-matter insured shall be deemed to be equal to the total amount insured under the primary insurance and all Increased Value insurances covering the loss and effected on the subject-matter insured by the Assured, and liability under this insurance shall be in such proportion as the sum insured under this insurance bears to such total amount insured. In the event of claim the Assured shall provide the Insurers with evidence of the amounts insured under all other insurances.

BENEFIT OF INSURANCE

15. This insurance

15.1 covers the Assured which includes the person claiming indemnity either as the person by or on whose behalf the contract of insurance was effected or as an assignee,

15.2 shall not extend to or otherwise benefit the carrier or other bailee.

MINIMISING LOSSES

Duty of Assured

16. It is the duty of the Assured and their employees and agents in respect of loss recoverable hereunder

16.1 to take such measures as may be reasonable for the purpose of averting or minimising such loss, and

16.2 to ensure that all rights against carriers, bailees or other third parties are properly preserved and exercised and the Insurers will, in addition to any loss recoverable hereunder, reimburse the Assured for any charges properly

피보험자 또는 그 사용인의 과실·태만·지급불능·재정상의 궁핍으로부터 생긴 비용을 포함하지 아니한다.

추정전손

제13조 추정전손에 대한 보험금 청구는 보험의 목적의 현실전손이 불가피하다고 생각될 때, 또는 보험의 목적을 회복시켜 거기에 손질을 하고 그것을 담보목적지까지 계속 운반하는 데 소요되는 비용이 그 목적지에 도착했을 때의 보험의 목적의 가액을 초과할 것 같기 때문에 보험의 목적이 정당하게 포기되지 않는 한, 이 보험 증권에서는 보상되지 않는다.

증액

제14조 14.1 이 보험의 목적에 대하여 피보험자가 증액보험을 부보한 경우에는 이 보험의 목적의 협정보험가액은 이 보험 및 이와 동일한 손해를 담보하는 모든 증액보험의 총보험금액으로 증가된 것으로 간주되며, 이 보험에서의 보상책임은 총보험금액에 대한 이 보험의 보험금액의 비율로 부담할 것이다. 보험금을 청구할 때에 피보험자는 모든 타보험의 보험금액을 증명할 수 있는 서류를 보험자에게 제출해야 한다.

    14.2 이 보험이 증액보험일 경우에는 다음 약관을 적용한다. 이 보험의 목적의 협정보험가액은 원보험 및 피보험자에 의하여 그 보험의 목적에 대해 부보되어 동일한 손해를 담보하는 모든 증액보험의 총보험금액과 동액으로 간주되며, 이 보험에서의 보상책임은 총보험금액에 대한 이 보험의 보험금액의 비율로서 부담하게 된다. 보험금을 청구할 때에는 피보험자는 모든 타보험의 보험금액을 증명할 수 있는 서류를 보험자에게 제출해야 한다.

보험이익

제15조 이 보험은

    15.1 이 보험계약을 체결하거나 또는 자기를 위해 체결된 자로서, 또는 양수인으로서 보험금을 청구하는 자를 포함하는 피보험자를 대상으로 한다.

    15.2 확장 또는 기타 방법에 의해 운송인 또는 기타 수탁자에게 유리하게 이용되어서는 안 된다.

손해경감

피보험자의무

제16조 이 보험에서 보상하는 손해에 관하여 다음 사항을 이행하는 것은 피보험자, 그 사용인 및 대리인의 의무이다.

    16.1 손해를 방지하거나 경감시키기 위해 합리적인 조치를 강구하는 것, 그리고

    16.2 운송인, 수탁자 기타 제3자에 대한 일체의 권리가 적절히 보존되고 행사되도록 확보해 놓는 것. 그

and reasonably incurred in pursuance of these duties.

Waiver

17. Measures taken by the Assured or the Insurers with the object of saving, protecting or recovering the subject matter insured shall not be considered as a waiver or acceptance of abandonment or otherwise prejudice the rights of either party.

AVOIDANCE OF DELAY

18. It is a condition of this insurance that the Assured shall act with reasonable despatch in all circumstances within their control.

LAW AND PRACTICE

19. This insurance is subject to English law and practice.

NOTE:- Where a continuation of cover is requested under Clause 9, or a change of destination is notified under Clause 10, there is an obligation to give prompt notice to the Insurers and the right to such cover is dependent upon compliance with this obligation.

리고 보험자는 이 보험에서 보상하는 손해에 더하여 상기 의무를 수행함에 있어 적절하고 합리적으로 발생한 비용을 피보험자에게 보상한다.

포기

제17조 보험의 목적을 구조, 보호 또는 회복하기 위한 피보험자 또는 보험자의 조치는 위부의 포기 또는 승인으로 간주되지 아니하며, 또한 각 당사자의 권리를 침해하지도 아니한다.

지연의 방지

제18조 피보험자는 자기가 조치할 수 있는 모든 여건 하에서 상당히 신속하게 행동하는 것이 이 보험의 조건이다.

법률 및 관례

제19조 이 보험은 영국의 법률 및 관습에 준거하는 것으로 한다. 의사항-약관 제9조에 의해 담보의 계속이 요청되거나, 또는 약관 제10조에 의해 항해의 변경이 통지되는 경우, 지체 없이 그 취지를 보험자에게 통지할 의무가 있으며, 계속 담보를 받을 수 있는 권리는 이 의무의 이행 여부에 달려 있다.

INSTITUTE CARGO CLAUSES (C)

RISKS COVERED

Risks

1. This insurance covers, except as excluded by the provisions of Clauses 4, 5, 6 and 7 below,

    1.1 loss of or damage to the subject-matter insured reasonably attributable to

        1.1.1 fire or explosion

        1.1.2 vessel or craft being stranded grounded sunk or capsized

        1.1.3 overturning or derailment of land conveyance

        1.1.4 collision or contact of vessel craft or conveyance with any external object other than water

        1.1.5 discharge of cargo at a port of distress,

    1.2 loss of or damage to the subject-matter insured caused by

        1.2.1 general average sacrifice

        1.2.2 jettison.

General Average

2. This insurance covers general average and salvage charges, adjusted or determined according to the contract of carriage and/or the governing law and practice, incurred to avoid or in connection with the avoidance of loss from any cause except those excluded in Clauses 4, 5, 6 and 7 below.

"Both to Blame Collision Clause"

3. This insurance indemnifies the Assured, in respect of any risk insured herein, against liability incurred under any Both to Blame Collision Clause in the contract of carriage. In the event of any claim by carriers under the said Clause, the Assured agree to notify the Insurers who shall have the right, at their own cost and expense, to defend the Assured against such claim.

EXCLUSIONS

4. In no case shall this insurance cover

    4.1 loss damage or expense attributable to wilful misconduct of the Assured

    4.2 ordinary leakage, ordinary loss in weight or volume, or ordinary wear and tear of the subject-matter insured

    4.3 loss damage or expense caused by insufficiency or unsuitability of packing or preparation of the subjectmatter insured to withstand the ordinary incidents of the insured transit where such packing or preparation is carried out by the Assured or their employees or prior to the attachment of this insurance (for the purpose of

협회적하약관 (C)

담보위험

위험

제1조 이 보험은 다음의 손해를 담보한다. 다만 하기 제4조, 제5조, 제6조 및 제7조의 규정에 의해 면책되는 위험은 제외한다.

> 1.1 다만 위험과 상당인과관계가 있는 보험의 목적의 멸실 또는 손상
>
>> 1.1.1 화재 또는 폭발
>>
>> 1.1.2 선박 또는 부선의 좌초·교사·침몰 또는 전복
>>
>> 1.1.3 육상운송용구의 전복 또는 탈선
>>
>> 1.1.4 본선, 부선 또는 운송용구와 물 이외의 타물과의 충돌 또는 접촉
>>
>> 1.1.5 피난항에서의 하역
>
> 1.2 다음의 사유에 기인하는 보험의 목적이 멸실 또는 손상
>
>> 1.2.1 공동해손희생
>>
>> 1.2.2 투하

공동해손

제2조 이 보험은 하기 제4조, 제5조, 제6조 및 제7조에서 제외한 원인 이외의 원인에 의한 손실을 피하기 위하여 또는 피하는 것과 관련하여 발생한 공동해손 및 구조비를 담보한다. 공동해손 및 구조비의 정산 및 결정은 해상운송계약 및/또는 준거법 및 관례에 따른다.

쌍방과실충돌약관

제3조 이 보험은, 피보험자가 이 보험의 일체의 담보위험에 관하여, 운송계약상의 쌍방과실충돌약관하에 의해 부담하는 책임액을 보상한다. 상기 약관에 의거 운송인으로부터 청구를 받았을 경우, 피보험자는 그 취지를 보험자에게 통지할 것을 약속한다. 보험자는 자기의 비용으로 운송인의 청구에 대하여 피보험자를 보호할 권리를 갖는다.

면책조항

제4조 어떠한 경우에도 이 보험은 다음의 손해를 담보하지 아니한다.

> 4.1 피보험자의 고의의 불법행위에 기인하는 멸실, 손상 또는 비용
>
> 4.2 보험의 목적의 통상적인 누손, 통상적인 중량손 또는 용적손, 또는 자연소모
>
> 4.3 보험의 목적의 포장 또는 준비의 불완전 또는 부적절에 기인하여 발생한 멸실, 손상 또는 비용(본 조 제4조 제3항에서 '포장'이란 컨테이너에 적부하는 것을 포함하고, '사용인'에는 독립계약자를 포함하지 아니한다)

these Clauses "packing" shall be deemed to include stowage in a container and "employees" shall not include independent contractors)

4.4 loss damage or expense caused by inherent vice or nature of the subject-matter insured

4.5 loss damage or expense caused by delay, even though the delay be caused by a risk insured against (except expenses payable under Clause 2 above)

4.6 loss damage or expense caused by insolvency or financial default of the owners managers charterers or operators of the vessel where, at the time of loading of the subject-matter insured on board the vessel, the Assured are aware, or in the ordinary course of business should be aware, that such insolvency or financial default could prevent the normal prosecution of the voyage

This exclusion shall not apply where the contract of insurance has been assigned to the party claiming hereunder who has bought or agreed to buy the subject-matter insured in good faith under a binding contract

4.7 deliberate damage to or deliberate destruction of the subject-matter insured or any part thereof by the wrongful act of any person or persons

4.8 loss damage or expense directly or indirectly caused by or arising from the use of any weapon or device employing atomic or nuclear fission and/or fusion or other like reaction or radioactive force or matter.

5. 5.1 In no case shall this insurance cover loss damage or expense arising from

   5.1.1 unseaworthiness of vessel or craft or unfitness of vessel or craft for the safe carriage of the subject-matter insured, where the Assured are privy to such unseaworthiness or unfitness, at the time the subject-matter insured is loaded therein

   5.1.2 unfitness of container or conveyance for the safe carriage of the subject-matter insured, where loading therein or thereon is carried out prior to attachment of this insurance or by the Assured or their employees and they are privy to such unfitness at the time of loading.

5.2 Exclusion 5.1.1 above shall not apply where the contract of insurance has been assigned to the party claiming hereunder who has bought or agreed to buy the subject-matter insured in good faith under a binding contract.

5.3 The Insurers waive any breach of the implied warranties of seaworthiness of the ship and fitness of the ship to carry the subject-matter insured to destination.

6. In no case shall this insurance cover loss damage or expense caused by

6.1 war civil war revolution rebellion insurrection, or civil strife arising therefrom, or any hostile act by or against a belligerent power

6.2 capture seizure arrest restraint or detainment, and the consequences thereof or any attempt thereat

6.3 derelict mines torpedoes bombs or other derelict weapons of war.

7. In no case shall this insurance cover loss damage or expense

7.1 caused by strikers, locked-out workmen, or persons taking part in labour disturbances, riots or civil commotions

4.4 보험의 목적의 고유의 하자 또는 성질에 기인하여 발생한 멸실, 손상 또는 비용

4.5 지연이 피보험위험에 기인하여 발생한 경우라도, 그 지연에 근인하여 발생한 멸실, 손상 또는 비용(다만 위의 제2조에 따라 지급되는 비용은 제외한다)

4.6 본선의 소유자, 관리자, 용선자 또는 운항자의 파산 또는 재정상의 궁핍으로 인한 멸실, 손상 또는 비용, 다만 보험의 목적을 본선에 적재할 때 피보험자가 그러한 파산 또는 재정상의 궁핍이 그 항해의 정상적인 수행을 방해할 수 있다는 사실을 알고 있었거나 또는 통상의 업무상 당연히 알고 있었을 경우에 한한다. 이 면책 규정은, 구속력 있는 계약에 따라, 선의로 보험의 목적을 구입한 자 또는 구입하는 것에 동의한 자에, 보험계약이 양도되어, 그 자가 이 보험에 의해 보험금을 청구하는 경우에는 적용되지 아니한다.

4.7 보험의 목적 또는 그 일부에 대한 어떠한 자 또는 자들의 불법행위에 의한 고의적인 손상 또는 고의적인 파괴

4.8 원자력 또는 핵의 분열 및/또는 융합 또는 기타 이와 유사한 반응 또는 방사능이나 방사성물질을 응용한 무기 또는 장치의 사용으로 인하여 직접 또는 간접적으로 발생한 멸실·손상 또는 비용

제5조 5.1 어떠한 경우에도 이 보험은 다음 사유로부터 생긴 멸실, 손상 또는 비용을 담보하지 아니한다.

    5.1.1 선박 또는 부선의 불감항, 또는 보험의 목적의 안전운송을 위한 선박 또는 부선의 부적합. 다만 보험의 목적을 적재할 때의 피보험자가 그와 같은 불감항 또는 부적합을 알고 있을 경우에 한한다.

    5.1.2 보험의 목적의 안전운송을 위한 컨테이너 또는 운송용구의 부적합. 다만 그 적재가 이 보험의 개시 전에 실행되는 경우 또는 피보험자 또는 그 사용인에 의해 실행되고 또한 그들이 적재할 때에 그러한 부적합을 알고 있을 경우에 한한다.

5.2 상기 5.1.1 면책규정은, 구속력 있는 계약하에서, 선의로 보험의 목적을 구입한 자 또는 구매하는 것에 동의한 자에, 이 보험계약이 양도되어, 그 자가 이 보험에 의해 보험금을 청구하는 경우에는 적용되지 아니한다.

5.3 보험자는 선박의 감항 및 보험의 목적으로 목적지로 운송하기 위한 선박의 적합에 대한 묵시담보의 위반에 대하여 보험자의 권리를 포기한다.

제6조 어떠한 경우에도 이 보험은 다음의 위험에 기인하여 발생한 멸실, 손상 또는 비용을 담보하지 아니한다.

6.1 전쟁, 내란, 혁명, 반역, 반란, 또는 이로 인하여 발생하는 국내투쟁, 또는 교전국에 의하거나 또는 교전국에 대하여 가해진 일체의 적대행위

6.2 포획, 나포, 강류, 억지 또는 억류, 또는 이러한 행위의 결과 또는 이러한 행위의 기도

6.3 유기된 기뢰, 어뢰, 폭탄, 또는 기타의 유기된 전쟁병기.

제7조 어떠한 경우에도 이 보험은 다음의 멸실, 손상 또는 비용을 담보하지 아니한다.

7.1 동맹파업자, 직장폐쇄를 당한 노동자 또는 노동분쟁, 소요 또는 폭동에 가담한 자에 의하여 발생한 것

7.2   resulting from strikes, lock-outs, labour disturbances, riots or civil commotions

7.3   caused by any act of terrorism being an act of any person acting on behalf of, or in connection with, any organisation which carries out activities directed towards the overthrowing or influencing, by force or violence, of any government whether or not legally constituted

7.4   caused by any person acting from a political, ideological or religious motive.

DURATION

Transit Clause

8.8.1   Subject to Clause 11 below, this insurance attaches from the time the subject-matter insured is first moved in the warehouse or at the place of storage (at the place named in the contract of insurance) for the purpose of the immediate loading into or onto the carrying vehicle or other conveyance for the commencement of transit, continues during the ordinary course of transit and terminates either

8.1.1   on completion of unloading from the carrying vehicle or other conveyance in or at the final warehouse or place of storage at the destination named in the contract of insurance,

8.1.2   on completion of unloading from the carrying vehicle or other conveyance in or at any other warehouse or place of storage, whether prior to or at the destination named in the contract of insurance, which the Assured or their employees elect to use either for storage other than in the ordinary course of transit or for allocation or distribution, or

8.1.3   when the Assured or their employees elect to use any carrying vehicle or other conveyance or any container for storage other than in the ordinary course of transit or

8.1.4   on the expiry of 60 days after completion of discharge overside of the subject-matter insured from the oversea vessel at the final port of discharge, whichever shall first occur.

8.2   If, after discharge overside from the oversea vessel at the final port of discharge, but prior to termination of this insurance, the subject-matter insured is to be forwarded to a destination other than that to which it is insured, this insurance, whilst remaining subject to termination as provided in Clauses 8.1.1 to 8.1.4, shall not extend beyond the time the subject-matter insured is first moved for the purpose of the commencement of transit to such other destination.

8.3   This insurance shall remain in force (subject to termination as provided for in Clauses 8.1.1 to 8.1.4 above and to the provisions of Clause 9 below) during delay beyond the control of the Assured, any deviation, forced discharge, reshipment or transhipment and during any variation of the adventure arising from the exercise of a liberty granted to carriers under the contract of carriage.

Termination of Contract of Carriage

9.   If owing to circumstances beyond the control of the Assured either the contract of carriage is terminated at a port or place other than the destination named therein or the transit is otherwise terminated before unloading

7.2 동맹파업, 직장폐쇄, 노동분쟁, 소요 또는 폭동의 결과로 생긴 것.

7.3 일체의 테러행위, 즉 합법적 또는 불법적으로 설립된 일체의 정부를, 무력 또는 폭력으로, 전복 또는 영향력을 미치기 위하여 행동하는 조직을 대신하여 또는 그 조직과 연대하여 행동하는 자의 행위에 의한 것.

7.4 정치적, 사상적 또는 종교적 동기에 의하여 행동하는 자에 의하여 발생한 것

보험기간

운송약관

제8조 8.1 하기 약관 제11조를 조건으로 하여, 이 보험은 운송개시를 위해 운송 차량 또는 기타 운송용구에 보험의 목적으로 곧바로 적재할 목적으로(이 보험계약에 명시된 장소의) 창고 또는 보관장소에서 보험의 목적이 최초로 움직인 때에 개시되고, 통상의 운송과장 중에 계속되며,

8.1.1 보험계약에 기재된 목적지의 최종창고 또는 보관장소에서, 운송 차량 또는 기타 운송용구로부터 양하가 완료된 때

8.1.2 보험계약에 기재된 목적지로 가는 동중이든 목적지든 불문하고, 피보험자 또는 그 사용인이 통상의 운송과정상의 보관 이외의 보관을 위해, 또는 할당 또는 분배를 위하여 사용하고자 선택한 기타의 창고 또는 보관장소에서, 운송 차량 또는 기타 운송용구로부터 양하가 완료된 때, 또는

8.1.3 피보험자 또는 그 사용인이 통상의 운송과정이 아닌 보관을 목적으로, 운송차량 또는 기타 운송용구 또는 컨테이너를 사용하고자 선택한 때, 또는

8.1.4 최종 양륙항에서 외항선으로부터 보험의 목적의 양륙을 완료 한 후 60일의 경과한 때 중 어느 것이든 먼저 발생한 때에 종료된다.

8.2 최종양륙항에서 외항선으로부터 양륙후, 그러나 이 보험이 종료되기 전에 보험의 목적이 부보된 목적지 이외의 장소로 계속 운송되는 경우, 이 보험은 약관 8.1.1에서 8.1.4에 규정된 보험종료규정에 따라 계속되나, 보험의 목적이 그러한 목적지로 운송개시를 위해 최초로 움직인 때에 종료된다.

8.3 이 보험은 피보험자가 좌우할 수 없는 지연·일체의 이로·부득이한 양하·재선적·환적 및 운송계약상 운송인에게 부여된 자유 재량권의 행사로부터 생기는 위험의 변경기간 중(상기 약관 8.1.1에서 8.1.4까지의 규정된 보험종료규정 및 하기 제9조의 규정에 따라) 유효하게 계속된다.

운송계약종료

제9조 피보험자가 좌우할 수 없는 사정에 의하여 운송계약이 그 계약서에 기재된 목적지 이외의 항구 또는 지역에서 종료되거나 또는 기타의 사정으로 제8조에 규정된 보험의 목적의 양하 이전에 운송이 종료될 경

of the subject-matter insured as provided for in Clause 8 above, then this insurance shall also terminate unless prompt notice is given to the Insurers and continuation of cover is requested when this insurance shall remain in force, subject to an additional premium if required by the Insurers, either

9.1 until the subject-matter insured is sold and delivered at such port or place, or, unless otherwise specially agreed, until the expiry of 60 days after arrival of the subject-matter insured at such port or place, whichever shall first occur, or

9.2 if the subject-matter insured is forwarded within the said period of 60 days (or any agreed extension thereof) to the destination named in the contract of insurance or to any other destination, until terminated in accordance with the provisions of Clause 8 above.

Change of Voyage

10. 10.1 Where, after attachment of this insurance, the destination is changed by the Assured, this must be notified promptly to Insurers for rates and terms to be agreed. Should a loss occur prior to such agreement being obtained cover may be provided but only if cover would have been available at a reasonable commercial market rate on reasonable market terms.

10.2 Where the subject-matter insured commences the transit contemplated by this insurance (in accordance with Clause 8.1), but, without the knowledge of the Assured or their employees the ship sails for another destination, this insurance will nevertheless be deemed to have attached at commencement of such transit.

CLAIMS

Insurable Interest

11. 11.1 In order to recover under this insurance the Assured must have an insurable interest in the subjectmatter insured at the time of the loss.

11.2 Subject to Clause 11.1 above, the Assured shall be entitled to recover for insured loss occurring during the period covered by this insurance, notwithstanding that the loss occurred before the contract of insurance was concluded, unless the Assured were aware of the loss and the Insurers were not.

Forwarding Charges

12. Where, as a result of the operation of a risk covered by this insurance, the insured transit is terminated at a port or place other than that to which the subject-matter insured is covered under this insurance, the Insurers will reimburse the Assured for any extra charges properly and reasonably incurred in unloading storing and forwarding the subject-matter insured to the destination to which it is insured.

This Clause 12, which does not apply to general average or salvage charges, shall be subject to the exclusions contained in Clauses 4, 5, 6 and 7 above, and shall not include charges arising from the fault negligence insolvency or financial default of the Assured or their employees.

우에는 이 보험도 또한 종료된다. 다만(피보험자가) 지체없이 그 취지를 보험자에게 통지하고 담보의 계속을 요청할 경우에 보험자의 청구가 있으면 추가보험료를 지급하는 조건으로, 이 보험은

9.1 보험의 목적이 상기 항구 또는 지역에서 매각된 후 인도될 때 또는 별도의 합의가 없는 한, 그러한 항구 또는 지역에 보험의 목적의 도착 후 60일이 경과될 때 중 어느 한 쪽이 먼저 생길 때까지

9.2 만약 보험의 목적이 상기 60일의 기간(또는 합의하에 60일의 기간을 연장한 기간) 내에 보험계약에 기재된 목적지 또는 기타의 목적지로 계속 운반될 경우에는 상기 제8조의 규정에 따라 보험이 종료될 때까지 유효하게 존속된다.

항해변경

제10조 10.1 이 보험의 개시 후 목적지가 피보험자에 의하여 변경된 경우에는 지체없이 그 취지를 보험자에게 통지하고, 보험요율과 보험조건을 협정해야 한다. 그러한 협정전에 손해가 발생한 경우에는 영리보험 시장에서 타당하다고 생각되는 보험조건 및 보험요율에 의한 담보를 받을 수 있는 때에 한하여 담보한다.

10.2 보험의 목적이 이 보험(약관 제8.1조에 따라)에서 예상된 운송을 개시하였지만, 피보험자 또는 그들의 사용인이 알지 못하고 선박이 다른 목적지로 향하는 경우에도 이 보험은 그러한 운송의 개시시에 개시한 것으로 간주된다.

보험금청구

피보험이익

제11조 11.1 이 보험에서 보상을 받기 위해서는 피보험자가 손해가 발생하였을 때에 보험의 목적에 대한 피보험이익을 갖고 있어야 한다.

11.2 상기 11.1의 규정을 조건으로 하여, 피보험손해가 보험계약체결 이전에 발생한 경우에도 피보험자가 그 손해의 발생사실을 알고 보험자가 몰랐을 경우를 제외하고는 피보험자는 이 보험의 담보 기간 중에 생긴 피보험손해에 대하여 보상을 받을 권리가 있다.

계반비용

제12조 이 보험은 담보위험이 발생한 결과, 피보험운송이 이 보험에서 담보되는 보험의 목적의 목적지 이외의 항구 또는 지역에서 종료될 경우에 보험자는 보험의 목적을 양륙·보관하고, 부보된 목적지로 계속 운반함에 따라 적절하고 합리적으로 발생한 추가비용을 피보험자에게 보상한다. 이 제12조는 공동해손 또는 구조비에는 적용되지 아니하고, 상기 제4조, 제5조, 제6조 및 제7조에 규정된 면책조항의 적용을 받으며, 또한 피보험자 또는 그 사용인의 과실·태만·지급불능·재정상의 궁핍으로부터 생긴 비용을 포함하지 아니한다.

Constructive Total Loss

13. No claim for Constructive Total Loss shall be recoverable hereunder unless the subject-matter insured is reasonably abandoned either on account of its actual total loss appearing to be unavoidable or because the cost of recovering, reconditioning and forwarding the subject-matter insured to the destination to which it is insured would exceed its value on arrival.

Increased Value

14. 14.1 If any Increased Value insurance is effected by the Assured on the subject-matter insured under this insurance the agreed value of the subject-matter insured shall be deemed to be increased to the total amount insured under this insurance and all Increased Value insurances covering the loss, and liability under this insurance shall be in such proportion as the sum insured under this insurance bears to such total amount insured.

In the event of claim the Assured shall provide the Insurers with evidence of the amounts insured under all other insurances.

14.2 Where this insurance is on Increased Value the following clause shall apply:

The agreed value of the subject-matter insured shall be deemed to be equal to the total amount insured under the primary insurance and all Increased Value insurances covering the loss and effected on the subject-matter insured by the Assured, and liability under this insurance shall be in such proportion as the sum insured under this insurance bears to such total amount insured.

In the event of claim the Assured shall provide the Insurers with evidence of the amounts insured under all other insurances.

BENEFIT OF INSURANCE

15. This insurance

15.1 covers the Assured which includes the person claiming indemnity either as the person by or on whose behalf the contract of insurance was effected or as an assignee,

15.2 shall not extend to or otherwise benefit the carrier or other bailee.

MINIMISING LOSSES

Duty of Assured

16. It is the duty of the Assured and their employees and agents in respect of loss recoverable hereunder

16.1 to take such measures as may be reasonable for the purpose of averting or minimising such loss, and

16.2 to ensure that all rights against carriers, bailees or other third parties are properly preserved and exercised and the Insurers will, in addition to any loss recoverable hereunder, reimburse the Assured for any charges

추정전손

제13조 추정전손에 대한 보험금 청구는 보험의 목적의 현실전손이 불가피하다고 생각될 때, 또는 보험의 목적을 회복시켜 거기에 손질을 하고 그것을 담보목적지까지 계속 운반하는 데 소요되는 비용이 그 목적지에 도착했을 때의 보험의 목적의 가액을 초과할 것 같기 때문에 보험의 목적이 정당하게 포기되지 않는 한, 이 보험 증권에서는 보상되지 않는다.

증액

제14조 14.1 이 보험의 목적에 대하여 피보험자가 증액보험을 부보한 경우에는 이 보험의 목적의 협정보험가액은 이 보험 및 이와 동일한 손해를 담보하는 모든 증액보험의 총보험금액으로 증가된 것으로 간주되며, 이 보험에서의 보상책임은 총보험금액에 대한 이 보험의 보험금액의 비율로 부담할 것이다. 보험금을 청구할 때에 피보험자는 모든 타보험의 보험금액을 증명할 수 있는 서류를 보험자에게 제출해야 한다.

    14.2 이 보험이 증액보험일 경우에는 다음 약관을 적용한다. 이 보험의 목적의 협정보험가액은 원보험 및 피보험자에 의하여 그 보험의 목적에 대해 부보되어 동일한 손해를 담보하는 모든 증액보험의 총보험금액과 동액으로 간주되며, 이 보험에서의 보상책임은 총보험금액에 대한 이 보험의 보험금액의 비율로서 부담하게 된다. 보험금을 청구할 때에는 피보험자는 모든 타보험의 보험금액을 증명할 수 있는 서류를 보험자에게 제출해야 한다.

보험이익

제15조 이 보험은

    15.1 이 보험계약을 체결하거나 또는 자기를 위해 체결된 자로서, 또는 양수인으로서 보험금을 청구하는 자를 포함하는 피보험자를 대상으로 한다.

    15.2 확장 또는 기타 방법에 의해 운송인 또는 기타 수탁자에게 유리하게 이용되어서는 안 된다.

손해경감

피보험자의무

제16조 이 보험에서 보상하는 손해에 관하여 다음 사항을 이행하는 것은 피보험자, 그 사용인 및 대리인의 의무이다.

    16.1 손해를 방지하거나 경감시키기 위해 합리적인 조치를 강구하는 것, 그리고

    16.2 운송인, 수탁자 기타 제3자에 대한 일체의 권리가 적절히 보존되고 행사되도록 확보해 놓는 것.

properly and reasonably incurred in pursuance of these duties.

Waiver

17. Measures taken by the Assured or the Insurers with the object of saving, protecting or recovering the subjectmatter insured shall not be considered as a waiver or acceptance of abandonment or otherwise prejudice the rights of either party.

AVOIDANCE OF DELAY

18. It is a condition of this insurance that the Assured shall act with reasonable despatch in all circumstances within their control.

LAW AND PRACTICE

19. This insurance is subject to English law and practice.

NOTE:- Where a continuation of cover is requested under Clause 9, or a change of destination is notified under Clause 10, there is an obligation to give prompt notice to the Insurers and the right to such cover is dependent upon compliance with this obligation.

그리고 보험자는 이 보험에서 보상하는 손해에 더하여 상기 의무를 수행함에 있어 적절하고 합리적으로 발생한 비용을 피보험자에게 보상한다.

포기

제17조 보험의 목적을 구조, 보호 또는 회복하기 위한 피보험자 또는 보험자의 조치는 위부의 포기 또는 승인으로 간주되지 아니하며, 또한 각 당사자의 권리를 침해하지도 아니한다.

지연의 방지

제18조 피보험자는 자기가 조치할 수 있는 모든 여건 하에서 상당히 신속하게 행동하는 것이 이 보험의 조건이다.

법률 및 관례

제19조 이 보험은 영국의 법률 및 관습에 준거하는 것으로 한다. 의사항-약관 제9조에 의해 담보의 계속이 요청되거나, 또는 약관 제10조에 의해 항해의 변경이 통지되는 경우, 지체 없이 그 취지를 보험자에게 통지할 의무가 있으며, 계속 담보를 받을 수 있는 권리는 이 의무의 이행 여부에 달려 있다.

3-3 Institute Time Clauses - Hulls, 1995

This insurance is subject to English law and practice.

1. NAVIGATION

1.1 The Vessel is covered subject to the provisions of this insurance at all times and has leave to sail or navigate with or without pilots, to go on trial trips and to assist and tow vessel or craft in distress, but it is warranted that the Vessel shall not be towed, except as is customary or to the first safe port or place when in need of assistance, or undertake towage or salvage services under a contract previously arranged by the Assured and/or Owners and/or Managers and/or Charterers. This Clause 1.1 shall not exclude customary towage in connection with loading and discharging.

1.2 This insurance shall not be prejudiced by reason of the Assured entering into any contract with pilot or for customary towage which limits or exempts the liability of the pilots and /or tugs and/or towboats and/or their owners when the Assured or their agents accept or are compelled to accept such contracts in accordance with established local law or practice.

1.3 The practice of engaging helicopters for the transportation of personnel, supplies and equipment to and/or from the Vessel shall not prejudice this insurance.

1.4 In the event of the Vessel being employed in trading operations which entail cargo loading or discharging at sea from or into another vessel (not being a harbour or inshore craft) no claim shall be recoverable under this insurance for loss for or damage to the Vessel or liability to any other vessel arising from such loading or discharging operations, including whilst approaching, lying alongside and leaving, unless previous notice that the Vessel is to be employed in such operations has been given to the Underwriters and any amended terms of cover and any additional premium required by them have been agreed.

1.5 In the event of the Vessel sailing (with or without cargo) with an intention of being (a) broken up, or (b) sold for breaking up, any claim for loss of or damage to the Vessel occurring subsequent to such sailing shall be limited to the market value of the Vessel as scrap at the time when the loss or damage is sustained, unless previous notice has been given to the Underwriters and any amendments to the terms of cover, insured value and premium required by them have been agreed. Nothing in this Clause 1.5 shall affect claims under Clause 8 and/or 10.

2. CONTINUATION

Should the Vessel at the expiration of this insurance by at sea and in distress or missing, she shall, provided notice be given to the Underwriters prior to the expiration of this insurance, be held covered until arrival at the next port in good safety, or if in port and in distress until the Vessel is made sate, at a prorata monthly premium.

3-3   협회기간 약관(선박), 1995

이 보험은 영국의 법률과 관습을 준수한다.

1. NAVIGATION(항해)

1.1 선박은 보험기간 중 이 보험의 규정에 따라 담보되며, 도선사의 승선여부에 관계없이 항해하거나, 시운전 항해를 하거나 조난을 당한 선박 또는 부선을 구조하거나, 예항하여도 무방하다. 다만 예하되는 것이 관습이거나 또는 구조의 필요상 최초의 안정항 또는 장소까지 예항되는 경우를 제외하고는 이 선박은 예항되지 말 것이며, 피보험자, 소유자, 관리자 또는 용선자가 사전 결정한 계약에 따른 예항이나 구조작업을 맡지 않을 것을 이에 확인한다. 이 약관 1.1은 적재 및 양하작업에 관련된 관습적인 예항을 배제하는 것은 아니다.

1.2 피보험자 또는 그 중개인이 그 지방의 법 또는 관습에 따라 도선사, 예인선 및 그 소유자의 책임을 제한하거나 또는 면제하는 도선사와의 또는 통상적인 예인에 대한 계약을 수락하거나 또는 강요되어진 경우 이에 따른 계약체결을 이유로 이 보험은 침해받지 않는다.

1.3 선박으로부터 인원, 공급품 또는 장비의 운송을 위하여 헬리콥터를 사용하는 관행에 의하여 이 보험은 침해받지 않는다.

1.4 선박이 해상에서 다른 선박(항내 및 해안용 부선은 제외)에 또는 다른 선박으로부터 화물을 적재 또는 양하하는 운송작업에 사용되는 경우에는 양 선박이 접근 중, 접현중(接舷中는) 또는 이현중(離舷中)을 포함하여 적재 및 양하 작업으로 인하여 이 선박에 발생한 멸실 또는 손상 또는 다른 선박에 대한 배상책임은 이 보험에서 보상하지 아니한다. 다만 선박이 위에 말한 작업에 사용되는 경우 보험자에게 사전 통지를 하고 보험자가 요구하는 변경된 담보조건과 추가보험료에 대하여 합의하였을 때는 그러하지 아니하다.

1.5 선박이 적하의 적재유무에 불구하고 선박이 (a) 해체될 또는 (b) 해체를 위해 매각될 의도로 항해하는 경우 그러한 항해에 따라 선박에 발생하는 멸실 또는 손상에 대한 일체의 보상은 멸실 또는 손상을 입은 시점에서의 해체선으로서의 시장가격에 한정된다. 다만 보험자에게 사전 통지를 하고 보험자가 요구하는 담보조건, 보험금액 및 보험료에 대한 변경이 합의된 경우에는 그러하지 아니하다. 이 약관 1.3은 약관 8 및/또는 약관 11의 보상에 어떠한 영향도 미치지 아니한다.

2. 계속

이 보험의 만기 시에 선박이 항해중이거나 조난되었거나, 또는 행방불명되었을 때는 이 보험의 종료 이전에 보험자에게 통지를 한 경우에 한하여 월할보험료를 지급하면 선박이 다음 항구에 도착할 때까지 또는 항구에서 조난중일 경우에는 선박이 안전할 때까지 계속 담보된다.

3. BREACH OF WARRANTY

Held covered in case of any breach of warranty as to cargo, trade, locality, towage, salvage services or date of sailing, provided notice be given to the Underwriters immediately after receipt of advices and any amended terms of cover and any additional premium required by them be agreed.

4. CLASSIFICATION

4.1 It is the duty of the Assured, Owners and Managers at the inception of and throughout the period of this insurance to ensure that

    4.1.1 the Vessel is classed with a Classification Society agreed by the Underwriters and that her class within that Society is maintained,

    4.1.2 any recommendations requirements or restrictions imposed by the Vessel's Classification Society which relate to the Vessel's seaworthiness or to her maintenance in a seaworthy condition are complied are complied with by the dates required by that Society.

4.2 In the event of any breach of the duties set out in Clause 4.1 above, unless the Underwriters agree to the contrary in writing, they will be discharged from liability under this insurance as from the date of the breach, provided that if the Vessel is at sea at such date the Underwriters' discharge from liability is deferred until arrival at her next port.

4.3 Any incident condition or damage in respect of which the Vessel's Classification Society might make recommendations as to repairs or other action to be taken by the Assured, Owners or Managers must be promptly reported to the Classification Society.

4.4 Should the Underwriters wish to approach the Classification Society directly for information and/or documents, the Assured will provide the necessary authorization.

5. TERMINATION

This Clause 5 shall prevail notwithstanding any provision whether written typed or printed in this insurance inconsistent therewith.

Unless the Underwriters agree to the contrary in writing, this insurance shall terminate automatically at the time of

5.1 change of the Classification Society of the Vessel, or change, suspension, discontinuance, withdrawal or expiry of her Class therein, or any of the Classification Society's periodic surveys becoming overdue unless an extension of time for such survey be agreed by the Classification Society, provided that if the Vessel is at sea such automatic termination shall be deferred until arrival at her next port. However where such change, suspension, discontinuance or withdrawal of her Class or where a periodic survey becoming overdue has resulted from loss or damage covered by Clause 6 of this insurance or which would be covered by an insurance of the Vessel subject to current Insurance War and Strikes Clauses Hulls-Time such automatic termination shall only operate should the Vessel sail from her next port without the prior approval of the Classification Society or in the case of a periodic survey becoming overdue without the Classification Society having agreed an extension of time for such survey,

3. 담보위반

적하, 거래, 항해구역, 예항, 구조작업 또는 출항일자에 관한 담보위반이 생겼을 경우에는 그 사실을 인지한 후 보험자에게 즉시 통보하고 보험자가 요구하는 담보조건의 변경과 추가보험료에 대한 합의가 이루어지는 경우에는 담보가 계속된다.

4. 선급

4.1 이 보험의 개시시점에 또는 보험기간 전 기간을 통하여 다음 사항을 확약하는 것은 피보험자, 선주 또는 선박관리자의 의무이다.

    4.1.1 선박은 보험자가 동의하는 선급협회에 입급(入級)되어야 하고 이 선급을 유지해야 한다.

    4.1.2 선박의 감항성 또는 선박의 감항성 상태 유지에 관련하여 선급협회에 의하여 부여된 어떠한 권고 사항, 요구사항 또는 제한사항은 선급협회가 지정하는 날까지 충족되어야 한다.

4.2 약관 4.1에서 규정한 의무를 불이행하는 경우, 보험자는 서면으로 동의하지 않는 한, 불이행일로부터 이 보험에 의한 책임으로부터 면책이다. 다만 선박이 그러한 불이행 날짜에 공해상에 있을 경우 보험자의 면책시점은 선박이 다음 항구에 도착할 때까지 연기된다.

4.3 선박의 선급협회가 피보험자, 선주 또는 선박관리자가 취할 수리 또는 다른 행위에 관한 권고 사항을 부여할 수 있는 어떠한 사고, 조건 또는 손상은 선급협회에 신속히 통보되어야 한다.

4.4 만약 보험자가 자료 또는 정보를 위하여 직접 선급협회에 접촉하기를 원하는 경우, 계약자는 필요한 권한을 위임해야 한다.

5. 종료

이 약관 5는 이 보험에 있어 기재가 되든, 타자로 타이핑되든, 인쇄되든 간에 이 약관에 저촉되는 어떠한 규정보다 우선한다.

보험자가 서면으로 별도로 동의하지 않는한, 다음 시점에서 이 보험은 자동으로 종료된다.

5.1 선박의 선급협회가 변경 또는 선박이 보유한 선급의 변경, 일시정지, 중지, 탈급 또는 만기, 또는 선급협회의 정기적 검사에 대한 기한 연장을 선급협회가 동의하지 않는 한, 정기적 검사를 기한내 받지 않은 경우, 다만 그 시점에서 선박이 항해중이면 위의 자동종료는 선박이 다음 항구 도착할 때까지 연기된다. 그러나 선박이 보유한 선급의 변경, 일시정지, 중지 또는 탈급이 이 보험의 약관 6에 의하여 담보되거나 현행 협회전쟁 및 동맹파업약관의 선박기간보험으로 담보될 수 있는 멸실, 손상에 기이한 경우에 위의 자동종료는 선급협회의 사전승인 없이 다음 항구에서 항해를 하는 경우 또는 그러한 정기적 검사에 대한 기한의 연장을 선급협회의 동의 없이 정기적 검사를 기한 내 받지 않은 경우에 효력이 발생한다.

5.2 any change, voluntary or otherwise, in the ownership or flag, transfer to new management, or charter on a bareboat basis, or requisition for title or use of the Vessel, provided that, if the Vessel has cargo on board and has already sailed from her loading port or is at sea in ballast, such automatic termination shall if required be deferred, whilst the Vessel continues her planned voyage, until arrival at final port of discharge if with cargo or at port of destination if in ballast.

However, in the event of requisition for title or use without the prior execution of a written agreement by the Assured, such automatic termination shall occur fifteen days after such requisition whether the Vessel is at sea or in port. A pro rata daily return of premium shall be made provided that a total loss of the Vessel, whether by insured perils or otherwise, has not occurred during the period covered by this insurance or any extension thereof.

6. PERILS

6.1 This insurance covers loss of or damage to the subject-matter insured caused by

    6.1.1 perils of the seas revers lakes or other navigable waters

    6.1.2 fire, explosion

    6.1.3 violent theft by persons from outside the Vessel

    6.1.4 jettison

    6.1.5 piracy

    6.1.6 contact with land conveyance, dock or harbour equipment or installation

    6.1.7 earthquake volcanic eruption or lightning

    6.1.8 accidents in loading discharging or shifting cargo or fuel

6.2 This insurance covers loss of or damage ot the subject-matter insured caused by

    6.2.1 bursting of boilers breakage of shafts or any latent defect in the machinery or hull

    6.2.2 negligence of Master Officers Crew or Pilots

    6.2.3 negligence of repairs or charterers provided such repairers or charterers are not an Assured hereunder

    6.2.4 barratry of Master Officers or Crew

    6.2.5 contact with aircraft, helicopters or similar objects, or objects falling therefrom

    Provided that such loss or damage has not resulted from want of due diligence by the Assured, Owners, Managers or Superintendents or any of their onshore management.

6.3 Master Officers Crew or Pilots not to be considered from want of due meaning of this Clause 6 should they hold shares in the Vessel.

7. POLLUTION HAZARD

This insurance covers loss of or damage to the Vessel caused by any governmental authority acting under the powers vested in it to prevent or mitigate a pollution hazard or damage to the environment, or threat thereof, resulting

5.2 자의(自意)의 여부와는 관계없이 소유권 또는 국적의 변경, 새로운 관리자에게 이전, 나용선 조건부의 용선 또는 선박의 소유권의 귀속 또는 사용을 목적으로 한 징발(徵發), 다만 선박이 화물을 적재하여 이미 선적항에서 출발하였을 경우 또는 공선으로 항해중인 경우에 요청이 있다면 위의 자동종료는 선박이 예정된 항해를 계속하는 동안, 화물을 적재한 경우에는 최종 양하항에 도착할 때까지, 공선의 경우는 목적항에 도착할 때까지 연기된다. 그러나 피보험자의 사전 서면 동의 없이 소유권의 귀속 또는 사용을 목적으로 징발되었을 때에는 선박이 항해중이거나 항구에 정박하고 있건 간에 징발한 때로부터 15일 후에 자동 종료된다.

이 경우 일할(日割)로 계산한 순보험료를 환급한다. 다만 담보위험에 의한 것이든 아니든 간에 이 보험의 연장 기간 중에 선박이 전손되지 않을 것을 전제로 한다.

6. 담보위험

6.1 이 보험은 다음의 위험으로 인한 보험목적의 멸실 또는 손상을 담보한다.

6.1.1 해상, 강, 호수 또는 기타 항해 가능한 수면에서의 고유위험.

6.1.2 화재, 폭발.

6.1.3 선박 외부로부터 침입한 자에 의한 폭력을 수반한 도난.

6.1.4 투하.

6.1.5 해적행위.

6.1.6 육상운송용구, 도크 또는 항만 시설이나 장비와의 접촉.

6.1.7 지진 화산의 분화 또는 낙뢰.

6.1.8 적하 또는 연료의 선적, 양하 또는 이동 중의 사고.

6.2.이 보험은 다음의 위험으로 인한 보험목적의 멸실 또는 손상을 담보한다.

6.2.1 기관(汽罐)의 파열, 차축의 파손, 또는 기관(機關)이나 선체의 잠재적 하자.

6.2.2 선장, 고급선원, 보통선원, 또는 도선사의 과실.

6.2.3 수리자 또는 용선자의 과실, 다만 수리자 또는 용선자가 이 계약의 피보험자인 경우는 제외.

6.2.4 선장 고급선원, 보통선원의 악행.

6.2.5 항공기, 헬리콥터 또는 이와 유사한 물체, 또는 그로부터 추락하는 물체와의 접촉, 다만 피보험자, 선주 또는 선박관리자가 상당한 주의를 결여하고 있었던 결과로 위의 멸실 또는 손상이 생긴 경우에는 그러하지 아니하다.

6.3 선장, 고급선원, 보통선원 또는 도선사는 이 선박에 지분이 있어도 이 약관 6의 해석상 선주로 간주하지 아니한다.

7. 오염위험

이 보험은 이 보험에서 보험자가 책임지는 선박손상의 직접적인 결과로 발생한 오염의 위험, 또는 환경에 대한 손상 또는 위험을 방지하거나 완화하기 위하여 권한을 위임받은 정부당국이 취한 행위로 인한 선박의

directly from damage to the Vessel for which the Underwriters are liable under this insurance, provided that such act of governmental authority has not resulted from want of due diligence by the Assured, Owners or Managers to prevent or mitigate such hazard or damage, or threat thereof. Master Officers Crew or Pilots not to be considered Owners within the meaning of this Clause 7 should they hold shared in the Vessel.

8. 3/4THS COLLISION LIABILITY

8.1 The Underwriters agree to indemnity the Assured for three-fourths of any sum or sums paid by the Assured to any other person or persons by reason of the Assured becoming legally liable by way of damages for

    8.1.1 loss of or damage to any other vessel or property on any other vessel

    8.1.2 delay to or loss of use of any such other vessel or property thereon

    8.1.3 general average of, salvage of, or salvage under contract of, any such other vessel or property thereon, where such payment by the Assured is in consequence of the Vessel hereby insured coming into collision with any other vessel.

8.2 The indemnity provided by this Clause 8 shall be in addition to the indemnity provided by the other term and condition of this insurance and shall be subject to the following provisions :

    8.2.1 Where the insured Vessel is in collision with another vessels and both vessels are to blame then, unless the liability of one or both vessels becomes limited by law, the indemnity under this Clause 8 shall be calculated on the principle of cross-liabilities as if the respective Owners had been compelled to pay to each other such proportion of each other's damages as may have been properly allowed in ascertaining the balance or sum payable by or to the Assured in consequence of the collision.

    8.2.2 in no case shall the Underwriter's total liability under Clause 8.1 and 8.2 exceed their proportionate part of three-fourths of the insured value of the Vessel hereby insured in respect of any one collision.

8.3 The Underwriters will also pay three-fourths of the legal costs incurred by the Assured or which the Assured may be compelled to pay in contesting liability or taking proceedings to limit liability, with the prior written consent of the Underwriters.

EXCLUSIONS

8.4 Provided always that this Clause 8 shall in no case extend to any sum which the Assured shall pay for or in respect of

    8.4.1 removal or disposal of obstructions, wrecks, cargoes or any other thing whatsoever

    8.4.2 any real or personal property or thing whatsoever except other vessels or property on other vessels

    8.4.3 the cargo or other property on, or the engagements of, the insured Vessel

    8.4.4 loss of life, personal injury or illness

    8.4.5 pollution or contamination, or threat thereof, of any real or personal property or thing whatsoever (except other vessels with which the insured Vessel is in collision or property on such other vessels_ or damage to the environment, or threat thereof, save that this exclusion shall not extend to any sum which the Assured shall pay for or in respect of salvage

멸실 또는 손상을 담보한다. 다만 피보험자, 선주 및 선박관리자가 오염의 위험이나 위협을 방지 또는 완화하는 데 상당한 주의를 결여하고 있었던 결과로 정부당국의 그러한 행위가 발생한 경우에는 담보하지 아니한다. 선장, 고급선원, 보통선원, 또는 도선사가 선박에 지분이 있어도 이 약관 7에서 의미하는 선주로 간주하지 아니한다.

8. 3/4 충돌손해배상책임

8.1 보험자는 피보험선박이 다른 선박과 충돌하여 그 결과 피보험자가 다음의 손해에 대하여 법적 배상책임을 지고 손해 배상금보로 타인에게 지급한 금액 중 3/4을 피보험자에게 보상하여 줄 것을 보증한다.

8.1.1 다른 선박과 다른 선박에 적재된 재산의 멸실 또는 손상.

8.1.2 다른 선박과 다른 선박에 적재된 재산 사용의 지연 및 사용이익의 상실.

8.1.3 다른 선박과 다른 선박에 적재된 재산에 관한 공동해손, 임의구조 또는 계약구조

8.2 이 약관 8에 규정된 보상은 이 보험의 다른 제 조건에 의하여 규정된 보상에 추가되며, 다음의 규정에 준한다.

8.2.1 피보험선박이 다른 선박과 충돌하여 쌍방의 선박에 과실이 있는 경우, 일방 또는 쌍방 선박의 배상책임이 법률에 의하여 제한된 경우를 제외하고, 이 약관 8에 의한 보상액은 이 충돌결과 피보험자가 지급해야 할 또는 수취해야 할 상쇄차액이나 금액을 확정하는 데에 적정하게 승인된 쌍방의 손해비율에 따른 손해배상액을 해당 선주가 상대방에게 각각 지급해야 하는 것으로 간주하여, 교차책임의 원칙에 따라 산출한다.

8.2.2 약관 8.1 및 8.2하에서 보험자의 총 배상책임액은 어떠한 경우에도 매 충돌사고당 피보험 선박보험금액의 3/4에서 보험자의 비례부담분을 초과하지 아니한다.

8.3 또한 보험자의 사전 서면동의를 얻어 피보험자가 배상책임에 관하여 다루거나 배상책임제한을 위한 법적 조치를 취하는 경우, 보험자는 또한 피보험자가 지급한 또는 지급해야 할 법적 비용의 3/4를 지급한다.

면책위험

8.4 다만, 약관 8에서 다음에 정한 사항에 대하여 피보험자가 지급해야 할 일체의 금액은 어떠한 경우에도 보상하지 아니한다.

8.4.1 장애물, 난파물, 적하, 그 밖의 일체의 물체에 대한 제거 또는 처분

8.4.2 다른 선박 또는 다른 선박에 적재되어 있는 재산 이외의 부동산 또는 동산, 그 밖의 일체의 물체

8.4.3 피보험선박에 적재된 적하 또는 그 밖의 재물 및 피보험선박의 계약상의 채무

8.4.4 사망 또는 신체상의 질병

8.4.5 부동산, 동산, 그 밖의 일체의 물체에 대한 오염 또는 오탁 또는 그 위험(피보험선박과 충돌한 다른 선박 또는 그 선박에 적재된 재물을 제외한다). 다만 1989년 국제구조협약 제13조 1(b)항에서 규정된 바와 같이 환경에 대한 손상을 방지하거나 또는 경감하기 위하여 구조자가 행한 기술이나 노력이

remuneration in which the skill and efforts of the salvors in prevention or minimising damage to the environment as is referred to in Article 13 paragraph 1 (b) of the International Convention on Salvage, 1989 have been taken into account.

9. SISTERSHIP

Should the Vessel hereby insured come into collision with or receive salvage services from another vessel belonging wholly or in port to the same Owners or under the same management, the Assured shall have the same rights under this insurance as they would have were the other vessel entirely the property of Owners not interested in the Vessel hereby insured ; but in such cases the liability for the collision or the amount payable for the services rendered shall be referred to a sole arbitrator to be agreed upon between the Underwriters and the Assured.

10. GENERAL AVERAGE AND SALVAGE

10.1 This insurance covers the Vessel's proportion of salvage, salvage charges and/or general average, reduced of any under-insurance, but in case of general average sacrifice of the Vessel the Assured may recover in respect of the whole loss without first enforcing their right of contribution from other parties.

10.2 Adjustment to be according to the law and practice obtaining at the place where the adventure ends, as if the contract of affreightment contained no special terms upon the subject; but where the contract of affreightment so provides the adjustment shall be according to the York-Antwerp Rules.

10.3 When the Vessel sails in ballast, not under charter, the provision of the York-Antwerp Rules, 1994(excluding Rules XI(d), XX and XXI) shall be applicable, and the voyage for this purpose shall be deemed to continue from the port or place of departure until the arrival of the Vessel at the first port or place thereafter other than a port or place of refuge or a port or place of call for bunkering only. If at any such intermediate port or place there is an abandonment of the adventure originally contemplate the voyage shall thereupon be deemed to be terminated.

10.4 No claim under this Clause 10 shall in any case be allowed where the loss was not incurred to avoid or in connection with the avoidance of a peril insured against.

10.5 No claim under this Clause 10 shall in any case be allowed for or in respect of

10.5.1 special compensation payable to a salvor under Article 14 of the International Convention on salvage, 1989 or under any other provision in any statute, rule, law or contract which is similar in substance

10.5.2 expenses or liabilities incurred in respect of damage to the environment, or the thereat of such damage, or as a consequence of the escape or release of pollutant substances from the Vessel, or the threat of such escape or release.

10.6 Clause 10.5. shall not however exclude any sum which the Assured shall pay to salvors for or in respect of salvage remuneration in which the skill and efforts of the salvors in preventing or minimising damage to the environment as is referred to in Article 13 paragraph 1 (b) of the International Convention on Salvage, 1989 have been taken into account.

고려되어지는 구조행위에 대한 보상에 대하여 비보험자가 지급해야 할 금액에 대하여는 이 면책조항을 적용하지 아니한다.

9. 자매선

선박이 전부 또는 일부가 동일 선주에 소유되거나 동일 관리하에 있는 다른 선박과 충돌하거나, 또는 그러한 다른 선박으로부터 구조를 받았을 경우, 피보험자는 다른 선박이 피보험선박에 전혀 이해관계가 없는 선주의 재산이었다면 피보험자가 당연히 보유할 수 있는 권리와 동일한 권리를 보험에서 보유하는 것으로 한다. 그러나 이 경우에도 충돌에 대한 책임 또는 구조작업에 대해 지급해야 할 금액은 보험자와 피보험자가 합의하여 선정한 1명의 중재인의 재정(裁定)에 따라야 한다.

10. 공동해손 및 구조

10.1 이 보험은 구조, 구조비 및 공동해손의 선박 분담분을 보상하며 일부 보험에 관하여는 감액된 비율로 보상한다. 그러나 선박의 공동해손희생손해의 경우에는 다른 당사자에 대해 공동해손분담 청구권을 행사하기 전에 손해 전액을 보상한다.

10.2 정산은 해상화물 운송계약에 그 정산에 관해 하등의 특약이 규제되어 있지 않은 경우에 준하여, 해상운송 사업이 종료되는 지역에서 행해지는 법률 및 관례에 따라 행해지는 것으로 한다. 그러나 해상화물운송계약에 요오크 앤트워프규칙에 따른다고 규제되어 있을 경우에는, 그 정산은 동 규칙에 의거해야 한다.

10.3 선박이 용선되지 않고 공선으로 출항하는 경우에는 2004년 요오크 앤트워프 규칙의 각 규정(제11조 d항, 제20조 및 제21조 제외)을 적용하는 것으로 하며, 이 목적을 위해서 항해라고 하는 것을 출항항 및 해역으로부터 피난항 및 해역 도는 연료보급을 유일한 목적으로 하는 기항시의 항구 및 해역을 제외한 출항 후 최초로 기항하는 항구 또는 해역에 도착할 때까지 계속되는 것으로 간주한다. 만약 최초에 기도한 해상운송 사업을 위한 중간항 또는 해역에서 중지한다면 항해는 그때부터 중지된 것으로 간주한다.

10.4 담보위험을 피하기 위하여 또는 담보위험을 피하는 것과 관련하여 발생한 손실이 아닌 경우에는 이 약관 11에서 어떠한 보상청구도 허용하지 아니한다.

10.5 이 약관 10에서는 다음사항에 대하여 어떠한 보상청구도 허용하지 아니한다.

10.5.1 1989년 국제구조협약의 제14조 또는 실질적으로 이와 유사한 법령, 규칙, 법규 또는 계약에서의 그 밖의 규정에 의하여 구조자에게 지급되어야 할 특별보상

10.5.2 환경에 의한 손해, 그러한 손해의 위협 또는 선박으로부터 오염물질의 누출 또는 방출 또는 그러한 누출 또는 방출의 위협으로부터 발생하는 비용 또는 배상책임

10.6 1989년 국제구조협약 제13조 1(b)항에서 규정된 바와 같이 환경에 대한 손해를 방지하거나 또는 경감하기 위하여 구조가가 행한 기술과 노력이 고려되어지는 구조행위에 대한 보상에 대하여 피보험자가 구조자에게 지급해야 할 금액에 대하여는 이 약관 10.5를 적용하지 아니한다.

11. DUTY OF ASSURED(Sue and Labour)

11.1 In case of any loss or misfortune it is the duty of the Assured and their servants and agents to take such measures as may be reasonable for the purpose of averting or minimising a loss which would be recoverable under this insurance.

11.2 Subject to the provisions below and to Clause 12 the Underwriters will contribute to charges properly and reasonably incurred by the Assured their servants or agents for such measures. General average, salvage charges (except as provided for in Clause 11.5),special compensation and expenses as referred to in Clauses 10.5 and collision defense or attack costs are not recoverable under this Clause 11.

11.3 Measures taken by the Assured or the Underwriters with the object of saving, protecting or recovering the subject-matter insured shall not be considered as a waiver or acceptance of abandonment or otherwise prejudice the rights of either party.

11.4 When expenses are incurred pursuant to this Clause 11 the liability under this insurance shall not exceed the proportion of such expenses that the amount insured hereunder bears to the value of the Vessel as stated herein, or to the sound value of the Vessel at the time of the occurrence giving rise to the expenditure if the sound value exceeds that value. Where the Underwriters have admitted a claim for total loss and property insured by this insurance is saved, the foregoing provisions shall not apply unless the expenses of suing and labouring exceed the value of such property saved and then shall apply only to the amount of the expenses which is in excess of such vale.

11.5 When a claim for total loss of the Vessel is admitted under this insurance and expenses have been reasonably incurred in saving or attempting to save the Vessel and other property and there are to no proceeds, or the expenses exceed the proceeds, then this insurance shall bear its pro rata share of such proportion of the expenses, or of the expenses in excess of the proceeds, as the case may be, as may reasonably be regarded as having been incurred in respect of the Vessel, excluding all special compensation and expenses as referred to in Clause 10.5 ; but if the Vessel be insured for less than its sound value at the time of the occurrence giving rise to the expenditure, the amount recoverable under this clause shall be reduced in proportion to the under-insurance.

11.6 The sum recoverable under this Clause 11 shall be in addition to the loss otherwise recoverable under this insurance but shall in no circumstances exceed the amount insured under this insurance in respect of the Vessel.

12. DEDUCTIBLE

12.1 No claim arising from a peril insured against shall be payable under this insurance unless the aggregate of all such claims arising out of each separate accident or occurrence (including claims under Clauses 8,10 and 11) exceeds the deductible amount agreed in which case this sum shall be deducted. Nevertheless the expense of sighting the bottom after stranding, if reasonably incurred specially for that purpose, shall be paid even if no damage be found. This Clause 12.1 shall not apply to a claim for total or constructive total loss of the Vessel or, in the event of such a claim, to any associated claim under Clause 11 arising from the same accident or occurrence.

12.2 Claims for damage by heavy weather occurring during a single sea passage between two successive ports shall be treated as being due to one accident. In the case of such heavy weather extending over a period not

11. 피보험자의무

11.1 손실 또는 재난이 발생한 경우에 이 보험에서 보상될 손실을 방지하거나 경감하기 위하여 합리적인 조치를 취하는 것은 피보험자, 그 사용인 및 대리인의 의무이다.

11.2 아래의 규정 및 약관 12에 따라, 피보험자는 피보험자, 그 사용인 또는 대리인이 그러한 조치를 취하기 위하여 적절하고도 합리적으로 지급한 비용을 보상한다. 공동해손, 구조비(약관 11.5에 규정된 경우는 제외)와 특별보상과 약관 10.5에서 규정한 비용, 충돌배상을 방어 또는 청구하는 비용은 이 약관 11에서 보상하지 아니한다.

11.3 보험목적물을 구조, 보호 또는 회복시키기 위하여 피보험자 또는 보험자가 취한 조치는 위부의 포기나 승낙으로 간주하지 아니하며 또한 어느 일방의 권리를 침해하지도 아니한다.

11.4 약관 11에 의하여 비용을 지급했을 경우 이 보험에 의한 책임액은 그 비용 중에서 이 보험에 기재된 선박가액에 대한 보험금액의 비율을 초과할 수 없다. 또한 선박의 정상가액이 이 보험에 기재된 등 선박의 가액을 초과하였을 경우에는 비용지급을 필요로 하는 사고가 발생하였을 때에 선박의 정상 가액에 대한 보험금액의 비율을 초과할 수 없다. 보험자가 전손금의 청구를 승인했을 경우 이 보험에 부보된 재산이 구조되었을 때에는 위의 여러 규정은 손해방지비용이 구조된 위 재산의 가액을 초과하지 않는 한 적용되지 아니하며, 또한 초과했을 경우에는 구조된 재산의 가액을 초과하는 비용액에 대해서만 적용된다.

11.5 이 보험에서 선박 전손금의 청구가 승인되었을 경우 그리고 선박, 기타의 재산을 구조하기 위하여 또는 구조할 것을 기도하기 위하여 합리적으로 비용을 지급했으나 잔존가가 없거나 비용이 잔존가를 초과할 때에는 이 보험은 그 비용 중 또는 잔존가를 초과하는 비용 중 선박에 관하여 지급되었다고 합리적으로 인정받는 비율의 비례부분을 부담한다. 단 특별비용과 약과 10.5에서 규정한 비용은 제외한다. 그러나 선박이 비용지급을 필요로 하는 사고가 발생하였을 때의 정상가액보다 낮은 가액으로 부보되었을 경우에는 이 약관에 의하여 보험자로부터 회수할 수 있는 금액은 일부보험의 비율에 따라 감액된다.

11.6 이 약관 11에서 보상될 금액은 이 보험에 의하여 보상될 다른 손해에 추가되지만 어떠한 경우에도 이 선박보험의 보험금액을 초과하지 아니한다.

12. 공제액

12.1 이 보험에서 담보위험으로 인하여 발생한 손해는 독립된 1사고로 인하여 발생한 손해액의 합계(약관 8,10 및 11에 따른 보상청구 포함)가 동의한 공제액을 초과하지 아니하면 보상하지 아니하며, 초과하는 경우에는 이 금액을 공제하여 보상한다. 다만 좌초 후의 선적 검사비용은 특히 그 목적을 위하여 합리적으로 지급된 것이라면 손상이 발견되지 않았을 경우에도 이를 보상한다. 이 약관 12.1은 선박의 전손이나 추정전손보상의 경우에는 적용하지 아니하며 이 경우 동 사고로 인하여 발생된 약관 13에 관련된 보상청구에도 적용하지 아니한다.

12.2 두 개의 계속적인 항구간에서도 편도항해 중 일어난 악천후로 인한 손해는 1회의 산고로 취급한다. 악

wholly covered by this insurance the deductible to be applied to the claim recoverable hereunder shall be the proportion of the above deductible that the number of days of such heavy weather falling within the period of this insurance bears to the number of days of heavy weather during the single sea passage.

The expression "heavy weather" in this Clause 12.2 shall be deemed to include contact with floating ice.

12.3 Excluding any interest comprised therein, recoveries against any claim which is subject to the above deductible shall be credited to the Underwriters in full to the extent of sum by which the aggregate of the claim unreduced by any recoveries exceeds the above deductible.

12.4 Interest comprised in recoveries shall be apportioned between the Assured and the Underwriters, taking into account the sums paid by the Underwriters and the dates when such payments were made, notwithstanding that by the addition of interest the Underwriters may receive a larger sum than they have paid.

13. NOTICE OF CLAIM AND TENDERS

13.1 In the event of accident whereby loss or damage may result in a claim under this insurance, notice must be given to the Underwriters promptly after the date on which the Assured, Owners or Managers become or should have become aware of the loss or damage and prior to survey so that a surveyor may be appointed if the Underwriters so desire.

If notice is not given to the Underwriters within twelve months of that date unless the Underwriters agree to the contrary in writing, the Underwriters will be automatically discharged from liability for any claim under this insurance in respect of or arising out of such accident or the loss or damage.

13.2 The Underwriters shall be entitled to decide the port to which the Vessel shall proceed for docking or repair (the actual additional expense of the voyage arising from compliance with the Underwriters' requirements being refunded to the Assured) and shall have a right of veto concerning a place of repair or a repairing firm.

13.3 The Underwriters may also take tenders or may require further tenders to be taken for the repair of the Vessel. Where such a tender has been taken and a tender is accepted with the approval of the Underwriters, an allowance shall be made at the rate of 30% per annum on the insured value for time lost between the despatch of the invitations to tender required by the Underwriters and the acceptance of a tender to the extent that such time is lost solely as the result of tenders having been taken and provided that the tender is accepted without delay after receipt of the Underwriters' approval.

Due credit shall be given against the allowance as above for any amounts recovered in respect of fuel and stores and wages and maintenance of the Master Officers and Crew or any member thereof, including amounts allowed in general average, and for any amounts recovered from third parties in respect of damages for detention and/or loss of profit and/or running expenses, for the period covered by the tender allowance of any part thereof.

Where a part of the cost of the repair of damage other than a fixed deductible is not recoverable from the Underwriters the allowance shall be reduced by a similar proportion.

천후가 이 보험의 담보기간 이상으로 계속되는 경우, 이 보험의 보상금액에 적용되는 공제액은 전항의 공제액에 대하여 보험기간 중의 악천후 일수의 위의 편도항해중의 전 악천후 일수에 대한 비율로한다. 이 약관 12.2에서 악천후라는 용어는 부빙(浮氷; 떠돌아다니는 얼음)과의 접촉을 포함한다.

12.3 위의 공제액이 적용된 손해의 회수금은 이자를 제외하고 회수금을 고려하지 않은 보험금의 합계와 위의 공제액과의 차액의 범위 내에서 전액 보험자에게 귀속한다.

12.4 회수금에 포함된 이자는 보험자가 지급한 보험금과 지급일자를 감안하여 피보험자와 보험자가 서로 분배한다. 이 경우 보험자는 이자를 합산함으로써 지급한 보험금을 초과하여 회수할 수 있다.

13. 사고통보 및 입찰

13.1 사고가 발생되어 그로 인하여 이 보험에 의한 보상청구를 할 수 있는 멸실 혹은 손상이 생겼을 경우에는 피보험자, 소유자 또는 관리자가 그러한 멸실 혹은 손상이 생긴 사실을 인지하거나 혹은 인지했어야 할 날 이후 신속하게 보험자에게 사고통보를 해야 하며 보험자가 원한다면 보험자를 대리하는 검정인을 선임할 수 있도록 하기 위하여 이재조사에 앞서 사고통보를 해야 한다.

만약 보험자에게 이러한 사고통보를 12개월 내에 하지 않는 경우, 보험자는 서면으로 동의하지 않는 한, 사고 또는 멸실 혹은 손상에 관련하거나 또는 그로 인하여 발생하는 이 보험에 의한 어떠한 보상청구에 대하여 책임이 자동적으로 면제된다.

13.2 보험자는 선박이 입거 또는 수리를 하기 위하여 항행해야 할 항구를 결정할 권리가 있고(보험자의 요구에 부응함으로써 생기는 항해의 추가실비는 피보험자에게 환급 함), 수리장소 혹은 수리회사에 관하여 거부권이 있다.

13.3 또한 보험자는 선박의 수리에 대하여 수개의 입찰에 붙일 수 있으며, 또는 또 다른 수개의 입찰에 붙일 것을 요구할 수 있다. 이러한 입찰이 붙여지고 입찰이 보험자의 승인을 얻어 낙찰되었을 경우에는 보험자가 요구한 입찰안내장의 발송시기와 낙찰시기와의 사이에 소요된 시간에 대하여 그 기간이 전적으로 수개의 입찰에 붙여진 결과, 소요된 한도까지 또한 입찰 이 보험자의 승인을 얻은 후 지체없이 낙찰된 것을 전체조건으로 하여 보험금액의 연 30%의 비율로 배상한다.

입찰로 인한 시간의 소요에 대하여 보험자가 배상하는 기간 혹은 그 일부에 관하여 공동해손으로서 인정된 금액을 포함하여 연료, 소모품, 선장, 고급선원, 보통선원 및 이들의 일부의 급료와 유지비조로 회수한 금액과 휴항 및/또는 이윤의 상실 및/또는 경상비 지출에 대하여 손해배상금으로 제3자로부터 회수한 금액이 있으면 이를 전항의 배상금액에서 공제한다.

소정의 공제금액 이외의 손상수리비의 일부가 보험자로부터 보상되지 않을 경우에는 동일한 비율에 따라 배상금액에서 공제한다.

13.4 In the event of failure by the Assured to comply with the conditions of Clauses 13.2 and/or 13.3 a deduction of 15% shall be made from the amount of the ascertained claim.

14. NEW FOR OLD

Claims payable without deduction new for old.

15. BOTTOM TREATMENT

In no case shall a claim be allowed in respect of scraping gritblasting and/or other surface preparation or painting of the Vessel's bottom except that,

15.1 gritblasting and/or other surface preparation of new bottom plates ashore and supplying and applying any "shop" primer thereto,

15.2 gritblasting and/or other surface preparation of :

the butts or area of plating immediately adjacent to any renewed or refitted plating damaged during the course of welding and/or repairs, areas of plating damaged during the course of fairing, either in place or ashore,

15.3 supplying and applying the first coat of primer/anti-corrosive to those particular areas mentioned in 15.1 and 15.2 above. shall be allowed as part of the reasonable cost of repairs in respect of bottom plating damaged by an insured peril.

16. WAGES AND MAINTENANCE

No claim shall be allowed, other than in general average, for wages and maintenance of the Master Officers and Crew or any member thereof, except when incurred solely for the necessary removal of the Vessel from one port to another for the repair of damage covered by the Underwriters, or for trail trips for such repairs, and then only for such wages and maintenance as are incurred whilst the Vessel is under way.

17. AGENCY COMMISSION

In no case shall any sum be allowed under this insurance either by way of remuneration of the Assured for time and trouble taken to obtain and supply information or documents or in respect of the commission or charges of any manager, agent, managing or agency company or the like, appointed by or on behalf of the Assured to perform such services.

18. UNREPAIRED DAMAGE

18.1 The measure of indemnity in respect of claims for unrepaired damage shall be the reasonable depreciation in the market value of the Vessel at the time this insurance terminates arising from such unrepaired damage, but not exceeding the reasonable cost of repairs.

18.2 In no case shall the Underwriters be liable for unrepaired damage in the event of a subsequent total loss (whether or not covered under this insurance) sustained during the period covered by this insurance or any extension thereof.

18.3 The Underwriters shall not be liable in respect of unrepaired damage for more than the insured value at the

13.4 이 약관 13.2와 13.3의 조건을 불이행하였을 경우에는 확정된 보상금액에서 15%의 금액을 제공한다.

14. 신·구 교환차익 불공제

보상청구액은 신·구 교환차익의 공제없이 지급된다.

15. 선저처리

어떠한 경우에도 선저의 부착물 청소, 모래 분사작업 및 기타 표면처리 또는 도장과 관련된 보상청구는 허용되지 아니한다.

15.1 해안에서 신조 선저 외판의 모래분사작업 및 기타 표면처리와 수리소에서의 그 부분에 대한 준비도장(準備塗裝),

15.2 용접 및 수리중에 손상되어 신환(新煥) 또는 재의장(再艤裝)된 외판에 바로 근접한 외판 부분의 모래 분사작업 및 기타 표면처리, 현장 또는 해안에서 철판의 곡직(曲直) 작업 중에 손상된 외판부분의 모래분사작업 및 기타 표면처리,

15.3 위 약관 15.1과 15.2에 언급된 특정부분의 최초의 기초도장/방청도장 등은 피보험위험으로부터 손상된 선저외판과 관련된 합리적의 수리비의 일부로 인정한다.

16. 급여 및 유지비

선장, 고급선원, 보통선원 또는 기타 해원의 급료의 유지비는 어떠한 경우에도 공동해손 이외에는 인정되지 아니한다. 다만, 선박을 보험자가 보상하는 손상수리를 위하여 어떤 항구에서 다른 항구로 이동하는 것이 필요하여 오직 이를 위하여 또는 그러한 수리 후의 시운전만을 위하여 선박이 그 항해 중에 지급한 급료와 유지비는 인정한다.

17. 대리점 수수료

이 보험에서는 어떠한 경우에도 피보험자가 정보 또는 서류를 입수하여 제공하는 데 기울인 시간과 노력에 대한 대가는 보상하지 아니하며 그러한 업무를 수행하기 위하여 피보험자가 지정하였거나 피보험자를 대신하는 관리인, 대리인, 관리회사, 대리점 또는 유사한 회사 등의 수수료 또는 비용에 관해서도 일체 보상하지 아니한다.

18. 미수리 손상

18.1 미수리 손상에 대한 보상청구와 관련된 보상액의 산정은 그러한 미수리 손상으로 인하여 이 보험이 종료하는 시점에서 선박시장가액의 합리적인 감가액으로 하되, 합리적인 수리비를 초과할 수 없다.

18.2 이 보험의 담보기간 중에 또는 담보연장기간 중에 전손된 경우에는(이 보험에서 담보되든 안 되든)미수리 손상에 대해서 어떠한 경우에도 책임을 지지 아니한다.

18.3 보험자는 미수리 손상에 대하여 이 보험이 종료하는 시점에서의 보험가액 이상을 책임지지 아니한다.

time this insurance terminates.

19. CONSTRUCTIVE TOTAL LOSS

19.1 In ascertaining whether the Vessel is a constructive total loss, the insured value shall be taken as the repaired value and nothing in respect of the damaged or break-up value of the Vessel or wreck shall be taken into account.

19.2 No claim for constructive total loss based upon the cost of recovery and/or repair of the Vessel shall be recoverable hereunder unless such cost would exceed the insured value. In marking this determination, only the cost relating to a single accident or sequence of damages arising from the same accident shall be taken into account.

20. FREIGHT WAIVER

In the event of total or constructive total loss no claim to be made by the Underwriters for freight whether notice of abandonment has been given or not.

21. ASSIGNMENT

No assignment of or interest in this insurance or in any moneys which may be or become payable thereunder is to be binding on or recognised by the Underwriters unless a dated notice of such assignment or interest signed by the Assured, and by the assignor in the case of subsequent assignment, is endorsed on the Policy and the Policy with such endorsement is produced before payment of any claim or return of premium thereunder.

22. DISBURSEMENTS WARRANTY

22.1 Additional insurances as follows are permitted :

22.1.1 Disbursements, Managers' commissions, Profits or Excess or Increased Value of Hull and Machinery. A sum not exceeding 25% of the value stated herein.

22.1.2 Freight, Chartered Freight, or Anticipated Freight insured for time. A sum not exceeding 25% of the value as stated herein less any sum insured, however described, under 22.1.1.

22.1.3 Freight or Hire, under contracts for voyage. A sum not exceeding the gross freight or hire for the current cargo passage and next succeeding cargo passage (such insurance to include, if required, a preliminary and an intermediate ballast passage) plus the charges of insurance. In the case of a voyage charter where payment is made on a time basis, the sum permitted for insurance shall be calculated on the estimated duration of the voyage, subject to the limitation of two cargo passages as laid down herein. Any sum insured under 22.1.2 to be taken into account and only the excess thereof may be insured, which excess shall be reduced as the freight or hire is advanced or earned by the gross amount so advanced or earned.

22.1.4 Anticipated Freight if the Vessel sails in ballast and not under Charter. A sum not exceeding the anticipated gross freight on next cargo passage, such sum to be reasonably estimated on the basis of the current rate of

19. 추정전손

19.1 선박이 추정전손인가 아닌가의 여부를 판단함에 있어서는, 보험가액을 수리완료 후의 가액으로 간주하고, 선박 또는 난파선의 손상가액 또는 해체가액은 이를 고려하지 아니한다.

19.2 선박의 회복 및 수리비용을 기초로 한 추정전손의 청구는 그 비용이 보험금액을 초과하지 않으면 보상되지 아니한다. 추정전손의 결정에 있어서는 1회의 사고 또는 동일사고로 인한 연속된 손상에 관련된 비용만을 고려한다.

20. 운임포기

전손 또는 추정전손의 경우에는 위부 통지여부를 불문하고 보험자는 운임을 청구하지 아니한다.

21. 양도

이 보험의 양도 또는 이 보험의 권리취득이나 이 보험에 의하여 지급될 수 있는 또는 지급될 모든 금전에 관한 권리취득은 보험자를 구속하는 것도 아니며, 보험자가 이를 승인하는 것도 아니다. 다만 양도의 경우에는 피보험자가, 재양도의 경우에는 양도인이 서명한 위의 양도나 권리취득일자가 표시된 통보가 이 보험증권에 배서되고, 또한 그 배서가 있는 보험증권이 해당 보험 증권에 의한 보험금 또는 환급보험료의 지급 전에 제출된 경우에는 그러하지 아니하다.

22. 선비담보

22.1 다음 추가보험을 인정한다.

22.1.1 선비, 관리자의 수수료, 이윤 또는 선체 및 기관의 초과액 혹은 증가액: 그 보험금액은 이 보험증권에 기재된 가액의 25%를 초과할 수 없다.

22.1.2 기간보험으로 부보된 운임, 용선료 혹은 희망운임: 그 보험금액은 이 보험증권에 기재된 가액의 25%에서 명칭의 여하를 불문하고 약관 21.1.1에 의하여 부보된 일체의 금액을 공제한 액수를 초과할 수 없다.

22.1.3 항해운송계약에 의한 운임 혹은 용선료: 그 보험금액은 화물을 적재한 당해 구간항해 및 이어서 계속되는 다음의 화물을 적재한 구간항해(이러한 보험에는 필요시에 준비를 위한 중간의 공선의 구간항해를 포함)에 대한 총운임 혹은 총 용선료에 보험의 비용을 가산한 액수를 초과할 수 없다. 기간을 기준으로 용선료가 지급되는 항해용선의 경우 부보금액으로서 인정되는 금액은 위에서 규제한 화물을 적재한 2개의 구간항해의 제한에 따라 항해의 견적기간에 기초를 두고 산출해야 한다. 약관 21.1.2에 의하여 부보된 금액이 있을 경우에는 이를 고려하여 그 초과액만을 부보할 수 있다. 이 초과액은 운임 혹은 용선료가 선급되거나 또는 취득됨에 따라 선급 또는 취득된 총액만큼 감액된다.

22.1.4 선박이 공선으로 또한 용선되지 않고 출항하는 경우의 희망운임: 그 보험금액은 화물을 적재한 다

freight at time of insurance plus the charges of insurance. Any sum insured under 22.1.2 to be taken into account and only the excess thereof may be insured.

22.1.5 Time Charter Hire or Charter Hire for Series of Voyage. A sum not exceeding 50% of the gross hire which is to be earned under the charter in a period not exceeding 18 months. Any sum insured under 22.1.2 to be taken into account and only the excess thereof may be insured, which excess shall be reduced as the hire is advanced or earned under the charter by 50% of the gross amount so advanced or earned but the sum insured need not be reduced while the total of the sums insured under 22.1.2 and 22.1.5 does not exceed 50% of the gross hire still to be earned under this charter. An insurance under this Section may begin on the signing of the charter.

22.1.6 Premiums. A sum not exceeding the actual premiums of all interests insured for a period not exceeding 12 months (excluding premiums insured under the foregoing sections but including, if required, the premium or estimated calls on any Club or War etc. Risk insurance) reducing pro rata monthly.

22.1.7 Returns of Premium. A sum not exceeding the actual returns which are allowable under any insurance but which would not be recoverable thereunder in the event of a total loss of the Vessel whether by insured perils or otherwise.

22.1.8 Insurance irrespective of amount against : Any risks excluded by Clause 24, 25, 26 and 27 below.

22.2 Warranted that no insurance on any interests enumerated in the foregoing 22.1.1 to 22.1.7 in excess of the amounts permitted therein and no other insurance which includes total loss of the Vessel P.P.I., F.I.A., or subject to any other like term, is or shall be effected to operate during the currency of this insurance by or for account of the Assured, Owners, Managers or Mortgagees.

Provided always that a breach of this warranty shall not afford the Underwriters any defence to a claim by a Mortgagee who has accepted this insurance without knowledge of such breach.

23. RETURN FOR LAY-UP AND CANCELLATION

23.1 To return as follows :

23.1.1 pro rata monthly net for each uncommenced month if this insurance be cancelled by agreement.

23.1.2 for each period of 30 consecutive days the Vessel may be laid up in a port or in a lay-up area provided such port or lay-up area is approved by the Underwriters (with special liberties as hereinafter allowed)

(a)　... per cent net not under repair

(b)　... per cent net under repair

23.1.3 The Vessel shall not be considered to be under repair when work is undertaken in respect of ordinary wear and tear of the Vessel and/or following recommendations in the Vessel's Classification Society survey, bet any

음의 구간항해에 있어서의 희망운임 총액을 초과할 수 없다. 이 보험금액은 보험계약을 체결할 때의 운임시가를 기초로 하여 합리적으로 추정된 금액에 보험비용을 가산한 것으로 한다. 이 약관 21.1.2에 의하여 부보된 금액이 있을 경우에는 이를 고려하여 그 초과액만을 부보할 수 있다.

22.1.5 기간용선료 혹은 연속 수개 항해에 대한 용선료: 그 보험금액은 18개월을 초과하지 않은 기간내의 용선계약상 취득할 예정의 용선료 총액의 50%를 초과할 수 없다. 이 약관 21.1.2에 의하여 부보된 금액이 있을 경우에는 이를 고려하여 그 초과액만을 부보할 수 있다. 그 초과액은 용선료가 용선계약상 선급되거나 또는 취득되는지에 따라 선급 또는 취득된 총액의 50%만큼 감액되어 가지만, 그 보험금액은 약관 21.1.2 및 21.1.5에 의하여 부보된 금액의 합계액이 용선계약상 추후 취득될 용선료 총액의 50%를 초과하지 않는 동안은 감액할 필요가 없다. 이 호에 의한 보험은 용선계약에 서명한 때부터 개시할 수 있다.

22.1.6 보험료: 그 보험금액은 12개월을 초과하지 않은 기간에 대하여 부보된 모든 이익의 실제 보험료를 초과하지 않아야 한다(위의 각 호에 의하여 부보된 보험료는 공제하나 필요시에는 선주상호보험조합의 보험 혹은 전쟁 등의 위험보험의 보험료 혹은 추정보험료를 포함한다). 이 보험금액은 월할(月割)로 감액되는 것으로 한다.

22.1.7 환급보험료: 그 보험금액은 모든 보험에서 환급이 인정될 수 있으나 선박이 피보험 위험 또는 기타 위험으로 전손이 발생될 경우에는 회수할 수 없게 될 실질적인 환급보험료를 초과할 수 없다.

22.1.8 보험금액의 제한이 없는 보험: 아래의 약관 23, 24, 25 및 26에서 면책된 위험

22.2 위의 약관 21.1.1 내지 21.1.7에서 열거한 모든 이익의 보험으로서 위의 각 호에서 인정된 금액을 초과하는 보험과 '선박의 전손'에 포함한 "보험증권 자체가 피보험이익의 존재를 증명함" "모든 피보험 이익을 승인함" 또는 이와 같은 종류의 문언 조건으로 부보하는 기타의 보험이 피보험자, 소유자, 관리자 또는 저당권자에 의하여 혹은 이들을 위하여 이 보험의 보험기간 중에 효력이 있게끔 부보되어 있지 않을 것과 장래에도 부보되지 않을 것을 담보한다. 다만 이 담보의 위반을 그 위반 사실을 알지 못하고 이 보험을 수취한 저당권자에 의한 보험금 청구에 대하여 보험자에게 항변권을 부여하는 것은 아니다.

23. 회항 및 해약환급

23.1 아래와 같이 보험료를 환급한다.

23.1.1 합의에 의하여 이 보험을 해지하는 경우에는 각 미경과월에 대한 월할(月割) 순보험료

23.1.2 선박이 (다음에 인정하는 특별자유 재량권의 행사를 조건부로) 보험자가 승인하는 항구 또는 휴항구역에서 휴항하는 경우에는 30일 연속의 매기간에 대해서

　　(a) 수리중이 아닌 경우 순(純.) ....%

　　(b) 수리중인 경우 순(純)..... %

만약 보험료의 환급청구를 할 수 있는 기간의 일부만이 수리중이라면 환급보험료는 위의(a) 및 (b)에 각기 해당하는 일수의 비율에 따라 산출된다.

repairs following loss of or damage to the Vessel or involving structural alterations, whether covered by this insurance or otherwise shall be considered as under repair.

23.1.4 If the Vessel is under repair during part only of a period for which a return is claimable, the return shall be calculated pro rata to the number of days under 23.1.2 (a) and (b) respectively.

23.2 PROVIDED ALWAYS THAT

23.2.1 a total loss of the Vessel, whether by insured perils or otherwise, has not occurred during the period covered by this insurance or any extension thereof.

23.2.2 in no case shall a return be allowed when the Vessel is lying in exposed or unprotected waters, or in a port or lay-up area not approved by the Underwriters.

23.2.3 loading or discharging operations or the presence of cargo on board shall not debar returns shall be allowed for any period during which the Vessel is being used for the storage of cargo or for lightering purposes

23.2.4 in the event of any amendment of the annual rate, the above rates of return shall be adjusted accordingly

23.2.5 in the event of any return recoverable under this Clause 23 being based on 30 consecutive days which fall on successive insurance effected for the same Assured, this insurance shall only be liable for an amount calculated at pro rate of the period rates 23.1.2 (a) and/or (b) above for the number of days which come within the period of this insurance and to which a return if actually applicable. Such overlapping period shall run, at the option of the Assured, either from the first day on which the Vessel is laid up or the first day of a period of 30 consecutive days as provided under 23.1.2 (a) or (b) above.

24. WAR EXCLUSION

In no case shall this insurance cover loss damage liability or expense caused by

24.1 war civil war revolution rebellion insurrection, or civil strife arising therefrom, or any hostile act or against a belligerent power

24.2 capture seizure arrest restraint or detainment (barratry and piracy excepted), and the consequences thereof or any attempt thereat

24.3 derelict mines torpedoes bombs or other derelict weapons of war.

25. STRIKES EXCLUSION

In no case shall this insurance cover loss damage liability or expense caused by

25.1 strikers, locked-out workmen, or persons taking part in labour disturbances, riots or civil commotions

25.2 any terrorist or any person acting from a political motive.

23.1.3 이 선박은 통상의 자연마모 또는 선박의 선급검사에 따른 권고사항을 이행하기 위하여 수리를 행한 경우 수리중인 경우로 간주하지 않는다. 그러나 이 보험에서 담보되건 안되건 간에 선박의 멸실 또는 손상 또는 선박의 구조변경을 수반하는 여하한 수리는 수리중인 경우로 간주한다.

23.1.4 만약 보험료의 환급청구를 할 수 있는 기간의 일부만이 수리중이라면 환급보험료는 위의 (a) 및 (b)에 각기 해당하는 일수의 비율에 따라 산출된다.

23.2 다만, 아래의 조항을 조건으로 한다.

23.2.1 담보위험 또는 기타위험에 의하여 이 보험의 보험기간 또는 그 연장된 기간 중에 선박이 전손되지 않아야 한다.

23.2.2 어떠한 경우에도 선박이 풍랑에 노정되어 있거나, 방파설비가 없는 해역 또는 보험자가 승인하지 않은 휴항구역에 정박 했을 경우는 보험료의 환급은 인정되지 아니한다.

23.2.3 적재 또는 양하작업 또는 선내의 화물의 존재는 보험료의 환급을 방해하는 것은 아니다. 그러나 선박이 화물의 보관에 사용되거나 해상하역작업목적에 사용되는 기간에 대해서는 보험료의 환급은 인정된다.

23.2.4 연간보험요율에 변경이 있을 경우 위의 환급보험요율은 그에 따라 조정된다.

23.2.5 약관 23에 의한 보험료의 환급이 동일 피보험자를 위하여 체결되고 연속된 보험계약에 걸쳐진 30일 연속일수에 해당하는 경우에는 이 보험계약에서 담보되는 기간으로서 환급이 실제 적용되는 기간에 대한 위의 23.1.2(a) 및/또는 (b)의 해당일자 비율에 따라 산출되는 금액에 한하여 이 보험계약에서 부담한다. 연속된 위의 보험계약의 기간은 피보험자의 재량에 따라 선박이 휴항한 최초의 일자부터 기산하거나, 또는 약관 23.1.2(a),(b) 또는 23.2.2에서 규제한 바에 따라 30일 연속기간의 최초의 일자부터 기산한다.

24. 전쟁위험면책

이 보험은 다음에 기인한 멸실, 손상, 배상책임 또는 비용은 어떠한 경우에도 담보하지 아니한다.

24.1 전쟁, 내란, 혁명, 모반, 반란 또는 이로 인하여 발생하는 국내투쟁 또는 교전국에 의하거나 교전국에 대한 적대행위.

24.2 포획, 나포, 강류, 억지 또는 억류(악행 및 해적행위 제외) 및 이러한 행위의 결과 또는 이러한 행위를 하려고 기도한 결과.

24.3 유기된 기뢰, 어뢰, 폭탄 또는 기타의 유기된 전쟁무기.

25. 동맹파업위험면책

이 보험은 다음에 기인한 멸실, 손상, 배상책임 또는 비용은 어떠한 경우에도 담보하지 아니한다.

25.1 동맹 파업자, 직장폐쇄노동자, 또는 노동쟁의 폭동소요에 가담한 자.

25.2 정치적, 사상적 또는 종교적 동기에 의하여 행동하는 모든 폭력주의자.

26. MALICIOUS ACTS EXCLUSION

In no case shall this insurance cover loss damage liability or expense arising from

26.1 the detonation of an explosive

26.2 any weapon of war

and caused by any person acting maliciously or from a political motive.

27. RADIOACTIVE CONTAMINATION EXCLUSION

In no case shall this insurance cover loss damage liability or expense directly or indirectly caused by or contributed to by or arising from

27.1 ionizing radiations from or contamination by radioactivity from any nuclear fuel or from any nuclear waste or from the combustion of nuclear fuel

27.2 the radioactive, toxic, explosive or other hazardous or contaminating properties of any nuclear installation, reactor or other nuclear assembly or nuclear component thereof

27.3 any weapon of war employing atomic or nuclear fission and/or fusion or other like reaction or radioactive force or matter.

26. 악의행위면책

이 보험은 다음에 의한 멸실, 손상, 배상책임, 또는 비용은 어떠한 경우에도 담보하지 아니한다.

26.1 폭발물의 폭발.

26.2 여하한 전쟁무기 그리고 악의적으로 행동하는 자에 의하거나, 혹은 정치적·사상적 또는 종교적 동기로부터 발생된 것.

27. 방사능오염면책

원자 또는 핵의 분열과 결합, 혹은 이와 유사한 반응 또는 방사성의 힘, 또는 물질을 사용하는 어떠한 전쟁무기로 인하여 발생되는 멸실, 손상, 배상책임 및 비용은 어떠한 경우에도 담보하지 아니한다.

27.1 어떠한 핵연료 및 핵 폐기물 또는 핵연료의 연소로부터 결과되어 방사능에 의한 오염 또는 그 결과로 이온화하는 방사물건.

27.2 방사능, 독물, 폭발물 또는 여하한 핵설치물, 반응기 또는 핵 폭발물의 조립 또는 핵성분의 기타위험 또는 오염된 물질.

27.3 원자 및 핵분열과 결합 또는 이와 유사한 반응 및 방사능의 힘 또는 물질을 사용하는 여하한 병기.

유의사항-피보험자가 이 보험에 따라 "계속 담보를 받는" 사유의 발생을 알았을 때에는 그 취지를 지체없이 보험자에게 통고해야 하며, 또 계속 담보를 받을 권리는 이러한 의무를 이행하였을 경우에 한한다.

3-4 | The York – Antwerp Rules, 2016

Rule of Interpretation

In the adjustment of general average the following Rules shall apply to the exclusion of any law and practice inconsistent therewith.

Except as provided by the Rule Paramount and the numbered Rules, general average shall be adjusted according to the lettered Rules.

Rule Paramount

In no case shall there be any allowance for sacrifice or expenditure unless reasonably made or incurred.

Rule A

1. There is a general average act when, and only when, any extraordinary sacrifice or expenditure is intentionally and reasonably made or incurred for the common safety for the purpose of preserving from peril the property involved in a common maritime adventure.

2. General average sacrifices and expenditures shall be borne by the different contributing interests on the basis hereinafter provided.

Rule B

1. There is a common maritime adventure when one or more vessels are towing or pushing another vessel or vessels, provided that they are all involved in commercial activities and not in a salvage operation.

   When measures are taken to preserve the vessels and their cargoes, if any, from a common peril, these Rules shall apply.

2. If the vessels are in common peril and one is disconnected either to increase the disconnecting vessel's safety alone, or the safety of all vessels in the common maritime adventure, the disconnection will be a general average act.

3. Where vessels involved in a common maritime adventure resort to a port or place of refuge, allowances under these Rules may be made in relation to each of the vessels. Subject to the provisions of paragraphs 3 and 4 of Rule G, allowances in general average shall cease at the time that the common maritime adventure comes to an end.

Rule C

1. Only such losses, damages or expenses which are the direct consequence of the general average act shall be allowed as general average.

2. In no case shall there be any allowance in general average for losses, damages or expenses incurred in respect of damage to the environment or in consequence of the escape or release of pollutant substances from the property involved in the common maritime adventure.

3-4 요오크-앤트워프 규칙, 2016

공동해손에 관한 요크-앤트워프 규칙(2016)

1. 해석의 규칙.

   공동해손을 精算함에 있어서 다음의 규칙들은 이와 상반되는 일체의 법률과 관습을 배제하고 적용하기로 한다. 최우선규칙과 숫자규칙에 의하여 규정된 경우를 제외하고, 공동해손은 문자규칙에 따라 정산하기로 한다.

2. 최우선규칙

   합리적으로 만들어진 또는 발생된 경우를 제외하고 희생 또는 비용은 어떠한 경우라도 인정되지 아니한다.

제A조

1. 공동해손해행위는 공동항해사업에 관련된 재산을 위험으로부터 보존할 목적으로 공동의 안전을 위하여 고의적이고 합리적으로 이례적인 희생 또는 비용을 일으키거나 지출한 경우에 한하여 성립된다.

2. 공동해손희생과 공동해손비용은 다음에 규정된 기준에 따라 각종의 분담되는 이해관계자에 의하여 부담하기로 한다.

제B조

1. 공동해상사업은 1척 이상의 선박이 다른 선박을 예인하거나 추진할 때에 이들 선박이 모두 구조작업이 아닌 상행위에 종사하고 있는 경우에 한하여 성립된다.

   공동의 위험으로부터 선박과 적하를 보존하기 위하여 조치를 취한 경우에는 이 규칙을 적용한다.

2. 선박은 다른 선박과 단순히 분리함으로써 안전하게 되는 경우에는, 그 다른 선박과 함께 공동의 위험에 있지 아니한다. 다만 분리 그 자체가 공동해손행위인 경우에는 공동 항해 사업이 계속된다.

3. 공동해상사업에 관련된 선박들이 피난항 또는 피난지에 의지하는 경우, 이 규칙에서의 인정은 각 선박의 관계에 대해서 이루어질 수 있다. 제G조 3항과 4항의 규칙에 따라, 공동해손의 인정은 공동해손사업이 끝난 시점에서 중지되어야 한다.

제C조

1. 공동해손행위의 직접적인 과실로 발생한 멸실, 손상 또는 비용만을 공동해손으로서 인정한다.

2. 어떠한 경우에도 환경손해와 관련하여 또는 공동 항해 사업에 관련된 재산으로부터 오염물질의 유출 또는 배출의 결과로 인하여 발생한 멸실, 손상 또는 비용은 공동해손으로 인정하지 아니한다.

3. Demurrage, loss of market, and any loss or damage sustained or expense incurred by reason of delay, whether on the voyage or subsequently, and any indirect loss whatsoever, shall not be allowed as general average.

Rule D

Rights to contribution in general average shall not be affected, though the event which gave rise to the sacrifice or expenditure may have been due to the fault of one of the parties to the common maritime adventure, but this shall not prejudice any remedies or defences which may be open against or to that party in respect of such fault.

Rule E

1. The onus of proof is upon the party claiming in general average to show that the loss or expense claimed is properly allowable as general average.

2. All parties to the common maritime adventure shall, as soon as possible, supply particulars of value in respect of their contributory interest and, if claiming in general average, shall give notice in writing to the average adjuster of the loss or expense in respect of which they claim contribution, and supply evidence in support thereof.

3. Failing notification, or if any party does not supply particulars in support of a notified claim, within 12 months of the termination of the common maritime adventure or payment of the expense, the average adjuster shall be at liberty to estimate the extent of the allowance on the basis of the information available to the adjuster. Particulars of value shall be provided within 12 months of the termination of the common maritime adventure, failing which the average adjuster shall be at liberty to estimate the contributory value on the same basis. Such estimates shall be communicated to the party in question in writing. Estimates may only be challenged within two months of receipt of the communication and only on the grounds that they are manifestly incorrect.

4. Any party to the common maritime adventure pursuing a recovery from a third party in respect of sacrifice or expenditure claimed in general average, shall so advise the average adjuster and, in the event that a recovery is achieved, shall supply to the average adjuster full particulars of the recovery within two months of receipt of the recovery.

Rule F

Any additional expense incurred in place of another expense which would have been allowable as general average shall be deemed to be general average and so allowed without regard to the saving, if any, to other interests, but only up to the amount of the general average expense avoided.

Rule G

1. General average shall be adjusted as regards both loss and contribution upon the basis of values at the time and place when and where the common maritime adventure ends.

2. This rule shall not affect the determination of the place at which the average adjustment is to be prepared.

3. When a ship is at any port or place in circumstances which would give rise to an allowance in general average under the provisions of Rules X and XI, and the cargo or part thereof is forwarded to destination by other means, rights

3. 항해 중이든 항해 후이든 불문하고, 체선료와 시장의 상실 및 지연으로 인하여 발생한 일체의 비용이나 입은 멸실 또는 손상 및 일체의 간접손해는 공동해손으로서 인정하지 아니한다.

제D조

희생 또는 비용을 발생시킨 사건이 항해 사업에 속하는 당사자일방의 과실에 기인한 경우라 하더라도 공동해손으로의 분담청구권은 아무런 영향을 받지 아니한다. 그러나 이러한 경우 그러한 과실에 관하여 과실 있는 당사자에 대하여 또는 당사자에게 행사할 수 있는 일체의 구제 또는 항변을 침해하는 것은 아니다.

제E조

1. 청구된 손해 또는 비용이 공동해손으로서 정당하게 인정될 수 있음을 입증하여야 할 책임은 공동해손에서 청구하는 당사자에게 있다.

2. 가능한 빨리, 공동해상사업의 모든 당사자들은 그들의 분담금 대한 세부사항들을 제공해야하며, 만약 공동해손에 대한 청구가 있으면, 서면으로 해손정산인에게 손해나 비용을 서면으로 통지해야 하며 관련 증거를 제출해야 한다.

3. 통지를 못하였거나, 일방당사자가 비용의 지불이나 공동해상사업의 종료 12개월 안에 통지된 청구를 뒷받침하는 세부사항들을 제공하지 못한 경우, 해손정산인는 자신에게 제공된 정보를 기초로하여 손해의 정도를 추산할 수 있다. 가치의 세부사항들은 공동해상사업 종료 12개월 안에 제공되어야 하며 제공되지 못한 경우, 해손정산인은 같은 기초로 기여가치를 추산할 수 있다. 이러한 추산들은 서면으로 당사자에게 통지되어야 한다. 추산치들은 통지를 받은 2주안에 제기가 되어야 하며 다만 예정이 부정확하다는 것이 분명한 근거에 의하는 경우에 한하여 이의를 제기할 수 있다.

4. 공동해손에서 청구된 희생 또는 비용에 관련된 제3자로부터 회복을 요구하는 공동해손사업의 일방당사자는 그렇게 해손정산인에게 통지할 수 있으며 회복이 이루어진 경우, 그러한 회복을 받은 2개월 안에 회복에 대한 모든 세부사항들을 해손정산인에게 제공해야 한다.

제F조

공동해손으로서 인정될 수 있었던 다른 비용을 대신하여 지출된 일체의 추가비용은 공동해손으로 보며, 또 공동해손 이외의 이익에 대한 어떠한 절약이 생긴 경우에도 그러한 절약에 관계없이 지출을 면제받은 공동해손비용의 금액에 한하여 공동해손에서 인정한다.

제G조

1. 공동해손은 그 손해 및 분담액의 양자에 관하여 그 항해사업이 종료되는 시기와 장소에서의 가액을 기준으로 하여 이를 정산한다.

2. 본조는 공동해손정산서를 작성할 장소를 결정하는데 영향을 미치지 아니한다.

3. 선박이 제X조와 제XI조의 규정에 따라 공동해손에서 인정할 수 있는 사정에서 어떠한 항구 또는 장소에 정박하고 있으며, 적하 또는 그 일부가 다른 운송수단에 의하여 목적지로 계속 운송되어진 경우에

and liabilities in general average shall, subject to cargo interests being notified if practicable, remain as nearly as possible the same as they would have been in the absence of such forwarding, as if the common maritime adventure had continued in the original ship for so long as justifiable under the contract of carriage and the applicable law.

4. The proportion attaching to cargo of the allowances made in general average by reason of applying the third paragraph of this Rule shall be limited to the cost which would have been borne by the owners of cargo if the cargo had been forwarded at their expense. This limit shall not apply to any allowances made under Rule F.

Rule I - Jettison of Cargo

No jettison of cargo shall be allowed as general average, unless such cargo is carried in accordance with the recognised custom of the trade.

Rule II - Loss or Damage by Sacrifices for the Common Safety

Loss of or damage to the property involved in the common maritime adventure by or in consequence of a sacrifice made for the common safety, and by water which goes down a ship's hatches opened or other opening made for the purpose of making a jettison for the common safety, shall be allowed as general average.

Rule III - Extinguishing Fire on Shipboard

Damage done to a ship and cargo, or either of them, by water or otherwise, including damage by beaching or scuttling a burning ship, in extinguishing a fire on board the ship, shall be allowed as general average; except that no allowance shall be made for damage by smoke however caused or by heat of the fire.

Rule IV - Cutting Away Wreck

Loss or damage sustained by cutting away wreck or parts of the ship which have been previously carried away or are effectively lost by accident shall not be allowed as general average.

Rule V - Voluntary Stranding

When a ship is intentionally run on shore for the common safety, whether or not she might have been driven on shore, the consequent loss or damage to the property involved in the common maritime adventure shall be allowed in general average.

Rule VI - Salvage Remuneration

(a) Expenditure incurred by the parties to the common maritime adventure in the nature of salvage, whether under contract or otherwise, shall be allowed in general average provided that the salvage operations were carried out for the purpose of preserving from peril the property involved in the common maritime adventure and subject to the provisions of paragraphs (b), (c) and (d)

는, 공동해손의 권리와 책임은 실행가능하다면 적하의 이해관계자에게 통지할 것을 조건으로 하여, 그 러한 운송이 없었던 것과 똑같이, 마치 항해사업이 운송계약과 적용 법률에 따라 정당화될 수 있는 한 본래의 선박으로 계속하였던 것처럼 가능한 한 가까이 존속한다.

4. 본조의 제3항을 적용하는 것을 이유로 하여 공동해손에서 인정된 적하의 분담 비율은 적하가 화주의 비용부담으로 계속 운송되었다면 화주가 부담하였을 비용을 초과하지 아니한다. 이 한도는 제F조에 따라 이루어진 어떠한 인정에 적용되지 아니 한다.

제 I 조 투하
적하의 투하는 그 적하가 인정된 상관습에 따라 운송되지 아니하는 한, 공동해손으로서 배상하지 아니 한다.

제 II 조 공동의 안전을 위한 희생으로 인한 손해.
공동의 안전을 위하여 행한 희생으로 인하거나 또는 그 희생의 결과로, 그리고 공동의 안전을 위하여 투하 할 목적으로 개방한 선박의 船口 또는 기타의 차구를 통하여 침입한 물로 인한 공동항해사업에 관련된 재 산의 멸실 또는 손상은 공동해손으로서 배상한다.

제 III 조 선박화재의 소화.
선박내의 화재를 소화함에 있어서 물이나 기타의 방법으로 인하여 선박과 적하의 쌍방 또는 그 일방이 입 은 손해는 불타고 있는 선박을 행안에 끌어올리거나 또는 선저에 구멍을 뚫음으로써 입게 되는 손해와 함 께 공동해손으로 배상한다. 다만 원인 여하를 불문하고 추기로 인하거나 또는 화재의 열로 인하여 발생한 손해는 공동해손으로서 배상하지 아니한다.

제 IV 조 난파물의 절단.
우발적인 사고로 인하여 이미 유실되어 버렸거나 또는 실질적으로 멸실된 난파물 또는 선박의 일부를 절단 함으로써 입은 멸실 또는 손상은 공동해손으로서 배상하지 아니한다.

제V조 임의적 좌초.
선박이 공동의 안전을 위하여 고의적으로 해안에 끌어올려졌을 경우에는, 선박을 그대로 두었다면 이 선박 이 해안에 얹히게 되었을 것이라는 사정에 관계없이 그 결과로 공동항해사업에 관련된 재산에 발생한 멸실 또는 손상은 공동해손에 인정한다.

제VI조 구조료의 보상.
(a) 항해사업의 당사자가 구조료의 성질로 지출한 비용은 계약에 의한 것인지의 여부와 관계없이 그 구조 작업이 공동항해사업에 관련된 재산을 위험으로부터 보존할 목적으로 수행되어진 경우에는, (b),(c),(d) 항에 따라 이를 공동해손에서 인정한다.

(b) Notwithstanding (a) above, where the parties to the common maritime adventure have separate contractual or legal liability to salvors, salvage shall only be allowed should any of the following arise:

(i) there is a subsequent accident or other circumstances resulting in loss or damage to property during the voyage that results in significant differences between salved and contributory values,

(ii) there are significant general average sacrifices,

(iii) salved values are manifestly incorrect and there is a significantly incorrect apportionment of salvage expenses,

(iv) any of the parties to the salvage has paid a significant proportion of salvage due from another party,

(v) a significant proportion of the parties have satisfied the salvage claim on substantially different terms, no regard being had to interest, currency correction or legal costs of either the salvor or the contributing interest.

(c) Salvage expenditures referred to in paragraph (a) above shall include any salvage remuneration in which the skill and efforts of the salvors in preventing or minimising damage to the environment such as is referred to in Article 13 paragraph 1(b) of the International Convention on Salvage, 1989 have been taken into account.

(d) Special compensation payable to a salvor by the shipowner under Article 14 of the International Convention on Salvage, 1989 to the extent specified in paragraph 4 of that Article or under any other provision similar in substance (such as SCOPIC) shall not be allowed in general average and shall not be considered a salvage expenditure as referred to in paragraph (a) of this Rule.

Rule VII - Damage to Machinery and Boilers

Damage caused to any machinery and boilers of a ship which is ashore and in a position of peril, in endeavouring to refloat, shall be allowed in general average when shown to have arisen from an actual intention to float the ship for the common safety at the risk of such damage; but where a ship is afloat no loss or damage caused by working the propelling machinery and boilers shall in any circumstances be allowed as general average.

Rule VIII - Expenses Lightening a Ship when Ashore, and Consequent Damage

When a ship is ashore and cargo and ship's fuel and stores or any of them are discharged as a general average act, the extra cost of lightening, lighter hire and reshipping (if incurred), and any loss or damage to the property involved in the common maritime adventure in consequence thereof, shall be allowed as general average.

Rule IX - Cargo, Ship's Materials and Stores Used for Fuel

Cargo, ship's materials and stores, or any of them, necessarily used for fuel for the common safety at a time of peril shall be allowed as general average, but when such an allowance is made for the cost of ship's materials and stores the general average shall be credited with the estimated cost of the fuel which would otherwise have been consumed in prosecuting the intended voyage.

Rule X - Expenses at Port of Refuge, etc.

(a) (i) When a ship shall have entered a port or place of refuge or shall have returned to her port or place of

(b) 상기 (a)항에도 불구하고, 공동 해상 사업의 당사자가 별도의 계약 또는 법적 책임에 대한 보상을 하는 경우, 다음 중 하나에 해당하는 경우에만 인양이 허용된다.

(i) 항해 중 재산 손실 또는 손실로 이어지는 사고 또는 기타 상황이 발생되어 발생된 비용과 기여한 가치에 상당한 차이가 발생하는 경우,

(ii) 상당한 공동해손희생이 있는 경우,

(iii) 구조의 가치가 명백히 부정확하고 인건비가 크게 잘못 배분된 경우,

(iv) 인양 당사자가 다른 당사자로부터 상당한 부분의 인양비를 지불한 경우,

(v) 이자, 통화 수정 또는 이자 또는 기여이자에 대한 법적 비용에 관계없이, 많은 당사자들이 다른 방법으로 구제청구를 만족시킨 경우

(c) 공동해손에서 인정하는 비용에는 1989년 국제해난구조협약 제13조 1항 b호에 규정한 바에 따라 환경손해를 방지하거나 경감하기 위하여 구조자가 기울인 기술과 노력을 고려하여 모든 구조료의 보상금을 포함한다.

(d) 상기의 협약 제14조 4항에 명시된 범위내에서 또는 실질적으로 이와 유사한 기타의 모든 규정에 따라 선주가 구조자에게 지급하는 특별배상금은 공동해손에서 인정하지 아니한다.

제VII조 기계와 기관의 손상.

해안에 얹혀 위험한 상태에 있는 선박을 부양시키려고 노력할 때 이로 인하여 선박의 기계와 기관에 발생한 손해는 그러한 손해를 감수하고 공동의 안전을 위하여 선박을 부양시키기 위한 실질적인 의도에서 발생한 것임이 입증되는 경우에는 공동해손에서 인정한다. 그러나 선박이 부양된 상태에서 추진기계와 기관을 작동시킴으로써 발생한 멸실 또는 손상은 어떠한 경우에도 공동해손으로서 배상하지 아니한다.

제VIII조 해안에 얹힌 선박의 중량을 경감하는 비용과 그 결과로 발생되는 손해.

선박이 해안에 얹혀 있어 적하, 선박의 연료, 저장품 또는 그 중의 어느 하나를 공동해손행위로서 양하한 경우에는, 선박의 경감, 부선의 임차 및 재선적(손실이 발생한 경우)에 소요된 특별비용과 그 결과로 인하여 공동항해사업에 관련된 재산에 발생한 모든 멸실 또는 손상은 공동해손으로서 인정한다.

제IX조 연료로 사용된 적하, 선박의 용품 및 저장품.

위험에 직면하였을 때에 공동의 안전을 위하여 불가피하게 연료로 사용한 적하, 선박의 용품과 저장품 또는 그 중의 어느 하나는 공동해손으로서 인정한다. 그러나 선박의 용품과 저장품의 비용을 공동해손으로서 인정하는 경우에는, 이를 연료로 사용하지 않았다면 계획된 항해를 실행하는 데 소비되었으리라고는 생각되는 연료의 견적비용은 공제하여야 한다.

제X조 피난항 등에서의 비용.

(a) (i) 선박이 사고, 희생 또는 기타의 이례적인 사정의 결과로 공동의 안전을 위하여 부득이 피난항 또는

loading in consequence of accident, sacrifice or other extraordinary circumstances which render that necessary for the common safety, the expenses of entering such port or place shall be allowed as general average; and when she shall have sailed thence with her original cargo, or a part of it, the corresponding expenses of leaving such port or place consequent upon such entry or return shall likewise be allowed as general average.

(ⅱ) When a ship is at any port or place of refuge and is necessarily removed to another port or place because repairs cannot be carried out in the first port or place, the provisions of this Rule shall be applied to the second port or place as if it were a port or place of refuge and the cost of such removal including temporary repairs and towage shall be allowed as general average. The provisions of Rule XI shall be applied to the prolongation of the voyage occasioned by such removal.

(b) (ⅰ) The cost of handling on board or discharging cargo, fuel or stores, whether   at a port or place of loading, call or refuge, shall be allowed as general average when the handling or discharge was necessary for the common safety or to enable damage to the ship caused by sacrifice or accident to be repaired, if the repairs were necessary for the safe prosecution of the voyage, except in cases where the damage to the ship is discovered at a port or place of loading or call without any accident or other extraordinary circumstances connected with such damage having taken place during the voyage.

(ⅱ) The cost of handling on board or discharging cargo, fuel or stores shall not be allowable as general average when incurred solely for the purpose of restowage due to shifting during the voyage, unless such restowage is necessary for the common safety.

(c) Whenever the cost of handling or discharging cargo, fuel or stores is allowable as general average, the costs of storage, including insurance if reasonably incurred, reloading and stowing of such cargo, fuel or stores shall likewise be allowed as general average. The provisions of Rule XI shall apply to the extra period of detention occasioned by such reloading or restowing.

(d) When the ship is condemned or does not proceed on her original voyage, storage expenses shall be allowed as general average only up to the date of the ship's condemnation or of the abandonment of the voyage or up to the date of completion of discharge of cargo if the condemnation or abandonment takes place before that date.

Rule XI - Wages and Maintenance of Crew and Other Expenses Putting in to and at a Port of Refuge, etc.

(a) Wages and maintenance of master, officers and crew reasonably incurred and fuel and stores consumed during the prolongation of the voyage occasioned by a ship entering a port or place of refuge or returning to her port or place of loading shall be allowed as general average when the expenses of entering such port or place are allowable in general average in accordance with Rule X(a).

(b) (ⅰ) When a ship shall have entered or been detained in any port or place in consequence of accident, sacrifice or other extra-ordinary circumstances which render that entry or detention necessary for the common

피난지에 입항하였거나, 선적항 또는 선적지로 회항하였을 경우에는, 그러한 항구 또는 장소에 입항하는 비용은 공동해손으로서 인정한다. 그리고 그 선박이 원래의 적하 또는 그 일부를 선적하고 다시 그곳을 발항하였을 경우에는, 그러한 입항 또는 회항의 결과로 그 항구 또는 장소를 출항하는 비용도 마찬가지로 공동해손으로서 인정한다.

(ii) 선박이 어떠한 피난항 또는 피난지에 정박하고 있으나 그 첫 번째의 항구 또는 장소에서 수리가 불가능하여 부득이 다른 항구 또는 장소로 이동하여야 할 경우는, 본조의 규정은 그 두 번째의 항구 또는 장소에 있어서도 피난항 또는 피난지의 경우와 마찬가지로 적용하며, 또 가수리비 및 예선료를 포함한 그러한 이동비용도 공동해손으로서 인정한다. 제11조의 규정은 그러한 이동에 의하여 발생한 항해의 연장에도 적용한다.

(b) (i) 선박이 선적항이나 선적지 또는 기항지나 피난지 등 어느 곳에 정박하고 있든 간에 그곳에서 적하, 연료 또는 저장품의 선내작업 또는 양하에 소요되는 비용은 그 선내작업 또는 양하가 공동의 안전을 위하여 필요하였거나 또는 희생이나 사고로 인하여 발생한 선박의 손상을 수리하는 것이 항해의 안전수칙을 위하여 필요하였을 경우에는, 그 선내작업 또는 양하가 그러한 수리를 가능하게 하는데 필요한 작업이었을 때 공동해손으로서 인정한다. 다만 선적항이나 선적지 또는 기항지에서 선박의 손상이 발견되었을 경우, 그러한 손상과 관련된 사고나 기타의 이례적인 사정이 그 항해 중에 발생하지 아니한 때는 그러하지 아니하다.

(ii) 적하, 연료 또는 저장품의 선내작업 또는 양하에 소요되는 비용은 항해 중에 선박의 동요로 인한 적하 등의 이동 때문에 선내에서의 재적부를 하기 위한 목적만으로 지출되었을 경우에는, 이러한 선내에서의 재적부가 공동의 안전을 위하여 필요한 것이 아닌 한, 공동해손으로서 인정하지 아니한다.

(c) 적하, 연료 또는 저장품의 작업비용이나 양하비용이 공동해손으로서 인정될 수 있는 경우에는, 언제든지 합리적으로 지출된 보험료를 포함하여 그러한 적하, 연료 또는 저장품에 대한 보관료, 재선적 및 적부비용도 마찬가지로 공동해손으로서 인정한다. 제11조의 규정은 그러한 재선적 또는 재적부에 의하여 발생한 초과 지연기간에도 적용한다.

(d) 선박이 부적항하다는 선고를 받거나 또는 본래의 항해를 계속하지 아니한 경우에는, 보관료는 선박의 부적항의 선고일이나 항해의 포기일까지만, 또는 적하의 양하일 이전에 부적항의 선고를 받거나 항해를 포기한 경우에는 적하의 양하 완료일까지만을 공동해손으로서 인정한다.

제XI조 피난항 등으로 항해중 및 정박중의 승무원의 급료, 유지비 및 기타의 비용.

(a) 선박이 피난항 또는 피난지로 입항하거나 선적항 또는 선적지로 회항함으로 인하여 항해가 연장되는 동안에 합리적으로 지출된 선장, 고급선원 및 보통선원의 급료와 유지비 및 그동안에 소비된 연료와 저장품은 그러한 항구 또는 장소로의 입항비용이 제10조 a항에 따라 공동해손에서 인정될 수 있을 경우에는 공동해손으로서 인정한다.

(b) (i) 선박이 사고, 희생 또는 기타의 이례적인 사정의 결과로 공동의 안전을 위하여 또는 희생이나 사공에 의하여 발생한 선박의 손상을 수리하는 것이 항해의 안전한 수행이 필요하다면 그러한 수리를

safety, or to enable damage to the ship caused by sacrifice or accident to be repaired, if the repairs were necessary for the safe prosecution of the voyage, the wages and maintenance of the master, officers and crew reasonably incurred during the extra period of detention in such port or place until the ship shall or should have been made ready to proceed upon her voyage, shall be allowed in general average.

(ii) Fuel and stores consumed during the extra period of detention shall be allowed as general average, except such fuel and stores as are consumed in effecting repairs not allowable in general average.

(iii) Port charges incurred during the extra period of detention shall likewise be allowed as general average except such charges as are incurred solely by reason of repairs not allowable in general average.

(iv) Provided that when damage to the ship is discovered at a port or place of loading or call without any accident or other extraordinary circumstance connected with such damage having taken place during the voyage, then the wages and maintenance of master, officers and crew and fuel and stores consumed and port charges incurred during the extra detention for repairs to damages so discovered shall not be allowable as general average, even if the repairs are necessary for the safe prosecution of the voyage.

(v) When the ship is condemned or does not proceed on her original voyage, the wages and maintenance of the master, officers and crew and fuel and stores consumed and port charges shall be allowed as general average only up to the date of the ship's condemnation or of the abandonment of the voyage or up to the date of completion of discharge of cargo if the condemnation or abandonment takes place before that date.

(c) (i) For the purpose of these Rules wages shall include all payments made to or for the benefit of the master, officers and crew, whether such payments be imposed by law upon the shipowners or be made under the terms of articles of employment.

(ii) For the purpose of these Rules, port charges shall include all customary or additional expenses incurred for the common safety or to enable a vessel to enter or remain at a port of refuge or call in the circumstances outlined in Rule XI(b)(i).

(d) The cost of measures undertaken to prevent or minimise damage to the environment shall be allowed in general average when incurred in any or all of the following circumstances:

(i) as part of an operation performed for the common safety which, had it been undertaken by a party outside the common maritime adventure, would have entitled such party to a salvage reward;

(ii) as a condition of entry into or departure from any port or place in the circumstances prescribed in Rule X(a);

(iii) as a condition of remaining at any port or place in the circumstances prescribed in Rule XI(b), provided that when there is an actual escape or release of pollutant substances, the cost of any additional measures required on that account to prevent or minimise pollution or environmental damage shall not be allowed as general average;

(iv) necessarily in connection with the handling on board, discharging, storing or reloading of cargo, fuel or stores whenever the cost of those operations is allowable as general average.

가능하게 하기 위하여 어떠한 항구 또는 장소에 부득이 입항하였거나 정박하였을 경우에는, 선박이 항해를 계속할 준비를 완료하였거나 당연히 완료할 수 있었을 때까지 그러한 항구 또는 장소에서 초과된 정박기간 중에 합리적으로 지출된 선장, 고급선원, 보통선원의 급료 및 유지비는 공동해손에서 인정한다.

(ii) 초과된 정박기간 중에 소비된 연료와 저장품은 공동해손에서 인정한다. 다만 공동해손에서 인정될 수 없는 수리를 위하여만 소비된 연료와 저장품은 제외한다.

(iii) 초과된 정박기간 중에 지출된 항비는 마찬가지로 공동해손에서 인정한다. 다만 공동해손에서 인정될 수 없는 수리를 위하여만 지출된 항비는 제외한다.

(iv) 선적항이나 선적지 또는 기항지에서 선박의 손상이 발견되고 그러한 손상과 관련된 사고 또는 기타의 이례적인 사정이 항해 중에 발생하지 아니하였을 경우에는, 그와 같이 발견된 선박의 손상을 수리하기 위하여 초과된 정박기간 중에 지출된 선장, 고급선원 및 보통선원의 급료와 유지비, 그동안에 소비된 연료와 저장품 및 지출된 항비는 비록 그러한 수리가 항행의 안전한 수행을 위하여 필요한 것이라고 하더라도 공동해손으로서 인정하지 아니한다.

(v) 선박이 부적항하다는 선고를 받거나 본래의 항해를 계속하지 아니한 경우에는, 선장, 고급선원 및 보통선원의 급료, 유지비 및 소비된 연료와 저장품 및 항비는 선박의 부적항의 선고일이나 항해의 포기일까지만, 또는 적하의 양하완료일 이전에 부적항의 선고를 받거나 항해를 포기한 경우에는 적하의 양하완료일 까지만을 공동해손으로서 인정한다.

(c) (i) 규칙들의 목적에 있어, 급료라 함은 선장, 고급선원 및 보통선원에 대하여, 또는 이들의 이익을 위하여 이행되는 모든 지급을 포함하며, 그러한 지급이 법률에 의하여 선주에게 부과된 것이든 또는 고용계약조항의 조건에 의하여 행하여진 것이든 이를 불문한다.

(ii) 이 규칙의 목적에 있어 항구비용은 제XI(b)(i)에 열거된 상황들에서 공동안전과 피난항에 입항 또는 머물도록 하기 위한 모든 관습 및 추가 비용을 포함한다.

(d) 환경손해를 방지하거나 경감하기 위하여 취한 적치의 비용은 다음과 같은 사정의 일부 또는 전부에 따라 발생한 경우에는 공동해손에서 인정한다.

(i) 공동의 안전을 위하여 공동항해사업의 당사자가 실시할 작업의 일부이었으나, 그 작업을 공동항해사업의 당사자가 실시할 작업의 일부이었으나, 그 작업을 공동항해사업의 당사자 이외의 자가 실시하였다면 그 자가 구조료를 청구할 수 있는 작업인 경우,

(ii) 제10조 a항에 규정된 사정에서 어떠한 항구 또는 장소에 입항 또는 출항하는 조건으로 한 경우,

(iii) 제11조 a항에 규정된 사정에서 어떠한 항구 또는 장소에 정박하는 조건으로 한 경우. 다만 오염물질이 현실적으로 유출 또는 배출된 경우에는 환경손해를 방지하거나 경감하기 위하여 필요한 추가 조치의 비용은 공동해손에서 인정하지 아니한다.

(iv) 적하의 양하, 보관 또는 재선적과 관련하여 부득이 그러한 작업의 비용이 공동해손으로서 인정할 수 있는 경우.

Rule XII – Damage to Cargo in Discharging, etc.

Damage to or loss of cargo, fuel or stores sustained in consequence of their handling, discharging, storing, reloading and stowing shall be allowed as general average, when and only when the cost of those measures respectively is allowed as general average.

Rule XIII – Deductions from Cost of Repairs

(a) Repairs to be allowed in general average shall not be subject to deductions in respect of "new for old" where old material or parts are replaced by new unless the ship is over fifteen years old in which case there shall be a deduction of one third. The deductions shall be regulated by the age of the ship from the 31st December of the year of completion of construction to the date of the general average act, except for insulation, life and similar boats, communications and navigational apparatus and equipment, machinery and boilers for which the deductions shall be regulated by the age of the particular parts to which they apply.

(b) The deductions shall be made only from the cost of the new material or parts when finished and ready to be installed in the ship. No deduction shall be made in respect of provisions, stores, anchors and chain cables. Drydock and slipway dues and costs of shifting the ship shall be allowed in full.

(c) The costs of cleaning, painting or coating of bottom shall not be allowed in general average unless the bottom has been painted or coated within the 24 months preceding the date of the general average act in which case one half of such costs shall be allowed.

Rule XIV – Temporary Repairs

(a) Where temporary repairs are effected to a ship at a port of loading, call or refuge, for the common safety, or of damage caused by general average sacrifice, the cost of such repairs shall be allowed as general average.

(b) Where temporary repairs of accidental damage are effected in order to enable the common maritime adventure to be completed, the cost of such repairs shall be allowed as general average without regard to the saving, if any, to other interests, but only up to the saving in expense which would have been incurred and allowed in general average if such repairs had not been effected there.

(c) No deductions "new for old" shall be made from the cost of temporary repairs allowable as general average.

Rule XV – Loss of Freight

Loss of freight arising from damage to or loss of cargo shall be allowed as general average, either when caused by a general average act, or when the damage to or loss of cargo is so allowed.

Deduction shall be made from the amount of gross freight lost, of the charges which the owner thereof would have incurred to earn such freight, but has, in consequence of the sacrifice, not incurred.

Rule XVI – Amount to be Allowed for Cargo Lost or Damaged by Sacrifice

(a) (i) The amount to be allowed as general average for damage to or loss of cargo sacrificed shall be the loss which has been

제XII조 양하 등에 있어서의 적하의 손상.

적하의 작업, 양하, 보관, 재선적 및 적부의 결과로 입은 적하, 연료 또는 저장품의 손상 또는 멸실은 그러한 조치에 소요되는 비용이 각각 공동해손으로서 인정되는 경우에 한하여 공동해손으로서 배상한다.

제XIII조 수리비로부터의 공제.

(a) 공동해손에서 인정되는 수리는 3분의 1의 공제가 있기로 되어 있는 선령 15년을 초과하는 선박인 경우를 제외하고, 구용구나 구부분품이 신품으로 대체되는 "신구교환차익"과 관련하여 차익공제를 받지 아니하기로 한다. 공제는 선박건조의 완료연도의 12월 31일부터 공동해손행위의 일자까지의 선령에 의하여 정한다. 다만 공제의 적용대상이 되는 특정부분품에 대하여는 그 부분품의 경과 연수에 따라 공제가 정하여지므로 절연장치, 구명정 및 동종의 단정, 통신용 및 항해용의 장치와 장비, 기계 및 기관 등은 제외한다.

(b) 공제는 신용구나 신부분품이 선내에 설치되었거나 또는 설치준비가 완료되었을 경우에 이 신품의 비용에 대하여만 이루어진다.

식료품, 저장품, 닻 및 닻줄에 대하여는 공제가 이루어지지 아니한다.

입거료 및 상가료 그리고 선박의 이동비용은 이를 전액 인정한다.

(c) 선박의 청소비, 도장비 또는 도료비는 공동해손행위의 일자 이전 24개월 이내에 도장된 경우가 아닌 한 공동해손에서 인정하지 아니한다. 이 경우에는 그러한 비용의 2분의 1은 인정한다.

제XIV조 가수리.

(a) 선적항이나 기항항 또는 피난항에서 공동의 안전을 위하여 또는 공동해손희생으로 인하여 발생한 손상에 대하여 선박을 가수리하였을 경우에는, 그러한 수리비는 공동해손으로서 인정한다.

(b) 우발적인 사고로 인한 손상에 대한 가수리가 항해사업을 완수할 수 있도록 하기 위하여 행하여졌을 경우에는, 그러한 수리비는 다른 이해관계자에 대한 절약액에 관계없이 공동해손으로서 인정한다. 다만 그러한 수리가 그 항구에서 이루어지지 아니하였더라면 당연히 지출되고 공동해손에서 인정되었을 비용의 절약액의 범위 내에서만 인정한다.

(c) 공동해손으로서 인정될 수 있는 가수리비에서는 "신구교환차익"의 공제는 하지 아니한다.

제XV조 운임의 손실

적하의 손상 또는 멸실로 인한 운임의 손실은 그것이 공동해손으로 인하여 발생하거나 공동해손과 관련하여 발생하는 경우에는 공동해손으로 인정한다.

제XVI조 희생으로 멸실 손상된 적하에 대한 배상액

(a) (ⅰ) 희생된 적하의 손상 또는 멸실에 대한 공동해손배상액은 수화인에게 발급된 상업송장에 의하여,

sustained thereby based on the value at the time of discharge, ascertained from the commercial invoice rendered to the receiver or if there is no such invoice from the shipped value. Such commercial invoice may be deemed by the average adjuster to reflect the value at the time of discharge irrespective of the place of final delivery under the contract of carriage.

(ii) The value at the time of discharge shall include the cost of insurance and freight except insofar as such freight is at the risk of interests other than the cargo.

(b) When cargo so damaged is sold and the amount of the damage has not been otherwise agreed, the loss to be allowed in general average shall be the difference between the net proceeds of sale and the net sound value as computed in the first paragraph of this Rule.

Rule XVII − Contributory Values

(a) (i) The contribution to a general average shall be made upon the actual net values of the property at the termination of the common maritime adventure except that the value of cargo shall be the value at the time of discharge, ascertained from the commercial invoice rendered to the receiver or if there is no such invoice from the shipped value. Such commercial invoice may be deemed by the average adjuster to reflect the value at the time of discharge irrespective of the place of final delivery under the contract of carriage.

(ii) The value of the cargo shall include the cost of insurance and freight unless and insofar as such freight is at the risk of interests other than the cargo, deducting therefrom any loss or damage suffered by the cargo prior to or at the time of discharge. Any cargo may be excluded from contributing to general average should the average adjuster consider that the cost of including it in the adjustment would be likely to be disproportionate to its eventual contribution.

(iii) The value of the ship shall be assessed without taking into account the beneficial or detrimental effect of any demise or time charterparty to which the ship may be committed.

(b) To these values shall be added the amount allowed as general average for property sacrificed, if not already included, deduction being made from the freight and passage money at risk of such charges and crew's wages as would not have been incurred in earning the freight had the ship and cargo been totally lost at the date of the general average act and have not been allowed as general average; deduction being also made from the value of the property of all extra charges incurred in respect thereof subsequently to the general average act, except such charges as are allowed in general average. Where payment for salvage services has not been allowed as general average by reason of paragraph of Rule VI, deductions in respect of payment for salvage services shall be limited to the amount paid to the salvors including interest and salvors' costs.

(c) In the circumstances envisaged in the third paragraph of Rule G, the cargo and other property shall contribute on the basis of its value upon delivery at original destination unless sold or otherwise disposed of short of that destination, and the ship shall contribute upon its actual net value at the time of completion of discharge of cargo.

(d) Where cargo is sold short of destination, however, it shall contribute upon the actual net proceeds of sale, with the addition of any amount allowed as general average.

(e) Mails, passengers' luggage and accompanied personal effects and accompanied private motor vehicles shall not

또는 송장이 없는 때에는 선적가액에 의하여 확정된 양하시의 가액을 기준으로 하여 입게 된 손해 액으로 한다. 이러한 상업송장은 해손정산인으로부터 계약의 최종목적지와는 상관없이 양하 시점 의 가치를 반영할 수 있도록 간주될 수 있다.

(ⅱ) 양하시의 가액은 보험료와 운임을 포함한다. 다만 적하의 이해관계자 이외의 자의 위험부담으로 되어 있는 운임은 제외한다.

(b) 전항과 같이 손상된 적하가 매각되었으나 그 손해액에 대한 별도의 합의가 없었을 경우에는, 공동 해손배상액은 순매각액과 본조의 제1항에 의하여 계산된 순정품액과의 차액으로 한다.

제XVⅡ조 분담가액

(a) (ⅰ) 공동해손분담액은 항해사업의 종료시에 있어서의 재산의 실제순가액을 기준으로 정산한다. 다만 적하의 가액이 수화인에게 발급된 상업송장에 의하여 또는 그러한 송장이 없는 경우 선적가액에 의하여 확정된 양하시의 가액으로 할 경우에는 그러하지 아니하다.

(ⅱ) 적하의 가액에는 보험료와 운임을 포함하지만 양하하기 전이나 양하할 당시 적하가 입은 일체의 멸실 또는 손상은 공제하여야 한다. 그러나 그 운임이 이해관계자 이외의 자의 위험부담으로 되어 있는 경우에는 제외한다.

(ⅲ) 선박의 가액은 선박이 이미 체결한 나용선계약이나 정기용선계약으로 인하여 유리하거나 불리한 효과를 전혀 고려하지 아니하고 평가하여야 한다.

(b) 이러한 가액에는 희생된 재산에 대한 공동해손배상액이 포함되어 있지 아니한 경우에는 이를 가산한 다. 그러나 위험에 노출된 적하운임과 여객운임으로부터 선박과 적하가 공동해손행위의 일자에 전손 되었다면 운임취득을 위하여 지출하지 아니하였을 것이며, 따라서 공동해손으로서 인정되지 아니하 였을 그러한 비용과 선원의 급료는 공제하여야 한다. 그리고 공동해손에서 인정된 비용 또는 제11조(b) 항에 따라 또는 실질적으로 기타 유사한 규정에 의한 특별배상금에 의하여 선박에 부과된 비용을 제외 하고, 공동해손행위의 이후에 지출된 모든 특별비용은 재산의 가액에서 공제하여야 한다.

(c) 제G조 3항에 해당하는 사정에 있어서는, 적하와 기타 재산은 그것이 목적항에 도착하기 전에 매각되 거나 또는 처분된 경우를 제외하고, 원래의 목적항에서 인도되는 당시의 가액을 기준으로 하여 분담하 며, 또 선박은 적하의 양하를 완료한 당시의 실제 순가액을 기초로 하여 분담한다.

(d) 적하가 목적항에 도착하기 전에 매각된 경우에는, 그 적하는 모든 공동해손배상액을 가산한 실제의 순 매각대금을 기준으로 하여 분담한다.

(e) 우편물, 여객의 수화물, 소지품 및 개인이 가지고 온 자동차는 공동해손에서 분담하지 아니한다.

contribute to general average.

Rule XVIII – Damage to Ship

The amount to be allowed as general average for damage or loss to the ship, her machinery and/or gear caused by a general average act shall be as follows:

(a) When repaired or replaced,

The actual reasonable cost of repairing or replacing such damage or loss, subject to deductions in accordance with Rule XIII;

(b) When not repaired or replaced,

The reasonable depreciation arising from such damage or loss, but not exceeding the estimated cost of repairs. But where the ship is an actual total loss or when the cost of repairs of the damage would exceed the value of the ship when repaired, the amount to be allowed as general average shall be the difference between the estimated sound value of the ship after deducting therefrom the estimated cost of repairing damage which is not general average and the value of the ship in her damaged state which may be measured by the net proceeds of sale, if any.

Rule XIX – Undeclared or Wrongfully Declared Cargo

(a) Damage or loss caused to goods loaded without the knowledge of the shipowner or his agent or to goods willfully misdescribed at the time of shipment shall not be allowed as general average, but such goods shall remain liable to contribute, if saved.

(b) Where goods have been wrongfully declared at the time of shipment at a value which is lower than their real value, any general average loss or damage shall be allowed on the basis of their declared value, but such goods shall contribute on the basis of their actual value.

Rule XX – Provision of Funds

(a) The capital loss sustained by the owners of goods sold for the purpose of raising funds to defray general average disbursements shall be allowed in general average.

(b) The cost of insuring general average disbursements shall be allowed in general average.

Rule XXI – Interest on Losses Allowed in General Average

(a) Interest shall be allowed on expenditure, sacrifices and allowances in general average until three months after the date of issue of the general average adjustment, due allowance being made for any payment on account by the contributory interests or from the general average deposit fund.

(b) The rate for calculating interest accruing during each calendar year shall be the 12-month ICE LIBOR for the currency in which the adjustment is prepared, as announced on the first banking day of that calendar year, increased by four percentage points. If the adjustment is prepared in a currency for which no ICE LIBOR is announced, the rate shall be the 12- month US Dollar ICE LIBOR, increased by four percentage points.

제XVIII조 선박의 손상

공동해손행위로 인하여 발생한 선박, 기계 및 또는 기구의 손상 또는 멸실에 대하여 공동해손으로서 인정하는 금액은 다음과 같다.

(a) 수리 또는 대체된 경우에는, 제13조에 따른 공제를 전제로 하여 그러한 손상 또는 멸실을 수리하거나 대체하는 데 소요된 합리적인 실제비용.

(b) 수리 또는 대체되지 아니한 경우에는, 견적수리비를 초과하지 아니하는 범위 내에서 그러한 손상 또는 멸실로 인하여 발생하는 합리적인 감가액. 그러나 선박이 현실전손이 되거나 손상의 수리비가 수리 후의 선박가액을 초과하는 경우에는, 공동해손으로서 인정하는 금액은 공동해손이 아닌 손상의 견적수리비를 공제한 후 선박의 견적정품가액과 매각되었다면 이러한 순매각대금에 의하여 산정된 손상상태의 선박가액과의 차액으로 한다.

제XIX조 부고지 또는 부실고지된 적하

(a) 선주 또는 그 대리인에게 고지하지 아니하고 선적된 적하 또는 선적시에 고의로 부실고지된 적하에 발생하는 손상 또는 멸실은 공동해손으로서 인정하지 아니한다. 다만 그러한 적하도 구조되었을 경우에는 공동해손의 분담책임을 져야 한다.

(b) 선적시에 실제가액보다 저렴한 가액으로 부정신고된 적하에 발생하는 손상 또는 멸실은 그 신고가액에 의하여 배상한다. 다만 그러한 적하는 그 실제가액을 기준으로 하여 공동해손의 책임을 분담한다.

제XX조 자금의 조달

(a) 공동해손지출액을 지급하기 위한 자금을 마련할 목적으로 매각한 화주가 입은 자본손해는 공동해손에서 인정한다.

(b) 공동해손지출액에 대한 보험비용도 공동해손에서 인정한다.

제XXI조 공동해손으로 배상된 손해의 이자

(a) 공동해손의 비용과 희생 및 허용액에 대하여는 공동해손정산서를 발행한 날로부터 3개월까지를 공동해손에서 인정한다.

(b) 각 연도 동안 발생하는 이자의 계산은 해당 연도의 첫 번째 은행 일에 발표되며 조정이 준비된 통화의 12개월 ICE LIBOR가 되며 4%씩 증가한다. ICE LIBOR가 공시되지 않은 통화로 조정을 준비하는 경우, 이 비율은 12개월 미국 달러 ICE LIBOR로 4%씩 증가한다.

Rule XXII - Treatment of Cash Deposits

(a) Where cash deposits have been collected in respect of general average, salvage or special charges, such sums shall be remitted forthwith to the average adjuster who shall deposit the sums into a special account, earning interest where possible, in the name of the average adjuster.

(b) The special account shall be constituted in accordance with the law regarding client or third party funds applicable in the domicile of the average adjuster. The account shall be held separately from the average adjuster's own funds, in trust or in compliance with similar rules of law providing for the administration of the funds of third parties.

(c) The sums so deposited, together with accrued interest, if any, shall be held as security for payment to the parties entitled thereto, of the general average, salvage or special charges in respect of which the deposits have been collected. Payments on account or refunds of deposits may only be made when such payments are certified in writing by the average adjuster and notified to the depositor requesting their approval. Upon the receipt of the depositor's approval, or in the absence of such approval within a period of 90 days, the average adjuster may deduct the amount of the payment on account or the final contribution from the deposit.

(d) All deposits and payments or refunds shall be without prejudice to the ultimate liability of the parties.

Rule XXIII - Time Bar for Contributing to General Average

(a) Subject always to any mandatory rule on time limitation contained in any applicable law:

(i) Any rights to general average contribution including any rights to claim under general average bonds and guarantees, shall be extinguished unless an action is brought by the party claiming such contribution within a period of one year after the date upon which the general average adjustment is issued. However, in no case shall such an action be brought after six years from the date of termination of the common maritime adventure.

(ii) These periods may be extended if the parties so agree after the termination of the common maritime adventure.

(b) This rule shall not apply as between the parties to the general average and their respective insurers.

제 XXⅡ조 공탁현금의 취급.

(a) 공동해손, 구조료 또는 특별비용에 대한 적하책임과 관련하여 공탁현금이 징수된 경우에는, 그러한 공탁금은 선주를 대신하여 지명된 대리인과 공탁자를 대신하여 지명된 대리인의 공동명의로 양자가 합의한 은행의 특별계정에 해손정산자의 이름으로 이자를 포함하여 지체없이 예입하여야 한다.

(b) 특별계정은 해손정산자의 거주지에 적용되는 고객 또는 제3자 자금에 관한 법률에 따라 구성된다. 해당계정은 제3자의 자금을 관리하기 위해 제공되는 유사한 법률 규칙을 준수하거나 신뢰하여 평균 조정자의 자금과 별도로 보유해야 한다.

(c) 입금된 금액은 발생된 이자와 함께 발생하는 이자에 대하여 예금이 징수된 공동해선, 인출 또는 특별청구액에 대한 권리가 있는 당사자에게 지불할 수 있도록 보장된다. 해당계정에 대한 지불 또는 보증금의 환불은 그러한 지불이 해손정산자에 의해 서면으로 인증되고 예금자에게 승인을 요청하는 경우에 이루어질 수 있다. 예금자의 승인을 받거나 90일 이내에 승인이 없을 경우, 해손정산자는 지불 금액 또는 예금에서 최종 기부금을 공제 할 수 있다.

(d) 모든 예금 및 지불 또는 환불은 당사자의 최종 책임을 침해하지 않아야 한다.

제 XXⅢ조 공동해손의 분담의 제소기간

(a) 적용가능한 법률에 포함된 의무제소기한의 규칙에 따라:

　(ⅰ) 공동해손분담금에 대한 권리는 공동해손정산서가 발행된 후 1년 이내에 소를 제기하지 않으면 소멸된다. 하지만 어떠한 경우라도 공동해상사업의 종료날로부터 6년을 경과한 때에는 소를 제기 할 수 없다.

　(ⅱ) 이 기간은 공동해상사업이 종료된 후에 당사자들이 동의하는 경우 연장될 수 있다.

(b) 이 규칙은 공동해손의 당사자들과 그들의 각 보험 회사 간에는 적용되지 않는다.

04

International Rules on the Payment

4-1　UCP 600, 2007

Article 1 Application of UCP

The Uniform Customs and Practice for Documentary Credits, 2007 Revision, ICC Publication no. 600 ("UCP") are rules that apply to any documentary credit ("credit") (including, to the extent to which they may be applicable, any standby letter of credit) when the text of the credit expressly indicates that it is subject to these rules. They are binding on all parties thereto unless expressly modified or excluded by the credit.

Article 2 Definitions

For the purpose of these rules:

Advising bank means the bank that advises the credit at the request of the issuing bank.

Applicant means the party on whose request the credit is issued.

Banking day means a day on which a bank is regularly open at the place at which an act subject to these rules is to be performed.

Beneficiary means the party in whose favour a credit is issued.

Complying presentation means a presentation that is in accordance with the terms and conditions of the credit, the applicable provisions of these rules and international standard banking practice.

Confirmation means a definite undertaking of the confirming bank, in addition to that of the issuing bank, to honour or negotiate a complying presentation.

Confirming bank means the bank that adds its confirmation to a credit upon the issuing bank's authorization or request.

Credit means any arrangement, however named or described, that is irrevocable and thereby constitutes a definite undertaking of the issuing bank to honour a complying presentation.

Honour means:

a.　to pay at sight if the credit is available by sight payment.

b.　to incur a deferred payment undertaking and pay at maturity if the credit is available by deferred payment.

04

국제무역대금결제 관련 규칙

4-1 신용장통일규칙, 2007

제1조 신용장 통일규칙의 적용범위

2007년도에 개정된 국제상업회의소 간행물 제600호의 화환신용장에 관한 통일규칙 및 관례(이하 통일규칙이라 한다)는, 화환신용장(이하 신용장이라 한다) 내용이 통일규칙에 따른다고 명시적으로 표시하고 있는 경우 모든 신용장(적용가능한 범위내에서 보증신용장을 포함하여)에 적용하는 규칙이다. 통일규칙은 신용장에서 명시적으로 수정하거나 배제하지 않는 한, 신용장 관계 당사자 모두를 구속한다.

제2조 정의

이 통일규칙에서 사용하는 용어는 다음과 같다.

통지은행은 발행은행의 요청으로 신용장을 통지하는 은행을 말한다.

발행신청인은 신용장 발행을 요청한 당사자를 말한다.

은행영업일은 통일규칙에 따라서 행위가 이루어지는 장소에서 은행이 정규적인 영업을 하는 날을 말한다.

수익자는 신용장의 발행을 통하여 이익을 얻는 당사자를 말한다.

일치하는 제시는 신용장의 제 조건, 통일규칙의 적용되는 조항 및 국제표준은행관행에 따라 이루어지는 제시를 말한다.

확인은 일치하는 제시에 대하여 결제 또는 매입하겠다는 발행은행의 확약에 추가하여, 확인은행이 하는 확약을 말한다.

확인은행은 발행은행의 수권 또는 요청에 의하여 신용장에 확인을 추가한 은행을 말한다.

신용장 그 명칭과 관계없이 취소불능이고, 일치하는 제시에 대하여 발행은행이 지급 등을 이행하겠다는 확약을 나타내는 약정을 말한다.

결제의 의미는 다음과 같다.

a. 신용장이 일람지급으로 되어 있는 경우, 일람으로 지급하는 것.

b. 신용장이 연지급으로 되어 있는 경우, 연지급 확약 및 만기에 지급하는 것.

c.　to accept a bill of exchange ("draft") drawn by the beneficiary and pay at maturity if the credit is available by acceptance.

Issuing bank means the bank that issues a credit at the request of an applicant or on its own behalf.

Negotiation means the purchase by the nominated bank of drafts (drawn on a bank other than the nominated bank) and/or documents under a complying presentation, by advancing or agreeing to advance funds to the beneficiary on or before the banking day on which reimbursement is due to the nominated bank.

Nominated bank means the bank with which the credit is available or any bank in the case of a credit available with any bank.

Presentation means either the delivery of documents under a credit to the issuing bank or nominated bank or the documents so delivered.

Presenter means a beneficiary, bank or other party that makes a presentation.

Article 3 Interpretations

For the purpose of these rules:

Where applicable, words in the singular include the plural and in the plural include the singular.

A credit is irrevocable even if there is no indication to that effect.

A document may be signed by handwriting, facsimile signature, perforated signature, stamp, symbol or any other mechanical or electronic method of authentication.

A requirement for a document to be legalized, visaed, certified or similar will be satisfied by any signature, mark, stamp or label on the document which appears to satisfy that requirement.

Branches of a bank in different countries are considered to be separate banks.

Terms such as "first class", "well known", "qualified", "independent", "official", "competent" or "local" used to describe the issuer of a document allow any issuer except the beneficiary to issue that document.

Unless required to be used in a document, words such as "prompt", "immediately" or "as soon as possible" will be disregarded.

The expression "on or about" or similar will be interpreted as a stipulation that an event is to occur during a period of five calendar days before until five calendar days after the specified date, both start and end dates included.

The words "to", "until", "till", "from" and "between" when used to determine a period of shipment include the date or dates mentioned, and the words "before" and "after" exclude the date mentioned.

The words "from" and "after" when used to determine a maturity date exclude the date mentioned.

The terms "first half" and "second half" of a month shall be construed respectively as the 1st to the 15th and the 16th to the last day of the month, all dates inclusive.

The terms "beginning", "middle" and "end" of a month shall be construed respectively as the 1st to the 10th, the 11th to the 20th and the 21st to the last day of the month, all dates inclusive.

Article 4 Credits v. Contracts

a.　A credit by its nature is a separate transaction from the sale or other contract on which it may be based. Banks are

c. 신용장이 인수조건으로 되어 있는 경우, 수익자에 의하여 발행된 환어음을 인수하고 만기에 지급하는 것.

발행은행은 발행의뢰인의 요청 또는 스스로 신용장을 발행하는 은행을 말한다.

매입은 일치하는 제시에 대하여, 지정은행이 지정은행에 상환이 이루어져야 하는 은행영업일 또는 그 이전에, 수익자에게 선지급하거나 선지급을 동의함으로써, 환어음(지정은행 이외의 은행 앞으로 발행된)이나 서류를 매입하는 것을 말한다.

지정은행은 신용장이 이용가능한(지정된) 은행을 말하고, 또는 어느 은행이나 이용가능한 신용장의 경우에는 모든 은행을 말한다.

제시는 발행은행 또는 지정은행에게 신용장상의 서류를 인도하거나 그렇게 인도된 서류를 말한다.

제시자는 제시를 하는 수익자, 은행 또는 기타 당사자를 말한다.

제3조 해석

이 통일규칙에서는 다음과 같이 해석한다.

적용 가능한 경우, 단수를 나타내는 단어는 복수를 포함하고, 복수를 나타내는 단어는 단수를 포함한다.

신용장은 취소불능이라고 표시하지 않더라도 (기본적으로) 취소불능이다.

서류는 자필 수기, 팩시밀리 서명, 천공서명, 스탬프, 기호 또는 다른 기계적 또는 전자적 인증방법에 의해 서명될 수 있다.

서류가 공증, 배서, 증명 또는 이와 유사한 형식으로 된 서류의 요건은 그러한 조건을 만족시키는 것으로 보이는 서류에 서명, 마크, 스탬프 또는 라벨이 있으면 충족된 것으로 본다.

서로 다른 국가에 소재한 같은 은행의 지점들은 다른 은행으로 본다.

서류의 발행자를 표현하기 위하여 사용되는 "일류의", "저명한", "자격 있는", "독립적인", "공적인", "유능한" 또는 "현지의"와 같은 용어는 수익자가 발행한 서류를 제외하고 해당서류를 발행하는 모든 발행자에게 허용된다.

서류에서 사용이 요구되지 않는 한, "신속히", "즉시" 또는 "가능한 한 빨리"와 같은 단어는 무시된다.

"~에 또는 ~쯤에" 또는 이와 유사한 표현은 이를 특정한 일자로부터 5일 전후까지의 기간 내에 이루어지도록 명시한 것으로 해석하며, 첫날과 끝나는 날은 각기 포함하는 것으로 한다.

선적 기간을 정하기 위하여 사용하는 "~에 까지", "~로부터" 그리고 "사이에"란 용어는 언급된 당해 일자 및 일자들을 포함하며, "~이전에" 및 "~이후"란 단어는 언급된 당해 일자를 제외한다.

만기를 정하기 위하여 사용하는 "~로부터" 및 "후에"라는 단어는 언급된 일자를 제외한다.

어느 달의 "전반", "후반"이란 용어는 그 기간 중의 모든 날짜를 포함하여, 각 해당 월의 1일부터 15일, 그리고 16일부터 말일까지로 해석한다.

어느 달의 "상순", "중순", 그리고 "하순"이란 용어는 그 기간 중의 모든 날짜를 포함하여, 해당 월의 1일부터 10일, 11일부터 20일, 그리고 21일부터 말일까지로 해석한다.

제4조 신용장과 계약

a. 신용장은 성질상 그 기초가 되는 매매계약 또는 기타 계약과는 아무런 관계가 없는 독립된 별개의 거

in no way concerned with or bound by such contract, even if any reference whatsoever to it is included in the credit. Consequently, the undertaking of a bank to honour, to negotiate or to fulfil any other obligation under the credit is not subject to claims or defences by the applicant resulting from its relationships with the issuing bank or the beneficiary. A beneficiary can in no case avail itself of the contractual relationships existing between banks or between the applicant and the issuing bank.

b. An issuing bank should discourage any attempt by the applicant to include, as an integral part of the credit, copies of the underlying contract, proforma invoice and the like.

Article 5 Documents v. Goods, Services or Performance

Banks deal with documents and not with goods, services or performance to which the documents may relate.

Article 6 Availability, Expiry Date and Place for Presentation

a. A credit must state the bank with which it is available or whether it is available with any bank.

A credit available with a nominated bank is also available with the issuing bank.

b. A credit must state whether it is available by sight payment, deferred payment, acceptance or negotiation.

c. A credit must not be issued available by a draft drawn on the applicant.

d. ⅰ. A credit must state an expiry date for presentation. An expiry date stated for honour or negotiation will be deemed to be an expiry date for presentation.

ⅱ. The place of the bank with which the credit is available is the place for presentation. The place for presentation under a credit available with any bank is that of any bank. A place for presentation other than that of the issuing bank is in addition to the place of the issuing bank.

e. Except as provided in sub-article 29 (a), a presentation by or on behalf of the beneficiary must be made on or before the expiry date.

Article 7 Issuing Bank Undertaking

a. Provided that the stipulated documents are presented to the nominated bank or to the issuing bank and that they constitute a complying presentation, the issuing bank must honour if the credit is available by:

ⅰ. sight payment, deferred payment or acceptance with the issuing bank;

ⅱ. sight payment with a nominated bank and that nominated bank does not pay;

ⅲ. deferred payment with a nominated bank and that nominated bank does not incur its deferred payment undertaking or, having incurred its deferred payment undertaking, does not pay at maturity;

ⅳ. acceptance with a nominated bank and that nominated bank does not accept a draft drawn on it or, having accepted a draft drawn on it, does not pay at maturity;

래이다. 은행은 신용장에 그러한 계약과 관련된 어떠한 언급이 포함되어 있다 하더라도 그러한 계약과는 아무런 관계가 없으며, 또한 이에 구속받지 아니한다. 따라서 신용장에 의거하여 결제, 매입 또는 기타 의무를 이행한다는 은행의 약정은 발행은행 또는 수익자와의 관계에서 초래되는, 발행신청인에 의해 제기되는 클레임이나 항변과는 관계가 없다. 수익자는 어떠한 경우에도 은행상호간 또는 발행신청인과 발행은행 간에 존재하는 계약상의 관계를 원용할 수 없다.

b. 발행은행은 발행신청인이 별도의 원인계약이나 견적송장 등의 사본을 신용장의 필수 부분으로 포함시키려는 어떠한 시도도 하지 못하게 하여야 한다.

제5조 서류와 물품, 서비스 또는 의무이행

은행은 서류를 취급하는 것이지, 그러한 서류가 관련되는 물품, 서비스 또는 의무이행을 취급하는 것은 아니다.

제6조 이용범위, 유효기간 및 제시장소

a. 신용장은 그 신용장이 이용 가능한 해당은행을 명시하거나 또는 모든 은행을 이용할 수 있는지 여부를 명시하여야 한다. 지정은행에서 이용가능한 신용장은 발행은행에서도 이용할 수 있다.

b. 신용장은 그 신용장이 일람출급, 연지급, 인수 또는 매입에 의하여 사용가능한지 여부를 명확히 표시하여야 한다.

c. 신용장은 발행신청인을 지급인으로 하는 환어음에 의하여 이용되도록 발행되어서는 아니 된다.

d. ⅰ. 신용장은 제시를 위한 유효기일을 명시하여야 한다. 결제 또는 매입을 위한 유효기일은 제시를 위한 유효기일로 간주된다.

　　ⅱ. 신용장을 이용할 수 있는 은행의 소재지가 제시를 위한 장소이다. 모든 은행을 이용할 수 있는 신용장에서의 제시장소는 그 모든 은행의 소재지가 된다. 발행은행 소재지 이외의 제시장소는 발행은행 소재지에 추가한 것이다.

e. 제29조 a항에 규정된 경우를 제외하고, 수익자에 의한 또는 수익자를 위한 제시는 유효기일 또는 그 이전에 이루어져야 한다.

제7조 발행은행의 의무

a. 명시된 서류가 지정은행 또는 발행은행에 제시되고 그 제시가 신용장조건에 일치하는 제시일 경우 발행은행은 다음과 같은 결제를 하여야 한다.

　　ⅰ. 신용장이 발행은행에서 일람출급, 연지급 또는 인수의 방법으로 이용될 수 있는 경우

　　ⅱ. 신용장이 지정은행에서 일람출급으로 이용할 수 있도록 되어 있으나, 그 지정은행이 지급하지 않은 경우

　　ⅲ. 신용장이 지정은행에서 연지급 조건으로 이용할 수 있도록 되어 있으나 지정은행이 연지급 약정을 이행하지 않은 경우, 또는 연지급 약정을 하였으나 만기에 지급을 하지 않은 경우

　　ⅳ. 신용장이 지정은행에서 인수 조건으로 이용할 수 있도록 되어 있으나 지정은행이 그 지정은행을 지급인으로 하는 환어음을 인수하지 않은 경우, 또는 그러한 환어음을 인수하였으나 만기에 지급하지 않은 경우

ⅴ. negotiation with a nominated bank and that nominated bank does not negotiate.

b. An issuing bank is irrevocably bound to honour as of the time it issues the credit.

c. An issuing bank undertakes to reimburse a nominated bank that has honoured or negotiated a complying presentation and forwarded the documents to the issuing bank. Reimbursement for the amount of a complying presentation under a credit available by acceptance or deferred payment is due at maturity, whether or not the nominated bank prepaid or purchased before maturity. An issuing bank's undertaking to reimburse a nominated bank is independent of the issuing bank's undertaking to the beneficiary.

Article 8 Confirming Bank Undertaking

a. Provided that the stipulated documents are presented to the confirming bank or to any other nominated bank and that they constitute a complying presentation, the confirming bank must:

ⅰ. honour, if the credit is available by

a. sight payment, deferred payment or acceptance with the confirming bank;

b. sight payment with another nominated bank and that nominated bank does not pay;

c. deferred payment with another nominated bank and that nominated bank does not incur its deferred payment undertaking or, having incurred its deferred payment undertaking, does not pay at maturity;

d. acceptance with another nominated bank and that nominated bank does not accept a draft drawn on it or, having accepted a draft drawn on it, does not pay at maturity;

e. negotiation with another nominated bank and that nominated bank does not negotiate.

ⅱ. negotiate, without recourse, if the credit is available by negotiation with the confirming bank.

b. A confirming bank is irrevocably bound to honour or negotiate as of the time it adds its confirmation to the credit.

c. A confirming bank undertakes to reimburse another nominated bank that has honoured or negotiated a complying presentation and forwarded the documents to the confirming bank. Reimbursement for the amount of a complying presentation under a credit available by acceptance or deferred payment is due at maturity, whether or not another nominated bank prepaid or purchased before maturity. A confirming bank's undertaking to reimburse another nominated bank is independent of the confirming bank's undertaking to the beneficiary.

d. If a bank is authorized or requested by the issuing bank to confirm a credit but is not prepared to do so, it must inform the issuing bank without delay and may advise the credit without confirmation.

ⅴ. 신용장이 지정은행에서 매입조건으로 이용할 수 있도록 되어 있으나 지정은행이 매입을 하지 않은 경우

b. 발행은행은 신용장을 발행한 때로부터 취소불능으로 지급 등을 이행할 의무가 있다.

c. 발행은행은 지정은행이 일치하는 제시에 대하여 결제를 이행했거나 매입을 하고 발행은행에게 서류를 송부한 지정은행에게 상환할 의무를 부담한다. 인수 또는 연지급 조건으로 이용가능한 신용장 조건에서 일치하는 제시에 상응하는 금액은 만기에 상환이 이루어져야 하며, 이 경우 지정은행이 만기 전에 선지급하였거나 매입하였는지는 불문한다. 발행은행의 지정은행에 대한 상환의무는 발행은행의 수익자에 대한 약정 의무와는 관계없는 독립적인 것이다.

제8조 확인은행의 의무

a. 명시된 서류가 확인은행 또는 기타 지정은행에 제시되고 그 제시가 신용장조건에 일치하는 제시일 경우 확인은행은 다음과 같은 결제를 하여야 한다.

ⅰ. 다음과 같은 조건의 경우 결제

　a. 신용장이 확인은행에서 일람출급, 연지급 또는 인수의 방법으로 이용될 수 있는 경우

　b. 신용장이 다른 지정은행에서 일람출급으로 이용할 수 있도록 되어 있으나, 그 지정은행이 지급하지 않은 경우

　c. 신용장이 다른 지정은행에서 연지급 조건으로 이용할 수 있도록 되어 있으나 그 지정은행이 연지급 약정을 이행하지 않은 경우, 또는 연지급 약정을 하였으나 만기에 지급을 하지 않은 경우

　d. 신용장이 다른 지정은행에서 인수 조건으로 이용할 수 있도록 되어 있으나 지정은행이 그 지정은행을 지급인으로 하는 환어음을 인수하지 않은 경우, 또는 그러한 환어음을 인수하였으나 만기에 지급하지 않은 경우

　e. 신용장이 다른 지정은행에서 매입조건으로 이용할 수 있도록 되어 있으나 그 지정은행이 매입을 하지 않은 경우

ⅱ. 신용장이 확인은행에서 매입에 의하여 이용 가능한 경우, 상환청구 없이 매입

b. 확인은행은 신용장에 확인을 추가한 때로부터 취소불능으로 지급 등을 이행하거나 매입을 할 의무가 있다.

c. 확인은행은 다른 지정은행이 일치하는 제시에 대하여 지급 등을 이행했거나 매입을 하고 확인은행에게 서류를 송부한 그 지정은행에게 상환할 의무를 부담한다. 인수 또는 연지급 조건으로 이용 가능한 신용장 조건에서 일치하는 제시에 상응하는 금액은 만기에 상환이 이루어져야 하며, 이 경우 그 지정은행이 만기 전에 선지급하였거나 매입하였는지는 불문한다. 확인은행의 그 지정은행에 대한 상환의무는 확인은행의 수익자에 대한 약정 의무와는 관계없는 독립적인 것이다.

d. 어느 은행이 발행은행으로부터 신용장에 대한 확인에 대한 수권을 했거나, 그 요청을 받았으나 그러한 준비가 되어 있지 않았다면, 지체없이 발행은행에게 그 사실을 통지하여야 하며, 이 경우 확인업무는 하지 않고 통지(만) 할 수 있다.

Article 9 Advising of Credits and Amendments

a. A credit and any amendment may be advised to a beneficiary through an advising bank. An advising bank that is not a confirming bank advises the credit and any amendment without any undertaking to honour or negotiate.

b. By advising the credit or amendment, the advising bank signifies that it has satisfied itself as to the apparent authenticity of the credit or amendment and that the advice accurately reflects the terms and conditions of the credit or amendment received.

c. An advising bank may utilize the services of another bank ("second advising bank") to advise the credit and any amendment to the beneficiary. By advising the credit or amendment, the second advising bank signifies that it has satisfied itself as to the apparent authenticity of the advice it has received and that the advice accurately reflects the terms and conditions of the credit or amendment received.

d. A bank utilizing the services of an advising bank or second advising bank to advise a credit must use the same bank to advise any amendment thereto.

e. If a bank is requested to advise a credit or amendment but elects not to do so, it must so inform, without delay, the bank from which the credit, amendment or advice has been received.

f. If a bank is requested to advise a credit or amendment but cannot satisfy itself as to the apparent authenticity of the credit, the amendment or the advice, it must so inform, without delay, the bank from which the instructions appear to have been received. If the advising bank or second advising bank elects nonetheless to advise the credit or amendment, it must inform the beneficiary or second advising bank that it has not been able to satisfy itself as to the apparent authenticity of the credit, the amendment or the advice.

Article 10 Amendments

a. Except as otherwise provided by article 38, a credit can neither be amended nor cancelled without the agreement of the issuing bank, the confirming bank, if any, and the beneficiary.

b. An issuing bank is irrevocably bound by an amendment as of the time it issues the amendment. A confirming bank may extend its confirmation to an amendment and will be irrevocably bound as of the time it advises the amendment. A confirming bank may, however, choose to advise an amendment without extending its confirmation and, if so, it must inform the issuing bank without delay and inform the beneficiary in its advice.

c. The terms and conditions of the original credit (or a credit incorporating previously accepted amendments) will remain in force for the beneficiary until the beneficiary communicates its acceptance of the amendment to the bank that advised such amendment. The beneficiary should give notification of acceptance or rejection of an amendment. If the beneficiary fails to give such notification, a presentation that complies with the credit and to any not yet accepted amendment will be deemed to be notification of acceptance by the beneficiary of such amendment. As of that moment the credit will be amended.

제9조 신용장 및 조건변경의 통지

a. 신용장 및 그 조건변경은 통지은행을 통하여 수익자에게 통지될 수 있다. 확인은행이 아닌 통지은행은 결제 또는 매입의 약정을 함이 없이 신용장 및 그 조건변경의 통지를 한다.

b. 신용장 또는 그 조건변경을 통지함으로써, 통지은행은 신용장 또는 그 조건변경에 대하여 외견상 진정성이 충족되고 있음과 그 통지가 수령한 신용장 또는 그 조건변경의 제 조건들을 상세하게 반영하고 있음을 표명한다.

c. 통지은행은 수익자에게 신용장 및 그 조건변경을 통지하기 위하여 또 다른 은행(이하 제2통지은행이라 한다)의 서비스를 이용할 수 있다. 제2통지은행은 신용장 또는 그 조건변경을 통지함으로써 수령한 통지에 대하여 외견상 진정성이 충족되고 있음과 그 통지가 수령한 신용장 또는 그 조건변경의 제 조건들을 상세하게 반영하고 있음을 표명한다.

d. 신용장을 통지하기 위하여 통지은행 또는 제2통지은행의 서비스를 이용하는 은행은 당해 신용장의 조건변경을 통지하기 위하여도 동일한 은행을 이용하여야 한다.

e. 은행이 신용장 또는 그 조건변경의 통지를 하도록 요청받았으나 이를 수락하지 않기로 결정한 경우 신용장, 조건변경 또는 통지를 송부한 은행에 지체 없이 그 사실을 통보하여야 한다.

f. 은행이 신용장 또는 그 조건변경을 통지하도록 요청받았으나, 신용장, 조건변경 또는 통지에 대하여 외견상 진정성을 충족하지 못한다고 판단한 경우 그 지시를 송부한 것으로 나타난 은행에 지체 없이 통보하여야 한다. 그럼에도 불구하고 통지은행 또는 제2통지은행이 신용장 또는 조건변경을 통지하기로 결정한 경우에는 그 은행은 수익자 또는 제2통지은행에게 신용장 조건변경 또는 통지가 외견상 진정성을 충족하지 못하게 될 수 있다는 점을 통보하여야 한다.

제10조 신용장의 조건변경

a. 제38조에서 규정한 경우를 제외하고, 신용장은 발행은행, 필요한 경우 확인은행, 그리고 수익자의 합의 없이는 조건이 변경되거나 취소될 수 없다.

b. 발행은행은 신용장에 대한 조건변경을 발행한 시점으로부터 조건변경에 의하여 취소불능으로 구속된다. 확인은행은 조건변경에 대한 확인을 연장할 수 있고 그 조건변경을 통지한 시점으로부터 취소불능으로 구속된다. 그러나 확인은행은 그 확인을 연장함이 없이 조건변경을 통지할 것을 선택할 수 있으며 그 경우 지체 없이 발행은행에 통보하여야 하고 그 조건변경 통지에서 확인 없이 통지한다는 사실을 수익자에게도 통보하여야 한다.

c. 원신용장(또는 이전에 조건변경이 수락되었음이 수용된 신용장)의 조건은 수익자가 그 조건변경을 통지한 은행에 조건변경의 수락을 교신할 때까지 수익자에게 효력이 유지된다. 수익자는 조건변경에 대한 수락 또는 거절 사실을 통보하여야 한다. 수익자가 그러한 통보를 하지 못한 경우, 신용장 및 아직 수락되지 않은 조건변경에 일치하는 제시는 그런 조건변경을 수익자가 수락하였음을 통보한 것으로 본다. 그러한 경우 그 순간부터 신용장은 변경된 것이다.

d. A bank that advises an amendment should inform the bank from which it received the amendment of any notification of acceptance or rejection.

e. Partial acceptance of an amendment is not allowed and will be deemed to be notification of rejection of the amendment.

f. A provision in an amendment to the effect that the amendment shall enter into force unless rejected by the beneficiary within a certain time shall be disregarded.

Article 11 Teletransmitted and Pre-Advised Credits and Amendments

a. An authenticated teletransmission of a credit or amendment will be deemed to be the operative credit or amendment, and any subsequent mail confirmation shall be disregarded.

If a teletransmission states "full details to follow" (or words of similar effect), or states that the mail confirmation is to be the operative credit or amendment, then the teletransmission will not be deemed to be the operative credit or amendment. The issuing bank must then issue the operative credit or amendment without delay in terms not inconsistent with the teletransmission.

b. A preliminary advice of the issuance of a credit or amendment ("pre-advice") shall only be sent if the issuing bank is prepared to issue the operative credit or amendment. An issuing bank that sends a pre-advice is irrevocably committed to issue the operative credit or amendment, without delay, in terms not inconsistent with the pre-advice.

Article 12 Nomination

a. Unless a nominated bank is the confirming bank, an authorization to honour or negotiate does not impose any obligation on that nominated bank to honour or negotiate, except when expressly agreed to by that nominated bank and so communicated to the beneficiary.

b. By nominating a bank to accept a draft or incur a deferred payment undertaking, an issuing bank authorizes that nominated bank to prepay or purchase a draft accepted or a deferred payment undertaking incurred by that nominated bank.

c. Receipt or examination and forwarding of documents by a nominated bank that is not a confirming bank does not make that nominated bank liable to honour or negotiate, nor does it constitute honour or negotiation.

Article 13 Bank-to-Bank Reimbursement Arrangements

a. If a credit states that reimbursement is to be obtained by a nominated bank ("claiming bank") claiming on another party ("reimbursing bank"), the credit must state if the reimbursement is subject to the ICC rules for bank-to-bank reimbursements in effect on the date of issuance of the credit.

b. If a credit does not state that reimbursement is subject to the ICC rules for bank-to-bank reimbursements, the following apply:

i . An issuing bank must provide a reimbursing bank with a reimbursement authorization that conforms with the

d. 조건변경을 통지하는 은행은 조건변경에 대한 수락 또는 거절의 통보 여부를, 통지를 송부한 은행에게 통보하여야 한다.

e. 조건변경에 대한 일부 수락은 허용되지 않으며 이는 조건변경에 대한 거절 통보로 본다.

f. 수익자가 일정 기간 내에 조건변경을 거절하지 않으면 조건변경이 효력을 갖는다는 규정이 있는 경우 이는 무시된다.

제11조 전신 및 사전통지된 신용장과 조건변경

a. 신용장 또는 조건변경에 대한 진정성이 있는 전신은 유효한 신용장 또는 조건변경으로 간주되며, 후속적인 우편확인은 무시된다. 만일, 전신에 "세부 내용은 추후 통보함(또는 이와 유사한 취지의 단어)"이라고 명시되었거나 또는 우편확인이 유효한 신용장 또는 조건변경이라고 명시되어 있다면, 그 전신은 유효한 신용장 또는 조건변경으로 간주되지 않는다. 그러한 경우 발행은행은 전신과 불일치하지 않는 조건으로 지체 없이 유효한 신용장 또는 조건변경을 발행하여야 한다.

b. 발행은행이 유효한 신용장 또는 조건변경을 발행할 준비가 되어 있는 경우에 한해서 신용장 또는 조건변경의 사전통지(예비통지)를 할 수 있다. 사전통지를 발송한 발행은행은 지체없이 사전통지와 불일치하지 않는 조건으로 취소불능으로 신용장을 발행하거나 조건변경을 이행하여야 한다.

제12조 지정

a. 지정은행이 확인은행이 아닌 경우, 결제 또는 매입에 대한 수권은 지정은행의 결제 또는 매입에 대하여, 그 지정은행에 의하여 명시적으로 동의되고 이를 수익자에게 통보한 경우를 제외하고, 그 지정은행에게 어떠한 책임도 부여하지 않는다.

b. 발행은행은 어떤 은행을 지정하여 환어음을 인수하거나 연지급 약정을 하도록 함으로써, 그 지정은행에 의하여 인수된 환어음 또는 연지급 약정에 대하여 그 지정은행으로 하여금 대금을 선지급하거나 매수하도록 수권한다.

c. 확인은행이 아닌 지정은행이 서류의 수령 또는 심사 및 송부를 한다고 해서 지정은행에게 지급 등을 이행하거나 매입할 책임이 부여된 것은 아니며, 또한 그러한 심사 등의 행위가 결제 또는 매입을 구성하지도 않는다.

제13조 은행 간 상환 약정

a. 지정은행(상환청구은행)이 다른 은행(상환은행)에게 청구하여 상환 받도록 신용장에 명시하고 있다면, 그 신용장은 신용장 발행일 현재 유효한 '국제상업회의소(ICC)의 은행간 상환 규칙'의 적용을 받는지 여부를 명시하여야 한다.

b. 신용장이 '국제상업회의소(ICC)의 은행간 상환 규칙'의 적용을 받는다고 명시하지 않은 경우, 다음의 내용을 적용한다.

　ⅰ. 발행은행은 상환은행에게 신용장에 명시된 이용가능성에 적합한 상환권한을 부여하여야 한다. 상환

availability stated in the credit. The reimbursement authorization should not be subject to an expiry date.

ii . A claiming bank shall not be required to supply a reimbursing bank with a certificate of compliance with the terms and conditions of the credit.

iii. An issuing bank will be responsible for any loss of interest, together with any expenses incurred, if reimbursement is not provided on first demand by a reimbursing bank in accordance with the terms and conditions of the credit.

iv . A reimbursing bank's charges are for the account of the issuing bank. However, if the charges are for the account of the beneficiary, it is the responsibility of an issuing bank to so indicate in the credit and in the reimbursement authorization. If a reimbursing bank's charges are for the account of the beneficiary, they shall be deducted from the amount due to a claiming bank when reimbursement is made. If no reimbursement is made, the reimbursing bank's charges remain the obligation of the issuing bank.

c. An issuing bank is not relieved of any of its obligations to provide reimbursement if reimbursement is not made by a reimbursing bank on first demand.

Article 14 Standard for Examination of Documents

a. A nominated bank acting on its nomination, a confirming bank, if any, and the issuing bank must examine a presentation to determine, on the basis of the documents alone, whether or not the documents appear on their face to constitute a complying presentation.

b. A nominated bank acting on its nomination, a confirming bank, if any, and the issuing bank shall each have a maximum of five banking days following the day of presentation to determine if a presentation is complying. This period is not curtailed or otherwise affected by the occurrence on or after the date of presentation of any expiry date or last day for presentation.

c. A presentation including one or more original transport documents subject to articles 19, 20, 21, 22, 23, 24 or 25 must be made by or on behalf of the beneficiary not later than 21 calendar days after the date of shipment as described in these rules, but in any event not later than the expiry date of the credit.

d. Data in a document, when read in context with the credit, the document itself and international standard banking practice, need not be identical to, but must not conflict with, data in that document, any other stipulated document or the credit.

e. In documents other than the commercial invoice, the description of the goods, services or performance, if stated, may be in general terms not conflicting with their description in the credit.

f. If a credit requires presentation of a document other than a transport document, insurance document or commercial invoice, without stipulating by whom the document is to be issued or its data content, banks will accept the document as presented if its content appears to fulfil the function of the required document and otherwise complies with sub-article 14 (d).

g. A document presented but not required by the credit will be disregarded and may be returned to the presenter.

권한은 유효기일에 구속되지 않는다.

ⅱ. 상환청구은행은 상환은행에 신용장의 제 조건에 부합하는 증명서를 제공하도록 요구받지 않는다.

ⅲ. 신용장의 제 조건에 따라서 상환은행에 의한 최초의 청구 시에 상환이 이루어지지 않은 경우, 발행은행은 발생한 비용과 함께 모든 이자 손실까지도 부담한다.

ⅳ. 상환은행의 수수료는 발행은행의 부담으로 한다. 그러나, 수익자가 그 수수료를 부담하기로 한다면, 발행은행은 신용장과 상환수권서에 그러한 사실을 표시할 의무가 있다. 수익자가 상환은행의 수수료를 부담하기로 한다면, 그 수수료는 상환이 이루어질 때 상환청구은행에 지급되어야 할 금액에서 공제된다. 상환이 이루어지지 않는다면, 상환은행의 수수료는 발행은행이 부담하는 것으로 한다.

c. 상환청구은행의 최초의 지급청구에 대하여, 상환은행에 의한 상환이 이행되지 않을 경우, 발행은행은 상환하여야 할 의무로부터 면제되지 않는다.

제14조 서류심사의 기준

a. 지정을 받아 행동하는 지정은행, 필요한 경우의 확인은행 및 발행은행은 서류가 문면상 일치하는 제시를 나타내는지를 결정하기 위하여 단지 서류만으로 심사하여야 한다.

b. 지정을 받아 행동하는 지정은행, 필요한 경우의 확인은행 및 발행은행은 제시가 일치하는지를 결정하기 위하여, 서류 제시일의 다음날부터 각각 최장 5은행영업일이 주어진다. 이 기간은 유효기일 내의 제시일이나 제시 마감일에 또는 그 이후에 발생하는 상황에 의해서 단축되거나 달리 영향을 받지 않는다.

c. 제19조~제25조에 따라, 하나 이상의 원본 운송서류를 포함한 제시는 이 규칙에서 정하고 있는 것과 같이 선적일 후 21일보다 늦지 않게, 수익자(또는 그를 대신하여)에 의하여 이루어져야 하고, 어떠한 경우에도 신용장의 유효기일보다 늦게 이루어져서는 안 된다.

d. 신용장, 서류 그리고 국제표준은행관행의 문맥에 따라 읽을 때의 서류상의 자료내용은 그 서류나 다른 적시된 서류 또는 신용장상의 자료내용과 반드시 일치될 필요는 없으나 그들과 상충되어서는 안 된다.

e. 상업송장 이외의 서류에서, 물품 서비스 또는 의무이행의 명세는 만약 기재되는 경우 신용장상의 당해 명세와 상충되지 않는 일반적인 용어로 기재될 수 있다.

f. 신용장에서 누구에 의해서 서류가 발행되는지 또는 그 자료의 내용을 명시함이 없이, 운송서류 보험서류 또는 상업송장 이외의 다른 서류의 제시를 요구하는 경우, 은행은 그 서류의 자료 내용이, 요구되는 서류의 기능을 충족하는 것으로 보이고 그 밖에 제14조 (d)항에 부합하는 한, 제시된 대로 그 서류를 수리한다.

g. 제시되었으나 신용장에서 요구되지 아니하는 서류는 무시되고 제시자에게 반환된다.

h.   If a credit contains a condition without stipulating the document to indicate compliance with the condition, banks will deem such condition as not stated and will disregard it.

i.   A document may be dated prior to the issuance date of the credit, but must not be dated later than its date of presentation.

j.   When the addresses of the beneficiary and the applicant appear in any stipulated document, they need not be the same as those stated in the credit or in any other stipulated document, but must be within the same country as the respective addresses mentioned in the credit. Contact details (telefax, telephone, email and the like) stated as part of the beneficiary's and the applicant's address will be disregarded. However, when the address and contact details of the applicant appear as part of the consignee or notify party details on a transport document subject to articles 19, 20, 21, 22, 23, 24 or 25, they must be as stated in the credit.

k.   The shipper or consignor of the goods indicated on any document need not be the beneficiary of the credit.

l.   A transport document may be issued by any party other than a carrier, owner, master or charterer provided that the transport document meets the requirements of articles 19, 20, 21, 22, 23 or 24 of these rules.

Article 15 Complying Presentation

a.   When an issuing bank determines that a presentation is complying, it must honour.

b.   When a confirming bank determines that a presentation is complying, it must honour or negotiate and forward the documents to the issuing bank.

c.   When a nominated bank determines that a presentation is complying and honours or negotiates, it must forward the documents to the confirming bank or issuing bank.

Article 16 Discrepant Documents, Waiver and Notice

a.   When a nominated bank acting on its nomination, a confirming bank, if any, or the issuing bank determines that a presentation does not comply, it may refuse to honour or negotiate.

b.   When an issuing bank determines that a presentation does not comply, it may in its sole judgement approach the applicant for a waiver of the discrepancies. This does not, however, extend the period mentioned in sub-article 14 (b).

c.   When a nominated bank acting on its nomination, a confirming bank, if any, or the issuing bank decides to refuse to honour or negotiate, it must give a single notice to that effect to the presenter.

The notice must state:

i . that the bank is refusing to honour or negotiate; and

ii . each discrepancy in respect of which the bank refuses to honour or negotiate; and

iii. a) that the bank is holding the documents pending further instructions from the presenter; or

b) that the issuing bank is holding the documents until it receives a waiver from the applicant and agrees to accept it, or receives further instructions from the presenter prior to agreeing to accept a waiver; or

h. 조건과 일치함을 나타내는 서류를 명시하지 않고 신용장에 어떤 조건이 담겨 있는 경우, 은행은 그러한 조건이 기재되지 아니한 것으로 보고 무시한다.

i. 서류는 신용장 발행일 이전 일자에 작성된 것일 수 있으나, 제시 일자보다 늦은 일자이어서는 안 된다.

j. 수익자와 발행의뢰인의 주소가 어떤 명시된 서류에 나타날 때, 그것은 신용장 또는 다른 명시된 서류상에 기재된 것과 동일할 필요는 없으나 신용장에 기재된 각각의 주소와 동일한 국가 내에 있는 주소라야 한다. 수익자 및 발행의뢰인의 주소의 일부로 기재된 상세 연락처(전신팩스 전화 이메일 등)는 무시된다. 그러나 발행의뢰인의 주소와 상세 연락처가 제19조~제25조의 적용을 받는 운송서류상의 수화인 또는 통지처의 일부로서 나타날 때에는 신용장에 명시된 것과 같아야 한다.

k. 어떤 서류상에 표시된 송화인 또는 물품탁송인은 신용장의 수익자여야 할 필요는 없다.

l. 운송서류가 이 규칙 제19조~제24조의 요건을 충족하는 한, 그 운송서류는 운송인, 운송수단 소유자(선주 등), 운송수단 조종자(선장 등) 또는 운송수단 임차자(용선자 등) 이외의 어떤 자에 의해서도 발행될 수 있다.

제15조 일치하는 제시

a. 발행은행은 제시가 일치한다고 판단할 경우 결제를 하여야 한다.

b. 확인은행은 제시가 일치한다고 판단할 경우 결제 또는 매입하고 그 서류들을 발행은행에 송부하여야 한다.

c. 지정은행은 제시가 일치한다고 판단하여 결제 또는 매입한 경우 그 서류들을 확인은행 또는 발행은행에 송부하여야 한다.

제16조 하자있는 서류, 하자수용 및 통보

a. 지정에 따라 행동하는 지정은행, 필요한 경우 확인은행 또는 발행은행은 서류의 제시가 일치하지 않는다고 판단한 경우에는 결제 또는 매입을 거절할 수 있다.

b. 발행은행은 서류제시가 일치하지 않는다고 판단하는 경우에, 독자적인 판단으로 하자의 수용을 위해 발행신청인과 교섭할 수 있다. 그러나 이와 같은 조치가 제14조 b항에서 규정한 기간을 연장시키지는 못한다.

c. 지정에 따라 행동하는 지정은행, 필요한 경우 확인은행 또는 발행은행은 결제 또는 매입을 거절하기로 결정한 경우에는 제시자에게 그러한 취지를 한번에 통보하여야 한다.

그러한 통지에는 다음과 같은 내용이 명시되어야 한다 ;

ⅰ. 은행이 결제 또는 매입을 거절한다는 사실과

ⅱ. 은행이 결제 또는 매입을 거절하는 것과 관련한 각각의 하자와

ⅲ. a) 제시자로부터 추가 지시가 있을 때까지 은행이 서류를 보관할 것이라는 사실 또는

b) 발행의뢰인으로부터 하자 수용을 받고 이를 받아들이기로 동의하거나 또는 하자 수용을 받아들이기로 동의하기 전에 제시자로부터 추가지시를 받을 때까지 발행은행이 서류를 보관할 것이라

c) that the bank is returning the documents; or

d) that the bank is acting in accordance with instructions previously received from the presenter.

d.   The notice required in sub-article 16 (c) must be given by telecommunication or, if that is not possible, by other expeditious means no later than the close of the fifth banking day following the day of presentation.

e.   A nominated bank acting on its nomination, a confirming bank, if any, or the issuing bank may, after providing notice required by sub-article 16 (c) (iii) (a) or (b), return the documents to the presenter at any time.

f.   If an issuing bank or a confirming bank fails to act in accordance with the provisions of this article, it shall be precluded from claiming that the documents do not constitute a complying presentation.

g.   When an issuing bank refuses to honour or a confirming bank refuses to honour or negotiate and has given notice to that effect in accordance with this article, it shall then be entitled to claim a refund, with interest, of any reimbursement made.

Article 17 Original Documents and Copies

a.   At least one original of each document stipulated in the credit must be presented.

b.   A bank shall treat as an original any document bearing an apparently original signature, mark, stamp, or label of the issuer of the document, unless the document itself indicates that it is not an original.

c.   Unless a document indicates otherwise, a bank will also accept a document as original if it:

i . appears to be written, typed, perforated or stamped by the document issuer's hand; or

ii . appears to be on the document issuer's original stationery; or

iii. states that it is original, unless the statement appears not to apply to the document presented.

d.   If a credit requires presentation of copies of documents, presentation of either originals or copies is permitted.

e.   If a credit requires presentation of multiple documents by using terms such as "in duplicate", "in two fold" or "in two copies", this will be satisfied by the presentation of at least one original and the remaining number in copies, except when the document itself indicates otherwise.

Article 18 Commercial Invoice

a.   A commercial invoice:

i . must appear to have been issued by the beneficiary (except as provided in article 38);

ii . must be made out in the name of the applicant (except as provided in sub-article 38 (g));

iii. must be made out in the same currency as the credit; and

iv. need not be signed.

b.   A nominated bank acting on its nomination, a confirming bank, if any, or the issuing bank may accept a commercial invoice issued for an amount in excess of the amount permitted by the credit, and its decision will be binding upon all parties, provided the bank in question has not honoured or negotiated for an amount in excess of that permitted by the credit.

는 사실 또는

    c) 은행이 서류를 반환할 것이라는 사실 또는

    d) 은행이 사전에 제시자로부터 받은 지시에 따라서 행동할 것이라는 사실

d. 제16조 c항에서 요구하는 통지는 전신으로 또는 전신이 불가능한 경우에는 다른 신속한 수단으로 제시일의 다음날로부터 5은행영업일 종료 시보다 늦지 않게 이루어져야 한다.

e. 지정에 따라 행동하는 지정은행, 필요한 경우 확인은행 또는 발행은행은 제16조(c)항 (iii)(a) 또는 (b)에서 요구하는 통지를 한 후라도 언제든지 제시자에게 서류를 반환할 수 있다.

f. 발행은행 또는 확인은행이 이 조항의 규정에 따르지 못하였을 경우, 발행은행 또는 확인은행은 그 서류가 일치하는 제시를 구성하지 않는다는 주장을 제기할 권리가 없다.

g. 발행은행이 결제를 거절하거나 또는 확인은행이 결제 또는 매입을 거절하고 이 조항에 따라 그러한 취지로 통지한 경우에, 그 은행은 이미 지급된 상환대금을 이자와 함께 반환 청구할 권리를 갖는다.

제17조 원본 서류 및 사본

a. 적어도 신용장에 명시된 서류는 각 서류마다 원본 한통은 제시되어야 한다.

b. 서류 자체에 원본이 아니라고 표시하고 있지 않는 한, 은행은 원본임을 명백하게 나타내는 서류 발행자의 서명, 마크, 스탬프 또는 라벨이 담긴 서류를 원본으로 처리한다.

c. 서류가 달리 표시하지 않는 한, 은행은 다음과 같은 서류를 원본으로 수리한다.

   ⅰ. 서류발행자의 손으로 작성, 타이핑, 천공서명, 스탬프한 것으로 보이는 것

   ⅱ. 서류발행자의 원본 서류용지에 작성된 것으로 보이는 것

   ⅲ. 제시된 서류에는 원본이라는 표시가 적용되지 않는 것으로 보이지 않는 한, 원본이라는 표시가 있는 것

d. 신용장이 서류사본의 제시를 요구하는 경우에는 원본 또는 사본의 제시가 모두 허용된다.

e. 신용장에 "in duplicate", " in two fold", "in two copies"와 같은 용어를 사용하여 복수의 서류 제시를 요구하는 경우, 이 조건은 그 서류 자체에 달리 표시하고 있지 않는 한, 적어도 원본 1통과 사본으로 된 나머지 서류를 제출하면 충족시킨 것으로 간주한다.

제18조 상업송장

a. 상업송장은

   ⅰ. 수익자가 발행한 것임을 표시하여야 한다(제38조의 규정된 내용은 제외함).

   ⅱ. 발행신청인 앞으로 작성되어야 한다(제38조 g항의 규정된 내용은 제외함).

   ⅲ. 신용장 금액과 같은 통화로 발행되어야 한다. 그리고

   ⅳ. 서명되지 않아도 된다.

b. 지정에 따라 행동하는 지정은행, 필요한 경우 확인은행 또는 발행은행은 신용장에서 허용하고 있는 금액을 초과한 금액으로 발행한 상업송장을 수리할 수 있다. 그리고 이러한 결정은 모든 당사자를 구속한다. 수리한 문제의 은행이 신용장에서 허용한 금액을 초과한 금액분에 대해서 결제 또는 매입을 하

c.   The description of the goods, services or performance in a commercial invoice must correspond with that appearing in the credit.

Article 19 Transport Document Covering at Least Two Different Modes of Transport

a.   A transport document covering at least two different modes of transport (multimodal or combined transport document), however named, must appear to:

ⅰ. indicate the name of the carrier and be signed by:

- the carrier or a named agent for or on behalf of the carrier, or
- the master or a named agent for or on behalf of the master.

Any signature by the carrier, master or agent must be identified as that of the carrier, master or agent.

Any signature by an agent must indicate whether the agent has signed for or on behalf of the carrier or for or on behalf of the master.

ⅱ. indicate that the goods have been dispatched, taken in charge or shipped on board at the place stated in the credit, by:

- pre-printed wording, or
- a stamp or notation indicating the date on which the goods have been dispatched, taken in charge or shipped on board.

The date of issuance of the transport document will be deemed to be the date of dispatch, taking in charge or shipped on board, and the date of shipment. However, if the transport document indicates, by stamp or notation, a date of dispatch, taking in charge or shipped on board, this date will be deemed to be the date of shipment.

ⅲ. indicate the place of dispatch, taking in charge or shipment and the place of final destination stated in the credit, even if:

a.   the transport document states, in addition, a different place of dispatch, taking in charge or shipment or place of final destination, or

b.   the transport document contains the indication "intended" or similar qualification in relation to the vessel, port of loading or port of discharge.

ⅳ. be the sole original transport document or, if issued in more than one original, be the full set as indicated on the transport document.

ⅴ. contain terms and conditions of carriage or make reference to another source containing the terms and conditions of carriage (short form or blank back transport document). Contents of terms and conditions of carriage will not be examined.

ⅵ. contain no indication that it is subject to a charter party.

b.   For the purpose of this article, transhipment means unloading from one means of conveyance and reloading to another means of conveyance (whether or not in different modes of transport) during the carriage from the place of dispatch, taking in charge or shipment to the place of final destination stated in the credit.

지 않았다는 것을 조건으로 한다.

c. 상업송장상의 물품, 서비스 또는 의무이행의 명세는 반드시 신용장상의 명세와 일치하여야 한다.

제19조 두 가지 이상의 상이한 운송방식을 포괄하는 운송서류

a. 최소한 2가지 이상의 상이한 운송방식을 포괄하는 운송서류(복합운송 서류)는 명칭에 관계없이, 다음과 같은 내용을 표시해야 한다.

  ⅰ. 운송인의 명칭을 명시하고 있고 다음의 자에 의해 서명되어야 한다.

      - 운송인 또는 운송인을 대리하는 기명 대리인

      - 선장 또는 선장을 대리하는 기명 대리인

운송인, 선장 또는 대리인의 서명은 운송인, 선장 또는 대리인의 서명으로 인정되어야 한다. 대리인의 서명은 그가 운송인을 대리하여, 또는 선장을 대리하여 서명한 것인지를 명시하여야 한다.

  ⅱ. 물품이 신용장에 명시된 장소에서 발송, 수령 또는 적재되었음을 다음과 같은 방법으로 명시하여야 한다.

      - 미리 인쇄된 문자 또는

      - 물품이 발송 수령 또는 본선 적재된 일자를 표시하는 스탬프 또는 부기

      운송서류의 발행일은 발송일, 수령일 또는 본선 적재일, 그리고 선적일로 본다. 그러나 운송서류가 스탬프 또는 부기에 의하여 발송일, 수령일 또는 본선 적재일을 표시하는 경우 그 일자를 선적일로 본다.

  ⅲ. 비록 다음과 같은 경우라 하더라도 신용장에 기재된 발송지, 수령지, 선적지 최종목적지를 명시하여야 한다.

a. 운송서류가 추가적으로 상이한 발송지, 수령지, 또는 선적지 또는 최종 목적지를 기재하는 경우 또는

b. 운송서류가 선박, 선적항 또는 양하항과 관련하여 "예정된" 또는 이와 유사한 제한 표시를 포함하고 있는 경우

  ⅳ. 유일한 원본 운송서류이거나 또는 한통 이상의 원본이 발행되는 경우 운송서류에 표시된 대로 전통이어야 한다.

  ⅴ. 운송조건을 포함하거나 또는 운송조건을 포함하는 다른 원용 자료를 언급하여야 한다(약식 또는 뒷면 백지 운송서류의 경우). 운송조건의 내용은 심사하지 않는다.

  ⅵ. 용선계약에 따른다는 어떤 표시도 포함하지 않아야 한다.

b. 이 조항의 목적상, 환적은 신용장에 기재된 발송지, 수령지 또는 선적지로부터 최종 목적지까지의 운송 도중에 하나의 운송수단으로부터 양하되어 다른 운송수단으로 재적재되는 것을 의미한다(운송방식이 다른지 여부는 상관하지 않는다).

c.   ⅰ. A transport document may indicate that the goods will or may be transhipped provided that the entire carriage is covered by one and the same transport document.

     ⅱ. A transport document indicating that transhipment will or may take place is acceptable, even if the   credit prohibits transhipment.

Article 20 Bill of Lading

a.   A bill of lading, however named, must appear to:

     ⅰ. indicate the name of the carrier and be signed by:

- the carrier or a named agent for or on behalf of the carrier, or
- the master or a named agent for or on behalf of the master.

Any signature by the carrier, master or agent must be identified as that of the carrier, master or agent.

Any signature by an agent must indicate whether the agent has signed for or on behalf of the carrier or for or on behalf of the master.

     ⅱ. indicate that the goods have been shipped on board a named vessel at the port of loading stated in the credit by:

- pre-printed wording, or
- an on board notation indicating the date on which the goods have been shipped on board.

The date of issuance of the bill of lading will be deemed to be the date of shipment unless the bill of lading contains an on board notation indicating the date of shipment, in which case the date stated in the on board notation will be deemed to be the date of shipment.

If the bill of lading contains the indication "intended vessel" or similar qualification in relation to the name of the vessel, an on board notation indicating the date of shipment and the name of the actual vessel is required.

     ⅲ. indicate shipment from the port of loading to the port of discharge stated in the credit.

If the bill of lading does not indicate the port of loading stated in the credit as the port of loading, or if it contains the indication "intended" or similar qualification in relation to the port of loading, an on board notation indicating the port of loading as stated in the credit, the date of shipment and the name of the vessel is required. This provision applies even when loading on board or shipment on a named vessel is indicated by pre-printed wording on the bill of lading.

     ⅳ. be the sole original bill of lading or, if issued in more than one original, be the full set as indicated on the bill of lading.

     ⅴ. contain terms and conditions of carriage or make reference to another source containing the terms and conditions of carriage (short form or blank back bill of lading). Contents of terms and conditions of carriage will not be examined.

     ⅵ. contain no indication that it is subject to a charter party.

b.   For the purpose of this article, transhipment means unloading from one vessel and reloading to another vessel

c. ⅰ. 운송서류는 전 운송이 하나의 동일한 운송서류에 의하여 처리된다면, 물품이 환적될 것이라거나 환적될 수 있다는 것을 명시할 수 있다.

ⅱ. 환적이 될 것이라거나 될 수 있다고 표시하는 운송서류는, 비록 신용장이 환적을 금지하더라도 수리될 수 있다.

제20조 선화증권

a. 선화증권은 그 명칭에 관계없이, 다음의 내용을 표시하고 있어야 한다.

ⅰ. 운송인의 명칭을 명시하고 있고 다음의 자에 의해 서명되어야 한다.
- 운송인 또는 운송인을 대리하는 기명된 대리인
- 선장 또는 선장을 대리하는 기명된 대리인
- 운송인, 선장 또는 대리인의 서명은 선장 또는 대리인의 서명으로 인정되어야 한다.

대리인의 서명은 그가 운송인을 대리하여, 또는 선장을 대리하여 서명한 것인지를 명시하여야 한다.

ⅱ. 물품이 신용장에 명시된 선적항에서, 기명된 선박에 본선 적재되었음을 다음과 같은 방법으로 명시하여야 한다.
- 미리 인쇄된 문자 또는
- 물품이 본선 적재된 일자를 표시하는 본선 적재 표기

선화증권이 선적일자를 표시하는 본선 적재표기를 포함하지 않는 경우에는 선화증권 발행일을 선적일로 본다. 선화증권에 본선 적재표기가 된 경우에는 본선 적재표기에 기재된 일자를 선적일로 본다. 선화증권이 선박명과 관련하여 "예정선박" 또는 이와 유사한 표시를 포함하는 경우에는 선적일과 실제 선박명을 표시하는 본선 적재표기가 요구된다.

ⅲ. 신용장에 기재된 선적항으로부터 양하항까지의 선적을 표시하여야 한다. 선화증권이 신용장에 기재된 선적항을 선적항으로 기재하지 않은 경우 또는 선적항과 관련하여 "예정된" 또는 이와 유사한 제한 표시를 포함하고 있는 경우에는, 신용장에 기재된 선적항과 선적일 및 선적 선박명을 표시하는 본선 적재표기가 요구된다. 이 조항은 기명된 선박에의 본선 적재 또는 선적이 미리 인쇄된 문자에 의해 선화증권에 표시된 경우에도 적용된다.

ⅳ. 유일한 원본 선화증권이거나 또는 한통 이상의 원본이 발행되는 경우 선화증권에 표시된 대로 전통이어야 한다.

ⅴ. 운송조건을 포함하거나 또는 운송조건을 포함하는 다른 원용 자료를 언급하여야 한다(약식 또는 뒷면 백지의 경우). 운송조건의 내용은 심사하지 않는다.

ⅵ. 용선계약에 따른다는 어떤 표시도 포함하지 않아야 한다.

b. 이 조항의 목적상, 환적은 신용장에 기재된 선적항으로부터 양하항까지의 운송도중에 하나의 선박으로부터 양하되어 다른 선박으로 재적재되는 것을 의미한다.

during the carriage from the port of loading to the port of discharge stated in the credit.

c.　ⅰ. A bill of lading may indicate that the goods will or may be transhipped provided that the entire 　carriage is covered by one and the same bill of lading.

　　ⅱ. A bill of lading indicating that transhipment will or may take place is acceptable, even if the credit prohibits transhipment, if the goods have been shipped in a container, trailer or LASH barge as evidenced by the bill of lading.

d.　Clauses in a bill of lading stating that the carrier reserves the right to tranship will be disregarded.

Article 21 Non-Negotiable Sea Waybill

a.　A non-negotiable sea waybill, however named, must appear to:

　　ⅰ. indicate the name of the carrier and be signed by:
- the carrier or a named agent for or on behalf of the carrier, or
- the master or a named agent for or on behalf of the master.

　　Any signature by the carrier, master or agent must be identified as that of the carrier, master or agent.

　　Any signature by an agent must indicate whether the agent has signed for or on behalf of the carrier or for or on behalf of the master.

　　ⅱ. indicate that the goods have been shipped on board a named vessel at the port of loading stated in the credit by:
- pre-printed wording, or
- an on board notation indicating the date on which the goods have been shipped on board.

　　The date of issuance of the non-negotiable sea waybill will be deemed to be the date of shipment unless the non-negotiable sea waybill contains an on board notation indicating the date of shipment, in which case the date stated in the on board notation will be deemed to be the date of shipment.

　　If the non-negotiable sea waybill contains the indication "intended vessel" or similar qualification in relation to the name of the vessel, an on board notation indicating the date of shipment and the name of the actual vessel is required.

　　ⅲ. indicate shipment from the port of loading to the port of discharge stated in the credit.

　　If the non-negotiable sea waybill does not indicate the port of loading stated in the credit as the port of loading, or if it contains the indication "intended" or similar qualification in relation to the port of loading, an on board notation indicating the port of loading as stated in the credit, the date of shipment and the name of the vessel is required. This provision applies even when loading on board or shipment on a named vessel is indicated by pre-printed wording on the non-negotiable sea waybill.

　　ⅳ. be the sole original non-negotiable sea waybill or, if issued in more than one original, be the full set as indicated on the non-negotiable sea waybill.

　　ⅴ. contain terms and conditions of carriage or make reference to another source containing the terms and conditions of carriage (short form or blank back non-negotiable sea waybill). Contents of terms and conditions of carriage will not be examined.

c. i. 선화증권은 전 운송이 하나의 동일한 선화증권에 의하여 처리된다면, 물품이 환적될 것이라거나 환적될 수 있다는 것을 명시할 수 있다.

ⅱ. 환적이 될 것이라거나 될 수 있다고 표시하는 선화증권은, 물품이 컨테이너, 트레일러, 래시 바지선에 선적되었다는 것이 선화증권에 의하여 입증되는 경우에는 비록 신용장이 환적을 금지하더라도 수리될 수 있다.

d. 운송인이 환적할 권리를 갖고 있음을 기재한 선화증권의 조항은 무시된다.

제21조 비유통성 해상화물운송장

a. 비유통 해상화물운송장은 그 명칭에 관계없이, 다음의 내용을 표시하고 있어야 한다.

ⅰ. 운송인의 명칭을 명시하고 있고 다음의 자에 의해 서명되어야 한다.

- 운송인 또는 운송인을 대리하는 기명된 대리인
- 선장 또는 선장을 대리하는 기명된 대리인
- 운송인, 선장 또는 대리인의 서명은 선장 또는 대리인의 서명으로 인정되어야 한다.

대리인의 서명은 그가 운송인을 대리하여, 또는 선장을 대리하여 서명한 것인지를 명시하여야 한다.

ⅱ. 물품이 신용장에 명시된 선적항에서, 기명된 선박에 본선 적재되었음을 다음과 같은 방법으로 명시하여야 한다.

- 미리 인쇄된 문자 또는
- 물품이 본선 적재된 일자를 표시하는 본선 적재 표기

비유통 해상화물운송장이 선적일자를 표시하는 본선 적재표기를 포함하지 않는 경우에는 비유통 해상화물운송장 발행일을 선적일로 본다. 비유통 해상화물운송장에 본선 적재표기가 된 경우에는 본선 적재표기에 기재된 일자를 선적일로 본다.

비유통 해상화물운송장이 선박명과 관련하여 "예정선박" 또는 이와 유사한 표시를 포함하는 경우에는 선적일과 실제 선박명을 표시하는 본선 적재표기가 요구된다.

ⅲ. 신용장에 기재된 선적항으로부터 양하항까지의 선적을 명시하여야 한다. 비유통 해상화물운송장이 신용장에 기재된 선적항을 선적항으로 기재하지 않은 경우 또는 선적항과 관련하여 "예정된" 또는 이와 유사한 제한 표시를 포함하고 있는 경우에는, 신용장에 기재된 선적항과 선적일 및 선적 선박명을 표시하는 본선 적재표기가 요구된다. 이 조항은 기명된 선박에의 본선 적재 또는 선적이 미리 인쇄된 문자에 의해 비유통 해상화물운송장에 표시된 경우에도 적용된다.

ⅳ. 유일한 원본 비유통 해상화물운송장이거나 또는 한통 이상의 원본이 발행되는 경우 비유통 해상화물운송장에 표시된 대로 전통이어야 한다.

ⅴ. 운송조건을 포함하거나 또는 운송조건을 포함하는 다른 원용 자료를 언급하여야 한다(약식 또는 뒷면 백지의 경우). 운송조건의 내용은 심사하지 않는다.

ⅵ. contain no indication that it is subject to a charter party.

b. For the purpose of this article, transhipment means unloading from one vessel and reloading to another vessel during the carriage from the port of loading to the port of discharge stated in the credit.

c. ⅰ. A non-negotiable sea waybill may indicate that the goods will or may be transhipped provided that the entire carriage is covered by one and the same non-negotiable sea waybill.

ⅱ. A non-negotiable sea waybill indicating that transhipment will or may take place is acceptable, even if the credit prohibits transhipment, if the goods have been shipped in a container, trailer or LASH barge as evidenced by the non-negotiable sea waybill.

d. Clauses in a non-negotiable sea waybill stating that the carrier reserves the right to tranship will be   disregarded.

Article 22 Charter Party Bill of Lading

a. A bill of lading, however named, containing an indication that it is subject to a charter party (charter   party bill of lading), must appear to:

ⅰ. be signed by:
- the master or a named agent for or on behalf of the master, or
- the owner or a named agent for or on behalf of the owner, or
- the charterer or a named agent for or on behalf of the charterer.

Any signature by the master, owner, charterer or agent must be identified as that of the master, owner, charterer or agent.

Any signature by an agent must indicate whether the agent has signed for or on behalf of the master, owner or charterer.

An agent signing for or on behalf of the owner or charterer must indicate the name of the owner or charterer.

ⅱ. indicate that the goods have been shipped on board a named vessel at the port of loading stated in the credit by:
- pre-printed wording, or
- an on board notation indicating the date on which the goods have been shipped on board.

The date of issuance of the charter party bill of lading will be deemed to be the date of shipment unless the charter party bill of lading contains an on board notation indicating the date of shipment, in which case the date stated in the on board notation will be deemed to be the date of shipment.

ⅲ. indicate shipment from the port of loading to the port of discharge stated in the credit. The port of discharge may also be shown as a range of ports or a geographical area, as stated in the credit.

ⅳ. be the sole original charter party bill of lading or, if issued in more than one original, be the full set as indicated on the charter party bill of lading.

b. A bank will not examine charter party contracts, even if they are required to be presented by the terms of the credit.

vi. 용선계약에 따른다는 어떤 표시도 포함하지 않아야 한다.

b. 이 조항의 목적상, 환적은 신용장에 기재된 선적항으로부터 양하항까지의 운송도중에 하나의 선박으로부터 양하되어 다른 선박으로 재적재되는 것을 의미한다.

c. ⅰ. 비유통 해상화물운송장은 전 운송이 하나의 동일한 비유통 해상화물운송장에 의하여 처리된다면, 물품이 환적될 것이라거나 환적될 수 있다는 것을 명시할 수 있다.

ⅱ. 환적이 될 것이라거나 될 수 있다고 표시하는 비유통 해상화물운송장은, 물품이 컨테이너, 트레일러, 래시 바지선에 선적되었다는 것이 비유통 해상화물운송장에 의하여 입증되는 경우에는 비록 신용장이 환적을 금지하더라도 수리될 수 있다.

d. 운송인이 환적할 권리를 갖고 있음을 기재한 비유통 해상화물운송장의 조항은 무시된다.

제22조 용선계약부 선화증권

a. 용선계약에 따른다는 선화증권(용선계약부 선화증권)은 명칭에 관계없이, 다음의 내용을 표시하고 있어야 한다.

ⅰ. 다음의 자에 의해 서명되어야 한다.
- 선장 또는 선장을 대리하는 기명된 대리인
- 선주 또는 선주를 대리하는 기명된 대리인
- 용선자 또는 용선자를 대리하는 기명된 대리인

선장, 선주, 용선자 또는 대리인의 서명은 선장, 선주, 용선자 또는 대리인의 서명으로 인정되어야 한다.
대리인의 서명은 그가 선장, 선주, 용선자를 대리하여 서명한 것인지를 명시하여야 한다.
선주 또는 용선자를 대리하여 서명하는 대리인은 선주 또는 용선자의 명칭을 명시하여야 한다.

ⅱ. 물품이 신용장에 명시된 선적항에서, 기명된 선박에 본선 적재되었음을 다음과 같은 방법으로 명시하여야 한다.
- 미리 인쇄된 문자 또는
- 물품이 본선 적재된 일자를 표시하는 본선 적재 표기

용선계약부 선화증권이 선적일자를 표시하는 본선 적재표기를 포함하지 않는 경우에는 용선계약부 선화증권의 발행일을 선적일로 본다. 용선계약부 선화증권에 본선 적재표기가 된 경우에는 본선 적재표기에 기재된 일자를 선적일로 본다.

ⅲ. 신용장에 기재된 선적항으로부터 양하항까지의 선적을 명시하여야 한다. 양하항은 또한 신용장에 기재된 바에 따라 일정 범위의 항구들 또는 지리적 지역으로 명시할 수 있다.

ⅳ. 유일한 원본 용선계약부 선화증권이거나 또는 한통 이상의 원본이 발행되는 경우 용선계약부 선화증권에 표시된 대로 전통이어야 한다.

b. 비록 신용장의 조건이 용선계약의 제시를 요구하더라도 은행은 용선운송계약서를 심사하지 않는다.

Article 23 Air Transport Document

a. An air transport document, however named, must appear to:

    ⅰ. indicate the name of the carrier and be signed by:

- the carrier, or

- a named agent for or on behalf of the carrier.

    Any signature by the carrier or agent must be identified as that of the carrier or agent.

    Any signature by an agent must indicate that the agent has signed for or on behalf of the carrier.

    ⅱ. indicate that the goods have been accepted for carriage.

    ⅲ. indicate the date of issuance. This date will be deemed to be the date of shipment unless the air transport document contains a specific notation of the actual date of shipment, in which case the date stated in the notation will be deemed to be the date of shipment.

    Any other information appearing on the air transport document relative to the flight number and date will not be considered in determining the date of shipment.

    ⅳ. indicate the airport of departure and the airport of destination stated in the credit.

    ⅴ. be the original for consignor or shipper, even if the credit stipulates a full set of originals.

    ⅵ. contain terms and conditions of carriage or make reference to another source containing the terms and conditions of carriage. Contents of terms and conditions of carriage will not be examined.

b. For the purpose of this article, transhipment means unloading from one aircraft and reloading to another aircraft during the carriage from the airport of departure to the airport of destination stated in the credit.

c. ⅰ. An air transport document may indicate that the goods will or may be transhipped, provided that the entire carriage is covered by one and the same air transport document.

    ⅱ. An air transport document indicating that transhipment will or may take place is acceptable, even if the credit prohibits transhipment.

Article 24 Road, Rail or Inland Waterway Transport Documents

a. A road, rail or inland waterway transport document, however named, must appear to:

    ⅰ. indicate the name of the carrier and:

- be signed by the carrier or a named agent for or on behalf of the carrier, or

- indicate receipt of the goods by signature, stamp or notation by the carrier or a named agent for or on behalf of the carrier.

    Any signature, stamp or notation of receipt of the goods by the carrier or agent must be identified as that of the carrier or agent.

    Any signature, stamp or notation of receipt of the goods by the agent must indicate that the agent has signed or acted for or on behalf of the carrier.

    If a rail transport document does not identify the carrier, any signature or stamp of the railway company will be accepted as evidence of the document being signed by the carrier.

제23조 항공운송서류

a. 항공운송서류는 명칭과 관계없이, 다음의 내용을 표시하고 있어야 한다.

    ⅰ. 운송인의 명칭을 명시하고 있고, 다음의 자에 의해 서명되어야 한다.

       - 운송인 또는

       - 운송인을 대리하는 기명된 대리인

       운송인 또는 대리인의 서명은 운송인 또는 대리인의 서명으로 인정되어야 한다. 대리인의 서명은 그 대리인이 운송인을 대리하여 서명한 것임을 명시하여야 한다.

    ⅱ. 물품이 운송을 위해 인수되었음을 명시하여야 한다.

    ⅲ. 발행일을 표시하여야 한다. 항공운송서류가 실제 적재일에 대한 특정한 부기를 포함하지 않는 경우에는 그 발행일자를 적재일로 본다. 항공운송서류가 실제 적재일에 대한 특정한 부기를 포함하는 경우에는 부기된 일자를 적재일로 본다. 운항번호와 운항일자와 관련하여 항공운송서류에 표시된 그 밖의 모든 정보는 적재일을 판단할 때 고려되지 않는다.

    ⅳ. 신용장에서 명시한 출발공항과 도착공항을 명시하여야 한다.

    ⅴ. 신용장에서 원본 전통이라고 규정하고 있더라도 송화인/탁송인용 원본을 명시하여야 한다.

    ⅵ. 운송조건을 포함하거나 또는 다른 원용 자료를 참조하도록 명시되어 있어야 한다. 이 경우 은행은 그러한 조건의 내용을 심사하지 않는다.

b. 이 조항에서 환적이란 신용장에서 명시한 출발공항으로부터 도착공항까지의 운송과정에서 한 항공기로부터 양하하여 다른 항공기로의 재적재를 하는 것을 의미한다.

c. ⅰ. 항공운송서류는 전 운송이 하나의 동일한 항공운송서류에 의하여 포괄된다면 물품이 환적될 것이라거나 환적될 수 있다고 명시할 수 있다.

    ⅱ. 신용장에서 환적을 금지하고 있더라도, 환적될 것이라거나 환적될 수 있다고 명시된 항공운송서류는 수리될 수 있다.

제24조 도로, 철도 또는 내수로 운송서류

a. 도로, 철도 또는 내수로 운송서류는 그 명칭에 관계없이, 다음의 내용을 표시하고 있어야 한다.

    ⅰ. 운송인의 명칭을 명시하고 있고, 그리고

       - 운송인 또는 운송인을 대리하는 기명된 대리인에 의해 서명되거나 또는

       - 운송인 또는 운송인을 대리하는 기명된 대리인에 의한 서명, 스탬프 또는 부기에 의하여 물품의 수령을 명시하여야 한다.

       운송인 또는 대리인에 의한 물품수령의 서명, 스탬프 또는 부기는 운송인 또는 대리인의 것으로 인정되어야 한다.

       대리인에 의한 물품수령의 모든 서명, 스탬프 또는 부기는 대리인이 운송인을 대리하여 서명했거나 수행한 것임을 명시하여야 한다.

       철도운송서류가 운송인을 특정하지 않았다면 철도회사의 서명 또는 스탬프는 운송인에 의해 문서가

ⅱ. indicate the date of shipment or the date the goods have been received for shipment, dispatch or carriage at the place stated in the credit. Unless the transport document contains a dated reception stamp, an indication of the date of receipt or a date of shipment, the date of issuance of the transport document will be deemed to be the date of shipment.

ⅲ. indicate the place of shipment and the place of destination stated in the credit.

b.　ⅰ. A road transport document must appear to be the original for consignor or shipper or bear no　marking indicating for whom the document has been prepared.

ⅱ. A rail transport document marked "duplicate" will be accepted as an original.

ⅲ. A rail or inland waterway transport document will be accepted as an original whether marked　as an original or not.

c.　In the absence of an indication on the transport document as to the number of originals issued, the number presented will be deemed to constitute a full set.

d.　For the purpose of this article, transhipment means unloading from one means of conveyance and reloading to another means of conveyance, within the same mode of transport, during the carriage from the place of shipment, dispatch or carriage to the place of destination stated in the credit.

e.　ⅰ. A road, rail or inland waterway transport document may indicate that the goods will or may be transhipped provided that the entire carriage is covered by one and the same transport document.

ⅱ. A road, rail or inland waterway transport document indicating that transhipment will or may take place is acceptable, even if the credit prohibits transhipment.

Article 25 Courier Receipt, Post Receipt or Certificate of Posting

a.　A courier receipt, however named, evidencing receipt of goods for transport, must appear to:

ⅰ. indicate the name of the courier service and be stamped or signed by the named courier service at the place from which the credit states the goods are to be shipped; and

ⅱ. indicate a date of pick-up or of receipt or wording to this effect. This date will be deemed to be the date of shipment.

b.　A requirement that courier charges are to be paid or prepaid may be satisfied by a transport document issued by a courier service evidencing that courier charges are for the account of a party other than the consignee.

c.　A post receipt or certificate of posting, however named, evidencing receipt of goods for transport, must appear to be stamped or signed and dated at the place from which the credit states the goods are to be shipped. This date will be deemed to be the date of shipment.

Article 26 "On Deck", "Shipper's Load and Count", "Said by Shipper to Contain" and Charges Additional to Freight

a.　A transport document must not indicate that the goods are or will be loaded on deck. A clause on a transport document stating that the goods may be loaded on deck is acceptable.

　　　서명된 증거로 받아들인다.

　　ⅱ. 신용장에 기재된 장소에서의 적재일 또는 물품이 적재, 발송, 운송을 위하여 수령된 일자를 명시하여
　　　야 한다. 운송서류에 일자가 표시된 수령 스탬프, 수령일 또는 적재일의 명시가 없다면 운송서류의 발
　　　행일을 적재일로 본다.

　　ⅲ. 신용장에서 기재하고 있는 적재지와 목적지를 명시하여야 한다.

b.　ⅰ. 도로운송서류는 송화인 또는 탁송인용 원본으로 표시하거나 또는 그 서류가 누구를 위하여 작성되
　　　었는지에 대한 명시가 없어야 한다.

　　ⅱ. "duplicate"라고 표시된 철도운송서류는 원본으로 수리된다.

　　ⅲ. 철도 또는 내수로 운송서류는 원본 표시 여부에 관계없이 원본으로 수리한다.

c.　운송서류에 발행된 원본 통수의 명시가 없는 경우 제시된 통수가 전통을 구성하는 것으로 본다.

d.　이 조항에서 환적이란 신용장에 기재된 적재, 발송 또는 운송지로부터 목적지까지의 운송 도중, 동일
　　한 운송방식 내에서 하나의 운송수단으로부터 양하되어 다른 운송수단으로 재적재되는 것을 의미한다.

e.　ⅰ. 도로 철도 또는 내수로 운송서류는 전 운송이 하나의 동일한 운송서류에 의하여 포괄된다면 물품
　　　이 환적될 것이라거나 환적될 수 있다는 것을 명시할 수 있다.

　　ⅱ. 신용장에서 환적을 금지하고 있더라도 환적될 것이라거나 환적될 수 있다는 명시가 된 도로 철도 또
　　　는 내수로 운송서류는 수리될 수 있다.

제25조 특송 수령증, 우편수령증 또는 우편증명서

a.　명칭과 관계없이, 운송을 위하여 물품을 수령하였음을 증명하는 특송 수령증은 다음의 내용을 표시하
　　여야 한다.

　　ⅰ. 특송업체의 명칭을 명시하고, 신용장에서 물품이 적재되기로 기재된 장소에서 기명된 특송업체의 스
　　　탬프가 찍혀있거나 서명되어야 한다.

　　ⅱ. 집배 또는 수령일자 또는 그런 취지의 문구가 명시되어야 한다. 그러한 일자는 적재일로 간주된다.

b.　특송료가 지급 또는 선 지급되어야 한다는 요건은 특송료가 수화인 이외의 제3자 부담임을 증명하는,
　　특송업체가 발행한 운송서류에 의하여 충족될 수 있다.

c.　명칭과 관계없이, 운송을 위하여 물품을 수령하였음을 증명하는 우편수령증 또는 우편증명서는 신용
　　장에 물품이 적재되기로 기재된 장소에서 스탬프되거나 또는 서명되고 일자가 기재된 것으로 보아야
　　한다. 이 일자를 적재일로 본다.

제26조 "갑판적재", "송화인 적재 및 수량확인", "송화인 표시내용에 따름"과 운임에 대한 추가비용

a.　운송서류에는 물품이 갑판에 적재되거나 적재될 것이라고 명시되지 않아야 한다. 물품이 갑판적재될
　　수 있다고 표시한 조항이 있는 운송서류는 수리될 수 있다.

b. A transport document bearing a clause such as "shipper's load and count" and "said by shipper to contain" is acceptable.

c. A transport document may bear a reference, by stamp or otherwise, to charges additional to the freight.

Article 27 Clean Transport Document

A bank will only accept a clean transport document. A clean transport document is one bearing no clause or notation expressly declaring a defective condition of the goods or their packaging. The word "clean" need not appear on a transport document, even if a credit has a requirement for that transport document to be "clean on board".

Article 28 Insurance Document and Coverage

a. An insurance document, such as an insurance policy, an insurance certificate or a declaration under an open cover, must appear to be issued and signed by an insurance company, an underwriter or their agents or their proxies.
    Any signature by an agent or proxy must indicate whether the agent or proxy has signed for or on behalf of the insurance company or underwriter.

b. When the insurance document indicates that it has been issued in more than one original, all originals must be presented.

c. Cover notes will not be accepted.

d. An insurance policy is acceptable in lieu of an insurance certificate or a declaration under an open cover.

e. The date of the insurance document must be no later than the date of shipment, unless it appears from the insurance document that the cover is effective from a date not later than the date of shipment.

f. ⅰ. The insurance document must indicate the amount of insurance coverage and be in the same currency as the credit.
    ⅱ. A requirement in the credit for insurance coverage to be for a percentage of the value of the goods, of the invoice value or similar is deemed to be the minimum amount of coverage required.
        If there is no indication in the credit of the insurance coverage required, the amount of insurance coverage must be at least 110% of the CIF or CIP value of the goods.
        When the CIF or CIP value cannot be determined from the documents, the amount of insurance coverage must be calculated on the basis of the amount for which honour or negotiation is requested or the gross value of the goods as shown on the invoice, whichever is greater.
    ⅲ. The insurance document must indicate that risks are covered at least between the place of taking in charge or shipment and the place of discharge or final destination as stated in the credit.

g. A credit should state the type of insurance required and, if any, the additional risks to be covered. An insurance document will be accepted without regard to any risks that are not covered if the credit uses imprecise terms such as "usual risks" or "customary risks".

h. When a credit requires insurance against "all risks" and an insurance document is presented containing any "all risks" notation or clause, whether or not bearing the heading "all risks", the insurance document will be accepted without regard to any risks stated to be excluded.

b. "송화인의 적재 및 수량확인" 및 "송화인의 표시내용에 따름"과 같은 조항이 있는 운송서류는 수리될 수 있다.

c. 운송서류에는 스탬프나 다른 방법으로 운임에 추가되는 비용을 기재할 수 있다.

제27조 무고장 운송서류

은행은 오직 무고장 운송서류만을 수리한다. 무고장 운송서류는 물품 또는 포장의 결함상태를 명시적으로 선언하는 조항 또는 부기가 없는 운송서류를 말한다. '무고장'이라는 단어는 신용장에 운송서류가 '무고장 본선적재'일 것이라는 요건이 포함되어 있더라도 운송서류상에 표시될 필요는 없다.

제28조 보험서류와 보험부보

a. 보험증권, 포괄보험에서의 보험증명서 또는 보험확인서와 같은 보험서류는 보험회사, 보험인수인 또는 그들의 대리인 또는 수임자가 발행하고 서명한 것으로 표시되어야 한다. 대리인 또는 수임자에 의한 서명은 보험회사 또는 보험 인수인을 대리하여 서명한 것임을 명시하여야 한다.

b. 보험서류상에 1통 이상의 원본이 발행된 것으로 표시되어 있으면, 원본 모두가 제시되어야 한다.

c. 보험승낙서는 수리되지 않는다.

d. 보험증권은 포괄보험에서의 보험증명서 또는 보험확인서 대신으로 수리될 수 있다.

e. 보험서류에서 보험가입이 최소한 물품의 선적일 이전부터 유효한 것으로 표시되어 있지 않는 한, 보험서류의 일자는 선적일보다 늦어서는 안 된다.

f. ⅰ. 보험서류는 보험가입금액을 표시하여야 하고 신용장에서와 동일한 통화로 표시되어야 한다.

ⅱ. 신용장에서 보험가입금액은 물품의 가액, 송장가액 또는 그와 유사한 가액의 백분율로 하여야 한다는 요건은 요구되는 최소 보험가입금액으로 본다. 신용장에 요구되는 보험가입금액에 대한 명시가 없는 경우, 보험가입금액은 최소한 물품의 CIF 또는 CIP 조건가격의 110%가 되어야 한다. 서류상 CIF 또는 CIP가격을 결정할 수 없는 경우, 보험가입금액은 요구되는 결제 또는 매입금액 또는 송장에 나타난 물품에 대한 총가액 중 더 큰 금액을 기준으로 산출되어야 한다.

ⅲ. 보험서류는 최소한 신용장에 명시된 수령지 또는 선적지로부터 양하지 또는 최종 목적지 사이의 위험에 대하여 보험가입이 된 것이어야 한다.

g. 신용장은 요구되는 보험의 형태를 명시하여야하고, 가입되어야 할 추가 위험이 있다면 역시 명시되어야 한다. 신용장이 '통상의 위험' 또는 '관습적인 위험'과 같이 부정확한 용어를 사용하는 경우, 보험서류는 특정위험을 가입하지 않았는지 여부와 관계없이 수리된다.

h. 신용장이 '전위험'에 대한 가입을 요구하고 있고, '전위험'이라는 어떠한 표시 또는 조항을 포함하는 보험서류가 제시되는 때에는, 제목에서 '전위험'을 나타내는가에 관계없이, 보험서류는 어떤 위험이 제외된다고 기재하는가에 관계없이 수리된다.

i. An insurance document may contain reference to any exclusion clause.

j. An insurance document may indicate that the cover is subject to a franchise or excess (deductible).

Article 29 Extension of Expiry Date or Last Day for Presentation

a. If the expiry date of a credit or the last day for presentation falls on a day when the bank to which presentation is to be made is closed for reasons other than those referred to in article 36, the expiry date or the last day for presentation, as the case may be, will be extended to the first following banking day.

b. If presentation is made on the first following banking day, a nominated bank must provide the issuing bank or confirming bank with a statement on its covering schedule that the presentation was made within the time limits extended in accordance with sub-article 29 (a).

c. The latest date for shipment will not be extended as a result of sub-article 29 (a).

Article 30 Tolerance in Credit Amount, Quantity and Unit Prices

a. The words "about" or "approximately" used in connection with the amount of the credit or the quantity or the unit price stated in the credit are to be construed as allowing a tolerance not to exceed 10% more or 10% less than the amount, the quantity or the unit price to which they refer.

b. A tolerance not to exceed 5% more or 5% less than the quantity of the goods is allowed, provided the credit does not state the quantity in terms of a stipulated number of packing units or individual items and the total amount of the drawings does not exceed the amount of the credit.

c. Even when partial shipments are not allowed, a tolerance not to exceed 5% less than the amount of the credit is allowed, provided that the quantity of the goods, if stated in the credit, is shipped in full and a unit price, if stated in the credit, is not reduced or that sub-article 30 (b) is not applicable. This tolerance does not apply when the credit stipulates a specific tolerance or uses the expressions referred to in sub-article 30 (a).

Article 31 Partial Drawings or Shipments

a. Partial drawings or shipments are allowed.

b. A presentation consisting of more than one set of transport documents evidencing shipment commencing on the same means of conveyance and for the same journey, provided they indicate the same destination, will not be regarded as covering a partial shipment, even if they indicate different dates of shipment or different ports of loading, places of taking in charge or dispatch. If the presentation consists of more than one set of transport documents, the latest date of shipment as evidenced on any of the sets of transport documents will be regarded as the date of shipment.

    A presentation consisting of one or more sets of transport documents evidencing shipment on more than one means of conveyance within the same mode of transport will be regarded as covering a partial shipment, even if the means of conveyance leave on the same day for the same destination.

c. A presentation consisting of more than one courier receipt, post receipt or certificate of posting will not be

i.   보험서류는 어떤 면책 문구에 대한 내용을 포함할 수 있다.

j.   보험서류는 가입범위가 소손해 면책조건 또는 일정한도 초과공제 면책조건에 따른다는 표시를 할 수 있다.

제29조 유효기일 또는 최종 제시일의 연장

a.   신용장의 유효기일 또는 최종제시일이, 제시되어야 하는 은행이 제36조에서 언급한 불가항력 이외의 이유로 휴업을 한 날인 경우, 유효기일 또는 경우에 따라 최종 제시기일은 그 다음의 은행 첫 영업일까지 연장된다.

b.   제시가 그 다음 첫 영업일에 이루어진 경우, 지정은행은 제시가 제29조 a항에 따라 연장된 기간내에 이루어졌음을 기재한 표지서류를 발행은행 또는 확인은행에 제공하여야 한다.

c.   최종 선적일은 제29조 a항에 따른 결과처럼 연장되지는 않는다.

제30조 신용장 금액, 수량 및 단가의 과부족 허용

a.   신용장에 명시된 신용장금액, 수량 또는 단가와 관련하여 사용된 "약", "개략"이라는 단어는 언급된 금액, 수량 또는 단가의 10% 범위를 초과하지 않는 과부족 편차를 허용하는 것으로 해석된다.

b.   신용장에서 포장단위 또는 개별품목의 명기된 숫자로 물품 수량을 명시하지 않고 있고, 환어음 발행 총금액이 신용장금액을 초과하지 않는다면 물품 수량의 5% 범위를 초과하지 않는 과부족 편차는 허용된다.

c.   신용장에 물품의 수량이 명시되어 있고 그러한 물품의 수량이 전부 선적되면서, 단가가 신용장에 명시되어 있고 그러한 가격이 감액되지 않은 경우 또는 제30조b항이 적용되지 않은 경우에는, 분할선적이 허용되지 않을 때에도 신용장 금액의 5% 범위를 초과하지 않는 부족 편차는 허용된다. 이 부족 편차는 신용장이 특정 편차를 명시하거나 제30조b항에서 언급된 표현을 사용하는 때에는 적용하지 않는다.

제31조 환어음 분할 발행 또는 분할 선적

a.   분할어음발행 또는 분할선적은 허용된다.

b.   동일한 운송수단과 동일한 항해를 위해 선적이 이루어졌음을 증명하는 두 세트 이상의 운송서류로 이루어진 제시는, 그 서류들이 동일한 목적지를 표시하고 있다면, 비록 운송서류가 상이한 선적일 또는 상이한 선적항, 수령 장소 또는 발송지를 표시하고 있어도, 분할선적이 이루어진 것으로 보지 않는다. 제시가 두 세트 이상의 운송서류로 이루어진 경우, 어느 한 운송서류에 의하여 증명되는 가장 늦은 선적일을 선적일로 본다. 같은 운송방식 내에서 둘 이상의 운송수단상의 선적을 증명하는 하나 또는 그 이상의 세트의 운송서류로 이루어진 제시는, 비록 운송수단들이 같은 날짜에 같은 목적지로 출발하더라도 분할 선적으로 본다.

c.   둘 이상의 특송배달 수령증, 우편수령증, 우편증명서로 이루어진 제시는, 만일 특송배달 수령증, 우편수령증, 우편증명서가 같은 특송배달 또는 우편서비스에 의해 같은 장소, 같은 날짜 그리고 같은 목적

regarded as a partial shipment if the courier receipts, post receipts or certificates of posting appear to have been stamped or signed by the same courier or postal service at the same place and date and for the same destination.

Article 32 Instalment Drawings or Shipments

If a drawing or shipment by instalments within given periods is stipulated in the credit and any instalment is not drawn or shipped within the period allowed for that instalment, the credit ceases to be available for that and any subsequent instalment.

Article 33 Hours of Presentation

A bank has no obligation to accept a presentation outside of its banking hours.

Article 34 Disclaimer on Effectiveness of Documents

A bank assumes no liability or responsibility for the form, sufficiency, accuracy, genuineness, falsification or legal effect of any document, or for the general or particular conditions stipulated in a document or superimposed thereon; nor does it assume any liability or responsibility for the description, quantity, weight, quality, condition, packing, delivery, value or existence of the goods, services or other performance represented by any document, or for the good faith or acts or omissions, solvency, performance or standing of the consignor, the carrier, the forwarder, the consignee or the insurer of the goods or any other person.

Article 35 Disclaimer on Transmission and Translation

A bank assumes no liability or responsibility for the consequences arising out of delay, loss in transit, mutilation or other errors arising in the transmission of any messages or delivery of letters or documents, when such messages, letters or documents are transmitted or sent according to the requirements stated in the credit, or when the bank may have taken the initiative in the choice of the delivery service in the absence of such instructions in the credit.

If a nominated bank determines that a presentation is complying and forwards the documents to the issuing bank or confirming bank, whether or not the nominated bank has honoured or negotiated, an issuing bank or confirming bank must honour or negotiate, or reimburse that nominated bank, even when the documents have been lost in transit between the nominated bank and the issuing bank or confirming bank, or between the confirming bank and the issuing bank.

A bank assumes no liability or responsibility for errors in translation or interpretation of technical terms and may transmit credit terms without translating them.

Article 36 Force Majeure

A bank assumes no liability or responsibility for the consequences arising out of the interruption of its business by Acts of God, riots, civil commotions, insurrections, wars, acts of terrorism, or by any strikes or lockouts or any other causes beyond its control. A bank will not, upon resumption of its business, honour or negotiate under a credit that expired during such interruption of its business.

지로 스탬프가 찍히거나 서명된 것으로 보이는 경우에는, 분할 선적으로 보지 않는다.

제32조 할부어음 발행 또는 할부선적

신용장에서 주어진 기간내에 할부방식에 의한 어음의 발행 또는 선적이 명시되어 있는 경우, 어느 한 부분이 허용된 기간내에 어음이 발행되지 않았거나 또는 선적되지 않으면, 동 할부분과 그 이후의 할부분에 대하여 효력을 상실한다.

제33조 제시 시간

은행은 은행 영업시간 이외에 이루어진 제시를 수리할 의무를 지지 않는다.

제34조 서류의 유효성에 대한 면책

은행은 어떠한 서류이든 다음의 사항에 대하여 아무런 책임과 의무를 지지 않는다. 즉, ① 서류의 형식, 충분성, 정확성, 진정성, 허위성 또는 법적 효력, ② 서류상에 명시되었거나 추가된 일반 또는 특정조건, ③ 서류상에 표시되어 있는 물품, 서비스, 이행을 위한 상품명세, 수량, 중량, 품질, 상태, 포장, 인도, 가치 또는 존재여부, ④ 물품의 송화인, 운송인, 운송주선인, 수화인, 보험자 또는 기타 관련자의 성실성 또는 작위 또는 부작위, 지급능력, 이행능력 또는 신용상태에 대하여 아무런 의무 또는 책임을 지지 않는다.

제35조 전송문 및 번역에 대한 면책

신용장에 기재된 요건에 따라서 전언 서신 또는 서류가 전송 또는 송부되는 경우 , 또는 신용장에 그러한 지시가 없어서 은행이 주도적으로 정보 송신 방식을 선택한 경우, 은행은 전언 전송 또는 서신이나 서류의 송부 과정에서 발생하는 지연, 운송 중의 분실, 훼손 또는 기타 오류로 인하여 발생하는 결과에 대하여 아무런 의무나 책임을 지지 않는다.

지정은행이 제시가 일치하다고 판단하여 발행은행이나 확인은행에 송부한 경우, 지정은행이 결제하거나 매입을 했는지 관계없이, 비록 서류가 지정은행과 발행은행(또는 확인은행) 간에 송부 과정에서 분실했다 하더라도, 발행은행 또는 확인은행은 결제하거나 매입하거나 당해 지정은행에게 상환하여야 한다.

은행은 기술적인 용어의 번역이나 해석상의 오류에 대하여 아무런 의무와 책임을 지지 아니하며, 또한 그러한 용어를 번역하지 아니하고 신용장 조건을 전달할 수 있다.

제36조 불가항력

은행은 천재지변, 폭동, 소요, 내란, 전쟁, 태러행위 또는 파업이나 공장폐쇄 또는 기타 불가항력적인 원인에 의한 업무중단으로 야기되는 결과에 대해서 아무런 의무와 책임을 지지 아니한다. 은행은 업무를 재개한 후에도 이와 같은 사유로 업무가 중단되었던 기간 중에 유효기간이 경과된 신용장에 대한 결제 또는 매입을 하지 않는다.

Article 37 Disclaimer for Acts of an Instructed Party

a. A bank utilizing the services of another bank for the purpose of giving effect to the instructions of the applicant does so for the account and at the risk of the applicant.

b. An issuing bank or advising bank assumes no liability or responsibility should the instructions it transmits to another bank not be carried out, even if it has taken the initiative in the choice of that other bank.

c. A bank instructing another bank to perform services is liable for any commissions, fees, costs or expenses ("charges") incurred by that bank in connection with its instructions.

    If a credit states that charges are for the account of the beneficiary and charges cannot be collected or deducted from proceeds, the issuing bank remains liable for payment of charges.

    A credit or amendment should not stipulate that the advising to a beneficiary is conditional upon the receipt by the advising bank or second advising bank of its charges.

d. The applicant shall be bound by and liable to indemnify a bank against all obligations and responsibilities imposed by foreign laws and usages.

Article 38 Transferable Credits

a. A bank is under no obligation to transfer a credit except to the extent and in the manner expressly consented to by that bank.

b. For the purpose of this article:

    Transferable credit means a credit that specifically states it is "transferable". A transferable credit may be made available in whole or in part to another beneficiary ("second beneficiary") at the request of the beneficiary ("first beneficiary").

    Transferring bank means a nominated bank that transfers the credit or, in a credit available with any bank, a bank that is specifically authorized by the issuing bank to transfer and that transfers the credit. An issuing bank may be a transferring bank.

    Transferred credit means a credit that has been made available by the transferring bank to a second beneficiary.

c. Unless otherwise agreed at the time of transfer, all charges (such as commissions, fees, costs or expenses) incurred in respect of a transfer must be paid by the first beneficiary.

d. A credit may be transferred in part to more than one second beneficiary provided partial drawings or shipments are allowed.

    A transferred credit cannot be transferred at the request of a second beneficiary to any subsequent beneficiary. The first beneficiary is not considered to be a subsequent beneficiary.

e. Any request for transfer must indicate if and under what conditions amendments may be advised to the second beneficiary. The transferred credit must clearly indicate those conditions.

f. If a credit is transferred to more than one second beneficiary, rejection of an amendment by one or more second beneficiary does not invalidate the acceptance by any other second beneficiary, with respect to which the

제37조 지시받은 당사자의 행위에 대한 면책

a. 발행신청인의 지시를 이행하기 위하여 타 은행의 서비스를 이용하는 은행은 발행신청인의 비용과 위험부담으로 처리한다.

b. 발행은행이나 통지은행은 비록 자신이 주도적으로 다른 은행을 선정하였다 하더라도 자신이 전달한 지시사항이 이행되지 않는 경우에, 이에 대한 아무런 의무나 책임을 지지 아니한다.

c. 다른 은행에게 서비스를 이행할 것을 지시한 은행은 그 지시와 관련하여 발생하는 다른 은행의 수수료, 요금, 경비 또는 비용(이하 비용이라 한다)에 대해서 책임을 진다. 신용장에 수익자가 그러한 비용을 부담하는 것으로 명시되어 있고 그 비용을 신용장 대금에서 징수하거나 공제될 수 없을 경우에는 발행은행은 비용의 지급에 대해 최종적으로 책임을 진다. 신용장 또는 조건변경은 수익자에 대한 통지가 통지은행(제2통지은행 포함)에 의한 비용의 수령을 조건으로 하여서는 안 된다.

d. 발행신청인은 외국의 법률 및 관습에 의거 부과되는 모든 의무와 책임에 구속되며, 또한 그러한 의무와 책임에 대하여 은행에 보상할 책임을 진다.

제38조 양도가능신용장

a. 은행은 자신이 명시적으로 동의하는 범위와 방법을 제외하고 신용장을 양도할 의무가 없다.

b. 이 조항에서는 다음과 같이 적용한다 :

양도가능신용장이란 특별히 "양도가능"이라고 기재된 신용장을 의미한다. 양도가능신용장은 수익자(제1수익자)의 요청에 의하여 다른 수익자(제2수익자)에게 신용장의 전부 또는 일부를 이용할 수 있도록 만들어진 것이다. 양도은행이란 신용장을 양도하는 지정은행, 또는 어느 은행이나 이용할 수 있는 신용장의 경우에는 발행은행으로부터 양도할 수 있도록 수권하여 신용장을 양도하는 은행을 의미한다. 발행은행은 양도은행이 될 수 있다. 양도된 신용장이란 양도은행에 의하여 제2수익자에게 이용 가능하도록 이루어진 신용장을 의미한다.

c. 양도 시에 달리 합의되지 않는 한, 양도와 관련하여 발생한 모든 비용(수수료, 요금, 경비 등)은 제1수익자에 의하여 지불되어야 한다.

d. 환어음 분할발행 또는 분할 선적이 허용된 경우, 신용장은 하나 또는 둘 이상의 제2수익자에게 분할하여 양도될 수 있다. 양도된 신용장은 제2수익자의 요청에 의하여 그 다음 수익자에게 양도될 수 없다. 제1수익자는 그 다음 수익자로 보지 않는다.

e. 모든 양도 요청은 제2수익자에게 조건변경을 통지하여야 하는지 여부와 어떤 조건변경으로 통지되어야 하는지를 명시하여야 한다. 양도된 신용장은 그러한 조건들을 분명히 명시하여야 한다.

f. 신용장이 둘 이상의 제2수익자에게 양도된 경우, 하나 또는 둘 이상의 수익자에 의한 조건 변경의 거절은 다른 제2수익자의 수락을 무효화하지 않고, 양도된 신용장은 그에 따라 변경된다. 조건 변경을 거절한 제2수익자에 대하여는 양도된 신용장은 변경되지 않은 상태로 남는다.

transferred credit will be amended accordingly. For any second beneficiary that rejected the amendment, the transferred credit will remain unamended.

g. The transferred credit must accurately reflect the terms and conditions of the credit, including confirmation, if any, with the exception of:

- the amount of the credit,

- any unit price stated therein,

- the expiry date,

- the period for presentation, or

- the latest shipment date or given period for shipment, any or all of which may be reduced or curtailed.

The percentage for which insurance cover must be effected may be increased to provide the amount of cover stipulated in the credit or these articles.

The name of the first beneficiary may be substituted for that of the applicant in the credit.

If the name of the applicant is specifically required by the credit to appear in any document other than the invoice, such requirement must be reflected in the transferred credit.

h. The first beneficiary has the right to substitute its own invoice and draft, if any, for those of a second beneficiary for an amount not in excess of that stipulated in the credit, and upon such substitution the first beneficiary can draw under the credit for the difference, if any, between its invoice and the invoice of a second beneficiary.

i . If the first beneficiary is to present its own invoice and draft, if any, but fails to do so on first demand, or if the invoices presented by the first beneficiary create discrepancies that did not exist in the presentation made by the second beneficiary and the first beneficiary fails to correct them on first demand, the transferring bank has the right to present the documents as received from the second beneficiary to the issuing bank, without further responsibility to the first beneficiary.

j. The first beneficiary may, in its request for transfer, indicate that honour or negotiation is to be effected to a second beneficiary at the place to which the credit has been transferred, up to and including the expiry date of the credit. This is without prejudice to the right of the first beneficiary in accordance with sub-article 38 (h).

k. Presentation of documents by or on behalf of a second beneficiary must be made to the transferring bank.

Article 39 Assignment of Proceeds

The fact that a credit is not stated to be transferable shall not affect the right of the beneficiary to assign any proceeds to which it may be or may become entitled under the credit, in accordance with the provisions of applicable law. This article relates only to the assignment of proceeds and not to the assignment of the right to perform under the credit.

g. 양도된 신용장은, 확인이 있는 경우 확인을 포함하여, 신용장의 조건을 정확하게 반영하여야 한다. 단, 다음은 제외한다.
   - 신용장의 금액
   - 신용장에 명시된 단가
   - 유효기일
   - 제시일자 또는
   - 최종 선적일 또는 선적기간

   상기 항목의 일부 또는 전부는 감액 또는 단축될 수 있다. 보험부보의 비율은 신용장 또는 이 조항들에 명시된 부보금액을 담보하기 위하여 증가될 수 있다.

   제1수익자의 명의는 발행신청인의 명의로 대체될 수 있다. 만일 발행신청인의 명의가 신용장에서 송장 이외의 모든 서류에 명시되도록 특별히 요구되고 있으면 그러한 요구조건은 양도된 신용장에도 반영되어야 한다.

h. 제1수익자는 자신의 송장과 환어음(필요하다면)을 신용장에 명시된 금액을 초과하지 않는 금액으로 제2수익자의 송장과 환어음과 대체할 권리를 갖는다. 그리고 제1수익자는 송장(및 환어음)을 대체하는 즉시 그의 송장과 제2수익자의 송장 사이에 차액이 있는 경우, 그 차액에 대하여 신용장에 의거 환어음을 발행할 수 있다.

i. 제1수익자가 자신의 송장과 환어음(필요하다면)을 제시하도록 되어 있는 경우, 최초의 요구에서 그렇게 하지 못하였다면, 또는 제1수익자가 제시한 송장이 제2수익자가 제시한 서류에서는 없었던 하자를 발생시키고 제1수익자가 첫 번째 요구에서 이를 정정하지 못하였다면, 양도은행은 제1수익자에 대하여 그 이후 하등의 책임을 지지 않고 제2수익자로부터 받은 서류를 발행은행에 제시할 권리를 갖는다.

j. 제1수익자는 양도 요청에서 신용장이 양도된 장소에서 신용장의 유효기일 이전에 제2수익자에게 결제 또는 매입이 이행되도록 명시할 수 있다. 이러한 경우에는 제38조 h항에 따른 제1수익자의 권리(제1수익자가 자신의 송장 및 환어음을 제2수익자의 송장 및 환어음과 대체하고, 자신이 받아야 할 차액을 청구할 수 있는 권리)는 침해받지 않는다.

k. 제2수익자에 의한 또는 그를 대리한 서류의 제시는 양도은행에 대하여 이루어져야 한다.

제39조 대금의 양도

신용장에서 양도가능이라고 명시되어 있지 않다는 사실은 수익자가 신용장에서 받거나 받을 수 있는 대금을 준거법의 규정에 따라서 양도할 수 있는 권리에는 하등의 영향을 미치지 않는다. 이 조항은 대금의 양도에 대해서만 관련된 것이며 신용장 자체에 의하여 수행되는 권리의 양도에 대해서는 관련되지 않는다.

4-2 eUCP, 2019

ARTICLE e1. Scope of the Uniform Customs and Practice for Documentary Credits (UCP 600) Supplement for Electronic Presentations ("eUCP")

a. The eUCP supplements the Uniform Customs and Practice for Documentary Credits (2007 Revision, ICC Publication No. 600) ("UCP") in order to accommodate presentation of electronic records alone or in combination with paper documents.

b. The eUCP shall apply where the credit indicates that it is subject to the eUCP ("eUCP credit").

c. This version is Version 2.0. An eUCP credit must indicate the applicable version of the eUCP. If not indicated, it is subject to the latest version in effect on the date the eUCP credit is issued or, if made subject to the eUCP by an amendment accepted by the beneficiary, the date of that amendment.

d. An eUCP credit must indicate the physical location of the issuing bank.

In addition, it must also indicate the physical location of any nominated bank and, if different to the nominated bank, the physical location of the confirming bank, if any, when such location is known to the issuing bank at the time of issuance. If the physical location of any nominated bank and/or confirming bank is not indicated in the credit, such bank must indicate its physical location to the beneficiary no later than the time of advising or confirming the credit or, in the case of a credit available with any bank, and where another bank willing to act on the nomination to honour or negotiate is not the advising or confirming bank, at the time of agreeing to act on its nomination.

ARTICLE e2. Relationship of the eUCP to the UCP

a. An eUCP credit is also subject to the UCP without express incorporation of the UCP.

b. Where the eUCP applies, its provisions shall prevail to the extent that they would produce a result different from the application of the UCP.

c. If an eUCP credit allows the beneficiary to choose between presentation of paper documents or electronic records and it chooses to present only paper documents, the UCP alone shall apply to that presentation. If only paper documents are permitted under an eUCP credit, the UCP alone shall apply.

ARTICLE e3. Definitions

a. Where the following terms are used in the UCP, for the purpose of applying the UCP to an electronic record presented under an eUCP credit, the term:

ⅰ. Appear on their face and the like shall apply to examination of the data content of an electronic record.

ⅱ. Document shall include an electronic record.

4-2 전자신용장 규칙, 2019

제e1조 eUCP의 범위

a. 전자제시를 위한 화환신용장 통일관습 및 관행에 대한 부칙(eUCP)은 단독 또는 종이서류와의 혼합으로 전자기록의 제시를 수용하기 위하여 화환신용장 통일관습 및 관행(2007년 개정 ICC 발간 제600호)을 보충하는 것이다.

b. eUCP는 신용장이 eUCP가 적용된다고 표시하는 경우에 UCP의 부칙으로서 적용된다.

c. 이 판은 2.0판이다. 신용장은 eUCP의 식용가능한 판을 표시하여야 한다. 신용장이 그렇게 하지 못하는 경우 신용장은 신용장이 개설된 인사에 또는 수익자에 의한 승낙된 변경에 의헤 eUCP가 적용되는 것으로 이루어진 경우 그러한 변경일자에 유효한 판이 적용된다.

d. eUCP 신용장은 발급은행의 실제위치를 나타내야 한다. 또한, 발행 당시 발행은행 해당 위치가 알려진 경우, 확인은행의 실제 위치와 지명은행과 다른 경우, 확인은행의 실제 위치를 표시해야 한다. 지명은행 또는 확인은행의 실제 위치가 신용장에 표시되지 않은 경우, 해당 은행은 신용장을 통지 또는 확인하는 시점 또는 신용장이 도착한 시점에 수혜자에게 물리적 위치를 표시해야 한다. 다른 은행이 지명은행을 기꺼이 행동할 의사가 있는 은행은 그 지명에 대해 행동하기로 동의 할 때 통지 또는 확인 은행이 아니다.

제e2조 UCP에 대한 eUCP의 관계

a. eUCP가 작용되는 신용장(eUCP 신용장)은 또한 UCP의 명시적 삽입없이도 UCP도 적용된다.

b. eUCP가 적용되는 경우 그 규정들이 UCP의 적용과는 다른 결과를 발생시키는 범위까지 그 규정이 우선한다.

c. eUCP 신용장이 수익자가 종이서류 또는 전자기록의 제시간에 선택할 수 있도록 허용하고 수익자가 종이서류만을 제시하는 것을 선택한 경우 UCP만이 그러한 제시에 적용되어야 한다. eUCP 신용장에 의거하여 종이서류만이 허용되는 경우 UCP만이 적용되어야 한다.

제e3조 정의

a. 다음의 용어가 UCP에서 사용되는 경우 eUCP신용장에 의거하여 제시된 전자기록에 UCP를 적용하기 위하여 그 용어는 다음과 같다.

 ⅰ. 문면상 보이다(appears on its face) 등의 용어는 전자기록의 자료내용의 심사에 적용되어야 한다.

 ⅱ. 서류(document)라는 용어는 전자기록을 포함하여야 한다.

iii. Place for presentation of an electronic record means an electronic address of a data processing system.

iv. Presenter means the beneficiary, or any party acting on behalf of the beneficiary who makes a presentation to a nominated bank, confirming bank, if any, or to the issuing bank directly.

v. Sign and the like shall include an electronic signature.

vi. Superimposed, notation or stamped means data content whose supplementary character is apparent in an electronic record.

b. The following terms used in the eUCP shall have the following meaning:

i. Data corruption means any distortion or loss of data that renders the electronic record, as it was presented, unreadable in whole or in part.

ii. Data processing system means a computerised or an electronic or any other automated means used to process and manipulate data, initiate an action or respond to data messages or performances in whole or in part.

iii. Electronic record means data created, generated, sent, communicated, received or stored by electronic means, including, where appropriate, all information logically associated with or otherwise linked together so as to become part of the record, whether generated contemporaneously or not, that is:
  - capable of being authenticated as to the apparent identity of a sender and the apparent source of the data contained in it, and as to whether it has remained complete and unaltered, and
  - capable of being examined for compliance with the terms and conditions of the eUCP credit.

iv. Electronic signature means a data process attached to or logically associated with an electronic record and executed or adopted by a person in order to identify that person and to indicate that person's authentication of the electronic record.

v. Format means the data organisation in which the electronic record is expressed or to which it refers.

vi. Paper document means a document in a paper form.

vii. Received means when an electronic record enters a data processing system, at the place for presentation indicated in the eUCP credit, in a format capable of being accepted by that system. Any acknowledgement of receipt generated by that system does not imply that the electronic record has been viewed, examined, accepted or refused under an eUCP credit.

viii. Re-present or re-presented means to substitute or replace an electronic record already presented.

ARTICLE e4. Electronic Records and Paper Documents v. Goods, Services or Performance

Banks do not deal with the goods, services or performance to which an electronic record or paper document may relate.

ARTICLE e5. Format

An eUCP credit must indicate the format of each electronic record. If the format of an electronic record is not indicated, it may be presented in any format.

iii. 전자기록의 제시를 위한 장소(place for presentation)라는 용어는 전자주소(electronic record)를 의미한다.

iv. 제시자는 수혜자 또는 이를 대신하여 행동하는 당사자를 의미한다.

　　수혜자 : 지명은행, 확인 은행 (있는 경우) 또는 발행은행에 직접 제시하는 수혜자.

ⅴ. 서명하다(sign) 등의 용어는 전자서명을 포함하여야 한다.

ⅵ. 부기된(superimposed), 표기(notation) 또는 타인된(stamped)의 용어는 부가적 속성이 전자기록에서 명백한 자료내용을 의미한다.

b.　eUCP에서 사용되는 다음의 용어는 다음의 의미를 가져야 한다.

ⅰ. 데이터 손상은 제시된 전체 또는 일부의 전자기록이 데이터의 왜곡 또는 손실 되었음을 의미한다.

ⅱ. 데이터 처리 시스템은 컴퓨터 또는 전자 또는 데이터 처리 및 조작, 작업 시작 또는 데이터 메시지 또는 성능의 전체 또는 일부에 사용되는 기타 자동 수단을 의미한다.

iii. 전자기록은 다음을 의미한다.

· 전자수단에 의해 생성되고, 형성되고, 송부되고, 전송되고 수취되거나 저장된 자료 송신자의 분명한 신원 그리고 그것에 포함된 자료의 분명한 출처에 관하여 그리고 그것이 완전하고 변조되지 않은 상태였는지의 여부에 관하여 인증되는 것이 가능한 것

· eUCP 신용장조건과의 일치에 대하여 심사되는 것이 가능한 것

iv. 전자서명(electronic signature)은 전자기록에 첨부되거나 이와 논리적으로 관련되고, 그리고 어떠한 자를 확인하기 위하여 그리고 그러한 자의 전자기록의 인증을 표시하기 위하여 그러한 자에 의해 실행되거나 채용된 자료처리를 의미한다.

ⅴ. 양식(format)은 전자기록이 표시되거나 그것이 언급하는 자료의 구성을 의미한다.

ⅵ. 종이서류(paper document)는 종래의 종이양식으로 된 서류를 의미한다.

vii. 수취된(received)은 전자기록이 정보시스템에 의해 수취되는 것이 가능한 양식으로 적용가능한 수신자의 정보시스템에 입력되는 시점을 의미한다. 어떤 수취확인도 eUCP신용장에 의거하여 전자기록의 수리나 기전을 의미하지 않는다.

viii. 재제시 또는 재제시된 이란 이미 제시된 전자기록을 대체하거나 교체하는 것을 의미한다.

제e4조 전자기록과 종이서류 (재화, 용역)

은행은 전자기록 또는 종이서류와 관련될 수 있는 제품, 용역 또는 성능에는 관여하지 않는다.

제e5조 양식

eUCP신용장은 전자기록이 제시되어야 하는 양식을 명시하여야 한다. 전자기록의 양식이 그렇게 명시되지 않는 경우 전자기록은 어떤 양식으로도 제시될 수 있다.

ARTICLE e6. Presentation

a.   ⅰ. An eUCP credit must indicate a place for presentation of electronic records.

     ⅱ. An eUCP credit requiring or allowing presentation of both electronic records and paper documents must, in addition to the place for presentation of the electronic records, also indicate a place for presentation of the paper documents.

b.   Electronic records may be presented separately and need not be presented at the same time.

c.   ⅰ. When one or more electronic records are presented alone or in combination with paper documents, the presenter is responsible for providing a notice of completeness to the nominated bank, confirming bank, if any, or to the issuing bank, where a presentation is made directly. The receipt of the notice of completeness will act as notification that the presentation is complete and that the period for examination of the presentation is to commence.

     ⅱ. The notice of completeness may be given as an electronic record or paper document and must identify the eUCP credit to which it relates.

     ⅲ. Presentation is deemed not to have been made if the notice of completeness is not received.

     ⅳ. When a nominated bank, whether acting on its nomination or not, forwards or makes available electronic records to a confirming bank or issuing bank, a notice of completeness need not be sent.

d.   ⅰ. Each presentation of an electronic record under an eUCP credit must identify the eUCP credit under which it is presented. This may be by specific reference thereto in the electronic record itself, or in metadata attached or superimposed thereto, or by identification in the covering letter or schedule that accompanies the presentation.

     ⅱ. Any presentation of an electronic record not so identified may be treated as not received.

e.   ⅰ. If the bank to which presentation is to be made is open but its system is unable to receive a transmitted electronic record on the stipulated expiry date and/or the last day for presentation, as the case may be, the bank will be deemed to be closed and thet expiry date and/or last day for presentation shall be extended to the next banking day on which such bank is able to receive an electronic record.

     ⅱ. In this event, the nominated bank must provide the confirming bank or issuing bank, if any, with a statement on its covering schedule that the presentation of electronic records was made within the time limits extended in accordance with sub-article e6 (e) (ⅰ).

     ⅲ. If the only electronic record remaining to be presented is the notice of completeness, it may be given by telecommunication or by paper document and will be deemed timely, provided that it is sent before the bank is able to receive an electronic record

f.   An electronic record that cannot be authenticated is deemed not to have been presented.

ARTICLE e7. Examination

a.   ⅰ. The period for the examination of documents commences on the banking day following the day on which the notice of completeness is received by the nominated bank, confirming bank, if any, or by the issuing bank, where a presentation is made directly.

제e6조 제시

a.　ⅰ. eUCP 신용장은 전자기록을 제시 할 장소를 나타내야 한다.

　　ⅱ. 전자 기록과 종이 문서의 제시를 요구하거나 허용하는 eUCP 신용장은 전자기록을 제시할 장소와 함께 종이 문서를 제시 할 장소를 표시해야 한다.

b.　전자기록은 별도로 제시 될 수 있으며 동시에 제시 될 필요는 없다.

c.　ⅰ. 하나 이상의 전자 기록이 단독으로 제시된 경우 또는 서류와 함께, 제시자는 직접 제출한 경우, 지명은행, 확인 은행 (있는 경우) 또는 발행은행에 완전한 통지를 제공할 책임이 있다. 완전한 통지를 받으면 제시가 완료되었고 검토하는 기간이 시작된다는 알림으로 간주된다.

　　ⅱ. 완전한 통지는 전자 기록 또는 종이 문서로 제공 될 수 있으며 관련 eUCP 신용장을 식별해야 한다.

　　ⅲ. 완전한 통지를 받지 못한 경우, 제시가 이루어지지 않은 것으로 간주된다.

　　ⅳ. 지명은행이 지명 여부에 상관없이 확인은행이나 발행은행에 전자 기록을 전달하거나 사용할 수 있는 경우 완료통지를 보낼 필요가 없다.

d.　ⅰ. eUCP 신용장으로 전자 기록을 제출할 때마다 해당 eUCP신용장이 제시되어야 한다. 이것은 전자 기록 자체, 또는 이에 첨부되거나 중첩된 메타 데이터에 대한 특정 참조에 의해, 또는 제시에 수반되는 커버링 레터 또는 스케줄에서의 식별에 의한 것일 수 있다.

　　ⅱ. 그렇게 식별되지 않은 전자기록의 제시는 수신되지 않은 것으로 취급될 수 있다.

e.　ⅰ. 제시를 수행할 은행이 열려 있지만 해당 시스템이 규정된 만기일 및 / 또는 제시 마지막 날에 전송된 전자 기록을 수신할 수 없는 경우, 은행은 경우에 따라 마감일 및 발표 만기일 및 / 또는 마지막 날을 해당은행이 전자 기록을 받을 수 있는 다음 은행일로 연장할 수 있다.

　　ⅱ. 이 경우, 지명은행은 확인은행 또는 발행은행(있는 경우)에 전자 기록의 제시가 제6조(e)에 따라 연장된 시간 한도 내에서 이루어졌다는 일정에 대한 진술을 제공해야 한다.

　　ⅲ. 제시되어야 할 유일한 전자 기록이 완료통지인 경우, 통신 또는 종이 문서로 제공될 수 있으며 은행이 전자기록을 수신하기 전에 발송되는 경우 적시에 제공된 것으로 간주된다.

f.　인증 할 수 없는 전자 기록은 제시되지 않은 것으로 간주된다.

제e7조 심사

a.　ⅰ. 서류심사 기간은 직접 제시를 받은 지명은행, 확인은행 (있는 경우) 또는 발행은행이 완전한 통지를 받은 날 다음 날부터 은행 업무일에 시작된다.

ii . If the time for presentation of documents or the notice of completeness is extended, as provided in sub-article e6 (e) (i), the time for the examination of documents commences on the next banking day following the day on which the bank to which presentation is to be made is able to receive the notice of completeness, at the place for presentation.

b.   i . If an electronic record contains a hyperlink to an external system or apresentation indicates that the electronic record may be examined by reference to an external system, the electronic record at the hyperlink or the external system shall be deemed to constitute an integral part of the electronic record to be examined.

ii . The failure of the external system to provide access to the required electronic record at the time of examination shall constitute a discrepancy, except as provided in sub-article e7 (d) (ii).

c.   The inability of a nominated bank acting on its nomination, a confirming bank, if any, or the issuing bank, to examine an electronic record in a format required by an eUCP credit or, if no format is required, to examine it in the format presented is not a basis for refusal.

d.   i . The forwarding of electronic records by a nominated bank, whether or not it is acting on its nomination to honour or negotiate, signifies that it has satisfied itself as to the apparent authenticity of the electronic records.

ii . In the event that a nominated bank determines that a presentation is complying and forwards or makes available those electronic records to the confirming bank or issuing bank, whether or not the nominated bank has honoured or negotiated, an issuing bank or confirming bank must honour or negotiate, or reimburse that nominated bank, even when a specified hyperlink or external system does not allow the issuing bank or confirming bank to examine one or more electronic records that have been made available between the nominated bank and the issuing bank or confirming bank, or between the confirming bank and the issuing bank.

ARTICLE e8. Notice of Refusal

If a nominated bank acting on its nomination, a confirming bank, if any, or the issuing bank, provides a notice of refusal of a presentation which includes electronic records and does not receive instructions from the party to which notice of refusal is given for the disposition of the electronic records within 30 calendar days from the date the notice of refusal is given, the bank shall return any paper documents not previously returned to that party, but may dispose of the electronic records in any manner deemed appropriate without any responsibility.

ARTICLE e9. Originals and Copies

Any requirement for presentation of one or more originals or copies of an electronic record is satisfied by the presentation of one electronic record.

ARTICLE e10. Date of Issuance

An electronic record must provide evidence of its date of issuance.

ARTICLE e11. Transport

If an electronic record evidencing transport does not indicate a date of shipment or dispatch or taking in charge or a date the

ⅱ. 제6조(e)(ⅰ)호에 규정 된 바와 같이 서류의 제출 시간 또는 완전한 통지가 연장 된 경우, 서류의 심사 시간은 은행이 다음 날의 은행 업무 일에 시작된다. 어떤 프리젠테이션을 할 것인지는 프리젠테이션 장소에서 완전한 통지를받을 수 있다.

b.　ⅰ. 전자기록에 외부 시스템에 대한 하이퍼링크가 포함되어 있거나 외부시스템을 참조하여 전자기록을 검사할 수 있다는 표시가 있는 경우, 하이퍼링크 또는 외부시스템의 전자기록은 검사해야 할 전자기록의 필수 부분으로 간주된다.

ⅱ. 검사시 외부시스템이 필수전자기록에 대한 액세스를 제공하지 못하면 하위 조항 e7(d)(ⅱ)에 규정된 경우를 제외하고 불일치가 된다.

c.　지명은행, 확인은행 (있는 경우) 또는 발행은행이 eUCP 신용장에 필요한 형식으로 전자기록을 검토하거나 형식이 필요하지 않은 경우는 거절의 근거가 아니다.

d.　ⅰ. 지명은행에 의한 전자기록의 전달은 그것이 명예 또는 협상을 위한 지명에 따라 행동하는지 여부에 관계없이 전자기록의 명백한 진위성을 만족했음을 나타낸다.

ⅱ. 지명은행이 제시가 완벽하다고 판단한 경우, 지명은행의 명예 또는 협상 여부와 상관없이, 해당 은행의 전자기록을 확인은행 또는 발행은행에 전달하거나 제공할 수 있는 경우, 발행은행 또는 확인 은행은 네고를 해야 하며 지정된 하이퍼 링크 또는 외부 시스템으로 인해 발행은행이나 확인은행이 지명은행과 발행은행 또는 확인은행 간에 또는 이용 가능한 하나 이상의 전자기록을 검토할 수 없는 경우에도 그러하다.

제e8조 거절통지

지명은행이 지명에 따라 행동하는 경우, 확인은행 (있는 경우) 또는 발행은행은 전자기록을 포함하고 제시에 대한 거절통지를 받지 않은 당사자로부터 지시를 받지 않는 제시 거부 통지를 해야 한다. 거부 통지를 받은 날로부터 30일 이내에 전자 기록을 폐기할 경우, 은행은 이전에 해당 당사자에게 반환하지 않은 종이문서를 반환해야 하지만 전자기록은 아무런 책임 없이 적절한 방식으로 폐기할 수 있다.

제e9조 원본 및 사본

하나 또는 둘 이상의 전자기록의 원본 또는 사본에 대한 UCP 또는 eUCP 신용장의 요건은 한통의 전자기록의 제시에 의해 충족된다.

제e10조 발행일자

전자 기록은 발행 날짜의 증거를 제공해야 한다.

제e11조 운송

운송을 증명하는 전자기록이 선적이나 발송일자를 표시하지 않는 경우 전자기록의 발행일자는 선적 또는

goods were accepted for carriage, the date of issuance of the electronic record will be deemed to be the date of shipment or dispatch or taking in charge or the date the goods were accepted for carriage. However, if the electronic record bears a notation that evidences the date of shipment or dispatch or taking in charge or the date the goods were accepted for carriage, the date of the notation will be deemed to be the date of shipment or dispatch or taking in charge or the date the goods were accepted for carriage. Such a notation showing additional data content need not be separately signed or otherwise authenticated.

ARTICLE e12. Data Corruption of an Electronic Record

a. If an electronic record that has been received by a nominated bank acting on its nomination or not, confirming bank, if any, or the issuing bank, appears to have been affected by a data corruption, the bank may inform the presenter and may request it to be re-presented.

b. If a bank makes such a request:

ⅰ. the time for examination is suspended and resumes when the electronic record is re-presented; and

ⅱ. if the nominated bank is not a confirming bank, it must provide any confirming bank and the issuing bank with notice of the request for the electronic record to be re-presented and inform it of the suspension; but

ⅲ. if the same electronic record is not re-presented within 30 calendar days, or on or before the expiry date and/or last day for presentation, whichever occurs first, the bank may treat the electronic record as not presented.

ARTICLE e13. Additional Disclaimer of Liability for Presentation of Electronic Records under eUCP

a. By satisfying itself as to the apparent authenticity of an electronic record, a bank assumes no liability for the identity of the sender, source of the information, or its complete and unaltered character other than that which is apparent in the electronic record received by the use of a data processing system for the receipt, authentication, and identification of electronic records.

b. A bank assumes no liability or responsibility for the consequences arising out of the unavailability of a data processing system other than its own.

ARTICLE e14. Force Majeure

A bank assumes no liability or responsibility for the consequences arising out of the interruption of its business, including but not limited to its inability to access a data processing system, or a failure of equipment, software or communications network, caused by Acts of God, riots, civil commotions, insurrections, wars, acts of terrorism, cyberattacks, or by any strikes or lockouts or any other causes, including failure of equipment, software or communications networks, beyond its control.

발송일자인 것으로 간주된다. 그러나 전자기록이 선적이나 발송일자를 증명하는 부기를 포함하는 경우 부기일자는 선적이나 발송일자인 것으로 간주된다. 추가적인 자료내용을 보여주는 부기는 별도로 서명되거나 달리 인증될 필요가 없다.

제e12조 제시후에 전자기록의 변형

a. 확인은행 또는 발행은행, 지명은행에 의해 수령된 전자기록이 데이터 손상의 영향을 받은 것으로 보이는 경우, 은행은 제시자에게 알리고 재제시를 요청할 수 있다.

b. 은행이 그러한 요청을 하는 경우 :

   ⅰ. 전자 기록이 제시될 때 검사시간이 정지되고 재제시될 때 재개된다.

   ⅱ. 지명은행이 확인 은행이 아닌 경우, 확인은행과 발급은행에 전자 기록의 재제출 요청에 대한 통지를 제공하고 정지를 통지해야 한다. 그러나

   ⅲ. 동일한 전자기록이 30일 이내에, 또는 만료 날짜 및 / 또는 제시를 위한 마지막 날 중 또는 그 이전에 재발급되지 않는 경우, 은행은 전자기록을 제시되지 않은 것으로 간주 할수 있다.

제e13조 eUCP에 의거한 전자기록의 제시를 위한 책임의 추가적인 면책

a. 은행은 전자 기록의 명백한 진정성에 대해 스스로를 만족시킴으로써, 발신자의 신원, 정보의 출처, 또는 사용에 의해 수신된 전자기록에 명백한 것 이외의 완전하고 변경되지 않은 성격에 대한 책임을 지지 않는다.

b. 은행은 자신의 데이터 처리 시스템 이외의 데이터 처리 시스템을 사용할 수 없기 때문에 발생하는 결과에 대해 책임을 지지 않는다.

제e14조 불가항력

은행은 폭동, 민사 동맹, 반란, 전쟁, 테러 행위, 사이버 공격 또는 파업이나 폐쇄 또는 통제 할 수 없는 장비, 소프트웨어 또는 통신 네트워크 장애를 포함한 기타 모든 원인으로 인해 데이터 처리 시스템에 액세스 할 수 없거나 장비, 소프트웨어 또는 통신 네트워크의 장애, 신의 행위에 의한 장애 등 비즈니스 중단으로 인해 발생하는 결과에 대해 책임을 지지 않는다.

4-3 | ISBP, 2013

PRELIMINARY CONSIDERATIONS

Scope of the publication

ⅰ. This publication is to be read in conjunction with UCP 600 and not in isolation.

ⅱ. The practices described in this publication highlight how the articles of UCP 600 are to be interpreted and applied, to the extent that the terms and conditions of the credit, or any amendment thereto, do not expressly modify or exclude an applicable article in UCP 600.

The credit and amendment application, the issuance of the credit and any amendment thereto

ⅲ. The terms and conditions of a credit and any amendment thereto are independent of the underlying sale or other contract even if the credit or amendment expressly refers to that sale or other contract. When agreeing the terms of the sale or other contract, the parties thereto should be aware of the ensuing implications for the completion of the credit or amendment application.

ⅳ. Many of the problems that arise at the document examination stage could be avoided or resolved by the respective parties through careful attention to detail in the credit or amendment application and issuance of the credit or any amendment thereto. The applicant and beneficiary should carefully consider the documents required for presentation, by whom they are to be issued, their data content and the time frame in which they are to be presented.

ⅴ. The applicant bears the risk of any ambiguity in its instructions to issue or amend a credit. An issuing bank may, unless the applicant expressly instructs to the contrary, supplement or develop those instructions in a manner necessary or desirable to permit the use of the credit or any amendment thereto. An issuing bank should ensure that any credit or amendment it issues is not ambiguous or conflicting in its terms and conditions.

ⅵ. The applicant and issuing bank should be fully aware of the content of UCP 600 and recognize that articles such as 3, 14, 19, 20, 21, 23, 24, 28 (ⅰ), 30 and 31 define terms in a manner that may produce unexpected results. For example, a credit requiring presentation of a bill of lading and containing a prohibition against transshipment will, in most cases, have to exclude UCP 600 sub-article 20 (c) to make the prohibition against transshipment effective.

ⅶ. A credit or any amendment thereto should not require presentation of a document that is to be issued, signed or

4-3 국제표준은행관습, 2013

사전숙지사항

본 간행물의 범주

ⅰ. 본 간행물은 UCP600과 연결하여 읽어야 하며 독립적으로 해석하지 않아야 한다. 달리 말하면, ISBP 는 실무자들이 UCP규칙을 적용하는 방법인 국제표준은행관행을 요약한 것이다. 서류는 하나 또는 다수의 신용장 조건 또는 UCP 규칙을 준수하지 않았기 때문에 하자가 된다. 만일 상대방이 하자서류 가 되는 이유를 이해하지 못한다면, 관련 UCP규칙을 인용하고, 그래도 이해하지 못한다면, ISBP의 관 련 항목을 참조하여 설명하는 것이 적절하다. ICC 은행위원회가 UCP의 적용에서 채택한 ICC 견해, DOC DEX 결정문 또는 ISBP항목을 언급하면서 상대방에게 설명하는 것도 나쁘지 않다.

ⅱ. 본 간행물에서 기술하는 관행들은, 신용장 또는 모든 조건변경에서 UCP600의 적용조항을 명시적으로 수정 또는 배제 하지 않는 한도까지, UCP600조항들을 어떻게 해석하고 적용하여야 하는지를 강조한다.

신용장개설신청 및 조건변경신청, 신용장개설 및 신용장의 모든 조건변경

ⅲ. 신용장 또는 조건변경이 관련된 기초매매계약 또는 기타계약을 명시적으로 언급하고 있어도, 신용장 및 모든 조건변경의 조건들은 그러한 계약 또는 기타계약으로부터 독립된 것이다. 매매계약 또는 기 타계약조건을 합의할 때, 당사자들은 신용장개설신청서 또는 신용장조건변경신청서의 작성에 미치 는 영향을 숙지하여야 한다.

ⅳ. 서류심사단계에서 발생하는 많은 문제들은 신용장개설신청 또는 신용장조건변경신청 그리고 신용 장의 개설 또는 모든 신용장조건변경에서 관련당사자들이 세심한 주의를 기울임으로써 방지 또는 해결될 수 있다. 개설의뢰인과 수익자는 제시하도록 요구되는 서류의 발행인, 서류의 자료내용 및 서 류가 제시되어야하는 기간을 신중하게 고려하여야 한다.

ⅴ. 개설의뢰인은 신용장개설 또는 조건변경을 위한 지시의 모든 불명료함에 대한 위험을 부담한다. 개 설의뢰인이 명시적으로 달리 지시하지 않는 한, 개설은행은 신용장 또는 모든 조건변경을 사용할 수 있도록 만들기 위하여 그러한 지시들을 필요한 또는 바람직한 방식으로 보충 또는 개선시킬 수 있다. 개설은행은 자신이 발행하는 모든 신용장 또는 조건변경의 조건들이 모호하거나 상충하지 않아야 한다는 점을 명심하여야 한다.

ⅵ. 개설의뢰인과 개설은행은 UCP600의 내용을 완전히 숙지하여야 하며 제3조, 14조, 19조, 20조, 21조, 23조, 24조, 28조i항, 30조 및 31조와 같은 조항들은 예상하지 못한 결과를 초래할 수도 있는 방식으로 규정하고 있다는 것을 알아야한다. 예를 들어, 선하증권을 요구하면서 환적을 금지시키는 신용장은, 환적금지가 유효하도록 만들기 위해서 대부분의 경우 UCP600 제20조 c항의 적용을 배제시켜야 한다.

ⅶ. 신용장 또는 모든 조건변경은 개설의뢰인이 발행, 서명 또는 대응서명을 하여야 하는 서류를 제시하

countersigned by the applicant. If, nevertheless, a credit or amendment is issued including such a requirement, the beneficiary should consider the appropriateness of such a requirement and determine its ability to comply with it, or seek a suitable amendment.

GENERAL PRINCIPLES

Abbreviations

A1) Generally accepted abbreviations, such as, but not limited to, "Int'l" instead of "International", "Co." instead of "Company", "kgs" or "kos" instead of "kilograms" or "kilos", "Ind." instead of "Industry", "Ltd" instead of "Limited", "mfr" instead of "manufacturer" or "mt" instead of "metric tons" may be used in documents in substitution for a word or vice versa. A credit that includes an abbreviation in its text allows a document to show the same abbreviation or any other abbreviation that has the same meaning, or to show the complete spelling of the word or vice versa.

A2) a. Virgules (i.e., slash marks "/") may result in different meanings and should not be used as a substitute for a word. If, nevertheless, a virgule is used and no context is apparent, this will allow the use of one or more of the options. For example, a condition in a credit stating "Red/Black/Blue" with no further clarification will mean only Red or only Black or only Blue or any combination of them.

  b. The use of a comma when indicating a range of data in a credit such as ports of loading or discharge or countries of origin, may result in different meanings and should not be used as a substitute for a word. If, nevertheless, a comma is used and no context is apparent, this will allow the use of one or more of the options. For example, when a credit allows partial shipment and indicates the port of loading information as "Hamburg, Rotterdam, Antwerp" with no further clarification, this will mean only Hamburg or only Rotterdam or only Antwerp or any combination of them.

Certificates, Certifications, Declarations and Statements

A3) When a certificate, certification, declaration or statement is required by a credit, it is to be signed.

A4) Whether a certificate, certification, declaration or statement needs to be dated will depend on the type of certificate, certification, declaration or statement that has been requested, its required wording and the wording that appears within the document.

For example, when a credit requires the presentation of a certificate issued by the carrier or its agent stating that the vessel is no more than 25 years old, the certificate may evidence compliance by indicating:

  a. the date or year the vessel was built, and such date or year is no more than 25 years prior to the date of shipment or the year in which shipment was effected, in which case a date of issuance is not necessary, or

  b. the wording as stated in the credit, in which case a date of issuance is required, thereby certifying that as of that date the vessel was not more than 25 years old.

도록 요구하지 않아야 한다. 그럼에도 불구하고, 그러한 요건을 포함하는 신용장이 개설되거나 조건
변경이 발행된다면, 수익자는 그러한 요건의 적절성을 숙고하여 그것을 준수할 자신의 능력을 판단
하거나, 아니면 적절한 조건변경을 모색하여야 한다.

A. 일반원칙

약어

A1) 이것들이 전부는 아니지만, 예를 들어, "International" 대신에 "Int'l", "Company" 대신에 "Co.", "kilograms"
또는 "kilos"대신에 "kgs"또는 "kos", "Industry"대신에 "Ind.","Limited"대신에 "Ltd.","manufacturer"대신에
"mfr"또는 "metric tons"대신에 "mt"와 같이 일반적으로 인정되는 약어들을 서류에서 대신하여 사용하거
나 반대의 방법으로 사용할 수 있다. 본문에 약어를 포함하는 신용장을 동일한 약어또는 동일한 의미
의 다른 약어, 또는 그러한 용어의 완전한 철자로 표시된 서류를 허용하며 또는 그 반대의 경우도 허용
한다.

A2) a. 사선은 (즉, 슬래시마크 "/"는) 다른 의미를 초래할 수 있으므로 문자를 대체하는 것으로 사용하지 않
아야 한다. 그럼에도 불구하고, 사선이 사용되고 문맥상으로 분명하지 않는 경우, 이것은 하나 또는
그 이상의 선택적 사용을 허용한다. 예를 들어, 추가설명이 없이 "빨강/검정/파랑"을 명시하는 신용장
조건은 오로지 빨간색 또는 오로지 검은색 또는 오로지 푸른색 또는 그것들의 모든 조합을 의미한다.

b. 신용장에서 선적항 또는 양륙항 또는 원산지국가들과 같은 자료의 범위를 명시할 때 쉼표를 사용하면
다른 의미를 초래할 수 있으므로 문자를 대체하는 것으로 사용하지 않아야 한다. 그럼에도 불구하고,
쉼표가 사용되고 문맥상으로 분명하지 않은 경우, 이것은 하나 또는 그 이상이 선택적 사용을 허용한
다. 예를 들어, 신용장이 분할선적을 허용하면서 추가설명이 없이 선적항을 "함부르크, 로테르담, 앤트
워프"로 표시한다면, 이것은 오로지 함부르크 또는 오로지 로테르담 또는 오로지 앤트워프 또는 그것
들의 모든 조합을 의미한다.

증명서, 증명문언, 선언서 및 진술서

A3) 신용장이 증명서, 증명문언, 신고서 또는 진술서를 요구하는 경우, 그것들은 서명이 되어야 한다.

A4) 증명서, 증명문언, 신고서 또는 진술서에 일자가 있어야하는 여부는 요청된 증명서, 증명문언, 신고서
또는 진술서의 형식, 그것의 요구문언 및 서류에 보이는 문언에 달려있다. 예를 들어, 신용장에서 선박
이 25년 이상 되지 않았음을 진술하는 운송인 또는 그의 대리인이 발행한 증명서의 제시를 요구하는
경우, 그러한 증명서는 다음과 같이 표시하여 준수하였음을 증빙할 수 있다.

a. 선박의 건조일자 또는 연도, 그리고 그러한 일자 또는 연도가 선적일자 전 또는 선적이 이행된 연도 전
25년을 경과하지 않은 경우 발행일자는 필요가 없다. 또는,

b. 신용장에 명시된 문언을 표시하는 경우, 발행일자가 요구되며, 그것으로, 선박은 그 일자에서 25년
을 초과하지 않았음을 증명한다.

A5) When a certification, declaration or statement is to appear in a document which is to be signed and dated, it does not require a separate signature or date when the certification, declaration or statement appears to have been given by the same entity that issued and signed the document.

Copies of transport documents covered by UCP 600 articles 19

A6) a. When a credit requires the presentation of a copy of a transport document covered by UCP 600 articles 19−25, the relevant article is not applicable, as these articles only apply to original transport documents. A copy of a transport document is to be examined only to the extent expressly stated in the credit, otherwise according to UCP 600 sub−article 14 (f).

b. Any data shown on a copy of a transport document, when read in context with the credit, the document itself and international standard banking practice, need not be identical to, but must not conflict with, data in that document, any other stipulated document or the credit.

c. Copies of transport documents covered by UCP 600 articles 19−25 are not subject to the default presentation period of 21 calendar days stated in UCP 600 sub−article 14 (c) or any presentation period stated in the credit, unless the credit explicitly states the basis for determining such presentation period. Otherwise, a presentation may be made at any time, but in any event no later than the expiry date of the credit.

Correction and alteration ("correction")

A7) a. ⅰ. Any correction of data in a document issued by the beneficiary, with the exception of drafts (see paragraph B16), need not be authenticated.

ⅱ. When a document issued by the beneficiary has been legalized, visaed, certified, etc., any correction of data is to be authenticated by at least one of the entities that legalized, visaed or certified, etc., the document. Such authentication is to indicate the name of the entity authenticating the correction either by use of a stamp incorporating its name, or by the addition of the name of the authenticating entity accompanied by its signature or initials.

b. ⅰ. Any correction of data in a document, other than in a document issued by the beneficiary, is to appear to have been authenticated by the issuer or an entity acting as agent, proxy or for [or on behalf of] the issuer. Such authentication is to indicate the name of the entity authenticating the correction either by use of a stamp incorporating its name, or by the addition of the name of the authenticating entity accompanied by its signature or initials. In the case of authentication by an agent or proxy, the capacity of acting as agent or proxy for [or on behalf of] the issuer is to be stated.

ⅱ. When a document other than one issued by the beneficiary has been legalized, visaed, certified, etc., any correction of data is, in addition to the requirements of paragraph A7) (b) (ⅰ), to be authenticated by at least one of the entities that legalized, visaed or certified, etc., the document. Such authentication is to indicate the name of the entity authenticating the correction either by use of a stamp incorporating its name, or by the addition of the name of the authenticating entity accompanied by its signature or initials.

A5) 증명문언, 신고문언 또는 진술문이, 서명이 되고 일자가 있어야 하는 서류상에 표시되어야하는 경우, 그러한 증명문언, 신고무언 또는 진술문이 서류를 발행하고 서명한 동일인에 의하여 부가된 것으로 보이는 경우, 그것에 별도의 서명 또는 일자를 요하지 않는다.

UCP600 제19-25조에서 취급되는 운송서류의 부본

A6) a. 신용장이 UCP600 제19-25조에 규정된 운송서류의 부본을 제시하도록 요구하는 경우, 이러한 조항들은 원본 운송서류에만 적용되는 것이므로, 해당조항이 적용되지 않는다. 운송서류의 부본은 신용장에서 분명하게 명시한 조건에 한하여 심사되어야 하며, 그렇지 않으면 UCP600 제14조 f항에 따라 심사되어야 한다.

b. 운송서류의 부본에 표시된 모든 자료들은 신용장, 서류자체 및 국제표준은행관행의 문맥으로 보아서, 그 서류, 모든 다른 요구서류 또는 신용장의 자료들과 동일할 필요는 없지만 상충하지 않아야 한다.

c. UCP600 제19-25조에서 다루어지고 있는 운송서류의 부본들은, 신용장이 그러한 제시기간을 결정하는 근거를 분명하게 명시하지 않는 한, UCP600 제14조c항에 규정된 21달력일의 제시간 또는 신용장에 명시된 모든 제시기간이 적용되지 않는다. 그렇게 명시하지 않는다면, 언제라도 제시될 수 있지만, 어떠한 경우에도 신용장의 유효기일까지는 제시되어야 한다.

정정 및 수정 ("정정")

A7) a. ⅰ. 환어음(B16번 참조)을 제외하고 수익자가 발행한 서류상 자료의 모든 정정에는 인증이 필요없다.

ⅱ. 수익자가 발행한 서류가 공인, 사증, 증명 등이 된 경우, 자료의 모든 정정에는 서류에 공인, 사증 또는 증명 등을 한 기관들 중, 적어도 하나의 기관이 인증하여야 한다. 그러한 인증에는 인증기관의 서명 또는 약식서명에, 기관명이 새겨진 스탬프를 사용하거나 또는 그러한 인증기관명을 부기하여, 정정을 인증하는 기관명을 표시하여야 한다.

b. ⅰ. 수익자가 발행한 서류가 아닌 서류상 자료의 모든 정정에는 발행인 또는 대리인이나 수임인으로 행동하는 자 또는 발행을 대리하는 [또는 대신하는] 자가 인증한 것으로 보여야 한다. 그러한 인증에는 인증자의 서명 또는 약식서명에 인증자명을 포함하는 스탬프를 사용하거나 또는 인증자명을 부기하여 정정을 인증하는 자의 이름을 표시하여야 한다. 대리인 또는 수임인이 인증하는 경우, 발행인을 대리하는 [또는 대신하는] 대리인 또는 수임인으로 행동한다는 자격이 명시되어야 한다.

ⅱ. 수익자가 발행하지 않은 서류에 공인, 사증, 증명 등이 된 경우, 자료의 모든 정정에는 A7번 b항 ⅰ호의 요건에 추가하여, 서류를 공인, 사증 또는 증명 등을 한 기관들 중 적어도 하나의 기관이 인증하여야 한다. 그러한 인증에는 인증기관의 서명 또는 약식서명에, 기관명이 새겨진 스탬프를 사용하거나, 또는 그러한 인증기관명을 부기하여, 정정을 인증하는 기관명을 표시하여야 한다.

c. Any correction of data in a copy document need not be authenticated.

A8) When a document other than one issued by the beneficiary contains more than one correction, either each correction is to be authenticated separately, or one authentication is to indicate that it applies to all the corrections. For example, when a document issued by XXX shows three corrections numbered 1, 2 and 3, one statement such as "Correction numbers 1, 2 and 3 authenticated by XXX" or similar, together with the signature or initials of XXX, will satisfy the requirement for authentication.

A9) The use of multiple type styles, font sizes or handwriting within the same document does not, by itself, signify a correction.

Courier receipt, post receipt and certificate of posting in respect of the sending of documents, notices and the like

A10) When a credit requires the presentation of a document as evidence of sending documents, notices and the like to a named or described entity, in the form of a courier receipt, post receipt or certificate of posting, such document is to be examined only to the extent expressly stated in the credit, otherwise according to UCP 600 sub-article 14 (f) and not under UCP 600 article 25.

Dates

A11) a. Even when a credit does not expressly so require:

drafts are to indicate a date of issuance;

insurance documents are to indicate a date of issuance or effectiveness of the insurance coverage as reflected in paragraphs K10) (b) and K11); and

original transport documents, subject to examination under UCP 600 articles 19—25, are to indicate a date of issuance, a dated on board notation, a date of shipment, a date of receipt for shipment, a date of dispatch or carriage, a date of taking in charge or a date of pick up or receipt, as applicable.

b. A requirement that a document, other than a draft, insurance document or original transport document, be dated will be satisfied by the indication of a date of issuance or by reference in the document to the date of another document forming part of the same presentation (for example, by the wording "date as per bill of lading number xxx" appearing on a certificate issued by a carrier or its agent) or a date appearing on a stipulated document indicating the occurrence of an event (for example, by the date of inspection being indicated on an inspection certificate that otherwise does not contain a date of issuance).

A12) a. A document, such as, but not limited to, a certificate of analysis, inspection certificate or fumigation certificate, may indicate a date of issuance later than the date of shipment. When a credit requires a document to evidence a pre shipment event (for example, "pre-shipment inspection certificate"), the document, either by its title, content or date of issuance, is to indicate that the event (for example, inspection) took place on or prior to the date of shipment. When a credit requires a document such as, but not limited to, an "inspection certificate", this does not constitute a requirement that the document is to

    c. 부본서류상 자료의 모든 정정에는 인증이 필요없다.

A8) 수익자가 발행하지 않은 서류에 복수의 정정을 포함하고 있는 경우, 각각의 정정이 별도로 인증되거나, 또는 하나의 인증이 모든 정정들에 적용된다는 것을 표시하여야 한다. 예를 들어, XXX가 발행한 서류에 1,2,3으로 번호가 매겨진 3개의 정정을 표시하고 있으면, XXX의 서명 또는 약식서명과 함께 "XXX가 정정번호 1,2,3,번을 인증하였음" 또는 이와 유사한 하나의 진술문이 인증요건을 충족시킨다.

A9) 동일한 서류상에 여러 형태의 글씨체, 글꼴크기 또는 수기의 사용 자체가 정정을 의미하지 않는다.

서류, 통지서 및 유사한 것들의 발송에 관련된 택배수령증, 우편수령증 및 우편증명서

A10) 신용장이 서류, 통지서와 같은 것들을 기명 또는 기술된 곳으로 보낸 증빙서류를 택배수령증, 우편수취증 또는 우편증명서의 형태로 제시할 것을 요구하는 경우, 신용장에서 명확하게 명시한 조건에 한하여 심사되어야 하며, 그렇지 않으면, UCP600 제25조가 아닌 UCP600 제14조 f항에 따라 심사한다.

일자

A11) a. 신용장이 명시적으로 그렇게 요구하지 않아도,

    ⅰ. 환어음에는 발행일자를 표시하여야 한다.

    ⅱ. 보험서류에는 발행일자 또는 K10번 b항 및 K11번에서 반영하는 보험의 발효일자를 표시하여야 한다. 그리고

    ⅲ. UCP600 제19-25조에서의 심사가 적용되는 원본 운송서류에는 발행일자, 일자가 있는 적재부기, 선적일자, 선적을 위한 수취일자, 발송 또는 수송일자, 수탁일자 또는 픽업 또는 수령일자를 적절하게 표시하여야 한다.

  b. 환어음, 보험서류 또는 원본 운송서류가 아닌 서류에 일자를 요구하는 조건은 발행일자의 표시 또는 동일한 제시의 일부를 구성하는 다른 서류의 일자를 그 서류에 참조하는 방법으로 (예를 들어, 운송인 또는 그의 대리인이 발행한 증명서 상에 "B/L No. xxx에 따른 일자"라는 문언을 표시) 또는 사안의 발생을 표시하는 요구서류상에 보이는 일자로 (예를 들어, 별도의 발행일자가 없는 검사증명서에 표시되는 검사일자로) 충족된다.

A12) a. 이것들이 모두는 아니지만, 분석증명서, 검사증명서 또는 훈증소독증명서와 같은 서류는 선적일자보다 늦은 일자를 표시할 수도 있다.

  b. 신용장이 선적전 사안을 증빙하는 서류를 (예를 들어, 선적전검사증명서를) 요구하는 경우, 그 서류는 제목, 내용 또는 발행일자로서 그 사안이 (예를 들어, 검사가) 선적일자 또는 그 이전에 발생하였음을 표시하여야 한다.

  c. 이것이 모두는 아니지만, 신용장이 "검사증명서"와 같은 서류를 요구하는 경우, 이것이 선적전 사안을 증명하는 서류를 요구하는 것이 아니며, 서류의 일자가 선적일자 이전이어야 할 필요가 없다.

evidence a pre-shipment event, and it need not be dated prior to the date of shipment.

A13) A document indicating a date of issuance and a later date of signing is deemed to have been issued on the date of signing.

A14) a. When a credit uses phrases to signify time on either side of a date or an event, the following shall apply: not later than 2 days after (date or event)" means a latest date. If an advice or document is not to be dated prior to a specified date or event, the credit should so state. "at least 2 days before (date or event)" means that an act or event is to take place not later than 2 days before that date or event. There is no limit as to how early it may take place.

b. ⅰ. For the purpose of calculation of a period of time, the term "within" when used in connection with a date or event excludes that date or the event date in the calculation of the period. For example, "within 2 days of (date or event)" means a period of 5 days commencing 2 days prior to that date or event until 2 days after that date or event.

ⅱ. The term "within" when followed by a date or a reference to a determinable date or event includes that date or event date. For example, "presentation to be made within 14 May" or "presentation is to be made within credit validity (or credit expiry)" where the expiry date of the credit is 14 May, means 14 May is the last day upon which presentation is allowed, provided that 14 May is a banking day.

A15) The words "from" and "after" when used to determine a maturity date or period for presentation following the date of shipment, the date of an event or the date of a document, exclude that date in the calculation of the period. For example, 10 days after the date of shipment or 10 days from the date of shipment, where the date of shipment was 4 May, will be 14 May.

A16) Provided that the date intended can be determined from the document or from other documents included in the presentation, dates may be expressed in any format. For example, the 14th of May 2013 could be expressed as 14 May 13, 14.05.2013, 14.05.13, 2013.05.14, 05.14.13, 130514, etc. To avoid any risk of ambiguity, it is recommended that the month be stated in words.

Documents and the need for completion of a box, field or space

A17) The fact that a document has a box, field or space for data to be inserted does not necessarily mean that such box, field or space is to be completed. For example, data are not required in the box titled "Accounting Information" or "Handling Information" commonly found on an air waybill. Also see paragraph A37) in respect of the requirements for a signature to appear in any box, field or space.

Documents for which the UCP 600 transport articles do not apply

A18) a. Documents commonly used in relation to the transportation of goods, such as but not limited to, Delivery Note, Delivery Order, Cargo Receipt, Forwarder's Certificate of Receipt, Forwarder's Certificate of Shipment, Forwarder's Certificate of Transport, Forwarder's Cargo Receipt and Mate's Receipt are not transport documents as defined in UCP 600 articles 19-25. These documents are to be examined only to the extent expressly stated in the credit, otherwise according to UCP 600 sub-article 14 (f).

A13) 발행일자와 그보다 늦은 서명일자를 표시하는 서류는 서명일자에 발행된 것으로 간주한다.

A14) a. 신용장에서 일자 또는 사안의 전후에 관한 기간을 의미하는 구절이 사용된 경우, 다음과 같이 적용한다.

     ⅰ. "not later than 2 days after (일자 또는 사안)" 최종일을 의미한다. 만일 통지 또는 서류의 일자가 특정일자의 또는 사안의 이전이 아니어야 한다면, 신용장이 그렇게 명시하여야 한다.

     ⅱ. "at least 2 days before (일자 또는 사안)"은 행위 또는 사안이 그 일자 또는 사안보다 2일 이전에 발생하여야 하는 것을 의미한다. 그것이 얼마나 빨리 발생하여야 하는가에 대한 제한은 없다.

   b. ⅰ. 기간계산을 목적으로 하는 "within"의 용어가 일자 또는 사안과 관련하여 사용된 경우 그러한 기간의 계산에서 해당일자 또는 사안의 일자를 제외한다. 예를 들어, "within 2 days of (일자 또는 사안)"은 해당일자 또는 사안의 이전 2일에 시작하여 이후 2일까지 5일의 기간을 의미한다.

     ⅱ. "within"의 용어 뒤에 일자가 따라 오거나 결정될 수 있는 일자 또는 사안의 참조가 따라오는 경우 해당일자 또는 사안의 일자를 포함한다. 예를 들어, 신용장의 유효기일이 5.14.일인 경우, "제시는 5.14.일 이내에 이행되어야 한다." 또는 "제시는 신용장 유효기일 이내에 이행되어야 한다"의 의미는, 5.14.일이 제시가 허용되는 최종일이다.

A15) "from"및"after"의 용어가 선적일자, 사안의 일자 또는 서류의 일자에 이어지는 만기일 또는 제시기간을 결정하기 위하여 사용된다면, 기간의 계산에서 해당일자를 제외한다. 예를 들어, 선적일자가 5.4.일인 경우, 선적일자 후 10일 또는 선적일자로부터 10일은 5.14.일이다.

A16) 의도하는 일자가 해당서류 또는 제시에 포함된 다른 서류로부터 결정될 수 있으면, 일자들은 모든 형식으로 표현할 수 있다. 예를 들어, 2013,5,14,일은 14 MAY 13, 14.05.2013, 14.05.13, 2013.05.14., 05.14.13, 130514 등으로 표현할 수 있다. 모든 애매모호함의 위험을 피하기 위하여 월은 문자로 표시하도록 권장한다.

칸, 위치 또는 빈자리의 완성을 위한 서류 및 필요성

A17) 서류상에 자료가 채워져야 하는 칸, 자리 또는 공란이 있다는 사실이 그러한 칸, 자리 또는 공란을 반드시 채워야 한다는 것을 의미하지는 않는다. 예를 들어, 항공운송장에 흔히 보이는 "회계정보" 또는 "취급정보"라는 제목의 칸에 자료가 요구되는 것이 아니다. 또한 모든 칸, 자리 또는 공란에 보여야 하는 서명요건에 관한 A37번을 참조할 것.

UCP600 운송조항이 적용되지 않는 서류들

A18) a. 물품운송과 관련하여 흔히 사용되는, 이것을이 모두는 아니지만, 인도명세서, 인도지시서, 화물수령증, 운송주선인의 수령증명서, 운송주선인의 선적증명서, 운송주선인의 운송증명서, 운송주선인의 화물수령증 및 본선수취증과 같은 서류들은 UCP600 제19-25조에서 정의하는 운송서류들이 아니다. 이러한 서류들은 신용장에서 명확하게 명시한 조건에 한하여 심하여야 하며, 그렇지 않으면, UCP600 제14조 f항에 따라 심사하여야 한다.

ⅰ. For documents referred to in paragraph A18) (a), a condition of a credit that presentation is to occur within a certain number of days after the date of shipment will be disregarded, and presentation may be made at any time, but in any event no later than the expiry date of the credit.

ⅱ. The default presentation period of 21 calendar days stated in UCP 600 sub-article 14 (c) only applies to a presentation including one or more original transport documents covered by UCP 600 articles 19-25.

For a presentation period to apply to a document referred to in paragraph A18) (a), the credit should specify that presentation is to be made within a certain number of days after the issuance date of the respective document, or a date that is to be mentioned in the document (for example, when a credit requires the presentation of a document titled cargo receipt, "documents to be presented no later than 10 days after the date of the cargo receipt").

Expressions not defined in UCP 600

A19) The expressions "shipping documents", "stale documents acceptable", "third party documents acceptable", "third party documents not acceptable", "exporting country", "shipping company" and "documents acceptable as presented" should not be used in a credit, as they are not defined in UCP 600. If, nevertheless, they are used, and their meaning is not defined in the credit, they shall have the following meaning under international standard banking practice:

a. "shipping documents" - all documents required by the credit, except drafts, tele-transmission reports and courier receipts, postal receipts or certificates of posting evidencing the sending of documents.

b. "stale documents acceptable" - documents may be presented later than 21 calendar days after the date of shipment as long as they are presented no later than the expiry date of the credit. This will also apply when the credit specifies a period for presentation together with the condition "stale documents acceptable"

c. "third party documents acceptable" - all documents for which the credit or UCP 600 do not indicate an issuer, except drafts, may be issued by a named person or entity other than the beneficiary.

d. "third party documents not acceptable" - has no meaning and is to be disregarded.

e. "exporting country" - one of the following: the country where the beneficiary is domiciled, the country of origin of the goods, the country of receipt by the carrier or the country from which shipment or dispatch is made.

f. "shipping company" P when used in the context of the issuer of a certificate, certification or declaration relating to a transport document - any one of the following: carrier, master or, when a charter party bill of lading is presented, the master, owner or charterer, or any entity identified as an agent of any one of the aforementioned, regardless of whether it issued or signed the presented transport Document.

g. "documents acceptable as presented" - a presentation may consist of one or more of the stipulated documents provided they are presented within the expiry date of the credit and the drawing amount is within that which is available under the credit. The documents will not otherwise be examined for compliance under

b. ⅰ. A18번 a항에서 언급한 서류들에 대하여, 제시가 선적일자 후 일정한 일수 이내에 이행되어야 한다는 조건은 무시되고, 제시는 언제라도, 그러나 어떠한 경우에도 신용장의 유효일보다는 늦지 않게 제시될 수 있다.

ⅱ. UCP600 제14조 c항에서 21달력일로 정해진 제시기간은 UCP600 제19-25조의 적용을 받는 하나 또는 그 이상의 원본 운송서류를 포함하는 제시에서만 적용된다.

c. A18번 a항에서 언급하는 서류에 적용되는 제시기간에 대하여, 신용장은 각 서류의 발행일자 또는 서류상에 언급되어야 하는 일자 후 일정한 일수 이내에 제시되어야 한다는 것을 (예를 들어, 신용장이 화물수령증이라는 제목이 서류를 제시하도록 요구하는 경우, "서류는 화물수령증의 일자 후 10일보다 늦지 않게 제시되어야 한다"라고) 명시하여야 한다.

UCP600에 정의가 없는 표현들

A19) "선적서류", "오랜 기간이 지난 서류를 수락함", "제3자의 서류를 수락함", "제3자의 서류를 수락하지 않음", "수출국", "운송회사" 및 "제시된 그대로의 서류를 수락함"과 같은 표현들은 UCP600에서 정의하고 있지 않으므로 신용장에서 사용되지 않아야 한다. 그럼에도 불구하고, 그러한 표현들이 사용되고, 그것들의 의미가 신용장에 분명히 밝혀져 있지 않으면, 그러한 표현들은 국제표준은행관행에서 다음과 같은 의미를 갖는다.

a. "선적서류" - 환어음, 전송보고서 및 서류의 발송을 증빙하는 택배수령증, 우표수취증 또는 우편증명서를 제외한 신용장이 요구하는 모든 서류들.

b. "오랜 기간이 지난 서류를 수락함" - 서류는 신용장의 유효기일보다 늦지 않게 제시되는 한, 선적일자 후 21달력일보다 늦게 제시될 수 있다. 이러한 의미는 신용장이 "오랜 기간이 지난 서류를 수락함"이라는 조건과 함께 제시기간을 명시하는 경우에도 또한 적용된다.

c. "제3자의 서류를 수락함" - 환어음을 제외하고, 신용장 또는 UCP600에서 발행인을 명시하지 않은 모든 서류들을 수익자가 아닌 기명인 또는 기명업체가 발행할 수 있다.

d. "제3자의 서류를 수락하지 않음" - 의미가 없고 무시된다.

e. "수출국" - 다음 중 하나이다. 수익자가 소재하는 국가, 물품의 원산지 국가, 운송인의 수취국가 또는 는 선적이나 발송이 이행된 국가.

f. "운송회사" - 운송서류와 관련된 증명서, 증명문언 또는 신고서의 발행인의 문맥으로 사용된 경우 - 다음 중 누구 하나, 제시된 운송서류를 당사자가 발행 또는 서명하였는지 여부를 불문하고, 운송인, 선장 또는 용선계약선하증권이 제시된 경우, 선장, 선주 또는 용선인, 또는, 전술한 사람, 누구의 대리인으로 식별되는 모든 자.

g. "제시된 그대로의 서류를 수락함" - 신용장의 유효기일 이내에만 제시되고 청구금액이 신용장에서 사용될 수 있는 금액 이내이기만 하면, 제시되는 서류는 요구서류들의 하나 또는 그 이상으로 구성될 수도 있다. 서류들은 요구된 수량의 원본 또는 부본으로 제시되었는지 여부를 포함하여, 신용장

the credit or UCP 600, including whether they are presented in the required number of originals or copies.

Issuer of documents

A20) When a credit requires a document to be issued by a named person or entity, this condition is satisfied when the document appears to be issued by the named person or entity by use of its letterhead, or when there is no letterhead, when the document appears to have been completed or signed by, or for [or on behalf of], the named person or entity.

Language

A21) a. When a credit stipulates the language of the documents to be presented, the data required by the credit or UCP 600 are to be in that language.

b. When a credit is silent with respect to the language of the documents to be presented, the documents may be issued in any language.

c. ⅰ. When a credit allows two or more acceptable languages, a confirming bank or a nominated bank acting on its nomination may restrict the number of acceptable languages as a condition of its engagement in the credit, and in such a case the data contained in the documents are only to be in the acceptable language or languages.

ⅱ. When a credit allows a document to contain data in two or more acceptable languages and a confirming bank or a nominated bank acting on its nomination does not restrict the language or the number of acceptable languages as a condition of its engagement in the credit, it is required to examine the data in all of the acceptable languages appearing in the documents.

d. Banks do not examine data that have been inserted in a language that is additional to that required or allowed in the credit.

e. Notwithstanding paragraphs A21) (a) and (d), the name of a person or entity, any stamps, legalization, endorsements or similar, and the pre−printed text shown on a document, such as, but not limited to, field headings, may be in a language other than that required in the credit.

Mathematical calculations

A22) When the presented documents indicate mathematical calculations, banks only Determine that the stated total in respect of criteria such as amount, quantity, weight or number of packages, does not conflict with the credit or any other stipulated document.

Misspellings or typing errors

A23) A misspelling or typing error that does not affect the meaning of a word or the sentence in which it occurs does not make a document discrepant. For example, a description of the goods shown as "mashine" instead of "machine", "fountan pen" instead of "fountain pen" or "modle" instead of "model" would not be regarded as a conflict of data under UCP 600 sub-article 14 (d). However, a description shown as, for example, "model 123"

또는 UCP600에서의 적격성을 위하여 달리 심사되지 않는다.

서류의 발행인

A20) 신용장이 기명인 또는 기명업체가 발행한 서류를 요구하는 경우, 이 조건은 서류가 그러한 기명인 또는 기명업체가 자신의 레터헤드용지를 사용하여 발행한 것으로 보이는 경우, 또는 레터헤드용지가 아니면 서류가 기명인 또는 기명업체가 또는 기명인 또는 기명업체를 대리하여 완성 또는 서명된 것으로 보이면 충족된다.

언어

A21) a. 신용장이 제시되어야 하는 서류의 언어를 명시하는 경우, 신용장 또는 UCP600에서 요구하는 자료들은 그러한 언어로 작성되어야 한다.

    b. 신용장이 제시되어야 하는 서류의 언어에 관하여 언급하지 않는 경우, 서류들은 모든 언어로 발행될 수 있다.

    c. i. 신용장이 두 가지 또는 그 이상의 수락가능한 언어들을 허용한다면, 확인은행 또는 지정에 따라 행동하는 지정은행은 신용장에서 자신의 약정조건으로써 수락할 수 있는 언어의 수를 제한할 수 있으며, 그러한 경우, 서류에 포함된 자료들은 오직 허용된 언어 또는 언어들로만 작성되어야 한다.

      ii. 신용장이 두 가지 또는 그 이상의 수락가능한 언어의 자료를 포함하는 서류를 허용하고 확인은행 또는 자신의 지정에 따라 행동하는 지정은행이 신용장에서 자신의 약정조건으로써 언어 또는 수락할 수 있는 언어의 수를 제한하지 않는 경우, 서류에 보이는 모든 언어로 된 자료를 심사하도록 요구된다.

    d. 은행은 신용장에서 요구 또는 허용된 언어에 추가된 언어로 기입된 자료를 심사하지 않는다.

    e. A21번 a항 및 d항에도 불구하고, 인명 또는 상호, 모든 스탬프, 공인, 배서 또는 유사한 것, 그리고, 이것이 모두는 아니지만, 위치제목과 같이 서류에 보이는 미리 인쇄된 문언은 신용장에서 요구되지 않은 언어일 수 있다.

산술적 계산

A22) 제시된 서류가 산술적 계산을 표시하는 경우, 은행은 금액, 수량, 중량 또는 포장숫자와 같은 기준에 관련되어 기재된 총계가 신용장 또는 다른 모든 요구서류와 상충하지 않는다는 것을 판단할 뿐이다.

오자 또는 오타

A23) 용어 또는 문장의 의미에 영향을 주지 않고 발생한 철자오기 또는 오타는 서류를 하자로 만들지 않는다. 예를 들어, "machine" 대신에 "mashine", "fountain pen" 대신에 "fountan pen" 또는 "model" 대신에 "modle"로서 표기된 물품명세는 UCP600 제14조 d항에서 자료들의 상충으로 간주되지 않는다. 그러나 예를 들어, "model 321"대신에 "model 123"으로 표기된 명세는 동 조항에서 자료들의 상충으로 간

instead of "model 321" will be regarded as a conflict of data under that sub article.

Multiple pages and attachments or riders

A24) When a document consists of more than one page, it must be possible to determine that the pages are part of the same document. Unless a document provides otherwise, pages which are physically bound together, sequentially numbered or contain internal cross references, however named or titled, will meet this requirement and are to be examined as one document, even if some of the pages are regarded as an attachment or rider.

A25) When a signature or endorsement is required to be on a document consisting of more than one page, and the credit or the document itself does not indicate where a signature or endorsement is to appear, the signature or endorsement may appear anywhere on that document.

Non—documentary conditions and conflict of data

A26) When a credit contains a condition without stipulating a document to indicate compliance therewith ("non-documentary condition"), compliance with such condition need not be evidenced on any stipulated document. However, data contained in a stipulated document are not to be in conflict with the non-documentary condition. For example, when a credit indicates "packing in wooden cases" without indicating that such data is to appear on any stipulated document, a statement in any stipulated document indicating a different type of packing is considered to be a conflict of data.

Originals and copies

A27) A document bearing an apparently original signature, mark, stamp or label of the issuer will be considered to be an original unless it states that it is a copy. Banks do not determine whether such a signature, mark, stamp or label of the issuer has been applied in a manual or facsimile form and, as such, any document bearing such method of authentication will satisfy the requirements of UCP 600 article 17.

A28) Documents issued in more than one original may be marked "Original", "Duplicate", "Triplicate", "First Original", "Second Original", etc. None of these markings will disqualify a document as an original.

A29) a. The number of originals to be presented is to be at least the number required by the credit or UCP 600.

b. When a transport document or insurance document indicates how many originals have been issued, the number of originals stated on the document is to be presented, except as stated in paragraphs H12) and J7) (c).

c. When a credit requires presentation of less than a full set of original transport documents, (for example, "2/3 original bills of lading"), but does not provide any disposal instructions for the remaining original bill of lading, a presentation may include 3/3 original bills of lading.

d. When a credit requires, for example, presentation of:

ⅰ. "Invoice", "One Invoice", "Invoice in 1 copy" or "Invoice - 1 copy", it will be understood to be a requirement for an original invoice.

주된다.

여러 쪽수의 첨부서류 또는 부속서류

A24) 서류가 복수의 쪽수로 구성된 경우, 쪽수들이 동일서류의 일부임을 판단할 수 있어야 한다. 서류에서 달리 정하지 않으면, 물리적으로 합철된, 일련번호가 부여된 또는 내부교차의 참조번호가 있는 쪽들은, 그 명칭이나 제목에 상관없이, 비록 일부 쪽들이 첨부서류 또는 부속서류로 간주된다고 하여도, 이 요건을 충족하고 하나의 서류로 심사되어야 한다.

A25) 복수의 쪽수로 구성된 서류에 서명 또는 배서가 요구되고, 신용장 또는 서류 자체에서 서명 또는 배서가 있어야 하는 위치를 지정하지 않은 경우, 그러한 서명 또는 배서가 해당 서류상의 어느 위치에라도 표시될 수 있다.

비서류적조건 및 자료의 상충

A26) 신용장이 그것의 준수를 표시하는 서류를 요구하지 않는 조건을 ("비서류적 조건을") 포함하는 경우, 모든 요구서류에서 그러한 조건의 준수가 증빙되어야 할 필요가 없다. 그러나 요구서류에 표함된 자료가 그러한 비서류적 조건과 상충하지는 않아야 한다. 예를 들어, 신용장이 그러한 자료사항이 요구서류에 보여야 한다고 지시하지 않으면서 "목재상자로의 포장"을 표시하는 경우, 다른 형태의 표장을 표시하는 모든 서류상의 진술은 자료들의 상충으로 간주된다.

원본 및 부본

A27) 발행인의 외견상 실질서명, 부호, 스탬프 또는 상표를 붙인 서류는, 서류에 부본임을 표시하지 않았다면, 원본으로 간주된다. 은행은 발행인의 그러한 서명, 부호, 스탬프 또는 상표가 자필 또는 모사형식으로 이루어진 것인지 여부를 판단하지 않으며, 따라서 그러한 인증방식을 가진 모든 서류는 UCP600 제17조의 요건을 충족한다.

A28) 한통 이상이 원본으로 발행된 서류들은 "Original", "Duplicate", "Triplicate". "First Original", "Second Original" 등의 마크가 찍힐 수 있다. 이러한 마크들이 원본서류로서의 자격을 상실시키는 것은 아니다.

A29) a. 제시되어야 하는 원본의 부수는 적어도 신용장 또는 UCP600에서 요구하는 부수이어야 한다.

    b. 운송서류 또는 보험서류에 원본이 발행된 부수를 표시하는 경우, H12번 및 J7번 c항에 명시된 경우를 제외하고, 서류상에 표시된 부수의 원본이 제시되어야 한다.

    c. 신용장에서 원본 운송서류의 전통보다 적은 부수의 제시를 (예를 들어, "선하증권 원본 3통 중 2통을") 요구하지만, 나머지 원본 선하증권에 대한 어떠한 처분지시도 하지 않는 경우, 3통 중 3통의 원본 선하증권을 포함하여 제시할 수 있다.

    d. 신용장이, 예를 들어,

       i . "Invoice", "One Invoice", "Invoice in 1 copy" 또는 "Invoice -1 copy"의 제시를 요구하는 경우, 1부의 원본 송장을 요구하는 것으로 이해된다.

ⅱ. "Invoice in 4 copies" or "Invoice in 4 fold" will be satisfied by the presentation of at least one original invoice and any remaining number as copies.

ⅲ. "photocopy of invoice" or "copy of invoice" will be satisfied by the presentation of either a photocopy, copy or, when not prohibited, an original invoice.

ⅳ. "photocopy of a signed invoice" will be satisfied by the presentation of either a photocopy or copy of the original invoice that was apparently signed or, when not prohibited, a signed original invoice.

A30) a. When a credit prohibits the presentation of an original document by stating, for example, "photocopy of invoice - original document not acceptable in lieu of photocopy" or the like, only a photocopy of an invoice or an invoice marked copy is to be presented.

b. When a credit requires the presentation of a copy of a transport document and indicates a disposal instruction for all originals of that document, a presentation is not to include any original of such document.

A31) a. Original documents are to be signed when required by the credit, the document itself (except as stated in paragraph A37) or UCP 600.

b. Copies of documents need not be signed nor dated.

Shipping marks

A32) When a credit specifies the details of a shipping mark, documents mentioning the shipping mark are to show those details. The data in a shipping mark indicated on a document need not be in the same sequence as those shown in the credit or in any other stipulated document.

A33) A shipping mark indicated on a document may show data in excess of what would normally be considered a "shipping mark", or which is specified in the credit as a "shipping mark", by the addition of information such as, but not limited to, the type of goods, warnings concerning the handling of fragile goods or net and gross weight of the goods.

A34) a. Transport documents covering containerized goods often only show a container number, with or without a seal number, under the heading "Shipping mark" or similar. Other documents that show a more detailed marking will not be in conflict for that reason.

b. The fact that some documents show additional information as mentioned in paragraphs A33) and A34) (a), while others do not, will not be regarded as a conflict of data under UCP 600 sub−article 14 (d).

Signatures

A35) a. A signature, as referred to in paragraph A31) (a), need not be handwritten. Documents may also be signed with a facsimile signature (for example, a pre-printed or scanned signature), perforated signature, stamp, symbol (for example, a chop) or any mechanical or electronic method of authentication.

b. A requirement for a document to be "signed and stamped" or a similar requirement is satisfied by a signature in the form described in paragraph A35) (a) and the name of the signing entity typed, stamped, ii . "Invoice in 4 copies" 또는 "Invoice in 4 fold"의 제시를 요구하는 경우, 적어도 1통의 송장 원본을 제시하고 나머지 모든 부수를 부본으로 제시하여 이를 충족한다.

    iii. "photocopy of invoice" 또는 "copy of invoice"의 제시를 요구하는 경우, 사본, 부본 또는, 금지하지 않는다면, 원본송장을 제시하여 이를 충족한다.

    iv. "photocopy of a signed invoice"의 제시를 요구하는 경우, 분명하게 서명된 원본송장의 사본 또는 부본 또는, 금지하지 않는다면, 서명된 원본송장을 제시하여 이를 충족한다.

A30) a. 신용장이, 예를 들어, "송장의 사본-사본대신에 원본서류는 수락하지 않음" 또는 유사한 조건을 명시한 원본서류의 제시를 금지하는 경우, 송장의 사본 또는 부본이라는 마크가 있는 송장이 제시되어야 한다.

    b. 신용장이 운송서류의 부본을 요구하고 설의 모든 원본에 대한 처분지시를 명시하는 경우, 제시에는 그러한 서류의 어떠한 원본도 포함시키지 않아야 한다.

A31) a. (A37번에 명시된 경우를 제외하고) 원본서류들은 신용장, 서류자체 또는 UCP600에서 요구하는 경우 서명되어야 한다.

    b. 서류의 부본에는 서명이나 일자가 필요없다.

화인

A32) 신용장이 화인명세를 명시하는 경우, 화인은 언급하는 서류에는 그러한 명세를 표시하여야 한다. 서류에 표시된 화인의 내용은 신용장 또는 다른 모든 요구서류에 보이는 화인들과 순서까지 같아야 할 필요는 없다.

A33) 서류상에 표시된 화인에는, 이것이 모두는 아니지만, 물품의 형식, 물품파손 취급주의에 관한 경고문 또는 물품의 순중량 및 총중량과 같은 자료를 추가하여, 통상적인 "화인"으로 간주되는 것, 또는 신용장에서 "화인"으로 명시된 것 이상의 자료를 표시할 수 있다.

A34) a. 컨테이너화물을 취급하는 운송서류에 흔히 "화인" 또는 유사제목 아래에 봉인번호를 포함 또는 포함하지 않고 컨테이너번호만 표시한다. 그러한 이유로, 보다 상세한 화인을 표시하고 있는 다른 서류들과는 상충하는 것은 아니다.

    b. 다른 서류들은 그렇지 않은 반면에, 일부 서류들이 A33번 및 A34 a항에서 언급한 것과 같은 추가 정보를 보이는 것이 UCP600 제14조 d항에서 말하는 자료들의 상충으로 간주되지 않는다.

서명

A35) a. A31번a항에서 언급된 서명은 자필로 되어야 할 필요는 없다. 서류들은 또한 모사서명 (예를 들어, 미리 인쇄된 또는 스캔서명), 천공서명, 스탬프, 상징물(예를 들어, 도장) 또는 모든 기계식 또는 전자식 인증방법으로도 서명될 수 있다.

    b. 서류가 "서명이 되고 스탬프가 찍혀야 할 것"이라는 요구조건 또는 유사한 요구조건은 서류상에 A35번 a항에 기술된 형식의 서명에 타자된, 스탬프가 찍힌, 손으로 쓴, 미리 인쇄된 또는 스캔된 서

handwritten, pre−printed or scanned on the document, etc.

c. A statement on a document such as "This document has been electronically authenticated" or "This document has been produced by electronic means and requires no signature" or words of similar effect does not, by itself, represent an electronic method of authentication in accordance with the signature requirements of UCP 600 article 3.

d. A statement on a document indicating that authentication may be verified or obtained through a specific reference to a website (URL) constitutes a form of electronic method of authentication in accordance with the signature requirements of UCP 600 article 3. Banks will not access such websites to verify or obtain authentication.

A36) a. A signature on the letterhead paper of a named person or entity is considered to be the signature of that named person or entity unless otherwise stated. The named person or entity need not be repeated next to the signature.

b. When a signatory indicates it is signing for [or on behalf of] a branch of the issuer, the signature will be considered to be that of the issuer.

A37) The fact that a document has a box, field or space for a signature does not in itself mean that such box, field or space is to be completed with a signature. For example, a signature is not required in the space titled "Signature of shipper or their agent" commonly found on an air waybill or "Signature of shipper" on a road transport document. Also see paragraph A17) in respect of the requirements for data to appear in a box, field or space.

A38) When a document includes wording such as "This document is not valid unless countersigned [or signed] by (name of the person or entity)" or words of similar effect, the applicable box, field or space is to contain a signature and the name of the person or entity that is countersigning the document.

Title of documents and combined documents

A39) Documents may be titled as called for in the credit, bear a similar title or be untitled. The content of a document must appear to fulfill the function of the required document. For example, a requirement for a "Packing List" will be satisfied by a document containing packing details whether it is titled "Packing List", "Packing Note", "Packing and Weight List", etc., or bears no title.

A40) Documents required by a credit are to be presented as separate documents. However, and as an example, a requirement for an original packing list and an original weight list will also be satisfied by the presentation of two original combined packing and weight lists, provided that such documents state both packing and weight details.

A41) A document required by a credit that is to cover more than one function may be presented as a single document or separate documents that appear to fulfill each function. For example, a requirement for a Certificate of Quality and Quantity will be satisfied by the presentation of a single document or by a separate Certificate of Quality and Certificate of Quantity provided that each document appears to fulfill its function and is presented in the number of originals and copies as required by the credit.

명인의 이름으로도 충족된다.

c. "이 서류는 전자식으로 인증되었음" 또는 "이 서류는 전자방식으로 제작되었고 서명을 요하지 않음"과 같은 또는 유사한 취지의 문언으로 된 서류상의 진술은, 그것 자체만으로는, UCP600 제3조의 서명요건에 따른 전자식 인증방법에 해당되지 않는다.

d. 인증은 특정한 웹사이트 주소에 (인터넷상의 주소에) 접속하여 입증 또는 취득될 수 있다고 표시하는 서류상의 진술은 UCP600 제3조의 서명요건에 따른 전자식 인증의 한 유형이다. 은행은 인증확인 또는 인증을 취득하기 위하여 그러한 웹사이트에 접속하지는 아니한다.

A36) a. 기명인 또는 기명업체의 레터헤드용지상의 서명은, 달리 언급하지 않는 한, 그러한 기명인 또는 기명업체의 서명으로 간주된다. 서명의 다음에 그러한 기명인 또는 기명업체를 반복할 필요는 없다.

b. 서명인이 발행인의 지점을 대신하여 [또는 대리하여] 서명한다고 표시하는 경우, 그러한 서명은 발행인의 서명으로 간주된다.

A37) 서류에 서명을 위한 칸, 위치 또는 공란이 있다는 사실만으로, 그러한 칸, 위치 또는 공란에 서명이 있어야 한다는 것을 의미하지는 않는다. 예를 들어, 항공운송장상 흔히 보이는 "선적인 또는 그 대리인의 서명" 또는 도로운송서류상에 "선적인의 서명"이라는 제목의 공란에 서명이 도구되는 것은 아니다. 칸, 위치 또는 공란에 표시하는 자료의 요건에 관한 A17번을 참조할 것.

A38) 서류에 "본 서류는...(인명 또는 상호)가 부서[또는 서명]하지 않으면 유효하지 않음"과 같은 또는 유사한 취지의 문언을 포함하고 있는 경우, 해당되는 칸, 위치 또는 공란에는 서명 및 서류에 부서하는 자 또는 업체의 이름이 있어야 한다.

서류의 제목 및 복합서류

A39) 서류에는 신용장에서 요구하는 제목, 유사한 제목이 있을 수도 있고, 또는 무제일 수도 있다. 서류의 내용은 요구된 서류의 기능을 충족시키는 것으로 보여야 한다. 예를 들어, "Packing List"의 요구조건은 "Packing List", "List" 등의 제목, 또는 제목이 없는 서류인지 여부와 상관없이 포장명세를 포함하고 있는 서류로서 충족된다.

A40) 신용장이 요구하는 서류들은 별개의 서류들로 제시되어야 한다. 그러나 한 예로서, 원본 포장명세서 및 원본 중량증명서를 제시하도록 요구하는 조건은, 그러한 서류들이 포장 및 중량명세를 모두 표시하고 있다는 전제로, 복합된 표장 및 중량명세서를 두 통의 원본으로 제시하여 충족된다.

A41) 신용장이 요구하는 복수의 기능을 취급하는 서류는 각 기능을 충족하는 것으로 보이는 하나의 서류로 또는 별개의 서류들로 제시할 수 있다. 예를 들어, 품질 및 수량증명서의 요구조건은 하나의 서류를 제시하여 또는 각 서류가 그것의 기능을 충족하는 것으로 보이고 신용장에서 요구하는 부수의 원본 및 부본으로 별개의 품질증명서 및 수량증명서를 제시하여 충족된다.

DRAFTS AND CALCULATION OF MATURITY DATE

Basic requirement

B1) a. A draft, when required, is to be drawn on the bank stated in the credit.

   b. Banks only examine a draft to the extent described in paragraphs B2)PB17).

Tenor

B2) a. The tenor stated on a draft is to be in accordance with the terms of the credit.

   b. When a credit requires a draft to be drawn at a tenor other than sight or a certain period after sight, it must be possible to establish the maturity date from the data in the draft itself. For example, when a credit calls for drafts at a tenor 60 days after the bill of lading date, and when the date of the bill of lading is 14 May 2013, the tenor is to be indicated on the draft in one of the following ways:

   ⅰ. "60 days after bill of lading date 14 May 2013", or

   ⅱ. "60 days after 14 May 2013", or

   ⅲ. "60 days after bill of lading date" and elsewhere on the face of the draft state "bill of lading date 14 May 2013", or

   ⅳ. "60 days date" on a draft dated the same day as the date of the bill of lading, or

   ⅴ. "13 July 2013", i.e., 60 days after the bill of lading date.

   c. When the tenor refers to, for example, 60 days after the bill of lading date, the on board date is deemed to be the bill of lading date even when the on board date is prior to or later than the date of issuance of the bill of lading.

   d. The words "from" and "after" when used to determine maturity dates of drafts signify that the calculation of the maturity date commences the day following the date of the document, shipment or the date of an event stipulated in the credit, for example, 10 days after or from 4 May is 14 May.

   e. ⅰ. When a credit requires a bill of lading and drafts are to be drawn, for example, at 60 days after or from the bill of lading date and a bill of lading is presented evidencing unloading and reloading of the goods from one vessel to another, and showing more than one dated on board notation and indicating that each shipment was effected from a port within a permitted geographical area or range of ports, the earliest of these dates is to be used for the calculation of the maturity date. For example, a credit requires shipment from any European port, and the bill of lading evidences on board vessel "A" from Dublin on 14 May, with transshipment effected on board vessel "B" from Rotterdam on 16 May. The draft should reflect 60 days after the earliest on board date in a European port, i.e., 14 May.

   ⅱ. When a credit requires a bill of lading and drafts are to be drawn, for example, at 60 days after or from the bill of lading date, and a bill of lading is presented evidencing shipment of goods on the same vessel from more than one port within a permitted geographical area or range of ports, and shows more than one

B. 환어음 및 만기일 산정

기본요구조건

B1) a. 환어음은, 요구되는 경우, 신용장에 명시된 은행 앞으로 발행되어야 한다.

b. 은행은 B2-B17번에 기술된 범위 내에서 환어음을 심사한다.

연지급기간

B2) a. 환어음에 표시되는 지급기간은 신용장조건에 따라야 한다.

b. 신용장이 일람지급 또는 일람후연지급이 아닌 지급기간으로 발행되는 경우, 환어음 자체의 자료로부터 만기일을 산정할 수 있어야 한다. 예를 들어, 심용장이 선하증권일자 후 60일 지급기간의 환어음을 요구하는 경우, 그리고 선하증권일자가 2013.5.14. 일인 경우, 지급기간은 아래의 방법 중 한 가지로 환어음에 표시되어야 한다.

   ⅰ. "60 days after bill of lading date 14 May 2013: 또는

   ⅱ. "60 days after 14 May 2013", 또는

   ⅲ. "60 days after bill of lading date" 그리고 환어음의 문면 어딘가에 "bill of lading date 14 May 2013. 또는

   ⅳ. 선하증권일자와 같은 일자의 환어음에 "60 days date" 또는

   ⅴ. "13 July 2013" 즉, 선하증권일자 후 60일.

c. 연지급기간이, 예를 들어, 선하증권일자 후 60일로 언급되는 경우, 적재일자가 선하증권의 발행일자보다 빠르거나 또는 늦은 경우에도 선적일자가 선하증권일자로 간주된다.

d. "from"과 "after"라는 용어가 환어음의 만기일을 결정하기 위하여 사용된 경우 만기일의 계산은 서류일자, 선적일자 또는 신용장에 명시된 사안의 일자 다음 날에 시작되는 것을 의미한다. 예를 들어, 10 days after 또는 from 5.4.일은 5.14.일이다.

e. ⅰ. 신용장이 선하증권을 요구하고 환어음이, 예를 들어, 선하증권일자 후 또는 부터 60일로 발행되어야 하며 선하증권이 하나의 선박으로부터 다른 선박으로 물품의 하역과 재선적을 증빙하고, 복수의 적재부기일자를 표시하고 있으며 각 선적은 허용된 지리적 구역 또는 항구들의 범위에 있는 항구로부터 이행되었음을 표시하는 선하증권이 제시되는 경우, 이러한 일자들 중에서 가장 빠른 일자가 만기일의 계산에 사용된다. 예를 들어, 신용장이 모든 유럽항구로부터의 선적을 요구하고, 선하증권이 5.14.일에 더블린항구에서 "A"선박에 선적되고, 5.16.일에 로트레담항구에서 "B"선박으로 환적된 것을 증빙하고 있다. 환어음은 유럽항구에서의 가장 빠른 선적일자, 즉 5.14.일 후 60일을 반영하여야 한다.

   ⅱ. 신용장이 선하증권을 요구하고 환어음이, 예를 들어, 선하증권일자 후 또는 부터 60일로 발행되어야 하며 허용된 지리적 구역 또는 항구들의 범위에 있는 복수의 항구에서 동일한 선박에 물품의 선적을 증빙하는 선하증권이 제시되고, 복수의 적재부기일자를 표시하는 경우, 이러한 일자들 중에서 가장 늦은 일자가 만기일의 계산에 사용된다. 선하증권이 제시되는 경우, 이러한 일자

dated on board notation, the latest of these dates is to be used for the calculation of the maturity date. For example, a credit requires shipment from any European port, and the bill of lading evidences part of the goods loaded on board vessel "A" from Dublin on 14 May and the remainder on board the same vessel from Rotterdam on 16 May. The draft should reflect 60 days after the latest on board date, i.e., 16 May.

    iii. When a credit requires a bill of lading and drafts are to be drawn, for example, at 60 days after or from the bill of lading date, and more than one set of bills of lading is presented under one draft, the on board date of the latest bill of lading will be used for the calculation of the maturity date.

B3) While the examples in paragraphs B2) (e) (i−iii) refer to bill of lading dates, the same principlesapply to any basis for determining a maturity date.

Maturity date

B4) When a draft states a maturity date by using an actual date, that date is to reflect the terms of the credit.

B5) For drafts drawn, for example, "at 60 days sight", the maturity date is established as follows:

    a. in the case of a complying presentation, the maturity date will be 60 days after the day of presentation to the bank on which the draft is drawn, i.e., the issuing bank, confirming bank or a nominated bank that agrees to act on its nomination ("drawee bank"). in the case of a non−complying presentation:

    b. when such drawee bank has not provided a notice of refusal,

        i . the maturity date will be 60 days after the day of presentation to it;

        ii . when the drawee bank is the issuing bank and it has provided a notice of refusal at the latest 60 days after the date the issuing bank accepts the waiver of the applicant;

        iii . when the drawee bank is a bank other than the issuing bank and it has provided a notice of refusal, at the latest 60 days after the date of the acceptance advice of the issuing bank. When such drawee bank does not agree to act on the acceptance advice of the issuing bank, the undertaking to honour on the due date is that of the issuing bank.

    c. The drawee bank is to advise or confirm the maturity date to the presenter.

B6) The method of calculation of tenor and maturity dates, as shown above, also applies to a credit available by deferred payment or, in some cases, negotiation, i.e., when there is no requirement for a draft to be presented by the beneficiary.

Banking days, grace days, delays in remittance

B7) Payment is to be made in immediately available funds on the due date at the place where the draft or documents are payable, provided that such due date is a banking day in that place. When the due date is a non banking day, payment is due on the first banking day following the due date. Delays in the remittance of funds, for example grace days, the time it takes to remit funds, etc., are not to be in addition to the stated or agreed due date as defined by the draft or documents.

들 중에서 가장 **빠른** 일자가 만기일의 계산에 사용된다. 예를 들어, 신용장이 모든 유럽항구로부터의 선적을 요구하고, 선하증권이 5.14.일에 더블린항구에서 "A"선박에 선적되고, 5.16.일에 로트레담항구에서 "B"선박으로 환적된 것을 증빙하고 있다. 환어음은 유럽항구에서의 가장 늦은 선적일자, 즉 5.16.일 후 60일을 반영하여야 한다.

  iii. 신용장이 선하증권을 요구하고 환어음이, 예를 들어, 선하증권일자 후 또는 부터 60일로 발행되어야하며, 하나의 환어음에 복수세트의 선하증권이 제시되는 경우, 가장 늦은 선하증권의 선적일자가 만기일의 계산에 사용된다.

B3) B2번 e항 i-iii호의 보기들은 선하증권일자를 참조하고 있지만, 동일한 원칙들이 만기일을 산정하기 위한 모든 기준으로 적용된다.

만기일

B4) 환어음에 실제일자를 사용하여 만기일을 표시하는 경우, 그러한 일자는 신용장조건을 반영하여야 한다.

B5) 예를 들어, "at 60 days sight"로 발행된 환어음에서, 만기일은 다음과 같이 산정된다.

  a. 적격제시의 경우, 만기일은 환어음이 발행되어지는 은행, 즉 개설은행, 확인은행 또는 자신의 지정에 따라 행동하기로 동의하는 지정은행 ("지급은행")에 제시한 일자 후 60일이다.

  b. 부적격제시의 경우

   ⅰ. 그러한 지급은행이 거절통보를 제공하지 않은 경우, 만기일은 제시일 후 60일이다.

   ⅱ. 지급은행이 개설은행이고 동 은행이 거절통보를 보낸 경우, 개설은행이 개설의뢰인의 용인을 수락한 일자 후 늦어도 60일이다.

   iii. 지급은행이 개설은행이 아닌 은행이고 동 은행이 거절통보를 보낸 경우, 개설은행의 인수통지 일자 후 늦어도 60일이다. 그러한 지급은행이 개설은행의 인수통지에 따라 행동하기로 동의하지 않은 경우, 만기일에의 결제의무는 개설은행의 약정이다.

  c. 지급은행은 제시인에게 만기일은 통지 또는 확인해 주어야 한다.

B6) 상기와 같은, 지급기간 및 만기일들의 산정방법은 연지급 또는, 경에 따라서는 매입으로 사용될 수 있는 신용장, 즉 수익자의 환어음 제시를 요구하지 않는 신용장에도 또한 적용된다.

은행영업일, 유예기간 및 송금지연

B7) 만기일이 지급지의 은해영업일이면, 지급은 환어음 또는 서류의 지급지에서 즉시 사용 가능한 자금으로 만기일에 이행되어야 한다. 만기일이 은행휴업일인 경우, 지급은 만기일에 이어지는 첫 은행영업일에 지급된다. 예를 들어, 유예기간, 자금의 송금에 걸리는 시간 등과 같은 송금과정에서의 지연시간을 환어음 또는 서류에 의하여 정해져서 명시 또는 합의된 지급기일에 추가하지 않아야 한다.

Drawing and signing

B8) a. A draft is to be drawn and signed by the beneficiary and to indicate a date of issuance.

   b. When the beneficiary or second beneficiary has changed its name, and the credit mentions the former name, a draft may be drawn in the name of the new entity provided that it indicates "formerly known as (name of the beneficiary or second beneficiary)" or words of similar effect.

B9)   When a credit indicates the drawee of a draft by only stating the SWIFT address of a bank, the draft may show the drawee with the same details or the full name of the bank.

B10) When a credit is available by negotiation with a nominated bank or any bank, the draft is to be drawn on a bank other than the nominated bank.

B11) When a credit is available by acceptance with any bank, the draft is to be drawn on the bank that agrees to accept the draft and is thereby willing to act on its nomination.

B12) When a credit is available by acceptance with:

   a. a nominated bank or any bank, and the draft is to be drawn on that nominated bank (which is not a confirming bank), and it decides not to act on its nomination, the beneficiary may choose to:

    i . draw the draft on the confirming bank, if any, or request that the presentation be forwarded to the confirming bank in the form as presented;

    ii . present the documents to another bank that agrees to accept a draft drawn on it and thereby act on its nomination (applicable only when the credit is available with any bank); or

    iii. request that the presentation be forwarded to the issuing bank in the form as presented with or without a draft drawn on the issuing bank.

   b. a confirming bank, and the draft is to be drawn on that confirming bank and the presentation is non— complying, and it decides not to reinstate its confirmation, the beneficiary may request that the presentation be forwarded to the issuing bank in the form as presented, with or without a draft drawn on the issuing bank.

Amounts

B13) A draft is to be drawn for the amount demanded under the presentation

B14) The amount in words is to accurately reflect the amount in figures when both are shown, and indicate the currency as stated in the credit. When the amount in words and figures are in conflict, the amount in words is to be examined as the amount demanded.

Endorsement

B15) A draft is to be endorsed, if necessary.

환어음발행 및 서명

B8) a. 환어음은 수익자가 발행하고 서명하여야 하며 발행일자가 표시되어야 한다.

b. 수익자 또는 제2수익자가 자신의 상호를 변경한 경우, 그리고 신용장이 이전의 상호를 언급하고 있으면, 환어음에 "이전에는 (수익자 또는 제2수익자의 상호)로 알려진" 또는 유사한 취지의 문언을 표시한다면, 환어음은 새로운 상호로 발행될 수 있다.

B9) 신용장이 환어음의 지급인을 은행의 SWIFT주소만으로 명시하는 경우, 환어음은 동일한 명세의 지급인 또는 그 은행의 완전한 은행명으로 표시할 수 있다.

B10) 신용장이 지정은행 또는 모든 은행에서 매입으로 사용될 수 있는 경우, 환어음은 지정은행이 아닌 은행 앞으로 발행되어야 한다.

B11) 신용장이 모든 은행에서 인수로 사용될 수 있는 경우, 환어음을 인수하기로 동의하고 그렇게 함으로써 기꺼이 자신의 지정에 따라 행동하는 은행 앞으로 발행되어야 한다.

B12) 신용장이:

a. 지정은행 또는 모든 은행에서 인수로 사용될 수 있고, 환어음이 (확인은행이 아닌) 지정은행 앞으로 발행되어야 하며, 지정은행이 자신의 지정에 따른 행동을 하지 않기로 결정하는 경우, 수익자는:

ⅰ. 확인은행이 있으면, 확인은행 앞으로 환어음을 발행하거나 서류를 제시된 그대로 확인은행으로 송부하도록 요청하는 선택을 할 수 있다. 또는

ⅱ. 다른 은행이 자신 앞으로 발행된 환어음을 인수하기로 동의하고 그렇게 함으로써 자신의 지정에 따라 행동하는 그 은행으로 서류를 제시하는 선택을 할 수 있다. 또는,

ⅲ. 개설은행 앞으로 발행된 환어음과 함께 또는 환어음이 없는 서류를 제시된 그대로 개설은행으로 송부하도록 요청하는 선택을 할 수 있다.

b. 확인은행에서 인수로 사용될 수 있고, 환어음이 그 확인은행 앞으로 발행되어야 하며 제시된 서류에 하자가 있고, 확인은행이 자신의 확인약정을 복구하지 않기로 결정하는 경우, 수익자는 개설은행 앞으로 발행된 환어음과 함께 또는 환어음이 없는 서류를 제시된 그대로 개설은행으로 송부하도록 요청할 수 있다.

금액

B13) 환어음은 제시서류에서 청구하는 금액으로 발행되어야 한다.

B14) 숫자와 문자를 모두 표시하는 경우, 문자금액을 정확하게 기재하여야 하고, 신용장에 명시된 통화로 표시하여야 한다. 문자로 숫자금액이 상충하는 경우, 문자금액이 청구금액으로 심사되어야 한다.

배서

B15) 필요한 경우, 환어음은 배서되어야 한다.

Correction and alteration ("correction")

B16) Any correction of data on a draft is to appear to have been authenticated with the addition of the signature or initials of the beneficiary.

B17) When no correction of data is allowed in a draft, an issuing bank should have included a suitable stipulation in its credit.

Drafts drawn on the applicant

B18) a. A credit must not be issued available by a draft drawn on the applicant.

b. However, when a credit requires the presentation of a draft drawn on the applicant as one of the required documents, it is to be examined only to the extent expressly stated in the credit, otherwise according to UCP 600 sub—article 14 (f).

INVOICES

Title of invoice

C1) a. When a credit requires presentation of an "invoice" without further description, this will be satisfied by the presentation of any type of invoice (commercial invoice, customs invoice, tax invoice, final invoice, consular invoice, etc.). However, an invoice is not to be identified as "provisional", "pro—forma" or the like.

b. When a credit requires presentation of a "commercial invoice", this will also be satisfied by the presentation of a document titled "invoice", even when such document contains a statement that it has been issued for tax purposes.

Issuer of an invoice

C2) a. An invoice is to appear to have been issued by the beneficiary or, in the case of a transferred credit, the second beneficiary.

b. When the beneficiary or second beneficiary has changed its name and the credit mentions the former name, an invoice may be issued in the name of the new entity provided that it indicates "formerly known as (name of the beneficiary or second beneficiary)" or words of similar effect.

Description of the goods, services or performance and other general issues related to invoices

C3) The description of the goods, services or performance shown on the invoice is to correspond with the description shown in the credit. There is no requirement for a mirror image. For example, details of the goods may be stated in a number of areas within the invoice which, when read together, represent a description of the goods corresponding to that in the credit.

C4) The description of goods, services or performance on an invoice is to reflect what has actually been shipped, delivered or provided. For example, when the goods description in the credit indicates a requirement for shipment

정정과 수정 ("정정")

B16) 환어음에 기재된 자료내용에 대한 모든 정정에는 수익자의 서명 또는 약식서명을 추가하여 인증된 것으로 보여야 한다.

B17) 환어음에 기재된 내용에 대한 정정이 허용되지 않는 경우, 개설은행은 자신의 신용장에 적절한 조항을 포함시켜야 한다.

개설의뢰인 앞으로 발행된 환어음

B18) a. 신용장이 개설의뢰인 앞으로 발행된 환어음으로 사용될 수 있도록 개설되지 않아야 한다.

    b. 그러나 신용장이 요구서류의 하나로써 개설의뢰인 앞으로 발행된 환어음의 제시를 요구하는 경우, 환어음은 신용장에 분명하게 명시된 범위까지만 심사되어야 하며, 그렇지 않으면 UCP600 제14조 f항에 따라 심사되어야 한다.

C. 송장

송장의 제목

C1) a. 신용장에서 추가적인 설명이 없이 "송장"의 제시를 요구하는 경우, 이것은 (상업송장, 세관송장, 세금송장, 최종송장, 영사송장 등) 어떠한 종류의 송장을 제시하여도 충족이 된다. 그러나 송장이 "임시", "견적" 또는 유사한 것으로 식별되지 않아야 한다.

    b. 신용장에서 "상업송장"의 제시를 요구하는 경우, 세금목적으로 발행되었다는 내용을 포함하고 있어도, 제목이 "송장"인 서류의 제시로서 또한 충족된다.

송장의 발행인

C2) a. 송장은 수익자 또는, 양도된 신용장의 경우에는, 제2수익자가 발행한 것으로 보여야 한다.

    b. 수익자 또는 제2수익자가 상호를 변경하고 신용장은 이전의 상호를 언급하고 있으면, 송장에 "이전에는 (수익자 또는 제2수익자의 상호) 로 알려진" 또는 유사한 취지의 문언을 표시한다면 새로운 업체의 명의로 발행될 수 있다.

물품, 서비스 또는 의무이행이 명세 및 기타 송장관련 일반사안

C3) 상업송장에 보이는 물품, 서비스 또는 이행명세는 신용장에 보이는 명세와 상응하여야 한다. 이것은 거울에 비쳐진 것과 같은 형상을 요구하는 것이 아니다. 예를 들어, 물품의 세목은 송장이 여러 곳에 표시될 수 있는데, 그것들을 조합했을 때, 신용장의 그것과 상응하는 물품명세를 나타내는 것이다.

C4) 송장의 물품, 서비스 또는 이행명세는 실제로 선적, 인도 또는 제공된 것을 반영하여야 한다. 예를 들어, 신용장이 물품명세가 "10대 트럭과 5대의 트랙터"의 선적을 요구하는 지시를 하고 있고, 4대의 트럭만 선적된 경우, 신용장이 분할선적을 금지하지 않는 한, 송장은 4대의 트럭만 선적되었음을 표시

of "10 trucks and 5 tractors", and only 4 trucks have been shipped, an invoice may indicate shipment of only 4 trucks provided that the credit did not prohibit partial shipment. An invoice indicating what has actually been shipped (4 trucks) may also contain the description of the goods stated in the credit, i.e., 10 trucks and 5 tractors.

C5) An invoice showing a description of the goods, services or performance that corresponds with that in the credit may also indicate additional data in respect of the goods, services or performance provided that they do not appear to refer to a different nature, classification or category of the goods, services or performance. For example, when a credit requires shipment of "Suede Shoes", but the invoice describes the goods as "Imitation Suede Shoes", or when the credit requires "Hydraulic Drilling Rig", but the invoice describes the goods as "Second Hand Hydraulic Drilling Rig", these descriptions would represent a change in nature, classification or category of the goods.

C6) An invoice is to indicate:

    a. the value of the goods shipped or delivered, or services or performance provided.

    b. unit price(s), when stated in the credit.

    c. the same currency as that shown in the credit.

    d. any discount or deduction required by the credit.

C7) An invoice may indicate a deduction covering advance payment, discount, etc., that is not stated in the credit.

C8) When a trade term is stated as part of the goods description in the credit, an invoice is to indicate that trade term, and when the source of the trade term is stated, the same source is to be indicated. For example, a trade term indicated in a credit as "CIF Singapore Incoterms 2010" is not to be indicated on an invoice as "CIF Singapore" or "CIF Singapore Incoterms". However, when a trade term is stated in the credit as "CIF Singapore" or "CIF Singapore Incoterms", it may also be indicated on an invoice as "CIF Singapore Incoterms 2010" or any other revision.

C9) Additional charges and costs, such as those related to documentation, freight or insurance costs, are to be included within the value shown against the stated trade term on the invoice.

C10) An invoice need not be signed or dated.

C11) Any total quantity of goods and their weight or measurement shown on the invoice is not to conflict with the same data appearing on other documents.

C12) An invoice is not to indicate:

    a. Over shipment (except as provided in UCP 600 sub−article 30 (b)), or

    b. goods, services or performance not called for in the credit. This applies even when the invoice includes additional quantities of goods, services or performance as required by the credit or samples and advertising material and are stated to be free of charge.

C13) The quantity of goods required in the credit may be indicated on an invoice within a tolerance of +/P5%. A variance of up to +5% in the quantity of the goods does not allow the amount demanded under the presentation to exceed the amount of the credit. The tolerance of +/P5% in the quantity of the goods will not apply when:

할 수 있다. 실제로 선적된 (트럭 4대를) 표시하는 송장은 신용장에 명시된 물품명세, 즉 트럭 10대 및 트랙터 5대를 함께 표시할 수도 있다.

C5) 신용장의 명세와 상응하는 물품, 서비스 또는 이행명세를 표시하는 송장은, 그것들이 그러한 상품, 서비스 또는 이행과 다른 성질, 부류 또는 범주로 보이지 않는 한, 그러한 물품, 서비스 또는 이행과 관련된 추가적인 자료를 또한 표시할 수 있다. 예를 들어, 신용장이 "스웨이드가죽 신발"의 선적을 요구하는데, 송장은 물품을 "모조 스웨이드가죽 신발"로 기술하는 경우, 또는 신용장이 "유압식 굴착기"를 요구하는데, 송장은 물품을 "중고 유압식 굴착기"로 기술하는 경우, 이러한 명세들은 성질, 부류 또는 범주가 변한 것을 나타낸다.

C6) 송장은 다음을 표시 하여여 한다.:

a. 선적 또는 인도된 물품, 또는 제공된 서비스 또는 의무이행된 금액.

b. 신용장에 명시되어 있는 경우, 단가(들).

c. 신용장에 명시된 것과 동일한 통화.

d. 신용장에서 요구하는 모든 할인 또는 공제

C7) 송장은 신용장에 명시되지 않은 선급금, 할인들을 나타내는 공제를 표시할 수 있다.

C8) 신용장에 물품명세의 일부로서 무역조건이 명시된 경우, 송장은 그러한 무역조건을 표시하여야 하며, 무역조건의 출처를 명시하고 있으면, 동일한 출처가 표시되어야 한다. 예를 들면, 신용장에 "CIF Singapore Incoterms 2010"으로 명시된 무역조건은 송장에 "CIF Singapore" 또는 "CIF Singapore Incoterms"로 표시되지 않아야 한다. 그러나 신용장에 "CIF Singapore" 또는 "CIF Singapore Incoterms"로 명시된 무역조건의 경우, 송장에는 "CIF Singapore Incoterms 2010" 또는 다른 어떠한 개정판으로도 표시될 수 있다.

C9) 서류작업과 관련된 비용, 운임 또는 보험료와 같은 추가수수료 및 비용들은 송장에 표시된 무역조건에 포함되는 금액 이내로 포함되어야 한다.

C10) 송장에는 서명 또는 일자를 표시할 필요가 없다.

C11) 송장에 표시된 물품의 모든 총수량 및 물품의 중량 또는 요적은 다른 서류들에 보이는 동일한 자료들과 상충하지 않아야 한다.

C12) 송장에는 다음을 표시하지 않아야 한다.

a. (UCP600 제30조 b항에 규정된 경우를 제외한) 초과선적, 또는

b. 신용장에서 요구하지 않는 물품, 서비스 또는 의무이행. 이것은 송장이 신용장에서 요구하는 것과 같은 물품, 서비스 또는 의무이행의 추가수량 또는 견본 및 홍보물, 또한 무상이라고 표시한 경우에도 적용된다.

C13) 신용장에서 요구되는 물품의 수량은 +/-5% 범위의 편차 이내로 표시될 수 있다. 물품의 수량에서 +/-5%까지의 편차가 있어도 제시서류에서 청구하는 금액이 신용장금액을 초과하도록 허용하는 것은 아니다. 물품의 수량에서 +/-5%의 편차는 다앙의 경우, 적용되지 아니한다.

a. a credit states that the quantity is not to be exceeded or reduced; or

b. a credit states the quantity in terms of a stipulated number of packing units or individual items.

C14) When no quantity of goods is stated in the credit, and partial shipments are prohibited, an invoice issued for an amount up to 5% less than the credit amount will be considered to cover the full quantity and not a partial shipment.

Instalment drawings or shipments

C15) a. ⅰ. When a drawing or shipment by installments within given periods is stipulated in the credit, and any instalment is not drawn or shipped within the period allowed for that instalment, the credit ceases to be available for that and any subsequent instalment. Given periods are a sequence of dates or timelines that determine a start and end date for each instalment. For example, a credit requiring shipment of 100 cars in March and 100 cars in April is an example of two periods of time that start on 1 March and 1 April and end on 31 March and 30 April respectively.

ⅱ. When partial drawings or shipments are allowed, any number of drawings or shipments is permitted within each instalment.

b. When a credit indicates a drawing or shipment schedule by only indicating a number of latest dates, and not given periods (as referred to in paragraph C15) (a) (ⅰ):

ⅰ. this is not an instalment schedule as envisaged by UCP 600, and article 32 will not apply. The presentation is to otherwise comply with any instructions in respect of the drawing or shipment schedule and UCP 600 article 31;

ⅱ. when partial drawings or shipments are allowed, any number of drawings or shipments is permitted on or before each latest date for a drawing or shipment to occur.

TRANSPORT DOCUMENT COVERING AT LEAST TWO DIFFERENT MODES OF TRANSPORT
("multimodal or combined transport document")

Application of UCP 600 article 19

D1) a. A requirement in a credit for the presentation of a transport document, however named, covering movement of goods utilizing at least two different modes of transport means that UCP 600 article 19 is to be applied in the examination of that document.

b. ⅰ. A multimodal or combined transport document is not to indicate that shipment or dispatch has been effected by only one mode of transport, but it may be silent regarding some or all of the modes of transport utilized.

ⅱ. A multimodal or combined transport document is not to contain any indication of a charter party as described in paragraphs G2) (a) and (b).

c. When a credit requires the presentation of a transport document other than a multimodal or combined

a. 신용장이 수량은 초과 또는 부족하지 않아야 한다고 명시하는 경우. 또는,

b. 신용장이 요구수량의 용어를 포장단위로 또는 개별품목으로 물량을 명시하는 경우

C14) 신용장에 물품의 수량이 명시되지는 않았고 분할선적이 금지되는 경우, 신용장금액보다 5%까지 적게 발행된 송장은 전체수량을 취급한 것으로 간주되며 분할선적으로 간주하지 않는다.

할부청구 또는 선적

C15) a. ⅰ. 신용장에서 주어진 기간 이내에 할부형식의 지급청구 또는 선적이 명시되고, 어떠한 할부분이라도 해당 할부분을 허용된 기간 이내에 청구 또는 선적되지 않는 경우, 신용장은 해당 할부분 및 모든 후속 할부분의 사용이 중지된다. 주어진 기간들은 각 할부분을 위한 시작과 종료일자를 결정하는 일련의 일자 또는 일정들이다. 예를 들어, 3월에 자동차 100대, 4월에 자동차 100대의 선적을 요구하는 신용장은 각각 3.1.일 및 4.1.일에 시작하여 3.31.일 및 4.30.일에 종료되는 두 기간의 하나의 사례이다.

ⅱ. 분할청구 또는 분할 선적이 허용되는 경우, 각 할부분 이내에서 여러 번의 청구 또는 선적이 허용된다.

b. 신용장이 다수의 초종일자만 표시하면서 청구일정 또는 선적일정을 명시하고, (C15번 a항 ⅰ호에서 언급된 것과 같은) 주어진 기간들을 명시하지 않은 경우:

ⅰ. 이것은 UCP600에서 상정하는 할부일정이 아니고, 제32조가 적용되지 않는다. 그렇지만 제시는 청구일정 또는 선적일정에 관한 모든 지시사항 및 UCP600 제31조를 준수하여 한다.

ⅱ. 분할청구 또는 분할선적이 허용되는 경우, 여러 번의 청구 또는 선적이 청구 또는 선적을 위한 각각의 최종일자 또는 그 이전까지 허용된다.

D. 적어도 두 종료의 다른 운송형태를 취급하는 운송서류 ("복합운송서류")

UCP600 제19조의 적용

D1) a. 명칭에 상관없이, 적어도 두 가지의 다른 운송형태를 이용한 물품의 이동을 취급하는 운송서류의 제시를 요구하는 신용장의 요구조건은 서류심사에서 UCP600 제19조가 적용되어야 한다는 것을 의미한다.

b. ⅰ. 복합운송서류는 선적 또는 발송이 오직 하나의 운송형태로 이행되었다고 표시되지 않아야 하지만, 사용된 운송형태의 일부 또는 전부에 관한 언급이 없을 수도 있다.

ⅱ. 복합운송서류는 G2번 a항 및 b항에서 기술하는 용선계약에 관한 어떠한 표시도 포함하지 않아야 한다.

c. 신용장이 복합운송서류가 아닌 운송서류의 제시를 요구하고, 신용장에 명시된 물품의 운송경로를

transport document, and it is clear from the routing of the goods stated in the credit   that more than one mode of transport is to be utilized, for example, when an inland place of   receipt or final destination are indicated, or the port of loading or discharge field is completed   but with a place which is in fact an inland place and not a port, UCP 600 article 19 is to be   applied in the examination of that document.

D2)   In all places where the term "multimodal transport document" is used within this publication, it also includes the term "combined transport document". The transport document presented need not be titled "Multimodal transport document" or "Combined transport document" or words of similar effect even when the credit so names the required document.

Issuance, carrier, identification of the carrier and signing of a multimodal transport document

D3)   a. A multimodal transport document may be issued by any entity other than a carrier or master   (captain) provided it meets the requirements of UCP 600 article 19.

b. When a credit indicates "Freight Forwarder's Multimodal Transport Document is acceptable" or "House Multimodal Transport Document is acceptable" or words of similar effect, a multimodal transport document may be signed by the issuing entity without it being necessary to indicate the capacity in which it has been signed or the name of the carrier.

D4)   A stipulation in a credit that "Freight Forwarder's Multimodal Transport Documents are not acceptable" or "House Multimodal Transport Documents are not acceptable" or words of similar effect has no meaning in the context of the title, format, content or signing of a multimodal transport document unless the credit provides specific requirements detailing how the multimodal transport document is to be issued and signed. In the absence of these requirements, such a stipulation is to be disregarded, and the multimodal transport document presented is to be examined according to the requirements of UCP 600 article

D5)   a. A multimodal transport document is to be signed in the form described in UCP 600 sub-article   19(a)(i) and to indicate the name of the carrier, identified as the carrier.

b. When a multimodal transport document is signed by a named branch of the carrier, the signature is considered to have been made by the carrier.

c. When an agent signs a multimodal transport document for [or on behalf of] the carrier, the agent is to be named and, in addition, to indicate that it is signing as "agent for (name), the carrier" or as "agent on behalf of (name), the carrier" or words of similar effect. When the carrier is identified elsewhere in the document as the "carrier", the named agent may sign, for example, as "agent for [or on behalf of] the carrier" without naming the carrier again.

d. When the master (captain) signs a multimodal transport document, the signature of the master (captain) is to be identified as the "master" ("captain"). The name of the master (captain) need not be stated.

e. When an agent signs a multimodal transport document for [or on behalf of] the master (captain), the agent is to be named and, in addition, to indicate that it is signing as "agent for the master (or captain)" or as "agent on behalf of the master (or captain)" or words of similar effect. The name of the master (captain) need not be stated.

보아 복수의 운송형태가 사용되어야 하는 것이 분명한 경우, 예를 들어, 내륙의 수취장소 또는 최종목적지가 표시되거나, 또는 선적항이나 양륙항 필드가 실질적으로는 내륙지점인 장소로 기재되어 있는 경우, 서류심사에는 UCP600 제19조가 적용되어야 한다.

D2) 본 간행물에서 "multimodal transport document"라는 용어가 사용된 모든 곳에는, 또한 "combined transport document"라는 용어를 포함한다. 제시된 운송서류에는 신용장이 요구하는 서류를 그렇게 지칭하는 경우에도 "Multimodal transport document" 또는 "Combined transport document" 또는 유사한 취지의 용어로 제목이 있어야 할 필요는 없다.

복합운송서류의 발행, 운송인, 운송인의 식별 및 서명

D3) a. 복합운송서류는 UCP600 제19조의 요건을 충족하는 한, 운송인 또는 선장(캡틴)이 아닌 누구든지 발행할 수 있다.

　　b. 신용장이 "운송주선인의 복합운송서류를 수락함" 또는 "하우스 복합운송서류를 수락함" 또는 유사한 취지의 문언을 명시하는 경우, 복합운송서류는 자신이 서명하는 자격 또는 운송인의 이름을 표시할 필요가 없이 발행인에 의하여 서명될 수 있다.

D4) "운송주선인의 복합운송서류를 수락하지 않음" 또는 "하우스 복합운송서류를 수락하지 않음" 또는 유사한 취지의 신용장조건은, 신용장이 복합운송서류가 어떻게 발행 및 서명되어야 하는지 구체적인 요구사항을 제공하지 않는 한, 복합운송서류의 제목, 형식, 내용 또는 서명에 관하여 아무런 의미가 없다. 이러한 구체적인 요구사항이 없으면, 그러한 조건은 무시되고, 제시된 복합운송서류는 UCP600 제19조의 요건에 따라 심사되어야 한다.

D5) a. 복합운송서류는 UCP600 제19조 a항 i호에 기술된 형식으로 서명되어야 하고, 운송인으로 식별되는 운송인의 이름을 표시하여야 한다.

　　b. 복합운송서류가 운송인의 기명지점에 의하여 서명되는 경우, 그러한 서명은 운송인에 의한 서명으로 간주된다.

　　c. 대리인이 운송인을 대리 [또는 대신] 하여 복합운송서류에 서명하는 경우, 그 대리인이 기명되어야 하고, 추가로, 자신은 "운송인(운송인 이름)을 대리하는 대리인"으로서 또는 "운송인, (운송인 이름)을 대신하는 대리인"으로서 또는 유사한 취지의 문언을 표시하여야 한다. 운송인이 서류의 어딘가에서 운송인으로 식별되는 경우, 기명대리인은 운송인의 이름을 다시 기재하지 않고, "예를 들어", "그 운송인을 대리 [또는 대신]하는 대리인"으로서 서명할 수 있다.

　　d. 선장(캡틴)이 복합운송서류에 서명하는 경우, 선장(캡틴)의 서명은 "선장(캡틴)"으로 식별되어야 한다. 선장(캡틴)의 이름을 기재할 필요는 없다.

　　e. 대리인이 선장(캡틴)을 대리[또는 대신]하여 복합운송서류에 서명하는 경우, 그 대리인이 기명되어야 하고, 추가로, 자신은 "선장(캡틴)을 대리하는 대리인"으로서 또는 "선장(캡틴)을 대신하는 대리인"으로서 또는 유사한 취지의 문언을 표시하여야 한다. 선장(캡틴)의 이름을 기재할 필요는 없다.

On board notation, date of shipment, place of receipt, dispatch, taking in charge, port of loading or airport of departure

D6)   The issuance date of a multimodal transport document will be deemed to be the date of receipt, dispatch, taking in charge or shipment on board and the date of shipment, unless it bears a separate dated notation evidencing receipt, dispatch, taking in charge or shipment on board from the place, port or airport stated in the credit. In the latter event, such date will be deemed to be the date of shipment whether that date is before or after the issuance date of the multimodal transport document. A separate dated notation may also be indicated in a designated field or box.

D7)   When a credit requires shipment to commence from a port, i.e., when the first leg of the journey, as required by the credit, is by sea, a multimodal transport document is to indicate a dated on board notation, and in this event paragraph E6)(b-d) will also apply.

D8)   In a multimodal transport document, when a credit requires shipment to commence from a port, the named port of loading should appear in the port of loading field. However, it may also be stated in the field headed "Place of receipt" or words of similar effect, provided there is a dated on board notation evidencing that the goods were shipped on board a named vessel at the port stated under "Place of receipt" or words of similar effect.

D9)   A multimodal transport document is to indicate the place of receipt, dispatch, taking in charge, port of loading or airport of departure stated in the credit. When a credit indicates the place of receipt, dispatch, taking in charge, port of loading or airport of departure by also stating the country in which the place, port or airport is located, the name of the country need not be stated.

D10) When a credit indicates a geographical area or range of places of receipt, dispatch, taking in charge, ports of loading or airports of departure (for example, "Any European Country" or "Hamburg, Rotterdam, Antwerp Port"), a multimodal transport document is to indicate the actual place of receipt, dispatch, taking in charge, port of loading or airport of departure, which is to be within that geographical area or range of places. A multimodal transport document need not indicate the geographical area.

D11) Terms such as "Shipped in apparent good order", "Laden on board", "Clean on board" or other phrases that incorporate "shipped" or "on board" have the same effect as the words "Shipped on board".

Place of final destination, port of discharge or airport of destination

D12) a. In a multimodal transport document, when a credit requires shipment to be effected to a port, the named port of discharge should appear in the port of discharge field.

b. However, the named port of discharge may be stated in the field headed "Place of final destination" or words of similar effect provided there is a notation evidencing that the port of discharge is that stated under "Place of final destination" or words of similar effect. For example, when a credit requires shipment to be effected to Felixstowe, but Felixstowe is shown as the place of final destination instead of the port of discharge, this may be evidenced by a notation stating "Port of discharge Felixstowe".

D13) A multimodal transport document is to indicate the place of final destination, port of discharge or airport of destination stated in the credit. When a credit indicates the place of final destination port of discharge or airport of destination by also stating the country in which the place or port is located, the name of the country need not be stated.

적재부기, 선적일자, 수취, 발송, 수탁장소, 선적항 또는 출발공항

D6) 복합운송서류가 신용장에 명시된 장소, 항구 또는 공항으로부터 수취, 발송, 수탁 또는 선적을 증빙하는 별도의 일자가 있는 부기가 없으면, 복합운송서류의 발행일자가 수취, 발송, 수탁 또는 적재일자로 그리고 선적일자로 간주된다. 별도의 부기가 있는 경우, 그러한 부기의 일자가 복합운송서류 발행일자의 앞이건 뒤이건 상관없이 선적일자로 간주된다. 별도의 일자가 있는 부기는 지정된 필드나 란에 표시될 수도 있다.

D7) 신용장이 항구로부터 시작하는 선적을 요구하는 경우, 즉 신용장의 요구에 따라, 최초의 운항이 해상으로 되는 경우, 복합운송서류는 일자가 있는 적재부기를 표시하여야 하며, 이러한 경우, E6번 b-d항이 또한 적용된다.

D8) 복합운송서류에서, 신용장이 항구로부터 시작하는 선적을 요구하는 경우, 기명선적항은 선적항 필드에 보여야 한다. 그러나 물품이 "수취장소" 또는 유사한 취지의 문언으로 표시된 항구에서 기명선박에 적재되었음을 증빙하는 일자가 있는 적재부기가 있으면, 기명선적항이 또한 "수취장소" 또는 유사한 취지의 문언으로 된 제목의 필드에 표시될 수 있다.

D9) 복합운송서류는 신용장에 명시된 수취, 발송, 수탁지, 선적항 또는 출발공항을 표시하여야 한다. 신용장이 그러한 장소, 항구 또는 공항이 있는 국가를 또한 언급하면서 수취, 발송, 수탁지, 선적항 또는 출발공항을 명시하는 경우, 국명까지 표시할 필요는 없다.

D10) 신용장이 수취장소, 발송지, 수탁지, 선적항 또는 출발공항의 지리적 구역 또는 범위를 (예를 들어, "모든 유럽항구" 또는 "함부르크, 로테르담, 앤트워프항구"를) 명시하는 경우, 복합운송서류는 그러한 장소의 지리적 구역 또는 범위 이내에 있는 실질적인 수취장소, 발송지, 수탁지, 선적항 또는 출발공항을 표시하여야 한다. 복합운송서류에 그러한 지리적 구역을 표시할 필요는 없다.

D11) "Shipped in apparent good order", "Laden on board", "Clean on board" 또는 "shipped"나 "on board" 같은 용어를 포함하고 있는 다른 문구들은 "Shipped on board"와 같은 의미이다.

최종목적지, 양륙항 또는 목적지공항

D12) a. 복합운송서류에서, 신용장이 항구까지 이행되는 선적을 요구하는 경우, 기명양륙항은 양륙항필드에 보여야 한다.

b. 그러나 양륙항이 "최종목적지"또는 유사한 취지의 문언에 표시된 것임을 증명하는 부기가 있다면, 기명양륙항이 "최종목적지" 또는 유사한 취지의 문언으로 된 제목의 필드에 기재될 수도 있다. 예를 들어, 신용장이 펠릭스토우까지 이행되어야 하는 선적을 요구하지만, 펠렉스토우가 양륙항 대신에 최종목적지로 표시된다면, 이것은 "양륙항: 펠릭스토우"를 명시하는 부기로서 증명될 수 있다.

D13) 복합운송서류는 신용장에 명시된 최종목적지, 양륙항 또는 목적지공항을 표시하여야 한다. 신용장이 그러한 장소 또는 항구가 있는 국가를 함께 표시하면서 최종목적지, 양륙항 또는 목적지공항을 명시하는 경우, 그러한 국명까지 표시할 필요는 없다.

D14) When a credit indicates a geographical area or range of places of final destination, ports of discharge or airports of destination (for example, "Any European Country" or "Hamburg, Rotterdam, Antwerp Port"), a multimodal transport document is to indicate the actual place of final destination, port of discharge or airport of destination, which is to be within that geographical area or range of places. A multimodal transport document need not indicate the geographical area.

Original multimodal transport document

D15) a. A multimodal transport document is to indicate the number of originals that have been issued.

b. Multimodal transport documents marked "First Original", "Second Original", "Third Original", or "Original", "Duplicate", "Triplicate" or similar expressions are all originals.

Consignee, order party, shipper and endorsement, and notify party

D16) When a credit requires a multimodal transport document to evidence that goods are consigned to a named entity, for example, "consigned to (named entity)" (i.e., a "straight" multimodal transport document or consignment) rather than "to order" or "to order of (named entity)", it is not to contain the expressions "to order" or "to order of" preceding the named entity, or the expression "or order" following the named entity, whether typed or pre-printed.

D17) a. When a multimodal transport document is issued "to order" or "to order of the shipper", it is to be endorsed by the shipper. An endorsement may be made by a named entity other than the shipper, provided the endorsement is made for [or on behalf of] the shipper.

b. When a credit requires a multimodal transport document to evidence that goods are consigned "to order of (named entity)", it is not to indicate that the goods are straight consigned to that named entity.

D18) a. When a credit stipulates the details of one or more notify parties, a multimodal transport document may also indicate the details of one or more additional notify parties.

b. ⅰ. When a credit does not stipulate the details of a notify party, a multimodal transport   document may indicate the details of any notify party and in any manner (except as stated in paragraph D18) (b) (ⅱ)).

ⅱ. When a credit does not stipulate the details of a notify party, but the details of the applicant appear as notify party on a multimodal transport document, and these details include the applicant's address and contact details, they are not to conflict with those stated in the credit.

D19) When a credit requires a multimodal transport document to evidence goods consigned to or to the order of "issuing bank" or "applicant" or notify "applicant" or "issuing bank", a multimodal transport document is to indicate the name of the issuing bank or applicant, as applicable, but need not indicate their respective addresses or any contact details that may be stated in the credit.

D20) When the address and contact details of the applicant appear as part of the consignee or notify party details, they are not to conflict with those stated in the credit.

D14) 신용장이 최종목적지, 양륙항 또는 목적지공항의 지리적 구역 또는 범위를 (예를 들어, "모든 유럽국가" 또는 "함부르크, 로테르담, 앤트워프항구") 명시하는 경우, 복합운송서류는 그러한 장소들의 지리적 구역 또는 범위 이내에 있는 실질적인 최종목적지, 양륙항 또는 목적지공항을 표시하여야 한다. 복합운송서류에 그러한 지리적 구역을 표시할 필요는 없다.

원본 복합운송서류

D15) a. 복합운송서류는 발행된 원본의 부수를 표시하여야 한다.

　　 b. "제1원본", "제2원본", "제3원본", 또는 "Original", "Duplicate", "Triplicate" 또는 유사한 표현이 있는 복합운송서류들은 모두가 원본이다.

수하인, 지시인, 선적인과 배서, 그리고 통지처

D16) 신용장이 물품을 기명인에게 탁송하는, 예를 들어, "to order" 또는 "to order of (기명인)"이 아닌 "consigned to (기명인)" (즉, "기명식 복합운송서류 또는 직접탁송")을 증빙하는 복합운송서류를 요구하는 경우, "to order" 또는 "to order of"의 표현들이, 타자되었건 또는 미리 인쇄되었는지 여부에 상관없이, 기명인 앞에 포함되지 않아야 한다.

D17) a. 복합운송서류가 "to order" 또는 "to order of shipper"로 발행되었으면, 선적인에 의하여 배서되어야 한다. 배서는, 그 배서가 선적인을 대리 [또는 대신]하여 된다면, 거인을 대리[대신]하여 배서는 선적인이 아닌 기명인에 의하여 될 수도 있다.

　　 b. 신용장에서 물품이 "(기명인)의 지시로" 탁송된다는 것을 증빙하는 복합운송서류를 요구하는 경우, 복합운송서류는 물품이 기명인에게 곧장 탁송되는 것으로 표시하지 않아야 한다.

D18) a. 신용장이 하나 또는 그 이상의 통지처를 명시하는 경우, 복합운송서류는 또한 하나 또는 그 이상의 추가적인 통지처의 세부사항을 표시할 수 있다.

　　 b. ⅰ. 신용장이 통지처의 명세를 명시하지 않는 경우, 복합운송서류 (D18번 b항 ⅱ호에 설명한 것을 제외하고) 모든 통지처의 그리고 모든 방법으로 세부사항을 표시할 수 있다.

　　　　 ⅱ. 신용장이 통지처의 명세를 요구하지 않지만, 개설의뢰인의 세부사항이 복합운송서류의 통지처로서 보이고, 이러한 세부사항이 개설의뢰인의 주소 및 연락처명세를 포함하는 경우, 세부사항들은 신용장에 명시된 그것들과 상충하지 않아야 한다.

D19) 신용장이 물품을 "개설은행" 또는 "개설의뢰인"에게 또는 그들의 지시인에게 탁송 또는 통지처가 "개설의뢰인" 또는 "개설은행"임을 증빙하는 복합운송서류를 요구하는 경우, 복합운송서류는, 해당사항에 따라, 개설은행 또는 개설의뢰인의 이름을 표시하여야 하지만, 신용장에 명시되었을 수 있는 그들 각각의 주소는 모든 연락처명세를 표시할 필요는 없다.

D20) 개설의뢰인의 주소 및 연락처명세가 수하인 또는 통지처 세부사항의 일부로서 보이는 경우, 신용장에 명시된 그것들과 상충하지 않아야 한다.

Transshipment, partial shipment and determining the presentation period when multiple sets of multimodal transport documents are presented

D21) In multimodal transport transshipment will occur. Transshipment is the unloading and reloading of goods from one means of conveyance to another means of conveyance (whether or not in different modes of transport) during the carriage of those goods from the place of receipt, dispatch or taking in charge, port of loading or airport of departure to the place of final destination, port of discharge or airport of destination stated in the credit.

D22) Shipment on more than one means of conveyance (more than one truck [lorry], vessel, aircraft, etc.) is a partial shipment, even when such means of conveyance leaves on the same day for the same destination.

D23) a. When a credit prohibits partial shipment, and more than one set of original multimodal transport documents are presented covering receipt, dispatch, taking in charge or shipment from one or more points of origin (as specifically allowed, or within a geographical area or range of places stated in the credit), each set is to indicate that it covers the carriage of goods on the same means of conveyance and same journey and that the goods are destined for the same destination.

b. When a credit prohibits partial shipment, and more than one set of original multimodal transport documents are presented in accordance with paragraph D23) (a) and incorporate different dates of receipt, dispatch, taking in charge, or shipment, the latest of these dates is to be used for the calculation of any presentation period and must fall on or before the latest date of receipt, dispatch, taking in charge or shipment stated in the credit.

c. When partial shipment is allowed, and more than one set of original multimodal transport documents are presented as part of a single presentation made under one covering schedule or letter and incorporate different dates of receipt, dispatch, taking in charge or shipment, on different means of conveyance, the earliest of these dates is to be used for the calculation of any presentation period, and each of these dates must fall on or before the latest date of receipt, dispatch, taking in charge or shipment stated in the credit.

Clean multimodal transport document

D24) A multimodal transport document is not to include a clause or clauses that expressly declare a defective condition of the goods or their packaging. For example:

a. A clause on a multimodal transport document such as "packaging is not sufficient for the sea journey" or words of similar effect is an example of a clause expressly declaring a defective condition of the packaging.

b. A clause on a multimodal transport document such as "packaging may not be sufficient for the sea journey" or words of similar effect does not expressly declare a defective condition of the packaging.

D25) a. It is not necessary for the word "clean" to appear on a multimodal transport document even when the credit requires a multimodal transport document to be marked "clean on board" or "clean".

b. Deletion of the word "clean" on a multimodal transport document does not expressly declare a defective condition of the goods or their packaging.

환적, 분할선적 및 복수의 복합운송서류가 제시된 경우의 제시기간 결정

D21) 복합운송에서는 환적이 발생한다. 환적이란 신용장에 명시된 수취, 발송 또는 수탁, 선적항 또는 출발 공항으로부터 최종목적지, 양륙항 또는 목적지공항까지의 물품수송과정에서 하나의 운송수단에서 다른 운송수단으로 (다른 운송형태 여부를 불문하고) 물품의 양하와 재적재이다.

D22) 복수의 운송수단에 (둘 또는 그 이상의 트럭, 선박, 항고기 등에) 적재된 것은, 그러한 운송수단이 동일한 목적지로 동일한 날에 출발하여도, 분할선적이다.

D23) a. 신용장이 분할선적을 금지하고, 복수세트의 원본 복합운송서류가 (특별히 허용되거나, 신용자에서 명기된 장소들의 지리적 구역 또는 범위 이내에 있는) 복수의 출발지로부터의 수취, 발송, 수탁 또는 선적을 취급하면서 제시되는 경우, 각각의 세트는 동일한 운송수단으로 동일한 운송항정을 취급하며 그리고 물품이 동일한 목적지로 운송된다는 것을 표시하여야 한다.

　　 b. 신용장이 분할선적을 금지하고, 복수세트의 원본 복합운송서류가 D23번 a항에 따라 제시되고 다른 수취, 발송, 탁송, 또는 선적일자들을 포함하면, 이러한 일자들의 최종일자가 모든 제시기간의 산정에 사용되어야 하고 신용장에 명시된 수취, 발송, 수탁 또는 선적을 위한 최종일 또는 그 이전이 되어야 한다.

　　 c. 분할선적이 허용되고, 복수세트의 원본 복합운송서류가 하나의 커버레터에 단일제시의 일부로서 제시되고, 다른 운송수단에 또는 다른 항정이 같은 운송수단에, 다른 수취, 발송, 수탁 또는 선적일자들을 포함하는 경우, 이러한 일자들의 최초일자가 모든 제시기간의 산정에 사용되어야 하고, 각각의 일자들은 신용장에 명시된 수취, 발송, 수탁 또는 선적을 위한 최종일 또는 그 이전이 되어야 한다.

무결함 복합운송서류

D24) 복합운송서류는 물품 또는 그것의 포장에 관한 결함상태를 명백하게 표명하지 않아야 한다. 예를 들어,

　　 a. "포장이 해상항해에 불충분하다"와 같은 또는 이와 유사한 의미의 복합운송서류상 구절은 포장에 관한 결함상태를 명백하게 표명하는 구절의 한 사례이다.

　　 b. "포장이 해상항해에 불충분할 수 있다"와 같은 또는 이와 유사한 의미의 복합운송서류상구절은 포장에 관한 결함상태를 명백하게 표명하는 것은 아니다.

D25) a. 신용장이 "무결함적재"또는 "무결함"이 표시된 복합운송서류를 요구하는 경우에도 "무결함"이라는 용어가 복합운송서류에 보여야 할 필요는 없다.

　　 b. 복합운송서류상 "무결함"이라는 단어의 삭제는 물품 또는 그것의 포장에 관한 결함상태를 명시적으로 표명하는 것이 아니다.

Goods description

D26) A goods description indicated on a multimodal transport document may be in general terms not in conflict with the goods description in the credit.

Indication of name and address of delivery agent at destination

D27) When a credit requires a multimodal transport document to indicate the name, address and contact details of a delivery agent or words of similar effect, at or for the place of final destination or port of discharge, the address need not be one that is located at the place of destination or port of discharge or within the same country as that of the place of destination or port of discharge.

Corrections and alterations ("corrections")

D28) Any correction of data on a multimodal transport document is to be authenticated. Such authentication is to appear to have been made by the carrier, master (captain) or any one of their named agents, who may be different from the agent that may have issued or signed a multimodal transport document, provided they are identified as an agent of the carrier or master (captain).

D29) Non-negotiable copies of a multimodal transport document need not include authentication of any corrections that may have been made on the original.

Freight and additional costs

D30) A statement appearing on a multimodal transport document indicating the payment of freight need not be identical to that stated in the credit, but is not to conflict with data in that document, any other stipulated document or the credit. For example, when a credit requires a multimodal transport document to be marked "freight payable at destination", it may be marked "freight collect".

D31) a. When a credit states that costs additional to freight are not acceptable, a multimodal transport document is not to indicate that costs additional to the freight have been or will be incurred.

   b. An indication of costs additional to freight may be made by express reference to additional costs or by the use of trade terms which refer to costs associated with the loading or unloading of goods, such as, but not limited to, Free In (FI), Free Out (FO), Free In and Out (FIO) and Free In and Out Stowed (FIOS).

   c. Reference in a multimodal transport document to costs which may be levied, for example, as a result of a delay in unloading the goods, or after the goods have been unloaded (demurrage costs) or costs covering the late return of containers (detention costs) is not an indication of costs additional to freight.

Release of goods with more than one multimodal transport document to be surrendered

D32) A multimodal transport document is not to expressly state that goods covered by that multimodaltransport document will only be released upon its surrender together with one or more other multimodal transport documents, unless all of the referenced multimodal transport documents form part of the same presentation

물품명세

D26) 복합운송서류에 표시된 물품명세는 신용장의 물품명세와 상충하지 않는 일반용어로 될 수 있다.

목적지에 있는 배송대리인의 명의 및 주소의 표시

D27) 신용장이 최종목적지 또는 양륙항에 있는 배송대리인 또는 유사용어로 된 자의 이름, 주소 및 연락처 명세를 표시하는 복합운송서류를 요구하는 경우, 주소는 목적지 또는 양륙항에 있는 또는 최종목적지 또는 양륙항의 국가와 동일한 국내에 있는 주소이어야 할 필요는 없다.

정정 및 수정 ("정정")

D28) 복합운송서류상의 모든 정정은 인증되어야 한다. 그러한 인증은 운송인, 선장(캡틴) 또는 그들의 대리인에 의하여 된 것으로 나타나야 하는데, 기명대리인의 경우, 운송인 또는 선장의 대리인으로 식별된다면, 해당 복합운송서류를 발행 또는 서명한 대리인과 다를 수도 있다.

D29) 복합운송서류의 비양도성 부본에는 원본에 있는 수 있는 어떠한 정정에 대한 인증도 포함할 필요는 없다.

운임과 추가비용

D30) 운임의 지불을 표시하는 복합운송서류에 보이는 문언은 신용장에 명시된 그것과 동일할 필요는 없지만, 해당 서류, 모든 다른 요구서류 또는 신용장의 자료들과 상충하지 않아야 한다. 예를 들어, 신용장이 "목적지에서 운임지불가능"이라고 표시된 복합운송서류를 요구하는 경우, "운임착불"로 표시될 수도 있다.

D31) a. 신용장이 운임에 추가되는 비용을 수리하지 않는다고 명시하는 경우, 복합운송서류는 운임에 추가되는 비용이 발생하였다거나 발생할 것이라고 표시하지 않아야 한다.

b. 운임에 추가되는 비용의 표시는 추가비용에 관한 명백한 언급으로 나타낼 수도 있고 이것들이 모두는 아니지만, 선적비용 하주부담(FI), 하역비용 하주부담(FO), 선적과 하역비용 하주부담(FIO) 그리고 선적과 하역 및 적하비용 하주부담(FIOS)과 같이 물품의 적재 또는 하역과 관련된 비용을 의미하는 무역조건의 사용으로 나타낼 수도 있다.

c. 예를 들어, 물품의 하역과정에서, 또는 물품이 하역된 후 지연의 결과로서 부과될 수 있는 비용 (체화료), 또는 컨테이너의 반환지연을 보상하는 비용의 (컨테이너반환지체료의) 언급은 운임에 추과되는 비용이 표시가 아니다.

복수의 복합운송서류가 제출되는 조건의 물품인도

D32) 복합운송서류는, 언급된 모든 복합운송서류가 동일한 신용장에서 동일한 제시의 일부를 구성하지 않으면, 복합운송서류로 취급되는 물품은 하나 또는 그 이상의 다른 복합운송서류와 함께 제출되어야 하고 인도된다고 명시적으로 언급하지 않아야 한다. 예를 들어, "컨테이너 XXX는 선하증권 번호

under the same credit.

BILL OF LADING

Application of UCP 600 Article 20

E1) a. A requirement in a credit for the presentation of a transport document, however named, only covering a port—to—port shipment, i.e., a credit that contains no reference to a place of receipt or taking in charge or place of final destination means that UCP 600 article 20 is to be applied in the examination of that document.

b. A bill of lading is not to contain any indication of a charter party as described in paragraphs G2) and (b).

E2) A bill of lading need not be titled "marine bill of lading", "ocean bill of lading", "port—to—port bill of lading" or words of similar effect even when the credit so names the required document.

Issuance, carrier, identification of the carrier and signing of a bill of lading

E3) a. A bill of lading may be issued by any entity other than a carrier or master (captain), provided it meets the requirements of UCP 600 article 20.

b. When a credit indicates "Freight Forwarder's Bill of Lading is acceptable" or "House Bill of Lading is acceptable" or words of similar effect, a bill of lading may be signed by the issuing entity without it being necessary to indicate the capacity in which it has been signed or the name of the carrier.

E4) A stipulation in a credit that "Freight Forwarder's Bills of Lading are not acceptable" or "House Bills of Lading are not acceptable" or words of similar effect has no meaning in the context of the title, format, content or signing of a bill of lading unless the credit provides specific requirements detailing how the bill of lading is to be issued and signed. In the absence of these requirements, such a stipulation is to be disregarded, and the bill of lading presented is to be examined according to the requirements of UCP 600 article 20.

E5) a. A bill of lading is to be signed in the form described in UCP 600 sub-article 20 (a)(i) and to indicate the name of the carrier, identified as the carrier.

b. When a bill of lading is signed by a named branch of the carrier, the signature is considered to have been made by the carrier.

c. When an agent signs a bill of lading for [or on behalf of] the carrier, the agent is to be named and, in addition, to indicate that it is signing as "agent for (name), the carrier" or as "agent on behalf of (name), the carrier" or words of similar effect. When the carrier is identified elsewhere in the document as the "carrier", the named agent may sign, for example, as "agent for [or on behalf of] the carrier" without naming the carrier again.

YYY 및 ZZZ로서 취급되며, 그 상인의 모든 복합운송서류가 제시되면 하나의 상인에게 인도될 수 있음"은 물품이 인도되기 전에, 언급된 컨테이너 또는 단위포장물과 관련된, 복수의 복합운송서류들이 제출되어야 한다는 명시적인 진술로 간주된다.

E. 선하증권

UCP600 제20조의 적용

E1) a. 명칭에 상관없이, 항구에서 항구간의 선적만 취급하는 운송서류의 제시를 위한 신용장, 즉 수취 또는 수탁장소 또는 최종목적지의 언급을 포함하지 않는 신용장의 요구조건은 그러한 서류의 심사에서 UCP600 제20조가 적용되어야 한다는 것을 의미한다.

   b. 선하증권은 G2번 a항 및 b항에서 기술하는 용선계약에 관한 어떠한 표시도 포함하지 않아야 한다.

E2) 선하증권에는 신용장이 요구하는 서류를 그렇게 지칭하는 경우에도 "marine bill of lading", "ocean bill of lading", "port-to-port bill of lading" 또는 유사한 취지의 용어로 제목이 있어야 할 필요는 없다.

선하증권의 발행, 운송인, 운송인의 식별 및 서명

E3) a. 선하증권은 UCP600 제20조의 요건을 충족하는 한, 운송인 또는 선장(캡틴)이 아닌 누구든지 발행할 수 있다.

   b. 신용장이 "운송주선인의 선하증권을 수락함" 또는 "하우스 선하증권을 수락함" 또는 유사한 취지의 문언을 명시하는 경우, 선하증권은 자신이 서명하는 자격 또는 운송인의 이름을 표시할 필요가 없이 발행인에 의하여 서명될 수 있다.

E4) "운송주선인의 선하증권을 수락하지 않음" 또는 "하우스 선하증권을 수락하지 않음" 또는 유사한 취지의 신용장조건은, 신용장에서 선하증권이 어떻게 발행 및 서명되어야 하는지 구체적인 요구사항을 제공하지 않는 한, 선하증권의 제목, 형식, 내용 또는 서명에 관하여 아무런 의미가 없다. 이러한 구체적인 요구사항이 없으면, 그러한 조건은 무시되고, 제시된 선하증권은 UCP600 제20조의 요건에 따라 심사되어야 한다.

E5) a. 선하증권은 UCP600 제20조 a항 i호에 기술된 형식으로 서명되어야 하고, 운송인으로서 식별되는, 운송인의 이름을 표시하여야 한다.

   b. 선하증권이 운송인의 기명지점에 의하여 서명되는 경우, 그러한 서명은 운송인에 의한 서명으로 간주된다.

   c. 대리인이 운송인을 대리[또는 대시]하여 선하증권에 서명하는 경우, 그 대리인이 기명되어야 하고, 추가로, 자신은 "운송인, (운송인 이름)을 대리하는 대리인"으로서 또는 "운송인(운송인 이름)을 대신하는 대리인"으로서 또는 유사한 취지의 문언을 표시하여야 한다. 운송인이 서류의 어딘가에서 운송인으로 식별되는 경우, 기명대리인은 운송인의 이름을 다시 기재하지 않고, 예를 들어, "그 운송인을 대리 [또는 대신]하는 대리인"으로서 서명할 수 있다.

d. When the master (captain) signs a bill of lading, the signature of the master (captain) is to be identified as the "master" ("captain"). The name of the master (captain) need not be stated.

e. When an agent signs a bill of lading for [or on behalf of] the master (captain), the agent is to be named and, in addition, to indicate that it is signing as "agent for the master (or captain)", or as "agent on behalf of the master (or captain)" or words of similar effect. The name of the master (captain) need not be stated.

On board notation, date of shipment, pre-carriage, place of receipt and port of loading

E6) a. When a pre-printed "Shipped on board" bill of lading is presented, its issuance date will be deemed to be the date of shipment unless it bears a separate dated on board notation. In the latter event, such date will be deemed to be the date of shipment whether that date is before or after the issuance date of the bill of lading. The on board date may also be indicated in a designated field or box.

b. Notwithstanding that a credit may require a bill of lading to evidence a port−to−port shipment:

i . when a bill of lading indicates a place of receipt that is the same as the port of loading, for example, place of receipt Rotterdam CY and the port of loading Rotterdam, and there is no indication of a means of pre-carriage (either in the pre-carriage field or the place of receipt field); or

ii . when a bill of lading indicates a place of receipt different from the port of loading, for example, place of receipt Amsterdam and port of loading Rotterdam, and there is no indication of a means of pre-carriage (either in the pre-carriage field or the place of receipt field), then:

(a) when a bill of lading is pre-printed "shipped on board", the date of issue will be deemed to be the date of shipment, and no further on board notation is required.

(b) when a bill of lading is pre-printed "received for shipment", a dated on board notation is required, and the date appearing in the notation will be deemed to be the date of shipment. The on board date may also be indicated in a designated field or box.

c. Notwithstanding that a credit may require a bill of lading to evidence a port−to−port shipment, when a bill of lading:

i . indicates a place of receipt different from the port of loading, for example, place of receipt Amsterdam and port of loading Rotterdam, and there is an indication of a means of pre-carriage (either in the pre-carriage field or the place of receipt field), regardless of whether it is pre-printed "shipped on board" or "received for shipment", it is to bear a dated on board notation which also indicates the name of the vessel and the port of loading stated in the credit. Such notation may also appear in a designated field or box. The date appearing in the on board notation or designated field or box will be deemed to be the date of shipment.

ii . indicates a means of pre-carriage (either in the pre-carriage field or the place of receipt field), no matter if no place of receipt is stated or whether it is pre-printed "shipped on board" or "received for shipment", it

d. 선장(캡틴)이 선하증권에 서명하는 경우, 선장(캡틴)의 서명은 "선장(캡틴)"으로 식별되어야 한다. 선장(캡틴)의 이름을 기재할 필요는 없다.

e. 대리인이 선장(캡틴)을 대리[또는 대신]하여 선하증권에 서명하는 경우, 그 대리인이 기명되어야 하고, 추가로, 자신은 "선장(캡틴)을 대리하는 대리인"으로서 또는 "선장(캡틴)을 대신하는 대리인"으로서 또는 유사한 취지의 문언을 표시하여야 한다. 선장(캡틴)의 이름을 기재할 필요는 없다.

적재부기, 신적일자, 사전운반체, 수취장소 및 선적항

E6) a. "선적되었음"이 미리 인쇄된 선하증권이 제시되는 경우, 일자가 있는 별도의 적재부기가 없다면 발행일자가 선적일자로 간주된다. 별도의 적재부기가 있는 경우, 그러한 부기의 일자가 선하증권 발행일자의 앞이건 뒤이건 상관없이 선적일자로 간주된다. 적재일자는 또한 지정된 필드 또는 란에 표시될 수도 있다.

b. 신용장이 항구 간 선적을 증빙하는 선하증권을 요구할 수 있을지라도:

ⅰ. 선하증권이 선적항과 동일한 수취장소를 표시하는 경우, 예를 들어, 수취장소: 로테르담 CY 및 선적항: 로테르담, 그리고 (사전운반체 위치에 또는 수취장소 필드에) 사전운반체의 표시가 없는 경우; 아니면,

ⅱ. 선하증권이 선적항과 다른 수취장소를 표시하는 경우, 예를 들어, 수취장소: 암스테르담 및 선적항: 로테르담, 그리고 (사전운반체 위치에 또는 수취장소 필드에) 사전운반체의 표시가 없는 경우; 그렇다면,

(a) 선하증권에 "선적하였음"이 미리 인쇄된 경우, 발행일자가 선적일자로 간주되며, 더 이상의 적재부기를 요하지 않는다.

(b) 선하증권에 "선적을 위하여 수취하였음"이 미리 인쇄된 경우, 일자가 있는 적재부기가 요구되며, 부기에 보이는 일자가 선적일자로 간주된다. 적재일자는 또한 지정된 필드 또는 란에 표시될 수도 있다.

c. 신용장이 항구 간 선적을 증빙하는 선하증권을 요구할 수 있을지라도, 선하증권이:

ⅰ. 선하증권이 선적항과 다른 수취장소를 표시하는 경우, 예를 들어, 수취장소: 암스테르담 및 선적항: 로테르담, 그리고 (사전운반체 위치에 또는 수취장소 필드에) 사전운반체의 표시가 있으면, "선적하였음"으로 또는 "선적을 위하여 수취하였음"으로 미리 인쇄되었는지 여부에 상관없이, 선하증권에는 적재일자와 함께 선박명 및 신용장에 명시된 선적항을 표시하는 적재부기가 있어야 한다. 그러한 부기는 또한 지정된 필드 또는 란에 표시될 수도 있다. 적재부기 또는 지정된 필드 또는 란에 보이는 일자는 선적일자로 간주된다.

ⅱ. (사전운반체 위치에 또는 수취장소 필드에) 사전운반체의 표시하고 있으면, 수취장소가 명시되었는지 여부에 상관없이 또는 "선적하였음"으로 또는 "선적을 위하여 수취하였음"으로 미리 인쇄되었는지 여부에 상관없이, 선하증권에는 적재일자와 함께 선박명 및 신용장에 명시된 선적항을

is to bear a dated on board notation which also indicates the name of the vessel and the port of loading stated in the credit. Such notation may also appear in a designated field or box. The date appearing in the on board notation or designated field or box will be deemed to be the date of shipment.

d. When a bill of lading indicates wording such as "When the place of receipt box has been completed, any notation on this bill of lading of "on board", "loaded on board" or words of similar effect shall be deemed to be on board the means of transportation performing the carriage from the place of receipt to the port of loading" or words of similar effect, and if, in addition, the place of receipt box is completed, a bill of lading is to bear a dated on board notation. The dated on board notation is also to indicate the name of the vessel and the port of loading stated in the credit. Such notation may also appear in a designated field or box. The date appearing in the on board notation or designated field or box will be deemed to be the date of shipment.

e. The named port of loading, as required by the credit, should appear in the port of loading field on a bill of lading. However, it may also be stated in the field headed "Place of receipt" or words of similar effect, provided there is a dated on board notation evidencing that the goods were shipped on board a named vessel at the port stated under "Place of receipt" or words of similar effect.

f. A bill of lading is to indicate the port of loading stated in the credit. When a credit indicates the port of loading by also stating the country in which the port is located, the name of the country need not be stated.

g. When a credit indicates a geographical area or range of ports of loading (for example, "Any European Port" or "Hamburg, Rotterdam, Antwerp Port"), a bill of lading is to indicate the actual port of loading, which is to be within that geographical area or range of ports. A bill of lading need not indicate the geographical area.

h. When a bill of lading indicates more than one port of loading, it is to evidence an on board notation with the relevant on board date for each port of loading, regardless of whether it is pre—printed "received for shipment" or "shipped on board". For example, when a bill of lading indicates that shipment has been effected from Brisbane and Adelaide, a dated on board notation is required for both Brisbane and Adelaide.

E7) Terms such as "Shipped in apparent good order", "Laden on board", "Clean on board" or other phrases that incorporate "shipped" or "on board" have the same effect as the words "Shipped on board".

Port of discharge

E8) a. The named port of discharge, as required by the credit, should appear in the port of discharge field within a bill of lading.

b. However, the named port of discharge may be stated in the field headed "Place of final destination" or words of similar effect provided there is a notation evidencing that the port of discharge is that stated under "Place of final destination" or words of similar effect. For example, when a credit requires shipment to be effected to Felixstowe, but Felixstowe is shown as the place of final destination instead of the port of

표시하는 적재부기가 있어야 한다. 그러한 부기는 또한 지정된 필드 또는 란에 표시될 수도 있다. 적재부기 또는 지정된 필드 또는 란에 보이는 일자는 선적일자로 간주된다.

d. 선하증권에 "수취장소 란이 채워졌다면, 선하증권상의 '적재', '갑판적재' 또는 유사한 취지의 모든 부기는 수취장소로부터 선적항까지의 수송을 이행하는 운반체에 적재된 것으로 간주된다." 또는 이와 유사한 취지의 문언을 표시하는 경우, 그리고, 추가로 수취장소 란이 기재된다면, 선하증권에는 일자가 있는 적재부기가 있어야 한다. 일자가 있는 적재부기에는 또한 선박명 및 신용장에 명시된 선적항을 표시하여야 한다. 적재부기 또는 지정된 필드 또는 란에 보이는 일자는 선적일자로 간주된다.

e. 신용장에서 요구하는 것과 같은 기명선적항은 선하증권의 선적항 필드에 보여야 한다. 그러나 물품이 "수취장소" 또는 유사한 취지의 문언에 표시된 항구에서 기명선박에 적재되었음을 증빙하는 일자가 있는 적재부기가 있으면, 기명선적항이 "수취장소" 또는 유사한 취지의 문언으로 된 제목의 란에 표시될 수 있다.

f. 선하증권은 신용장에 명시된 선적항을 표시하여야 한다. 신용장이 그러한 항구가 있는 국가와 함께 선적항을 명시하는 경우, 국명까지 표시할 필요는 없다.

g. 신용장이 선적항의 지리적 구역 또는 범위를 (예를 들어. "모든 유럽항구" 또는 "함부르크, 로테르담, 앤트워프항구"를) 명시하는 경우, 선하증권은 그러한 항구의 지리적 구역 또는 범위 이내에 있는 실질적인 선적항을 표시하여야 한다. 선하증권에는 그러한 지리적 구역까지 표시할 필요는 없다.

h. 선하증권이 복수의 선적항을 표시하는 경우, "선적을 위하여 수취하였음"으로 또는 "선적하였음"으로 미리 인쇄되었는지 여부에 상관 없이, 각 선적항에서의 선적일자가 있는 적재부기가 있어야 한다. 예를 들어, 선하증권이 선적은 브리스번 및 애들레이드로부터 이행되었음을 표시하는 경우, 브리스번 및 애들레이드 두 항구에 대한 일자가 있는 적재부기가 요구된다.

E7) "Shipped in apparent good order", "Laden on board", "Clean on board" 또는 "shipped"sk "on board" 같은 단어를 포함하고 있는 다른 문구들은 "Shipped on board"와 동일한 의미를 가지고 있다.

양륙항

E8) a. 신용장에서 요구되는 것과 같은 기명양륙항이 선하증권의 양륙항 필드에 보여야 한다.

b. 그러나 양륙항이 "최종목적지" 또는 유사한 취지의 문언에 표시된 것임을 증명하는 부기가 있다면, 기명양륙항이 "최종목적지" 또는 유사한 취지의 문언으로 된 제목의 필드에 기재될 수도 있다. 예를 들어, 신용장이 펠릭스토우까지 이행되어야 하는 선적을 요구하지만, 펠릭스토우가 양륙항 대신에 최종목적지로 표시된다면, 이것은 "양륙항: 펠릭스토우"를 명시하는 부기로서 증빙될 수 있다.

discharge, this may be evidenced by a notation stating "Port of discharge Felixstowe".

E9) A bill of lading is to indicate the port of discharge stated in the credit. When a credit indicates the port of discharge by also stating the country in which the port is located, the name of the country need not be stated.

E10) When a credit indicates a geographical area or range of ports of discharge (for example, "Any European Port" or "Hamburg, Rotterdam, Antwerp Port"), a bill of lading is to indicate the actual port of discharge, which is to be within that geographical area or range of ports. A bill of lading need not indicate the geographical area.

Original bill of lading

E11) a. A bill of lading is to indicate the number of originals that have been issued.

b. Bills of lading marked "First Original", "Second Original", "Third Original", or "Original", "Duplicate", "Triplicate" or similar expressions are all originals.

Consignee, order party, shipper and endorsement, and notify party

E12) When a credit requires a bill of lading to evidence that goods are consigned to a named entity, for example, "consigned to (named entity)" (i.e., a "straight" bill of lading or consignment) rather than "to order" or "to order of (named entity)", it is not to contain the expressions "to order" or "to order of" preceding the named entity, or the expression "or order" following the named entity, whether typed or preprinted.

E13) a. When a bill of lading is issued "to order" or "to order of the shipper", it is to be endorsed by the shipper. An endorsement may be made by a named entity other than the shipper, provided the endorsement is made for [or on behalf of] the shipper.

b. When a credit requires a bill of lading to evidence that goods are consigned "to order of (named entity)", it is not to indicate that the goods are straight consigned to that named entity.

E14) a. When a credit stipulates the details of one or more notify parties, a bill of lading may also indicate the details of one or more additional notify parties.

b. ⅰ. When a credit does not stipulate the details of a notify party, a bill of lading may indicate the details of any notify party and in any manner (except as stated in paragraph E14) (b) (ⅱ)).

ⅱ. When a credit does not stipulate the details of a notify party, but the details of the applicant appear as notify party on a bill of lading, and these details include the applicant's address and contact details, they are not to conflict with those stated in the credit.

E15) When a credit requires a bill of lading to evidence goods consigned to or to the order of "issuing bank" or "applicant" or notify "applicant" or "issuing bank", a bill of lading is to indicate the name of the issuing bank or applicant, as applicable, but need not indicate their respective addresses or any contact details that may be stated in the credit.

E16) When the address and contact details of the applicant appear as part of the consignee or notify party details, they are not to conflict with those stated in the credit.

E9) 선하증권은 신용장에 명시된 양륙항을 표시하여야 한다. 신용장이 그러한 항구가 있는 국가를 또한 명시하면서 양륙항을 명시하는 경우, 국명까지 표시할 필요는 없다.

E10) 신용장이 양륙항의 지리적 구역 또는 범위를 (예를 들어. "모든 유럽항구" 또는 "함부르크, 로테르담, 앤 트워프항구"를) 명시하는 경우, 선하증권은 그러한 항구의 지리적 구역 또는 범위 이내에 있는 실질적 인 양륙항을 표시하여야 한다. 선하증권에는 그러한 지리적 구역까지 표시할 필요는 없다.

원본 선하증권

E11) a. 선하증권은 발행된 원본의 부수를 표시하여야 한다.

b. "제1원본", "제2원본", "제3원본", 또는 "Original", "Duplicate", "Triplicate" 또는 유사한 표현이 있는 선 하증권들은 모두가 원본이다.

수하인, 지시인, 선적인과 배서, 그리고 통지처

E12) 신용장이 물품을 기명인에게 탁송하는, 예를 들어, "to order" 또는 "to order of (기명인)"이 아닌 "consigned to (기명인)" (즉, "기명식 선하증권 또는 직접탁송")을 증빙하는 선하증권을 요구하는 경우, "to order" 또는 "to order of"의 표현들이, 타자되었건 또는 미리 인쇄되었는지 여부에 상관없이, 기명인 앞에 포함되지 않아야 한다.

E13) a. 선하증권이 "to order" 또는 "to order of shipper"로 발행되었으면, 선적인에 의하여 배서되어야 한다. 배서는, 그 배서가 선적인을 대리 [또는 대신]하여 된다면, 선적인을 대리[대신]하여 배서는 선적 인이 아닌 기명인에 의하여 될 수도 있다.

b. 신용장에서 물품이 "(기명인)의 지시로" 탁송된다는 것을 증빙하는 선하증권을 요구하는 경우, 선 하증권은 물품이 기명인에게 곧장 탁송되는 것으로 표시하지 않아야 한다.

E14) a. 신용장이 하나 또는 그 이상의 통지처를 명시하는 경우, 선하증권은 또한 하나 또는 그 이상의 추 가적인 통지처의 세부사항을 표시할 수 있다.

b. ⅰ. 신용장이 통지처의 명세를 명시하지 않는 경우, 선하증권은 (E14번 b항 ⅱ호에 설명한 것을 제외 하고) 모든 통지처의 그리고 모든 방법으로 세부사항을 표시할 수 있다.

ⅱ. 신용장이 통지처의 명세를 요구하지 않지만, 개설의뢰인의 세부사항이 선하증권의 통지처로 서 보이고, 이러한 세부사항이 개설의뢰인의 주소 및 연락처명세를 포함하는 경우, 세부사항들 은 신용장에 명시된 그것들과 상충하지 않아야 한다.

E15) 신용장이 물품을 "개설은행" 또는 "개설의뢰인"에게 또는 그들의 지시인에게 탁송 또는 통지처가 "개 설의뢰인" 또는 "개설은행"임을 증빙하는 선하증권을 요구하는 경우, 선하증권은, 해당사항에 따라, 개설은행 또는 개설의뢰인의 이름을 표시하여야 하지만, 신용장에 명시되었을 수 있는 그들 각각의 주소는 모든 연락처명세를 표시할 필요는 없다.

E16) 개설의뢰인의 주소 및 연락처명세가 수하인 또는 통지처 세부사항의 일부로써 보이는 경우, 신용장

Transshipment, partial shipment and determining the presentation period when multiple sets of bills of lading are presented

E17) Transshipment is the unloading and reloading of goods from one vessel to another during the carriage of those goods from the port of loading to the port of discharge stated in the credit. When a bill of lading does not indicate unloading and reloading between these two ports, it is not transshipment in the context of the credit and UCP 600 sub—articles 20 (b) and (c).

E18) Shipment on more than one vessel is a partial shipment, even if each vessel leaves on the same day for the same destination.

E19) a. When a credit prohibits partial shipment, and more than one set of original bills of lading are presented covering shipment from one or more ports of loading (as specifically allowed, or within a geographical area or range of ports stated in the credit), each set is to indicate that it covers the shipment of goods on the same vessel and same journey and that the goods are destined for the same port of discharge.

   b. When a credit prohibits partial shipment, and more than one set of original bills of lading are presented in accordance with paragraph E19) (a) and incorporate different dates of shipment, the latest of these dates is to be used for the calculation of any presentation period and must fall on or before the latest shipment date stated in the credit.

   c. When partial shipment is allowed, and more than one set of original bills of lading are presented as part of a single presentation made under one covering schedule or letter and incorporate different dates of shipment, on different vessels or the same vessel for a different journey, the earliest of these dates is to be used for the calculation of any presentation period, and each of these dates must fall on or before the latest shipment date stated in the credit.

Clean bill of lading

E20) A bill of lading is not to include a clause or clauses that expressly declare a defective condition of the goods or their packaging. For example:

   a. A clause on a bill of lading such as "packaging is not sufficient for the sea journey" or words of similar effect is an example of a clause expressly declaring a defective condition of the packaging.

   b. A clause on a bill of lading such as "packaging may not be sufficient for the sea journey" or words of similar effect does not expressly declare a defective condition of the packaging.

E21) a. It is not necessary for the word "clean" to appear on a bill of lading even when the credit requires a bill of lading to be marked "clean on board" or "clean".

   b. Deletion of the word "clean" on a bill of lading does not expressly declare a defective condition of the goods or their packaging.

Goods description

E22) A goods description indicated on a bill of lading may be in general terms not in conflict with the goods description in the credit.

에 명시된 그것들과 상충하지 않아야 한다.

환적, 분할선적 및 복수의 선하증권이 제시된 경우의 제시기간 결정

E17) 환적이란 신용장에 명시된 선적항으로부터 양륙항까지의 물품수송과정에서 하나의 선박에서 다른 선박으로 물품의 양하와 재적재이다. 선하증권이 이러한 두 항구 사이에서 하역과 재선적을 표시하지 않는다면, 신용장 및 UCP600 제20조 b항 및 c항 관점에서의 환적이 아니다.

E18) 두 척 이상의 선박에 선적된 것은, 각 선박이 동일한 목적지로 동일한 날에 출발하여도, 분할선적이다.

E19) a. 신용장이 분할선적을 금지하고, 복수세트의 원본 선하증권이 (특별히 허용되거나, 신용자에서 명기된 장소들의 지리적 구역 또는 범위 이내에 있는) 복수의 선적항으로부터의 선적을 취급하면서 제시되는 경우, 각각의 세트는 동일한 선박으로 동일한 항정을 취급하며 그리고 물품이 동일한 양륙항으로 운송된다는 것을 표시하여야 한다.

b. 신용장이 분할선적을 금지하고, 복수세트의 원본 선하증권이 E19번 a항에 따라 제시되었는데 선적일자가 서로 다르다면, 이러한 일자들의 최종일자가 모든 제시기간의 산정에 사용되어야 하고 신용장에 명시된 최종선적일자 또는 그 이전이 되어야 한다.

c. 분할선적이 허용되고, 복수세트의 원본 선하증권이 하나의 커버레터에 단일제시의 일부로서 제시되고, 다른 선박에 또는 다른 항정이 같은 선박에의, 다른 선적일자들을 포함하는 경우, 이러한 일자들의 최초일자가 모든 제시기간의 산정에 사용되어야 하고, 각각의 일자들은 신용장에 명시된 최종선적일자 또는 그 이전이어야 한다.

무결함 선하증권

E20) 선하증권은 물품 또는 그것의 포장에 관한 결함상태를 명백하게 표명하지 않아야 한다. 예를 들어,

a. "포장이 해상항해에 불충분하다"와 같은 또는 이와 유사한 의미의 선하증권상 구절은 포장에 관한 결함상태를 명백하게 표명하는 구절의 한 사례이다.

b. "포장이 해상항해에 불충분할 수 있다"와 같은 또는 이와 유사한 의미의 선하증권상 구절은 포장에 관한 결함상태를 명백하게 표명하는 것은 아니다.

E21) a. 신용장이 "무결함적재" 또는 "무결함"이 표시된 선하증권을 요구하는 경우에도 "무결함"이라는 용어가 선하증권에 보여야 할 필요는 없다.

b. 선하증권상 "무결함"이라는 단어의 삭제는 물품 또는 그것의 포장에 관한 결함상태를 명시적으로 표명하는 것이 아니다.

물품명세

E22) 선하증권에 표시된 물품명세는 신용장의 물품명세와 상충하지 않는 일반용어로 될 수 있다.

Indication of name and address of delivery agent at port of discharge

E23) When a credit requires a bill of lading to indicate the name, address and contact details of a delivery agent or words of similar effect, at or for the port of discharge, the address need not be one that is located at the port of discharge or within the same country as that of the port of discharge.

Corrections and alterations ("corrections")

E24) Any correction of data on a bill of lading is to be authenticated. Such authentication is to appear to have been made by the carrier, master (captain) or any one of their named agents, who may be different from the agent that may have issued or signed a bill of lading, provided they are identified as an agent of the carrier or the master (captain).

E25) Non-negotiable copies of a bill of lading need not include authentication of any corrections that may have been made on the original.

Freight and additional costs

E26) A statement appearing on a bill of lading indicating the payment of freight need not be identical to that stated in the credit, but is not to conflict with data in that document, any other stipulated document or the credit. For example, when a credit requires a bill of lading to be marked "freight payable at destination", it may be marked "freight collect".

E27) a. When a credit states that costs additional to freight are not acceptable, a bill of lading is not to indicate that costs additional to the freight have been or will be incurred.

b. An indication of costs additional to freight may be made by express reference to additional costs or by the use of trade terms which refer to costs associated with the loading or unloading of goods, such as, but not limited to, Free In (FI), Free Out (FO), Free In and Out (FIO) and Free In and Out Stowed (FIOS).

c. Reference in a bill of lading to costs which may be levied, for example, as a result of a delay in unloading the goods, or after the goods have been unloaded (demurrage costs) or costs covering the late return of containers (detention costs) is not an indication of costs additional to freight.

Release of goods with more than one bill of lading to be surrendered

E28) A bill of lading is not to expressly state that goods covered by that bill of lading will only be released upon its surrender together with one or more other bills of lading, unless all of the referenced bills of lading form part of the same presentation under the same credit.

For example, "Container XXXX is covered by B/L No. YYY and ZZZ and can only be released to a single merchant upon presentation of all bills of lading of that merchant" is considered to be an express statement that one or more other bills of lading, related to the referenced container or packing unit, must be surrendered prior to the goods being released.

양륙항에 있는 배송대리인의 명의 및 주소의 표시

E23) 신용장이 양륙항에 있는 배송대리인 또는 유사용어로 된 자의 이름, 주소 및 연락처명세를 표시하는 선하증권을 요구하는 경우, 주소는 양륙항에 있는 또는 양륙항의 국가와 동일한 국내에 있는 주소이어야 할 필요는 없다.

정정 및 수정 ("정정")

E24) 선하증권상의 모든 정정은 인증되어야 한다. 그러한 인증은 운송인, 선장(캡틴) 또는 그들의 대리인에 의하여 된 것으로 나타나야 하는데, 기명대리인의 경우, 운송인 또는 선장의 대리인으로 식별된다면, 해당 선하증권을 발행 또는 서명한 대리인과 다를 수도 있다.

E25) 선하증권의 비양도성 부본에는 원본에 있는 수 있는 어떠한 정정에 대한 인증도 포함할 필요는 없다.

운임과 추가비용

E26) 운임의 지불을 표시하는 선하증권에 보이는 문언은 신용장에 명시된 그것과 동일할 필요는 없지만, 해당 서류, 모든 다른 요구서류 또는 신용장의 자료들과 상충하지 않아야 한다. 예를 들어, 신용장이 "목적지에서 운임지불가능"이라고 표시된 선하증권을 요구하는 경우, "운임착불"로 표시될 수도 있다.

E27) a. 신용장이 운임에 추가되는 비용을 수리하지 않는다고 명시하는 경우, 선하증권은 운임에 추가되는 비용이 발생하였다거나 발생할 것이라고 표시하지 않아야 한다.

b. 운임에 추가되는 비용의 표시는 추가비용에 관한 명백한 언급으로 나타낼 수도 있고 이것들이 모두는 아니지만, 선적비용 하주부담(FI), 하역비용 하주부담(FO), 선적과 하역비용 하주부담(FIO) 그리고 선적과 하역 및 적하비용 하주부담(FIOS)과 같이 물품의 적재 또는 하역과 관련된 비용을 의미하는 무역조건의 사용으로 나타낼 수도 있다.

c. 예를 들어, 물품의 하역과정에서, 또는 물품이 하역된 후 지연의 결과로서 부과될 수 있는 비용 (체화료), 또는 컨테이너의 반환지연을 보상하는 비용의 (컨테이너반환지체료의) 언급은 운임에 추가되는 비용이 표시가 아니다.

복수의 선하증권가 제출되는 조건의 물품인도

E28) 선하증권은, 언급된 모든 선하증권이 동일한 신용장에서 동일한 제시의 일부를 구성하지 않으면, 선하증권으로 취급되는 물품은 하나 또는 그 이상의 다른 선하증권과 함께 제출되어야 인도된다고 명시적으로 언급하지 않아야 한다. 예를 들어, "컨테이너 XXX는 선하증권 번호 YYY 및 ZZZ로서 취급되며, 그 상인의 모든 선하증권이 제시되면 하나의 상인에게 인도될 수 있음"은 물품이 인도되기 전에, 언급된 컨테이너 또는 단위포장물과 관련된, 하나 또는 그 이상의 선하증권들이 제출되어야 한다는 명시적인 진술로 간주된다.

NON NEGOTIABLE SEA WAYBILL

Application of UCP 600 Article 21

F1) a. A requirement in a credit for the presentation of a non—negotiable sea waybill, covering a port—to—port shipment only, i.e., a credit that contains no reference to a place of receipt or taking in charge or place of final destination means that UCP 600 article 21 is to be applied in the examination of that document.

      b. A non—negotiable sea waybill is not to contain any indication of a charter party as described in paragraphs G2) (a) and (b).

Issuance, carrier, identification of the carrier and signing of a non negotiable sea waybill

F2) a. A non negotiable sea waybill may be issued by any entity other than a carrier or master (captain) provided it meets the requirements of UCP 600 article 21.

      b. When a credit indicates "Freight Forwarder's non—negotiable sea waybill is acceptable" or "House non—negotiable sea waybill is acceptable" or words of similar effect, a non—negotiable sea waybill may be signed by the issuing entity without it being necessary to indicate the capacity in which it has been signed or the name of the carrier.

F3) A stipulation in a credit that "Freight Forwarder's non—negotiable sea waybill is not acceptable" or "House non—negotiable sea waybill is not acceptable" or words of similar effect has no meaning in the context of the title, format, content or signing of a non—negotiable sea waybill unless the credit provides specific requirements detailing how the non—negotiable sea waybill is to be issued and signed. In the absence of these requirements, such a stipulation is to be disregarded, and the non—negotiable sea waybill presented is to be examined according to the requirements of UCP 600 article 21.

F4) a. A non-negotiable sea waybill is to be signed in the form described in UCP 600 sub-article 21 (a) (i) and to indicate the name of the carrier, identified as the carrier.

      b. When a non—negotiable sea waybill is signed by a named branch of the carrier, the signature is considered to have been made by the carrier.

On board notation, date of shipment, pre—carriage, place of receipt and port of loading

F5) a. When a pre-printed "Shipped on board" non-negotiable sea waybill is presented, its issuance date will be deemed to be the date of shipment unless it bears a separate dated on board notation. In the latter event, such date will be deemed to be the date of shipment whether that date is before or after the issuance date of the non-negotiable sea waybill. The on board date may also be indicated in a designated field or box.

      b. Notwithstanding that a credit may require a non—negotiable sea waybill to evidence a port—to—port shipment:

          i . when a non-negotiable sea waybill indicates a place of receipt that is the same as the port of loading, for example, place of receipt Rotterdam CY and the port of loading Rotterdam, and there is no indication of a means of pre-carriage (either in the pre-carriage field or the place of receipt field); or

F. 비양도성 해상운송장

UCP600 제21조의 적용

F1) a. 명칭에 상관없이, 항구에서 항구간의 선적만 취급하는 비양도성 해상운송장의 제시를 위한 신용장, 즉 수취 또는 수탁장소 또는 최종목적지의 언급을 포함하지 않는 신용장의 요구조건은 그러한 서류의 심사에서 UCP600 제21조가 적용되어야 한다는 것을 의미한다.

    b. 비양도성 해상운송장은 G2번 a항 및 b항에서 기술하는 용선계약에 관한 어떠한 표시도 포함하지 않아야 한다.

비양도성 해상운송장의 발행, 운송인, 운송인의 식별 및 서명

F2) a. 비양도성 해상운송장은 UCP600 제21조의 요건을 충족하는 한, 운송인 또는 선장(캡틴)이 아닌 누구든지 발행할 수 있다.

    b. 신용장이 "운송주선인의 비양도성 해상운송장을 수락함" 또는 "하우스 비양도성 해상운송장을 수락함" 또는 유사한 취지의 문언을 명시하는 경우, 비양도성 해상운송장은 자신이 서명하는 자격 또는 운송인의 이름을 표시할 필요가 없이 발행인에 의하여 서명될 수 있다.

F3) "운송주선인의 비양도성 해상운송장을 수락하지 않음" 또는 "하우스 비양도성 해상운송장을 수락하지 않음" 또는 유사한 취지의 신용장 조건은, 신용장에서 비양도성 해상운송장이 어떻게 발행 및 서명되어야 하는지 구체적인 요구사항을 제공하지 않는 한, 비양도성 해상운송장의 제목, 형식, 내용 또는 서명에 관하여 아무런 의미가 없다. 이러한 구체적인 요구사항이 없으면, 그러한 조건은 무시되고, 제시된 비양도성 해상운송장은 UCP600 제21조의 요건에 따라 심사되어야 한다.

F4) a. 비양도성 해상운송장은 UCP600 제21조 a항 i호에 기술된 형식으로 서명되어야 하고, 운송인으로서 식별되는, 운송인의 이름을 표시하여야 한다.

    b. 비양도성 해상운송장이 운송인의 기명지점에 의하여 서명되는 경우, 그러한 서명은 운송인에 의한 서명으로 간주된다.

적재부기, 선적일자, 사전운반체, 수취장소 및 선적항

F5) a. "선적되었음"이 미리 인쇄된 비양도성 해상운송장이 제시되는 경우, 일자가 있는 별도의 적재부기가 없다면 발행일자가 선적일자로 간주된다. 별도의 적재부기가 있는 경우, 그러한 부기의 일자가 비양도성 해상운송장 발행일자의 앞이건 뒤이건 상관없이 선적일자로 간주된다. 적재일자는 또한 지정된 필드 또는 란에 표시될 수도 있다.

    b. 신용장이 항구 간 선적을 증빙하는 비양도성 해상운송장을 요구할 수 있을지라도:

      ⅰ. 비양도성 해상운송장이 선적항과 동일한 수취장소를 표시하는 경우, 예를 들어, 수취장소: 로테르담 CY 및 선적항: 로테르담, 그리고 (사전운반체 위치에 또는 수취장소 필드에) 사전운반체의 표시가 없는 경우;

ⅱ. when a non-negotiable sea waybill indicates a place of receipt different from the port of loading, for example, place of receipt Amsterdam and port of loading Rotterdam, and there is no indication of a means of pre-carriage (either in the pre-carriage field or the place of receipt field), then:

(a) when a non-negotiable sea waybill is pre-printed "shipped on board", the date of issue will be deemed to be the date of shipment, and no further on board notation is required.

(b) when a non-negotiable sea waybill is pre-printed "received for shipment", a dated on board notation is required, and the date appearing in the notation will be deemed to be the date of shipment. The on board date may also be indicated in a designated field or box.

c. Notwithstanding that a credit may require a non−negotiable sea waybill to evidence a port−to−port shipment, when a non−negotiable sea waybill:

ⅰ. indicates a place of receipt different from the port of loading, for example, place of receipt Amsterdam and port of loading Rotterdam, and there is an indication of a means of pre-carriage (either in the pre-carriage field or the place of receipt field), regardless of whether it is pre-printed "shipped on board" or "received for shipment", it is to bear a dated on board notation which also indicates the name of the vessel and the port of loading stated in the credit. Such notation may also appear in a designated field or box. The date appearing in the on board notation or designated field or box will be deemed to be the date of shipment.

ⅱ. indicates a means of pre-carriage (either in the pre-carriage field or the place of receipt field), no matter if no place of receipt is stated or whether it is pre-printed "shipped on board" or "received for shipment", it is to bear a dated on board notation which also indicates the name of the vessel and the port of loading stated in the credit. Such notation may also appear in a designated field or box. The date appearing in the on board notation or designated field or box will be deemed to be the date of shipment.

d. When a non−negotiable sea waybill indicates wording such as "When the place of receipt box has been completed, any notation on this non−negotiable sea waybill of "on board", "loaded on board" or words of similar effect shall be deemed to be on board the means of transportation performing the carriage from the place of receipt to the port of loading" or words of similar effect, and if, in addition, the place of receipt box is completed, a non−negotiable sea waybill is to bear a dated on board−notation. The dated on board notation is also to indicate the name of the vessel and the port of loading stated in the credit. Such notation may also appear in a designated field or box. The date appearing in the on board notation or designated field or box will be deemed to be the date of shipment.

e. The named port of loading, as required by the credit, should appear in the port of loading field on a non−negotiable sea waybill. However, it may also be stated in the field headed "Place of receipt" or words of similar effect, provided there is a dated on board notation evidencing that the goods were shipped on board a named vessel at the port stated under "Place of receipt" or words of similar effect.

  ⅱ. 비양도성 해상운송장이 선적항과 다른 수취장소를 표시하는 경우, 예를 들어, 수취장소: 암스테르담 및 선적항: 로테르담, 그리고 (사전운반체 위치에 또는 수취장소 필드에) 사전운반체의 표시가 없는 경우; 그렇다면,

    (a) 비양도성 해상운송장에 "선적하였음"이 미리 인쇄된 경우, 발행일자가 선적일자로 간주되며, 더 이상의 적재부기를 요하지 않는다.

    (b) 비양도성 해상운송장에 "선적을 위하여 수취하였음"이 미리 인쇄된 경우, 일자가 있는 적재부기가 요구되며, 부기에 보이는 일자가 선적일자로 간주된다. 적재일자는 또한 지정된 필드 또는 란에 표시될 수도 있다.

c. 신용장이 항구 간 선적을 증빙하는 비양도성 해상운송장을 요구할 수 있을지라도, 비양도성 해상운송장이:

  ⅰ. 비양도성 해상운송장이 선적항과 다른 수취장소를 표시하는 경우, 예를 들어, 수취장소: 암스테르담 및 선적항: 로테르담, 그리고 (사전운반체 위치에 또는 수취장소 필드에) 사전운반체의 표시가 있으면, "선적하였음"으로 또는 "선적을 위하여 수취하였음"으로 미리 인쇄되었는지 여부에 상관없이, 비양도성 해상운송장에는 적재일자와 함께 선박명 및 신용장에 명시된 선적항을 표시하는 적재부기가 있어야 한다. 그러한 부기는 또한 지정된 필드 또는 란에 표시될 수도 있다. 적재부기 또는 지정된 필드 또는 란에 보이는 일자는 선적일자로 간주된다.

  ⅱ. (사전운반체 위치에 또는 수취장소 필드에) 사전운반체에 표시하고 있으면, 수취장소가 명시되었는지 여부에 상관없이 또는 "선적하였음"으로 또는 "선적을 위하여 수취하였음"으로 미리 인쇄되었는지 여부에 상관없이, 비양도성 해상운송장에는 적재일자와 함께 선박명 및 신용장에 명시된 선적항을 표시하는 적재부기가 있어야 한다. 그러한 부기는 또한 지정된 필드 또는 란에 표시될 수도 있다. 적재부기 또는 지정된 필드 또는 란에 보이는 일자는 선적일자로 간주된다.

d. 비양도성 해상운송장에 "수취장소 란이 채워졌다면, 비양도성 해상운송장상의 '적재', '갑판적재' 또는 유사한 취지의 모든 부기는 수취장소로부터 선적항까지의 수송을 이행하는 운반체에 적재된 것으로 간주된다." 또는 이와 유사한 취지의 문언을 표시하는 경우, 그리고, 추가로 수취장소 란이 기재된다면, 비양도성 해상운송장에는 일자가 있는 적재부기가 있어야 한다. 일자가 있는 적재부기에는 또한 선박명 및 신용장에 명시된 선적항을 표시하여야 한다. 적재부기 또는 지정된 필드 또는 란에 보이는 일자는 선적일자로 간주된다.

e. 신용장에서 요구하는 것과 같은 기명선적항은 비양도성 해상운송장의 선적항 필드에 보여야 한다. 그러나 물품이 "수취장소" 또는 유사한 취지의 문언에 표시된 항구에서 기명선박에 적재되었음을 증빙하는 일자가 있는 적재부기가 있으면, 기명선적항이 "수취장소" 또는 유사한 취지의 문언으로 된 제목의 란에 표시될 수 있다.

f. A non—negotiable sea waybill is to indicate the port of loading stated in the credit. When a credit indicates the port of loading by also stating the country in which the port is located, the name of the country need not be stated.

g. When a credit indicates a geographical area or range of ports of loading (for example, "Any European Port" or "Hamburg, Rotterdam, Antwerp Port"), a non—negotiable sea waybill is to indicate the actual port of loading, which is to be within that geographical area or range of ports. A non—negotiable sea waybill need not indicate the geographical area.

h. When a non—negotiable sea waybill indicates more than one port of loading, it is to evidence an on board notation with the relevant on board date for each port of loading, regardless of whether it is pre—printed "received for shipment" or "shipped on board". For example, when a non—negotiable sea waybill indicates that shipment has been effected from Brisbane and Adelaide, a dated on board notation is required for both Brisbane and Adelaide.

F6) Terms such as "Shipped in apparent good order", "Laden on board", "Clean on board" or other phrases that incorporate "shipped" or "on board" have the same effect as the words "Shipped on board".

Port of discharge

F7) a. The named port of discharge, as required by the credit, should appear in the port of discharge field within a non-negotiable sea waybill.

b. However, the named port of discharge may be stated in the field headed "Place of final destination" or words of similar effect provided there is a notation evidencing that the port of discharge is that stated under "Place of final destination" or words of similar effect. For example, when a credit requires shipment to be effected to Felixstowe, but Felixstowe is shown as the place of final destination instead of the port of discharge, this may be evidenced by a notation stating "Port of discharge Felixstowe".

F8) A non-negotiable sea waybill is to indicate the port of discharge stated in the credit. When a credit indicates the port of discharge by also stating the country in which the port is located, the name of the country need not be stated.

F9) When a credit indicates a geographical area or range of ports of discharge (for example "Any European Port" or "Hamburg, Rotterdam, Antwerp Port"), a non-negotiable sea waybill is to indicate the actual port of discharge, which is to be within that geographical area or range of ports. A non-negotiable sea waybill need not indicate the geographical area.

Original non negotiable sea waybill

F10) a. A non-negotiable sea waybill is to indicate the number of originals that have been issued.

b. Non-negotiable sea waybills marked "First Original", "Second Original", "Third Original", or "Original", "Duplicate", "Triplicate" or similar expressions are all originals.

Consignee, order party, shipper, and notify party

F11) a. When a credit requires a non-negotiable sea waybill to evidence that goods are consigned to a named entity, for

f. 비양도성 해상운송장은 신용장에 명시된 선적항을 표시하여야 한다. 신용장이 그러한 항구가 있는 국가와 함께 선적항을 명시하는 경우, 국명까지 표시할 필요는 없다.

g. 신용장이 선적항의 지리적 구역 또는 범위를 (예를 들어. "모든 유럽항구" 또는 "함부르크, 로테르담, 앤트워프항구"를) 명시하는 경우, 비양도성 해상운송장은 그러한 항구의 지리적 구역 또는 범위 이내에 있는 실질적인 선적항을 표시하여야 한다. 비양도성 해상운송장에는 그러한 지리적 구역까지 표시할 필요는 없다.

h. 비양도성 해상운송장이 복수의 선적항을 표시하는 경우, "선적을 위하여 수취하였음"으로 또는 "선적하였음"으로 미리 인쇄되었는지 여부에 상관 없이, 각 선적항에서의 선적일자가 있는 적재부기가 있어야 한다. 예를 들어, 비양도성 해상운송장이 선적은 브리스번 및 애들레이드로부터 이행되었음을 표시하는 경우, 브리스번 및 애들레이드 두 항구에 대한 일자가 있는 적재부기가 요구된다.

F6) "Shipped in apparent good order", "Laden on board", "Clean on board" 또는 "shipped" 또는 "on board" 같은 단어를 포함하고 있는 다른 문구들은 "Shipped on board"와 동일한 의미를 가지고 있다.

양륙항

F7) a. 신용장에서 요구되는 것과 같은 기명양륙항이 비양도성 해상운송장의 양륙항 필드에 보여야 한다.

b. 그러나 양륙항이 "최종목적지" 또는 유사한 취지의 문언에 표시된 것임을 증명하는 부기가 있다면, 기명양륙항이 "최종목적지" 또는 유사한 취지의 문언으로 된 제목의 필드에 기재될 수도 있다. 예를 들어, 신용장이 펠릭스토우까지 이행되어야 하는 선적을 요구하지만, 펠릭스토우가 양륙항 대신에 최종목적지로 표시된다면, 이것은 "양륙항: 펠릭스토우"를 명시하는 부기로서 증빙될 수 있다.

F8) 비양도성 해상운송장은 신용장에 명시된 양륙항을 표시하여야 한다. 신용장이 그러한 항구가 있는 국가를 또한 명시하면서 양륙항을 명시하는 경우, 국명까지 표시할 필요는 없다.

F9) 신용장이 양륙항의 지리적 구역 또는 범위를 (예를 들어. "모든 유럽항구" 또는 "함부르크, 로테르담, 앤트워프항구"를) 명시하는 경우, 비양도성 해상운송장은 그러한 항구의 지리적 구역 또는 범위 이내에 있는 실질적인 양륙항을 표시하여야 한다. 비양도성 해상운송장에는 그러한 지리적 구역까지 표시할 필요는 없다.

원본 비양도성 해상운송장

F10) a. 비양도성 해상운송장은 발행된 원본의 부수를 표시하여야 한다.

b. "제1원본", "제2원본", "제3원본", 또는 "Original", "Duplicate", "Triplicate" 또는 유사한 표현이 있는 비양도성 해상운송장들은 모두가 원본이다.

수하인, 지시인, 선적인과 배서, 그리고 통지처

F11) a. 신용장이 물품을 기명인에게 탁송하는, 예를 들어, "consigned to (기명인)"을 증빙하는 비양도성 해

example, "consigned to (named entity)", it is not to contain the expressions "to order" or "to order of" preceding the named entity, or the expression "or order" following the named entity, whether typed or pre-printed.

    b. When a credit requires a non−negotiable sea waybill to evidence that goods are consigned "to order of (named entity)", it may indicate that the goods are consigned to that entity, without mentioning "to order of".

    c. When a credit requires a non−negotiable sea waybill to evidence that goods are consigned "to order" without naming the entity to whose order the goods are to be consigned, it is to indicate that the goods are consigned to either the issuing bank or the applicant, without the need to mention the words "to order".

F12) a. When a credit stipulates the details of one or more notify parties, a non-negotiable sea waybill may also indicate the details of one or more additional notify parties.

    b. ⅰ. When a credit does not stipulate the details of a notify party, a non-negotiable sea waybill may indicate the details of any notify party and in any manner (except as stated in paragraph F12) (b) (ⅱ)).

       ⅱ. When a credit does not stipulate the details of a notify party, but the details of the applicant appear as notify party on a non-negotiable sea waybill, and these details include the applicant's address and contact details, they are not to conflict with those stated in the credit.

F13) When a credit requires a non−negotiable sea waybill to evidence goods consigned to "issuing bank" or "applicant" or notify "applicant" or "issuing bank", a non−negotiable sea waybill is to indicate the name of the issuing bank or applicant, as applicable, but need not indicate their respective addresses or any contact details that may be stated in the credit.

F14) When the address and contact details of the applicant appear as part of the consignee or notify party details, they are not to conflict with those stated in the credit.

Transshipment, partial shipment and determining the presentation period when multiple sets of non−negotiable sea waybills are presented.

F15) Transshipment is the unloading and reloading of goods from one vessel to another during the carriage of those goods from the port of loading to the port of discharge stated in the credit. When a non-negotiable sea waybill does not indicate unloading and reloading between these two ports, it is not transshipment in the context of the credit and UCP 600 sub-articles 21 (b) and (c).

F16) Shipment on more than one vessel is a partial shipment, even if each vessel leaves on the same day for the same destination.

F17) a. When a credit prohibits partial shipment, and more than one set of original non-negotiable sea waybills are presented covering shipment from one or more ports of loading (as specifically allowed, or within a geographical area or range of ports stated in the credit), each set is to indicate that it covers the shipment of goods on the same vessel and same journey and that the goods are destined for the same port of discharge.

    b. When a credit prohibits partial shipment, and more than one set of original non-negotiable sea waybills are presented

상운송장을 요구하는 경우, "to order" 또는 "to order of"의 표현들이, 타자되었건 또는 미리 인쇄되었는지 여부에 상관없이, 기명인 앞에 포함되지 않아야 한다.

b. 신용장에서 물품이 "(기명인)의 지시로" 탁송된다는 것을 증빙하는 비양도성 해상운송장을 요구하는 경우, 물품은 "...의 지시로"를 언급하지 않고 그러한 자에게 탁송되는 물품이라는 것을 표시할 수 있다.

c. 신용장에서 물품이 누구의 지시로 탁송되어져야 하는 지를 기명하지 않고 "지시로" 탁송되는 비양도성 해상운송장을 요구하는 경우, "지시로"라는 용어를 언급할 필요 없이, 물품이 개설은행 또는 개설의뢰인에게 탁송된다는 것을 표시하여야 한다.

F12) a. 신용장이 하나 또는 그 이상의 통지처를 명시하는 경우, 비양도성 해상운송장은 또한 하나 또는 그 이상의 추가적인 통지처의 세부사항을 표시할 수 있다.

b. ⅰ. 신용장이 통지처의 명세를 명시하지 않는 경우, 비양도성 해상운송장은 (F12번 b항 ⅱ호에 설명한 것을 제외하고) 모든 통지처의 그리고 모든 방법으로 세부사항을 표시할 수 있다.

ⅱ. 신용장이 통지처의 명세를 요구하지 않지만, 개설의뢰인의 세부사항이 비양도성 해상운송장의 통지처로서 보이고, 이러한 세부사항이 개설의뢰인의 주소 및 연락처명세를 포함하는 경우, 세부사항들은 신용장에 명시된 그것들과 상충하지 않아야 한다.

F13) 신용장이 물품을 "개설은행" 또는 "개설의뢰인"에게 또는 그들의 지시인에게 탁송 또는 통지처가 "개설의뢰인" 또는 "개설은행"임을 증빙하는 비양도성 해상운송장을 요구하는 경우, 비양도성 해상운송장은, 해당사항에 따라, 개설은행 또는 개설의뢰인의 이름을 표시하여야 하지만, 신용장에 명시되었을 수 있는 그들 각각의 주소는 모든 연락처명세를 표시할 필요는 없다.

F14) 개설의뢰인의 주소 및 연락처명세가 수하인 또는 통지처 세부사항의 일부로서 보이는 경우, 신용장에 명시된 그것들과 상충하지 않아야 한다.

환적, 분할선적 및 복수의 비양도성 해상운송장이 제시된 경우의 제시기간 결정

F15) 환적이란 신용장에 명시된 선적항으로 부터 양륙항까지의 물품수송과정에서 하나의 선박에서 다른 선박으로 물품의 양하와 재적재이다. 비양도성 해상운송장이 이러한 두 항구 사이에서 하역과 재선적을 표시하지 않는다면, 신용장 및 UCP600 제21조 b항 및 c항 관점에서의 환적이 아니다.

F16) 두 척 이상의 선박에 선적된 것은, 각 선박이 동일한 목적지로 동일한 날에 출발하여도, 분할선적이다.

F17) a. 신용장이 분할선적을 금지하고, 복수세트의 원본 비양도성 해상운송장이 (특별히 허용되거나, 신용자에서 명기된 장소들의 지리적 구역 또는 범위 이내에 있는) 복수의 선적항으로부터의 선적을 취급하면서 제시되는 경우, 각각의 세트는 동일한 선박으로 동일한 항정을 취급하며 그리고 물품이 동일한 양륙항으로 운송된다는 것을 표시하여야 한다.

b. 신용장이 분할선적을 금지하고, 복수세트의 원본 비양도성 해상운송장이 F17번 a항에 따라 제시되었는데 선적일자가 서로 다르다면, 이러한 일자들의 최종일자가 모든 제시기간의 산정에 사용

in accordance with paragraph F17)(a) and incorporate different dates of shipment, the latest of these dates is to be used for the calculation of any presentation period and must fall on or before the latest shipment date stated in the credit.

   c. When partial shipment is allowed, and more than one set of original non−negotiable sea waybills are presented as part of a single presentation made under one covering schedule or letter and incorporate different dates of shipment, on different vessels or the same vessel for a different journey, the earliest of these dates is to be used for the calculation of any presentation period, and each of these dates must fall on or before the latest shipment date stated in the credit.

Clean non−negotiable sea waybill

F18) A non-negotiable sea waybill is not to include a clause or clauses that expressly declare a defective condition of the goods or their packaging. For example:

   a. A clause on a non−negotiable sea waybill such as "packaging is not sufficient for the sea journey" or words of similar effect is an example of a clause expressly declaring a defective condition of the packaging.

   b. A clause on a non−negotiable sea waybill such as "packaging may not be sufficient for the sea journey" or words of similar effect does not expressly declare a defective condition of the packaging.

F19) a. It is not necessary for the word "clean" to appear on a non-negotiable sea waybill even when the credit requires a non-negotiable sea waybill to be marked "clean on board" or "clean".

   b. Deletion of the word "clean" on a non−negotiable sea waybill does not expressly declare a defective condition of the goods or their packaging.

Goods description

F20) A goods description indicated on a non-negotiable sea waybill may be in general terms not in conflict with the goods description in the credit.

Indication of name and address of delivery agent at port of discharge

F21) When a credit requires a non-negotiable sea waybill to indicate the name, address and contact details of a delivery agent or words of similar effect, at or for the port of discharge, the address need not be one that is located at the port of discharge or within the same country as that of the port of discharge.

Corrections and alterations ("corrections")

F22) Any correction of data on a non-negotiable sea waybill is to be authenticated. Such authentication is to appear to have been made by the carrier, master (captain) or any one of their named agents, who may be different from the agent that may have issued or signed a non-negotiable sea waybill, provided they are identified as an agent of the carrier or the master (captain).

F23) Copies of a non-negotiable sea waybill need not include authentication of any corrections that may have been made on the original.

되어야 하고 신용장에 명시된 최종선적일자 또는 그 이전이 되어야 한다.

    c. 분할선적이 허용되고, 복수세트의 원본 비양도성 해상운송장이 하나의 커버레터에 단일제시의 일부로서 제시되고, 다른 선박에 또는 다른 항정이 같은 선박에의, 다른 선적일자들을 포함하는 경우, 이러한 일자들의 최초일자가 모든 제시기간의 산정에 사용되어야 하고, 각각의 일자들은 신용장에 명시된 최종선적일자 또는 그 이전이어야 한다.

무결함 비양도성 해상운송장

F18) 비양도성 해상운송장은 물품 또는 그것의 포장에 관한 결함상태를 명백하게 표명하지 않아야 한다. 예를 들어,

    a. "포장이 해상항해에 불충분하다"와 같은 또는 이와 유사한 의미의 비양도성 해상운송장상 구절은 포장에 관한 결함상태를 명백하게 표명하는 구절의 한 사례이다.

    b. "포장이 해상항해에 불충분할 수 있다"와 같은 또는 이와 유사한 의미의 비양도성 해상운송장상 구절은 포장에 관한 결함상태를 명백하게 표명하는 것은 아니다.

F19) a. 신용장이 "무결함적재"또는 "무결함"이 표시된 비양도성 해상운송장을 요구하는 경우에도 "무결함"이라는 용어가 비양도성 해상운송장에 보여야 할 필요는 없다.

    b. 비양도성 해상운송장상 "무결함"이라는 단어의 삭제는 물품 또는 그것의 포장에 관한 결함상태를 명시적으로 표명하는 것이 아니다.

물품명세

F20) 비양도성 해상운송장에 표시된 물품명세는 신용장의 물품명세와 상충하지 않는 일반용어로 될 수 있다.

양륙항에 있는 배송대리인의 명의 및 주소의 표시

F21) 신용장이 양륙항에 있는 배송대리인 또는 유사용어로 된 자의 이름, 주소 및 연락처명세를 표시하는 비양도성 해상운송장을 요구하는 경우, 주소는 양륙항에 있는 또는 양륙항의 국가와 동일한 국내에 있는 주소이어야 할 필요는 없다.

정정 및 수정 ("정정")

F22) 비양도성 해상운송장상의 모든 정정은 인증되어야 한다. 그러한 인증은 운송인, 선장(캡틴) 또는 그들의 대리인에 의하여 된 것으로 나타나야 하는데, 기명대리인의 경우, 운송인 또는 선장의 대리인으로 식별된다면, 해당 비양도성 해상운송장을 발행 또는 서명한 대리인과 다를 수도 있다.

F23) 비양도성 해상운송장 부본에는 원본에 있는 수 있는 어떠한 정정에 대한 인증도 포함할 필요는 없다.

Freight and additional costs

F24) A statement appearing on a non-negotiable sea waybill indicating the payment of freight need not be identical to that stated in the credit, but is not to conflict with data in that document, any other stipulated document or the credit. For example, when a credit requires a non-negotiable sea waybill to be marked "freight payable at destination", it may be marked "freight collect".

F25) a. When a credit states that costs additional to freight are not acceptable, a non-negotiable sea waybill is not to indicate that costs additional to the freight have been or will be incurred.

b. An indication of costs additional to freight may be made by express reference to additional costs or by the use of trade terms which refer to costs associated with the loading or unloading of goods, such as, but not limited to, Free In (FI), Free Out (FO), Free In and Out (FIO) and Free In and Out Stowed (FIOS).

c. Reference in a non−negotiable sea waybill to costs which may be levied, for example, as a result of a delay in unloading the goods, or after the goods have been unloaded (demurrage costs) or costs covering the late return of containers (detention costs) is not an indication of costs additional to freight.

CHARTER PARTY BILL OF LADING

Application of UCP 600 article 22

G1) When there is a requirement in a credit for the presentation of a charter party bill of lading, or when a credit allows presentation of a charter party bill of lading and a charter party bill of lading is presented, UCP 600 article 22 is to be applied in the examination of that document.

G2) a. A transport document, however named, containing any indication that it is subject to, or any reference to, a charter party is deemed to be a charter party bill of lading.

b. A transport document, however named, indicating expressions such as "freight payable as per charter party dated (with or without mentioning a date)", or "freight payable as per charter party", will be an indication that it is subject to a charter party.

G3) A transport document, however named, containing a code name or form name usually associated with a charter party bill of lading, for example, "Congenbill" or "Tanker Bill of Lading" without any further indication or reference to a charter party, is not by itself an indication of, or reference to, a charter party.

Signing of a charter party bill of lading

G4) a. A charter party bill of lading is to be signed in the form described in UCP 600 sub-article 22 (a) (i).

b. When the master (captain), owner or charterer signs a charter party bill of lading, the signature of the master (captain), owner or charterer is to be identified as "master" ("captain"), "owner" or "charterer".

운임과 추가비용

F24) 운임의 지불을 표시하는 비양도성 해상운송장에 보이는 문언은 신용장에 명시된 그것과 동일할 필요는 없지만, 해당 서류, 모든 다른 요구서류 또는 신용장의 자료들과 상충하지 않아야 한다. 예를 들어, 신용장이 "목적지에서 운임지불가능"이라고 표시된 비양도성 해상운송장을 요구하는 경우, "운임착불"로 표시될 수도 있다.

F25) a. 신용장이 운임에 추가되는 비용을 수리하지 않는다고 명시하는 경우, 비양도성 해상운송장은 운임에 추가되는 비용이 발생하였다거나 발생할 것이라고 표시하지 않아야 한다.

b. 운임에 추가되는 비용의 표시는 추가비용에 관한 명백한 언급으로 나타낼 수도 있고 이것들이 모두는 아니지만, 선적비용 하주부담(FI), 하역비용 하주부담(FO), 선적과 하역비용 하주부담(FIO) 그리고 선적과 하역 및 적하비용 하주부담(FIOS)과 같이 물품의 적재 또는 하역과 관련된 비용을 의미하는 무역조건의 사용으로 나타낼 수도 있다.

c. 예를 들어, 물품의 하역과정에서, 또는 물품이 하역된 후 지연의 결과로서 부과될 수 있는 비용 (체화료), 또는 컨테이너의 반환지연을 보상하는 비용의 (컨테이너반환지체료의) 언급은 운임에 추과되는 비용이 표시가 아니다.

G. 용선계약선하증권

UCP600 제22조의 적용

G1) 신용장에선 용선계약선하증권의 제시를 요구하거나, 신용장이 용선계약선하증권의 제시를 허용하고, 용선계약선하증권이 제시되는 경우, UCP600 제22조가 그러한서류의 심사에 적용되어야 한다.

G2) a. 명칭에 상관없이, 용선계약이 적용된다는 모든 표시 또는 용선계약에 관한 어떠한 언급이라도 포함하는 운송서류는 용선계약선하증권으로 간주한다.

b. 명칭에 상관없이, "(일자가 있거나 또는 없거나)일자 용선계약에 따른 운임지불가능", 또는 "용선계약에 따른 운임지불가능"과 같은 표현을 표시하는 운송서류는 운송서류가 용선계약에 적용된다는 표시이다.

G3) 명칭에 상관없이, 흔히 용선계약선하증권과 관련된 코드명 또는 서식명, 예를 들어, 용선계약에 관한 어떠한 추가적인 표시 또는 언급이 없는 "Congenbill" 또는 "Tanker Bill of Lading"은, 그것 자체만으로는 용선계약의 표시 또는 언급이 아니다.

용선계약선하증권의 서명

G4) a. 용선계약선하증권은 UCP600 제22조 a항 i호에 기술된 형식으로 서명되어야 한다.

b. 선장(캡틴), 선주 또는 용선인이 용선계약선하증권에 서명하는 경우, 선장(캡틴), 선주 또는 용선인의 서명은 "선장(캡틴)", "선주" 또는 "용선인"으로 식별되어야 한다.

c. When an agent signs a charter party bill of lading for [or on behalf of] the master (captain), owner or charterer, the agent is to be named and, in addition, to indicate that it is signing as agent for [or on behalf of] the master (captain), owner or charterer as the case may be.

ⅰ. When a charter party bill of lading is signed by an agent for [or on behalf of] the master (captain), the name of the master (captain) need not be stated.

ⅱ. When a charter party bill of lading is signed by an agent for [or on behalf of] the owner or charterer, the name of the owner or charterer is to be stated.

On board notation, date of shipment, pre−carriage, place of receipt and port of loading

G5) a. When a pre-printed "Shipped on board" charter party bill of lading is presented, its issuance date will be deemed to be the date of shipment unless it bears a separate dated on board notation. In the latter event, such date will be deemed to be the date of shipment whether that date is before or after the issuance date of the charter party bill of lading. The on board date may also be indicated in a designated field or box.

b. Notwithstanding that a credit may require a charter party bill of lading to evidence a port to−port shipment:

ⅰ. when a charter party bill of lading indicates a place of receipt that is the same as the port of loading, for example, place of receipt Rotterdam CY and the port of loading Rotterdam, and there is no indication of a means of pre−carriage (either in the pre−carriage field or the place of receipt field); or

ⅱ. when a charter party bill of lading indicates a place of receipt different from the port of loading, for example, place of receipt Amsterdam and port of loading Rotterdam, and there is no indication of a means of pre-carriage (either in the pre-carriage field or the place of receipt field), then:

(a) when a charter party bill of lading is pre-printed "shipped on board", the date of issue will be deemed to be the date of shipment, and no further on board notation is required.

(b) when a charter party bill of lading is pre-printed "received for shipment", a dated on board notation is required, and the date appearing in the notation will be deemed to be the date of shipment. The on board date may also be indicated in a designated field or box.

c. Notwithstanding that a credit may require a charter party bill of lading to evidence a port− to−port shipment, when a charter party bill of lading:

ⅰ. indicates a place of receipt different from the port of loading, for example, place of receipt Amsterdam and port of loading Rotterdam, and there is an indication of a means of pre-carriage (either in the pre-carriage field or the place of receipt field), regardless of whether it is pre-printed "shipped on board" or "received for shipment", it is to bear a dated on board notation which also indicates the name of the vessel and the port of loading stated in the credit. Such notation may also appear in a designated field or box. The date appearing in the on board notation or designated field or box will be deemed to be the date of shipment.

ⅱ. indicates a means of pre-carriage (either in the pre-carriage field or the place of receipt field), no matter if

   c. 대리인이 선장(캡틴), 선주 또는 용선인을 대리[또는 대신]하여 용선계약선하증권에 서명하는 경우, 그 대리인이 기명되어야 하고, 이에 추가하여, 해당되는 경우에 따라, 선장(캡틴), 선주 또는 용선인을 대리[대신]하는 대리인으로 서명한다는 것을 표시하여야 한다.

      ⅰ. 용선계약선하증권이 선장(캡틴)을 대리 [또는 대신] 하는 대리인에 의하여 서명되는 경우, 선장(캡틴)의 이름을 표시할 필요는 없다.

      ⅱ. 용선계약선하증권이 선주 또는 용선인을 대리 [또는 대신] 하는 대리인에 의하여 서명되는 경우, 선주 또는 용선인의 이름이 명시되어야 한다.

적재부기, 신적일자, 사전운반체, 수취장소 및 선적항

G5) a. "선적되었음"이 미리 인쇄된 용선계약선하증권이 제시되는 경우, 일자가 있는 별도의 적재부기가 없다면 발행일자가 선적일자로 간주된다. 별도의 적재부기가 있는 경우, 그러한 부기의 일자가 용선계약선하증권 발행일자의 앞이건 뒤이건 상관없이 선적일자로 간주된다. 적재일자는 또한 지정된 필드 또는 란에 표시될 수도 있다.

  b. 신용장이 항구 간 선적을 증빙하는 용선계약선하증권을 요구할 수 있을지라도:

    ⅰ. 용선계약선하증권이 선적항과 동일한 수취장소를 표시하는 경우, 예를 들어, 수취장소: 로테르담 CY 및 선적항: 로테르담, 그리고 (사전운반체 위치에 또는 수취장소 필드에) 사전운반체의 표시가 없는 경우; 아니면,

    ⅱ. 용선계약선하증권이 선적항과 다른 수취장소를 표시하는 경우, 예를 들어, 수취장소: 암스테르담 및 선적항: 로테르담, 그리고 (사전운반체 위치에 또는 수취장소 필드에) 사전운반체의 표시가 없는 경우; 그렇다면,

    (a) 용선계약선하증권에 "선적하였음"이 미리 인쇄된 경우, 발행일자가 선적일자로 간주되며, 더 이상의 적재부기를 요하지 않는다.

    (b) 용선계약선하증권에 "선적을 위하여 수취하였음"이 미리 인쇄된 경우, 일자가 있는 적재부기가 요구되며, 부기에 보이는 일자가 선적일자로 간주된다. 선적일자는 또한 지정된 필드 또는 란에 표시될 수도 있다.

 c. 신용장이 항구 간 선적을 증빙하는 용선계약선하증권을 요구할 수 있을지라도, 용선계약선하증권이:

    ⅰ. 선적항과 다른 수취장소를 표시하는 경우, 예를 들어, 수취장소: 암스테르담 및 선적항: 로테르담, 그리고 (사전운반체 위치에 또는 수취장소 필드에) 사전운반체의 표시가 있으면, "선적하였음"으로 또는 "선적을 위하여 수취하였음"으로 미리 인쇄되었는지 여부에 상관없이, 용선계약선하증권에는 적재일자와 함께 선박명 및 신용장에 명시된 선적항을 표시하는 적재부기가 있어야 한다. 그러한 부기는 또한 지정된 필드 또는 란에 표시될 수도 있다. 적재부기 또는 지정된 필드 또는 란에 보이는 일자는 선적일자로 간주된다.

    ⅱ. (사전운반체 위치에 또는 수취장소 필드에) 사전운반체의 표시하고 있으면, 수취장소가 명시되었는지

no place of receipt is stated, or whether it is pre-printed "shipped on board" or "received for shipment", it is to bear a dated on board notation which also indicates the name of the vessel and the port of loading stated in the credit. Such notation may also appear in a designated field or box. The date appearing in the on board notation or designated field or box will be deemed to be the date of shipment.

d. When a charter party bill of lading shows wording such as "When the place of receipt box has been completed, any notation on this charter party bill of lading of "on board", "loaded on board" or words of similar effect shall be deemed to be on board the means of transportation performing the carriage from the place of receipt to the port of loading" or words of similar effect, and if, in addition, the place of receipt box is completed, a charter party bill of lading is to bear a dated on board notation. The dated on board notation is also to indicate the name of the vessel and the port of loading stated in the credit. Such notation may also appear in a designated field or box. The date appearing in the on board notation or designated field or box will be deemed to be the date of shipment.

e. The named port of loading, as required by the credit, should appear in the port of loading field on a charter party bill of lading. However, it may also be stated in the field headed "Place of receipt" or words of similar effect, provided there is a dated on board notation evidencing that the goods were shipped on board a named vessel at the port stated under "Place of receipt" or words of similar effect.

f. A charter party bill of lading is to indicate the port of loading stated in the credit. When a credit indicates the port of loading by also stating the country in which the port is located, the name of the country need not be stated.

g. When a credit indicates a geographical area or range of ports of loading (for example, "Any European Port" or "Hamburg, Rotterdam, Antwerp Port"), a charter party bill of lading is to indicate the actual port or ports of loading, which are to be within that geographical area or range of ports. A charter party bill of lading need not indicate the geographical area.

h. When a charter party bill of lading indicates more than one port of loading, it is to evidence an on board notation with the relevant on board date for each port of loading, regardless of whether it is pre—printed "received for shipment" or "shipped on board". For example, when a charter party bill of lading indicates that shipment has been effected from Brisbane and Adelaide, a dated on board notation is required for both Brisbane and Adelaide.

G6) Terms such as "Shipped in apparent good order", "Laden on board", "Clean on board" or other phrases that incorporate "shipped" or "on board" have the same effect as the words "Shipped on board".

Port of discharge

G7) a. The named port of discharge, as required by the credit, should appear in the port of discharge field within a charter party bill of lading.

b. However, the named port of discharge may be stated in the field headed "Place of final destination" or words of similar effect provided there is a notation evidencing that the port of discharge is that stated

여부에 상관없이 또는 "선적하였음"으로 또는 "선적을 위하여 수취하였음"으로 미리 인쇄되었는지 여부에 상관없이, 용선계약선하증권에는 적재일자와 함께 선박명 및 신용장에 명시된 선적항을 표시하는 적재부기가 있어야 한다. 그러한 부기는 또한 지정된 필드 또는 란에 표시될 수도 있다. 적재부기 또는 지정된 필드 또는 란에 보이는 일자는 선적일자로 간주된다.

d. 용선계약선하증권에 "수취장소 란이 채워졌다면, 용선계약선하증권상의 '적재', '갑판적재' 또는 유사한 취지의 모든 부기는 수취장소로부터 선적항까지의 수송을 이행하는 운반체에 적재된 것으로 간주된다." 또는 이와 유사한 취지의 문언을 표시하는 경우, 그리고, 추가로 수취장소 란이 기재된다면, 용선계약선하증권에는 일자가 있는 적재부기가 있어야 한다. 일자가 있는 적재부기에는 또한 선박명 및 신용장에 명시된 선적항을 표시하여야 한다. 그러한 부기는 또한 지정된 필드 또는 란에 보일 수도 있다. 적재부기 또는 지정된 필드 또는 란에 보이는 일자는 선적일자로 간주된다.

e. 신용장에서 요구하는 것과 같은 기명선적항은 용선계약선하증권의 선적항 필드에 보여야 한다. 그러나 물품이 "수취장소" 또는 유사한 취지의 문언에 표시된 항구에서 기명선박에 적재되었음을 증빙하는 일자가 있는 적재부기가 있으면, 기명선적항이 "수취장소" 또는 유사한 취지의 문언으로 된 제목의 란에 표시될 수 있다.

f. 용선계약선하증권은 신용장에 명시된 선적항을 표시하여야 한다. 신용장이 그러한 항구가 있는 국가와 함께 선적항을 명시하는 경우, 국명까지 표시할 필요는 없다.

g. 신용장이 선적항의 지리적 구역 또는 범위를 (예를 들어, "모든 유럽항구" 또는 "함부르크, 로테르담, 앤트워프항구"를) 명시하는 경우, 용선계약선하증권은 그러한 항구의 지리적 구역 또는 범위 이내에 있는 실질적인 선적항을 표시하여야 한다. 용선계약선하증권에는 그러한 지리적 구역까지 표시할 필요는 없다.

h. 용선계약선하증권이 복수의 선적항을 표시하는 경우, "선적을 위하여 수취하였음"으로 또는 "선적하였음"으로 미리 인쇄되었는지 여부에 상관 없이, 각 선적항에서의 선적일자가 있는 적재부기가 있어야 한다. 예를 들어, 용선계약선하증권이 선적은 브리스번 및 애들레이드로부터 이행되었음을 표시하는 경우, 브리스번 및 애들레이드 두 항구에 대한 일자가 있는 적재부기가 요구된다.

G6) "Shipped in apparent good order", "Laden on board", "Clean on board" 또는 "shipped"나 "on board" 같은 단어를 포함하고 있는 다른 문구들은 "Shipped on board"와 동일한 의미를 가지고 있다.

양륙항

G7) a. 신용장에서 요구되는 것과 같은 기명양륙항이 용선계약선하증권의 양륙항 필드에 보여야 한다.

b. 그러나 양륙항이 "최종목적지" 또는 유사한 취지의 문언에 표시된 것임을 증명하는 부기가 있다면, 기명양륙항이 "최종목적지" 또는 유사한 취지의 문언으로 된 제목의 필드에 기재될 수도 있다. 예를 들어, 신용장이 펠릭스토우까지 이행되어야 하는 선적을 요구하지만, 펠릭스토우가 양륙항

under "Place of final destination" or words of similar effect. For example, when a credit requires shipment to be effected to Felixstowe, but Felixstowe is shown as the place of final destination instead of the port of discharge, this may be evidenced by a notation stating "Port of discharge Felixstowe".

G8) A charter party bill of lading is to indicate the port of discharge stated in the credit. When a credit indicates the port of discharge by also stating the country in which the port is located, the name of the country need not be stated.

G9) When a credit indicates a geographical area or range of ports of discharge (for example, "Any European Port" or "Hamburg, Rotterdam, Antwerp Port"), a charter party bill of lading may indicate the actual port of discharge, which is to be within that geographical area or range of ports, or it may show the geographical area or range of ports as the port of discharge.

Original charter party bill of lading

G10) a. A charter party bill of lading is to indicate the number of originals that have been issued.

b. Charter party bills of lading marked "First Original", "Second Original", "Third Original", or "Original", "Duplicate", "Triplicate" or similar expressions are all originals.

Consignee, order party, shipper and endorsement, and notify party

G11) When a credit requires a charter party bill of lading to evidence that goods are consigned to a named entity, for example, "consigned to (named entity)" (i.e., a "straight" charter party bill of lading or consignment) rather than "to order" or "to order of (named entity)", it is not to contain the expressions "to order" or "to order of" preceding the named entity or the expression "or order" following the named entity, whether typed or pre-printed.

G12) a. When a charter party bill of lading is issued "to order" or "to order of the shipper", it is to be endorsed by the shipper. An endorsement may be made by a named entity other than the shipper, provided the endorsement is made for [or on behalf of] the shipper.

b. When a credit requires a charter party bill of lading to evidence that goods are consigned "to order of (named entity)", it is not to indicate that the goods are straight consigned to that named entity.

G13) a. When a credit stipulates the details of one or more notify parties, a charter party bill of lading may also indicate the details of one or more additional notify parties.

b. ⅰ. When a credit does not stipulate the details of a notify party, a charter party bill of lading may indicate the details of any notify party and in any manner (except as stated in paragraph G13) (b) (ⅱ)).

ⅱ. When a credit does not stipulate the details of a notify party, but the details of the applicant appear as notify party on a charter party bill of lading, and these details include the applicant's address and contact details, they are not to conflict with those stated in the credit.

G14) When a credit requires a charter party bill of lading to evidence goods consigned to or to the order of "issuing bank" or "applicant" or notify applicant" or "issuing bank", a charter party bill of lading is to indicate the name of the issuing bank or applicant, as applicable, but need not indicate their respective addresses or contact

대신에 최종목적지로 표시된다면, 이것은 "양륙항: 펠릭스토우"를 명시하는 부기로서 증빙될 수 있다.

G8) 용선계약선하증권은 신용장에 명시된 양륙항을 표시하여야 한다. 신용장이 그러한 항구가 있는 국가를 또한 명시하면서 양륙항을 명시하는 경우, 국명까지 표시할 필요는 없다.

G9) 신용장이 양륙항의 지리적 구역 또는 범위를 (예를 들어. "모든 유럽항구" 또는 "함부르크, 로테르담, 앤트워프항구"를) 명시하는 경우, 용선계약선하증권은 그러한 항구의 지리적 구역 또는 범위 이내에 있는 실질적인 양륙항을 명시하거나, 또는 양륙항으로 지리적 구역 또는 항구들의 범위를 표시할 수도 있다.

원본 용선계약선하증권

G10) a. 용선계약선하증권은 발행된 원본의 부수를 표시하여야 한다.

b. "제1원본", "제2원본", "제3원본", 또는 "Original", "Duplicate", "Triplicate" 또는 유사한 표현이 있는 용선계약선하증권들은 모두가 원본이다.

수하인, 지시인, 선적인과 배서, 그리고 통지처

G11) 신용장이 물품을 기명인에게 탁송하는, 예를 들어, "to order"또는 "to order of (기명인)"이 아닌 "consigned to (기명인)" (즉, "기명식 용선계약선하증권 또는 탁송")을 증빙하는 용선계약선하증권을 요구하는 경우, "to order" 또는 "to order of"의 표현들이, 타자되었건 또는 미리 인쇄되었는지 여부에 상관없이, 기명인 앞에 포함되지 않아야 한다.

G12) a. 용선계약선하증권이 "to order"또는 "to order of shipper"로 발행되었으면, 선적인에 의하여 배서되어야 한다. 배서는, 그 배서가 선적인을 대리 [또는 대신]하여 된다면, 선적인을 대리[대신]하여 배서는 선적인이 아닌 기명인에 의하여 될 수도 있다.

b. 신용장에서 물품이 "(기명인)의 지시로" 탁송된다는 것을 증빙하는 용선계약선하증권을 요구하는 경우, 용선계약선하증권은 물품이 기명인에게 곧장 탁송되는 것으로 표시하지 않아야 한다.

G13) a. 신용장이 하나 또는 그 이상의 통지처를 명시하는 경우, 용선계약선하증권은 또한 하나 또는 그 이상의 추가적인 통지처의 세부사항을 표시할 수 있다.

b. ⅰ. 신용장이 통지처의 명세를 명시하지 않는 경우, 용선계약선하증권은 (G13번 b항 ⅱ호에 설명한 것을 제외하고) 모든 통지처의 그리고 모든 방법으로 세부사항을 표시할 수 있다.

ⅱ. 신용장이 통지처의 명세를 요구하지 않지만, 개설의뢰인의 명세가 용선계약선하증권의 통지처로서 보이고, 이러한 명세가 개설의뢰인의 주소 및 연락처명세를 포함하는 경우, 명세는 신용장에 명시된 그것들과 상충하지 않아야 한다.

G14) 신용장이 물품을 "개설은행" 또는 "개설의뢰인"에게 또는 그들의 지시인에게 탁송 또는 통지처가 "개설의뢰인" 또는 "개설은행"임을 증빙하는 용선계약선하증권을 요구하는 경우, 용선계약선하증권은, 해당사항에 따라, 개설은행 또는 개설의뢰인의 이름을 표시하여야 하지만, 신용장에 명시되었을 수

details that may be stated in the credit.

G15) When the address and contact details of the applicant appear as part of the consignee or notify party details, they are not to conflict with those stated in the credit.

Partial shipment and determining the presentation period when multiple sets of charter party bills of lading are presented

G16) Shipment on more than one vessel is a partial shipment, even if each vessel leaves on the same day for the same destination.

G17) a. When a credit prohibits partial shipment, and more than one set of original charter party bills of lading are presented covering shipment from one or more ports of loading (as specifically allowed, or within a geographical area or range of ports stated in the credit), each set is to indicate that it covers the shipment of goods on the same vessel and same journey and that the goods are destined for the same port of discharge, geographical area or range of ports.

b. When a credit prohibits partial shipment, and more than one set of original charter party bills of lading are presented in accordance with paragraph G17) (a) and incorporate different dates of shipment, or one set of original charter party bills of lading is presented indicating different dates of shipment, the latest of these dates is to be used for the calculation of any presentation period and must fall on or before the latest shipment date stated in the credit.

c. When partial shipment is allowed, and more than one set of original charter party bills of lading are presented as part of a single presentation made under one covering schedule or letter and incorporate different dates of shipment, on different vessels or the same vessel for a different journey, the earliest of these dates is to be used for the calculation of any presentation period, and each of these dates must fall on or before the latest shipment date stated in the credit.

Clean charter party bill of lading

G18) A charter party bill of lading is not to include a clause or clauses that expressly declare a defective condition of the goods or their packaging. For example:

a. A clause on a charter party bill of lading such as "packaging is not sufficient for the sea journey" or words of similar effect is an example of a clause expressly declaring a defective condition of the packaging.

b. A clause on a charter party bill of lading such as "packaging may not be sufficient for the sea journey" or words of similar effect does not expressly declare a defective condition of the packaging.

G19) a. It is not necessary for the word "clean" to appear on a charter party bill of lading even when the credit requires a charter party bill of lading to be marked "clean on board" or "clean".

b. Deletion of the word "clean" on a charter party bill of lading does not expressly declare a defective condition of the goods or their packaging.

Goods description

G20) A goods description indicated on a charter party bill of lading may be in general terms not in conflict with the

있는 그들 각각의 주소는 모든 연락처명세를 표시할 필요는 없다.

G15) 개설의뢰인의 주소 및 연락처명세가 수하인 또는 통지처 세부사항의 일부로서 보이는 경우, 신용장에 명시된 그것들과 상충하지 않아야 한다.

환적, 분할선적 및 복수의 선하증권이 제시된 경우의 제시기간 결정

G16) 두 척 이상의 선박에 선적된 것은, 각 선박이 동일한 목적지로 동일한 날에 출발하여도, 분할선적이다.

G17) a. 신용장이 분할선적을 금지하고, 복수세트의 원본 용선계약선하증권이 (특별히 허용되거나, 신용자에서 명기된 장소들의 지리적 구역 또는 범위 이내에 있는) 복수의 선적항으로부터의 선적을 취급하면서 제시되는 경우, 각각의 세트는 동일한 선박으로 동일한 항정을 취급하며 그리고 물품이 동일한 양륙항, 지리적 구역 또는 범위로 운항된다는 것을 표시하여야 한다.

b. 신용장이 분할선적을 금지하고, 복수세트의 원본 용선계약선하증권이 G17번 a항에 따라 제시되었는데 선적일자가 서로 다르다면, 또는 서로 다른 선적일자를 표시하는 하나의 용선계약선하증권이 제시된다면, 이러한 일자들의 최근일자가 모든 제시기간의 산정에 사용되어야 하고 이 일자는 명시된 최종선적일자 또는 그 이전이 되어야 한다.

c. 분할선적이 허용되고, 복수세트의 원본 용선계약선하증권이 하나의 커버레터에 단일제시의 일부로서 제시되고, 다른 선박일자들을 포함하는 경우, 이러한 일자들의 최초일자가 모든 제시기간의 산정에 사용되어야 하고, 각각의 일자들은 신용장에 명시된 최종선적일자 또는 그 이전이어야 한다.

무결함 용선계약선하증권

G18) 용선계약선하증권은 물품 또는 그것의 포장에 관한 결함상태를 명백하게 표명하지 않아야 한다. 예를 들어,

a. "포장이 해상항해에 불충분하다"와 같은 또는 이와 유사한 의미의 용선계약선하증권상 구절은 포장에 관한 결함상태를 명백하게 표명하는 구절의 한 사례이다.

b. "포장이 해상항해에 불충분할 수 있다"와 같은 또는 이와 유사한 의미의 용선계약선하증권상 구절은 포장에 관한 결함상태를 명백하게 표명하는 것은 아니다.

G19) a. 신용장이 "무결함적재" 또는 "무결함"이 표시된 용선계약선하증권을 요구하는 경우에도 "무결함" 이라는 용어가 용선계약선하증권에 보여야 할 필요는 없다.

b. 용선계약선하증권상 "무결함"이라는 단어의 삭제는 물품 또는 그것의 포장에 관한 결함상태를 명시적으로 표명하는 것이 아니다.

물품명세

G20) 용선계약선하증권에 표시된 물품명세는 신용장의 물품명세와 상충하지 않는 일반용어로 될 수 있다.

goods description in the credit.

G21) A charter party bill of lading may indicate that the goods are part of a larger consignment loaded onto the named vessel by reference to "without segregation", "commingled" or words of similar effect.

Corrections and alterations ("corrections")

G22) Any correction of data on a charter party bill of lading is to be authenticated. Such authentication is to appear to have been made by the master (captain), owner, charterer or any one of their named agents, who may be different from the agent that may have issued or signed a charter party bill of lading, provided they are identified as an agent of the master (captain), owner or charterer.

G23) Non-negotiable copies of a charter party bill of lading need not include authentication of any corrections that may have been made on the original.

Freight and additional costs

G24) A statement appearing on a charter party bill of lading indicating the payment of freight need not be identical to that stated in the credit but is not to conflict with data in that document, any other stipulated document or the credit. For example, when a credit requires a charter party bill of lading to be marked "freight payable at destination", it may be marked "freight collect".

G25) a. When a credit states that costs additional to freight are not acceptable, a charter party bill of lading is not to indicate that costs additional to the freight have been or will be incurred.

b. An indication of costs additional to freight may be made by express reference to additional costs or by the use of trade terms which refer to costs associated with the loading or unloading of goods, such as, but not limited to, Free In (FI), Free Out (FO), Free In and Out (FIO) and Free In and Out Stowed (FIOS).

c. Reference in a charter party bill of lading to costs which may be levied, for example, as a result of a delay in unloading the goods or after the goods have been unloaded (demurrage costs) is not an indication of costs additional to freight.

Release of goods with more than one charter party bill of lading to be surrendered

G26) A charter party bill of lading is not to expressly state that goods covered by that charter party bill of lading will only be released upon its surrender together with one or more other charter party bills of lading, unless all of the referenced charter party bills of lading form part of the same presentation under the same credit. For example, "[Cargo XXXX] is covered by B/L No. YYY and ZZZ, and can only be released to a single merchant upon presentation of all charter party bills of lading of that merchant" is considered to be an express statement that one or more other charter party bills of lading, related to the referenced cargo, must be surrendered prior to the goods being released.

Charter party contracts

G27) Unless UCP 600 sub-article 22 (b) is specifically excluded and the credit specifically indicates the data that

G21) 용선계약선하증권은 "분리되지 않음", "혼합된" 또는 유사한 취지의 언급으로 기명선박에 적재된 물품이 대략탁송화물의 일부임을 표시할 수 있다.

정정 및 수정 ("정정")

G22) 용선계약선하증권상의 모든 정정은 인증되어야 한다. 그러한 인증은 선장(캡틴), 선주, 용선인 또는 그들의 기명대리인에 의한 것으로 나타나야 하는데, 선장(캡틴), 선주 또는 용선인의 대리인으로 나타난다면, 용선계약선하증권을 발행 또는 서명한 대리인과 다를 수도 있다.

G23) 용선계약선하증권의 비양도성 부본에는 원본에 있는 어떠한 정정에 대한 인증도 포함할 필요는 없다.

운임과 추가비용

G24) 운임의 지불을 표시하는 용선계약선하증권에 보이는 문언은 신용장에 명시된 그것과 동일할 필요는 없지만, 해당 서류, 모든 다른 요구서류 또는 신용장의 자료들과 상충하지 않아야 한다. 예를 들어, 신용장이 "목적지에서 운임지불가능"이라고 표시된 용선계약선하증권을 요구하는 경우, "운임착불"로 표시될 수도 있다.

G25) a. 신용장이 운임에 추가되는 비용을 수리하지 않는다고 명시하는 경우, 용선계약선하증권은 운임에 추가되는 비용이 발생하였다거나 발생할 것이라고 표시하지 않아야 한다.

　　 b. 운임에 추가되는 비용의 표시는 추가비용에 관한 명백한 언급으로 나타낼 수도 있고 이것들이 모두는 아니지만, 선적비용 하주부담(FI), 하역비용 하주부담(FO), 선적과 하역비용 하주부담(FIO) 그리고 선적과 하역 및 적하비용 하주부담(FIOS)과 같이 물품의 적재 또는 하역과 관련된 비용을 의미하는 무역조건의 사용으로 나타낼 수도 있다.

　　 c. 예를 들어, 물품의 하역과정에서, 또는 물품이 하역된 후 지연의 결과로서 부과될 수 있는 비용(체화료)언급은 운임에 추과되는 비용이 표시가 아니다.

복수의 용선계약선하증권가 제출되는 조건의 물품인도

G26) 용선계약선하증권은, 언급된 모든 용선계약선하증권이 동일한 신용장에서 동일한 제시의 일부를 구성하지 않으면, 그 용선계약선하증권으로 취급되는 물품은 하나 또는 그 이상의 다른 용선계약선하증권과 함께 제출되어야 인도된다고 명시적으로 언급하지 않아야 한다. 예를 들어, "[화물 XXX]는 선하증권 번호 YYY 및 ZZZ로서 취급되며, 그 상인의 모든 용선계약선하증권이 제시되면 하나의 단일 상인에게 인도될 수 있음"은 물품이 인도되기 전에, 언급된 화물과 관련된, 하나 또는 그 이상의 용선계약선하증권들이 제출되어야 한다는 명시적인 진술로 간주된다.

용선계약서

G27) UCP600 제22조 b항이 구체적으로 배제되지 않는 한, 그리고 심사되어야 하는 자료와 심사범위를 신

are to be examined and to what extent, banks do not examine any content of a charter party contract, even when such contract is required as a stipulated document under the credit.

AIR TRANSPORT DOCUMENT

Application of UCP 600 article 23

H1) A requirement in a credit for the presentation of an air transport document, however named, covering an airport-to-airport shipment means that UCP 600 article 23 is to be applied in the examination of that document.

H2) An air transport document need not be titled "air waybill", "air consignment note" or words of similar effect even when the credit so names the required document.

Issuance, carrier, identification of the carrier and signing of an air transport document

H3) a. An air transport document may be issued by any entity other than a carrier provided it meets the requirements of UCP 600 article 23.

b. When a credit indicates "Freight Forwarder's air waybill is acceptable" or "House air waybill is acceptable" or words of similar effect, an air transport document may be signed by the issuing entity without it being necessary to indicate the capacity in which it has been signed or the name of the carrier.

H4) A stipulation in a credit that "Freight Forwarder's air waybill is not acceptable" or "House air waybill is not acceptable" or words of similar effect has no meaning in the context of the title, format, content or signing of an air transport document unless the credit provides specific requirements detailing how the air transport document is to be issued and signed. In the absence of these requirements, such a stipulation is to be disregarded, and the air transport document presented is to be examined according to the requirements of UCP 600 article 23.

H5) a. An air transport document is to be signed in the form described in UCP 600 sub-article 23 (a) (i) and to indicate the name of the carrier, identified as the carrier.

b. When an air transport document is signed by a named branch of the carrier, the signature is considered to have been made by the carrier.

The carrier is to be identified by its name instead of an IATA airline code, for example, British Airways instead of BA, Lufthansa instead of LH.

H6) When an agent signs an air transport document "for [or on behalf of] the carrier", the agent is to be named and, in addition, to indicate that it is signing as "agent for (name), the carrier" or as "agent on behalf of (name), the carrier" or words of similar effect. When the carrier is identified elsewhere in the document as the "carrier", the named agent may sign, for example, as "agent for [or on behalf of] the carrier" without naming the carrier again.

용장이 구체적으로 표시하지 않는 한, 그러한 계약서가 신용장에서 요구서류의 하나로 요구되어도, 은행은 용선계약서의 어떠한 내용도 심사하지 않는다.

H. 항공운송서류

UCP600 제23조의 적용

H1) 명칭에 상관없이, 공항 간 수송을 취급하는 항공운송서류의 제시를 요구하는 신용장조건은 그러한 서류의 심사에서 UCP600 제23조가 적용되어야 한다는 것을 의미한다.

H2) 항공서류에는 신용장에 요구하는 서류를 그렇게 지칭하는 경우에도 "air waybill", "air consignment note" 또는 유사한 용어의 제목이 있어야 할 필요는 없다.

항공운송서류의 발행, 운송인, 운송인의 식별 및 서명

H3) a. 항공서류는 UCP600 제23조의 요건을 충족하는 한, 운송인이 아닌 누구든지 발행할 수 있다.

    b. 신용장이 "운송주선인의 항공운송서류를 수락함" 또는 "하우스 항공운송서류를 수락함" 또는 유사한 취지의 문언을 명시하는 경우, 항공운송서류는 자신이 서명하는 자격 또는 운송인의 이름을 표시할 필요가 없이 발행인에 의하여 서명될 수 있다.

H4) "운송주선인의 항공운송서류를 수락하지 않음" 또는 "하우스 항공운송서류를 수락하지 않음" 또는 유사한 취지의 신용장조건은, 신용장에서 항공운송서류가 어떻게 발행 및 서명되어야 하는지 구체적인 요구조건을 제공하지 않는 한, 항공운송서류의 제목, 형식, 내용 또는 서명에 관하여 아무런 의미가 없다. 이러한 구체적인 요구조건이 없으면, 그러한 조건은 무시된다.

H5) a. 항공운송서류는 UCP600 제23조 a항 i호에 기술된 형식으로 서명되어야 하고, 운송인으로 식별되는, 운송인의 이름을 표시하여야 한다.

    b. 항공운송서류가 운송인의 기명지점에 의하여 서명되는 경우, 그러한 서명은 운송인에 의한 서명으로 간주된다.

    c. 운송인은 국제항공운송협회 항공사코드대신에 자신의 이름으로, 예를 들어, BA대신 영국항공사, LH대신에 루프트한자항공사로 식별되어야 한다.

H6) 대리인이 운송인을 대리[또는 대신]하여 항공운송서류에 서명하는 경우, 그 대리인이 기명되어야 하고, 이에 추가하여, 자신은, 운송인을 대리하는 대리인으로서 또는 운송인(이름)을 대신하는 대리인으로서 또한 유사한 취지의 문언을 표시하여야 한다. 운송인이 서류의 어딘가에서 운송인으로 식별되는 경우, 기명대리인은 운송인의 이름을 다시 기재하지 않고, 예를 들어, "그 운송인을 대리 [또는 대신]하는 대리인"으로서 서명할 수 있다.

Goods accepted for carriage, date of shipment and requirement for an actual date of shipment

H7) An air transport document is to indicate that the goods have been accepted for carriage or words of similar effect.

H8) a. An air transport document is to indicate a date of issuance. This date will be deemed to be the date of shipment unless an air transport document contains a specific notation of the actual date of shipment. In the latter event, the date stated in the notation will be deemed to be the date of shipment whether that date is before or after the issuance date of the air transport document.

b. In the absence of a specific notation containing the actual date of shipment, any other information appearing on an air transport document relative to this information (including, for example, in a box labeled "For Carrier Use Only", "Required Flight Date" or "Routing and Destination") is to be disregarded in the determination of the date of shipment.

Airports of departure and destination

H9) An air transport document is to indicate the airport of departure and airport of destination stated in the credit. When a credit indicates either of these airports by also stating the country in which the airport is located, the name of the country need not be stated.

H10) The airport of departure and airport of destination may also be indicated by the use of IATA codes instead of evidencing the airport name in full (for example, LAX instead of Los Angeles).

H11) When a credit indicates a geographical area or range of airports of departure or destination (for example, "Any Chinese Airport" or "Shanghai, Beijing, Guangzhou airport"), an air transport document is to indicate the actual airport of departure or destination, which is to be within that geographical area or range of airports. An air transport document need not indicate the geographical area.

Original of an air transport document

H12) An air transport document is to appear to be the original for consignor or shipper. When a credit requires a full set of originals, this is satisfied by the presentation of an air transport document indicating that it is the original for consignor or shipper.

Consignee, order party and notify party

H13) a. When a credit requires an air transport document to evidence that goods are consigned "to order of (named entity)", it may indicate that the goods are consigned to that entity, without mentioning "to order of".

b. When a credit requires an air transport document to evidence that goods are consigned "to order" without naming the entity to whose order the goods are to be consigned, it is to indicate that the goods are consigned to either the issuing bank or the applicant, without the need to mention the words "to order".

H14) a. When a credit stipulates the details of one or more notify parties, an air transport document may also indicate the details of one or more additional notify parties.

b. ⅰ. When a credit does not stipulate the details of a notify party, an air transport document may indicate the details of any notify party and in any manner (except as stated in paragraph H14) (b) (ⅱ)).

수송을 위하여 인수된 물품, 선적일자 및 실제선적일자의 요구조건

H7) 항공운송서류는 물품이 수송을 위하여 인수되었음 또는 유사한 취지의 문언을 표시하여야 한다.

H8) a. 항공운송서류는 발행일자를 표시하여야 한다. 이러한 일자는 항공운송서류가 실제적재일자의 구체적인 부기를 포함하지 않는 한 선적일자로 간주된다. 별도의 부기가 있는 경우, 부기에 명시된 일자가 항공운송서류 발행일자의 앞이건 뒤이건 상관없이 선적일자로 간주된다.

　　b. 실제적재일자를 포함하는 구체적인 부기가 없는 경우, 이러한 정보와 관련하여 항공운송서류에 보이는 모든 기타 정보사항은 (예를 들어, "운송인용으로 한정", "요구된 비행일자"또는"경로 및 목적지"로 표시된 란의 정보사항 포함) 선적일자의 결정에서 무시되어야 한다.

출발 및 목적지공항

H9) 항공운송서류는 신용장에 명시된 출발공항 및 목적지공항을 표시하여야 한다. 신용장이 공항이 있는 국가를 함께 언급하면서 그러한 공항들을 표시하는 경우, 국명까지 표시할 필요는 없다.

H10) 출발공항 및 목적지공항은 완전한 공항명을 증빙하는 대신에 또한 국제항공운송협회의 코드를 (예를 들어, 로스앤젤레스공항대신에 LAX를) 사용하여 표시할 수 있다.

H11) 신용장이 출발 또는 목적지공항의 지리적 구역 또는 범위를 (예를 들어, "모든 중국공항" 또는 "상하이, 베이징, 광조우공항"을) 명시하는 경우, 항공운송서류은 그러한 공항들의 지리적 구역 또는 범위 이내에 있는 실질적인 출발 또는 목적지공항을 표시하여야 한다. 항공운송서류에는 그러한 지리적 구역까지 표시할 필요는 없다.

항공운송서류의 원본

H12) 항공운송서류는 송하인 또는 선적인용 원본으로 보여야 한다. 신용장이 원본전통을 요구하는 경우, 이 조건은 송하인 또는 선적인용 원본임을 표시하는 항공운송서류의 제시로서 충족된다.

수하인, 지시인 및 통지처

H13) a. 신용장에서 물품이 "(기명인)의 지시로"탁송된다는 것을 증빙하는 항공운송서류를 요구하는 경우, 물품은 "…의 지시로"를 언급하지 않고 그러한 자에게 탁송되는 물품이라는 것을 표시할 수 있다.

　　b. 신용장에서 물품이 누구의 지시로 탁송되어져야 하는 지를 기명하지 않고 "지시로"탁송되는 항공운송서류를 요구하는 경우, "지시로"라는 용어를 언급할 필요 없이, 물품이 개설은행 또는 개설의뢰인에게 탁송된다는 것을 표시하여야 한다.

H14) a. 신용장이 하나 또는 그 이상의 통지처를 요구하는 경우, 항공운송서류는 하나 또는 그 이상의 추가적인 통지처의 세부사항을 표시할 수 있다.

　　b. ⅰ. 신용장이 통지처의 명세를 요구하지 않는 경우, 항공운송서류는 (H14번 b항 ⅱ호에 서술한 것을 제외하고) 모든 통지처의 그리고 모든 방법으로 세부사항을 표시할 수 있다.

ⅱ. When a credit does not stipulate the details of a notify party, but the details of the applicant appear as notify party on an air transport document, and these details include the applicant's address and contact details, they are not to conflict with those stated in the credit.

H15) When a credit requires an air transport document to evidence goods consigned to "issuing bank" or "applicant" or notify "applicant" or "issuing bank", an air transport document is to indicate the name of the issuing bank or applicant, as applicable, but need not indicate their respective addresses or any contact details that may be stated in the credit.

H16) When the address and contact details of the applicant appear as part of the consignee or notify party details, they are not to conflict with those stated in the credit.

Transshipment, partial shipment and determining the presentation period when multiple air transport documents are presented

H17) Transshipment is the unloading and reloading of goods from one aircraft to another during the carriage of those goods from the airport of departure to the airport of destination stated in the credit. When an air transport document does not indicate unloading and reloading between these two airports, it is not transshipment in the context of the credit and UCP 600 sub-articles 23 (b) and (c).

H18) Dispatch on more than one aircraft is a partial shipment, even if each aircraft leaves on the same day for the same destination.

H19) a. When a credit prohibits partial shipment, and more than one air transport documents are presented covering dispatch from one or more airports of departure (as specifically allowed, or within a geographical area or range of airports stated in the credit), each air transport document is to indicate that it covers the dispatch of goods on the same aircraft and same flight and that the goods are destined for the same airport of destination.

b. When a credit prohibits partial shipment, and more than one air transport documents are presented in accordance with paragraph H19) (a) and incorporate different dates of dispatch, the latest of these dates is to be used for the calculation of any presentation period and must fall on or before the latest shipment date stated in the credit.

c. When partial shipment is allowed, and more than one air transport documents are presented as part of a single presentation made under one covering schedule or letter and incorporate different dates of dispatch or different flights, the earliest of these dates is to be used for the calculation of any presentation period, and each of these dates must fall on or before the latest shipment date stated in the credit.

Clean air transport document

H20) An air transport document is not to include a clause or clauses that expressly declare a defective condition of the goods or their packaging. For example:

a. A clause on an air transport document such as "packaging is not sufficient for the air journey" or words of

ⅱ. 신용장이 통지처의 명세를 요구하지 않고 있지만, 개설의뢰인의 세부사항이 항공운송서류의 통지처로서 보이고, 이러한 세부사항이 개설의뢰인의 주소 및 연락처명세를 포함하는 경우, 세부사항들은 신용장에 명시된 그것들과 상충하지 않아야 한다.

H15) 신용장이 물품을 "개설은행" 또는 "개설의뢰인"에게 또는 그들의 지시인에게 탁송 또는 통지처가 "개설의뢰인" 또는 "개설은행"임을 증빙하는 항공운송서류를 요구하는 경우, 용항공운송서류는, 해당사항에 따라, 개설은행 또는 개설의뢰인의 이름을 표시하여야 하지만, 신용장에 명시되었을 수 있는 그들 각각의 주소는 모든 연락처명세를 표시할 필요는 없다.

H16) 개설의뢰인의 주소 및 연락처명세가 수하인 또는 통지처 세부사항의 일부로서 보이는 경우, 신용장에 명시된 그것들과 상충하지 않아야 한다.

환적, 분할선적 및 복수의 항공운송서류가 제시된 경우의 제시기간 결정

H17) 환적이란 신용장에 명시된 출발공항으로부터 목적지공항까지의 물품수송과정에서 하나의 항공기에서 다른 항공기로의 물품의 양하와 재적재이다. 항공운송서류가 이러한 두 공항 사이에서 하역과 재선적을 표시하지 않는다면, 신용장 및 UCP600 제23조 b항 및 c항 관점에서의 환적이 아니다.

H18) 두 대 이상의 항공기에 선적된 것은, 각 항공기가 동일한 목적지로 동일한 날에 출발하여도, 분할선적이다.

H19) a. 신용장이 분할선적을 금지하고, 복수의 항공운송서류가 (특별히 허용되거나, 신용자에서 명기된 공항들의 지리적 구역 또는 범위 이내에 있는) 복수의 출발공항으로부터의 발송을 취급하면서 제시되는 경우, 각각의 항공운송서류가 동일한 항공기로 동일한 비행번호를 취급하며 그리고 물품이 동일한 목적지공항으로 운송된다는 것을 표시하여야 한다.

　　b. 신용장이 분할선적을 금지하고, 복수의 항공운송서류가 H19번 a항에 따라 제시되었는데 발송일자가 서로 다르다면, 이러한 일자들의 최종일자가 모든 제시기간의 산정에 사용되어야 하고 신용장에 명시된 최종선적일자 또는 그 이전이 되어야 한다.

　　c. 분할선적이 허용되고, 복수의 항공운송서류가 하나의 커버레터에 단일제시의 일부로써 제시되고, 다른 발송일자 또는 다른 비행번호를 포함하는 경우, 이러한 일자들의 최초일자가 모든 제시기간의 산정에 사용되어야 하고, 각각의 일자들은 신용장에 명시된 최종선적일자 또는 그 이전이어야 한다.

무결함 항공운송서류

H20) 항공운송서류는 물품 또는 그것의 포장에 관한 결함상태를 명백하게 표명하지 않아야 한다. 예를 들어,

　　a. "포장이 항공수송에 불충분하다" 와 같은 또는 이와 유사한 의미의 항공운송서류상 구절은 포장에 관한 결함상태를 명백하게 표명하는 구절의 한 사례이다.

similar effect is an example of a clause expressly declaring a defective condition of the packaging.

    b. A clause on an air transport document such as "packaging may not be sufficient for the air journey" or words of similar effect does not expressly declare a defective condition of the packaging.

H21) a. It is not necessary for the word "clean" to appear on an air transport document even when the credit requires an air transport document to be marked "clean".

    b. Deletion of the word "clean" on an air transport document does not expressly declare a defective condition of the goods or their packaging.

Goods description

H22) A goods description indicated on an air transport document may be in general terms not in conflict with the goods description in the credit.

Corrections and alterations ("corrections")

H23) Any correction of data on an air transport document is to be authenticated. Such authentication is to appear to have been made by the carrier or any one of its named agents, who may be different from the agent that may have issued or signed the air transport document, provided they are identified as an agent of the carrier.

H24) Copies of an air transport document need not include authentication of any corrections that may have been made on the original.

Freight and additional costs

H25) A statement appearing on an air transport document indicating the payment of freight need not be identical to that stated in the credit, but is not to conflict with data in that document, any other stipulated document or the credit. For example, when a credit requires an air transport document to be marked "freight collect", it may be marked "freight payable at destination".

H26) An air transport document may contain separate boxes, which by their pre-printed headings indicate that they are for freight charges "prepaid" and for freight charges "collect".

    a. When a credit requires an air transport document to show that freight has been prepaid, this will also be fulfilled by an indication of the freight charges under the heading "Freight Charges Prepaid" or words of similar effect.

    b. When a credit requires an air transport document to show that freight is to be collected or paid at destination, this will also be fulfilled by an indication of the freight charges under the heading "Freight Charges Collect" or words of similar effect.

H27) a. When a credit states that costs additional to freight are not acceptable, an air transport document is not to indicate that costs additional to the freight have been or will be incurred.

    b. Reference in an air transport document to costs which may be levied, for example, as a result of a delay in

b. "포장이 항공수송에 불충분할 수 있다"와 같은 또는 이와 유사한 의미의 항공운송서류상 구절은 포장에 관한 결함상태를 명백하게 표명하는 것은 아니다.

H21) a. 신용장이 "무결함적재"또는 "무결함"이 표시된 항공운송서류를 요구하는 경우에도 "무결함"이라는 용어가 항공운송서류에 보여야 할 필요는 없다.

b. 항공운송서류상 "무결함"이라는 단어의 삭제는 물품 또는 그것의 포장에 관한 결함상태를 명시적으로 표명하는 것이 아니다.

물품명세

H22) 항공운송서류에 표시된 물품명세는 신용장의 물품명세와 상충하지 않는 일반용어로 될 수 있다.

정정 및 수정 ("정정")

H23) 항공운송서류상의 모든 정정은 인증되어야 한다. 그러한 인증은 운송인 또는 기명대리인에 의한 것으로 나타나야 하는데, 기명대리인의 경우, 운송인의 대리인으로 식별된다면, 해당 항공운송서류를 발행 또는 서명한 대리인과 다를 수도 있다.

H24) 항공운송서류의 비양도성 부본에는 원본에 있는 수 있는 어떠한 정정에 대한 인증도 포함할 필요는 없다.

운임과 추가수수료

H25) 운임의 지불을 표시하는 항공운송서류에 보이는 문언은 신용장에 명시된 그것과 동일할 필요는 없지만, 해당 서류, 모든 다른 요구서류 또는 신용장의 자료들과 상충하지 않아야 한다. 예를 들어, 신용장이 "운임착불"이라고 표시된 항공운송서류를 요구하는 경우, "목적지에서 운임지불가능"로 표시될 수도 있다.

H26) 항공운송서류에는 "선불" 및 "착불"운임을 표시하기 위하여 미리 인쇄된 제목으로 별도의 란들을 포함하고 있을 수 있다.

a. 신용장에서 운임이 선불되었음을 보이는 항공운송서류를 요구하는 경우, 이러한 요구는 또한 "운임선불" 또는 유사한 의미의 용어로 제목이 있는 곳에 운임을 표시하여 충족시킬 수 있다.

b. 신용장에서 운임이 목적지에서 착불 또는 지급되어야 하는 것을 표시하는 항공운송서류를 요구하는 경우, 이러한 요구는 또한 "운임착불" 또는 유사한 의미의 용어로 제목이 있는 곳에 운임을 표시하여 충족시킬 수 있다.

H27) a. 신용장이 운임에 추가되는 비용을 수리하지 않는다고 명시하는 경우, 항공운송서류는 운임에 추가되는 비용이 발생하였다거나 발생할 것이라고 표시하지 않아야 한다.

b. 예를 들어, 물품의 하역과정에서 또는 물품이 하역된 후 지연의 결과로서 부과될 수 있는 비용에

unloading the goods or after the goods have been unloaded, is not an indication of costs additional to freight.

ROAD, RAIL OR INLAND WATERWAY TRANSPORT DOCUMENTS

Application of UCP 600 article 24

J1) A requirement in a credit for the presentation of a transport document covering movement of goods by either road or rail or inland waterway means that UCP 600 article 24 is to be applied in the examination of that document.

Carrier, identification of the carrier and signing of a road, rail or inland waterway transport document

J2)   a. A road, rail or inland waterway transport document is to be signed in the form described in UCP 600 sub—article 24 (a) (i) and to indicate the name of the carrier, identified as the carrier (except as stated in paragraph J4) (b)).

     b. When a road, rail or inland waterway transport document is signed by a named branch of the carrier, the signature is considered to have been made by the carrier.

     c. The term "carrier" includes terms such as "issuing carrier", "actual carrier", "succeeding carrier" and "contracting carrier".

J3)   Any signature, stamp or notation of receipt of the goods is to appear to indicate that it has been made by:

     a. the carrier, identified as the carrier; or

     b. a named agent acting or signing for [or on behalf of] the carrier and indicating the name of the carrier, identified as the carrier, on whose behalf that agent is acting or signing; or

     c. a railway company or railway station of departure.

J4)   a. The term "carrier" need not appear on the signature line provided the transport document appears to be signed by the carrier or a named agent for [or on behalf of] the carrier, and the carrier is otherwise identified elsewhere in the transport document as the "carrier".

     b. A rail transport document may bear a date stamp by the railway company or railway station of departure without indicating the name of the carrier or a named agent signing for [or on behalf of] the carrier.

Place of shipment and place of destination

J5)   A road, rail or inland waterway transport document is to indicate the place of shipment and place of destination stated in the credit. When a credit indicates either of these places by also stating the country in which the place is located, the name of the country need not be stated.

J6)   When a credit indicates a geographical area or range of places of shipment or destination (for example, "China" or "Shanghai, Beijing or Guangzhou"), a road, rail or inland waterway transport document is to indicate the actual place of shipment or destination, which is to be within that geographical area or range of places. A road, rail or inland waterway transport document need not indicate the geographical area.

대한 언급은 운임에 추가되는 비용의 표시가 아니다.

J. 도로, 철도 또는 내륙수로운송서류

UCP600 제24조의 적용

J1) 신용장에서 도로, 철도 또는 내륙수로에 의한 물품의 이동을 취급하는 운송서류의 제시를 요구하는 신용장의 요구조건은 그러한 서류의 심사에서 UCP600 제24조가 적용되어야 한다는 것을 의미한다.

도로, 철도 또는 내륙수로운송서류의 운송인, 운송인의 식별 및 서명

J2) a. 도로, 철도 또는 내륙수로운송서류는 UCP600 제24조 a항 i호에 기술된 형식으로 서명되어야 하고, (J4번 b항에 명시된 것을 제외하고) 운송인으로 식별되는 운송인의 이름을 표시하여야 한다.

   b. 도로, 철도 또는 내륙수로운송서류가 운송인의 기명지점에 의하여 서명되는 경우, 그러한 서명은 운송인에 의한 서명으로 간주된다.

   c. "운송인"이라는 용어에는 "발행운송인", "실제운송인", "후속운송인" 및 "계약운송인"과 같은 용어들을 포함한다.

J3) 물품의 수령에 관한 모든 서명, 스탬프 또는 부기는 다음과 같은 자가 한 것으로 보여야 한다.

   a. 운송인으로 식별되는 운송인, 또는

   b. 자신이 대리인으로서 행동 또는 서명하고 있는 운송인으로 식별되는 운송인의 이름을 표시하면서, 그러한 운송인을 대리 [또는 대신]하여 행동하는 기명대리인 또는

   c. 철도회사 또는 출발철도역.

J4) a. "운송인"이라는 용어는 운송서류가 운송인 또는 운송인을 대리 [또는 대신]하는 기명대리인에 의하여 서명된 것으로 보이고, 그 운송인이 운송서류의 어딘가에서 "운송인"으로 식별된다면 서명라인에 나타낼 필요가 없다.

   b. 철도운송서류에는 철도회사가 또는 출발철도역에서 운송인의 이름 또는 그 운송인을 대리 [또는 대신 하는 기명대리인을 표시하지 않고 일자스탬프를 찍을 수 있다.

선적지와 목적지

J5) 도로, 철도 또는 내륙수로운송서류는 신용장에 명시된 선적장소 및 목적지장소를 표시하여야 한다. 신용장이 이러한 장소들을 표시하면서 소재하는 국가도 함께 언급하는 경우, 국명까지 표시할 필요는 없다.

J6) 신용장이 선적 또는 목적지장소의 지리적 구역 또는 범위를 (예를 들어, "중국" 또는 "상하이, 베이징, 광조우"를) 명시하는 경우, 도로, 철도 또는 내륙수로운송서류는 그러한 장소들의 지리적 구역 또는 범위 이내에 있는 실질적인 선적 또는 목적지장소를 표시하여야 한다. 도로, 철도 또는 내륙수로운송서류에는 그러한 지리적 구역까지 표시할 필요는 없다.

Original and duplicate of a road, rail or inland waterway transport document

J7) a. A rail or inland waterway transport document is to be considered as an original whether or not it is so marked.

  b. A road transport document is to indicate that it is the original for consignor or shipper (copy for sender) or bear no marking indicating for whom the document has been prepared.

  c. Presentation of the original for consignor or shipper (copy for sender) of a road transport document or duplicate rail transport document shall suffice even when the credit requires presentation of a full set of the relevant transport documents.

  d. A duplicate (often a carbon copy) of a rail transport document, authenticated by the signature or stamp of the railway company or the railway station of departure, is considered to be an original.

Consignee, order party and notify party

J8) a. When a credit requires a road or rail transport document to evidence that goods are consigned "to order of (named entity)", it may indicate that the goods are consigned to that entity, without mentioning "to order of".

  b. When a credit requires a road or rail transport document to evidence that goods are consigned "to order" without naming the entity to whose order the goods are to be consigned, it is to indicate that the goods are consigned either to the issuing bank or the applicant, without the need to mention the words "to order".

  c. When a credit requires an inland waterway transport document, paragraphs J8) (a) and (b) will apply except when the document is issued in the form of a bill of lading. In such event, the consignee field is to be completed according to the requirements of the credit.

J9) a. When a credit stipulates the details of one or more notify parties, a road, rail or inland waterway transport document may also indicate the details of one or more additional notify parties.

  b. ⅰ. When a credit does not stipulate the details of a notify party, a road, rail or inland waterway transport document may indicate the details of any notify party and in any manner (except as stated in paragraph J9) (b) (ⅱ)).

  ⅱ. When a credit does not stipulate the details of a notify party, but the details of the applicant appear as notify party on a road, rail or inland waterway transport document, and these details include the applicant's address and contact details, they are not to conflict with those stated in the credit.

J10) When a credit requires a road, rail or inland waterway transport document to evidence goods consigned to or to the order of "issuing bank" or "applicant" or notify "applicant" or "issuing bank", a road, rail or inland waterway transport document is to indicate the name of the issuing bank or applicant, as applicable, but need not indicate their respective addresses or any contact details that may be stated in the credit. A road or rail transport document need not also indicate "to order of", as stated in paragraph J8) (b).

J11) When the address and contact details of the applicant appear as part of the consignee or notify party details, they are not to conflict with those stated in the credit.

도로, 철도 또는 내륙수로운송서류의 원본과 부본

J7) a. 도로, 철도 또는 내륙수로운송서류는 원본이라고 표시하였는지 여부에 상관없이 원본으로 간주된다.

  b. 도로운송서류는 송하인 또는 선적인용원본(발송인용 카피본)을 표시하거나 또는 서류가 누구를 위한 용도로 작성된 것인지를 표시하는 마크가 없어야 한다.

  c. 신용장이 관련 운송서류 전통의 제시를 요구하는 경우에도 도로운송서류의 송하인 또는 선적인용 원본(발송인용 카피본) 또는 제2본 철도운송서류의 제시만으로 충분하다.

  d. 철도회사 또는 출발역의 서명이나 스탬프로 인증된 철도운송서류의 제2본은 (흔히, 카본카피는) 원본으로 간주된다.

수하인, 지시인 및 통지처

J8) a. 신용장에서 물품이 "(기명인)의 지시로" 탁송된다는 것을 증빙하는 도로, 철도 또는 내륙수로운송 서류를 요구하는 경우, 물품은 "...의 지시로"를 언급하지 않고 그러한 자에게 탁송되는 물품이라는 것을 표시할 수 있다.

  b. 신용장에서 물품이 누구의 지시로 탁송되어져야 하는지를 기명하지 않고 "지시로" 탁송되는 도로, 철도 또는 내륙수로운송서류를 요구하는 경우, "지시로" 라는 용어를 언급할 필요 없이, 물품이 개설은행 또는 개설의뢰인에게 탁송된다는 것을 표시하여야 한다.

  c. 신용장이 내륙수로운송서류를 요구하는 경우, 서류가 선하증권의 형식으로 발행되는 경우를 제외하고 J8번 a항 및 b항이 적용된다. 선하증권의 형식으로 발행되는 경우, 수하인 위치에는 신용장의 요구조건에 따라 기재되어야 한다.

J9) a. 신용장이 하나 또는 그 이상의 통지처를 요구하는 경우, 도로, 철도 또는 내륙수로운송서류는 또한 하나 또는 그 이상의 추가적인 통지처의 세부사항을 표시할 수 있다.

  b. ⅰ. 신용장이 통지처의 명세를 요구하지 않는 경우, 도로, 철도 또는 내륙수로운송서류는 (J9번 b항 ⅱ호에 서술한 것을 제외하고) 모든 통지처의 그리고 모든 방법으로 세부사항을 표시할 수 있다.

  ⅱ. 신용장이 통지처의 명세를 요구하지 않고 있지만, 개설의뢰인의 세부사항이 도로, 철도 또는 내륙수로운송서류의 통지처로서 보이고, 이러한 세부사항이 개설의뢰인의 주소 및 연락처명세를 포함하는 경우, 세부사항들은 신용장에 명시된 그것들과 상충하지 않아야 한다.

J10) 신용장이 물품을 "개설은행" 또는 "개설의뢰인"에게 또는 그들의 지시인에게 탁송 또는 통지처가 "개설의뢰인" 또는 "개설은행"임을 증빙하는 도로, 철도 또는 내륙수로운송서류를 요구하는 경우, 도로, 철도 또는 내륙수로운송서류는, 해당사항에 따라, 개설은행 또는 개설의뢰인의 이름을 표시하여야 하지만, 신용장에 명시되었을 수 있는 그들 각각의 주소는 모든 연락처명세를 표시할 필요는 없다. 도로, 철도 또는 내륙수로운송서류는 J8번 b항에서 명시한 것과 같이, "지시로"를 함께 표시할 필요가 없다.

J11) 개설의뢰인의 주소 및 연락처명세가 수하인 또는 통지처 세부사항의 일부로서 보이는 경우, 신용장에 명시된 그것들과 상충하지 않아야 한다.

Transshipment, partial shipment and determining the presentation period when multiple road, rail or inland waterway transport documents are presented

J12)   Transshipment is the unloading and reloading of goods from one means of conveyance to another within the same mode of transport (truck [lorry], train, barge, etc.,) during the carriage of those goods from the place of shipment, dispatch or carriage to the place of destination stated in the credit. When a road, rail or inland waterway transport document does not indicate unloading and reloading between these two places, it is not transshipment in the context of the credit and UCP 600 sub-articles 24 (d) and (e).

J13) Shipment on more than one means of conveyance (more than one truck [lorry], train, barge, etc.,) is a partial shipment, even when such means of conveyance leaves on the same day for the same destination.

J14) a. When a credit prohibits partial shipment, and more than one road, rail or inland waterway transport documents are presented covering shipment from one or more places of shipment, dispatch or carriage (as specifically allowed, or within a geographical area or range of places stated in the credit), each road, rail or inland waterway transport document is to indicate that it covers the shipment, dispatch or carriage of goods on the same means of conveyance and same journey and that the goods are destined for the same place of destination.

   b. When a credit prohibits partial shipment, and more than one road, rail or inland waterway transport documents are presented in accordance with paragraph J14) (a) and incorporate different dates of shipment, the latest of these dates is to be used for the calculation of any presentation period, and must fall on or before the latest shipment date stated in the credit.

   c. When partial shipment is allowed, and more than one road, rail or inland waterway transport documents are presented as part of a single presentation made under one covering schedule or letter and incorporate different dates of shipment, on different means of conveyance or the same means of conveyance for a different journey, the earliest of these dates is to be used for the calculation of any presentation period and each of these dates must fall on or before the latest shipment date stated in the credit.

Clean road, rail or inland waterway transport document.

J15) A road, rail or inland waterway transport document is not to include a clause or clauses that expressly declare a defective condition of the goods or their packaging. For example:

   a. A clause on a road, rail or inland waterway transport document such as "packaging is not sufficient for the journey" or words of similar effect is an example of a clause expressly declaring a defective condition of the packaging.

   b. A clause on a road, rail or inland waterway transport document such as "packaging may not be sufficient for the journey" or words of similar effect does not expressly declare a defective condition of the packaging.

J16) a. It is not necessary for the word "clean" to appear on a road, rail or inland waterway transport document even when the credit requires a road, rail or inland waterway transport document to be marked "clean" or "clean on board".

   b. Deletion of the word "clean" on a road, rail or inland waterway transport document does not expressly declare a defective condition of the goods or their packaging.

환적, 분할선적 및 복수의 도로, 철도 또는 내륙수로운송서류가 제시된 경우의 제시기간 결정

J12) 환적이란 신용장에 명시된 선적, 발송 또는 수송지로부터 목적지까지의 물품수송과정에서 동일한 운송형태(트럭/화물차, 열차, 바지선 등) 내의 하나의 수송수단에서 다른 수송수단으로 물품의 양하와 재적재이다. 도로, 철도 또는 내륙수로운송서류가 이러한 두 장소사이에서 하역과 재선적을 표시하지 않는다면, 신용장 및 UCP600 제24조 d항 및 e항 관점에서의 환적이 아니다.

J13) 복수의 수송수단들에 (두 대 또는 그 이상의 트럭/로리, 열차, 바지선 등에) 선적된 것은, 그러한 수송수단들이 동일한 목적지로 동일한 날에 출발하여도, 분할선적이다.

J14) a. 신용장이 분할선적을 금지하고, 복수의 도로, 철도 또는 내륙수로운송서류가 (특별히 허용되거나, 신용자에서 명기된 공항들의 들의 지리적 구역 또는 범위 이내에 있는) 복수의 선적, 발송 또는 수송지로부터의 선적을 취급하면서 제시되는 경우, 각각의 도로, 철도 또는 내륙수로운송서류가 동일한 운송체로 동일한 여정을 취급하며 그리고 물품이 동일한 목적지로 운송된다는 것을 표시하여야 한다.

   b. 신용장이 분할선적을 금지하고, 복수의 도로, 철도 또는 내륙수로운송서류가 J14번 a항에 따라 제시되었는데 선적일자가 서로 다르다면, 이러한 일자들의 최근일자가 모든 제시기간의 산정에 사용되어야 하고 신용장에 명시된 최종선적일자 또는 그 이전이 되어야 한다.

   c. 분할선적이 허용되고, 복수의 도로, 철도 또는 내륙수로운송서류가 하나의 커버레터에 단일제시의 일부로서 제시되고, 다른 수송수단들 또는 다른 여정의 운송수단에의, 다른 선적일자를 포함하는 경우, 이러한 일자들의 최초일자가 모든 제시기간의 산정에 사용되어야 하고, 각각의 일자들은 신용장에 명시된 최종선적일자 또는 그 이전이어야 한다.

무결함 도로, 철도 또는 내륙수로운송서류

J15) 도로, 철도 또는 내륙수로운송서류는 물품 또는 그것의 포장에 관한 결함상태를 명백하게 표명하지 않아야 한다. 예를 들어,

   a. "포장이 수송에 불충분하다"와 같은 또는 이와 유사한 의미의 도로, 철도 또는 내륙수로운송서류 권상 구절은 포장에 관한 결함상태를 명백하게 표명하는 구절의 한 사례이다.

   b. "포장이 수송에 불충분할 수 있다"와 같은 또는 이와 유사한 의미의 도로, 철도 또는 내륙수로운송서류상 구절은 포장에 관한 결함상태를 명백하게 표명하는 것은 아니다.

J16) a. 신용장이 "무결함적재"또는 "무결함"이 표시된 도로, 철도 또는 내륙수로운송서류를 요구하는 경우에도 "무결함"이라는 용어가 도로, 철도 또는 내륙수로운송서류에 보여야 할 필요는 없다.

   b. 도로, 철도 또는 내륙수로운송서류상 "무결함"이라는 단어의 삭제는 물품 또는 그것의 포장에 관한 결함상태를 명시적으로 표명하는 것이 아니다.

Goods description

J17) A goods description indicated on a road, rail or inland waterway transport document may be in general terms not in conflict with the goods description in the credit.

Corrections and alterations ("corrections")

J18) Any correction of data on a road, rail or inland waterway transport document is to be authenticated. Such authentication is to appear to have been made by the carrier or any one of its named agents, who may be different from the agent that may have issued or signed the transport document, provided they are identified as an agent of the carrier.

J19) Copies of a road, rail or inland waterway transport document need not include any authentication of any corrections that may have been made on the original.

Freight and additional costs

J20) a. A statement appearing on a road, rail or inland waterway transport document indicating the payment of freight need not be identical to that stated in the credit, but is not to conflict with data in that document, any other stipulated document or the credit. For example, when a credit requires a road, rail or inland waterway transport document to be marked "freight collect", it may be marked "freight payable at destination".

b. When a credit requires a road, rail or inland waterway transport document to indicate that freight has been prepaid or freight is to be collected at destination, this will also be fulfilled by the completion of boxes marked "Franco" (freight prepaid) or "Non−Franco" (freight to be collected).

INSURANCE DOCUMENT AND COVERAGE

Application of UCP 600 article 28

K1) A requirement in a credit for the presentation of an insurance document, such as an insurance policy, insurance certificate or declaration under an open cover, means that UCP 600 article 28 is to be applied in the examination of that document.

Issuer, signing and original of an insurance document

K2) a. An insurance document is to appear to have been issued and signed by an insurance company or underwriter or their agent or proxy. For example, an insurance document issued and signed by "AA Insurance Ltd" appears to have been issued by an insurance company.

b. When an issuer is identified as "insurer", the insurance document need not indicate that it is an insurance company or underwriter.

K3) An insurance document may also be issued on an insurance broker's stationery, provided the insurance document has been signed by an insurance company or underwriter or their agent or proxy. An insurance

물품명세

J17) 도로, 철도 또는 내륙수로운송서류에 표시된 물품명세는 신용장의 물품명세와 상충하지 않는 일반용어로 될 수 있다.

정정 및 수정 ("정정")

J18) 도로, 철도 또는 내륙수로운송서류상의 모든 정정은 인증되어야 한다. 그러한 인증은 운송인 또는 그의 기명대리인에 의한 것으로 나타나야 하는데, 기명대리인의 경우, 운송인의 대리인으로 식별된다면, 해당 도로, 철도 또는 내륙수로운송서류를 발행 또는 서명한 대리인과 다를 수도 있다.

J19) 도로, 철도 또는 내륙수로운송서류의 부본에는 원본에 있는 수 있는 어떠한 정정에 대한 인증도 포함할 필요는 없다.

운임과 추가비용

J20) a. 운임의 지불을 표시하는 도로, 철도 또는 내륙수로운송서류에 보이는 문언은 신용장에 명시된 그것과 동일할 필요는 없지만, 해당 서류, 모든 다른 요구서류 또는 신용장의 자료들과 상충하지 않아야 한다. 예를 들어, 신용장이 "운임착불"이라고 표시된 도로, 철도 또는 내륙수로운송서류를 요구하는 경우, "목적지에서 운임지불가능"이라고 표시될 수 있다.

　　　 b. 신용장에서 도로, 철도 또는 내륙수로운송서류에 운임이 선불되었음 또는 운임은 목적지에서 징수되어야 한다는 표시를 요구하는 경우, 이러한 요구는 또한 "프랑코" (운임선불) 또는 "넌-프랑코"로 (운임착불로) 표시된 란들을 완성하여 충족된다.

K. 보험서류와 부보

UCP600 제28조의 적용

K1) 신용장에서 보험증권, 포괄예정보험에서 발행된 보험증명서 또는 보험신고서와 같은 보험서류를 제시하도록 요구하는 조건은 그러한 서류의 심사에서 UCP600 제28조가 적용되어야 한다는 것을 의미한다.

보험서류의 발행인, 서명 및 원본

K2) a. 보험서류는 보험회사 또는 보험인수인 또는 그들의 대리인이나 수임인에 의하여 발행되고 서명된 것으로 보여야 한다. 예를 들어, "AA보험(주)"에 의하여 발행 및 서명된 보험서류는 보험회사가 발행한 것으로 보이는 것이다.

　　　 b. 발행인이 "보험인"으로 식별되는 경우, 보험서류는 보험회사 또는 보험업자라는 것을 표시할 필요가 없다.

K3) 보험서류가 보험회사 또는 보험업자 또는 그들의 대리인 또는 수임인에 의하여 서명되었다면, 보험서류는 보험중개인의 문구지에 발행될 수도 있다. 보험중개인도 기명보험회사 또는 기명보험업자를

broker may sign an insurance document as agent or proxy for [or on behalf of] a named insurance company or named underwriter.

K4)　An insurance document signed by an agent or proxy is to indicate the name of the insurance company or underwriter for [or on behalf of] which the agent or proxy is signing, unless the insurance company or underwriter name has been identified elsewhere in the document. For example, when "AA Insurance Ltd" has been identified as the insurer, the document may be signed "John Doe (by proxy) on behalf of the insurer" or "John Doe (by proxy) on behalf of AA Insurance Ltd".

K5)　When an insurance document requires a countersignature by the issuer, the assured or a named entity, it must be countersigned.

K6)　An insurance document may show only the trading name of the insurance company in the signing field, provided it is identified as the insurance company elsewhere on the document, for example, when an insurance document is issued and signed "AA" in the signing field but shows "AA Insurance Ltd" and its address and contact information elsewhere in the document.

K7)　a.　An insurance document that indicates that cover is provided by more than one insurer may be signed by a single agent or proxy on behalf of all insurers or be signed by an insurer for [or on behalf of] all co-insurers. An example of the latter will be when an insurance document is issued and signed "AA Insurance Ltd, leading insurer for [or on behalf of] the co-insurers".

　　　b.　Notwithstanding the provisions in paragraphs K2), K3) and K4), an insurance document which indicates that cover is provided by more than one insurer need not show the names of each insurer or the percentage of cover of each insurer.

K8)　When a credit requires the insurance document to be issued in more than one original, or when the insurance document indicates that it has been issued in more than one original, all originals are to be presented and are to appear to have been signed.

Dates

K9)　An insurance document is not to indicate an expiry date for the presentation of any claims thereunder.

K10) a.　An insurance document is not to indicate that cover is effective from a date later than the date of shipment.

　　　b.　When an insurance document indicates a date of issuance later than the date of shipment (as defined in UCP 600 articles 19-25), it is to clearly indicate by addition or note that coverage is effective from a date not later than the date of shipment.

　　　c.　An insurance document that indicates coverage has been effected from "warehouse-to-warehouse" or words of similar effect, and is dated after the date of shipment, does not indicate that coverage was effective from a date not later than the date of shipment.

K11) In the absence of any other date stated to be the issuance date or effective date of insurance coverage, a countersignature date will be deemed to be evidence of the effective date of the insurance coverage.

대리 [또는 대신]하는 대리인 또는 수임인으로서 보험서류에 서명할 수 있다.

K4) 보험회사 또는 보험업자의 이름이 서류의 어딘가에서 식별되지 않는다면, 대리인 또는 수임인에 의하여 서명된 보험서류는, 대리인 또는 수임인이 대리 [또는 대신]하여 서명하는 보험회사 또는 보험업자의 이름을 표시하여야 한다. 예를 들어, "AA보험사"가 보험인으로 식별되는 경우, 서류는 "보험인을 대신한 (수임인으로서) 존 도우" 또는 "AA보험사를 대신하는 (수입인으로서) 존 도우"로 서명할 수 있다.

K5) 보험서류에서 발행인, 피보험자 또는 기명된 자의 부서를 요구하는 경우, 보험서류는 부서되어야 한다.

K6) 보험서류의 어딘가에서 보험회사로 식별된다면, 예를 들어, 보험서류의 서명위치에 "AA"로 발행 및 서명되지만 서류의 어딘가에서 "AA보험사" 및 회사의 주소 및 연락처 정보사항을 보여주는 경우, 보험서류는 서명위치에 보험회사의 상표명만 보일 수 있다.

K7) a. 복수의 보험인이 보험을 제공한다는 것을 표시하는 보험서류에는 모든 보험인을 대신하는 하나의 대리인 또는 수임인이 서명할 수도 있고, 또는 모든 공동보험인들을 대리 [또는 대신]하는 하나의 보험인이 서명할 수도 있다. 후자의 보기로는 보험서류가 "공동보험인들을 대리 [또는 대신]하는 주간사 보험인, AA보험사"와 같이 발행하고 서명하는 경우이다.

b. K2번, K3번, 및 K4번 설명들에도 불구하고, 보험이 복수의 보험인에 의하여 제공된다는 것을 표시하는 보험서류는 각 보험인의 이름들 또는 각 보험인의 보험비율을 표시할 필요는 없다.

K8) 신용장이 복수의 원본으로 발행된 보험서류를 요구하는 경우, 또는 보험서류가 복수의 원본으로 발행되었음을 표시하는 경우, 모든 원본들이 제시되어야 하고 모두 서명된 것으로 보여야 한다.

일자

K9) 보험서류는 보험금 청구제시를 위한 어떠한 유효기일도 서류상에 표시하지 않아야 한다.

K10) a. 보험서류는 보험이 선적일자보다 늦은 시점부터 효력이 있다고 표시하지 않아야 한다.

b. 보험서류가 (UCP 제19-25조에 정의되어 있는) 선적일자보다 늦은 발행일자를 표시하는 경우, 부보는 선적일자보다 늦지 않은 일자부터 효력이 있다는 것을 추가하여 또는 주석으로 분명하게 표시하여야 한다.

c. 부보는 "창고간보험약관" 또는 유사한 취지의 문언으로부터 유효하다는 것을 표시하고 선적일자 이후의 일자가 있는 보험서류는 부보가 선적일자보다 늦지 않은 일자로부터 발효되었다는 것을 표시하는 것이 아니다.

K11) 발행일자 또는 보험부보의 발효일자로 되어야 하는 다른 어떠한 일자도 명시되지 않은 경우에는, 부서일자가 보험부보의 발효일자가 되는 증빙으로 간주한다.

Amount of cover and percentage

K12) When a credit does not indicate an amount to be insured, an insurance document is to be issued in the currency of and, as a minimum, for the amount indicated under UCP 600 sub-article 28 (f) (ii). There is no maximum percentage of insurance coverage.

K13) There is no requirement for insurance coverage to be calculated to more than two decimal places.

K14) An insurance document may indicate that cover is subject to a franchise or excess (deductible). However, when a credit requires the insurance cover to be irrespective of percentage, the insurance document is not to contain a clause stating that the insurance cover is subject to a franchise or an excess (deductible). An insurance document need not state "irrespective of percentage".

K15) When it is apparent from the credit or from the presentation that the amount demanded only represents a certain part of the gross value of the goods (for example, due to discounts, pre-payments or the like, or because part of the value of the goods is to be paid at a later date), the calculation of insurance cover is to be based on the full gross value of the goods as shown on the invoice or the credit and subject to the requirements of UCP 600 sub-article 28 (f) (ii).

K16) Insurance covering the same risk for the same shipment is to be covered under one document unless more than one insurance document is presented indicating partial cover, and each document clearly reflects, by percentage or otherwise:

a. the value of each insurer's cover;

b. that each insurer will bear its share of the liability severally and without pre—conditions relating to any other insurance cover that may have been effected for that shipment; and

c. the respective coverage of the documents, when totalled, equals at least the insured amount required by the credit or UCP 600 sub—article 28 (f) (ii).

Risks to be covered

K17) a. An insurance document is to cover the risks required by the credit.

b. Even though a credit may be explicit with regard to risks to be covered, there may be a reference to exclusion clauses in the insurance document.

K18) When a credit requires "all risks" coverage, this is satisfied by the presentation of an insurance document evidencing any "all risks" clause or notation, whether or not it bears the heading "all risks", even when it is indicated that certain risks are excluded. An insurance document indicating that it covers Institute Cargo Clauses (A) or Institute Cargo Clauses (Air), when dispatch is effected by air satisfies a condition in a credit calling for an "all risks" clause or notation.

보험금액 및 비율

K12) 신용장이 보험을 들어야 하는 금액을 표시하지 않은 경우, 보험서류는 최소한 UCP600 제28조 f항 ii 호에 표시된 금액 및 통화로 발행되어야 한다. 보험부보비율에 최대치는 없다.

K13) 소수점 이하 두 자리를 넘어서 계산되도록 보험담보를 요구하는 조건은 없다.

K14) 보험서류는 보험이 소손해면책율 또는 소손해금액(공제)면책률조건이라는 것을 표시할 수 있다. 그러나 신용장이 면책비율부적용의 보험담보를 요구하는 경우, 보험서류는 보험담보는 소손해면책률 또는 소손해금액(공제)면책율의 조검임을 언급하는 구문을 포함하지 않아야 한다. 보험서류에 "면책비율부적용"을 명시할 필요는 없다.

K15) 신용장 또는 제시도니 서류를 보았을 때, (예를 들어, 할인, 선지급 등으로 인하여, 또는 물품가격의 일부가 후일에 지급되기 때문에), 청구금액이 물품총액의 어떤 일부만을 나타내는 것이 분명한 경우, 보험금액의 계산은 UCP600 제28조 f항 ii호의 요건에 따른 송장 또는 신용장에 표시된 물품의 전체총액이 근거가 되어야 한다.

K16) 동일선적에 대한 동일위험을 보장하는 보험은 하나의 서류로 담보되어야 하지만, 복수의 보험서류가 제시되는 경우, 각각의 서류가 부분보험을 표시하고, 각 보험인의 보험지분을 비율 또는 다음의 것들을 분명하게 반영하여야 한다.

    a. 각 보험인의 보험금액.

    b. 각 보험인이 개별적으로 그리고 그러한 선적에 영향을 주는 모든 다른 보험부보와 관련된 전제조건이 없이 자신의 책임부분을 부담한다. 그리고

    c. 서류들 각각의 부보금액은 총합하여서 적어도 신용장에서 또는 UCP600 제28조 f항 ii호에서 요구된 보험금액과 같아야 한다.

담보위험

K17) a. 보험서류에는 신용장에서 요구하는 위험들이 담보되어야 한다.

    b. 신용장은 담보되어야 하는 위험들을 명확하게 요구할 수 있지만, 보험서류에 면책구절이 있을 수도 있다.

담보되어야 하는 위험

K18) 신용장이 "전위험" 담보를 요구하는 경우, 이 조건은 "전위험"이라는 제목이 있는지 여부와 상관없이, 특정위험은 제외된다는 것을 표시하고 있는 경우에도, 어떠한 "전위험" 구문 또는 부기로라도 이를 증빙하는 보험서류의 제시로 충족된다. 협회적하약관(A형) 또는, 항공편으로 발송되는 경우, 협회적하약관(항공)으로 담보되었음을 표시하는 보험서류는 "전위험"조항 또는 부기를 요구하는 신용장조건을 충족한다.

Insured party and endorsement

K19) An insurance document is to be in the form required by the credit and, where necessary, be endorsed by the entity to whose order or in whose favour claims are payable.

K20) a. A credit should not require an insurance document to be issued "to bearer", or "to order". A credit should indicate the name of an insured party.

b. When a credit requires an insurance document to be issued "to order of (named entity)" the document need not indicate "to order" provided that the named entity is shown as the insured party or claims are payable to it, and assignment by endorsement is not expressly prohibited.

K21) a. When a credit is silent as to the insured party, an insurance document is not to evidence that claims are payable to the order of, or in favour of, the beneficiary or any entity other than the issuing bank or applicant, unless it is endorsed by the beneficiary or that entity in blank or in favour of the issuing bank or applicant.

b. An insurance document is to be issued or endorsed so that the right to receive payment under it passes upon, or prior to, the release of the documents.

General Terms and Conditions of an Insurance Document

K22) Banks do not examine general terms and conditions in an insurance document.

Insurance Premium

K23) Any indication on an insurance document regarding payment of an insurance premium is to be disregarded unless the insurance document indicates that it is not valid unless the premium has been paid and there is an indication that the premium has not been paid.

CERTIFICATE OF ORIGIN

Basic requirement and fulfilling its function

L1) When a credit requires the presentation of a certificate of origin, this will be satisfied by the presentation of a signed document that appears to relate to the invoiced goods and certifies their origin.

L2) When a credit requires the presentation of a specific form of certificate of origin such as a GSP Form A, only a document in that specific form is to be presented.

Issuer of a certificate of origin

L3) a. A certificate of origin is to be issued by the entity stated in the credit.

b. When a credit does not indicate the name of an issuer, any entity may issue a certificate of origin.

c. ⅰ. When a credit requires the presentation of a certificate of origin issued by the beneficiary, the exporter

피보험자와 배서

K19) 보험서류는 신용장에서 요구하는 형식으로 발행되어야 하고, 필요한 경우, 보험청구금의 지급지시인 또는 보험수혜자가 배서하여야 한다.

K20) a. 신용장은 "지참인 앞으로", 또는 "지시로" 발행되어야 하는 보험서류를 요구하지 않아야 한다. 신용장은 피보험자의 이름을 기명하여야 한다.

b. 신용장이 "(기명인)의 지시로" 발행되는 보험서류를 요구하는 경우, 그 기명인이 피보험자로 표시되거나 또는 청구금은 그 기명인에게 지불된다는 것을 표시하고, 배서로써의 청구권양도를 분명하게 금지하고 있지 않으면, 서류에는 "지시로"를 표시할 필요가 없다.

K21) a. 신용장에 피보함자에 관한 언급이 없으면, 보험서류는, 수익자 또는 다른 피보험자가 무기명 또는 개설은행이나 개설의뢰인을 수혜자로 배서하지 않는다면, 보험청구금이 수익자 또는 개설은행이나 개설의뢰인이 아닌 모든 자의 지시로 또는 그들을 수혜자로 지불된다고 증빙하지 않아야 한다.

b. 보험서류는 그 서류에서의 지급금을 수령할 권리가 서류의 교부 시, 또는 그 전에 양도되도록 발행 또는 배서되어야 한다.

보험서류의 일반조건

K22) 은행은 보험서류의 일반조건을 심사하지 않는다.

보험료

K23) 보험료가 지급되지 않으면 보험이 무효이며 보험료가 지급되지 않았다는 표시가 없다면, 보험료의 지급에 관한 보험서류상의 모든 표시는 무시된다.

L. 원산지증명서

기본요구사항 및 기능의 충족

L1) 신용장에서 원산지증명서의 제시를 요구하는 경우, 이 조건은 송장의 물품과 관련된 것으로 보이고 물품의 원산지를 증명하는 서명된 서류의 제시로 충족된다.

L2) 신용장이 일반특혜관세용 서식A와 같은 특정서식의 원산지증명서를 요구하는 경우, 그러한 특정서식의 서류만 제시되어야 한다.

원산지증명서의 발행인

L3) a. 원산지증명서는 신용장에 명시된 자에 의하여 발행되어야 한다.

b. 신용장이 발행인의 이름을 지정하지 않는 경우, 누구든지 원산지증명서를 발행할 수 있다.

c. ⅰ. 신용장이 수익자, 수출자 또는 생산자가 발행한 원산지증명서의 제시를 요구하는 경우, 이 조

or the manufacturer, this condition will also be satisfied by the presentation of a certificate of origin issued by a Chamber of Commerce or the like, such as, but not limited to, Chamber of Industry, Association of Industry, Economic Chamber, Customs Authorities and Department of Trade or the like, provided it indicates the beneficiary, the exporter or the manufacturer as the case may be.

ⅱ. When a credit requires the presentation of a certificate of origin issued by a Chamber of Commerce, this condition will also be satisfied by the presentation of a certificate of origin issued by a Chamber of Industry, Association of Industry, Economic Chamber, Customs Authorities and Department of Trade or the like.

Content of a certificate of origin

L4)　A certificate of origin is to appear to relate to the invoiced goods, for example, by:

a. a goods description that corresponds to that in the credit or a description shown in general terms not in conflict with the goods description in the credit;

b. or referring to a goods description appearing in another stipulated document or in a document that is attached to, and forming an integral part of, the certificate of origin.

L5)　Consignee information, when shown, is not to conflict with the consignee information in the transport document. However, when a credit requires a transport document to be issued "to order", "to the order of shipper", "to order of issuing bank", "to order of nominated bank (or negotiating bank)" or "consigned to issuing bank", a certificate of origin may show the consignee as any entity named in the credit except the beneficiary. When a credit has been transferred, the first beneficiary may be stated to be the consignee.

L6)　A certificate of origin may indicate as the consignor or exporter an entity other than the beneficiary of the credit or the shipper as shown on any other stipulated document.

L7)　When a credit indicates the origin of the goods without stipulating a requirement for the presentation of a certificate of origin, any reference to the origin on a stipulated document is not to conflict with the stated origin. For example, when a credit indicates "origin of the goods: Germany" without requiring the presentation of a certificate of origin, a statement on any stipulated document indicating a different origin of the goods is to be considered a conflict of data.

L8)　A certificate of origin may indicate a different invoice number, invoice date and shipment routing to that indicated on one or more other stipulated documents, provided the exporter or consignor shown on the certificate of origin is not the beneficiary.

PACKING LIST, NOTE OR SLIP ("Packing List")

Basic requirement and fulfilling its function

M1)　When a credit requires the presentation of a packing list, this will be satisfied by the presentation of a

건은 또한, 각 경우에 따라 수익자, 수출자 또는 생산자를 표시한다면, 상업회의소 또는, 이것들이 모두는 아니지만, 산업회의소, 산업협회, 경제회의소, 세관 및 무역보와 같은 곳에서 발행한 원산지증명서의 제시로서도 충족된다.

ⅱ. 신용장이 상업회의소가 발행한 원산지증명서를 요구하는 경우, 이 조건은 또한 산업회의소, 산업협회, 경제회의소, 세관 및 무역부와 같은 곳에서 발행한 원산지증명서의 제시로도 충족된다.

원산지증명서의 내용

L4) 원산지증명서는, 예를 들어, 다음과 같이, 송장에 기입된 물품과 관련된 것으로 보여야 한다.

    a. 신용장의 그것과 상응하는 물품명세 또는 신용장의 물품명세와 상충하지 않는 일반용어로 표시된 명세. 또는,

    b. 또 하나의 요구서류를 참조하도록, 또는 원산지증명서에 첨부되고, 필수부분을 구성하는 서류를 보이는 물품명세를 참조하도록 하는 방법.

L5) 수하인의 정보사항이 표시되는 경우, 운송서류의 수하인정보사항과 상충하지 않아야 한다. 그러나 신용장이 "지시로", "선적인의 지시로", "개설은행의 지시로", "지정은행(또는 매입은행)의 지시로" 또는 "개설은행으로 탁송"되어야 하는 은송서류를 요구하는 경우, 원산지증명서는 수익자를 제외한 신용장에 기명된 누구든지 수하인으로 표시할 수 있다. 신용장이 양도된 경우에, 제1수익자가 수하인으로 표시될 수 있다.

L6) 원산지증명서는 신용장의 수익자 또는 모든 다른 요구서류에 보이는 선적인이 아닌 자를 송하인 또는 수출자로 표시할 수 있다.

L7) 신용장이 원산지증명서의 제시를 요구하지 않으면서 물품의 원산지를 지정하는 경우, 요구서류상의 원산지에 관한 모든 언급은 명시된 원산지와 상충하지 않아야 한다. 예를 들어, 신용장이 원산지증명서를 요구하지 않으면서 "물품의 원산지: 독일"을 명시하는 경우, 물품의 다른 원산지를 표시하는 모든 요구서류상의 진술은 자료의 상충으로 간주된다.

L8) 원산지증명서는, 원산지증명서에 표시된 수출자 또는 송하인이 수익자가 아니면, 하나 또는 그 이상의 요구서류들에 표시된 것과 다른 송장번호, 송장일자 및 선적경로를 표시할 수 있다.

M. 표장명세서, 노트 또는 슬립 ("포장명세서")

기본 요구사항 및 기능의 충족

M1) 신용장에서 표장명세서의 제시를 요구하는 경우, 이것은 물품포장에 관한 어떠한 정보라도 포함함으

document titled as called for in the credit, or bearing a similar title or untitled, that fulfils its function by containing any information as to the packing of the goods.

Issuer of a packing list

M2) A packing list is to be issued by the entity stated in the credit.

M3) When a credit does not indicate the name of an issuer, any entity may issue a packing list.

Content of a packing list

M4) When a credit indicates specific packing requirements, without stipulating the document to indicate compliance with these requirements, any data regarding the packing of the goods mentioned on a packing list, if presented, are not to conflict with those requirements.

M5) A packing list may indicate a different invoice number, invoice date and shipment routing to that indicated on one or more other stipulated documents, provided the issuer of the packing list is not the beneficiary.

M6) Banks only examine total values, including, but not limited to, total quantities, total weights, total measurements or total packages, to ensure that the applicable total does not conflict with a total shown in the credit and on any other stipulated document.

WEIGHT LIST, NOTE OR SLIP ("Weight List")

Basic requirement and fulfilling its function

N1) When a credit requires the presentation of a weight list, this will be satisfied by the presentation of a document titled as called for in the credit, or bearing a similar title or untitled, that fulfils its function by containing any information as to the weight of the goods.

Issuer of a weight list

N2) A weight list is to be issued by the entity stated in the credit.

N3) When a credit does not indicate the name of an issuer, any entity may issue a weight list.

Content of a weight list

N4) When a credit indicates specific weight requirements, without stipulating the document to indicate compliance with these requirements, any data regarding the weight of the goods mentioned on a weight list, if presented, are not to conflict with those requirements.

N5) A weight list may indicate a different invoice number, invoice date and shipment routing to that indicated on one or more other stipulated documents, provided the issuer of the weight list is not the beneficiary.

N6) Banks only examine total values, including, but not limited to, total quantities, total weights, total

로써 그 기능을 충족시키는, 신용장에서 요구하는 제목, 또는 유사제목이나 제목이 없는 서류를 제시함으로써 충족된다.

표장명세서의 발행인

M2) 표장명세서는 신용장에 명시된 자에 의하여 발행되어야 한다.

M3) 신용장에서 발행인의 이름을 지정하지 않은 경우, 누구든지 표장명세서를 발행할 수 있다.

표장명세서의 내용

M4) 신용장이 구체적인 표장요건을 지시하면서 그러한 요건의 준수를 표시하는 서류를 요구하지 않은 경우, 표장명세서가 제시된다면, 그것에 언급된 물품의 포장에 관한 모든 자료는 그러한 요건과 상충하지 않아야 한다.

M5) 표장명세서는, 표장명세서의 발행인이 수익자가 아니면, 하나 또는 그 이상의 요구서류들에 표시된 것과 다른 송장번호, 송장일자 및 선적경로를 표시할 수 있다.

M6) 은행은, 해당하는 총계가 신용장 및 모든 요구서류상에 표시된 총계와 상충하지 않는다는 것을 검증하기 위하여, 이것이 모두는 아니지만, 총수량, 총중량, 총용적 또는 총포장수를 포함한 총계들을 심사할 뿐이다.

N. 중량명세서, 노트 또는 슬립 ("중량명세서")

기본 요구사항 및 기능의 충족

N1) 신용장에서 중량명세서의 제시를 요구하는 경우, 이것은 물품중량에 관한 어떠한 정보라도 포함함으로써 그 기능을 충족시키는, 신용장에서 요구하는 제목, 또는 유사제목이나 제목이 없는 서류를 제시함으로써 충족된다.

중량명세서서의 발행인

N2) 중량명세서는 신용장에 명시된 자에 의하여 발행되어야 한다.

N3) 신용장에서 발행인의 이름을 지정하지 않은 경우, 누구든지 중량명세서를 발행할 수 있다.

중량명세서의 내용

N4) 신용장이 구체적인 중량요건을 지시하면서 그러한 요건의 준수를 표시하는 서류를 요구하지 않은 경우, 중량명세서가 제시된다면, 그것에 언급된 물품의 중량에 관한 모든 자료는 그러한 요건과 상충하지 않아야 한다.

N5) 중량명세서는, 중량명세서의 발행인이 수익자가 아니면, 하나 또는 그 이상의 요구서류들에 표시된 것과 다른 송장번호, 송장일자 및 선적경로를 표시할 수 있다.

N6) 은행은, 해당하는 총계가 신용장 및 모든 요구서류상에 표시된 총계와 상충하지 않는다는 것을 검증

measurements or total packages, to ensure that the applicable total does not conflict with a total shown in the credit and on any other stipulated document.

BENEFICIARY'S CERTIFICATE

Basic requirement and fulfilling its function

P1) When a credit requires the presentation of a beneficiary's certificate, this will be satisfied by the presentation of a signed document titled as called for in the credit, or bearing a title reflecting the type of certification that has been requested or untitled, that fulfils its function by containing the data and certification required by the credit.

Signing of a beneficiary's certificate

P2) A beneficiary's certificate is to be signed by, or for [or on behalf of], the beneficiary.

Content of a beneficiary's certificate

P3) Data mentioned on a beneficiary's certificate are not to conflict with the requirements of the credit.

P4) The data or certification mentioned on a beneficiary's certificate:

   a. need not be identical to that required by the credit, but are to clearly indicate that the requirement prescribed by the credit has been fulfilled;

   b. need not include a goods description or any other reference to the credit or another stipulated document.

ANALYSIS, INSPECTION, HEALTH, PHYTOSANITARY, QUANTITY QUALITY AND OTHER

CERTIFICATES ("certificate")

Basic requirement and fulfilling its function

Q1) When a credit requires the presentation of such a certificate, this will be satisfied by the presentation of a signed document titled as called for in the credit, or bearing a similar title or untitled, that fulfils its function by certifying the outcome of the required action, for example, the results of the analysis, inspection, health, phytosanitary, quantity or quality assessment.

Q2) When a credit requires the presentation of a certificate that relates to an action required to take place on or prior to the date of shipment, the certificate is to indicate:

   a. an issuance date that is no later than the date of shipment; or

   b. wording to the effect that the action took place prior to, or on the date of, shipment, in which event, when an issuance date is also indicated, it may be subsequent to the shipment date but no later than the date of

하기 위하여, 이것이 모두는 아니지만, 총수량, 총중량, 총용적 또는 총포장수를 포함한 총계들을 심사할 뿐이다.

P. 수익자증명서

기본 요구사항 및 기능의 충족

P1) 신용장에서 수익자증명서의 제시를 요구하는 경우, 이것은 신용장에서 요구하는 자료와 증명문언을 포함함으로써 서류의 기능을 충족시키는, 신용장에서 요구하는 제목의, 또는 요청된 증명문언의 종료를 반영하는 제목이나 제목이 없는 서류를 제시함으로써 충족된다.

수익자증명서의 발행인

P2) 수익자증명서는 수익자에 의하여, 또는 수익자를 대리 [대신]하여, 서명되어야 한다.

수익자증명서의 내용

P3) 수익자증명서에 언급된 자료는 신용장이 요구조건과 상충하지 않아야 한다.

P4) 수익자증명서에 언급된 자료 또는 증명문언은:

　　a. 신용장에서 요구하는 그것과 동일할 필요는 없지만, 신용장에 명시된 요구사항이 충족되었음을 분명하게 표시하여야 한다.

　　b. 물품명세 또는 신용장 또는 또 다른 요구서류와 관련된 어떠한 다른 참조사항이라도 포함할 필요가 없다.

Q. 분석, 검사, 위생, 검역, 수량, 품질 및 기타증명서 ("증명서")

기본 요구사항 및 기능의 충족

Q1) 신용장이 이러한 증명서의 제시를 요구하는 경우, 요구된 행위의 결과, 예를 들어, 분석, 검사, 위생, 검역, 수량, 품질측정의 결과들을 증명함으로써 서류의 기능을 충족시키는, 신용장에서 명시한 제목, 또는 유사제목이나 제목이 없는 서명된 서류를 제사하면 충족된다.

Q2) 신용장이 선적일자에 또는 그 이전에 이행되도록 요구하는 행위와 관련된 증명서의 제시를 요구하는 경우, 증명서는 다음을 표시하여야 한다.

　　a. 선적일자보다 늦지 않은 발행일자. 또는,

　　b. 행위가 선적일자 이전에 또는 선적일자에 발생하였다는 결과에 관한 진술을 표시하여야 하며, 이러한 경우, 또한 발행일자도 표시되었다면, 선적일자의 후속일자일 수는 있지만 증명서의 제시일자보다는 늦지 않아야 한다. 또는,

presentation of the certificate; or

c. a title indicating the event, for example, "Pre—shipment Inspection Certificate".

Issuer of a certificate

Q3) A certificate is to be issued by the entity stated in the credit.

Q4) When a credit does not indicate the name of an issuer, any entity including the beneficiary may issue a certificate.

Q5) When a credit makes reference to an issuer of a certificate in the context of its being "independent", "official", "qualified" or words of similar effect, a certificate may be issued by any entity except the beneficiary.

Contents of a certificate

Q6) A certificate may indicate:

a. that only a sample of the required goods has been tested, analyzed or inspected;

b. a quantity that is greater than that stated in the credit or on any other stipulated document; or

c. or more hold, compartment or tank numbers than that stated on the bill of lading or charter party bill of lading.

Q7) When a credit indicates specific requirements with respect to analysis, inspection, health, phytosanitary, quantity or quality assessment or the like, with or without stipulating the document to indicate compliance with these requirements, the data regarding the analysis, inspection, health, phytosanitary, quantity or quality assessment or the like mentioned on the certificate or any other stipulated document are not to conflict with those requirements.

Q8) When a credit is silent as to the specific content to appear on a certificate, including, but not limited to, any required standard for determining the results of the analysis, inspection or quality assessment, the certificate may include statements such as "not fit for human consumption", "chemical composition may not meet required needs" or words of similar effect, provided such statements do not conflict with the credit, any other stipulated document or UCP 600.

Q9) Consignee information, when shown, is not to conflict with the consignee information in the transport document. However, when a credit requires a transport document to be issued "to order", "to the order of shipper", "to order of issuing bank", "to order of nominated bank (or negotiating bank)" or "consigned to issuing bank", a certificate may show the consignee as any entity named in the credit except the beneficiary. When a credit has been transferred, the first beneficiary may be stated to be the consignee.

Q10) A certificate may indicate as the consignor or exporter an entity other than the beneficiary of the credit or the shipper as shown on any other stipulated document.

Q11) A certificate may indicate a different invoice number, invoice date and shipment routing to that indicated on one or more other stipulated documents, provided the exporter or consignor shown on the certificate is not the beneficiary.

　　c. 예를 들어, "선적전검사증명서"와 같이 사안을 표시하는 제목이어야 한다.

증명서의 발행인

Q3) 증명서는 신용장에 명시된 자에 의하여 발행되어야 한다.

Q4) 신용장이 발행인의 이름을 지정하지 않는다면, 수익자를 포함한 누구든지 증명서를 발행할 수 있다.

Q5) 신용장이 증명서의 발행인에 관하여 문맥상 "독립된", "공적인", "자격이 있는"또는 유사한 의미의 용어로 언급하는 경우, 증명서는 수익자를 제외한 누구든지 발행할 수 있다.

증명서의 내용

Q6) 증명서는 다음을 표시할 수 있다.

　　a. 요구된 물품의 견본품만을 시험, 분서 또는 검사하였다는 내용.

　　b. 신용장 또는 모든 다른 요구서류상에 명시된 것보다 많은 수량. 또는,

　　c. 선하증권 또는 용선계약선하증권에 표시된 것 이상의 선창, 짐칸 또는 탱크번호.

Q7) 신용장이 분석, 검사, 위생, 검역, 수량 또는 품질측정 등에 관한 구체적인 요구조건을 명시할 때, 그러한 요건의 준수를 표시하는 서류를 요구하거나 또는 요구하지 않거나 상관없이, 증명서 또는 다른 모든 요구서류들에 언급된 분석, 검사, 위생, 검역, 수량 또는 품질측정 등에 관한 자료들은 그러한 요구사항들과 상충하지 않아야 한다.

Q8) 증명서에 나타나야 하는, 이것들이 모두는 아니지만, 분석, 검사 또는 품질측정의 결과를 결정하기 위하여 요구되는 모든 표준치를 포함하여 구체적인 내용에 관하여 신용장에서 언급하지 않는 경우, 증명서에는 "사람의 식용으로 부적합", "화학성분이 요건을 충족하지 않음"또는 유사한 취지의 문언과 같은 진술을 포함할 수도 있지만, 그러한 진술들이 신용장 및 다른 모든 요구서류들 또는 UCP600과 상충하지 않아야 한다.

Q9) 수하인의 정보사항이 표시되는 경우, 운송서류의 수하인저보사항과 상충하지 않아야 한다. 그러나 신용장이 "지시로(to order)", "선적인의 지시로(to the order of shipper)", "개설은행의 지시로 (to order of issuing bank)", "지정은행(또는 매입은행)의 지시로 (to order of nominated (또는 negotiating) bank)" 또는 "개설은행으로 탁송되어야 (consigned to issuing bank)"하는 운송서류를 요구하는 경우, 증명서는 수익자를 제외한, 신용장에 기명된 누구든지 수하인으로 표시될 수 있다. 신용장이 양도된 경우, 제1수익자가 수하인으로 표시될 수 있다.

Q10) 증명서에는 신용장의 수익자 또는 모든 다른 요구서류에 보이는 선적인이 아닌 자를 송하인 또는 수출자로 표시할 수 있다.

Q11) 증명서에 표시된 수출자 또는 송하인이 수익자가 아니면, 증명서에는 다른 요구서류들에 표시된 것과 다른 송장번호, 송장일자 및 선적경로를 표시할 수 있다.

<table>
<tr><td>4-4</td><td># UN Convention on Independent Guarantees and Stand-by Letters of Credit, 1995</td></tr>
</table>

CHAPTER I. SCOPE OF APPLICATION

Article 1. Scope of application.

(1) This Convention applies to an international undertaking referred to in article 2 :

    (a) If the place of business of the guarantor/issuer at which the undertaking is issued is in a Contracting State, or

    (b) If the rules of private international law lead to the application of the law of a Contracting State, unless the undertaking excludes the application to the Convention.

(2) This Convention applies also to an international letter of credit not falling within article 2 if it expressly states that it is subject to this Convention.

(3) The provisions of articles 21 and 22 apply to international undertaking referred to in article 2 independently of paragraph (1) of this article.

Article 2. Undertaking.

(1) For the purposes of this Convention, an undertaking is an independent guarantee or as a stand-by letter of credit, given by a bank or other institution or person ("guarantor/issuer") to pay to the beneficiary a certain or determinable amount upon simple demand or upon demand accompanied by other documents, in conformity with the terms and any documentary conditions of the undertaking, indicating, or from which it is to be inferred, that payment is due because of a of a default in the performance of an obligation, or because of another contingency, or for money borrowed or advanced, or on account of any mature indebtedness undertaken by the principal/applicant or another person.

(2) The undertaking may be given :

    (a) At the request or on the instruction of the customer ("principal/applicant") of the guarantor/issuer ;

    (b) On the instruction of another bank, institution or person ("instructing party") that acts at the request of the customer ("principal/applicant") of that instructing party ; or

    (c) On behalf of the guarantor/issuer itself.

(3) Payment may be stipulated in the undertaking to be made in any form, including :

    (a) Payment in a specified currency or unit of account ;

    (b) Acceptance of a bill of exchange (draft) ;

    (c) Payment on a deferred basis ;

    (d) Supply of a specified item of value.

4-4 보증신용장에 관한 UN협약, 1995

제1장 적용범위

제1조 적용범위

(1) 이 협약은 다음과 같은 경우 제2조에 언급되어 있는 국제적인 확약에 적용된다.

   (a) 확약을 개설하는 보증인/개설인의 영업소가 체약국내에 있는 경우, 또는

   (b) 국제사법 규칙에 따라 어느 체약국의 법률을 적용하게 되는 경우.

      다만 확약에 있어서 이 협약의 적용을 배제하지 아니하여야 한다.

(2) 이 협약은 또한 신용장에서 명시적으로 이 협약에 따른다는 기재가 있는 경우에는, 제2조의 범위 내에 속하지 아니하는 국제적인 신용장에도 적용된다.

(3) 제21조 및 제22조의 규정은 본조 제1항의 규정에 관계없이 제2조에 언급되어 있는 국제적인 확약에 적용된다.

제2조 확약

(1) 이 협약의 목적상, 확약이라 함은 국제관습에 있어서 독립적 보증서 또는 보증신용장이라고 알려져 있는 것으로서, 어떠한 의무이행에 있어서의 불이행이 발생하거나, 기타 우발사고가 발생하거나, 또는 주채무자/개설의뢰인 또는 기타의 자에 의한 차입금액 또는 선지급 금액 또는 어떠한 약정부채의 만기로 인하여 지급의무가 있음을 나타내거나 또는 추정될 수 있는 확약의 조건 및 모든 서류의 조건과 일치하게 단순한 청구 시 또는 기타 서류를 첨부한 청구 시에 수익자에게 일정한 금액 또는 확정금액을 지급한다는 은행이나 기타의 기관 또는 자("보증인/개설인")에 의한 독립적인 약속을 말한다.

(2) 확약은 다음의 경우에 이뤄질 수 있다.

   (a) 보증인/발급인의 고객의 요청 또는 지시에 따라 ("보증인/신청자");

   (b) 그 지시 당사자의 고객 ("보증인/신청자")의 요청에 따라 행동하는 다른 은행, 기관 또는 개인 ("지시당사자") 의 지시에 따라; 또는

   (c) 보증인/신청자를 대표하는 경우

(3) 지급은 다음을 포함하여 어떠한 형태로든 이행 될 것이라는 것을 확약할 수 있다.

   (a) 지정된 통화 또는 계정 단위로 지급;

   (b) 환어음 수락 (어음);

   (c) 연기된 지급;

   (d) 특정 가치 품목의 공급

(4)   The undertaking may stipulate that the guarantor/issuer itself is the beneficiary when acting in favour of another person.

Article 3. Independence of undertaking.

For the purposes of this Convention, an undertaking is independent where the guarantor/issuer's obligation to the beneficiary is not :

(a)   Dependent upon the existence or validity of any underlying transaction, or upon any other undertaking (including stand-by letters of credit or independent guarantees to which confirmations or counter-guarantees relate) ; or

(b)   Subject to any term or condition not appearing in the undertaking, or th any future, uncertain act or event except presentation of documents or another such act or event within a guarantor/issuer's sphere of operations.

Article 4. Internationality of undertaking.

(1)   An undertaking is international if the places of business, as specified in the undertaking, of any two of the following persons are n different States : guarantor/issuer, beneficiary, principal/applicant, instructing party, confirmer.

(2)   For the purposes of the preceding paragraph :

(a)   If the undertaking lists more than one place of business for a given person, the relevant place of business is that which has the closest relationship to the undertaking ;

(b)   If the undertaking does not specify a place of business for a given person but specifies its habitual residence, that residence is relevant for determining the international character of the undertaking.

CHAPTER II. INTERPRETATION

Article 5. Principles of interpretation.

In the interpretation of this Convention, regard is to be had to its international character and to the need to promote uniformity in its application and the observance of good faith in the international practice of independent guarantees and stand-by letters of credit.

Article 6. Definitions.

For the purposes of this Convention and unless otherwise indicated in a provision of this Convention or required by the context :

(a)   "Undertaking" includes "counter-guarantee" and "confirmation of an undertaking";

(b)   "Guarantor/issuer" includes "counter-guarantor" and "confirmer" ;

(c)   "Counter-guarantee" means an undertaking given to the guarantor/issuer of another undertaking by its instructing party and providing for payment upon simple demand or upon demand accompanied by other documents, in conformity with the terms and any documentary conditions of the undertaking indicating, or from which it is to be inferred, that payment

제3조 확약의 독립성

이 협약의 목적성, 확약은 수익자에 대한 보증인/개설인 의무가 다음의 경우에 속하지 아니하는 한 독립적인 것이다.

(a) 모든 기초적 거래의 존부 또는 유효성, 또는 (확인 또는 역보증에 관련된 보증신용장이나 독립적 보증서를 포함하여) 기타 모든 확약에 의존하는 경우, 또는

(b) 확약상에 나타나지 아니한 모든 조건, 또는 서류의 제시 또는 보증인/개설인의 범위 내에서의 기타 어떠한 행위 또는 결과를 제외한 모든 장래의 불확실한 행위 또는 결과를 전제로 한 경우.

제4조 확약의 국제성

(1) 확약은 다음 자들 중의 어느 두 자의 영업소가 확약상에 명시된 바와 같이 서로 다른 국가에 있는 경우에는 국제적인 것이다. 즉, 보증인/개설인, 수익자, 주채무자/개설의뢰인, 지시당사자, 확인자 등.

(2) 전항의 목적상,

(a) 확약이 일정한 자에 대한 둘 이상의 영업소를 열거하고 있는 경우에는, 관련 영업소는 그 확약에 가장 밀접한 관계를 가지고 있는 영업소가 되며,

(b) 확약이 일정한 자에 대한 영업소를 명시하지 아니하고 상주적인 거소를 명시하고 있는 경우에는, 그러한 거소가 확약의 국제성을 결정하는 데에 관련된다.

제2장 해석

제5조 해석의 기준

이 협약의 해석은 그 국제성과 적용에 있어서의 통일성을 촉진시킬 필요성을 고려해야 하고, 독립보증서와 보증신용장의 국제적 사용에 있어서는 신의성실의 원칙 준수를 고려해야 한다.

제6조 정의

이 협약의 목적상 그리고 이 협약의 규정에 별도의 명시가 있거나 또는 내용상 별도의 요구가 있지 아니하는 한,

(a) "확약"은 "역보증" 및 "확약의 확인"을 포함하고,

(b) "보증인/개설인"은 "역보증인" 및 "확인자"를 포함하고,

(c) "역보증"이라 함은 지시당사자에 의하여 다른 확약의 보증인/개설인에게 개설되고, 그 다른 확약하의 지급이 그 다른 확약을 개설하는 자로부터 또는 그에 의하여 청구되었음을 나타내거나 또는 추정될 수 있는 확약의 조건 및 모든 서류의 조건과 일치하게 단순한 청구시 또는 기타 서류를 첨부한

under that other undertaking has been demanded from, or made by, the person issuing that other undertaking ;

(d) "Counter-guarantor" means the person issuing a counter-guarantee ;

(e) "Confirmation" of an undertaking means an undertaking added to that of the guarantor/issuer, and authorized by the guarantor/issuer, providing the beneficiary with the option of demanding payment from the confirmer instead of from the guarantor/issuer, upon simple demand or upon demand accompanied by other documents, in conformity with the terms and any documentary conditions of the confirmed undertaking, without prejudice to the beneficiary's right to demand payment from the guarantor/issuer ;

(f) "Confirmer" means the person adding a confirmation to an undertaking ;

(g) "Document" means a communication made in a form that provides a complete record there of.

CHAPTER III. FORM AND CONTENT OF UNDERTAKING

Article 7. Issuance, form and irrevocability of undertaking.

(1) Issuance of an undertaking occurs when and where the undertaking leaves the sphere of control of the guarantor/issuer concerned.

(2) an undertaking may be issued in any form which preserves a complete record of the text of the undertaking and provides authentication of its source by generally accepter means or by a procedure agreed upon by the guarantor/issuer and the beneficiary.

(3) From the time of issuance of an undertaking, a demand for payment may be made in accordance with the terms and conditions of the undertaking, unless the undertaking stipulates a different time.

(4) An undertaking is irrevocable upon issuance, unless it stipulates that it is revocable.

Article 8. Amendment.

(1) An undertaking may not be amended except in the form stipulated in the undertaking or, failing such stipulation in a form referred to in paragraph (2) of article 7.

(2) Unless otherwise stipulated in the undertaking or elsewhere agreed by the guarantor/issuer and the beneficiary, an undertaking is amender upon issuance of the amendment if the amendment has previously been authorized by the beneficiary.

(3) Unless otherwise stipulated in the undertaking or elsewhere agreed by the guarantor/issuer ant the beneficiary, where any amendment has not previously been authorized by the beneficiary, the undertaking is amended only when the guarantor/issuer receives a notice of acceptance of the amendment by the beneficiary in a form referred to in paragraph (2) of article 7.

(4) An amendment of an undertaking has no effect on the rights and obligations of the principal/applicant (or an instructing party(or of a confirmer of the undertaking unless such person consents to the amendment.

청구 시에 지급한다는 것을 약정하고 있는 확약을 의미하고,

(d) "역보증인"이라 함은 역보증을 개설하는 자를 의미하고,

(e) 확약의 "확인"이라 함은 보증인/개설인의 확약에 추가되고 보증인/개설인에 의하여 수권된 확약으로서, 보증인/개설인에게 지급을 청구하는 수익자의 권리에 대한 침해 없이 확인된 확약의 조건 및 모든 서류의 조건과 일치하게 단순한 청구 시 또는 기타 서류를 첨부한 청구 시에 보증인/개설인 대신에 확인자에게 지급을 청구하는 선택권을 수익자에게 제공하고 있는 확약을 의미하고,

(f) "확인자"라 함은 확약에 확인을 추가하는 자를 의미하고,

(g) "서류"라 함은 이에 완전한 기록을 제공하는 형식으로 작성된 통신문을 의미한다.

제3장 확약의 형식 및 내용

제7조 확약의 개설, 형식 및 취소불능성

(1) 확약의 개설은 그 확약이 관련된 보증인/개설인의 관리영역을 벗어나는 시점과 장소에서 발생한다.

(2) 확약은 그 확약의 본문에 관한 완전한 기록을 보존하며 또 일반적으로 인정된 수단이나 보증인/개설인과 수익자에 의하여 합의된 절차에 의하여 확약의 근거에 관한 인증을 제공하는 어떠한 형식으로도 개설될 수 있다.

(3) 확약이 별도의 시간을 규정하지 아니하는 한, 확약의 개설시점으로부터 그 확약의 제조건에 따라 지급청구를 행할 수 있다.

(4) 확약은 취소가능을 규정하지 아니하는 한, 개설과 동시에 취소 불능한 것이다.

제8조 변경

(1) 확약은 그 확약에서 규정된 형식이나 또는 그러한 규정이 없는 경우에는 제7조 2항에 언급된 형식을 제외하고는 변경될 수 없다.

(2) 확약에서 별도의 규정이 있거나 또는 보증인/개설인과 수익자에 대하여 달리 합의되어 있지 아니하는 한, 확약은 그 변경이 사전에 수익자에 의하여 수권되어 있는 경우에는 변경의 개설과 동시에 변경되어진다.

(3) 확약에서 별도의 규정이 있거나 또는 보증인/개설인과 수익자에 의하여 달리 합의되어 있지 아니하는 한, 확약은 어떠한 변경이 사전에 수익자에 의하여 수권되어 있지 아니한 경우에는 보증인/개설인이 수익자로부터 제7조 2항에 언급된 형식으로 그 변경승락의 통고를 수령한 때에만 변경되어진다.

(4) 확약의 변경은 주채무자/개설의뢰인(또는 지시당사자) 또는 확약의 확인자가 그 변경에 동의하지 아니하는 한, 그러한 자의 권리와 의무에 관하여 아무런 영향을 미치지 아니한다.

Article 9. Transfer of beneficiary's right to demand payment.

(1) The beneficiary's right to demand payment may be transferred only if authorized in the undertaking, and only to the extent and in the manner authorized in the undertaking.

(2) If an undertaking is designated as transferable without specifying whether or not the consent of the guarantor/issuer or another authorized person is required for the actual transfer, neither the guarantor/issuer nor any other authorized person is obliged to effect the transfer except to the extent and in the manner expressly consented to by it.

Article 10. Assignment of proceeds.

(1) Unless otherwise stipulated in the undertaking or elsewhere agreed by the guarantor/issuer and the beneficiary, the beneficiary may assign to another person any proceeds to which it may be, or may become, entitled under the undertaking.

(2) If the guarantor/issuer or another person obliged to effect payment has received a notice originating from the beneficiary, in a form referred to in paragraph (2) of article7, of the beneficiary's irrevocable assignment, payment to the assignee discharges the obliger, to the extent of its payment, from its liability under the undertaking.

Article 11. Cessation of right to demand payment.

(1) The right of the beneficiary to demand payment under the undertaking ceases when :

(a) The guarantor/issuer has received a statement by the beneficiary of release from liability in a form referred to in paragraph (2) of article 7 :

(b) The beneficiary and the guarantor/issuer have agreed on the termination of the undertaking in the form stipulated in the undertaking or, failing such stipulation, in a form referred to in paragraph (2) of article 7 :

(c) The amount available under the undertaking has been paid, unless the undertaking provides for the automatic renewal or for an automatic increase of the amount available or otherwise provides for continuation of the undertaking ;

(d) The validity period of the undertaking expires in accordance with the provisions of article 12.

(2) The undertaking may stipulate, or the guarantor/issuer and the beneficiary may agree elsewhere, that return of the document embodying the undertaking to the guarantor/issuer, or a procedure functionally equivalent to the return of the document in the case of the issuance of the issuance of the undertaking in non-paper form, is required for the cessation of the right to demand payment, either alone or in conjunction with one of the events referred to in sub-paragraphs (a) and (b) of paragraph (1) of this article.

However, in no case shall retention of any such document by the beneficiary after the right to demand payment ceases in accordance with subparagraph (C) or (d) of paragraph (1) of this article preserve any rights of the beneficiary under the undertaking.

제9조 수익자의 지급청구권의 양도

(1) 수익자의 지급청구권은 확약에서 수권된 경우에 한하여, 그리고 확약에서 수권된 범위와 방법에 따라서만 양도될 수 있다.

(2) 확약이 현실적인 양도를 위하여 보증인/개설인 또는 기타 수권된 자의 동의가 요구되는지의 여부를 명시함이 없이 양도가능으로서 지정되어 있는 경우에는, 보증인/개설인뿐만 아니라 기타 어떠한 수권된 자도 자신이 명시적으로 동의한 범위와 방법을 제외하고는 양도를 이행할 의무를 지지 아니한다.

제10조 대금의 양도

(1) 확약에서 별도의 규정이 있거나 또는 보증인/개설인과 수익자에 의하여 달리 합의되어 있지 아니하는 한, 수익자는 그 확약에 따라 권리를 가질 수 있거나 또는 갖게 되어 있는 모든 대금을 기타의 자에게 양도할 수 있다.

(2) 지급이행의 의무가 주어진 보증인/개설인 또는 기타의 자가 수익자로부터 제7조 2항에 언급된 형식으로 수익자의 취소불능한 대금양도에 관한 통고를 수령한 경우에는, 양수인에게 지급하는 것은 자신이 지급한 범위 내에서 그 확약에 따른 채무자로서의 책임을 면하게 된다.

제11조 지급청구권의 소멸

(1) 확약에 따른 수익자의 지급청구권은 다음과 같은 때에 소멸한다.

   (a) 보증인/개설인이 제7조 2항에 언급된 형식으로 책임의 면제에 관한 수익자의 진술서를 수령한 때,

   (b) 수익자와 보증인/개설인이 확약에서 규정된 형식이나 또는 그러한 규정이 없는 경우에는 제7조 2항에 언급된 형식으로 확약의 종료에 관하여 합의한 때,

   (c) 확약에서 이용 가능한 금액의 자동적인 갱신 또는 자동적인 증액에 관한 규정이 있거나 또는 확약의 연속에 관한 별도의 규정이 있지 아니하는 한, 그 확약에 따라 이용가능한 금액의 지급이 이루어진 때,

   (d) 확약의 유효기간이 제12조의 규정에 따라 만료된 때.

(2) 본조 제1항 a호 및 b호에 언급된 결과 중에 하나만의 결과 또는 하나의 결과와 관련된 지급청구권의 소멸을 위하여 보증인/개설인에게 확약을 담고 있는 서류의 반환이 요구된다거나 또는 종이 없는 형식으로 확약이 개설된 경우 서류의 반환과 기능적으로 동등한 절차가 요구된다는 것을, 확약에서 규정할 수도 있고 또는 보증인/개설인과 수익자가 이를 달리 합의할 수도 있다.

그러나 어떠한 경우에도 지급청구권이 본조 제1항의 c호 또는 d호에 따라 소멸된 후에는 수익자가 그러한 모든 서류를 보유한다고 하여 확약에 따른 수익자의 어떠한 권리가 보존되는 것은 아니다.

Article 12. Expiry.

the validity period of the undertaking expires :

(a) At the expiry date, which may be a specified calendar date or the last day of a fixed period of time stipulated in the undertaking, provided that, if the expiry date is not a business day alt the place of business of the guarantor/issuer at which the undertaking is issued, or of another person or at another place stipulated in the undertaking for presentation of the demand for payment, expiry occurs on the first business day which follows ;

(b) If expiry depends according to the undertaking on the occurrence of an act or event not within the guarantor/issuer's sphere of operations, when the guarantor/issuer is advised that the act or event has occurred by presentation of the document specified for that purpose in the undertaking or, if no such document is specified, of a certification by the beneficiary of the occurrence of the act or event ;

(c) If the undertaking does not state an expiry date, or if the act or event on which expiry is stated to depend has not yet been established by presentation of the required document and an expiry date has not been stated in addition, when six years have elapsed from the date of issuance of the undertaking.

CHAPTER IV. RIGHTS, OBLIGATIONS AND DEFENCES

Article 13. Determination of rights and obligations.

(1) The rights and obligations of the guarantor/issuer and the beneficiary arising from the undertaking are determined by the terms and conditions set forth in the undertaking, including any rules, general conditions or usages specifically referred to therein, and by the provisions of this Convention.

(2) In interpreting terms and conditions of the undertaking and in settling questions that are not addressed by the terms and conditions of the undertaking or by the provisions of this Convention, regard shall be had to generally accepted international rules and usages of independent guarantee or stand-by letter of credit practice.

Article 14. Standard of conduct and liability of guarantor/issuer.

(1) In discharging its obligations under the undertaking and this Convention, the guarantor/issuer shall act in good faith and exercise reasonable care having due regard to generally accepted standards of international practice of independent guarantees or stand-by letters of credit.

(2) A guarantor/issuer may not be exempted from liability for its failure to act in good faith or for any grossly negligent conduct.

Article 15. Demand.

(1) Any demand for payment under the undertaking shall be made in a form referred to in paragraph (2) of article 7 and in conformity with the terms and conditions of the undertaking.

제12조 만기

약속의 유효기간은 다음과 같을 때에 파기된다 :

(a) 유효기간이 약속이 발행되었을 때 보증인/개설인의 사업장소의 사업일이 아닐 때, 혹은 보증신용장에 규정된 약속이 다른 인물 또는 다른 장소를 명시할 경우 유효기일은 다음과 같은 첫 사업일에 도래한다.

(b) 어떤 특정한 행위나 사건이 명시된 서류에 의해 보증인/개설인의 인증을 받았을 때, 유효기간이 보증인/개설인의 행동 범위 밖의 특정 행위 또는 사건의 발생에 의존하는 경우, 혹은 그러한 서류가 없다면 그 행위 또는 사건의 발생을 입증하는 서류가 제시되는 경우 또는,

(c) 유효기일이나 종료에 관하여 아무런 언급이 없고, 특정 행위 또는 사건이나 유효 기일이 명시된 서류가 아직 발행되지 않았을 시 보증신용장의 발행일로부터 6년이 경과하는 경우

제4장 권리, 의무 및 항변

제13조 권리와 의무의 결정

(1) 확약으로부터 발생하는 보증인/개설인과 수익자의 권리와 의무는 모든 규칙, 일반조건 또는 이에 특별히 언급된 관행을 포함하여 확약에 명시되어 있는 제조건과 이 협약의 규정에 의하여 결정된다.

(2) 확약의 제조건을 해석함에 있어서 그리고 확약의 제조건이나 이 협약의 규정에 의하여 언급되지 아니한 문제를 해결함에 있어서는, 독립적인 보증서 또는 보증신용장의 관습에서 일반적으로 인정된 국제적인 규칙과 실행에 대한 고려가 있어야 한다.

제14조 보증인/발행인의 행위와 책임의 표준

(1) 확약과 이 협약에 따른 자신의 의무를 이행함에 있어서는, 보증인/개설인은 신의성실로써 행동하여야 하고, 독립적 보증서 또는 보증신용장의 국제적인 실행에 관하여 일반적으로 인정된 표준을 적절히 고려하여 상당한 주의를 다하여야 한다.

(2) 보증인/개설인은 자신이 신의성실로써 행동하지 못하였거나 또는 어떠한 중대한 과실이 있는 행위에 대하여는 책임을 면할 수 없다.

제15조 청구

(1) 확약에 따른 모든 지급청구는 제7조 2항에 언급된 형식에 따라 확약의 제조건에 일치하게 행하여져야 한다.

(2) Unless otherwise stipulated in the undertaking, the demand and any certification or other document required by the undertaking shall be presented, within the time that a demand for payment may be made, to the guarantor/ issuer at the place where the undertaking was issued.

(3) The beneficiary, when demanding payment, is deemed to certify that the demand is not in bad faith and that none of the elements referred to in sub-paragraphs (a), (b) and (c) of paragraph (1) of article 19 are present.

Article 16. Examination of demand and accompanying documents.

(1) The guarantor/issuer shall examine the demand and any accompanying documents in accordance with the standard of conduct referred to in paragraph (1) of article 14. In determining whether documents art in facial conformity with the terms and conditions of the undertaking, and are consistent with one another, the guarantor/issuer shall have due regard to the applicable international standard of independent guarantee or stand-by letter of credit practice.

(2) Unless otherwise stipulated in the undertaking or elsewhere agreed by the guarantor/issuer and the beneficiary, the guarantor/issuer shall have reasonable time, but not more than seven business days following the day of receipt of the demand and any accompanying documents, in which to :

(a) Examine the demand and any accompanying documents ;

(b) Decide whether or not to pay ;

(c) If the decision is not to pay, issue notice thereof to the beneficiary.

The notice referred to in subparagraph (c) above shall, unless otherwise stipulated in the undertaking or elsewhere agreed by the guarantor/issuer and the beneficiary, be made by tele-transmission or, if that is not possible, by other expeditious means and indicate the reason for the decision not to pay.

Article 17. Payment.

(1) Subject to article 19, the guarantor/issuer shall pay against a demand made in accordance with the provisions of article 15. Following a determination that a demand for payment so conforms, payment shall be made promptly, unless the undertaking stipulates payment on a deferred basis, in which case payment shall be made at the stipulated time.

(2) Any payment against a demand that is not in accordance with the provisions of article 15 does not prejudice the rights of the principal/applicant.

Article 18. Set-off.

Unless otherwise stipulated in the undertaking or elsewhere agreed by the guarantor/issuer and the beneficiary, the guarantor/issuer may discharge the payment obligation under the undertaking by availing itself of a right of set-off, except with any claim assigned to it by the principal/applicant or the instructing party.

(2) 확약에서 별도의 규정이 없는 한, 지급청구 및 확약에 의하여 요구된 모든 증명서 또는 기타 서류는 지급청구를 행할 수 있는 기간내에 확약이 개설된 장소에서 보증인/개설인에게 제시되어야 한다.

(3) 수익자는 지급을 청구하는 경우에는 그 청구가 악의가 아니며 또 제19조 1항의 a호, b호, c호에 언급된 요소 중의 어느 것도 존재하지 아니한다는 사실을 입증하는 것으로 본다.

제16조 청구 및 첨부서류의 심사

(1) 보증인/개설인은 제14조 1항에 언급된 행위의 표준에 따라 지급청구 및 모든 첨부서류를 심사하여야 한다. 서류가 문면상 확약의 제조건과 일치하고 그 상호간에도 일치하는지의 여부를 결정함에 있어서는, 보증인/개설인은 독립적 보증서 또는 보증신용장의 관습에 관한 적용가능한 국제적인 표준을 적절히 고려하여야 한다.

(2) 확약에서 별도의 규정이 있거나 또는 보증인/개설인과 수익자에 의하여 달리 합의되어 있지 아니하는 한, 보증인/개설인은 다음의 처리를 위하여 지급청구 및 모든 첨부서류의 수령익일부터 제7영업일내의 상당한 기간을 향유할 수 있다.

   (a)   지급청구 및 모든 첨부서류를 심사하고,

   (b)   지급 여부를 결정하고,

   (c)   지급하지 아니하기로 결정하는 경우, 수익자에게 그 통지를 발송하는 것.

   상기 제c호에 언급된 통지는 확약에서 별도의 규정이 있거나 또는 보증인/개설인과 수익자에 의하여 달리 합의되어 있지 아니하는 한, 전신수단에 의하여야 하고 그것이 불가능한 경우에는 기타의 신속한 수단에 의하여야 하며, 또 지급하지 아니하기로 결정한 이유를 명기하여야 한다.

제17조 지급

(1) 제19조를 제외하고, 보증인/개설인은 제15조의 규정에 의하여 행하여진 청구에 대하여 지급하여야 한다. 지급청구가 이에 일치하다는 결정을 내리는 경우에는, 지급은 즉시 행하여져야 한다. 다만 확약이 연지급방식으로의 지급을 규정하고 있는 경우에는, 지급은 그 규정된 기간에 행하여져야 한다.

(2) 제15조의 규정에 따르지 아니한 청구에 대한 모든 지급은 주채무자/개설의뢰인의 권리를 침해하지 아니한다.

제18조 상계

확약에서 별도의 규정이 있거나 또는 보증인/개설인과 수익자에 의하여 달리 합의되어 있지 아니하는 한, 보증인/개설인은 주채무자/개설의뢰인 또는 지시당사자에 의하여 자신에게 양도된 모든 청구권을 제외하고, 相計權을 행사함으로써 확약에 따른 지급 의무를 면할 수 있다.

Article 19. Exception to payment obligation.

(1) If it is manifest and clear that :

    (a)   Any document is not genuine or has been falsified ;

    (b)   No payment is due on the basis asserted in the demand and the supporting documents ; or

    (c)   Judging by the type and purpose of the undertaking, the demand has no conceivable basis, the guarantor/issuer, acting in good faith, has a right, as against the beneficiary, to withhold payment.

(2) For the purposes of subparagraph (c) of paragraph (1) of this article, the following are types of situations in which a demand has no conceivable basis :

    (a)   The contingency or risk against which the undertaking was designed to secure the beneficiary has undoubtedly not materialized ;

    (b)   The underlying obligation of the principal/applicant has been declared invalid by a court or arbitral tribunal, unless the undertaking indicates that such contingency falls within the risk to be covered by the undertaking ;

    (c)   The underlying obligation has undoubtedly been fulfilled to the satisfaction of the beneficiary ;

    (d)   Fulfillment of the underlying obligation has clearly been prevented by wilful misconduct of the beneficiary ;

    (e)   In the case of a demand under a counter-guarantee, the beneficiary of the counter-guarantee has made payment in bad faith as guarantor/issuer of the undertaking to which the counter-guarantee relates.

(3) In the circumstances set out in subparagraph (a), (b) and (c) of paragraph (1) of this article, the principal/applicant is entitled to provisional court measures in accordance with article 20.

CHAPTER V. PROVISIONAL COURT MEASURES

Article 20. Provisional court measures.

(1) Where, on an application by the principal/applicant or the instructing party, it is shown that there is a high probability that, with regard to a demand made, or expected to be made, by the beneficiary, one of the circumstances referred to in subparagraphs (a), (b) and (c) of paragraph (1) of article 19 is present, the court, on the basis of immediately available strong evidence, may :

    (a)   Issue a provisional order to the effect that the beneficiary does not receive payment, including an order that the guarantor/issuer hold the amount of the undertaking, or

    (b)   Issue a provisional order to the effect that the proceeds of the undertaking paid to the beneficiary are blocked, taking into account whether in the absence of such an order the principal/applicant would be likely to suffer serious harm.

(2) The court, when issuing a provisional order referred to in paragraph (1) of this article, may require the person applying therefor to furnish such form of security as the court deems appropriate.

제19조 지급의무에 대한 예외

(1) 다음의 사실이 증명되고 또 명백한 경우에는, 선의로 행동하는 보증인/개설인은 수익자에 대하여 지급을 보류할 권한을 갖는다.

    (a) 어떠한 서류가 진본이 아니거나 또는 위조되었다는 사실,

    (b) 지급청구 및 첨부서류에서 주장된 기초에 따른 지급이 결코 정당하지 못하다는 사실, 또는

    (c) 확약의 유형과 목적에 따라 판단하여, 지급청구가 이를 생각할 수 있는 기초를 전혀 갖고 있지 아니하다는 사실.

(2) 본조 제1항 c호의 목적상, 다음의 경우는 지급청구가 이를 생각할 수 있는 기초를 전혀 갖고 있지 아니한 상황의 유형이 된다.

    (a) 수익자를 담보하도록 지명된 확약의 우발사고 또는 위험이 발생되지 아니하였다는 사실을 의심할 여지가 없는 경우,

    (b) 전호의 우발사고가 확약에 의하여 담보될 위험에 속한다는 사실이 확약상에 명시되지 아니하는 한, 주채무자/개설의뢰인의 기초적인 의무가 법원 또는 중재판정부에 의하여 무효로 선언된 경우,

    (c) 기초적인 의무가 수익자에게 만족할 만큼 수행되었다는 사실을 의심할 여지가 없는 경우,

    (d) 기초적인 의무의 수행이 수익자의 고의적인 악행에 의하여 방해되었다는 사실이 명백한 경우,

    (e) 역보증에 따른 지급청구에 있어서, 역보증의 수익자가 역보증에 관련된 확약의 보증인/개설인으로서 악의로 지급을 행한 경우.

(3) 본조 제1항의 a호, b호, 및 c호에 제시된 사정에 있어서, 주채무자/개설의리인은 제20조에 따른 잠정적인 司法措置에 호소할 권한을 갖는다.

제5장 잠정적 사법 조치

제20조 잠정적 사법 조치

(1) 주채무자/개설의뢰인 또는 지시당사자의 신청에 따라, 수익자에 의하여 행하여졌거나 행하여질 것으로 기대된 지급청구에 관하여 제19조 1항의 a호, b호 및 c호에 언급된 사정 중의 어느 하나가 존재한다는 개연성이 높게 나타난 경우에는, 법원은 즉시 이용가능한 강력한 증거에 기초하여 다음과 같은 조치를 취할 수 있다.

    (a) 보증인/개설인이 확약의 금액을 보유하도록 하는 명령을 포함하여 수익자가 지급을 수령하지 못하도록 하는 취지의 잠정적인 명령을 발급하는 것, 또는

    (b) 전호의 명령이 없을 경우 주채무자/개설의뢰인이 중대한 해를 입을 가능성이 있는지의 여부를 고려하여, 수익자에게 지급된 확약의 대금을 봉쇄하는 취지의 잠정적인 명령을 발급하는 것.

(2) 법원은 본조 제1항에 언급된 잠정적인 명령을 발급할 때에는 이를 신청하는 자에게 법원이 적절하다고 보는 그러한 형식의 담보를 제공하도록 요구할 수 있다.

(3) The court may not issue a provisional order of the kind referred to in paragraph (1) of this article based on any objection to payment other than those referred to in sub-paragraphs (a), (b) and (c) of paragraph (1) of article 19, or use of the undertaking for a criminal purpose.

CHAPTER VI. CONFLICT OF LAWS

Article 21. Choice of applicable law.

The undertaking is governed by the law the choice of which is :

(a)   Stipulated in the undertaking or demonstrated by the terms and conditions of the undertaking ; or

(b)   Agreed elsewhere by the guarantor/issuer and the beneficiary.

Article 22. Determination of applicable law.

Failing a choice of law in accordance with article 21, the undertaking is governed by the law of the State where the guarantor/issuer has that place of business at which the undertaking was issued.

CHAPTER VII. FINAL CLAUSES

Article 23. Depositary.

The Secretary-General of the United Nations is the depositary of this Convention.

Article 24. Signature, ratification, acceptance, approval, accession.

(1) This Convention is open for signature by all States at the Headquarters of the United Nations, New York, until 11 December 1997.

(2) This Convention is subject to ratification, acceptance or approval by the signatory States.

(3) This Convention is open to accession by all States which are not signatory States as from the date it is open for signature.

(4) Instruments of ratification, acceptance, approval and accession are to be deposited with the Secretary-General of the United Nations.

Article 25. Application to territorial units.

(1) If a State has two or more territorial units in which different systems of law are applicable in relation to the matters dealt with in this Convention, it may, at the time of signature, ratification, acceptance, approval or accession, declare that this Convention is to extend to all its territorial units or only one or more of them, and may at any time substitute another declaration for its earlier declaration.

(2) These declarations are to state expressly the territorial units to which the Convention extends.

(3) 법원은 제19조 1항의 a호, b호 및 c호에 언급된 사정 이외의 어떠한 지급반대에 기초하거나 또는 형사상의 목적으로 확약을 이용하여, 본조 제1항에 언급된 종류의 잠정적인 명령을 발급할 수는 없다.

제6장 법률의 충돌

제21조 준거법의 선택
확약은 다음과 같은 방법으로 선택된 법률에 적용을 받는다.
  (a) 확약에 규정되어 있거나 또는 확약의 제조건에 의하여 증명된 법률, 또는
  (b) 보증인/개설인과 수익자에 의하여 달리 합의된 법률.

제22조 준거법의 결정
제21조에 따른 법률의 선택에 합의하지 아니한 경우에는, 확약은 보증인/개설인의 장소에서 확약되었을 당시의 국가 법률의 지배를 받는다.

제7장 최종조항

제23조 수탁자
국제연합의 사무총장은 이 협약의 수탁자가 된다.

제24조 서명, 비준, 승낙, 승인, 가입
(1) 이 협약은 1997년 12월 11일까지 뉴욕의 국제연합본부에서 모든 국가의 서명을 위하여 개방해 둔다.
(2) 이 협약은 서명국에 의한 비준, 승낙 또는 승인을 조건으로 한다.
(3) 이 협약은 서명을 위하여 개방된 일자로부터 서명국이 아닌 모든 국가에 의한 가입을 위하여 개방해 둔다.
(4) 비준서, 승낙서, 승인서 및 가입서는 국제연합의 사무총장에게 기탁하는 것으로 한다.

제25조 영역단위에 대한 적용
(1) 어느 국가가 이 협약에서 취급되는 사항에 관하여 상이한 법체계가 적용 가능한 둘 이상의 영역단위를 보유하고 있는 경우에는, 그 국가는 서명, 비준, 승낙, 승인 또는 가입의 당시에 이 협약을 전부의 영역단위 또는 그 중의 하나 이상의 일부의 영역단위에만 적용한다는 것을 선언할 수 있으며, 또 언제든지 다른 선언을 함으로써 앞의 선언을 대체할 수 있다.
(2) 전항의 선언은 이 협약이 적용되는 영역단위를 명시적으로 기재하여야 한다.

(3) If, by virtue of a declaration under this article, this Convention does not extend to all territorial units of a State and place of business of the guarantor/issuer or of the beneficiary is located in a territorial unit to which the Convention does not extend, this place of business is considered not to be in a Contracting State.

(4) If a State makes no declaration under paragraph (1) of this article, the Convention is to extend to all territorial units of that State.

Article 26. Effect of declaration.

(1) Declarations made under article 25 at the time of signature are subject to confirmation upon ratification, acceptance or approval.

(2) Declarations and confirmations of declarations are to be in writing and to be formally notified to the depositary.

(3) A declaration takes effect simultaneously with the entry into force of this Convention in respect of the State concerned. However, a declaration of which the depositary receives formal notification after such entry into force takes effect on the first day of the month following the expiration of sis months after the date of its receipt by the depositary.

(4) Any State which makes a declaration under article 25 may withdraw it at any time by a formal notification in writing addressed to the depositary. Such withdrawal takes effect on the first day of the month following the expiration of six months after the date of the receipt of the notification of the depositary.

Article 27. Reservations.

No reservations may be made to this Convention.

Article 28. Entry into force.

(1) This Convention enters into force on the first day of the month following the expiration of one year from the date of the deposit of the fifth instrument of ratification, acceptance, approval or accession.

(2) For each State which becomes a Contracting State to this Convention after the date of the deposit of the fifth instrument of ratification, acceptance, approval or accession, this Convention enters into force on the first day of the month following the expiration of one year after the date of the deposit of the appropriate instrument on behalf of that State.

(3) This Convention applies only to undertakings issued on or after the date when the Convention enters into force in respect of the Contracting State referred to in subparagraph (a) or the Contracting State referred to in subparagraph (b) of paragraph (1) of article 1.

Article 29. Denunciation.

(1) A Contracting state may denounce this Convention at any time by means of a notification in writing addressed to the depositary.

(2) The denunciation takes effect on the first day of the month following the expiration of one year after the notification is received by the depositary. Where a longer period is specified in the notification, the denunciation takes effects upon the expiration of such longer period after the notification is received by the depositary.

(3) 본조에 따른 선언에 의하여, 이 협약이 어느 국가의 전부의 영역단위에 적용되지 아니하고 보증인/개설인 또는 수익자의 영업소가 이 협약의 적용되지 아니한 영역단위에 위치한 경우에는, 그 영업소는 체약국에 있지 아니한 것으로 본다.

(4) 어느 국가가 본조 제1항에 따른 선언을 하지 아니한 경우에는, 이 협약은 그 국가의 전부의 영역단위에 적용되는 것으로 한다.

제26조 선언의 효력

(1) 서명시에 제25조에 따라 행한 선언은 비준, 승낙 또는 승인에 즈음하여 이를 확인하는 것을 조건으로 한다.

(2) 선언 및 선언의 확인은 서면으로 행하여야 하며, 또 정식적으로 수탁자에게 통고하여야 한다.

(3) 선언은 관련된 국가에 대하여 이 협약의 발효와 동시에 그 효력을 발생한다.

(4) 제25조에 따른 선언을 행한 모든 국가는 수탁자에게 서면에 의한 정식의 통고를 함으로써 언제든지 이를 撤回할 수 있다. 그러한 철회는 수탁자가 통고를 수령한 날로부터 6개월을 경과한 후 이어지는 월의 최초일에 그 효력을 발생한다.

제27조 유보

이 협약에 대하여는 어떠한 유보도 행할 수 없다.

제28조 발효

(1) 이 협약은 제5번째의 비준서, 승낙서, 승인서 또는 가입서가 기탁된 날로부터 1년을 경과한 후 이어지는 월의 최초일에 그 효력을 발생한다.

(2) 제5번째의 비준서, 승낙서, 승인서 또는 가입서가 기탁된 후에 이 협약의 체약국이 되는 국가에 대하여는, 이 협약은 그 국가를 위한 적절한 증서가 기탁된 날로부터 1년을 경과한 후 이어지는 월의 최초일에 그 효력을 발생한다.

(3) 이 협약은 제1조 1항의 a호에 언급된 체약국이나 또는 동조 제1항의 b호에 언급된 체약국에 대하여 그 효력을 발생하는 날 또는 그 이후에 개설되는 확약에만 적용한다.

제29조 폐기

(1) 체약국은 수탁자에게 서면에 의한 정식의 통고를 함으로써 언제든지 이 협약을 폐기할 수 있다.

(2) 폐기는 수탁자가 그 통고를 수령한 날로부터 1년을 경과한 후 이어지는 월의 최초일에 그 효력을 발생한다. 보다 긴 기간이 그 통고에 명시되어 있는 경우에는, 폐기는 수탁자가 그 통고를 수령한 날로부터 그러한 기간이 경과한 때에 그 효력을 발생한다.

4-5 Uniform Commercial Code-Article 5(UCC), 1995

Section 5-101. Short Title.

This article may be cited as Uniform Commercial Code-Letters of Credits.

Section 5-102. Definitions.

(a) In this article :

    (1) "Adviser" means a person who, at the request of the issuer, a confirmer, or another adviser, notifies or requests another adviser to notify the beneficiary that a letter of credit has been issued, confirmed, or amended,

    (2) "Applicant" means a person at whose request or for whose account a letter of credit is issued. The term includes a person who requests an issuer to issue a letter of credit on behalf of another if the person making the request undertakes an obligation to reimburse the issuer.

    (3) "Beneficiary" means a person who under the terms of a letter of credit is entitled to have its complying presentation honored. The term includes a person to whom drawing rights have been transferred under a transferable letter of credit.

    (4) "Confirmer" means a nominated person who undertakes, at the request or with the consent of the issuer, to honor a presentation under a letter of credit issued by another.

    (5) "Dishonor" of a letter of credit means failure timely to honor or to take an interim action, such as acceptance of a draft, that may be required by the letter of credit.

    (6) "Document" means a draft or other demand, document of title, investment security, certificate, invoice, or other record, statement, or representation of fact, law, right, or opinion (i) which is presented in a written or other medium permitted by the letter of credit or, unless prohibited by the letter of credit, by the standard practice referred to in Section 5-108(e) and (ii) which is capable of being examined for compliance with the terms and conditions of the letter of credit. A document may not be oral.

    (7) "Good faith" means honesty in fact in the conduct or transaction concerned.

    (8) "Honor" of a letter of credit means performance of the issuer's undertaking in the letter of credit to pay or deliver an item of value. Unless the letter of credit otherwise provides, "honor" occurs.

        i . upon payment.

        ii . if the letter of credit provides for acceptance, upon acceptance of a draft and, at maturity, its payments, or

        iii. if the letter or credit provides for incurring a deferred obligation, upon incurring the obligation and, at maturity, its performance.

    (9) "Issuer" means a bank or other person that issues a letter of credit, but does not include an individual who

4-5 미국통일상법전 제5편, 1995

제5-101조 약칭

본법(제5편)은 통일상법전 -신용장이라 칭한다.

제5-102조 정의

(a) 본 법에 있어서,

(1) "통지인"이라 함은 개설인, 확인자 또는 다른 통지인의 요청에 따라 신용장이 개설, 확인 또는 변경되었다는 것을 수익자에게 통지하거나 또는 다른 통지인에게 이를 통지하도록 요청하는 자를 의미한다.

(2) "개설의뢰인"이라 함은 자신의 요청이나 계산에 따라 신용장이 개설되도록 하는 자를 의미한다. 그러한 용어는 다른 자를 대신하여 개설인에게 신용장을 개설하도록 요청하는 자를 포함하며, 이러한 경우 그 개설을 요청하는 자는 개설인에 대하여 대금보상의 의무를 부담한다.

(3) "수익자"라 함은 신용장의 조건에 따라 이와 일치하는 제시를 수리하도록 하는 권리가 있는 자를 의미한다. 그러한 용어는 양도가능 신용장에 따라 환어음의 발행권을 양도받은 자를 포함한다.

(4) "확인자"라 함은 개설인의 요청이나 동의에 따라 다른 자에 의하여 개설된 신용장의 조건에 따른 제시를 수리할 것을 확약하는 지정인을 의미한다.

(5) 신용장의 "수리거절"이라 함은 신용장에 의하여 요구되는 수리 또는 환어음의 인수와 같은 잠정적인 행위를 적기에 취하지 아니하는 것을 의미한다.

(6) "서류"라 함은 환어음이나 기타 청구서, 권리증권, 투자증권, 증명서, 송장 또는 기타의 기록, 진술서 또는 사실, 법률, 권리 또는 의견의 표시를 의미한다. (i) 서류는 신용장에 의하여 허용되거나 또는 신용장에 의하여 금지되지 아니하는 한, 제 5-108조 e항에 언급된 표준관습에 따라 허용된 서면 또는 기타의 수단으로 제시되어야 하며, 또 (ii) 서류는 신용장의 제조건과 일치하는지의 여부를 심사할 수 있어야 한다. 서류는 구두로 하여서는 아니된다.

(7) "선의"라 함은 관련된 행위 또는 거래에 있어서 사실상의 정직을 의미한다.

(8) 신용장의 "수리"라 함은 신용장에서 금전적 가액을 지급하거나 교부하겠다는 개설인의 확약을 이행하는 것을 의미한다. 신용장에서 별도의 규정이 없는 한, "수리"는 다음과 같은 때에 발생한다.
  i . 즉시 지급한 때,
  ii . 신용장에서 인수를 규정하고 있는 경우에는, 환어음을 인수하고 만기에 지급한 때, 또는
  iii. 신용장에서 연지급 의무를 규정하고 있는 경우에는, 이러한 의무를 개시하고 만기에 지급한 때.

(9) "개설인"이라 함은 신용장을 개설하는 은행 또는 기타의 자를 의미한다. 그러나 개인용, 가족용 또는 가족용의 목적으로 지급을 약정하는 개인은 이에 포함하지 아니한다.

makes an engagement for personal, family, or household purposes.

(10) "Letter of credit" means a definite undertaking that satisfies the requirements of Section 5-104 by an issuer to a beneficiary at the request or for the account of an applicant or, in the case of a financial institution, to itself or for its own account, to honor a documentary presentation by payment or delivery of an item of value.

(11) "Nominated person" means a person whom the issuer (ⅰ) designates or authorizes to pay, accept, negotiate, or otherwise give value under a letter of credit and (ⅱ) undertakes by agreement or custom and practice to reimburse.

(12) "Presentation" means delivery of a document to an issuer or nominated person for honor or giving of value under a letter of credit.

(13) "Presenter" means a person making a presentation as or non behalf of a beneficiary or nominated person.

(14) "Record" means information that is inscribed on a tangible medium, or that is stored in an electronic or other medium and is retrievable in perceivable form.

(15) "Successor of a beneficiary" means a person who succeeds to substantially all of the rights of a beneficiary by operation of law, including a corporation with or into which the beneficiary has been merged or consolidated, an administrator, executor, personal representative, trustee in bankruptcy, debtor in possession, liquidator, and receiver.

(b) Definitions in other Articles applying to this article and the sections in which they appear are :

"Accept" or "Acceptance" S Section 3-409 "Value" ection 3-303, 4-211

(c) Article 1 contains certain additional general definitions and principles of construction and interpretation applicable throughout this article.

Section 5-103. Scope.

(a) This article applies to letters of credit and to certain rights and obligations arising out of transactions involving letters of credit.

(b) The statement of a rule in this article does not by itself require, imply, or negate application of the same or a different rule to a situation not provided for, or to a person not specified, in this article.

(c) With the exception of this subsection, subsections (a) and (d), Sections 5-102(a)(9) and (10), 5-106(d), and 5-114(d), and except to the extent prohibited in Sections 1-102(3) and 5-117(d), the effect of this article may be varied by agreement or by a provision stated or incorporated by reference in an undertaking. A term in an agreement or undertaking generally excusing liability or generally limiting remedies for failure to perform obligations is not sufficient to vary obligations prescribed by this article.

(d) Rights and obligation of an issuer to a beneficiary or a nominated person under a letter of credit are independent of the existence, performance, or non-performance of a contract or arrangement out of which the letter of credit arises or which underlies it, including contracts or arrangements between the issuer and the applicant and between the applicant and the beneficiary.

(10) "신용장"이라 함은 개설의뢰인의 요청이나 계산에 따라, 또는 금융기관인 경우에는 스스로 또는 자신의 계산에 따라 개설인이 수익자에게 금전적 가액의 지급이나 교부로써 서류의 제시를 수리하겠다는 제5-104조의 요건을 충족하는 일정한 확약을 의미한다.

(11) "지정인"이라 함은 개설인으로부터 (ⅰ) 신용장에 따라 지급, 인수, 매입 또는 별도의 가액을 교부하도록 지정되거나 수권되고, 또 (ⅱ) 합의 또는 관습에 의하여 대금보상을 확약받은 자를 의미한다.

(12) "제시"라 함은 신용장에 따라 가액의 지급이나 교부를 목적으로 개설인 또는 지정인에게 서류를 인도하는 것을 의미한다.

(13) "제시인"이라 함은 수익자나 지정인으로서 또는 그러한 자를 대신하여 제시를 행하는 자를 의미한다.

(14) "기록"이라 함은 유형의 수단으로 기재되어 있거나, 또는 전자식 또는 기타의 수단으로 저장되어 있으면서 인식이 가능한 형식으로 재생할 수 있는 정보를 의미한다.

(15) "수익자의 승계인"이라 함은 법률적 효력에 의하여 수익자의 모든 권리를 실질적으로 승계받는 자를 의미하며, 이는 수익자가 합병되었거나 인수되어지는 경우의 법인, 법정관리인, 유산집행자, 법정대리인, 파산시의 수탁자, 재산상 채무자, 청산인 및 재산수령인을 포함한다.

(b) 본법에 적용되는 다른 법에서의 정의 및 그 조항은 다음과 같다.
"인수하다" 또는 "인수" 제 3-409조, "가액" 제 3-303조, 제 4-211조

(c) 본 법에 전반적으로 적용 가능한 어떠한 추가적인 일반적 정의 및 해석원칙에 관하여는 제Ⅰ편에서 규정하고 있다.

제5-103조 적용범위

(a) 본 법은 신용장 및 신용장에 관련된 거래로부터 발생하는 일정한 권리와 의무에 관하여 적용한다.

(b) 본 법에 어떠한 규칙이 기술되어 있다고 하여 그 자체가 본법에 규정되지 아니한 상황 또는 이에 명시되지 아니한 자에 대하여 이와 유사하거나 또는 전혀 다른 규칙에 관한 적용을 요구하거나, 암시하거나 또는 부정하는 것은 아니다.

(c) 본 항의 규정을 포함하여 본조의 제a항 및 제d항의 규정, 제5-102조 a항의 9호 및 10호, 제5-106조 d항 및 제5-114조 d항의 규정, 제1-102조 3항 및 제5-117조 d항에서 금지하고 있는 범위를 제외하고, 본법의 효력은 합의에 의하거나 또는 어떠한 확약에서 참조하도록 명시되거나 삽입된 규정에 의하여 이를 변경할 수 있다. 그러나 일반적인 책임의 면제 또는 일반적인 의무의 불이행에 대한 구제방법의 제한을 위한 어떠한 합의 또는 확약에서의 조건은 본법에 규정된 의무를 변경하기 위하여는 충분하지 못하다.

(d) 수익자 또는 신용장에 따라 지정인에 대한 개설인의 권리와 의무는 개설인과 개설의뢰인 및 개설의뢰인과 수익자간의 계약 또는 약정을 포함하여 신용장을 발생하게 하거나 그 기초가 되는 계약 또는 약정의 존재, 이행 또는 불이행으로부터 독립되어 있다.

Section 5-104. Formal Requirements.

A letter of credit, confirmation, advice, transfer, amendment, or cancellation may be issued in any form that is a record and is authenticated (i) by a signature or (ii) in accordance with the agreement of the parties or the standard practice referred to in Section 5-108(e).

Section 5-105. Consideration.

Consideration is not required to issue, amend, transfer, or cancel a letter of credit, advice, or confirmation.

Section 5-106. Issuance, Amendment, cancellation, and Duration.

(a) A letter of credit is issued and becomes enforceable according to its terms against the issuer when the issuer sends or otherwise transmits it to the person requested to advise or to the beneficiary. A letter of credit is revocable only if it so provides.

(b) After a letter of credit is issued, rights and obligations of a beneficiary, applicant, confirmer, and issuer are not affected by an amendment or cancellation to which that person has not consented except to the extent the letter of credit provides that it is revocable or that the issuer may amend or cancel the letter of credit without that consent.

(c) If there is no stated expiration date or other provision that determines its duration, a letter of credit expires one tear after its stated date of issuance or, if none is stated, after the date on which it is issued.

(d) A letter of credit that states that it is perpetual expires five years after its stated date of issuance, or if none is stated, after the date on which it is issued.

Section 5-107. Confirmer, Nominated Person, and Adviser.

(a) A confirmer is directly obligated on a letter of credit and has the rights and obligations of an issuer to the extent of its confirmation. The confirmer also has rights against and obligations to the issuer as if the issuer were an applicant and the confirmer had issued the letter of credit at the request and for the account of the issuer.

(b) A nominated person who is not a confirmer is not obligated to honor or otherwise give value for a presentation.

(c) A person requested to advise may decline to act as an adviser. An adviser that is not a confirmer is not obligated to honor or give value for a presentation. An adviser undertakes to the issuer and to the beneficiary accurately to advise the terms of the letter of credit, confirmation, amendment, or advice received by that person and undertakes to the beneficiary to check the apparent authenticity of the request to advise. Even if the advice is inaccurate, the letter of credit, confirmation, or amendment is enforceable as issued.

(d) A person who notifies a transferee beneficiary of the terms of a letter of credit, confirmation, amendment, or advice has the rights and obligations of an adviser under subsection (c). The terms in the notice to the transferee beneficiary may differ from the terms in any notice to the transferor beneficiary, to the extent permitted by the letter of credit, confirmation, amendment, or advice received by the person who so notifies.

제5-104조 형식적 요건

신용장, 확인, 통지, 양도, 변경 또는 추소는 (i) 서명에 의하거나 또는 (ii) 당사자의 합의 또는 제5-108조 e항에 언급된 표준 관습에 따라 인증되어 있는 어떠한 기록의 모든 형식으로 발행할 수 있다.

제5-105조 약인

신용장의 개설, 변경, 양도 또는 취소, 그 통지 또는 확인에 있어서는 어떠한 약인을 요구하지 아니한다.

제5-106조 개설, 변경, 취소 및 유효기간

(a) 신용장은 개설인이 이를 통지하도록 요구한 자 또는 수익자에게 송부하거나 또는 별도로 발송한 때에 개설되어지며, 또 이때에 신용장의 조건에 따라 개설인에 대한 효력을 발생한다. 신용장은 취소가능이라고 명시된 경우에만 취소가능한 것이다.

(b) 신용장이 개설된 후에는 수익자, 개설의뢰인, 확인자 및 개설인의 권리와 의무는 관계당사자가 동의하지 아니하는 한, 변경 또는 취소에 의하여 영향을 받지 아니한다. 다만 신용장에서 취소가능한 것으로 명시하거나 또는 개설인이 그러한 동의 없이 신용장을 변경 또는 취소할 수 있다고 명시한 경우에는 예외이다.

(c) 유효기일이 명시되어 있지 아니하거나 또는 그 유효기간을 결정할 수 있는 기타의 규정이 없는 경우에는, 신용장은 이에 개설일로서 명시된 일자 또는 아무런 명시가 없는 때에는 신용장이 개설된 일자로부터 1년이 결과하면 그 유효기간이 만료된다.

(d) 유효기간이 영구적인 것으로 명시되어 있는 경우에는, 신용장은 이에 개설일로서 명시된 일자 또는 아무런 명시가 없는 때에는 신용장이 개설된 일자로부터 5년이 경과하면 그 유효기간이 만료된다.

제5-107조 확인자, 지정인 및 통지인

(a) 확인자는 신용장에 따라 직접적인 의무를 부담하며, 또 확인의 범위 내에서 개설인으로서의 권리와 의무를 부담한다. 확안자는 또한 개설인이 개설의뢰인이 되고 개설인의 요청과 계산에 따라 신용장을 개설한 것과 같이 개설인에 대하여 권리와 의무를 부담한다.

(b) 확인자가 아닌 지정인은 제시에 대하여 가액을 지급하거나 이를 별도로 교부할 의무를 부담하지 아니한다.

(c) 통지를 요청받은 자는 통지인이 되는 거절할 수 있다. 확인자가 아닌 통지인은 제시에 대하여 가액을 지급하거나 이를 교부할 의무를 부담하지 아니한다. 통지인은 개설인과 수익자에 대하여는 개설인으로부터 수령한 신용장, 확인, 변경 또는 통지의 조건을 정확하게 통지할 의무를 부담하며, 또 수익자에 대하여는 통지의 요청에 대한 외관상 진정성을 검사할 의무를 부담한다. 통지의 내용이 부정확한 경우에도, 신용장, 확인 또는 변경은 개설된 대로 효력을 발생한다.

(d) 신용장의 양수인 수익자에게 신용장, 확인, 변경 또는 통지의 조건을 통고하는 자는 상기 제c항에 따라 통지인으로서의 권리와 의무를 부담한다. 양수인 수익자에 대한 통고의 조건은 그러한 통고를 한 자로부터 수령한 신용장, 확인, 변경 및 통지에 의하여 허용된 범위 내에서는, 양도인 수익자에 대한 어떠한

Section 5-108. Issuer's Rights and Obligations.

(a)　Except as otherwise provided in Section 5-109, an issuer shall honor a presentation that, as determined by the standard practice referred to in subsection (e), appears on its face strictly to comply with the terms and conditions of the letter of credit. Except as otherwise provided in Section 5-113 and unless otherwise agreed with the applicant, an issuer shall dishonor a presentation that does not appear so to comply.

(b)　An issuer has a reasonable time after presentation, but not beyond the end of the seventh business day of the issuer after the day of its receipt of documents :

　　(1)　to honor,

　　(2)　if the letter of credit provides for honor to be completed more than seven business days after presentation, to accept a draft or incur a deferred obligation, or

　　(3)　to give notice to the presenter of discrepancies in the presentation.

(c)　Except as otherwise provided in subsection (d), an issuer is precluded from asserting as a basis for dishonor any discrepancy if timely notice is not given, or any discrepancy not stated in the notice if timely notice is given.

(d)　Failure to give the notice specified in subsection (b) or to mention fraud, forgery, or expiration in the notice does not preclude the issuer from asserting as a basis for dishonor fraud or forgery as described in Section 5-109(a) or expiration of the letter of credit before presentation.

(e)　An issuer shall observe standard practice of financial institutions that regularly issue letters of credit. Determination of the issuer's observance of the standard practice is a matter of interpretation for the court. The court shall offer the parties a reasonable opportunity to present evidence of the standard practice.

(f)　An issuer is not responsible for :

　　(1)　the performance or nonperformance of the underlying contract, arrangement, or transaction,

　　(2)　an act or omission of others, or

　　(3)　observance or knowledge of the usage of a particular trade other than the standard practice referred to in subsection (e).

(g)　If an undertaking constituting a letter of credit under Section 5-102(a)(10) contains non-documentary conditions, an issuer shall disregard the non-documentary conditions and treat them as if they were not stated.

(h)　An issuer that has dishonored a presentation shall return the documents or hold them at the disposal of, and send advice to that effect to, the presenter.

　　i .　An issuer that has honored a presentation as permitted or required by this article :

　　　(1) is entitled to be reimbursed by the applicant in immediately available funds not later than the date of its payment of funds ;

통고의 조건과 다를 수 있다.

제5-108조 개설인의 권리와 의무

(a) 제5-109조에서 별도의 규정이 있는 경우를 제외하고, 개설인은 하기 제e항에서 언급된 표준관습에 의한 결정에 따라 신용장의 제조건과 문면상 엄격히 일치하는 제시를 수리하여야 한다. 제5-113조에서 별도의 규정이 있는 경우를 제외하고, 개설의뢰인과 별도의 합의가 있지 아니하는 한, 개설인은 위와 같이 엄격히 일치하지 아니하는 제시를 수리거절하여야 한다.

(b) 개설인은 서류의 수령익일로부터 개설인의 제7영업일의 말일을 초과하지 아니하는 범위 내에서, 제시받은 후 다음과 같은 처리를 위하여 상당한 기간을 갖는다 할 수 있다.

    (1) 수리하는 것,

    (2) 신용장에서 제시받은 후 제7영업일을 초과하여 완성되는 수리를 규정하고 있는 경우에는, 환어음을 인수하거나 또는 연지급 의무를 개시하는 것, 또는

    (3) 제시인에게 제시에 대한 하자사항을 통고하는 것.

(c) 하기 제d항에서 별도의 규정이 있는 경우를 제외하고, 개설인은 어떠한 하자를 적기에 통고하지 아니한 경우, 또는 이를 적기에 통고하더라도 그 통고에서 명시되지 아니한 어떠한 하자가 있는 경우에는, 이를 수리거절의 기초로써 주장할 수 없다.

(d) 상기 제b항에서 규정된 통고를 하지 아니하였거나, 또는 그 통고에서 사기, 위조 또는 유효기간의 만료를 지적하지 아니한 경우에는, 개설인은 제5-109조 a항에서 규정된 사기, 위조 또는 제시 전에 신용장 유효기간의 만료를 수리거절의 기초로써 주장할 수 없다.

(e) 개설인은 신용장을 정규적으로 개설하는 금융기관의 표준관습을 준수하여야 한다. 개설인이 표준관습을 준수하였는지의 여부에 대한 결정은 법원의 해석에 따를 문제이다. 법원은 당사자에게 표준관습에 의한 증거를 제시할 수 있는 상당한 기회를 부여하여야 한다.

(f) 개설인은 다음에 대하여 아무런 책임을 부담하지 아니한다.

    (1) 기초적 계약, 약정 또는 거래의 이행 또는 불이행,

    (2) 기타 자의 작위 또는 부작위,

    (3) 하기 제e항에 언급된 표준관습 이외의 특수한 거래관행의 준수 또는 인식.

(g) 제5-102조 a항의 10호에 따라 신용장을 구성하는 확약에 있어서 서류 없는 조건을 무시하고 그러한 조건이 명시되지 아니한 것으로 이를 취급하여야 한다.

(h) 개설인은 제시를 수리 거절한 경우에는 서류를 반송하거나 또는 제시인의 처분권에 일임하여 이를 보유하고 그러한 취지를 통지하여야 한다.

    ⅰ. 개설인은 본법에서 허용되거나 요구된 바에 따라 제시를 수리한 경우에는, 다음의 권리 또는 의무를 부담하여야 한다.

        (1) 개설의뢰인에 대하여는 자금지급의 기일 내에서 즉시 사용가능한 자금으로 대금보상을 청구

(2) takes the documents free of claims of the beneficiary or presenter ;

(3) is precluded from asserting a right of recourse on a draft under Sections 3-414 and 3-415 ;

(4) except as otherwise provided in Section 5-110 and 50117, is precluded from restitution of money paid or other value given by mistake to the extend the mistake concerns discrepancies in the documents or tender which are apparent on the face of the presentation ; and

(5) is discharged to the extent of its performance under the letter of credit unless the issuer honored a presentation in which a required signature of a beneficiary was forged.

Section 5-109. Fraud and Forgery.

(a) If a presentation is made that appears on its face strictly to comply with the terms and conditions of the letter of credit, but a required document is forged or materially fraudulent, or honor of the presentation would facilitate a material fraud by the beneficiary on the issuer or applicant :

(1) the issuer shall honor the presentation, if honor is demanded by (i) a nominated person who has given value in good faith and without notice of forgery or material fraud, (ii) a confirmer who has honored its confirmation in good faith, (iii) a holder in due course of a draft drawn under the letter of credit which was taken after acceptance by the issuer or nominated person, or (iv) an assignee of the issuer's or nominated person's deferred obligation that was taken for value and without notice of forgery or material fraud after the obligation was incurred by the issuer or nominated person ; and

(2) the issuer, acting in good faith, may honor or dishonor the presentation in any other case.

(b) If an applicant claims that a required document is forged or materially fraudulent or that honor of the presentation would facilitate a material fraud by the beneficiary on the issuer or applicant, a court of competent jurisdiction may temporarily or permanently enjoin the issuer from honoring a presentation or grant similar relief against the issuer or other persons only if the court finds that :

(1) the relief is not prohibited under the law applicable to an accepted draft or deferred obligation incurred by the issuer ;

(2) a beneficiary, issuer, or nominated person who may be adversely affected is adequately protected against loss that it may suffer because the relief is granted ;

(3) all of the conditions to entitle a person to the relief under the law of this State have been met ; and

(4) on the basis of the information submitted to the court, the applicant is more likely than not to succeed under its claim of forgery or material fraud and the person demanding honor does not qualify for protection under subsection (a)(1)

할 권리가 있고,

(2) 수익자 또는 제시인의 청구권에 관계없이 서류를 처분하고,

(3) 제3-414조 및 제3-415조에 따른 환어음의 상환청구권을 행사할 수 없고,

(4) 제 5-110조 및 제5-117조에서 별도의 규정이 있는 경우를 제외하고, 개설인은 제시의 문면상 명백한 서류 또는 제출의 하자사항에 관한 착오로 말미암아 지급되었거나 또는 기타의 가액으로 교부된 금액에 대한 반환을 청구할 수 없고,

(5) 개설인이 수익자의 어떠한 요구된 서명이 위조되어 있는 제시를 수리하지 아니하는 한, 신용장에 따른 지급이행의 범위 내에서는 책임이 면제된다.

제5-109조 사기 및 위조

(a) 신용장의 조건과 문면상 엄격히 일치하는 제시가 이루어졌다 하더라도, 요구된 서류가 위조 또는 중대한 사기의 목적으로 작성되었거나, 또는 제시를 수리하는 것이 개설인이나 개설의뢰인에 대한 수익자의 중대한 사기를 조장하게 될 경우에는,

(1) 개설인은(ⅰ) 위조 또는중대한 사기에 관하여 통고를 받지 아니하고 선의로 가액을 지급한 지정인,(ⅱ) 자신의 확인에 따라 선의로 수리한 확인자,(ⅲ) 신용장에 따라 발행된 환어음을 개설인이나 지정인에 의하여 인수된 후에 이를 취득한 정당한 소지인, 또는(ⅳ) 개설인이나 지정인에게 연지급 의무가 개신된 후에 위조 또는 중대한 사기에 관하여 통고를 받지 아니하고 가액에 대한 권리를 취득한 개설인이나 지정인의 연지급 의무에 대한 대금양수인 등이 수리를 요구한 경우에는 그 제시를 수리하여야 하고,

(2) 개설인은 기타의 모든 경우에는 선의로 행동하는 한, 그 제시를 수리하거나 또는 수리거절할 수 있다.

(b) 개설의뢰인이 어떠한 요구된 서류가 위조 또는 중대한 사기의 목적으로 작성되었거나, 또는 제시를 수리하는 것이 개설인이나 개설의뢰인에 대한 수익자의 중대한 사기를 조장하게 될 것이라고 청구하는 경우에는, 정당한 재판관할권이 있는 법원은 개설인이 제시를 수리하는 것을 잠정적으로 또는 영구적으로 금지시키거나, 또는 개설인이나 기타의 자에 대하여 이와 유사한 구제조치를 허용할 수 있다. 다만 법원의 그러한 구제조치는 다음의 사실이 명백한 경우에 한한다.

(1) 그러한 구제조치가 인수된 환어음 또는 개설인에 의하여 개시된 연지급의무에 적용 가능한 법률에 따라 금지되어 있지 아니하여야 하고,

(2) 그러한 구제조치로 인하여 불리한 영향을 받을 수 있는 수익자, 개설인 또는 지정인이 입을 수 있는 손실에 대한 적절한 보호가 있어야 하고,

(3) 주법에 따라 구제조치를 받을 자에 대한 모든 조건이 충족되어 있어야 하며, 또

(4) 법원에 제출된 자료에 기초할 때, 개설의뢰인이 위조 또는 중대한 사기에 대한 청구에 따라 거래에 성공하지 못할 가능성이 거의 확실하고, 또 수리를 요구하는 자가 상기 제a항 1호에 따라 보호받을 자격을 갖지 못하여야 한다.

Section 5-110. Warranties.

(a) If its presentation is honored, the beneficiary warrants :

    (1) to the issuer, any other person to whom presentation is made, and the applicant that there is no fraud or forgery of the kind described in Section 5-109(a) ; and

    (2) to the applicant that the drawing does not violate any agreement between the applicant and beneficiary or any other agreement intended by them to be augmented by the letter of credit.

(b) The warranties in subsection (a) are in addition to warranties arising under Article 3,4,7, and 8 because of the presentation or transfer of documents covered by any of those articles.

Section 5-111. Remedies.

(a) If an issuer wrongfully dishonors or repudiates its obligation to pay money under a letter of credit before presentation, the beneficiary, successor, or nominated person presenting on its own behalf may recover from the issuer the amount that is the subject of the dishonor or repudiation, If the issuer's obligation under the letter of credit is not for the payment of money, the claimant may obtain specific performance or, at the claimant's election, recover an amount equal to the value of performance from the issuer. In either case, the claimant may also recover incidental but not consequential damages. The claimant is not obligated to take action to avoid damages that might be due from the issuer under this subsection. If, although not obligated to do so, the claimant avoids damages, the claimant's recovery from the issuer must be reduced by the amount of damages avoided. The issuer has the burden of proving the amount of damages avoided. In the case of repudiation the claimant need not present any document.

(b) If an issuer wrongfully dishonors a draft or demand presented under a letter of credit or honors a draft or demand in breach of its obligation to the applicant, the applicant may recover damages resulting from the breach, including incidental but not consequential damages, less amount saved as a result of the breach.

(c) If an adviser or nominated person other than a confirmer breaches an obligation under this article or an issuer breaches an obligation not covered in subsection (a) or (b), a person to whom the obligation is owed may recover damages resulting from the breach, including incidental but not consequential damage, less any amount saved as a result of the breach. To the extent of the confirmation, a confirmer has the liability of an issuer specified in this subsection and subsections (a) and (b).

(d) An issuer, nominated person, or adviser who is found liable under subsection (a), (b), or (c) shall pay interest on the amount owed thereunder from the date of wrongful dishonor or other appropriate date.

(e) Reasonable attorney's fees and other expenses of litigation must be awarded to the prevailing party in an action in which a remedy is sought under this article.

제5-110조 담보책임

(a) 수익자의 제시가 수리되었을 경우에는, 수익자는 다음과 같은 것을 담보하여야 한다.

   (1) 개설인, 제시받는 기타의 모든 자 및 개설의뢰인에 대하여는, 제 5-109조 a항에서 규정된 종류의 어떠한 사기 또는 위조도 존재하지 아니한다는 것, 또

   (2) 개설의뢰인에 대하여는, 개설의뢰인과 수익자간의 모든 합의 또는 신용장에 따라 추가하고자 의도된 양자간의 기타 모든 합의에 반하여 환어음이 발행되지 아니한다는 것.

(b) 서류의 제시 또는 양도가 제3편, 제4편, 제7편 및 제8편의 모든 규정에 의하여도 적용되기 때문에, 상기 제a항의 담보는 이들 규정에 따라 발생하는 담보에 추가하는 것이다.

제5-111조 구제방법

(a) 개설인이 제시 전에 부당하게 수리거절하거나 또는 신용장에 따른 금전의 지급의무를 거부한 경우에는, 수익자, 승계인 또는 자신을 위한 제시의 지정인은 개설인으로부터 수리거절이나 거부의 실체가 되는 금액을 회수할 수 있다. 신용장에 따른 개설인의 의무가 금전지급에 관한 것이 아닌 경우에는, 청구인은 특정의 이행을 청구할 수 있으며, 또는 청구인의 선택에 따라 개설인으로부터 이행의 가액에 상당하는 금전을 회수할 수 있다. 이 중의 어느 경우이든, 청구인은 또한 부수적손해배상액을 회수할 수 있으나, 결과적 손해배상액은 회수할 수 없다. 청구인은 본 항의 규정에 따라 개설인에 의하여 발생하는 손해액을 방지하기 위한 조치를 취할 의무를 부담하지 아니한다. 청구인은 그러한 의무를 부담하지 아니한다 하더라도, 손해액을 방지한 경우에는 청구인이 개설인으로부터 회수할 손해배상액에서 방지된 손해액의 금액은 공제되어야 한다. 방지된 손해액의 금액을 입증할 책임은 개설인이 부담한다. 제시 전에 거부된 경우에는, 청구인은 어떠한 서류도 제시할 필요가 없다.

(b) 개설인이 신용장에 따라 제시된 환어음 또는 지급청구를 부당하게 수리거절하거나 또는 개설의뢰인에 대한 의무를 위반하여 환어음 또는 지급청구를 수리하는 경우에는, 개설의뢰인은 그 위반으로부터 발생하는 손해배상액을 회수할 수 있는데, 여기에는 부수적 손해배상액이 포함되고 결과적 손해보상액은 제외되며, 그 위반의 결과로 구제된 모든 금액은 공제되어야 한다.

(c) 통지인 또는 확인자 이외의 지정인이 본법에 따른 의무를 위반하거나 또는 개설인이 상기 제a항 또는 제b항에 규정된 것 이외의 의무를 위반한 경우에는, 의무를 받는 자는 그 위반으로부터 발생하는 손해배상액을 회수할 수 있는데, 여기에는 부수적 손해배상액이 포함되고 결과적 손해배상액은 제외되며, 그 위반의 결과로 구제된 모든 금액은 공제되어야 한다. 확인자는 확인의 범위 내에서 본항과 상기 제a항 및 제b항에서 명시된 개설인으로서의 책임을 부담한다.

(d) 상기 제a항, 제b항 및 제c항에 따라 책임이 있는 것으로 밝혀진 개설인, 지정인 또는 통지인은 부당한 수리거절의 일자 또는 기타 적당한 일자로부터 기산하여 이에 지급할 금액에 대한 이자를 지급하여야 한다.

(e) 본법에 따라 구제방법을 호소하는 소송에서 승소한 당사자에게는 반드시 합리적인 법정대리인의 수

(f) Damages that would otherwise be payable by a party for breach of an obligation under this article may be liquidated by agreement or undertaking, but only in an amount or by a formula that is reasonable in light of the harm anticipated.

Section 5-112. Transfer of Letter of Credit.

(a) Except as otherwise provided in Section 5-113, unless a letter of credit provides that it is transferable, the right of a beneficiary to draw or otherwise demand performance under a letter of credit may not be transferred.

(b) Even if a letter of credit provides that it is transferable, the issuer may refuse to recognize or carry out a transfer if :

(1) the transfer would violate applicable law ; or

(2) the transferor or transferee has failed to comply with any requirement stated in the letter of credit or any other requirement relating to transfer imposed by the issuer which is within the standard practice referred to in Section5-108(e) or is otherwise reasonable under the circumstances.

Section 5-113. Transfer by Operation of Law.

(a) A successor of a beneficiary may consent to amendments, sign and present documents, and receive payment or other items of value in the name of the beneficiary without disclosing its status as a successor.

(b) A successor of a beneficiary may consent to amendments, sign and present documents, and receive payment or other items of value in its own name as the disclosed successor of the beneficiary. Except as otherwise provided in subsection (e), an issuer shall recognize a disclosed successor of a beneficiary as beneficiary in full substitution for its predecessor upon compliance with the requirements for recognition by the issuer of a transfer of drawing rights by operation of law under the standard practice referred to in Section 5-108(e) or, in the absence of such a practice, compliance with other reasonable procedures sufficient to protect the issuer.

(c) An issuer is not obliged to determine whether a purported successor is a successor of a beneficiary or whether the signature of a purported successor is genuine or authorized.

(d) Honor of a purported successor's apparently complying presentation under subsection (a) or (b) has the consequences specified in Section 5-108(i) even if the purported successor is not the successor of a beneficiary. Documents signed in the name of the beneficiary or of a disclosed successor by a person who is neither the beneficiary nor the successor of the beneficiary are forged documents for the purposes of Section 5-109.

(e) An issuer whose rights of reimbursement are not covered by subsection (d) or substantially similar law and any confirmer or nominate person may decline to recognize a presentation under subsection (b).

(f) A beneficiary whose name is changed after the issuance of a letter of credit has the same rights and obligations as a successor of a beneficiary under this section.

임료와 기타 소송비용에 대한 보상이 있어야 한다.

(f) 본법에 따른 의무를 위반한 당사자가 별도로 지급할 손해배상액은 예견된 손해라는 관점에서 합리적이라고 할 수 있는 금액 및 방식만으로 합의 또는 약정에 의하여 이를 예정할 수 있다.

제5-112조 신용장의 양도

(a) 제5-113조에서 별도의 규정이 있는 경우를 제외하고, 신용장에서 양도가능이라고 명시되어 있지 아니하는 한, 수익자가 신용장에 따라 환어음을 발행하거나 또는 기타의 의무를 청구할 수 있는 권리는 이를 양도할 수 없다.

(b) 신용장에서 양도가능이라고 명시하고 있다 하더라도, 개설인은 다음의 경우에는 양도의 승인 또는 이행을 거절할 수 있다.

    (1) 양도가 적용 가능한 법률을 위반하게 될 경우, 또는

    (2) 양도인 또는 양수인이 신용장에서 명시된 모든 요구사항, 또는 제5-108조 e항에서 언급된 표준관습의 범위 내에서 또는 사정에 따라 기타의 합리적이라고 인정되는 범위 내에서 개설인에 의하여 부과된 양도에 관련한 기타 모든 요구사항을 준수하지 못한 경우.

제5-113조 법률의 효력에 의한 양도

(a) 수익자의 승계인은 승계인으로서 자신의 지위를 고지하지 아니하고 수익자의 명의로 변경에 동의하거나, 서명하고 서류를 제시하며, 또 지급 또는 기타의 금전적 가액을 수령할 수 있다.

(b) 수익자의 승계인은 수익자의 고지된 승계인으로서 자신의 명의로 변경에 동의하거나, 서명하고 서류를 제시하며, 또 지급 또는 기타의 금전적 가액을 수령할 수 있다. 하기 제e항에서 별도의 규정이 있는 경우를 제외하고, 개설인은 수익자의 고지된 승계인이 제5-108조 e항에서 언급된 표준관습에 따른 법률의 효력에 의하여 환어음 발행권의 양도에 관한 개설인의 승인요건을 준수하거나, 또는 그러한 관습이 없는 경우에는 개설인을 충분히 보호할 수 있는 기타의 합리적인 절차를 준수한 때에는 전임자의 권리에 완전히 대체하는 수익자로서 승인하여야 한다.

(c) 개설인은 자칭된 승계인이 수익자의 승계인인지의 여부 또는 자칭된 승계인의 서명이 진정하거나 수권되어 있는 것인지의 여부에 관하여 이를 결정할 의무를 부담하지 아니한다.

(d) 자칭된 승계인이 수익자의 승계인이 아니라 하더라도, 상기 제a항 또는 제b항에 따라 자칭된 승계인의 외관상 일치하는 제시를 수리한 경우에는, 제5-108조 i항에서 명시된 효력이 발생한다. 수익자도 아니고 수익자의 승계인도 아닌 자가 수익자 또는 고지된 승계인의 명의로 서명한 서류는 제5-109조에서 규정하고 있는 위조된 서류가 되는 것이다.

(e) 상기 제d항 또는 실질적으로 이와 유사한 법률에 의한 보상청구권을 인정받지 못하는 개설인 및 모든 확인자 또는 지정인은 상기 제b항에 따른 제시의 승인을 거절할 수 있다.

(f) 수익자는 신용장의 개설 후에 그 명의를 변경한 경우에도, 본조의 규정에 따른 수익자의 승계인과 동등한 권리와 의무를 부담한다.

Section 5-114. Assignment of Proceeds.

(a) In this section, "proceeds of a letter of credit" means the cash, check, accepted draft, or other item of value paid or delivered upon honor or giving of value by the issuer or any nominated person under the letter of credit. The term does not include a beneficiary's drawing rights or documents presented by the beneficiary.

(b) A beneficiary may assign its right to part or all of the proceeds of a letter of credit. The beneficiary may do so before presentation as a present assignment of its right to receive proceeds contingent upon its compliance upon its compliance with the terms and conditions of the letter of credit.

(c) An issuer or nominate person need not recognize an assignment of proceeds of a letter of credit until it consents to the assignment.

(d) An issuer or nominated person has no obligation to give or withhold its consent to an assignment of proceeds of a letter of credit, but consent may not be unreasonably withheld if the assignee possesses and exhibits the letter of credit and presentation of the letter of credit is a condition to honor.

(e) Rights of a transferee beneficiary or nominated person are independent of the beneficiary's assignment of the proceeds of a letter of credit and are superior to the assignee's right to the proceeds.

(f) Neither the rights recognized by this section between an assignee and an issuer, transferee beneficiary, or nominated person nor the issuer's or nominated person's payment of proceeds to an assignee or a third person affect the rights between the assignee and any person other than the issuer, transferee beneficiary, or nominated person. The mode of creating and perfecting a security interest in or granting an assignment of a beneficiary's rights to proceeds is governed by Article 9 or other law. Against persons other than the issuer, transferee beneficiary, or nominated person, the rights and obligations arising upon the creation of a security interest or other assignment of a beneficiary's right to proceeds and its perfection are governed by Article 9 or other law.

Section 5-115. Statute of Limitations.

An action to enforce a right or obligation arising under this article must be commenced within one year after the expiration date of the relevant letter of credit or one year after the [claim for relief] [cause of action] accrues, whichever occurs later. A [claim for relief] [cause of action] accrues when the breach occurs, regardless of the aggrieved party's lack of knowledge of the breach.

Section 5-116. Choice of Law and Forum.

(a) The liability of an issuer, nominated person, or adviser for action or omission is governed by the law of the jurisdiction chosen by an agreement in the form of a record signed or otherwise authenticated by the affected parties in the manner provided in Section 5-104 or by a provision in the person's letter of credit, confirmation, or other undertaking. The jurisdiction whose law is chosen need not bear any relation to the transaction.

(b) Unless subsection (a) applies, the liability of an issuer, nominated person, or adviser for action or omission is governed by the law of the jurisdiction in which the person is located. The person is considered to be located at the address indicated in the person's undertaking. If more than one address is indicated, the person is considered to be located at the address from

제5-114조 대금의 양도

(a) 본조의 규정에 있어서, "대금"이라 함은 신용장에 따라 개설인 또는 모든 지정인이 수리와 동시에 지급하거나 교부하는 현금, 수표, 인수된 환어음 또는 기타의 금전적 가액 또는 가액의 지급을 의미한다. 그러한 용어는 수익자의 환어음 발행권 또는 수익자에 의하여 제시된 서류를 포함하지 아니한다.

(b) 수익자는 신용장대금의 전부 또는 일부에 대한 권리를 양도할 수 있다. 수익자는 제시 전에는 신용장의 제조건을 준수하는 조건으로 신용장대금을 수령할 수 있는 권리를 현재의 양도로서 양도할 수 있다.

(c) 개설인이나 지정인은 신용장대금의 양도에 동의할 때까지는 그 양도를 승인하지 아니할 수 있다.

(d) 개설인이나 지정인은 신용장대금의 양도를 동의하거나 이를 보류할 의무를 부담하지 아니한다. 다만 대금양수인이 신용장을 소지하여 제시하고, 신용장의 제시가 수리를 위한 조건이 되는 경우에는, 동의를 비합리적으로 보류할 수 없다.

(e) 양수인 수익자 또는 지정인의 권리는 신용장대금에 관한 수익자의 양도와는 독립되어 있으며, 또 이는 대금양수인의 권리에 우선한다.

(f) 본조의 규정에 의하여 대금양수인과 개설인, 양수인 수익자 또는 지정인 사이에 승인된 권리와 대금양수인이나 제3자에 대한 개설인 또는 지정인의 대금지급은 결코 대금양수인과 개설인, 양수인 수익자 또는 지정인 이외의 모든 자 사이의 권리에 영향을 미치지 아니한다. 신용장대금에 대한 수익자의 권리의 양도에 관한 담보이익의 설정과 완성 또는 그 양도의 허용에 관한 방법은 제9편 또는 기타의 법률에 따른다. 개설인, 양수인 수익자 또는 지정인 이외의 자에 대항하여, 어떠한 담보이익의 설정 또는 기타 신용장 대금에 대한 수익자의 권리의 양도 및 그 완성으로부터 발생하는 권리와 의무는 제9편 또는 기타의 법률에 따른다.

제5-115조 출소기한에 관한 규정

본법에 따라 발생하는 권리 또는 의무의 집행을 위한 소송은 반드시 관련 신용장의 유효기일 후부터 1년 또는 [구제방법의 청구] 또는 [訴因] 중에 나중에 발생한 것을 기준으로 訴權이 발생한 후부터 1년 이내에 제기되어야 한다. [구제방법의 청구] 또는 [소인]에 대한 소권은 피해의 당사자가 위반의 사실을 알았는지의 여부에 관계없이 그 위반이 발생한 때부터 발생한다.

제5-116조 법률과 법정지의 선택

(a) 개설인, 지정인 또는 통지인의 작위 또는 부작위에 대한 책임문제는 서명이 있는 기록 또는 제5-104조에 규정된 방법에 따라 손해의 당사자에 의한 별도의 인증이 있는 기록의 형식에 의한 합의, 또는 그러한 자의 신용장, 확인 또는 기타 확약의 규정에 의하여 선택된 재판관할지의 법률의 적용을 받는다. 법률이 선택된 재판관할지는 당해 거래와 어떠한 관련을 가질 필요가 없다.

(b) 상기 제a항이 적용되지 아니하는 한, 개설인, 지정인 또는 통지인의 작위 또는 부작위에 대한 책임문제는 그러한 자가 소재하는 재판관할지의 법률에 적용을 받는다. 그러한 자는 자신의 확약에서 명시된 주소지에 소재하는 것으로 본다. 둘 이상의 주소지가 명시되어 있는 경우에는, 그러한 자는 자신의 확

which the person's undertaking was issued. For the purpose of jurisdiction, choice of law, and recognition of inter-branch letters of credit, but not enforcement of a judgment, all branches of a bank are considered separate juridical entities and a bank is considered to be located at the place where its relevant branch is considered to be located under this subsection.

(c) Except as otherwise provided in this subsection, the liability of an issuer, nominated person, or adviser is governed by any rules of custom or practice, such as the Uniform Customs and Practice for Documentary Credits, to which the letter of credit, confirmation, or other undertaking is expressly made subject. If (i) this article would govern the liability of an issuer, nominated person, or adviser under subsection (a) or (b), (ii) the relevant undertaking incorporates rules of custom or practice, and (iii) there is conflict between this article and those rules as applied to that undertaking, those rules govern except to the extent of any conflict with the non-variable provisions specified in Section 5-103(c).

(d) If there is conflict between this article and Article 3, 4, 4A, or 9, this article governs.

(e) The forum for settling disputes arising out of an undertaking within this article may be chosen in the manner and with the binding effect that governing law may be chosen in accordance with subsection (a).

Section 5-117. Subrogation of Issuer, Applicant, and Nominated Person.

(a) An issuer that honors a beneficiary's presentation is subrogated to the rights of the beneficiary to the same extent as if the issuer were a secondary obligor of the underlying obligation owed to the beneficiary and of the applicant to the same extent as if the issuer were the secondary obligor of the underlying obligation owed to the applicant.

(b) An applicant that reimburses an issuer is subrogated to the rights of the issuer against any beneficiary, presenter, or nominated person to the same extent as if the applicant were the secondary obligor of the obligations owed to the issuer and has the rights of subrogation of the issuer to the rights of the beneficiary stated in subsection (a).

(c) A nominated person who pays or gives value against a draft or demand presented under a letter of credit is subrogated to the rights of :

(1) the issuer against the applicant to the same extent as if the nominated person were a secondary obligor of the obligation owed to the issuer by the applicant ;

(2) the beneficiary to the same extent as if the nominated person were a secondary obligor of the underlying obligation owed to the beneficiary ; and

(3) the applicant to same extent as if the nominated person were a secondary obligor of the underlying obligation owed to the applicant.

(d) Notwithstanding any agreement or term to the contrary, the rights of subrogation stated in subsections (a) and (b) do not arise until the issuer honors the letter of credit or otherwise pays and the rights in subsection (c) do not arise until the nominated person pays or otherwise gives value. Until then, the issuer, nominated person, and the applicant do not derive under this Section present or prospective rights forming the basis of a claim, defense, or excuse.

약을 개설한 주소지에 소재하는 것으로 본다. 어떠한 판결의 집행을 제외하고, 재판관할권의 결정, 법률의 선택 및 은행지점간 신용장의 승인을 위하여는, 은행의 모든 지점은 별개의 사법적 실체로 보며, 또 은행은 그 관련된 지점이 본항의 규정에 따라 소재하는 것으로 보는 장소에 소재하는 것으로 본다.

(c) 본항에서 별도의 규정이 있는 경우를 제외하고, 개설인, 지정인 또는 통지인의 책임문제는 신용장, 확인 또는 기타의 확약에서 명시적으로 화환신용장 통일규칙 및 관례와 같은 관습이나 관례를 전제하고 있는 경우에는, 그러한 규칙에 적용을 받는다. (ⅰ) 본법이 상기 제a항 또는 제b항에 따라 개설인, 지정인 또는 통지인의 책임에 관하여 적용되어야 하고, (ⅱ) 관련된 확약에서 관습이나 관례의 규칙이 삽입되어 있으며, 또 (ⅲ) 당해 확약에 적용될 본법과 그러한 규칙 사이에 충돌되는 사항이 존재하는 경우에는, 제5-103조 c항에 명시된 변경 불가능한 규정과 충돌되지 아니하는 범위 내에서 관습이나 관례의 규칙이 우선한다.

(d) 본법과 제3편, 제4편, 제4A편 또는 제9편 사이에 충돌되는 사항이 존재하는 경우에는 본법이 우선한다.

(e) 본법의 범위 내에서 확약으로부터 발생하는 분쟁의 해결을 위한 법정지는 상기 제a항에 따라 준거법을 선택하는 방법으로 구속력있게 선택할 수 있다.

제5-117조 개설인, 개설의뢰인 및 지정인의 대위권

(a) 개설인은 수익자의 제시를 수리하는 경우에는, 수익자에게 부담하는 기초적 의무의 제2차적인 채무자인 것처럼 이와 동일한 범위 내에서 수익자의 권리를 대위하는 것이며, 또 개설인은 개설의뢰인에게 부담하는 기초적 의무의 제2차적인 채무자인 것처럼 이와 동일한 범위 내에서 개설의뢰인의 권리를 대위하는 것이다.

(b) 개설의뢰인은 개설인에게 대금을 보상한 경우에는, 개설인에게 부담하는 기초적 의무의 제2차적인 채무자인 것처럼 이와 동일한 범위 내에서 모든 수익자, 제시적 의무의 제2차적인 채무자인 것처럼 이와 동일한 범위 내에서 모든 수익자, 제시인 또는 지정인에 대하여 갖는 개설인의 권리를 대위하는 것이며, 또 개설의뢰인은 상기 제a항에서 명시된 수익자의 권리에 대한 개설인의 대위권을 갖는다.

(c) 지정인은 신용장에 따라 제시된 환어음이나 지급청구에 대하여 지급하거나 가액을 교부한 경우에는, 다음의 권리를 대위하는 것이다.

　(1) 지정인이 개설의뢰인에 의하여 개설인에게 부담하는 의무의 제2차적인 채무자인 것처럼 이와 동일한 범위 내에서 개설의뢰인에 대하여 갖는 개설인의 권리,

　(2) 지정인이 수익자에게 부담하는 기초적 의무의 제2차적인 채무자인 것처럼 이와 동일한 범위 내에서 수익자의 권리, 및

　(3) 지정인이 개설의뢰인에게 부담하는 기초적 의무의 제2차적인 채무자인 것처럼 이와 동일한 범위 내에서 개설의뢰인의 권리.

(d) 어떠한 반대의 합의나 조건이 있는 경우에도, 상기 제a항 및 제b항에서 명시한 대위권은 개설인이 신용장을 수리하거나 또는 별도로 지급한 때까지는 발생하지 아니하며, 또 상기 제c항에 있는 권리는 지정인이 지급하거나 또는 별도로 가액을 교부한 때까지는 발생하지 아니한다. 그러한 때까지는 개설인, 지정인 및 개설의뢰인은 본조의 규정에 따라 청구건, 항변 또는 면책의 기초를 형성하는 현재 또는 장래의 권리를 취득하지 못한다.

4-6 The Uniform Rules for Collections, 1996

A. GENERAL PROVISIONS AND DEFINITIONS

Article 1. Application of URC 522.

a. The Uniform Rules for Collections, 1995 Revision, ICC Publication No. 522, shall apply to all collections as defined in Article 2 where such rules are incorporated into the text of the "collection instruction" referred to in Article 4 and are binding on all parties thereto unless otherwise expressly agreed or contrary to the provisions of a national, state or local law and/or regulation which cannot be departed from.

b. Book shall have no obligation to handle either a collection or any collection instruction or subsequent related instructions.

c. If a bank elects, for any reason, not to handle a collection or any related instructions received by it, it must advise the party from whom it received the collection or the instructions by telecommunication or, if that is not possible, by other expeditions means, without delay.

Article 2. Definition of Collection. For the purposes of these Articles :

a. "Collection" means the handling by banks of documents as defined in b below, in accordance with instructions received, in order to :

    1. obtain payment and/or acceptance, or

    2. deliver documents against payment and/or against acceptance, or

    3. deliver documents on other terms and conditions.

b. "Documents" means financial documents and/or commercial documents :

    1. "Financial documents" means bills of exchange, promissory notes, cheques, or other similar instruments used for obtaining the payment of money ;

    2. "Commercial documents" means invoices, transport documents, documents of title or other similar documents, or any other documents whatsoever, not being financial documents.

c. "Clean collection" means collection of financial documents not accompanied by commercial documents.

d. "Documentary collection" means collection of :

    1. Financial documents accompanied by commercial documents ;

    2. Commercial documents not accompanied by financial documents.

Article 3. Parties to a Collection.

a. For the purposes of these Articles the "parties thereto" are :

4-6 추심에 관한 규칙, 1996

A. 일반규정 및 적용

제1조 추심에 관한 통일규칙 522의 적용

a. 1995년 개정, 국제상업회의소 간행물 번호 522, 추심에 관한 통일규칙은 본 규칙의 준거문언이 제4조에 언급된 '추심지시서'의 본문에 삽입된 경우 제2조에 정의된 모든 추심에 적용되며, 별도의 명시적인 합의가 없거나 또는 국가,주, 또는 지방의 법률 및/또는 규칙의 규정에 위배되지 아니하는 한 모든 관계당사자를 구속한다.

b. 은행은 추심 또는 어떠한 추심지시서 또는 이후 관련지시서를 취급하여야 할 의무를 지지 아니한다.

c. 은행이 어떠한 이유로 접수된 추심 또는 어떠한 관련지시서를 취급하지 않을 것을 결정한 경우에는 추심 또는 그 지시서를 송부한 당사자에게 전신, 또는 그것이 가능하지 않은 경우, 다른 신속한 수단으로 지체없이 통지하여야 한다

제2조 추심의 정의

본 규칙의 목적상,

a. "추심"이라 함은 은행이 접수된 지시에 따라 다음과 같은 목적으로 제2조 b항에 정의된 서류를 취급하는 것을 의미한다:

    1. 지급 및/또는 인수를 받거자, 또는

    2. 서류를 지급인도 및/또는 인수인도 하거나, 또는

    3. 기타의 조건으로 서류를 인도하는 목적.

b. "서류"라 함은 금융서류 및/또는 상업서류를 의미한다;

    1. "금융서류"란 환어음, 약속어음, 수표 또는 기타 금전의 지급을 받기 위하여 사용되는 기타 이와 유사한 증서를 의미한다;

    2. "상업서류"란 송장, 운송서류, 권리증권 또는 이와 유사한 서류, 또는 그 밖에 금융서류가 아닌 일체의 서류를 의미한다.

c. "무화환추심"이라 함은 상업서류가 첨부되지 아니한 금융서류의 추심을 의미한다.

d. "화환추심"이라 함은 다음과 같은 추심을 의미한다.

    1. 상업서류가 첨부된 금융서류의 추심;

    2. 금융서류가 첨부되지 아니한 상업서류의 추심

제3조 추심당사자

a. 본조의 목적상 관계당사자란 다음과 같은 자를 의미한다;

1. the "principal" who is the party entrusting the handling of a collection to a bank;

2. the "remitting bank" which is the bank to which the principal has entrusted the handling of a collection ;

3. the "collecting bank" which is any bank, other than the remitting bank, involved in processing the collection ;

4. the "presenting bank" which is the collecting bank making presentation to the drawee.

b. The "drawee" is the one to whom presentation is to be made according to the collection instruction.

B. FORM AND STRUCTURE OF COLLECTIONS

Article 4. Collection Instruction.

a. 1. All documents sent for collection must be accompanied by a collection instruction indicating that the collection is subject to URC 522 and giving complete and precise instructions. Banks are only permitted to act upon the instructions given in such collection instruction, and in accordance with these Rules.

2. Banks will not examine documents in order to obtain instructions.

3. Unless otherwise authorized in the collection instruction, banks will disregard any instructions from any party/bank other than the party/bank from whom they received the collection.

b. A collection instruction should contain the following information as appropriate.

1. Details of the bank from which the collection was received including full name, postal and SWIFT addresses, telex, telephone, facsimile numbers and reference.

2. Details of the principal including full name, postal address, and if applicable telex, telephone and facsimile numbers.

3. Details of the drawee including full name, postal address, or the domicile at which presentation is to be made and if applicable telex, telephone and facsimile numbers.

4. Details of the presenting bank, if any, including full name, postal address, and if applicable telex, telephone and facsimile numbers.

5. Amount(s) and currency(ies) to be collected.

6. List of documents enclosed and the numerical count of each document.

7. a. Terms and conditions upon which payment and/or acceptance is to be obtained.

b. Terms of delivery of documents against :

1) payment

2) acceptance

3) other terms and conditions

It is the responsibility of the party who sends the collection instruction to ensure that the terms for the delivery of documents are clearly and unambiguously stated, otherwise banks will not be responsible for any

1. 은행에 추심의 취급을 의뢰하는 당사자인 "추심의뢰인";
2. 추심의뢰인으로부터 추심의 취급을 의뢰받은 은행인 "추심의뢰은행";
3. 추심의뢰은행 이외에 추심과정에 참여하는 모든 은행인 "추심은행";
4. 지급인에게 제시를 행하는 추심은행인 "제시은행".

b. "지급인"은 추심지시서에 따라 제시를 받아야 할 자를 말한다.

B. 추심의 형식 및 구성

제4조 추심지시서

a. 1. 추심을 위하여 송부되는 모든 서류에는 추심이 추심에 관한 통일규칙 간행물번호 522에 의함을 명시하고 완전하고 정확한 지시가 기재된 추심지시서가 첨부되어야 한다. 은행은 이러한 추심지시서에 기재된 지시 및 본 규칙에 따라서만 업무를 수행하여야 한다.

2. 은행은 지시를 찾기 위하여 서류를 검토하지 아니한다.

3. 추심지시서에 별도의 수권이 없는 한 은행은 추심을 의뢰한 당사자/은행 이외의 어느 당사자/은행으로부터의 어떠한 지시도 무시한다.

b. 추심지시서는 다음과 같은 정보자료를 적절하게 포함하여야 한다.

1. 정식명칭, 우편 및 스위프트 주소, 텔렉스, 전화, 팩스번호 및 참조사항을 포함한 추심의뢰은행의 명세
2. 정식명칭, 우편주소, 그리고 해당되는 경우, 텔렉스, 전화, 펙스 번호를 포함한 추심의뢰인의 명세
3. 정식명칭, 우편주소 또는 제시가 행하여 질 환어음 지급장소 및 해당되는 경우 텔렉스, 전화, 팩스번호를 포함한 환어음지급인의 명세
4. 정식명칭, 우편주소 및, 해당되는 경우 텔렉스, 전화, 팩스번호를 포함한, 만일 있는 경우 제시은행의 명세.
5. 추심되는 금액과 통화
6. 동봉서류의 목록과 각 서류의 통수
7. a. 지급 및 / 또는 인수받는 조건
   b. 서류의 인도조건:
     1) 지급
     2) 인수
     3) 기타 조건
     추심지시서를 준비하는 당사자는 서류의 인도조건이 분명하고 명확하게 기술되도록 할 책임이 있으며, 그렇지 않을 경우 은행은 이로 인해 발생하는 어떠한 결과에 대하여도 책임을 지지 아니한다.

consequences arising thereto.

8.   Charges to be collected, indicating whether they may be waived or not.

9.   Interest to be collected, if applicable, indicating whether it may be waived or not, including :

a) rate of interest

b) interest period

c) basis of calculation (for example 360 or 365 days in a year) as applicable.

10.   Method of payment and form of payment advice.

11.   Instructions in case of non-payment, non-acceptance and/or non-compliance with other instructions.

c.   1.   Collection instructions should bear the complete address of the drawee or of the domicile at which the presentation is to be made. If the address is incomplete or incorrect, the collecting bank may, without any liability and responsibility on its part, endeavor to ascertain the proper address.

2.   The collecting bank will not be liable or responsible for any ensuing delay as a result of the incomplete/incorrect address.

C. FORM OF PRESENTATION

Article 5. Presentation.

a.   For the purposes of these Article, presentation is the procedure whereby the presenting bank makes the documents available to the drawee as instructed and in accordance with local banking practice.

b.   The collection instruction should state the exact period of time within which any action is to be taken by the drawee. Expressions such as "first", "prompt", immediate",and the like should not be used in connection with presentation or with reference to any period of time within which documents have to be taken up or for any other caution that is to be taken by the drawee. If such terms are used banks will disregard them.

c.   Documents are to be presented to the drawee in the form in which they are received, except that banks are authorized to affix any necessary stamps, at the expense of the party from whom they received the collection unless otherwise instructed, and to make any necessary endorsements or place any rubber stamps or other identifying marks or symbols customary to or required for the collection operation.

d.   For the purpose of giving effect to the instructions of the principal, the remitting bank will utilize the bank nominated by the principal as the collecting bank. In the absence of such nomination, the remitting bank will utilize any bank of its own, or another bank's choice in the country of payment or acceptance or in the country where other terms and conditions have to be complied with.

e.   The documents and collection instruction may be sent directly by the remitting bank to the collecting bank or through another bank as intermediary.

f.   If the remitting bank does not nominate a specific presenting bank, the collecting bank may utilize a presenting bank of its choice.

8. 수수료가 포기될 수 있는지의 여부를 명시한 추심수수료.

9. 해당되는 경우 다음을 포함하여 이자를 포기될 수 있는지의 여부를 명시한 추심이자.

    a. 이자율

    b. 이자 지급기간

    c. 해당되는 경우, 계산 근거(예컨대, 1년을 365일 또는 360일로 할 것인지)

10. 지급방법 및 지급통지의 형식

11. 지급거절, 인수거절 및/또는 다른 지시와 불일치의 경우에 대한 지시

c. 1. 추심지시서에는 환어음지급인 또는 제시가 행하여질 장소의 완전한 주소가 기재되어야 한다. 그 주소가 불완전하거나 부정확한 경우에 추심은행은 아무런 의무나 책임없이 적정한 주소를 확인하기 위한 조치를 취할 수 있다.

   2. 추심은행은 불완전한/부정확한 주소가 제공된 결과로 발생하는 어떠한 지연에 대해서도 의무 및 책임을 지지 아니한다.

C. 제시의 형식

제5조 제시

a. 이 조항의 목적상, 제시는 제시은행이 지시받은 대로 서류를 지급인이 취득할 수 있도록 하는 절차이다.

b. 추심지시서는 지급인이 행위를 취해야 하는 정확한 기한을 기재하여야 한다.

제시와 관련하여, 또는 지급인에 의해 서류가 인수되어야 하는 기한 또는 지급인에 의해 취해져야 하는 다른 조치에 관하여 "첫째", "신속한", "즉시" 또는 이와 유사한 표현은 사용되어서는 아니된다. 만일 그러한 용어가 사용된 경우 은행은 이를 무시한다.

c. 서류는 접수한 원형대로 지급인에게 제시되어야 한다. 다만 은행이, 별도의 지시가 없는 한 추심을 의뢰한 당사자의 비용부담으로, 필요한 인지를 첨부할 수 있도록 수권되어 있는 경우, 및 필요한 배서를 하거나 또는 추심업무상 관례적이거나 요구되는 고무인 또는 기타 인식표지 또는 부호를 표시할 수 있도록 수권되어 있는 경우에는 그러하지 아니하다.

d. 추심의뢰인의 지시를 이행하기 위하여, 추심의뢰은행은 추심의뢰인이 지정한 은행을 추심은행으로 이용할 수 있다. 그러한 지정이 없는 경우에 추심의뢰은행은 지급 또는 인수가 이루어지는 국가, 또는 기타 조건이 응하여지는 국가 내에서 자신 또는 은행이 선정한 은행을 이용할 수 있다.

e. 서류와 추심지시서는 추심의뢰은행이 추심은행으로 직접 송부하거나, 다른 중개 은행을 통하여 송부될 수 있다.

f. 추심의뢰은행이 특정 제시은행을 지정하지 아니한 경우에 추심은행은 자신이 선택한 제시은행을 이용할 수 있다.

Article 6. Sight/Acceptance.

In the case of documents payable at sight the presenting bank must make presentation for payment without delay. In the case of documents payable at a tenor other than sight the presenting bank must, where acceptance is called for, make presentation for acceptance without delay, and where payment is called for, make presentation for payment not later than the appropriate maturity date.

Article 7. Release of Commercial Documents (Documents, Against Acceptance (D/A) vs. Documents Against Payment (D/P)).

a. Collections should not contain bills of exchange payable at a future date with instructions that commercial documents are to be delivered against payment.

b. If a collection contains a bill of exchange payable at a future date, the collection instruction should state whether the commercial documents are to be released to the drawee against acceptance (D/A) or against payment (D/P).

   In the absence of such statement commercial documents will be released only against payment and the collecting bank will not be responsible for any consequences arising out of any delay in the delivery of documents.

c. If a collection contains a bill of exchange payable at a future date and the collection instruction indicates that commercial documents are to be released against payment, documents will be released only against such payment and the collecting bank will not be responsible for any consequences arising out of any delay in the delivery of documents.

Article 8. Creation of Documents.

Where the remitting bank instructs that either the collecting bank or the drawee is to create documents (bills of exchange, promissory notes, trust receipts, letters of undertaking or other documents) that were not included in the collection, the form and wording of such documents shall be provided by the remitting bank ; otherwise the collecting bank shall not be liable or responsible for the form and wording of any such document provided by the collecting bank and/or the drawee.

D. LIABILITIES AND RESPONSIBILITIES

Article 9. Good Faith and Reasonable Care.

Banks will act in good faith and exercise reasonable care.

Article 10. Documents vs. Goods/Services /Performances.

a. Goods should not be despatched directly to the address of a bank or consigned to or to the order of a bank without prior agreement on the part of that bank.

   Nevertheless, in the event that goods are despatched directly to the address of a bank or consigned to or to the order of a bank for release to a drawee against payment or acceptance or upon other terms and conditions without prior agreement on the part of that bank, such banks shall have no obligation to take delivery of the goods, which remain

제6조 일람출급/인수

서류가 일람출급인 경우 제시은행은 지체없이 지급을 위한 제시를 하여야 한다. 제시은행은 서류가 일람출급이 아닌 기한부지급조건으로 인수를 요하는 경우 지체없이 인수를 위한 제시를, 그리고 지급을 요하는 경우에는 적절한 만기일 내에 지급을 위한 제시를 하여야 한다.

제7조 상업서류의 인도

인수인도 (D/A) 대 지급인도 (D/P)

a. 추심에는 상업서류가 지급과 상환으로 인도되어야 한다는 지시와 함께 장래의 확정일 출급조건의 환어음을 포함시켜서는 아니된다.

b. 추심이 장래의 확정일 출급조건의 환어음을 포함하는 경우에 추심지시서에는 상업서류가 지급인에게 인수인도 (D/A) 또는 지급인도 (D/P) 중 어느 조건으로 인도되어야 하는지를 명시하여야 한다.

  그러한 명시가 없는 경우 상업서류는 지급과 상환으로만 인도되어야 하며, 추심은행은 서류인도의 지연으로 기인하는 어떠한 결과에 대해서도 책임을 지지 아니한다.

c. 추심이 장래의 확정일 출급조건의 환어음을 포함하고 추심지시서에 상업서류는 지급과 상환으로 인도되어야 한다고 명시된 경우에는, 서류는 오직 그러한 지급에 대해서만 인도되고, 추심은행은 서류인도의 지연으로 기인하는 어떠한 결과에 대해서도 책임을 지지 아니한다.

제8조 서류의 작성

추심의뢰은행이 추심은행 또는 지급인에게 추심에 포함되어 있지 않은 서류 (환어음, 약속어음, 수입화물대도증서, 약속증서 또는 기타 서류)를 작성할 것을 지시하는 경우에는 그러한 서류의 형식과 문구는 추심의뢰은행에 의해 제공되어야 한다; 그렇지 않은 경우 추심은행은 추심은행 및/또는 지급인에 의해 제공된 그러한 서류의 형식과 문구에 대하여 의무나 책임을 지지 아니한다.

D. 의무 및 책임

제9조 신의성실 및 상당한 주의

은행은 신의성실에 따라 행동하고 또 상당한 주의를 하여야 한다.

제10조 서류 대 물품/용역/이행

a. 물품은 당해은행의 사전 동의없이 어느 은행의 주소로 직접 발송되거나 은행에게 또는 은행의 지시인에게 탁송되어서는 아니된다.

  그럼에도 불구하고 물품이, 당해은행의 사전동의 없이 지급인에게 지급인도, 인수인도, 또는 기타의 조건으로 인도하기 위하여 은행의 주소로 직접 발송되거나, 은행 또는 은행의 지시인에게 탁송되는 경우에 그와 같은 은행은 물품을 인수하여야 할 의무를 지지 아니하며 그 물품은 물품을 발송하는 당사자의 위

at the risk and responsibility of the party dispatching the goods.

b. Banks have no obligation to take any action in respect of the goods to which a documentary collection relates, including storage and insurance of the goods even when specific instructions are given to do so. Banks will only take such action if, when, and to the extent that they agree to do so. Notwithstanding the provisions of sub-Article 1.c. this rule applies even in the absence of any specific advice to this effect by the collecting bank.

c. Nevertheless, in the case that banks take action for the protection of the goods, whether instructed or not, they assume no liability or responsibility with regard to the fate and/or condition of the goods and/or for any acts and/or omissions on the part of any third parties entrusted with the custody and/or protection of the goods. However, the collecting bank must advise without delay the bank from which the collection instruction was received of any such action taken.

d. Any charges and/or expenses incurred by banks in connection within any action taken to protect the goods will be for the account of the party from whom they received the collection.

e.1. Notwithstanding the provisions of sub-Article 10.a. where the goods are consigned to or to the order of the collecting bank and the drawee has honoured the collection by payment, acceptance or other terms and conditions, and the collecting bank arranges for the release of the goods, the remitting bank shall be deemed to have authorized the collecting bank to do so.

2. Where a collecting bank on the instructions of the remitting bank or in terms of e.1. above arranges for the release of the goods, the remitting bank shall indemnify such collecting bank for all damages and expenses incurred.

Article 11. Disclaimer for Acts of an Instructed Party.

a. Banks utilizing the services of another bank or other banks for the purpose of giving effect to the instructions of the principal, do so for the account and at the risk of such principal.

b. Banks assume no liability or responsibility should the instructions they transmit not be carried out, even if they have themselves taken the initiative in the choice of such other bank(s).

c. A party instructing another party to perform services shall be bound by and liable to indemnify the instructed party against all obligations and responsibilities imposed by foreign laws and usages.

Article 12. Disclaimer on Documents Received.

a. Banks must determine that the documents received appear to be as listed in the collection instruction and must advise by telecommunication or, if that is not possible, by other expeditious means, without delay, the party from whom the collection instruction was received of any documents missing, or found to be other than listed. Bank have no further obligation in this respect.

b. If the documents do not appear to be listed, the remitting bank shall be precluded from disputing the type and number of documents received by the collecting bank.

c. Subject to sub-Article 5.c. and sub-Articles a. and b. above, banks will present documents as received without further examination.

험과 책임으로 남는다.

b. 은행은 화환추심과 관련된 물품에 대하여 특별한 지시를 받은 경우라 하더라도 물품의 보관, 물품에 대한 보험을 포함하여 어떠한 조치를 취할 의무가 없다. 은행은 그와 같이 하는 것을 동의한 경우 및 동의한 범위 내에서 단지 그러한 조치를 취한다. 1조 c항의 규정에도 불구하고 본 규칙은 추심은행이 이와 같은 취지에 대하여 아무런 통지를 하지 않은 경우에도 적용된다.

c. 그럼에도 불구하고, 은행이 지시를 받았는지의 여부와는 상관없이, 그 물품의 보전을 위해 조치를 취할 경우, 은행은 그물품의 보전결과 및/또는 물품의 상태 및/또는 물품의 보관 및/또는 보전을 수탁한 어떠한 제3자 측의 모든 작위 및/또는 부작위에 대하여 아무런 의무나 책임을 지지 아니한다. 그러나, 추심은행은 추심지시서를 송부한 은행에게 그러한 조치의 내용을 지체없이 통지하여야 한다.

d. 물품을 보전하기 위하여 취해진 조치와 관련하여 은행에게 발생한 모든 수수료 및/또는 비용은 추심을 송부한 당사자의 부담으로 한다.

e. 1. 10조 a항의 규정에도 불구하고, 물품이 추심은행에게 또는 추심은행의 지시인에게 탁송되고, 지급인이 지급, 인수 또는 기타 조건으로 추심을 인수하고, 추심은행이 물품의 인도를 주선하는 경우에는, 추심의뢰은행이 추심은행에게 그렇게 하도록 수권한 것으로 간주된다.

   2. 추심은행이 추심의뢰은행의 지시에 의거하여 또는 전항의 e항 1호와 관련하여 물품의 인도를 주선하는 경우, 추심의뢰은행은 그 추심은행에게 발생한 모든 손해와 비용을 보상하여야 한다.

제11조 지시받은 당사자의 행위에 대한 면책

a. 추심의뢰인의 지시를 이행할 목적으로 그 밖의 은행 또는 다른 은행의 서비스를 이용하는 은행은 그 추시의뢰인의 비용과 위험부담으로 이를 행한다.

b. 은행은 자신이 전달한 지시가 이행되지 않는 경우에도 아무런 의무 또는 책임을 지지 아니하며, 그 은행 자신이 그러한 다른 은행의 선택을 주도한 경우에도 그러하다.

c. 다른 당사자에게 서비스를 이행하도록 지시하는 당사자는 외국의 법률과 관행에 의하여 부과되는 모든 의무와 책임을 져야 하며, 또 이에 대하여 지시받은 당사자에게 보상하여야 한다.

제12조 접수된 서류에 대한 면책

a. 은행은 접수된 서류가 외관상 추심지시서에 기재된 대로 있는가를 확인하여야 하며, 또 누락되거나 기재된 것과 다른 서류에 대하여 지체 없이 전신으로, 이것이 가능하지 않은 경우에는 다른 신속한 수단으로 추심지시서를 송부한 당사자에게 통지하여야 한다.

은행은 이와 관련하여 더 이상의 의무를 지지 아니한다.

b. 만일 외관상 서류의 목록이 기재되어 있지 아니한 경우, 추심의뢰은행은 추심은행에 의해 접수된 서류의 종류와 통수에 대하여 다툴 수 없다.

c. 5조 c항 그리고 12조 a항과 12조 b항에 따라, 은행은 더 이상의 심사없이 서류를 접수된 대로 제시한다.

Article 13. Disclaimer on Effectiveness of Documents.

Banks assume no liability or responsibility for the form, sufficiency, accuracy, genuineness, falsification or legal effect of any document(s), or for the general and/or particular conditions stipulated in the document(s) or superimposed thereon; nor do they assume any liability or responsibility for the description, quantity, weight, quality, condition, packing, delivery, value or existence of the goods represented by any document(s), or for the good faith or acts and/or omissions, solvency, performance or standing of the consignors, the consignors, the carriers, the forwarders, the consignees or the insurers or the insurers of the goods, or any other person whomsoever.

Article 14. Disclaimer on Delays, Loss in Transit and Translation.

a. Banks assume no liability or responsibility for the consequences arising out of delay and/or loss in transit of any message(s), letter(s) or document(s), or for delay, mutilation or other error(s) arising in transmission of any telecommunication or for error(s) in translation and/or interpretation of technical terms.

b. Banks will not be responsible for any delays resulting from the need to obtain clarification of any instructions received.

Article 15. Force Majeure.

Banks assume no liability or responsibility for consequences arising out of the interruption of their business by Acts of God, riots, civil commotions, insurrections, wars, or any other causes beyond their control or by strikes or lockouts.

E. PAYMENT

Article 16. Payment without Delay.

a. Amounts collected (less charges and/or disbursements and/or expenses where applicable) must be made available without delay to the party from whom the collection instruction was received in accordance with the terms and conditions of the collection instruction.

b. Notwithstanding the provisions of sub-Article 1.c. and unless otherwise agreed, the collecting bank will effect payment of the amount collected only in favour of the remitting banks.

Article 17. Payment in Local Currency.

In the case of documents payable in the currency of the country of payment (local currency), the presenting bank must, unless otherwise instructed in the collection instruction, release the documents to the drawee against payment in local currency only if such currency is immediately available for disposal in the manner specified in the collection instruction.

Article 18. Payment in Foreign Currency.

In the case of documents payable in a currency other than that of the country of payment (foreign currency), the presenting bank must, unless otherwise instructed in the collection instruction, release the documents to the drawee against payment in the relative foreign

제13조 서류의 효력에 대한 면책

은행은 어떠한 서류이든 그 형식, 충분성, 정확성, 진정성, 위조 또는 법적 효력에 대하여, 또는 서류상에 명기 또는 부기된 일반조건 및/또는 특별조건에 대하여 어떠한 의무나 책임을 지지 않으며; 또한 은행은 어떠한 서류에 의해 표시되어 있는 물품의 명세, 수량, 중량, 품질, 상태, 포장, 인도, 가치 또는 존재에 대하여, 또는 물품의 송화인, 운송인, 운송주선인, 수화인, 또는 보험자, 또는 기타 당사자의 성실성, 작위 및/또는 부작위, 지급능력, 이행 또는 신용상태에 대하여 어떠한 의무나 책임을 지지 아니한다.

제14조 송달 및 번역 중의 지연, 멸실에 대한 면책

a. 은행은 모든 통보, 서신, 또는 서류의 송달 중의 지연 및/또는 멸실로 인하여 발생하는 결과, 또는 모든 전신의 송달 중에 발생하는 지연, 훼손 또는 기타의 오류, 또는 전문용어의 번역 및/또는 해석상의 오류에 대하여 어떠한 의무나 책임을 지지 아니한다.

b. 은행은 접수된 지시의 명확성을 기하기 위한 필요에서 기인하는 어떠한 지연에 대해서도 책임을 지지 아니한다.

제15조 불가항력

은행은 천재, 폭동, 소요, 반란, 전쟁 또는 기타 은행이 통제할 수 없는 원인에 의하거나, 또는 동맹파업 또는 직장폐쇄에 의하여 은행업무가 중단됨으로써 발생하는 결과에 대하여 어떠한 의무나 책임을 지지 아니한다.

E. 지급

제16조 지연 없는 지급

a. 추심금액(해당되는 경우 수수료 및/또는 지출금 및/또는 비용을 공제하고)은 추심지시서의 조건에 따라 추심지시서를 송부한 당사자에 지체없이 지급되어야 한다.

b. 1조 c항의 규정에도 불구하고, 별도의 합의가 없는 경우에는 추심은행은 오직 추심의뢰은행 앞으로 추심금액의 지급을 행한다.

제17조 내국통화에 의한 지급

지급국가의 통화(내국통화)로 지급할 수 있는 서류의 경우, 제시은행은 추심지시서에 별도의 지시가 없는 한, 내국통화가 추심지시서에 명시된 방법으로 즉시 처분할 수 있는 경우에만 내국통화에 의한 지급에 대하여 지급인에게 서류를 인도하여야 한다.

제18조 외국통화에 의한 지급

지급국가의 통화 이외의 통화(외국통화)로 지급할 수 있는 서류의 경우, 제시은행은 추심지시서에 별도의 지시가 없는 한, 지정된 외국통화가 추심지시서의 지시에 따라 즉시 송금될 수 있는 경우에 한하여 그 외국

currency only if such foreign currency can immediately be remitted in accordance with the instructions given in the collection instruction.

Article 19. Partial Payments.

a. In respect of clean collections, partial payments may be accepted if and to the extent to which and on the conditions on which partial payments are authorized by the law in force in the place of payment. The financial document(s) will be released to the drawee only when full payment thereof has been received.

b. In respect of documentary collections, partial payments will only be accepted if specifically authorized in the collection instruction, However, unless otherwise instructed, the presenting bank will release the documents to the drawee only after full payment has been received, and the presenting bank will not be responsible for any consequences arising out of any delay in the delivery of documents.

c. In all cases partial payments will be accepted only subject to compliance with the provisions of either Article 17 or Article 18 as appropriate.

Partial payment, if accepted, will be dealt with in accordance with the provisions of Article 16.

F. INTEREST, CHARGES AND EXPENSES

Article 20. Interest.

a. If the collection instruction specifies that interest is to be collected and the drawee refuses to pay such interest, the presenting bank may deliver the document(s) against payment or acceptance or on other terms and conditions as the case may be without collecting such interest, unless sub-Article 20.c. applies.

b. Where such interest is to be collected, the collection instruction must bear an indication of the rate of interest, interest period and basis of calculation.

c. Where the collection instruction expressly states that interest may not be waived and the drawee refuses to pay such interest the presenting bank will not deliver documents and will not be responsible for any consequences arising out of any delay in the delivery of document(s). When payment of interest has been refused, the presenting bank must inform by telecommunication or, if that is not possible, by other expeditious means without delay the bank from whom the collection instruction was received.

Article 21. Charges and Expenses.

a. If the collection instruction specifies that collection charges and/or expenses are to be for account of the drawee and the drawee refuses to pay them, the presenting bank may deliver the document(s) against payment or acceptance or on other terms and conditions as the case may be, without collecting charges and/or expenses, unless sub-Article 21.b. applies.

Whenever collection charges and/or expenses are so waived they will be for the account of the party from whom the collection was received and may be deducted from the proceeds.

통화에 의한 지급에 대하여 지급인에게 서류를 인도하여야 한다.

제19조 분할지급

a. 무화환추심에 있어서 분할 지급은 지급지의 유효한 법률에 의하여 허용되는 경우 그 범위와 조건에 따라 인정될 수 있다. 금융서류는 그 전액이 지급되었을 때에 한하여 지급인에게 인도된다.

b. 화환추심에 있어서, 분할 지급은 추심지시서에 특별히 수권된 경우에만 인정된다. 그러나 별도의 지시가 없는 한, 제시은행은 그 전액을 지급받은 후에 지급인에게 서류를 인도하며, 제시은행은 서류인도의 지연에서 야기되는 어떠한 결과에 대해서도 책임을 지지 아니한다.

c. 모든 경우에 있어서 분할 지급은 제17조 또는 제18조의 해당되는 규정에 따라서만 허용된다.
   분할지급이 허용되는 경우 제16조의 규정에 따라 처리되어야 한다.

F. 이자, 수수료 및 비용

제20조 이자

a. 추심지시서에서 이자가 추심되어야 함을 명시하고 지급인이 그이자의 지급을 거절할 경우에는 20조 c항에 해당되지 아니하는 한 제시은행은 그 이자를 추심하지 아니하고 서류를 경우에 따라서 지급인도 또는 인수인도, 또는 기타의 조건으로 인도할 수 있다.

b. 그 이자가 추심되어야 하는 경우, 추심지시서에는 이자율, 이자지급기간과 계산근거를 명시하여야 한다.

c. 추심지시서가 이자는 포기될 수 없음을 명확하게 기재하고 또한 지급인이 그 이자의 지급을 거절하는 경우, 제시은행은 서류를 인도하지 아니하며, 서류인도의 지연에서 비롯되는 어떠한 결과에 대해서도 책임을 지지 아니한다. 이자의 지급이 거절되었을 경우, 제시은행은 전신, 또는 그것이 가능하지 않은 경우에는 다른 신속한 수단으로 지체없이 추심지시서를 송부한 은행에 통지하여야 한다.

제21조 수수료 및 비용

a. 추심지시서에 추심수수료 및/또는 비용은 지급인의 부담으로 하도록 명시하고 있으나 그 지급인이 이의 지급을 거절하는 경우에는 제시은행은 21조 b항에 해당하지 아니하는 한 수수료 및/또는 비용을 추심하지 아니하고 경우에 따라서 지급인도, 인수인도, 또는 기타 조건으로 서류를 인도할 수 있다.
   추심수수료 및 또는 비용이 포기된 경우, 이는 추심을 송부한 당사자의 부담으로 하며 대금에서 공제될 수 있다.

b. Where the collection instruction expressly states that charges and/or expenses may not be waived and the drawee refuses to pay such charges and/or expenses, the presenting bank will not deliver documents and will not be responsible for any consequences arising out of any delay in the delivery of the document(s). When payment of collection charges and/or expenses has been refused the presenting bank must inform by telecommunication or if that is not possible by other expeditious means without delay the bank whom the collection instruction was received.

c. In all cases where in the express terms of a collection instruction or under these Rules, disbursements and/or expenses and/or collection charges are to be borne by the principal, the collecting bank(s) shall be entitled to recover promptly outlays in respect of disbursements, expenses and charges from the bank from whom the collection instruction was received, and the remitting bank shall be entitled to recover promptly from the principal any amount so paid out by it, together with its own disbursements, expenses and charges, regardless of the fate of the collection.

d. Banks reserve the right to demand payment of charges and/or expenses in advance from the party from whom the collection instruction was received to cover costs in attempting to carry out any instructions, and pending receipt of such payment, also reserve the right not to carry out such instructions.

G. OTHER PROVISIONS

Article 22. Acceptance.

The presenting bank is responsible for seeing that the form of the acceptance of a bill of exchange appears to be complete and correct, but is not responsible for the genuineness of any signature or for the authority of any signatory to sign the acceptance.

Article 23. Promissory Notes and Other Instruments.

The presenting bank is not responsible for the genuineness of any signature or for the authority of any signatory to sign a promissory note, receipt, or other instruments.

Article 24. Protest.

The collection instruction should give specific instructions regarding protest (or other legal process in lieu therof), in the event of non-acceptance or non-payment.

In the absence of such specific instructions, the banks concerned with the collection have no obligation to have the document(s) protested (or subjected to other legal process in lieu thereof) for non-payment or non-acceptance.

Any charges and/or expenses incurred by banks in connection with such protest, or other legal process, will be for the account of the party from whom the collection instruction was received.

Article 25. Case-of-Need.

If the principal nominates a representative to act as case-of-need in the event of non-acceptance and/or non-payment the collection instruction should clearly and fully indicate the powers of such case-of-need. In the absence of such

b. 추심지시서에 수수료 및 또는 비용은 포기될 수 없음을 명확하게 기재하고 지급인이 수수료 및 비용의 지급을 거절하는 경우, 제시은행은 서류를 인도하지 아니하며, 서류인도의 지연에서 비롯되는 어떠한 결과에 대해서도 책임을 지지 아니한다. 추심수수료 및/또는 비용의 지급이 거절되었을 경우 제시은행은 전신, 또는 그것이 가능하지 않은 경우에는, 다른 신속한 수단으로 지체없이 추심지시서를 송부한 은행에 통지하여야 한다.

c. 추심지시서에 명시된 조건에 의하거나 또는 이 규칙 하에서 지출금 및/또는 비용 및/또는 추심수수료를 추심의뢰인의 부담으로 하는 모든 경우에 있어서 추심은행은 지출금, 비용 및 수수료와 관련한 지출경비를 추심지시서를 송부한 은행으로부터 즉시 회수할 권리를 가지며, 추심의뢰은행은 추심의 결과에 관계없이 자행이 지급한 지출금, 비용 및 수수료를 포함하여 이렇게 지급한 모든 금액을 추심의뢰인으로부터 즉시 상환 받을 권리가 있다.

d. 은행은 어떤 지시를 이행하려고 시도하는 데 있어서의 경비를 충당하기 위하여 추심지시서를 송부한 당사자에게 수수료 및 비용의 선지급을 요구할 권리를 보유하며, 그 지급을 받을 때까지, 또한 그 지시를 이행하지 아니할 권리를 보유한다.

G. 기타 규정

제22조 인수

제시은행은 환어음의 인수의 형식이 외관상 완전하고 정확한지를 확인하여야 할 책임이 있다. 그러나 제시은행은 어떠한 서명의 진정성이나 인수의 서명을 한 어떠한 서명인의 권한에 대하여 책임을 지지 아니한다.

제23조 약속어음 및 기타 증서

제시은행은 어떠한 서명의 진정성 또는 약속어음, 영수증, 또는 기타 증서에 서명을 한 어떠한 서명인의 권한에 대하여 책임을 지지 아니한다.

제24조 거절증서

추심지시서에는 인수거절 또는 지급거절의 경우에 있어서의 거절증서(또는 이에 갈음하는 기타 법적 절차)에 관한 특정한 지시를 명기하여야 한다.

이러한 특정한 지시가 없는 경우 추심에 관여하는 은행은 지급거절 또는 인수거절에 대하여 서류의 거절증서를 작성하여야 할(또는 이에 갈음하는 법적절차를 취해야 할) 의무를 지지 아니한다.

이러한 거절증서 또는 기타 법적 절차와 관련하여 은행에게 발생하는 모든 수수료 및/또는 비용은 추심지시서를 송부한 당사자의 부담으로 한다.

제25조 예비지급인

추심의뢰인이 인수거절 및/또는 지급거절에 대비하여 예비지급인으로서 행동할 대리인을 지명하는 경우에는, 추심지시서에 그러한 예비지급인의 권한에 대하여 명확하고 완전한 지시를 하여야 한다. 이러한 지

indication banks will not accept any instructions from the case-of-need.

Article 26. Advices.

Collecting banks are to advise fate in accordance with the following rules :

a. Form of Advice : All advices or information from the collecting bank to the bank from which the collection instruction was received, must bear appropriate details including, in all cases, the latter bank's reference as stated in the collection instruction.

b. Method of advice : It shall be the responsibility of the remitting bank to instruct the collecting bank the method by which the advices detailed in c.1. c.2. and c.3. are to be given. In the absence of such instructions, the collecting bank will send the relative advices by the method of its choice at the expense of the bank from which the collection instruction was received.

c. 1. Advice of Payment : The collecting bank must send without delay advice of payment to the bank from which the collection instruction was received, detailing the amount or amounts collected, charges and/or disbursements and/or expenses deducted, where appropriate, and method of disposal of the funds.

2. Advice of Acceptance : The collecting bank must send without delay advice of acceptance to the bank from which the collection instruction was received.

3. Advice of Non-Payment or Non-Acceptance : The presenting bank should endeavor to ascertain the reasons for non-payment or non-acceptance and advice accordingly, without delay, the bank from which the collection instruction was received.

The presenting bank must send without delay advice of non-payment or advice of non-acceptance to the bank from which the collection instruction was received.

On receipt of such advice the remitting bank must give appropriate instructions as to the further handling of the documents. If such instructions are not received by the presenting bank within 60 days after its advice of non-payment or non-acceptance, the documents may be returned to the bank from which the collection instruction was received without any further responsibility on the part of the presenting bank.

시가 없는 경우 은행은 예비지급인으로부터의 어떠한 지시에도 응하지 아니한다.

제26조 통지

추심은행은 다음의 규칙에 따라 추심결과를 통지하여야 한다:

a. 통지형식

추심은행이 추심지시서를 송부한 은행으로 보내는 모든 지시 또는 정보에는 항상 추심지지서에 기재된 대로 추심지시서 송부은행의 참조번호를 포함한 적절한 명세가 기재되어야 한다.

b. 통지방법

추심의뢰은행은 추심은행에게 c항 1호, c항 2호 및 c항 3호에 상술된 통지가 행해져야 하는 방법을 지시하여야 할 의무가 있다. 이러한 지시가 없는 경우, 추심은행은 자신이 선택한 방법으로 추심지시서를 송부한 은행의 부담으로 관련된 통지를 보낸다.

c. 1.   지급통지

추심은행은 추심지시서를 송부한 은행에게 추심금액, 충당한 경우 공제한 수수료 및/또는 지출금 및/또는 비용 및 그 자금의 처분방법을 상술한 지급통지를 지체 없이 송부하여야 한다.

2.   인수통지

추심은행은 추심지시서를 송부한 은행으로 인수통지를 지체 없이 송부하여야 한다.

3.   지급거절 및/또는 인수거절통지

제시은행은 추심지시서를 송부한 은행에게 지급거절 또는 인수거절의 사유를 확인하기 위하여 노력하고 그 결과를 지체 없이 통지하여야 한다.

제시은행은 추심지시서를 송부한 은행에게 지급거절 및/또는 인수거절의 통지를 지체 없이 송부하여야 한다.

추심의뢰은행은 이러한 통지를 받는 대로 향후의 서류취급에 대한 적절한 지시를 하여야 한다. 제시은행은 지급거절 및/또는 인수거절을 통지한 후 60일 이내에 이러한 지시를 받지 못한 경우에 제시은행 측에 더 이상의 책임 없이 서류를 추심지시서를 송부한 은행으로 반송할 수 있다.

4-7 The Uniform Rules for Electronic Collections, 2019

Article e1. Application of the eURC

a. A collection instruction should only indicate that it is subject to the Uniform Rules for Collections (URC522) Supplement for Electronic Presentation ("eURC") where a prior arrangement exists between the remitting bank and the collecting or presenting bank, for the presentation of electronic records alone or in combination with paper documents.

b. Such prior arrangement should specify:

the format in which each electronic record will be issued and presented; and

the place for presentation, to the collecting or presenting bank.

Article e2. Scope of the eURC

a. The eURC supplements the Uniform Rules for Collections (1995 Revision, ICC Publication No. 522) ("URC") in order to accommodate presentation of electronic records alone or in combination with paper documents.

b. The eURC shall apply where a collection instruction indicates that it is subject to the eURC ("eURC collection instruction").

c. This version is Version 1.0. An eURC collection instruction must indicate the applicable version of the eURC. If not indicated, it is subject to the version in effect on the date the eURC collection instruction is issued or, if made subject to the eURC by an amendment, the date of that amendment.

Article e3. Relationship of the eURC to the URC

a. An eURC collection instruction is also subject to the URC without express incorporation of the URC.

b. Where the eURC applies, its provisions shall prevail to the extent that they would produce a result different from the application of the URC.

c. Where an eURC collection instruction is issued but the presentation consists of only paper documents, the URC alone shall apply.

Article e4. Definitions

a. Where the following terms are used in the URC, for the purpose of applying the URC to an electronic record presented under an eURC collection instruction, the term:

"advices" includes electronic records originating from a data processing system;

"collection instruction" shall include an instruction originating from a data processing system;

"document" shall include an electronic record;

"place for presentation" of an electronic record means an electronic address of a data processing system;

4-7 전자추심에 관한 규칙, 2019

제e1조 eURC의 적용

a. 추심명령은 단독 또는 종이서류와의 혼합으로 전자기록의 제시를 수용하기 위하여 추심의뢰은행과 추심 또는 제시은행 사이에 사전합의가 존재하는 경우 URC (Uniform Rules for Collections)의 적용을 받는 것만 표시해야 한다.

b. 그러한 사전 준비는 다음을 명시해야 한다:
   - 각 전자 기록이 발행되고 제시되는 형식;
   - 추심 또는 제시은행의 제시장소.

제e2조 eURC의 범위

a. eURC는 전자 기록 단독 또는 종이 문서와 함께 전자기록의 제시를 수용하기 위하여 추심을 위한 통일규칙 (1995 개정, ICC 출판 번호 522) ("URC")을 보충하는 것이다.

b. eURC는 추심명령이 eURC의 적용 대상임을 나타내는 경우에 적용된다 ("eURC추심명령").

c. 이 판은 1.0판이다. eURC 추심지침은 해당 버전을 표시해야 한다. 표시되지 않은 경우, eURC 추심명령이 발행된 날짜 또는 개정에 의해 eURC의 적용을 받는 경우 해당 개정 날짜에 유효한 버전이 적용된다.

제e3조 eURC와 URC의 관계

a. eURC 추심명령은 URC에 대한 명시적인 표현이 없어도 URC가 적용된다.

b. eURC가 적용되는 경우, 그 규정들이 URC의 적용과는 다른 결과를 발생시키는 범위까지 그 규정이 우선한다.

c. eURC 추심명령이 발행 되었지만 제시가 종이문서로만 구성된 경우 URC만 적용된다.

제e4조 정의

a. URC에 다음 용어가 사용되는 경우, eURC 추심명령에 따라 제시된 전자기록에 URC를 적용하기 위해 사용되는 언어는 다음과 같다.

   "조언"에는 데이터 처리 시스템에서 발생하는 전자기록을 포함하여야 한다.

   "추심명령"은 데이터 처리 시스템에서 시작된 명령을 포함해야 한다.

   "문서"에는 전자기록이 포함된다.

   전자기록의 "제시 장소"는 데이터 처리 시스템의 전자 주소를 의미하고;

"sign" and the like shall include an electronic signature;

"superimposed" means data content whose supplementary character is apparent in an electronic record.

b. The following terms used in the eURC shall have the following meaning:

"data corruption" means any distortion or loss of data that renders the electronic record, as it was presented, unreadable in whole or in part;

"data processing system" means a computerised or an electronic or any other automated means used to process and manipulate data, initiate an action or respond to data messages or performances in whole or in part;

"electronic record" means data created, generated, sent, communicated, received or stored by electronic means including, where appropriate, all information logically associated with or otherwise linked together so as to become part of the record, whether generated contemporaneously or not, that is:

capable of being authenticated as to the apparent identity of a sender and the apparent source of the data contained in it, and as to whether it has remained complete and unaltered, and capable of being viewed to ensure that it represents the type and/or description of the electronic record listed on the eURC collection instruction;

"electronic signature" means a data process attached to or logically associated with an electronic record and executed or adopted by a person in order to identify that person and to indicate that person's authentication of the electronic record;

"format" means the data organisation in which the electronic record is expressed or to which it refers;

"paper document" means a document in a paper form;

"presenter" means the principal or a party that makes a presentation on behalf of the principal;

"received" means when an electronic record enters a data processing system, at the agreed place for presentation, in a format capable of being accepted by that system. Any acknowledgement of receipt generated by that system is not to be construed that the electronic record has been authenticated and/ or viewed under the eURC collection instruction;

"re-present" means to substitute or replace an electronic record already presented.

Article e5. Electronic Records and Paper Documents v. Goods, Services or Performance

Banks do not deal with the goods, services or performance to which an electronic record or paper document may relate. A

Article e6. Format

a. An eURC collection instruction must indicate the format of each electronic record.

b. i . The format of each electronic record must be as previously arranged between the remitting bank and the collecting or presenting bank, as required by sub-article e1 (b).

ii . An electronic record received in a format that has not previously been agreed may be treated as not received, and the collecting or presenting bank must inform the remitting bank accordingly.

"표지"등은 전자서명을 포함해야 한다;

"중첩됨 (superimposed)"은 전자 기록에서 보충 특성이 분명한 데이터 내용을 의미한다.

b. eURC에 사용된 다음 용어의 의미는 다음의 의미를 가져야 한다.

"데이터 손상"은 제시된 전자기록의 전체 또는 부분적으로 읽을 수 없는 데이터의 왜곡 또는 손실을 의미한다.

"데이터 처리 시스템"은 데이터를 처리 및 조작하거나, 행동을 시작하거나, 데이터 메시지 또는 성능에 전체 또는 부분적으로 응답하는 데 사용되는 컴퓨터 또는 전자 또는 기타 자동화 수단을 의미한다.

"전자 기록"은 동시 발생 여부에 관계 없이, 기록의 일부가 되기 위해 논리적으로 연관되거나 서로 연결된 모든 정보를 포함하는 전자적 수단에 의해 생성, 생성, 전송, 전달, 수신 또는 저장되는 데이터를 의미한다.

발신자의 명백한 신원과 그 안에 포함된 데이터의 명백한 출처, 그리고 완전하고 변경되지 않은 상태인지에 대해 인증될 수 있으며, eURC 추심명령에 나열된 전자기록의 유형 및 또는 설명을 나타내는지 확인할 수 있다.

"전자 서명"이란 전자 기록에 첨부되거나 논리적으로 연관되어 있고 그 사람을 식별하고 그 사람의 전자 기록 인증을 나타내기 위해 개인이 실행 또는 채택한 데이터 프로세스를 의미한다.

"형식"은 전자 기록이 표현되거나 참조되는 데이터 구성을 의미한다.

"종이 문서"는 종이 형태의 문서를 의미한다.

"제시자"는 당사자 또는 당사자를 대신하여 제시하는 당사자를 의미한다.

"수신된"은 전자기록이 합의된 제시장소에서 해당 시스템에 의해 수용될 수 있는 형식으로 데이터 처리 시스템에 들어갈 때를 의미한다. 해당 시스템에 의해 생성된 영수증에 대한 확인은 전자 기록이 eURC 추심명령에 의해 인증 및 또는 본 것으로 해석되어서는 안 된다.

"재존재"는 이미 제시된 전자 기록을 대체하거나 교체하는 것을 의미한다.

제e5조 전자 기록 및 종이 문서 v. 제품, 서비스 또는 성능

은행은 전자 기록 또는 종이 문서와 관련된 상품, 서비스 또는 성능을 다루지 않는다.

제e6조 형식

a. eURC 추심명령은 각 전자기록의 형식을 나타내야 한다.

b ⅰ. 각 전자기록의 형식은 하위 조항 e1 (b)에 의해 요구되는 바와 같이, 추심의뢰은행과 추심 또는 제시은행 사이에 미리 나열된 것과 같아야 한다.

ⅱ. 이전에 합의되지 않은 형식으로 수신된 전자기록은 수신되지 않은 것으로 취급될 수 있으며, 추심 또는 제시은행은 그에 따라 추심의뢰은행에 알려야 한다.

Article e7. Presentation

a. When electronic records alone are presented under an eURC collection instruction, these must be accessible to a collecting or presenting bank at the time the collecting or presenting bank receives the eURC collection instruction.

b. When electronic records, in combination with paper documents, are presented by the remitting bank under an eURC collection instruction, all the electronic records referred to in the eURC collection instruction must be accessible to the collecting or presenting bank at the time the collecting or presenting bank receives the eURC collection instruction enclosing the paper documents.

c. An electronic record that cannot be authenticated is deemed not to have been presented.

d.   ⅰ. The remitting bank is responsible for ensuring that each presentation of an electronic record, and any presentation of paper documents, identifies the eURC collection instruction under which presentation is being made. For electronic records this may be by specific reference thereto in the electronic record itself, or in metadata attached or superimposed thereto, or by identification in the eURC collection instruction itself.

   ⅱ. Any electronic record or paper document not so identified may be treated as not received.

Article e8. Advice of Non-Payment or Non-Acceptance

If a collecting or presenting bank receives an eURC collection instruction and issues an advice of non- payment and/or non-acceptance to the bank from which it received the collection instruction and does not receive instructions from such bank for the disposition of the electronic records within 60 calendar days from the date the advice of non-payment and/or non- acceptance is given, the collecting or presenting bank may dispose of the electronic records in any manner deemed appropriate without any responsibility.

Article e9. Determination of a Due Date

When settlement under an eURC collection instruction is due a number of days after the date of shipment or dispatch of the goods, or a number of days after any other date appearing in an electronic record, an eURC collection instruction must indicate the due date.

Article e10. Release of Electronic Records

a. An eURC collection instruction must indicate the manner in which electronic records may be accessed by the drawee.

b. When electronic records are presented in combination with paper documents, and one of those paper documents is a bill of exchange that is to be accepted by the drawee, the electronic records and paper documents are to be released against acceptance of the bill of exchange (D/A) and the eURC collection instruction must indicate the manner in which those electronic records may be accessed by the drawee.

Article e11. Data Corruption of an Electronic Record

a. If an electronic record that has been received by a bank appears to have been corrupted, the remitting bank may inform the presenter, or the collecting or presenting bank may inform the remitting bank, and may request it to re-present the electronic record.

제e7조 제시

a. 전자기록은 eURC 추심지시에 따라 제시될 때, 추심 또는 제시은행이 eURC 추심명령을 받을 때 추심 또는 제시은행이 접근할 수 있어야 한다.

b. 종이문서와 함께 전자기록이 eURC 추심명령에 따라 송금은행에 의해 제시될 때, eURC 추심명령에 언급된 모든 전자기록은 추심 또는 제시시점에 추심 또는 제시은행이 접근할 수 있어야 한다. 은행은 서류를 동봉하는 eURC 추심명령을 받는다.

c. 인증할 수 없는 전자기록은 제시되지 않은 것으로 간주된다.

d. i. 제시가 된 상황에서 송금은행은 각 전자기록의 제시와 종이서류의 제시가 추심명령을 확인하는 것을 보장할 책임이 있다.

  ii. 식별되지 않은 전자 기록 또는 종이 문서는 받지 않은 것으로 취급될 수 있다.

제e8조 미결제 또는 비수락에 대한 통지

추심 또는 제시 은행이 eURC 추심명령을 받고 추심명령을 받은 은행에 미결제 및 / 또는 비수락 통지를 발행하고 전자기록 처분에 대한 지시를 받지 않은 경우 미결제 및 / 또는 비수락 통지가 접수된 날로부터 60일 이내에, 수집 또는 제시은행은 전자 기록을 책임없이 적절한 방식으로 처분할 수 있다.

제e9조 마감일 결정

eURC 추심지시에 따른 정산이 제품 선적 또는 발송일 이후 며칠 또는 전자기록에 다른 날짜가 표시된 후 며칠이 지난 경우 eURC 추심지시에 마감일 기한이 표시되어야 한다.

제e10조 전자기록의 공개

a. eURC 추심명령은 수취인이 전자기록에 액세스할 수 있는 방식을 표시해야 한다.

b. 전자 기록이 종이 문서와 함께 제시되고 그 종이문서 중 하나가 수취인이 수락하는 환어음인 경우, 전자기록 및 종이문서는 환어음의 수락을 조건으로 공개해야 하며, eURC 추심명령은 해당 전자기록이 수취인이 액세스 할 수 있는 방식을 표시해야 한다.

제e11조 전자 기록의 데이터 손상

a. 은행이 수령 한 전자 기록이 손상된 것으로 보이면 송금은행은 제시자에게 알리거나 추심 또는 제시은행이 송금은행에 알리고 전자기록을 다시 제시하도록 요청할 수 있다.

b. If a collecting or presenting bank makes such a request and the presenter or remitting bank does not re-present the electronic record within 30 calendar days, the collecting or presenting bank may treat the electronic record as not presented and may dispose of the electronic records in any manner deemed appropriate without any responsibility.

Article e12. Additional Disclaimer of Liability for Presentation of Electronic Records under eURC

a. By satisfying itself as to the apparent authenticity of an electronic record, a bank assumes no liability for the identity of the sender, source of the information, or its complete and unaltered character other than that which is apparent in the electronic record received by the use of a data processing system for the receipt, authentication, and identification of electronic records.

b. A bank assumes no liability or responsibility for the consequences arising out of the unavailability of a data processing system other than its own.

Article e13. Force Majeure

A bank assumes no liability or responsibility for the consequences arising out of the interruption of its business, including but not limited to its inability to access a data processing system, or a failure of equipment, software or communications network, caused by Acts of God, riots, civil commotions, insurrections, wars, acts of terrorism, cyberattacks, or by any strikes or lockouts or any other causes, including failure of equipment, software or communications networks, beyond its control.

4-8 The Uniform Rules for Bank-to Bank Reimbursement under Documentary Credits, 2008

Article 1. Application of URR

The Uniform Rules, ICC Publication No. 725, should apply to any bank-to-bank repayment when the content of the repayment approval explicitly demonstrates that it is liable to these standards. They are official on all gatherings thereto, unless explicitly altered or prohibited by the repayment approval. The issuing bank is in charge of showing in the narrative ("credit") that repayment is liable to these tenets. In a bank-to-bank repayment subject to these tenets, the repaying bank follows up on the directions and under the specialist of the issuing bank. These guidelines are not expected to supersede or change the arrangements of the Uniform Customs and Practice for Documentary Credits.

Article 2. Definitions

With the end goal of these standards, the accompanying terms might have the significance determined in this article and might be utilized as a part of the particular or plural as suitable:

b. 추심은행 또는 제시은행이 그러한 요청을 하고 제시자 또는 송금은행이 30일 이내에 전자기록을 다시 제시하지 않는 경우, 추심은행 또는 제시은행은 전자기록을 제시되지 않은 것으로 취급하고 전자 기록을 폐기할 수 있으며, 어떠한 책임도 지지 않는다.

제e12조 eURC에 의거한 전자기록의 제시를 위한 책임의 추가적인 면책

a. 은행은 전자기록의 명백한 진정성에 대해 스스로를 만족시킴으로써, 발신자의 신원, 정보의 출처, 또는 수신 된 전자기록에 명백한 것 이외의 완전하고 변경되지 않은 성격에 대한 책임을 지지 않는다.

b. 은행은 자신의 데이터 처리 시스템 이외의 데이터 처리 시스템을 사용할 수 없기 때문에 발생하는 결과에 대해 책임을 지지 않는다.

제e13조 불가항력

은행은 폭동, 민사 동맹, 반란, 전쟁, 테러 행위, 사이버 공격 또는 파업이나 폐쇄 또는 통제할 수 없는 장비, 소프트웨어 또는 통신 네트워크 장애를 포함한 기타 모든 원인으로 인해 데이터 처리 시스템에 액세스 할 수 없거나 장비, 소프트웨어 또는 통신 네트워크의 장애, 신의 행위에 의한 장애 등 비즈니스 중단으로 인해 발생하는 결과에 대해 책임을 지지 않는다.

4-8 은행간 신용장 대금상환에 관한 규칙, 2008

제1조 은행간 신용장 대금상환에 관한 통일규칙의 적용

화환신용장에 따른 은행간 대금상환에 관한 통일규칙 (이하 "규칙"으로 한다). ICC간행물 번호 725는, 그 준거문언이 상환수권서에 삽입되어 있는 경우 모든 은행간 대금상환에 적용된다. 본 규칙은 상환수권서에 달리 명시적으로 규정되지 않는 한 모든 관계당사자를 구속한다. 발행은행은 화환신용장(이하 '신용장'으로 한다)에 대금상환청구가 본 규칙의 적용을 받는다는 것을 명시할 책임이 있다.

본 규칙의 적용을 받는 은행간 대금상환에 있어, 상환은행은 발행은행의 지시 및 또는 수권에 의하여 업무를 수행한다.

본 규칙은 ICC화환신용장통일규칙의 규정에 우선하거나 변경하려는 것이 아니다.

제2조 정의

본 규칙에 사용된 다음의 용어는 이 조항에 정의된 의미를 가지며, 단수 또는 복수로 적절하게 사용될 수 있다.

a. "Issuing bank" implies the bank that has issued a credit and the repayment approval under that credit.

b. "Repaying bank" implies the bank trained or approved to give repayment according to a repayment approval issued by the issuing bank.

c. "Repayment approval" implies a direction or approval, autonomous of the credit, issued by an issuing bank to a repaying bank to repay a guaranteeing bank or, if so asked for by the issuing bank, to acknowledge and pay a period draft drawn on the repaying bank.

d. "Repayment correction" implies a guidance from the issuing bank to a repaying bank expressing changes to a repayment approval.

e. "Asserting bank" implies a bank that distinctions or arranges a credit and introduces a repayment claim to the repaying bank. "Guaranteeing bank" incorporates a bank approved to introduce a repayment claim to the repaying bank for the benefit of the bank that distinctions or arranges.

f. "Repayment assert" implies a demand for repayment from the guaranteeing bank to the repaying bank.

g. "Repayment undertaking" implies a different unavoidable endeavor of the repaying bank, issued upon the approval or demand of the issuing bank, to the guaranteeing bank named in the repayment approval, to respect that bank's repayment guarantee, gave the terms and states of the repayment undertaking have been conformed to.

h. "Repayment undertaking revision" implies an exhortation from the repaying bank to the guaranteeing bank named in the repayment approval expressing changes to a repayment undertaking.

i. With the end goal of these principles, branches of a bank in various nations are thought to be separate banks.

Article 3. Reimbursement Authorizations Versus Credits

A repayment approval is separate from the credit to which it refers,and a repaying bank isn't worried about or bound by the terms and states of the credit, regardless of whether any reference at all to it is incorporated into the repayment approval.

Article 4. Honour of a Reimbursement Claim

But as gave by the terms of its repayment undertaking, a repaying bank isn't committed to respect a repayment assert.

Article 5. Responsibility of the Issuing Bank

The issuing bank is in charge of giving the data required in these principles in both the repayment approval and the credit, and is in charge of any outcomes coming about because of resistance with this arrangement.

Article 6. Issuance and Receipt of a Reimbursement Authorization or Reimbursement Amendment

a. All repayment approvals and repayment revisions must be issued as a validated teletransmission or a marked letter. At the point when a credit or alteration thereto which affects the repayment approval is issued by teletransmission, the issuing bank ought to prompt its repayment approval or repayment correction to the

a. "발행은행"은 신용장을 발행하고, 그 신용장에 따라서 대금상환수권을 발행한 은행을 의미한다.

b. "상환은행"은 발행은행이 발행한 상환수권에 따라서 대금상환을 하도록 지시받고 및/또는 권한을 부여 받은 은행을 의미한다.

c. "상환수권"은 상환청구은행에게 대금상환을 하도록, 혹은 발행은행의 요청이 있는 경우에는 상환은행을 지급인으로 발행된 기한부 어음을 인수 및 지급하도록, 발행은행이 상환은행에게 발행하는, 신용장과는 독립된 지시 및/또는 수권을 의미한다.

d. "상환조건변경"은 발행은행이 상환은행에게 보내는, 상환수권에 대한 조건변경을 명시하는 통지를 의미한다.

e. "상환청구은행"은 신용장에 따라 지급, 연지급확약, 어음의 인수 또는 매입을 하고, 상환은행에게 상환청구를 제시하는 은행을 의미한다. "상환청구은행"은 지급, 연지급확약, 어음의 인수 또는 매입을 하는 은행을 대신하여 상환은행에게 상환청구를 제시하도록 권한을 부여 받은 은행을 포함한다.

f. "상환청구"는 상환청구은행이 상환은행에게 하는 대금상환요청을 의미한다.

g. "상환확약"은 발행은행의 수권 또는 요청에 따라 상환은행이 상환수권에 지정된 상환청구은행에게 발행하는, 상환확약의 제 조건이 충족되면 상환청구에 대해 지급하겠다는 별도의 최소불능 확약을 의미한다.

h. "상환확약 조건변경"은 상환은행이 상환수권서에서 지정된 상환청구은행에게 보내는, 상환확약의 조건변경을 명시하는 통지를 의미한다.

i. 본 규칙의 목적상 특정 은행의 다른 나라에 있는 지점은 별개의 은행으로 간주된다.

제3조 상환수권 대 신용장

상환수권이 신용장을 언급하고 있더라도 신용장과는 개별이며, 상환수권서에 신용장의 제조건에 관한 어떠한 언급이 포함되어 있다고 하더라도 상환은행은 신용장의 제조건과 무관하며 또한 이에 구속되지 않는다.

제4조 상환청구에 대한 지급

상환은행은 자신이 한 상환확약의 조건에 규정되어 있지 않다면 상환청구에 대하여 지급할 의무가 없다.

제5조 발행은행의 책임

발행은행은 본 규칙에서 요구되는 정보를 상환수권서와 신용장에 명시할 책임이 있으며, 이 조항을 준수하지 아니하여 발생하는 어떠한 결과에 대해서도 책임이 있다.

제6조 상환수권 혹은 상환조건변경의 발행과 접수

a. 모든 상환수권과 상환조건변경은 진정성을 확인할 수 있는 전신이나 서명된 서식의 형식으로 발행되어야 한다. 상환수권에 영향을 미치는 신용장 또는 신용장의 조건변경이 전신으로 발행될 때에는 발행은행은 상환은행에게 진정성을 확인할 수 있는 전신으로 상환수권 또는 상환조건변경을 통지하여야 한다. 전신은 유효한 상환수권서 또는 상환조건변경서로 간주되며 어떠한 우편확인서도 송부되어서

repaying bank by confirmed teletransmission. The teletransmission will be considered the agent repayment approval or repayment correction, and any ensuing mail affirmation might be slighted.

b. An issuing bank must not send to a repaying bank:

    i . a duplicate of the credit or any part thereof, or a duplicate of a revision to the credit set up of or notwithstanding the repayment approval or repayment change. In the event that such duplicates are gotten by the repaying bank, they should be slighted.

    ii . different repayment approvals under one teletransmission or letter, unless explicitly consented to by the repaying bank.

c. An issuing bank might not require a declaration of consistence with the terms and states of the credit in the repayment approval.

d. A repayment approval must (notwithstanding the necessity of article 1 for joining of reference to these standards) express the accompanying:

    i . credit number;

    ii . money and sum;

    iii. extra sums payable and resistance, assuming any;

    iv. asserting bank or, on account of an unreservedly accessible credit, that cases can be made by any bank. Without any such sign, the repaying bank is approved to pay any asserting bank;

    v . parties in charge of charges (asserting bank's and repaying bank's charges) as per article 16 of these tenets.

A repayment revision must state just the relative changes to the above and the credit number.

e. In the event that the repaying bank is asked for to acknowledge and pay a period draft, the repayment approval must show the accompanying, notwithstanding the data indicated in (d) above:

    i . tenor of draft to be drawn;

    ii . cabinet;

    iii. party in charge of acknowledgment and rebate charges, assuming any. A repayment revision must express the relative changes to the above. An issuing bank ought not require a sight draft to be drawn on the repaying bank.

f. Any necessity for:

    i . pre-warning of a repayment claim to the issuing bank must be incorporated into the credit and not in the repayment approval.

    ii . pre-charge warning to the issuing bank must be shown in the credit.

g. In the event that the repaying bank isn't set up to represent any reason at all under the repayment approval or repayment change, it should so illuminate the issuing bank immediately.

h. Notwithstanding the arrangements of articles 3 and 4, the repaying bank isn't in charge of the outcomes coming about because of non-repayment or postponement in repayment of repayment claims when any arrangement contained in this article isn't trailed by the issuing bank or asserting bank.

는 아니된다. 그럼에도 불구하고 우편확인서가 송부된 경우, 이는 효력을 갖지 못하며 또한 상환은행은 그러한 우편확인서를 전신으로 접수된 유효한 상환수권서 또는 유효한 상환조건변경서와 대조할 의무가 없다.

b. 상환수권서와 상환조건변경서는 완전하고 명확하여야 한다. 혼란과 오해를 방지하기 위하여 발행은행은 다음을 상환은행에 보내서는 아니된다.

　ⅰ. 상환수권서 또는 상환조건변경서를 대신하거나 첨부되어 보내지는 신용장사본, 또는 그 일부의 사본, 또는 신용장 조건변경서 사본 만일 이러한 사본이 상환은행에 접수되면 이는 무시된다.

　ⅱ. 상환은행이 명시적으로 동의하지 않은 경우, 한 통의 전신 또는 서신 속에 복수의 상환수권을 담은 것.

c. 발행은행은 상환수권에서 신용장의 제조건과 일치한다는 증명서를 요구해서는 아니된다.

d. 모든 상환수권서는 (본 규칙 준거문언의 삽입에 관한 제1조의 요건에 덧붙여) 다음을 명시하여야 한다.

　ⅰ. 신용장 번호;

　ⅱ. 통화와 금액;

　ⅲ. 지급 가능한 추가금액과 허용범위 (해당하는 경우);

　ⅳ. 상환청구은행 또는, 자유매입신용장의 경우에는 어떤 은행이라도 상환청구를 할 수 있다는 사실. 그러한 표시가 없는 경우에는 상환은행은 어느 상환청구은행에게나 지급할 권한을 갖는다.

　ⅴ. 본 규칙 제16조에 따른 비용(상환청구은행과 상환은행의 비용)을 부담할 당사자

상환조건변경서는 위의 내용에 관계된 변경사항과 신용장 번호만을 명시하여야 한다.

e. 만일 상환은행이 기한부 어음에 대해 인수 및 지급하도록 요청받은 경우에는 상환수권서에는 (d)항에 기재된 사항에 추가하여 다음 사항을 표시하여야 한다.

　ⅰ. 발행될 어음의 만기

　ⅱ. 발행인

　ⅲ. 인수 및 할인수수료를 부담할 당사자 (해당하는 경우)

　　상환조건변경서에는 위의 내용에 관계된 변경사항을 반드시 기재하여야 한다.

　　발행은행은 상환은행을 지급인으로 한 일람출급 어음의 발행을 요구해서는 아니된다.

f. 다음 요건:

　ⅰ. 발행은행에 대한 상환청구 선통지에 관한 지시사항은 신용장에 반드시 명시되어야 하며 상환수권서에 포함되어서는 아니된다.

　ⅱ. 발행은행에 대한 계좌차기 선통지에 관한 지시사항은 신용장에 반드시 명시되어야 한다.

g. 만일 상환은행이 어떠한 이유에서든 상환수권서나 상환조건변경서에 따라 행동할 용의가 없는 경우에는 이를 지체없이 발행은행에 통고하여야 한다.

h. 제3조와 제4조의 규정에 덧붙여 발행은행 및/또는 상환청구은행이 본조의 규정을 따르지 아니한 경우, 상환은행은 상환청구에 대한 상환거절 또는 상환지연에서 비롯되는 결과에 대하여 책임을 지지 아니한다.

Article 7. Expiry of a Reimbursement Authorization

But to the degree explicitly consented to by the repaying bank, the repayment approval ought not be liable to an expiry date or most recent date for introduction of a claim, with the exception of as showed in article 9.

A repaying bank will accept no accountability for the expiry date of a credit and, if such date is given in the repayment approval, it will be dismissed.

The issuing bank must drop its repayment approval for any unutilized part of the credit to which it alludes, advising the repaying bank immediately.

Article 8. Amendment or Cancellation of a Reimbursement Authorization

But where the issuing bank has approved or asked for the repaying bank to issue a repayment undertaking as gave in article 9, and the repaying bank has issued a repayment undertaking:

a.   the issuing bank may issue a repayment correction or scratch off a repayment approval whenever after sending notification to that impact to the repaying bank.

b.   the issuing bank must send notice of any correction to a repayment approval that affects the repayment guidelines contained in the credit to the assigned bank or, on account of a uninhibitedly accessible credit, the exhorting bank. If there should be an occurrence of cancelation of the repayment approval before expiry of the credit, the issuing bank must give the selected bank or the prompting manage an account with new repayment directions.

c.   the issuing bank must repay the repaying bank for any repayment claims regarded or draft acknowledged by the repaying bank preceding the receipt by it of a notice of cancelation or repayment change.

Article 9. Reimbursement Undertaking

a.   Notwithstanding the necessities of sub-articles 6 (a), (b) and (c) of these tenets, a repayment approval approving or asking for the issuance of a repayment undertaking must agree to the arrangements of this article.

b.   An approval or demand by the issuing bank to the repaying bank to issue a repayment undertaking is unalterable ("unavoidable repayment approval") and must (notwithstanding the necessity of article 1 for consolidation of reference to these principles) contain the accompanying:

　　ⅰ. credit number;

　　ⅱ. money and sum;

　　ⅲ. extra sums payable and resistance, assuming any;

　　ⅳ. full name and address of the guaranteeing bank to which the repayment undertaking ought to be issued;

　　ⅴ. most recent date for introduction of a claim, including any usance period; parties in charge of charges (asserting bank's and repaying bank's charges and repayment undertaking expense) as per article 16 of these standards.

c.   On the off chance that the repaying bank is asked for to acknowledge and pay a period draft, the unalterable repayment approval should likewise demonstrate the accompanying, notwithstanding the data contained in (b)

제7조 상환수권의 유효기일

상환수권서에는 제9조에 명시된 것 이외의 상환청구 최종제시일 또는 유효기일이 있어서는 아니된다. 다만, 상환은행이 명시적으로 동의한 범위에서는 그러하지 아니하다.

상환은행은 신용장의 유효기일에 대해 책임을 지지 아니하며 만일 그러한 기일이 상환수권서에 주어진 경우 이는 무시된다.

발행은행은 상환수권이 관련된 신용장의 미사용분에 대해서는 상환수권을 취소하고 이를 지체없이 상환은행에 알려야 한다.

제8조 상환수권의 조건변경 또는 취소

아래의 규정은 발행은행에게 적용된다. 단, 발행은행이 상환은행에게 제9조에 규정된 상환확약을 발행하도록 수권 혹은 요청하여, 상환은행이 상환확약을 발행한 경우에는 그러하지 아니하다.

a. 발행은행은 상환은행에게 통고함으로써 언제라도 상환조건변경을 하거나 상환수권을 취소할 수 있다.

b. 발행은행은 신용장에 포함된 상환지시에 영향을 미치는 상환수권의 조건변경에 대해 지정은행에게 혹은 자유매입신용장의 경우에는, 통지은행에게 통고하여야 한다. 신용장 유효기일 전에 상환수권을 취소하는 경우 발행은행은 지정은행 혹은 통지은행에게 새로운 상환지시를 해주어야 한다.

c. 발행은행은 상환은행이 상환수권의 취소 혹은 상환조건변경의 통고를 접수하기 전에 행한 상환청구대금의 지급 또는 어음의 인수에 대해 상환하여야 한다.

제9조 상환확약

a. 본 규칙 제6조 a,b, c항에 덧붙여, 상환확약의 발행을 수권하거나 요청하는 모든 상환수권은 이 조항의 규정을 준수하여야 한다.

b. 상환은행에게 상환확약을 발행하라는 발행은행의 수권 또는 요청은 취소불능("취소불능 상환수권")이며, 반드시 (본 규칙의 적용 문언의 삽입에 관한 제1조의 요건에 추가하여) 다음을 포함하여야 한다.

  ⅰ. 신용장번호;

  ⅱ. 통화와 금액;

  ⅲ. 지급가능한 추가금액 및 허용범위 (해당하는 경우);

  ⅳ. 상환확약의 발행상대인 상환청구은행의 완전한 명칭 및 주소;

  ⅴ. 기한부거래 기간을 포함한 상환청구의 최종지시일;

  ⅵ. 본 규칙 제16조에 따라 비용(상환청구은행과 상환은행의 비용 및 상환확약료)을 부담할 당사자.

c. 만일 상환은행이 기한부어음을 인수 및 지급하도록 요청받는 경우에는 취소불능 상환수권서에는 위 (b)항에 수록된 내용에 덧붙여 다음 사항을 명시하여야 한다.

above:

   ⅰ. tenor of draft to be drawn;

   ⅱ. cabinet;

   ⅲ. drawee of draft, if other than the repaying bank;

   ⅳ. party in charge of acknowledgment and rebate charges, assuming any.

An issuing bank ought not require a sight draft to be drawn on the repaying bank.

d.   In the event that the repaying bank is approved or asked for by the issuing bank to issue its repayment undertaking to the guaranteeing bank yet isn't set up to do as such, it should so illuminate the issuing bank immediately.

e.   A repayment undertaking must demonstrate the terms and states of the endeavor and:

   ⅰ. the credit number and name of the issuing bank;

   ⅱ. the cash and measure of the repayment approval;

   ⅲ. extra sums payable and resilience, assuming any;

   ⅳ. the cash and measure of the repayment undertaking;

   ⅴ. the most recent date for introduction of a claim, including any usance period;

   ⅵ. the gathering to pay the repayment undertaking expense, if other than the issuing bank. The repaying bank should likewise incorporate its charges, assuming any, that will be deducted from the sum guaranteed.

f.   On the off chance that the most recent date for introduction of a claim falls on a day when the repaying bank is shut for reasons other than those alluded to in article 15, the most recent date for introduction of a claim will be reached out to the main after managing an account day.

g.   A repaying bank is will undoubtedly respect a repayment guarantee as of the time it issues the repayment undertaking.

h.   ⅰ. An unalterable repayment approval can't be altered or scratched off without the understanding of the repaying bank.

   ⅱ. At the point when an issuing bank has changed its unavoidable repayment approval, a repaying bank that has issued its repayment undertaking may correct its endeavor to reflect such revision. On the off chance that a repaying bank picks not to issue its repayment undertaking alteration, it should so advise the issuing bank immediately.

   ⅲ. An issuing bank that has issued its irreversible repayment approval correction should be unalterably bound as of the season of its recommendation of the unavoidable repayment approval alteration.

ⅰ. 발행될 어음의 만기;

ⅱ. 발행인

ⅲ. 어음의 수취인, 상환은행 이외의 경우

ⅳ. 인수 및 할인 수수료를 부담하는 당사자 (해당하는 경우)

발행은행은 상환은행을 어음지급인으로 한 일람출급어음의 발행을 요구해서는 아니된다.

d. 만일 상환은행이 발행은행으로부터 상환청구은행에게 상환확약을 발행하도록 수권 또는 요청받았으나 그렇게 할 용의가 없는 경우에는 이를 지체 없이 발행은행에게 알려야 한다.

e. 상환확약서에는 확약의 제조건과 다음 사항을 기재하여야 한다.

ⅰ. 신용장번호와 발행은행;

ⅱ. 상환수권의 통화와 금액;

ⅲ. 지급가능한 추가금액과 허용범위 (해당하는 경우);

ⅳ. 상환확약의 통화와 금액;

ⅴ. 기한부거래 기간을 포함한 상환청구의 최종제시일;

ⅵ. 발행은행이 상환확약비용을 부담하지 않을 경우 상환확약비용을 부담할 당사자. 해당하는 경우, 상환은행은 상환청구금액에서 공제할 자신의 수수료도 명시하여야 한다.

f. 만일 상환청구의 최종제시일이 제15조에서 언급한 것과는 다른 이유로 영업을 하지 않는 날인 경우에는 상환청구의 최종제시일은 상환은행이 영업을 재개하는 첫째 날로 연장된다.

g. ⅰ. 취소불능 상환수권은 상환은행의 동의없이 조건변경되거나 취소될 수 없다.

ⅱ. 발행은행이 취소불능 상환수권을 조건변경했을 경우, 상환확약을 발행한 상환은행은 그러한 변경을 반영하기 위하여 상환확약을 조건변경할 수 있다. 만일 상환은행이 상환확약의 조건변경을 발행하지 않기로 결정한 경우에는 이를 지체 없이 발행은행에게 통고하여야 한다.

ⅲ. 취소불능 상환수권 조건변경을 발행한 발행은행은 취소불능 상한수권 조건변경을 통지한 때부터 이에 취소불능으로 구속된다.

ⅳ. 원래의 취소불능 상환수권서 (또는 이전에 수락된 취소불능 상환수권 조건변경을 내포한 수권서)는 상환은행이 발행은행에게 조건변경의 수락을 통보할 때까지 상환은행에 대하여 계속 유효하다.

ⅴ. 상환은행은 발행은행에게 취소불능 상환수권 조건변경에 대한 수락 또는 거절 여부를 통보하여야 한다. 상환은행은 자신이 발행한 상환확약 조건변경에 대해 상환청구은행으로부터 수락 또는 거절을 접수할 때까지 취소불능 상환수권 조건변경에 대한 수락 혹은 거절을 하지 않을 수 있다.

h. ⅰ. 상환확약은 상환청구은행의 동의 없이 조건변경되거나 취소될 수 없다.

ⅱ. 상환확약 조건변경을 발행한 상환은행은 상환확약 조건변경을 통지한 때부터 이에 취소불능으로 구속된다.

ⅲ. 원래의 상환확약 (또는 이전에 수락된 상환조건변경을 내포한 상환확약)의 조건은 상환청구은행이 상환은행에게 상환확약 조건변경에 대한 수락을 통보할 때까지 상환청구은행에 대하여 계속 유효하다.

    iv. The terms of the first unalterable repayment approval (or an approval joining already acknowledged unavoidable repayment approval corrections) will stay in compel for the repaying bank until the point that it imparts its acknowledgment of the alteration to the issuing bank.

    v. A repaying bank must impart its acknowledgment or dismissal of an unalterable repayment approval alteration to the issuing bank. A repaying bank isn't required to acknowledge or dismiss an irreversible repayment approval revision until the point that it has gotten acknowledgment or dismissal from the asserting bank of its repayment undertaking alteration.

i.
    i. A repayment undertaking can't be altered or scratched off without the assention of the guaranteeing bank.

    ii. A repaying bank is unalterably bound as of the time it issues the repayment undertaking revision.

    iii. The terms of the first repayment undertaking (or a repayment undertaking joining already acknowledged repayment corrections) will stay in constrain for the asserting bank until the point that it imparts its acknowledgment of the repayment undertaking revision to the repaying bank.

    iv. An asserting bank must impart its acknowledgment or dismissal of a repayment undertaking change to the repaying bank.

Article 10. Standards for a Reimbursement Claim

a.   The guaranteeing bank's claim for repayment:

    i. must be as a teletransmission, unless particularly precluded by the repayment approval or a unique letter. A repaying bank has the privilege to ask for that a repayment assert be confirmed and, in such case, the repaying bank should not be at risk for any outcomes coming about because of any deferral caused. On the off chance that a repayment assert is made by teletransmission, no mail affirmation is to be sent. In the occasion such a mail affirmation is sent, the asserting bank will be in charge of any results that may emerge from a copy repayment;

    ii. should obviously demonstrate the credit number and the issuing bank (and repaying bank's reference number, if known);

    iii. should independently stipulate the primary sum guaranteed, any extra sum due and charges;

    iv. must not be a duplicate of the asserting bank's recommendation of installment, conceded installment, acknowledgment or arrangement to the issuing bank;

    v. must exclude various repayment asserts under one tele transmission or letter;

    vi. must, on account of a repayment undertaking, conform to the terms and states of the repayment undertaking.

b.   At the point when a period draft is to be drawn on the repaying bank, the asserting bank should forward the draft with the repayment claim to the repaying bank for preparing and incorporate, where suitable, the accompanying in its claim:

    i. general portrayal of the merchandise, administrations or execution;

    ii. nation of starting point;

    iii. place of goal or execution.

what's more, if the exchange covers the shipment of stock:

    iv. 상환청구은행은 상환은행에게 상환확약 조건변경에 대한 수락 또는 거절 여부를 통보하여야 한다.

    v. 상환은행은 발행은행에 변경할 수 없는 상환승인변경에 대한 승인 또는 해지를 알려야 한다. 상환은행은 승인은행으로부터 승인 또는 해지될 때까지 상환승인을 인정하거나 해지할 필요가 없다.

i.   ⅰ. 보증은행의 동의 없이는 상환 확약을 변경하거나 취소할 수 없다.

    ⅱ. 상환은행은 상환을 수행하는 시점에서 변경을 실행할 수 없다.

    ⅲ. 최초상환확약(또는 이미 승인된 상환변경확약)의 조건은 상환은행에 대한 상환확약변경에 대한 승인을 부여할 때까지 해당 은행에 대한 구속조건을 유지한다.

    ⅳ. 승인은행은 상환은행에게 상환확얀변경에 대한 승인 또는 해지를 알려야 한다.

제10조 상환청구의 기준

a.   상환청구은행의 상환청구는:

    ⅰ. 전신 또는 원본서신의 형식으로 해야 한다. 발행은행이 전신을 금지하였다면 원본서신의 형식으로 해야 한다. 상환은행은 상환청구서의 진정성이 확인될 수 있도록 요청할 권리가 있으며, 그러한 경우 지체가 야기되어 초래되는 어떠한 결과에 대해서도 책임을 지지 아니한다. 상환청구가 전신으로 될 경우, 우편확인서가 송부되어서는 아니된다. 우편확인서가 송부되는 경우, 상환청구은행은 중복상환에서 비롯되는 모든 결과에 대해 책임이 있다.

    ⅱ. 신용장 번호와 발행은행 (및 알고 있는 경우, 상환은행의 참조번호)을 분명하게 기재하여야 한다.

    ⅲ. 상환청구원금, 추가금액 및 비용을 구분하여 명시하여야 한다.

    ⅳ. 상환청구은행이 발행은행에게 송부하는 지급, 연지급, 인수 또는 매입의 통지서 사본이어서는 아니된다.

    v. 한통의 전신 또는 서신에 복수의 상환청구를 넣어서는 아니된다.

    vi. 상환확약의 경우 상환확약의 제조건에 일치해야 한다.

b.   기한부어음이 상환은행을 지급인으로 발행되는 경우, 상환청구은행은 처리를 위해 그 어음을 상환청구서와 함께 상환은행에게 송부해야 하며, 신용장 및/ 또는 상환확약서에서 요구하는 경우 청구서에 다음 사항을 기재하여야 한다.

    ⅰ. 상품 및/또는 용역의 일반적 명세;

    ⅱ 원산지;

    ⅲ. 목적지/이행지 및 거래에 상품의 선적이 포함되는 경우,

ⅳ. date of shipment;

ⅴ. place of shipment.

c. A repaying bank expect no risk or obligation regarding any results that may emerge out of any rejection or postponement of preparing should the asserting bank neglect to take after the arrangements of this article.

Article 11. Processing a Reimbursement Claim

a. ⅰ. A repaying bank might have a most extreme of three managing an account days following the day of receipt of the repayment claim to process the claim. A repayment assert got outside managing an account hours will be considered to be gotten on the following after saving money day. In the event that a pre-charge notice is required by the issuing bank, this pre-charge notice period should be notwithstanding the preparing time frame specified previously.

ⅱ. In the event that the repaying bank decides not to repay, either as a result of a non-acclimating claim under a repayment undertaking or for any reason at all under a repayment approval, it might pull out to that impact by media transmission or, if that isn't conceivable, by different quick means, no later than the end of the third managing an account day following the day of receipt of the claim (in addition to any extra period specified in sub-article (ⅰ) above). Such notice should be sent to the asserting bank and the issuing bank and, on account of a repayment undertaking, it must express the explanations behind non-installment of the claim.

b. A repaying bank won't process a demand for back (esteem dating preceding the date of a repayment guarantee) from the asserting bank.

c. At the point when a repaying bank has not issued a repayment undertaking and a repayment is expected on a future date:

ⅰ. the repayment assert must determine the foreordained repayment date;

ⅱ. the repayment claim ought not be displayed to the repaying bank more than ten saving money days before such foreordained date. In the event that a repayment assert is exhibited more than ten managing an account days preceding the foreordained date, the repaying bank may slight the repayment guarantee. ⅲ. In the event that the repaying bank neglects the repayment guarantee, it should so advise the asserting bank by teletransmission or different speedy means immediately.

ⅲ. In the event that the foreordained repayment date is more than three saving money days following the day of receipt of the repayment assert, the repaying bank has no commitment to give notice of non-repayment until such foreordained date, or no later than the end of the third managing an account day following the receipt of the repayment guarantee in addition to any extra period specified in (an) (ⅰ) above, whichever is later.

d. Unless generally explicitly consented to by the repaying bank and the asserting bank, a repaying bank will impact repayment under a repayment guarantee just to the asserting bank.

e. A repaying bank expect no obligation or duty in the event that it respects a repayment assert demonstrating that an installment,

ⅳ. 선적일;

ⅴ. 선적지.

c. 상환청구은행은 상환청구서에 지급, 인수, 또는 매입이 유보조건 또는 손해보상조건으로 되었다는 것을 표시하여서는 아니된다.

제11조 상환청구의 처리

a. ⅰ. 상환은행은 상환청구를 처리하는 데 있어 상환청구의 접수 다음날로부터 3 은행영업일을 초과하지 않는 범위 내에서 상당한 시간을 갖는다. 은행영업시간이 경과되어 접수된 상환청구는 다음 은행영업일에 접수된 것으로 간주된다.

발행은행이 계좌차기 선통지를 요구하는 경우, 이러한 계좌차기 선통지 기간은 위에서 언급한 처리기간에 추가된다.

ⅱ. 상환은행이 상환확약과 불일치 또는 상환수권에 관련된 어떠한 이유에서든 상환하지 않기로 결정한 경우에는 청구의 접수 다음날로부터 3 은행영업일의 영업종료시간 (및 (ⅰ)항에 언급된 추가시간을 더한 시간)까지 전신 또는 그것이 불가능한 때에는 기타 신속한 수단에 의하여 지체 없이 그러한 취지를 통고하여야 한다. 이러한 통고는 상환청구은행과 발행은행에게 송부되어야 하며, 상환확약의 경우에는 상환청구에 대한 지급거절 사유를 명시하여야 한다.

b. 상환은행은 상환청구은행의 자금결제일 소급 (상환청구일 이전 일자를 자금결제일로 함) 요청을 처리하지 아니한다.

c. 상환은행이 상환확약을 발행하지 않았고 상환일자가 장래에 예정되어 있는 경우:

ⅰ. 상환청구는 반드시 미리 정해진 상환일자를 명시하여야 한다.

ⅱ. 상환청구는 그러한 미리 정해진 상환일 전 10 은행영업일이 되기 전에 상환은행에 제시되어서는 아니된다. 미리 정해진 상환일 전 10 은행영업일이 되기 전에 상환청구가 제시되는 경우 상환은행은 그 상환청구를 무시할 수 있다. 상환은행이 상환청구를 무시하는 경우 이를 상환청구은행에게 전신 또는 다른 신속한 수단으로 지체없이 통고하여야 한다.

ⅲ. 미리 정해진 상환일이 상환청구접수 다음 은행영업일로부터 3 은행영업일을 초과할 경우, 상환은행은 미리 정해진 상환일, 혹은 상환청구접수 다음날로부터 3 은행영업일의 마감시간과 이에 위 (a)항 (ⅰ)호에 언급된 추가기간을 더한 시간 중 어느 것이든 나중에 오는 날을 적용하여, 그때까지 상환 거절의 통지를 할 의무를 지지 아니한다.

d. 상환은행과 상환청구은행이 달리 명시적으로 합의하지 않은 경우, 상환은행은 오로지 상환청구은행에게만 대금을 상환한다.

e. 상환은행은 유보 또는 손해보상 조건으로 지급, 인수 또는 매입이 이루어졌다는 것을 명시한 상환청구에 대해 지급한 경우에 아무런 의무나 책임을 지지 아니하고 그러한 명시를 무시한다. 그러한 유보 또는 손해보상은 상환청구은행과 그러한 유보를 받은 자 또는 손해보상 약속을 한 자, 또는 손해보상을

acknowledgment or transaction was made under hold or against a reimbursement, and should negligence such sign.

Article 12. Duplication of a Reimbursement Authorization

An issuing bank must, endless supply of reports, give another repayment approval or extra guidelines unless they constitute an alteration to, or a cancelation of, a current repayment approval. On the off chance that the issuing bank does not conform to the above and a copy repayment is made, it is the duty of the issuing bank to get the arrival of the measure of the copy repayment. The repaying bank expect no risk or duty regarding any outcomes that may emerge from any such duplication.

Article 13. Foreign Laws and Usages

The issuing bank should be bound by and at risk to repay the repaying bank against all commitments and duties forced by remote laws and uses.

Article 14. Disclaimer on the Transmission of Messages

A repaying bank accept no risk or obligation regarding the outcomes emerging out of postponement, misfortune in travel, mutilation or different blunders emerging in the transmission of any messages, conveyance of letters or reports, when such messages, letters or records are transmitted or sent by the prerequisites expressed in the credit, repayment approval or repayment assert, or when the bank may have stepped up with regards to the decision of the conveyance benefit without such directions in the credit, repayment approval or repayment guarantee. A repaying bank accept no obligation or duty regarding blunders in interpretation or understanding of specialized terms.

Article 15. Force Majeure

A repaying bank expect no risk for the results emerging by Acts of God, swarms, regular unsettling influences, uprisings, wars, exhibits of dread based abuse or by any strikes or lockouts or some different causes past its capacity to control.

Article 16. Charges

a. A repaying bank's charges are for the record of the issuing bank.

b. When respecting a repayment assert, a repaying bank is committed to take after the guidelines with respect to any charges contained in the repayment approval.

c. In the event that a repayment approval expresses that the repaying bank's charges are for the record of the recipient, they might be deducted from the sum because of a guaranteeing bank when repayment is made. At the point when a repaying bank takes after the directions of the issuing bank with respect to charges (counting commissions, charges, expenses or costs) and these charges are not paid, or a repayment assert is never displayed to the repaying bank under the repayment approval, the issuing bank stays obligated for such charges.

d. All charges paid by the repaying bank will be notwithstanding the measure of the approval, gave that the asserting bank shows the measure of such charges.

e. On the off chance that the issuing bank neglects to give the repaying bank directions in regards to charges, all

받을 자 사이의 관계에만 관련된다.

제12조 상환수권의 중복

발행은행은 서류를 접수한 때에, 기존 상환수권에 대해 조건변경 혹은 취소를 하는 경우가 아니면 새로운 상환수권 혹은 추가지시를 해서는 아니된다. 발행은행이 이것을 지키지 아니하여 중복상환이 된 경우 중복된 상환금액을 반환받는 것은 발행은행의 책임이다. 상환은행은 그러한 중복에서 기인하는 어떠한 결과에 대해서도 의무나 책임을 지지 아니한다.

제13조 외국의 법률 및 관습

발행은행은 외국의 법률 및 관습에 의해 부과되는 모든 의무와 책임에 구속되며 이에 대하여 상환은행에게 보상해야 한다.

제14조 통신송달에 관한 면책

상환은행은 어떠한 통신, 서신 또는 서류의 송달 중에 지연 및/또는 분실로 인하여 발생하는 결과에 대하여, 또는 전신의 송신 중에 발생하는 지연, 훼손 또는 기타 오류에 대하여 아무런 의무 또는 책임을 부담하지 아니한다. 상환은행은 번역 상의 오류에 대하여 아무런 의무 또는 책임을 부담하지 아니한다.

제15조 불가항력

상환은행은 천재, 폭동, 소요, 반란, 전쟁 또는 기타 은행이 통제할 수 없는 원인에 의하거나, 또는 모든 동맹파업 또는 직장폐쇄에 의하여 은행업무가 중단됨으로써 발생하는 결과에 대하여 아무런 의무 또는 책임을 지지 아니한다.

제16조 비용

a. 상환은행의 비용은 발행은행이 부담한다. 그러나 비용이 다른 당사자의 부담인 경우 발행은행은 원신용장과 상환수권서에 이를 명시할 책임이 있다.
b. 상환청구에 대해 지급할 때에, 상환은행은 상환수권서에 있는 모든 비용관련 지시를 따를 의무가 있다.
c. 상환은행의 비용이 다른 당사자의 부담으로 정해진 경우 상환은행이 상환청구에 대해 지급하는 시점에 그 비용을 차감한다. 상환은행이(수수료, 요금, 경비 또는 지출금을 포함한) 비용에 관하여 발행은행의 지시에 따라 행동하였으나 이들 비용이 지불되지 않거나 상환청구가 상환수권에 따라서 상환은행에게 제시되지 않은 경우, 발행은행은 그러한 비용을 부담할 의무가 있다.
d. 상환수권서에 달리 명시되지 않는 한, 상환은행은 상환청구은행이 비용을 명시한 경우 그러한 비용을 상환수권된 금액에 추가하여 상환청구은행에 지급한다.
e. 발행은행이 상환은행에 비용에 관한 지시를 하지 않은 경우, 모든 비용은 발행은행이 부담한다.

charges might be for the record of the issuing bank.

Article 17. nterest Claims/Loss of Value

Any claim for loss of premium, loss of significant worth because of any conversion scale vacillations, revaluations or debasements are between the guaranteeing bank and the issuing bank, unless such misfortunes result from the non-execution of the repaying bank under a repayment undertaking.

4-9 Bill of Exchange Act, 1882

An Act to codify the law relating to Bills of Exchange, Cheques, and Promissory Notes.[18th August, 1882]

PART I. PRELIMINARY

Short title

1.   This Act may be cited as the Bills of Exchange Act 1882.

Interpretation of terms

2.   In this Act, unless the context otherwise requires, -

"Acceptance" means an acceptance completed by delivery or notification.

"Action" includes a counter claim and set off.

"Banker" includes a body of persons whether incorporated or not who carry on the business of banking.

"Bankrupt" includes any person whose estate is vested in a trustee or assignee under the law for the time being in force relating to bankruptcy.

"Bearer" means the person in possession of a bill or note which is payable to bearer.

"Bill" means bill of exchange and "note" means promissory note.

"Delivery" means transfer of possession, actual or constructive, from one person to another.

"Holder" means the payee or indorsee of a bill or note who is in possession of it, or the bearer thereof.

"Indorsement" means an indorsement completed by delivery.

"Issue" means the first delivery of a bill or note, complete in form to a person who takes it as a holder.

"Person" includes a body of persons whether incorporated or not.

"Value" means valuable consideration.

제17조 이자청구/가액손실

이자손실과 환율변동, 평가절상 또는 평가절하에 기인한 가액손실에 대한 모든 청구는 상환청구은행과 발행은행간의 일이다. 다만 그러한 손실이 상환은행이 상환확약에 따른 의무를 이행하지 않아서 발생한 경우에는 그러하지 아니하다.

4-9 환어음법, 1882

제 1 장 총칙

제1조 (약칭) 본 법은 1882년 환어음법으로서 인용될 수 있다.

제2조 (용어의 해석) 본 법에 있어서, 문맥상 별도의 해석을 필요로 하지 아니하는 한, "인수"라 함은 인도 또는 통지에 의하여 완성된 인수를 의미한다.

"소송"이라 함은 반소와 상계소를 포함한다.

"은행"이라 함은 법인의 여부를 불문하고 은행영업을 경영하는 자의 단체를 포함한다.

"파산자"라 함은 파산에 관한 현행법령에 의거하여 그 재산을 파산관재인에 기탁한 자를 포함한다.

"지참인"이라 함은 지참인 앞으로 지급될 환어음 또는 약속어음을 소지하는 자를 의미한다.

"어음"이라 함은 환어음을 의미하고, "약속어음"(note)이라 함은 약속어음을 의미한다.

"인도"라 함은 1인으로부터 타인에 대한 현실적 또는 추정적인 점유의 이전을 의미한다.

"소지인"이라 함은 환어음 또는 약속어음을 점유하고 있는 수취인 또는 피배서인, 또는 이의 지참인을 의미한다.

"배서"라 함은 인도에 의하여 완성된 배서를 의미한다.

"발행"이라 함은 형식상 완전한 환어음 또는 약속어음을 소지인으로서 취득하는 자에 대한 최초의 인도를 의미한다.

"인(人)"이라 함은 법인의 여부를 불문하고 단체를 포함한다.

"대가"라 함은 유가약인을 의미한다.

"Written" includes printed, and "writing" includes print.

PART II. BILLS OF EXCHANGE

Form and Interpretation

Bill of Exchange defined

3.   (1) A bill of exchange is an unconditional order in writing, addressed by one person to another, signed by the person giving it, requiring the person to whom it is addressed to pay on demand or at a fixed or determinable future time a sum certain in money to or to the order of a specified person, or to bearer.

(2)   An instrument which does not comply with these conditions, or which orders any act to be done in addition to the payment of money, is not a bill of exchange.

(3)   An order to pay out of a particular fund is not unconditional within the meaning of this section; but an unqualified order to pay, coupled with (a) an indication of a particular fund out of which the drawee is to reimburse himself or a particular account to be debited with the amount, or (b) a statement of the transaction which gives rise to the bill, is unconditional.

(4)   A bill is not invalid by reason -

(a)   That it is not dated.

(b)   That it does not specify the value given, or that any value has been given therefor.

(c)   That it does not specify the place where it is drawn or the place where it is payable.

Inland and foreign bills

4.   (1) An inland bill is a bill which is or on the face of it purports to be (a) both drawn and payable within the British Islands, or (b) drawn within the British Islands upon some person resident therein. Any other bill is a foreign bill. For the purposes of this Act "British Islands" means any part of the United kingdom of Great Britain Ireland, the Islands of Man, Guernsey, Jersey, Alderney, and Sark, and the islands adjacent to any of them being part of the dominions of Her Majesty.

(2)   Unless the contrary appear on the face of the bill the holder may treat it as an inland bill.

Effect where different parties to bill are the same person

5.   (1)   A bill may be drawn payable to, or to the order of, the drawer ; or it may be drawn payable to, or to the order of, the drawee.

(2)   Where in a bill drawer and drawee are the same person, or where the drawee is a fictitious person or a person not having capacity to contract, the holder may treat the instrument, at his option, either as a bill of exchange or as a promissory note.

"기재"라 함은 인쇄를 포함하며, 또 "서면"이라 함은 인쇄물을 포함한다.

제2장 환어음 방식 및 해석

제3조 (환어음의 정의)

(1) 환어음이라 함은 1인으로부터 타인 앞으로 이를 제공하는 자가 서명하고, 요구 시 또는 장래의 확정된 시기 또는 결정할 수 있는 시기에 특정인 또는 그 지시인, 또는 지참인에 대하여 금전상의 일정한 금액을 지급하도록 요구하는 서면상의 무조건부의 지시를 말한다.

(2) 전항의 조건과 일치하지 아니하거나 또는 금전지급 이외의 어떠한 행위를 지시하는 증권은 환어음이 되지 아니한다.

(3) 특정자금으로부터 지급지시는 본조의 의미 내에서 무조건부가 되지 아니한다. 그러나, (a) 지급인이 그 중에서 보상받을 수 있는 특정자금 또는 어음금액을 차변기입할 수 있는 특정계정의 지시 또는 (b) 환어음을 성립시키는 거래의 기술을 포함하고 있는 제한 없는 지급지시는 무조건부인 것으로 된다.

(4) 환어음은 다음의 사유에 의하여 무효가 되지 아니한다.

    (a)   환어음이 일부되지 아니한 경우

    (b)   환어음이 제공되는 대가 또는 어떠한 대가가 제공된 것을 명시하지 아니한 경우

    (c)   환어음이 발행된 장소 또는 지급될 장소를 명시하지 아니한 경우

제4조 (내국환어음 및 외국환어음)

(1) 내국환어음이라 함은 현실적으로 또는 문언상으로 (a) 영국제도내에서 발행 및 지급되거나 또는 (b) 영국제도내에 거주하는 자 앞으로 이 제도내에서 발행된 환어음을 말한다. 기타 모든 환어음은 외국환어음으로 한다.

    본법의 목적상, "영국제도"라 함은 대영제국 및 아일랜드의 연합왕국, Man, Guernsey, Jersey, Alderney 및 Sa 가 제도, 그리고 이러한 제도에 근접하여 있는 황제치하의 영토에 속하는 부분을 의미한다.

(2) 환어음의 문면상에 반대의 명시가 없는 한, 소지인은 이를 내국환어음으로서 취급할 수 있다.

제5조 (당사자가 동일인이 경우의 효력)

(1) 환어음은 발행인 또는 그 지시인 앞으로 지급될 수 있도록 발행될 수 있다. 또는 환어음은 지급인 또는 그 지시인 앞으로 지급될 수 있도록 발행될 수 있다.

(2) 환어음에 있어서 발행인과 지급인이 동일인인 경우이거나, 또는 지급인이 假設人 또는 계약무능력자인 경우에는, 소지인은 자신의 선택에 따라 그 증권을 환어음 또는 약속어음으로서 취급할 수 있다.

Address to drawee

6. (1)   The drawee must be named or otherwise indicated in a bill with reasonable certainty.

    (2)   A bill may be addressed to two or more drawees whether they are partners or not, but an order addressed to two drawees in the alternative or to two or more drawees in succession is not a bill of exchange.

Certainty required as to payee

7. (1)   Where a bill is not payable to bearer, the payee must benamed or otherwise indicated therein with reasonable certainty.

    (2)   A bill may be made payable to two or more payees jointly, or it may be made payable in the alternative to one of two, or one or some of several payees. A bill may also be made payable to the holder of an office for the time being.

    (3)   Where the payee is a fictitious or non-existing person the bill may be treated as payable to the bearer.

What bills are negotiable

8. (1)   When a bill contains words prohibiting transfer, or indicating an intention that it should not be transferable, it is valid as between the parties thereto, but is not negotiable.

    (2)   A negotiable bill may be payable either to order or to bearer.

    (3)   A bill is payable to bearer which is expressed to be so payable, or on which the only or last indorsement is an indorsement in blank.

    (4)   A bill is payable to order which is expressed to be so payable or which is expressed to be payable to a particular person, and does not contain words prohibiting transfer or indicating an intention that it should not be transferable.

    (5)   Where a bill, either originally or by indorsement, is expressed to be payable to the order of a specified person, and not to him or his order, it is nevertheless payable to him or his order at his option.

Sum payable

9. (1) The sum payable by a bill is a sum certain within the meaning of this Act, although it is required to be paid -

    (a)   With interest.

    (b)   By stated instalments.

    (c)   By stated instalments, with a provision the upon default in payment of any instalment the whole shall become due.

제6조 (지급인에 대한 발신)

(1) 지급인은 그 성명에 기재되거나 또는 그렇지 아니하면 상당히 정확한 기타의 방법으로 환어음상에 명시되어 있어야 한다.

(2) 환어음은 수인의 지급인이 당사자의 관계에 있는 여부를 불문하고 그 수인의 지급인 앞으로 발신될 수 있다. 그러나 2인의 지급인 앞으로 선택적으로 발신되거나 또는 수인의 지급인 앞으로 연속적으로 발신되는 지시는 환어음이 되지 아니한다.

제7조 (수취인에 관한 확정)

(1) 환어음이 지참인 앞으로 지급될 수 있지 아니한 경우에는, 수취인은 그 성명이 기재되거나 또는 그렇지 아니하면 상당히 정확한 기타의 방법으로 환어음상에 명시되어 있어야 한다.

(2) 환어음은 수인의 공동수취인 앞으로 지급될 수 있도록 발행될 수 있다. 또는 환어음은 2인의 수취인 중 1인에게 선택적으로 또는 수인의 수취인 중 1인 또는 수인에게 지급될 수 있도록 발행될 수 있다.

(3) 수취인이 가설인 또는 허무인인 경우에는, 환어음은 지참인 앞으로 지급될 수 있도록 취급될 수 있다.

제8조 (유통불능 환어음)

(1) 환어음이 양도를 금지하는 문언 또는 양도금지의 의사를 명시하는 문언을 포함하고 있는 경우에는, 그 환어음은 당사자 간에 유효하지만 유통될 수는 없다.

(2) 유통불능 환어음은 지시인 또는 지참인 앞으로 지급이 가능하다.

(3) 환어음이 지참인 앞으로 지급될 수 있다고 명시되어 있거나 또는 단일 또는 최후의 배서가 백지식 배서인 경우에는, 그 환어음은 지참인 앞으로 지급될 수 있다.

(4) 환어음이 지참인 앞으로 지급될 수 있다고 명시되어 있거나 도는 특정인 앞으로 지급될 수 있다고 명시되어 있으면서 양도를 금지하는 문언 또는 양도금지의 의사를 명시하는 문언을 포함하고 있지 아니한 경우에는, 그 환어음은 지시인 앞으로 지급될 수 있다.

(5) 환어음의 원래문언 또는 배서문언에 있어서 특정된 자의 지시인 앞으로 지급될 수 있도록 명시되어 있거나, 또는 그 자 또는 지시인 앞으로 정하지 아니한 경우라도, 환어음은 특정된 자의 선택에 따라 자신 또는 지시인 앞으로 지급될 수 있다.

제9조 (환어음의 지급금액)

(1) 환어음에 의하여 지급될 금액이란, 비록 다음의 방법으로 지급될 필요가 있다 하더라도 본법의 의미 내에서 일정한 금액을 말한다.

    (a) 이자부지급.

    (b) 일정기간분할급

    (c) 어느 분할부분의 지급을 불이행하였을 때에 금액이 만기일에 지급되어야 한다는 규정이 삽입된 일정기간분할급.

(d)   According to an indicated rate of exchange or according to a rate of exchange to be ascertained as directed by the bill.

(2)   Where the sum payable is expressed in words and also in figures, and there is a discrepancy   between the two, the sum denoted by the words is the amount payable.

(3)   Where a bill is expressed to be payable with interest, unless the instrument otherwise provides, interest runs from the date of the bill, and if the bill is undated from the issue thereof.

Bill payable on demand

10. (1) A bill is payable on demand -

(a) Which is expressed to be payable on demand, or at sight, or on presentation ; or

(b) In which no time for payment is expressed.

(2)   Where a bill is accepted or indorsed when it is overdue, it shall, as regards the acceptor who so accepts, or any indorser who so indorses it, be deemed a bill payable on demand.

Bill payable at a future time

11. A bill is payable at a determinable future time within the meaning of this Act which is expressed to be payable -

(1)   At a fixed period after date or sight.

(2)   On or at a fixed period after the occurrence of a specified event which is certain to happen, though the time of happening may be uncertain. An instrument expressed to be payable on a contingency is not a bill, and the happening of the event does not cure the defect.

Omission of date in bill payable after date

12. Where a bill expressed to be payable at a fixed period after date is issued undated, or where the acceptance of a bill payable at a fixed period after sight is undated, any holder may insert therein the true date of issue or acceptance, and the bill shall be payable accordingly.

Provided that (1) where the holder in good in good faith and by mistake inserts a wrong date, and (2) in every case where a wrong date is inserted, if the bill subsequently comes into the hands of a holder in due course the bill shall not be avoided thereby, but shall operate and be payable as if the date to inserted had been the true date.

Ante-dating and post-dating

13. (1) Where a bill or an acceptance or any indorsement on a bill is dated, the date shall, unless the contrary be proved, be deemed to be the true date of the drawing, acceptance, or indorsement, as the case may be.

(2)   A bill is not invalid by reason only that it is ante-dated or post-dated, or that it bears date on a Sunday.

    (d)   소정의 환율에 따르거나 또는 환어음에 의하여 지정된 방법으로 확정된 환율에 따른 지급.

(2) 지급금액이 문자와 숫자로 명시되어 있는 경우에 그 양자간에 모순이 있다면, 문자에 의하여 표시된 금액을 지급금액으로 한다.

(3) 환어음이 이자와 함께 지급되도록 명시되어 있는 경우에는, 그 증권에 별도의 규정이 없는 한 이자는 환어음의 日附로부터 그리고 환어음에 일부되지 아니한 경우에는 그 발행일로부터 기산된다.

제10조 (요구불 환어음)

(1) 환어음은 다음의 경우에 요구불일 수 있다.

    (a)   환어음에 요구불 또는 일람불 또는 제시불을 명시하고 있는 경우.

    (b)   환어음에 지급을 위한 시기가 전혀 명시되어 있지 아니한 경우.

(2) 환어음이 만기가 지난 때에 인수 또는 배서되는 경우에는, 그렇게 인수하는 인수인 또는 그렇게 배서하는 배서인에 관한 한 그 환어음은 요구불환어음으로 본다.

제11조 (장래기간불 환어음)

환어음은 다음의 방법으로 지급될 수 있도록 명시되어 있는 경우에는 본법의 의미 내에서 결정 가능한 장래기간불일 수 있다.

(1) 일부후정기불 또는 일람후정기불.

(2) 발생의 시기가 불확실하더라도 그 발생이 확실한 특정사건의 발생일불 또는 발생일후정기불. 우발사건의 발생일에 지급될 수 있도록 명시된 증권은 환어음이 될 수 없으며, 따라서 사건의 발생은 하자를 제거하지 못한다.

제12조 (일부후 환어음의 일부누락)

일부후 정기불로 명시된 환어음이 일부 되지 아니하고 발행된 경우이거나, 또는 일람후 정기불의 환어음의 인수가 일부 되지 아니한 경우에는, 소지인은 발행 또는 인수의 실제 일부를 이에 기입할 수 있으며 그때 환어음은 이에 따라 지급된다.

다만 (1) 소지인이 선의로 또한 과실로 인하여 부실한 일부를 기입한 경우, 그리고 (2) 부실한 일부가 기입되어 환어음이 결과적으로 정당한 소지인의 수중에 넘어간 모든 경우에는, 환어음은 그로 인하여 무효로 되지 아니하고 오히려 그렇게 기입된 일부가 진실한 일부인 것과 같이 유효하게 지급된다.

제13조 (이전일부 미 이후일부)

(1) 환어음 또는 인수 또는 환어음상의 모든 배서가 일부된 경우에는, 반대의 입증이 없는 한 그 일부는 발행, 인수 또는 경우에 따라서 배서의 진실한 일부로 본다.

(2) 환어음은 이전일부 또는 이후일부된 사유 또는 일요일로 일부된 사유만으로는 무효가 되지 아니한다.

Computation of time of payment

14. Where a bill is not payable on demand, the day on which it falls due is determined as follows :

(1) Three days, called days of grace, are in every case where the bill itself does not otherwise provide, added to the time of payment as fixed by the bill, and the bill is due and payable on the last day of grace : Provided that -

    (a) When the last day of grace falls on Sunday, Christmas Day, Good Friday, or a day appointed by royal proclamation as a public fast or thanksgiving day, the bill is, except in the case hereinafter provided for, due and payable on the preceding business day.

    (b) When the last day of grace is a bank holiday (other than Christmas Day or Good Friday) under the Bank Holidays Act 1871, and Acts amending or extending it, or when the last day of grace is a Sunday and the second day of grace is a bank holiday, the bill is due and payable on the succeeding business day.

(2) Where a bill is payable at a fixed period after date, after sight, or after the happening of a specified event, the time of payment is determined by excluding the day from which the time is to begin to run and by including the day of payment.

(3) Where a bill is payable at a fixed period after sight, the time begins to run from the date of the acceptance if the bill be accepted, and from the date of noting or protest if the bill be noted or protested for non-acceptance of for non-delivery.

(4) The term "month" in a bill means calender month.

Case of need

15. The drawer of a bill and any indorser may insert therein the name of a person to whom the holder may resort in case of need, that is to say, in case the bill is dishonoured by non-acceptance or non-payment, Such person is called the referee in case of need or not as he may think fit.

Optional stipulations by drawer or indorser

16. The drawer of a bill, and any indorser, may insert therin an express stipulation -

(1) Negativing or limiting his own liability to the holder.

(2) Waiving as regards himself some or all of the holder's duties.

Definition and requisites of acceptance

17. (1) The acceptance of a bill is the signification by the drawee of his assent to the order of the drawer.

(2) An acceptance is invalid unless it complies with the following conditions, namely :

    (a) It must be written on the bill and be signed by the drawee. The mere signature of the drawee without additional words is sufficient.

    (b) It must not express that the drawee will perform his promise by any other means than the payment of money.

제14조 (지급시기의 산정)

환어음이 요구불이 아닌 경우에는, 환어음의 만기일은 다음과 같이 결정된다.

(1) 환어음 자체의 별도의 규정이 없는 한 소위 은혜일이라고 하는 3일은 환어음에 의하여 지정된 지급시기에 가산되며, 따라서 환어음은 은혜일의 말일에 만기되고 지급된다. 다만,

    (a) 은혜일의 말일이 일요일, 성탄일, 기독수난금요일, 또는 공무공포지정일 또는 추수감사제일에 도래한 경우에는, 환어음은 다음 호에 규정된 경우를 제외하고 그 직전의 영업일에 만기되고 지급된다.

    (b) 은혜일의 말일이 1871년 은행휴일법 또는 그 수정·확정된 법률에 따른 은행휴업일(성탄일 또는 기독수난금요일은 제외함)인 경우이거나, 또는 은혜일의 말일이 일요일이고 은혜일의 익일이 은행휴업일인 경우에는, 환어음은 그 직후의 영업일에 만기되고 지급된다.

(2) 환어음이 일부후정기불, 일람후정기불 또는 특정사건의 발생후정기불인 경우에는, 지급의 시기는 기간의 初日을 산입하지 아니하고 반면 지급일을 산입하여 결정된다.

(3) 환어음이 일람후정기불인 경우에는, 기간은 환어음의 인수인 경우에는 인수의 일부로부터, 그리고 인수거절 또는 인도거절로 인하여 거절각서 또는 거절증서의 작성이 행하여진 경우에는 거절각서 또는 거절증서의 일부로부터 기산된다.

(4) 환어음에 있어서 "월"이란 용어는 역월을 의미한다.

제15조 (필요한 경우의 예비지급인)

환어음의 발행인과 배서인은 필요한 경우, 즉 환어음이 인수거절 또는 지급거절로 인하여 부도된 경우에는 소지인이 의존할 수 있는 자의 성명을 환어음상에 기재할 수 있다. 그러한 자는 필요한 경우의 예비지급인이라고 칭한다. 예비지급인에 의존하지 아니하고는 소지인의 임의에 달려 있다.

제16조 (발행인과 배서인에 의한 임의규정)

환어음의 발행인과 배서인은 다음의 명시적인 규정을 환어음상에 기재할 수 있다.

(1) 소지인에 대한 자신의 의무를 부인 또는 제한하는 규정

(2) 자신에 관한 소지인의 의무의 일부 또는 전부를 면제하는 규정

제17조 (인수의 정의 및 요건)

(1) 환어음의 인수라 함은 발행인의 지시에 대한 지급인의 동의의 표명을 말한다.

(2) 인수는 다음의 조건과 일치하지 아니하는 한 무효이다. 즉,

    (a) 인수는 환어음상에 기재되고 또한 지급인에 의하여 서명되어야 한다. 추가된 문언이 없이 지급인의 단순한 서명은 이에 충분하다.

    (b) 인수는 지급인이 금전의 지급 이외의 다른 방법에 의하여 그의 약속을 이행하겠다는 것을 명시하여서는 아니된다.

Time for acceptance

18. A bill may be accepted -

(1) Before it has been signed by the drawer, or while otherwise incomplete.

(2) When it is overdue, or after it has been dishonoured by a previous refusal to accept or by non-payment.

(3) When a bill payable after sight is dishonoured by non-acceptance, and the drawee subsequently accepts it, the holder, in the absence of any different agreement, is entitled to have the bill accepted as of the date of first presentment to the drawee for acceptance.

General and qualified acceptance

19. (1) An acceptance is either (a) general or (b) qualified.

(2) A general acceptance assents without qualification to the order of the drawer. A qualified acceptance in express terms varies the effect of the bill as drawn. In particular an acceptance is qualified which is -

   (a) conditional, that is to say, which makes payment by the acceptor dependent on the fulfillment of a condition therein stated.

   (b) partial, that is to say, an acceptance to pay part only of the amount for which the bill is drawn.

   (c) local, that is to say, an acceptance to pay only at a particular specified place. An acceptance to pay at a particular place is a general acceptance, unless it expressly states that the bill is to be paid there only and not elsewhere.

   (d) qualified as to time.

   (e) the acceptance of some one or more of the drawees, but not of all.

Inchoate instruments

20. (1) Where a simple signature on a blank stamped paper is delivered by the signer in order that it may be converted into a bill, it operates as a prima facie authority to fill it up as a complete bill for any amount the stamp will cover, using the signature for that of the drawer, or the acceptor, or an indorse ; and, in like manner, when a bill is wanting in any material particular, the person in possession of it has a prima facie authority to fill up the omission in any way he thinks fit.

(2) In order that any such instrument when completed may be enforceable against any person who became a party thereto prior to its completion, it must be filled up within a reasonable time, and strictly in accordance with the authority given. Reasonable time for this purpose is a question of fact.

   Provided that if any such instrument after completion is negotiated to a holder in due course it shall be valid and effectual for all purposes in his hands, and he may enforce it if it had been filled up within a reasonable time and strictly in accordance with the authority given.

Delivery

21. (1) Every contract on a bill, whether it be the drawer's, the acceptor's, or an indorser's, is incomplete and

제18조 (인수의 시기)

환어음은 다음의 시기에 인수될 수 있다.

(1) 환어음이 발행인에 의하여 서명되기 이전, 또는 기타 완성되지 아니한 때.

(2) 환어음이 만기를 경과한 때, 또는 환어음이 만기 전의 인수거절 또는 지급거절로 인하여 부도된 이후.

(3) 일람후불 환어음이 인수거절로 인하여 부도되고 그 후에 지급인이 이를 인수한 경우에는, 별도의 하의가 없는 한 소지인은 인수를 위한 지급인에 대하여 최초제시의 일부로써 환어음을 인수시킬 권리가 있다.

제19조 (일반적 인수 및 제한적 인수)

(1) 인수는 (a) 일반적이거나 또는 (b) 제한적일 수 있다.

(2) 일반적 인수라 함은 발행인의 지시에 대하여 제한 없이 동의하는 것을 말한다. 제한적 인수라 함은 명시적 문언으로써 발행된 환어음의 효력을 변경시키는 것을 말한다.

특히 인수는 다음의 경우에 제한적 인수가 된다.

(a) 조건부 인수, 즉 인수인에 의한 지급이 환어음에 기재된 조건의 성취에 달려있는 인수.

(b) 일부인수, 즉 환어음이 발행된 금액의 일부만이 지급되는 인수.

(c) 국지인수, 즉 환어음에 기재된 특정의 장소에서만 지급되는 인수.

특정장소에서 지급되는 인수는, 환어음이 그 장소에서만 지급되어야 하고 다른 장소에서 지급되어서는 아니 된다고 명시하고 있지 아니하는 한 일반적 인수로 본다.

(d) 시기에 관한 제한적 인수.

(e) 수인의 지급인 전원이 아닌 그 일부만의 인수

제20조 (불완전한 증권)

(1) 날인된 백지상의 단순한 서명이 그것을 환어음으로 하겠다는 목적에서 서명자에 의하여 인도된 경우에는, 그 서명은 발행인, 인수인 또는 배서인의 서명을 사용하고 또한 날인된 금액에 대한 완전한 환어음으로써 보충하는 추정적 권한을 부여하는 효력을 갖는다. 이와 동일한 방법으로, 환어음이 어떤 중대한 특정사실이 결여된 경우에는, 환어음의 소지인은 적당하다고 생각하는 방법으로 그 결여부분을 보충하는 추정적 권한을 갖는다.

(2) 전항의 증권을 완성하여 이로써 그 완성전의 어음당사자가 된 자에 대한 이행을 청구하기 위해서는, 상당한 기간 내에 또 수권된 권한에 엄격하게 일치하여 이를 보충하여야 한다. 이 목적을 위한 상당한 기간의 여부는 사실의 문제이다. 다만 전항의 증권이 완성 후 정당한 소지인에게 유통되었을 경우에는, 그 증권은 소지인의 모든 목적을 위하여 유효하다. 그리고 소지인은, 그 증권이 상당한 기간 내에 또 수권된 권한에 엄격하게 일치하여 보충되는 한 그 이행을 청구할 수 있다.

제21조 (환어음의 인도)

(1) 환어음상의 모든 계약은, 그것이 발행인의 계약, 인수인의 계약 또는 배서인의 계약이든 간에 그 효력

revocable, until delivery of the instrument in order to give effect thereto. Provided that where an acceptance is written on a bill, and the drawee gives notice to or according to the directions of the person entitled to the bill that he has accepted it, the acceptance then becomes complete and irrevocable.

(2) As between immediate parties, and as regards a remote party other than a holder in due course, the delivery -

(a) In order to be effectual must be made either by or under the authority of the party drawing, accepting, or indorsing, as the case may be.

(b) May be shown to have been conditional or for a special purpose only, and not for the purpose of transferring the property in the bill.

But if the bill be in the hands of a holder in due course a valid delivery of the bill by all parties prior to him so as to make them liable to him is conclusively presumed.

(3) Where a bill is no longer in the possession of a party who has signed it as drawer, acceptor, or indorser, a valid and unconditional delivery by him is presumed until the contrary is proved.

Capacity and Authority of Parties

Capacity of parties

22. (1) Capacity to incur liability as party to a bill is co-extensive with capacity to contract.

Provided that nothing in this section shall enable a corporation to make itself liable as drawer, acceptor or indorser of a bill unless it is competent to it so to do under the law for the time being in force relating to corporations.

(2) Where a bill is drawn or indorsed by an infant, minor, or corporation having no capacity or power to incur liability on a bill, the drawing or indorsement entitles the holder to receive payment of the bill, and to enforce it against any other party thereto.

Signature essential to liability

23. No person is liable as drawer, indorser, or acceptor of a bill who has not signed it as such : provided that

(1) Where a person signs a bill in a trade or assumed name, he is liable thereon as if he had signed it in his own name.

(2) The signing of the name of a firm is equivalent to the signature by the person so signing of the names of the persons liable as partners in that firm.

Forged or unauthorised signature

24. Subject to the provisions of this Act, where a signature on a bill is forged or placed thereon without the authority of the person whose signature it purports to be, the forged or unauthorised signature is wholly inoperative, and no right to retain the bill or to give a discharge therefor or to enforce payment thereof against any party thereto

을 발생하게 하기 위한 증권은 인도가 있기까지는 불완전하고 또한 취소가능하다. 다만 환어음상에 인수가 기재되고, 또 지급인이 인수하였다는 것을 환어음의 권한이 있는 자에게 통지하거나 또는 그러한 자의 지시에 따라 통지한 경우에는, 그 인수는 완전하고 또한 취소불능이 된다.

(2) 직접당사자간과 정당한 소지인 이외의 간접당사자에 관한 한, 인도는

    (a) 그 효력이 있기 위해서는, 발행당사자, 인수당사자 도는 경우에 따라 배서당사자에 의하거나 또는 수권에 따라 이를 하여야 한다.

    (b) 조건부였거나 또는 단순한 특정의 목적을 위한 것일 뿐 환어음상의 소유권을 이전하는 목적을 위한 것이 아니었음을 이로써 증명할 수 있다.

        그러나 환어음이 정당한 소지인의 수중에 있을 때에는, 그 자에 대한 이전당사자 전원의 의무를 발생하게 할 수 있는 이들에 의한 환어음의 유효한 인도가 결정적으로 있는 것으로 본다.

(3) 환어음의 발행인, 인수인 또는 배서인으로서 이에 서명한 당사자의 점유를 이탈한 경우에는, 반대의 입증이 있을 때까지는 그 자에 의한 유효하고 또 무조건부의 인도가 있는 것으로 본다.

제22조 (당사자의 능력)

(1) 환어음의 당사자로서 의무를 부담하는 능력이라 함은 계약을 체결하는 능력과 동등한 것으로 본다. 다만 본조의 규정은 결코 법인에 관한 현행법에 의거하여 법인이 환어음의 발행인, 인수인 또는 배서인으로서 의무를 부담할 능력을 갖지 아니한 경우에는, 법인에 대하여 그러한 자로서의 의무를 부담할 능력을 부여하지 아니한다.

(2) 환어음이 유아, 미성년 또는 환어음상의 의무를 부담할 능력 또는 권한을 전혀 갖지 못한 법인에 의하여 발행 또는 배서된 경우에는, 그 발행 또는 배서는 소지인으로 하여금 환어음의 지급을 수취하도록 하고 또 다른 당사자에 대하여 지급을 강요할 권한을 갖게 한다.

제23조 (의무부담에 필요한 서명)

환어음의 발행인, 배서인 또는 인수인으로서 이에 서명하지 아니한 자는 결코 그 발행인, 배서인 또는 인수인으로서의 의무를 부담하지 아니한다. 다만,

(1) 어떠한 자가 상호 또는 가명으로 환어음에 서명한 경우에는, 그는 자신의 본명으로 이에 서명한 것과 같이 의무를 부담한다.

(2) 상사명으로의 서명은 그 서명자가 당해상사의 조합원으로써 부담하는 전원의 명의로 서명하는 것과 동일한 효력이 있다.

제24조 (위조서명 또는 무권서명)

본 법의 규정에 따라서, 환어음상의 서명이 위조되었거나 또는 서명하기로 되어 있는 본인의 수권없이 서명되어 있는 경우에는, 그 위조 또는 무권의 서명은 전적으로 무효이다. 또한 그러한 서명에 의거하여서는 결코 환어음을 보유하거나 또는 환어음의 채무를 면제시키거나, 또는 환어음의 각 당사자에 대하여 그 지

can be acquired through or under that signature, unless the party against whom it is sought to retain or enforce payment of the bill is precluded from setting up the forgery or want of authority.

Provided that nothing in this section shall affect the ratification of an unauthorised signature not amounting to a forgery.

Procuration signatures

25. A signature by procuration operates as notice that the agent has but a limited authority to sign, and the principal is only bound by such signature if the agent in so signing was acting within the actual limits of his authority.

Person signing as agent or in representative capacity

26.

(1) Where a person signs a bill as drawer, indorser, or acceptor, and adds words to his signature, indicating that he signs for or on behalf of a principal, or in a representative character, he is not personally liable thereon ; but the mere addition to his signature of words describing him as an agent, or as filling a representative character, does not exempt him from personal liability.

(2) In determining whether a signature on a bill is that of the principal or that of the agent by whose hand it is written, the construction most favourable to the validity of the instrument shall be adopted.

The Consideration for a Bill Value and holder for value

27.

(1) Valuable consideration for a bill may be constituted by, -

    (a)   Any consideration sufficient to support a simple contract,

    (b)   An antecedent debt or liability. Such a debt or liability is deemed valuable consideration whether the bill is payable on demand or at a future time.

(2) Where value has at any time been given for a bill the holder is deemed to be a holder for value as regards the acceptor and all parties to the bill who became parties prior to such time.

(3) Where the holder of a bill has a lien on it arising either from contract or by implication of law, he is deemed to be a holder for value to the extent of the sum for which he has a lien.

Accommodation bill or party

28.

(1) An accommodation party to a bill is a person who has signed a bill as drawer, acceptor, or indorser, without receiving value therefor, and for the purpose of lending his name to some other person.

(2) An accommodation party is liable on a bill to a holder for value ; and it is immaterial whether, when such holder took the bill, he knew such party to be an accommodation party or not.

급을 강요하는 권리를 취득할 수 없다. 다만 상대방에 대하여 환어음을 보유하거나 또는 지급을 강요하고 자 하는 당사자는 위조 또는 수권의 결여를 주장하는 것이 금지되어 있는 경우에는 그렇지 아니하다.

그러나 본 조의 규정은 결코 문서위조에 해당하지 아니한 무권서명의 추인에는 영향을 미치지 아니한다.

제25조 (대리서명)

대리에 의한 서명은 그 대리인이 제한적인 서명권만을 가진다고 하는 통지로서의 효력을 갖는다. 또한 그 러한 서명에 의하여 본인은 서명의 대리인이 자신의 실질적인 수권의 범위 내에서 행동하는 경우에 한하여 의무를 부담한다.

제26조 (서명대리인 또는 서명대표능력자)

(1) 발행인, 배서인 또는 인수인으로서 환어음상에 서명한 자가 본인을 대신하여 또는 대표의 자격으로 서 명한다는 것을 표시하는 문언을 그의 서명에 추가한 경우에는, 그는 개인적으로 환어음상의 의무를 부 담하지 아니한다. 그러나 단순히 서명에 대리인 또는 대표의 자격을 점한다는 것을 명시하는 문언을 추가한다고 하여, 이로써 그의 개인적인 의무를 면하게 하지는 못한다.

(2) 환어음상의 서명이 본인의 서명인가 또는 이를 기재한 대리인의 서명인가를 결정하는 데 있어서는, 그 증권을 유효하게 하는 가장 편리한 해석이 채택되어야 한다.

제27조 (대가 및 유상소지인)

(1) 다음과 같은 것은 환어음의 유가약인을 구성한다.
   (a) 단순계약을 성립하게 하는 데 충분한 약인.
   (b) 기존의 채무 또는 의무. 그러한 채무 또는 의무는 환어음이 요구불 또는 장래기간불의 여부를 불문 하고 유가약인으로 인정된다.

(2) 어느 때이든 환어음에 대한 대가가 주어진 경우에는, 소지인은 인수인 및 그 때까지 환어음의 당사자 가 된 모든 당사자에 관한 한 대가를 지급한 유가소지인으로서 인정된다.

(3) 환어음의 소지인이 환어음 계약 또는 법률적 의미에서 발생하는 점유권을 갖는 경우에는, 그 소지인은 점유권을 갖는 금액의 범위 내에서 대가를 지급한 유상소지인으로서 인정된다.

제28조 (융통환어음 또는 융통당사자)

(1) 환어음의 융통당사자라 함은 타인에게 자기의 명예를 대여하는 목적으로 어떠한 대가를 받지 아니하 고 환어음의 발행인, 인수인 또는 배서인으로서 서명한 당사자를 말한다.

(2) 융통당사자는 유상소지인에 대하여 환어음상의 의무를 부담한다. 또한 유상소지인이 환어음을 취득 할 당시에 그러한 당사자가 융통당사자인 것을 알았는지의 여부는 중요하지 아니하다.

Holder in due course

29.

(1) A holder in due course is a holder who has taken a bill, complete and regular on the face of it, under the following conditions ; namely,

   (a) That he became the holder of it before it was overdue, and without notice that it had been previously dishonored, if such was the fact :

   (b) That he took the bill in good faith and for value, and that at the time the bill was negotiated to him he had no notice of any defect in the title of the person who negotiated it.

(2) In particular the title of a person who negotiates a bill is defective within the meaning of this Act when he obtained the bill, or the acceptance thereof, by fraud, duress, or force and fear, or other unlawful means, or for an illegal consideration, or when he negotiates it in breach of faith, or under such circumstances as amount to a fraud.

(3) A holder (whether for value or not) who derives his title to a bill through a holder in due course, and who is not himself a party to any fraud or illegality affecting it, has all the rights of that holder in due course as regards the acceptor and all parties to the bill prior to that holder.

Presumption of value and good faith

30.

(1) Every party whose signature appears on a bill is prima facie deemed to have become a party thereto for value.

(2) Every holder of a bill is prima facie deemed to be a holder in due course ; but if in an action on a bill it is admitted or proved that the acceptance, issue, or subsequent negotiation of the bill is affected with fraud, duress, or force and fear, or illegality, the burden of proof is shifted, unless and until the holder proves that, subsequent to the alleged fraud or illegality, value has in good faith been given for the bill.

Negotiation of Bills Negotiation of bill

31.

(1) A bill is negotiated when it is transferred from one person to another in such a manner as to constitute the transferee the holder of the bill.

(2) A bill payable to bearer is negotiated by delivery.

(3) A bill payable to order is negotiated by the indorsement of the holder completed by delivery.

(4) Where the holder of a bill payable to his order transfers it for value without indorsing it, the transfer gives the transferee such title as the transferor had in the bill, and the transferee in addition acquires the right to have the indorsement of the transferor.

(5) Where any person is under obligation to indorse a bill in a representative capacity, he may indorse the bill in such terms as to negative personal liability.

제29조 (정당한 소지인)

(1) 정당한 소지인이라 함은 문면상 완전하고 정당한 환어음을, 다음의 조건에 따라 취득한 소지인을 말한다. 즉,

    (a) 환어음의 만기 전에 이미 소지인이 되고, 또 그 이전에 환어음이 부도된 경우에는 그 사실을 알지 못하고 소지인이 되었을 것.

    (b) 환어음을 선의 및 유상으로 취득하였을 것. 또한 환어음이 그에게 유통되었을 때에 그가 유통자의 권리에 어떠한 하자가 있었음을 알지 못하였을 것.

(2) 특히 환어음 유통자의 권리는, 그 유통자가 사기, 강박 또는 폭력 및 공포, 또는 기타 불법의 수단에 의하여, 또는 불법의 약인하에서 환어음 또는 그 인수를 취득한 경우이거나, 또는 그 유통자가 성실성을 위반하거나 또는 사기에 해당하는 그러한 사정 하에서 환어음을 유통시킨 경우에는, 본법의 의미 내에서 하자가 있는 것으로 한다.

(3) 정당한 소지인을 통하여 환어음상의 권리를 취득하고 또 자신이 환어음에 영향을 미칠 사기 또는 위법행위의 당사자가 아닌 소지인(유상소지인의 여부를 불문하고)은 인수인과 정당한 소지인 이전의 환어음 당사자 전원에 관한 하 정당한 소지인으로서 모든 권리를 갖는다.

제30조 (대가와 선의의 입증)

(1) 환어음상의 서명에 한 모든 당사자는 추정적으로 이에 유상의 당사자가 된 것으로 본다.

(2) 환어음의 모든 당사자는 추정적으로 정당한 소지인인 것으로 본다. 그러나 환어음상의 소송에 있어서, 그 인수, 발행 또는 그 이후의 유통이 사기, 강박 또는 폭력 및 공포, 또는 위법행위에 영향을 받았음이 인정되거나 입증된 경우에는, 상대방이 주장하는 사기 또는 위법행위가 있은 이후에 환어음을 위한 대가가 선의로 제공되었다는 것을 증명하지 아니하는 한 거증의 책임은 소지인에게 귀속된다.

제31조 (환어음의 유통)

(1) 환어음은 1인으로부터 타인에게 양도될 때 양수인으로 하여금 환어음의 소지인으로 성립하게 하는 방법으로 이행되면 유통된 것으로 한다.

(2) 지참인식 환어음은 인도에 의하여 유통된다.

(3) 지시인식 환어음은 인도에 의하여 완성된 소지인의 배서에 의하여 유통된다.

(4) 자기 지시인식 환어음의 소지인이 이를 배서하지 아니하고 유상으로 양도한 경우에는, 그러한 양도는 양수인으로 하여금 양도인이 환어음에 대하여 갖는 그러한 권리를 갖게 해주며, 또한 양수인은 그 밖에 양도인의 배서를 청구할 권리를 취득한다.

(5) 어떠한 자가 대표능력자로서 환어음을 배서할 의무를 지고 있는 경우에는, 그 자는 개인적 의무를 부인하는 그러한 문언으로 환어음을 배서할 수 있다.

Requisites of a valid indorsement

32. An indorsement in order to operate as a negotiation must comply with the following conditions, namely -

(1) It must be written on the bill itself and be signed by the indorser. The simple signature of the indoser on the bill, without additional words, is sufficient.

An indorsement written on an allonge, or an a "copy" of a bill issued or negotiated in a country　where "copies" are recognised, is deemed to be written on the bill itself.

(2) It must be an indorsement of the entire bill, A partial indorsement, that is to say, an indorsement which purports to transfer to the indorsee a part only of the amount payable, or which purports to transfer the bill to two or more indorsees severally, does not operate as a negotiation of the bill.

(3) Where a bill is payable to the order of two or more payees or indorsees who are not partners all must indorse, unless the one indorsing has authority to indorse for the others.

(4) Where, in a bill payable to order, the payee or indorsee is wrongly designated, or his name is mis-spelt, he may indorse the bill as therein described, adding, if he think fit, his proper signature.

(5) Where there are two or more indorsements on a bill, each indorsement is deemed to have been made in the order in which is appears on the bill, until the contrary is proved.

(6) An indorsement may be made in blank or special. It may also contain terms making it restrictive.

Conditional indorsement

33. Where a bill purports to be indorsed conditionally the condition may be disregarded by the payer, and payment to the indorsee is valid whether the condition has been fulfilled or not.

Indorsement in blank and special indorsement

34.

(1) An indorsement in blank specifies no indorsee, and a bill so indorsed becomes payable to bearer.

(2) A special indorsement specifies the person to whom, or to whose order, the bill is to be payable.

(3) The provisions of this Act relating to a payee apply with the necessary modifications to an indorsee under a special indorsement.

(4) Where a bill has been indorsed in blank, any holder may convert the blank indorsement into a special indorsement by writing above the indorser's signature a direction to pay the bill to or to the order of himself or some other person.

Restrictive indorsement

35. (1) An indorsement is restrictive which prohibits the further negotiation of the bill or which expresses that it is

제32조 (유효한 배서의 요건)

배서가 유통으로서 효력을 갖기 위하여는 다음의 조건을 갖추어야 한다. 즉,

(1) 배서는 환어음의 자체에 기재되어 있어야 하고 또한 배서인에 의하여 서명되어야 한다. 추가된 문언이 없이 환어음상에 배서인이 단순하게 서명한 것은 이에 충분하다.

"사본"이 인정된 국가에서 발행 또는 유통된 환어음의 부전 또는 "사본"상에 기재된 배서는 환어음의 자체에 기재된 것으로 인정된다.

(2) 배서는 환어음 전부의 배서이어야 한다. 일부배서, 즉 피배서인에게 지급금액의 일부만을 양도할 목적으로 한 배서, 또는 환어음을 수인의 피배서인에게 양도할 목적으로 한 배서는 환어음의 유통으로서 효력을 갖지 아니한다.

(3) 환어음의 조합원의 관계를 갖지 아니한 수인이 수취인 또는 피배서인의 지시인 앞으로 지급되는 경우에는, 배서하는 1인이 타인을 위하여 배서하는 권한을 갖고 있지 아니하는 한 전원이 배서하여야 한다.

(4) 지시인식 환어음에 있어서, 수취인 또는 피배서인이 잘못 지정되어 있거나 또는 그 성명이 잘못 철자되어 있는 경우에는, 그 자는 적당하다고 생각되는 때에는 자신의 정당한 서명을 추가하여 환어음상에 표기된 대로 배서할 수 있다.

(5) 환어음상에 수개의 배서가 있는 경우에는, 반대의 입증이 없는 한 각각의 배서는 환어음상에 나타나 있는 순서에 따라 되어 있는 것으로 본다.

(6) 배서는 백지식 또는 기명식으로 할 수 있다. 또한 배서는 이를 제한적 배서로 하는 문언을 포함할 수도 있다.

제33조 (조건부 배서)

환어음이 조건부로 배서되었을 경우에는, 그 조건은 지급당사자(payee)에 의하여 무시될 수 있다. 또한 피배서인에 대한 지급은 그 조건이 성취된 여부를 불문하고 효력을 갖는다.

제34조 (백지식배서 및 기명식배서)

(1) 백지식배서라 함은 피배서인을 명시하지 아니한 경우를 말하며, 그와 같이 배서된 환어음은 지참인 앞으로 지급되게 된다.

(2) 기명식배서라 함은 환어음의 지급을 받는 자 또는 그 지시인을 명시한 경우를 말한다.

(3) 수취인에 관한 본법의 규정은, 필요한 변경을 가하여 이를 기명식 배서에 따른 피배서인에게 적용한다.

(4) 환어음이 백지식으로 배서된 경우에는, 모든 소지인은 배서인의 서명이 상단에 자신 또는 자신의 지시인 또는 제3자 앞으로 환어음을 지급하라는 지시사항을 기재하여 백지식 배서를 기명식 배서로 변경할 수 있다.

제35조 (제한적 배서)

(1) 배서는, 환어음이 더 이상 유통을 금지하거나 또는 환어음에 지시된 대로 이를 취급하도록 수권할 뿐

a mere authority to deal with the bill as thereby directed and not a transfer of the ownership thereof, as, for example, if a bill be indorsed "Pay D only." or "Pay D for the account of X," or "Pay D or order for collection."

(2) A restrictive indorsement gives the indorsee the right to receive payment of the bill and to sue any party thereto that his indorser could have sued, but gives him no power to transfer his rights as indorsee unless it expressly authorises him to do so.

(3) Where a restrictive indorsement authorises further transfer, all subsequent indorsees take the bill with the same rights and subject to the same liabilities as the first indorsee under the restrictive indorsement.

Negotiation of overdue or dishonoured bill

36. (1) Where a bill is negotiable in its origin it continues to be negotiable until it has been (a) restrictively indorsed or (b) discharged by payment or otherwise.

(2) Where an overdue bill is negotiated, it can only be negotiated subject to any defect of title affecting it at its maturity, and thenceforward no person who takes it can acquire or give a better title than that which the person from whom he took it had.

(3) A bill payable on demand is deemed to be overdue within the meaning and for the purposes of this section when it appears on the face of it to have been in circulation for an unreasonable length of time. What is unreasonable length of time for this purpose is a question of fact.

(4) Except where an indorsement bears date after the maturity of the bill, every negotiation is prima facie deemed to have been effected before the bill was overdue.

(5) Where a bill which is not overdue has been dishonoured any person who takes it with notice of the dishonour takes it subject to any defect of title attaching thereto at the time of dishonour, but nothing in this subsection shall affect the rights of a holder in due course.

Negotiation of bill to party already liable thereon

37. Where a bill is negotiated back to drawer, or to a prior indorser or to the acceptor, such party may, subject to the provisions of this Act, re-issue and further negotiate the bill, but he is not entitled to enforce payment of the bill against any intervening party to whom he was previously liable.

Rights of the holder

38. The rights and powers of the holder of a bill are as follow :

(1) He may sue on the bill in his own name ;

(2) Where he is a holder in due course, he holds the bill free from any defect of title of prior parties, as well as from

이의 소유권을 이전하는 것이 아님을 명시하고 있는 경우에는, 제한적 배서가 된다. 예컨대 환어음이 "D 에게만 지급할 것" 또는 "X의 계산으로 D에게 지급할 것", 또는 "추심을 위하여 D 또는 그 지시인에게 지급할 것"이라고 배서된 경우에 그러하다.

(2) 제한적 배서는 피배서인에 대하여 환어음의 지급을 수취할 권한과 자신의 배서인이 소송을 제기할 수 있는 환어음 당사자에 대한 소송을 제기할 권한을 부여하게 된다. 그러나 이로써 배서인은 결코 제한적 배서가 그에게 명시적으로 수권하고 있지 아니하는 한 피배서인으로서 갖는 자신의 권리를 양도할 권한을 부여받지 아니한다.

(3) 제한적 배서가 더 이상의 양도를 수권하고 있는 경우에는, 그 이후의 모든 피배서인은 제한적 배서에 따른 최초의 피배서인이 갖는 것과 동일한 권한과 의무에 따라서 환어음을 취득한다.

제36조 (만기경과 또는 부도된 환어음의 유통)

(1) 환어음의 원본에 의하여 유통성을 갖는 환어음은 (a) 제한적 배서가 있거나 또는 (b) 지급 또는 기타의 방법에 의하여 소멸되기까지는 계속 유통될 수 있다.

(2) 만기경과 된 환어음이 유통된 경우에는, 그 환어음은 만기된 당시에 이에 영향을 미친 권리의 하자를 전제로 하여서만 유통될 수 있다. 그 후에 환어음을 취득한 자는 양도인이 갖는 이상의 권리를 취득하거나 또는 이를 타인에게 줄 수 없다.

(3) 요구불 환어음은 불합리한 기간에 걸쳐 유통된 것이 그 문면상에 명백한 때에는 이를 본조의 의미와 목적에 있어서 만기를 경과한 것으로 본다. 본조의 목적에 있어서 무엇이 불합리한 기간인가 하는 것은 사실의 문제이다.

(4) 배서에 환어음의 만기일 이후의 일부가 되어 있는 경우를 제외하고, 모든 유통은 추정적으로 환어음이 만기를 경과하기 이전에 효력을 갖는 것으로 본다.

(5) 만기를 경과하지 아니한 환어음이 부도된 경우에는, 부도의 통지를 받고 이를 취득한 자는 부도된 당시에 환어음에 존재한 권리의 하자를 전제로 하여 이를 취득한다. 그러나 본항의 규정은 정당한 소지인의 권리에 영향을 미치지 아니한다.

제37조 (기존 의무당사자에 대한 환어음의 유통)

환어음의 발행인, 이전배서인 또는 인수인에게 거꾸로 유통된 경우에는, 그러한 당사자는 본법의 규정에 따라 환어음을 재발행하여 다시 유통시킬 수 있다. 그러나 그는 자신이 이미 의무를 지고 있는 중간당사자에 대하여 환어음의 지급을 강요할 권리가 없다.

제38조 (소지인의 권리)

환어음의 소지인의 권리와 권한은 다음과 같다.

(1) 소지인은 자신의 명의로 환어음상의 소송을 제기할 수 있다.

(2) 정당한 소지인인 경우에는, 소지인은 이전당사자 상호간에 유효한 인적항변뿐만 아니라 이전당사자

mere personal defences available to prior parties among themselves, and may enforce payment against all parties liable on the bill ;

(3) Where his title is defective (a) if he negotiates the bill to a holder in due course, that holder obtains a good and complete title to the bill, and (b) if he obtain payment of the bill the person who pays him in due course gets a valid discharge for the bill.

General Duties of the Holder When presentment for acceptance is necessary

39.

(1) Where a bill is payable after sight, presentment for acceptance is necessary in order to fix the maturity of the instrument.

(2) Where a bill expressly stipulates that it shall be presented for acceptance, or where a bill is drawn payable elsewhere than at the residence or place of business of the drawee, it must be presented for acceptance before it can be presented for payment.

(3) In no other case is presentment for acceptance necessary in order to render liable any party to the bill.

(4) Where the holder of a bill, drawn payable elsewhere than at the place of business or residence of the drawee, has not time, with the exercise of reasonable diligence, to present the bill for acceptance before presenting it for payment on the day that it falls due, the delay caused by presenting the bill for acceptance before presenting it for payment is excused, and does not discharge the drawer and indorsers.

Time for presenting bill payable after sight

40.

(1) Subject to the provisions of this Act, when a bill payable after sight is negotiated, the holder must either present it for acceptance or negotiate it within a reasonable time.

(2) If he does not do so, the drawer and all indorsers prior to that holder are discharged.

(3) In determining what is a reasonable time within the meaning of this section, regard shall be had to the nature of the bill, the usage of trade with respect to similar bills, and the facts of the particular case.

Rules as to presentment for acceptance, and excuses for non-presentment

41.

(1) A bill is duly presented for acceptance which is presented in accordance with the following rules :

    (a) The presentment must be made by or on behalf of the holder to the drawee or to some person authorised to accept or refuse acceptance on his behalf at a reasonable hour on a business day and before the bill is overdue :

    (b) Where a bill is addressed to two or more drawees, who are not partners, presentment must be made to them all, unless one has authority to accept for all, then presentment may be made to him only :

    (c) Where the drawee is dead presentment may be made to his personal representative :

의 권리의 하자로부터 자유로운 환어음을 소지하며, 또 그는 환어음상에 의무가 있는 모든 당사자에 대하여 지급을 강요할 수 있다.

(3) 소지인의 권리에 하자가 있는 경우에는, (a) 소지인이 환어음을 정당한 소지인에게 유통시킨 때에는 정당한 소지인은 환어음에 대하여 유효하고 완전한 권리를 취득하며, 또 (b) 소지인이 환어음의 지급을 받은 때에는 소지인에게 정당하게 지급한 자는 환어음에 대한 의무를 유효하게 면한다.

제39조 (인수를 위한 제시가 필요한 경우)

(1) 일람출급 환어음인 경우에는, 인수를 위한 제시는 그 증권의 만기일을 정하기 위하여 필요하다.

(2) 환어음의 인수를 위한 제시를 명백하게 약정한 경우이거나 또는 환어음이 지급인의 거주지 또는 영업소 이외의 장소에서 지급하도록 발행된 경우에는, 그 환어음은 지급을 위한 제시가 있기 이전에 인수를 위한 제시가 있어야 한다.

(3) 기타의 경우에 있어서는, 인수를 위한 제시는 결코 환어음의 모든 당사자에게 의무를 부과하기 위하여 필요로 하지 아니한다.

(4) 지급인의 영업소 또는 거주지 이외의 장소에서 지급하도록 발행된 환어음의 소지인이, 상당한 주의를 행사하였어도 환어음의 만기일에 지급을 위한 제시를 하기 이전에 인수를 위한 제시를 할 시간을 가지 못한 경우에는, 환어음의 지급을 위한 제시를 하기 이전에 인수를 위한 제시로 인하여 발생한 지연은 용서되지만, 이로써 발행인과 배서인의 의무가 소멸되지는 아니한다.

제40조 (일람후급 환어음의 제시시기)

(1) 본 법의 규정에 따라, 일람후급 환어음이 유통된 경우에는, 소지인은 환어음의 인수를 위한 제시를 시키거나 또는 상당한 기간 내에 유통시켜야 한다.

(2) 소지인이 전항과 같이 행하지 아니한 경우에는, 발행인 및 소지인 이전의 모든 배서인은 그 의무를 면한다.

(3) 본조의 의미 내에서 무엇이 상당한 기간인가를 결정하는데 있어서, 환어음의 성질, 유사한 환어음에 관한 거래관행 그리고 각 특정한 경우의 사실들이 고려되어야 한다.

제41조 (인수를 위한 제시의 규칙 및 제시거부의 허용)

(1) 환어음이 다음의 규칙에 따라 제시된 때에는 인수를 위한 제시가 정당하게 있는 것으로 한다.

   (a) 제시는 소지인 또는 그 대리인에 의하여 지급인에게 또는 그를 대신하여 인수하거나 인수 거절하도록 수권된 자에게, 환어음의 만기가 경과되기 전의 한 영업일의 정당한 시간에 행하여져야 한다.

   (b) 환어음이 조합원의 관계에 있지 아니한 수인의 지급인 앞으로 발신된 경우에는, 제시는 그 전원에 대하여 행하여져야 한다. 다만 1인이 그 전원을 위한 인수의 권한을 가지고 있는 경우에 제시는 그 자에 대하여만 행하여질 수 있다.

   (c) 지급인이 사망한 경우에는, 제시는 그 자의 인격대표자에 대하여 행하여질 수 있다.

(d) Where the drawee is bankrupt, presentment may be made to him or to his trustee :

(e)   Where authorized by agreement or usage, a presentment through the post office is sufficient.

(2) Presentment in accordance with these rules is excused, and a bill may be treated as dishonoured by non-acceptance -

    (a)   Where the drawee is dead or bankrupt, or is a fictitious person or a person not having capacity to contract by bill :

    (b)   Where, after the exercise of reasonable diligence, such presentment cannot be effected :

    (c)   Where although the presentment has been irregular, acceptance has been refused on some other ground.

(3) The fact that the holder has reason to believe that the bill, on presentment, will be dishonoured does not excuse presentment.

Non-acceptance

42. When a bill is duly presented for acceptance and is not accepted within the customary time, the person presenting it must treat it as dishonoured by non-acceptance. If he do not, the holder shall lose his right of recourse against the drawer and indorsers.

Dishonour by non-acceptance and its consequences

43.

(1) A bill is dishonoured by non-acceptance -

    (a)   When it is duly presented for acceptance, and such an acceptance as is prescribed by this Act is refused or cannot be obtained ; or

    (b)   When presentment for acceptance is excused and the bill is not accepted.

(2) Subject to the provisions of this Act when a bill is dishonoured by non-acceptance, an immediate right of recourse against the drawer and indorsers accrues to the holder, and no presentment for payment is necessary.

Duties as to qualified acceptances

44.

(1) The holder of a bill may refuse to take a qualified acceptance, and if he does not obtain an unqualified acceptance may treat the bill as dishonoured by non-acceptance.

(2) Where a qualified acceptance is taken, and the drawer or an indorser has not expressly or impliedly authorised the holder to take a qualified acceptance, or does not subsequently assent thereto, such drawer or indorser is discharged from his liability on the bill.

The provisions of this subsection do not apply to a partial acceptance, whereof due notice has been given. Where a foreign bill has been accepted as to part, it must be protested as to the balance.

(3) When the drawer or indorser of a bill receives notice of a qualified acceptance, and does not within reasonable

    (d)   지급인이 파산된 경우에는, 시는 지급인 또는 그의 관재인에 대하여 행하여질 수 있다.

    (e)   합의 또는 관행에 의하여 수권된 경우에는, 우편을 통한 제시는 충분한 것으로 한다.

(2) 다음의 경우에 있어서, 전항의 규칙에 따른 제시는 면제되며 또 환어음은 인수거절로 인하여 부도된 것으로 처리될 수 있다.

    (a)   지급인이 사망 또는 파산되었거나, 또는 가설인 또는 환어음 계약의 무능력자인 경우.

    (b)   상당한 주의를 행사하였더라도 그러한 제시가 이루어질 수 없는 경우.

    (c)   제시가 부정규이었더라도, 인수가 기타의 사유에 따라 거절된 경우.

    (d)   제시가 있을 당시에, 소지인이 환어음의 부도에 대하여 믿을 만한 사유를 갖고 있다는 사실은 그 제시를 면제하지 아니한다.

제42조 (인수거절)

환어음의 인수를 위한 제시가 정당하게 있더라도 실습적인 기간 내에 인수되지 아니한 경우에는, 환어음을 제시한 자는 이를 인수거절에 의한 부도로써 처리하여야 한다. 그가 만약 이를 행하지 아니하면, 소지인은 발행인 및 배서인에 대하여 상환청구권을 상실하게 된다.

제43조 (인수거절에 의한 不渡와 그 결과)

(1) 환어음은 다음의 경우에 인수거절로 인한 부도로 된다.

    (a)   환어음이 인수를 위한 제시가 정당하게 있고 본법에 의한 소정의 인수가 거절되거나 또는 이를 받아들일 수 없는 경우.

    (b)   인수를 위한 제시가 면제되고 또 환어음이 인수되지 아니한 경우.

(2) 본법의 규정에 따라, 환어음이 인수거절에 의하여 부도된 경우에는, 발행인 및 배서인에 대한 직접적인 상환청구권은 소지인에게 발생하며, 또 지급을 위한 제시는 결코 필요하지 아니하다.

제44조 (제한적 인수에 관한 의무)

(1) 환어음의 소지인은 제한적 인수를 수용하는 것을 거절할 수 있다. 또한 소지인이 만약 일반적 인수를 취득하지 못하였다면, 그 환어음은 인수거절에 의한 부도로 처리될 수 있다.

(2) 제한적 인수가 수용되었으나, 발행인 또는 배서인이 소지인에게 제한적 인수를 수용하도록 명시적 또는 묵시적으로 수권하지 아니하거나 또는 그 후에 이에 동의하지 아니한 경우에는, 그러한 발행인 또는 배서인은 환어음에 관한 자신의 의무로부터 면제된다.

본 항의 규정은 적법한 통지가 있은 일부인수에 대하여 적용되지 아니한다. 외국 환어음이 일부인수된 경우에는, 그것은 잔액에 관한 한 거절되어야 한다.

(3) 환어음의 발행인 또는 배서인이 제한적 인수의 통지를 받고, 또한 상당한 기간내에 소지인에 대하여 반대의 의사표시를 하지 아니한 경우에는, 발행인 또는 배서인은 이에 동의한 것으로 본다.

time express his dissent to the holder he shall be deemed to have assented thereto.

Rules as to presentment for payment

45. Subject to the provisions of this Act a bill must be duly presented for payment, If it be not so presented the drawer and indorsers shall be discharged. A bill is duly presented for payment which is presented in accordance with the following rules : -

(1) Where the bill is not payable on demand, presentment must be made on the day it falls due.

(2) Where the bill is payable on demand, then, subject to the provisions of this Act, presentment must be made within a reasonable time after its issue in order to render the drawer liable, and within a reasonable time after its indorsement, in order to render the indorser liable.

In determining what is a reasonable time, regard shall be had to the nature of the bill, the usage of trade with regard to similar bills, and the facts of the particular case.

(3) Presentment must be made by the holder or by some person authorized to receive payment on his behalf at a reasonable hour on a business day, at the proper place as hereinafter defined, either to the person designated by the bill as payer, or to some person authorised to pay or refuse payment on his behalf if with the exercise of reasonable diligence such person can there be found.

(4) A bill is presented at the proper place : -

   (a) Where a place of payment is specified in the bill and the bill is there presented.

   (b) Where no place of payment is specified, but the address of the drawee or acceptor is given in the bill, and the bill is there presented.

   (c) Where no place of payment is specified and no address given, and the bill is presented at the drawee's or acceptor's place of business if known, and if not, at his ordinary place of residence if known.

   (d) In any other case if presented to the drawee or acceptor wherever he can be found, or if presented at his last known place of business or residence.

(5) Where a bill is presented at the proper place, and after the exercise of reasonable diligence no person authorized to pay or refuse payment can be found there, no further presentment to the drawee or acceptor is required.

(6) Where a bill is drawn upon, or accepted by two or more persons who are not partners, and no place of payment is specified, presentment must be made to them all.

(7) Where the drawee or acceptor of a bill is dead, and no place of payment is specified, presentment must be made to a personal representative, if such there be, and with the exercise of reasonable diligence he can be found.

(8) Where authorized by agreement or usage a presentment through the post office is sufficient.

제45조 (지급을 위한 제시의 규칙)

본 법의 규정에 따라, 환어음의 지급을 위한 제시는 정당하여야 한다. 환어음이 그와 같이 제시되지 아니한 경우에는, 발행인과 배서인은 의무를 면하게 된다.

환어음이 다음의 규칙에 따라 제시된 때에 지급을 위한 제시가 정당하게 있는 것으로 한다.

(1) 요구불 환어음 이외의 경우에는, 제시는 그 지급일에 행해져야 한다.

(2) 요구불 환어음인 경우에는, 본 법의 구정에 따라 제시는 발행인에게 의무를 부담시키는 때에는 그 발행 후 상당한 기간내에 행해져야 하며, 또 배서인에게 의무를 부담시키는 때에는 그 배서 후 상당한 기간 내에 행해져야 한다.

   무엇이 상당한 기간인가를 결정하는 데에는, 환어음의 성질, 유사한 환어음에 관한 거래관행 그리고 각각의 특정한 경우의 사실에 대한 고려가 있어야 한다.

(3) 제시는 소지인 또는 그를 대신하여 지급을 수취하도록 수권된 자에 의하여 한 영업일의 정당한 시간과 차항에 정의하는 정당한 장소에서, 환어음상에 지급당사자로서 지정된 자 또는 상당한 주의를 행사할 때 발견될 수 있는 자를 대신하여 지급하거나 지급거절하도록 수권된 기타 자 앞으로 행해져야 한다.

(4) 환어음은 다음의 경우에 정당한 장소에서 제시된 것으로 한다.

   (a) 지급장소가 환어음상에 명시되고 또 환어음이 그곳에서 제시된 경우.

   (b) 지급장소가 결코 명시되지 아니하였더라도 지급인 또는 인수인의 주소가 환어음상에 주어지고 또 환어음이 그곳에서 제시된 경우.

   (c) 지급장소가 결코 명시되지 아니하고 주소도 결코 주어지지 아니한 상태에서, 환어음이 지급인 또는 인수인의 영업소가 알려져 있으면 그 장소에서, 그리고 이것이 알려져 있지 아니하면 통상적으로 알려진 그의 거주지에서 제시된 경우.

   (d) 기타의 경우에 있어서는, 환어음이 지급인 또는 인수인에게 발견될 수 있는 어떠한 장소에서 그에게 제시되었거나 또는 최후로 알려진 그의 영업소 또는 거주지에서 제시된 경우.

(5) 환어음이 정당한 장소에서 제시되고, 또 상당한 주의를 행사하였어도 지급 또는 지급거절의 권한이 있는 자가 결코 그곳에서 발견될 수 없는 경우에는, 지급인 또는 인수인에 대한 더 이상의 제시는 결코 요구되지 아니한다.

(6) 환어음이 조합원의 관계가 없는 수인 앞으로 발행되거나 또는 인수 되었으나 지급장소가 결코 명시되지 아니한 경우에는, 제시는 그들 전원에 대하여 행해져야 한다.

(7) 환어음이 지급인 또는 인수인이 사망하고 또 지급장소가 결코 명시되지 아니한 경우에는, 제시는 만약 인격대표자가 존재하고 또 상당한 주의의 행사로 그 자가 발견될 수 있다면 그 자에게 행해져야 한다.

(8) 합의 또는 관행에 의하여 수권된 경우에는, 우편을 통한 제시는 충분한 것으로 한다.

Excuses for delay or non-presentment for payment

46.

(1) Delay in making presentment for payment is excused when the delay is caused by circumstances beyond the control of the holder, and not imputable to his default, misconduct, or negligence. When the cause of delay ceases to operate presentment must be made with reasonable diligence.

(2) Presentment for payment is dispensed with, -

    (a) Where, after the exercise of reasonable diligence presentment, as required by this Act, cannot be effected. The fact that the holder has reason to believe that the bill will, on presentment, be dishonoured, does not dispense with the necessity for presentment.

    (b) Where the drawee is a fictitious person.

    (c) As regards the drawer when the drawee or acceptor is not bound, as between himself and the drawer, to accept or pay the bill, and the drawer has no reason to believe that the bill would be paid if presented.

    (d) As regards an indorser, where the bill was accepted or made for the accommodation of that indorser, and he has no reason to expect that the bill would be paid if presented.

    (e) By waiver of presentment, express or implied.

Dishonour by non-payment

47.

(1) A bill is dishonoured by non-payment (a) when it is duly presented for payment and payment is refused or cannot be obtained, or (b) when presentment is excused and the bill is overdue and unpaid.

(2) Subject to the provisions of this Act, when a bill is dishonoured by non-payment, an immediate right of recourse against the drawer and indorsers accrues to the holder.

Notice of dishonour and effect of non-notice

48. Subject to the provisions of this Act, when a bill has been dishonoured by non-acceptance or by non-payment, notice of dishonour must be given to the drawer and each indorser, and any drawer or indorser to whom such notice is not given is discharged ; Provided that -

(1) Where a bill is dishonoured by non-acceptance, and notice of dishonour is not given, the rights of a holder in due course subsequent to the omission, shall not be prejudiced by the omission.

(2) Where a bill is dishonoured by non-acceptance and due notice of dishonour is given, it shall not be necessary to give notice of a subsequent dishonour by non-payment unless the bill shall in meantime have been accepted.

Rules as to notice of dishonour

49. Notice of dishonour in order to be valid and effectual must be given in accordance with the following rules : -

제46조 (지연 또는 지급을 위한 제시거절의 허용)

(1) 지급을 위한 제시에서의 지연은, 그 지연이 소지인의 통제를 초월한 사정에 기인하고 또 소지인의 태만, 비행 또는 과실로 돌릴 수 없는 경우에는 이를 허용한다. 지연의 원인이 효력을 그쳤을 때에는, 제시는 상당한 주의에 따라 행하여져야 한다.

(2) 지급을 위한 제시는 다음의 경우에 면제된다.

    (a) 상당한 주의의 제시를 행사하였어도 본법에 의하여 요구되는 제시가 행하여질 수 없는 경우. 제시할 당시에, 소지인이 환어음의 부도에 대하여 믿을 만한 이유를 갖고 있다는 사실은 제시의 필요성을 면제시키지 아니한다.

    (b) 지급인이 가설인인 경우.

    (c) 발행인에 관한 하, 지급인 또는 인수인이 자신과 발행인의 사이에서 환어음을 인수 또는 지급할 의무가 없고 또 발행인이 제시하면 환어음의 지급이 이루어진다고 믿을 만한 어떠한 이유도 갖고 있지 아니한 경우.

    (d) 배서인에 관한 한, 환어음이 그 배서인의 융통을 위하여 인수되거나 작성되고, 또 배서인이 제시하면 환어음이 지급이 이루어진다고 기대할 만한 이유도 갖고 있지 아니한 경우.

    (e) 명시적 또는 묵시적으로 제시가 면제된 경우.

제47조 (지급거절에 의한 부도)

(1) 환어음은 (a) 지급을 위한 제시가 정당하게 이루어졌으나 그 지급이 거절되거나 또는 이를 취득할 수 없는 경우, 또는 (b) 제시가 면제되고 환어음이 만기를 경과하여 지급되지 않고 있을 경우에는, 지급거절에 의하여 부도되었다고 한다.

(2) 본 법의 규정에 따라, 환어음이 지급거절에 의하여 부도된 경우에는, 발행인과 배서인에 대한 직접적인 상환청구권은 소지인에게 발생한다.

제48조 (부도의 통지 및 통지거절의 효과)

본 법의 규정에 따라, 환어음이 인수거절 또는 지급거절에 의하여 부도된 경우에는, 부도의 통지는 발행인 및 각각의 배서인에게 행하여져야 하며, 또 그러한 통지를 받지 아니한 모든 발행인 또는 배서인은 의무를 면하게 된다. 다만

(1) 환어음이 인수거절에 의하여 부도되고 또 부도의 통지가 행하여지지 아니한 경우에는, 그 부작위 이후에 정당한 소지인의 권리는 부작위에 의하여 침해되지 아니한다.

(2) 환어음이 인수거절에 의하여 부도되고 또 부도의 정당한 통지가 행하여진 경우에는, 그 이후에 환어음이 인수되지 아니하는 한 지급거절에 의한 그 이후의 부도의 통지는 할 필요가 없다.

제49조 (부도통지에 관한 규칙)

부도의 통지는 유효하게 작용하기 위하여는 다음의 규칙에 따라 행하여야 한다.

(1) The notice must be given by or on behalf of the holder, or by or on behalf of an indorser who, at the time of giving it, is himself liable on the bill.

(2) Notice of dishonour may be given by an agent either in his own name, or in the name of any party entitled to give notice whether that party be his principal or not.

(3) Where the notice is given by or on behalf of the holder, it enures for the benefit of all subsequent holders and all prior indorsers who have a right of recourse against the party to whom it is given.

(4) Where notice is given by or on behalf of an indorser entitled to give notice as hereinbefore provided, it enures for the benefit of the holder and all indorsers subsequent to the party to whom notice is given.

(5) The notice may be given in writing, or by personal communication, and may be given in any terms which sufficiently identify the bill, and intimate that the bill has been dishonoured by non-acceptance or non-payment.

(6) The return of a dishonoured bill to the drawer or an indorser is, in point of form, deemed a sufficient notice of dishonour.

(7) A written notice need not be signed, and an insufficient written notice may be supplemented and validated by verbal communication. A misdescription of the bill shall not vitiate the notice unless the party to whom the notice is given is in fact misled thereby.

(8) Where notice of dishonour is required to be given to any person, it may be given either to the party himself, or to his agent in that behalf.

(9) Where the drawer or indorser is dead, and the party giving notice knows it, the notice must be given to a personal representative if such there be, and with the exercise of reasonable diligence be can be found.

(10) Where the drawer or indorser is bankrupt, notice may be given either to the party himself or to the trustee.

(11) Where there are two or more drawers or indorsers who are not partners, notice must be given to each of them, unless one of them has authority to receive such notice for the others.

(12) The notice may be given as soon as the bill is dishonoured and must be given within a reasonable time thereafter. In the absence of special circumstances notice is not deemed to have been given within a reasonable time, unless -

   (a) where the person giving and the person to receive notice reside in the same place, the notice is given or sent off in time to reach the latter on the day after the dishonour of the bill.

   (b) where the person giving and the person to receive notice reside in different places, the notice is sent off on the day after dishonour of the bill, if there be a post at a convenient hour on that day, and if there be no such post on that day then by the next post thereafter.

(13) Where a bill when dishonoured is in the hands of an agent, he may either himself give notice to the parties liable on the bill, or he may give notice to his principal. If he give notice to his principal, he must do so within the same time as if he were the holder, and the principal upon receipt of such notice has himself the same time for giving notice as if the agent had been an independent holder.

(1) 통지는 소지인 또는 그 대리인에 의하거나, 또는 통지의 당시에 스스로 환어음상의 의무를 부담하고 있는 배서인 또는 그 대리인에 의하여 행하여져야 한다.

(2) 부도의 통지는 대리인에 의하여 자신의 명의 또는 어느 당사자가 그의 본인인지 여부를 불문하고 통지권이 있는 그 당사자의 명의로 행하여질 수 있다.

(3) 통지가 소지인 또는 그 대리인에 의하여 행하여진 경우에는, 통지는 모든 이후소지인과 통지를 받는 당사자에 대한 상환청구권을 갖고 있는 모든 이전배서인의 이익을 위하여 그 효력을 발생한다.

(4) 통지가 전항에 규정된 바의 통지권이 있는 배서인 또는 그 대리인에 의하여 행하여진 경우에는, 통지는 소지인과 통지를 받는 당사자에 대한 모든 이후배서인의 이익을 위하여 그 효력을 발생한다.

(5) 통지는 서면 또는 인편으로써 할 수 있으며, 또 환어음을 확인하는데 충분하고 인수거절이나 지급거절에 의한 환어음의 부도를 알리는 데 충분한 문언으로써 할 수 있다.

(6) 발행인 또는 배서인에 대한 부도어음의 返送은 방법 면에서 부도의 충분한 통지로 인정된다.

(7) 서면통지에는 서명이 필요치 아니하며, 또한 불충분한 서면통지는 구두통신에 의하여 보충되어 효력을 가질 수 있다. 환어음의 잘못된 기술은 통지를 받는 당사자가 통지에 의하여 오도되지 아니하는 한 통지를 무효로 하지 아니한다.

(8) 어떠한 자에게 부도통지를 하여야 할 필요가 있는 경우에는, 그 통지는 그 당사자 자신 또는 그를 대신하는 대리인에게 할 수 있다.

(9) 발행인 또는 배서인이 사망하고 또 통지의 당사자가 이를 알고 있는 경우에는, 통지는 인격대표자가 존재하고 또 상당한 주의로써 이를 발견할 수 있다면 그 인격대표자에게 행하여져야 한다.

(10) 발행인 또는 배서인이 파산된 경우에는, 통지는 그 당사자 자신 또는 관재인에게 할 수 있다.

(11) 조합원의 관계에 있지 아니한 수인의 발행인 또는 배서인이 존재한 경우에는, 그들 중 1인이 타인을 위한 통지를 수령할 권한이 없는 한 통지는 그들 각자에게 행하여져야 한다.

(12) 통지는 환어음이 부도된 즉시 할 수 있으며 또한 부도 후 상당한 기간 내에 이를 행하여야 한다. 특별한 사정이 없는 한, 다음의 경우에 해당하지 아니한 통지는 상당한 기간내에 행하여진 것으로 인정되지 아니한다.

   (a) 통지자와 통지수령자가 동일한 장소에 거주하고 있는 경우에는, 통지는 환어음의 부도 다음날까지 후자에게 도달하도록 행하여지거나 또는 정시에 발송되었을 때.

   (b) 통지자와 통지수령자가 상이한 장소에 건주하고 있는 경우에는, 통지는 환어음의 부도 다음날의 편리한 시간에 우송편이 있으면 그날까지 발송되고, 또 그날에 그러한 우송편이 있지 아니하면 그 다음 우송편에 의하여 발송되었을 때.

(13) 부도당시 환어음이 대리인의 수중에 있는 경우에는, 대리인은 그 자신이 환어음상의 의무를 부담하는 당사자에게 통지하거나 또는 그의 본인에게 통지할 수 있다. 만약 본인에게 통지하는 경우에는, 대리인은 그가 소지인인 경우와 동일한 기간 내에 이를 행하여야 한다. 또한 그러한 통지를 받은 본인은 자신이 행하여야 할 통지에 관한 한 대리인이 독립된 소지인이었던 경우와 동일한 기간을 갖는다.

(14) Where a party to a bill receives due notice of dishonour, he has after the receipt of such notice the same period of time for giving notice to antecedent parties that the holder has after the dishonour.

(15) Where notice of dishonour is duly addressed and posted, the sender is deemed to have given due notice of dishonour, notwithstanding any miscarriage by the post office.

Excuses for non-notice and delay

50.

(1) Delay in giving notice is excused where the delay is caused by circumstances beyond the control of the party giving notice, and not imputable to his default, misconduct, or negligence. When the cause of delay ceases to operate the notice must be given with reasonable diligence.

(2) Notice of dishonour is dispensed with -

   (a) When, after the exercise of reasonable diligence, notice as required by this Act cannot be given to or does not reach the drawer or indorser sought to be charged.

   (b) By waiver express or implied. Notice of dishonour may be waived before the time of giving notice has arrived, or after the omission to give due notice.

   (c) As regards the drawer in the following cases, namely, (1) where drawer and drawee are the same person, (2) where the drawee is a fictitious person or a person not having capacity to contract, (3) where the drawer is the person to whom the bill is presented for payment, (4) where the drawer or acceptor is as between himself and the drawer under no obligation to accept or pay the bill, (5) where the drawer has countermanded payment.

   (d) As regards the indorser in the following cases, namely, (1) where the drawee is a fictitious person or a person not having capacity to contract and the indorser was aware of the fact at the time he indorsed the bill, (2) where the indorser is the person to whom the bill is presented for payment, (3) where the bill was accepted or made for his accommodation.

Notice or protest of bill

51.

(1) Where an inland bill has been dishonoured it may, if the holder think fit, be noted for non-acceptance or non-payment, as the case may be ; but it shall not be necessary to note or protest any such bill in order to preserve the recourse against the drawer or indorser.

(2) Where a foreign bill, appearing on the face of it to be such, has been dishonoured by non-acceptance, it must be duly protested for non-acceptance, and where such a bill, which has not been previously dishonoured by non-acceptance, is dishonoured by non-payment it must be duly protested for non-payment. If it be not so protested, the drawer and indorsers are discharged. Where a bill does not appear on the face of it to be a foreign bill, protest thereof in case of dishonour is unnecessary.

(3) A bill which has been protested for non-acceptance may be subsequently protested for non-payment.

(14) 환어음 당사자가 정당한 부도통지를 받은 경우에는, 그 당사자는 그러한 통지를 받은 이후부터 이전당사자에 대한 통지에 있어서 소지인이 부도 후에 갖는 것과 동일한 기간을 갖는다.

(15) 부도의 통지가 정당한 주소를 붙여 우송된 경우에는, 우체국에 의한 어떠한 배달과실이 있다 하더라도 발송자는 정당한 부도통지를 받은 것으로 본다.

제50조 (통지거절 및 지연의 허용)

(1) 통지의 지연은 그 지연이 통지당사자의 통제를 벗어난 사정에 기인하고 또 그 자의 태만, 비행 또는 과실로 돌릴 수 없는 경우에는 허용된다. 지연의 원인이 효력을 그쳤을 때, 통지는 상당한 주의로 행하여져야 한다.

(2) 부도의 통지는 다음의 경우에 면제된다.

(a) 상당한 주의를 행사하였어도, 본법에서 요구되는 통지가 위무를 부담하여야 할 발행인 또는 배서인에게 행하여질 수 없거나 도달하지 아니한 경우.

(b) 명시적 또는 묵시적인 통지면제가 있는 경우. 부도의 통지는 통지할 시기가 도래하기 이전 또는 정당한 통지의 부작위 이후에 면제될 수 있다.

(c) 발행인에 관한한 다음과 같은 경우. 즉, (1) 발행인과 지급인이 동일인인 경우, (2) 지급인이 假設人 또는 계약무능력자인 경우, (3) 발행인이 환어음의 지급을 위한 제시를 받은 자인 경우, (4) 지급인 또는 인수인이 자신과 발행인 사이에서 환어음을 인수 또는 지급할 의무도 지고 있지 아니한 경우, (5) 발행인이 지급을 중지시켰을 경우.

(d) 배서인에 관한 한 다음과 같은 경우. 즉, (1) 지급인이 가설인또는 계약무능력자이고 또 배서인이 환어음에 배서할 당시에 이 사실을 알고 있는 경우, (2) 배서인이 환어음의 지급을 위한 제시를 받는 자인 경우, (3) 환어음이 배서인의 융통을 위하여 인수 또는 작성된 경우.

제51조 (거절각서 또는 거절증서의 작성)

(1) 국내환어음이 부도된 경우에는, 소지인이 적합하다고 생각하면 인수거절 또는 경우에 따라서 지급거절을 위한 거절각서를 작성할 수 있다. 그러나 발행인 또는 배서인에 대한 상환청구권을 확보하기 위하여 그러한 환어음의 거절각서 또는 거절증서의 작성은 필요치 아니하다.

(2) 환어음의 문면상으로 나타난 외국환어음이 인수거절에 의하여 부도된 경우에는, 인수거절을 위한 거절각서가 정당하게 작성되어야 한다. 그리고 이전에 인수거절에 의하여 부도된 적이 없는 그러한 환어음이 지급거절에 의하여 부도된 경우에는, 지급거절을 위한 거절증서가 정당하게 작성되어야 한다. 거절증서가 그와 같이 작성되지 아니한 경우에는, 발행인과 배서인은 의무를 면한다. 환어음이 문면상 외국환어음으로 나타나지 아니한 경우에는, 부도가 있더라도 거절증서의 작성은 필요치 아니하다.

(3) 인수거절을 위한 거절증서가 작성된 환어음은 그 후에 지급거절을 위한 거절증서가 작성될 수 있다.

(4) Subject to the provisions of this Act, when a bill is noted or protested, it must be noted on the day of its dishonour. When a bill has been duly noted, the protest may be subsequently extended as of the date of the noting.

(5) Where the acceptor of a bill becomes bankrupt or insolvent or suspends payment before it matures, the holder may cause the bill to be protested for better security against the drawer and indorsers.

(6) A bill must be protested at the place where it is dishonoured : Provided that -

    (a) When a bill is presented through the post office, and returned by post dishonoured, it may be protested at the place to which it is returned and on the day of its return if received during business hours, and if not received during business hours, then not later than the next business day.

    (b) When a bill drawn payable at the place of business or residence of some person other than the drawee, has been dishonoured by non-acceptance, it must be protested for non-payment at the place where it is expressed to be payable, and no further presentment for payment to, or demand on, the drawee is necessary.

(7) A protest must contain a copy of the bill, and must be signed by the notary making it, and must specify -

    (a) The person at whose request the bill is protested.

    (b) The place and date of protest, the cause or reason for protesting the bill, the demand made, and the answer given, if any, or the fact that the drawee or acceptor could not be found.

(8) Where a bill is lost or destroyed, or is wrongly detained from the person entitled to hold it, protest may be made on a copy or written particulars thereof.

(9) Protest is dispensed with by any circumstances which would dispense with notice of dishonour. Delay in noting or protesting is excused when the delay is caused by circumstances beyond the control of the holder, and not imputable to his default, misconduct, or negligence. When the cause of delay ceases to operate the bill must be noted or protested with reasonable diligence.

Duties of holder as regards drawee or acceptor

52.

(1) When a bill is accepted generally presentment for payment is not necessary in order to render the acceptor liable.

(2) When by the terms of a qualified acceptance presentment for payment is required, the acceptor, in the absence of an express stipulation to that effect, is not discharged by the omission to present the bill for payment on the day that it matures.

(3) In order to render the acceptor of a bill liable it is not necessary to protest it, or that notice of dishonour should be given to him.

(4) Where the holder of a bill presents it for payment, he shall exhibit the bill to the person from whom he demands

(4) 본 법의 규정에 따라, 환어음이 거절각서 또는 거절증서가 작성된 경우에는, 환어음이 부도된 당일에 거절각서가 작성되어야 한다. 환어음의 거절각서가 정당하게 작성된 경우에는, 그 이후에 거절각서의 작성일부로 거절증서가 작성될 수 있다.

(5) 환어음의 인수인이 파산 또는 지급불능 되거나 또는 만기일 이전에 지급 정지된 경우에는, 소지인은 발행인과 배서인에 대한 담보의 청구를 위하여 환어음의 거절증서를 작성할 수 있다.

(6) 환어음의 거절증서는 환어음이 부도된 장소에서 작성되어야 한다. 다만,

 (a) 환어음이 우편을 통하여 제시되고 또 부도된 환어음을 우편으로 반송한 경우에는, 그 반송된 장소에서, 그리고 반송일의 영업시간 동안에 부도통지를 받았으면 그 반송당일에, 또 영업시간 동안에 그러한 통지를 받지 아니하였으면 늦어도 그 다음의 영업일에 환어음의 거절증서가 작성될 수 있다.

 (b) 지급인이 아닌 자의 영업소 도는 거주지에서 지급될 수 있도록 발행된 환어음이 인수거절에 의하여 부도된 경우에는, 환어음의 지급장소로 명시되어 있는 장소에서 환어음의 지급거절을 위한 거절증서가 작성되어야 한다. 또한 지급인에 대한 지급을 위한 제시 또는 요구가 더 이상 필요치 아니하다.

(7) 거절증서는 환어음의 사본을 첨부하여야 하며, 또 작성자인 공증인에 의하여 서명되어야 한다. 그리고 거절증서는 다음의 사항을 기재하여야 한다.

 (a) 환어음 거절증서의 작성을 의뢰한 자.

 (b) 거절증서의 작성 장소 및 작성일부, 환어음 거절증서의 작성원인 도는 이유, 행하여진 요구가 있을 경우의 회답, 또는 지급인이나 인수인이 발견할 수 없는 사실.

(8) 환어음이 상실 또는 훼손되었거나 또는 이를 소지할 권한이 없는 자에 의하여 불법으로 탈취된 경우에는, 거절증서는 환어음의 사본, 또는 그 명세서에 의하여 작성될 수 있다.

(9) 거절증서의 작성은 부도통지가 면제되는 그러한 사정에 의하여 면제된다. 거절각서 또는 거절증서의 작성에 대한 지연은 그것이 소지인의 통제를 벗어난 사정에 기인하고 또 소지인의 태만, 비행 또는 과실로 돌릴 수 없는 경우에는 허용된다. 지연의 원인이 그 효력을 미친 경우에는, 환어음의 거절각서 또는 거절증서의 작성은 상당한 주의로 행하여져야 한다.

제52조 (지급인 또는 인수인에 관한 소지인의 의무)

(1) 환어음이 일반적 인수로서 인수된 경우에는, 지급을 위한 제시는 인수인의 의무를 지우는 데 필요치 아니하다.

(2) 제한적 인수의 문언에 의하여 지급을 위한 제시가 요구된 경우에는, 면책의 효과에 대한 명시적인 규정이 없는 한 인수인은 환어음의 만기일에 환어음의 지급을 위한 제시의 부작위에 의하여 의무가 면제되지 아니한다.

(3) 환어음의 인수인에게 의무를 부담하게 하기 위하여 그 환어음 거절증서의 작성 또는 인수인에 대한 부도의 통지를 필요로 하지 아니한다.

(4) 환어음의 소지인이 이의 지급을 위한 제시를 한 경우에는, 소지인은 지급을 청구하는 상대방에게 환어

payment, and when a bill is paid the holder shall forthwith deliver it up to the party paying it.

Liabilities of Parties Funds in hands of drawee

53.

(1) A bill, of itself, does not operate as an assignment of funds in the hands of the drawee available for the payment therof, and the drawee of a bill who does not accept as required by this Act is not liable on the instrument, This subsection shall not extend to Scotland.

(2) In Scotland, where the drawee of a bill has in his hands funds available for the payment thereof, the bill operates as an assignment of the sum for which it is drawn in favour of the holder, form the time when the bill is presented to the drawee.

Liability of acceptor

54. The acceptor of a bill, by accepting it -

(1) Engages that he will pay it according to the tenor of his acceptance :

(2) Is precluded from denying to a holder in due course :

    (a) The existence of the drawer, the genuineness of his signature, and his capacity and authority to draw the bill ;

    (b) In the case of a bill payable to drawer's order, the then capacity of the drawer to indorse, but not the genuineness or validity of his indorsement ;

    (c) In the case of a bill payable to the order of a third person, the existence of the payee and his then capacity to indorse, but not the genuineness or validity of his indorsement.

Liability of drawer or indorser

55.

(1) The drawer of a bill by drawing it -

    (a) Engages that on due presentment it shall be accepted and paid according to its tenor, and that if it be dishonoured he will compensate the holder or any indorser who is compelled to pay it, provided that the requisite proceedings on dishonour be duly taken ;

    (b) Is precluded from denying to a holder in due course the existence of the payee and his then capacity to indorse.

(2) The indorser of a bill by indorsing it -

    (a) Engages that on due presentment itt shall be accepted and paid according to its tenor, and that if it be dishonoured he will compensate the holder or a subsequent indorser who is compelled to pay it, provided that the requisite proceedings on dishonour be duly taken ;

    (b) Is precluded from denying to a holder in due course the genuineness regularity in all respects of the drawer's signature and all previous indorsements ;

    (c) Is precluded from denying to his immediate or a subsequent indorsee that the bill was at the time of his

음을 제시하여야 한다. 또한 환어음이 지급된 경우에는, 소지인은 지체 없이 이를 지급당사자에게 인도하여야 한다.

제53조 (지급인 수중에 있는 자금)

(1) 환어음은 본질적으로 지급인의 수중에 있는 지급을 위한 자금을 양도하는 효력을 발생하지 아니하며, 또 본법에 의하여 요구된 대로 인수하지 아니한 환어음의 지급인은 그 증권상의 의무를 부담하지 아니한다. 본 항의 규정은 스코틀랜드에서는 적용되지 아니한다.

(2) 스코틀랜드에 있어서, 환어음의 지급인이 이의 지급을 위한 자금을 수중에 갖고 있는 경우에는, 환어음은 그것이 지급인에게 제시된 당시부터 소지인 앞으로 발행된 어음금액을 양도하는 효력을 발생한다.

제54조 (인수인의 의무)

환어음의 인수인은 그 인수에 의하여 다음의 의무를 진다.

(1) 자신의 인수내용에 따라 환어음을 支給할 것을 약속한다.

(2) 정당한 소지인에 대하여 다음의 사항을 부인할 수 없다.

    (a) 발행인의 존재, 발행인 서명의 진정성 및 환어음의 발행능력과 권한.

    (b) 발행인의 지시인 앞으로 지급되는 환어음인 경우에는, 발행인의 배서능력.
       다만 발행인의 배서의 진정성 도는 효력에 대한 사항은 제외된다.

    (c) 제3자의 지시인 앞으로 지급되는 환어음인 경우에는, 지급당사자의 존재와 그 배서능력. 다만 지급당사자의 배서의 진정성 또는 효력에 대한 사항은 제외된다.

제55조 (발행인 또는 배서인의 의무)

(1) 환어음의 발행인은 그 발행에 의하여 다음의 의무를 진다.

    (a) 정당한 제시당시에 환어음이 그 내용에 따라서 인수 및 지급될 것과, 부도된 당시에 발행인이 소지인 또는 환어음의 지급을 강요받은 배서인에게 보상할 것을 약속한다. 다만 이것은 부도된 당시에 필요한 절차가 정당하게 행하여졌을 때에 그러하다.

    (b) 지급당사자의 존재와 그 배서능력에 관하여 정당한 소지인에게 부인할 수 없다.

    (a) 정당한 제시당시에 환어음이 그 내용에 따라서 인수 및 지급될 것과, 부도된 당시에 배서인이 소지인 또는 환어음의 지급을 강요받은 이후배서인에게 보상할 것을 약속한다. 다만 이것은 부도된 당시에 필요한 절차가 정당하게 행하여졌을 때에 그러하다.

    (b) 발행인의 서명과 이전배서의 모든 면에서 진정성과 정규성에 관하여 정당한 소지인에게 부인할 수 없다.

    (c) 환어음이 배서인의 배서당시에 유효하고 또 존속하는 것이었다는 것과, 따라서 배서인이 이에 유효한 권리를 갖고 있다는 것을 그의 직접 또는 이후의 피배서인에게 부인할 수 없다.

indorsement a valid and subsisting bill, and that he had then a good title thereto.

Stranger singing bill liable as indorser

56. Where a person sings a bill otherwise than as drawer or acceptor, he thereby incurs the liabilities of an indorser to a holder in due course.

Measure of damages against parties to dishonoured bill

57. Where a bill is dishonoured, the measure of damages, which shall be deemed to be liquidated damages, shall be as follows :

(1) The holder may recover from any party liable on the bill, and the drawer who has been compelled to pay the bill may recover from the acceptor, and an indorser who has been compelled to pay the bill may recover from the acceptor or from the drawer, or from a prior indorser.

    (a) The amount of the bill.

    (b) Interest thereon from the time of presentment for payment if the bill is payable on demand and from the maturity of the bill in any other case.

    (c) The expenses of noting, or, when protest is necessary, and the protest has been extended, the expenses of protest.

(2) In the case of a bill which has been dishonoured abroad, in lieu of the above damages, the holder may recover from the drawer or an indorser, and the drawer or an indorser who has been compelled to pay the bill may recover from any party liable to him, the amount of the re-exchange with interest thereon until the time of payment.

(3) Where by this Act interest may be recovered as damages, such interest may, if justice requires it, be withheld wholly or in part, and where a bill is expressed to be payable with interest at a given rate, interest as damages may or may not be given at the same rate as interest proper.

Transferor by delivery and transferee

58.

(1) Where the holder of a bill payable to bearer negotiates it by delivery without indorsing it, he is called a "transferor by deliver."

(2) A transferor by delivery is not liable on the instrument.

(3) A transferor by delivery who negotiates a bill thereby warrants to his immediate transferee being a holder for value that the bill is what it purports to be, that he has a right to transfer it, and that at the time of transfer he is not aware of any fact which renders it valueless.

Discharge of Bill Payment in due course

59.

(1) A bill is discharged by payment in due course by or on behalf of the drawee or acceptor.

"Payment in due course" means payment made at or after the maturity of the bill to the holder thereof in good faith

제56조 (배서인의 의무를 지는 제3자의 서명)

발행인 또는 인수인 이외에 환어음에 서명한 자는 그것에 의하여 정당한 소지인에 대한 배서인의 의무를 부담한다.

제57조 (부도된 환어음 당사자에 대한 손해배상액)

환어음이 부도된 경우에는, 예정손해배상액으로 인정될 손해배상액의 한도는 다음과 같이 정한다.

(1) 소지인은 환어음상에 의무를 지는 모든 당사자로부터 다음의 금액을 회수할 수 있으며, 또 환어음의 지급을 강요받은 발행인은 인수인으로부터 다음의 금액을 회수할 수 있으며, 또 환어음의 지급을 강요받은 배서인은 인수인, 발행인 또는 이전배서인으로부터 다음의 금액을 회수할 수 있다.

    (a)   환어음의 금액.

    (b)   환어음이 요구불인 경우에는 지급을 위한 제시의 당시부터, 그리고 기타의 경우에는 환어음의 만기일로부터 환어음금액에 따른 이자.

    (c)   거절각서의 비용, 또는 거절증서가 필요하여 이것이 작성된 경우에는 거절 증서의 비용.

(2) 외국에서 부도된 환어음인 경우에는, 전항의 손해배상액에 대신하여 지급시기까지의 환어음금액에 따른 이자와 아울러 역환어음의 금액을, 소지인은 발행인 또는 배서인으로부터, 그리고 발행인 또는 환어음의 지급을 강요받은 배서인은 그에게 의무를 지는 당사자로부터 각각 회수할 수 있다.

(3) 본 법에 의하여 이자가 손해배상액으로서 회수될 수 있는 경우에는, 정의를 요한다면 그러한 이자는 전부 또는 일부로 회수할 수 있다. 그리고 환어음이 일정한 비율의 이자를 붙여 지급되도록 명시된 경우에는, 손해배상액으로서의 이자는 고유의 이자에서와 동일한 비율로 인정되거나 또는 인정되지 아니할 수도 있다.

제58조 (인도에 의한 양도인과 양수인)

(1) 지참인 앞으로 지급토록 한 환어음의 소지인이 환어음의 배서 없이 인도에 의하여 유통시킨 경우에는, 그 소지인은 "인도에 의한 양도인"이라고 불린다.

(2) 인도에 의한 양도인은 증권상의 의무를 부담하지 아니한다.

(3) 환어음을 인도에 의하여 유통시킨 양도인은 유상소지인인 직접적인 양수인에 대하여, 환어음이 기재된 바의 것이고, 양도인이 그 양도권을 갖고 있으며, 또 양도당시에 양도인이 이를 무가치하게 하는 사실을 알지 못한다는 것을 담보하여야 할 책임이 있다.

제59조 (정당한 지급)

(1) 환어음은 지급인 또는 인수인에 의하거나 또는 그 대리인에 의한 정당한 지급에 의하여 소멸된다.
"정당한 지급"이라 함은 환어음의 만기 또는 그 이후에 환어음의 선의의 소지인에게 어떠한 권리의 하자에 관한 통지 없이 행하여진 지급을 의미한다.

and without notice that his title to the bill is defective.

(2)　Subject to the provisions hereinafter contained, when a bill is paid by the drawer or an indorser it is not discharged ; but

    (a)　Where a bill payable to, or to the order of, a third party is paid by the drawer, the drawer may enforce payment thereof against the acceptor, but may not re-issue the bill.

    (b)　Where a bill is paid by an indorser, or where a bill payable to drawer's order is paid by the drawer, the party paying it is remitted to his former rights as regards the acceptor or antecedent parties, and he may, if he thinks fit, strike out on his own and subsequent indorsements, and again negotiate the bill.

(3)　Where an accommodation bill is paid in due course by the party accommodated the bill is discharged.

Banker paying demand draft whereon indorsement is forged

60.　When a bill payable to order on demand is drawn on a banker, and the banker on whom it is drawn pays the bill in good faith and in the ordinary course of business, it is not incumbent on the banker to show that the indorsment of the payee or any subsequent indorsement was made by or under the authority of the person whose indorsement it purports to be, and the banker is deemed to have paid the bill in due course, although such indorsement has been forged or made without authority.

Acceptor the holder at maturity

61.　When the acceptor of a bill is or becomes the holder of it at or after its maturity, in his own rights, the bill is discharged.

Express waiver

62.

(1)　When the holder of a bill at or after its maturity absolutely and unconditionally renounces his rights against the acceptor the bill is discharged.

    The renunciation must be in writing, unless the bill is delivered up to the acceptor.

(2)　The liabilities of any party to a bill may in like manner be renounced by the holder before, at, or after its maturity ; but nothing in this section shall affect the rights of a holder in due course without notice of the renunciation.

Cancellation

63.

(1)　Where a bill is intentionally cancelled by the holder or his agent, and the cancellation is apparent thereon, the bill is discharged.

(2)　In like manner any party liable on a bill may be discharged by the intentional cancellation of his signature by the holder or his agent. In such case any indorser who would have had a right of recourse against the party whose signature is cancelled, is also discharged.

(3)　A cancellation made unintentionally, or under a mistake, or without the authority of the holder is inoperative ; but where or any signature thereon appears to have been cancelled the burden of proof lies on the party who

(2) 次項에 포함된 규정에 따라, 환어음이 발행인 또는 배서인에 의하여 지급된 경우에는, 그것은 소멸하지 아니한다. 다만,

    (a) 제3자 또는 그 지시인 앞으로 지급토록 한 환어음이 발행인에 의하여 지급된 경우에는, 발행인은 인수인에 대하여 환어음상의 지급을 강요할 수 있다. 그러나 발행인은 환어음을 재발행할 수는 없다.

    (b) 환어음이 배서인에 의하여 지급된 경우이거나, 또는 발행인의 지시인 앞으로 지급토록 한 환어음이 발행인에 의하여 지급된 경우에는, 그 지급당사자는 인수인 또는 이전당사자에 관한 종전의 권리를 회복하며, 또 적합하다고 생각한다면 그 자신 및 이후의 배서에 관하여 말소하고 또다시 환어음을 유통시킬 수 있다.

(3) 융통환 어음이 융통받은 당사자에 의하여 정당하게 지급된 경우에는, 환어음은 소멸된다.

제60조 (위조된 배서의 요구불 환어음을 지급한 은행)

지시식의 요구불 환어음이 은행 앞으로 발행되고 또 지급인인 은행이 환어음을 선의 및 통상의 영업과정에서 지급한 경우에는, 지급당사자의 배서 또는 그 이후의 배서가 배서를 하고자 한 자 또는 그 수권에 의하여 행하였음을 증명할 의무가 은행에게는 발생하지 아니한다. 그리고 그러한 배서가 비록 위조되었거나 또는 수권 없이 행하여졌다 하더라도, 은행은 환어음을 정당하게 지급한 것으로 인정된다.

제61조 (만기에 소지인이 된 인수인)

환어음의 인수인이 자신의 권리에 따라 만기 또는 그 이후에 환어음의 소지인이거나 또는 그렇게 된 경우에는, 환어음은 소멸된다.

제62조 (명시적인 권리포기)

(1) 환어음의 소지인이 만기 또는 그 이후에 절대적이고 무조건부로 인수인에 대한 자신의 권리를 포기한 경우에는, 환어음은 소멸된다.

    권리의 포기는 환어음이 인수인에게 인도되지 아니하는 한 서면으로 하여야 한다.

(2) 환어음의 소지인은 위와 같은 방법으로 만기 또는 그 이후에 환어음의 모든 당사자의 의무를 면할 수 있다. 그러나 본조의 규정은 포기의 통지를 받지 아니한 정당한 소지인의 권리에 결코 영향을 미치지 아니한다.

제63조 (환어음 또는 서명의 말소)

(1) 환어음이 소지인 또는 그 대리인에 의하여 고의적으로 말소되고 그 말소가 환어음상에 명백한 경우에는, 환어음은 소멸된다.

(2) 위와 같은 방법으로, 소지인 또는 그 대리인에 의하여 환어음상의 의무당사자의 서명이 고의적으로 말소되는 경우에는, 그 당사자는 의무를 면할 수 있다. 그러한 경우에는 서명을 말소 받은 당사자에 대한 상환청구권을 갖고 있는 모든 배서인도 역시 의무를 면하게 된다.

(3) 고의가 없이 또는 착오에서, 또는 소지인의 수권 없이 행하여진 말소는 무효이다. 그러나 환어음 또는 환어음상의 모든 서명이 말소된 것으로 인정된 경우에는, 거증의 책임은 고의가 없이 또는 착오에서,

alleges that the cancellation was made unintentionally, or under a mistake, or without authority.

Alteration of bill

64.

(1) Where a bill of acceptance is materially altered without the assent of all parties liable on the bill, the bill is avoided except as against a party who has himself made, authorised, or assented to the alteration, and subsequent indorsers.

Provided that, Where a bill has been materially altered, but the alteration is not apparent, and the bill is in the hands of a holder in due course, such holder may avail himself of the bill as if it had not been altered, and may enforce payment of it according to its original tenor.

(2) In particular the following alterations are material, namely, any alteration of the date, the sum payable, the time of payment, the place of payment, and, where a bill has been accepted generally, the addition of a place of payment without the acceptor's assent.

Acceptance and Payment for Honour Acceptance for honour supra protest

65.

(1) Where a bill of exchange has been protested for dishonour by non-acceptance, or protested for better security, and is not overdue, any person, not being a party already liable thereon, may, with the consent of the holder, intervene and accept the bill supra protest, for the honour of any party liable thereon, or for the honour of the person for whose account the bill is drawn.

(2) A bill may be accepted for honour for part only of the sum for which it is drawn.

(3) An acceptance for honour supra protest in order to be valid must -

(a) be written on the bill, and indicate that it is an acceptance for honour :

(b) be signed by the acceptor for honour.

(4) Where an acceptance for honour does not expressly state for whose honour it is made, it is deemed to be an acceptance for the honour of the drawer.

(5) Where a bill payable after sight is accepted for honour, its maturity is calculated from the date of the noting for non-acceptance, and not from the date of the acceptance for honour.

Liability of acceptor for honour

66.

(1) The acceptor for honour of a bill by accepting it engages that he will, on due presentment, pay the bill according to the tenor of his acceptance, if it is not paid by the drawee, provided it has been duly presented for payment, and protested for non-payment, and that he receives notice of these facts.

(2) The acceptor for honour is liable to the holder and to all parties to the bill subsequent to the party for whose honour he has accepted.

또는 수권 없이 말소하였음을 주장하는 당사자에게 있다.

제64조 (환어음의 변조)

(1) 환어음 또는 인수가 환어음상의 당사자 전원의 동의 없이 중대하게 변조된 경우에는, 환어음은 자신이 변조하였거나 또는 그렇게 수권 또는 동의한 당사자 및 그 이후의 배서인에 대한 것이 아니면 이로 인하여 소멸된다. 다만 환어음이 중대하게 변조되었으나 그 변조가 명백하지 아니하고 또 환어음이 정당한 소지인의 수중에 있는 경우에는, 그러한 소지인은 환어음이 변조되지 아니한 경우와 같이 이를 이용할 수 있으며, 또 그는 환어음의 원래내용에 따라 그 지급을 강요할 수 있다.

(2) 특히 다음과 같은 변조는 중대한 것이다. 즉, 기일, 지급의 금액, 지급의 시기, 지급의 장소에 대한 어떠한 변조, 및 환어음이 일반적 인수로 인수된 경우에는 인수자의 동의를 얻지 아니한 지급의 장소에 대한 추가.

제65조 (참가인수)

(1) 환어음이 인수거절에 의한 부도 또는 양질의 담보를 위하여 거절증서로 작성되고 또 만기를 경과하지 아니한 경우에는, 환어음상의 의무를 이미 부담하고 있는 당사자가 아닌 모든 자는 소지인의 동의하에 환어음상의 의무를 지고 있는 어떠한 당사자 또는 환어음의 지급당사자를 위하여 환어음을 참가인수할 수 있다.

(2) 환어음은 발행된 금액의 일부 만에 대하여 참가인수할 수 있다.

(3) 환어음의 참가인수가 유효하기 위해서는

   (a) 그것이 환어음상에 기재되어야 하고, 또 그것이 참가인수임을 명시하여야 하고,

   (b) 그것이 참가인수인에 의하여 서명되어야 한다.

(4) 참가인수가 피참가인을 명시하고 있지 아니한 경우에는, 그것은 발행인을 위한 참가인수인 것으로 본다.

(5) 일람후급 환어음이 참가인수된 경우에는, 그 만기는 참가인수의 일부로부터가 아니라 인수거절의 각서를 작성한 일부로부터 기산된다.

제66조 (참가인수인의 의무)

(1) 환어음의 참가인수인은 그 인수에 의하여, 아직 지급인에 의한 지급이 없고, 지급을 위한 제시가 정당하게 있고, 또 지급거절을 위한 증서의 작성이 있고, 또 그가 이러한 사실의 통지를 받았을 경우에는 정당한 제시의 당시에 인수의 취지에 따라 환어음을 지급할 것을 약정하는 것이다.

(2) 참가인수인은 소지인 및 피참가인의 이후의 환어음의 당사자 전원에게 의무를 부담한다.

Presentment to acceptor for honour

67.

(1) Where a dishonoured bill has been accepted for honour supra protest, or contains a reference in case of need, it must be protested for non-payment before it is presented for payment to the acceptor for honour, or referee in case of need.

(2) Where the address of the acceptor for honour is in the same place where the bill is protested for non-payment, the bill must be presented to him not later than the day following its maturity ; and where the address of the acceptor for honour is in some place other than the place where it was pro-tested for non-payment, the bill must be forwarded not later than the day following its maturity for presentment to him.

(3) Delay in presentment of non-presentment is excused by any circumstance which would excuse delay in presentment for payment of non-presentment for payment.

(4) When a bill of exchange is dishonoured by the acceptor for honour it must be protested for non-payment by him.

Payment for honour supra protest

68.

(1) Where a bill has been protested for non-payment, any person may intervene and pay it supra protest for the honour of any party liable thereon, or for the honour of the person for whose account the bill is drawn.

(2) Where two or more persons offer to pay a bill for the honour of different parties, the person whose payment will discharge most parties to the bill shall have the preference.

(3) Payment for honour supra protest, in order to operate as such and not as a mere voluntary payment, must be attested by a notarial act of honour which may be appended to the protest or form an extension of it.

(4) The notarial act of honour must be founded on a declaration made by the payer for honour, or his agent in that behalf, declaring his intention to pay the bill for honour, and for whose honour he pays.

(5) Where a bill has been paid for honour, all parties subsequent to the party for whose honour it is paid are discharged, but the payer for honour is subrogated for, and succeeds to both the rights and duties of, the holder as regards the party for whose honour he pays, and all parties liable to that party.

(6) The payer for honour on paying to the holder the amount of the bill and the notarial expenses incidental to its dishonour is entitled to receive both the bill itself and the protest. If the holder do not on demand deliver them up he shall be liable to the payer for honour in damages.

(7) Where the holder of a bill refuses to receive payment supra protest he shall lose his right of recourse against any party who would have been discharged by such payment.

Lost Instruments Holder's right to duplicate of lost bill

69. Where a bill has been lost before it is overdue, the person who was the holder of it may apply to the drawer to give him another bill of the same tenor, giving security to the drawer if required to indemnify him against

제67조 (참가인수인에 대한 제시)

(1) 부도된 환어음이 참가인수 되거나 또는 이에 예비지급인을 포함하고 있는 경우에는, 그 환어음이 참가 지급인 또는 예비지급인에게 지급을 위하여 제시되기 전에 지급거절의 증서가 작성되어야 한다.

(2) 참가인수인의 주소가 환어음의 지급거절증서가 작성된 장소와 동일한 경우에는, 환어음은 늦어도 만 기의 익일까지 참가인수인에게 제시되어야 한다. 그리고 참가인수인의 주소가 환어음의 지급거절증 서가 작성된 장소 이외의 장소인 경우에는, 환어음은 늦어도 만기의 익일까지 참가인수인에게 제시를 위하여 송부되어야 한다.

(3) 제시의 지연 또는 제시 거부는 지급을 위한 제시의 지연 또는 지급을 위한 제시의 거부를 허용하는 모 든 사정에 의하여 허용된다.

(4) 환어음이 참가인수인에 의하여 부도된 경우에는, 그에 의한 지급거절에 관하여 거절증서가 작성되어 야 한다.

제68조 (참가지급)

(1) 환어음의 지급거절증서가 작성된 경우에는, 모든 자는 환어음상의 의무를 지고 있는 어떠한 당사자 또 는 환어음의 지급당사자를 위하여 환어음을 참가 지급할 수 있다.

(2) 수인인 여러 피참가인을 위하여 환어음의 지급을 신청한 경우에는, 가장 많은 환어음의 당사자의 의무 를 면할 수 있도록 지급하는 자가 우선권을 갖는다.

(3) 참가지급이 단순한 임의의 지급이 아닌 참가지급으로서 유효하기 위하여는, 거절증서에 첨부되거나 또는 참가지급의 확장을 구성하는 참가공증행위에 의한 인증이 있어야 한다.

(4) 참가공증행위는 참가지급인 또는 그 대리인의 선언, 즉 참가지급의 의사표시 및 피참가인의 명시에 기 초를 두어야 한다.

(5) 환어음이 참가지급된 경우에는, 피참가인 이후의 모든 당사자는 의무를 면한다. 그러나 참가지급인은 피참가인과 이에 대한 의무를 지닌 당사자 전원에 관하여 소지인에게 代位하고 또 소지인의 권리와 의 무의 모두를 승계한다.

(6) 어음금액과 부도에 부수하는 공증비용을 소지인에게 지급한 참가지급인은 환어음 자체와 거절증서를 인도받을 권리가 있다. 소지인이 요구당시에 이를 인도하지 아니한 경우에는, 소지인은 참가지급인의 손해배상액에 대하여 책임을 져야 한다.

(7) 환어음의 소지인이 참가지급의 수령을 거절한 경우에는, 소지인은 그러한 지급에 의하여 의무를 면제 받는 당사자에 대한 자신의 상환청구권을 상실하게 된다.

제69조 (상실된 환어음의 부본에 대한 소지인의 청구권)

환어음이 만기를 경과하기 전에 상실된 경우에는, 이의 소지인이었던 자는 동일한 내용의 또 다른 환어음을 제공하도록 발행인에게 청구할 수 있다. 이때 소지인이었던 자는 상실된 것으로 주장된 환어음이 다시 발견

all persons whatever in case the bill alleged to have been lost shall be found again. If the drawer on request as aforesaid refuses to give such duplicate bill he may be compelled to do so.

Action on lost bill

70. In any action or proceeding upon a bill, the court or a judge may order that the loss of the instrument shall not be set up, provided an indemnity be given to the satisfaction of the court or judge against the claims of any other person upon the instrument in question.

Bill in a Set Rules as to sets

71.

(1) Where a bill is drawn in a set, each part of the set being numbered, and containing a reference to the other parts, the whole of the parts constitute one bill.

(2) Where the holder of a set indorses two more parts to different persons, he is liable on every such part, and every indorser subsequent to him is liable on the part he has himself as if the said parts were separate bills.

(3) Where two or more parts of a set are negotiated to different holders in due course, the holder whose title first accrues is as between such holders deemed the true owner of the bill ; but nothing in this subsection shall affect the rights of a person who in due course accepts or pays the part first presented to him.

(4) The acceptance may be written on any part, and it must be written on one part only.
If the drawee accepts more than one part, and such accepted parts get into the hands of different holders in due course, he is liable on every such part as if it were a separate bill.

(5) When the acceptor of a bill drawn in a set pays it without requiring the part bearing his acceptance to be delivered up to him, and that part at maturity is outstanding in the hands of a holder in due course, he is liable to the holder thereof.

(6) Subject to the preceding rules, where any one part of a bill drawn in a set is discharged by payment or otherwise, the whole bill is discharged.

Conflict of Laws

Rules where laws conflict

72. Where a bill drawn in one country is negotiated, accepted, or payable in another. the rights, duties and liabilities of the parties thereto are determined as follows : -

(1) The validity of a bill as regards requisites in form is determined by the law of the place of issue, and the validity as regards requisites in form of the supervening contracts, such as acceptance, or indorsement, or acceptance supra protest, is determined by the law of the place where such contract was made.
Provided that -

된 경우에는 모든 자의 청구에 대하여 발행인을 보상할 필요가 있으면 발행인에게 담보를 제공하여야 한다. 소지인이었던 자의 청구에도 불구하고 발행인이 그러한 환어음의 복리의 제공을 거절한 경우에는, 발행인에 대하여 그러한 제공을 강요할 수 있다.

제70조 (상실된 환어음에 관한 소송)

환어음상의 소송 또는 법적절차에 있어서, 법원 또는 판사는 증권의 분실에 관하여 주장하지 못하도록 명령할 수 있다. 다만 문제의 증권에 대한 기타 자의 청구에 대하여 법원 또는 판사를 만족시키는 데 충분한 보상의 제공을 전제로 한다.

제71조 (자본에 관한 규칙)

(1) 환어음이 1조로 발행된 경우에는, 그 조의 각통에 번호가 붙여져 있고 또 다른 각통에 대한 참조사항이 기재되어 있는 한, 그 전체의 통으로서 1조의 환어음을 구성한다.

(2) 1조의 소지인이 수통을 각 개인에게 배서한 경우에는, 소지인은 각통에 관하여 의무를 지며, 또 그 이후의 각 배서인은 각각 자신이 배서한 1통이 별개의 환어음이었던 경우와 같이 그 1통에 관하여 의무를 진다.

(3) 1조의 수통이 각각의 정당한 소지인에게 유통된 경우에는, 이들 소지인 사이에서는 최초로 그 권리를 취득한 소지인이 환어음의 진실한 소지인으로 인정된다. 그러나 본 항의 규정은 최초로 그에게 제시된 1통을 정당하게 인수 또는 지급한 자의 권리에 결코 영향을 미치지 아니한다.

(4) 인수는 어느 통에도 기재될 수 있으나, 그것은 다만 1통에 기재되어야 한다. 지급인이 수통에 인수를 하고, 또 그 인수된 수통이 각각의 정당한 소지인의 수중에 속하는 경우에는, 지급인은 별개의 환어음이었던 경우와 같이 이에 관하여 의무를 진다.

(5) 1조로 발행된 환어음의 인수인이 자신의 인수가 있는 각통의 교부를 청구함이 없이 이에 지급하고, 또 그것이 만기에 지급한 상태로 정당한 소지인의 수중에 있을 경우에는, 인수인은 환어음의 소지인에 대하여 의무를 진다.

(6) 본조의 규칙에 따라, 1조로 발행된 환어음이 1통이 지급 또는 기타의 이유에 의하여 소멸된 경우에는, 환어음의 전부가 소멸된다.

제72조 (법건이 충돌된 경우의 규칙)

1국에서 발행된 환어음이 타국에서 매입, 인수 또는 지급된 경우에는, 환어음에 대한 당사자의 권리, 의무 및 채무는 다음과 같이 결정된다.

(1) 환어음의 효력은 어음방식상의 요건에 관한 한 발행 장소의 법률에 의하여 결정되며, 또 인수, 배서 또는 참가인수와 같은 그 이후의 계약방식상의 요건에 관한 한 계약체결장소의 법률에 의하여 결정된다. 다만,

(a) Where a bill is issued out of the United Kingdom it is not invalid by reason only that it is not stamped in accordance with the law of the place of issue.

(b) Where a bill, issued out of the United Kingdom, conforms, as regards requisites in form, to the law of the United Kingdom, it may, for the purpose of enforcing payment thereof, be treated as valid as between all persons who negotiate, hold, or become parties to it in the United Kingdom.

(2) Subject to the provisions of this Act, the interpretation of the drawing, indorsement, acceptance, or acceptance supra protest of a bill, is determined by the law of the place where such contract is made.

Provided that where an inland bill is indorsed in a foreign country the indorsement shall as regards the payer be interpreted according to the law of the United Kingdom.

(3) The duties of the holder with respect to presentment for acceptance or payment and the necessity for or sufficiency of a protest or notice or dishonour, or otherwise, are determined by the law of the place where the act is done or the bill is dishonoured.

(4) Where a bill is drawn out of but payable in the United Kingdom, and the sum payable is not expressed in the currency of the United Kingdom, the amount shall, in the absence of some express stipulation, be calculated according to the rate of exchange for sight drafts at the place or payment on the day the bill is payable.

(5) Where a bill is drawn in one country and is payable in another, the due date thereof is determined according to the law of the place where it is payable.

4-10 UN Convention on International Bills of Exchange and International Promissory Notes, 1988

CHAPTER I. – SPHERE OF APPLICATION AND FORM OF THE INSTRUMENT

Article 1.

1. This Convention applies to an international bill of exchange when it contains the heading "International bill of exchange (UNCITRAL Convention)" and also contains in its text the words "International bill of exchange (UNCITRAL Convention)."

2. This Convention applies to an international promissory note when it contains the heading "International promissory note (UNCITRAL Convention)" and also contains in its text the words "International promissory note (UNCITRAL Convention)".

(a) 환어음이 영국 이외에서 발행된 경우에는, 그 환어음이 발행 장소의 법률에 일치한 인지가 첨부되지 아니하였다는 이유만에 의하여 무효로 되지 아니한다.

(b) 영국 이외에서 발행된 환어음이 어음방식상의 요건에 관한 한 영국의 법률에 따른 경우에는, 지급을 강요하는 목적을 위하여 그 환어음은 영국에서 매입, 소지 또는 당사자로서 되게 한 모든 자들 사이에서 유효한 것으로 취급될 수 있다.

(2) 본법의 규정에 따라, 환어음의 발행, 배서, 인수 또는 참가인수의 해석은 계약체결장소의 법률에 의하여 결정된다. 다만 내국환어음이 외국에서 배서된 경우에는, 그 배서는 지급당사자에 관한 한 영국의 법률에 따라 해석되어야 한다.

(3) 인수 또는 지급을 위한 제시에 관한 소지인의 의무, 거절증서 또는 부도통지의 필요성 또는 충분성, 또는 기타의 사항은 그 행위의 장소 또는 환어음의 부도 장소의 법률에 의하여 결정된다.

(4) 영국 이외에서 발행되고 영국에서 지급되는 환어음의 지급금액이 영국의 통화로 표시되어 있지 아니한 경우에는, 명시적인 약정이 없는 한 그 금액은 환어음의 지급일에 지급장소에서의 일람출급 환어음에 대한 환율에 따라 산정된다.

(5) 환어음이 1국에서 발행되고 타국에서 지급되는 경우에는, 환어음의 정당한 日附는 지급장소의 법률에 따라 결정된다.

4-10 환어음과 약속어음에 관한 UN협약, 1988

제1장 적용범위와 어음의 형식

제1조

1. 이 협약은 "국제환어음(UNCITRAL 협약)"이라는 표제가 있고, 그 본문 중에도 "국제환어음(UNCITRAL 협약)"이라는 문언을 포함하여 국제환어음에 적용한다.

2. 이 협약은 "국제약속어음(UNCITRAL 협약)"이라는 표제가 있고, 그 본문 중에도 "국제약속어음(UNCITRAL 협약)"이라는 문언을 포함하는 국제약속어음에 적용한다.

3. This Convention does not apply to cheques.

Article 2.

1. An international bill of exchange is a bill of exchange which specifies at least two of the following places and indicates that any two so specified are situated in different States :

   (a) The place where the bill is drawn ;

   (b) The place indicated next to the signature of the drawer ;

   (c) The place indicated next to the name of the drawee ;

   (d) The place indicated next to the name of the payee ;

   (e) The place of payment,

   provided that either the place where the bill is drawn or the place of payment is specified on the bill and that such place is situated in a Contracting State.

2. An international promissory note is a promissory note which specifies at least two of the following places and indicates that any two so specified are situated in different States :

   (a) The place where the note is made ;

   (b) The place indicated next to the signature of the maker ;

   (c) The place indicated next to the name of the payee ;

   (d) The place of payment,

   provided that the place of payment is specified on the note and that such place is situated in a Contracting State.

3. This Convention does not deal with the question of sanctions that may be imposed under national law in cases where an incorrect or false statement has been made on an instrument in respect of a place referred to in paragraph 1 or 2 of this article. However, any such sanctions shall not affect the validity of the instrument or the application of this Convention.

Article 3.

1. A bill of exchange is a written instrument which :

   (a) Contains an unconditional order whereby the drawer directs the drawee to pay a definite sum of money to the payee or to his order ;

   (b) Is payable on demand or at a definite time ;

   (c) Is dated ;

   (d) Is signed by the drawer.

2. A promissory note is a written instrument which :

   (a) Contains an unconditional promise whereby the maker undertakes to pay a definite sum of money to payee or to his order ;

   (b) Is payable on demand or at a definite time ;

   (c) Is dated ;

3. 이 협약은 手票에는 적용하지 아니한다.

제2조

1. 국제환어음이라 함은 다음의 장소 중에 적어도 둘이 기재되어 있고, 그 기재된 장소 중에 그 둘이 서로 다른 국가에 있음을 표시하고 있는 환어음을 말한다.

    (a) 환어음이 발행된 장소,

    (b) 발행인의 서명에 부기된 장소,

    (c) 지급인의 명의에 부기된 장소,

    (d) 수취인의 명의에 부기된 장소,

    (e) 지급지.

    다만 발행지와 지급지 중의 어느 하나가 어음상에 기재되어 있고, 그 장소가 체약국내에 있어야 한다.

2. 국제약속어음이라 함은 다음의 장소 중에 적어도 둘이 기재되어 있고, 그 기재된 장소 중에 그 둘이 서로 다른 국가에 있음을 표시하고 있는 약속어음을 말한다.

    (a) 약속어음이 발행된 장소,

    (b) 발행인의 서명에 부기된 장소,

    (c) 수취인의 명의에 부기된 장소,

    (d) 지급지.

    다만 지급지가 어음상에 기재되어 있고, 그 장소가 체약국내에 있어야 한다.

3. 이 협약은 본조의 제1항과 제2항에 규정된 장소와 관련하여 부정확한 기재 또는 허위의 기재가 어음상에 있는 경우에 국내법에 따라 부과될 수 있는 制裁의 문제는 이를 다루지 아니한다. 그러나 어떠한 제재도 어음의 효력과 이 협약의 적용에 영향을 미치지 아니한다.

제3조

1. 환어음이라 함은 다음의 사항을 기재한 어음을 말한다.

    (a) 수취인 또는 그 지시인에게 일정한 금액을 지급할 것으로 하는 발행인의 지급인에 대한 무조건부의 지시,

    (b) 요구출급 또는 확정일출급,

    (c) 발행일,

    (d) 발행인의 서명.

2. 약속어음이라 함은 다음의 사항을 기재한 어음을 말한다.

    (a) 수취인 또는 그 지시인에게 일정한 금액을 지급할 것으로 하는 발행인의 무조건부의 약속,

    (b) 요구출급 또는 확정일출급,

    (c) 발행일,

(d) Is signed by the maker.

CHAPTER II. – INTERPRETATION

Section 1. - General Provisions

Article 4.

In the interpretation of this Convention, regard is to be had to its international character and to the need to promote uniformity in its application and the observance of good faith in international transactions.

Article 5.

In this Convention :

(a) "Bill" means an international bill of exchange governed by this Convention ;

(b) "Note" means an international promissory note governed by this Convention ;

(c) "Instrument" means a bill or a note ;

(d) "Drawee" means a person on whom a bill is drawn and who has not accepted it ;

(e) "Payee" means a person in whose favour the drawer directs payment to be made or to whom the maker promises to pay ;

(f) "Holder" means a person in possession of an instrument in accordance with article 15 ;

(g) "Protected holder" means a holder who meets the requirements of article 29;

(h) "Guarantor" means any person who undertakes an obligation of guarantee under article 46, whether governed by paragraph 4(b) ("guaranteed") or paragraph 4 (c) ("aval") of article 47 ;

(i) "Party" means a person who has signed an instrument as drawer, maker, acceptor, endorser or guarantor ;

(j) "Maturity" means the time of payment referred to in paragraphs 4,5,6 and 7 of article 9 ;

(k) "Signature" means a handwritten signature, its facsimile or an equivalent authentication effected by any other means ; "forged signature" includes a signature by the wrongful use of such means ;

(l) "Money" or "currency" includes a monetary unit of account which is established by an intergovernmental institution or by agreement between two or more States, provided that this Convention shall apply without prejudice to the rules of the intergovernmental institution or to the stipulations of the agreement.

Article 6.

For the purposes of this Convention, a person is considered to have knowledge of a fact if he has actual knowledge of that fact or could not have been unaware of its existence.

(d) 발행인의 서명.

제2장 해석

제1절 총칙

제4조

이 협약의 해석에 있어서는, 그 국제적인 성격과 적용상의 통일성의 증진을 위한 필요성 및 국제거래상의 신의성실의 준수를 고려하여야 한다.

제5조

이 협약에 있어서,

(a) "환어음"(bill)이라 함은 이 협약의 적용을 받는 국제환어음을 말하고,

(b) "약속어음"(note)이라 함은 이 협약의 적용을 받는 국제약속어음을 말하고,

(c) "어음"(instrument)이라 함은 환어음 또는 약속어음을 말하고,

(d) "지급인"(drawee)이라 함은 환어음이 그 앞으로 발행된 자로서 이를 인수하지 아니한 자를 말하고,

(e) "수취인"(payee)이라 함은 환어음에 정한 금액을 지급받은 자 또 지급받을 자를 지시할 자를 말하고,

(f) "소지인"(holder)이라 함은 제15조의 규정에 따라 어음을 소지하고 있는 자를 말하고,

(g) "보호받는 소지인"(protected holder)이라 함은 제29조의 요건을 구비한 소지인을 말하고,

(h) "보증인"(grarantor)이라 함은 그 책임이 제 47조의 제 4 항 b.호("보증함") 또는 c.호 ("어음보증")에 의하여 적용되든 이를 불문하고, 제 46조의 규정에 의하여 보증의 책이을 부담하는 자를 말하고,

(i) "당사자"(party)라 함은 어음상에 발행인, 인수인, 배서인 또는 보증인으로서 서명한 자를 말하고,

(j) "만기"(maturity)라 함은 제9조의 제4항, 제5항, 제6항 및 제 7항에 규정된 지급기일을 말하고,

(k) "서명"(signature)이라 함은 육필서명, 그 모사전보 또는 기타의 모든 방법에 의하여 작성된 것과 동등한 신뢰성이 있는 것을 말하고, "위조서명"(forged signature)이라 함은 이러한 방법을 악용한 서명을 포함하고,

(l) "화폐"(money) 또는 "통화"(currency)라 함은 정부간 기구 또는 2개국 이상의 합의에 의하여 창설된 화폐단위를 말한다. 다만 이 협약은 정부간기구의 규칙 또는 합의의 조항에 저촉됨이 없이 적용하는 것으로 한다.

제6조

이 협약의 적용에 있어서, 어떠한 자가 사실을 실제로 알고 있거나 또는 그 사실의 존재를 모를 수 없었던 경우에는, 그 사실을 알고 있는 것으로 한다.

Section 2. - Interpretation of Formal Requirements

Article 7.

The sum payable by an instrument is deemed to be a definite sum although the instrument states that it is to be paid :

    (a)   With interest ;

    (b)   By instalments at successive dates ;

    (c)   By instalments at successive dates with a stipulation in the instrument that upon default in payment of any instalment the unpaid balance becomes due ;

    (d)   According to a rate of exchange indicated in the instrument or to be determined as directed by the instrument ; or

    (e)   In a currency other than the currency in which the sum is expressed in the instrument.

Article 8.

1.   If there is a discrepancy between the sum expressed in words and the sum expressed in figures, the sum payable by the instrument is the sum expressed in words.

2.   If the sum is expressed more than once in words, and there is a discrepancy, the sum payable is the smaller sum. The same rule applies if the sum is expressed more than once in figures only, and there is a discrepancy.

3.   If the sum is expressed in a currency having the same description as that of at least one other State than the State than the State where payment is to be made, as indicated in the instrument, and the specified currency is not identified as the currency of any particular State, the currency is to be considered as the currency of the State where payment is to be made.

4.   If an instrument states that the sum is to be paid with interest, without specifying the date from which interest is to run, interest runs from the date of the instrument.

5.   A stipulation stating that the sum is to be paid with interest is deemed not to have been written on the instrument unless it indicates the rate at which interest is to be paid.

6.   A rate at which interest is to be paid may be expressed either as a definite rate or as a variable rate. For a variable rate to qualify for this purpose, it must vary in relation to one or more reference rates of interest in accordance with provisions stipulated in the instrument and each such reference rate must be published or otherwise available to the public and not be subject, directly or indirectly, to unilateral determination by a person who is named in the instrument at the time the bill is drawn or the note is made, unless the person is named only in the reference rate provisions.

7.   If the rate at which interest is to be paid is expressed as a variable rate, it may be stipulated expressly in the instrument that such rate shall not be less than or exceed a specified rate of interest, or that the variations are

제2절 형식적요건의 해석

제7조

어음에 의하여 지급할 금액은 그 어음상에 지급에 관하여 다음의 기재가 있는 경우에도 일정한 금액인 것으로 본다.

    (a)   이자가 생길 것의 기재,

    (b)   계속되는 일자에 분할로 지급할 것의 기재,

    (c)   분할지급금 중의 1회의 지급불이행시에 미지급잔액의 기한이 도래한다는 뜻의 어음상의 약정으로 계속되는 일자에 분할로 지급할 것의 기재,

    (d)   어음상에 기재된 환율 또는 어음에 기재된 방법에 의하여 결정되는 환율에 따라 지급할 것의 기재, 또는

    (e)   어음금액을 표시하는 통화 이외의 통화로 지급할 것의 기재.

제8조

1. 문자로 기재한 어음금액과 숫자로 기재한 어음금액에 차이가 있는 경우에는, 문자로 기재한 금액을 어음금액으로 한다.

2. 어음금액이 문자로 중복하여 기재되어 있는 경우로서 그 금액에 차이가 있는 경우에는, 최소의 금액을 어음금액으로 한다. 어음금액이 숫자로 중복하여 기재되어 있는 경우로서 그 금액에 차이가 있는 경우에도 또한 동일하다.

3. 어음금액이 어음에 지급할 국가로서 기재된 국가 이외의 적어도 1국의 통화와 같은 호칭을 가지는 통화로 표시되고, 그 통화가 어느 특정한 국가의 통화로도 특정할 수 없는 경우에는 그 통화는 지급할 국가의 통화인 것으로 본다.

4. 어음에 어음금액에 관하여 이자가 생길 것의 약정을 기재한 경우로서 이자의 기산일이 표시되어 있지 아니한 경우에는, 이자는 어음발행일로부터 계산한다.

5. 어음금액에 관하여 이자가 생길 것의 약정을 기재하여도 이율의 기재가 없으면 그 기재를 하지 아니한 것으로 본다.

6. 이율은 확정이율 또는 변동이율로 이를 표시할 수 있다. 변동이율로서 유효하기 위하여는 그것이 어음에 기재된 조항에 따라 하나 또는 둘 이상의 참조이율과 관련하여 변동하는 것이어야 하며, 또 그 참조이율이 공표되거나 기타 일반인이 결정에 직접적이든 간접적이든 기속되지 아니하는 것이어야 한다. 그러나 이 경우에는 참조이율 조항에만 지정된 자는 제외한다.

7. 이율이 변동이율로 표시되어 있는 경우에는, 그 변동이율이 특정한 이율을 하회하여서는 아니 되는 것, 이를 상회하여서는 아니 되는 것 또는 기타의 방법으로 이율의 변동이 제한되어 있음을 어음상에 명시할 수 있다.

otherwise limited.

8. If a variable rate does not qualify under paragraph 6 of this article or for any reason it is not possible to determine the numerical value of the variable rate for any period, interest shall be payable for the relevant period at the rate calculated in accordance with paragraph 2 of article 70.

Article 9.

1. An instrument is deemed to be payable on demand :

    (a) If it states that it is payable at sight or on demand or on presentment or if it contains words of similar import ; or

    (b) If no time of payment is expressed.

2. An instrument payable at a definite time which is accepted or endorsed or guaranteed after maturity is an instrument payable on demand as regards the acceptor, the endorser or the guarantor.

3. An instrument is deemed to be payable at a definite time if it states that it is payable :

    (a) On a stated date or at a fixed period after a stated date or at a fixed period after the date of the instrument ;

    (b) At a fixed period after sight ;

    (c) By instalments at successive dates ; or

    (d) By instalments at successive dates with the stipulation in the instrument that upon default in payment of any instalment the unpaid balance becomes due.

4. The time of payment of an instrument payable at a fixed period after date is determined by reference to the date of the instrument.

5. The time of payment of a bill payable at a fixed period after sight is determined by the date of acceptance or, if the bill is dishonoured by non-acceptance, by the date of protest or, if protest is dispensed with, by the date of dishonour.

6. The time of payment of an instrument payable on demand is the date on which the instrument is presented for payment.

7. The time of payment of a note payable at a fixed period after sight is determined by the date of the visa signed by the maker on the note or, if his visa is refused, by the date of presentment.

8. If an instrument is drawn, or made, payable one or more months after a stated date or after the date of the instrument or after sight, the instrument is payable on the corresponding date of the month when payment must be made. If there is no corresponding date, the instrument is payable on the last day of that month.

Article 10.

1. A bill may be drawn :

    (a) By two or more drawers ;

    (b) Payable to two or more payees.

2. A note may be made :

8. 변동이율이 본조 제 6항의 규정에 의거하여 유효한 것으로 인정되지 아니하거나, 또는 어떠한 이유에서 어느 기간에 대하여도 변동이율의 수치를 확정할 수 없는 경우에는, 제70조 2항의 규정에 따라 계산된 이율에 의하여 해당 기간에 대한 이자를 지급하는 것으로 한다.

제9조

1. 다음의 기재가 있는 어음은 요구출급의 어음으로 본다.
    (a) 어음상에 일람할 때, 요구한 때 또는 제시한 때에 지급할 것의 기재 또는 이와 동등한 의미를 가지는 문언의 기재가 있는 경우, 또는
    (b) 지급기일의 기재자 없는 경우.
2. 확정기출급의 어음이 만기 후에 인수, 배서 또는 보증이 행하여진 경우에는, 그 어음은 인수인, 배서인 또는 보증인에 관하여는 요구출급의 어음으로 한다.
3. 다음의 기재가 있는 어음은 확정기출급의 어음으로 본다.
    (a) 확정일출급, 확정일후 정기출급 또는 발행일후 정기출급의 기재,
    (b) 일람후 정기출급의 기재,
    (c) 계속되는 일자에 분할로 지급할 것의 기재, 또는
    (d) 분할지급금 중의 1회의 지급불이행시에 미지급잔액의 기한이 도래한다는 뜻의 어음상의 약정으로 계속되는 일자에 분할로 지급할 것의 기재.
4. 발행일 후 정기출급의 어음의 지급기일은 그 어음의 발행일에 의하여 정한다.
5. 일람후 정기출급의 환어음의 지급기일은 인수의 일자 또는 인수가 거절된 경우에는, 인수거절증서의 작성일 또는 그 거절증서도 작성할 필요가 없을 때에는 인수거절의 일자에 의하여 정한다.
6. 요구출급의 어음의 지급기일은 그 어음이 지급을 위하여 제시된 일자로 한다.
7. 일람후 정기출급의 약속어음의 지급기일은 발행인이 서명한 어음상의 사증발행의 일자 또는 서명이 거절된 경우에는 제시의 일자에 의하여 정한다.
8. 확정일, 발행일 후 또는 일람후 1월 또는 수월에 지급할 어음은 지급할 월의 대응일에 지급하는 것으로 한다. 대응일이 없는 경우에는, 그 월의 말일에 지급하는 것으로 한다.

제10조

1. 환어음은,
    (a) 2인 이상의 발행인이 발행할 수 있고,
    (b) 2인 이상의 수취인에게 지급할 것으로 발행할 수 있다.
2. 약속어음은,

(a) By two or more makers ;

(b) Payable to two or more payees.

3. If an instrument is payable to two or more payees in the alternative, it is payable to any one of them and any one of them in possession of the instrument may exercise the right of a holder. In any other case the instrument is payable to all of them and the rights of a holder may be exercised only by all of them.

Article 11.

A bill may be drawn by the drawer :

(a) On himself ;

(b) Payable to his order.

Section 3 - Completion of an Incomplete Instrument

Article 12.

1. An incomplete instrument which satisfies the requirements set out in paragraph 1 of article 1 and bears the signature of the drawer or the acceptance of the drawee, or which satisfies the requirements set out in paragraph 2 of article 1 and paragraph 2(d) of article 3, but which lacks other elements pertaining to one or more of the requirements set out in articles 2 and 3, may be completed, and the instrument so completed is effective as a bill or a note.

2. If such an instrument is completed without authority or otherwise than in accordance with the authority given :

(a) A party who signed the instrument before the completion may invoke such lack of authority as a defence against a holder who had knowledge of such lack of authority when he became a holder ;

(b) A party who signed the instrument after the completion is liable according to the terms of the instrument so completed.

CHAPTER III. – TRANSFER

Article 13.

An instrument is transferred :

(a) By endorsement and delivery of the instrument by the endorer to the endorsee ; or

(b) By mere delivery of the instrument if the last endorsement is in blank.

Article 14.

1. An endorsement must be written on the instrument or on a ship affixed thereto ("allonge"). It must be signed.

(a) 2인 이상의 발행인이 발행할 수 있고

(b) 2인 이상의 수취인에게 지급할 것으로 발행할 수 있다.

3. 어음이 2인 이상의 수취인에게 선택적으로 지급할 수 있도록 되어 있는 경우에는, 그 어음은 수취인 중의 누구에 대하여나 지급할 수 있으며, 또 수취인 중에 그 어음을 소지하고 있는 자는 소지인으로서의 권리를 행사할 수 있다. 기타의 어음에 관하여는 수취인 전원에 대하여 지급하여야 하고, 소지인으로서의 권리는 그 전원에 의하여만 이를 행사할 수 있다.

제11조

환어음은,

(a) 발행인이 스스로 발행할 수 있고

(b) 발행인의 지시로 지급할 것으로 발행할 수 있다.

제3절 미완성어음의 보증

제12조

1. 제1조 1항에 규정된 요건을 구비하고 발행인의 서명 또는 지급인의 인수가 있거나, 또는 지급인의 인수가 있거나, 또는 제1조 2항 및 제3조 2항 d호에 규정된 요건을 구비한 미완성어음으로서, 제2조 및 제3조에 규정된 다른 요건을 결한 경우에는 이를 보충할 수 있으며, 그 보충된 어음은 환어음 또는 약속어음으로서 효력을 갖는다.

2. 본조 제1항에서 규정하는 미완성어음이 권한 없이 또는 부여된 권한에 따르지 아니하고 보충된 경우에는,

(a) 보충 전에 어음에 서명한 당사자는 소지인이 된 때에 그 권한의 흠결을 알고 있던 소지인에 대하여 그 권한의 흠결을 항변함으로서 주장할 수 있고

(b) 보충 후에 어음에 서명한 당사자는 보충된 어음의 문언에 따라 책임을 진다.

제3장 양도

제13조

어음은 다음의 방식으로 양도된다.

(a) 배서인이 피배서인에 대하여 하는 배서 및 어음의 교부, 또는

(b) 최후의 배서가 백지식인 경우에는 어음의 단순한 교부.

제14조

1. 배서는 어음이나 이에 결합한 지편("보전")에 기재하고 배서인이 서명하여야 한다.

2. An endorsement may be :

 (a) In blank, that is, by a signature alone or by a signature accompanied by a statement to the effect that the instrument is payable to a person in possession of it ;

 (b) Special, that is, by a signature accompanied by an indication of the person to whom the instrument is payable.

3. A signature alone, other than that of the drawee, is an endorsement only if placed on the back of the instrument.

Article 15.

1. A person is a holder if he is :

 (a) The payee in possession of the instrument ; or

 (b) In possession of an instrument which has been endorsed to him, or on which the last endorsement is in blank, and on which there appears an uninterrupted series of endorsements, even if any if any endorsement was forged or was signed by an agent without authority.

2. If an endorsement in blank is followed by another endorsement, the person who signed this last endorsement is deemed to be an endorsee by the endorsement in blank.

3. A person is not prevented from being a holder by the fact that the instrument was obtained by him or any previous holder under circumstances, including incapacity or fraud, duress or mistake of any kind, that would give rise to a claim to, or a defence against liability on, the instrument.

Article 16.

The holder of an instrument on which the last endorsement is in blank may :

 (a) Further endorse it either by an endorsement in blank or by a special endorsement ;

 (b) Convert the blank endorsement into a special endorsement by indicating in the endorsement that the instrument is payable to himself or to some other specified person ; or

 (c) Transfer the instrument in accordance with subparagraph (b) or article 13.

Article 17.

1. If the drawer or the maker has inserted in the instrument such words as "not negotiable", "not transferable", "not to order", "pay (X) only", or words of similar import, the instrument may not be transferred except for purposes of collection, and any endorsement, even if it does not contain words authorizing the endorsee to collect the instrument, is deemed to be an endorsement for collection.

2. If an endorsement contains the words "not negotiable", "not transferable", "not to order", "pay (X) only", or words of similar import, the instrument may not be transferred further except for purposes of collection, and any subsequent endorsement, even if it does not contain words authorizing the endorsee to collect the instrument, is deemed to be an endorsement for collection.

2. 배서는 다음의 어느 방식으로 할 수 있다.

   (a) 백지식, 즉 서명만으로 하는 방식 또는 어음을 占有하는 자에 대하여 지급할 것의 기재와 함께 하는 서명에 의한 방식

   (b) 기명식, 즉 지급받을 자의 지정과 함께 하는 서명에 의한 방식

3. 지급인 이외의 자의 단순한 서명은 어음의 이면에 한 경우에만 배서로 한다.

제15조

1. 다음에 해당하는 자는 소지인이 된다

   (a) 어음을 점유하는 소지인, 또는

   (b) 피배서인으로 지명된 어음 또는 최후의 백지식인 어음, 또는 배서의 연속적인 어음의 점유자. 후자의 경우에는 배서는 그 일부가 위조된 것이거나 또는 권한이 없는 대리인에 의하여 서명된 것을 포함한다.

2. 백지식 배서의 다음에 다른 배서가 있는 경우에는, 그 배서를 한 자는 백지식 배서의 피배서인이 된 것으로 본다.

3. 어떠한 자가 자신 또는 이전의 소지인이 무능력 또는 어느 정도의 사기, 강박 또는 착오를 포함하여 어음에 대한 청구권 또는 어음상의 책임에 대한 항변이 생길 수 있는 사정에서 어음을 취득하였다고 하더라도 所持人으로 되는 것에는 영향을 받지 아니한다.

제16조

최후의 배서가 백지식인 경우에는 그 어음의 소지인은,

   (a) 백지식 또는 기명식으로 다시 어음에 배서할 수 있고,

   (b) 자신 또는 다른 특정인을 지급받을 자로 하여 배서 중에 기재함으로써 백지식 배서를 기명식 배서로 전환할 수 있고, 또는

   (c) 제13조 b호의 규정에 따라 어음을 양도할 수 있다.

제17조

1. 어음의 발행인이 "유통금지", "양도금지", "지시금지", "X 에게만 지급함"의 문자 또는 이와 동등한 의미가 있는 문언을 기재한 경우에는 그 어음은 추심의 목적 이외에 이를 양도할 수 없으며, 또 그 이후에 한 배서는 피배서인에 대하여 어음의 추심권한을 부여하는 문언이 없는 경우에도 추심을 위한 배서로 본다.

2. 배서에 "유통금지", "양도금지", "지시금지", "X에게만 지급함"의 문자 또는 이와 동등한 의미가 있는 문언을 포함하고 있는 경우, 그 어음은 추심의 목적 이외에 이를 양도할 수 없으며, 또 그 이후에 배서는 피배서인에 대하여 어음의 추심권한을 부여하는 문언이 없는 경우에도 추심을 위한 배서로 본다.

Article 18.

1. An endorsement must be unconditional.

2. A conditional endorsement transfers the instrument whether or not the condition is fulfilled. The condition is ineffective as to those parties and transferees who are subsequent to the endorsee.

Article 19.

An endorsement in respect of a part of the sum due under the instrument is ineffective as an endorsemet.

Article 20.

If there are two or more endorsements, it is presumed, unless the contrary is proved, that each endorsement was made in the order in which it appears on the instrument.

Article 21.

1. If an endorsement contains the words "for collection", "for deposit", "value in collection", " by procuration", "pay any bank", or words of similar import authorizing the endorsee to collect the instrument, the endorsee is a holder who :

    (a)   May exercise all rights arising out of the instrument ;

    (b)   May endorse the instrument only for purposes of collection ;

    (c)   Is subject only to the claims and defences which may be set up against the endorser.

2. The endorser for collection is not liable on the instrument to any subsequent holder.

Article 22.

1. If an endorsement contains the words "value in security", "value in pledge", or any other words indicating a pledge, the endorsee is a holder who :

    (a)   May exercise all rights arising out of the instrument ;

    (b)   May endorse the instrument only for purposes of collection ;

    (c)   Is subject only to the claims and defences specified in article 28 or article 30.

2. If such an endorsee endorses for collection, he is not liable on the instrument to any subsequent holder.

Article 23.

The holder of an instrument may transfer it to a prior party or to the drawee in accordance with article 13 ; however, if the transferee has previously been a holder of the instrument, no endorsement is required, and any endorsement which would prevent him from qualifying as a holder may be struck out.

제18조

1. 배서는 부조건부로 하여야 한다.
2. 조건부 배서가 있는 경우에는, 그 조건의 성취 여부에 관계없이 어음은 양도된다. 그 조건은 피배서인의 이후의 당사자와 양도인에 대하여는 효력이 없다.

제19조

어음금액의 일부에 관한 배서는 배서로서 효력이 없다.

제20조

둘 이상의 배서가 있는 경우에는 반증이 없는 한, 각 배서는 어음상에 표시된 순서에 따라 한 것으로 추정한다.

제21조

1. 배서에 "추심하기 위하여", "예금하기 위하여", "회수하기 위하여". "대리하기 위하여", "은행지급"의 문자 또는 이와 동등한 의미가 있는 문언으로 피배서인에게 어음의 추심권한을 부여하는 것이 포함되어 있는 경우에는, 피배서인은 어음의 소지인으로서,
    (a) 어음으로부터 생기는 모든 권리를 행사할 수 있고,
    (b) 추심을 위한 배서만을 할 수 있고,
    (c) 배서인에게 대항할 수 있는 청구권 및 항변만으로써 대항을 받는다.
2. 추심을 위한 배서인은 그 이후의 소지인에 대하여 어음상의 책임을 지지 아니한다.

제22조

1. 배서에 "담보하기 위하여", "입질하기 위하여", 또는 기타 질권설정을 표시하는 문언이 있는 경우에는, 피배서인은 어음의 소지인으로서,
    (a) 어음으로부터 생기는 모든 권리를 행사할 수 있고,
    (b) 추심을 위한 배서만을 할 수 있고,
    (c) 제28조 또는 제30조에 규정된 청구권 및 항변만으로써 대항을 받는다.
2. 본 조 제 1항에서 규정하는 피배서인 추심을 위한 배서를 한 경우에는, 그 이후의 소지인에 대하여도 어음상의 책임을 지지 아니한다.

제23조

어음의 소지인은 제13조의 규정에 따라 이전의 당사자 또는 지급인에게 어음을 양도할 수 있다. 그러나 양수인이 이전에 그 어음의 소지인이었던 경우에는 배서를 필요로 하지 아니하고, 소지인으로서의 자격을 방해하는 모든 배서를 말소할 수 있다.

Article 24.

An instrument may be transferred in accordance with article 13 after maturity, except by the drawee, the acceptor or the maker.

Article 25.

1. If an endorsement is forged, the person whose endorsement is forged, or a party who signed the instrument before the forgery, has the right to recover compensation for any damage that he may have suffered because of the forgery against :

    (a) The forger ;

    (b) The person to whom the instrument was directly transferred by the forger ;

    (c) A party or the drawee who paid the instrument to the forger directly or through one or more endorsees for collection.

2. However, an endorsee for collection is not liable under paragraph 1 of this article if he is without knowledge of the forgery :

    (a) At the time he pays the principal or advises him of the receipt of payment ; or

    (b) At the time he receives payment, if this is later.

    unless his lack of knowledge is due to his failure to act in good faith or to exercise reasonable care.

3. Furthermore, a party or the drawee who pays an instrument is not liable under paragraph 1 of this article if, at the time he pays the instrument, he is without knowledge of the forgery, unless his lack of knowledge is due to his failure to act in good faith or to exercise reasonable care.

4. Except as against the forger, the damages recoverable under paragraph 1 of this article may not exceed the amount referred to in article 70 or article 71.

Article 26.

1. If an endorsement is made by an agent without authority or power to bind his principal in the matter, the principal, or a party who signed the instrument before such endorsement, has the right to recover compensation for any damage that he may have suffered because of such endorsement against :

    (a) The agent ;

    (b) The person to whom the instrument was directly transferred by the agent ;

    (c) A party or the drawee who paid the instrument to the agent directly or through one or more endorsees for collection.

2. However, an endorsees for collection is not liable under paragraph 1 of this article if he is without knowledge that the endorsement does not bind the principal :

    (a) At the time he pays the principal or advises him of the receipt of payment ; or

제24조

어음은 환어음의 지급인, 인수인 또는 약속어음의 발행인의 경우를 제외하고는 만기 후에도 제13조의 규정에 따를 경우 이를 양도할 수 있다.

제25조

1. 배서가 위조된 경우에는, 배서를 위조당한 자 또는 그 위조 전에 어음에 서명한 당사자는 다음 각 호의 자에 대하여 그 위조로 인하여 입은 모든 손해를 배상받을 권리를 갖는다.
   (a) 위조자,
   (b) 위조자로부터 어음을 직접 양수한 자,
   (c) 위조자에게 직접 또는 1인 또는 수인의 추심을 위한 배서의 피배서인을 통하여 어음을 지급한 당사자 또는 지급인

2. 그럼에도 불구하고, 추심을 위한 배서의 피배서인은 다음 각 호의 시기에 위조를 알지 못한 경우에는, 본조 제1항의 규정에 의한 책임을 지지 아니한다.
   (a) 자신이 본인에게 지급을 하거나 지급의 수령을 통지한 때, 또는
   (b) 지급의 수령이 늦은 경우 자신이 지급을 수령한 때.
      다만 그 위조를 알지 못한 것이 성실한 행동 또는 합리적인 주의를 다하니 아니한 것에 기인한 경우에는 그러하지 아니하다.

3. 어음의 지급을 한 당사자 또는 지급인도 그 지급을 한 때에 그 위조를 알지 못한 경우에는, 본조 제1항의 규정에 의한 책임을 지지 아니한다. 다만 그 위조를 알지 못한 것이 성실한 행동 또는 합리적인 주의를 다하지 아니한 것에 기인한 경우에는 그러하지 아니하다.

4. 본조 제1항의 규정에 의하여 청구할 수 있는 손해배상액은 위조자에게 청구하는 경우를 제외하고는 제70조 또는 제71조에 규정된 금액을 초과할 수 없다.

제26조

1. 배서가 배서에 관하여 권한이 없거나 또는 본인을 구속하는 권능이 없는 대리인에 의하여 행하여진 경우에는, 본인 또는 배서 전에 어음에 서명한 당사자는 다음 각 호에 해당하는 자에 대하여 그 배서로 인하여 입은 배서를 배상받을 권리를 갖는다.
   (a) 대리인,
   (b) 대리인으로부터 어음을 직접 양수한 자,
   (c) 대리인에게 직접 또는 1인 또는 수인의 추심을 위한 배서의 피배서인을 통하여 어음을 지급한 당사자 또는 지급인.

2. 그럼에도 불구하고, 추심을 위한 피배서인은 다음 각 호의 시기에 그 배서가 본인을 구속하지 아니함을 알지 못한 경우에는, 본조 제1항의 규정에 의한 책임을 지지 아니한다.
   (a) 자신이 본인에게 지급을 하거나 지급의 통지를 수령한 때, 또는

(b)   At the time he receives payment, if this is later,

unless his lack of knowledge is due to his failure to act in good faith or to exercise reasonable care.

3.   Furthermore, a party or the drawee who pays an instrument is not liable under paragraph 1 of this article if, at the time he pays the instrument, he is without knowledge that the endorsement does not bind the principal, unless his lack of knowledge is due to his failure to act in good faith or to exercise reasonable care.

4.   Except as against the agent, the damages recoverable under paragraph 1 of this article may not exceed the amount referred to in article 70 or article 71.

CHAPTER IV. – RIGHTS AND LIABILITIES

Section 1. - The Rights of a Holder and of a Protected Holder

Article 27.

1.   The holder of an instrument has all the rights conferred on him by this Convention against the parties to the instrument.

2.   The holder may transfer the instrument in accordance with article 13.

Article 28.

1.   A party may set up against a holder who is not a protected holder ;

(a)   Any defence that may be set up against a protected holder in accordance with paragraph 1 of article 30 ;

(b)   Any defence based on the underlying transaction between himself and the drawer or between himself and his transferee, but only if the holder took the instrument with knowledge of such defence or if he obtained the instrument by fraund or theft or participated at any time in a fraud or theft concerning it ;

(c)   Any defence arising from the circumstances as a result of which he became a party, but only if the holder took the instrument with knowledge of such defence or if he obtained the instrument by fraud or theft or participated at any time in a fraud or theft concerning it ;

(d)   Any defence which may be raised against an action in contract between himself and the holder ;

(e)   Any other defence available under this Convention.

2.   The rights to an instrument of a holder who is not a protected holder are subject to any valid claim to the instrument on the part of any person, but only if he took the instrument with knowledge of such claim or if he obtained the instrument by fraud or theft or participated at any time in a fraud or theft concerning it.

3.   A holder who takes an instrument after the expiration of the time-limit for presentment for payment is subject

(b) 지급의 수령이 늦은 한 자신이 지급을 수령한 때.

　　다만 그 배서가 본인을 구속하지 아니함을 알지 못한 것이 성실한 행동 또는 합리적인 주의를 다하지 아니한 것에 기인한 경우에는 그러하지 아니하다.

3. 어음의 지급을 한 당사자 또는 지급인도 그 지급을 한 때에 배서가 본인을 구속하지 아니함을 알지 못한 경우에는, 본조 제1항의 규정에 의한 책임을 지지 아니한다. 다만 그 배서가 본인을 구속하지 아니함을 알지 못한 것이 성실한 행동 또는 합리적인 주의를 다하지 못한 것에 기인한 경우에는 그러하지 아니하다.

4. 본조 제1항의 규정에 의하여 청구할 수 있는 손해배상액은 대리인에게 청구하는 경우를 제외하고는 제70조 또는 제71조에 규정된 금액을 초과할 수 없다.

제4장 권리와 책임

제1절 소지인과 보호받는 소지인의 권리

제27조

1. 어음의 소지인은 어음의 당사자에 대하여 이 협약에서 인정하는 모든 권리를 갖는다.

2. 소지인은 제13조의 규정에 따라 어음을 양도할 수 있다.

제28조

1. 당사자는 보호받는 소지인이 아닌 소지인에 대하여는 다음 각 호의 抗辯을 주장할 수 있다.

    (a) 제30조 1항의 규정에 의하여 보호받는 소지인에게 주장할 수 있는 항변,

    (b) 자신과 환어음의 발행인 또는 자신으로부터 양수한 자간의 원인관계로서 거래에 기인한 항변, 다만 소지인이 그 항변의 존재를 알면서 사기 또는 절취로 인하여 어음을 취득하거나 또는 어느 시점에서 어음에 관한 사기 또는 절취에 관여한 경우에 한한다.

    (c) 자신이 당사자가 된 원인에 상당하는 사정으로부터 생기는 항변. 다만 소지인이 그 항변의 존재를 알면서 사기 또는 절취로 인하여 어음을 취득하거나 또는 어느 시점에서 어음에 관한 사기 또는 절취에 관여한 경우에 한한다.

    (d) 자신이 소지인간의 계약에 관한 소송에 대하여 주장할 수 있는 항변,

    (e) 이 협약의 규정에 의하여 인정되는 기타의 모든 항변.

2. 보호받는 소지인이 아닌 所持人의 어음에 대한 권리는 그 어음에 대한 어느 누구의 유효한 청구권에는 대항하지 못한다. 다만 소지인이 그 항변의 존재를 알면서 사기 또는 절취로 인하여 어음을 취득하거나 또는 어느 시점에서 어음에 관한 사기 또는 절취에 관여한 경우에 한한다.

3. 지급을 위한 제시기한이 경과한 후에 어음을 취득한 소지인은 자신에 대한 양도인이 대항을 받는 어음

to any claim to, or defence against liability on, the instrument to which his transferor is subject.

4. A party may not raise as a defence against a holder who is not a protected holder the fact that a third person has a claim to the instrument unless ;

    (a)   The third person asserted a valid claim to the instrument ; or

    (b)   The holder acquired the instrument by theft or forged the signature of the payee or an endorsee, or participated in the theft or the forgery.

Article 29.

"Protected holder" means the holder of an instrument which was complete when he took it or which was incomplete within the meaning of paragraph 1 of article 12 and was completed in accordance with authority given, provided that when he became a holder :

    (a)   He was without knowledge of a defence against liability on the instrument referred to in paragraphs 1(a), (b), (c) and (e) of article 28 ;

    (b)   He was without knowledge of a valid claim to the instrument of any person ;

    (c)   He was without knowledge of the fact that it had been dishonoured by non-acceptance or by non-payment ;

    (d)   The time-limit provided by article 55 for fraud or theft or participate in a fraud or theft concerning it.

Article 30.

1. A party may not set up against a protected holder any defence except :

    (a)   Defences under paragraph 1 of article 33, article 34, paragraph 1 of article 35, paragraph 3 of article 36, paragraph 1 of article 53, paragraph 1 of article 57, paragraph 1 of article 63 and article 84 of this Convention ;

    (b)   Defences based on the underlying transaction between himself and such holder or arising from any fraudulent act on the part of such holder in obtaining the signature on the instrument of that party ;

    (c)   Defences based on his incapacity to incur liability on the instrument or on the fact that he signed without knowledge that his signature made him a party to the instrument, provided that his lack of knowledge was not due to his negligence and provided that he was fraudulently induced so to sign.

2. The rights to an instrument of a protected holder are not subject to any claim to the instrument on the part of any person, except a valid claim arising from the underlying transaction between himself and the person by whom the claim is raised.

Article 31.

1. The transfer of an instrument by a protected holder vests in any subsequent holder the rights to and on the instrument which the protected holder had.

에 대한 청구권 또는 어음상의 책임에 대한 항변으로써 대항을 받는다.

4. 당사자는 보호받는 소지인이 아닌 소지인에 대하여는 제3자 어음에 대한 청구권이 있다는 사실을 항변으로서 주장할 수 없다. 다만 다음 각 호의 경우에는 그러하지 아니하다.

   (a) 제3자가 어음에 대한 유효한 청구권을 주장한 경우, 또는

   (b) 소지인이 절취 또는 위조로 인하여 어음을 취득하거나 또는 수취인이나 피배서인의 서명을 위조한 경우, 또는 소지인이 그 절취 또는 위조에 관여한 경우.

제29조

"보호받는 소지인"이라 함은 어음을 취득한 때에 완전한 어음 또는 제12조 1항에 규정된 미완성어음으로 부여된 권한에 의하여 보충된 어음의 소지인을 말한다. 다만 소지인이 된 때에 다음의 요건을 구비하여야 한다.

   (a) 소지인이 제28조의 제1항 a호, b호, c호 및 e호에 규정된 어음상의 책임에 대한 항변의 존재를 알지 못할 것,

   (b) 소지인이 그 어음에 대한 어떠한 자의 유효한 請求權의 존재를 알지 못할 것,

   (c) 소지인이 그 어음에 관하여 인수거절 또는 지급거절이 있다는 사실을 알지 못할 것,

   (d) 어음에 관하여 제55조에 규정된 지급을 위한 제시기한이 경과하지 아니할 것,

   (e) 소지인이 사기 또는 절취로 인하여 어음을 취득하지 아니하거나, 또는 소지인이 그 어음에 관한 사기 또는 절취에 관여하지 아니할 것.

제30조

1. 당사자는 다음의 항변을 제외하고는 보호받는 소지인에 대하여는 어떠한 항변도 주장하지 못한다.

   (a) 이 협약 제33조 1항, 제34조, 제35조 1항, 제36조 3항, 제53조 1항, 제57조 1항, 제63조 1항 및 제84조의 규정에 의하여 인정되는 항변,

   (b) 자신과 그 소지인간의 원인관계로서 거래에 기인한 항변 또는 어음에 자신의 서명을 할 때에 그 소지인의 사기행위에서 생기는 항변,

   (c) 자신이 어음상의 책임을 부담할 능력이 없거나 또는 자신이 어음에 서명함으로써 그 어음의 당사자가 된 사실을 알지 못한 것이 자신의 과실에 기인하지 아니하고 사기행위로 유발되어 서명한 경우에 한한다.

2. 보호받는 소지인의 어음에 대한 권리는 자신과 청구권을 주장하는 자간의 원인관계로서 거래로부터 생기는 유효한 청구권은 제외하고는 어음에 대한 어느 누구의 청구권에 의하여도 영향을 받지 아니한다.

제31조

1. 보호받는 소지인이 갖는 어음에 대한 권리 및 어음상의 권리는 그 보호받는 소지인이 어음을 讓渡하면 그 이후의 소지인에게 이전한다.

2. Those rights are not vested in a subsequent holder if :

    (a) He participated in a transaction which gives rise to a claim to, or a defence against liability on, the instrument ;

    (b) He has previously been a holder, but not a protected holder.

Article 32.

Every holder is presumed to be a protected holder unless the contrary is proved.

Section 2. - Liabilities of the Parties

A.– General provisions

Article 33.

1. Subject to the provisions of articles 34 and 36, a person is not liable on an instrument unless he signs it.

2. A person who signs an instrument in a name which is not his own is liable as if he had signed it in his own name.

Article 34.

A forged signature on an instrument does not impose any liability on the person whose signature was forged. However, if he consents to be bound by the forged signature or represents that it is his own, he is liable as if he had signed the instrument himself.

Article 35.

1. If an instrument is materially altered :

    (a) A party who signs it after the material alteration is liable according to the terms of the altered text ;

    (b) A party who signs it before the material alteration is liable according to the terms of the original text. However, if a party makes, authorizes or assents to a material alteration, he is liable according to the terms of the altered text.

2. A signature is presumed to have been placed on the instrument after the material alteration unless the contrary is proved.

3. Any alteration is material which modifies the written undertaking on the instrument of any party in any respect.

Article 36.

1. An instrument may be signed by an agent.

2. The signature of an agent placed by him on an instrument with the authority of his principal and showing on the instrument that he is signing in a representative capacity for that named principal, or the signature of a

2. 본조 제1항에 규정된 권리는 다음의 경우에는 그 이후의 소지인에게 이전하지 아니한다.
   (a) 이후의 소지인이 어음에 대한 청구권 또는 어음상의 책임에 대한 항변을 생기게 한 거래에 관여한 경우,
   (b) 이후의 소지인이 이전에 소지인이었으나 보호받는 소지인이 아니었던 경우.

제32조

모든 소지인은 그 반대의 증명이 없는 한, 보호받는 소지인으로 추정된다.

제2절 당사자의 책임

A. 총칙

제33조

1. 제34조 및 제36조에 의한 경우를 제외하고는, 어느 누구도 어음에 서명하지 아니하면 어음상의 책임을 지지 아니한다.
2. 자신의 명의와 다른 명의로 어음에 서명한 자는 자신의 명의로 어음에 서명한 경우와 동일한 책임을 진다.

제34조

어음상에 위조된 서명이 있는 경우에는, 서명을 위조당한 자는 어음상의 책임을 지지 아니한다. 그러나 위조당한 자가 그 위조된 서명에 의하여 책임을 지는 것에 동의하거나 그 위조된 서명이 자신의 서명임을 표시한 경우에는, 자신이 그 어음에 서명한 경우와 동일한 책임을 진다.

제35조

1. 어음이 실질적으로 변조된 경우에는,
   (a) 그 실질적인 변조 후에 어음에 서명한 당사자는 변조 후의 문언에 따라 책임을 지고,
   (b) 그 실질적인 변조 전에 어음에 서명한 당사자는 원래의 문언에 따라 책임을 진다. 다만 자신이 실질적인 변조를 하거나 이를 행할 권한을 부여하거나 또는 실질적인 변조에 동의한 당사자는 변조 후의 문언에 따라 책임을 진다.
2. 서명은 반대의 증명이 없는 한, 실질적인 변조 후에 한 것으로 추정한다.
3. 어느 당사자에 의하여 기재된 것이든지 어음상에 기재된 사항에 변경을 가하는 모든 변조는 이를 실질적인 것으로 본다.

제36조

1. 어음상의 서명은 대리인이 할 수 있다.
2. 권한이 있는 대리인이 어음에 특정인을 위한 대리인의 자격으로 본인을 위한 것임을 표시하고 자신의

principal placed on the instrument by an agent with his authority, imposes liability on the principal and not on the agent.

3. A signature placed on an instrument by a person as agent but who lacks authority to sign or exceeds his authority, or by an agent who has authority to sign but who does not show on the instrument that he is signing in a representative capacity for a named person, or who shows on the instrument that he is signing in a representative capacity but does not name the person whom he represents, imposes liability on the person signing and not on the person whom he purports to represent.

4. The question whether a signature was placed on the instrument in a representative capacity may be determined only by reference to what appears on the instrument.

5. A person who is liable pursuant to paragraph 3 of this article and who pays the instrument has the same rights as the person for whom he purported to act would have had if that person had paid the instrument.

Article 37.

The order to pay contained in a bill does not of itself operate as an assignment of the payee of funds made available for payment by the drawer with the drawee.

B.– The drawer

Article 38.

1. The drawer engages that upon dishonour of the bill by non-acceptance or by non-payment, and upon any necessary protest, he will pay the bill to the holder, or to any endorser or any endorer's guarantor who takes up and pays the bill.

2. The drawer may exclude or limit his own liability for acceptance or for payment by an express stipulation in the bill. Such a stipulation is effective only with respect to the drawer. A stipulation excluding or limiting liability for payment is effective only if another party is or becomes liable on the bill.

C. – The maker

Article 39.

1. The maker engages that he will pay the note in accordance with its terms to the holder, or to any party who takes up and pays the note.

2. The maker may not exclude or limit his own liability by a stipulation in the note. Any such stipulation is ineffective.

서명을 한 경우, 또는 어음에 본인의 서명을 한 경우에는, 본인이 책임을 지고 대리인은 책임을 지지 아니한다.

3. 권한이 없이 타인의 대리인으로서 또는 권한을 초과하여 어음에 대리인으로서 서명한 경우, 또는 대리권이 있는 자가 어음에 대리인의 자격으로 서명하였으나 누가 본인인지를 표시하지 아니한 경우에는, 어음에 서명한 자가 책임을 지고 그 자가 대리하고자 한 자는 책임을 지지 아니한다.

4. 어음에 대리인의 자격으로 서명이 이루어졌는지의 여부는 어음상에 나타난 바에 의하여만 결정한다.

5. 본조 제3항의 규정에 따라 책임을 지는 자가 어음의 지급을 한 경우에는, 자신이 대리하고자 한 자가 그 어음의 지급을 한 때에 취득할 수 있는 권리와 동일한 권리를 갖는다.

제37조

환어음에 기재된 지급지시는 그 자체만으로는 발행인이 지급을 위하여 지급인에게 준비한 자금을 수취인에게 양도하는 효과가 없다.

B. 환어음의 발행인

제38조

1. 환어음의 발행인은 인수거절이나 지급거절에 의하여 어음의 지급이 거절된 경우에는 필요한 거절증서가 작성되면, 소지인 또는 어음을 회수하고 지급한 배서인 또는 그 보증인에 대하여 어음의 지급을 할 것을 담보한다.

2. 환어음의 발행인은 어음상의 명시적인 기재에 의하여 인수 또는 지급에 대한 자신의 책임을 배제하거나 이를 제한할 수 있다. 그 기재는 발행인에 관하여만 효력을 갖는다. 지급의 책임을 배제하거나 이를 제한하는 기재는 다른 당사자가 그 어음에 관하여 책임을 지거나 또는 책임을 지게 될 경우에 한하여 효력을 갖는다.

C. 약속어음의 발행인

제39조

1. 약속어음의 발행인은 소지인 또는 어음을 회수하고 지급한 당사자에 대하여 어음의 문언에 따라 어음의 지급을 할 것을 담보한다.

2. 약속어음의 발행인은 어음상의 기재에 의하여 자신의 책임을 배제하거나 이를 제한할 수 없다. 그 어떠한 기재가 있어도 효력을 갖지 못한다.

D. – The drawee and the acceptor

Article 40.

1. The drawee is not liable on a bill until he accepts it.

2. The acceptor engages that he will pay the bill in accordance with the terms of his acceptance to the holder, or to any party who takes up and pays the bill.

Article 41.

1. An acceptance must be written on the bill and may be effected :

    (a) By the signature of the drawee accompanied by the word "accepted" or by words of similar import ; or

    (b) By the signature alone of the drawee.

2. An acceptance may be written on the front or on the back of the bill.

Article 42.

1. An incomplete bill which satisfies the requirements set out in paragraph 1 of article 1 may be accepted by the drawee before it has been signed by the drawer, or while otherwise incomplete.

2. A bill may be accepted before, at or after maturity, or after it has been dishonoured by non-acceptance or by non-payment.

3. If a bill drawn payable at a fixed period after sight, or a bill which must be presented for acceptance before a specified date, is accepted, the acceptor must indicate the date of his acceptance ; failing such indication by the acceptor, the drawer or the holder may insert the date of acceptance.

4. If a bill drawn payable at a fixed period after sight is dishonoured by nonacceptance and the drawee subsequently accepts it, the holder is entitled to have the acceptance dated as of the date on which the bill was dishonoured.

Article 43.

1. An acceptance must be unqualified. An acceptance is qualified if it is conditional or varies the terms of the bill.

2. If the drawee stipulates in the bill that his acceptance is subject to qualification :

    (a) He is nevertheless bound according to the terms of his qualified acceptance ;

    (b) The bill is dishonoured by non-acceptance.

3. An acceptance relating to only a part of the sum payable is qualified acceptance. If the holder takes such an acceptance, the bill is dishonoured by nonacceptance only as to the remaining part.

4. An acceptance indicating that payment will be made at a particular address or by a particular agent is not a qualified acceptance, provided that :

    (a) The place in which payment is to be made is not changed ;

D. 지급인과 인수인

제40조

1. 지급인은 인수를 하기 전에는 환어음에 관하여 책임을 지지 아니한다.

2. 인수인은 소지인 또는 환어음을 회수하고 지급한 당사자에 대하여 인수의 문언에 따라 어음의 지급을 할 것을 담보한다.

제41조

1. 인수는 환어음상에 기재하여야 하며, 또 다음의 방식으로 이를 할 수 있다.

    (a) "인수" 또는 이와 동등한 의미가 있는 문자로 표시한 지급인의 서명, 또는

    (b) 지급인의 단순한 서명

2. 인수는 환어음의 표면 또는 이면에 기재할 수 있다.

제42조

1. 제1조 1항에 규정된 요건을 구비한 미완성의 환어음은 발행인의 서명이 있기 전이거나 기타의 사항이 미완성인 동안에도 지급인이 이를 인수할 수 있다.

2. 환어음은 만기의 전후를 불문하고, 또는 인수거절 또는 지급거절이 있은 다음에도 이를 인수할 수 있다.

3. 일람후 정기출급의 환어음 또는 특정일 이전에 인수를 위한 제시를 하여야 할 환어음에 관하여 인수를 한 경우에는, 인수인은 인수의 일자를 기재하여야 한다. 인수인이 그 기재를 하지 아니한 경우에는, 발행인 또는 소지인이 인수의 일자를 기재할 수 있다.

4. 일람후 정기출급의 환어음의 인수가 거절된 후에 지급인이 인수를 한 경우에는, 소지인은 인수가 거절된 일자를 인수의 일자로 기재하게 할 권리가 있다.

제43조

1. 인수는 무제한적이어야 한다. 인수에 조건을 붙이거나 환어음의 기재사항을 변경하여 인수한 경우에는 제한적 인수로 본다.

2. 지급인이 환어음상에 제한적 인수를 기재를 한 경우에는,

    (a) 지급인은 자신이 한 제한적 인수의 문언에 따라 책임을 지고,

    (b) 그 환어음은 인수가 거절된 것으로 본다.

3. 어음금액의 일부에 관한 인수는 제한적 인수로 본다. 소지인이 이러한 인수에 응한 경우에는, 그 환어음은 잔액에 관하여만 인수거절이 있는 것으로 한다.

4. 어음이 특정한 주소지에서 또는 특정한 대리인에 의하여 지급될 것이라는 표시가 있는 인수는 다음의 경우에 한하여 이를 제한적 인수로 보지 아니한다.

    (a) 지급될 것이라는 장소가 변경되지 아니한 경우,

(b)   The bill is not drawn payable by another agent.

E. The endorser

Article 44.

1.   The endorser engages that upon dishonour of the instrument by non-acceptance or by non-payment, and upon any necessary protest, he will pay the instrument to the holder, or to any subsequent endorser or any endorser's guarantor who takes up and pays the instrument.

2.   An endorser may exclude or limit his own liability by an express stipulation in the instrument. Such a stipulation is effective only with respect to that endorser.

F. The transferor by endorsement or by mere delivery

Article 45.

1.   Unless otherwise agreed, a person who transfers an instrument, by endorsement and delivery or by mere delivery, represents to the holder to whom he transfers the instrument that :
   (a)   The instrument does not bear any forged or unauthorized signature ;
   (b)   The instrument has not been materially altered ;
   (c)   At the time of transfer, he has no knowledge of any fact which would impair the right of the transferee to payment of the instrument against the acceptor of a bill or, in the case of an unaccepted bill, the drawer, or against the maker of a note.

2.   Liability of the transferor under paragraph 1 of this article is incurred only if the transferee took the instrument without knowledge of the matter giving rise to such liability.

3.   If the transferor is liable under paragraph 1 of this article, the transferee may recover, even before maturity, the amount paid by him to the transferor, with interest calculated in accordance with article 70, against return of the instrument.

G. – The guarantor

Article 46.

1.   Payment of an instrument, whether or not it has been accepted, may be guaranteed, as to the whole or part of its amount, for the account of a party or the drawee. A guarantee may be given by any person, who may or may not already be a party.

2.   A guarantee must be written on the instrument or on a slip affixed thereto ("allonge").

3.   A guarantee is expressed by the words "guaranteed", "aval", "good as aval" or words of similar import,

(b) 환어음이 다른 대리인에 의하여 지급될 것으로 발행되지 아니한 경우.

E. 배서인

제44조

1. 배서인은 인수거절 또는 지급거절된 어음에 있어서 필요한 거절증서가 작성된 경우에는, 소지인 또는 어음을 회수하고 지급한 이후의 배서인 또는 그 보증인에 대하여 어음의 지급을 할 것을 담보한다.
2. 배서인은 어음상의 명시적인 기재에 의하여 자신의 책임을 배제하거나 이를 제한할 수 있다. 그 기재는 배서인에 관하여만 효력을 갖는다.

F. 배서 또는 단순한 교부에 의한 양도인

제45조

1. 별도의 합의가 없는 한, 배서와 교부에 의하거나 또는 단순한 교부에 의하여 어음을 양도한 자는 그 어음을 양수한 소지인에 대하여 다음의 사항을 표시한 것으로 한다.
   (a) 어음에 위조나 무권서명이 없다는 것,
   (b) 어음에 실질적인 변조가 없다는 것,
   (c) 어음의 양도시에 양도인의 환어음의 인수인, 또는 인수되지 아니한 환어음의 경우에는 발행인 또는 약속어음의 발행인에 대하여 어음의 지급을 구하는 양수인의 권리를 해하는 사실을 알지 못한다는 것.
2. 양도인은 양수인의 본조 제1항의 규정에 의한 책임을 발생시키는 사항을 알지 못하고 어음을 취득한 경우에 한하여 책임을 진다.
3. 양도인이 본조 제1항의 규정에 의한 책임을 지는 경우에는, 양수인은 만기전이라도 어음과 상환으로 양도인에 대하여 자신이 지급한 금액 및 제70조의 규정에 따라 계산한 이자를 청구할 수 있다.

G. 보증인

제46조

1. 어음의 지급은 그 어음에 관한 인수의 여부를 불문하고, 그 금액의 전부 또는 일부에 대하여 당사자 또는 지급인을 위하여 보증할 수 있다. 보증은 당사자인 여부와 관계없이 누구든지 할 수 있다.
2. 보증은 어음 또는 이와 결합한 지편("보전")에 기재하여야 한다.
3. 보증은 "보증함" 또는 "어음보증" 또는 이와 동등한 의미가 있는 문언을 표시하고 보증인이 서명함으로써 행할 수 있다. 이 협약의 적용에 있어서, "이전의 배서의 보증" 또는 이와 동일한 의미가 있는 문언은

accompanied by the signature of the guarantor. For the purposes of this Convention, the words "prior endorsements guaranteed" or words of similar import do not constitute a guarantee.

4. A guarantee may be effected by a signature alone on the front of the instrument A signature alone on the front of the instrument, other than that of the maker, the drawer or the drawee, is a guarantee.

5. A guarantor may specify the person for whom he has become guarantor, In the absence of such specification, the person for whom he has become guarantor is the acceptor or the drawee in the case of a bill, and the maker in the case of a note.

6. A guarantor may not raise as a defence to his liability the fact that he signed the instrument before it was signed by the person for whom he is a guarantor, or while the instrument was incomplete.

Article 47.

1. The liability of a guarantor on the instrument is of the same nature as that of the party for whom he has become guarantor.

2. If the person for whom he has become guarantor is the drawee, the guarantor engages :

    (a) To pay the bill at maturity to the holder, or to any party who takes up and pays the bill ;

    (b) If the bill is payable at a definite time, upon dishonour by non-acceptance and upon any necessary protest, to pay it to the holder, or to any party who takes up and pays the bill.

3. In respect of defences that are personal to himself, a guarantor may set up :

    (a) Against a holder who is not a protected holder only those defences which he may set up under paragraphs 1, 3 and 4 of article 28 ;

    (b) Against a protected holder only those defences which he may set up under paragraph 1 of article 30.

4. In respect of defences that may be raised by the person for whom he has become a guarantor :

    (a) A guarantor may set up against a holder who is not a protected holder only those defences which the person for whom he has become a guarantor may set up against such holder under paragraphs 1, 3 and 4 of article 28 ;

    (b) A guarantor who expresses his guarantee by the words "guaranteed", "payment guaranteed" or "collection guaranteed", or words of similar import, may set up against a protected holder only those defences which the person for whom he has become a guarantor may set up against a protected holder under paragraph 1 of article 30 ;

    (c) A guarantor who expresses his guarantee by the words "aval" or "good as aval" may set up against a protected holder only :

    (i) The defence, under paragraph 1 (b) or article 30, that the protected holder obtained the signature on the instrument of the person for whom he has become a guarantor by a fraudulent act ;

    (ii) The defence, under article 53 or article 57, that the instrument was not presented for acceptance or for payment ;

    (iii) The defence, under article 63, that the instrument was not duly protested for non-acceptance or for non-payment ;

    (iv) The defence, under article 84, that a right of action may no longer be exercised against the person for whom he has become guarantor ;

보증이 아니다.

4. 보증은 어음의 표면에 단순한 서명을 함으로써 행할 수 있다. 어음의 표면에 한 단순한 서명은 발행인 또는 지급인의 서명을 제외하고는 이를 보증으로 본다.

5. 보증에는 누구를 위하여 한 것임을 표시할 수 있다. 그 표시가 없는 경우에는, 환어음에 있어서는 인수인 또는 지급인, 그리고 약속어음에 있어서는 발행인을 위하여 각각 보증한 것으로 본다.

6. 보증인은 보증 받는 자가 어음에 서명하기 전이나 또는 어음이 미완성인 동안에는, 어음에 서명한 것임을 자신의 책임에 대한 항변으로서 주장할 수 없다.

제47조

1. 어음상의 보증인은 보증 받는 당사자와 동일한 성질의 책임을 진다.

2. 보증받는 자가 지급인인 경우에는, 보증인은 다음의 사항을 담보한다.

   (a) 만기에 소지인 또는 환어음을 회수하고 지급한 자에게 어음의 지급을 할 것,

   (b) 확정일출급의 환어음인 경우 인수거절이 있고 필요한 거절증서가 작성되면, 소지인 또는 어음을 회수하고 지급한 당사자에게 어음의 지급을 할 것.

3. 보증인은 스스로의 인적항변에 관하여는 다음의 사항을 주장할 수 있다.

   (a) 보호받는 소지인이 아닌 소지인에 대하여는 제28조의 제1항, 제3항 및 제4항의 규정에 따라 주장할 수 있는 항변,

   (b) 보호받는 소지인에 대하여는 제30조 1항의 규정에 따라 주장할 수 있는 항변.

4. 보증 받는 자가 주장할 수 있는 항변에 관하여는,

   (a) 보증인은 보호받는 소지인이 아닌 소지인에 대하여는 보증받는 자가 그 소지인에 대하여 제 28조의 제1항, 제3항 및 제4항의 규정에 따라 주장할 수 있는 항변만을 주장할 수 있고,

   (b) 보증인은 보호받는 소지인에 대하여는 "보증함", "지급을 보증함", "회수를 보증함", 또는 이와 동등한 의의가 있는 문언을 표시하고 보증을 한 경우에는, 보증받는 자가 그 보호받는 소지인에 대하여 제30조 1항의 규정에 따라 주장할 수 있는 항변만을 주장할 수 있고,

   (c) 보증인은 보호받는 소지인에 대하여는 "어음보증", "또는 "어음보증과 같음" 이라는 문언을 표시하고 보증을 한 경우에는, 다음의 항변만을 주장할 수 있다.

   (i) 보증 받는 자가 보호받는 소지인의 사기행위로 인하여 어음에 서명을 하였다고 하는 제30조 1항 b호의 규정에 의한 항변

   (ii) 어음의 인수 또는 지급을 위하여 제시되지 아니하였다는 제53조 또는 제57조의 규정에 의한 항변,

   (iii) 어음에 관하여 인수거절증서 또는 지급거절증서가 적법하게 작성되지 아니하였다는 제63조의 규정에 의한 항변,

   (iv) 보증 받는 자에 대하여 소권을 행사할 수 없다는 제84조의 규정에 의한 항변.

(d) A guarantor who is not a bank or other financial institution and who expresses his guarantee by a signature alone may set up against a protected holder only the defences referred to in subparagraph (b) of this paragraph ;

(e) A guarantor which is a bank or other financial institution and which expresses its guarantee by a signature alone may set up against a protected holder only the defences referred to in subparagraph (c) of this paragraph.

Article 48.

1. Payment of an instrument by the guarantor in accordance with article 72 discharges the party for whom he became guarantor of his liability on the instrument to the extent of the amount paid.

2. The guarantor who pays the instrument may recover from the party for whom he has become guarantor and from the parties who are liable on it to that party the amount paid and any interest.

CHAPTER V. – PRESENTMENT, DISHONOUR BY NON-ACCEPTANCE OR NON-PAYMENT, AND RECOURSE

Section 1. – Presentment for Acceptance and Dishonour by Non-Acceptance.

Article 49.

1. A bill may be presented for acceptance.

2. A bill must be presented for acceptance :
   (a) If the drawer has stipulated in the bill that it must be presented for acceptance ;
   (b) If the bill is payable at a fixed period after sight ; or
   (c) If the bill is payable elsewhere than at the residence or place of business of the drawee, unless it is payable on demand.

Article 50.

1. The drawer may stipulate in the bill that it must not be presented for acceptance before a specified date or before the occurrence of a specified event. Except where a bill must be presented for acceptance under paragraph 2 (b) or (c) or article 49, the drawer may stipulate that it must not be presented for acceptance.

2. If a bill is presented for acceptance notwithstanding a stipulation permitted under paragraph 1 of this article and acceptance is refused, the bill is not thereby dishonoured.

3. If the drawee accepts a bill notwithstanding a stipulation that it must not be presented for acceptance, the acceptance is effective.

(d) 보증인이 은행이나 기타 금융기관이 아닌 경우에는 단순한 서명만으로 보증을 표시하면, 보호받는 소지인에 대하여 본조 제b호에 규정된 항변만을 주장할 수 있다.

(e) 보증인이 은행이나 기타 금융기관인 경우에는 단순한 서명만으로 보증을 표시하면, 보호받는 소지인에 대하여 본조 제c호에 규정된 항변만을 주장할 수 있다.

제48조

1. 보증인이 제72조의 규정에 따라 어음의 지급을 한 경우에는, 보증 받는 당사자는 그 지급금액의 범위 내에서 어음상의 책임을 면한다.

2. 어음의 지급을 한 보증인은 보증 받는 당사자와 그 당사자의 어음상의 책임을 지는 당사자에 대하여 그 지급금액과 모든 이자를 청구할 수 있다.

제5장 제시, 인수거절 또는 지급거절 및 상환청구

제1절 인수제시와 인수거절

제49조

1. 환어음은 인수를 위하여 제시할 수 있다.

2. 환어음은 다음의 경우에는 인수를 위하여 제시하여야 한다.
   (a) 발행인이 인수를 위하여 어음을 제시하여야 할 것을 어음상에 기재한 경우,
   (b) 어음이 일람후 정기출급인 경우, 또는
   (c) 어음이 지급인의 주소지 또는 영업소의 소재지 이외의 장소에서 지급하여야 할 어음인 경우. 다만 그 어음이 요구출급인 경우에는 그러하지 아니하다.

제50조

1. 환어음의 발행인은 일정한 기일전이거나 일정한 사실의 발생 전에는 인수를 위한 어음의 제시를 금지하는 것을 어음상에 기재할 수 있다. 제49조의 제2항 b호 또는 c호의 규정에 의하여 인수를 위한 어음을 제시하여야 하는 경우를 제외하고, 발행인은 인수를 위한 어음의 제시를 금지하는 것을 어음상에 기재할 수 있다.

2. 본조 제1항의 규정에 의하여 인정되는 기재를 위반하여 인수를 위한 어음의 제시가 있는 경우에는, 인수가 거절되어도 어음은 인수거절로 되지 아니한다.

3. 지급인이 인수를 위한 어음의 제시를 금지하는 것의 기재에도 불구하고 환어음을 인수한 경우에는, 그 인수는 효력을 갖는다.

Article 51.

A bill is duly presented for acceptance if it is presented in accordance with the following rules :

(a) The holder must present the bill to the drawee on a business day at a reasonable hour ;

(b) Presentment for acceptance may be made to a person or authority other than the drawee if that person or authority is entitled under the applicable law to accept the bill ;

(c) If a bill is payable on a fixed date, presentment for acceptance must be made before or on that date ;

(d) A bill payable on demand or at a fixed period after sight must be presented for acceptance within one year of its date ;

(e) A bill in which the drawer has stated a date or time-limit for presentment for acceptance must be presented on the stated date or within the stated time-limit.

Article 52.

1. A necessary or optional presentment for acceptance is dispensed with if :

(a) The drawee is dead, or no longer has the power freely to deal with his assets by reason of his insolvency, or is a fictitious person, or is a person not having capacity to incur liability on the instrument as an acceptor ; or

(b) The drawee is a corporation, partnership, association or other legal entity which has ceased to exit.

2. A necessary presentment for acceptance is dispensed with if :

(a) A bill is payable on a fixed date, and presentment for acceptance cannot be effected before or on that date due to circumstances which are beyond the control of the holder and which he could neither avoid nor overcome ; or

(b) A bill is payable at a fixed period after sight, and presentment for acceptance cannot be effected within one year of its date due to circumstances which are beyond the control of the holder and which he could neither avoid nor overcome.

3. Subject to paragraphs 1 and 2 of this article, delay in a necessary presentment for acceptance is excused, but presentment for acceptance is not dispensed with, if the bill is drawn with a stipulation that it must be presented for acceptance within a stated time-limit, and the delay in presentment for acceptance is caused by circumstances which are beyond the control of the holder and which he could neither avoid nor overcome. When the cause of the delay ceases to operate, presentment must be made with reasonable diligence.

Article 53.

1. If a bill which must be presented for acceptance is not so presented, the drawer, the endorsers and their guarantors are not liable on the bill.

2. Failure to present a bill for acceptance does not discharge the guarantor of the drawee of liability on the bill.

제51조

다음의 각 호에 규정된 바에 따라 어음의 제시가 있는 경우에는, 인수를 위한 어음의 제시를 적법하게 한 것으로 본다.

 (a) 소지인은 지급인에 대하여 거래일의 상당한 시간 내에 어음을 제시하여야 한다.

 (b) 인수를 위한 어음의 제시는 지급인 이외의 자 또는 기관이 준거법에 의하여 어음의 인수를 할 권한이 있는 경우에는, 그 자 또는 기관에 대하여 할 수 있다.

 (c) 환어음이 확정일출급인 경우에는, 인수를 위한 어음의 제시는 그 확정일의 이전 또는 당일에 한하여 한다.

 (d) 요구출급 또는 일람후 정기출급의 환어음의 경우에는, 그 일자로부터 1년 내에 인수를 위하여 이를 제시하여야 한다.

 (e) 발행인이 인수를 위한 어음의 제시의 기일 또는 기한을 정한 환어음인 경우에는, 그 기일 또는 기한 내에 이를 제시하여야 한다.

제52조

1. 인수를 위하여 하는 어음의 필수적 또는 임의적 제시는 다음의 경우에는 면제된다.

 (a) 지급인이 사망하였거나, 지급불능으로 인하여 자신의 재산을 자유로이 처분할 권한을 상실하였거나, 가설인이거나 또는 인수인으로서 어음상의 책임을 부담할 능력이 없는 경우, 또는

 (b) 지급인이 회사, 조합, 사단, 또는 기타 법률상의 주체로서 소멸한 경우.

2. 인수를 위하여 하는 어음의 필수적 제시는 다음의 경우에는 면제된다.

 (a) 확정일출급의 환어음으로서 소지인이 통제할 수 없고, 회피하거나 또는 극복할 수 없는 사정으로 인하여 확정일 이전 또는 당일에 인수를 위한 어음의 제시를 할 수 없는 경우, 또는

 (b) 일람후 정기출급의 환어음으로서 소지인이 통제할 수 없고, 회피하거나 또는 극복할 수 없는 사정으로 인하여 1년 내에 인수를 위한 어음의 제시를 할 수 없는 경우.

3. 본조 제1항 및 제2항의 규정에 의하여, 인수를 위한 필수적 제시의 지체는 면책된다. 그러나 일정한 기한 내에 인수를 위한 어음의 제시를 하여야 한다는 것의 기재가 있는 환어음이 발행된 경우로서, 인수를 위한 어음의 제시의 지체가 소지인이 통제할 수 없고, 회피하거나 또는 극복할 수 없는 사정으로 인하여 발생된 경우에는 인수를 위한 어음의 제시는 면제되지 아니한다. 그 지체의 원인이 소멸한 경우에는, 상당한 노력을 다하여 인수를 위한 어음의 제시를 하여야 한다.

제53조

1. 인수를 위한 어음의 제시가 있어야 할 환어음에 관하여 그 인수가 없는 경우에는, 발행인, 배서인 및 그 보증인은 어음상의 책임을 지지 아니한다.

2. 인수를 위하여 환어음을 제시하지 아니하여도, 지급인의 보증인은 어음상의 책임을 면하지 못한다.

Article 54.

1. A bill is considered to be dishonoured by non-acceptance :

   (a) If the drawee, upon due presentment, expressly refuses to accept the bill or acceptance cannot be obtained with reasonable diligence or if the holder can not obtain the acceptance to which he is entitled under this Convention ;

   (b) If presentment for acceptance is dispensed with pursuant to article 52, unless the bill is in fact accepted.

2. (a) If a bill is dishonoured by non-acceptance in accordance with paragraph 1(a) of this article, the holder may exercise an immediate right of recourse against the drawer, the endorsers and their guarantors, subject to the provisions of article 59.

   (b) If a bill is dishonoured by non-acceptance in accordance with paragraph 1 (b) of this article, the holder may exercise an immediate right of recourse against the drawer, the endorsers and their guarantors.

   (c) If a bill is dishonoured by non-acceptance in accordance with paragraph 1 of this article, the holder may claim payment from the guarantor of the drawee upon any necessary protest.

3. If a bill payable on demand is presented for acceptance, but acceptance is refused, it is not considered to be dishonoured by non-acceptance.

Section 2 - Presentment for payment and dishonour by non-payment

Article 55.

An instrument is duly presented for payment if it is presented in accordance with the following rules :

   (a) The holder must present the instrument to the drawee or to the acceptor or to the maker on a business day at a reasonable hour ;

   (b) A note signed by two or more makers may be presented to any one of them, unless the note clearly indicates otherwise ;

   (c) If the drawee or the acceptor or the maker is dead, presentment must be made to the persons who under the applicable law are his heirs or the persons entitled to administer his estate ;

   (d) Presentment for payment may be made to a person or authority other than the drawee, the acceptor or the maker if that person or authority is entitled under the applicable law to pay the instrument ;

   (e) An instrument which is not payable on demand must be presented for payment on the date of maturity or on one of the two business days which follow ;

   (f) An instrument which is payable on demand must be presented for payment within one year of its date ;

   (g) An instrument must be presented for payment :

   (i) At the place of payment specified on the instrument ;

제54조

1. 환어음은 다음의 경우에는 인수거절이 있는 것으로 본다.

   (a) 지급인이 적법한 어음의 제시에 대하여 어음의 인수를 명시적으로 거절하거나, 상당한 노력에도 불구하고 인수를 얻지 못하거나, 또는 소지인이 이 협약의 규정에 의하여 얻을 수 있는 인수를 얻지 못한 경우,

   (b) 제52조의 규정에 의하여 인수를 위한 어음의 제시를 요하지 아니하는 경우. 다만 환어음이 사실상 인수된 경우에는 그러하지 아니하다.

2. (a) 환어음이 본조 제1항 a호의 규정에 따라 인수 거절된 경우에는, 소지인은 제59조의 규정에 의하여 환어음의 발행인, 배서인 및 그 보증인에 대하여 즉시 상환청구권을 행사할 수 있다.

   (b) 환어음이 본조 제1항 b호의 규정에 따라 인수 거절된 경우에는, 소지인은 환어음의 발행인, 배서인 및 그 보증에 대하여 즉시 상환청구권을 행사할 수 있다.

   (c) 환어음이 본조 제1항의 규정에 따라 인수 거절된 경우에는, 소지인은 필요한 거절증서를 작성하여 지급인의 보증인에 대하여 지급을 청구할 수 있다.

3. 요구출급의 환어음의 인수를 위한 어음의 제시에 대하여 인수가 거절된 경우에는, 인수거절이 있는 것으로 보지 아니한다.

제2절 지급제시와 지급거절

제55조

다음의 각호에 규정된 바에 따라 어음의 제시가 있는 경우에는, 지급을 위한 어음의 제시를 적법하게 한 것으로 본다.

   (a) 소지인은 지급인, 인수인 또는 약속어음의 발행인에 대하여 거래일의 상당한 시간 내에 어음을 제시하여야 한다.

   (b) 2인 이상의 발행인이 서명한 약속어음은 그 누구에 대하여도 제시할 수 있다. 다만 그 어음에 다른 취지가 명시되어 있는 경우에는 그러하지 아니하다.

   (c) 지급인, 인수인 또는 약속어음의 발행인이 사망한 경우에는, 지급을 위한 어음의 제시는 준거법에 의하여 그 자의 상속인 또는 유산관리인에 대하여 하여야 한다.

   (d) 지급을 위한 어음의 제시는 지급인, 인수인 또는 약속어음의 발행인 이외의 자 또는 기관이 준거법에 의하여 어음의 지급을 할 권한이 있는 경우에는, 그 자 또는 기관에 대하여 할 수 있다.

   (e) 요구출급의 어음이 아닌 경우에는, 지급을 위한 어음의 제시는 만기일 또는 이에 이은 제2거래일내에 하여야 한다.

   (f) 요구출급의 어음인 경우에는, 그 일자로부터 1년 내에 지급을 위하여 이를 제시하여야 한다.

   (g) 어음은 다음의 어느 장소에서 지급을 위하여 제시하여야 한다.

   (ⅰ) 어음에 기재된 지급지,

(ii) If no place of payment is specified, at the address of the drawee or the acceptor or the maker indicated in the instrument ; or

(iii) If no place of payment is specified and the address of the drawee or the acceptor or the maker is not indicated, at the principal place of business or habitual residence of the drawee or the acceptor or the maker ;

(h) An instrument which presented at a clearing-house is duly presented for payment if the law of the place where the clearing-house is located or the rules or customs of that clearing-house so provide.

Article 56.

1. Delay in making presentment for payment is excused if the delay is caused by circumstances which are beyond the control of the holder and which he could neither avoid nor overcome. When the cause of the delay ceases to operate, presentment must be made with reasonable diligence.

2. Presentment for payment is dispensed with :

   (a) If the drawer, an endorser or a guarantor has expressly waived presentment ; such waver :

   (i) If made on the instrument by the drawer, binds any subsequent party and benefits any holder ;

   (ii) If made on the instrument by a party other than the drawer, binds only that party but benefits any holder ;

   (iii) If made outside the instrument, binds only the party making it and benefits only a holder in whose favour it was made ;

   (b) If an instrument is not payable on demand, and the cause of delay in making presentment referred to in paragraph 1 of this article continues to operate beyond thirty days maturity ;

   (c) If an instrument is payable on demand, and the cause of delay in making presentment referred to in paragraph 1 of this article continues to operate beyond thirty days after the expiration of the time-limit for presentment for payment ;

   (d) If the drawee, the maker or the acceptor has no longer the power freely to deal with his assets by reason of his insolvency, or is a fictitious person or a person not having capacity to make payment, or if the drawee, the maker or the acceptor is a corporation, partnership, association or other legal entity which has ceased to exist ;

   (e) If there is no place at which the instrument must be presented in accordance with subparagraph (g) of article 55.

3. Presentment for payment is also dispensed with as regards a bill, if the bill has been protested for dishonour by non-acceptance.

Article 57.

1. If an instrument is not duly presented for payment, the drawer, the endorsers and their guarantors are not liable on it.

(ii) 어음에 지급지의 기재가 없는 경우에는, 어음상에 표시되어 있는 지급인, 인수인 또는 약속어음의 발행인 주소지, 또는

(iii) 어음에 지급지의 기재가 없고 또 지급인, 인수인 또는 약속어음의 발행인의 주소지도 표시되어 있지 아니한 경우에는, 지급인, 인수인 또는 약속어음의 발행인의 주된 영업소의 소재지 또는 일상의 거주지.

(h) 어음교환소에 제시된 어음은 어음교환소가 소재하는 장소의 법률 또는 어음교환소의 규칙 또는 관습이 어음교환소에서의 어음의 제시를 지급을 위한 적법한 제시로 하고 있는 경우에는, 지급을 위한 적법한 어음의 제시가 있는 것으로 한다.

제56조

1. 지급을 위하여 하는 어음의 제시의 지체는 그 지체가 소지인이 통제할 수 없고, 회피하거나 또는 극복할 수 없는 사정으로 인하여 발생된 경우에는 면책된다. 지체의 원인이 소멸한 경우에는, 상당한 노력을 다하여 지급을 위한 어음의 제시를 하여야 한다.

2. 지급을 위한 어음의 제시는 다음의 경우에는 면제된다.

(a) 환어음의 발행인, 배서인 또는 보증인이 명시적으로 어음의 제시를 면제한 경우. 다만 그 면제는 다음과 같은 효력을 갖는다.

(i) 환어음의 발행인에 의하여 어음에 기재된 경우에는, 이후의 모든 당사자를 구속하고 모든 소지인의 이익을 위하여 효력이 있고,

(ii) 환어음의 발행인 이외의 당사자에 의하여 어음에 기재된 경우에는, 그 당사자만을 구속하고 모든 소지인의 이익을 위하여 효력이 있고,

(iii) 어음 외에서 행하여진 경우에는, 그 면제를 한 당사자만을 구속하고 그 대상인 소지인의 이익을 위하며 효력이 있다.

(b) 요구출급의 어음이 아닌 경우에는, 본조 제1항의 규정에서 정한 제시의 지체의 원인이 만기 후 30일을 경과하고도 계속된 경우,

(c) 일람출급의 어음인 경우에는, 본조 제1항의 규정에서 정한 제시의 지체의 원인이 지급을 위한 제시 기한의 경과 후 30일을 경과하고도 계속된 경우,

(d) 환어음의 지급인, 인수인 또는 약속어음의 발행인이 지급불능으로 인하여 자신의 재산을 자유로이 처분할 권한을 상실하였거나, 가설인이거나, 지급할 능력이 없거나, 이들이 회사, 조합, 사단 또는 기타 법률상의 주체로서 소멸한 경우,

(e) 제55조 g호의 규정에 따라 지급을 위한 어음의 제시를 하여야 할 장소가 없는 경우.

3. 지급을 위한 어음의 제시는 인수거절로 인하여 거절증서가 작성된 환어음에 관하여도 면제된다.

제57조

1. 어음이 지급을 위하여 적법하게 제시되지 아니한 경우에는, 환어음의 발행인, 배서인 및 그 보증인은 어음상의 책임을 지지 아니한다.

2. Failure to present an instrument for payment does not discharge the acceptor, the maker and their guarantors or the guarantor of the drawee of liability on it.

Article 58.

1. An instrument is considered to be dishonoured by non-payment :

    (a) If payment is refused upon due presentment or if the holder cannot obtain the payment to which he is entitled under this Convention ;

    (b) If presentment for payment is dispensed with pursuant to paragraph 2 of article 56 and the instrument is unpaid at maturity.

2. If a bill is dishonoured by non-payment, the holder may, subject to the provisions of article 59, exercise a right of recourse against the drawer, the endorsers and their guarantors.

3. If a note is dishonoured by non-payment, the holder may, subject to the provisions of article 59, exercise a right of recourse against the endorsers and their guarantors.

Section 3. - Recourse

Article 59.

If an instrument is dishonoured by non-acceptance or by nonpayment, the holder may exercise a right of recourse only after the instrument has been duly protested for dishonour in accordance with the provisions of articles 60 to 62.

A. - Protest

Article 60.

1. A protest is a statement of dishonour drawn up at the place where the instrument has been dishonoured and signed and dated by a person authorized in that respect by the law of that place. The statement must specify :

    (a) The person at whose request the instrument is protested ;

    (b) The place of protest ;

    (c) The demand made and the answer given, if any, or the fact that the drawee or the acceptor or the maker could not be found.

2. A protest may be made :

    (a) On the instrument or on a slip affixed thereto ("allonge") ; or

    (b) As a separate document, in which case it must clearly identify the instrument that has been dishonoured.

3. Unless the instrument stipulates that protest must be made, a protest may be replaced by a declaration written on the instrument and signed and dated by the drawee or the acceptor or the maker, or, in the case of an

2. 지급을 위한 어음의 제시가 없는 경우에도, 인수인, 약속어음의 발행인 및 그 보증인 또는 지급인의 보증인은 그 어음상의 책임을 면하지 못한다.

제58조

1. 어음은 다음의 경우에는 지급거절이 있는 것으로 본다.
   (a) 적법한 어음의 제시에 대하여 지급이 거절되거나, 또는 소지인이 이 협약의 규정에 의하여 얻을 수 있는 지급을 얻지 못한 경우,
   (b) 제56조 2항의 규정에 의하여 지급을 위한 어음의 제시를 요하지 아니하는 어음이 만기에 지급되지 아니한 경우.
2. 환어음이 지급거절된 경우에는, 소지인은 제59조의 규정에 의하여 발행인, 배서인 및 그 보증인에 대하여 상환청구권을 행사할 수 있다.
3. 약속어음이 지급 거절된 경우에는, 소지인은 제59조의 규정에 의하여 배서인 및 보증인에 대하여 상환청구권을 행사할 수 있다.

제3절 상환청구

제59조

어음이 인수거절 또는 지급 거절된 경우에는, 소지인은 제60조 내지 제62조의 규정에 의하여 적법하게 거절증서 작성된 경우에 한하여 상환청구권을 행사할 수 있다.

A. 거절증서

제60조

1. 거절증서라 함은 어음에 관하여 인수거절 또는 지급거절이 있는 장소에서 작성된 거절을 표시하는 문서로서, 그 장소의 법률에 의하여 거절의 증명에 관하여 권한이 있는 자에 의하여 서명되고 일자의 기재가 있는 증서를 말한다. 거절증서에는 다음의 사항을 명시하여야 한다.
   (a) 거절증서의 작성을 청구한 자,
   (b) 거절증서의 작성지,
   (c) 청구의 내용, 회답이 있으면 그 회답의 내용, 또는 지급인, 인수인 또는 약속어음의 발행인의 소재가 불명인 사실.
2. 거절증서는 다음의 어느 방법으로 작성할 수 있다.
   (a) 어음이나 또는 이에 결합한 지편(부전)에 기재하여 작성하는 방법, 또는
   (b) 별도의 서면에 기재하여 작성하는 방법. 이 경우에는 거절된 어음을 명시하여야 한다.
3. 어음에 거절증서의 작성을 요한다는 것의 기재가 없는 한, 거절증서는 지급인, 인수인 또는 약속어음

instrument domiciled with a named person for payment, by that named person ; the declaration must be to the effect that acceptance or payment is refused.

4. A declaration made in accordance with paragraph 3 of this article is a protest for the purpose of this Convention.

Article 61.

Protest for dishonour of an instrument by non-acceptance or by non-payment must be made on the day on which the instrument is dishonoured or on one of the four business days which follow.

Article 62.

1. Delay in protesting an instrument for dishonour is excused if the delay is caused by circumstances which are beyond the control of the holder and which he could neither avoid nor overcome. When the cause of the delay ceases to operate, protest must be made with reasonable diligence.

2. Protest for dishonour by non-acceptance or by non-payment is dispensed with :
    (a) If the drawer, an endorser or a guarantor has expressly waived protest ; such waiver :
        (i) If made on the instrument by the drawer, binds any subsequent party and benefits any holder ;
        (ii) If made on the instrument by a party other than the drawer, binds only that party but benefits any holder ;
        (iii) If made outside the instrument, binds only the party making it and benefits only a holder in whose favour it was made ;
    (b) If the cause of the delay in making protest referred to in paragraph 1 of this article continues to operate beyond thirty days after the date of dishonour ;
    (c) As regards the drawer of a bill, if the drawer and the drawee or the acceptor are the same person ;
    (d) If presentment for acceptance or for payment is dispensed with in accordance with article 52 or paragraph 2 of article 56.

Article 63.

1. If an instrument which must be protested for non-acceptance or for non-payment is not duly protested, the drawer, the endorsers and their guarantors are not liable on it.

2. Failure to protest an instrument does not discharge the acceptor, the maker and their guarantors or the guarantor of the drawee of liability on it.

의 발행인에 의하거나, 또는 제3자방지급의 어음의 경우에는 제3자에 의한 일자가 기재되고 서명된 선언으로 이에 갈음할 수 있다. 그 선언은 인수 또는 지급이 거절되었다는 취지이어야 한다.

4. 본조 제3항에 따라 한 선언은 이 협약의 적용에 있어서 거절증서로 본다.

제61조

어음의 인수거절증서 또는 지급거절증서는 어음에 관하여 인수거절 또는 지급거절이 있은 날 또는 이에 이은 제4거래일내에 작성하여야 한다.

제62조

1. 거절증서의 작성의 지체는 소지인이 통제할 수 없고, 회피하거나 또는 극복할 수 없는 사정으로 인하여 발생된 경우에는 면책된다. 지체의 원인이 소멸한 경우에는, 상당한 노력을 다하여 거절증서를 작성하여야 한다.

2. 인수거절증서 또는 지급거절증서의 작성은 다음의 경우에는 면제된다.
   (a) 환어음의 발행인, 배서인 또는 보증인이 명시적으로 거절증서의 작성을 면제한 경우. 다만 그 면제는 다음과 같은 효력을 갖는다.
      (i) 환어음의 발행인에 의하여 어음에 기재된 경우에는, 이후의 모든 당사자를 구속하고 모든 소지인의 이익을 위하여 효력이 있고,
      (ii) 환어음의 발행인 이외의 당사자에 의하여 어음에 기재된 경우에는, 그 당사자만을 구속하고 모든 소지인의 이익을 위하여 효력이 있고,
      (iii) 어음 외에서 행하여진 경우에는, 그 면제를 한 당사자만을 구속하고 그 대상인 소지인의 이익을 위하여만 효력이 있다.
   (b) 본조 제1항의 규정에서 정한 거절증서의 작성의 지체의 원인이 거절된 날로부터 30일을 경과하고도 계속된 경우,
   (c) 환어음의 발행인에 관하여 그 발행인이 지급인이나 인수인과 동일인인 경우,
   (d) 인수 또는 지급을 위한 어음의 제시가 제52조 또는 제56조 2항의 규정에 따라 면제된 경우.

제63조

1. 인수거절증서 또는 지급거절증서의 작성을 요구하는 어음에 관하여 그 적법한 작성이 없는 경우에는, 환어음의 발행인, 배서인 및 그 보증인은 어음상의 책임을 지지 아니한다.

2. 인수거절증서 또는 지급거절증서의 작성이 없는 경우에도, 인수인, 약속어음의 발행인과 그 보증인 또는 지급인의 보증인은 어음상의 책임을 면하지 못한다.

B. – Notice of dishonour

Article 64.

1. The holder, upon dishonour of an instrument by non-acceptance or by non-payment, must give notice of such dishonour :

    (a) To the drawer and the last endorser ;

    (b) To all other endorsers and guarantors whose addresses the holder can ascertain on the basis of information contained in the instrument.

2. An endorser or a guarantor who receives notice must give notice of dishonour to the last party preceding him and liable on the instrument.

3. Notice of dishonour operates for the benefit of any party who has a right of recourse on the instrument against the party notified.

Article 65.

1. Notice dishonour may be given in any form whatever and in any terms which identify the instrument and state that it has been dishonoured. The return of the dishonoured instrument is sufficient notice, provided it is accompanied by a statement indicating that it has been dishonoured.

2. Notice of dishonour is duly given if it is communicated or sent to the party to be notified by means appropriate in the circumstances, whether or not it is received by that party.

3. The burden of proving that notice has been duly given rests upon the person who is required to give such notice.

Article 66.

Notice of dishonour must be given within the two business days which follow :

(a) The day of protest or, if protest is dispensed with, the day of dishonour ; or

(b) The day of receipt of notice of dishonour.

Article 67.

1. Delay in giving notice of dishonour is excused if the delay is caused by circumstances which are beyond the control of the person required to give notice, and which he could neither avoid nor overcome. When the cause of the delay ceases to operate, notice must be given with reasonable diligence.

2. Notice of dishonour is dispensed with :

    (a) If, after the exercise of reasonable diligence, notice cannot be given ;

    (b) If the drawer, an endorser or a guarantor has expressly waived notice of dishonour ; such waiver :

    (i) If made on the instrument by the drawer, binds any subsequent party and benefits any holder ;

B. 거절의 통지

제64조

1. 소지인은 어음의 인수거절 또는 지급거절이 있는 경우에는, 다음 각 호의 자에 대하여 거절의 통지를 하여야 한다.
   (a) 환어음의 발행인 및 어음의 최후의 배서인,
   (b) 소지인이 어음에 기재된 내용을 기초로 하여 그 주소지를 확인할 수 있는 기타의 모든 배서인 및 보증인.
2. 통지를 받은 배서인 또는 보증인은 그 이전의 최후의 당사자로서 어음상의 책임을 지는 자에 대하여 거절의 통지를 하여야 한다.
3. 거절의 통지는 이를 받은 당사자에 대하여 어음상의 상환청구권을 갖는 모든 당사자의 이익을 위하여 효력이 생긴다.

제65조

1. 거절의 통지는 어떠한 방법에 의하여도 할 수 있으며, 또 어음을 특정하여 그 어음에 관하여 거절이 있었음을 표시하는 어떠한 문언에 의하여도 할 수 있다. 거절된 어음의 반환은 거절되었음을 명시하는 증서를 첨부하는 한, 충분한 통지가 된다.
2. 거절의 통지는 통지의 상대방인 당사자에 의한 수령의 여부를 불문하고, 이를 하게 된 사정에 비추어 볼 때 적절한 방법으로 그 당사자에게 통고되거나 송부된 경우에는 적법하게 행한 것으로 본다.
3. 통지를 적법하게 행한 것의 입증책임은 통지를 하여야 할 자가 부담한다.

제66조

거절의 통지는 다음의 일자에 이은 제2거래일내에 이를 하여야 한다.
   (a) 거절증서의 작성일 또는 거절증서의 작성을 요하지 아니한 경우에는 거절이 있은 날, 또는
   (b) 거절의 통지를 수령한 날.

제67조

1. 거절통지의 지체는 통지를 하여야 할 자가 통제할 수 없고, 회피하거나 또는 극복할 수 없는 사정으로 인하여 발생된 경우에는 면책된다.
   지체의 원인이 소멸한 경우에는, 상당한 노력을 다하여 통지를 하여야 한다.
2. 거절의 통지는 다음의 경우에는 면제된다.
   (a) 상당한 노력을 다하였음에도 통지를 할 수 없는 경우,
   (b) 환어음의 발행인, 배서인 또는 보증인이 명시적으로 거절의 통지를 면제한 경우. 다만 그 면제는 다음과 같은 효력을 갖는다.
   (i) 환어음의 발행인에 의하여 어음에 기재된 경우에는, 이후의 모든 당사자를 구속하고 모든 소지

(ⅱ) If made on the instrument by a party other than the drawer, binds only that party but benefits any holder ;

(ⅲ) If made outside the instrument, binds only the party making it and benefits only a holder in whose favour it was made ;

(c) As regards the drawer of the bill, if the drawer and the drawee or the acceptor are the same person.

Article 68.

If a person who is required to give notice of dishonour fails to give it to a party who is entitled to receive it, he is liable for any damages which that party may suffer from such failure, provided that such damages do not exceed the amount referred to in article 70 or article 71.

Section 4. - Amount Payable

Article 69.

1. The holder may exercise his rights on the instrument against any one party, or several or all parties, liable on it and is not obliged to observe the order in which the parties have become bound. Any party who takes up and pays the instrument may exercise his rights in the same manner against parties liable to him.

2. Proceedings against a party do not preclude proceeding against any other party, whether or not subsequent to the party originally proceeded against.

Article 70.

1. The holder may recover from any party liable :

   (a) At maturity : the amount of the instrument with interest, if interest has been stipulated for ;

   (b) After maturity :

   (ⅰ) The amount of the instrument with interest, if interest, has been stipulated for, to the date of maturity ;

   (ⅱ) If interest has been stipulated to be paid after maturity, interest at the rate stipulated, or, in the absence of such stipulation, interest at the rate specified in paragraph 2 of this article, calculated from the date of presentment on the sum specified in subparagraph (b)(ⅰ) of this paragraph ;

   (ⅲ) Any expenses of protest and of the notices given by him ;

   (c) Before maturity :

   (ⅰ) The amount of the instrument with interest, if interest has been stipulated for, to the date of payment ; or, if no interest has been stipulated for, subject to a discount form the date of payment to the date of maturity, calculated in accordance with paragraph 4 of this article ;

   (ⅱ) Any expenses of protest and of the notices given by him.

인의 이익을 위하여 효력이 있고,

(ⅱ) 환어음의 발행인 이외의 당사자에 의하여 어음에 기재된 경우에는, 그 당사자만을 구속하고 모든 소지인의 이익을 위하여 효력이 있고,

(ⅲ) 어음 외에서 행하여진 경우에는, 그 면제를 한 당사자만을 구속하고 그 대상인 소지인의 이익을 위하여만 효력이 있다.

(c) 환어음의 발행인에 관하여 그 발행인이 지급인이나 인수인과 동일인인 경우,

제68조

거절의 통지를 하여야 할 자가 통지를 하지 아니한 경우에는, 그 자는 통지를 받을 권리를 갖는 당사자가 통지가 없음으로 인하여 입은 손해를 배상할 책임을 진다. 다만 그 손해배상액은 제70조 또는 제71조에 규정된 금액을 초과할 수 없다.

제4절 지급금액

제69조

1. 소지인은 어음상의 책임을 지는 당사자 1인, 수인 또는 전원에 대하여 그 채무부담의 순서를 준수하지 아니하고 어음상의 권리를 행사할 수 있다. 어음을 회수하고 지급한 당사자도 그 책임을 지는 당사자에 대하여는 이와 동일한 방식으로 어음상의 권리를 행사할 수 있다.

2. 당사자의 1인에 대한 청구절차는 다른 당사자에 대한 청구절차에 영향을 미치지 아니한다. 이미 청구를 받은 당사자의 후자에 대한 청구도 같다.

제70조

1. 소지인은 책임을 지는 당사자에 대하여 다음과 같은 금액의 지급을 청구할 수 있다.

    (a) 만기에서는, 어음금액 및 이자의 기재가 있으면 그 이자.

    (b) 만기 후에는,

    (ⅰ) 어음금액 및 이자의 기재가 있으면 만기일까지의 이자,

    (ⅱ) 만기 후의 이자의 약정이 있으면 제b호 ⅰ목의 금액에 대한 제시일로부터 기재된 이율에 의한 이자, 또는 이율의 기재가 없으면 본조의 제2항에서 정하는 이율에 의한 이자,

    (ⅲ) 거절증서의 비용 및 자신이 한 통지의 비용.

    (c) 만기 전에는,

    (ⅰ) 어음금액 및 이자의 기재가 있으면 지급일까지의 이자, 또는 이자의 기재가 없으면 지급일로부터 만기일까지의 본조 제4항의 규정에 따라 계산된 할인에 의하여 차감한 어음금액,

    (ⅱ) 거절증서의 비용 및 자신이 한 통지의 비용.

2. The rate of interest shall be the rate that would be recoverable in legal proceedings taken in the jurisdiction where the instrument is payable.

3. Nothing in paragraph 2 of this article prevents a court form awarding damages or compensation for additional loss caused to the holder by reason of delay in payment.

4. The discount shall be at the official rate (discount rate) or other similar appropriate rate effective on the date when recourse is exercised at the place where the holder has his principal place of business, or, if he does not have a place of business, his habitual residence, or, if there is no such rate, then at such rate as is reasonable in the circumstances.

Article 71.

A party who pays an instrument and is thereby discharged in whole or in part of is liability on the instrument may recover form the parties liable to him :

(a) The entire sum which he has paid ;

(b) Interest on that sum at the rate specified in paragraph 2 of article 70, from the date on which he made payment ;

(c) Any expenses of the notices given by him.

CHAPTER VI. – DISCHARGE

Section 1. – Discharge by Payment

Article 72.

1. A party is discharged of liability on the instrument when he pays the holder, or a party subsequent to himself who has paid the instrument and is in possession of it, the amount due pursuant to article 70 or article 71 :

(a) At or after maturity ; or

(b) Before maturity, upon dishonour by non-acceptance.

2. Payment before maturity other than under paragraph 1 (b) of this article does not discharge the party making the payment of his liability on the instrument except in respect of the person to whom payment was made.

3. A party is not discharged of liability if he pays a holder who is not a protected holder, or a party who has taken up and paid the instrument, and knows at the time of payment that the holder or that party acquired the instrument by theft or forged the signature of the payee or an endorsee, or participated in the theft or the forgery.

4. (a) A person receiving payment of an instrument must, unless agreed otherwise, deliver :

(i) To the drawee making such payment, the instrument ;

(ii) To any other person making such payment, the instrument, a receipted account, and any protest.

2. 이율은 어음이 지급될 장소를 관할하는 법적 절차에 의하여 청구할 수 있는 이율로 한다.

3. 본조 제2항의 규정은 법원이 지급의 지체로 인하여 소지인에게 발생된 그 이상의 손해배상액 또는 보상액을 판결하는 것에 영향을 미치지 아니한다.

4. 할인은 소지인의 주된 영업소 또는 소지인에게 영업소가 없는 경우에는 그 일상의 거주지에서 상환청구권을 행사하는 날의 공정이율(할인률) 또는 기타 이와 동등한 적절한 이율에 의하거나, 또는 그러한 이율이 없는 경우에는 사정에 비추어 볼 때 상당한 이율에 의하는 것으로 한다.

제71조

어음의 지급에 의하여 어음상의 자신의 책임의 전부 또는 일부를 면하는 당사자는 자신에게 책임을 지는 당사자에 대하여 다음과 같은 금액의 지급을 청구할 수 있다.

(a) 지급한 총금액,

(b) 본조 제a호의 금액에 대한 제70조 2항에 규정된 이율에 의한 지급일까지의 이자,

(c) 자신이 한 통지의 비용.

제6장 면책

제1절 지급에 의한 면책

제72조

1. 당사자는 소지인 또는 어음의 지급을 하여 그 어음을 점유하고 있는 자신의 이후의 당사자에 대하여 다음의 시기에 제70조 또는 제71조에 따라 지급할 금액을 지급한 경우에는, 어음상의 책임을 면한다.

   (a) 만기 또는 만기 후, 또는

   (b) 인수거절이 있는 경우 만기 전.

2. 당사자는 본조 제1항 b호의 규정에 의한 경우 이외에 만기 전에 지급을 하더라도, 지급을 하더라도, 지급을 한 상대방 이외의 자에 관한 어음상의 책임을 면하지 못한다.

3. 당사자는 보호받는 소지인이 아닌 소지인 또는 어음을 회수하고 지급한 당사자에게 지급한 경우로서, 지급을 할 때에 소지인 또는 그 당사자가 절취로 인하여 어음을 취득하고 수취인 또는 피배서인의 서명을 위조하거나 그 절취 또는 사기에 관여한 사실을 알고 있으면 책임을 면하지 못한다.

4. (a) 어음의 지급을 받은 자는 별도의 합의가 없는 한, 다음의 구분에 따라 정한 것을 교부하여야 한다.

   (ⅰ) 지급을 한 지급인에 대하여는 어음,

   (ⅱ) 지급인 이외의 자가 지급을 한 경우 그 자에 대하여는 어음, 수령을 증명하는 기재가 있는 계산서 및 거절증서.

    (b)   In the case of an instrument payable by instalments at successive dates, the drawee or a party making a payment, other than payment of the last instalment, may require that mention of such payment be made on the instrument or on a slip affixed thereto ("allonge") and that a receipt therefor be given to him.

    (c)   If an instrument payable by instalments at successive dates is dishonoured by non-acceptance or by non-payment as to any of its instalments and a party, upon dishonour, pays the instalment, the holder who receives such payment must give the party a certified copy of the instrument and any necessary authenticated protest in order to enable such party to exercise a right on the instrument.

    (d)   The person from whom payment is demanded may withhold payment if the person demanding payment does not deliver the instrument to him. Withholding payment in these circumstances does not constitute dishonour by nonpayment under article 58.

    (e)   If payment is made but the person paying, other than the drawee, fails to obtain the instrument, such person is discharged but the discharge cannot be set up as a defence against a protected holder to whom the instrument has been subsequently transferred.

Article 73.

1.   The holder is not obliged to take partial payment.

2.   If the holder who is offered partial payment does not take it, the instrument is dishonoured by non-payment.

3.   If the holder takes partial payment from the drawee, the guarantor of the drawee, or the acceptor or the maker :

    (a)   The guarantor of the drawee, or the acceptor or the maker is discharged of his liability on the instrument to the extent of the amount paid ;

    (b)   The instrument is to be considered as dishonoured by non-payment as to the amount unpaid.

4.   If the holder takes partial payment from a party to the instrument other than the acceptor, the maker or the guarantor of the drawee :

    (a)   The party making payment is discharged of his liability on the instrument to the extent of the amount paid ;

    (b)   The holder must give such party a certified copy of the instrument and any necessary authenticated protest in order to enable such party to exercise a right on the instrument.

5.   The drawee or a party making partial payment may require that mention of such payment be made on the instrument and that a receipt therefore be given to him.

6.   If the balance is paid, the person who receives it and who is in possession of the instrument must deliver to the payor the receipted instrument and any authenticated protest.

Article 74.

1.   The holder may refuse to take payment at a place other than the place where the instrument was presented for

   (b)   계속되는 일자에 분할로 지급할 어음의 경우에는, 최후의 분할지급금의 지급 이외의 지급을 한 지급인 또는 당사자는 그 지급이 있었다는 것을 어음 또는 이와 결합한 지편(보전)에 기재할 것과 수령증을 교부할 것을 청구할 수 있다.

   (c)   계속되는 일자에 분할로 지급할 어음에 있어서 그 분할지급금의 어느 부분에 대한 인수거절 또는 지급거절이 있고 당사자가 그 거절로 인하여 어음의 지급을 한 경우에는, 지급을 받은 소지인은 그 당사자가 어음상의 권리를 행사할 수 있도록 그 당사자에게 어음의 인증된 사본과 필요한 인증된 거절증서를 교부하여야 한다.

   (d)   지급의 청구를 받은 자는 그 지급을 청구한 자가 어음을 교부하지 아니한 경우에는 지급을 유보할 수 있다. 이 경우의 지급의 유보는 제58조에 규정된 지급거절로 되지 아니한다.

   (e)   지급이 있었음에도 불구하고 지급인 이외에 지급을 한 자가 어음의 회수를 해태한 경우에는, 그 자는 이에 책임을 면하지만 이후에 어음을 양도받은 보호받는 소지인에 대한 항변으로서 이를 주장할 수 없다.

제73조

1. 소지인은 일부지급을 수령할 의무가 없다.

2. 소지인이 일부지급을 제공받고 이를 수령하지 아니한 경우에는, 그 어음에 관하여 지급거절이 있는 것으로 본다.

3. 소지인이 지급인, 지급인의 보증인, 인수인 또는 약속어음의 발행인으로부터 일부지급을 수령한 경우에는,

   (a)   지급인의 보증인, 인수인 또는 약속어음의 발행인은 지급금액 범위 내에서 자신의 어음상의 책임을 면하고,

   (b)   그 어음은 미지급된 금액에 관하여 지급거절이 있는 것으로 본다.

4. 소지인이 지급인의 보증인, 인수인 또는 약속어음의 발행인 이외의 어음의 당사자로부터 어음의 일부지급을 수령한 경우에는,

   (a)   지급을 한 당사자는 지급금액의 범위 내에서 자신의 어음상의 책임을 면하고,

   (b)   소지인은 그 당사자가 어음상의 권리를 행사할 수 있도록 그 당사자에 대하여 어음의 인증된 사본 및 필요한 인증된 거절증서를 교부하여야 한다.

5. 일부지급을 한 지급인 또는 당사자는 그 지급이 있었다는 것을 어음의 기재할 것과 수령증을 교부할 것을 청구할 수 있다.

6. 미지급의 잔액이 있는 경우에는, 이를 수령하는 자가 어음을 점유하고 있으면 그 지급을 한 자에 대하여 수령을 증명하는 기재가 있는 어음과 인증된 거절증서를 교부하여야 한다.

제74조

1. 소지인은 제55조의 규정에 따라 지급을 위한 어음을 제시한 장소 이외의 지급의 수령을 거절할 수 있다.

payment in accordance with article 55.

2. In such case if payment is not made at the place where the instrument was presented for payment in accordance with article 55, the instrument is considered to be dishonoured by non-payment.

Article 75.

1. An instrument must be paid in the currency in which the sum payable is expressed.

2. If the sum payable is expressed in a monetary unit of account within the meaning of subparagraph (1) of article 5 and the monetary unit of account is transferable between the person making payment and the person receiving it, then, unless the instrument specifies a currency of payment, payment shall be made by transfer of monetary units of account. If the monetary unit of account is not transferable between those persons, payment shall be made in the currency specified in the instrument or, if no such currency is specified, in the currency of the place of payment.

3. The drawer or the maker may indicate in the instrument that it must be paid in a specified currency other than the currency in which the sum payable is expressed. In that case :

    (a)   The instrument must be paid in the currency so specified ;

    (b)   The amount payable is to be calculated according to the rate of exchange indicated in the instrument. Failing such indication, the amount payable is to be calculated according to the rate of exchange for sight drafts (or, if there is no such rate, according to the appropriate established rate of exchange) on the date of maturity :

    (i) Ruling at the place where the instrument must be presented for payment in accordance with subparagraph (g) of article 55, if the specified currency is that of that place (local currency) ; or

    (ii) If the specified currency is not that of that place, according to the usages of the place where the instrument ust be presented for payment in accordance with subparagraph (g) of article 55 ;

    (c)   If such an instrument is dishonoured by non-acceptance, the amount payable is to be calculated :

    (i) If the rate of exchange is indicated in the instrument, according to that rate ;

    (ii) If no rate of exchange is indicated in the instrument, at the option of the holder, according to the rate of exchange ruling on the date of dishonour or on the date of actual payment ;

    (d)   If such an instrument is dishonoured by non-payment, the amount payable is to be calculated :

    (i) If the rate of exchange is indicated in the instrument, according to that rate ;

    (ii) If no rate of exchange is indicated in the instrument, at the option of the holder, according to the rate of exchange ruling on the date of maturity or on the date of actual payment.

4. Nothing in this article prevents a court form awarding damages for loss caused to the holder by reason of fluctuations in rates of exchange if such loss is caused by dishonour for non-acceptance or by non-payment.

5. The rate of exchange ruling at a certain date is the rate of exchange ruling, at the option of the holder, at the place where the instrument must be presented for payment in accordance with subparagraph (g) of article 55 or

2. 본조 제1항의 경우에는 제55조의 규정에 따라 지급을 위한 어음을 제시한 장소에서 지급을 하지 아니한 경우에는, 어음은 지급거절된 것으로 본다.

제75조

1. 어음은 지급금액을 표시하는 통화로 지급하여야 한다.

2. 지급금액이 제5조 1항에 규정된 화폐단위로 표시되어 있고 그 화폐단위가 지급을 할 자와 지급을 받을 자간에 이체가 가능한 경우에는, 그 어음에 지급통화의 특정이 없는 한 그 화폐단위의 移替에 의하여 지급을 하는 것으로 한다. 이들 간에 그 화폐단위의 이체가 불가능한 경우에는 그 어음에 특정한 통화로 지급을 하는 것으로 하며, 또 그러한 통화의 특정이 없는 경우에는 지급지의 통화로 지급을 하는 것으로 한다.

3. 환어음의 발행인이나 약속어음의 발행인은 지급통화를 표시하는 통화 이외의 특정한 통화로 지급할 것을 어음에 기재할 수 있다.이 경우에는 있어서는,

   (a) 어음의 지급은 그 특정한 통화로 하여야 하고,

   (b) 지급금액은 어음에 기재된 환산율에 따라 계산하여야 한다. 환산율의 기재가 없는 경우에는, 지급금액은 만기일에 다음의 일람출급의 환어음의 환산율(또는 그러한 환산율이 없으면 적절한 공식환산율)에 따라 계산하여야 한다.

   (ⅰ) 특정한 통화가 제55조 g호의 규정에 따라 지급을 위한 어음의 제시를 하여야 할 장소의 통화(내국통화)인 경우에는 그 장소에서 통용되는 환산율, 또는

   (ⅱ) 특정한 통화가 제55조 g호의 규정에 따라 지급을 위한 어음의 제시를 하여야 할 장소의 통화가 아닌 경우에는 그 장소에 있어서 관행에 의한 환산율.

   (c) 어음에 관하여 인수거절이 있는 경우에는 지급금액은 다음의 환산율에 따라 계산하여야 한다.

   (ⅰ) 어음에 환산율의 기재가 있으면 그 환산율,

   (ⅱ) 어음에 환산율의 기재가 없으면 소지인의 선택에 따라 거절일 또는 사실상의 지급일에 통용되는 환산율.

   (d) 어음에 관하여 지급거절이 있는 경우에는, 지급금액은 다음의 환산율에 따라 계산하여야 한다.

   (ⅰ) 어음에 환산율의 기재가 있으면 그 환산율,

   (ⅱ) 어음에 환산율의 기재가 없으면 소지인의 선택에 따라 만기일 또는 사실상의 지급일에 통용되는 환산율.

4. 본조의 규정은 환산율의 변동으로 인하여 소지인에게 발생된 손해가 인수거절 또는 지급거절에 기인하는 경우에는, 법원이 그 손해배상액을 판결하는 것에 영향을 미치지 아니한다.

5. 일정한 날에 통용되는 환산율이라 함은 소지인의 선택에 따라 제55조 g호의 규정에 의하여 지급을 위한 어음의 제시를 하여야 할 장소 또는 사실상의 지급지에서 통용되는 환산율을 말한다.

at the place of actual payment.

Article 76.

1. Nothing in this Convention prevents a Contracting State from enforcing exchange control regulations applicable in its territory and its provisions relating to the protection of its currency, including regulations which it is bound to apply by virtue of international agreements to which it is a party.

2. (a) If, by virtue of the applications of paragraph 1 of this article, an instrument drawn in a currency which is not that of the place of payment must be paid in local currency, the amount payable is to be calculated according to the rate of exchange for sight drafts (or, if there is no such rate, according to the appropriate established rate of exchange) on the date of presentment ruling at the place where the instrument must be presented for payment in accordance with subparagraph (g) of article 55.

   (b) (i) If such an instrument is dishonoured by non-acceptance. The amount payable is to be calculated, at the option of the holder, at the rate of exchange ruling on the date of dishonour or on the date of actual payment.

   (ii) If such an instrument is dishonoured by non-payment, the amount is to be calculated, at the option of the holder, according to the rate of exchange ruling on the date of presentment or on the date of actual payment.

   (iii) Paragraphs 4 and 5 of article 75 are applicable where appropriate.

Section 2. - Discharge of Other Parties

Article 77.

1. If a party is discharged in whole or in part of his liability on the instrument, any party who has a right on the instrument against him is discharged to the same extent.

2. Payment by the drawee of the whole or a part of the amount of a bill to the holder, or to any party who takes up and pays the bill, discharges all parties of their liability to the same extent, except where the drawee pays a holder who is not a protected holder, or a party who has taken up and paid the bill, and knows at the time of payment that the holder or that party acquired the bill by theft or forged the signature of the payee or an endorsee, or participated in the theft or the forgery.

CHAPTER VII. - LOST INSTRUMENTS

Article 78.

1. If an instrument is lost, whether by destruction, theft or otherwise, the person who lost the instrument has, subject to the provisions of paragraph 2 of this article, the same right to payment which he would have had if he had

제76조

1. 이 협약의 규정은 체약국이 당사국인 국제협정에 의하여 적용할 의무가 있는 법규를 포함하며, 자국의 영역 내에서 적용할 외국환관리규정 및 자국통화의 보호에 관한 규정의 집행에 영향을 미치지 아니한다.

2. (a) 본조 제1항의 규정을 적용하여 지급지의 통화가 아닌 통화로 발행된 어음의 지급을 지급지의 내국통화로 하여야 할 경우에는, 지급금액은 제55조 g호의 규정에 따라 지급을 위한 어음의 제시를 하여야 할 장소에서 통용되는 제시일의 일람출급의 환어음의 환산율(또는 그러한 환산율이 없으면 적절한 공식 환산율)에 따라 계산하여야 한다.

   (b) (ⅰ) 어음에 관하여 인수거절이 있는 경우에는, 지급금액은 소지인의 선택에 따라 거절일 또는 사실상의 지급일에 통용되는 환산율에 따라 계산하여야 하고,

   (ⅱ) 어음에 관하여 지급거절이 있는 경우에는, 지급금액은 소지인의 선택에 따라 제시일 또는 사실상의 지급일에 통용되는 환산율에 따라 계산하여야 하고,

   (ⅲ) 적절한 경우에 제75조의 제4항과 제5항의 규정을 준용한다.

제2절 다른 당사자의 면책

제77조

1. 당사자가 자신의 어음상의 책임의 전부 또는 일부를 면하는 경우에는, 그 당사자에 대하여 어음상의 권리를 갖는 모든 당사자는 이와 동일한 범위 내에서 책임을 면한다.

2. 지급인이 소지인 또는 환어음을 회수하고 지급한 당사자에 대하여 어음금액의 전부 또는 일부를 지급한 경우에는, 모든 당사자는 이와 동일한 범위 내에서 책임을 면한다. 그러나 지급인이 보호받는 소지인이 아닌 소지인 또는 당사자가 절취로 인하여 어음을 취득하거나 수취인 또는 배서인의 서명을 위조하거나 또는 그 절취 또는 위조에 관여한 사실을 알고 있는 경우에는 그러하지 아니하다.

제7장 상실된 어음

제78조

1. 어음의 파손, 도난 또는 기타의 사유로 인하여 상실된 경우에는, 그 어음을 상실한 자는 본조 제2항의 규정에 따라 그 어음을 점유하고 있었다면 가지고 있었을 지급청구권과 동일한 청구권을 갖는다. 지급

been in possession of the instrument. The party from whom payment is claimed cannot set up as a defence against liability on the instrument the fact that the person claiming payment is not in possession of the instrument.

2. (a) The person claiming payment of a lost instrument must state in writing to the party form whom he claims payment :

(i) The elements of the lost instrument pertaining to the requirements set forth in paragraph 1 or paragraph 2 of articles 1, 2 and 3 ; for this purpose the person claiming payment of the lost instrument may present to that party a copy of that instrument ;

(ii) The facts showing that, if he had been in possession of the instrument, he would have had a right to payment from the party form whom payment is claimed ;

(iii) The facts which prevent production of the instrument.

(b) The party from whom payment of a lost instrument is claimed may require the person claiming payment to give security in order to indemnify him for any loss which he may suffer by reason of the subsequent payment of the lost instrument.

(c) The nature of the security and its terms are to be determined by agreement between the person claiming payment and the party from whom payment is claimed. Failing such an agreement, the court may determine whether security is called for and, if so, the nature of the security and its terms.

(d) If the security cannot be given, the court may order the party from whom payment is claimed to deposit the sum of the lost instrument, and any interest and expenses which may be claimed under article 70 or article 71, with the court or any other competent authority or institution, and may determine the duration of such deposit. Such deposit is to be considered as payment to the person claiming payment.

Article 79.

1. A party who has paid a lost instrument and to whom the instrument is subsequently presented for payment by another person must give notice of such presentment to the person whom he paid.

2. Such notice must be given on the day the instrument is presented or on one of the two business days which follow and must state the name of the person presenting the instrument and the date and place of presentment.

3. Failure to give notice renders the party who has paid the lost instrument liable for any damages which the person whom he paid may suffer from such failure, provided that the damages do not exceed the amount referred to in article 70 or article 71.

4. Delay in giving notice is excused when the delay is caused by circumstances which are beyond the control of the person who has paid the lost instrument and which he could neither avoid nor overcome. When the cause of the delay ceases to operate, notice must be given with reasonable diligence.

5. Notice is dispensed with when the cause of delay in giving notice continues to operate beyond thirty days after

을 청구하는 상대방인 당사자는 지급의 청구를 한 자가 어음을 점유하고 있지 아니함을 어음상의 책임에 대한 항변으로서 주장하지 못한다.

2. (a) 상실된 어음의 지급을 청구하는 자는 지급을 청구하는 상대방인 당사자에 대하여 다음의 사항을 서면으로 명시하여야 한다.

   (ⅰ) 제1조, 제2조 및 제3조의 각 제1항 또는 제2항에 규정된 요건에 관한 그 상실된 어음의 要旨. 다만 이러한 목적을 위하여 상실된 어음의 지급을 청구하는 자는 상대방인 당사자에 대하여 그 상실된 어음의 寫本을 제시할 수 있다.

   (ⅱ) 청구하는 자가 그 어음을 점유하고 있었다면 지급을 청구하는 상대방인 당사자에 대하여 지급 청구권을 가지고 있었을 것임을 나타내는 사실.

   (ⅲ) 어음을 제출할 수 없는 사유.

   (b) 상실된 어음의 지급을 청구하는 상대방인 당사자는 지급을 청구하는 자에 대하여 이후에 상실된 어음에 관하여 지급을 함으로 인하여 입을 수 있는 손해를 보상하기 위한 담보의 제공을 청구할 수 있다.

   (c) 담보의 성질과 내용은 지급을 청구하는 자와 청구 받는 당사자 간의 합의에 따라 정하여야 한다. 이러한 합의가 없는 경우에는, 법원은 담보가 필요한 것인지의 여부 및 필요한 경우 담보의 성질과 조건을 결정할 수 있다.

   (d) 담보를 제공할 수 없는 경우에는, 제71조의 규정에 따라 청구할 수 있는 이자 및 비용을 법원, 기타 권한이 있는 당국 또는 기관에 공탁할 것을 명령하고, 그 공탁의 기간을 정할 수 있다. 그러한 공탁은 지급을 청구하는 자에 대한 지급으로 본다.

제79조

1. 상실된 어음의 지급을 하고 그 이후에 다른 자로부터 지급을 위한 어음의 제시를 받은 당사자는 지급을 받은 자에 대하여 제시가 있었음을 통지하여야 한다.

2. 본조 제1항의 통지는 어음의 제시가 있은 날 또는 이에 이은 제2거래일내에 하여야 하고, 그 어음을 제시한 자의 명의와 제시의 일자 및 장소를 명시하여야 한다.

3. 통지를 하지 아니한 경우에는, 상실된 어음의 지급을 한 당사자는 지급을 받은 자가 통지를 하지 아니함으로 인하여 입은 손해를 배상할 책임을 진다. 다만 그 손해배상액은 제70조 또는 제71조에 규정된 금액을 초과할 수 없다.

4. 통지의 지체는 상실된 어음의 지급을 한 자가 통제할 수 없고, 회피하거나 또는 극복할 수 없는 사정으로 인하여 발생된 경우에는 면책된다. 지체의 원인이 소멸한 경우에는 통지를 요하지 아니한다.

5. 통지가 지체의 원인이 통지를 하였어야 할 만기 후 30일을 경과하여도 계속된 경우에는, 그 통지가 면제된다.

the last day on which it should have been given.

Article 80.

1. A party who has paid a lost instrument in accordance with the provisions of article 78 and who is subsequently required to, and does, pay the instrument, or who, by reason of the loss of the instrument, then loses his right to recover from any party liable to him, has the right :

   (a) If security was given, to realize the security ; or

   (b) If an amount was deposited with the court or other competent authority or institution, to reclaim the amount so deposited.

2. The person who has given security in accordance with the provisions of paragraph 2(b) of article 78 is entitled to obtain release of the security when the party for whose benefit the security was given is no longer at risk to suffer loss because of the fact that the instrument is lost.

Article 81.

For the purpose of making protest for dishonour by non-payment, a person claiming payment of a lost instrument may use a written statement that satisfies the requirements of paragraph 2(a) of article 78.

Article 82.

A person receiving payment of a lost instrument in accordance with article 78 must deliver to the party paying the written statement required under paragraph 2(a) of article 78, receipted by him, and any protest and a receipted account.

Article 83.

1. A party who pays a lost instrument in accordance with article 78 has the same rights which he would have had if he had been in possession of the instrument.

2. Such party may exercise his rights only if he is in possession of the receipted written statement referred to in article 82.

CHAPTER VIII. – LIMITATION (PRESCRIPTION)

Article 84.

1. A right of action arising on an instrument may no longer be exercised after four years have elapsed :

   (a) Against the maker, or his guarantor, of a note payable on demand, from the date of the note ;

   (b) Against the acceptor or the maker or their guarantor of an instrument payable at a definite time, from the date of maturity ;

   (c) Against the guarantor of the drawee of a bill payable at a definite time, from the date of maturity or, if the bill is dishonoured

제80조

1. 제78조의 규정에 따라 상실된 어음의 지급을 한 당사자가 이후에 그 어음의 지급을 하여야 하거나 그 지급을 하는 경우, 또는 어음의 상실로 인하여 자신에게 책임을 지는 당사자에 대한 청구권을 상실한 경우에는, 다음의 권리를 갖는다.
   (a) 담보의 제공이 있는 경우에는 그 담보를 실행할 권리, 또는
   (b) 법원, 기타 권한이 있는 당국 또는 기관에 공탁되어 있는 경우에는 그 공탁금의 반환을 받은 권리.
2. 제78조 2항 b호의 규정에 따라 담보를 제공한 자는 담보권자인 당사자가 어음의 상실로 인하여 손해를 입을 위험이 없게 된 경우에는, 그 담보의 해제를 청구할 수 있다.

제81조

지급거절증서의 작성목적을 달성하기 위하여, 상실된 어음의 지급을 청구하는 자는 제78조 2항 a호에서 정하는 요건을 구비한 서면을 사용할 수 있다.

제82조

제78조의 규정에 따라 상실된 어음의 지급을 받는 자는 지급을 하는 당사자에 대하여 제78조 2항 a호의 규정에 따라 요구되는 서면에 자신이 수령한 것을 증명하는 기재를 하고, 거절증서 및 수령한 것을 증명하는 기재가 있는 계산서를 교부하여야 한다.

제83조

1. 제78조의 규정에 따라 상실된 어음의 지급을 한 당사자는 그 어음을 占有하고 있었다면 가지고 있었을 권리와 동일한 권리를 갖는다.
2. 본조 제1항에 규정된 당사자는 제82조의 규정에 따라 자신이 수령한 것을 증명하는 기재가 있는 서면을 점유하는 경우에 한하여, 자신의 권리를 행사할 수 있다.

제8장 출소기한(시효)

제84조

1. 어음상의 소권은 다음의 각 호에서 규정하는 날로부터 4년이 경과한 경우에는 이를 행사할 수 없다.
   (a) 요구출급의 약속어음의 발행인 또는 그 보증인에 대하여는 그 어음의 발행일,
   (b) 확정일출급의 환어음의 인수인, 약속어음의 발행인 또는 그 보증인에 대하여는 그 만기일,
   (c) 확정일출급의 환어음의 지급인의 보증인에 대하여는 그 만기일, 인수거절이 있는 경우에는 거절증

by non-acceptance, from the date of protest for dishonour or, where protest is dispensed with, from the date of dishonour ;

(d) Against the acceptor of a bill payable on demand or his guarantor, from the date on which it was accepted or, if no such date is shown, from the date of the bill ;

(e) Against the guarantor of the drawee of a bill payable on demand, from the date on which he signed the bill or, if no such date is shown, from the date of the bill ;

(f) Against the drawer or an endorser or their guarantor, form the date of protest for dishonour by non-acceptance or by non-payment or, where protest is dispensed with, from the date of dishonour.

2. A party who pays the instrument in accordance with article 70 or article 71 may exercise his right of action against a party liable to him within one year from the date on which he paid the instrument.

CHAPTER IX. – FINAL PROVISIONS

Article 85.

The Secretary-General of the United Nations is hereby designated as the Depositary for this Convention.

Article 86.

1. This Convention is open for signature by all States at the Headquarters of the United Nations, New York, until 30 June 1990.

2. This Convention is subject to ratification, acceptance or approval by the signatory States.

3. This Convention is open for accession by all States which are not signatory States as from the date it is open for signature.

4. Instruments of ratification, acceptance, approval and accession are to be deposited with the Secretary-General of the United Nations.

Article 87.

1. If a Contracting State has two or more territorial units in which, according to its constitution, different systems of law are applicable in relation to the matters dealt with in this Convention, it may, at the time of signature, ratification, acceptance, approval or accession, declare that this Convention is to extend to all its territorial units or only to one or more of them, and may amend its declaration by submitting another declaration at any time.

2. These declarations are to be notified to the Depositary and are to state expressly the territorial units to which the Convention extends.

3. If a Contracting State makes no declaration under paragraph 1 of this article, the Convention is to extend to all territorial units of that State.

서의 작성일, 또는 거절증서의 작성을 요하지 아니한 경우에는 어음이 거절된 날,

(d) 요구출급의 환어음의 인수인 또는 그 보증인에 대하여는 어음이 인수된 날,

(e) 요구출급의 환어음의 지급인의 보증인에 대하여는 어음에 서명한 날, 또는 그 일자의 기재가 없는 경우에는 그 어음의 발행일,

(f) 환어음의 발행인, 어음의 배서인 또는 그 보증인에 대하여는 인수거절증서 또는 지급거절증서의 작성일, 또는 그 작성을 요하지 아니한 경우에는 인수거절 또는 지급거절이 있는 날.

2. 제70조 또는 제71조의 규정에 따라 어음의 지급을 한 당사자는 지급한 날로부터 1년 내에 자신에게 책임을 지는 당사자에 대하여 소권을 행사할 수 있다.

제9장 최종규정

제85조
국제연합의 사무총장은 이 협약의 수탁자로서 이에 임명된다.

제86조
1. 이 협약은 1990년 6월 31일까지 뉴욕의 국제연합 본부에 모든 국가에 의한 서명을 위하여 개방해 둔다.
2. 이 협약은 서명을 한 국가에 의한 비준, 승낙 또는 승인을 받아야 한다.
3. 이 협약은 서명을 위하여 개방한 날로부터 서명을 하지 아니한 모든 국가에 의한 가입을 위하여 개방해 둔다.
4. 비준서, 승낙서, 승인서 또는 가입서는 국제연합의 사무총장에게 이를 기탁하여야 한다.

제87조
1. 체약국이 그 국가의 헌법에 의하여 이 협약에서 취급되는 사항에 관하여 각 영역마다 상이한 법체계가 적용되는 둘 이상의 영역을 보유하고 있는 경우에는, 그 국가는 서명, 비준, 승낙, 승인 또는 가입의 당시에 이 협약을 전부의 영역 또는 그 중의 하나 이상의 일부의 영역에만 적용한다는 것을 선언할 수 있으며, 또 언제든지 다른 선언을 제출함으로써 앞의 선언을 변경할 수 있다.
2. 전항의 선언은 수탁자에게 이를 통고하고, 이 협약이 적용될 영역을 명시하여야 한다.
3. 체약국이 본조 제1항에 따른 선언을 하지 아니하는 경우에는, 이 협약은 그 국가의 전부의 영역에 적용하는 것으로 한다.

Article 88.

1. Any State may declare at the time of signature, ratification, acceptance, approval or accession that its courts will apply the Convention only if both the place indicated in the instrument where the bill is drawn, or the note is made, and the place of payment indicated in the instrument are situated in Contracting States.

2. No other reservations are permitted.

Article 89.

1. This Convention enters into force on the first day of the month following the expiration of twelve months after the date of deposit of the tenth instrument of ratification, acceptance, approval or accession.

2. When a State ratifies, accepts, approves or accedes to this Convention after the deposit of the tenth instrument of ratification, acceptance, approval or accession, this Convention enters into force in respect of that State on the first day of the month following the expiration of twelve months after the date of deposit of its instrument of ratification, acceptance, approval or accession.

Article 90.

1.A Contracting State may denounce this Convention by a formal notification in writing addressed to the Depositary.

2. The denunciation takes effect on the first day of the month following the expiration of six months after the notification is received by the Depositary. Where a longer period for the denunciation to take effect is specified in the notification, the denunciation takes effect upon the expiration of such longer period after the notification is received by the Depositary. The Convention remains applicable to instruments drawn or made before the date at which the denunciation takes effect.

DONE at New York, this ninth day December, one thousand nine hundred and eighty-eight, in a single original, of which the Arabic, Chinese, English, French, Russian and Spanish texts are equally authentic.

IN WITNESS WHEREOF the undersigned plenipotentiaries, being duly authorized by their respective Governments, have signed this Convention.

제88조

1. 모든 체약국은 비준서, 승낙서, 승인서 또는 가입서의 수탁시에 자국의 법원에 의하여 환어음 또는 약속어음이 발행된 것으로 어음에 기재된 장소와 어음에 기재된 지급지가 모두 체약국내에 소재하는 경우에 한하여 이 협약을 적용한다는 것을 선언할 수 있다.

2. 다른 어떠한 유보도 허용되지 아니한다.

제89조

1. 이 협약은 제10번째의 비준서, 승낙서, 승인서 또는 가입서가 기탁된 날로부터 12개월이 경과한 후 이어지는 월의 최초일에 그 효력을 발생한다.

2. 어느 국가가 제10번째의 비준서, 승낙서, 승인서 또는 가입서를 기탁한 후에 이 협약을 비준, 승낙, 승인 또는 가입하는 경우에는, 이 협약은 그 국가의 비준서, 승낙서, 승인서 또는 가입서가 기탁된 날로부터 12개월이 경과한 후 이어지는 월의 최초일에 그 국가에 대하여 효력을 발생한다.

제90조

1. 체약국은 수탁자 앞으로 서면에 의한 정식의 통고를 함으로써 이 협약을 폐기할 수 있다.

2. 폐기는 수탁자가 그 통고를 수령한 날로부터 6개월이 경과한 후 이어지는 월의 최초일에 그 효력을 발생한다. 그 통고에서 폐기가 효력을 발생하는 기간이 이보다 길게 명시되어 있는 경우에는, 폐기는 수탁자가 그 통고를 수령한 날로부터 그러한 기간이 경과한 때에 효력을 발생한다. 이 협약은 폐기가 효력을 발생하기 이전에 발행 또는 작성된 어음에 대하여는 그 효력을 유지한다.

   이 협약은 1988년 12월 9일 당일에 뉴욕에서 국제연합이 동등하게 인증한 아랍어, 중국어, 영어, 프랑스어, 러시아어 및 스페인어를 정본으로 한 1통의 원본으로 작성되었다.

   이상의 증거로서 아래에 명기된 전권위원들은 그 각각의 정부로부터 적법한 권한을 위임받아 이 협약에 서명을 하였다.

05

International Rules on the Tariff

5-1　HS Convention, 1988

(Harmonized Commodity Description and Coding System. Explanatory Notes Omitted)

Preamble

The Contracting Parties to this Convention, established under the auspices of the Customs Co-operation Council,

Desiring to facilitate international trade,

Desiring to facilitate the collection, comparison and analysis of statistics, in particular those on international trade,

Desiring to reduce the expense incurred by re-describing, reclassifying and recoding goods as they move from one classification system to another in the course of international trade and to facilitate the standardization of trade documentation and the transmission of data,

Considering that changes in technology and the patterns of international trade require extensive modifications to the Convention on Nomenclature for the Classification of Goods in Customs Tariffs, done at Brussels on 15 December 1950,

Considering also that the degree of detail required for Customs and statistical purposes by Governments and trade interests has increased far beyond that provided by the Nomenclature annexed to the above-mentioned Convention,

Considering the importance of accurate and comparable data for the purposes of international trade negotiations,

Considering that the Harmonized System is intended to be used for the purposes of freight tariffs and transport statistics of the various modes of transport,

Considering that the Harmonized System is intended to be incorporated into commercial commodity description and coding systems to the greatest extent possible,

05

국제관세 관련 규칙

관세와 관련한 국제규칙만 해도 그 숫자가 약 30여가지에 이르고 있다. 본서에서는 이 중 가장 중요한 HS협정과 AEO제도에 대해 살펴보고자 한다.

5-1 HS협정, 1988(상품명 및 부호체계 조화제도 : 해설서는 생략)

전 문

관세협력이사회의 주관하에 성립된 이 협약의 체약당사국은,국제무역을 촉진할 것을 희망하고,통계, 특히 국제무역에 관한 통계의 수집, 비교 및 분석을 용이하게 할 것을 희망하고,국제무역의 과정에서 상품들이 하나의 분류체계에서 다른 분류체계로 이동하는 경우에 명칭의 재부여, 재분류 및 부호의 재부여 등에 의하여 야기되는 비용을 감소시키고 무역서류의 표준화 및 자료전달을 촉진할 것을 희망하고,기술 및 국제무역양식의 변화에 따라 1950년 12월15일 브뤼셀에서 작성된 관세율표상물품의 분류를 위한 품목분류에 관한 협약의 광범위한 수정이 필요하게 되었음을 고려하고, 또한 정부와 무역이해관계자들이 관세와 통계목적으로 요구하는 세분정도가 상기 협약에 부속된 품목표에 의하여 제공되는 세분정도를 능가하였음을 고려하고,국제무역교섭을 위하여는 정확하고 비교 가능한 자료가 중요함을 고려하고, 통일체계는 운송에 관한 여러 가지 형태의 운임률과 운송통계를 목적으로 사용되도록 의도되고 있음을 고려하고, 통일체계는 가능한 한 가장 광범위하게 상품명 및 부호체계로 통합되도록 의도되고 있음을 고려하고, 통일체계는 수출입통계와 생산통계와의 사이에 가능한 한 밀접한 상호관계를 증진시키도록 의도하고 있음을 고려하고, 통일체계와 국제연합의 국제표준무역분류의 밀접한 상호관계가 유지되어야 함을 고려하고, 국제무역의 다양한 이해관계자들이 사용하는 데 적합한 관세/통계 통합품목분류표에 의하여 상기의 필요에 부응하는 것이 바람직함을 고려하고 기술상의 변화 또는 국제무역양식의 변화에 비추어 볼 때 통일체계의 최신성을 확보하는 것이 중요함을 고려하고, 관세협력이사회에 의하여 설립된 통일체계위원회가 이 분야에서 달성한 업적을 고려하고, 상기 품목분류협약이 이러한 목적 중 몇 가지의 달성에 있어서는 효과적인 수단이었으나

Considering that the Harmonized System is intended to promote as close a correlation as possible between import and export trade statistics and production statistics,

Considering that a close correlation should be maintained between the Harmonized System and the Standard International Trade Classification (SITC) of the United Nations,

Considering the desirability of meeting the aforementioned needs through a combined tariff/statistical nomenclature, suitable for use by the various interests concerned with international trade,

Considering the importance of ensuring that the Harmonized System is kept up-to-date in the light of changes in technology or in patterns of international trade,

Having taken into consideration the work accomplished in this sphere by the Harmonized System Committee set up by the Customs Co-operation Council,

Considering that while the above-mentioned Nomenclature Convention has proved an effective instrument in the attainment of some of these objectives, the best way to achieve the desired results in this respect is to conclude a new international Convention,

Have agreed as follows:

ARTICLE 1 Definitions

For the purpose of this Convention:

(a) the "Harmonized Commodity Description and Coding System", hereinafter referred to as the "Harmonized System", means the Nomenclature comprising the headings and subheadings and their related numerical codes, the Section, Chapter and Subheading Notes and the General Rules for the interpretation of the Harmonized System, set out in the Annex to this Convention;

(b) "Customs tariff nomenclature" means the nomenclature established under the legislation of a Contracting Party for the purposes of levying duties of Customs on imported goods;

(c) "statistical nomenclatures" means goods nomenclatures established by a Contracting Party for the collection of data for import and export trade statistics;

(d) "combined tariff/statistical nomenclature" means a nomenclature, integrating Customs tariff and statistical nomenclatures, legally required by a Contracting Party for the declaration of goods at importation;

(e) "the Convention establishing the Council" means the Convention establishing a Customs Co-operation Council, done at Brussels on 15 December 1950;

(f) "the Council" means the Customs Co-operation Council referred to in paragraph (e) above;

(g) "the Secretary General" means the Secretary General of the Council;

(h) the term "ratification" means ratification, acceptance or approval.

이 점에서 바람직한 결과를 달성하기 위한 최선의 방법은 새로운 국제협약을 체결하는 것임을 고려하여, 다음과 같이 합의하였다.

제1조 정 의

이 협약의 목적상,

(a) "통일상품명 및 부호체계"(이하 "통일체계"라 함)은 이 협약의 부속서에 규정된 호와 소호 및 관련 번호, 부, 류 및 소호의 주와 통일체계의 해석에 관한 통칙을 포함하는 품목분류표를 의미한다.

(b) "관세품목분류표"라 함은 수입물품에 대한 관세의무부과를 목적으로 체약당사국의 법에 따라 제정된 품목분류표를 말한다.

(c) "통계품목분류표"라 함은 수출입 통계자료의 수집을 위하여 체약당사국이 제정한 품목분류표를 말한다.

(d) "관세/통계 통합품목분류표"라 함은 수입품목의 신고를 위하여 체약국이 법적으로 요구하는 관세품목분류표와 통계품목분류표를 통합한 품목분류표를 말한다.

(e) "이사회 설립 협약"이라 함은 1950년12월15일 브뤳셀에서 작성된 관세협력이사회설립에 관한 협약을 말한다.

(f) "이사회"라 함은 상기 마호에 규정된 관세협력이사회를 말한다.

(g) "사무총장"이라 함은 이사회의 사무총장을 말한다.

(h) "비준"이라 함은 비준, 수락 또는 승인을 말한다.

ARTICLE 2 The Annex

The Annex to this Convention shall form an integral part thereof, and any reference to the Convention shall include a reference to the Annex.

ARTICLE 3 Obligations of Contracting Parties

1. Subject to the exceptions enumerated in Article 4 :

    (a) Each Contracting Party undertakes, except as provided in subparagraph (c) of this paragraph that from the date on which this Convention enters into force in respect of it, its Customs tariff and statistical nomenclatures shall be in conformity with the Harmonized System. It thus undertakes that, in respect of its Customs tariff and statistical nomenclatures:

    (i) it shall use all the headings and subheadings of the Harmonized System without addition or modification, together with their related numerical codes;

    (ii) it shall apply the General Rules for the interpretation of the Harmonized System and all the Section, Chapter and Subheading Notes, and shall not modify the scope of the Sections, Chapters, headings or subheadings of the Harmonized System; and

    (iii) it shall follow the numerical sequence of the Harmonized System;

    (b) Each Contracting Party shall also make publicly available its import and export trade statistics in conformity with the six-digit codes of the Harmonized System, or, on the initiative of the Contracting Party, beyond that level, to the extent that publication is not precluded for exceptional reasons such as commercial confidentiality or national security;

    (c) Nothing in this Article shall require a Contracting Party to use the subheadings of the Harmonized System in its Customs tariff nomenclature provided that it meets the obligations at (a) (i), (a) (ii) and (a) (iii) above in a combined tariff/statistical nomenclature.

2. In complying with the undertakings at paragraph 1 (a) of this Article, each Contracting Party may make such textual adaptations as may be necessary to give effect to the Harmonized System in its domestic law.

3. Nothing in this Article shall prevent a Contracting Party from establishing, in its Customs tariff or statistical nomenclatures, subdivisions classifying goods beyond the level of the Harmonized System, provided that any such subdivision is added and coded at a level beyond that of the six-digit numerical code set out in the Annex to this Convention.

ARTICLE 4 Partial application by developing countries

1. Any developing country Contracting Party may delay its application of some or all of the subheadings of the Harmonized System for such period as may be necessary, having regard to its pattern of international trade or its administrative resources.

제2조 부속서

이 협약의 부속서는 협약의 불가분의 일부를 구성하며, 협약이라고 할 때는 부속서를 포함한다.

제3조 체약당사국의 의무

1. 제4조의 열거된 예외를 조건으로 하여
   (a) 각 체약당사국은 제1항 iii)호에 규정된 경우를 제외하고는 자국에 대하여 이 협약이 발효하는 날로부터 자국의 관세 및 통계품목분류표를 통일체계와 일치시켜야 한다. 이에 따라 각 체약당사국은 관세 및 통계품목분류표에 관하여 다음과 같은 의무를 진다.
      ⅰ. 체약당사국은 통일체계의 호 및 소호와 관련번호를 추가 또는 수정없이 사용한다.
      ⅱ. 체약당사국은 통일체계의 해석에 관한 통칙과 모든 부, 류 및 소호의 주를 적용하며 통일체계의 부, 류, 호 또는 소호등의 범위를 수정하지 아니한다.
      ⅲ. 체약당사국은 통일체계의 번호순서를 따른다.
   (b) 각 체약당사국은 또한 통일체계의 6단위 부호와 일치하게 또는 체약당사국의 자발적인 의사가 있는 경우 6단위 수준이상으로 자국의 수출입무역통계를 공개적으로 사용할 수 있도록 한다. 다만, 상업적인 비밀 또는 국가안보와 같은 예외적 이유가 있는 경우 공개가 배제된다.
   (c) 본조의 어느 규정도 체약당사국에 대하여 관세/통계 통합품목분류표에 있어서 상기 (a)호 ⅰ)목, ⅱ)목 및 ⅲ)목의 의무를 충족시키는 경우 그 국가의 관세품목분류표상 통일체계의 소호의 사용을 요구하지 아니한다.
2. 본조제1항 (a)호의 의무에 따라 각 체약당사국은 통일체계를 국내법으로 시행하는 데 필요한 문맥조정을 행할 수 있다.
3. 이 조의 어느 규정도 체약당사국이 그 나라의 관세 또는 통계품목분류표상에 통일체계의 수준을 초과하여 품목세분류를 행하는 것을 방해하지 아니한다. 다만, 동 세분류가 이 협약 부속서에 규정된 6단위 번호 수준을 초과하여 부가되고 부호화되는 경우에 한하여 그러하다.

제4조 개발도상국에 대한 부분적 적용

1. 개발도상국인 체약당사국은 자국의 국제무역양식 또는 행정자원과 관련하여 필요한 기간동안에는 통일체계 소호의 일부 또는 전부의 적용을 연기할 수 있다.

2. A developing country Contracting Party which elects to apply the Harmonized System partially under the provisions of this Article agrees to make its best efforts towards the application of the full six-digit Harmonized System within five years of the date on which this Convention enters into force in respect of it or within such further period as it may consider necessary having regard to the provisions of paragraph 1 of this Article.

3. A developing country Contracting Party which elects to apply the Harmonized System partially under the provisions of this Article shall apply all or none of the two-dash subheadings of any one one-dash subheading or all or none of the one-dash subheadings of any one heading. In such cases of partial application, the sixth digit or the fifth and sixth digits of that part of the Harmonized System code not applied shall be replaced by "0" or "00" respectively.

4. A developing country which elects to apply the Harmonized System partially under the provisions of this Article shall on becoming a Contracting Party notify the Secretary General of those subheadings which it will not apply on the date when this Convention enters into force in respect of it and shall also notify the Secretary General of those subheadings which it applies thereafter.

5. Any developing country which elects to apply the Harmonized System partially under the provisions of this Article may on becoming a Contracting Party notify the Secretary General that it formally undertakes to apply the full six-digit Harmonized System within three years of the date when this Convention enters into force in respect of it.

6. Any developing country Contracting Party which partially applies the Harmonized System under the provisions of this Article shall be relieved from its obligations under Article 3 in relation to the subheadings not applied.

ARTICLE 5 Technical assistance for developing countries

Developed country Contracting Parties shall furnish to developing countries that so request, technical assistance on mutually agreed terms in respect of, inter alia, training of personnel, transposing their existing nomenclatures to the Harmonized System and advice on keeping their systems so transposed up-to-date with amendments to the Harmonized System or on applying the provisions of this Convention.

ARTICLE 6 Harmonized System Committee

1. There shall be established under this Convention a Committee to be known as the Harmonized System Committee, composed of representatives from each of the Contracting Parties.

2. It shall normally meet at least twice each year.

3. Its meetings shall be convened by the Secretary General and, unless the Contracting Parties otherwise decide, shall be held at the Headquarters of the Council.

4. In the Harmonized System Committee each Contracting Party shall have the right to one vote; nevertheless, for the purposes of this Convention and without prejudice to any future Convention, where a Customs or Economic

2. 본조의 규정에 의하여 통일체계를 부분적으로 적용할 것을 택한 개발도상국인 체약당사국은 자국에 대하여 이 협약이 발효하는 날로부터 5년내에 또는 본조제1항의 규정과 관련하여 그 국가가 필요하다고 간주하는 추가의 기간내에 완전한 통일체계 6단위의 적용을 위하여 최선의 노력을 다할 것에 동의한다.

3. 본조의 규정에 의하여 통일체계를 부분적으로 적용할 것을 택한 개발도상국인 체약당사국은 어느 하나의 5단위 소호내의 6단위 소호 전부를 적용하거나 전부를 적용하지 아니하거나, 또는 어느 하나의 4단위 호내의 5단위 소호 전부를 적용하거나 전부를 적용하지 아니한다. 그러한 부분적인 적용의 경우에 적용되지 아니한 통일체계부호의 6단위 또는 5단위와 6단위 부분은 각각 "0" 또는 "00"으로 대치된다.

4. 본조의 규정에 의하여 통일체계를 부분적으로 적용할 것을 택한 개발도상국은 체약당사국이 되는 즉시 자국에 대하여 이 협약이 발효하는 날에 그 국가가 적용하지 아니할 소호에 대하여 사무총장에게 통고하며 또한 그후에 그 국가가 적용하는 소호에 대하여도 사무총장에게 통고한다.

5. 본조의 규정에 의하여 통일체계를 부분적으로 적용할 것을 택한 여하한 개발도상국도 체약당사국이 되는 즉시 자국에 대하여 이 협약이 발효하는 날로부터 3년내에 완전한 6단위 통일체계를 적용하기로 공식적으로 약속한다는 것을 체약당사국이 되는 즉시 사무총장에게 통고할 수 있다.

6. 본조의 규정에 의하여 통일체계를 부분적으로 적용하는 개발도상국인 체약당사국은 적용되지 아니하는 소호와 관련하여 제3조에 의한 의무로부터 면제된다.

제5조 개발도상국에 대한 기술지원

선진국인 체약당사국은 이를 요청하는 개발도상국에 대하여 상호합의된 조건에 따라 기술지원 특히 인적훈련, 기존의 품목분류표의 통일체계로의 전환에 관한 기술지원 및 통일체계에 대한 개정에 따라 동 체계를 최신의 것으로 전환된 상태로 유지하거나 이 협약규정을 적용하는 데 관한 조언을 제공한다.

제6조 통일체계위원회

1. 이 협약에 의하여 각 체약당사국의 대표로 구성되는 통일체계위원회를 설치한다.

2. 통일체계위원회는 적어도 1년에 2회의 정규적인 회의를 개최한다.

3. 통일체계위원회의 회의는 사무총장이 소집하고 체약당사국의 별다른 결정이 없으면 이사회본부에서 개최된다.

4. 각 체약당사국은 통일체계위원회에서 하나의 투표권을 가진다. 다만, 이 협약의 목적상 그리고 여하한 장래의 협약도 저해함이 없이, 관세동맹 또는 경제동맹 및 1 또는 2 이상의 동맹회원국이 체약당사국인 경우에, 그러한 체약당사국들은 함께 오직 하나만의 투표권을 행사한다. 마찬가지로 제11조 나호의

Union as well as one or more of its Member States are Contracting Parties such Contracting Parties shall together exercise only one vote. Similarly, where all the Member States of a Customs or Economic Union which is eligible to become a Contracting Party under the provisions of Article 11 (b) become Contracting Parties, they shall together exercise only one vote.

5. The Harmonized System Committee shall elect its own Chairman and one or more Vice-Chairmen.

6. It shall draw up its own Rules of Procedure by decision taken by not less than two-thirds of the votes attributed to its members. The Rules of Procedure so drawn up shall be approved by the Council.

7. It shall invite such intergovernmental or other international organizations as it may consider appropriate to participate as observers in its work.

8. It shall set up Sub-Committees or Working Parties as needed, having regard, in particular, to the provisions of paragraph 1 (a) of Article 7, and it shall determine the membership, voting rights and Rules of Procedure for such Sub-Committees or Working Parties.

ARTICLE 7 Functions of the Committee

1. The Harmonized System Committee, having regard to the provisions of Article 8, shall have the following functions:

   (a) to propose such amendments to this Convention as may be considered desirable, having regard, in particular, to the needs of users and to changes in technology or in patterns of international trade;

   (b) to prepare Explanatory Notes, Classification Opinions or other advice as guides to the interpretation of the Harmonized System;

   (c) to prepare recommendations to secure uniformity in the interpretation and application of the Harmonized System;

   (d) to collate and circulate information concerning the application of the Harmonized System;

   (e) on its own initiative or on request, to furnish information or guidance on any matters concerning the classification of goods in the Harmonized System to Contracting Parties, to Members of the Council and to such intergovernmental or other international organizations as the Committee may consider appropriate;

   (f) to present Reports to each Session of the Council concerning its activities, including proposed amendments, Explanatory Notes, Classification Opinions and other advice;

   (g) to exercise such other powers and functions in relation to the Harmonized System as the Council or the Contracting Parties may deem necessary.

2. Administrative decisions of the Harmonized System Committee having budgetary implications shall be subject to approval by the Council.

규정에 의하여 체약당사국이 될 수 있는 자격이 있는 관세동맹 또는 경제동맹의 모든 회원국이 체약당사국이 되는 경우에, 그들은 함께 오직 하나만의 투표권을 행사한다.

5. 통일체계위원회는 동 위원회의 의장과 1인 또는 2인 이상의 부의장을 선출한다.

6. 통일체계위원회는 회원국 투표수의 3분의 2 이상의 결정에 의하여 자체의 절차규정을 작성한다. 그렇게 작성된 절차규정은 이사회에 의하여 승인되어야 한다.

7. 통일체계위원회는 참가하는 것이 적절하다고 위원회가 간주하는 정부간기구 또는 기타의 국제기구를 그 작업의 관찰자로 초청한다.

8. 통일체계위원회는 특히 제7조제1항 가호의 규정을 고려하여 필요한 경우 소위원회 또는 실무단을 설치하며 또한 동 위원회는 소위원회 또는 실무단회의를 의한 구성원, 투표권 및 절차규정을 결정한다.

제7조 위원회의직무

1. 통일체계위원회는 제8조의 규정을 고려하여 다음의 직무를 수행한다.

    (a) 특히 사용자의 필요 및 기술상 또는 국제무역양식상의 변화를 고려하여 바람직하다고 간주되는 이 협약에 대한 개정을 제안하는 것

    (b) 통일체계의 해석에 대한 지침으로서 해설서, 분류의견서 또는 기타의 조언을 작성하는 것

    (c) 통일체계의 해석 및 적용에 있어서 통일성을 확보하기 위한 권고를 작성하는 것

    (d) 통일체계의 적용에 관한 정보를 대조하고 유포시키는 것

    (e) 통일체계위원회가 자발적으로 또는 요청에 따라 통일체계상의 품목분류에 관한 문제에 대한 정보 또는 지침을 체약당사국, 이사회의 회원국 및 위원회가 적절하다고 간주하는 정부간기구 또는 기타의 국제기구에 대하여 제공하는 것

    (f) 제안된 개정안, 해설서, 분류의견서 및 기타의 조언을 포함하는 통일체계위원회의 활동에 관하여 이사회의 매 회기마다 보고서를 제출하는 것

    (g) 이사회 또는 체약당사국들이 필요하다고 간주하는 통일체계에 관련된 기타의 권한과 직무를 수행하는 것

2. 예산과 관련이 있는 통일체계위원회의 행정적인 결정은 이사회의 승인을 받아야 한다.

ARTICLE 8 Role of the Council

1. The Council shall examine proposals for amendment of this Convention, prepared by the Harmonized System Committee, and recommend them to the Contracting Parties under the procedure of Article 16 unless any Council Member which is a Contracting Party to this Convention requests that the proposals or any part thereof be referred to the Committee for re-examination.

2. The Explanatory Notes, Classification Opinions, other advice on the interpretation of the Harmonized System and recommendations to secure uniformity in the interpretation and application of the Harmonized System, prepared during a session of the Harmonized System Committee under the provisions of paragraph 1 of Article 7, shall be deemed to be approved by the Council if, not later than the end of the second month following the month during which that session was closed, no Contracting Party to this Convention has notified the Secretary General that it requests that such matter be referred to the Council.

3. Where a matter is referred to the Council under the provisions of paragraph 2 of this Article, the Council shall approve such Explanatory Notes, Classification Opinions, other advice or recommendations, unless any Council Member which is a Contracting Party to this Convention requests that they be referred in whole or part to the Committee for re-examination.

ARTICLE 9 Rates of Customs duty

The Contracting Parties do not assume by this Convention any obligation in relation to rates of Customs duty.

ARTICLE 10 Settlement of disputes

1. Any dispute between Contracting Parties concerning the interpretation or application of this Convention shall, so far as possible, be settled by negotiation between them.

2. Any dispute which is not so settled shall be referred by the Parties to the dispute to the Harmonized System Committee which shall thereupon consider the dispute and make recommendations for its settlement.

3. If the Harmonized System Committee is unable to settle the dispute, it shall refer the matter to the Council which shall make recommendations in conformity with Article III (e) of the Convention establishing the Council.

4. The Parties to the dispute may agree in advance to accept the recommendations of the Committee or the Council as binding.

ARTICLE 11 Eligibility to become a Contracting Party

The following are eligible to become Contracting Parties to this Convention:

(a) Member States of the Council;

(b) Customs or Economic Unions to which competence has been transferred toenter into treaties in respect of some or all of the matters governed by this Convention; and

(c) any other State to which an invitation to that effect has been addressed by the Secretary General at the direction of the Council.

제8조 이사회의 역할

1. 이사회는 통일체계위원회가 작성한 이 협약의 개정안을 심의하며, 이 협약의 체약당사국인 이사회의 회원국이 그 개정안의 전부 또는 일부를 재심의를 위하여 위원회에 회부할 것을 요청하지 아니하는 한 제16조의 절차에 따라 체약당사국에 그 개정안들을 권고한다.

2. 제7조제1항의 규정에 의하여 통일체계위원회 회의중에 작성한 해설서, 분류의견서, 통일체계의 해석에 관한 기타의 조언 및 통일체계의 해석과 적용에 있어서 통일성을 확보하기 위한 권고는 회기가 끝나는 달로부터 2번째 달의 마지막 날이 경과하기 전에 이 협약의 체약당사국이 사무총장에게 동 사안을 이사회에 회부할 것을 요청하는 통지를 행하지 아니하는 한 이사회에 의하여 승인된 것으로 간주된다.

3. 어떤 사안이 본조 제2항의 규정에 의하여 이사회에 회부되는 경우에, 이 협약의 체약당사국인 이사회 회원국이 재심의를 위하여 그 전부 또는 일부를 위원회에 회부할 것을 요청하지 아니하는 한 이사회는 해설서, 분류의견서, 기타의 조언 또는 권고를 승인한다.

제9조 관세율

체약당사국은 이 협약에 의하여 관세율에 관련된 여하한 의무도 지지 아니한다.

제10조 분쟁의 해결

1. 이 협약의 해석 또는 적용에 관한 체약당사국간의 여하한 분쟁도 가능한 한 당사국간의 교섭에 의하여 해결된다.

2. 교섭에 의하여 해결되지 못한 분쟁은 분쟁당사국에 의하여 통일체계위원회에 회부되며, 동 위원회는 그에 따라 분쟁을 심의하며 그 해결을 위한 권고를 행한다.

3. 통일체계위원회가 그 분쟁을 해결할 수 없는 경우에 통일체계위원회는 그 문제를 이사회에 회부하며, 동 이사회는 이사회설립협약 제3조에 따라 권고를 행한다.

4. 분쟁당사국은 사전에 위원회 또는 이사회의 권고를 구속력이 있는 것으로 수락하는 데에 동의할 수 있다.

제11조 체약당사국의 자격

다음의 국가 또는 동맹은 이 협약의 체약당사국이 될 자격이 있다.

(a) 이사회의 회원국

(b) 이 협약에 의하여 규율되는 문제의 전부 또는 일부에 관하여 조약을 체결할 권한을 부여받은 관세동맹 또는 경제동맹

(c) 이사회의 지시에 따라 사무총장이 그러한 취지로 초청한 기타의 국가

ARTICLE 12 Procedure for becoming a Contracting Party

1. Any eligible State or Customs or Economic Union may become a Contracting Party to this Convention:

    (a)   by signing it without reservation of ratification;

    (b)   by depositing an instrument of ratification after having signed the Convention subject to ratification; or

    (c)   by acceding to it after the Convention has ceased to be open for signature.

2. This Convention shall be open for signature until 31 December 1986 at the Headquarters of the Council in Brussels by the States and Customs or Economic Unions referred to in Article11. Thereafter, it shall be open for their accession.

3. The instruments of ratification or accession shall be deposited with the Secretary General.

ARTICLE 13 Entry into force

1. This Convention shall enter into force on the earliest first of January which falls at least three months after a minimum of seventeen States or Customs or Economic Unions referred to in Article 11 above have signed it without reservation of ratification or have deposited their instruments of ratification or accession, but not before 1 January 1988.

2. For any State or Customs or Economic Union signing without reservation of ratification, ratifying or acceding to this Convention after the minimum number specified in paragraph 1 of this Article is reached, this Convention shall enter into force on the first of January which falls at least twelve months but not more than twenty-four months after it has signed the Convention without reservation of ratification or has deposited its instrument of ratification or accession, unless it specifies an earlier date. However, the date of entry into force under the provisions of this paragraph shall not be earlier than the date of entry into force provided for in paragraph 1 of this Article.

ARTICLE 14 Application by dependent territories

1. Any State may, at the time of becoming a Contracting Party to this Convention, or at any time thereafter, declare by notification given to the Secretary General that the Convention shall extend to all or any of the territories for whose international relations it is responsible, named in its notification. Such notification shall take effect on the first of January which falls at least twelve months but not more than twenty-four months after the date of the receipt thereof by the Secretary General, unless an earlier date is specified in the notification. However, this Convention shall not apply to such territories before it has entered into force for the State concerned.

2. This Convention shall cease to have effect for a named territory on the date when the Contracting Party ceases to be responsible for the international relations of that territory or on such earlier date as may be notified to the Secretary General under the procedure of Article 15.

ARTICLE 15 Denunciation

This Convention is of unlimited duration. Nevertheless any Contracting Party may denounce it and such

제12조 체약당사국이 되기 위한 절차

1. 자격이 있는 국가 또는 관세동맹 또는 경제동맹은 다음의 방법에 의하여 이 협약의 체약당사국이 될 수 있다.

    (a) 비준의 유보없는 서명

    (b) 비준을 조건으로 협약에 서명한 후의 비준서 기탁, 또는

    (c) 협약의 서명을 위한 개방이 종료된 후의 협약에 대한 가입

2. 이 협약은 제11조에 언급된 국가와 관세동맹 또는 경제동맹에 의한 서명을 위하여 브럿셀의 이사회 본부에서 1986년 12월 31일까지 개방된다. 그 후에도, 이 협약은 각국의 가입을 위하여 개방된다.

3. 비준서 또는 가입서는 사무총장에게 기탁한다.

제13조 발효

1. 이 협약은 상기 제11조에 언급된 최소한 17개의 국가 또는 관세동맹 또는 경제동맹이 비준의 유보없이 서명하거나 그들의 비준서 또는 가입서를 기탁한 후 적어도 12개월 이후 24개월 이전에 해당되는 1월 1일에 발효하나, 다만, 1987년 1월 1일 전에는 발효하지 아니한다.

2. 본조 제1항에 규정된 최소한의 수가 달성된 후에 비준의 유보없이 이 협약에 서명하거나 이 협약을 비준하거나 또는 이 협약에 가입하는 국가 또는 관세동맹 또는 경제동맹에 대해서는, 조기의 일자를 지정하지 아니하는 한, 비준의 유보없이 서명하거나 비준서나 가입서를 기탁한 후 적어도 12개월 이후 24개월 이전에 해당되는 1월 1일에 발효한다. 다만, 본항의 규정에 의한 발효일은 본조 제1항에 규정된 발효일 전으로 되지 아니한다.

제14조 속령에 대한 적용

1. 여하한 국가도 이 협약의 체약당사국이 되는 당시 또는 체약당사국이 된 후 언제든지 사무총장에 대한 통고로서 그 국제관계에 관하여 동 국가가 책임을 지며, 통고서에 명시된 지역의 전부 또는 일부에 대하여 이 협약을 확장 적용할 것을 선언할 수 있다. 통고서에 조기의 일자가 명기되지 아니하는 한 그러한 통고서는 사무총장이 그것을 접수한 날로부터 적어도 12개월 이후 24개월 이전에 해당되는 1월 1일에 발효한다. 다만, 이 협약이 당해 국가에 대하여 발효하기 전에는 그러한 지역에 대하여 이 협약을 적용하지 아니한다.

2. 특정지역의 국제관계에 대한 체약당사국의 책임이 종료되는 일자 또는 제15조의 절차에 의하여 사무총장에게 통고되는 그 이전의 일자에 그러한 지역에 대한 이 협약의 효력이 종료된다.

제15조 폐기

이 협약은 무기한 존속한다. 다만, 여하한 체약당사국도 이 협약을 폐기할 수 있으며 그러한 폐기는 폐기통

denunciation shall take effect one year after the receipt of the instrument of denunciation by the Secretary General, unless a later date is specified therein.

ARTICLE 16 Amendment procedure

1. The Council may recommend amendments to this Convention to the Contracting Parties.

2. Any Contracting Party may notify the Secretary General of an objection to a recommended amendment and may subsequently withdraw such objection within the period specified in paragraph 3 of this Article.

3. Any recommended amendment shall be deemed to be accepted six months after the date of its notification by the Secretary General provided that there is no objection outstanding at the end of this period.

4. Accepted amendments shall enter into force for all Contracting Parties on one of the following dates:

   (a) where the recommended amendment is notified before 1 April, the date shall be the first of January of the second year following the date of such notification, or

   (b) where the recommended amendment is notified on or after 1 April, the date shall be the first of January of the third year following the date of such notification.

5. The statistical nomenclatures of each Contracting Party and its Customs tariff nomenclature or, in the case provided for under paragraph 1 (c) of Article 3, its combined tariff/statistical nomenclature, shall be brought into conformity with the amended Harmonized System on the date specified in paragraph 4 of this Article.

6. Any State or Customs or Economic Union signing without reservation of ratification, ratifying or acceding to this Convention shall be deemed to have accepted any amendments thereto which, at the date when it becomes a Contracting Party, have entered into force or have been accepted under the provisions of paragraph 3 of this Article.

ARTICLE 17 Rights of Contracting Parties in respect of the Harmonized System

On any matter affecting the Harmonized System, paragraph 4 of Article 6, Article 8 and paragraph 2 of Article 16 shall confer rights on a Contracting Party :

   (a) in respect of all parts of the Harmonized System which it applies under the provisions of this Convention; or

   (b) until the date when this Convention enters into force in respect of it in accordance with the provisions of Article 13, in respect of all parts of the Harmonized System which it is obligated to apply at that date under the provisions of this Convention; or

   (c) in respect of all parts of the Harmonized System, provided that it has formally undertaken to apply the full six-digit Harmonized System within the period of three years referred to in paragraph 5 of Article 4 and until the expiration of that period.

ARTICLE 18 Reservations

No reservations to this Convention shall be permitted.

고서에 그 후의 일자를 명시하지 아니하는 한 사무총장이 폐기통고서를 접수한 날로부터 1년 후에 발효한다.

제16조 개정절차

1. 이사회는 체약당사국에게 이 협약의 개정을 권고할 수 있다.
2. 여하한 체약당사국도 사무총장에게 개정권고에 대한 반대를 통고할 수 있으며, 그 후 본조 제3항에 규정된 기간내에 그러한 반대를 철회할 수 있다.
3. 권고된 여하한 개정안도 사무총장이 동 개정안을 통지한 날로부터 6개월까지 뚜렷한 반대가 없는 경우 수락된 것으로 간주된다.
4. 수락된 개정안은 모든 체약당사국에 대하여 다음 중 한 일자에 발효한다.
    (a) 권고된 개정안이 4월 1일 전에 통지된 경우에 발효일은 동 통지일 이후의 제2차 연도의 1월 1일로 한다.
    (b) 권고된 개정안이 4월 1일 또는 그 이후에 통지된 경우에 발효일은 그러한 통지일로부터 제3차 연도에 1월 1일로 한다.
5. 각 체약당사국의 통계품목분류표 및 관세품목분류표 또는 제3조제1항 다호에 의하여 규정된 경우에 관세/통계 통합품목분류표는 본조제4항에 규정된 날에 개정된 통일체계와 일치하도록 하여야 한다.
6. 이 협약에 비준의 유보없이 서명하다가 동협약을 비준하거나 또는 동 협약에 가입하는 여하한 국가 또는 관세동맹 또는 경제동맹도 그것이 체약당사국이 되는 날에 발효하는 개정안 또는 본조 제3항의 규정에 의하여 수락된 개정안을 수락한 것으로 간주된다.

제17조 통일체계에 관한 체약국의 권리

통일체계에 영향을 주는 여하한 문제에 대하여도, 제6조제4항, 제8조 및 제16조제2항은 체약국에 대하여 다음의 권리를 부여한다.

(a) 체약당사국이 이 협약의 규정에 의하여 적용하는 통일체계의 모든 부분에 관한 권리
(b) 제13조의 규정에 따라 이 협약이 체약당사국에 대하여 발효하는 날까지, 체약당사국이 이 협약의 규정에 의하여 그 날에 적용할 의무를 지는 통일체계의 모든 부분에 관한 권리
(c) 체약당사국이 제4조제5항에 규정된 3년의 기간내 및 그 기간의 만료일까지 완전한 6단위 통일체계를 적용할 것을 공식적으로 약속하는 경우, 통일체계의 모든 부분에 관한 권리

제18조 유 보

이 협약에 대한 유보는 허용되지 아니한다.

ARTICLE 19 Notifications by the Secretary General

The Secretary General shall notify Contracting Parties, other signatory States, Member States of the Council which are not Contracting Parties to this Convention, and the Secretary General of the United Nations, of the following :

    (a)   Notifications under Article 4;

    (b)   Signatures, ratifications and accessions as referred to in Article 12;

    (c)   The date on which the Convention shall enter into force in accordance with Article 13;

    (d)   Notifications under Article 14;

    (e)   Denunciations under Article 15;

    (f)   Amendments to the Convention recommended under Article 16;

    (g)   Objections in respect of recommended amendments under Article 16, and, where appropriate, their withdrawal; and

    (h)   Amendments accepted under Article 16, and the date of their entry into force.

ARTICLE 20 Registration with the United Nations

This Convention shall be registered with the Secretariat of the United Nations in accordance with the provisions of Article 102 of the Charter of the United Nations at the request of the Secretary General of the Council.

In witness thereof the undersigned, being duly authorized thereto, have signed this Convention.

Done at Brussels on the 14th day of June 1983 in the English and French languages, both texts being equally authentic, in a single original which shall be deposited with the Secretary General of the Council who shall transmit certified copies thereof to all the States and Customs or Economic Unions referred to in Article 11.

제19조 사무총장에 의한 통지

사무총장은 체약당사국, 기타 서명국, 이 협약의 체약당사국이 아닌 이사회 회원국, 국제연합사무총장 등에게 다음 사항을 통지한다.

- (a) 제4조에 의한 통지
- (b) 제12조에 규정된 서명, 비준 및 가입
- (c) 제13조에 따라 이 협약이 발효하는 일자
- (d) 제14조에 의한 통지
- (e) 제15조에 의한 폐기
- (f) 제16조에 의하여 권고된 협약개정안
- (g) 제16조에 의하여 권고된 개정안에 대한 반대 및 적절한 경우 반대의 철회
- (h) 제16조에 의하여 수락된 개정안 및 동 발효일

제20조 국제연합에의 등록

이 협약은 이사회 사무총장의 요청으로 국제연합헌장 제102조 규정에 따라 국제연합사무국에 등록된다.

이상의 증거로, 하기 서명자는 그에 대하여 정당히 권한을 위임받아 이 협약에 서명하였다. 1983년 6월 14일 브뤼셀에서 동등히 정본인 영어와 불어로 원본 1통을 작성하였다. 동 원본은 이사회의 사무총장에 기탁되며, 사무총장은 동인증등본을 제11조에 규정된 모든 국가 및 관세동맹 또는 경제동맹에 전달한다.

5-2 AEO System, 2005

1) AGREEMENT ON TRADE FACILITATION Articles 7

Preamble

Members,

Having regard to the negotiations launched under the Doha Ministerial Declaration;

Recalling and reaffirming the mandate and principles contained in paragraph 27 of the Doha Ministerial Declaration (WT/MIN(01)/DEC/1) and in Annex D of the Decision of the Doha Work Programme adopted by the General Council on 1 August 2004 (WT/L/579), as well as in paragraph 33 of and Annex E to the Hong Kong Ministerial Declaration (WT/MIN(05)/DEC);

Desiring to clarify and improve relevant aspects of Articles V, VIII and X of the GATT 1994 with a view to further expediting the movement, release and clearance of goods, including goods intransit;

Recognizing the particular needs of developing and especially least-developed country Members and desiring to enhance assistance and support for capacity building in this area;

Recognizing the need for effective cooperation among Members on trade facilitation and customs compliance issues;

Hereby agree as follows:

ARTICLE 7: RELEASE AND CLEARANCE OF GOODS

ARTICLE 1- ARTICLE 6 Omitted

1. Pre-arrival Processing

   1.1 Each Member shall adopt or maintain procedures allowing for the submission of import documentation and other required information, including manifests, in order to begin processing prior to the arrival of goods with a view to expediting the release of goods upon arrival.

   1.2 Each Member shall, as appropriate, provide for advance lodging of documents in electronic format for pre-arrival processing of such documents.

2. Electronic Payment Each Member shall, to the extent practicable, adopt or maintain procedures   allowing the option of electronic payment for duties, taxes, fees, and charges collected by customs   incurred upon

5-2 AEO제도, 2018

1) 무역원활화 협정 제7조

전문

회원국들은, 다자무역협상인 도하 라운드와 관련하여, 도하 각료 선언 제27항과 2004년8월 1일 일반이사회에 의해 채택된 도하 작업 계획 결정 부속서D 및 홍콩각료선언 제33항과 부속서 E에 포함된 위임 및 원칙을 상기하고 재확인하며, 통과 상품을 포함한 상품의 이동, 반출 및 통관을 더욱 신속하게 할 목적으로 GATT 1994 제5조, 제8조 및 제10조의 관련 사항을 명확화하고 개선하기를 희망하며,

개발도상회원국 및 특히 최빈개발도상회원국의 특정한 필요를 인정하고 이분야의 능력 배양을 위한 원조 및 지원을 증진시키기를 희망하며,

무역원활화 및 세관 준수 문제에 관한 회원국 간의 효과적인 협력 필요를 인정하며,

다음과 같이 합의한다.

무역원활화 협정 제7조 : 상품의 반출 및 통관

제1조~제6조 생략

제7조 : 상품의 반출 및 통관

1. 도착전 처리
    1.1 각 회원국은 도착시 상품의 반출을 신속하게 하기 위해 상품의 도착 이전에 처리를 시작하기 위해, 적하목록을 포함한 수입 서류 및 그 밖의 요구되는 정보의 제출을 허용하는 절차를 채택하거나 유지한다.
    1.2 회원국은, 적절한 경우, 그러한 서류의 도착전 처리를 위해 사전에 전자적 형태의 서류를 제공한다.

2. 전자적 지급
    각 회원국은, 실행 가능한 한도에서, 수입 및 수출에 대해 발생하여 세관에 의해 징수되는 관세, 조세, 수

importation and exportation.

3. Separation of Release from Final Determination of Customs Duties, Taxes, Fees and Charges

   3.1 Each Member shall adopt or maintain procedures allowing the release of goods prior to the final determination of customs duties, taxes, fees, and charges, if such a determination is not done prior to, or upon arrival, or as rapidly as possible after arrival and provided that all other regulatory requirements have been met.

   3.2 As a condition for such release, a Member may require:

      (a) payment of customs duties, taxes, fees, and charges determined prior to or upon arrival of goods and a guarantee for any amount not yet determined in the form of a surety, a deposit, or another appropriate instrument provided for in its laws and regulations; or

      (b) a guarantee in the form of a surety, a deposit, or another appropriate instrument provided for in its laws and regulations.

   3.3 Such guarantee shall not be greater than the amount the Member requires to ensure payment of customs duties, taxes, fees, and charges ultimately due for the goods covered by the guarantee.

   3.4 In cases where an offence requiring imposition of monetary penalties or fines has been detected, a guarantee may be required for the penalties and fines that may be imposed.

   3.5 The guarantee as set out in paragraphs 3.2 and 3.4 shall be discharged when it is no longer required.

   3.6 Nothing in these provisions shall affect the right of a Member to examine, detain, seize or confiscate or deal with the goods in any manner not otherwise inconsistent with the Member's WTO rights and obligations.

4. Risk Management

   4.1 Each Member shall, to the extent possible, adopt or maintain a risk management system for customs control.

   4.2 Each Member shall design and apply risk management in a manner as to avoid arbitrary or unjustifiable discrimination, or a disguised restriction on international trade.

   4.3 Each Member shall concentrate customs control and, to the extent possible other relevant border controls, on high-risk consignments and expedite the release of low-risk consignments. A Member also may select, on a random basis, consignments for such controls as part of its risk management.

   4.4 Each Member shall base risk management on an assessment of risk through appropriate selectivity criteria. Such selectivity criteria may include, inter alia, the Harmonized System code, nature and description of the goods, country of origin, country from which the goods were shipped, value of the goods, compliance record of traders, and type of means of transport.

수료 및 부과금의 전자적 지급 선택권을 허용하는 절차를 채택 또는 유지한다.

3. 반출과 관세, 조세, 수수료 및 부과금의 최종 결정의 분리

    3.1 각 회원국은 관세, 조세, 수수료 및 부과금의 결정이 도착 전, 또는 도착 시, 또는 도착 후 가능한 한 신속히 이루어지지 않은 경우, 동 최종 결정 이전에 상품의 반출을 허용하는 절차를 채택 또는 유지한다. 다만, 그 밖의 모든 규제 요건이 만족되어야 한다.

    3.2 그러한 반출의 조건으로, 회원국은 다음을 요구할 수 있다.

        가. 상품 도착 전 또는 도착시 결정된 관세, 조세, 수수료 및 부과금의 지급 및 아직 결정되지 않는 모든 금액에 대한 담보, 예치, 또는 법과 규정에 규정된 다른 적절한 증서의 형태의 보증 또는

        나. 담보, 예치, 또는 법과 규정에 규정된 그 밖의 적절한 증서의 형태의 보증

    3.3 그러한 보증은 보증의 대상이 되는 상품에 궁극적으로 예정된 관세, 조세, 수수료 및 부과금의 지급을 보장하기 위해 회원국이 요구하는 금액보다 커서는 아니 된다.

    3.4 벌금형 또는 과태료 부과를 요구하는 위법이 감지된 경우, 부과될 벌금과 과태료에 보증이 요구될 수 있다.

    3.5 제3.2항과 제3.4항에 제시된 보증은 그것이 더 이상 요구되지 않는 경우에는 해제되어야 한다.

    3.6 이 규정의 어떤 것도 회원국의 WTO 권리 및 의무와 불합치하지 않는 한 어떤 방식으로 상품을 검사, 유치, 압수, 또는 몰수하거나 또는 다룰 수 있는 회원국의 권리에 영향을 미치지 아니한다.

4. 위험관리

    4.1 각 회원국은, 가능한 한도에서, 위험관리 시스템을 채택 또는 유지한다.

    4.2 각 회원국은 자의적이거나 불공정한 차별, 또는 국제 무역에 대한 위장된 제한을 회피하기 위한 방식으로 위험관리를 고안하고 적용한다.

    4.3 각 회원국은 세관통제 및 가능한 한도에서 그 밖의 관련 국경통제를 고위험 화물에 집중하고 저위험 화물의 반출은 신속하게 한다. 각 회원국은 또한 위험관리의 일부로서 그러한 통제를 위한 화물을 무작위에 기초하여 선별할 수 있다.

    4.4 각 회원국은 위험관리를 적절한 선별 기준을 통한 위험 평가에 기초하여야 한다. 그러한 선별 기준은, 특히, HS 코드, 상품의 성격과 기술, 원산지 국가, 상품이 선적된 국가, 상품의 가치, 무역업자의 준수 기록, 그리고 운송수단의 종류를 포함할 수 있다.

5. Post-clearance Audit

   5.1   With a view to expediting the release of goods, each Member shall adopt or maintain post-clearance audit to ensure compliance with customs and other related laws and regulations.

   5.2   Each Member shall select a person or a consignment for post-clearance audit in a risk-based manner, which may include appropriate selectivity criteria. Each Member shall conduct post-clearance audits in a transparent manner. Where the person is involved in the audit process and conclusive results have been achieved the Member shall, without delay, notify the person whose record is audited of the results, the person's rights and obligations, and the reasons for the results.

   5.3   The information obtained in post-clearance audit may be used in further administrative or judicial proceedings.

   5.4   Members shall, wherever practicable, use the result of post-clearance audit in applying risk management.

6. Establishment and Publication of Average Release Times

   6.1   Members are encouraged to measure and publish their average release time of goods periodically and in a consistent manner, using tools such as, inter alia, the Time Release Study of the World Customs Organization (referred to in this Agreement as the "WCO").

   6.2   Members are encouraged to share with the Committee their experiences in measuring average release times, including methodologies used, bottlenecks identified, and any resulting effects on efficiency.

7. Trade Facilitation Measures for Authorized Operators

   7.1   Each Member shall provide additional trade facilitation measures related to import, export, or transit formalities and procedures, pursuant to paragraph 7.3, to operators who meet specified criteria, hereinafter called authorized operators.

        Alternatively, a Member may offer such trade facilitation measures through customs procedures generally available to all operators and is not required to establish a separate scheme.

   7.2   The specified criteria to qualify as an authorized operator shall be related to compliance, or the risk of non-compliance, with requirements specified in a Member's laws, regulations or procedures.

       (a) Such criteria, which shall be published, may include:

            (i) an appropriate record of c%ompliance with customs and other related laws and regulations;

            (ii) a system of managing records to allow for necessary internal controls;

            (iii) financial solvency, including, where appropriate provision of a sufficient security or guarantee; and

            (iv) supply chain security.

       (b) Such criteria shall not:

            (i) be designed or applied so as to afford or create arbitrary or unjustifiable discrimination between

5. 통관사후심사

5.1 상품의 반출을 신속하게 하기 위해, 각 회원국은 관세 및 그 밖의 관련법과 규정의 준수를 보장하기 위한 통관사후심사제도를 채택 또는 유지한다.

5.2 각 회원국은, 적절한 선별 기준을 포함할 수 있는 위험에 근거한 방식으로 통관사후심사를 위한 개인 또는 화물을 선별한다. 각 회원국은 통관사후심사를 투명한 방식으로 수행한다. 심사 과정에 개인이 관련되고 결정적인 결과가 획득되는 경우 회원국은 그 결과, 개인의 권리 및 의무 그리고 그 결과의 이유를 그 기록이 심사된 개인에게 지체 없이 통보한다.

5.3 회원국은 통관사후심사로 획득된 정보가 추가적인 행정적 또는 사법적 소송에 이용될 수 있음을 인정한다.

5.4 회원국은, 실행 가능한 경우, 위험관리를 적용하는데 통관사후심사의 결과를 이용한다.

6. 평균반출시간 측정 및 공표

6.1 회원국은, 특히, WCO 반출시간 연구와 같은 수단을 이용하여, 정기적으로 그리고 일관된 방식으로 상품의 평균 반출시간을 측정하고 공표하도록 장려된다.

6.2 회원국은 이용된 방법론, 확인된 병목점, 그리고 효율성에 대한 모든 결과적인 영향을 포함한 평균 반출시간 측정 경험을 위원회와 공유하도록 장려된다.

7. 공인된 사업자를 위한 무역원활화 조치

7.1 각 회원국은, 이하 공인된 사업자라 할, 특정 기준을 충족시키는 사업자에게, 제7.3항에 따라, 수입, 수출 또는 통과 형식 및 절차와 관련되는 추가적인 무역원활화 조치를 제공한다. 또는, 회원국은 그러한 원활화 조치를 모든 사업자가 일반적으로 이용 가능한 세관 절차를 통해 제공할 수 있으며 별도의 계획을 수립하도록 요구되지 않는다.

7.2 명시된 기준은 회원국의 법, 규정 및 절차에서 명시한 요건과 함께 의무준수, 또는 비준수 위험과 관련되어야 한다.

① 공표되어야 하는 명시된 기준은 다음을 포함할 수 있다.

가. 관세 및 기타 관련법 및 규정의 적절한 준수 기록

나. 필요한 내부통제를 가능하게 하는 기록 관리 시스템

다. 적절한 경우, 충분한 보안/보증의 제공을 포함하는 재정건정성 ; 그리고

라. 공급망보안

② 사업자 자격을 부여받기 위한 명시된 기준은

가. 동일한 조건 하에 있는 사업자 간의 자의적이거나 부당한 차별을 부여하거나 초래하기 위해 고안되거나 적용되지 아니한다.

operators where the same conditions prevail; and

(ii) to the extent possible, restrict the participation of small and medium-sized enterprises.

7.3　The trade facilitation measures provided pursuant to paragraph 7.1 shall include at least three of the following measures:

(a)　low documentary and data requirements, as appropriate;

(b)　low rate of physical inspections and examinations, as appropriate;

(c)　rapid release time, as appropriate;

(d)　deferred payment of duties, taxes, fees, and charges;

(e)　use of comprehensive guarantees or reduced guarantees;

(f)　a single customs declaration for all imports or exports in a given period; and

(g)　clearance of goods at the premises of the authorized operator or another place authorized by customs.

7.4　Members are encouraged to develop authorized operator schemes on the basis of international standards, where such standards exist, except when such standards would be an inappropriate or ineffective means for the fulfilment of the legitimate objectives pursued.

7.5　In order to enhance the trade facilitation measures provided to operators, Members shall afford to other Members the possibility of negotiating mutual recognition of authorized operator schemes.

7.6　Members shall exchange relevant information within the Committee about authorized operator schemes in force.

8.　Expedited Shipments

8.1　Each Member shall adopt or maintain procedures allowing for the expedited release of at least those goods entered through air cargo facilities to persons who apply for such treatment, while maintaining customs control.70) If a Member employs criteria limiting who may apply, the Member may, in published criteria, require that the applicant shall, as conditions for qualifying for the application of the treatment described in paragraph 8.2 to its expedited shipments:

(a)　provide adequate infrastructure and payment of customs expenses related to processing of expedited shipments in cases where the applicant fulfils the Member's requirements for such processing to be performed at a dedicated facility;

(b)　submit in advance of the arrival of an expedite shipment the information necessary for the release;

(c)　be assessed fees limited in amount to the approximate cost of services rendered in providing the treatment described in paragraph 8.2;

(d)　maintain a high degree of control over expedited shipments through the use of internal security, logistics, and tracking technology from pick-up to delivery;

(e)　provide expedited shipment from pick-up to delivery;

나. 가능한 한도에서, 중소기업의 참여를 제한하지 아니한다.

7.3 제7.1항에 따라 공인된 사업자에게 제공되는 무역원활화 조치는 다음 조치 중 최소한 3가지를 포함 한다.

(a) 적절한 경우 낮은 서류 및 데이터 요건

(b) 적절한 경우 낮은 비율의 물리적 조사 및 검사

(c) 적절한 경우 신속한 반출시간

(d) 관세, 조세, 수수료 및 부과금의 납부 유예

(e) 종합 보증 또는 축소된 보증의 사용

(f) 주어진 기한 내의 모든 수입 및 수출에 대한 단일 세관 신고; 그리고

(g) 공인된 사업자의 사업장 또는 세관에 의해 승인된 그 밖의 장소에서의 상품 통관

7.4 회원국들은 그러한 표준이 존재하는 경우, 국제 표준에 기초하여 공인된 사업자 계획을 발전시키도 록 장려된다. 그러한 표준이 추구된 정당한 목적의 충족을 위해 부적절하거나 비효과적인 수단일 경우는 제외한다.

7.5 사업자에게 제공되는 원활화 조치를 증진하기 위해, 회원국들은 다른 회원국들에게 인가된 사업자 계획의 상호 인정을 협상할 수 있는 가능성을 제공한다.

7.6 회원국들은 시행중인 공인된 사업자 계획에 대한 관련 정보를 위원회 내에서 교환한다.

8. 특송화물

8.1 각 회원국은 세관통제를 유지하면서, 그러한 대우를 신청한 인에게 적어도 항공화물 시설을 통해 반입된 상품의 신속한 반출을 허용하는 절차를 채택 또는 유지한다. 회원국이 신청인을 제한하는 기준을 적용하는 경우, 그 회원국은, 공표된 기준을 통해, 8.2항 가-라호에 기술된 대우를 특송화물 에 적용하기 위한 자격 조건으로, 신청인에게 다음을 요구할 수 있다.

(a) 그러한 처리가 지정된 시설에서 수행되기 위한 회원국의 요건을 신청인이 충족하는 경우, 적 절한 기반시설 및 특송 화물의 처리에 관련된 세관비용의 지급 제공

(b) 특송화물의 도착 이전에 반출에 필요한 정보의 제출

(c) 평가된 수수료가 제8.2항 가-사호에 기술된 대우를 제공하는데 사용된 서비스의 대략적 비용 에 대한 금액에 한정될 것

(d) 내부 보안, 물류 및 픽업에서 배송에 이르기까지의 추적 기술 사용을 통한 특송화물에 대한 높 은 수준의 통제 유지

(e) 픽업부터 배달까지의 특송 제공

     (f)   assume liability for payment of all customs duties, taxes, fees, and charges to the customs authority for the goods;

     (g)   have a good record of compliance with customs and other related laws and regulations;

     (h)   comply with other conditions directly related to the effective enforcement of the Member's laws, regulations, and procedural requirements, that specifically relate to providing the treatment described in paragraph 8.2.

8.2   Subject to paragraphs 8.1 and 8.3, Members shall:

     (a)   minimize the documentation required for the release of expedited shipments in accordance with paragraph 1 of Article 10 and, to the extent possible, provide for release based on single submission of information on certain shipments;

     (b)   provide for expedited shipments to be released under normal circumstances as rapidly as possible after arrival, provided the information required for release has been submitted;

     (c)   endeavour to apply the treatment in subparagraphs (a) and (b) to shipments of any weight or value recognizing that a Member is permitted to require additional entry procedures, including declarations and supporting documentation and payment of duties and taxes, and to limit such treatment based on the type of good, provided the treatment is not limited to low value goods such as documents; and

     (d)   provide, to the extent possible, for a de minimis shipment value or dutiable amount for which customs duties and taxes will not be collected, aside from certain prescribed goods. Internal taxes, such as value added taxes and excise taxes, applied to imports consistently with Article III of the GATT 1994 are not subject to this provision.

8.3   Nothing in paragraphs 8.1 and 8.2 shall affect the right of a Member to examine, detain, seize, confiscate or refuse entry of goods, or to carry out post-clearance audits, including in connection with the use of risk management systems. Further, nothing in paragraphs 8.1 and 8.2 shall prevent a Member from requiring, as a condition for release, the submission of additional information and the fulfilment of non-automatic licensing requirements.

9.   Perishable Goods

9.1   With a view to preventing avoidable loss or deterioration of perishable goods, and provided that all regulatory requirements have been met, each Member shall provide for the release of perishable goods:

     (a)   under normal circumstances within the shortest possible time; and

     (b)   in exceptional circumstances where it would be appropriate to do so, outside the business hours of customs and other relevant authorities.

9.2   Each Member shall give appropriate priority to perishable goods when scheduling any examinations that may be required.

9.3   Each Member shall either arrange or allow an importer to arrange for the proper storage of perishable goods pending their release. The Member may require that any storage facilities arranged by the importer have been

(f) 상품에 대해 세관 당국에 대한 관세, 조세, 수수료 및 부과금의 지급 의무 부담

(g) 관세법 및 그 밖의 관련법 및 규정의 훌륭한 준수 기록

(h) 제8.2항에 기술된 대우의 제공과 구체적으로 관련되는, 회원국의 법, 규정 및 절차 요건의 효과적인 집행과 직접적으로 관련되는 그 밖의 조건들의 준수

8.2 제8.1항 및 제8.3을 조건으로, 회원국들은 :

(a) 제10.1조에 따라 특송 화물의 반출을 위한 서류 요건을 최소화하고, 가능한 한도에서, 특정 화물에 대해 정보의 단일 제출에 근거한 반출을 규정한다.

(b) 반출을 위해 요구되는 정보가 제출된 경우에 한하여, 통상적인 상황에서 특송화물이 도착 후 최대한 신속하게 반출되도록 규정한다.

(c) 회원국이 신고서, 지원 서류, 관세 및 조세의 지급을 포함한 추가적인 반입 절차를 요구하도록 허용되고, 또한 그러한 대우가 서류와 같은 낮은 가치의 상품에만 제한되지 않는 경우에 한하여 그러한 대우를 상품의 종류에 근거하여 제한하도록 허용된다는 것을 인정하면서 제8.2항 가호 및 나. 호의 대우를 모든 중량과 가치의 화물에 적용하도록 노력한다.

(d) 특정한 기술된 상품을 제외하고, 가능한 한도에서, 관세 및 조세가 징수되지 않는 소액화물 금액 또는 관세부과대상 금액을 규정한다. GATT 1994 제3조에 합치하게 수입에 대해 적용되는, 부가가치세 및 소비세와 같은, 내국세는 이 규정의 대상이 되지 아니한다.

8.3 제8.1항 및 제8.2항의 어떤 것도 상품을 검사, 유치, 압수, 몰수 또는 반입 거부하거나 위험관리 시스템의 사용과 관련된 것을 포함하여, 통관사후심사를 수행할 수 있는 회원국의 권리에 영향을 미치지 않는다. 나아가, 제8.1항 및 제8.2항의 어떤 규정도 회원국이 반출의 조건으로 추가적인 정보의 제출과 비자동 면허 요건의 충족을 요구하는 것을 방해하지 않는다.

9. 부패성 상품

9.1. 부패성 상품의 회피 가능한 손실 또는 품질 저하를 방지할 목적으로, 그리고 모든 규제 요건이 충족된 경우에 한하여, 각 회원국은 :

(a) 통상적인 상황에서 가능한 한 최단시간 내에 부패성 상품의 반출을 규정한다 ; 그리고

(b) 그렇게 하는 것이 적절한 예외적인 상황에서, 세관과 그 밖의 관련 당국의 영업시간 외에 부패성 상품의 반출을 규정한다.

9.2. 각 회원국은 요구될 수 있는 모든 검사 일정을 잡을 때 부패성 상품에 적절한 우선권을 제공한다.

9.3. 각 회원국은 반출을 기다리는 동안 부패성 상품의 적절한 저장 시설을 마련하거나 수입자가 마련할 수 있도록 허용한다. 회원국은 수입자에 의해 마련된 저장 시설이 관련 당국에 의해 승인받거나 지정되도록 요구할 수 있다. 그러한 저장 시설로의 부패성 상품의 이동은, 상품을 이동시키는 영업자

approved or designated by its relevant authorities. The movement of the goods to those storage facilities, including authorizations for the operator moving the goods, may be subject to the approval, where required, of the relevant authorities. The Member shall, where practicable and consistent with domestic legislation, upon the request of the importer, provide for any procedures necessary for release to take place at those storage facilities.

9.4 In cases of significant delay in the release of perishable goods, and upon written request, the importing Member shall, to the extent practicable, provide a communication on the reasons for the delay.

ARTICLE 8- ARTICLE 24 Omitted

2) SAFE FRAMEWORK 2018

I. Introduction

Legitimate international trade is an essential driver for economic prosperity. The global trading system is vulnerable to terrorist exploitation that would severely damage the entire global economy and social well-being of nations. As government organizations that control and administer the international movement of goods, Customs administrations are in a unique position to provide increased security to the global supply chain and to contribute to socio-economic development through revenue collection and trade facilitation.

There is a need for a World Customs Organization (WCO) endorsed strategy to secure the movement of global trade in a way that does not impede but, on the contrary, facilitates the movement of that trade. Securing the international trade supply chain is only one step in the overall process of strengthening and preparing Customs administrations for the 21st Century. Accordingly, to strengthen and go beyond existing programmes and practices, WCO Members have developed a regime that will enhance the security and facilitation of international trade. This is the WCO SAFE Framework of Standards to secure and facilitate global trade (hereafter referred to as the "SAFE Framework"). The SAFE Framework sets forth the principles and the standards and presents them for adoption as a minimal threshold of what should be done by WCO Members.

The reason that the WCO is the appropriate platform for this initiative is readily apparent. The WCO has the membership and thus the participation of Customs administrations representing 99 percent of global trade. Customs administrations have important powers that exist nowhere else in government - the authority to inspect cargo and goods shipped into, through and out of a country. Customs also have the authority to refuse entry or exit and the authority to expedite entry. Customs administrations require information about goods being imported, and often require information about goods exported. They can, with appropriate legislation, require that information to be provided in advance and electronically. Given the unique authorities and expertise, Customs can and should play a central role in the security1 and facilitation

에 대한 승인을 포함하여, 요구되는 경우, 관련 당국의 승인을 조건으로 할 수 있다. 회원국은 실행 가능하고 국내 입법에 합치하는 경우, 수입자의 요구가 있는 경우, 그러한 저장 시설에서 반출이 일어나기 위해 필요한 모든 절차를 규정한다.

9.4. 부패성 상품의 반출에 심각한 지연이 있는 경우, 그리고 서면 요청이 있는 경우, 수입 회원국은, 실행 가능한 한도에서, 지연 사유에 관한 의사소통을 제공한다.

제8조~제24조 생략

2) SAFE Framework 2018

I. 서 문

국제 무역은 경제 번영의 핵심 동력이다. 국제 무역시스템은 전세계 경제에 심각한 타격을 입힐 수 있는 테러 공격에 취약하다. 물품의 국제 이동을 통제 관리하는 정부기관으로서 세관당국은 전세계 공급망의 안전을 확보하고 세수 징수 및 무역 원활화를 통해 사회경제 발전에 기여해야 할 고유한 위치에 있다.

세계 무역의 흐름을 방해하지 않고 반대로 촉진시키는 방식으로 무역의 흐름을 안전하게 하기 위하여 WCO가 보증하는 전략이 필요하다. 국제 무역 공급망의 안전을 확보하는 것은 21세기를 위해 관세 행정을 강화하고 준비하는 전체 과정 중 일부분에 불과하다. 따라서 기존의 프로그램 및 관행을 강화하고 발전시키기 위해 WCO 회원국들은 국제 무역의 안전 및 원활화를 개선하는 제도를 개발하였다. 이것이 무역 안전 및원활화 표준에 관한 WCO SAFE Framework이다(이하 "SAFE Framework"라 함). 본 SAFE Framework 은 원칙과 표준을 제정하여 회원국들이 이행해야 할 최소한의 출발점으로 채택되기 위한 차원에서 이를 제시하고 있다.

WCO가 본 계획(initiative) 을 추진하기에 적절한 위치라는 명분은 확실하다. WCO에는 회원국이 있고 세계무역의 99% 를 대표하는 세관당국이 참여하고 있다. 세관당국은 다른 정부 기관에는 없는 중요한 권한, 즉 한 국가에 반입, 통과, 반출되는 화물 및 물품을 검사할 권한을 갖는다. 또한 반입이나 반출을 허가하지 않을 권한 및 반입을 촉진시킬 권한을 갖는다. 세관당국은 수입 물품에 관한 정보를 요구하고, 종종 수출 물품에 관한 정보도 요구한다. 적정한 법률에 의하여 그러한 정보가 사전에 전자적 방식으로 제출되도록 요구할 수 있다. 고유한 권한 및 전문성을 고려해 볼 때, 세관당국은 국제 무역의 안전 및 원활화에 중추적인 역할을 할 수 있고 또한 하여야 한다. 그러나 동시에 지속적인 무역 원활화의 향상을 확보하면서 동시에 국제 무역공급망의 안전을 최적화하기 위해서는 전체론적 접근이 요구된다. 따라서 세관당국은 다른 정부 기관과의 협력 관계를 발전시켜야 한다. 모든 화물을 검사하는 것은 수용될 수 없고 불필요한 부담이다. 사실 그렇게 될 경우 국제 무역은

of global trade. However, a holistic approach is required to optimize the securing of the international trade supply chain while ensuring continued improvements in trade facilitation. Customs should, therefore, be encouraged to develop co-operative arrangements with other government agencies.

It is an unacceptable and an unnecessary burden to inspect every shipment. In fact, doing so would bring global trade to a halt. Consequently, modernized Customs administrations use automated systems to risk manage for a variety of issues. In this environment, Customs administrations should not burden the international trade community with different sets of requirements to secure and facilitate commerce, and there should be recognition of other international standards. There should be one set of international Customs standards developed by the WCO that do not duplicate or contradict other intergovernmental requirements.

1.   Objectives and principles of the SAFE Framework

The SAFE Framework aims to:

· Establish standards that provide supply chain security and facilitation at a global level to promote certainty and predictability.

· Enable integrated and harmonized supply chain management for all modes of transport.

· Enhance the role, functions and capabilities of Customs to meet the challenges and opportunities of the 21st Century.

· Strengthen co-operation between Customs administrations to improve their capability to detect high-risk consignments.

· Strengthen co-operation between Customs administrations, for example through exchange of information, mutual recognition of controls, mutual recognition of Authorized Economic Operators (AEOs)2, and mutual administrative assistance.

· Strengthen co-operation between Customs administrations and other Government agencies involved in international trade and security such as through Single Window.

· Strengthen Customs/Business co-operation.

· Promote the seamless movement of goods through secure international trade supply chains.

2.   Four Core Elements of the SAFE Framework

The SAFE Framework consists of four core elements. First, it harmonizes the advance electronic cargo information requirements on inbound, outbound and transit shipments. Second, each country that joins the SAFE Framework commits to employing a consistent risk management approach to address security threats. Third, it requires that at the reasonable request of the receiving nation, based upon a comparable risk targeting methodology, the sending nation's Customs administration will perform an outbound inspection of high-risk cargo and/or transport conveyances, preferably using non-intrusive detection equipment such

중단될 것이다 . 따라서 현대화된 세관당국은 다양한 문제에 대한 위험 관리를 위해 자동 시스템을
이용한다. 이러한 환경에서 세관당국은 상거래의 안전 및 원활화를 위한 목적에서 국제 무역업계
에 일련의 상이한 요구사항을 부담시켜서는 아니 되며, 다른 국제표준을 인식하여야 한다. 다른 국
제적인 요구사항들과 중복되지 않고 모순되지 않는 단일한 국제 관세표준이 WCO에 의해 개발되
어야 한다.

SAFE Framework은 또한 능력배양 및 필수적인 입법권한과 같은 중요한 사항을 고려한다. 본 문서
의 어떤 부분은 능력배양 없이 이행될 수 있는 반면, 많은 세관당국은 표준이행을 위한 지원이 필요
로 한 것으로 인정된다. 본 SAFE Framework은 동 문서를 채택하는 세관당국에게 능력배양을 위한
적절한 지원을 반영하고 있다.

1.   SAFE Framework의 목적 및 원칙

SAFE Framework 은 다음을 목적으로 한다 .

· 확실성 및 예측 가능성을 증진시키기 위해 세계적 수준에서 공급망 안전 및 원활화를 제공하는
  표준의 정립
· 모든 형태의 운송수단에 적용되는 통합공급망관리
· 21세기의 도전 및 기회에 대처하기 위한 세관당국의 역할 , 기능 및 역량 강화
· 고위험 화물 적발능력 제고를 위한 세관당국 간 협력 강화
· 세관당국간의 협력 강화 (정보교환, 상호통제인정, 상호 AEO 인정, 상호 당국 협조)
· 싱글윈도우를 통한 국제무역과 안전을 위한 세관당국과 다른 정부기관들간의 협력 강화
· 세관당국과 민간 간 협력 증진
· 안전한 국제 무역공급망을 통한 물품의 단절 없는 이동 촉진

2.   SAFE Framework의 4대 핵심요소

SAFE Framework은 네 가지 핵심 요소로 구성된다. 첫째, 반입, 반출, 통과 화물에 대한 사전 전자 화
물정보 요구사항을 일치시킨다. 둘째, SAFE Framework에참여하는 각 국가는 안전 위협 요소에 대
처하기 위한 일관된 위험 관리기법을 적용한다. 셋째, SAFE Framework은 비견될 만한 위험 선별기
법에 기초한 수입국의 합리적인 요구시, 수출국 세관당국은 고위험 컨테이터 및 화물에 대해 가능
하면 대형 X레이 검색기 및 방사선 탐지기 등 비파괴 검색장비를 이용하여 검사를 수행하도록 요
구한다. 넷째, SAFE Framework 은 최소 공급망 안전 표준 및 모범 사례를 준수하는 업체에게 세관

as large-scale X-ray machines and radiation detectors. Fourth, the SAFE Framework suggests benefits that Customs will provide to businesses that meet minimal supply chain security standards and best practices.

3. Three Pillars of the SAFE Framework

The SAFE Framework, based on the previously described four core elements, rests on the three pillars of Customs-to-Customs network arrangements, Customs-to-Business partnerships and Customs-to-other Government Agencies co-operation. The three-pillar strategy has many advantages. The pillars involve a set of standards that are consolidated to guarantee ease of understanding and rapid international implementation. Moreover, this instrument draws directly from existing WCO security and facilitation measures and programmes developed by Member administrations.

4. Capacity Building

Effective capacity building is an important element to ensure widespread adoption and implementation of the SAFE Framework. However, it is also recognized that parts of the instrument can be implemented immediately. To this end, strategies are required to enhance the capacity building provided to Members to enable implementation of the SAFE Framework. For capacity building to be successful, a foundation of political will and integrity must already exist. Thus, countries that demonstrate a commitment to implement the SAFE Framework and the necessary political will should be assisted by the WCO and a consortium of Members and other co-operating partners.

5. Implementation

In order for this instrument to be implemented, not only will capacity building be necessary, but also an understanding that a phased approach will be required. It is unreasonable to expect that every administration will be able to implement the SAFE Framework immediately. While the SAFE Framework is considered a minimum set of standards, it will be implemented at various stages in accordance with each administration's capacity and the necessary legislative authority. Further development of Implementation Plan will proceed as directed by the WCO Council.

II. Benefits

This SAFE Framework provides a consolidated platform which will enhance world trade, ensure better security against terrorism and other forms of transnational crime, and increase the contribution of Customs and trade partners to the economic and social well-being of nations. It will improve the ability of Customs to detect and deal with high-risk consignments and

당국이 제공할 이익을 규정한다.

3.   SAFE Framework의 3대 주축(Pillar)

위에 명시된 4대 핵심요소에 기초한 SAFE Framework은 세관당국간 네트워크 구축 및 세관과 민간 간 파트너십, 세관과 정부기관의 협력이라는 세 개의 주축(Pillar)을 토대로 한다. 3대 주축(Pillar) 전략은 많은 이점을 가지고 있다. 각 Pillar 에는 용이한 이해 및 신속한 국제적 이행을 보장하기 위해 통합된 일련의 표준이 포함된다. 또한 본 문서는 회원국 세관당국이 개발한 WCO 안전 및 원활화 조치와 프로그램에 직 접적인 토대를 두고 있다.

4.   능력 배양

효과적인 능력배양은 SAFE Framework 의 광범위한 채택 및 이행에 중요한 요소로 인식된다. 그러 나 본 문서의 일부는 즉시 이행 가능할 것으로 간주된다. 이에 따라 SAFE Framework의 이행이 가 능하도록 회원국에게 제공되는 능력배양을 강화하기 위한 전략이 필요하다. 능력배양이 성공적으 로 이루어지기 위해서는 정치적 의지 및 청렴성의 기반이 마련되어 있어야만 한다. 따라서, SAFE Framework 이행 약속 및 필요한 정치적 의지를 표명한 국가에 대하여 WCO 및 국가와 다른 협력 파 트너 간 컨소시엄에 의한 지원이 있어야 한다 ..

5.   이행

본 문서가 이행되도록 하기 위해서, 능력배양뿐만 아니라 단계별 접근 필요성에 대한 이해가 요구 된다. 모든 세관당국이 즉시 SAFE Framework을 이행할 수 있으리라고 기대하는 것은 바람직 하지 않다. SAFE Framework 은 최소한의 표준으로 간주되지만, 각 세관당국의 역량 및 필요한 입법 권한 에 따라 다양한 단계에서 이행될 것이다. WCO 총회 주관으로 추가적인 이행계획이 수립될 것이다.

II. 이 익

본 SAFE Framework 은 국제 무역을 촉진하고 테러로부터의 안전을 보장하며 국가의 경제 사회적 안녕에 대 한 세관당국 및 무역 파트너의 기여를 증대하기 위한 새롭고 통합된 기반을 제공한다. SAFE Framework은 세관당국의 고위험 화물 적발 및 처리 능력을 향상시키고 물품 관리의 효율성을 증진시켜 물품의 통관 및

increase efficiencies in the administration of goods, thereby expediting the clearance and release of goods.

Adoption of the SAFE Framework brings the above mentioned benefits to governments, Customs administrations and the business community alike.

1.   Governments

One of the main objectives of the SAFE Framework is to secure and facilitate global trade. This will enable international trade to contribute to economic growth and development. This will help to secure trade against the threat of global terrorism and, other forms of transnational crime at the same time, the SAFE Framework will enable Customs administrations to facilitate the movement of legitimate trade and improve and modernize Customs operations. This will, in turn, improve revenue collection and also the proper application of national laws and regulations. This instrument, therefore, supports economic and social protection, and will enable foreign direct investment.

The SAFE Framework also encourages the establishment of co-operative arrangements between Customs and other government agencies. There should be recognition of other already existing international standards. This will assist governments to ensure coordinated border management and control. By putting the necessary measures in place, the SAFE Framework also empowers governments to expand the mandate and responsibilities of Customs administrations in this area.

2.   Customs

One of the main thrusts of the SAFE Framework is to establish and enhance Customs-to-Customs network arrangements to promote the seamless movement of goods through secure international trade supply chains. These network arrangements will result, inter alia, in the exchange of timely and accurate information that will place Customs administrations in the position of managing risk on a more effective basis. Not only will this improve the ability of Customs to detect high-risk consignments, it will also enable Customs administrations to improve their controls along the international trade supply chain and make for better and more efficient allocation of Customs resources. The Customs-to-Customs network arrangements will strengthen co-operation between Customs administrations and enable administrations to carry out controls earlier in the supply chain, e.g. where the administration of an importing country requests the administration of the exporting country to undertake an examination on its behalf.

The SAFE Framework also provides for the mutual recognition of controls under certain circumstances. The application of this instrument will enable Customs administrations to adopt a broader and more comprehensive view of the global supply chain and create the opportunity to eliminate duplication and multiple reporting requirements.

반출을 신속하게 할 것이다.

SAFE Framework의 채택은 국가/정부, 세관당국 및 업계에 이익을 가져다 줄 것이다.

1. 국가/정부

본 Framework의 주요 목적 중 하나는 국제 무역의 안전 및 원활화이다. 이를 통해 국제 무역은 경제 성장 및 발전에 기여할 수 있을 것이다. 이것은 전세계 테러의 위협으로부터 무역의 안전을 확보하는 동시에 세관이 적법한 교역 흐름을 촉진시키고 세관 업무를 향상, 현대화할 수 있게 할 것이다. 그렇게 되면, 세수 징수가 개선되고 국가 법규의 준수가 향상될 것이다. 따라서 본 Framework은 경제적 사회적 보호를 지원하고 외국인 직접 투자를 가능하게 할 것이다.

본 Framework은 또한 세관과 다른 정부 기관과의 협력관계 수립을 권고한다. 기존의 다른 국제 표준을 인정하여야 한다. 이것은 각 정부가 통합 국경 관리 및 통제를 확실히 할 수 있도록 도울 것이다. 필요한 조처를 마련함으로써, 본 Framework은 또한 정부가 이 분야에서 세관의 권한 및 책임을 확대할 수 있는 권한을 부여한다.

2. 세관

본 Framework의 주안점 중 하나는 안전한 국제 무역 공급망을 통한 원활한 물품의 이동을 촉진하기 위한 세관 대 세관 네트워크를 형성하는 것이다. 이러한 네트워크의 형성은 무엇보다 적시에 정확한 정보를 교환함으로써 세관이 더 효과적인 토대 위에서 위험을 관리할 수 있는 위치에 설 수 있게 할 것이다. 이렇게 되면, 세관이 고위험 화물을 적발할 수 있는 능력이 향상될 뿐 아니라 국제 무역 공급망에서의 통제력을 높이고 세관 자원을 더 효율적으로 배분할 수 있게 될 것이다. 세관 대 세관 네트워크 형성은 세관 간 협력을 증진시키고, 세관이 공급망의 초기 단계, 예를 들어 수입국 세관이 수출국 세관에 대신 검사를 실시하도록 요청할 때 통제를 수행할 수 있게 할 것이다.

SAFE Framework은 또한 특정한 상황에서의 통제에 대한 상호인증을 지원한다. SAFE Framework의 적용은 세관이 국제 공급망에 대한 더 폭넓고 포괄적인 견해를 채택하고, 중복 및 다수의 신고 요건을 없앨 수 있는 기회를 만들 수 있게 할 것이다.

위에서 명시한 바와 같이, SAFE Framework은 세관이 관세 개혁 및 현대화에 착수하기 위한 기초를 마련함으로써 새로운 국제 교역 환경의 도전에 대처할 수 있게 할 것이다. 또한, SAFE Framework은 세관이 서로 다른 속도로 이행할 수 있도록 유연한 방식으로 구성되어 있다. 따라서 세관은 자신들의 고유한 발전 수준, 조건 및 요구 사항에 맞게 SAFE Framework을 이행할 수 있을 것이다.

As stated above, the SAFE Framework will enable Customs administrations to cope with the challenges of the new international trading environment by putting the building blocks in place to undertake Customs reform and modernization. The SAFE Framework has also been structured in a flexible manner to enable Customs administrations to move at different speeds. This will enable Customs administrations to implement it in line with their own unique levels of development, conditions and requirements.

3.   Business

The SAFE Framework creates, amongst other things, the conditions for securing international trade, but also facilitates and promotes international trade. This encourages and makes it easier for buyers and sellers to move goods across borders. The SAFE Framework takes account of, and is based on, modern international production and distribution models.

Authorized Economic Operators will reap benefits, such as faster processing of goods by Customs, e.g. through reduced examination rates. This, in turn, translates into savings in time and costs. One of the main tenets of the SAFE Framework is to create one set of international standards, and this establishes uniformity and predictability. It also reduces multiple and complex reporting requirements.

These processes will ensure that AEOs see a benefit to their investment in good security systems and practices, including reduced risk-targeting assessments and inspections, and expedited processing of their goods.

III. Pillar 1 . Customs-to-Customs

1.   Introduction

Customs administrations must work co-operatively with common and accepted standards to maximize the security and facilitation of the international trade supply chain as cargo shipments and transport conveyances move along the nodes of the global trading system. The Customs-to-Customs Pillar achieves this objective. It provides an effective mechanism for securing the international trade supply chain against the effects of terrorism and other forms of transnational crime.

Traditionally, Customs administrations inspect cargo and transport conveyances once it has arrived at their domestic ports. Today, there must be an ability to inspect and screen cargo and transport conveyances before it arrives. In view of their unique authority and expertise, Customs administrations contribute to both securing and facilitating global trade.

The central tenet of this pillar is the use of advance electronic information to identify high-risk cargo and transport conveyances. Using automated targeting tools, Customs administrations identify shipments that are high-risk as early as possible in the supply chain, at or before the port of departure.

Provision should be made for the automated exchange of information. Systems should therefore be based on

3.　업계

　　본 Framework은 무엇보다 국제 무역 안전의 확보를 위한 조건을 마련할 뿐 아니라, 세계 교역을 촉
진시키고 증진시킨다. 이를 통해 수입업자 및 수출업자에 의한 국가간 물품의 이동이 촉진되고 더
욱 용이해진다. 본 Framework 은 현대적인 국제 생산 및 유통 모델을 고려하고 이를 토대로 한다.
Authorized Economic Operator(AEO)는 조사율 축소 등을 통한 세관의 신속한 물품 처리와 같은 이익
을 얻을 것이다. 이것은 시간 및 비용의 절감으로 이어진다. 본 Framework의 주요 목적 중 하나는 국
제 표준을 만드는 것이고 이것은 통일성 및 예측 가능성을 가져온다. 또한 중복되고 복잡한 신고 요
건을 줄인다.

　　이러한 과정은 AEO가 위험 선별 평가 및 검사 축소, 물품의 신속한 처리를 포함한 양호한 안전 시스
템 및 관행에 대해 행한 투자로부터 이익을 얻게 할 것이다.

III. Pillar 1 −세관당국 대 세관당국

1.　소개

　　화물 및 컨테이너 선적 물품이 국제 교역 시스템을 따라 이동함에 따라, 세관당국은 국제 무역 공급
망의 안전 및 원활화를 극대화하기 위해 인정된 공동의 표준에 대해 협력해야 한다. 세관당국 대 세
관당국 간 pillar는 이러한 목적을 달성해준다. 세관당국 대 세관당국 pillar는 국제 무역 공급망을 테
러나 다른 형태의 국제적 범죄로부터 보호하기 위한 효과적인 도구를 제공해준다.

　　전통적으로, 세관당국은 화물이 일단 자국내 항구에 도착하면 화물에 대한 검사를 실시한다. 오늘
날에는 컨테이너나 화물이 도착하기 전에 검사 및 선별할 수 있는 능력을 갖추어야 한다. 고유한 권
한 및 전문성에 비추어 볼 때, 세관당국은 국제 무역의 안전 및 원활화 모두에 기여한다.

　　이 pillar의 핵심 개념은 고위험 컨테이너나 화물을 식별하기 위해 사전 전자 정보를 이용하는 것이
다. 자동 선별 수단을 이용해, 세관당국은 공급망에서 가능한 빨리, 출발지 항구에서 또는 그 이전에
고위험 선적 물품을 확인한다.

　　자동화된 정보 교환을 위한 규정이 마련되어야 한다. 따라서, 시스템은 통일된 메시지에 기초해야
하고 상호 운용성이 있어야 한다.

　　효과적이고 무역의 흐름을 둔화시키지 않게 하기 위해, 세관당국은 최신 기술을 이용하여 고위험

harmonized messages and be interoperable.

To be effective and to ensure that the process does not slow down the movement of trade, Customs administrations should use modern technology to inspect high-risk shipments. This technology includes, but is not limited to, large-scale X-ray and gamma-ray machines and radiation detection devices. Maintaining cargo and container integrity by facilitating the use of modern technology is also a vital component of this pillar.

Drawing from, inter alia, the Revised Kyoto Convention, the Integrated Supply Chain Management (ISCM) Guidelines, and national programmes3, Customs administrations joining the SAFE Framework will standardize Pillar 1.

In relation to trade continuity and resumption measures involving Customs cooperation, Customs administrations should work co-operatively with their international counterparts to develop mechanisms, plans and processes aimed towards maximizing the continuity and resumption of trade in the event of a disruption within the international supply chain, including the development of a plan of action and establishment of an effective communication mechanism.

2.   Standards and Technical Specifications for Implementation

2.1   Standard 1 . Integrated Supply Chain Management

The Customs administration should follow integrated Customs control procedures as outlined in the World Customs Organization's (WCO) Customs Guidelines on Integrated Supply Chain Management (ISCM Guidelines).

2.1.1. Scope

The implementation of the integrated Customs control procedures requires appropriate legal authority that will allow Customs administrations to request the advance electronic submission to Customs of data from the exporter and by the carrier (see Annex II) for security risk-assessment purposes. In addition, the integrated Customs control procedures involve cross-border co-operation between Customs administrations on risk assessment and Customs controls, to enhance the overall security and the release process, that require a legal basis.

Both of these requirements are supported by WCO-developed instruments: Guidelines for the Development of National Laws for the Collection and Transmission of Customs Information; the Model Bilateral Agreement; and the International Convention on Mutual Administrative Assistance in Customs Matters (Johannesburg Convention). As part of this co-operation, Customs administrations should agree on mutual recognition of control/inspection results and AEO programmes.

선적 물품을 검사해야 한다. 이러한 기술에는 대형 엑스선 및 감마선 기계와 방사선 탐지 장비가 포함되나, 여기에 국한되지는 않는다. 최신 기술 이용을 촉진함으로써 화물 및 컨테이너의 안전성 (integrity) 을 유지하는 것 역시 이 pillar의 핵심적인 요소이다.

무엇보다 개정 교토 협약, ISCM 지침 및 각국의 프로그램 2)에 기초하여, SAFE Framework에 참여하는 세관당국은 pillar을 표준화할 것이다.

세관 협력과 관련된 무역 연속성 및 재개 조치와 관련하여, 세관 당국은 국제 공급망 내에서 중단이 발생할 경우 무역의 연속성 및 재개를 최대화 하기 위한 행동 계획의 개발 및 효과적인 의사소통 메커니즘의 수립이 포함된 메커니즘, 계획 및 프로세스를 개발하기 위해 국제 관계자와 협력해야 한다.

2. 표준 이행을 위한 기술적 세부사항

2.1. 표준 1 -통합 공급망 관리 (ISCM)

세관당국은 ISCM에 관한 WCO 관세 지침 (ISCM지침)에 개략화된 통합 세관 통제 절차를 준수하여야 한다 .

2.1.1. 범위

통합 세관 통제 절차를 이행하기 위해서는 세관당국이 수출업자 (1.3.1 참고) 및 운송업자 (1.3.2 참고)에게 사전 전자 정보 제공을 요청할 수 있도록 하는 적절한 법적 권한이 필요하다. 또한, 통합 세관 통제 절차에는 전체적인 안전 및 반출 과정을 강화하기 위해, 법적 토대를 필요로 하는 위험 평가 및 세관 통제에 관한 세관당국 간 국제적 협력이 포함된다. 이 두 요건은 모두 WCO가 개발한 제도들의 지원을 받는다: 관세 정보의 수집 및전달을 위한국내법 개발을 위한 지침 ; 표준 양자간 계약 ; 관세 문제에 관한 상호 행정 지원에 관한 국제 협약(요하네스버그 협약). 이러한 협력의 일환으로 , 세관은 통제/검사 결과 및 AEO 프로그램의 상호인증에 동의해야 한다 .

2.1.2. General control measures

 i . Customs control

  The Revised Kyoto Convention provides in the General Annex (Standard 6.1) that all goods, including means of transport, which enter or leave the Customs territory, shall be subject to Customs control. For the purpose of Standard 1, the integrity of the consignment has to be ensured from the time the goods are loaded into the container, or if not containerized, onto the means of transport until they have been released from Customs control at destination.

  In case of goods to or from landlocked countries, Customs involved should encourage the implementation of transit measures within their remit that enable the facilitation of trade flows without compromising the supply chain security from origin to destination.

 ii . Risk assessment

  In the integrated Customs control chain, Customs control and risk assessment for security purposes is an ongoing and shared process commencing at the time when goods are being prepared for export by the exporter and, through ongoing verification of consignment integrity, avoiding unnecessary duplication of controls. To enable such mutual recognition of controls, Customs should agree on consistent control and risk management standards, the sharing of intelligence and risk profiles as well as the exchange of Customs data, taking into account the work which has been carried out within the context of the WCO Global Information and Intelligence Strategy (GIIS). Such agreements should foresee the possibility of joint monitoring or quality control procedures to oversee the adherence to the standards.

 iii. Controls at departure

  The Customs office of departure must take all necessary action to enable the identification of the consignment and the detection of any unauthorized interference along the supply chain. In respect of maritime containerized consignments, any such screening or further action should be based on risk management principles and should be taken prior to loading the container onto the ship. The ISPS Code (b1 630- 37) outlines in broad terms the measures which should be taken by the port facility. In addition, the Customs administrations along the supply chain should agree to use an electronic messaging system to exchange Customs data, control results and arrival notifications, in particular for high-risk consignments. If necessary, Customs administrations should modify their enabling statutory authority, so that they can fully screen high-risk cargo.

 iv . Sealing

  In the interest of supply chain security and the integrated Customs control chain, in particular to ensure

2.1.2. 일반 통제 조치

ⅰ. 세관 통제

개정 교토협약의 일반 첨부 (표준6.1)에 따르면 운송 수단을 포함해 관세 영역으로 입출항하는 모든 물품은 세관 통제 대상이 될 것이다. 표준 1의 목적을 위해, 송하물의 안전성 (integrity)은 컨테이너 또는 운송 수단에 물품이 선적되는 시점부터 목적지에서 세관 통제가 해제될 때까지 보장되어야 한다.

내륙국과의 상품의 경우, 세관은 공급망의 보안을 훼손하지 않고 무역 흐름을 촉진할 수 있도록 송금 내 운송 수단의 이행을 장려해야 한다.

ⅱ. 위험 평가

통합 세관 통제망에서, 안전 목적을 위한 세관 통제 및 위험 평가는 물품이 수출업자에 의해 수출을 위해 준비되는 시점에 시작되고 송하물의 안전(integrity)에 대한 계속적인 확인을 통해 불필요하게 중복되는 통제를 피하는 지속적인 공동의 과정이다. 통제에 대한 그러한 상호인증을 가능하게 하기 위해, WCO 국제 정보 전략 (the WCO Global Information and Intelligence Strategy)의 맥락에서 시행되어진 업무를 고려하여, 세관당국은 관세 정보 교환뿐 아니라 일관성 있는 통제 및 위험 관리 표준, 정보 및 위험도의 공유에 합의해야 한다. 이 협약은 공동감시 또는 표준의 준수를 위한 품질관리절차가 될 가능성을 담고 있어야 한다.

ⅲ. 출발시 통제

출발지 세관은 송하물의 확인과 공급망 내의 불법적 간섭(unauthorized interference)을 적발하기 위해 필요한 모든 조치를 취해야 한다. 해상 컨테이너 송하물과 관련해서, 선별, 위험 평가 및 조치는 컨테이너를 선박에 선적하기 전에 취해져야 한다. ISPS 코드(b1630-37)는 항구 시설이 취해야 하는 조치를 대략적으로 보여준다. 또한, 공급망내의 세관당국은 특히 고위험 송하물에 대해 전자 메시지 시스템을 이용한 관세 정보, 통제 결과 및 도착 통지교환에 동의해야 한다. 필요할 경우, 세관당국은 자신들의 법적 권한을 수정하여 고위험 화물을 완전히 선별할 수 있게 하여야 한다.

ⅳ. 봉인(sealing)

공급망 안전 및통합 세관 통제망을 위해, 특히 컨테이너 선적에서 목적지에서의 세관 통제 해

a fully secure movement from stuffing of the container to release from Customs control at destination, Customs should apply a seal integrity programme as detailed in the revised Guidelines to Chapter 6 of the General Annex to the Revised Kyoto Convention (see 3.3.). Such seal integrity programmes, based on the use of a high-security mechanical seal as prescribed in ISO 17712 at the point of stuffing, include procedures for recording the affixing, changing and verification of seal integrity at key points, such as modal change.

Additionally, Customs should facilitate the voluntary use of technologies to assist in ensuring the monitoring and/or integrity of the container along the supply chain.

In this respect the WCO Council Recommendation Concerning Customs Formalities in Connection with the Temporary Admission of Container Security Devices; reproduced in the SAFE Package, provides the basis for facilitation of the temporary admission of these devices

ⅴ. Unique Consignment Reference (UCR)

Customs administrations should apply the WCO Recommendation on the UCR and its accompanying Guidelines

2.1.3. Submission of data

ⅰ. Export Goods declaration

The exporter or his/her agent should submit an advance electronic export Goods declaration to the Customs at export prior to the goods being loaded onto the means of transport or into the container being used for their exportation.

For security purposes, the Customs should not require the advance export Goods declaration to contain more than the details listed in the Annex Ⅱ.

The exporters have to confirm to the carrier in writing, preferably electronically, that they have submitted an advance export Goods declaration to Customs. Where the export Goods declaration was an incomplete or simplified declaration, it may have to be followed up by a supplementary declaration for other purposes such as the collection of trade statistics at a later stage as stipulated by national law.

ⅱ. Import Goods declaration

The importer or his/her agent should submit an advance electronic import Goods declaration to the Customs at import prior to arrival of the means of transport at the first Customs office or, for maritime container shipments, prior to loading. For security purposes, Customs should not require more than the details listed in the Annex Ⅱ. Where the import Goods declaration was an incomplete or simplified declaration, it may have to be followed up by a supplementary declaration for other purposes such

제까지 완전한 안전 이동을 보장하기 위해 , 세관은 개정 교토협약 일반 첨부의 제6장 개정 지침(본 문서의 3.3 참조)에 상세히 규정된 봉인 프로그램 (seal integrity program)을 채택해야 한다. 컨테이너 선적 단계에서 ISO/PAS 17712에 명시된 안전성 높은 기계적 봉인의 사용을 기초로 한 이러한 봉인 프로그램에는 봉인의 부착, 변경 및양식 변화등 중요 단계에서의 봉인의 진위 (integrity) 증명을 기록하는 절차가 포함된다.

또한, 세관은 공급망 내에서의 컨테이너의 안전 (integrity) 보장을 지원하기 위해 자발적인 기술 이용을 용이하게 하여야 한다.

이와 관련하여 컨테이너 보안 장치의 임시 입국과 관련한 세관 공식에 관한 WCO 이사회 권고는, SAFE 패키지로 재생성된, 이러한 장치의 임시 승인을 촉진하기 위한 기초를 제공한다.

ⅴ. 고유 화물 식별 번호(Unique Consignment Reference)

세관은 UCR에 관한 WCO 권고 및 동반 지침을 채택해야 한다.

2.1.3. 데이터 제출

ⅰ. 수출 물품 신고서

수출업자 또는 대리인은 물품을 운송 수단 또는 수출을 위해 사용되는 컨테이너에 선적하기 전에 수출국 세관에 사전 전자 수출 물품 신고서를 제출하여야 한다.

안전을 위해, 세관은 사전 수출 물품 신고서에 부록Ⅱ에 있는 세부사항 이상을 포함하도록 요구해서는 안 된다.

수출업자는 사전 수출 물품 신고서를 세관에 제출하였음을 서면으로, 가능하면 전자적 수단으로 운송업자에게 확인해 주어야 한다 . 수출 물품 신고서가 불완전 또는 간이 신고서일 경우, 국내법이 규정한 이후 단계에서 무역 통계의 수집 등의 다른 목적을 위해 보충 신고서를 제출해야 할 수도 있다.

ⅱ. 수입 물품 신고서

수입업자 또는 대리인은 최초 세관에 운송 수단이 도착하기 전에 수입국 세관에 사전 전자 수입 물품 신고서를 제출해야 한다. 안전 목적을 위해, 세관당국은 부록Ⅱ의 세부사항 이상을 요청하지 않아야 한다. 수입 물품 신고서가 불완전 또는 간이 신고서일 경우, 국내법이 규정한 바와 같이 이후 단계에서 관세 계산 또는 무역 통계의 수집과 같은 다른 목적을 위해 보충 신고서를 제출해야 할 수도 있다. 인가 공급망(2.1.6 참고)은 수출입 정보 흐름을 수출입 목적을 위한 하나

as duty calculation or the collection of trade statistics at a later stage as stipulated by national law. The Authorized Supply Chain (see 2.1.6) provides the possibility to integrate the export and import information flows into one single declaration for export and import purposes, which is being shared between the Customs administrations concerned.

iii. Cargo declaration

The carrier or his/her agent should submit an advance electronic cargo declaration to the Customs at export and/or at import. For maritime containerized shipments, the advance electronic cargo declaration should be lodged prior to the goods/container being loaded onto the vessel. For all other modes and shipments, it should be lodged prior to the arrival of the means of transport at the Customs office at export and/or import. For security purposes, Customs should not require more than the details listed in the Annex II.

The advance cargo declaration may have to be followed by a supplementary cargo declaration as stipulated by national law.

iv. Pre.loading data submission for air cargo security

Customs in cooperation with other appropriate authorities may apply an additional layer of security risk assessment for air cargo and postal item by requiring an entity in the air cargo supply chain such as, but not limited to, the carrier, freight forwarder, integrator, postal operator or their agent to submit a pre-loading data set as specified in Annex III.

The provision of the data and the communication of the resulting risk assessment should be provided as early as possible to minimize any unnecessary disruption of normal trading practices including the process of loading an aircraft

v. Advance data submission on postal items

Customs administrations should consult with postal operators to ensure that electronic information on postal items will be submitted to Customs administrations in advance of the arrival/pre-loading of the items.

vi. Data quality

Data quality remains a challenge for both Customs administrations and the private sector. Improvement of data quality in the context of SAFE, underpins the concept of balancing improved supply chain security and greater trade facilitation. Automation is one of the fundamental keys to improving data quality and its implementation should be a priority goal for all stakeholders. Additionally, the WCO

의 신고서로 통합하고 , 그것을 관련 세관당국들이 공유할 수 있는 가능성을 제공한다.

iii. 화물 신고서

운송업자 또는 대리인은 수출 및/또는 수입 세관에 사전 전자 화물 신고서를 제출해야 한다.
해상 컨테이너 선적 물품에 대해서는, 사전 전자 화물 신고서를 물품/컨테이너가 선박에 선적
되기 전에 제출하여야 한다. 다른 모든 종류 및 선적 물품에 대해서는, 운송 수단이 수출 및 또는
수입 세관에 도착하기 전에 제출하여야 한다. 안전 목적을 위해, 세관은 아래 목록의 세부사항
이상을 요청해서는 안 된다. 사전 화물 신고서를 제출한 후, 국내법에서 규정하는 바와 같이 보
충 화물 신고서를 제출해야 할 수도 있다.

iv. 항공화물 보안을 위한 사전 데이터 제출

다른 적절한 당국과 협력하여 세관은 항공화물 공급망에 실체 (예 : 부록 III에 명시된 대로 운송
인, 화물 운송업자, 통합 업체, 우편 운영자)를 요구함으로써 항공화물 및 우편물에 대한 추가 보
안 위험 평가 계층을 적용할 수 있다.
항공기 적재 과정을 포함하여 정상적인 거래 관행의 불필요한 중단을 최소화하기 위해 가능한
빨리 데이터 제공 및 위험 평가 결과를 제공해야 한다.

v. 우편 항목에 대한 사전 데이터 제출

세관 당국은 우편물의 도착/사전 선적 전에 우편물에 대한 전자 정보가 세관 당국에 제출되도록
하기 위해 우편 운영자와 상의해야 한다.

vi. 데이터 품질

데이터 품질은 세관과 민간부문 모두에게 여전히 어려운 과제이다. SAFE의 맥락에서 데이터 품
질의 향상은 개선된 공급망 보안과 무역 촉진의 균형을 맞추는 개념을 뒷받침한다. 자동화는
데이터 품질을 개선하기 위한 기본 열쇠 중 하나이며, 모든 이해 당사자에게 구현이 최우선 목
표가 되어야 한다. 또한 WCO 이사회는 데이터 품질 지침 원칙에 대한 권장 사항을 채택했다

Council has adopted a Recommendation on the Guiding Principles for Data Quality (June 2015). The WCO has also developed a list of acceptable and unacceptable goods descriptions that provides consistent language which can help to improve data quality."

vii. Vessel Stow Plan

Customs administrations may require the vessel operator, or "carrier", to submit via electronic data exchange system advance vessel stow plans (VSPs) to the Customs at import prior to the arrival of the means of transport at the first Customs office. Vessels that are not transporting containers are exempt from providing a VSP. Since VSPs apply only to the maritime mode, the advance stow plans should be received via electronic data exchange system by the Customs office at import no later than 48 hours after the carrier's departure from the last foreign port. For voyages less than 48 hours in duration, the VSP should be submitted prior to the vessel's arrival at the first Customs office.

viii. Container Status Messages

Customs administrations, for maritime transport, may require the carrier to submit container status messages (CSM) to report terminal container movements and to report changes in the status of the containers. The CSM are required for all containers, including empty containers, destined to arrive within the limits of the Customs office at import no later than 24 hours after the message has been entered into the carrier's system. There is no requirement that carriers create or collect any CSM that the carrier does not otherwise create or collect on its own and maintain in its electronic equipment tracking system. Of note, carriers are exempt from the CSM requirement for bulk and break bulk cargo.

ix. Air cargo security risk mitigation

To mitigate risk to aviation security, Customs in cooperation with civil aviation authorities and other appropriate authorities should establish a system to communicate in a timely manner a requirement to address high risk in the following way where applicable:

· Requirement to submit additional information
· Requirement for confirmation of screening as defined in Annex 17 of the Convention on International Civil Aviation also known as Chicago Convention7
· Requirement to apply specific additional screening, and
· "Do Not Load" (DNL) notification in case of imminent threat

(2015년 6월). WCO는 또한 데이터 품질을 향상시키는 데 도움이 되는 일관된 언어를 제공하는 수용 가능하고 수용 불가능한 상품 설명 목록을 개발했다.

vii. 선박 보관 계획

세관 당국은 선박 운송업자 또는"운송인"에게 전자 데이터 교환 시스템을 통해 첫 번째 세관에 운송 수단이 도착하기 전에 VSP(선박화물 운송 계획)를 수입할 때 세관에 제출하도록 요구할 수 있다. 컨테이너를 운송하지 않는 선박은 VSP를 제공하지 않는다. VSP는 해상 모드에만 적용되므로, 사전 운송 계획은 운송 업체가 마지막 외국 항구에서 출발 한 후 48시간 이내에 세관에서 전자 데이터 교환 시스템을 통해 수령해야 한다. 항해 시간이 48시간 미만인 경우, 선박이 첫 세관에 도착하기 전에 VSP를 제출해야 한다.

viii. 컨테이너 상태 메시지

해상 운송을 위해 세관 당국은 운송업체가 터미널 컨테이너 이동을 보고하고 컨테이너 상태의 변화를 보고하기 위해 컨테이너 상태 메시지(CSM)를 제출하도록 요구할 수 있다. CSM은 빈 컨테이너를 포함한 모든 컨테이너에 대해 메시지가 운송업체 시스템에 입력 된 후 24시간 이내에 수입 시 세관에 도착한다. 운송업체가 운송업체가 자체적으로 생성하거나 수집하지 않고 전자 장비 추적 시스템에서 유지 관리하지 않는 CSM을 생성하거나 수집할 필요는 없다. 특히, 운송 업체는 벌크 및 파단 벌크화물에 대한 CSM 요건이 면제된다.

ix. 항공화물 보안 위험 완화

항공 보안에 대한 위험을 완화하기 위해 민간 항공 당국 및 기타 해당 당국과 협력하여 세관은 해당되는 경우 다음과 같은 방법으로 고위험을 해결 하기 위한 요구사항을 적시에 전달할 수 있는 시스템을 구축해야 한다.
· 추가 정보 제출 요구 사항
· 시카고 국제 협약으로 알려진 국제 민간 항공 협약의 부속서 17에 정의된 심사 확인 요구
· 특정 추가 선별 검사를 적용하기 위한 요구 사항
· 위협이 임박한 경우 "로드하지 않음"(DNL) 알림

x. "Do Not Load" (DNL) notification

Customs should establish a system whereby notifications not duplicative of those in para vii above will be issued only for those consignments which cannot be loaded. Such notifications should be issued within a specified time following the submission of data required for risk assessment.

xi. Time limit

The exact time at which the Goods and Cargo declarations have to be lodged with the Customs administration at either export or import should be defined by national law after careful analysis of the geographical situation and the business processes applicable for the different modes of transport, and after consultation with the business sector and other Customs administrations concerned. Customs should provide equal access to simplified arrangements to AEOs regardless of the mode of transport. However, in order to ensure a minimum level of consistency and without prejudice to specific situations, Customs should not require the advance declarations to be submitted more than:

Maritime

· Containerized cargo: 24 hours before loading at port of departure.

· Bulk/Break bulk: 24 hours before arrival at first port in the country of destination.

Air

· Short haul: At time of "Wheels Up" of aircraft.

· Long haul: 4 hours prior to arrival at the first port in the country of destination.

Rail

· 2 hours prior to arrival at the first port in the country of destination.

Road

· 1 hour prior to arrival at the first port in the country of destination.

xii. Time Limit for Pre-loading air cargo

In case of pre-loading data submission as specified in para iv, the data should be submitted as soon as the information becomes available but no later than prior to loading onto the aircraft.

2.1.4.   Exchange of information for high-risk consignments

As part of the integrated Customs control chain, Customs administrations along the supply chain must consider Customs-to-Customs data exchange, in particular for high-risk consignments, to support risk assessment and facilitate release. Such an electronic messaging system could include the exchange of notifications about the export transaction, including the control results, as well as a corresponding arrival notification.

x. "선적 불가 ", "하선 불가 " 통지

세관당국은 선적 또는 하선될 수 없는 화물에 대해서만 통지를 하는 시스템을 마련하여야 한다. 이러한 통지는 위험 평가를 위해 요구된 자료의 제출 후 특정 시간 이내에 이루어져야 한다.

xi. 시간 제한

수출 또는 수입시 세관에 물품 및 화물 신고서가 제출되어야 하는 정확한 시기는 지리적 상황 및 각 운송 형태에 적용할 수 있는 업무과정에 대한 세심한 분석과 업계 및 다른 관련 세관 당국 과의 협의 후 국내법에 의해 정해져야 한다. 세관당국은 운송 형태와 상관없이 AEO들이 간이절 차를 동등하게 이용할 수 있게 하여야 한다. 그러나, 최소한의 일관성을 확보하고 특정 상황에 대한 불이익이 없도록 하기 위해 세관은 다음 이상으로 사전신고서를 제출하도록 요청 하지 않 아야 한다:

해상
· 컨테이너 화물 : 출발항에서 선적 24시간 전
· 산적화물 (Bulk)/ 브레이크 벌크(Break bulk) : 목적지 국가의 최초항 도착 24시간 전
항공
· 단거리 수송 : 항공 화물의 이륙 시점At time of "Wheels Up" of aircraft.
· 장거리 수송 : 목적지 국가의 최초항 도착 4시간 전
철도
· 목적지 국가의 최초항 도착 2시간 전
육상
· 목적지 국가의 최초항 도착 1시간 전

xii. 항공화물 사전 선적의 시간제한
4조에 규정된 대로 데이터를 사전 로드하는 경우, 정보는 항공기에 선적하기 전까지 입수하자마자 제출해야 한다.

2.1.4 고위험 송하물에 대한 정보 교환

통합 세관 통제망의 일부로 , 공급망 내의 세관당국은 위험 평가를 지원하고 반출을 촉진하기 위해, 특히 고위험 화물에 대해 세관당국 대 세관당국 간 정보 교환을 고려해야 한다 . 그러한 전자 메시지 시스템은 수출 통지뿐 아니라 , 통제 결과를 포함한 수출 거래에 관한 통지의 교환을 포함할 수 있다. 국내법은 세관당국이 자체 목적을 위해 수집한 정보를 다른 세관당국에 전달할 수 있도록 허락하 는 조항을 포함해야 한다. 그렇지 않을 경우, 그러한 조항을 개발해서 인정받도록 해야 한다. 관세

National legislation must contain provisions to allow Customs to transmit the information they collect for their purposes to other Customs administrations. If not, such provisions must be developed and enabled.

The Guidelines for the Development of National Laws for the Collection and Transmission of Customs Information may be used as a basis to develop these provisions. In addition, existing WCO tools such as the Johannesburg Convention and the Model Bilateral Agreement may serve as a basis to exchange information on high-risk goods.

2.1.5.　WCO Data Model

Customs administrations should ensure that their respective IT systems are interoperable and are based on open standards. To this end, Customs should use the WCO Data Model, which defines a maximum set of data for the accomplishment of export and import formalities. The Data Model also defines the electronic message formats for relevant Cargo and Goods declarations. The WCO Data Model includes all the data elements listed in the Annex II that may be required by way of advance information for security purposes.

2.1.6.　Authorized Supply Chain

　　ⅰ. Authorized Economic Operators

AEOs who meet criteria specified by the Customs (see Annex IV) should reasonably expect to participate in simplified and rapid release procedures on the provision of minimum information. The criteria include having an appropriate record of compliance with Customs requirements, a demonstrated commitment to supply chain security by being a participant in a Customs-Business partnership programme, a satisfactory system for managing their commercial records and financial viability. In order to enhance supply chain security and harmonization of Customs procedures, Customs administrations should seek mutual recognition of AEO status between or among programmes.

　　ⅱ. Authorized Supply Chain

The Authorized Supply Chain is a concept under which all participants in an international trade transaction are approved by Customs as observing specified standards in the secure handling of goods and relevant information. Consignments passing from origin to destination entirely within such a chain would benefit from an integrated cross-border simplified procedure, where only one simplified declaration with minimum information would be required for both export and import purposes.

2.2　　Standard 2 . Cargo Inspection Authority

The Customs administration should have the authority to inspect cargo originating, exiting, transiting (including remaining on board), or being transhipped through a country.

정보 수집 및 전달을 위한 국내법 개발을 위한 지침(the Guidelines for the development of National Laws for the Collection and Transmission of Customs Information)이 그러한 조항을 마련하는 데 기초로 사용될 수도 있다. 또한, 요하네스버그 협약 및 표준 양국간 계약(the Model Bilateral Agreement)과 같은 기존 WCO 프로그램이 고위험 물품에 관한 정보 교환의 기초로 사용될 수도 있다.

2.1.5　WCO 데이터 모델

세관당국은 각 IT 시스템이 호환 가능하고 개방된 표준에 기초하도록 해야 한다. 이러한 목적을 위해, 수출입 절차의 완료를 위한 최대의 데이터 세트를 규정하는 WCO 관세 데이터 모델(CDM)을 사용하여야 한다. 이 데이터 모델은 관련 화물 및 물품 신고서를 위한 전자 메시지 포맷을 규정한다. CDM에는 안전 목적을 위해 사전정보 방식으로 요구될 수도 있는 ANNEX II 목록의 모든 데이터 요소를 포함한다.

2.1.6　공인 공급망

ⅰ. 공인경제운영인(AEO)

세관당국이 명시한 범주(ANNEX IV 참고)를 충족시킨 공인경제운영인(AEO)에게는 최소정보 제공시 간소화된 신속한 반출 절차에 참여할 자격이 부여되어야 한다. 이 범주에는 적절한 세관 요건 준수 기록, 세관당국-민간 간 파트너십에 참여함으로써 공급망 안전에 대한 의지 표명, 상업 기록 관리를 위한 만족할 만한 시스템이 포함된다. 세관당국은 공인경제운영인(AEO) 지위의 상호인증에 동의하여야 한다.

ⅱ. 공인 공급망

공인 공급망의 개념 하에서 국제 무역 거래의 모든 참여자는 물품 및 관련 정보의 안전한 처리에 관해 명시된 표준을 준수하는 것으로 세관당국의 인증을 받는다. 전적으로 그러한 공급망 내에서 출발지로부터 목적지로 이동하는 선적 물품은, 수출입 모두를 위해 최소한의 정보를 포함한 단 한번의 간이 신고만이 필요한 통합 국가 간 간이절차의 혜택을 얻을 것이다.

2.2　표준 2 -화물 검사 권한

세관당국은 자국산, 수출, 통과(적재 상태로 있는 경우 포함) 또는 환적되는 화물을 검사할 권한을 가져야 한다.

2.3   Standard 3 . Modern Technology in Inspection Equipment

Non-intrusive inspection equipment and radiation detection equipment should be available and used for conducting inspections, where available and in accordance with risk assessment. This equipment is necessary to inspect high-risk cargo and/or transport conveyances quickly, without disrupting the flow of legitimate trade.

2.3.1.   Modern technology

To assist its Members, the WCO has launched the Technology Network (TeN) and has produced detailed Guidelines for the Purchase and Deployment of Scanning/NII equipment in the SAFE Package.

2.4   Standard 4 . Risk-Management Systems

The Customs administration should establish a risk-management system to identify potentially high-risk cargo and/or transport conveyances and automate that system. This management system should include a mechanism for validating threat assessments and targeting decisions and implementing best practices.

2.4.1.   Automated selectivity systems

Customs administrations should develop automated systems based on international best practice that use risk management to identify cargo and/or transport conveyances that pose a potential risk to security and safety based on advance information and strategic intelligence. For containerized maritime cargo shipments, that ability should be applied uniformly before vessel loading. Usage of automated selectivity systems in relation to cargo shipments by all types of transport which is necessary due to geographic location of the trading country should be applied during the whole route of cargo from the point of departure to the point of destination.

2.4.2.   WCO Customs Risk Management Compendium

The Compendium is comprised of two separate but interlinked volumes. Volume 1 deals with organizational aspects of risk management. It describes the different building blocks of an organizational risk management framework. Embedding risk management as an organizational culture and building risk management capacity in gradual steps are also included in Volume 1. Volume 2 deals with operational risk management. It includes "enforcement sensitive" material for "Customs only" purposes, including numerous practical guides and templates for assessing risks in relation to the movement of goods, people, conveyances, economic operators and other parties to international trade. The topics covered in Volume 2 can be categorized into four broad clusters: risk assessment, profiling and targeting; risk indicators; analysis; and information and intelligence.

The Compendium is a living document and will be continually updated to reflect the latest developments regarding risk management practices in today's constantly changing Customs operating environment.

2.3   표준 3 - 검사 장비의 최신 기술

가능한 경우 위험 평가에 따라 검사를 실시하기 위해 비침입적 검사장비 및 방사선 탐지 장비를 사용할 수 있어야 하고 사용하여야 한다 . 이 장비는 적법한 교역의 흐름을 방해하지 않으면서 고위험 컨테이너나 화물을 신속하게 검사하기 위해 필요하다.

2.3.1   최신 기술

WCO는 회원들을 지원하기 위해 TeN (Technology Network)을 시작했으며 SAFE 패키지에서 스캐닝 / NII 장비 구매 및 배포에 대한 자세한 지침을 작성했다.

2.4   표준 4 - 위험관리 시스템

세관당국은 고위험 가능성이 있는 컨테이너를 적발하는 위험관리 시스템을 구축하고 자동화하여야 한다. 이 시스템에는 위협 평가 및 선별 결정을 확인하고 모범 사례를 지정하기 위한 제도가 포함되어야 한다.

2.4.1   자동 선별 시스템

세관당국은 위험 평가를 이용해 사전 정보 및 전략적 정보에 기초해 안전 및 보안에 위험을 가할 가능성이 있는 화물 및 컨테이너 선적 물품을 식별하는 국제적인 모범 사례를 토대로 자동 시스 템을 개발하여야 한다. 해상 컨테이너 선적 화물의 경우, 그러한 확인 기능은 선박 선적 전에 일률적으로 적용되어야 한다.

2.4.2   WCO 세관 위험 관리 개요서

개요서(Compendium)는 서로 분리되어 있지만 서로 연결된 두 개의 볼륨으로 구성되어 있다. 1권은 리스크 관리의 조직적 측면을 다룬다. 조직의 위험 관리 프레임워크의 다양한 빌딩 블록에 대해 설명한다. 조직 문화로 위험 관리를 포함시키고 점진적 단계로 위험 관리 역량을 구축하는 것도 볼륨1에 포함된다.

2권은 운영 위험 관리를 다룬다. 여기에는 상품, 사람, 운송, 경제 사업자 및 기타 당사자의 국제 무역 이동과 관련한 위험을 평가 하기 위한 수많은 실제 가이드 및 템플릿을 포함하여 "세관 전용" 목적의 "집행에 민감한" 자료가 포함된다. 2권에서 다루는 주제는 4가지 광범위한 분야로 분류될 수 있다 : 위험 평가, 프로파일링 및 타겟팅; 위험 지표; 분석; 정보와 지능.

개요서는 살아있는 문서이며, 끊임없이 변화하는 세관 운영 환경에서 위험 관리 관행과 관련된 최신 개발 내용을 반영하도록 지속적으로 업데이트 될 예정이다.

2.4.3. References

Volume 2 of the WCO Customs Risk Management Compendium includes several documents (e.g. General High-Risk Indicators, risk indicators and manuals based on international trade logistical phases as pre-arrival, arrival and post-arrival) which are useful references for risk management (and assessment).

2.5 Standard 5 - Selectivity, profiling and targeting

Customs should use sophisticated methods to identify and target potentially high-risk cargo, including - but not limited to - advance electronic information about cargo shipments to and from a country before they depart or arrive; strategic intelligence; automated trade data; anomaly analysis; and the relative security of a trader's supply chain. For example, the Customs-Business Pillar certification and validation of point-of-origin security reduces the risk, and, therefore, the targeting score.

2.6 Standard 6 . Advance Electronic Information

The Customs administration should require advance electronic information in time for adequate risk assessment to take place.

2.6.1. Need for computerization

The advance electronic transmission of information to Customs requires the use of computerized Customs systems, including the use of electronic exchange of information at export and at import.

2.6.2. Revised Kyoto Convention ICT Guidelines

Standards 7.1, 6.9, 3.21 and 3.18 of the General Annex to the Revised Kyoto Convention require Customs to apply Information and Communication Technologies (ICT) for Customs operations, including the use of e-commerce technologies. For this purpose, the WCO has prepared detailed Guidelines for the application of automation for Customs. These Kyoto ICT Guidelines should be referred to for the development of new, or enhancement of existing, Customs ICT systems. In addition, Customs administrations are recommended to refer to the WCO Customs Compendium on Customs Computerization.

2.6.3. Use of economic operators' systems

The ICT Guidelines also recommend the possibility to use economic operators' commercial systems and to audit them to satisfy Customs' requirements. In particular in the context of the Authorized Supply Chain, the possibility for Customs to have online access to the commercial systems of the parties involved, once any confidentiality or legal issues have been resolved, would provide enhanced access to authentic information

2.4.3 참고

세관 위험 관리 개요 제2권에는 위험 관리에 유용한 참고 자료인 여러 문서(예 : 일반 고위험 지표, 위험 지표 및 도착 전, 도착 및 도착 후 국제 무역 물류 단계에 따른 매뉴얼)가 포함되어 있다(그리고 평가).

2.5 표준5 - 선별, 분석 및대상 선정(targeting)

세관은 다음을 포함하는 (한정되지는 않음) 정교한 방법을 이용하여 고위험 가능성이 있는 화물을 확인 및 선별하여야 한다 ; 입출항 화물 선적 물품의 입출항 전 사전 전자 정보 ; 전략 정보 ; 자동 무역 데이터 ; 예외 분석 ; 및 무역업자의 공급망의 상대적 안전. 예를 들어, 시작 시점 안전에 대한 세관당국 -민간 간 pillar의 인가 및 검증은 위험을 감소시키고 따라서 선별 점수를 낮춘다.

2.6 표준 6 -사전 전자 정보

세관당국은 충분한 위험 평가가 이루어질 수 있도록 알맞은 시기에 사전 전자 정보를 요청하여야 한다.

2.6.1 자동화 필요성

세관에 사전 전자 정보를 제출하기 위해서는 수출입시 전자 정보 교환 이용을 포함한 자동화된 세관 시스템 이용이 필요하다.

2.6.2 교토 협약 ICT 지침

개정 교토협약 일반 첨부 표준 7.1, 6.9, 3.21 및 3.18에 의거, 세관은 전자상거래 기술 이용을 포함한 정보 통신 기술(ICT)을 세관 업무에 적용하여야 한다. 이러한 목적을 위해 WCO는 세관을 위한 자동화 적용에 관한 세부적인 지침을 개발하였다. 새로운 세관 ICT 시스템 개발이나 기존 시스템의 강화를 위해서 이 교토 ICT 지침을 참고하여야 한다. 또한 세관당국은 세관 자동화에 관한 WCO 관세 개요(WCO Customs Compendium on Customs Computerization)를 참조하도록 권고된다.

2.6.3 경제운영인(economic operator) 시스템의 활용

ICT 지침은 또한 관세 요건을 충족시키기 위해 경제운영인들의 상업 시스템을 활용하고 심사할 수 있는 가능성을 권고한다. 특히, 인가 공급망 내에서 세관당국이 비밀 보장 및법적 문제가 해결된 후 관련 당사자들의 상업 시스템을 온라인으로 이용할 수 있게 되면 유효 정보에 대한 접근이 강화되고 광범위하고 간소화된 절차의 가능성이 제공될 것이다. 또 다른 예는 운송망에 관련된 모든 당사

and offer the possibility for far-reaching simplified procedures. Another

example is Cargo Community Systems (CCS) where in ports or airports all parties involved in the transport chain have established an electronic system by which they exchange all relevant cargo and transport related data. Provided that these systems contain the necessary particulars for Customs purposes, Customs shall consider participating in such systems and extracting the data required for their purposes.

2.6.4. Electronic data-exchange standards

The Kyoto Convention ICT Guidelines recommend to Customs to offer more than one solution for the electronic exchange of information. While EDI using the international standard UN/EDIFACT is still one of the preferred interchange options, Customs shall also look at other options such as XML. Depending on the risks, expected volumes of transactions and types of business involved, even the use of e-mail and telefax could provide a suitable solution.

2.6.5. WCO Data Model

Economic operators required to submit Cargo and Goods declarations to Customs based on the data sets of the WCO Data Model should use the electronic message specifications of the WCO Data Model.

2.6.6. ICT Security

The use of ICT in general and electronic exchange of information over open networks in particular, requires a detailed ICT security strategy. ICT security therefore has to be seen as an integral part of any Customs supply chain security strategy. To arrive at an effective and efficient IT security strategy, Customs have to undertake risk assessment. The Kyoto ICT Guidelines outline ways in which a comprehensive ICT security strategy can ensure the availability, integrity and confidentiality of the information and of IT systems and the information they handle, including, for example, the avoidance of repudiation at origin or receipt. There are many ways to implement ICT security, for which purpose reference is made to the Kyoto ICT Guidelines.

2.6.7. Digital signatures

One essential ICT security element for a supply chain security strategy is related to digital signatures. Digital signatures, or Public Key Infrastructure arrangements, can play an important role in securing the electronic exchange of information. The integrated Customs control chain includes the possibility that traders can submit their declarations in advance to both the Customs administration at export and to the Customs administration at import. It would be beneficial if economic operators would also benefit from mutual recognition of digital certificates. This would allow the economic operator to sign all electronic messages to those Customs

자가 관련 화물 및 운송 관련 정보를 교환할 수 있는 전자 시스템을 항만 및 공항에 설치하는 화물 커뮤니티 시스템(CCS)이다. 이러한 시스템들이 세관 목적을 위해 필요한 세부 사항들을 포함하고 있을 경우, 세관당국은 그 시스템들에 참여하여 자신들의 목적을 위해 필요한 정보를 얻는 것을 고려하여야 한다.

2.6.4 전자 정보교환 표준

교토협약 ICT 지침은 세관당국이 전자 정보 교환을 위하여 하나 이상의 솔루션을 제공할 것을 권고한다. 국제 표준 UN/EDIFACT를 사용하는 EDI가 여전히 교환 옵션으로 선호되지만, 세관당국은 관련 위험에 XML과 같은 다른 옵션도 살펴보아야 한다. 관련 위험에 따라, 이메일 및 팩스의 이용도 적합한 솔루션을 제공할 수 있다.

2.6.5 WCO 데이터 모델

WCO 데이터모델의 데이터세트를 토대로 세관에 화물 및 물품 신고서를 제출해야 하는 경제운영인들은 WCO 데이터모델의 전자 메시지 설명서를 이용하여야 한다.

2.6.6 ICT 보안

특히 개방 네트워크를 통한 일반적 정보 교환 및전자 정보 교환에 ICT를 이용하기 위해서는 상세한 ICT 보안 전략이 필요하다. 따라서 ICT 안전은 어떠한 세관 공급망 보안 전략에서도 핵심적인 부분으로 간주되어야 한다. 효과적이고 효율적인 IT 보안 전략을 마련하기 위해 세관당국은 위험 평가를 시행해야 한다. 교토 ICT 지침은 정보 및 IT 시스템의 이용 가능성, 유효성, 비밀성 및 예를 들어 시작 또는 수령 시점에거부의 방지(avoidance of repudiation)를 포함, 자신들이 다루는 정보를 보장할 수 있는 방법들을 개략적으로 보여준다. ICT 보안전략을 구축할 수 있는 많은 방법이 있고 그러한 목적을 위해 교토 ICT 지침을 참고한다.

2.6.7 디지털 서명

공급망 보안 전략을 위한 하나의 핵심적인 ICT 보안 요소는 디지털 서명과 관련 있다. 디지털 서명 또는 공개키기반구조(Public Key Infrastructure)는 전자 정보 교환의 보안을 확보하는 데 중요한 역할을 할 수 있다. 통합 세관 통제망에는 무역업자가 수출 세관당국 및 수입 세관당국 모두에 사전에 신고서를 제출할 수 있는 가능성이 포함된다. 경제운영인들 또한 디지털 인증의 상호 인증으로부터 이익을 얻는다면 도움이 될 것이다. 그렇게 되면 경제운영인들은 이 인증을 인정하기로 동의한 세관당국에 제출하는 모든 전자 메시지에 서명할 수 있을 것이다. 디지털 인증에 대한 국가간 승인은

administrations having accepted to recognize this certificate. This cross-border recognition of digital certificates can help increase security but, at the same time, provide significant facilitation and simplification for the trader. For this purpose, Customs administrations are encouraged to apply the WCO Recommendation concerning the electronic transmission and authentication of Customs and other relevant regulatory information.

2.6.8.　Capacity building

Customs administrations requesting assistance in developing or acquiring the requisite automated systems will have to have the political will to implement the SAFE Framework.

2.6.9.　Data privacy and data protection

The exchange of data either among Customs administrations or with the private sector as requested by Customs should be initiated only after consultation between the government entities concerned about the necessary data privacy and data protection. Data privacy and data protection legislation is enacted in order to protect the individual's right to privacy, trade confidentiality and to allow individuals to have access to their personal data held to verify its accuracy.

In this respect, national legislation must contain provisions that specify that any data collected and or transmitted by Customs must be treated confidentially and securely and be sufficiently protected, and it must grant certain rights to natural or legal persons to whom the information pertains.

Similarly, data protection and confidentiality are addressed in existing WCO tools such as the Johannesburg Convention and the Model Bilateral Agreement.

2.7　Standard 7 . Targeting and Communication

Customs administrations should provide for joint targeting and screening, the use of standardized sets of targeting criteria, and compatible communication and/or information exchange mechanisms; these elements will assist in the future development of a system of mutual recognition of controls.

2.7.1.　WCO Customs Risk Management Compendium

Volume 2 of the WCO Customs Risk Management Compendium has provisions for standardized risk assessments including standardized sets of targeting criteria.

2.7.2.　Legal considerations

Joint targeting and screening are activities that can be carried out by Customs administrations to increase their effectiveness in ensuring the security of shipments and in combating trans-border organized crime.

안전 증진에 도움이 될 수 있는 동시에 무역업자에게 확실한 원활화 및 간소화를 가져다 줄 수 있다. 이러한 목적을 위해, 세관당국은 세관 및 다른 관련 규제 정보의 전자 제출 및 인증과 관련하여 WCO 권고안을 적용하도록 권고된다.

2.6.8 역량 배양

필요한 자동화 시스템을 개발 또는 취득하는데 있어 지원을 요청하는 세관당국은 SAFE Framework 표준을 시행할 정치적 의지를 가지고 있어야 할 것이다.

2.6.9 데이터 프라이버시 및 보호

세관당국 간 또는 세관당국의 요청에 따른 민간 분야와의 데이터 교환은 필요한 데이터 프라이버시 및 보호와 관련된 정부 기관들 간의 협의가 있은 후에야 시작되어야 한다. 프라이버시에 대한 개인의 권리 보호 및 무역거래의 기밀성을 보호하고 개인이 정보의 정확성을 보장하기 위해 저장된 개인 정보에 대한 접근을 가능케 하기 위해 데이터 프라이버시 및 보호 법률이 제정된다.

이러한 점에서, 국내 법률은 세관당국이 수집 및/또는 전송한 어떠한 데이터라도 비밀리에 안전하게 처리하고 충분히 보호하도록 규정하는 조항을 포함하여야 하고, 정보에 관련된 자연인 또는 법인에게 특정 권리를 부여하여야 한다.

마찬가지로, 데이터 보호 및 기밀성은 요하네스버그 협약 및 표준 양국간 계약 등의 기존 WCO 제도에서 다루어진다.

2.7 표준 7 -선별 및 정보교환

세관당국은 공동 선별 , 표준화된 선별 기준의 사용 , 호환 가능한 정보통신 교환 체계를 구축하여야 한다; 이러한 요소는 미래 세관 통제의 상호인증 시스템 개발에 도움이 될 것이다.

2.7.1 WCO 세관 위험 관리 개요서

WCO Customs Risk Management Compendium의 2 에는 표준화된 일련의 타겟팅 기준을 포함하여 표준화된 위험 평가 조항이 있다.

2.7.2 법적 약인

공동 선별 및 검사는 선적 물품의 안전을 보장하고 국제적인 조직범죄를 근절시키는 데 있어 효율을 높이기 위해 세관이 실행할 수 있는 활동들이다. 그러한 공동 노력을 위한 규칙과 조건은 일반적

Rules and conditions for such joint efforts are normally established between Customs administrations. WCO tools such as the Johannesburg Convention and the Model Bilateral Agreement contain provisions that support such international or bilateral co-operation.

2.8 Standard 8 . Performance Measures

The Customs administration should maintain statistical reports that contain performance measures including, but not limited to, the number of shipments reviewed, the subset of high-risk shipments, examinations of high-risk shipments conducted, examinations of high-risk shipments by Non-intrusive inspection technology, examinations of high-risk shipments by Non-intrusive inspection and physical means, examinations of high-risk shipments by physical means only, Customs clearance times and positive and negative results. Those reports should be consolidated by the WCO.

2.8.1. Collection of data

Customs administrations will collect and apply data to performance measures to evaluate the impact and effectiveness of their adherence to the SAFE Framework. For this purpose, the WCO Time Release Study (TRS) is an appropriate instrument.

2.9 Standard 9 . Security Assessments

The Customs administration should work with other competent authorities to conduct security assessments involving the movement of goods in the international supply chain and to commit to resolving identified gaps expeditiously.

2.10 Standard 10 . Employee Integrity

The Customs administration and other competent authorities should establish programmes to prevent lapses in employee integrity and to identify and combat breaches in integrity to the extent possible.

2.10.1. WCO Revised Arusha Declaration

The WCO Revised Arusha Declaration is the pre-eminent source of guidance for Customs administrations to install anti-corruption systems.

2.10.2. Training

Security and facilitation along the global supply chain require highly trained and motivated staff in the Customs administration, as well as in all other parties involved in the supply chain. Customs have to ensure

으로 세관당국들 사이에서 수립된다. 요하네스버그 협약 및 표준 양국간 계약 등의 WCO 제도들은 그러한 국제적 또는 양국간 협력을 지원하는 조항들을 포함하고 있다.

2.8 표준 8 - 성과 측정

검사 대상 선적 물품의 수, 고위험 선적 물품의 하부단위(subset), 고위험 선적 물품에 대해 실시된 검사, NII 기술을 이용한 고위험 선적 물품 검사, 비침입적 검사장비 및 물리적 수단을 이용한 고위험 선적 물품 검사, 물리적 수단만을 이용한 고위험 선적 물품 검사, 통관시간 및 긍정적 부정적 결과를 포함하되 이에 국한되지 않는 성과 측정을 포함하는 통계 보고서를 유지하여야 한다. 이러한 보고서는 WCO에 의해 통합되어야 한다.

2.8.1 데이터 수집

세관당국은 SAFE Framework 표준 준수의 영향 및 효과를 평가하기 위해 데이터를 수집하고 성과 측정에 적용할 것이다. 이 목적을 위하여 WCO 반출 시간 연구(TRS)는 적절한 도구가 된다.

2.9 표준 9 - 보안 평가

세관당국은 국제 공급망에서의 물품의 이동과 관련한 보안 평가를 실시하고 확인된 결함을 신속히 해결하도록 노력하기 위해 관련이 있는 다른 기관과 협력하여야 한다.

2.10 표준 10 - 직원 청렴성

세관당국 및 관계기관들은 직원 청렴성을 위한 실책을 방지하고 청렴성 위반을 확인하고 근절하기 위한 프로그램을 필요성을 인식해야 한다.

2.10.1 WCO 개정 아루샤 선언(Arusha Declaration)

WCO 개정 아루샤 선언은 세관당국의 반부패 시스템 설치를 위한 탁월한 안내서이다 .

2.10.2 훈련

국제 공급망 내의 안전 및 원활화를 위해서는 공급망에 관련된 다른 모든 당사자뿐 아니라 세관에 고도로 훈련되고 의욕적인 직원이 필요하다. 세관당국은 모든 지위의 직원들에게 효과적이고 효율

that all levels of staff are regularly provided with the necessary training to build up and maintain the skills required to perform effective and efficient Customs controls and to operate in an electronic environment.

2.11   Standard 11 . Outbound Security Inspections
The Customs administration should conduct outbound security inspection of high-risk cargo and/or transport conveyances at the reasonable request of the importing country.

2.11.1. Examination on request
When a Customs administration, in applying risk assessment, has reason to believe that cargo and/or transport conveyances destined to any of its ports of entry may represent high risk, it can request the Customs administration of the outbound country to conduct an examination, preferably prior to loading (see 2.4.1.).

2.11.2. Legal considerations
Among other administrative arrangements, WCO tools such as the Johannesburg Convention and the Model Bilateral Agreement make it possible for a Customs administration to request another Customs administration to carry out such an activity.

3.   Seal Integrity for Secure Containers
3.1.   Importance of specifying security relationships
Greater clarity and consensus about the relationships among the parties in the movement of secure containerized goods, coupled with consistent application and enforcement of those relationships, will provide multiple benefits to all of those parties. These benefits include:
· Improved security against acts of terrorism that exploit the global trade in goods.
· Reduced risk of economic hardship caused by disruptions to or closures of trade in response to terrorist acts.
· Improved security against theft and diversion of cargo, with consequent reductions in direct losses and indirect costs, such as insurance.
· Improved security against illegal transport of materials such as narcotics and weapons, and of persons.
· Improved security against the illegal movement of "black market" and "grey market" trade goods.
· Reduced risk of evasion of duties and taxes.
· Increased confidence in international trading systems by current and potential shippers of goods.
· Facilitation dividends, such as a reduced number of examinations (reduced border times) and access to simplified procedures.

적인 세관 통제를 수행하고 전자적 환경에서 업무를 수행하기 위해 필요한 기술을 배양 및 유지하는데 필요한 훈련을 정기적으로 제공하여야 한다.

2.11   표준 11 - 수출 보안 검사(Outbound Security Inspections)
세관당국은 수입국의 합리적인 요청이 있을 경우 고위험 컨테이너 및 화물에 대한 수출 보안 검사를 실시하여야 한다.

2.11.1 검사요구
수입국가의 세관당국이 위험 평가를 적용하여 자국의 통관항을 향하는 컨테이너나 화물이 고위험으로 인지될 경우, 세관당국은 수출 국가의 세관에 가능한 선적 전에 해당 컨테이너나 화물에 대한 검사를 실시하도록 요청할 수 있다. (2.4.1 참고)

2.11.2 법적 약인
다른 행정 협정들 가운데 요하네스버그 협약 및 표준 양국간 계약 등의 WCO 제도에 따라 수입국 세관당국이 수출국 세관당국에게 수출 컨테이너 화물에 대한 검사를 요청할 수 있게 한다.

3.   컨테이너 화물의 안전을 위한 봉인관리
3.1   안전 관계 명확화의 중요성
안전한 컨테이너 선적 화물의 이동에 있어 당사자들 간의 관계에 대한 명확성 및 합의는, 그 관계 의 일관성 있는 적용 및 이행과 함께 모든 당사자들에게 많은 이익을 가져다 줄 것이다. 그 이익에는 다음이 포함된다:

· 국제적인 물품 교역을 위협하는 테러 활동에 대한 안전성 제고
· 테러 활동으로 의한 교역의 중단 또는 폐쇄로 인해 초래되는 경제적 난관의 위험 감소
· 보험과 같은 직접적 손실과 간접비용의 절감과 동시에 화물의 절도 및 유용에 대한 안전성 제고
· 마약 및무기 등 물품 및여행객의 불법 운송에 대한보안 강화
· 암시장(black and grey markets)에서 유통되는 무역물품의 불법 이동에 대한 안전성 제고
· 관세 및 세금 회피 위험 감소
· 현재 및미래 물품 송하인의 국제 무역 시스템에 대한 신뢰 제고
· 검사항목 축소(통관소요시간 단축) 등과 같은 무역원활화의 효과와 간소화된 통관절차

3.2.   Responsibilities along the chain of custody

A.   Cross-cutting responsibilities

There are responsibilities and principles that apply throughout the life cycle of a containerized shipment of goods. The emphasis is on the relationships among parties upon changes in the custody or possession of the container. That emphasis does not reduce and should not obscure the fundamental responsibility of the shipper for the safe and secure stuffing and sealing of the container. Each party in possession of the container has security responsibilities while cargo is entrusted to them, whether at rest at a node or while moving between nodes. Each party with data that needs to be filed with the government for Customs and security screening purposes has responsibilities. Those responsibilities include:

- Protecting the physical goods from tampering, theft, and damage.
- Providing appropriate information to government authorities in a timely and accurate manner for security screening purposes.
- Protecting the information related to the goods from tampering and unauthorized access. This responsibility applies equally to times before, during and after having custody of the goods.

Security seals are an integral part of the chain of custody. The proper grade and application of the security seal is addressed below. Security seals should be inspected by the receiving party at each change of custody for a cargo-laden container. Inspecting a seal requires a visual check for signs of tampering, comparison of the seal's identification number with the cargo documentation, and noting the inspection in the appropriate documentation. If the seal is missing, or shows signs of tampering, or shows a different identification number than the cargo documentation, then a number of actions are necessary: The receiving party must bring the discrepancy to the attention of the party tendering the container and the shipper. The receiving party must note the discrepancy on the cargo documentation. The receiving party should notify Customs or law enforcement agencies, in accordance with national legislation. Where no such notification requirements exist, the receiving party shall refuse custody of the container pending communication with the party tendering the container and until such discrepancies can be resolved. Once discrepancies have been resolved, the receiving party shall affix a security seal to the container and note the particulars, including the new seal number, on all pertinent cargo documentation.

Security seals may be changed on a container for legitimate reasons. Examples include inspections by an exporting Customs administration to verify compliance with export regulations; by a carrier to ensure safe blocking and bracing of the lading; by an importing Customs administration to confirm cargo declarations; and by law enforcement officials concerned with other regulatory or criminal issues.

If public or private officials should remove a security seal to inspect the lading, they will install a replacement in a manner that meets the requirements specified below, and note the particulars of the action, including the new seal number, on the cargo documentation.

3.2   보관망(chain of custody) 내의 책임

A.   공동 책임(Cross-cutting responsibilities)

컨테이너 화물의 이동 전체 과정에 걸쳐 적용되는 책임 및 원칙이 있다. 컨테이너의 보관 및 소유에 변화가 있을 때 당사자간 관계에 초점이 맞춰진다. 그러나, 안전한 컨테이너 선적 및 봉인에 대한 송하인의 근본적인 책임이 감소되거나 흐려져서는 안 된다. 컨테이너를 소유한 각 당사자는 화물이 자신에게 위탁된 동안, 한 항에서 정박 중이든 이동 중이든 안전에 대한 책임을 진다. 이 책임에는 다음이 포함된다:

· 변경, 도난 및 피해로부터의 물리적인 물품의 보호
· 보안 검사 목적을 위해 적시에 정확한 방식으로 정부 당국에 적절한 정보 제공
· 미승인된 변경 및 접근으로부터의 물품 관련 정보의 보호. 이 책임은 물품의 보관 전, 보관중, 보관 후에 동일하게 적용된다.

보안 봉인은 보관망의 핵심 부분이다. 보안 봉인의 적절한 등급 및 적용은 아래에서 다룬다. 보안 봉인에 대한 검사는 화물 선적 컨테이너에 대한 보관이 바뀌는 각 시점에 수령 당사자에 의해 이루어져야 한다 . 봉인을 검사하기 위해서는 표시의 위조 여부에 대한 시각적 검사, 봉인의 ID 번호와 화물 서류와의 비교, 해당 서류에 대한 검사 확인이 필요하다. 봉인이 빠졌거나 위조 흔적이 보이거나 화물 서류와 ID 번호가 다를 경우, 다수의 조치가 필요하다:

수령 당사자는 컨테이너 제공 당사자 및 송하인에게 차이가 나는 부분을 확인하게 해야 한다. 수령 당사자는 화물 서류에 차이점을 표시하여야 한다. 수령 당사자는 국내법에 의거, 세관당국 또는 법집행 기관에 통보하여야 한다. 그러한 통보 요건이 없는 경우, 수령 당사자는 컨테이너 제공 당사자와 연락을 하는 동안 그리고 그 차이가 해결될 때까지 해당 컨테이너의 보관을 거부할 것이다. 일단 차이가 해결되면, 수령 당사자는 컨테이너에 보안 봉인을 부착하고 모든 관련 화물 서류에 새로운 봉인 번호를 포함한 세부사항을 표기할 것이다. 보안 봉인은 적법한 이유가 있을 경우 컨테이너상에서 변경될 수 있다. 예를 들어 수출 규제 준수를 확인하기 위한 수출국 세관의 검사 ; 선적의 안전한 봉쇄 및 대비를 확인하기 위한 운송업자의 검사 ; 화물 신고서를 확인하기 위한 수입국 세관의 검사 ; 다른 규제 또는 범죄 문제와 관련한 법집행 공무원의 검사가 포함된다.

공공 또는 민간 관리가 선적 화물의 검사를 위해 보안 봉인을 제거하는 경우, 아래에 명시된 요건을 충족시키는 방식으로 대체물을 설치하고, 화물 서류에 새로운 봉인 번호를 포함한 해당 조치의 세부 사항을 표기할 것이다.

B.   Stuffing site

The shipper/consignor is responsible for securely stuffing the container and for the accurate and complete description of the cargo. The shipper is also responsible for affixing the cargo security seal immediately upon the conclusion of the stuffing process, and for preparing documentation for the shipment, including the seal number. The cargo security seal should be compliant with the definition of high-security mechanical seals in ISO 17712. The seal should be applied to the container in a manner that avoids the vulnerability of the traditional container door handle seal location to surreptitious tampering. Among the acceptable ways to do this are alternative seal locations that prevent swiveling of an outer door locking cam or the use of equivalent tamper evident measures, such as cable seals across the door locking bars. The land transport operator picks up the load. The transport operator receives the documentation, inspects the seal and notes the condition on the documentation, and departs with the load.

C.   Intermediate terminal

If the container movement is via an intermediate terminal, then the land transport operator transfers custody of the container to the terminal operator. The terminal operator receives the documentation, inspects the seal and notes the condition on the documentation. Normally, the terminal operator sends an electronic notification of receipt (status report) to other private parties to the shipment. The terminal operator prepares or stages the container for its next movement, which could be by road, rail or barge. Similar verification and documentation processes take place upon pickup or departure of the container from the intermediate terminal. It is rare that public sector agencies are involved in or informed about intermodal transfers at intermediate terminals.

D.   Loading ocean terminal

Upon arrival at the loading ocean terminal, the land transport operator transfers custody of the container to the terminal operator. The terminal operator receives the documentation and normally sends an electronic notification of receipt (status report) to other private parties to the shipment. The terminal operator prepares or stages the container for loading upon the ocean vessel.

The carrier or the ocean terminal as agent for the carrier inspects the condition of the seal, and notes it accordingly; this may be done at the ocean terminal gate or after entry into the terminal but before the container is loaded on the ship. Public agencies in the exporting nation review export documentation and undertake necessary export control and provide safety certifications. The Customs administrations that require advance information receive that information, review it, and either approve the container for loading (explicitly or tacitly) or issue "do not load" messages for containers that cannot be loaded pending further screening, including possible inspection.

For those countries that have an export declaration and screening requirements, the carrier should require from the shipper documentation that the shipper has complied with the relevant requirements before

B.   적입 장소

송하인은 해당 화물을 컨테이너에 안전하게 적입하고, 화물에 대한 정확하고 완벽한 설명할 책임이 있다. 송하인은 또한 선적 절차가 완료되는 즉시 화물 보안 봉인을 부착하고 봉인 번호를 포함 선적 물품에 대한 서류를 준비할 책임이 있다.

화물 보안 봉인은 ISO 17712 의 고안전 기계적 봉인의 정의에 따라야 한다. 봉인은 위조 위험이 있는 기존의 컨테이너 문 핸들의 봉인 위치를 피하는 방식으로 컨테이너에 부착되어야 한다. 가능한 방법으로는 외부 문 잠금 캠의 회전을 막는 봉인 위치 및 문잠금 바를 가로 질러 케이블 봉인을 사용하는 등 위조를 확인할 수 있는 장치를 이용하는 등의 방법이 있다.

육상 운송업자가 화물을 싣는다 . 운송업자는 서류를 받고 봉인을 검사하고 서류에 상태를 표기하고 출발한다.

C.   집하 터미널 (Intermediate terminal)

컨테이너 화물이 중간 집하장을 경유할 경우, 육상 운송업자는 해당 컨테이너의 보관권을 터미널 운영업자에게 넘긴다. 터미널 운영업자는 서류를 받고 봉인을 검사하고 상태를 서류에 표기한다. 통상적으로, 터미널 운영업자는 해당 선적 물품의 다른 민간 당사자에게 전자 수령 통지(상황 보 고)를 보낸다. 터미널 운영업자는 육로, 철도 또는 바지선을 이용한 컨테이너의 다음 이동을 준비 또는 계획한다. 집하 터미널로부터 컨테이너의 수령 또는 출발시 유사한 확인 및 서류 절차가 발생한다. 공공부문 기관이 집하 터미널에서의 운송 수단 간 이동에 관련되거나 정보를 받는 경우는 드물다.

D.   부두 적재 터미널 (Loading ocean terminal)

부두 적재 터미널에 도착하면, 육상 운송업자는 컨테이너의 보관권을 터미널 운영업자에게 넘긴다. 터미널 운영업자는 서류를 수령하고 통상적으로 해당 선적 물품의 다른 민간 당사자에게 전자 수령 통지(상황 보고)를 보낸다. 터미널 운영업자는 컨테이너의 선적을 위해 준비 또는 계획한다.

운송업자 또는 운송업자의 대리인으로서 해상 터미널은 봉인의 상태를 검사하고 표기한다 ; 이 과정은 해상 터미널 게이트에서 또는 터미널 도착 후 선박 선적 전에 이루어질 수 있다. 수출국의 공공기관은 수출 서류를 검토하고 필요한 수출 통제를 실시하고 안전 증서를 발급한다. 사전 정보를 필요로 하는 세관당국은 그 정보를 받아 검토하고 컨테이너의 선적을 인가하거나(명시적으로 또는 암묵적으로), 검사를 포함 추가적인 선별이 이루어지는 동안 선적될 수 없는 컨테이너에 대해서는 "선적 불가" 메시지를 보낸다.

수출 신고 및 선별 요건이 있는 국가들에 대해서는, 운송업자는 송하인이 수출용 화물을 선적하기 전에 관련 요건을 준수했다는 것을 송하인 서류에서 확인할 수 있도록 요청하여야 한다(그러나 송하인이 모든 주요 서류 및 다른 관련 수출 요건의 준수에 대한책임을 진다). 해당되는 경우, 해상 운송

loading the cargo for export. (The shipper/consignor is, however, responsible for compliance with all prevailing documentation and other pertinent export requirements.) Where applicable, the ocean carrier must file its manifest information to those importing Customs agencies that require such information. Shipments for which "do-not-load" messages have been issued should not be loaded onboard the vessel pending further screening.

E.   Transhipment terminal

The transhipment terminal operator shall inspect the security seal between the off-loading and re-loading of the container. This requirement may be waived for transhipment terminals which have security plans that conform to the International Ship and Port Facility Security Code (ISPS Code produced by the International Maritime Organization).

F.   Off-loading ocean terminal

The receiver/consignee usually arranges for a Customs broker to facilitate clearance of the shipment in the off-loading ocean terminal. Generally, this requires that the cargo owner provide documentation to the broker in advance of arrival. The ocean carrier provides advance electronic cargo manifest information to the terminal operator and to the importing Customs administration as required. Customs may select containers for different levels of inspection immediately upon off-loading or later. Customs may inspect the condition of the seal and related documentation in addition to the cargo itself. If the container is to travel under Customs control to another location for clearance, then Customs at the off-loading terminal must affix a Customs seal to the container and note the documentation accordingly.

The receiver/consignee or Customs broker pays any duties and taxes due to Customs and arranges the Customs release of the shipment. Upon pickup for departure from the ocean terminal, the land transport operator inspects and notes the condition of the seal, and receives documentation from the terminal operator.

G.   Intermediate terminal

The processes in intermediate terminals in the importing country are analogous to those in intermediate terminals in exporting countries.

H.   Unloading site

Upon receipt of the container, the consignee or deconsolidator inspects the seal and notes any discrepancy on the documentation. The consignee unloads the container and verifies the count and condition of the lading against the documentation. If there is a shortage, damage, or an overage discrepancy, it is noted for claims or insurance purposes, and the shipment and its documentation are subject to audit and review. If there is an anomaly related to narcotics, contraband, stowaways or suspicious materials, the consignee Customs or another law enforcement agency must be informed.

업자는 선적목록 정보를 해당 정보를 요구하는 수입 세관에 제출하여야 한다. "선적 불가" 메시지를 받은 선적 화물은 추가적인 조사가 진행되는 동안은 선박에 선적되지 않아야 한다.

E.   환적 터미널 (Transhipment terminal)

환적 터미널 운영업자는 컨테이너의 하역(off-loading) 및 재선적 사이에 보안 봉인을 검사할 것이다. 국제 선박 및 항구 시설 안전 조례(International Ship and Port Facility Security Code(국제해 양기구에 의해 제정된 ISPS 조례)에 부응하는 안전에 대한 계획을 가진 환적 터미널에 대해서는 이 요건이 철회될 수도 있다.

F.   하역 부두 터미널 (Off-loading ocean terminal)

수령인/수하인은 대개 하역 부두 터미널에서의 관세사의 화물 통관을 원활하게 하기 위해 준비한다. 일반적으로 이를 위해서는 화주가 입항 전에 관세사에게 서류를 제공하여야 한다.

해양 운송업자는 터미널 운영업자 및 수입 세관에게 요청에 따라 사전 전자 화물 선적목록 정보를 제공한다. 세관은 하역 직후 또는 나중에 컨테이너를 각 수준별 검사를 위해 선별할 수 있다. 세관은 화물 자체 외에 봉인의 상태 및 관련 서류를 검사할 수 있다. 컨테이너가 통관을 위해 세관통제 하에서 다른 지역으로 이동해야 하는 경우, 하역 터미널의 세관은 컨테이너에 세관 봉인을 부착하고 서류에 이를 표시해야 한다.

수령인/수하인 또는 관세사는 세관에 관세 및 세금을 납부하고 선적 화물의 세관 반출을 준비한다. 해상 터미널로부터 수송을 위해 화물을 수령한 직후, 육상 운송업자는 봉인의 상태를 검사 및 표시하고, 터미널 운영업자로부터 서류를 넘겨받는다.

G.   집하 터미널 (Intermediate terminal)

수입국 집하 터미널에서의 절차는 수출국 집하 터미널에서의 절차와 유사하다.

H.   하역 장소

컨테이너 수령시, 수하인 또는 분배업자(deconsolidator)는 봉인을 검사하고 서류와 차이가 있을 경우 표시한다. 수하인은 컨테이너를 하역하고 화물의 총계 및 상태를 서류와 비교해 확인한다. 부족, 손상 또는 초과 등 차이가 있을 경우, 클레임이나 보험 목적을 위해 표시하며, 선적 화물 및 그 서류는 심사 및 검토의 대상이 된다. 마약, 밀수품, 밀항자 또는 의심스러운 물품과 관련된 이상이 있을 경우, 수하인 세관 또는 다른 법 집행기관에 알려야 한다.

IV. Pillar 2 . Customs-to-Business

1.   Introduction

Each Customs administration will establish a partnership with the private sector in order to involve it in ensuring the safety and security of the international trade supply chain. The main focus of this pillar is the creation of an international system for identifying private businesses that offer a high degree of security guarantees in respect of their role in the supply chain. These business partners should receive tangible benefits in such partnerships in the form of expedited processing and other measures.

The following statement from the "High Level Guidelines for Co-operative Arrangements between WCO Members and Private Industry to Increase Supply Chain Security and Facilitate the Flow of International Trade" sums up the critical relationship between Customs and Business in adding another layer to the protection of international trade:

"To the extent that Customs can rely on its partners in the trade community to evaluate and address threats to their own supply chain, the risk con fronting Customs is reduced. Therefore, companies that demonstrate a verifiable willingness to enhance supply chain security will benefit. Minimizing risk in this way helps Customs in performing their security functions, and in facilitating legitimate trade."

Such programmes push assessments on supply chain security further back into the supply chain by involving the private sector and by requiring increased security at the point of origin, e.g. the point of stuffing a container at a foreign manufacturer's loading docks, and as the container is moved from point to point through the supply chain.

This SAFE Framework sets forth the criteria by which businesses in the supply chain can obtain authorized status as a security partner. Such criteria address issues such as threat assessment, a security plan adapted to the assessed threats, a communication plan, and procedural measures to prevent irregular or undocumented goods entering the international supply chain, physical security of buildings and premises used as loading or warehousing sites, security of cargo, means of transport, personnel vetting, and protection of information systems.

The priorities of validating or authorizing participants can be determined by a number of factors, including import volume, security-related anomalies, the strategic threat posed by certain geographic regions, or other risk-related information. Deciding which factors to emphasize will inevitably change based on evolving circumstances.

General agreement on the minimum benefits that Business partners can reap from the AEO status is also crucial. Benefits include quicker movement of low-risk cargo through Customs, improved security levels, optimized supply chain cost through security efficiencies, enhanced reputation for the organization, increased

IV. Pillar 2 -세관당국 대 민간

1. 소개

각 세관당국은 국제 무역 안전망의 안전 및 보안을 확보하기 위하여 민간 분야와 파트너십을 구축하여야 할 것이다. 이 Pillar는 공급망에서의 자신들의 역할을 고려하여 높은 수준의 안전 보장을 제공하는 민간 업계를 확인하기 위한 국제적인 시스템의 구축에 초점을 맞추고 있다. 이러한 업계 파트너들은 파트너십 속에서 신속한 처리 및 다른 형태로 실질적 이익을 얻어야 한다.

"공급망 안전을 증진시키고 국제 무역 흐름을 촉진하기 위한 WCO 회원국과 민간 업계 간의 협력 관계를 위한 고위 지침(High Level Guidelines for Cooperative Arrangements between WCO Members and Private Industry to Increase Supply Chain Security and Facilitate the Flow of International Trade)"의 다음 부분은 국제 무역의 보호를 한 단계 높이는 데 있어 세관당국과 업계 간의 중요한 관계를 개략적으로 보여준다:

"세관당국이 자신의 공급망에 대한 위협을 평가하고 처리하기 위해 무역업계의 파트너를 신뢰할 수 있는 범위까지, 세관당국이 당면한 위험은 감소된다. 따라서, 공급망 안전을 강화하고자 하는 의지를 증명할 수 있는 업체들은 이익을 얻을 것이다. 이런 방식으로 위험을 최소화하는 것은 세관당국이 안전 기능을 수행하고 적법한 무역을 촉진하는 데 도움을 준다."

이러한 프로그램은 민간 분야를 포함시키고 시작 단계, 예를 들어 외국 제조업체의 선적 부두에서 컨테이너에 선적하는 시점에 안전 강화을 요구함으로써 화물 및 컨테이너의 안전이 공급망 내에서 확보되도록 한다.

본 SAFE Framework 은 공급망 내의 업체들이 보안 파트너로서의 공인 자격을 획득할 수 있는 기준을 명시한다. 그러한 기준은 위험 평가, 보안 위험에 대한 보안 계획, 통신 계획, 불법적이고 문서화되지 않은 물품의 국제 공급망 진입을 막기 위한 절차상의 조치들, 선적지 또는 창고로 사용되는 건물 및 부지의 물리적 안전, 컨테이너 및 화물의 안전, 운송 수단, 직원에 대한 조사 및 정보 시스템의 보호와 같은 문제를 다룬다.

참여업체 인증의 우선 순위는 수입량, 안전 관련 예외(anomalies), 특정 지역의 전략적 위험 또는 다른 위험 관련 정보를 포함한 많은 요소들에 의해 결정될 수 있다. 어떤 요소에 초점을 맞춰야 하는가를 결정하는 것은 불가피하게 환경 변화에 따라 바뀔 것이다.

업계 파트너가 승인된 운영자의 자격을 취득함으로써 받을 수 있는 최소한의 이익에 대한 일반적인 합의 역시 중요하다. 그 이익에는 저위험 화물의 신속한 통관, 안전 수준 향상, 안전 효율성을 통한 최적화된 공급망 비용, 해당 업체에 대한 평판 제고, 비즈니스 기회 증가, 관세 요건에 대한 이해 향상 및 AEO와 세관당국간의 커뮤니케이션 향상 등이 포함된다.

부속서 IV의 기준을 충족함으로써, AEO는 보안상의 이점을 넘어 세관 단순화의 혜택도 누려야 한다. 무역 연속성 및 재개 조치와 관련하여, 정부는 허가된 경제 운영자를 포함하여 민간부문과 협력하

business opportunities, improved understanding of Customs requirements, and better communication between the AEO and the Customs administration.

By virtue of fulfilling the criteria of Annex IV, AEOs should also benefit from Customs simplifications beyond security benefits.

Many businesses that function along the nodes of the international supply chain already must meet existing international security requirements and/or have internal security programmes in place that address concerns of Customs administrations. The systems within the Customs-to-Business Pillar of the SAFE Framework must be based on the quality accreditation of Customs routines that use information technology to facilitate the procedures commonly associated with cross-border trade and that offer special benefits to those importers, exporters, brokers, forwarders, carriers and other service providers that qualify.

Drawing from the number of innovative national AEO programmes, Customs administrations and international trade businesses joining the SAFE Framework will standardize Pillar 2.

In relation to trade continuity and resumption measures, governments should work co-operatively with the private sector, including Authorized Economic Operators, to develop mechanisms, plans and processes towards maximizing the continuity and resumption of trade in the event of a disruption within the international supply chain.

While noting similarities among them, the SAFE AEO programme, compliance programmes (similar to the 'Authorized Person' concept in the Revised Kyoto Convention (RKC) Transitional Standard 3.32) and the 'Authorized Operator' in the WTO TFA Article 7.7 need to be clearly differentiated.

The SAFE AEO is a very comprehensive and all-encompassing programme compared to other similar programmes/schemes. The implementation of SAFE AEO Programme ensures, among others, the fulfillment of the obligations in Article 7.7 of the WTO TFA and Transitional Standard 3.32 of the RKC.

2.   Standards and Technical Specifications for Implementation

WCO Members and the private trade sectors recognize the dual importance of securing the supply chain while facilitating the flow of goods across borders. They also recognize that in working to effect improvements on one side of the equation, they derive benefits on the other as well. In this respect, attention is called to the "SAFE Framework for Sector-Specific Co-operative Arrangements to Increase Supply Chain Security and Facilitate Trade", which could serve as a useful blueprint for such a system during the initial implementation phase of the SAFE Framework. The cornerstone of successful Customs-to-Business Partnerships relies on several critical factors, accompanied by a mutual respect for each other's roles and responsibilities in this regard. While by no means exhaustive, the following overarching themes should guide the Customs-to-Business joint efforts: Partnership, Security, Authorization, Technology, Communication and Facilitation.

여 국제 공급 내에서 중단이 발생할 경우 무역의 연속성 및 재개를 극대화하기 위한 메커니즘, 계획 및 프로세스를 개발해야 한다.

SAFE AEO 프로그램, 준수 프로그램 (RKC 개정 규칙 3.32의 '인증된 사람' 개념과 유사한) 및 WTO TFA 제 7.7 조의 '승인된 운영자'와 유사한 점은 유사점을 명시하는 반면, 확실히 분리되어야 한다. SAFE AEO는 다른 유사한 프로그램 / 제도에 비해 매우 포괄적인 프로그램이다. SAFE AEO 프로그램의 이행은 무엇보다도 WTO TFA 7.7 조 및 RKC의 이행 표준 3.32의 의무 이행을 보장한다.

국제 공급망 내의 많은 업체들은 기존의 국제 안전 요건을 충족하거나 세관당국의 관심사를 다룰 내부 안전 프로그램을 마련하거나 또는 두 가지를 모두 하여야 한다. SAFE Framework의 세관 당국-민간 간 Pillar 내의 시스템들은 , 정보 기술을 이용하여 국가간 교역에 통상 관련되는 절차들을 원활히 하고 자격을 갖춘 수입업자, 수출업자, 중개인, 운송주선업자, 운송업자 및 다른 서비스업자에게 특별한 혜택을 제공하는 세관 일상 업무의 품질 인가에 토대를 두어야 한다.

다수의 혁신적인 AEO 프로그램을 참고하여 , 세관당국 및 SAFE Framework에 참여하는 국제 무역업체들은 Pillar 2를 표준화할 것이다.

2.   표준 이행을 위한 기술적 세부사항

WCO 회원국과 민간 무역 부문은 국경을 넘어 상품의 흐름을 촉진하면서 공급망 확보의 이중 중요성을 인식하고 있다. 또한 그들은 방정식의 한 측면에서 개선을 이루기 위해 노력할 때 다른 측면에서도 이점을 얻는다. 이와 관련하여 SAFE 프레임 워크의 초기 구현 단계에서 이러한 시스템에 대한 유용한 청사진으로 사용될 수 있는 "공급망 보안을 강화하고 거래를 촉진하기 위한 부문별 협동 조합을 위한 SAFE 프레임 워크"에 주의를 기울여야 한다. 성공적인 기업 간 파트너십의 초석은 이와 관련하여 서로의 역할과 책임에 대한 상호 존중과 함께 몇 가지 중요한 요소에 의존한다. 결코 철저하지는 않지만, 파트너십, 보안, 인증, 기술, 커뮤니케이션 및 촉진과 같은 관대 기업 간 공동 노력을 이끌어 내야 할 중요한 주제가 있다.

2.1.   Standard 1 . Partnership

Authorized Economic Operators involved in the international trade supply chain will engage in a self-assessment process measured against pre-determined security standards and best practices to ensure that their internal policies and procedures provide adequate safeguards against compromise of their supply chains until cargo is released from Customs control at destination.

A Customs-to-Business partnership programme should allow for the flexibility and customization of security plans based on the AEO's business model.

The Customs administration and AEO should jointly determine and document the appropriate partnership security measures that will be implemented and maintained by the AEO.

The jointly produced Customs-to-Business partnership document should have written and verifiable processes to ensure, as far as possible, and in accordance with the AEO's business model, that the AEO's business partners, including manufacturers, product suppliers and vendors declare their intention to comply with the security standards set forth in the SAFE Framework.

Periodic reviews of the AEO's processes and security measures should be conducted (based on risk) and should be consistent with the security procedures set forth in the respective business security-related agreement.

2.2   Standard 2 . Security

Authorized Economic Operators will incorporate pre-determined security best practices into their existing business practices.

The AEO will implement security measures that assure the security of buildings as well as those that monitor and control exterior and interior perimeters and access controls that prohibit unauthorized access to facilities, conveyances, loading docks and cargo areas. Access control of facilities in the secure supply chain should incorporate managerial control over the issuance and adequate control of identification badges (employee, visitor, vendor, etc.) and other access devices, including keys, access cards, and other devices that allow for unfettered access to company property and assets.

Access control to facilities in the secure supply chain should incorporate prompt and thorough removal of a terminated employee's company-issued identification and access to premises and information systems.

Trade-sensitive data should be protected through use of necessary automated back-up capabilities, such as individually assigned password accounts that require periodic recertification, appropriate information system security training, and protection against unauthorized access to and misuse of information.

Personnel security programmes should incorporate screening of employees and prospective employees, as appropriate and as allowed for by national legislation. These programmes should include periodic

2.1   세관당국 대 민간 표준

표준 1 - 파트너십

국제 무역 공급망에서 활동하는 공인경제운영인은 사전에 제시된 안전지침 및 절차가 자신의 화물 및 컨테이너의 안전을 확보할 만큼 충분한 안전장치를 제공하고 있는지를 확인하기 위해 사전에 제정된 안전 표준 및 모범사례를 기준으로 자기평가를 실시하여야 한다.

세관당국 -민간 간 파트너십 프로그램은 AEO 의 비즈니스 모델에 기반을 둔 안전에 대한 계획의 유연성 및 개별화 (customization)를 고려해야 한다.

세관당국 및 AEO 는 AEO가 이행 및 유지할 적절한 파트너십 안전 조치를 공동으로 결정하고 문서로 기록하여야 한다.

공동으로 작성한 세관당국 -민간 간 파트너십 문서는, 제조업자, 공급업자 및 판매업자를 포함한 AEO의 비즈니스 파트너들이 SAFE Framework에 명시된 안전 표준을 준수하겠다는 의지 표명을 분명히 하기 위해, 가능한 AEO 비즈니스 모델에 따라 확인 가능한 서면 절차를 거쳐야 한다.

AEO의 절차 및 안전 조치에 대한 정기적인 검토가 이루어져야 하고(위험에 기초하여), 각각의 비즈니스 안전 관련 계약에 명시된 안전 절차와 일관성이 있어야 한다.

2.2   표준 2 - 안전

공인경제운영인은 사전결정된 안전관련 모범사례를 기존의 비즈니스 관행에 통합시켜야 한다.

공인경제운영인은 건물의 안전을 보장하는 안전 조치 및 내외부 주변을 점검하고 통제하는 조치를 시행하고 시설, 운송 수단, 선적 부두 및화물 지역에 대한 인가받지 않은 접근을 막는 통제를 실시할 것이다.

안전한 공급망 내 시설 접근 통제는 신분증 (직원, 방문객, 판매업자 등) 및 열쇠, 접속카드 등의 기타 접근 장치의 발급 및 적절한 통제에 대한 관리 감독을 포함하여야 한다.

안전한 공급망 내 시설 접근 통제는 퇴직한 직원의 경우 회사에서 발행한 신분증 및 회사건물과 정보 시스템에 접근을 신속하고 철저하게 폐기하는 것을 포함하여야 한다.

무역관련 중요 데이터는 주기적 재발급을 받는 개별 비밀번호 설정, 승인 없는 접근 및 정보의 잘못된 사용을 방지하는 장치 등의 자동화된 백업장치를 활용하여 보호되어야 한다.

직원보안 프로그램은 국내법에 의해 허용되는 적절한 한도 내에서 직원 및 잠재적 직원에 대한 스크리닝을 포함하여야 한다. 이러한 프로그램에는 보안상 민감한 직위의 직원에 대해 정기적인 배후 조사를 하고 직원의 사회 경제적 지위의 이례적인 변화를 주시하는 것이 포함되어야 한다.

AEO의 비즈니스 모델에 따라, 안전한 공급망 내 화물의 운송, 취급 및보관과 관련된 비즈니스 파트너의 업무절차의 준법성(integrity)을 증진시키기 위한 안전 프로그램 및 조치가 마련되어야 한다.

background checks on employees working in security-sensitive positions, noting unusual changes in an employee's apparent social and economic situation.

In accordance with the AEO's business model, security programmes and measures should be in place to promote the integrity of a business partner's processes that are related to the transportation, handling and storage of cargo in the secure supply chain.

Procedures should be employed to ensure that all information used for cargo processing, both electronic and manual, is legible, timely, accurate, and protected against alteration, loss or introduction of erroneous data. The AEO and Customs will ensure the confidentiality of commercial and security-sensitive information. Information provided should be used solely for the purposes for which it was provided.

An AEO shipping or receiving cargo should reconcile it with the appropriate shipping documentation. The AEO shall ensure that cargo information received from business partners is reported accurately and in a timely manner. Persons delivering or receiving cargo must be identified before cargo is received or released.

The AEO should conduct specific training to assist employees in maintaining cargo integrity, recognizing potential internal threats to security and protecting access controls. The AEO should make employees aware of the procedures the company has in place to identify and report suspicious incidents.

2.3   Standard 3 . Authorization

The Customs administration, together with representatives from the trade community, will design validation processes or quality accreditation procedures that offer incentives to businesses through their status as Authorized Economic Operators. These processes should, among others, define tangible benefits as specified in Annex IV that will ensure that they see a benefit to their investment in good security systems and practices, including, at a minimum, fewer documentary examination and physical inspections, and expedited release/clearance of their goods.

The Customs administration should co-operate (by various means) with business partners to determine joint benefits to be derived by collective participation in the secure supply chain.

The Customs administration should be receptive to the concerns of the AEO and its authorized representatives and determine, in consultation with them, a formalized method of communication that ensures that issues are properly received, addressed and resolved.

The Customs administration should document the tangible benefits that the administration expects to provide (within its jurisdiction) to fully engaged business partners in the secure supply chain. These benefits should be measured and reported, and should keep pace with obligations as Customs phase in national programmes.

Customs administrations should seek mutual recognition of AEO status between or among programmes to

화물처리와 관련한 모든 정보는 읽기 쉽고, 적정한 시기에 작성되어야 하고, 정확하고, 오류를 가 진 자료들의 포함, 자료의 변경 및 손실 등에 대해 보호되어져야 한다. AEO 및 세관당국은 상업 정보 및 보안상 민감한 정보의 비밀을 보장할 것이다. 제공된 정보는 본래의 목적을 위해서만 사용되어 야 한다.

AEO 선적 화물 또는 수령 화물은 적절한 선적 서류와 일치하여야 한다. AEO는 업계의 파트너들 로 부터 받은 화물정보들이 정확하고 적정한 시기에 작성되었는지를 확인하여야 하며, 화물이 수취 되 거나 반출되기 전에 화물을 전달하고 수취하는 사람이 누구인지가 식별되어져야 한다.

AEO는 직원들이 화물의 안전성을 유지하고, 잠재적인 내부의 안전위험을 식별하며, 접근통제를 보호할 수 있도록 특수한 훈련을 실시하여야 한다. 아울러, AEO는 의심스러운 사항을 식별하고 보 고하기 위해 회사에서 마련한 절차들을 직원들이 인지하도록 해야 한다.

2.3   표준 3 - 인증

세관당국은 공인경제운영인에게 인센티브를 제공하기 위한 검증 절차 또는 품질 인증 절차를 무역 업계 대표들과 함께 마련해야 한다. 이 절차들은 민간업체가 안전 시스템 및 모범사례 도입에 투자 하는 경우 위험 선별 및 검사횟수의 축소, 신속통관 등을 포함한 각종을 제공받을 수 있음을 알 수 있도록 한다.

세관당국은 민간업계 파트너들 모두가 안전지침을 준수할 경우에 얻게 되는 공동이익의 내용을 결 정하기 위해 민간업계와 다양한 방법으로 협력하여야 한다.

세관당국은 AEO 및 그들이 인정한 대표들의 관심사항을 수용하여야 하며, 이들과의 협의를 통해 현안사항들이 적절하게 받아들여지고, 다루어지고, 해결되는지를 확인하기 위한 공식화된 의사소 통 방안을 결정하여야 한다.

세관당국은 또한 공급망 안전지침을 철저하게 준수하는 민간업계 파트너들에게 세관당국이(권한 내에서) 제공하는 구체적인 이익들을 문서화하여야 한다. 이에 따라 이들 이익들이 측정되고 보고 되어져야 하며, 관세행정 프로그램에서 세관의 의무와 보조를 맞추어야 한다.

세관당국은 AEO 지위에 관한 상호인증에 동의하여야 한다.

세관당국은 안전성 측면에서 저위험으로 결정된 화물의 소비 및 수출을 위한 과정을 원활히 하기 위한 절차들을 이행하고, 관련 법령규정을 신설 혹은 개정하여야 한다.

enhance the benefits offered to their respective AEOs.

The Customs administration should, where appropriate, seek or amend provisions and implement procedures to expedite the processing for consumption or export of shipments that are determined to be in a low-risk category for security concerns.

The Customs administration will derive benefits through the enhanced security of goods in the international supply chain, where improved intelligence processes, risk-assessment capabilities and better targeting of high-risk consignments will lead to the optimized use of resources.

The Customs administration, as well as AEOs, will derive benefits from the use of self-assessment and verification.

2.4   Standard 4 . Technology

All parties will maintain cargo and container integrity by facilitating the use of modern technology.

AEOs should conform, at a minimum, to the current requirements as set forth in various international agreements, including, but not limited to, the 1972 Customs Container Convention and the Customs Convention on International Transport of Goods under Cover of TIR Carnets (TIR Convention, 1975).

Customs administrations should encourage and facilitate, through appropriate incremental incentives, the voluntary use by AEOs of more advanced technologies beyond mechanical sealing for establishing and monitoring container and cargo integrity, as well as reporting unauthorized interference with container and cargo.

AEOs should have documented procedures that set forth their internal policy regarding the affixing and processing of cargo and containers that employ high-security seals and/or other devices that are designed to prevent tampering with cargo.

The Customs administration should have documented procedures that set forth its seal verification regime, as well as its operational procedures for addressing discrepancies.

The Customs administration and the AEO should maintain an open dialogue on areas of common concern to collectively benefit from advancements in industry standards and container integrity technologies, as well as mutual operational readiness as related to identified instances of security seal breach.

In this respect the WCO Council Recommendation Concerning Customs Formalities in Connection with the Temporary Admission of Container Security Devices; reproduced in the SAFE Package, provides the basis for facilitation of the temporary admission of these devices

2.5   Standard 5 . Communication

The Customs administration will regularly update Customs-Business partnership programmes to promote

세관당국은 국제 공급망에서 물품의 안전 강화를 통해 이익을 도출할 것이고, 정보처리 개선, 위험 평가 역량 및 고위험 수하물에 대한 선별 개선으로 자원의 활용을 최적화할 것이다.

AEO뿐 아니라 세관당국은 자체 위험 평가 및 검증을 통해 이익을 도출할 것이다.

2.4 　표준 4 - 기술

무역공급망의 모든 주체는 최신 기술을 이용함으로써 화물 및 컨테이너의 안전성(integrity)을 유지하여야 한다.

AEO는 최소한 1972 세관컨테이너 협약 및 TIR 까르네를 이용한 국제 물품 운송에 관한 세관협 약(TIR 협약, 1975)을 포함한 (한정되지는 않음) 각종 국제 협정상에 최근 요구조건들을 준수하여야 한다.

세관당국들은 적절한 이익에 관한 인센티브 제공을 통해 AEO가 컨테이너 및 화물의 안전성을 확립하고 감독하며, 컨테이너 및 화물에 대한 불법적인 간섭을 보고할 수 있는 진보된 봉인기술을 자발적으로 사용하도록 유도하여야 한다.

AEO 는 화물의 승인받지 못한 개봉을 방지하기 위해 설계된 현대적 봉인 혹은 기타 장치들을 사용한 화물 및 컨테이너에 관한 내부방침 및 절차들을 문서화하여야 한다.

세관당국은 봉인 검증체계 및 봉인 침해에 대처하기 위한 운영절차 등을 문서화하여야 한다.

세관당국과 AEO는 산업 표준 및 컨테이너 안전관련 기술, 봉인 위반시 상호 대처방안 등을 개선할 경우에 얻어지는 이익 등 공동 관심분야에 대하여 공개된 대화를 지속적으로 가져야 한다.

2.5 　표준 5 -정보교환

세관당국은 최소한의 안전 표준 및 공급망 안전관련 모범 사례를 발전시키기 위해 세관당국 민간

minimum security standards and supply chain security best practices.

Customs should establish, in consultation with an AEO or its representatives, procedures to be followed in the event of queries or suspected Customs offences, including providing the AEO or its agents with contact information where appropriate Customs officials can be contacted in an emergency.

Customs should engage in regular consultation, at both the national and local level, with all parties involved in the international supply chain to discuss matters of mutual interest

including Customs regulations, and procedures and requirements for premises and consignment security.

The AEO should be responsive to Customs co-ordination of the above-described outreach efforts and contribute to a dialogue that provides meaningful insight to ensure that the Programme remains relevant and well-grounded in minimum security standards that benefit both partners.

2.6 Standard 6 . Facilitation

The Customs administration will work co-operatively with AEOs to maximize security and facilitation of the international trade supply chain originating in or moving through its Customs territory.

The Customs administration should seek or amend provisions and implement procedures that consolidate and streamline the submission of required information for Customs-related clearance to both facilitate trade and identify high-risk cargo for appropriate action.

The Customs administration should establish mechanisms to allow for business partners to comment on proposed amendments and modifications that significantly affect their role in securing the supply chain.

V. Pillar 3 – Customs to Other Government and Inter-Government Agencies

1. Introduction

Since the development of the SAFE Framework of Standards in 2005, the importance of cooperation between Customs and other Government and Inter-Government agencies involved in international trade and supply chain security has increased. The WCO has recognised this and has introduced a number of key tools and instruments especially the Coordinated Border Management and Single Window Compendiums that impact on and guide cooperation between Customs and other Government Agencies and Inter-Government Agencies.

The main objective of this cooperation is to ensure that the government response to the challenges of supply chain security is both efficient and effective, by avoiding duplication of requirements and inspections, streamlining processes, and ultimately working toward global standards that secure the movements of goods

간 파트너십 프로그램을 정기적으로 갱신시켜야 한다 .

세관은 AEO 혹은 그들의 대표자들과 협의를 통하여 긴급상황시 담당 세관공무원과 통화할 수 있는 전화번호를 AEO 혹은 그들의 대리인에게 제공하는 등 의심스러운 사항이 발견될 경우에 취할 수 있는 후속절차를 수립하여야 한다.

세관당국은 세관규제 및 절차, 화물안전을 위한 요구사항 등을 포함한 상호 이해관계를 논의하기 위하여 국제 무역 공급망 내의 모든 주체들과 국가 및 지역단위로 정기적인 협의를 가져야 한다.

AEO는 상기 정보교환에 관한 노력과 관련하여 세관에 협조하여야 하며, 양측에 모두 이익이 되는 최소 안전 표준상에서 연관성을 유지하는 프로그램의 발전방향을 제공하는 세관과의 대화에 적극적으로 참여하여야 한다.

2.6   표준 6 -원활화

세관당국은 AEO들과 공동으로 자국의 세관영역과 관련된 국제 무역망의 안전 및 원활화를 극대화하기 위한 노력을 기울여야 한다.

세관당국은 적절한 조치를 통해 무역 원활화 및 고위험화물 적발을 위해 세관 통관 시 요구되는 정보의 제출을 보다 간단하게 할 수 있는 절차를 이행하고, 이를 위한 관련 법령규정을 신설 혹은 개정하여야 한다.

세관당국은 공급망 안전을 위한 민간업체 파트너들의 역할에 중요한 영향을 미치는 절차 혹은 법규정 등의 개정 및변경을 제안시, 이에 대하여 민간업계 파트너들이 발언할 수 있도록 하는 체계를 마련해야 한다.

V. Pillar 3 – 다른 정부 및 정부 간 기관 대 세관

1.   소개

2005년 SAFE 표준 프레임 워크가 개발된 이래로 국제 무역 및 공급망 보안에 관련된 관세와 다른 정부 기관 및 정부 간 협력의 중요성이 높아졌다. WCO는 이를 인식하고 세관 및 기타 정부 기관과 정부 간 기관 사이의 협력에 영향을 미치고 조정하는 여러 가지 주요 도구, 특히 조정 국경 관리 및 단일창 개요를 도입했다.

이러한 협력의 주요 목표는 요구 사항과 검사의 중복을 피하고 프로세스를 능률화하며 궁극적으로 상품의 이동을 보호하는 글로벌 표준을 향해 노력함으로써 무역을 촉진하는 방식으로써의 공급망 보안 문제에 대한 정부의 대응이 효율적이고 효과적임을 보장하는 것이다.

공급망 보안 분야에서 세관과 협력하는 많은 정부 기관이 있다. 파트너 기관에는 운송 보안 기관, 내부 기관 (예 : 경찰), 국경에서 운영되는 기관 (예 : 농업) 및 라이센스 기관 (예 : 이중 사용)이 포함된다.

in a manner that facilitates trade.

There are many governmental agencies which cooperate with Customs in the area of supply chain security. Partnering agencies include but are not limited to transport security authorities, interior authorities (e.g. police), agencies operating at the border (e.g. agricultural) and licensing agencies (e.g. dual use).

There are a variety of potential forms of mutual cooperation: agencies may share common facilities, equipment, databases, exchange information, and jointly conduct targeting/risk assessment, program validations or inspections. It may also include aligning the various agencies' security programmes and control measures.

Cooperation across various agencies is essential at the national level. Given the nature of the global supply chain, such effective cooperation must also be promoted bilaterally and multilaterally between and among organizations representing different sectors and regulatory areas in order to foster and establish international harmonization and reduce burden on both trade and governments.

To assist with the implementation of this Pillar, Members are referred to the tools and instruments of WCO including but not limited to the Revised Kyoto Convention, Coordinated Border Management Compendium, Single Window Compendium, AEO Compendium and Risk Management Compendium.

2.   Standards and Technical Specifications for Implementation
      Cooperation within Government

2.1   Standard 1 - Mutual Cooperation
      Governments should foster mutual cooperation between their Customs administration and other competent government agencies.

2.1.1. Mutual cooperation is encouraged between Customs and other competent government agencies that regulate the movement of cargo in different modes of transport including intermodal.

2.1.2. Cooperation between Customs and Aviation Authorities
        Customs should establish mutual cooperation with aviation authorities in relation to their respective security certification programmes for example the Authorised Economic Operator (AEO) Programme and the Regulated Agent/Known Consignor (RA/KC) Programme taking into account each Member's situation. Customs should encourage aviation security authorities to recognise the role consignment level Customs risk analysis may play in air cargo security. This Customs risk analysis may occasionally direct additional rescreening of consignments outside of the normal aviation security rules.

상호 협력에는 다양한 형태가 있을 수 있다. 대행사는 공용 시설, 장비, 데이터베이스, 정보교환을 공유하고 공동으로 대상 / 위험 평가, 프로그램 검증 또는 검사를 수행 할 수 있다. 다양한 기관의 보안 프로그램 및 통제 조치를 조정하는 것도 포함될 수 있다.

여러 기관에 걸친 협력은 국가 차원에서 필수적이다. 글로벌 공급망의 특성을 고려할 때, 국제적 조화를 육성하고 확립하고 무역과 정부의 부담을 줄이려면 서로 다른 부문과 규제 지역을 대표하는 단체들 사이에서 양국 간 및 다자간에 이러한 효과적인 협력이 촉진되어야 한다.

이 Pillar의 이행을 돕기 위해 회원국은 개정된 교토 협약, 조정된 국경 관리 개요, 단일창 개요, AEO 개요 및 위험 관리 개요를 포함한 WCO의 도구를 국한받지 않지만 사용해야 한다.

2.   표준 이행을 위한 기술 사양
      정부 내 협력

2.1   표준 1-상호 협력
      정부는 관세청과 기타 유능한 정부 기관 간의 상호 협력을 장려해야 한다.

2.1.1 복합 운송을 포함한 다양한 운송 수단에서 화물의 이동을 규제하는 관세와 다른 관할 정부기관간에 상호 협력이 장려된다.

2.1.2 세관 및 항공 당국 간 협력
      세관은 각 회원의 상황을 고려하여 각각의 보안 인증 프로그램, 예를 들어 AEO (Authorized Economic Operator) 프로그램 및 RA / KC (Regulated Agent / Known Consignor) 프로그램과 관련하여 항공 당국과 상호 협력을 설정해야 한다. 세관은 항공 보안 당국이 항공화물 보안에서 수행할 수 있는 역할 위탁 수준을 인식하도록 장려해야 한다. 이 관세 위험 분석은 때때로 일반 항공 보안 규칙을 벗어나는 위탁품에 대한 추가 재검토를 지시할 수 있다.

2.1.3.   Cooperation between Customs and Maritime and Port Security Authorities

Customs should establish mutual cooperation with the maritime (including inland water ways) and port security authorities. Cooperation may include the alignment between AEO programmes and the International Ship and Port Facility Security Code (ISPS Code) with regards to areas such as the initial security assessment procedure, exchange of available and appropriate information and where possible alignment of compliance controls and follow-up activities.

2.1.4.   Cooperation between Customs and Land Transportation Authorities

Customs should establish mutual cooperation with land transportation authorities in relation to transportation by land (including rail). Cooperation may include areas such as the initial security assessment procedure, the exchange of available and appropriate information and where possible alignment of compliance controls and follow-up activities.

2.1.5.   Cooperation between Customs and Postal Operators

Customs should establish mutual cooperation with postal operators responsible for security in relation to postal traffic. Cooperation may include areas such as the initial security assessment procedure, the exchange of available and appropriate information and where possible alignment of compliance control and follow-up activities.

Especially, exchange of advance electronic information should be examined between Customs and Postal Operators for supply chain security while facilitating the Customs procedures for postal items.

The applicable guidelines for safety and security of postal operations are contained within the Universal Postal Union Security Standards S58 and S59. The UPU security standards are consistent with the SAFE Framework of Standards.

2.1.6.   Cooperation between Customs and passenger control agencies

Recognizing the potential link between travelers and commercial cargo/trade flows, mutual cooperation should also include bodies entrusted with regulating and controlling the movement of people across borders.

2.2   Standard 2 - Cooperative Arrangements/Procedures

Governments should develop and maintain cooperative arrangements or procedures among their agencies that are involved in international trade and security.

2.2.1.   Mechanisms should be established for ensuring inter-agency coordination to improve the efficiency and effectiveness of the supply chain security measures and operation. These mechanisms should allow for the

2.1.3 세관 및 해상 및 항만 보안 당국 간의 협력

세관은 해상 (내륙 수로 포함) 및 항만 보안 당국과 상호 협력을 확립해야 한다. 협력에는 초기 보안 평가 절차, 이용 가능하고 적절한 정보의 교환, 준수 통제 및 후속 조치의 조정과 같은 영역과 관련하여 AEO 프로그램과 국제 선박 및 항만 시설 보안 코드 (ISPS 코드) 간의 조정이 포함될 수 있다.

2.1.4 세관 및 육상 운송 당국 간의 협력

세관은 육로 운송(철도 포함)과 관련하여 육로 운송 당국과 상호 협력을 설정해야 한다. 협력에는 초기 보안 평가 절차, 이용 가능하고 적절한 정보의 교환, 가능한 경우 준수 통제 및 후속 활동의 조정과 같은 영역이 포함될 수 있다.

2.1.5 세관 및 우편 사업자 간의 협력

세관은 우편 통행과 관련하여 보안을 담당하는 우편 사업자와 상호 협력해야 한다. 협력에는 초기 보안 평가 절차, 이용 가능하고 적절한 정보의 교환 및 가능한 경우 준수 통제 및 후속 활동의 조정과 같은 영역이 포함될 수 있다.

특히, 우편 물품에 대한 세관 절차를 촉진하면서 공급망 보안을 위해 세관과 우편 사업자 사이에 사전 전자 정보 교환을 조사해야 한다.

우편 운영의 안전 및 보안에 대한 해당 지침은 Universal Postal Union Security Standards S58 및 S59에 포함되어 있고 UPU 보안 표준은 SAFE 표준 프레임 워크와 일치한다.

2.1.6 세관과 승객 관리 기관 간의 협력

여행자와 상업화물 / 무역 흐름 사이의 잠재적 연계를 인식하기 위해 상호 협력에는 국경을 넘어 사람들의 움직임을 규제하고 통제하는 기관이 포함되어야 한다.

2.2 표준 2-협력 준비 / 절차

정부는 국제 무역 및 안보에 관여하는 기관들 사이에서 협력적 준비 또는 절차를 개발하고 유지해야 한다.

2.2.1

공급망 보안 조치 및 운영의 효율성과 효과를 개선하기 위해 기관 간 조정을 보장하기 위한 메커니즘을 확립해야 한다. 이러한 메커니즘을 통해 효율적인 운영, 최적의 데이터 품질, 효과적인 위험

alignment of functions and responsibilities amongst agencies in order to ensure efficient operations, optimal data quality, effective risk management and avoidance of duplication in the governmental efforts to secure and facilitate trade.

2.3 Standard 3 - Alignment of security programmes
Governments should where appropriate align the requirements of the various security programmes/regimes that are implemented to enhance security of the international supply chain.

2.3.1. Customs should establish mutual cooperation with other government agencies in relation to their respective security programmes. As part of this process of harmonisation, governments should ensure that Customs and other agencies work together to align their processes for assessment and validation of secure operators (e.g. AEO, RA/KC, ISPS Code, Internal Compliance Programme (ICP)).

2.3.2. In the area of air cargo security, authorities should work towards harmonisation of their respective security programmes namely the AEO Programme and the Regulated Agent/Known Consignor Programme. Cooperation may include areas such as the application and initial assessment procedure, exchange of available and appropriate information on the applicant, alignment of compliance and follow-up activities after the status/authorisation has been granted (including sharing of information with regard to the withdrawal or revocation of the status).

2.4 Standard 4 - Harmonization of national control measures
Governments should harmonize the supply chain security national control measures of government agencies, including risk management and risk mitigation, in order to limit any negative impact of those measures on legitimate trade and international movement.

2.4.1. Customs should collaborate with all partner agencies to harmonize, to the extent possible, their control processes, measures or strategies in order to ensure security and economic competitiveness. Such collaboration may include joint inspection (physical and/or administrative), information exchange, coordinated risk management and mutual recognition of controls.

2.4.2. Customs should enter into arrangements or agreements with government agencies entrusted with regulatory authorities over certain goods (e.g. weapons, hazardous materials) that may affect public security and safety. Cooperation on the security, inspection and clearance of such goods should be consistent with the principles of Standard 4 above.

관리 및 무역 확보 및 촉진을 위한 정부 노력의 중복 방지를 보장하기 위해 기관 간의 기능과 책임을 조정할 수 있어야 한다.

2.3   표준 3-보안 프로그램의 정렬

정부는 국제 공급망의 보안을 강화하기 위해 시행되는 다양한 보안 프로그램 / 체제의 요구 사항을 적절히 조정해야 한다.

2.3.1. 세관은 해당 보안 프로그램과 관련하여 다른 정부 기관과 상호 협력을 설정해야 한다. 이 조화 과정의 일부로, 정부는 세관과 다른 기관이 안전한 운영자 (예 : AEO, RA / KC, ISPS 코드, 내부 준수 프로그램 (ICP))의 평가 및 검증을 위해 프로세스를 조정하도록 협력해야 한다.

2.3.2 항공화물 보안 분야에서, 당국은 각 보안 프로그램, 즉 AEO 프로그램과 규제 대리인 / 알려진 위탁자 프로그램의 조화를 위해 노력해야 한다. 협력에는 신청 및 초기 평가 절차, 신청자에 대한 이용 가능하고 적절한 정보 교환, 지위 / 승인된 후 준수 및 후속 활동의 조정 (철회 또는 관련 정보 공유 포함)이 포함된다.

2.4   표준 4 - 국가 통제 조치의 조화

정부는 합법적인 무역 및 국제 운동에 대한 이러한 조치의 부정적인 영향을 제한하기 위해 리스크 관리 및 리스크 완화를 포함한 정부 기관의 공급망 보안 국가 통제 조치를 조화시켜야 한다.

2.4.1. 세관은 모든 파트너 대행사와 협력하여 보안 및 경제 경쟁력을 확보하기 위해 가능한 한 제어 프로세스, 조치 또는 전략을 조화롭게 조정해야 한다. 이러한 공동 작업에는 공동 검사 (물리적 및 / 또는 관리), 정보 교환, 조정 된 위험 관리 및 상호 통제 제어가 포함될 수 있다.

2.4.2. 세관은 공공 안보 및 안전에 영향을 줄 수 있는 특정 상품 (예 : 무기, 위험 물질)에 대해 규제 당국에 위탁한 정부 기관과 합의 또는 계약을 체결해야 한다. 그러한 제품의 보안, 검사 및 통관에 대한 협력은 상기 표준 4의 원칙과 일치해야 한다.

2.5 Standard 5 - Development of continuity and resumptions measures

Customs should work with other government agencies as well as the private sector to identify their respective roles and responsibilities in relation to trade continuity and resumption measures in order to continue trade in the event of a disruptive incident.

2.5.1. In relation to trade continuity and resumption measures, and in order to continue trade in the event of a disruptive incident, it is important that mechanisms and plans should be developed in advance based on the respective roles and responsibilities and updated as necessary.

2.6 Standard 6 . Harmonization of data filing requirements

Customs should develop cooperative arrangements with other government agencies that require data for the clearance of goods in order to facilitate the seamless submission, transfer, and reuse of international trade data, consistent with the Single Window concept.

2.6.1 Customs and other government agencies should work towards the creation of a system that enables traders to electronically submit the required information once to a single designated authority, preferably Customs. In this context, Customs should seek close integration with commercial processes and information flows in the global supply chain, for example by making use of commercial documentation such as the invoice and the purchase order as the export and import declarations.

2.6.2 Governments should be guided by international standards as it relates to establishment, promotion and adoption of a single window environment, such as

UN/CEFACT Recommendations and Guidelines on establishing an International Trade a Single Window, WCO Single Window Compendium, and the WCO Data Model.

Cooperation between and among governments

2.7 Standard 7 - Mutual Cooperation

Governments should foster mutual cooperation between Customs administrations and other competent government agencies involved with supply chain security across borders or within a Customs Union

2.7.1. This mutual cooperation may include exchange of information, training, technical assistance, capacity building, alignment of business hours where appropriate and the sharing of equipment.

2.5   표준 5 - 연속성 및 재개 조치 개발

세관은 다른 정부 기관 및 민간 부문과 협력하여 교란 사고 발생 시 거래를 계속하기 위해 무역 연속성 및 재개 조치와 관련하여 각자의 역할과 책임을 식별해야 한다.

2.5.1. 무역 연속성 및 재개 조치와 관련하여, 그리고 파괴적인 사건이 발생한 경우에도 무역을 계속하려면 각 역할과 책임을 기반으로 메커니즘과 계획을 미리 개발하고 필요에 따라 업데이트해야 한다.

2.6   표준 6 - 데이터 제출 요건의 조화

세관은 단일창 개념과 일치하여 국제무역 데이터의 원활한 제출, 이전 및 재사용을 용이하게 하기 위해 상품 통관에 대한 데이터가 필요한 다른 정부 기관과 협력 협정을 개발해야 한다.

2.6.1   세관 및 기타 정부 기관은 거래자가 필요한 정보를 한 개의 지정된 기관, 바람직하게는 세관에 전자적으로 제출할 수 있는 시스템을 만들기 위해 노력해야 한다. 이와 관련하여 세관은 송장 및 구매 주문서와 같은 상업 문서를 수출 및 수입 신고로 사용하는 등 글로벌 공급망의 상업 프로세스 및 정보 흐름과 긴밀하게 통합 되어야 한다.

2.6.2   정부는 UN / CEFACT 권고 및 국제 무역 단일 창구, WCO 단일 창 개요 및 WCO 데이터 모델 수립에 관한 지침과 같은 단일 창 환경의 설립, 촉진 및 채택과 관련하여 국제 표준에 따라 안내되어야 한다.

정부 간 협력

2.7   표준 7 - 상호 협력

정부는 국경을 넘어 또는 관세 동맹 내에서 공급망 보안과 관련된 관세청과 기타 유능한 정부 기관 간의 상호 협력을 장려해야 한다.

2.7.1   이러한 상호 협력에는 정보 교환, 교육, 기술 지원, 역량 구축, 적절한 경우 업무 시간 조정 및 장비 공유가 포함될 수 있다.

2.8   Standard 8 - Development of Cooperative Arrangements or Protocols

Governments should develop cooperative arrangements or protocols among their agencies that are working side by side on a shared border or within a Customs Union.

2.8.1. Such collaboration may require the signing of memorandums of understanding, Customs Mutual Assistance Agreements (CMAA) or other arrangements in order to achieve coordinated cross-border management functions.

2.9   Standard 9 - Harmonization of security programmes

Governments should, where appropriate, harmonize the requirements of the various security programmes that are implemented to enhance security of the international supply chain.

2.9.1. Agencies involved in the supply chain security should collaborate to enhance security programmes where appropriate. This collaboration may be achieved by aligning requirements, enhancing member benefits and minimise unnecessary duplication.

2.10   Standard 10 - Harmonization of cross-border control measures

Governments should work to harmonize cross-border control measures.

2.10.1. Cooperation may include mutual recognition of control measures and compliance programmes, sharing of resources and techniques, and accepting clearance of goods by the other party.

Multinational Cooperation

2.11   Standard 11 - Establishment of Mutual Cooperation

Together, governments should foster cooperation between and among international bodies that are involved with supply chain security.

2.11.1. Governments working through the WCO should engage with all partner international bodies that are involved in international trade and supply chain security to develop, maintain and enhance harmonized international standards.

2.12   Standard 12 - Development of cooperative arrangements or protocols

The WCO on behalf of its Members should develop and maintain cooperative arrangements with those international governmental bodies (e.g. ICAO, IMO and UPU) that are involved with supply chain security.

2.8 표준 8-협력 협정 또는 의정서의 개발

정부는 공동 국경 또는 관세 동맹에서 나란히 협력하고있는 기관들 사이에 협력 협정 또는 의정서를 개발해야 한다.

2.8.1. 이러한 협력은 국경 간 관리 기능을 달성하기 위해 양해 각서, CMAA (Customs Mutual Assistance Agreement) 또는 기타 약정의 서명을 요구할 수 있다.

2.9 표준 9-보안 프로그램의 조화

정부는 적절한 경우 국제 공급망의 보안을 강화하기 위해 구현된 다양한 보안 프로그램의 요구 사항을 조화 시켜야 한다.

2.9.1. 공급망 보안 관련 기관은 적절한 경우 보안 프로그램을 강화하기 위해 협력해야 한다. 이러한 협업은 요구 사항을 조정하고 회원 혜택을 강화하며 불필요한 중복을 최소화함으로써 달성될 수 있다.

2.10 표준 10-국경 간 통제 조치의 조화

정부는 국경 간 통제 조치를 조화시키기 위해 노력해야 한다.

2.10.1. 협력에는 통제 조치 및 컴플라이언스 프로그램에 대한 상호 인식, 자원 및 기술 공유, 상대방의 물품 통관 수락 등이 포함될 수 있다.

다국적 협력

2.11 표준 11-상호 협력 수립

정부는 함께 공급망 보안과 관련된 국제기구 간 협력을 촉진해야 한다.

2.11.1. WCO를 통해 일하는 정부는 국제무역 및 공급망 보안에 관여하는 모든 파트너 국제기구와 협력하여 조화 된 국제 표준을 개발, 유지 및 향상시켜야 한다.

2.12 표준 12-협력 협정 또는 프로토콜의 개발

WCO는 회원을 대신하여 공급망 보안과 관련된 국제 정부 기관 (예 : ICAO, IMO 및 UPU)과 협력 협정을 개발하고 유지해야 한다.

2.12.1 The aim of this cooperative effort will be to complement the work of Members to address issues such as national and multinational cooperation and co-ordination and the adoption/harmonisation of international standards.

VI. Trade Continuity and Resumption

Governments should work with their agencies and the private sector, as well as other governments, to develop mechanisms, plans, and processes toward maximizing the continuity and resumption of trade in the event of disruption of and within the international supply chain.

In order to continue trade in the event of a disruptive incident, different agencies will have different roles and responsibilities. It is important that Customs Administrations work with other government agencies and the private sector to identify their respective roles and responsibilities. Mechanisms and plans should be developed based on those responsibilities, and updated as necessary.

Customs administrations will work co-operatively with each other and with Authorized Economic Operators and other businesses to develop mechanisms for information sharing. This supports business and governmental priorities for cargo movement and processing in the event of disruption of and within the international supply chain. Cooperation among all relevant stakeholders will enable rapid trade recovery in a holistic and coordinated manner.

Guidelines for coordination among Customs administrations together with relevant public and private sector stakeholders on the issue of trade recovery are included in the WCO Trade Recovery Guidelines in the SAFE Package. Further technical guidance can be found in section L - Crisis Management and Incident Recovery of the AEO requirements.

VII. Mutual Recognition

1.   Introduction

The Resolution on the SAFE Framework calls on those WCO Members and Customs or Economic Unions, which have notified the WCO of their affirmative intention to implement the SAFE Framework, to do so as soon as practicable in accordance with the WCO Members or Customs or Economic Union capacity. Further, it calls upon Customs administrations to work with each other to develop mechanisms for mutual recognition of AEO validations, authorizations and Customs control results, the provision of associated trade facilitation benefits, and other mechanisms that may be needed to eliminate or reduce redundant or duplicated validation and authorization efforts.

Mutual recognition is a broad concept whereby an action or decision taken or an authorization that has been properly granted by one Customs administration is recognized and accepted by another Customs

2.12.1 이 협력의 목표는 국가 및 다국적 협력 및 조정 및 국제표준의 채택 / 조화와 같은 문제를 다루기 위해 회원국의 업무를 보완하는 것이다.

VI. 무역 연속성과 재개

정부는 국제 공급망의 붕괴 및 내부 공급 중단시 무역의 연속성 및 재개를 극대화하기 위한 메커니즘, 계획 및 프로세스를 개발하기 위해 다른 정부뿐만 아니라 해당 기관 및 민간부문과 협력해야 한다.

파괴적인 사건이 발생할 경우 거래를 계속하기 위해 기관마다 역할과 책임이 다르다. 세관은 다른 정부 기관 및 민간부문과 협력하여 각자의 역할과 책임을 식별하는 것이 중요하다. 이러한 책임을 바탕으로 메커니즘과 계획을 개발하고 필요에 따라 업데이트해야 한다.

세관은 정보 공유 메커니즘을 개발하기 위해 서로, 그리고 승인된 경제 운영자 및 기타 사업체와 협력할 것이다. 이는 국제 공급망의 중단 및 내부 공급 상황에서 화물 이동 및 처리에 대한 비즈니스 및 정부 우선순위를 지원한다. 모든 관련 이해 관계자 간의 협력은 전체적이고 조화로운 방식으로 빠른 무역 회복을 가능하게 할 것이다.

무역 회복 문제에 관한 관공서와 관련 공공 및 민간부문 이해 관계자와의 조정 지침은 SAFE 패키지의 WCO 무역 회복 지침에 포함되어 있다. 추가 기술 지침은 AEO 요구 사항의 L-위기 관리 및 사고 복구 섹션에서 확인할 수 있다.

VII. 상호인증

1.　　소개

SAFE Framework 를 이행하겠다는 의지를 WCO에 표명한 WCO회원국, 관세 또는 경제 연맹 등에게 역량에 따라 빠른 시일 내에 실행할 것을 SAFE Framework 결의문을 통하여 요청하였다. 더욱이, AEO 검증 및 공인에 대한 상호인증 절차를 구축을 위해서 세관 당국간 협력하고, 불필요하게 중복된 검증 및 인증 절차를 삭제하거나 감소하는 절차 및 결과를 통제할 것을 요청하였다.

상호인증은 한 세관당국이 적합하게 부여한 실행, 결정, 인증은 다른 세관당국에 의해 인정되고 수용된다는 광범위한 개념이다. AEO 인증에 대한 정형화된 접근방식은 양각적이고 지역적이며 미래 지향적 국제적 수준에 입각한 AEO 지위의 국제 상호인증 시스템의 장기발전을 위한 견고한 기반을 제공한다.

administration. The standardized approach to AEO authorization provides a solid platform for the long-term development of international systems of mutual recognition of AEO status at bilateral, sub-regional, regional and, in the future, global levels.

In order for a system of mutual recognition to work it is essential that:

- The AEO programs are compatible and conform to the standards and principles set out in the SAFE Framework
- There should be an agreed set of common standards that include sufficiently robust "action" provisions for both Customs and AEOs;
- Standards are applied in a uniform manner so that one Customs administration may have confidence in the authorization of another;
- If the validation process is delegated to a designated authority by an authorizing Customs administration, there shall be an agreed upon mechanism and standards for that authority;
- Legislation to enable the implementation of a mutual recognition system is in place.

In the context of the SAFE Framework, mutual recognition relates to three distinct areas:

- Pillar 2, Standard 3 - Authorization: Customs should agree on mutual recognition of AEO status.
- Pillar 1, Standard 6 - Advance Electronic Information: Economic operators should also benefit from mutual recognition of digital certificates, allowing the economic operator to submit all electronic messages to those Customs administrations having agreed to recognize this certificate.
- Pillar 1, Standard 7 - Targeting and Communication: Customs should provide for joint targeting and screening, the use of standardized sets of targeting criteria, and compatible communication and/or information exchange mechanisms; these elements will assist in the future development of a system of mutual recognition of controls.

Mutual recognition can be a means to avoid duplication of security controls and can greatly contribute to the facilitation and control of goods moving in the international supply chain. This portion of the document examines options for establishment of mutual recognition. However, it is recognized that decisions on mutual recognition will be made by individual Customs administrations and/or unions.

2.	Mutual Recognition of Authorized Economic Operators

Guidance is provided for administrations to introduce the mutual recognition concept in the Guidelines for Developing a Mutual Recognition Arrangement/Agreement (MRA). A model application and authorization process is also provided in the Process Outline for Business (Annex IV). These arrangements provide an excellent foundation for the eventual development of an international system of mutual recognition. It must be acknowledged that a global system of mutual recognition of AEO status will require some time to accomplish

상호인증 시스템이 작동하기 위해서 다음과 같은 사항이 중요하다.
- AEO 프로그램은 SAFE 프레임 워크에 명시된 표준 및 원칙과 호환되어야 한다.
- 세관당국과 AEO들을 위한 강력한 "실행" 조항이 포함된 공통 규범 집합이 있어야 한다.
- 규범은 동일한 방식으로 적용하여 한 세관당국이 다른 세관당국의 신임을 얻을 수 있도록 한다. 검증 절차가 다른 기관으로 이양된다면 해당 기관을 위하여 동의된 절차 및 규범이 있어야 한다. 상호인증을 이행할 수 있도록 지원하는 법규가 마련되어 있어야 한다.

상호인증은 SAFE Framework의 본문에서 아래의 세부분과 관련되어 있다.
- Pillar 2, 표준 3 -공인: 세관당국은 AEO 지위의 상호인증에 동의하여야 한다.
- Pillar 1, 표준 6 -사전전자정보: 업체들 또한 디지털 인증의 상호인증으로부터 이익을 얻는다면 도움이 될 것이다. 그렇게 되면 업체들은 이 인증을 인정하기로 동의한 세관당국에 제출하는 모든 전자 메시지에 서명할 수 있을 것이다.
- Pillar 1, 표준 7 -선별 및 커뮤니케이션: 세관당국은 합동 선별, 표준화된 선별 기준의 사용, 호환 가능한 커뮤니케이션 및/또는 정보 교환 체제를 지원하여야 한다; 이러한 요소는 미래 세관 통제의 상호인증 시스템 개발에 도움이 될 것이다.

상호인증은 보안통제의 중복을 방지하는 수단이며, 국제 공급망에서 물류의 흐름을 원활하게 하고 통제하는 데 크게 기여할 수 있다. 본 AEO 문서에서 이 부분은 상호인증 구축을 위한 선택사항을 검토한다. 그러나 각 관세 행정부 또는 연맹이 상호인정에 대한 결정을 내리게 됨을 인지한다.

2. AEO에 대한 상호인증
상호인증협약의 가이드라인에서 상호인증의 개념을 소개하고 있다. 신청과 인증 형식도 사업을 위한 절차개요를 제공하고 있다. 궁극적으로 이 제도들은 국제 상호인증 시스템을 구축을 하기 위한 훌륭한 기반이 된다. AEO의 상호인증이라는 국제적 체계는 완수하는 데 시간을 필요로 한다. 이런 측면에서 WCO회원국과 의장부에 의해 SAFE Framework는 단계적으로 추진되어질 것이며 또한 파트너십 프로그램의 운영을 위한 세관당국상호간 인정하는 시스템은 차후에 적용될 것으로 기대된

and, in this respect, it is noted that just as it has been suggested by WCO Members and the Secretariat that the SAFE Framework be implemented in a progressively "phased approach", so too should be the expectations for the future application of mutual recognition of Customs systems of control for partnership programmes. Bilateral, sub-regional or regional initiatives are being developed as useful stepping stones toward such a global system.

3.   Mutual Recognition of Customs Controls

This is an area which presents a challenge to Customs administrations. Although there is a history of mutual administrative assistance and information sharing regarding Customs infractions, the requirements of the SAFE Framework covering the more routine sharing of information and control results are relatively new.

In the SAFE Framework, the elements which may contribute towards a system of mutual recognition of controls cover a wide range of Customs activities, such as the WCO Risk Management Compendium. Further, the Johannesburg Convention and Model Bilateral Agreement contain provisions which can support joint screening activities.

4.   Role for the WCO

The Resolution on the SAFE Framework recognizes the value of periodic evaluation meetings. Such meetings could provide a platform for advancing mutual recognition of AEO status as well as control results and digital certificates. The Policy Commission encourages Members to actively participate in such meetings and provide reports of pilot projects and progress made towards the goal of mutual recognition. It may well be desirable for the WCO to participate in selected pilot projects. Such projects could assist the learning process and identify practical problems for analysis and discussion.

다. 국제적인 시스템으로 도약하기 위한 발판으로 삼고 양자간, 지역적으로 개발되고 있다.

3.   세관통제에 대한 상호인증

세관통제에 대한 상호인증은 세관당국이 직면한 과제이다. 오랫동안 상호간 행정적인 지원과 관세법 위반 관련한 정보의 공유하였지만 정보와 통제결과를 조금 더 통상적인 방식으로 공유할 수 있는 SAFE Framework 의 요건은 상대적으로 새롭다.

SAFE Framework 상에서 통제에 대한 상호인증 시스템을 지원하는 요소들은 WCO 국제 정보 전략, WCO 표준 위험 평가(SRA) 및 일반적인 고위험 지수(General High-Risk Indicators) 문서와 세관직원을 위한 위험요소에 대한 WCO 핸드북에와 같이 세관의 광범위한 활동을 지원하다. 더욱이, 요하네스 컨벤션과 양자간 협력서는 공동 검열 작업에 대한 조항을 포함하고 있다.

4.   WCO의 역할

SAFE Framework 의 결의안은 정기적인 평가회의의 필요성을 인지하고 있다. 평가 회의는 통제결과, 디지털 서명뿐만 아니라 AEO 의 상호인증을 향상시키는 기반이 된다. 정책회의는 회원들이 적극적으로 평가회의에 참가하도록 장려하고 국제적 상호인증 체제를 국제적으로 향상시키기 위한 프로세스 및 시범프로젝트의 추진결과를 제공한다. WCO가 선별된 시범 프로젝트에 참여하는 것은 바람직한 일로 프로젝트를 통하여 학습하고 분석하고 논의할 실질적인 문제를 도출한다.

06

International Rules on the Commercial Arbitration

6-1 New York Convention, 1958

Article 1.

1. This Convention shall apply to the recognition and enforcement of arbitral awards made in the territory of a State other than the State where the recognition and enforcement of such awards are sought, and arising out of differences between persons whether physical or legal. It shall also apply to arbitral awards not considered as domestic awards in the State where their recognition and enforcement are sought.

2. The term "arbitral awards" shall include not only awards made by arbitrators appointed for each case but also those made by permanent arbitral bodies to which the parties have submitted.

3. When signing, ratifying or acceding to this Convention, or notifying extension under Article 10 hereof, any State may on the basis of reciprocity declare that it will apply the Convention to the recognition and enforcement of awards made only in the territory of another Contracting State. It may also declare that it will apply the Convention only to differences arising out of legal relationships, whether contractual or not, which are considered as commercial under the national law of the State making such declaration.

Article 2.

1. Each Contracting State shall recognize an agreement in writing under which the parties undertake to submit to arbitration all or any differences which have arisen or which may arise between them in respect of a defined legal relationship, whether contractual or not, concerning a subject matter capable of settlement by arbitration.

2. The term "agreement in writing" shall include an arbitral clause in a contract or an arbitration agreement, signed by the parties or contained in an exchange of letters or telegrams.

3. The court of a Contracting State, when seized of an action in a matter in respect of which the parties have made an agreement within the meaning of this Article, shall, at the request of one of the parties, refer the parties to arbitration, unless it finds that the said agreement is null and void, inoperative or incapable of being performed.

06

국제무역분쟁 관련 규칙

제1조

1. 이 협약은 중재판정의 승인 및 집행의 요구를 받은 국가 이외의 국가의 영토 내에서 내려진 판정으로서, 자연인이든 법인이든 이를 불문하고 당사자간의 분쟁으로부터 발생하는 중재판정의 승인 및 집행에 적용한다. 또한 이 협약은 그 승인 및 집행의 요구를 받은 국가에서 내국판정으로서 인정되지 아니한 중재판정에도 적용한다.

2. "중재판정"이라 함은 각개의 사건을 위하여 선정된 중재인에 의하여 내려진 판정뿐만 아니라 당사자들이 부탁한 상설의 중재기관에 의하여 내려진 판정도 이에 포함한다.

3. 모든 국가는 이 협약에 서명, 비준 또는 가입하거나, 또는 이 협약 제10조에 따라 확대적용을 통고할 경우에는 상호주의에 기초하여 다른 체약국의 영토 내에서만 내려진 판정의 승인 및 집행에 이 협약을 적용한다고 선언할 수 있다. 그리고 모든 국가는 계약적인 성질의 것이거나 또는 아니거나를 불문하고 그러한 선언을 행한 국가의 국내법에 따라 상사상의 것이라고 인정되는 법률관계로부터 발생하는 분쟁에 한하여 이 협약을 적용한다고 선언할 수도 있다.

제2조

1. 각 체약국은 계약적인 성질의 것이거나 또는 아니거나를 불문하고 중재에 의하여 해결이 가능한 사항에 관한 일정한 법률관계에 관련하여 당사자간에 발생하였거나 또는 발생할 수 있는 분쟁의 전부 또는 일부를 중재에 부탁하기로 약정한 당사자간의 서면에 의한 합의를 승인하여야 한다.

2. "서면에 의한 합의"라 함은 계약서상의 중재조항 또는 당사자간에 서명되었거나 또는 교환되는 서신이나 전보에 포함되어 있는 중재의 합의를 포함한다.

3. 본조의 의미 내에서 당사자가 합의를 한 사항에 관한 소송이 제기된 경우에는, 체약국의 법원은 당사자 일방의 청구에 따라 중재에 부탁할 것을 당사자에게 명하여야 한다. 다만 전기의 합의가 무효, 실효 또는 이행이 불가능한 것이라고 인정하는 경우에는 그러하지 아니하다.

Article 3.

Each Contracting State shall recognize arbitral awards as binding and enforce them in accordance with the rules of procedure of the territory where the award is relied upon, under the conditions laid down in the following Articles. There shall not be imposed substantially more onerous conditions or higher fees or charges on the recognition or enforcement of arbitral awards to which this Convention applies than are imposed on the recognition or enforcement of domestic arbitral awards.

Article 4.

1. To obtain the recognition and enforcement mentioned in the preceding Article, the party applying for recognition and enforcement shall, at the time of the application, supply :

   (a) The duly authenticated original award or a duly certified copy thereof ;

   (b) The original agreement referred to in Article 2 or a duly certified copy thereof.

2. If the said award or agreement is not made in an official language of the country in which the award is relied upon, the party applying for recognition and enforcement of the award shall produce a translation of these documents into such language. The translation shall be certified by an official or sworn translator or by a diplomatic or consular agent.

Article 5.

1. Recognition and enforcement of the award may be refused, at the request of the party against whom it is invoked, only if that party furnishes to the competent authority where the recognition and enforcement is sought, proof that :

   (a) The parties to the agreement referred to in Article 2 were, under the law applicable to them, under some incapacity, or the said agreement is not valid under the law to which the parties have subjected it or, failing any indication thereon, under the law of the country where the award was made ; or

   (b) The party against whom the award is invoked was not given proper notice of the appointment of the arbitrator or of the arbitration proceedings or was otherwise unable to present his case ; or

   (c) The award deals with a difference not contemplated by or not falling within the terms of the submission to arbitration, or it contains decisions on matters beyond the scope of the submission to arbitration, provided that, it the decisions on matters submitted to arbitration can be separated from those not so submitted, that part of the award which contains decisions on matters submitted to arbitration may be recognized and enforced ; or

   (d) The composition of the arbitral authority or the arbitral procedure was not in accordance with the agreement of the parties, or, failing such agreement, was not in accordance with the law of the country where the arbitration took place ; or

   (e) The award has not yet become binding on the parties, or has been set aside or suspended by a competent authority of the country in which, or under the law of which, that award was made.

2. Recognition and enforcement of an arbitral award may also be refused if the competent authority in the country where recognition and enforcement is sought finds that :

제3조

각 체약국은 이하의 조항에 규정된 조건에 따라 중재판정을 구속력 있는 것으로 승인하고 또 그 판정이 적용되는 영토의 절차상의 규칙에 따라 이를 집행하여야 한다. 이 협약이 적용되는 중재판정의 승인 또는 집행에 있어서는 국내의 중재판정의 승인 또는 집행에 있어서 부과되는 것보다 실질적으로 엄중한 조건이나 또는 고액의 요금 또는 수수료를 부과하여서는 아니된다.

제4조

1. 전조에 규정된 승인과 집행을 득하기 위해서는, 그 승인과 집행을 신청하는 당사자는 신청시에 다음의 서류를 제출하여야 한다.
    (a) 정당하게 인증된 판정의 원본 또는 정당하게 증명된 그 사본,
    (b) 제2조에 규정된 합의의 원본 또는 정당하게 증명된 그 사본.
2. 전기의 판정 또는 합의가 그 판정이 적용되는 국가의 공용어로 작성되지 아니한 경우에는, 그 판정의 승인과 집행을 신청하는 당사자는 이러한 서류를 그 공용어로 옮긴 번역문을 제출하여야 한다. 번역문은 공공의 또는 선서한 번역관에 의하거나, 또는 외교관이나 영사관의 대리인에 의하여 증명되어야 한다.

제5조

판정의 집행과 승인은, 그 판정의 적용을 받는 당사자의 청구에 의하여 그 당사자가 판정의 승인과 집행의 요구를 받은 권한 있는 기관에 다음의 사항에 대한 증거를 제출한 경우에 한하여, 이를 거부할 수 있다.
    (a) 제2조에 규정된 합의의 당사자가 그들에게 적용될 법률에 따라 무능력자이었던가, 또는 당사자가 준거법으로서 지정한 법률에 따라 또는 이에 관한 아무런 지정이 없는 경우에는 판정이 내려진 국가의 법률에 따라 전기의 합의가 무효인 경우, 또는
    (b) 판정의 적용을 받는 당사자가 중재인의 선정 또는 중재절차에 관하여 적절한 통고를 받지 아니하였거나, 또는 기타의 이유에 의하여 이에 응할 수 없었을 경우, 또는
    (c) 판정이 중재부탁의 조건에 규정되어 있지 아니하거나 또는 그 조건의 범위에 속하지 아니하는 분쟁에 관한 것이거나, 또는 그 판정이 중재부탁의 범위를 벗어난 사항에 관한 결정을 포함하는 경우. 다만 중재에 부탁한 사항에 관한 결정이 부탁하지 아니한 사항과 분리될 수 있는 경우에는, 중재에 부탁한 사항에 관한 결정을 포함하는 판정의 부분은 이를 승인하고 집행할 수 있다. 또는
    (d) 중재기관의 구성이나 중재절차가 당사자간의 합의와 일치하지 아니하거나, 또는 그러한 합의가 없는 경우에는 중재를 행하는 국가의 법률과 일치하지 아니하는 경우, 또는
    (e) 판정이 당사자에 대한 구속력을 아직 발생하지 아니하였거나 또는 판정이 내려진 국가의 권한 있는 기관에 의하거나 또는 그 국가의 법률에 따라 취소 또는 정지된 경우.
2. 중재판정의 승인과 집행은 그 승인과 집행이 요구된 국가의 권한 있는 기관이 다음의 사항을 인정하는 경우에도 이를 거부할 수 있다.

(a) The subject matter of the difference is not capable of settlement by arbitration under the law of that country ; or

(b) The recognition or enforcement of the award would be contrary to the public policy of that country.

Article 6.

If an application for the setting aside or suspension of the award has been made to a competent authority referred to in Article 5 (1) (e), the authority before which the award is sought to be relied upon may, if it considers it proper, adjourn the decision on the enforcement of the award and may also, on the application of the party claiming enforcement of the award, order the other party to give suitable security.

Article 7.

1. The provisions of the present Convention shall not affect the validity of multilateral or bilateral agreements concerning the recognition and enforcement of arbitral awards entered into by the Contracting States nor deprive any interested party of any right he may have to avail himself of an arbitral award in the manner and to the extent allowed by the law or the treaties of the country where such award is sought to be relied upon.

2. The Geneva Protocol on Arbitration Clauses of 1923 and the Geneva Convention on the Execution of Foreign Arbitral Awards of 1927 shall cease to have effect between Contracting States on their becoming bound and to the extent that they become bound, by this Convention.

Article 8.

1. This Convention shall to open until 31 December 1958 for signature on behalf of any Member of the United Nations and also on behalf of any other State which is or hereafter becomes a member of any specialized agency of the United Nations, or which is or hereafter becomes a party to the Statute of the International Court of Justice, or any other State to which an invitation has been addressed by the General Assembly of the United Nations.

2. This Convention shall be ratified and the instrument of ratification shall be deposited with the Secretary-General of the United Nations.

Article 9.

1. This Convention shall be open for accession to all States referred to in Article 8.

2. Accession shall be effected by the deposit of an instrument of accession with the Secretary-General of the United Nations.

Article 10.

1. Any State may, at the time of signature, ratification or accession, declare that this Convention shall extend to all or any of the territories for the international relations of which it is responsible. Such a declaration shall take effect when the Convention enters into force for the State concerned.

(a) 분쟁의 대상인 사항이 그 국가의 법률에 따른 중재에 의하여는 해결할 수 없는 것인 경우, 또는

(b) 판정의 승인 또는 집행이 그 국가의 공공의 정책에 반하는 경우.

제6조

판정의 취소 또는 정지에 대한 신청이 제5조 제1항 (e)호에 규정된 권한 있는 기관에 제출된 경우에는, 판정의 적용을 요구받은 기관은 그것이 적절하다고 인정될 때에는 판정의 집행에 관한 결정을 연기할 수 있으며, 또 판정의 집행을 요구한 당사자의 신청에 따라 상대방에 대하여 적당한 보장을 제공할 것을 명할 수 있다.

제7조

1. 이 협약의 규정은 체약국에 의하여 체결된 중재판정의 승인과 집행에 관한 다자간 또는 양자간의 협정의 효력에 영향을 미치지 아니하며, 또 어떠한 관계당사자가 중재판정의 적용을 요구받은 국가의 법률이나 조약에 의하여 인정된 방법과 범위내에서 그 판정을 원용할 수 있는 권한을 박탈하지도 아니한다.

2. 1923년 중재조항에 관한 제네바 의정서 및 1927년 외국중재판정의 집행에 관한 제네바 협약은 체약국간에 있어서 이 협약에 의하여 구속을 받게 되는 당시와 범위 내에서 그 효력을 상실한다.

제8조

1. 이 협약은 국제연합의 모든 회원국과 현재 또는 장래에 국제연합의 모든 전문기구의 회원국, 또는 현재 또는 장래에 국제사법재판소의 법령의 당사국인 기타의 모든 국가, 또는 국제연합의 총회로부터 초청장을 받은 기타 모든 국가의 서명을 위하여 1958년 12월 31일까지 개방해 둔다.

2. 이 협약은 비준되어야 하며 또 그 비준서는 국제연합의 사무총장에게 기탁되어야 한다.

제9조

1. 이 협약은 제8조에 규정된 모든 국가에게 가입을 위하여 개방된다.

2. 가입은 국제 연합의 사무총장에게 가입서를 기탁함으로써 그 효력을 발생한다.

제10조

1. 모든 국가는 서명, 비준 또는 가입시에 국제관계에 있어서 그 책임을 부담하는 영토의 전부 또는 일부에 대하여 이 협약을 확대적용할 것을 선언할 수 있다. 그러한 선언은 이 협약이 관계국가에 대하여 효력을 발생할 때 발효한다.

2. At any time thereafter any such extension shall be made by notification addressed to the Secretary-General of the United Nations and shall take effect as from the ninetieth day after the day of receipt by the Secretary-General of the United Nations of this notification, or as from the date of entry into force of the Convention for the State concerned, whichever is the late.

3. With respect to those territories to which this Convention is not extended at the time of signature, ratification or accession, each State concerned shall consider the possibility of taking the necessary steps in order to extend the application of this convention to such territories, subject, where necessary for constitutional reasons, to the consent of the Governments of such territories.

Article 11.

In the case of a federal or non-unitary State, the following provision shall apply :

(a) With respect to those Articles of this Convention that come within the legislative jurisdiction of the federal authority, the obligations of the federal Government shall to this extent be the same as those of Contracting States which are not federal States;

(b) With respect to those Articles of this Convention that come within the legislative jurisdiction of constituent states or provinces which are not, under the constitutional system of the federation, bound to take legislative action, the federal Government shall bring such Articles with a favourable recommendation to the notice of the appropriate authorities of constituent states or provinces at the earliest possible moment ;

(c) A federal State Party to this Convention shall, at the request of any other Contracting State transmitted through the Secretary-General of the United Nations, supply a statement of the law and practice of the federation and its constituent units in regard to any particular provision of this Convention, showing the extent to which effect has been given to that provision by legislative or other action.

Article 12.

1. This Convention shall come into force on the ninetieth day following the date of deposit of the third instrument of ratification or accession.

2. For each State ratifying or acceding to this Convention after the deposit of the third instrument of ratification or accession, this Convention shall enter into force on the ninetieth day after deposit by such State of its instrument of ratification or accession.

Article 13.

1. Any Contracting State may denounce this Convention by a written notification to the Secretary-General of the United Nations. Denunciation shall take effect one year after the date of receipt of the notification by the Secretary-General.

2. 그러한 확대적용은 그 후 어느 때든지 국제연합의 사무총장 앞으로 통고함으로써 이를 행할 수 있으며, 그 효력은 국제연합의 사무총장이 이러한 통고를 접수한 날로부터 90일 후 또는 관계국가에 대하여 이 협약이 효력을 발생하는 날 중의 보다 늦은 일자에 발생한다.

3. 서명, 비준 또는 가입시에 이 협약이 확대적용되지 아니한 영토에 관하여는, 각 관계국가는 헌법상의 이유에 의하여 필요한 경우에는 그러한 영토의 정부의 동의를 얻는 것을 조건으로 하여 이 협약을 그러한 영토에 확대적용하기 위한 조치를 취할 수 있는 가능성을 고려하여야 한다.

제11조

연방국가 또는 비단일국가의 경우에는, 다음의 규정이 이에 적용된다.

(a) 이 협약의 조항 중에 연방정부의 입법관할권내에 속하는 조항에 관하여는, 연장기관의 의무는 그 한도내에서 연방국가가 아닌 다른 체약국의 의무와 동일하여야 한다.

(b) 이 협약의 조항 중에 헌법상의 주 또는 지방의 입법관할권내에 속하고 또 연방의 헌법체제에 따라 입법조치를 취할 의무가 없는 조항에 관하여는, 연방정부는 헌법상의 주 또는 지방의 관계기관에 대하여 가급적 조속히 호의적인 권고를 첨부하여 이러한 조항에 대한 주의를 상기시켜야 한다.

(c) 이 협약의 당사국인 연방국가는, 국제연합의 사무총장을 통하여 전달된 기타 어떠한 체약국의 요청이 있을 때에는, 이 협약의 어떠한 특정규정에 관한 연방 및 그 구성단위의 법률과 관습에 관한 설명서에 그 입법 또는 기타의 조치에 의하여 그 규정이 실시되고 있는 범위를 표시하여 이를 제공하여야 한다.

제12조

1. 이 협약은 세번째의 비준서 또는 가입서의 기탁일의 익일로부터 90일 이후에 그 효력을 발생한다.

2. 세 번째의 비준서 또는 가입서가 기탁된 후에 이 협약을 비준 또는 가입하는 국가에 대하여는, 이 협약은 그 국가의 비준서 또는 가입서의 기탁일의 익일로부터 90일 이후에 그 효력을 발생한다.

제13조

1. 모든 체약국은 국제연합의 사무총장 앞으로 서면의 통고를 함으로써 이 협약을 폐기할 수 있다. 폐기는 사무총장이 그 통고를 수령한 날로부터 1년이 된 때에 그 효력을 발생한다.

2. Any State which has made a declaration or notification under Article 10 may, at any time thereafter, by notification to the Secretary-General of the United Nations, declare that this Convention shall cease to extend to the territory concerned one year after the date of the receipt of the notification by the Secretary-General.

3. This Convention shall continue to be applicable to arbitral awards in respect of which recognition and enforcement proceedings have been instituted before the denunciation takes effect.

Article 14.

A Contracting State shall not be entitled to avail itself of the present Convention against other Contracting States except to the extent that it is itself bound to apply the Convention.

Article 15.

The Secretary-General of the United Nations shall notify the States contemplated in Article 8 of the following :

(a) Signatures and ratifications in accordance with Article 8 ;

(b) Accessions in accordance with Article 9 ;

(c) Declarations and notifications under Articles 1, 10 and 11 ;

(d) The date upon which this Convention enters into force in accordance with Article 12 ;

(e) Denunciations and notifications in accordance with Article 13.

Article 16.

1. This Convention, of which the Chinese, English, French, Russian and Spanish texts shall be equally authentic, shall be deposited in the archives of the Unite Nations.

2. The Secretary-General of the United Nations shall transmit a certified copy of this Convention to the States contemplated in Article 8.

2. 제10조에 따라 선언 또는 통고를 한 모든 국가는 그 후 어느 때든지 국제연합의 사무총장 앞으로 통고를 함으로써 이 협약은 사무총장이 그 통고를 수령한 날로부터 1년이 된 때에 관계영토에 대한 확대적용이 종결된다는 것을 선언할 수 있다.

3. 이 협약은 폐기의 효력이 발생하기 전에 시작된 중재판정의 승인과 집행절차에 관하여는 계속하여 이에 적용된다.

제14조

체약국은 다른 체약국에 대하여 이 협약을 적용하여야 할 의무가 있는 범위를 제외하고는 이 협약을 원용할 권리를 갖지 못한다.

제15조

국제연합의 사무총장은 제8조에 규정된 국가에 대하여 다음의 사항을 통고하여야 한다.

    (a) 제8조에 따른 서명 또는 비준,

    (b) 제9조에 따른 가입,

    (c) 제1조, 제10조 및 제11조에 따른 선언 및 통고,

    (d) 제12조에 따라 이 협약이 효력을 발생한 일자,

    (e) 제13조에 따른 폐기 및 통고,

제16조

1. 이 협약은 국제연합이 동등하게 인증한 중국어, 영어, 불어, 러시아어 및 스페인어를 정본으로 하여 국제연합의 기록보관소에 기탁 보존되어야 한다.

2. 국제연합의 사무총장은 이 협약의 인증된 사본을 제8조에 규정된 국가에 송부하여야 한다.

6-2 UN Model Law on International Commercial Arbitration, 2006

CHAPTER I. GENERAL PROVISIONS

Article 1. Scope of application

(1) This Law applies to international commercial2 arbitration, subject to any agreement in force between this State and any other State or States.

(2) The provisions of this Law, except articles 8, 9, 17H, 17I, 17J, 35 and 36, apply only if the place of arbitration is in the territory of this State.

(3) An arbitration is international if:

(a) the parties to an arbitration agreement have, at the time of the conclusion of that agreement, their places of business in different States; or

(b) one of the following places is situated outside the State in which the parties have their places of business:

(i) the place of arbitration if determined in, or pursuant to, the arbitration agreement;

(ii) any place where a substantial part of the obligations of the commercial relationship is to be performed or the place with which the subject-matter of the dispute is most closely connected; or

(c) the parties have expressly agreed that the subject matter of the arbitration agreement relates to more than one country.

(4) For the purposes of paragraph (3) of this article:

(a) if a party has more than one place of business, the place of business is that which has the closest relationship to the arbitration agreement;

(b) if a party does not have a place of business, reference is to be made to his habitual residence.

(5) This Law shall not affect any other law of this State by virtue of which certain disputes may not be submitted to arbitration or may be submitted to arbitration only according to provisions other than those of this Law.

Article 2. Definitions and rules of interpretation

For the purposes of this Law:

(a) "arbitration" means any arbitration whether or not administered by a permanent arbitral institution;

(b) "arbitral tribunal" means a sole arbitrator or a panel of arbitrators;

(c) "court" means a body or organ of the judicial system of a State;

(d) where a provision of this Law, except article 28, leaves the parties free to determine a certain issue, such freedom includes the right of the parties to authorize a third party, including an institution, to make that determination;

(e) where a provision of this Law refers to the fact that the parties have agreed or that they may agree or in any other way

6-2 상사중재에 관한 UN모델법, 2006

제1장 총칙

제1조 적용 범위

(1) 이 법은 해당 국가와 타국간에 체결되어 발효 중인 협약이 적용되지 않는 한 국제상사중재에 적용된다.

(2) 제8조, 제9조, 제17조 H, 제17조 I, 제17조 J, 제35조 및 제36조를 제외한 이 법의 규정은 중재지가 해당 국가의 영토 내에 있는 경우에만 적용된다.

(3) 국제중재는 다음 중 하나에 해당하는 경우를 말한다.

    (a) 중재합의를 체결할 당시 합의 당사자의 영업소가 상이한 국가에 있는 경우

    (b) 다음 장소 중 하나가 당사자의 영업소 소재지 국가 외에 있는 경우

        (i) 중재합의에서 지정하였거나 그에 따라 결정될 중재지

        (ii) 상거래상 의무의 상당 부분이 이행되어야 할 장소 또는 분쟁의 내용과 가장 밀접하게 관련된 장소

    (c) 당사자가 명시적으로 중재합의의 내용이 2개 이상의 국가와 관련된 것으로 합의한 경우

(4) 제3항의 취지에 따라,

    (a) 일방 당사자가 2개 이상의 영업소를 가지고 있는 경우에 그 영업소는 중재합의와 가장 밀접한 관계 가 있는 영업소를 말하고

    (b) 일방 당사자가 영업소를 가지고 있지 아니하는 경우에는 상거소를 말한다.

(5) 해당 국가의 법령에 의하면 특정 분쟁이 중재에 회부될 수 없거나 이 법 이외의 규정에 따라서만 중재 에 회부되어야 하는 경우에 이 법은 해당 국가의 다른 법령에 영향을 미치지 아니한다.

제2조 정의와 해석의 원칙

이 법의 취지에 따라

    (a) '중재'라 함은 상설중재기관에 의한 관리 여부와 관계없이 모든 중재를 말한다.

    (b) '중재판정부'라 함은 단독 중재인 또는 다수의 중재인단을 말한다.

    (c) '법원'이라 함은 한 국가의 사법 기관 또는 그 조직을 말한다.

    (d) 제 28조를 제외한 이 법의 규정에 따라 당사자가 일정한 쟁점에 대해 자유롭게 결정할 권한이 있는 경우에는 당사자는 대신 중재기관이나 제 3자에게 그 결정을 내리도록 권한을 부여할 수 있다.

    (e) 이 법의 각 규정에서 당사자가 합의하였거나 합의할 수 있다고 정하거나 또는 기타 방법으로 당사

refers to an agreement of the parties, such agreement includes any arbitration rules referred to in that agreement;

(f) where a provision of this Law, other than in articles 25(a) and 32(2) (a), refers to a claim, it also applies to a counter-claim, and where it refers to a defence, it also applies to a defence to such counter-claim.

Article 2 A. International origin and general principles

(1) In the interpretation of this Law, regard is to be had to its international origin and to the need to promote uniformity in its application and the observance of good faith.

(2) Questions concerning matters governed by this Law which are not expressly settled in it are to be settled in conformity with the general principles on which this Law is based.

Article 3. Receipt of written communications

(1) Unless otherwise agreed by the parties:

(a) any written communication is deemed to have been received if it is delivered to the addressee personally or if it is delivered at his place of business, habitual residence or mailing address; if none of these can be found after making a reasonable inquiry, a written communication is deemed to have been received if it is sent to the addressee's last-known place of business, habitual residence or mailing address by registered letter or any other means which provides a record of the attempt to deliver it;

(b) the communication is deemed to have been received on the day it is so delivered.

(2) The provisions of this article do not apply to communications in court proceedings.

Article 4. Waiver of right to object

A party who knows that any provision of this Law from which the parties may derogate or any requirement under the arbitration agreement has not been complied with and yet proceeds with the arbitration without stating his objection to such non-compliance without undue delay or, if a time-limit is provided therefor, within such period of time, shall be deemed to have waived his right to object.

Article 5. Extent of court intervention

In matters governed by this Law, no court shall intervene except where so provided in this Law.

Article 6. Court or other authority for certain functions of arbitration assistance and supervision

The functions referred to in articles 11(3), 11(4), 13(3), 14, 16(3) and 34(2) shall be performed by ... [Each State enacting this model law specifi es the court, courts or, where referred to therein, other authority competent to perform these functions.]

자의 합의에 관하여 정한 경우에 그러한 중재합의에는 그 합의에서 정한 중재규칙도 포함된다.

(f) 제25조 (가) 및 제32조 제2항 (가)를 제외하고 중재 신청에 관한 이 법의 규정은 반대 신청에도 적용되며 답변에 관한 규정은 반대 답변에도 적용된다.

제2조 A 국제적 기원과 총칙 (2006년, 39번째 회의에서 위원회에 의해 적용)

(1) 본 협약을 해석할 때에는, 협약의 국제성과 그 적용에 있어 동일성을 촉진할 필요성 및 국제무역의 신의성실원칙의 준수를 고려해야 한다.

(2) 본 협약에 명확히 명시하지 않음으로써 발생하는 문제들은 본 협약의 바탕이 되는 총칙을 준수한다.

제3조 서면 통지의 수령

(1) 당사자가 달리 합의하지 않는 한,

(a) 모든 서면 통지는 수신인에게 직접 교부되거나 수신인의 영업소, 상거소 또는 우편주소지에 전달된 경우에 수령된 것으로 본다. 적절한 조회를 한 후에도 위와 같은 장소를 알 수 없는 경우에는 등기우편 또는 전달하려고 한 기록을 남길 수 있는 기타 다른 수단에 의하여 수신인의 최후 영업소, 상거소, 또는 우편주소지에 송부되었다면 서면 통지가 수령된 것으로 본다.

(b) 서면 통지는 위의 규정에 따라 전달된 일자에 수령된 것으로 본다.

(2) 제1항의 규정은 소송 절차상의 송달에는 적용되지 아니한다.

제4조 이의 신청권의 포기

당사자가 효력을 배제할 수 있는 이 법의 규정이나 또는 중재합의의 요건을 따르지 아니한 사실을 일방 당사자가 알면서도 그 사실에 대해 지체 없이 또는 기한이 정해져 있는 경우에는 그 기한 내에 이의를 제기하지 아니하고 중재절차를 속행한 경우에는 자신의 이의 신청권을 포기한 것으로 본다.

제5조 법원의 개입의 범위

이 법이 적용되는 사항에 대해서 법원은 이 법이 규정한 경우를 제외하고는 개입하여서는 아니 된다.

제6조 중재 지원 및 감독 기능을 수행하는 법원 또는 기타 기관

제11조 3항, 제11조 4항, 제13조 3항, 제14조, 제16조 3항 및 제34조 2항에 규정된 기능은 [이 모델법을 입법하는 각 국가는 법원 또는 이 기능을 수행할 기타 기관을 명시하여야 함]에 의하여 수행된다.

CHAPTER II. ARBITRATION AGREEMENT

Option I

Article 7. Defi nition and form of arbitration agreement

(1) "Arbitration agreement" is an agreement by the parties to submit to arbitration all or certain disputes which have arisen or which may arise between them in respect of a defi ned legal relationship, whether contractual or not. An arbitration agreement may be in the form of an arbitration clause in a contract or in the form of a separate agreement.

(2) The arbitration agreement shall be in writing.

(3) An arbitration agreement is in writing if its content is recorded in any form, whether or not the arbitration agreement or contract has been concluded orally, by conduct, or by other means.

(4) The requirement that an arbitration agreement be in writing is met by an electronic communication if the information contained therein is accessible so as to be useable for subsequent reference; "electronic communication" means any communication that the parties make by means of data messages; "data message" means information generated, sent, received or stored by electronic, magnetic, optical or similar means, including, but not limited to, electronic data interchange (EDI), electronic mail, telegram, telex or telecopy.

(5) Furthermore, an arbitration agreement is in writing if it is contained in an exchange of statements of claim and defence in which the existence of an agreement is alleged by one party and not denied by the other.

(6) The reference in a contract to any document containing an arbitration clause constitutes an arbitration agreement in writing, provided that the reference is such as to make that clause part of the contract.

Option II

Article 7. Definition of arbitration agreement

"Arbitration agreement" is an agreement by the parties to submit to arbitration all or certain disputes which have arisen or which may arise between them in respect of a defi ned legal relationship, whether contractual or not.

Article 8. Arbitration agreement and substantive claim before court

(1) A court before which an action is brought in a matter which is the subject of an arbitration agreement shall, if a party so requests not later than when submitting his fi rst statement on the substance of the dispute, refer the parties to arbitration unless it fi nds that the agreement is null and void, inoperative or incapable of being performed.

(2) Where an action referred to in paragraph (1) of this article has been brought, arbitral proceedings may nevertheless be commenced or continued, and an award may be made, while the issue is pending before the court.

제2장 중재합의

제7조 중재합의의 정의와 형식

(1) "중재합의"는 계약상의 분쟁이든 아니든 관계없이 소정의 법률 관계에 관하여 당사자간에 이미 발생하였거나 장래 발생할 수 있는 모든 분쟁 또는 특정한 분쟁을 중재에 부탁하는 당사자 사이의 합의이다. 중재합의는 계약상의 중재조항의 형식이나 별도의 합의 형식으로 할 수 있다.

(2) 중재합의는 서면으로 하여야 한다. 중재합의는 당사자가 서명한 서류에 포함되어 있거나 서신, 텔렉스, 전신 등 기타 중재 합의를 기록한 통신 등의 교환에 포함되어 있거나 또는 신청서와 답변서의 교환 속에서 중재합의의 존재가 일방당사자에 의해서 주장되고 상대방이 이를 부인하지 아니하는 경우에는 중재합의가 서면으로 된 것으로 한다. 중재조항이 포함된 서류를 다른 계약에서 언급하고 있는 경우, 그 계약이 서면으로 작성되었고 동시에 중재조항을 계약의 일부로 한다고 정한 때에는 중재합의가 성립된 것으로 한다.

(3) 중재합의는 그 계약이나 협약의 기록이 구두나 지시, 혹은 다른 어떤 방법으로 행해졌는지와 관계없이 어떠한 경우든 서면으로 한다.

(4) 중재합의가 서면이어야 하는 필요조건은, 포함된 정보가 다음과 같은 것에 의해 사용하기에 적합한 때에는 전자통신으로 한다 : '전자통신'은 관계자들이 데이터 메시지를 통해 생성하는 모든 의사소통을 의미한다. '데이터 메시지'는 전자, 자기장, 광학, 혹은 그와 비슷한 방법 이외에도 전자 데이터 교환(EDI), 전자 메일, 전보, 텔렉스, 혹은 전자복사 등을 통해 생성하고, 보내고, 받고, 저장하는 정보를 의미한다.

(5) 더 나아가, 중재합의는 그 합의의 존재가 어느 일방에 의해 인정되고 다른 일방이 그것을 부인하지 않는 선에서 첫 진술 또는 방어 성명의 교환에 포함되어 있을 때에 서면으로 한다.

(6) 계약과 관련한 어떤 참조자료라도 그 자료들은 서면으로 된 중재합의를 포함하고 있어야 한다. 이 참조자료는 계약의 일부로 본다.

제7조 중재합의의 정의(2006년 39번째 회의에서 위원회에 의해 확정)

'중재합의'는 계약상이든 계약상이 아니든, 법적 관계에 있어서 양 당사자 사이에서 이미 일어난, 혹은 일어날 것으로 예상되는 모든 또는 확실한 분쟁들을 중재에 맡기자는 합의서이다.

제8조 중재합의와 법원 제소

(1) 중재합의의 대상이 된 사항에 관하여 소가 제기된 법원은 당사자가 늦어도 분쟁의 본안에 관한 최초의 진술서를 제출할 때까지 요청하면, 중재 합의의 부존재나 무효, 이행불능의 경우를 제외하고, 그 당사자들을 중재에 회부하여야 한다.

(2) 제1항에서 언급한 소송이 제기된 경우에도 중재절차는 개시되거나 속행될 수 있으며 사건이 법원에 계속 중인 경우에도 중재판정이 내려질 수 있다.

Article 9. Arbitration agreement and interim measures by court

It is not incompatible with an arbitration agreement for a party to request, before or during arbitral proceedings, from a court an interim measure of protection and for a court to grant such measure.

CHAPTER III. COMPOSITION OF ARBITRAL TRIBUNAL

Article 10. Number of arbitrators

(1) The parties are free to determine the number of arbitrators.

(2) Failing such determination, the number of arbitrators shall be three.

Article 11. Appointment of arbitrators

(1) No person shall be precluded by reason of his nationality from acting as an arbitrator, unless otherwise agreed by the parties.

(2) The parties are free to agree on a procedure of appointing the arbitrator or arbitrators, subject to the provisions of paragraphs (4) and (5) of this article.

(3) Failing such agreement,

    (a)   in an arbitration with three arbitrators, each party shall appoint one arbitrator, and the two arbitrators thus appointed shall appoint the third arbitrator; if a party fails to appoint the arbitrator within thirty days of receipt of a request to do so from the other party, or if the two arbitrators fail to agree on the third arbitrator within thirty days of their appointment, the appointment shall be made, upon request of a party, by the court or other authority specified in article 6;

    (b)   in an arbitration with a sole arbitrator, if the parties are unable to agree on the arbitrator, he shall be appointed, upon request of a party, by the court or other authority specifi ed in article 6.

(4) Where, under an appointment procedure agreed upon by the parties,

    (a)   a party fails to act as required under such procedure, or

    (b)   the parties, or two arbitrators, are unable to reach an agreement expected of them under such procedure, or

    (c)   a third party, including an institution, fails to perform any function entrusted to it under such procedure, any party may request the court or other authority specifi ed in article 6 to take the necessary measure, unless the agreement on the appointment procedure provides other means for securing the appointment.

(5) A decision on a matter entrusted by paragraph (3) or (4) of this article to the court or other authority specifi ed in article 6 shall be subject to no appeal. The court or other authority, in appointing an arbitrator, shall have due regard to any qualifi cations required of the arbitrator by the agreement of the parties and to such considerations as are likely to secure the appointment of an independent and impartial arbitrator and, in the case of a sole or third arbitrator, shall take into account as well the advisability of appointing an arbitrator of a nationality other

제9조(중재합의와 법원의 중간처분)

당사자가 중재절차 전이나 진행 중에 법원에 중간처분을 신청하거나 법원이 이러한 조치를 인용하는 것은 중재합의에 반하지 아니한다.

제3장 중재판정부의 구성

제10조 중재인의 수

(1) 당사자는 중재인의 수를 자유로이 정할 수 있다.

(2) 그러한 결정이 없는 경우에는 중재인의 수는 3인으로 한다.

제11조 중재인의 선정

(1) 당사자가 달리 합의하지 않는 한, 누구라도 자신의 국적을 이유로 중재인으로서 활동하는 데 배제되지 아니한다.

(2) 본 조 제4항과 제5항의 제한 하에 당사자는 중재인의 선정 절차를 자유로이 합의할 수 있다.

(3) 중재인의 선정에 관한 합의가 없으면,

    (a) 3인 중재의 경우에 각 당사자는 1인의 중재인을 선정하고 이에 따라 선정된 2인의 중재인이 제3의 중재인을 선정한다. 당사자가 상대방으로부터 중재인 선정을 요구받은 후 30일 이내에 중재인을 선정하지 아니 하거나, 2인의 중재인이 자신들의 선임 후 30일 이내에 제3의 중재인을 선정하지 못한 경우에는, 일방당사자의 요청에 의해 제6조에 규정된 법원이나 기타 기관이 중재인을 선정한다.

    (b) 단독 중재의 경우에 당사자가 중재인 선정을 합의하지 못한 경우에는 당사자의 요청이 있으면 제6조에 규정된 법원이나 기타 기관이 중재인을 선정한다.

(4) 당사자가 합의한 중재인 선정절차에 따라

    (a) 일방 당사자가 그 절차에서 요구하는 대로 이행하지 아니하거나,

    (b) 양당사자나 2인의 중재인이 그 절차에서 기대되는 합의에 이를 수 없거나,

    (c) 일정 기관을 포함한 제3자가 그 절차에서 위임된 기능을 수행할 수 없는 경우에 당사자는 선정절차 합의 내용 속에 그 선정을 보전하는 그 밖의 다른 조치가 없는 한 제6조에 규정된 법원이나 기타 기관에 필요한 처분을 취할 것을 요청할 수 있다.

(5) 본 조 제3항과 제4항에 따라 제6조에 규정된 법원이나 기타 기관에 위임된 사항에 관한 결정에 대하여는 항고할 수 없다. 중재인을 선정할 때 법원이나 기타 기관은 당사자들의 합의에서 요구하는 중재인의 자격을 검토하여야 하며, 독립적이고 공정한 중재인을 선정하는 데에 참작되어야 할 사항들을 충분히 고려하여야 한다. 또한 단독중재인이나 제3의 중재인의 경우에는 당사자들의 국적 이외의 국적을 가진 중재인을 선정하는 것이 바람직한지 고려하여야 한다.

than those of the parties.

Article 12. Grounds for challenge

(1) When a person is approached in connection with his possible appointment as an arbitrator, he shall disclose any circumstances likely to give rise to justifiable doubts as to his impartiality or independence. An arbitrator, from the time of his appointment and throughout the arbitral proceedings, shall without delay disclose any such circumstances to the parties unless they have already been informed of them by him.

(2) An arbitrator may be challenged only if circumstances exist that give rise to justifi able doubts as to his impartiality or independence, or if he does not possess qualifi cations agreed to by the parties. A party may challenge an arbitrator appointed by him, or in whose appointment he has participated, only for reasons of which he becomes aware after the appointment has been made.

Article 13. Challenge procedure

(1) The parties are free to agree on a procedure for challenging an arbitrator, subject to the provisions of paragraph (3) of this article.

(2) Failing such agreement, a party who intends to challenge an arbitrator shall, within fi fteen days after becoming aware of the constitution of the arbitral tribunal or after becoming aware of any circumstance referred to in article 12(2), send a written statement of the reasons for the challenge to the arbitral tribunal. Unless the challenged arbitrator withdraws from his offi ce or the other party agrees to the challenge, the arbitral tribunal shall decide on the challenge.

(3) If a challenge under any procedure agreed upon by the parties or under the procedure of paragraph (2) of this article is not successful, the challenging party may request, within thirty days after having received notice of the decision rejecting the challenge, the court or other authority specifi ed in article 6 to decide on the challenge, which decision shall be subject to no appeal; while such a request is pending, the arbitral tribunal, including the challenged arbitrator, may continue the arbitral proceedings and make an award.

Article 14. Failure or impossibility to act

(1) If an arbitrator becomes de jure or de facto unable to perform his functions or for other reasons fails to act without undue delay, his mandate terminates if he withdraws from his offi ce or if the parties agree on the termination. Otherwise, if a controversy remains concerning any of these grounds, any party may request the court or other authority specifi ed in article 6 to decide on the termination of the mandate, which decision shall be subject to no appeal.

(2) If, under this article or article 13(2), an arbitrator withdraws from his office or a party agrees to the termination of the mandate of an arbitrator, this does not imply acceptance of the validity of any ground referred to in this article or article 12(2).

제12조 중재인의 기피사유

(1) 중재인으로 선정을 요청받은 자는 자신의 공정성이나 독립성에 관하여 정당한 의혹을 야기할 수 있는 모든 사정을 밝혀야 한다. 중재인은 그러한 사정에 관하여 당사자에게 미리 알리지 아니하였을 때에는 중재인 선정 시부터 중재절차 종료 시까지 이를 지체 없이 밝혀야 한다.

(2) 중재인은 그의 공정성이나 독립성에 관하여 정당한 의혹을 야기할 수 있는 사정이 존재하거나 또는 당사자가 합의한 자격을 갖추지 못한 경우에만 기피된다. 당사자는 자신이 선정하였거나 그 선정 절차에 참여한 중재인에 대하여는 선정 후에 알게 된 사유에 의해서만 기피할 수 있다.

제13조 중재인의 제척, 및 기피절차

(1) 본 조 제3항의 제한 하에 당사자들은 중재인 기피절차를 자유로이 합의할 수 있다.

(2) 그러한 합의가 없는 경우에 중재인을 기피하고자 하는 당사자는 중재판정부 구성을 알았거나 제12조 제2항의 사정을 알게된 후 15일 이내에 중재판정부에 서면으로 작성된 기피 사유서를 보내야 한다. 기피신청을 받은 중재인이 자진하여 사퇴하거나 상대방이 기피신청에 동의하지 않는 한 중재판정부는 그 기피신청에 대하여 결정하여야 한다.

(3) 당사자들이 합의한 절차나 본 조 제2항의 절차에 따라 기피신청이 받아들여지지 아니하는 경우에 기피신청을 한 당사자는 거절결정의 통지를 받은 후 30일 이내에 제6조에서 정한 법원이나 기타 기관에 기피신청에 대하여 결정할 것을 요청할 수 있다. 그 결정에 대하여는 항고할 수 없으며 그 요청이 계속 중인 경우에도 기피신청의 대상이 된 중재인을 포함한 중재판정부는 중재절차를 속행하여 판정을 내릴 수 있다.

제14조 중재인의 직무 불이행 또는 이행불능

(1) 중재인이 법률상 또는 사실상 자신의 직무를 이행할 수 없거나 다른 사유로 인하여 지체없이 직무를 수행하지 아니하는 경우에 그가 자진하여 사퇴하거나 당사자가 직무종료를 합의한 때에는 중재인의 권한은 종료된다. 이러한 사유에 관하여 다툼이 있는 경우에 각 당사자는 제6조에 기재된 법원이나 기타 기관에 대하여 중재인의 권한종료에 관하여 결정할 것을 요구할 수 있으며 그 결정에 대하여는 항고할 수 없다.

(2) 본 조나 제13조 제2항에 따라 중재인이 자진하여 사퇴하거나 당사자가 중재인의 권한종료에 합의하였다 하더라도 이러한 사실이 본 조나 제12조 제2항에서 언급하고 있는 기피사유의 유효성을 인정하는

Article 15. Appointment of substitute arbitrator

Where the mandate of an arbitrator terminates under article 13 or 14 or because of his withdrawal from offi ce for any other reason or because of the revocation of his mandate by agreement of the parties or in any other case of termination of his mandate, a substitute arbitrator shall be appointed according to the rules that were applicable to the appointment of the arbitrator being replaced.

CHAPTER IV. JURISDICTION OF ARBITRAL TRIBUNAL

Article 16. Competence of arbitral tribunal to rule on its jurisdiction

(1) The arbitral tribunal may rule on its own jurisdiction, including any objections with respect to the existence or validity of the arbitration agreement. For that purpose, an arbitration clause which forms part of a contract shall be treated as an agreement independent of the other terms of the contract. A decision by the arbitral tribunal that the contract is null and void shall not entail ipso jure the invalidity of the arbitration clause.

(2) A plea that the arbitral tribunal does not have jurisdiction shall be raised not later than the submission of the statement of defence. A party is not precluded from raising such a plea by the fact that he has appointed, or participated in the appointment of, an arbitrator. A plea that the arbitral tribunal is exceeding the scope of its authority shall be raised as soon as the matter alleged to be beyond the scope of its authority is raised during the arbitral proceedings. The arbitral tribunal may, in either case, admit a later plea if it considers the delay justified.

(3) The arbitral tribunal may rule on a plea referred to in paragraph (2) of this article either as a preliminary question or in an award on the merits. If the arbitral tribunal rules as a preliminary question that it has jurisdiction, any party may request, within thirty days after having received notice of that ruling, the court specifi ed in article 6 to decide the matter, which decision shall be subject to no appeal; while such a request is pending, the arbitral tribunal may continue the arbitral proceedings and make an award.

CHAPTER IV A. INTERIM MEASURESAND PRELIMINARY ORDERS

Section 1. Interim measures

Article 17. Power of arbitral tribunal to order interim measures

(1) Unless otherwise agreed by the parties, the arbitral tribunal may, at the request of a party, grant interim measures.

것을 의미하지는 아니한다.

제15조 보궐 중재인의 선정

제13조나 제14조에 따라 또는 기타 사유로 인하여 중재인이 자진하여 사퇴하거나 또는 당사자의 합의로 중재인의 권한이 취소되었거나 기타 사유로 인하여 중재인의 권한이 종료되는 경우에 보궐 중재인은 대체되는 중재인의 선정에 적용되었던 규칙에 따라 선정되어야 한다.

제4장 중재판정부의 관할

제16조 중재판정부의 관할에 관한 결정 권한

(1) 중재판정부는 중재합의의 존재 또는 유효성에 관한 이의를 포함하여 자신의 관할을 결정할 권한을 가진다. 이를 위해 계약의 일부를 이루는 중재조항은 그 계약의 다른 조항과는 독립된 합의로 취급하여야 한다. 계약이 무효라는 중재판정부의 결정이 법률상 당연히 중재조항의 부존재 내지 무효를 의미하는 것은 아니다.

(2) 중재판정부가 관할권을 가지고 있지 않다는 항변은 늦어도 답변서를 제출할 때까지 제기되어야 한다. 당사자의 이러한 항변은 자신이 중재인을 선정하였거나 또는 중재인의 선정에 참여하였다는 사실 때문에 배제되지 아니한다. 중재판정부가 자신의 직무 범위를 벗어났다는 항변은 직무 범위를 벗어났다고 주장되는 사항이 중재절차 진행 중에 제출된 즉시 제기되어야 한다. 위의 어느 경우에서도 중재판정부는 시기에 늦게 제출된 항변에 대해 그 지연이 정당하다고 인정하는 경우에는 이를 허용할 수 있다.

(3) 중재판정부는 본 조 제2항의 항변에 관하여 선결문제로 또는 본안에 관한 중재판정으로 결정할 수 있다. 중재판정부가 선결문제로 자신의 관할권이 있음을 결정하는 경우에 당사자는 당해 결정의 통지를 받은 후 30일 이내에 제6조에 명시된 법원에 대하여 당해 사항을 결정해 줄 것을 신청할 수 있으며 그 결정에 대하여는 항고할 수 없다. 이러한 신청이 계속 중인 경우에도 중재판정부는 중재절차를 속행하여 중재판정을 내릴 수 있다.

제 4장 A. 경과조치와 예비명령

(2006년 39번째 회의에서 위원회에 의해 확정)

제1절 임시적 처분

제17조 중재판정부의 임시적 처분 명령권한

(1) 당사자 간에 다른 합의가 없는 한, 중재판정부는 일반 당사자의 신청 시에 임시적 처분을 내릴 수 있다.

(2) An interim measure is any temporary measure, whether in the form of an award or in another form, by which, at any time prior to the issuance of the award by which the dispute is finally decided, the arbitral tribunal orders a party to:

(a) Maintain or restore the status quo pending determination of the dispute;

(b) Take action that would prevent, or refrain from taking action that is likely to cause, current or imminent harm or prejudice to the arbitralprocess itself;

(c) Provide a means of preserving assets out of which a subsequent award may be satisfied; or

(d) Preserve evidence that may be relevant and material to the resolution of the dispute.

Article 17A. Conditions for granting interim measures

(1) The party requesting an interim measure under article 17(2)(a), (b) and (c) shall satisfy the arbitral tribunal that:

(a) Harm not adequately reparable by an award of damages is likely to result if the measure is not ordered, and such harm substantially outweighs the harm that is likely to result to the party against whom the measure is directed if the measure is granted; and

(b) There is a reasonable possibility that the requesting party will succeed on the merits of the claim. The determination on this possibility shall not affect the discretion of the arbitral tribunal in making any subsequent determination.

(2) With regard to a request for an interim measure under article 17(2)(d), the requirements in paragraphs (1)(a) and (b) of this article shall apply only to the extent the arbitral tribunal considers appropriate. Section 2. Preliminary orders

Section 2. Preliminary orders

Article 17B. Applications for preliminary orders and conditions for granting preliminary orders

(1) Unless otherwise agreed by the parties, a party may, without notice to any other party, make a request for an interim measure together with an application for a preliminary order directing a party not to frustrate the purpose of the interim measure requested.

(2) The arbitral tribunal may grant a preliminary order provided it considers that prior disclosure of the request for the interim measure to the party against whom it is directed risks frustrating the purpose of the measure.

(3) The conditions defined under article 17A apply to any preliminary order, provided that the harm to be assessed under article 17A(1)(a), is the harm likely to result from the order being granted or not.

Article 17 C. Specific regime for preliminary orders

(1) Immediately after the arbitral tribunal has made a determination in respect of an application for a preliminary order, the arbitral tribunal shall give notice to all parties of the request for the interim measure, the application for the preliminary order, the preliminary order, if any, and all other communications, including by indicating the content of any oral communication, between any party and the arbitral tribunal in relation thereto.

(2) 임시적 처분은 판정의 형식이든지 또는 다른 형식이든지간에 일시의 처분이며, 분쟁이 최종적으로 결정되는 판정을 내리기 전 어느 때라도 중재판정부는 일반 당사자에게 다음 사항들을 할 것을 명한다.

    (a) 분쟁의 결정을 할 때까지 현상을 유지하거나 회복하는 것;

    (b) 중재절차 자체에 현재 또는 급박한 손해를 일으킬 것 같은 소송을 제기하는 것을 방지 또는 억제하는 소송을 제기하는 것;

    (c) 차후 판정이 충족될 수 있는 자산을 보전하는 수단을 제공하는 것;

    (d) 분쟁해결에 관련되고 중요할 수 있는 증거를 보전하는 것.

제17조의 2 임시적 처분을 내리기 위한 조건들

(1) 제17조 제2항 (a), (b) 및 (c)에 의하여 임시적 처분을 신청하는 당사자는 다음 사항들을 중재판정부에게 충족시켜야 한다.

    (a) 처분이 명령되지 않는 경우 손해액의 판정에 의하여 적정하게 회복할 수 없는 손해가 생길 것 같고, 그리고 그러한 손해가 처분이 내려지는 경우 처분이 불이익하게 명령되는 당사자에게 생길 것 같은 손해를 실질상 더욱 무겁게 하는 것;

    (b) 신청인이 손해배상청구의 본안에 관하여 성공할 합리적인 가능성이 있어야 하되, 다만 이러한 가능성에 관한 결정이 차후 결정을 하는 데에 중재판정부의 재량에 영향을 미치지 않을 것을 조건으로 할 것.

(2) 제17조 제2항 (d)에 의한 임시적 처분의 신청에 관하여 본조 제1항 (a) 및 (b)의 요건들은 중재판정부가 적정한 것으로 생각하는 범위 내에서만 적용할 것.

제2절 예비명령

제17조의 3 예비명령의 신청 및 예비명령의 부여조건

(1) 당사자간에 다른 합의가 없는 한, 일방 당사자는 타방 당사자에게 통지없이, 일방 당사자가 신청된 임시적 처분의 목적을 좌절시키지 않도록 지시하는 예비명령의 신청과 함께 임시적 처분을 신청할 수 있다.

(2) 중재판정부는 지시를 받는 당사자가 만일 임시적 처분 신청의 사전고지가 처분의 목적을 좌절시킬 위험이 있다고 생각한다면 예비명령을 내릴 수 있다.

(3) 제17조의 2에 의하여 정의된 조건들은 만일 제17조의 2 제1항 (a)에 의하여 평가될 손해가 명령이 내려지거나 또는 내려지지 않음으로 발생할 것 같은 손해라면 예비명령에 적용된다.

제17조의 4 예비명령을 위한 특수제도

(1) 중재판정부가 예비명령의 신청에 관하여 결정을 한 이후 즉시, 중재판정부는 임시적 처분 신청의 모든 당사자들에게 예비명령의 신청, 만일 있으면 예비명령, 그리고 관련당사자 및 중재판정부 간에 구두통신의 내용을 표시하는 것을 포함하는 기타 모든 통신을 통지하여야 한다.

(2) At the same time, the arbitral tribunal shall give an opportunity to any party against whom a preliminary order is directed to present its case at the earliest practicable time.

(3) The arbitral tribunal shall decide promptly on any objection to the preliminary order.

(4) A preliminary order shall expire after twenty days from the date on which it was issued by the arbitral tribunal. However, the arbitral tribunal may issue an interim measure adopting or modifying the preliminary order, after the party against whom the preliminary order is directed has been given notice and an opportunity to present its case.

(5) A preliminary order shall be binding on the parties but shall not be subject to enforcement by a court. Such a preliminary order does not constitute an award.

Section 3. Provisions applicable to interim measures and preliminary orders

Article 17 D. Modifi cation, suspension, termination

The arbitral tribunal may modify, suspend or terminate an interim measure or a preliminary order it has granted, upon application of any party or, in exceptional circumstances and upon prior notice to the parties, on the arbitral tribunal's own initiative.

Article 17 E. Provision of security

(1) The arbitral tribunal may require the party requesting an interim measure to provide appropriate security in connection with the measure.

(2) The arbitral tribunal shall require the party applying for a preliminary order to provide security in connection with the order unless the arbitral tribunal considers it inappropriate or unnecessary to do so.

Article 17 F. Disclosure

(1) The arbitral tribunal may require any party promptly to disclose any material change in the circumstances on the basis of which the measure was requested or granted.

(2) The party applying for a preliminary order shall disclose to the arbitral tribunal all circumstances that are likely to be relevant to the arbitral tribunal's determination whether to grant or maintain the order, and such obligation shall continue until the party against whom the order has been requested has had an opportunity to present its case. Thereafter, paragraph (1) of this article shall apply.

Article 17 G. Costs and damages

The party requesting an interim measure or applying for a preliminary order shall be liable for any costs and damages caused by the measure or the order to any party if the arbitral tribunal later determines that, in the circumstances, the measure or the order should not have been granted. The arbitral tribunal may award such costs and damages at

(2) 동시에, 중재판정부는 예비명령의 지시를 받는 당사자에게 가장 빠르고 실용적인 시간에 그의 입장을 진술할 기회를 주어야 한다.

(3) 중재판정부는 예비명령에 대한 이외에 관하여 신속하게 결정하여야 한다.

(4) 예비명령은 그것이 중재판정부에 의해 내려진 날로부터 20일 이후에 만료된다. 그러나 중재판정부는 예비명령의 지시를 받는 당사자에게 통지가 주어지고 그리고 그의 입장을 진술할 기회가 주어진 이후에 예비명령을 채택하거나 수정하는 임시적 처분을 내릴 수 있다.

(5) 예비명령은 당사자들을 구속하지만 그러나 법원에 의한 집행을 조건으로 하지 않는다. 이러한 예비명령은 판정을 구성하지 않는다.

제3절 임시적 처분 및 예비명령에 적용할 수 있는 규정

제17조의 5 수정, 정지, 종료

중재판정부는 어느 당사자의 신청 시 또는 예외적인 상황에서 당사자들에게 사전 통지시에, 중재판정부의 직권으로 그가 내린 임시적 처분 또는 예비명령을 수정, 정지, 또는 종료할 수 있다.

제17조의 6 담보규정

(1) 중재판정부는 임시적 처분을 신청하는 당사자에게 처분과 관련하여 적절한 담보를 제공할 것을 요구할 수 있다.

(2) 중재판정부가 담보를 제공하는 것이 부적절하거나 불필요하다고 생각하지 않는 한 예비명령을 신청하는 당사자에게 그 명령에 관련하여 담보를 제공할 것을 요구하여야 한다.

제17조의 7 고지

(1) 임시적 처분을 신청하는 당사자는 그 처분이 신청되거나 또는 내려진 기초가 되는 상황에 중요한 변화를 신속하게 고지하여야 한다.

(2) 예비명령을 신청하는 당사자는 그 명령을 내릴 것인가 또는 유지할 것인가에 대한 중재판정부의 결정에 관련될 것 같은 모든 상황들을 중재판정부에게 고지하여야 한다. 그리고 이러한 의무는 그 명령이 신청된 상대방 당사자가 그의 입장을 진술할 기회를 가졌을 때까지 계속된다. 그 후에, 예비명령을 신청하는 당사자는 임시적 처분을 신청하는 당사자가 본조 제1항에 의하여 임시적 처분에 관련하여 가지는 것과 동일한 고지의무를 예비명령과 관련하여 가진다.

제17조의 8 비용 및 손해

임시적 처분 또는 예비명령을 신청하는 당사자는 만일 중재판정부가 추후 그 상황에서 조치 또는 명령이 내려지지 않았어야 했다는 것을 결정하는 경우에, 조치 또는 명령에 의해 어느 당사자에게 발생된 어떠한 비용 또는 손해에 대하여 책임을 져야 한다. 중재판정부는 절차도중의 어느 시점에 그러한 비용과 손해를

any point during the proceedings.

Section 4. Recognition and enforcement of interim measures

Article 17 H. Recognition and enforcement

(1) An interim measure issued by an arbitral tribunal shall be recognized as binding and, unless otherwise provided by the arbitral tribunal, enforced upon application to the competent court, irrespective of the country in which it was issued, subject to the provisions of article 17 I.

(2) The party who is seeking or has obtained recognition or enforcement of an interim measure shall promptly inform the court of any termination, suspension or modifi cation of that interim measure.

(3) The court of the State where recognition or enforcement is sought may, if it considers it proper, order the requesting party to provide appropriate security if the arbitral tribunal has not already made a determination with respect to security or where such a decision is necessary to protect the rights of third parties.

Article 17 I. Grounds for refusing recognition or enforcement

(1) Recognition or enforcement of an interim measure may be refused only:

  (a) At the request of the party against whom it is invoked if the court is satisfi ed that:

   (i) Such refusal is warranted on the grounds set forth in article 36(1)(a)(i), (ii), (iii) or (iv); or

   (ii) The arbitral tribunal's decision with respect to the provision of security in connection with the interim measure issued by the arbitral tribunal has not been complied with; or

   (iii) The interim measure has been terminated or suspended by the arbitral tribunal or, where so empowered, by the court of the State in which the arbitration takes place or under the law of which that interim measure was granted; or

  (b) If the court fi nds that:

   (i) The interim measure is incompatible with the powers conferred upon the court unless the court decides to reformulate the interim measure to the extent necessary to adapt it to its own powers and procedures for the purposes of enforcing that interim measure and without modifying its substance; or

   (ii) Any of the grounds set forth in article 36(1)(b)(i) or (ii), apply to the recognition and enforcement of the interim measure.

(2) Any determination made by the court on any ground in paragraph (1) of this article shall be effective only for the purposes of the application to recognize and enforce the interim measure. The court where recognition or enforcement is sought shall not, in making that determination, undertake a review of the substance of the interim measure.

재정할 수 있다.

제4절 임시적 처분의 승인 및 집행

제17조의 9 승인 및 집행

(1) 중재판정부에 의하여 내려진 임시적 처분은 구속력이 있는 것으로서 승인되고 중재판정부에 의하여 다른 규정이 없는 한, 제17조의 10의 규정에 의거 내려진 국가를 불문하고 관할 법원에 신청 시에 집행된다.

(2) 임시적 처분의 승인 또는 집행을 소구하고 있거나 또는 획득한 당사자는 신속하게 임시적 처분의 어떠한 종료, 정지 또는 수정을 법원에게 통지하여야 한다.

(3) 승인 또는 집행이 구해지는 국가의 법원은 만일 그가 적당하다고 생각하는 경우, 신청하는 당사자에게 만일 중재판정부가 이 담보에 관하여 결정을 하지 않았을 경우 또는 그러한 결정이 제3당사자들의 권리를 보호하기 위하여 필요한 경우에 적절한 담보를 제공할 것을 명할 수 있다.

제17조의 10 승인 또는 집행의 거부 근거

(1) 임시적 처분의 승인 또는 집행은 다음의 경우에만 거부될 수 있다:

    (a) 임시적 처분이 원용되는 상대방 당사자의 신청 시에 법원이 다음사항에 충족되는 경우:

        (i) 이러한 거부가 제36조 제1항 (a)(i), (ii), (iii) 또는 (iv)에 규정된 근거로 보증되는 것;

        (ii) 중재판정부에 의하여 내려진 임시적 처분에 관련하여 담보의 제공에 관한 중재판정부의 결정이 준수되지 않았을 것;

        (iii) 임시적 처분이 중재판정부에 의하여 종료 또는 정지되었거나, 또는 중재가 일어나는 국가의 법원 또는 임시적 처분이 내려진 법률에 의하여 그러한 권한이 주어졌을 것;

    (b) 법원이 다음사항을 발견하였을 것:

        (i) 법원이 그러한 임시적 처분을 집행할 목적으로 그리고 그것의 실질을 수정함이 없이 그 자산의 권한 및 절차에 그것을 적합시키기 위하여 필요한 만큼 임시적 처분을 재형식화 하기로 결정하지 않는 한, 임시적 처분이 법원에게 부여된 권한과 상반될 것;

        (ii) 제36조 제1항 (b)(i) 또는 (ii)에 규정된 근거들의 어떤 것이 임시적 처분의 승인 및 집행에 적용될 것.

(2) 본조 제1항의 어떠한 근거로 법원에 의해 행해진 결정은 임시적 처분을 승인하고 집행하기 위한 신청의 목적으로만 유효하다. 승인 또는 집행이 소구되는 법원은 그러한 결정을 함에 있어서 임시적 처분의 실질을 검토할 책임을 진다.

Section 5. Court-ordered interim measures

Article 17 J. Court-ordered interim measures

A court shall have the same power of issuing an interim measure in relation to arbitration proceedings, irrespective of whether their place is in the territory of this State, as it has in relation to proceedings in courts. The court shall exercise such power in accordance with its own procedures in consideration of the specifi c features of international arbitration.

CHAPTER V. CONDUCT OF ARBITRAL PROCEEDINGS

Article 18. Equal treatment of parties

The parties shall be treated with equality and each party shall be given a full opportunity of presenting his case.

Article 19. Determination of rules of procedure

(1) Subject to the provisions of this Law, the parties are free to agree on the procedure to be followed by the arbitral tribunal in conducting the proceedings.

(2) Failing such agreement, the arbitral tribunal may, subject to the provisions of this Law, conduct the arbitration in such manner as it considers appropriate. The power conferred upon the arbitral tribunal includes the power to determine the admissibility, relevance, materiality and weight of any evidence.

Article 20. Place of arbitration

(1) The parties are free to agree on the place of arbitration. Failing such agreement, the place of arbitration shall be determined by the arbitral tribunal having regard to the circumstances of the case, including the convenience of the parties.

(2) Notwithstanding the provisions of paragraph (1) of this article, the arbitral tribunal may, unless otherwise agreed by the parties, meet at any place it considers appropriate for consultation among its members, for hearing witnesses, experts or the parties, or for inspection of goods, other property or documents.

Article 21. Commencement of arbitral proceedings

Unless otherwise agreed by the parties, the arbitral proceedings in respect of a particular dispute commence on the date on which a request for that dispute to be referred to arbitration is received by the respondent.

Article 22. Language

(1) The parties are free to agree on the language or languages to be used in the arbitral proceedings. Failing such agreement, the arbitral tribunal shall determine the language or languages to be used in the proceedings. This agreement or determination, unless otherwise specifi ed therein, shall apply to any written statement by a party, any hearing and any award, decision or other communication by the arbitral tribunal.

Section 5. Court-ordered interim measures

제17조의 10 법원에 의한 임시적 처분

법원은 중재지가 우리나라의 영토에 있는지 여부와 관계없이 중재절차에 관하여 소송절차에서 같이 임시적 처분을 내릴 권한이 있다. 법원은 국제중재의 특징을 고려하여 그 법원이 절차에 따라 그러한 권한을 행사하여야 한다.

제5장 중재절차의 진행

제18조 당사자의 동등한 대우

양당사자는 동등한 대우를 받아야 하며 각 당사자는 자신의 사안을 진술할 수 있는 충분한 기회를 가져야 한다.

제19조 중재절차규칙의 결정

(1) 이 법의 규정에 따라 당사자는 중재판정부가 절차를 진행할 때 지켜야 할 규칙에 관하여 자유로이 합의할 수 있다.

(2) 그러한 합의가 없는 경우에 중재판정부는 이 법의 규정에 따라 스스로 적절하다고 여기는 방법으로 중재를 진행할 수 있다. 중재판정부의 권한에는 증거의 채택 여부, 관련성, 중요성 및 그 경중을 결정할 권한이 포함된다.

제20조 중재지

(1) 당사자는 중재지에 관하여 자유로이 합의할 수 있다. 그러한 합의가 없는 경우에 중재판정부는 당사자의 편의를 포함하여 해당사건의 사정을 고려하여 중재지를 결정한다.

(2) 본 조 제1항의 규정에도 불구하고 중재판정부는 당사자가 달리 합의를 하지 않는 한 중재인들 간의 협의를 위하여 또는 증인, 감정인 및 당사자의 신문을 위하여 또는 물품, 기타 재산이나 문서의 조사를 위하여 적당하다고 여기는 장소에서 회합을 가질 수 있다.

제21조 중재절차의 개시

당사자가 달리 합의하지 않는 한 구체적인 분쟁에 관한 중재절차는 해당분쟁을 중재에 부탁하는 서면을 피신청인이 수령한 날로부터 개시한다.

제22조 언어

(1) 당사자는 중재절차에 사용되는 하나 또는 수 개 언어에 관하여 자유로이 합의할 수 있다. 그러한 합의가 없는 경우에 중재판정부는 중재절차에 사용되는 하나 또는 수 개 언어를 결정하여야 한다. 달리 정해지지 않는 한 그러한 합의 또는 결정은 당사자의 서면진술, 중재판정부의 심문 및 중재판정, 결정 또는 기타 통지에 적용된다.

(2) The arbitral tribunal may order that any documentary evidence shall be accompanied by a translation into the language or languages agreed upon by the parties or determined by the arbitral tribunal.

Article 23. Statements of claim and defence

(1) Within the period of time agreed by the parties or determined by the arbitral tribunal, the claimant shall state the facts supporting his claim, the points at issue and the relief or remedy sought, and the respondent shall state his defence in respect of these particulars, unless the parties have otherwise agreed as to the required elements of such statements. The parties may submit with their statements all documents they consider to be relevant or may add a reference to the documents or other evidence they will submit.

(2) Unless otherwise agreed by the parties, either party may amend or supplement his claim or defence during the course of the arbitral proceedings, unless the arbitral tribunal considers it inappropriate to allow such amendment having regard to the delay in making it.

Article 24. Hearings and written proceedings

(1) Subject to any contrary agreement by the parties, the arbitral tribunal shall decide whether to hold oral hearings for the presentation of evidence or for oral argument, or whether the proceedings shall be conducted on the basis of documents and other materials. However, unless the parties have agreed that no hearings shall be held, the arbitral tribunal shall hold such hearings at an appropriate stage of the proceedings, if so requested by a party.

(2) The parties shall be given suffi cient advance notice of any hearing and of any meeting of the arbitral tribunal for the purposes of inspection of goods, other property or documents.

(3) All statements, documents or other information supplied to the arbitral tribunal by one party shall be communicated to the other party. Also any expert report or evidentiary document on which the arbitral tribunal may rely in making its decision shall be communicated to the parties.

Article 25. Default of a party

Unless otherwise agreed by the parties, if, without showing sufficient cause,

(a) the claimant fails to communicate his statement of claim in accordance with article 23(1), the arbitral tribunal shall terminate the proceedings;

(b) the respondent fails to communicate his statement of defence in accordance with article 23(1), the arbitral tribunal shall continue the proceedings without treating such failure in itself as an admission of the claimant's allegations;

(c) any party fails to appear at a hearing or to produce documentary evidence, the arbitral tribunal may continue the proceedings and make the award on the evidence before it.

Article 26. Expert appointed by arbitral tribunal

(1) Unless otherwise agreed by the parties, the arbitral tribunal

(2) 중재판정부는 당사자가 합의하거나 중재판정부가 결정한 하나 또는 수개 언어로 된 번역문을 서증에 첨부하도록 명할 수 있다.

제23조 중재신청서와 답변서

(1) 당사자가 합의하거나 중재판정부가 결정한 기간 내에 신청인은 자신의 청구원인사실, 쟁점사항과 신청취지를 진술하여야 하고, 피신청인은 이러한 세부사항에 대하여 답변하여야 한다. 다만, 당사자가 그러한 진술에 필요한 사항을 달리 합의하는 경우에는 그러하지 아니하다. 당사자는 관련 있는 것으로 고려되는 모든 서류를 위의 진술서와 함께 제출할 수 있으며 자신이 제출하려는 서류나 기타 증거에 참고자료를 첨부할 수 있다.

(2) 당사자가 달리 합의하지 않는 한 각 당사자는 중재절차 진행 중에 자신의 신청이나 답변을 변경 또는 추가할 수 있다. 다만, 중재판정부가 이를 인정함으로써 발생하는 지연을 고려하여 그러한 변경을 허용하는 것이 부적절 하다고 여기는 경우에는 그러하지 아니하다.

제24조 구술 심리 및 서면 절차

(1) 당사자가 반대의 합의를 하지 않는 한 중재판정부는 증거제출이나 구술 변론을 위하여 구술 심리를 할 것인지 아니면 서면 및 기타 자료에 근거하여 중재절차를 진행시킬 것인지를 결정하여야 한다. 그러나 당사자간에 구술 심리를 하지 아니한다는 합의가 없는 한 중재판정부는 일방당사자의 요청이 있으면 중재절차 진행 중 적절한 단계에서 구술 심리를 하여야 한다.

(2) 당사자들은 모든 심리에 대하여 그리고 물품, 또는 기타 재산 및 문서의 조사를 위한 중재판정부의 모든 회합에 관하여 충분한 시간적 여유를 두고 사전에 통지되어야 한다.

(3) 당사자가 중재판정부에 제출하는 모든 진술서, 문서, 또는 기타 정보는 상대방에게 통지되어야 한다. 중재판정부가 그 판정에서 기초로 삼을 수 있는 감정서나 서증도 당사자들에게 통지되어야 한다.

제25조 일방당사자의 해태

당사자가 달리 합의하지 않는 한 충분한 이유를 제시하지 아니하고

(a) 신청인이 제23조 제1항에 따라 신청서를 제출하지 않는 경우에 중재판정부는 중재절차를 종료하여야 한다.

(b) 피신청인이 제23조 제1항에 따라 답변서를 제출하지 아니하는 경우에 중재 판정부는 그 불이행 자체를 신청인의 주장을 용인하는 것으로 여기지 아니하고 중재절차를 속행하여야 한다.

(c) 일방당사자가 심리에 출석하지 아니하거나 서증을 제출하지 아니하는 경우에 중재판정부는 중재절차를 속행하고 중재판정부에 제출된 증거에 근거하여 중재판정을 내릴 수 있다.

제26조 중재판정부가 지정한 감정인

(1) 당사자가 달리 합의하지 않는 한 중재판정부는

(a)　may appoint one or more experts to report to it on specifi c issues to be determined by the arbitral tribunal;

(b)　may require a party to give the expert any relevant information or to produce, or to provide access to, any relevant documents, goods or other property for his inspection.

(2)　Unless otherwise agreed by the parties, if a party so requests or if the arbitral tribunal considers it necessary, the expert shall, after delivery of his written or oral report, participate in a hearing where the parties have the opportunity to put questions to him and to present expert witnesses in order to testify on the points at issue.

Article 27. Court assistance in taking evidence

The arbitral tribunal or a party with the approval of the arbitral tribunal may request from a competent court of this State assistance in taking evidence. The court may execute the request within its competence and according to its rules on taking evidence.

CHAPTER VI. MAKING OF AWARD AND TERMINATION OF PROCEEDINGS

Article 28. Rules applicable to substance of dispute

(1)　The arbitral tribunal shall decide the dispute in accordance with such rules of law as are chosen by the parties as applicable to the substance of the dispute. Any designation of the law or legal system of a given State shall be construed, unless otherwise expressed, as directly referring to the substantive law of that State and not to its confl ict of laws rules.

(2)　Failing any designation by the parties, the arbitral tribunal shall apply the law determined by the confl ict of laws rules which it considers applicable.

(3)　The arbitral tribunal shall decide ex aequo et bono or as amiable compositeur only if the parties have expressly authorized it to do so.

(4)　In all cases, the arbitral tribunal shall decide in accordance with the terms of the contract and shall take into account the usages of the trade applicable to the transaction.

Article 29. Decision-making by panel of arbitrators

In arbitral proceedings with more than one arbitrator, any decision of the arbitral tribunal shall be made, unless otherwise agreed by the parties, by a majority of all its members. However, questions of procedure may be decided by a presiding arbitrator, if so authorized by the parties or all members of the arbitral tribunal.

Article 30. Settlement

(1)　If, during arbitral proceedings, the parties settle the dispute, the arbitral tribunal shall terminate the proceedings and, if requested by the parties and not objected to by the arbitral tribunal, record the settlement in the form of an arbitral award on agreed terms.

(a) 자신이 결정해야 할 특정 쟁점에 관하여 보고할 1인 이상의 감정인을 지정할 수 있다.

(b) 일방당사자로 하여금 감정인에게 관련 정보를 제공하거나 감정인의 조사를 위해 관련 문서, 물품 또는 기타의 재산을 제출하거나 또는 감정인이 이를 이용할 수 있도록 명할 수 있다.

(2) 당사자가 달리 합의하지 않는 한 당사자가 요청하거나 중재판정부가 필요하다고 여기는 경우에 감정인은 서면이나 구술로 감정보고를 한 후에도 문제된 쟁점에 관하여 증언하기 위해 당사자가 감정인에게 질문하고 감정증인을 내세울 수 있는 기회를 갖는 심리에 참가하여야 한다.

제27조 증거조사를 위한 법원의 협조

중재판정부나 중재판정부의 허락을 얻은 당사자는 해당국가의 관할법원에 증거조사를 위한 협조를 신청할 수 있다. 법원은 자신의 권한 범위 내에서 증거조사의 규칙에 따라 그 신청에 응할 수 있다.

제6장 중재판정문의 작성과 중재절차의 종료

제28조 분쟁의 본안에 적용될 법규

(1) 중재판정부는 당사자들이 분쟁의 본안에 적용하도록 선택한 법규에 따라 판정을 내려야 한다. 달리 명시하지 아니한 한, 특정 국가의 법률 또는 법체계를 지정한 것은 그 국가의 실체법을 바로 지시하는 것이며 그 국가의 국제사법 규칙을 지시하는 것으로 해석해서는 아니 된다.

(2) 당사자들이 지정하지 아니하는 경우에 중재판정부는 적용될 수 있다고 여겨지는 국제사법 규정에 따라 정해지는 법을 적용하여야 한다.

(3) 중재판정부는 당사자가 명시적으로 권한을 부여하는 경우에 한하여 형평과 선에 따라 또는 우의적 중재로서 판정을 내려야 한다.

(4) 어떤 경우에도 중재판정부는 계약내용에 따라 판단하여야 하며 해당거래에 적용될 수 있는 상관습을 고려하여야 한다.

제29조 중재인단의 결의

2인 이상의 중재인이 진행하는 중재절차에서 중재판정부의 모든 결정은 당사자들이 달리 합의하지 않는 한 전구성원의 과반수 결의에 의한다. 그러나 절차문제는 당사자나 중재판정부 전원이 권한을 부여하는 경우에 의장중재인이 결정할 수 있다.

제30조 화해

(1) 중재절차 진행 중에 당사자들이 스스로 분쟁을 해결하는 경우에 중재판정부는 그 절차를 종료하고 당사자들의 요구가 있고 또한 중재판정부가 이의를 제기하지 않는 한 그 화해를 당사자가 합의한 내용의 중재 판정문의 형식으로 기록하여야 한다.

(2) An award on agreed terms shall be made in accordance with the provisions of article 31 and shall state that it is an award. Such an award has the same status and effect as any other award on the merits of the case.

Article 31. Form and contents of award

(1) The award shall be made in writing and shall be signed by the arbitrator or arbitrators. In arbitral proceedings with more than one arbitrator, the signatures of the majority of all members of the arbitral tribunal shall suffice, provided that the reason for any omitted signature is stated.

(2) The award shall state the reasons upon which it is based, unless the parties have agreed that no reasons are to be given or the award is an award on agreed terms under article 30.

(3) The award shall state its date and the place of arbitration as determined in accordance with article 20(1). The award shall be deemed to have been made at that place.

(4) After the award is made, a copy signed by the arbitrators in accordance with paragraph (1) of this article shall be delivered to each party.

Article 32. Termination of proceedings

(1) The arbitral proceedings are terminated by the fi nal award or by an order of the arbitral tribunal in accordance with paragraph (2) of this article.

(2) The arbitral tribunal shall issue an order for the termination of the arbitral proceedings when:

(a) the claimant withdraws his claim, unless the respondent objects thereto and the arbitral tribunal recognizes a legitimate interest on his part in obtaining a fi nal settlement of the dispute;

(b) the parties agree on the termination of the proceedings;

(c) the arbitral tribunal fi nds that the continuation of the proceedings has for any other reason become unnecessary or impossible.

(3) The mandate of the arbitral tribunal terminates with the termination of the arbitral proceedings, subject to the provisions of articles 33 and 34(4).

Article 33. Correction and interpretation of award; additional award

(1) Within thirty days of receipt of the award, unless another period of time has been agreed upon by the parties:

(a) a party, with notice to the other party, may request the arbitral tribunal to correct in the award any errors in computation, any clerical or typographical errors or any errors of similar nature;

(b) if so agreed by the parties, a party, with notice to the other party, may request the arbitral tribunal to give an interpretation of a specific point or part of the award. If the arbitral tribunal considers the request to be justified, it shall make the correction or give the interpretation within thirty days of receipt of the request. The interpretation shall form part of the award.

(2) 당사자가 합의한 내용의 중재판정문은 제31조의 규정에 따라 작성되어야 하고 이를 중재판정으로 한다고 기재되어야 한다. 그러한 중재판정문은 해당 사건의 본안에 관한 다른 모든 중재판정과 동일한 지위와 효력을 가진다.

제31조 중재판정의 형식 및 내용

(1) 중재판정문은 서면으로 작성되어야 하며 중재인 또는 중재인들에 의하여 서명되어야 한다. 2인 이상의 중재인이 진행하는 중재절차에서 서명이 생략된 이유가 기재된 때에는 중재판정부 구성원 과반수의 서명으로 충분하다.

(2) 중재판정문에는 그 판정의 근거가 되는 이유를 기재하여야 한다. 다만, 당사자가 이유를 기재하지 아니하기로 합의하였거나 그 중재 판정이 제30조에 의하여 합의된 내용의 판정인 경우에는 그러하지 아니하다.

(3) 중재판정문에는 작성일자와 제20조 1항에 따라 정해진 중재지를 기재하여야 한다. 중재판정문은 위 장소에서 작성된 것으로 본다.

(4) 중재판정문이 작성된 후 본 조 제1항에 따라 중재인들이 서명한 등본은 각 당사자에게 송달되어야 한다.

제32조 중재절차의 종료

(1) 중재절차는 최종판정이나 본 조 제2항에 따른 중재판정부의 명령에 의하여 종료된다.

(2) 중재판정부는 다음 경우에 중재절차의 종료를 명하여야 한다:

    (a) 신청인이 자신의 신청을 철회하는 경우. 다만, 피신청인이 이에 대하여 이의를 제기하고 또한 중재판정부가 분쟁의 최종적 해결을 구하는 데 피신청인에게 적법한 이익이 있다고 인정하는 때에는 그러하지 아니하다.

    (b) 당사자가 중재절차의 종료를 합의하는 경우

    (c) 중재판정부가 기타 사유로 인하여 중재절차를 속행하는 것이 불필요하거나 불가능하다고 인정하는 경우

(3) 중재판정부의 위임받은 권한은 제33조와 제34조 4항 규정의 유보하에 중재절차의 종료와 함께 종결된다.

제33조 중재판정문의 정정 및 해석과 추가 판정

(1) 당사자들이 달리 기간을 정하지 않는 한, 중재판정문을 수령한 후 30일 이내에,

    (a) 일방 당사자는 상대방에게 통지함과 동시에 그 판정문의 계산상 오류, 오기나 오식 또는 이와 유사한 오류를 정정해 줄 것을 중재판정부에 신청할 수 있다.

    (b) 당사자간에 합의가 있는 경우에 당사자는 상대방에게 통지함과 동시에 해당 중재판정의 특정 사항이나 판정의 일부에 대한 해석을 중재판정부에 신청할 수 있다. 중재판정부는 그 신청이 이유 있다고 판단하는 경우에 신청을 수령한 날로부터 30일 이내에 정정 또는 해석하여야 한다. 그 해석은 중재판정의 일부를 구성한다.

(2) The arbitral tribunal may correct any error of the type referred to in paragraph (1)(a) of this article on its own initiative within thirty days of the date of the award.

(3) Unless otherwise agreed by the parties, a party, with notice to the other party, may request, within thirty days of receipt of the award, the arbitral tribunal to make an additional award as to claims presented in the arbitral proceedings but omitted from the award. If the arbitral tribunal considers the request to be justifi ed, it shall make the additional award within sixty days.

(4) The arbitral tribunal may extend, if necessary, the period of time within which it shall make a correction, interpretation or an additional award under paragraph (1) or (3) of this article.

(5) The provisions of article 31 shall apply to a correction or interpretation of the award or to an additional award.

CHAPTER VII. RECOURSE AGAINST AWARD

Article 34. Application for setting aside as exclusive recourse against arbitral award

(1) Recourse to a court against an arbitral award may be made only by an application for setting aside in accordance with paragraphs (2) and (3) of this article.

(2) An arbitral award may be set aside by the court specifi ed in article 6 only if:

    (a)   the party making the application furnishes proof that:

        (i) a party to the arbitration agreement referred to in article 7 was under some incapacity; or the said agreement is not valid under the law to which the parties have subjected it or, failing any indication thereon, under the law of this State; or

        (ii) the party making the application was not given proper notice of the appointment of an arbitrator or of the arbitral proceedings or was otherwise unable to present his case; or

        (iii) the award deals with a dispute not contemplated by or not falling within the terms of the submission to arbitration, or contains decisions on matters beyond the scope of the submission to arbitration, provided that, if the decisions on matters submitted to arbitration can be separated from those not so submitted, only that part of the award which contains decisions on matters not submitted to arbitration may be set aside; or

        (iv) the composition of the arbitral tribunal or the arbitral procedure was not in accordance with the agreement of the parties, unless such agreement was in confl ict with a provision of this Law from which the parties cannot derogate, or, failing such agreement, was not in accordance with this Law; or

    (b)   the court fi nds that:

        (i) the subject-matter of the dispute is not capable of settlement by arbitration under the law of this State; or

        (ii) the award is in confl ict with the public policy of this State.

(3) An application for setting aside may not be made after three months have elapsed from the date on which the

(2) 중재판정부는 판정일자로부터 30일 이내에 본 조 제1항 (가)호의 모든 유형의 오류를 스스로 정정할 수 있다.

(3) 당사자들이 달리 합의하지 않는 한, 일방 당사자는 상대방에게 통지함과 동시에 중재판정문을 수령한 날로부터 30일 이내에 중재절차 중에 제출되었으나 중재판정에서 빠진 청구에 관한 추가 판정을 중재판정부에 신청할 수 있다. 중재판정부는 그 신청이 이유 있다고 여기는 경우에 60일 이내에 추가 판정을 내려야 한다.

(4) 중재판정부는 필요한 경우에 본 조 제1항 또는 제3항에 따라 정정, 해석 또는 추가 판정의 기간을 연장할 수 있다.

(5) 제31조의 규정은 중재판정의 정정 이나 해석 또는 추가 판정의 경우에 적용된다.

제7장 중재판정에 대한 불복

제34조 중재판정에 대한 유일한 불복방법으로서의 취소신청

(1) 중재판정에 대하여 법원에 제기하는 불복은 본 조 제2항과 제3항에 따른 취소신청에 의해서만 가능하다.

(2) 중재판정은 다음 경우에 한하여 제6조에 명시된 법원이 취소할 수 있다.

  (a) 취소 신청인이 다음의 사실에 대한 증거를 제출하는 경우

    (i) 제7조에 규정된 중재 합의의 당사자가 무능력자인 사실 또는 그 중재합의가 당사자들이 준거법으로서 선택한 법에 의하여 무효이거나 그러한 선택이 없는 경우에는 해당 국가의 법에 의하여 무효인 사실

    (ii) 취소 신청인이 중재인 선정 또는 중재 절차에 관하여 적절한 통지를 받지 못하였거나 기타 사유로 인하여 자신이 출석하여 변론할 수 없었던 사실

    (iii) 중재판정이 중재 부탁 합의 내용에서 의도되지 않은 분쟁이나 그 범위에 속하지 아니하는 분쟁을 다루었거나 또는 그 결정이 중재 부탁 합의의 범위를 벗어나는 사항에 관한 것이라는 사실. 다만, 중재에 부탁된 사항에 관한 결정과 그러하지 아니한 사항에 관한 결정이 분리될 수 있는 경우에는 중재에 부탁되지 아니한 사항에 관한 결정을 포함하는 중재 판정 부분만이 취소될 수 있다.

    (iv) 중재판정부의 구성이나 중재절차가 당사자간의 합의에 따르지 아니하였다는 사실 또는 그러한 합의가 없는 경우에 이 법에 따르지 아니하였다는 사실. 다만, 그 합의는 당사자에 의해 그 효력이 배제될 수 없는 성격을 가진 본 법의 규정에 저촉되어서는 아니 된다.

  (b) 법원이 다음의 사실을 알았을 경우

    (i) 분쟁의 본안이 해당 국가의 법에 따라 중재로 해결할 수 없다는 사실이나

    (ii) 중재판정이 해당 국가의 공서 양속에 저촉되는 사실

(3) 취소 신청은 신청인이 중재판정문을 수령한 날로부터 또는 제33조에 의하여 신청을 하였을 경우에는

party making that application had received the award or, if a request had been made under article 33, from the date on which that request had been disposed of by the arbitral tribunal.

(4) The court, when asked to set aside an award, may, where appropriate and so requested by a party, suspend the setting aside proceedings for a period of time determined by it in order to give the arbitral tribunal an opportunity to resume the arbitral proceedings or to take such other action as in the arbitral tribunal's opinion will eliminate the grounds for setting aside.

CHAPTER VIII. RECOGNITION AND ENFORCEMENT OF AWARDS

Article 35. Recognition and enforcement

(1) An arbitral award, irrespective of the country in which it was made, shall be recognized as binding and, upon application in writing to the competent court, shall be enforced subject to the provisions of this article and of article 36.

(2) The party relying on an award or applying for its enforcement shall supply the original award or a copy thereof. If the award is not made in an official language of this State, the court may request the party to supply a translation thereof into such language.

Article 36. Grounds for refusing recognition or enforcement

(1) Recognition or enforcement of an arbitral award, irrespective of the country in which it was made, may be refused only:

    (a) at the request of the party against whom it is invoked, if that party furnishes to the competent court where (i) recognition or enforcement is sought proof that:

        (i) a party to the arbitration agreement referred to in article 7 was under some incapacity; or the said agreement is not valid under the law to which the parties have subjected it or, failing any indication thereon, under the law of the country where the award was made; or

        (ii) the party against whom the award is invoked was not given proper notice of the appointment of an arbitrator or of the arbitral proceedings or was otherwise unable to present his case; or

        (iii) the award deals with a dispute not contemplated by or not falling within the terms of the submission to arbitration, or it contains decisions on matters beyond the scope of the submission to arbitration, provided that, if the decisions on matters submitted to arbitration can be separated from those not so submitted, that part of the award which contains decisions on matters submitted to arbitration may be recognized and enforced; or

        (iv) the composition of the arbitral tribunal or the arbitral procedure was not in accordance with the agreement

이에 대하여 중재판정부가 처리한 날로부터 3월이 경과한 후에는 제기할 수 없다.

(4) 중재판정 취소 신청을 받은 법원은 당사자의 신청이 있고 또한 그것이 적절한 때에는 중재판정부로 하여금 중재절차를 재개하게 하거나 중재판정부의 의견에 따라 취소 사유를 제거할 만한 다른 조치를 취할 기회를 부여하기 위하여 일정 기간을 정하여 취소절차를 정지시킬 수 있다.

제8장 중재판정의 승인과 집행

제35조 승인과 집행

(1) 중재판정은 판정을 내린 국가에 관계없이 구속력 있는 것으로 승인되어야 하며 관할 법원에 서면으로 신청한 때에는 본 조와 제36조의 규정에 따라 집행되어야 한다.

(2) 중재판정을 원용하거나 그 집행을 신청하는 당사자는 정당하게 인증된 판정문의 원본 또는 정당하게 증명된 등본과 제7조에서 규정한 중재합의서의 원본 또는 정당하게 증명된 등본을 제출하여야 한다. 중재판정문이나 중재합의서가 해당 국의 공용어로 작성되지 아니한 경우에 당사자는 정당하게 증명된 해당 국가의 공용어 번역본을 제출하여야 한다.

제36조 승인 또는 집행의 거부 사유

(1) 중재판정의 승인 또는 집행은 판정을 내린 국가에 관계없이 다음의 경우에 한하여 거부될 수 있다.

   (a) 중재판정이 불리하게 원용된 당사자의 신청이 있을 때 그 당사자가 다음의 사실에 대하여 승인 또는 집행을 신청한 관할 법원에 증거를 제출하는 경우

      (i) 제7조에 규정된 중재 합의의 당사자가 무능력자인 사실 또는 그 중재합의가 당사자들이 준거법으로서 선택한 법에 의하여 무효이거나 그러한 선택이 없는 경우에는 중재판정이 내려진 국가의 법에 의하여 무효인 사실

      (ii) 중재판정이 불리하게 원용된 당사자가 중재인 선정 또는 중재 절차에 관하여 적절한 통지를 받지 못하였거나 기타 사유로 인하여 자신이 출석하여 변론할 수 없었던 사실

      (iii) 중재판정이 중재 부탁 합의 내용에 의하여 의도하지 아니하였거나 그 범위에 속하지 아니하는 분쟁을 다루었거나 또는 중재 부탁 합의의 범위를 벗어나는 사항에 관한 결정을 포함하고 있다는 사실. 다만, 중재에 부탁된 사항에 관한 결정과 그러하지 아니한 사항에 관한 결정이 분리될 수 있는 경우에는 중재에 부탁되지 아니한 사항에 관한 결정을 포함하는 중재판정 부분은 승인되고 집행될 수 있다.

      (iv) 중재판정부의 구성이나 중재절차가 당사자 간의 합의에 따르지 아니하였다는 사실 또는 그러한 합의가 없는 경우에는 중재가 행해진 국가의 법에 따르지 아니하였다는 사실

of the parties or, failing such agreement, was not in accordance with the law of the country where the arbitration took place; or

(v) the award has not yet become binding on the parties or has been set aside or suspended by a court of the country in which, or under the law of which, that award was made; or

(b)　if the court finds that:

(i) the subject-matter of the dispute is not capable of settlement by arbitration under the law of this State; or

(ii) the recognition or enforcement of the award would be contrary to the public policy of this State.

(2)　If an application for setting aside or suspension of an award has been made to a court referred to in paragraph (1)(a) (v) of this article, the court where recognition or enforcement is sought may, if it considers it proper, adjourn its decision and may also, on the application of the party claiming recognition or enforcement of the award, order the other party to provide appropriate security.

Part Two & Part Three omitted

(ⅴ) 중재판정이 아직 당사자들에게 구속력을 가지지 못하거나 또는 그 판정이 내려진 국가의 법원 이나 법률에 의하여 취소되었거나 정지되었다는 사실

(b) 법원이 다음의 사실을 알았을 경우

(ⅰ) 분쟁의 본안이 해당 국가의 법에 따라 중재로 해결할 수 없다는 사실이나

(ⅱ) 중재판정의 승인이나 집행이 해당 국가의 공서 양속에 반한다는 사실

(2) 중재판정의 취소 또는 정지신청이 본 조 제1항 (a)호 (5)에서 정한 법원에 제기되었을 경우에 승인 또는 집행의 청구를 받은 법원은 정당하다고 판단하는 경우에 그 결정을 연기할 수 있으며 중재판정의 승인 또는 집행을 구하는 당사자의 신청이 있으면 상대방에게 적절한 담보를 제공할 것을 명할 수 있다.

Part Two 및 Tart Three 생략함.

6-3 UN Arbitration Rules, 2013

Section I. Introductory rules

Article 1 Scope of application

1. Where parties have agreed that disputes between them in respect of a defined legal relationship, whether contractual or not, shall be referred to arbitration under the UNCITRAL Arbitration Rules, then such disputes shall be settled in accord- ance with these Rules subject to such modification as the parties may agree.

2. The parties to an arbitration agreement concluded after 15 August 2010 shall be presumed to have referred to the Rules in effect on the date of commencement of the arbitration, unless the parties have agreed to apply a particular version of the Rules. That presumption does not apply where the arbitration agreement has been concluded by accepting after 15 August 2010 an offer made before that date.

3. These Rules shall govern the arbitration except that where any of these Rules is in conflict with a provision of the law applicable to the arbitration from which the parties cannot derogate, that provision shall prevail.

4. For investor-State arbitration initiated pursuant to a treaty providing for the protection of investments or investors, these Rules include the UNCITRAL Rules on Transparency in Treaty- based Investor-State Arbitration ("Rules on Transparency"), subject to article 1 of the Rules on Transparency.

Article 2 Notice and calculation of periods of time

1. A notice, including a notification, communication or proposal, may be transmitted by any means of communication that provides or allows for a record of its transmission.

2. If an address has been designated by a party specifically for this purpose or authorized by the arbitral tribunal, any notice shall be delivered to that party at that address, and if so deliv- ered shall be deemed to have been received. Delivery by elec- tronic means such as facsimile or e-mail may only be made to an address so designated or authorized.

3. In the absence of such designation or authorization, a notice is:
   (a) Received if it is physically delivered to the addressee; or
   (b) Deemed to have been received if it is delivered at the place of business, habitual residence or mailing address of the addressee.

4. If, after reasonable efforts, delivery cannot be effected in accordance with paragraphs 2 or 3, a notice is deemed to have been received if it is sent to the addressee's last-known place of business, habitual residence or mailing address by registered letter or any other means that provides a record of delivery or of attempted delivery.

5. A notice shall be deemed to have been received on the day it is delivered in accordance with paragraphs 2, 3

6-3 UN상사중재규칙, 2013

제1장 총 칙

제1조 적용범위

1. 당사자들이 계약상 관계인지 여부를 불문하고 일정한 법률적 관계와 관련된 분쟁을 UNCITRAL 중재규칙 (이하 "본 규칙"이라 한다)에 따라 중재에 회부할 것을 합의한 경우, 그 분쟁은 본 규칙에 의하여 해결한다.

2. 당사자들이 서면으로 본 규칙의 특정 버전을 적용하기로 합의하지 않는 한 2010년 8월 15일 이후에 체결한 중재합의의 당사자들은 중재절차 개시일자에 유효한 본 규칙을 적용하는 데 합의한 것으로 추정한다. 다만, 중재합 의의 청약이 2010년 8월 15일 이전에 이루어지고 승낙은 그 이후에 있는 경우 그러한 추정은 적용되지 아니한다.

3. 중재에는 본 규칙이 적용된다. 다만 본 규칙의 어느 규정이 당사자가 임의로 무시할 수 없는 중재에 적용되는 법규정에 저촉되는 경우에는 당해 법규정이 본 규칙에 우선하여 적용된다.

4. 투자 및 투자자 보호를 규정하고 있는 조약에 따라 개시된 투자자-국가간 중재의 경우, 본 규칙에는 '조약에 근거한 투자자-국가간 중재에서의 투명성 에 관한 UN국제상거래법위원회규칙'(이하 "투명성 규칙"이라 한다)이 포함되는 것으로 한다(단, 투명성 규칙 제1조가 적용되는 것을 조건으로 한다).

제2조 통지 및 기간의 계산

1. 통지, 의사표시, 제안 등을 포함하는 모든 통지는 송부하였다는 증명이 가능한 한 어떠한 수단으로도 송부할 수 있다.

2. 당사자가 통지를 위해 주소를 지정하거나 중재판정부에서 주소를 승인하였다면, 해당 당사자에게 송부할 통지는 당해 주소로 전달하며, 전달되면 수령된 것으로 간주한다. 팩시밀리 또는 이메일과 같은 전자적 수단에 의한 송부 의 경우에는 해당 주소가 지정되거나 승인된 경우에만 송부한다.

3. 이와 같은 지정이나 승인이 없는 경우에 통지는:

   (a) 물리적인 방법으로 수신인에게 교부되거나; 또는

   (b) 수신인의 영업소, 상거소, 기타 우편주소에 배달되는 경우에 수령된 것으로 간주한다.

4. 합리적인 노력을 모두 하였음에도 제2항 또는 제3항에 따라 송부하지 못 한 경우에는 최후로 알려진 수신인의 영업소, 상거소, 기타 우편주소에 등 기우편 등 송부 증명이 가능한 수단으로 발송된 경우에 수령된 것으로 간주한다.

5. 통지는 제2항, 제3항 또는 4항에 따라 송부되거나 제4항에 따라 송부하려고 한 날 도달된 것으로 간주한다. 전자적 수단으로 송부한 통지는 발송한 날 도달된 것으로 본다. 다만, 전자적 수단으로 송부한 중재신청통지는 수신인의 전자 주소에 실제로 도달한 날에 도달된 것으로 본다.

or 4, or attempted to be delivered in accordance with paragraph 4. A notice transmitted by electronic means is deemed to have been received on the day it is sent, except that a notice of arbitration so transmitted is only deemed to have been received on the day when it reaches the addressee's electronic address.

6. For the purpose of calculating a period of time under these Rules, such period shall begin to run on the day following the day when a notice is received. If the last day of such period is an official holiday or a non-business day at the residence or place of business of the addressee, the period is extended until the first business day which follows. Official holidays or non- business days occurring during the running of the period of time are included in calculating the period.

Article 3 Notice of arbitration

1. The party or parties initiating recourse to arbitration (hereinafter called the "claimant") shall communicate to the other party or parties (hereinafter called the "respondent") a notice of arbitration.

2. Arbitral proceedings shall be deemed to commence on the date on which the notice of arbitration is received by the respondent.

3. The notice of arbitration shall include the following:

    (a) A demand that the dispute be referred to arbitration;

    (b) The names and contact details of the parties;

    (b) Identification of the arbitration agreement that is invoked;

    (d) Identification of any contract or other legal instru- ment out of or in relation to which the dispute arises or, in the absence of such contract or instrument, a brief description of the relevant relationship;

    (e) A brief description of the claim and an indication of the amount involved, if any;

    (f) The relief or remedy sought;

    (g) A proposal as to the number of arbitrators, language and place of arbitration, if the parties have not previously agreed thereon.

4. The notice of arbitration may also include:

    (a) A proposal for the designation of an appointing authority referred to in article 6, paragraph 1;

    (b) A proposal for the appointment of a sole arbitrator referred to in article 8, paragraph 1;

    (c) Notification of the appointment of an arbitrator referred to in article 9 or 10.

5. The constitution of the arbitral tribunal shall not be hindered by any controversy with respect to the sufficiency of the notice of arbitration, which shall be finally resolved by the arbitral tribunal.

Article 4 Response to the notice of arbitration

1. Within 30 days of the receipt of the notice of arbitration, the respondent shall communicate to the claimant a response to the notice of arbitration, which shall include:

6. 본 규칙에 따른 기간의 계산은 통지가 수령된 다음 날부터 기산한다. 그러나 기간 말일이 공휴일이거나 수신인의 거소 또는 영업소에서 휴무일인 경우에는 기간은 그 다음에 도래하는 첫 영업일까지 연장된다. 기간진행 중의 공휴일이나 휴무일은 기간의 계산에 산입한다.

제3조 중재신청통지

1. 중재를 신청하는 당사자 또는 당사자들 (이하"신청인"이라 한다)는 상대방 당사자 또는 당사자들(이하 "피신청인"이라 한다)에게 중재신청에 대한 통 지를 하여야 한다.
2. 중재절차는 전항의 중재신청통지가 피신청인에 의해 수령 된 날로부터 개시되는 것으로 간주한다.
3. 중재신청통지에는 다음 사항을 기재하여야 한다:
    (a) 당해 분쟁이 중재에 회부될 것을 청구하는 내용;
    (b) 당사자의 성명과 연락처;
    (c) 원용하는 중재합의의 표시;
    (d) 분쟁의 발생원인이 된 계약 기타 법률서류에 관한 기술이나, 그러한 계약 기타 법률서류가 없는 경우 관련된 관계에 대한 간략한 기술;
    (e) 청구의 간략한 기술과 청구액이 있는 경우 그 액수의 명시;
    (f) 청구취지;
    (g) 당사자가 사전에 합의하지 않은 경우에는 중재인 수, 중재언어 및 중재지에 관한 제안.
4. 중재신청통지는 또한 다음 사항을 포함할 수 있다.
    (a) 제6조 제1항에 따른 중재인 선정권자의 지정을 위한 제안;
    (b) 제8조 제1항에 따른 단독중재인의 선정을 위한 제안;
    (c) 제9조 또는 제10조에 따른 중재인의 선정 통지.
5. 중재판정부의 구성은 중재신청통지의 적정성에 대한 논란이 있더라도 영향을 받지 아니하며, 중재신청통지의 적정성에 대한 논란은 중재판정부가 최종적으로 판단한다.

제4조 중재신청통지에 대한 답변

1. 피신청인은 중재신청통지를 수령한 날로부터 30일 이내에 신청인에게 다음의 사항을 기재한 중재신청통지에 대한 답변을 송부하여야 한다:

    (a)   The name and contact details of each respondent;

    (b)   A response to the information set forth in the notice of arbitration, pursuant to article 3, paragraphs 3(c) to (g).

2.   The response to the notice of arbitration may also include:

    (a)   Any plea that an arbitral tribunal to be constituted under these Rules lacks jurisdiction;

    (b)   A proposal for the designation of an appointing authority referred to in article 6, paragraph 1;

    (c)   A proposal for the appointment of a sole arbitrator referred to in article 8, paragraph 1;

    (d)   Notification of the appointment of an arbitrator referred to in article 9 or 10;

    (e)   A brief description of counterclaims or claims for the purpose of a set-off, if any, including where relevant, an indica- tion of the amounts involved, and the relief or remedy sought;

    (f)   A notice of arbitration in accordance with article 3 in case the respondent formulates a claim against a party to the arbitration agreement other than the claimant.

3.   The constitution of the arbitral tribunal shall not be hindered by any controversy with respect to the respondent's failure to communicate a response to the notice of arbitration, or an incomplete or late response to the notice of arbitration, which shall be finally resolved by the arbitral tribunal.

Article 5 Representation and assistance

Each party may be represented or assisted by persons chosen by it. The names and addresses of such persons must be communicated to all parties and to the arbitral tribunal. Such communication must specify whether the appointment is being made for purposes of representation or assistance. Where a person is to act as a representative of a party, the arbitral tri- bunal, on its own initiative or at the request of any party, may at any time require proof of authority granted to the representative in such a form as the arbitral tribunal may determine.

Article 6 Designating and appointing authorities

1.   Unless the parties have already agreed on the choice of an appointing authority, a party may at any time propose the name or names of one or more institutions or persons, including the Secretary-General of the Permanent Court of Arbitration at The Hague (hereinafter called the "PCA"), one of whom would serve as appointing authority.

2.   If all parties have not agreed on the choice of an appointing authority within 30 days after a proposal made in accordance with paragraph 1 has been received by all other parties, any party may request the Secretary-General of the PCA to desig- nate the appointing authority.

3.   Where these Rules provide for a period of time within which a party must refer a matter to an appointing authority and no appointing authority has been agreed on or designated, the period is suspended from the date on which a party initiates the procedure for agreeing on or designating an appointing authority until the date of such agreement or designation.

(a) 각 피신청인의 성명과 연락사항;

(b) 제3조 제3항 (c)호~(g)호의 규정에 따라 중재신청통지에 기재된 내용에 대한 답변.

2. 중재신청통지에 대한 답변은 또한 다음 사항을 포함할 수 있다:

   (a) 본 규칙에 따라서 구성될 중재판정부가 관할이 없다는 모든 항변;

   (b) 제6조 제1항의 규정에 따른 중재인 선정권자의 지정을 위한 제안;

   (c) 제8조 제1항의 규정에 따른 단독중재인의 선정을 위한 제안;

   (d) 제9조 또는 제10조의 규정에 따른 중재인의 선정통지;

   (e) 반대신청 또는 상계주장이 있다면 이에 대한 간략한 기술, 및 관련이 있는경우에는 관련 금액의 명시, 구제방법 및 청구취지;

   (f) 피신청인이 신청인이 아닌 중재합의의 당사자에게 청구를 하는 경우에는 제3조의 규정에 따른 중재신청통지.

3. 중재판정부의 구성은 피신청인이 중재신청통지에 대한 답변을 하지 않거나 불완전하거나 실기한 답변에 관한 논란 있더라도 영향을 받지 아니하고, 그러한 논란은 중재판정부가 최종적으로 판단한다.

제5조 대리 및 조력

각 당사자는 그들이 선택한 자로부터 대리하게 하거나 조력을 받을 수 있다. 이 경우, 당사자는 대리 또는 조력을 할 자의 성명과 주소를 상대방 당사자 및 중재판정부에게 통지하여야 한다. 해당 통지에서 대리 또는 조력의 어느 것을 목적으로 하는 임명인가를 명시하여야 한다. 어떤 자가 당사자의 대리인이 되는 경우에는 중재판정부는 언제든지 직권 또는 상대방 당사자의 요청에 따라 중재판정부가 결정하는 양식에 따른 대리인의 대리권에 대한 증명을 요청할 수 있다.

제6조 중재인 지정 및 선정권자

1. 당사자들이 중재인 선정권자에 관하여 사전에 합의하지 않는 한, 일방 당사자는 언제든지 헤이그상설중재재판소(이하 "PCA"라 한다)의 사무총장을 포함하여 중재인 선정권자가 될 하나 또는 다수의 기관 또는 자연인을 제안할 수 있다.

2. 당사자들 전원이 제1항의 규정에 따른 제안을 수령한 날로부터 30일 이내에 중재인 선정권자에 관한 합의에 이르지 못한 경우에는 어느 당사자라도 PCA 사무총장에게 중재인 선정권자의 지정을 요청할 수 있다.

3. 본 규칙이 중재인 선정권자에게 회부하여야 하는 사항에 대하여 일정한 기간을 정하고 있음에도 중재인 선정권자에 대하여 합의나 지정이 이루어지지 않은 경우에는 해당 기간은 일방 당사자가 중재인성정권자의 합의나 지정을 위한 절차를 개시하는 날부터 해당 합의나 지정에 이르는 날까지 정지한다.

4. Except as referred to in article 41, paragraph 4, if the appointing authority refuses to act, or if it fails to appoint an arbitrator within 30 days after it receives a party's request to do so, fails to act within any other period provided by these Rules, or fails to decide on a challenge to an arbitrator within a reasonable time after receiving a party's request to do so, any party may request the Secretary-General of the PCA to desig- nate a substitute appointing authority.

5. In exercising their functions under these Rules, the appointing authority and the Secretary-General of the PCA may require from any party and the arbitrators the information they deem necessary and they shall give the parties and, where appropriate, the arbitrators, an opportunity to present their views in any manner they consider appropriate. All such communications to and from the appointing authority and the Secretary-General of the PCA shall also be provided by the sender to all other parties.

6. When the appointing authority is requested to appoint an arbitrator pursuant to articles 8, 9, 10 or 14, the party making the request shall send to the appointing authority copies of the notice of arbitration and, if it exists, any response to the notice of arbitration.

7. The appointing authority shall have regard to such considerations as are likely to secure the appointment of an independent and impartial arbitrator and shall take into account the advisability of appointing an arbitrator of a nationality other than the nationalities of the parties.

Section II. Composition of the arbitral tribunal

Article 7 Number of arbitrators

1. If the parties have not previously agreed on the number of arbitrators, and if within 30 days after the receipt by the respondent of the notice of arbitration the parties have not agreed that there shall be only one arbitrator, three arbitrators shall be appointed.

2. Notwithstanding paragraph 1, if no other parties have responded to a party's proposal to appoint a sole arbitrator within the time limit provided for in paragraph 1 and the party or parties concerned have failed to appoint a second arbitrator in accordance with article 9 or 10, the appointing authority may, at the request of a party, appoint a sole arbitrator pursuant to the procedure provided for in article 8, paragraph 2, if it determines that, in view of the circumstances of the case, this is more appropriate.

Appointment of arbitrators (articles 8 to 10)

Article 8

1. If the parties have agreed that a sole arbitrator is to be appointed and if within 30 days after receipt by all other parties of a proposal for the appointment of a sole arbitrator the parties have not reached agreement thereon, a sole arbitrator shall, at the request of a party, be appointed by the appointing authority.

4. 제41조 제4항의 규정에 따른 경우를 제외하고 중재인 선정권자가 직무수행 을 거부하거나, 일방 당사자의 요청을 받은 날로부터 30일 이내에 중재인을 선정하지 못하거나, 본 규칙의 규정에 따른 기간 내에 직무를 수행하지 못하거나, 중재인의 기피에 관한 당사자의 요청이 있은 날로부터 합리적인 기간 안에 결정을 내리지 못하는 경우에는, 일방 당사자는 PCA 사무총장에게 중재인 선정권자를 대신할 새로운 중재인 선정권자의 지정을 요청할 수 있다.

5. 중재인 선정권자 및 PCA 사무총장은 본 규칙에 의한 그들의 직무를 수행함 에 있어서 일방 당사자나 중재인으로부터 필요한 정보를 요청할 수 있고, 적절하다고 판단하는 방법으로 당사자들이나 중재인에게 자신들의 견해를 제시하도록 할 수 있다. 중재인 선정권자나 PCA 사무총장에게 하는 그러한 의사교환은 다른 모든 당사자들에게도 동시에 제공하여야 한다.

6. 제8조, 제9조, 제10조 또는 제14조의 규정에 따라 중재인 선정권자가 중재인을 선정하도록 요청되는 경우에는 해당 요청을 하는 당사자는 중재인 선 정권자에게 중재신청통지 사본과 중재신청 통지에 대한 답변(있는 경우에 한하여)을 전달하여야 한다.

7. 중재인 선정권자는 독립적이며 공정한 중재인 선정을 보장하기 위한 적절한 고려를 하여야 하며, 당사자의 국적 이외의 국적을 가진 자를 중재인으로 선정하는 것의 타당성 여부를 신중히 고려하여야 한다.

제2장 중재판정부의 구성

제7조 중재인의 수

1. 당사자들이 중재인수에 관하여 사전에 합의하지 아니하였고, 중재신청 통지 를 피신청인이 수령한 후 30일 이내에 당사자들이 중재인을 1인으로 한다는 데 합의하지 아니한 경우에는, 3인의 중재인을 선정한다.

2. 제1항의 규정에도 불구하고 일방 당사자가 단독중재인을 선정하겠다는 요청에 대하여 어떤 당사자도 제1항의 규정에 따른 기간 내에 답변하지 않았 고, 관련 당사자들이 제9조 또는 제10조의 규정에 따라 아직 두 번째 중재인을 선정하지 못한 경우, 일방 당사자의 요청에 따라 중재인 선정권자는 본 건의 사정을 고려하여 단독중재인이 보다 적절하다고 판단한 경우에 제8조 제2항의 절차에 따라 단독중재인을 선정할 수 있다.

제8조 중재인 선정

1. 당사자들이 단독중재인을 선정하기로 합의한 경우에 모든 당사자들이 단독 중재인의 선정에 대한 제안을 수령한 날로부터 30일 이내에 합의에 이르지 못한 경우에는, 일방 당사자의 요청에 따라 중재인 선정권자가 단독중재인을 선정하여야 한다.

2. The appointing authority shall appoint the sole arbitrator as promptly as possible. In making the appointment, the appointing authority shall use the following list-procedure, unless the parties agree that the list-procedure should not be used or unless the appointing authority determines in its discretion that the use of the list-procedure is not appropriate for the case:

(a) The appointing authority shall communicate to each of the parties an identical list containing at least three names;

(b) Within 15 days after the receipt of this list, each party may return the list to the appointing authority after having deleted the name or names to which it objects and numbered the remaining names on the list in the order of its preference;

(c) After the expiration of the above period of time the appointing authority shall appoint the sole arbitrator from among the names approved on the lists returned to it and in accordance with the order of preference indicated by the parties;

(d) If for any reason the appointment cannot be made according to this procedure, the appointing authority may exer- cise its discretion in appointing the sole arbitrator.

Article 9

1. If three arbitrators are to be appointed, each party shall appoint one arbitrator. The two arbitrators thus appointed shall choose the third arbitrator who will act as the presiding arbitrator of the arbitral tribunal.

2. If within 30 days after the receipt of a party's notification of the appointment of an arbitrator the other party has not noti- fied the first party of the arbitrator it has appointed, the first party may request the appointing authority to appoint the second arbitrator.

3. If within 30 days after the appointment of the second arbitrator the two arbitrators have not agreed on the choice of the presiding arbitrator, the presiding arbitrator shall be appointed by the appointing authority in the same way as a sole arbitrator would be appointed under article 8.

Article 10

1. For the purposes of article 9, paragraph 1, where three arbitrators are to be appointed and there are multiple parties as claimant or as respondent, unless the parties have agreed to another method of appointment of arbitrators, the multiple parties jointly, whether as claimant or as respondent, shall appoint an arbitrator.

2. If the parties have agreed that the arbitral tribunal is to be composed of a number of arbitrators other than one or three, the arbitrators shall be appointed according to the method agreed upon by the parties.

3. In the event of any failure to constitute the arbitral tribunal under these Rules, the appointing authority shall, at the request of any party, constitute the arbitral tribunal and, in doing so, may revoke any appointment already made and appoint or reappoint each of the arbitrators and designate one of them as the presiding arbitrator.

2. 중재인 선정권자는 일방 당사자로부터 요청을 받으면 지체없이 단독중재인을 선정하여야 한다. 중재인을 선정함에 있어 중재인 선정권자는 당사자 쌍 방이 다음과 같은 열거절차에 따르지 않기로 합의하였거나, 중재인 선정권자가 그 재량으로 열거절차가 적당하지 않다고 판단한 경우를 제외하고는, 다음 열거절차에 따라야 한다:

   (a) 중재인 선정권자는 최소 3인의 중재인 후보자 성명을 기재한 명부를 각 당사자에게 송부하여야 한다;

   (b) 각 당사자는 위의 명부를 수령한 후 15일 이내에 반대하는 자의 이름 또는 이름들을 말소하고 남은 이름들에 우선순위에 따른 번호를 매겨 중재인 선정권자에게 반송할 수 있다;

   (c) 중재인 선정권자는 위 기간이 경과한 후, 각 당사자가 우선순위를 매겨 반송해온 명단 중에서 당사자 쌍방이 지시하는 우선순위에 따라서 단독중재인을 선임하여야 한다;

   (d) 중재인의 선임이 어떤 이유로든 이 절차에 따라서 행하여 질 수 없을 경우에는, 중재인 선정권자는 그 재량으로 단독중재인을 선임할 수 있다.

제9조 중재인 선정

1. 3인의 중재인을 선정할 경우에는, 당사자가 각각 1인의 중재인을 임명하며 이와 같이 임명된 2인의 중재인이 중재판정부 의장이 될 세 번째 중재인을 선정하여야 한다.

2. 당사자의 일방으로부터 중재인 임명통지를 수령한 후 30일 이내에 상대방 당사자가 전기통지를 한 당사자(제1당사자)에게 자신이 임명한 중재인을 통 지하지 아니하는 경우에는 제1당사자는 중재인 선정권자로 하여금 두 번째 중재인을 임명하도록 요구할 수 있다.

3. 두 번째 중재인이 임명된 후 30일 이내에 두 사람의 중재인이 의장중재인이 될 세 번째 중재인의 선정에 합의하지 못한 경우, 의장중재인은 제8조의 규정에 따른 단독중재인의 선정과 동일한 방법으로 중재인 선정권자에 의하여 선정된다.

제10조 중재인 선정

1. 제9조 제1항의 규정에 따라 3인의 중재인을 선정할 경우에 신청인이나 피 신청인이 다수인 경우에는, 당사자들이 사전에 중재인 선정을 위한 다른 방법에 합의하지 않는 한, 신청인 또는 피신청인인 다수 당사자들은 공동으로 중재인을 선정한다.

2. 당사자들이 사전에 중재판정부가 1인 또는 3인 이외의 중재인으로 구성한 다고 합의한 경우에는 당사자들이 합의한 방법에 따라 중재인들을 선정한다.

3. 본 규칙에 따라 중재판정부를 구성하지 못하는 경우에는, 중재인 선정권자는 일방 당사자의 요청에 따라 중재판정부를 구성하고, 그 과정에서 이미 이루어진 선정을 철회하고 새로 중재인을 선정하거나 재선정할 수 있고 그 중 1인을 의장중재인으로 지정할 수 있다.

Disclosures by and challenge of arbitrators** (articles 11 to 13)

Article 11

When a person is approached in connection with his or her possible appointment as an arbitrator, he or she shall disclose any circumstances likely to give rise to justifiable doubts as to his or her impartiality or independence. An arbitrator, from the time of his or her appointment and throughout the arbitral pro- ceedings, shall without delay disclose any such circumstances to the parties and the other arbitrators unless they have already been informed by him or her of these circumstances.

Article 12

1. Any arbitrator may be challenged if circumstances exist that give rise to justifiable doubts as to the arbitrator's impartiality or independence.

2. A party may challenge the arbitrator appointed by it only for reasons of which it becomes aware after the appointment has been made.

3. In the event that an arbitrator fails to act or in the event of the de jure or de facto impossibility of his or her performing his or her functions, the procedure in respect of the challenge of an arbitrator as provided in article 13 shall apply.

Article 13

1. A party that intends to challenge an arbitrator shall send notice of its challenge within 15 days after it has been notified of the appointment of the challenged arbitrator, or within 15 days after the circumstances mentioned in articles 11 and 12 became known to that party.

2. The notice of challenge shall be communicated to all other parties, to the arbitrator who is challenged and to the other arbitrators. The notice of challenge shall state the reasons for the challenge.

3. When an arbitrator has been challenged by a party, all parties may agree to the challenge. The arbitrator may also, after the challenge, withdraw from his or her office. In neither case does this imply acceptance of the validity of the grounds for the challenge.

4. If, within 15 days from the date of the notice of challenge, all parties do not agree to the challenge or the challenged arbitrator does not withdraw, the party making the challenge may elect to pursue it. In that case, within 30 days from the date of the notice of challenge, it shall seek a decision on the challenge by the appointing authority.

Article 14 Replacement of an arbitrator

1. Subject to paragraph 2, in any event where an arbitrator has to be replaced during the course of the arbitral proceedings, a substitute arbitrator shall be appointed or chosen pursuant to the procedure provided for

제11조 중재인의 고지 및 기피

장차 중재인으로 선정될 후보자는 중재인의 선임을 위해 접촉을 받을 때 자기의 공정성과 독립성에 관하여 정당한 의심을 야기할 수 있는 모든 사정을 고지 하여야 한다. 중재인은 선정된 때부터 중재절차가 계속되는 동안 그러한 사정이 이미 통보되어 있지 아니한 경우에는, 지체없이 이를 당사자들 및 다른 중재인들에게 고지하여야 한다.

제12조 중재인의 고지 및 기피

1. 중재인이 중재인으로서의 공정성과 독립성에 관하여 정당한 의심을 갖게 할 만한 사정이 있는 경우에는 그 중재인은 기피될 수 있다.
2. 당사자는 자신이 선정한 중재인에 관하여는 선정 이후에 알게 된 사유만을 이유로 기피할 수 있다.
3. 중재인이 그 직무를 수행하지 아니하거나, 또는 중재인이 법률적으로나 사실상으로 그 직무를 수행하는 것이 불가능하게 된 경우에는 제13조에 규정된 중재인 기피절차가 적용된다.

제13조 중재인의 고지 및 기피

1. 중재인을 기피하고자 하는 당사자는 그 중재인 선정을 통지 받은 후 15일 이내에, 또는 제11조 및 제12조에 규정된 사실을 알게 된 후 15일 이내에 중재인 기피통지를 발송하여야 한다.
2. 중재인 선임에 대한 기피통지는 다른 모든 당사자, 기피 당한 중재인 그리고 다른 중재인들에게 발송하여야 한다. 기피통지에는 기피사유가 명시되어야 한다.
3. 당사자의 어느 일방으로부터 기피신청이 있을 경우에는 다른 모든 당사자는 그 기피신청에 동의할 수 있다. 기피 당한 중재인 역시 중재인 직을 사임할 수 있다. 그러나 상기의 어느 경우도 중재인을 기피하는 이유의 정당성을 인정하는 것을 뜻하지 않는다.
4. 중재인 기피 통지로부터 15일 이내에 모든 당사자들이 중재인 기피신청에 동의하지 않거나 기피 당한 중재인이 중재인 직을 사퇴하지 않는 경우에는, 중재인을 기피하는 당사자는 기피절차를 추구할 것을 선택할 수 있다. 이 경우 중재인을 기피하는 당사자는 기피통지로부터 30일 이내에 중재인 선정권자에게 기피신청에 대한 결정을 신청한다.

제14조 중재인의 대체

1. 제2항의 규정에 따라 중재절차의 진행 중에 중재인을 대체하여야 할 경우에는 그에 대신할 중재인의 선정 및 임명은 대체되어야 할 중재인의 선정 및 임명에 적용될 수 있는 임명선정절차를 규정하고 있

in articles 8 to 11 that was appli- cable to the appointment or choice of the arbitrator being replaced. This procedure shall apply even if during the process of appointing the arbitrator to be replaced, a party had failed to exercise its right to appoint or to participate in the appointment.

2. If, at the request of a party, the appointing authority determines that, in view of the exceptional circumstances of the case, it would be justified for a party to be deprived of its right to appoint a substitute arbitrator, the appointing authority may, after giving an opportunity to the parties and the remaining arbitrators to express their views: (a) appoint the substitute arbi- trator; or (b) after the closure of the hearings, authorize the other arbitrators to proceed with the arbitration and make any decision or award.

Article 15 Repetition of hearings in the event of the replacement of an arbitrator

If an arbitrator is replaced, the proceedings shall resume at the stage where the arbitrator who was replaced ceased to perform his or her functions, unless the arbitral tribunal decides otherwise.

Article 16 Exclusion of liability

Save for intentional wrongdoing, the parties waive, to the fullest extent permitted under the applicable law, any claim against the arbitrators, the appointing authority and any person appointed by the arbitral tribunal based on any act or omission in con- nection with the arbitration.

Section III. Arbitral proceedings

Article 17 General provisions

1. Subject to these Rules, the arbitral tribunal may conduct the arbitration in such manner as it considers appropriate, provided that the parties are treated with equality and that at an appropriate stage of the proceedings each party is given a reasonable opportunity of presenting its case. The arbitral tribunal, in exercising its discretion, shall conduct the pro- ceedings so as to avoid unnecessary delay and expense and to provide a fair and efficient process for resolving the parties' dispute.

2. As soon as practicable after its constitution and after inviting the parties to express their views, the arbitral tribunal shall establish the provisional timetable of the arbitration. The arbitral tribunal may, at any time, after inviting the parties to express their views, extend or abridge any period of time prescribed under these Rules or agreed by the parties.

3. If at an appropriate stage of the proceedings any party so requests, the arbitral tribunal shall hold hearings for the presentation of evidence by witnesses, including expert witnesses, or for oral argument. In the absence of such a request, the arbitral tribunal shall decide whether to hold such hearings or whether the proceedings shall be conducted on the basis of documents and other materials.

는 제8조 ~ 제11조의 규정에 따라 행해져야 한다. 이 절차는 대체될 중재인의 선정에서 비록 당사자의 일방이 중재인 선정권을 행사하지 아니하였거나 선정절차에 참여하지 아니하였다 할지라도 적용된다.

2. 중재인 선정권자가 일방 당사자의 요청에 따라 본건의 특별한 사정을 고려하여 한 당사자의 보궐중재 인을 선정할 권리를 박탈하는 것이 정당하다고 결정하는 경우에는, 중재인 선정권자는 당사자들 및 나 머지 중재인들에게 의견을 진술할 기회를 부여한 후에 다음을 할 수 있다:

(a) 보궐중재인의 선정;

(b) 심리의 종결 이후에는 나머지 중재인들이 중재절차를 진행하고 결정이 나 판정을 내리도록 권한을 부여.

제15조 중재인 대체의 경우 심리의 반복

중재인이 대체되는 경우, 중재판정부가 달리 결정하지 않는 한, 중재절차는 대체된 중재인이 업무수행을 정지한 단계로부터 재개된다.

제16조 면책

고의의 부정행위가 아닌 한, 당사자들은 적용되는 법률에 의하여 허용된 최대한의 한도에서 중재인, 중재 인 선정권자 및 중재판정부에 의하여 선임된 자의 중재와 관련된 작위 또는 부작위에 대하여 청구할 권리 를 포기한다.

제3장 중재절차

제17조 총칙

1. 중재판정부는 본 규칙에 따라서 적절하다고 인정하는 방식으로 중재를 진행할 수 있다. 다만, 중재판 정부는 당사자들을 공평하게 대우하여야 하며 중재절차의 적절한 단계에서 각 당사자에게 자신의 의 견을 진술할 합리적 기회를 부여하여야 한다. 중재판정부는 자신의 재량으로, 불필요한 지체와 경비 발생을 피하고 당사자들의 분쟁을 공정하고 효율적인 절차로 해결할 수 있도록 절차를 진행하여야 한다.

2. 중재판정부 구성 후 실행가능한 한 빨리, 그리고 당사자들로 하여금 의견을 표명하도록 요청한 이후, 중재판정부는 중재에 관한 잠정 일정표를 설정하여야 한다. 중재판정부는, 당사자들이 의견을 표명하 도록 한 이후 언제든지, 이 규칙 또는 당사자의 합의에 의한 기간을 연장하거나 단축할 수 있다.

3. 중재판정부는 당사자의 어느 일방으로부터 중재절차의 적절한 단계에서 요구가 있으면 증인 또는 감 정인의 증언 또는 구술변론을 위하여 구술심리를 개최하여야 한다. 당사자의 이러한 요구가 없는 경우 에는 중재판정부는 구술심리를 개최할지 여부, 또는 서류 기타 자료에 근거하여 절차를 진행시킬 지의 여부를 결정하여야 한다.

4. All communications to the arbitral tribunal by one party shall be communicated by that party to all other parties. Such communications shall be made at the same time, except as otherwise permitted by the arbitral tribunal if it may do so under applicable law.

5. The arbitral tribunal may, at the request of any party, allow one or more third persons to be joined in the arbitration as a party provided such person is a party to the arbitration agreement, unless the arbitral tribunal finds, after giving all parties, including the person or persons to be joined, the opportunity to be heard, that joinder should not be permitted because of prejudice to any of those parties. The arbitral tribunal may make a single award or several awards in respect of all parties so involved in the arbitration.

Article 18 Place of arbitration

1. If the parties have not previously agreed on the place of arbitration, the place of arbitration shall be determined by the arbitral tribunal having regard to the circumstances of the case. The award shall be deemed to have been made at the place of arbitration.

2. The arbitral tribunal may meet at any location it considers appropriate for deliberations. Unless otherwise agreed by the parties, the arbitral tribunal may also meet at any location it considers appropriate for any other purpose, including hearings.

Article 19 Language

1. Subject to an agreement by the parties, the arbitral tribunal shall, promptly after its appointment, determine the language or languages to be used in the proceedings. This determination shall apply to the statement of claim, the statement of defence, and any further written statements and, if oral hearings take place, to the language or languages to be used in such hearings.

2. The arbitral tribunal may order that any documents annexed to the statement of claim or statement of defence, and any supplementary documents or exhibits submitted in the course of the proceedings, delivered in their original language, shall be accompanied by a translation into the language or languages agreed upon by the parties or determined by the arbitral tribunal.

Article 20 Statement of claim

1. The claimant shall communicate its statement of claim in writing to the respondent and to each of the arbitrators within a period of time to be determined by the arbitral tribunal. The claimant may elect to treat its notice of arbitration referred to in article 3 as a statement of claim, provided that the notice of arbitration also complies with the requirements of paragraphs 2 to 4 of this article.

2. The statement of claim shall include the following particulars:

    (a)   The names and contact details of the parties;

4. 당사자는 중재판정부에 제출한 모든 교신 내용을 다른 모든 당사자에게 통지하여야 한다. 그러한 통지는 동시에 이루어져야 하며, 다만 중재판정부가 적용되는 법률에 허용된 범위 내에서 달리 허용할 수 있는 경우 예외로 한다.

5. 중재판정부는 당사자의 요청에 따라 중재합의의 당사자인 제3자(들)을 병합할 수 있고, 다만 중재판정부가 병합할 제3자를 포함한 모든 당사자들의 의견을 표명할 기회를 부여한 이후에 그러한 병합이 어느 당사자의 이해에 반한다고 판단하는 경우 병합을 허용하지 아니할 수 있다. 중재판정부는 중재절차에 관여된 모든 당사자들에게 하나의 중재판정 또는 다수의 중재판정을 내릴 수 있다.

제18조 중재지

1. 중재장소에 관하여 당사자들이 사전에 합의하지 아니한 경우에는, 중재판 정부는 사건의 정황을 고려하여 중재지를 결정한다. 중재판정은 중재지에서 내려진 것으로 간주된다.

2. 중재판정부는 중재인들 간의 협의를 위하여 적당하다고 판단한다면 어디에서나 만날 수 있다. 당사자들이 달리 합의하지 않는 한, 중재판정부는 구술 심리 기타 다른 목적을 위하여 적절하다고 판단하는 곳에서 만날 수 있다.

제19조 언어

1. 당사자들의 동의를 조건으로, 중재판정부는 선정된 후 지체없이 중재절차에 사용될 언어 또는 언어들을 결정한다. 이러한 중재언어는 청구이유서, 답변서 기타 추가로 제출되는 모든 서류에 적용되고, 구두심리가 있는 경우, 당해 구두심리에서 사용될 언어에도 적용된다.

2. 중재판정부는 청구이유서 또는 답변서의 첨부서류, 중재절차진행 중에 제출된 추가증거서류 등이 원래의 언어로 되어있는 경우, 당사자가 합의하였거나 또는 중재판정부가 결정한 언어 또는 언어들로의 번역문도 함께 첨부할 것을 명할 수 있다.

제20조 청구이유서

1. 신청인은 피신청인과 모든 중재인들에게 중재판정부가 정하는 기간 내에 청구이유서를 송부하여야 한다. 신청인은 제3조의 중재신청통지로 청구이유 서에 갈음할 수 있고, 다만 이 경우 당해 중재신청통지는 본 조의 제2항~제4항을 준수하여야 한다.

2. 청구이유서에는 다음 사항을 기재하여야 한다:
   (a) 당사자들의 성명 및 연락처;

(b) A statement of the facts supporting the claim;

(c) The points at issue;

(d) The relief or remedy sought;

(e) The legal grounds or arguments supporting the claim.

3. A copy of any contract or other legal instrument out of or in relation to which the dispute arises and of the arbitration agreement shall be annexed to the statement of claim.

4. The statement of claim should, as far as possible, be accompanied by all documents and other evidence relied upon by the claimant, or contain references to them.

Article 21 Statement of defence

The respondent shall communicate its statement of defence in writing to the claimant and to each of the

1. arbitrators within a period of time to be determined by the arbitral tribunal. The respondent may elect to treat its response to the notice of arbitration referred to in article 4 as a statement of defence, provided that the response to the notice of arbitration also com- plies with the requirements of paragraph 2 of this article.

2. The statement of defence shall reply to the particulars (b) to (e) of the statement of claim (art. 20, para. 2). The statement of defence should, as far as possible, be accompanied by all documents and other evidence relied upon by the respondent, or contain references to them.

3. In its statement of defence, or at a later stage in the arbitral proceedings if the arbitral tribunal decides

Article 22 Amendment to the claim or defense

During the course of the arbitral proceedings, a party may amend or supplement its claim or defence, including a counterclaim or a claim for the purpose of a set-off, unless the arbitral tribunal considers it inappropriate to allow such amendment or supplement having regard to the delay in making it or prejudice to other parties or any other circumstances. However, a claim or defense, including a counterclaim or a claim for the purpose of a set-off, may not be amended or supplemented in such a manner that the amended or supplemented claim or defence falls outside the jurisdiction of the arbitral tribunal.

Article 23 Pleas as to the jurisdiction to the arbitral tribunal

1. The arbitral tribunal shall have the power to rule on its own jurisdiction, including any objections with respect to the existence or validity of the arbitration agreement. For that purpose, an arbitration clause that forms part of a contract shall be treated as an agreement independent of the other terms of the contract. A decision by the arbitral tribunal that the contract is null shall not entail automatically the invalidity of the arbitration clause.

(b) 청구를 뒷받침하는 사실의 진술;

(c) 쟁점;

(d) 청구취지;

(e) 청구를 뒷받침하는 법률적 근거 혹은 주장.

3. 청구이유서에는 분쟁이 발생하거나 관련된 계약 기타 법률 서류 및 중재합의가 첨부되어야 한다.

4. 청구이유서는 가능한 한 신청인이 원용하는 모든 서류 기타 증거들과 함께 제출되거나, 그러한 증거들에 대한 언급을 하여야 한다.

제21조 답변서

1. 피신청인은 신청인과 모든 중재인들에게 중재판정부가 정하는 기간 내에 답변서를 송부하여야 한다. 피신청인은 제4조의 중재신청통지에 대한 답변으로 답변서에 갈음할 수 있고, 다만 이 경우 당해 중재신청통지에 대한 답변은 본 조의 제2항을 준수하여야 한다.

2. 피신청인은 답변서에서 청구이유서에 기재된 (제20조 제2항의) (b)~(e)의 사항에 답변하여야 한다. 답변서는 가능한 한 피신청인이 원용하는 모든 서류 기타 증거들과 함께 제출되거나, 그러한 증거들에 대한 언급을 하여야 한다.

3. 피신청인은 답변서에서, 또는 그 이후에도 중재판정부가 당시 사정을 고려하여 그 지연의 정당성을 인정하는 경우, 중재절차 단계에서 반대신청을 제기할 수 있으며, 또한 상계를 위한 청구를 할 수 있다. 다만, 이러한 경우 중 재판정부가 그에 대한 관할권이 있어야 한다.

4. 반대신청, 제4조 제2항 (f)의 청구 및 상계를 위한 청구에는 제20조 제2~4항의 규정이 적용된다.

제22조 청구 또는 답변의 수정

당사자는 중재절차진행 중에 이미 제출한 청구나 답변의 내용을 수정하거나 보완할 수 있다. 다만 중재판정부가 수정 등으로 인한 절차의 지연 또는 다른 당사자들에 대한 이익 침해 기타 다른 사정을 고려하여 수정요청을 받아들이는 것이 적절하지 않다고 인정하는 경우에는 그러하지 아니하다. 다만, 수정된 청구나 반대신청과 상계를 위한 청구 등을 포함한 답변이 중재판정부의 관할권 밖인 경우에는 수정 또는 보완할 수 없다.

제23조 중재판정부의 관할에 대한 이의신청

1. 중재판정부는 중재합의의 존부 및 유효성에 관한 이의를 포함하여, 자신의 관할권에 대하여 판단할 권한을 가진다. 이와 관련하여, 중재합의가 계약의 일부를 이루는 경우 계약의 나머지 부분과는 독립된 계약으로 취급되어야 한다. 중재판정부가 당해 계약이 무효라고 결정하였다고 하여 법률적으로 중재조항까지 무효로 되지는 않는다.

2. A plea that the arbitral tribunal does not have jurisdiction shall be raised no later than in the statement of defence or, with respect to a counterclaim or a claim for the purpose of a set-off, in the reply to the counterclaim or to the claim for the purpose of a set-off. A party is not precluded from raising such a plea by the fact that it has appointed, or participated in the appointment of, an arbitrator. A plea that the arbitral tribunal is exceeding the scope of itsauthority shall be raised as soon as the matter alleged to be beyond the scope of its authority is raised during the arbitral proceedings. The arbitral tribunal may, in either case, admit a later plea if it considers the delay justified.

3. The arbitral tribunal may rule on a plea referred to in paragraph 2 either as a preliminary question or in an award on the merits. The arbitral tribunal may continue the arbitral proceedings and make an award, notwithstanding any pending challenge to its jurisdiction before a court.

Article 24 Further written statements

The arbitral tribunal shall decide which further written statements, in addition to the statement of claim and the statement of defence, shall be required from the parties or may be presented by them and shall fix the periods of time for communicating such statements.

Article 25 Periods of time

The periods of time fixed by the arbitral tribunal for the communication of written statements (including the statement of claim and statement of defence) should not exceed 45 days. However, the arbitral tribunal may extend the time limits if it concludes that an extension is justified.

Article 26 Interim measures

1. The arbitral tribunal may, at the request of a party, grant interim measures.

2. An interim measure is any temporary measure by which, at any time prior to the issuance of the award by which the dispute is finally decided, the arbitral tribunal orders a party, for example and without limitation, to:

   (a) Maintain or restore the status quo pending determination of the dispute;

   (b) Take action that would prevent, or refrain from taking action that is likely to cause, (i) current or imminent harm or (ii) prejudice to the arbitral process itself;

   (c) Provide a means of preserving assets out of which a subsequent award may be satisfied; or

   (d) Preserve evidence that may be relevant and material to the resolution of the dispute.

3. The party requesting an interim measure under paragraphs 2 (a) to (c) shall satisfy the arbitral tribunal that:

   (a) Harm not adequately reparable by an award of damages is likely to result if the measure is not ordered, and such harm substantially outweighs the harm that is likely to result to the party against whom the measure is directed if the measure is granted; and

2. 중재판정부의 관할권에 대한 이의신청은 답변서에서 또는 그 이전에, 또는 반대신청과 상계를 위한 청구의 경우에는 반대신청 또는 상계를 위한 청구에 대한 답변서에서 또는 그 이전에 제기되어야 한다. 당사자가 중재인을 선정하였다거나 중재인 선정에 참여하였다고 하여 중재판정부의 관할권에 대하여 이의신청을 할 수 없는 것은 아니다. 중재판정부가 관할의 범위를 넘었다는 이의는 중재판결부가 관할 범위를 초과하였다고 주장되는 당해 쟁점에 대하여 판단하겠다는 의사를 표시한 이후 신속하게 제기되어야 한다. 위 두 경우, 중재판정부는 지연된 이의신청에 정당한 이유가 있다고 보는 경우 늦은 이의신청을 받아들일 수 있다.

3. 중재판정부는 제2항의 이의신청에 대하여 선결문제로서 결정하거나 본안에 대한 중재판정에서 판단할 수 있다. 중재판정부는 법원에서 중재판정부의 관할에 관한 이의절차가 진행중임에도 불구하고, 중재절차를 계속하고 중재판정을 내릴 수 있다.

제24조 추가서면

중재판정부는 청구이유서 및 답변서에 더하여 추가 서면을 당사자에게 제출할 것을 요구하거나, 당사자들이 제출할 수 있다고 결정할 수 있으며 그러한 서면들의 제출 기간을 정할 수 있다.

제25조 기간

중재판정부가 정하는 서면진술 (청구이유서와 답변서를 포함한다)의 제출기간은 45일을 경과할 수 없다. 단, 중재판정부는 기간의 연장이 합당하다고 보는 경우에는 이를 연장할 수 있다.

26조 임시적 처분

1. 중재판정부는 당사자의 신청이 있는 경우 임시적 처분을 내릴 수 있다.

2. 임시적 처분은 분쟁을 최종적으로 판정하는 중재판정 이전 어느 때나 중재 판정부가 내리는 임시적 조치로서, 다음 예를 포함하고 이에 한정되지 아니한다:

   (a) 분쟁에 대한 결판정이 있을 때까지 현상을 유지하거나 복원하는 조치;

   (b) (i) 현재 또는 임박한 침해 또는 (ii) 중재절차 자체에 대한 피해를 초래할 우려가 있는 행위를 저지하는 행위 또는 이를 예방하는 행위;

   (c) 추후 중재판정의 집행을 위하여 자산을 보존하는 조치;

   (d) 분쟁의 해결에 중대한 관련이 있는 증거를 보전하는 조치.

3. 제2항 (a)~(c)의 임시적 처분을 신청하는 당사자는 다음의 점에서 중재판정부를 만족시켜야 한다:

   (a) 당해 임시적 처분이 없는 경우 손해배상으로 충분히 보상될 수 없는 손 해가 발생할 우려가 있고, 그러한 피해는 임시적 처분의 상대방 당사 자에게 임시적 처분으로 인하여 발생할 것으로 예상되는 손해를 상당히 초과하고;

(b)   There is a reasonable possibility that the requesting party will succeed on the merits of the claim. The determination on this possibility shall not affect the discretion of the arbitral tribunal in making any subsequent determination.

4.   With regard to a request for an interim measure under paragraph 2 (d), the requirements in paragraphs 3 (a) and (b) shall apply only to the extent the arbitral tribunal considers appropriate.

5.   The arbitral tribunal may modify, suspend or terminate an interim measure it has granted, upon application of any party or, in exceptional circumstances and upon prior notice to the parties, on the arbitral tribunal's own initiative.

6.   The arbitral tribunal may require the party requesting an interim measure to provide appropriate security in connection with the measure.

7.   The arbitral tribunal may require any party promptly to disclose any material change in the circumstances on the basis of which the interim measure was requested or granted.

8.   The party requesting an interim measure may be liable for any costs and damages caused by the measure to any party if the arbitral tribunal later determines that, in the circumstances then prevailing, the measure should not have been granted. The arbitral tribunal may award such costs and damages at any point during the proceedings.

9.   A request for interim measures addressed by any party to   a judicial authority shall not be deemed incompatible with the agreement to arbitrate, or as a waiver of that agreement.

Article 27 Evidence

1.   Each party shall have the burden of proving the facts relied on to support its claim or defence.

2.   Witnesses, including expert witnesses, who are presented by the parties to testify to the arbitral tribunal on any issue of fact or expertise may be any individual, notwithstanding that the individual is a party to the arbitration or in any way related to a party. Unless otherwise directed by the arbitral tribunal, statements by witnesses, including expert witnesses, may be presented in writing and signed by them.

3.   At any time during the arbitral proceedings the arbitral tribunal may require the parties to produce documents, exhibits or other evidence within such a period of time as the arbitral tribunal shall determine.

4.   The arbitral tribunal shall determine the admissibility, relevance, materiality and weight of the evidence offered.

Article 28 Hearings

1.   In the event of an oral hearing, the arbitral tribunal shall give the parties adequate advance notice of the date, time and place thereof.

2.   Witnesses, including expert witnesses, may be heard under the conditions and examined in the manner set by the arbitral tribunal.

(b)   임시적 처분을 신청하는 당사자가 본안에서 승소할 합리적 가능성이 있을 것. 이러한 가능성에 대한 판단은 후 중재판정부의 일체의 차후 결정에 대한 재량권에 영향을 주지 아니한다.

4.   제2항 (d)에 따른 임시적 처분의 신청과 관련하여, 제3항 (a) 및 (b)의 요건은 중재판정부가 이를 적용하는 것이 적절하다고 판단하는 한도에서만 적용된다.

5.   중재판정부는 당사자의 신청에 따라, 또는 특별한 상황의 경우 당사자들에게 사전 통지하고 직권으로, 이미 허용한 임시적 처분을 변경, 정지 또는 취소할 수 있다.

6.   중재판정부는 임시적 처분과 관련하여 신청 당사자에게 적절한 담보를 제공할 것을 요구할 수 있다.

7.   중재판정부는 당사자에게 임시적 처분이 신청되거나 내려지게 된 근거가 된 사유에 중대한 변경이 있는 경우 이를 지체없이 고지할 것을 요구할 수 있다.

8.   임시적 처분을 신청한 당사자는, 이후 중재판정부가 당시 사정을 고려할 때 임시적 처분이 허용되지 않았어야 한다고 판단하는 경우, 당해 임시적 처분으로 인하여 발생한 비용 및 손해에 관하여 책임이 있다. 중재판정부는 그 러한 비용 및 손해에 관한 배상을 중재절차 중 아무 때나 명령할 수 있다.

9.   당사자의 사법기관에 대한 임시적 처분의 신청은 중재합의에 반하거나 중재 합의를 포기하는 것으로 보지 아니한다.

제27조 증거

1.   각 당사자는 자기의 청구 또는 답변을 뒷받침하는 사실을 입증할 의무가 있다.

2.   감정증인을 포함한 증인으로서, 당사자들이 중재판정부 앞에서 사실관계 또는 전문지식에 대하여 증언하도록 내세우는 증인은, 당해 증인이 중재절차 의 당사자이거나 당사자와 어떠한 관계가 있는지 불문하고 누구나 증인이 될 수 있다. 중재판정부가 달리 명하지 않는 한, 감정증인을 포함한 증인의 진술은 그들이 서명한 서면으로 제출할 수 있다.

3.   중재판정부는 중재절차가 진행중인 어느 시점에서도 당사자들에게 중재판 정부가 정하는 기간내에 증거서류, 증거물 기타 증빙자료를 제출할 것을 요청할 수 있다.

4.   중재판정부는 제출된 증거에 대한 증거능력, 관련성, 중요성 및 그 경중을 판단한다.

제28조 구술심리

1.   구술심리의 경우, 중재판정부는 당사자들에게 일시 및 장소에 대하여 충분히 사전에 통지하여야 한다.

2.   감정증인을 포함한 증인의 신문은 중재판정부가 정한 방식 및 조건에 의하여 이루어진다.

3. Hearings shall be held in camera unless the parties agree otherwise. The arbitral tribunal may require the retirement of any witness or witnesses, including expert witnesses, during the testimony of such other witnesses, except that a witness, including an expert witness, who is a party to the arbitration shall not, in principle, be asked to retire.

4. The arbitral tribunal may direct that witnesses, including expert witnesses, be examined through means of telecommunication that do not require their physical presence at the hearing (such as videoconference).

Article 29 Experts appointed by the arbitral tribunal

1. After consultation with the parties, the arbitral tribunal may appoint one or more independent experts to report to it, in writing, on specific issues to be determined by the arbitral tribunal. A copy of the expert's terms of reference, established by the arbitral tribunal, shall be communicated to the parties.

2. The expert shall, in principle before accepting appoint- ment, submit to the arbitral tribunal and to the parties a descrip- tion of his or her qualifications and a statement of his or her impartiality and independence. Within the time ordered by the arbitral tribunal, the parties shall inform the arbitral tribunal whether they have any objections as to the expert's qualifica- tions, impartiality or independence. The arbitral tribunal shall decide promptly whether to accept any such objections. After an expert's appointment, a party may object to the expert's qualifications, impartiality or independence only if the objection is for reasons of which the party becomes aware after the appointment has been made. The arbitral tribunal shall decide promptly what, if any, action to take.

3. The parties shall give the expert any relevant information or produce for his or her inspection any relevant documents or goods that he or she may require of them. Any dispute between a party and such expert as to the relevance of the required information or production shall be referred to the arbitral tribunal for decision.

4. Upon receipt of the expert's report, the arbitral tribunal shall communicate a copy of the report to the parties, which shall be given the opportunity to express, in writing, their opinion on the report. A party shall be entitled to examine any document on which the expert has relied in his or her report.

5. At the request of any party, the expert, after delivery of the report, may be heard at a hearing where the parties shall have the opportunity to be present and to interrogate the expert. At this hearing, any party may present expert witnesses in order to testify on the points at issue. The provisions of article 28 shall be applicable to such proceedings.

Article 30 Default

1. If, within the period of time fixed by these Rules or the arbitral tribunal, without showing sufficient cause:

   (a) The claimant has failed to communicate its statement of claim, the arbitral tribunal shall issue an order for the ter- mination of the arbitral proceedings, unless there are remaining matters that may need to be decided and the arbitral tribunal considers it appropriate to do so;

3. 당사자들이 달리 정하지 않는 한, 구술심리는 비공개로 이루어진다. 중재판 정부는 감정증인을 포함한 증인으로 하여금 다른 증인이 진술할 때 퇴장을 명령할 수 있다. 다만, 중재절차의 당사자인 감정인을 포함한 증인은 원칙적으로는 퇴장을 요청 받지 아니한다.

4. 중재판정부는 감정증인을 포함한 증인을 직접 출석할 필요가 없는 (예를 들어 화상 회의의 경우) 통신 수단을 통해 신문할 수 있다.

제29조 중재판정부가 선임하는 감정인

1. 당사자들과 협의한 후, 중재판정부는 중재판정부가 판단해야 할 특수한 문제에 대하여 서면으로 보고하게 하기 위하여 1인 또는 그 이상의 독립적인 감정인을 임명할 수 있다. 중재판정부에 의해 설정된 감정인의 권한에 관한 사본은 당사자들에게 송부되어야 한다.

2. 감정인은 선임을 승낙하기 전에 원칙적으로 중재판정부와 당사자들에게 자 신의 자격 및 공정성과 독립성에 관한 진술서를 제출한다. 중재판정부가 정한 기한 내에 당사자들은 감정인의 자격, 공정성 또는 독립성에 대하여 이의가 있는 경우 중재판정부에게 알려야 한다. 중재판정부는 지체없이 그러한 이의를 받아들일 것인지를 판단한다. 감정인이 선임된 이후, 당사자는 선임 이후에 알게 된 사유에 의하여만 감정인의 자격, 공정성 또는 독립성에 대하여 이의를 제기할 수 있다. 중재판정부는 그러한 경우 어떠한 조치를 취할 것인지 지체없이 결정한다.

3. 당사자는 감정인에게 관련된 자료를 제출할 의무가 있으며, 감정인으로부터의 요청이 있으면 감정인이 조사할 수 있도록 관계증거서류나 물품을 제시하여야 한다. 요청된 관계증거서류나 물품의 관련성에 관한 당사자와 감정인 간의 이견은 중재판정부가 이를 결정한다.

4. 중재판정부는 감정인으로부터 보고서를 접수함과 동시 당사자 쌍방에게 그 보고서의 사본을 송부하여 그에 대한 당사자의 의견을 서면으로 진술할 기회를 부여하여야 한다. 당사자는 감정인이 보고서를 작성함에 있어 근거로 한 어떤 서류도 조사할 권리가 있다.

5. 감정인 보고서 송부 후, 당사자 일방으로부터의 요청이 있으면 중재판정부는 양당사자의 참석하에 감정인을 심문할 수 있으며, 당사자는 그 심문에 서 감정인에게 질문할 권리가 있다. 당사자는 이 심문에서 감정 증인을 출석시켜 쟁점에 관하여 증언하도록 요청할 수 있다. 제28조의 규정이 그러한 절차에 적용된다.

제30조 당사자의 해태

1. 본 규칙 또는 중재판정부에 의하여 정해진 기간 내에 정당한 이유없이:

    (a) 신청인이 청구이유서를 제출하지 않는 경우, 중재판정부는 중재절차 종결명령을 내린다. 다만 결정되어야 할 쟁점들이 남아있고 중재판정부가 그러한 결정을 하는 것이 적절하다고 판단하는 경우 예외로 한다;

(b)   The respondent has failed to communicate its response to the notice of arbitration or its statement of defence, the arbi- tral tribunal shall order that the proceedings continue, without treating such failure in itself as an admission of the claimant's allegations; the provisions of this subparagraph also apply to a claimant's failure to submit a defence to a counterclaim or to   a claim for the purpose of a set-off.

2.   If a party, duly notified under these Rules, fails to appear at a hearing, without showing sufficient cause for such failure, the arbitral tribunal may proceed with the arbitration.

3.   If a party, duly invited by the arbitral tribunal to produce documents, exhibits or other evidence, fails to do so within the established period of time, without showing sufficient cause for such failure, the arbitral tribunal may make the award on the evidence before it.

Article 31 Closure of hearings

1.   The arbitral tribunal may inquire of the parties if they have any further proof to offer or witnesses to be heard or sub- missions to make and, if there are none, it may declare the hearings closed.

2.   The arbitral tribunal may, if it considers it necessary owing to exceptional circumstances, decide, on its own initiative or upon application of a party, to reopen the hearings at any time before the award is made.

Article 32 Waiver of right to object

A failure by any party to object promptly to any non-compliance with these Rules or with any requirement of the arbitration agreement shall be deemed to be a waiver of the right of such party to make such an objection, unless such party can show that, under the circumstances, its failure to object was justified.

Section IV. The award

Article 33 Decisions

1.   When there is more than one arbitrator, any award or other decision of the arbitral tribunal shall be made by a majority of the arbitrators.

2.   In the case of questions of procedure, when there is no majority or when the arbitral tribunal so authorizes, the presid- ing arbitrator may decide alone, subject to revision, if any, by the arbitral tribunal.

Article 34 Form and effect of the award

1.   The arbitral tribunal may make separate awards on differ- ent issues at different times.

2.   All awards shall be made in writing and shall be final and binding on the parties. The parties shall carry out all awards without delay.

3.   The arbitral tribunal shall state the reasons upon which the award is based, unless the parties have agreed that no reasons are to be given.

   (b) 피신청인이 중재신청통지에 대한 답변 또는 답변서를 제출하지 못하는 경우, 중재판정부는 중재절차를 계속하되, 답변이나 답변서를 제출하 지 못한 것이 그 자체로서 신청인의 청구에 대하여 다투지 아니하는 것으로 보지는 아니한다; 이 조항은 신청인이 반대신청 또는 상계를 위한 청구에 대한 답변서를 제출하지 못했을 때도 적용된다.

2. 당사자가 본 규칙에 따라 정히 통지 받았음에도 불구하고 구술심리에 불출 석하고, 불출석한 데 충분한 이유를 보여주지 못하는 경우에도 중재판정부는 중재절차를 계속할 수 있다.

3. 당사자가 중재판정부로부터 정히 서류, 첨부물 기타 다른 증거의 제공을 요청 받았음에도 불구하고 정당한 이유 없이 이를 제공하지 못하는 경우, 중재 판정부는 그때까지 제공된 증거를 토대로 중재판정을 내릴 수 있다.

제31조 심리의 종결

1. 중재판정부는 당사자들에게 더 이상 제출할 증거나 신문할 증인 또는 기타 제출사항이 있는지의 여부를 문의하여 없는 경우에는, 심리종결을 선언 할 수 있다.

2. 중재판정부는 예외적인 사태의 발생으로 인하여 필요하다고 인정하면, 직권으로 또는 당사자의 일방으로부터 요청이 있는 경우, 중재판정을 내리기 전까지 언제든지 심리를 재개할 수 있다.

제32조 이의제기권의 포기

어느 당사자가 본 규칙의 규정이나 중재합의의 요건이 지켜지지 않는 데 대하여 지체없이 이의를 제기하지 않으면, 이는 그 당사자의 이의를 제기할 권리의 포기로 간주된다. 단, 해당 당사자가 사정상 당시 이의를 제기하지 못한 정당한사유가 있었다는 것을 입증 할 수 있는 경우에는 그러하지 아니하다.

제4장 중재판정

제33조 결정

1. 중재판정부가 복수의 중재인으로 구성되는 경우에는, 중재판정부가 내리는 중재판정 기타의 결정은 중재인 과반수의 찬성으로 행한다.

2. 절차상의 문제를 결정함에 있어 다수가 성립하지 아니하거나 중재판정부가 권한을 부여하는 경우에는, 의장중재인은 단독으로 결정할 수 있고, 이러한 결정은 중재판정부가 변경할 수 있다.

제34조 중재판정의 형식과 효력

1. 중재판정부는 서로 다른 쟁점들에 대하여 서로 다른 시기에 별개의 중재판 정을 내릴 수 있다.

2. 모든 중재판정은 서면으로 작성하여야 하며, 그 효력은 최종적이며 당사자를 구속한다. 중재판정이 내려지면 당사자는 지체 없이 중재판정의 모든 내용을 이행하여야 한다.

3. 당사자들이 판정이유를 명시하지 않아도 된다고 합의하지 않는 한, 중재판 정부는 중재판정의 이유를 기재하여야 한다.

4. An award shall be signed by the arbitrators and it shall contain the date on which the award was made and indicate the place of arbitration. Where there is more than one arbitrator   and any of them fails to sign, the award shall state the reason for the absence of the signature.

5. An award may be made public with the consent of all parties or where and to the extent disclosure is required of a party by legal duty, to protect or pursue a legal right or in relation to legal proceedings before a court or other competent authority.

6. Copies of the award signed by the arbitrators shall be communicated to the parties by the arbitral tribunal.

Article 35 Applicable law, amiable compositeur

1. The arbitral tribunal shall apply the rules of law designated by the parties as applicable to the substance of the dispute. Failing such designation by the parties, the arbitral tribunal shall apply the law which it determines to be appropriate.

2. The arbitral tribunal shall decide as amiable compositeur or ex aequo et bono only if the parties have expressly author- ized the arbitral tribunal to do so.

3. In all cases, the arbitral tribunal shall decide in accordance with the terms of the contract, if any, and shall take into account any usage of trade applicable to the transaction.

Article 36 Settlement or other grounds for termination

1. If, before the award is made, the parties agree on a settlement of the dispute, the arbitral tribunal shall either issue an order for the termination of the arbitral proceedings or, if requested by the parties and accepted by the arbitral tribunal, record the settlement in the form of an arbitral award on agreed terms. The arbitral tribunal is not obliged to give reasons for such an award.

2. If, before the award is made, the continuation of the arbi- tral proceedings becomes unnecessary or impossible for any reason not mentioned in paragraph 1, the arbitral tribunal shall inform the parties of its intention to issue an order for the termination of the proceedings. The arbitral tribunal shall have the power to issue such an order unless there are remaining matters that may need to be decided and the arbitral tribunal considers it appropriate to do so.

3. Copies of the order for termination of the arbitral proceedings or of the arbitral award on agreed terms, signed by the arbitrators, shall be communicated by the arbitral tribunal to the parties. Where an arbitral award on agreed terms is made, the provisions of article 34, paragraphs 2, 4 and 5, shall apply.

Article 37 Interpretation of the award

1. Within 30 days after the receipt of the award, a party, with notice to the other parties, may request that the arbitral tribunal give an interpretation of the award.

4. 중재판정문에는 중재인들이 서명하여야 하며, 중재판정이 행하여진 일자와 중재지를 기재하여야 한다. 복수의 중재인 중 어느 하나라도 서명하지 아니 한 경우에는, 중재판정문에 그 서명이 없는 이유를 기재하여야 한다.

5. 모든 당사자가 동의한 경우 또는 법적 권리의 보호나 추구를 위한 경우, 또는 법원에서의 소송이나 다른 관할 기관의 절차와 관련되어 당사자에게 법적 의무로써 요구되는 경우에 한하여 그러한 범위내에서 중재판정을 공개할 수 있다.

6. 중재판정부는 중재인이 서명한 중재판정문 정본을 당사자 쌍방에게 송부하여야 한다.

제35조 준거법, 형평과 선에 따른 중재

1. 중재판정부는 당사자들이 분쟁의 실체에 적용하기로 지정한 법률을 적용하여야 한다. 당사자들이 지정하지 않는 경우, 중재판정부는 자신이 적절하다고 판단한 법을 적용하여야 한다.

2. 중재판정부는 당사자들이 명시적으로 허용한 경우에만 우의적 중재인(amiable compositeur)으로 또는 형평과 선(ex aequo et bono)에 따라 판정을 내릴 수 있다.

3. 모든 경우, 중재판정부는 계약에서 정한 바에 따라 판단하고 해당 거래에 적용될 수 있는 상관습을 고려하여야 한다.

제36조 화해 기타 절차종결의 사유

1. 중재판정을 내리기 전에 당사자가 분쟁의 화해에 관하여 합의하는 경우에는 중재판정부는 중재절차의 종결을 명하여야 한다. 중재판정부는 당사자들로부터의 신청이 있고 중재판정부가 수락한 경우에는, 화해조건에 따른 중재 판정의 형식으로 동 화해를 기재하여야 한다. 그러나 중재판정부는 이유를 기재하여야 할 의무는 지지 아니한다.

2. 중재판정을 내리기 전에, 전항에 규정된 사유가 아닌 어떤 다른 이유로 해서 중재절차의 계속이 불필요하거나 불가능하게 된 경우에는, 중재판정부는 당사자들에게 절차종결에 관한 명령을 내리겠다는 의사를 통지하여야 한다. 중재판정부는 결정되어야 하는 사항이 남아있지 않고, 절차의 종결이 적절하다고 인정하는 경우, 절차의 종결을 명할 권한을 갖는다.

3. 중재판정부는 중재인이 서명한 중재절차종결명령서의 정본이나 또는 화해 조건에 다른 중재판정문의 정본을 당사자 쌍방에게 송부하여야 한다. 화해조건에 따라 중재판정문이 작성될 경우에는 제34조 제2항, 제4항 및 제 5항이 적용된다.

제37조 중재판정의 해석

1. 중재판정문 수령 후 30일 이내에 당사자의 일방은 다른 당사자들에 대한 통지와 함께 중재판정의 해석을 중재판정부에 신청할 수 있다.

2. The interpretation shall be given in writing within 45 days after the receipt of the request. The interpretation shall form part of the award and the provisions of article 34, paragraphs 2 to 6, shall apply.

Article 38 Correction of the award

1. Within 30 days after the receipt of the award, a party, with notice to the other parties, may request the arbitral tribunal to correct in the award any error in computation, any clerical or typographical error, or any error or omission of a similar nature. If the arbitral tribunal considers that the request is justified, it shall make the correction within 45 days of receipt of the request.

2. The arbitral tribunal may within 30 days after the communication of the award make such corrections on its own initiative.

3. Such corrections shall be in writing and shall form part of the award. The provisions of article 34, paragraphs 2 to 6, shall apply.

Article 39 Additional award

1. Within 30 days after the receipt of the termination order or the award, a party, with notice to the other parties, may request the arbitral tribunal to make an award or an additional award as to claims presented in the arbitral proceedings but not decided by the arbitral tribunal.

2. If the arbitral tribunal considers the request for an award or additional award to be justified, it shall render or complete its award within 60 days after the receipt of the request. The arbitral tribunal may extend, if necessary, the period of time within which it shall make the award.

3. When such an award or additional award is made, the provisions of article 34, paragraphs 2 to 6, shall apply.

Article 40 Definition of costs

1. The arbitral tribunal shall fix the costs of arbitration in the final award and, if it deems appropriate, in another decision.

2. The term "costs" includes only:

    (a) The fees of the arbitral tribunal to be stated separately as to each arbitrator and to be fixed by the tribunal itself in accordance with article 41;

    (b) The reasonable travel and other expenses incurred by the arbitrators;

    (c) The reasonable costs of expert advice and of other assistance required by the arbitral tribunal;

    (d) The reasonable travel and other expenses of witnesses to the extent such expenses are approved by the arbitral tribunal;

    (e) The legal and other costs incurred by the parties in relation to the arbitration to the extent that the arbitral tribunal determines that the amount of such costs is reasonable;

2. 중재판정의 해석은 당사자의 신청을 받은 후 45일 이내에 서면으로 작성하여야 한다. 중재판정의 해석은 중재판정의 일부를 형성하며, 이 경우 제34조 제2항 ~ 제6항의 규정이 적용된다.

제38조 중재판정의 정정

1. 당사자의 일방은 중재판정문을 수령한 후 30일 이내에 상대방 당사자에 대한 통지와 함께, 중재판정문의 계산상의 착오, 문서기록이나 타자상의 오기, 오식 기타 이와 유사한 성질의 오류나 누락한 사항을 정정하도록 중재판정부에 신청할 수 있다.
2. 중재판정부는 중재판정문 송부 후 30일 이내에 직권으로 중재판정에 관하여 위와 같은 정정을 할 수 있다.
3. 중재판정의 정정은 서면으로 하여야 하며, 이 경우 제34조 제2항 ~ 제6항의 규정이 적용된다.

제39조 추가판정

1. 당사자의 일방은 종료선언 혹은 중재판정문을 수령한 후 30일 이내에, 다른 당사자들에게 통지함과 동시에 중재절차에서 이미 신청한 바 있으나 중재 판정부에 의하여 결정되지 않은 청구 건에 대하여 중재판정 또는 추가판정을 내리도록 중재판정부에 신청할 수 있다.
2. 중재판정부가 중재판정 혹은 추가판정을 요구하는 당사자의 신청이 정당하 다고 인정하는 경우에는, 당사자로부터 추가판정 요구를 받은 후 60일 이내에 그에 대한 판정을 완결하여야 한다. 필요한 경우, 중재판정부는 중재판정을 내려야 하는 기한을 연장할 수 있다.
3. 이러한 중재판정 또는 추가판정에는 제34조 제2항 ~ 제6항의 규정이 적용된다.

제40조 비용의 정의

1. 중재판정부는 최종 중재판정에서 중재비용을 정하고, 적절하다고 판단되면 별도의 결정문에 명시한다.
2. "비용 (costs)"이라 함은 다음에 기재된 사항에 한정된다:
   (a) 각각의 중재인마다 별도로 명시되고 중재판정부가 제41조에 따라서 정할 중재판정부의 보수;
   (b) 중재인이 지출한 합리적인 여행 및 다른 경비;
   (c) 중재판정부가 요청한 감정인 혹은 다른 조력에 따른 합리적인 경비;
   (d) 중재판정부가 승인한 한도 내에서 발생한 증인의 합리적인 여행 및 다른 경비;
   (e) 중재판정부가 합리적이라고 결정한 한도 내에서 당사자들에게 발생한 중재 관련 법률 및 기타 경비;

(f) Any fees and expenses of the appointing authority as well as the fees and expenses of the Secretary-General of the PCA.

3. In relation to interpretation, correction or completion of any award under articles 37 to 39, the arbitral tribunal may charge the costs referred to in paragraphs 2 (b) to (f), but no additional fees.

Article 41 Fees and expenses of arbitrators

1. The fees and expenses of the arbitrators shall be reasonable in amount, taking into account the amount in dispute, the complexity of the subject matter, the time spent by the arbitra- tors and any other relevant circumstances of the case.

2. If there is an appointing authority and it applies or has stated that it will apply a schedule or particular method for determining the fees for arbitrators in international cases, the arbitral tribunal in fixing its fees shall take that schedule or method into account to the extent that it considers appropriate in the circumstances of the case.

3. Promptly after its constitution, the arbitral tribunal shall inform the parties as to how it proposes to determine its fees and expenses, including any rates it intends to apply. Within 15 days of receiving that proposal, any party may refer the proposal to the appointing authority for review. If, within 45 days of receipt of such a referral, the appointing authority finds that the proposal of the arbitral tribunal is inconsistent with paragraph 1, it shall make any necessary adjustments thereto, which shall be binding upon the arbitral tribunal.

4. (a) When informing the parties of the arbitrators' fees and expenses that have been fixed pursuant to article 40, paragraphs 2 (a) and (b), the arbitral tribunal shall also explain the manner in which the corresponding amounts have been calculated;

   (b) Within 15 days of receiving the arbitral tribunal's determination of fees and expenses, any party may refer for review such determination to the appointing authority. If no appointing authority has been agreed upon or designated, or if the appointing authority fails to act within the time specified in these Rules, then the review shall be made by the Secretary- General of the PCA;

   (c) If the appointing authority or the Secretary-General of the PCA finds that the arbitral tribunal's determination is inconsistent with the arbitral tribunal's proposal (and any adjustment thereto) under paragraph 3 or is otherwise mani- festly excessive, it shall, within 45 days of receiving such a referral, make any adjustments to the arbitral tribunal's determination that are necessary to satisfy the criteria in para- graph 1. Any such adjustments shall be binding upon the arbitral tribunal;

   (d) Any such adjustments shall either be included by the arbitral tribunal in its award or, if the award has already been issued, be implemented in a correction to the award, to which the procedure of article 38, paragraph 3, shall apply.

5. Throughout the procedure under paragraphs 3 and 4, the arbitral tribunal shall proceed with the arbitration, in

(f) 중재인 선정권자의 보수 및 비용와 PCA 사무총장의 보수 및 경비.

3. 본 규칙의 제37조 ~ 제39조에 의한 중재판정의 해석, 정정 및 완료와 관련하여 중재판정부는 본 조 제2 항 (b) ~ (f)에 언급된 경비를 청구할 수 있으나 추가 보수는 청구할 수 없다.

제41조 중재인 보수 및 경비

1. 중재판정부에 지급할 보수 및 경비는 분쟁금액, 사건의 복잡성, 중재인이 들인 시간, 기타 사건의 관련 상황을 감안하여 그 액수가 합당하여야 한다.

2. 중재인 선정권자가 존재하고, 국제 중재 사건 관련 중재인 보수를 결정함에 있어서 중재인 선정권자가 요율표나 특정된 방법을 적용하거나 적용하겠다고 밝힌 경우, 중재판정부는 중재인의 보수를 정함에 있어서 당해 사건의 상황에 적절하다고 인정되는 한도 내에서 그러한 요율표나 특정한 방법을 고려하여야 한다.

3. 중재판정부는 구성되는 즉시, 적용하려고 하는 요율을 포함하여 보수 및 경비를 어떻게 결정할 것인지에 대하여 당사자들에게 제안하여야 한다. 당사자는 이러한 제안을 받은 후 15일 이내에 중재인 선정권자에게 당해 제안의 검토를 요청할 수 있다. 중재인 선정권자가 검토요청을 받은 후 45일 이내에 중재판정부의 제안이 제1항에 반한다고 결정하면, 중재인 선정권자는 당해 제안에 필요한 변경을 할 수 있으며 이는 중재판정부에 대하여 구속력이 있다.

4. (a) 제40조 제2항 (a) 및 (b)에 따라서 정한 중재인의 보수와 경비를 당사자들에게 알리는 경우, 중재판정 부는 해당 액수가 어떻게 계산되었는지도 설명하여야 한다;

   (b) 중재판정부로부터 보수 및 경비의 결정을 받은 후 15일 이내에 일방 당 사자는 중재인 선정권자에 게 검토를 요청할 수 있다. 중재인 선정권자에 대한 합의나 지정이 없는 경우, 혹은 중재인 선정권자 가 본 규칙에 명시된 기한 내에 행동하지 않는 경우에는 PCA 사무국장이 검토한다;

   (c) 중재인 선정권자나 PCA 사무국장이 중재판정부의 결정이 제3항의 중 재판정부의 제안 (및 관련되 어 변경된 사항)에 반하거나 명백히 과도하다고 판단한 경우, 검토요청을 받은 후 45일 내에 중재판 정부의 결정을 제1항의 기준에 충족되게 변경하여야 한다. 이러한 변경사항은 중 재판정부에 구속 력을 가진다;

   (d) 중재판정부는 이러한 변경사항을 중재판정에 포함시켜야 하며, 중재판 정이 이미 발부된 경우 중재 판정에 대한 정정으로 반영되어야 하며, 이 경우 제38조 제3항의 절차가 적용된다.

5. 제3항과 제4항에 따른 절차가 진행되는 동안 중재판정부는 제17조 제1항 에 따라서 중재 절차를 진행 하여야 한다.

accordance with article 17, paragraph 1.

6. A referral under paragraph 4 shall not affect any determination in the award other than the arbitral tribunal's fees and expenses; nor shall it delay the recognition and enforcement of all parts of the award other than those relating to the deter- mination of the arbitral tribunal's fees and expenses.

Article 42 Allocation of costs

1. The costs of the arbitration shall in principle be borne by the unsuccessful party or parties. However, the arbitral tribunal may apportion each of such costs between the parties if it determines that apportionment is reasonable, taking into account the circumstances of the case.

2. The arbitral tribunal shall in the final award or, if it deems appropriate, in any other award, determine any amount that a party may have to pay to another party as a result of the deci- sion on allocation of costs.

Article 43 Deposit of costs

1. The arbitral tribunal, on its establishment, may request the parties to deposit an equal amount as an advance for the costs referred to in article 40, paragraphs 2 (a) to (c).

2. During the course of the arbitral proceedings the arbitral tribunal may request supplementary deposits from the parties.

3. If an appointing authority has been agreed upon or designated, and when a party so requests and the appointing authority consents to perform the function, the arbitral tribunal shall fix the amounts of any deposits or supplementary deposits only after consultation with the appointing authority, which may make any comments to the arbitral tribunal that it deems appropriate concerning the amount of such deposits and supplementary deposits.

4. If the required deposits are not paid in full within 30 days after the receipt of the request, the arbitral tribunal shall so inform the parties in order that one or more of them may make the required payment. If such payment is not made, the arbitral tribunal may order the suspension or ter- mination of the arbitral proceedings.

5. After a termination order or final award has been made,   the arbitral tribunal shall render an accounting to the parties   of the deposits received and return any unexpended balance to the parties.

6. 제4항의 검토요청은 중재판정부의 보수와 경비 이외의 다른 사항과 관련하여 중재판정에는 영향을 끼치지 않으며, 중재판정 중 중재판정부의 보수와 경비를 제외한 다른 모든 부분의 인정과 집행을 지연시키지 않는다.

제42조 비용의 배분

1. 원칙적으로 중재비용은 패소당사자 또는 패소당사자들이 부담한다. 다만, 중재판정부는 사건의 정황을 고려하여 합리적이라고 판단하는 경우 비용을 당사자들 사이에 배분할 수 있다.

2. 중재판정부는 비용 배분 결정에 의하여 한 당사자가 다른 당사자에게 지불하여야 하는 금액이 생긴 경우 이를 최종 중재판정 또는 적절하다고 판단하는 경우 별도의 중재판정에서 정한다.

제43조 비용의 예납

1. 중재판정부는 그의 구성과 동시에 제40조 제2항 (a) ~ (c)에 명시된 비용과 관련하여 당사자들에게 동일한 액수를 선납금으로서 예납할 것을 요청할 수 있다.

2. 중재판정부는 중재절차가 진행되는 도중에도 당사자들에게 추가 예납을 요청할 수 있다.

3. 중재인 선정권자가 합의되거나 지정되고, 당사자 일방이 요청하고 중재인 선정권자가 그러한 요청에 응하는 경우, 중재판정부는 예납금 또는 추가 예납금의 액수를 중재인 선정권자와의 협의 후에만 결정할 수 있으며, 중재인 선정권자는 그러한 예납금 또는 추가 예납금의 액수가 적절한지에 대하여 의견을 제시할 수 있다.

4. 당사자가 예납금 지급요청을 받은 후 30일 이내에 요청금액을 전액 지급하지 않는 경우, 중재판정부는 당사자 일방 혹은 다수가 예납금 전액을 지불할 수 있도록 당사자들에게 알린다. 그러한 예납금이 지급되지 않는 경우, 중재 판정부는 중재절차의 중지 또는 종결을 명령할 수 있다.

5. 종결명령 또는 최종 중재판정이 내려지면 중재판정부는 예납금을 결산하여 사용되지 않고 남은 예납금 잔액을 당사자들에게 반납하여야 한다.

Annex

Model arbitration clause for contracts

Any dispute, controversy or claim arising out of or relating to this contract, or the breach, termination or invalidity thereof, shall be settled by arbitration in accordance with the UNCITRAL Arbitration Rules.

Note. Parties should consider adding:

(a)   The appointing authority shall be . . . [name of institution or person];

(b)   The number of arbitrators shall be   [one or three];

(c)   The place of arbitration shall be . . . [town and country];

(d)   The language to be used in the arbitral proceedings shall be . . . .

Possible waiver statement

Note. If the parties wish to exclude recourse against the arbitral award that may be available under the applicable law, they may consider adding a provision to that effect as suggested below, considering, however, that the effectiveness and conditions of such an exclusion depend on the applicable law.

Waiver

The parties hereby waive their right to any form of recourse against an award to any court or other competent authority, insofar as such waiver can validly be made under the applicable law.

Model statements of independence pursuant to article 11 of the Rules

No circumstances to disclose

I am impartial and independent of each of the parties and intend to remain so. To the best of my knowledge, there are no circumstances, past or present, likely to give rise to justifiable doubts as to my impartiality or independence. I shall promptly notify the parties and the other arbitrators of any such circumstances that may subsequently come to my attention during this arbitration.

Circumstances to disclose

I am impartial and independent of each of the parties and intend to remain so. Attached is a statement made pursuant to article 11 of the UNCITRAL Arbitration Rules of

(a)   my past and present professional, business and other relationships with the parties and (b) any other relevant cir- cumstances. [Include statement.] I confirm that those cir- cumstances do not affect my independence and

계약의 표준중재조항

이 계약으로부터, 또는 이 계약과 관련하여, 또는 이 계약의 불이행, 종료 또는 무효로 인하여 발생하는 분쟁, 다툼 또는 청구는 UNCITRAL 중재규칙에 따른 중재로 해결한다.

주. 당사자는 표준중재조항에 다음 사항을 추가하는 것을 고려한다:
- (a) 중재인 선정권자는 [기관명 또는 자연인명]로 한다;
- (b) 중재인 수는 [1인 또는 3인]으로 한다;
- (c) 중재지는 [도시 및 나라]로 한다.
- (d) 중재절차에서 사용될 언어는 …이다.

권리포기진술

주. 당사자들이 중재판정에 대하여 적용되는 법률에 따라 허용되는 이의신청권을 포기하고자 하는 경우에는, 그러한 포기를 위하여 아래와 같은 조항을 추가할 수 있다. 다만, 해당 권리포기의 효력과 요건은 적용법률에 따라 달라질 수 있다.

포기

당사자들은 중재판정에 대하여 어떠한 법원이나 기타 관할기관에 대한 모든 형태의 이의신청권을 적용법률이 허용하는 한 포기한다.

본 규칙 제11조에 따른 표준 독립성 진술 문언

고지할 사정이 없는 경우

본인은 각 당사자들에 대하여 공정성과 독립성을 유지하고 있으며, 앞으로도 유지할 것이다. 본인이 알고 있는 한 본인의 공정성과 독립성에 관하여 정당한 의심을 자아낼 만한 과거 또는 현재의 사정은 존재하지 않는다. 본인이 본건 중재절차 진행 중에 이런 사정에 대하여 알게 되는 경우에는 당사자들 및 다른 중재인들에게 즉시 고지할 것이다.

고지할 사정이 있는 경우

본인은 각 당사자들에 대하여 공정성과 독립성을 유지하고 있으며, 앞으로도 유지할 것이다. UNCITRAL 중재규칙 제11조의 규정에 따른 (a) 과거 및 현재의 직업, 영업, 기타 당사자들과의 관계 및 (b) 기타 관련 사정에 관한 진술을 첨부한다. [해당 진술] 본인은 이와 같은 사정이 본인의 공정성과 독립성에 영향을 미치지 않는다고 확인한다. 본인이 본건 중재절차 진행 중에 추가로 관계나 사정에 대하여 알게 되는 경우에는

impartiality. I shall promptly notify the parties and the other arbitrators of any such further relationships or circumstances that may subsequently come to my attention during this arbitration.

Note. Any party may consider requesting from the arbitrator the following addition to the statement of independence:

I confirm, on the basis of the information presently available to me, that I can devote the time necessary to conduct this arbitration diligently, efficiently and in accordance with the time limits in the Rules.

6-4 ICC RULES OF ARBITRATION 2017

INTRODUCTORY PROVISIONS

Article 1: International Court of Arbitration

1) The International Court of Arbitration (the "Court") of the International Chamber of Commerce (the "ICC") is the independent arbitration body of the ICC. The statutes of the Court are set forth in Appendix I.

2) The Court does not itself resolve disputes. It administers the resolution of disputes by arbitral tribunals, in accordance with the Rules of Arbitration of the ICC (the "Rules"). The Court is the only body authorized to administer arbitrations under the Rules, including the scrutiny and approval of awards rendered in accordance with the Rules. It draws up its own internal rules, which are set forth in Appendix II (the "Internal Rules").

3) The President of the Court (the "President") or, in the President's absence or otherwise at the President's request, one of its Vice-Presidents shall have the power to take urgent decisions on behalf of the Court, provided that any such decision is reported to the Court at its next session.

4) As provided for in the Internal Rules, the Court may delegate to one or more committees composed of its members the power to take certain decisions, provided that any such decision is reported to the Court at its next session.

5) The Court is assisted in its work by the Secretariat of the Court (the "Secretariat") under the direction of its Secretary General (the "Secretary General").

당사자들 및 다 른 중재인들에게 즉시 고지할 것이다.

주. 당사자는 중재인으로부터 독립성 진술에 부가하여 다음을 추가로 요청하는 것을 고려할 수 있다:

본인은 본인에게 현재 제공된 정보에 의할 때 본 건 중재를 성실하고 효율적이며 본 규칙의 규정에 따른 기간을 준수하는 데 필요한 시간을 할애할 수 있다고 확인한다.

6-4 중재에 관한 ICC규칙, 2017

제1조 국제중재법원

1. 국제상업회의소 국제중재법원 ("중재법원")은 국제상업회의소의 독립적 중재기구이며 중재법원 정관은 본 중재규칙 부속문서1에 따른다.
2. 중재법원 스스로는 논란을 해결하지 않는다. 중재법원은 국제상공회의소 중재규칙("중재규칙")에 따라 중재해결에 대한 관리를 실시하고 중재법원이 중재를 해결한다. 중재원은 중재 규칙 항목하의 중재 활동에 대한 관리를 위임받은 유일한 기관으로 중재 규칙에 따라 이루어진 결재에 대한 검토, 승인을 포함한다. 중재법원은 자체적으로 내부규칙을 제정한다. (부속문서 2)
3. 중재원장("원장")은 중재법원을 대표하여 긴급한 결정을 내릴 권한이 있으며, 원장이 결석할 때 또는 원장의 요청에 따라 부원장 한명도 같은 권한을 가진다; 그러나 이러한 결정은 다음 중재원 회의에 보고되어야 한다.
4. 내부규칙의 규정에 따라, 중재법원은 그 위원으로 구성된 하나 또는 다수의 위원회에 결정을 내릴 수 있도록 권한을 부여할 수 있지만, 이 결정은 다음 중재법원 회의에서 보고되어야 한다.
5. 중재법원은 사무총장의 지시를 받는 중재법원 사무국("사무국")의 협조를 받는다.

Article 2: Definitions

In the Rules:

(i) "arbitral tribunal" includes one or more arbitrators;

(ii) "claimant" includes one or more claimants, "respondent" includes one or more respondents, and "additional party" includes one or more additional parties;

(iii) "party" or "parties" include claimants, respondents or additional parties;

(iv) "claim" or "claims" include any claim by any party against any other party;

(v) "award" includes, inter alia, an interim, partial or final award.

Article 3: Written Notifications or Communications; Time Limits

1) All pleadings and other written communications submitted by any party, as well as all documents annexed thereto, shall be supplied in a number of copies sufficient to provide one copy for each party, plus one for each arbitrator, and one for the Secretariat. A copy of any notification or communication from the arbitral tribunal to the parties shall be sent to the Secretariat.

2) All notifications or communications from the Secretariat and the arbitral tribunal shall be made to the last address of the party or its representative for whom the same are intended, as notified either by the party in question or by the other party. Such notification or communication may be made by delivery against receipt, registered post, courier, email, or any other means of telecommunication that provides a record of the sending thereof.

3) A notification or communication shall be deemed to have been made on the day it was received by the party itself or by its representative, or would have been received if made in accordance with Article 3(2).

4) Periods of time specified in or fixed under the Rules shall start to run on the day following the date a notification or communication is deemed to have been made in accordance with Article 3(3). When the day next following such date is an official holiday, or a non-business day in the country where the notification or communication is deemed to have been made, the period of time shall commence on the first following business day. Official holidays and non-business days are included in the calculation of the period of time. If the last day of the relevant period of time granted is an official holiday or a non-business day in the country where the notification or communication is deemed to have been made, the period of time shall expire at the end of the first following business day.

COMMENCING THE ARBITRATION

Article 4: Request for Arbitration

1) A party wishing to have recourse to arbitration under the Rules shall submit its Request for Arbitration (the "Request") to the Secretariat at any of the offices specified in the Internal Rules. The Secretariat shall notify the claimant and respondent of the receipt of the Request and the date of such receipt.

제2조 정의

본 중재 규칙에서,

(ⅰ) "중재판정부"는 1인 또는 그 이상의 중재인을 포함한다.

(ⅱ) "신청인"은 1인 또는 그 이상의 신청인을, "피신청인"은 1인 또는 그 이상의 피신청인을 각 포함한다. 추가 당사자는 1인 또는 그 이상의 추가적인 당사자를 포함한다.

(ⅲ) "당사자" 또는 "당사자들"은 신청인, 피신청인 또는 추가 당사자를 포함한다.

(ⅳ) "청구"는 어떤 당사자가 어떤 다른 당사자에게 하는 청구를 포함한다.

(ⅴ) "판정"은 잠정적, 부분적 또는 최종적인 판단 포함한다.

제3조 서면 통지 또는 연락; 기간

1. 당사자가 제출한 모든 서면 진술 또는 기타 통신과 모든 부속서류는 각 당사자, 각 중재인 및 사무국에 한 부씩을 제공할 수 있는 충분한 수만큼 제출되어야 한다. 중재판정부는 당사자에게 보내는 어떠한 통지나 통신도 반드시 사무국에 한 부씩 제공해야 한다.

2. 사무국과 중재판정부에서 나온 모든 통지 또는 연락은 당사자 자신이 제공하거나 상대방 당사자가 제공한 당사자 또는 그 대표자의 최종 주소로 보내야 한다. 그 통지나 연락은 배달기록을 제공할 수 있는 어떤 전보나 등기우편, 특급우편, 이메일 또는 그 밖의 다른 어떤 것이든지 채택할 수 있다.

3. 통지 또는 연락은 당사자 자신 또는 그 대리인이 이를 수령한 날부터, 전항에 따라 행하여진 경우에는 이를 수령할 수 있었던 날에 있었던 것으로 간주된다.

4. 현행 규칙에 명시되었거나 확정되어 있는 기간은 전항의 규정에 따라 어떤 통지나 연락이 있었던 것으로 보는 날의 익일로부터 기산된다. 통지나 연락이 있었던 국가에서 그러한 날짜의 익일이 공휴일 또는 휴무일인 경우에는, 그 기간은 이어지는 최초의 영업일로부터 개시된다. 공휴일과 휴무일은 기간의 계산에 산입된다. 통지나 연락이 있었던 것으로 보는 국가에서 주어진 기간의 만기일이 공휴일 또는 휴무일인 경우에는, 그 기간은 이어지는 최초의 영업일이 끝나면서 종료된다.

제4조 중재신청

1. 당사자가 본 중재규칙에 의거하여 중재를 신청하는 경우, 내부 규칙에 따라 사무국에 중재 신청서를 제출한다. 사무국은 신청인과 피신청인에게 신청서 접수와 접수 일자를 통지하여야 한다.

2) The date on which the Request is received by the Secretariat shall, for all purposes, be deemed to be the date of the commencement of the arbitration.

3) The Request shall contain the following information:

   a) the name in full, description, address and other contact details of each of the parties;

   b) the name in full, address and other contact details of any person(s) representing the claimant in the arbitration;

   c) a description of the nature and circumstances of the dispute giving rise to the claims and of the basis upon which the claims are made;

   d) a statement of the relief sought, together with the amounts of any quantified claims and, to the extent possible, an estimate of the monetary value of any other claims;

   e) any relevant agreements and, in particular, the arbitration agreement(s);

   f) where claims are made under more than one arbitration agreement, an indication of the arbitration agreement under which each claim is made;

   g) all relevant particulars and any observations or proposals concerning the number of arbitrators and their choice in accordance with the provisions of Articles 12 and 13, and any nomination of an arbitrator required thereby; and

   h) all relevant particulars and any observations or proposals as to the place of the arbitration, the applicable rules of law and the language of the arbitration.

   The claimant may submit such other documents or information with the Request as it considers appropriate or as may contribute to the efficient resolution of the dispute.

4) Together with the Request, the claimant shall:

   a) submit the number of copies thereof required by Article 3(1); and

   b) make payment of the filing fee required by Appendix III ("Arbitration Costs and Fees") in force on the date the Request is submitted.

   In the event that the claimant fails to comply with either of these requirements, the Secretariat may fix a time limit within which the claimant must comply, failing which the file shall be closed without prejudice to the claimant's right to submit the same claims at a later date in another Request.

5) The Secretariat shall transmit a copy of the Request and the documents annexed thereto to the respondent for its Answer to the Request once the Secretariat has sufficient copies of the Request and the required filing fee.

Article 5: Answer to the Request; Counterclaims

1) Within 30 days from the receipt of the Request from the Secretariat, the respondent shall submit an Answer (the "Answer") which shall contain the following information:

   a) its name in full, description, address and other contact details;

   b) the name in full, address and other contact details of any person(s) representing the respondent in the

2. 사무국이 신청서를 받은 날짜는 여러 의미에서 중재가 시작된 날짜로 간주해야 한다.

3. 신청서는 다음을 포함해야 한다:

   a) 각 당사자의 완전한 명칭, 기본 사항, 주소 및 기타 연락정보;

   b) 중재에서 신청자를 대표하는 자의 명칭, 주소 및 기타 연락처;

   c) 중재요청 쟁의의 성격 및 상황, 또한 청구의 근거;

   d) 가능한 한도까지 표시한 청구 금액을 포함한 청구 취지;

   e) 관련 합의들, 특히 중재합의 ;

   f) 중재요청이 여러 중재합의에 따라 제출된 경우, 각 중재합의의 표시

   g) 제12조와 제13조에 따라 확정되는 중재원의 수 및 중재원에 대하여 선택한 방식의 모든 관련 설명 및 어떤 의견이나 조언, 및 상기조항에 따라 지명된 중재자 인선; 및

   h) 중재지, 적용되는 법적 규칙과 중재 언어에 관한 모든 설명, 의견 또는 제안.

   신청자는 신청서를 제출할 때, 적절하다고 생각되는 또는 아마도 유효하다고 생각되는 논란을 해결하는 다른 문서 또는 정보를 함께 제출할 수 있다.

4. 신청인이 신청서를 제출할 때는 다음과 같아야 한다.

   a) 제3조 제(1)항에 따라 요구한 부수를 제출하고, 또한

   b) 중재 신청 시 유효한 "중재 비용과 보수"(첨부문서 3)에 따라 신청비를 지급한다. 신청인이 위에서 요구한 대로 처리하지 못한 경우, 사무국은 하나의 기한을 정하여 신청인이 그대로 처리하도록 하고, 기한이 지나면 봉인하여 처리할 수 있지만, 신청인이 장래에 중재를 재신청할 권리에는 영향을 주지 않는다.

5. 일단 충분한 수의 신청서와 신청비가 접수되면, 사무국은 피신청인에게 즉시 피신청인이 답변할 수 있도록 신청서 한 부와 그 첨부자료 한부를 송부하여야 한다.

제5조 답변서 ; 반대청구

1. 피신청인은 사무국으로부터 신청서를 수령한 날로부터 30일 이내에 특히 다음의 사항들을 포함한 답변서를 제출해야 한다.

   a) 피청구인 이름, 기본 사항, 주소 및 기타 연락정보 ;

   b) 피신청인 대표의 이름, 주소 및 기타 연락정보 ;

arbitration;

c)   its comments as to the nature and circumstances of the dispute giving rise to the claims and the basis upon which the claims are made;

d)   its response to the relief sought;

e)   any observations or proposals concerning the number of arbitrators and their choice in light of the claimant's proposals and in accordance with the provisions of Articles 12 and 13, and any nomination of an arbitrator required thereby; and

f)   any observations or proposals as to the place of the arbitration, the applicable rules of law and the language of the arbitration.

The respondent may submit such other documents or information with the Answer as it considers appropriate or as may contribute to the efficient resolution of the dispute.

2)   The Secretariat may grant the respondent an extension of the time for submitting the Answer, provided the application for such an extension contains the respondent's observations or proposals concerning the number of arbitrators and their choice and, where required by Articles 12 and 13, the nomination of an arbitrator. If the respondent fails to do so, the Court shall proceed in accordance with the Rules.

3)   The Answer shall be submitted to the Secretariat in the number of copies specified by Article 3(1).

4)   The Secretariat shall communicate the Answer and the documents annexed thereto to all other parties.

5)   Any counterclaims made by the respondent shall be submitted with the Answer and shall provide:

a)   a description of the nature and circumstances of the dispute giving rise to the counterclaims and of the basis upon which the counterclaims are made;

b)   a statement of the relief sought together with the amounts of any quantified counterclaims and, to the extent possible, an estimate of the monetary value of any other counterclaims; c) any relevant agreements and, in particular, the arbitration agreement(s); and

d)   where counterclaims are made under more than one arbitration agreement, an indication of the arbitration agreement under which each counterclaim is made.

The respondent may submit such other documents or information with the counterclaims as it considers appropriate or as may contribute to the efficient resolution of the dispute.

6)   The claimant shall submit a reply to any counterclaim within 30 days from the date of receipt of the counterclaims communicated by the Secretariat. Prior to the transmission of the file to the arbitral tribunal, the Secretariat may grant the claimant an extension of time for submitting the reply.

Article 6: Effect of the Arbitration Agreement

1)   Where the parties have agreed to submit to arbitration under the Rules, they shall be deemed to have submitted

c) 청구의 원인이 된 분쟁의 성격, 상황 및 청구 근거에 대한 의견;

d) 요청된 것에 대한 구제의 답변;

e) 제12조와 제13조에 따른 중재인의 수와 중재인의 선정에 관련한 모든 세부사항 및 위 규정에 의하여 요구되는 중재인의 지명

f) 중재지에 관하여 적용되는 법적 규칙과 중재 언어의 어떤 의견이나 조언.

피신청인은 적절하다고 생각되거나 논란을 효과적으로 해결하는 데 도움이 될 수 있는 다른 문서 또는 정보를 함께 제출할 수 있다.

2. 사무국은 피신청인에게 답변서 제출기간을 연장하여 줄 수 있다. 단, 그러한 연장 신청은 중재인의 수와 중재인의 선정에 관한 피신청인의 의견 및 제12조와 제13조가 요구할 경우에는 중재인의 지명을 포함하고 있어야 한다. 만일 피신청인이 이와 같이 연장신청을 하지 아니할 경우, 중재법원은 본 규칙에 따라 이후의 절차를 진행한다.

3. 답변서는 제3조 1항에 규정된 부수만큼 사무국에 제출되어야 한다.

4. 사무국은 답변서와 여기에 첨부된 서류들을 신청인에게 전달하여야 한다.

5. 피신청인의 반대신청은 답변서와 함께 제기되어야 하며, 다음과 같은 사항이 기재되어야 한다.

a) 반대신청의 원인이 된 분쟁의 본질과 배경에 관한 설명

b) 청구 금액을 가능한 한도까지 표시한 청구취지

6. 신청인은 사무국으로부터 반대신청을 전달받은 날로부터 30일 이내에 반대신청에 대한 답변서를 제출하여야 하며, 사무국은 신청인에게 답변서의 제출기간을 연장해줄 수 있다.

제6조 중재합의의 효력

1 당사자 합의대로 국제상회의 중재규칙에 따라 중재에 회부된 것은 중재 개시일에 유효한 중재규칙에

ipso facto to the Rules in effect on the date of commencement of the arbitration, unless they have agreed to submit to the Rules in effect on the date of their arbitration agreement.

2) By agreeing to arbitration under the Rules, the parties have accepted that the arbitration shall be administered by the Court.

3) If any party against which a claim has been made does not submit an Answer, or if any party raises one or more pleas concerning the existence, validity or scope of the arbitration agreement or concerning whether all of the claims made in the arbitration may be determined together in a single arbitration, the arbitration shall proceed and any question of jurisdiction or of whether the claims may be determined together in that arbitration shall be decided directly by the arbitral tribunal, unless the Secretary General refers the matter to the Court for its decision pursuant to Article 6(4).

4) In all cases referred to the Court under Article 6(3), the Court shall decide whether and to what extent the arbitration shall proceed. The arbitration shall proceed if and to the extent that the Court is prima facie satisfied that an arbitration agreement under the Rules may exist. In particular:

(i) where there are more than two parties to the arbitration, the arbitration shall proceed between those of the parties, including any additional parties joined pursuant to Article 7, with respect to which the Court is prima facie satisfied that an arbitration agreement under the Rules that binds them all may exist; and

(ii) where claims pursuant to Article 9 are made under more than one arbitration agreement, the arbitration shall proceed as to those claims with respect to which the Court is prima facie satisfied (a) that the arbitration agreements under which those claims are made may be compatible, and (b) that all parties to the arbitration may have agreed that those claims can be determined together in a single arbitration.

The Court's decision pursuant to Article 6(4) is without prejudice to the admissibility or merits of   any party's plea or pleas.

5) In all matters decided by the Court under Article 6(4), any decision as to the jurisdiction of the arbitral tribunal, except as to parties or claims with respect to which the Court decides that the arbitration cannot proceed, shall then be taken by the arbitral tribunal itself.

6) Where the parties are notified of the Court's decision pursuant to Article 6(4) that the arbitration cannot proceed in respect of some or all of them, any party retains the right to ask any court having jurisdiction whether or not, and in respect of which of them, there is a binding arbitration agreement.

7) Where the Court has decided pursuant to Article 6(4) that the arbitration cannot proceed in respect of any of the claims, such decision shall not prevent a party from reintroducing the same claim at a later date in other proceedings.

8) If any of the parties refuses or fails to take part in the arbitration or any stage thereof, the arbitration shall proceed notwithstanding such refusal or failure.

따라 중재를 하기로 약속한 경우가 아니면 사실상의 중재 개시일에 따르기로 한 것으로 보아야 한다.

2. 중재규칙에 따라 당사자 동의함으로써, 당사자들은 중재법원의 관할로 중재가 이뤄진다는 것을 수락한다.

3. 피청구인이 청구에 대한 답변을 제출하지 않았거나, 일방이 하나 또는 다수의 항변을 제기한 경우는, 중재합의의 유효, 범위 또는 중재에서의 모든 청구는 하나의 중재로 처리될 수 있으며 중재는 속개되며 중재판정부의 관할에 관한 모든 결정은 사무총장이 제6조(d)에 따르도록 권고하지 않는 한 중재판정부 자신이 내려야 한다.

4. 6조 (3)항에 따라 중재원이 결정한 모든 안건에 대하여 중재법원은 중재가 계속되어야 하는지 그리고 어느 범위 내에서 계속되어야 하는지에 대하여 결정을 내려야 한다. 만약 중재법원이 표면적인 소견에 기초하고 하나의 중재 규칙이 요구하는 중재합의가 존재할 수 있다고 생각한다면 중재는 계속 진행되어야 한다. 구체적으로 말하자면,

   (i) 중재에는 두 당사자 이상의 당사자가 있으며, 중재원이 표면적인 소견에 기초하여 하나의 중재 규칙이 요구하는 중재 합의가 존재할 수 있다고 간주하고, 이 중재 합의는 어떤 당사자가 (제7조에 따라 중재에 계속 참여하는 어떤 추가 당사자 포함) 구속력을 가져야 한다.

   (ii) 중재 요청은 제9조에 따라 복수 중재 합의에 의해 제출되었으며, 중재원이 표면적인 소견에 기초할 경우, (a) 이 중 어떤 청구에 의거한 중재 합의는 서로 상호 용인될 수 있고, 또한 (b) 모든 중재 당사자에게 가능한 것으로 간주될 수 있다. 중재는 이러한 요청에 대해 계속 진행되어야 한다. 중재법원이 제6조 제(4)항에 따라 내린 결정은 어떤 당사자가 제기한 하나 또는 여러 항변의 신빙성이나 실질 근거를 감소시키지 않는다.

5. 중재법원이 제6조제(4)항에 따라 결정하는 모든 사항 중 중재판정부 관할권에 대한 문제는 중재법원이 해당 당사자 또는 중재청구를 중재할 수 없다고 결정한 경우를 제외하고 중재판정부가 판정하여야 한다.

6. 당사자가 제6조 제(4)항에 따라 중재가 일부 또는 전체에 관련하여 진행될 수 없다는 중재법원의 결정을 통지를 받으면, 당사자는 관할 법원을 요청할 권리를 유지하며 중재협의구속력을 가진다.

7. 중재법원은 제6조제(4)항에 따라 일부 중재청구는 중재할 수 없다고 결정하며, 이 결정은 당사자가 미래에 다른 절차에서 이러한 청구를 다시 제출하는 것을 방해하지 않아야 한다.

8. 어느 한쪽 당사자가 거부하거나 중재 또는 중재 절차의 어떤 단계에도 참가하지 못할 경우 중재는 계속 진행되며 영향을 받지 않는다.

9. 별도의 약정이 없는 한, 중재판정부가 중재합의가 유효하다고 간주하는 한, 중재판정부 어떠한 계약이 존재하지 않거나 계약이 무효라는 주장 때문에 사건에 대한 관할권을 중단하지 않는다. 비록 계약이 존재하지 않거나 무효가 될 수 있더라도, 중재판정부는 계속해서 관할권을 가지며, 당사자 각자의 권리를 결정하고 그 청구와 항변에 대해 재정을 내린다.

9) Unless otherwise agreed, the arbitral tribunal shall not cease to have jurisdiction by reason of any allegation that the contract is non-existent or null and void, provided that the arbitral tribunal upholds the validity of the arbitration agreement. The arbitral tribunal shall continue to have jurisdiction to determine the parties' respective rights and to decide their claims and pleas even though the contract itself may be non-existent or null and void.

MULTIPLE PARTIES, MULTIPLE CONTRACTS AND CONSOLIDATION

Article 7: Joinder of Additional Parties

1) A party wishing to join an additional party to the arbitration shall submit its request for arbitration against the additional party (the "Request for Joinder") to the Secretariat. The date on which the Request for Joinder is received by the Secretariat shall, for all purposes, be deemed to be the date of the commencement of arbitration against the additional party. Any such joinder shall be subject to the provisions of Articles 6(3)-6(7) and 9. No additional party may be joined after the confirmation or appointment of any arbitrator, unless all parties, including the additional party, otherwise agree. The Secretariat may fix a time limit for the submission of a Request for Joinder.

2) The Request for Joinder shall contain the following information:
   a) the case reference of the existing arbitration;
   b) the name in full, description, address and other contact details of each of the parties, including the additional party; and
   c) the information specified in Article 4(3) subparagraphs c), d), e) and f).

   The party filing the Request for Joinder may submit therewith such other documents or information as it considers appropriate or as may contribute to the efficient resolution of the dispute.

3) The provisions of Articles 4(4) and 4(5) shall apply, mutatis mutandis, to the Request for Joinder.

4) The additional party shall submit an Answer in accordance, mutatis mutandis, with the provisions of Articles 5(1)-5(4). The additional party may make claims against any other party in accordance with the provisions of Article 8.

Article 8: Claims Between Multiple Parties

1) In an arbitration with multiple parties, claims may be made by any party against any other party, subject to the provisions of Articles 6(3)-6(7) and 9 and provided that no new claims may be made after the Terms of Reference are signed or approved by the Court without the authorization of the arbitral tribunal pursuant to Article 23(4).

2) Any party making a claim pursuant to Article 8(1) shall provide the information specified in Article 4(3)

다수당사자, 다수 계약과 합병

제7조 추가당사자

1. 어떤 당사자라도 추가중재당사자를 희망하는 경우, 해당 추가 당사자에 대한 중재 요청서("추가 중재 당사자 요청")를 사무국에 제출해야 한다. 사무국이 추가 중재 당사자의 요청을 받은 날은 여러 가지 의미에서 해당 추가 당사자에 대한 중재 개시일로 간주해야 한다. 추가 당사자는 제6조 제(3)항부터 제(7)항까지와 제9조를 준수해야 한다. 어떤 중재인이 확인되거나 임명된 후에는 추가 당사자를 포함하여 당사자 전원이 별도로 동의하지 않는 한 중재 당사자를 추가할 수 없다. 추가 중재 당사자의 신청을 제출하는 기한은 사무국에서 정할 수 있다.

2. 중재 당사자 추가신청에는 다음이 포함되어야 한다 :

   a) 기존 중재안의 사건번호 ;

   b) 추가 당사자를 포함한 각 당사자의 이름, 기본 사항, 주소 및 기타 연락정보 ; 및

   c) 제4조 제(3) 제c),d) e)및 f)항에 명시된 정보.

   추가 당사자는 요청 시 적절하다고 생각되거나 논란을 효과적으로 해결하는 데 도움이 될 수 있는 다른 문서 또는 정보를 함께 제출할 수 있다.

3. 제4조 제1조 제4조 (4) 제(1)항과 제(5)항의 규정은 세부적으로 필요한 수정을 한 후 추가 중재 당사자의 신청에 적용한다.

4. 추가 당사자는 제5조(1)-(4)에 따라 답변서를 제출할 수 있다. 추가당사자는 제8조에 따라 다른 당사자에게 청구를 신청 할 수 있다.

제8조 다수당사자의 청구

1. 다수당사자에 의해 진행 중인 중재에서 제6조 제(3)-(7)항부터 제9조의 규정을 전제로 하여, 일방당사자가 다른 당사자를 상대로 중재 청구를 할 수 있다 ; 단, 심리범위서 서명 또는 중재법원에 의해 승인된 후에는 중재판정부에 의해 제23조 제(4)항에 따라 청구되지 않는다.

2. 제8에 따라 제(1)항에 따라 중재청구를 하는어떤 당사자도 제4조 제(3)항 제 c), d), e) 및 f)항에 규정한 정

subparagraphs c), d), e) and f).

3) Before the Secretariat transmits the file to the arbitral tribunal in accordance with Article 16, the following provisions shall apply, mutatis mutandis, to any claim made: Article 4(4) subparagraph a); Article 4(5); Article 5(1) except for subparagraphs a), b), e) and f); Article 5(2); Article 5(3) and Article 5(4). Thereafter, the arbitral tribunal shall determine the procedure for making a claim.

Article 9: Multiple Contracts

Subject to the provisions of Articles 6(3)-6(7) and 23(4), claims arising out of or in connection with more than one contract may be made in a single arbitration, irrespective of whether such claims are made under one or more than one arbitration agreement under the Rules.

Article 10: Consolidation of Arbitrations

The Court may, at the request of a party, consolidate two or more arbitrations pending under the Rules into a single arbitration, where:

a) the parties have agreed to consolidation; or

b) all of the claims in the arbitrations are made under the same arbitration agreement; or

c) where the claims in the arbitrations are made under more than one arbitration agreement, the arbitrations are between the same parties, the disputes in the arbitrations arise in connection with the same legal relationship, and the Court finds the arbitration agreements to be compatible.

In deciding whether to consolidate, the Court may take into account any circumstances it considers to be relevant, including whether one or more arbitrators have been confirmed or appointed in more than one of the arbitrations and, if so, whether the same or different persons have been confirmed or appointed.

When arbitrations are consolidated, they shall be consolidated into the arbitration that commenced first, unless otherwise agreed by all parties.

THE ARBITRAL TRIBUNAL

Article 11: General Provisions

1) Every arbitrator must be and remain impartial and independent of the parties involved in the arbitration.

2) Before appointment or confirmation, a prospective arbitrator shall sign a statement of acceptance, availability, impartiality and independence. The prospective arbitrator shall disclose in writing to the Secretariat any facts or circumstances which might be of such a nature as to call into question the arbitrator's independence in the eyes of the parties, as well as any circumstances that could give rise to reasonable doubts as to the arbitrator's impartiality. The Secretariat shall provide such information to the parties in writing and fix a time limit for any comments from them.

보를 제공해야 한다.

3. 사무국에서 제16조에 따라 중재판정부에 사건을 이관하기 전에, 다음의 규정이 적용되어야 한다.: 제4조 제(4)(a)항, 제4조 제(5)항, 제5조 제(1)항 (a),(b),(e),(f)를 제외, 제5조 제(2)항, 제5조 제(3)항, 제5조 제(4)항. 이어 중재판정부에서 중재요청 절차를 확정한다.

제9조 다수 계약

제6조 제(3)항부터 제(7)항과 제23조 제(4)항 규정에 따라, 다수계약으로 인한 또는 다수계약과의 관련된 중재 요청은 이 요청이 중재 규칙 항목의 다음 중재 합의서에 따르든 또는 여러 중재 합의서에 의해 제출되었든 상관없이 단일 중재에 제출할 수 있다.

제10조 중재의 합병

일방 당사자의 요청으로, 다음 조건 중 하나에 해당하여 중재법원은 중재규칙 항목에 따라 아래 미결된 두 가지 또는 여러 가지 중재안을 단일 중재안으로 통합할 수 있다 :

a) 당사자는 이미 합병에 동의한 경우; 또는

b) 각 중재안의 모든 중재청구가 동일한 중재합의에 따라 제출된 경우; 또는

c) 각 중재안의 모든 중재청구가 여러 중재 합의에 의해 제출된 경우, 각 중재안 당사자는 동일하며, 각 쟁의에 관련된 법적 관계가 동일하며, 중재법원이 인정해야 한다.

중재를 통합할 수 있는지 여부를 결정할 때, 중재법원은 한 명 또는 여러 명의 중재자가 이미 하나 이상의 중재안에서 확인되었다는 것을 포함하여, 관련된 여러 상황을 고려할 수 있다.

합병중재의 경우, 전체 당사자가 별도로 약속하지 않는 한 각 중재안은 가장 먼저 제기되는 중재안을 병합한다.

중재법정

제11조 일반 규정

1. 모든 중재인은 그 중재에 관련된 당사자로부터 중립적이어야 한다.

2. 중재인으로 선정될 후보자는 당사자의 선정이나 중재법원의 확인이 있기 이전에 중립성에 관한 진술서에 서명하고, 당사자의 시각에서 볼 때 중재인의 독립성에 관하여 의혹을 야기할 만한 성질의 모든 사실 또는 배경이 있을 경우에는, 이를 서면으로 사무국에 밝혀야 한다. 사무국은 그러한 내용을 관련 당사자에게 서면으로 제공하여야 하며 당사자가 의견을 제출하기 위한 기간을 지정하여야 한다.

3) An arbitrator shall immediately disclose in writing to the Secretariat and to the parties any facts or circumstances of a similar nature to those referred to in Article 11(2) concerning the arbitrator's impartiality or independence which may arise during the arbitration.

4) The decisions of the Court as to the appointment, confirmation, challenge or replacement of an arbitrator shall be final.

5) By accepting to serve, arbitrators undertake to carry out their responsibilities in accordance with the Rules.

6) Insofar as the parties have not provided otherwise, the arbitral tribunal shall be constituted in accordance with the provisions of Articles 12 and 13.

Article 12: Constitution of the Arbitral Tribunal

Number of Arbitrators

1) The disputes shall be decided by a sole arbitrator or by three arbitrators.

2) Where the parties have not agreed upon the number of arbitrators, the Court shall appoint a sole arbitrator, save where it appears to the Court that the dispute is such as to warrant the appointment of three arbitrators. In such case, the claimant shall nominate an arbitrator within a period of 15 days from the receipt of the notification of the decision of the Court, and the respondent shall nominate an arbitrator within a period of 15 days from the receipt of the notification of the nomination made by the claimant. If a party fails to nominate an arbitrator, the appointment shall be made by the Court.

Sole Arbitrator

3) Where the parties have agreed that the dispute shall be resolved by a sole arbitrator, they may, by agreement, nominate the sole arbitrator for confirmation. If the parties fail to nominate a sole arbitrator within 30 days from the date when the claimant's Request for Arbitration has been received by the other party, or within such additional time as may be allowed by the Secretariat, the sole arbitrator shall be appointed by the Court.

Three Arbitrators

4) Where the parties have agreed that the dispute shall be resolved by three arbitrators, each party shall nominate in the Request and the Answer, respectively, one arbitrator for confirmation. If a party fails to nominate an arbitrator, the appointment shall be made by the Court.

5) Where the dispute is to be referred to three arbitrators, the third arbitrator, who will act as president of the arbitral tribunal, shall be appointed by the Court, unless the parties have agreed upon another procedure for such appointment, in which case the nomination will be subject to confirmation pursuant to Article 13. Should such procedure not result in a nomination within 30 days from the confirmation or appointment of the co-arbitrators or any other time limit agreed by the parties or fixed by the Court, the third arbitrator shall be appointed by the

3. 중재인은 중재 중 발생할 수 있는 위와 유사한 성질의 모든 사실 또는 배경이 있을 경우에는, 이를 사무국과 당사자에게 서면으로 밝혀야 한다. (제11조 제(2)항)

4. 중재인의 선정, 확인, 기피 또는 교체에 대한 중재법원의 결정은 최종적인 것이고, 그러한 결정의 이유는 통보되지 아니한다.

5. 중재인은 그 직무를 수락함으로써 본 규칙에 따라 그 임무를 수행할 의무를 진다.

6. 당사자들이 별도로 규정하지 않는 한, 중재판정부는 제12조와 제13조의 규정에 따라 구성된다.

제12조 중재판정부의 구성

중재원의 수

1. 분쟁은 단독중재인 또는 3인의 중재인에 의하여 해결될 수 있다.

2. 당사자 쌍방이 중재인의 수에 합의하지 못한 경우에는, 중재법원은 분쟁이 3인의 중재인을 선정할 정당한 이유가 있다고 인정하는 경우를 제외하고는 단독중재인을 선정하여야 한다. 3인의 중재인을 선정하기로 한 경우 신청인은 중재법원의 결정 통지를 수령한 날로부터 15일의 기간 내에 중재인을 지명하여야 하며 피신청인은 신청인의 지명 통지를 수령한 날로부터 15일의 기간 내에 중재인을 지명하여야 한다.

단독중재인

3. 당사자 쌍방이 단독중재인에 의하여 분쟁을 해결하기로 합의한경우에는, 당사자 쌍방은 합의에 따라 단독 중재인을 지명하여 확인을 받을 수 있다. 그러나 당사자들이 신청인의 중재신청서를 수령한 날로부터 30일 이내에 또는 사무국이 허용한 추가 기간 내에 단독중재인을 지명하지 못한 경우에는, 중재법원이 단독중재인을 선정한다.

3인 중재인

4. 당사자가 3인 중재인으로 분쟁을 해결하기로 합의한 경우, 각 당사자는 각각 그 신청서 또는 답변서에 중재인을 한 명씩 지명하여 확인하도록 한다. 당사자가 중재인를 지명하지 않은 자는 중재법원에 의해 임명한다.

5. 만약 분쟁이 3인 중재판정부에서 심리될 경우, 수석 중재인을 맡은 중재인은 당사자가 다른 임명 절차를 약속하지 않는 한, 제13조에 따라 중재인을 임명해야 한다. 상위 두 명의 중재인 확인 또는 지명된 후 30일 이내에 당사자의 약속된 절차에 따라 3위 중 한 명을 지명하지 못하거나 감원된 경우, 또는 당사자가 약정하거나 중재법원이 확정한 어떤 다른 기간 동안 세 번째 중재인을 지명하지 못한 경우, 세 번째 중재인는 중재원에 의해 임명된다.

Court.

6) Where there are multiple claimants or multiple respondents, and where the dispute is to be referred to three arbitrators, the multiple claimants, jointly, and the multiple respondents, jointly, shall nominate an arbitrator for confirmation pursuant to Article 13.

7) Where an additional party has been joined, and where the dispute is to be referred to three arbitrators, the additional party may, jointly with the claimant(s) or with the respondent(s), nominate an arbitrator for confirmation pursuant to Article 13.

8) In the absence of a joint nomination pursuant to Articles 12(6) or 12(7) and where all parties are unable to agree to a method for the constitution of the arbitral tribunal, the Court may appoint each member of the arbitral tribunal and shall designate one of them to act as president. In such case, the Court shall be at liberty to choose any person it regards as suitable to act as arbitrator, applying Article 13 when it considers this appropriate.

Article 13: Appointment and Confirmation of the Arbitrators

1) In confirming or appointing arbitrators, the Court shall consider the prospective arbitrator's nationality, residence and other relationships with the countries of which the parties or the other arbitrators are nationals and the prospective arbitrator's availability and ability to conduct the arbitration in accordance with the Rules. The same shall apply where the Secretary General confirms arbitrators pursuant to Article 13(2).

2) The Secretary General may confirm as co-arbitrators, sole arbitrators and presidents of arbitral tribunals persons nominated by the parties or pursuant to their particular agreements, provided that the statement they have submitted contains no qualification regarding impartiality or independence or that a qualified statement regarding impartiality or independence has not given rise to objections. Such confirmation shall be reported to the Court at its next session. If the Secretary General considers that a co-arbitrator, sole arbitrator or president of an arbitral tribunal should not be confirmed, the matter shall be submitted to the Court.

3) Where the Court is to appoint an arbitrator, it shall make the appointment upon proposal of a National Committee or Group of the ICC that it considers to be appropriate. If the Court does not accept the proposal made, or if the National Committee or Group fails to make the proposal requested within the time limit fixed by the Court, the Court may repeat its request, request a proposal from another National Committee or Group that it considers to be appropriate, or appoint directly any person whom it regards as suitable.

4) The Court may also appoint directly to act as arbitrator any person whom it regards as suitable where:

    a) one or more of the parties is a state or may be considered to be a state entity;

    b) the Court considers that it would be appropriate to appoint an arbitrator from a country or territory where there is no National Committee or Group; or

    c) the President certifies to the Court that circumstances exist which, in the President's opinion, make a direct appointment necessary and appropriate.

6. 만일 다자간 신청자가 있거나 다자간 피신청인이 있고, 그 분쟁이 3인 중재판정부에서 심리될 경우, 다자간 신청자가 1명의 중재인을 공동으로 지명하여 제13조에 따라 확인하도록 한다.

7. 중재 당사자가 추가되고, 또한 분쟁이 3인 중재판정부에 의해 심리될 경우, 추가 당사자는 제13조의 규정에 따라 확인할 수 있도록 신청인 또는 피신청인과 함께 중재인을 지명할 수 있다.

8. 제12조 (6)항에 따라 중재인을 공동 지명할 수 없고 중재판정부 구성에 대한 각 당사자 간의 의견이 일치되지 않을 경우, 중재법원이 중재판정부 전원의 구성원을 임명하여 그 중 한 명을 지명한다. 이러한 경우, 중재법원은 그것이 적절하다고 생각되는 어떤 사람을 중재법원으로 선택할 수 있으며, 또한 적절하다고 생각 될 때에는 제13조의 규정을 적용한다.

제13조 중재인의 선정 및 확인

1. 중재인을 확인하거나 선정함에 있어 중재법원은 중재인 후보자의 국적, 거주지, 당사자나 다른 중재인이 국적을 둔 국가와의 기타관계 및 동 규칙에 의하여 중재를 수행할 수 있는지 여부와 중재를 수행할 능력 등을 고려하여야 한다. 사무총장이 제9조 제2항에 의하여 중재인을 확인하는 경우에도 같다.

2. 사무총장은 중재인이 완전한 독립성 진술서를 제출하거나 중재인이 제출한 제한적 독립성 진술서에 대하여 당사자들이 이의하지 않는 경우, 당사자들에 의하여 또는 당사자의 개별 합의에 의하여 지명된 공동중재인, 단독중재인, 중재판정부 의장을 확인하여야 한다. 이와 같은 확인은 다음 회기에 중재법원에 보고되어야 한다. 사무총장이 공동중재인, 단독중재인, 중재판정부 의장을 확인할 수 없다고 판단한 경우, 이 문제는 중재법원으로 회부된다.

3. 중재법원이 단독중재인 또는 중재판정부의 의장을 선정하여야 하는 경우, 중재법원은 적절하다고 인정하는 ICC국내위원회의 추천에 따라 선정하여야 한다. 중재법원이 그 추천을 받아들이지 아니하거나, 위의 국내위원회가 중재법원이 지정한 기간 내에 추천을 하지 못한 경우에는, 중재법원은 동일한 추천 요청을 반복하거나, 또는 다른 적절하다고 인정하는 국내위원회로부터 추천을 받을 수 있다.

4 다음의 경우에 중재법원은 적절하다고 생각되는 중재인을 직접 임명할 수도 있다 :

   a) 일방 또는 다수 당사자가 한 국가 또는 한 국가 기관으로 간주될 수 있는 경우 ; 또는

   b) 중재법원이 적합하다고 판단한 국가 위원회나 그룹이 없는 국가나 지역 출신의 중재인일 경우; 또는

   c) 중재원장이 직접 임명하는 것이 바람직하다고 판단되는 경우.

5) The sole arbitrator or the president of the arbitral tribunal shall be of a nationality other than those of the parties. However, in suitable circumstances and provided that none of the parties objects within the time limit fixed by the Court, the sole arbitrator or the president of the arbitral tribunal may be chosen from a country of which any of the parties is a national.

Article 14: Challenge of Arbitrators

1) A challenge of an arbitrator, whether for an alleged lack of impartiality or independence, or otherwise, shall be made by the submission to the Secretariat of a written statement specifying the facts and circumstances on which the challenge is based.

2) For a challenge to be admissible, it must be submitted by a party either within 30 days from receipt by that party of the notification of the appointment or confirmation of the arbitrator, or within 30 days from the date when the party making the challenge was informed of the facts and circumstances on which the challenge is based if such date is subsequent to the receipt of such notification.

3) The Court shall decide on the admissibility and, at the same time, if necessary, on the merits of a challenge after the Secretariat has afforded an opportunity for the arbitrator concerned, the other party or parties and any other members of the arbitral tribunal to comment in writing within a suitable period of time. Such comments shall be communicated to the parties and to the arbitrators.

Article 15: Replacement of Arbitrators

1) An arbitrator shall be replaced upon death, upon acceptance by the Court of the arbitrator's resignation, upon acceptance by the Court of a challenge, or upon acceptance by the Court of a request of all the parties.

2) An arbitrator shall also be replaced on the Court's own initiative when it decides that the arbitrator is prevented de jure or de facto from fulfilling the arbitrator's functions, or that the arbitrator is not fulfilling those functions in accordance with the Rules or within the prescribed time limits.

3) When, on the basis of information that has come to its attention, the Court considers applying Article 15(2), it shall decide on the matter after the arbitrator concerned, the parties and any other members of the arbitral tribunal have had an opportunity to comment in writing within a suitable period of time. Such comments shall be communicated to the parties and to the arbitrators.

4) When an arbitrator is to be replaced, the Court has discretion to decide whether or not to follow the original nominating process. Once reconstituted, and after having invited the parties to comment, the arbitral tribunal shall determine if and to what extent prior proceedings shall be repeated before the reconstituted arbitral tribunal.

5) Subsequent to the closing of the proceedings, instead of replacing an arbitrator who has died or been removed by the Court pursuant to Articles 15(1) or 15(2), the Court may decide, when it considers it appropriate, that

5. 단독중재인 또는 중재판정부의 의장중재인은 당사자와는 다른 국적을 가져야 한다. 그러나 적절한 사정이 있는 경우, 중재법원이 지정한 기간 내에 어떤 당사자도 반대의 의사를 표시하지 아니하면, 중재법원은 당사자와 같은 국적을 가진 단독중재인 또는 의장중재인을 선정할 수 있다.

제14조 중재인의 기피

1. 중재인에 대한 기피신청은 그 독립성의 결여 또는 기타의 이유를 막론하고 기피의 근거가 되는 사실과 배경을 상술한 서면 진술서를 사무국에 제출함으로써 한다.

2. 기피신청이 인용되기 위하여서는, 기피신청을 하려는 당사자는 중재인의 선정 또는 확인 통지를 수령한 때로부터 30일 이내에, 기피의 근거가 되는 사실과 배경을 알게 된 일자가 앞의 통지를 수령한 이후인 경우에는 그 일자로부터 30일 이내에 기피신청서를 송부하여야 한다.

3. 중재법원은 사무국이 기피 대상이 된 당해 중재인, 상대방 또는 당사자 및 중재판정부의 다른 모든 구성원에 대하여 상당한 기간내에 서면으로 의견을 제출할 기회를 부여한 후에 기피의 인용 여부와, 필요하다면 그 이의신청내용에 대한 판단을 내려야 한다. 위와 같은 의견은 당사자와 중재인들에게 전달되어야 한다.

제15조 중재인 교체

1. 중재인은 사망, 중재법원의 사임 의사 수리, 중재법원의 기피신청인용, 당사자 전원의 요청 등의 사유로 교체될 수 있다.

2. 중재법원은 중재인이 자신의 직무를 법률상 또는 사실상 수행하지 못하거나 규칙에 따라 또는 지정된 기간 내에 직무를 수행하지 않고 있다고 판단한 경우, 직권으로 중재인을 교체할 수 있다.

3. 중재법원은 자신이 취득한 정보에 기초하여 제15조 제2항의 적용을 고려함에 있어, 교체 대상인 당해 중재인, 당사자 및 중재판정부의 기타 모든 구성원에 대하여 상당한 기간 내에 서면으로 의견을 제출할 기회를 부여한 후에 이 문제에 관한 결정을 하여야 한다. 한편 위와 같은 의견은 당사자 및 중재인들에게 전달되어야 한다.

4. 중재인이 교체되어야 할 때, 중재법원은 최초의 지명절차를 따를지 여부를 재량으로 결정한다. 중재판정부가 재구성되면 중재판정부는 관련 당사자의 의견을 수렴한 후, 재구성된 중재판정부 앞에서 이전의 절차를 다시 반복할지, 반복한다면 어느 정도로 반복할지를 결정하여야 한다.

5. 중재법원은 절차가 종료된 다음에는, 사망하거나 또는 제15조 제1항과 제15조 제2항에 따라 중재법원에 의하여 해임된 중재인을 교체하는 대신에, 적절하다고 인정하는 경우 남은 중재인들이 중재를 계속하도록 결정할 수 있다. 그러한 결정을 내림에 있어 중재법원은 남은 중재인과 당사자의 견해, 그리고 이러한 상황에서 적절하다고 인정하는 요소들을 고려하여야 한다.

the remaining arbitrators shall continue the arbitration. In making such determination, the Court shall take into account the views of the remaining arbitrators and of the parties and such other matters that it considers appropriate in the circumstances.

THE ARBITRAL PROCEEDINGS

Article 16: Transmission of the File to the Arbitral Tribunal

The Secretariat shall transmit the file to the arbitral tribunal as soon as it has been constituted, provided the advance on costs requested by the Secretariat at this stage has been paid.

Article 17: Proof of Authority

At any time after the commencement of the arbitration, the arbitral tribunal or the Secretariat may require proof of the authority of any party representatives.

Article 18: Place of the Arbitration

1) The place of the arbitration shall be fixed by the Court, unless agreed upon by the parties.

2) The arbitral tribunal may, after consultation with the parties, conduct hearings and meetings at any location it considers appropriate, unless otherwise agreed by the parties.

3) The arbitral tribunal may deliberate at any location it considers appropriate.

Article 19: Rules Governing the Proceedings

The proceedings before the arbitral tribunal shall be governed by the Rules and, where the Rules are silent, by any rules which the parties or, failing them, the arbitral tribunal may settle on, whether or not reference is thereby made to the rules of procedure of a national law to be applied to the arbitration.

Article 20: Language of the Arbitration

In the absence of an agreement by the parties, the arbitral tribunal shall determine the language or languages of the arbitration, due regard being given to all relevant circumstances, including the language of the contract.

Article 21: Applicable Rules of Law

1) The parties shall be free to agree upon the rules of law to be applied by the arbitral tribunal to the merits of the dispute. In the absence of any such agreement, the arbitral tribunal shall apply the rules of law which it determines to be appropriate.

2) The arbitral tribunal shall take account of the provisions of the contract, if any, between the parties and of any

중재절차

제16조 중재판정부로의 서류 이관

사무국은 이 단계에서 사무국이 요청한 비용에 대한 예납금이 지불 된 경우, 서류를 구성하자마자 중재판정부에 서류를 전송해야 한다.

제17조 위임증명

중재가 시작된 후 언제라도, 중재판정부 또는 사무국은 당사자 대리인의 위임 증명을 요청할 수 있다.

제18조 중재지

1. 당사자 사이에 합의가 없는 경우 중재장소는 중재법원이 정한다.
2. 당사자 사이에 합의가 없다면 중재판정부는 관련 당사자와 협의한 후 적절하다고 인정하는 장소에서 심리와 회의를 가질 수 있다.
3. 중재판정부는 적절하다고 인정하는 장소에서 심의할 수 있다.

제19조 절차에 관한 규칙

1. 중재판정부에서의 진행절차는 본 규칙에 의해 규정된다. 또한 본 규칙에 규정되어 있지 아니한 경우에는 당사자가 정하는 규정에 따르고, 당사자가 이를 결정하지 못할 경우에는 중재판정부가 정하는 바에 따른다. 그와 같은 규칙이 중재에 적용될 해당국 법률상의 절차규정들을 따르는지 여부는 불문한다.
2. 어떠한 경우라도 중재판정부는 공정하고 불편부당하게 활동하여야 하며, 각 당사자에게 사건에 관하여 진술할 합리적인 기회를 부여하여야 한다.

제20조 중재 언어

당사자 사이에 합의가 없는 경우, 중재판정부는 계약서의 언어 등을 포함한 관련된 모든 상황을 고려하여 중재언어를 결정하여야 한다.

제21조 적용법률

1. 당사자는 분쟁의 본안에 대하여 중재판정부가 적용하여야 할 법률에 관하여 자유롭게 합의할 수 있다. 이와 같은 합의가 없는 경우 중재판정부는 적절하다고 결정한 법률을 적용해야 한다.
2. 모든 경우, 중재판정부는 계약의 조항 및 이와 관련된 무역관행을 고려하여야 한다.

relevant trade usages.

3) The arbitral tribunal shall assume the powers of an amiable compositeur or decide ex aequo et bono only if the parties have agreed to give it such powers.

Article 22: Conduct of the Arbitration

1) The arbitral tribunal and the parties shall make every effort to conduct the arbitration in an expeditious and cost-effective manner, having regard to the complexity and value of the dispute.

2) In order to ensure effective case management, the arbitral tribunal, after consulting the parties, may adopt such procedural measures as it considers appropriate, provided that they are not contrary to any agreement of the parties.

3) Upon the request of any party, the arbitral tribunal may make orders concerning the confidentiality of the arbitration proceedings or of any other matters in connection with the arbitration and may take measures for protecting trade secrets and confidential information.

4) In all cases, the arbitral tribunal shall act fairly and impartially and ensure that each party has a reasonable opportunity to present its case.

5) The parties undertake to comply with any order made by the arbitral tribunal.

Article 23: Terms of Reference

1) As soon as it has received the file from the Secretariat, the arbitral tribunal shall draw up, on the basis of documents or in the presence of the parties and in the light of their most recent submissions, a document defining its Terms of Reference. This document shall include the following particulars:

   a) the names in full, description, address and other contact details of each of the parties and of any person(s) representing a party in the arbitration;

   b) the addresses to which notifications and communications arising in the course of the arbitration may be made;

   c) a summary of the parties' respective claims and of the relief sought by each party, together with the amounts of any quantified claims and, to the extent possible, an estimate of the monetary value of any other claims;

   d) unless the arbitral tribunal considers it inappropriate, a list of issues to be determined;

   e) the names in full, address and other contact details of each of the arbitrators;

   f) the place of the arbitration; and

   g) particulars of the applicable procedural rules and, if such is the case, reference to the power conferred upon the arbitral tribunal to act as amiable compositeur or to decide ex aequo et bono.

2) The Terms of Reference shall be signed by the parties and the arbitral tribunal. Within 30 days of the date on which the file has been transmitted to it, the arbitral tribunal shall transmit to the Court the Terms of Reference signed by it and by the parties. The Court may extend this time limit pursuant to a reasoned request from the

3. 중재판정부는 모든 당사자가 그러한 권한을 부여하는 데 동의한 경우에 한하여 형평에 기하여 결정할 권한을 가진다.

제22조 중재의 진행

1. 중재판정부와 당사자들은 논쟁의 복잡성과 가치를 고려하여 신속하고 경제적인 방법으로 중재를 해결하기 위해 최선을 다해야 한다.

2. 효율적인 관리를 위해, 중재판정부는 당사자들과의 상의를 거친 후, 적절하다고 판단되는 절차적 방법을 취하여야 하며, 이 같은 조치는 당사자의 어떠한 약속도 위반하지 않아야 한다.

3. 일방 당사자의 요청에 따라, 중재판정부는 중재절차 또는 관련된 다른 사항들에 관하여 기밀 보호에 대한 조치를 취할 수 있으며 거래기밀과 기밀정보에 대한 조치를 취할 수 있다.

4. 어떤 상황에서도, 중재판정부는 공평하게 진행해야 하며, 당사자가 합리적인 진술 기회를 가질 수 있도록 중립적으로 행동한다.

5 당사자는 중재판정부에서 내리는 어떠한 규정도 준수해야 한다.

제23조 중재위탁요지서 : 절차 일정표

1. 중재판정부는 사무국으로부터 기록을 수령하는 즉시 기록을 근거로 하거나 또는 당사자의 입회하에서 당사자가 최근에 제출한 서류에 입각하여 위탁사항을 확정하는 서류를 작성하여야 한다. 이 서류는 다음의 사항을 포함하여야 한다.

   a) 당사자들의 완전한 명칭과 당사자들에 대한 설명

   b) 중재의 진행 중에 발생하는 통지와 연락을 할 수 있는 당사자 주소

   c) 청구 또는 반대청구된 금액을 가능한 한까지 표시한 각 당사자의 청구와 답변취지의 요지

   d) 중재판정부가 부적절하다고 인정하지 않는 한, 결정하여야 할 쟁점의 목록

   e) 중재인의 완전한 성명, 인적사항 및 주소

   f) 중재 장소

   g) 적용할 절차 규칙의 세부 사항 및 중재판정부에 형평에 기하여 결정할 권한이 부여되었다면 그 권한의 내용

2. 중재위탁요지서는 당사자와 중재판정부가 서명하여야 한다. 기록이 전달된 날로부터 2월 내에 중재판정부는 중재판정부 및 당사자가 서명한 중재위탁요지서를 중재법원에 송부하여야 한다. 중재법원은 중재판정부의 이유를 소명한 요청에 따라 또는 필요하다고 결정한 경우 직권으로 이 기간을 연장할 수 있다.

arbitral tribunal or on its own initiative if it decides it is necessary to do so.

3) If any of the parties refuses to take part in the drawing up of the Terms of Reference or to sign the same, they shall be submitted to the Court for approval. When the Terms of Reference have been signed in accordance with Article 23(2) or approved by the Court, the arbitration shall proceed.

4) After the Terms of Reference have been signed or approved by the Court, no party shall make new claims which fall outside the limits of the Terms of Reference unless it has been authorized to do so by the arbitral tribunal, which shall consider the nature of such new claims, the stage of the arbitration and other relevant circumstances.

Article 24: Case Management Conference and Procedural Timetable

1) When drawing up the Terms of Reference or as soon as possible thereafter, the arbitral tribunal shall convene a case management conference to consult the parties on procedural measures that may be adopted pursuant to Article 22(2). Such measures may include one or more of the case management techniques described in Appendix IV.

2) During or following such conference, the arbitral tribunal shall establish the procedural timetable that it intends to follow for the conduct of the arbitration. The procedural timetable and any modifications thereto shall be communicated to the Court and the parties.

3) To ensure continued effective case management, the arbitral tribunal, after consulting the parties by means of a further case management conference or otherwise, may adopt further procedural measures or modify the procedural timetable.

4) Case management conferences may be conducted through a meeting in person, by video conference, telephone or similar means of communication. In the absence of an agreement of the parties, the arbitral tribunal shall determine the means by which the conference will be conducted. The arbitral tribunal may request the parties to submit case management proposals in advance of a case management conference and may request the attendance at any case management conference of the parties in person or through an internal representative.

Article 25: Establishing the Facts of the Case

1) The arbitral tribunal shall proceed within as short a time as possible to establish the facts of the case by all appropriate means.

2) After studying the written submissions of the parties and all documents relied upon, the arbitral tribunal shall hear the parties together in person if any of them so requests or, failing such a request, it may of its own motion decide to hear them.

3) The arbitral tribunal may decide to hear witnesses, experts appointed by the parties or any other person, in the presence of the parties, or in their absence provided they have been duly summoned.

4) The arbitral tribunal, after having consulted the parties, may appoint one or more experts, define their terms

3. 관련 당사자가 중재위탁요지서를 작성하는데 불참하거나 또는 그서명을 거부하는 경우, 중재위탁요지서는 법원에 제출되어 그 승인을 받아야 한다. 중재위탁요지서가 제23조 제2항에 따라 서명되거나 법원의 승인을 받으면 중재는 속행되어야 한다.

4. 중재위탁요지서에 서명 또는 중재법원의 승인 후에는, 새로운 청구의 성격, 중재의 단계, 다른 관련 상황들을 고려하였을 때, 중재판정부가 허가하지 않는 한, 어떤 당사자도 중재위탁요지서의 범위를 벗어난 새로운 요청을 제출할 수 없다.

제24조 사건 관리 회의 및 절차 시간표

1. 중재위탁요지서 작성시, 또는 작성 후 가능한 짧은 시간 내에, 중재판정부는 사건 관리 회의를 소집해야 한다. 제22조 제(2)항에 따라 취할 수 있는 절차적 조치를 당사자와 협의한다. 이러한 조치는 부속문서 4에 묘사된 항목 중 하나 또는 여러 가지 사건 관리 방법을 포함할 수 있다.

2. 상기 회의 기간 동안, 중재판정부는 중재를 위해 절차의 시간표를 작성해야 한다. 이 시간표와 그 어떤 수정 내용도 중재원과 각 당사자에게 통지해야 한다.

3. 지속적이고 효율적인 사건관리를 위해, 사건 관리 회의의 방법으로 당사자와 회의 후, 중재판정부는 추가적인 절차적 조치를 취하거나 절차적 시간표를 수정할 수 있다.

4 사건 관리 회의는 직접, 화상회의, 전화 또는 이와 유사한 통신 방식으로 진행 한다. 당사자들의 합의가 없는 경우, 중재판정부에서 회의가 열리는 방식을 정해야 한다. 중재판정부는 각 당사자가 사건관리회의가 열리기 전에 사건관리 제안을 제출할 것을 요구할 수 있다. 당사자가 직접 또는 내부 대표를 파견해 사건 관리 회의에 참석하도록 요구할 수 있다.

제25조 사실관계의 확정

1. 중재판정부는 모든 적절한 수단을 이용하여 가능한 한 짧은 시간내에 사건의 사실관계를 확정하여야 한다.

2. 당사자가 제출한 서류 기타 모든 근거 서류를 검토한 후, 중재판정부는 당사자 일방의 요구가 있을 경우 당사자들을 직접 심문할 수 있다. 그와 같은 요구가 없을 때는 중재판정부 스스로 당사자들을 심문할 것을 결정할 수 있다.

3. 중재판정부는 당사자가 참석한 가운데 증인, 당사자가 지명한 전문가 또는 기타 인사에 대하여 심문할 수 있다. 당사자가 정식으로 소환된 경우라면, 당사자가 참석하지 않았더라도 위 심문을 할 수 있다.

4. 중재판정부는 당사자들과 협의한 후 1인 또는 2인 이상의 전문가를 선정하여 그들에 대한 위탁사항을

of reference and receive their reports. At the request of a party, the parties shall be given the opportunity to question at a hearing any such expert.

5) At any time during the proceedings, the arbitral tribunal may summon any party to provide additional evidence.

6) The arbitral tribunal may decide the case solely on the documents submitted by the parties unless any of the parties requests a hearing.

Article 26: Hearings

1) When a hearing is to be held, the arbitral tribunal, giving reasonable notice, shall summon the parties to appear before it on the day and at the place fixed by it.

2) If any of the parties, although duly summoned, fails to appear without valid excuse, the arbitral tribunal shall have the power to proceed with the hearing.

3) The arbitral tribunal shall be in full charge of the hearings, at which all the parties shall be entitled to be present. Save with the approval of the arbitral tribunal and the parties, persons not involved in the proceedings shall not be admitted.

4) The parties may appear in person or through duly authorized representatives. In addition, they may be assisted by advisers.

Article 27: Closing of the Proceedings and Date for Submission of Draft Awards

As soon as possible after the last hearing concerning matters to be decided in an award or the filing of the last authorized submissions concerning such matters, whichever is later, the arbitral tribunal shall:

a) declare the proceedings closed with respect to the matters to be decided in the award; and

b) inform the Secretariat and the parties of the date by which it expects to submit its draft award to   the Court for approval pursuant to Article 34.

After the proceedings are closed, no further submission or argument may be made, or evidence produced, with respect to the matters to be decided in the award, unless requested or authorized by the arbitral tribunal.

Article 28: Conservatory and Interim Measures

1) Unless the parties have otherwise agreed, as soon as the file has been transmitted to it, the arbitral tribunal may, at the request of a party, order any interim or conservatory measure it deems appropriate. The arbitral tribunal may make the granting of any such measure subject to appropriate security being furnished by the requesting party. Any such measure shall take the form of an order, giving reasons, or of an award, as the arbitral tribunal considers appropriate.

2) Before the file is transmitted to the arbitral tribunal, and in appropriate circumstances even thereafter, the

확정하고, 그들의 보고를 받을 수 있다. 당사자들은 당사자 일방의 요청이 있을 경우, 심문에서 중재판정부가 선정한 전문가들에게 질의할 기회를 부여받는다.

5. 절차가 진행되는 어떤 시점에라도 중재판정부는 당사자를 소환하여 추가증거를 제출하도록 할 수 있다.

6. 중재판정부는 당사자가 심리를 요구하지 않는다면 당사자가 제출한 서류에만 의하여 사건의 판정을 내릴 수 있다.

제26조 심리

1. 심리가 열리게 될 경우, 중재판정부는 적당한 통지로써 중재판정부가 정한 일시와 장소에 출석하도록 당사자들을 소환한다.

2. 당사자 일방이 정식으로 소환되었음에도 정당한 이유 없이 출석하지 아니한 경우, 중재판정부는 그 당사자 없이 심리를 진행할 권한을 가진다.

3. 중재판정부는 심리를 맡아 수행하여야 하며, 모든 당사자는 심리에 참석할 자격이 있다. 진행 중인 중재와 관련이 없는 사람은 중재판정부와 당사자의 승인 없이는 참석할 수 없다.

4. 당사자는 본인이 직접 또는 적법하게 권한을 부여받은 대표자를 통하여 출석할 수 있다. 또한, 당사자는 자문하는 사람의 도움을 받을 수 있다.

제27조 절차종료 및 판정 초안의 제출 날짜

중재판정부는 판정에 필요한 마지막 심리를 마친 즉시, 또는 해당 사항에 대해 마지막으로 위임 받은 문서를 제출한 후 (후자가 발생한 경우를 기준으로), 중재판정부는:

a) 판정을 결정하기 위한 사항에 대한 절차 종결을 선언한다.; 그리고

b) 제34조에 따라 중재판정부는 사무국에 승인을 받기 위하여 중재법원에 중재판정문 초안을 제출할 대략의 날짜를 고지해야 한다.

절차가 종결된 후, 중재판정부가 요청하거나 허가한 경우가 아니면 추가적으로 서류를 제출하거나, 주장하거나, 증거를 제출할 수 없다.

제28조 보전적 및 중간적 처분

1. 당사자가 달리 합의하지 않는 한, 기록이 송부되는 즉시, 중재판정부는 당사자 일방의 요청에 의하여 중재판정부가 적절하다고 인정하는 중간적 또는 보전적 처분을 명할 수 있다. 중재판정부는 이와 같은 처분을 요청하는 당사자가 적절한 담보를 제공하는 것을 조건으로 그러한 처분을 발할 수 있다. 그러한 처분은 중재판정부가 적절하다고 판단하는 바에 따라 이유를 붙인 명령 또는 판정의 형태를 취하여야 한다.

2. 기록이 중재판정부로 송부되기 전에, 또는 그 이후라도 적절한 상황이 있을 경우, 당사자는 권한 있는

parties may apply to any competent judicial authority for interim or conservatory measures. The application of a party to a judicial authority for such measures or for the implementation of any such measures ordered by an arbitral tribunal shall not be deemed to be an infringement or a waiver of the arbitration agreement and shall not affect the relevant powers reserved to the arbitral tribunal. Any such application and any measures taken by the judicial authority must be notified without delay to the Secretariat. The Secretariat shall inform the arbitral tribunal thereof.

Article 29: Emergency Arbitrator

1) A party that needs urgent interim or conservatory measures that cannot await the constitution of an arbitral tribunal ("Emergency Measures") may make an application for such measures pursuant to the Emergency Arbitrator Rules in Appendix V. Any such application shall be accepted only if it is received by the Secretariat prior to the transmission of the file to the arbitral tribunal pursuant to Article 16 and irrespective of whether the party making the application has already submitted its Request for Arbitration.

2) The emergency arbitrator's decision shall take the form of an order. The parties undertake to comply with any order made by the emergency arbitrator.

3) The emergency arbitrator's order shall not bind the arbitral tribunal with respect to any question, issue or dispute determined in the order. The arbitral tribunal may modify, terminate or annul the order or any modification thereto made by the emergency arbitrator.

4) The arbitral tribunal shall decide upon any party's requests or claims related to the emergency arbitrator proceedings, including the reallocation of the costs of such proceedings and any claims arising out of or in connection with the compliance or non-compliance with the order.

5) Articles 29(1)-29(4) and the Emergency Arbitrator Rules set forth in Appendix V (collectively the "Emergency Arbitrator Provisions") shall apply only to parties that are either signatories of the arbitration agreement under the Rules that is relied upon for the application or successors to such signatories.

6) The Emergency Arbitrator Provisions shall not apply if:

   a) the arbitration agreement under the Rules was concluded before 1 January 2012;

   b) the parties have agreed to opt out of the Emergency Arbitrator Provisions; or

   c) the parties have agreed to another pre-arbitral procedure that provides for the granting of conservatory, interim or similar measures.

7) The Emergency Arbitrator Provisions are not intended to prevent any party from seeking urgent interim or conservatory measures from a competent judicial authority at any time prior to making an application for such measures, and in appropriate circumstances even thereafter, pursuant to the Rules. Any application for such measures from a competent judicial authority shall not be deemed to be an infringement or a waiver of the

사법당국에 중간적 또는 보전적 처분을 요청할 수 있다. 당사자가 사법당국에 대하여 그러한 처분을 신청하거나 중재판정부가 명령한 처분의 이행을 신청하는 행위는 중재합의의 침해나 포기로 간주되어서는 아니되며, 중재판정부의 관련 권한에 영향을 미치지 않는다. 그러한 신청 및 사법당국이 취한 모든 처분은 지체없이 사무국에 통지되어야 하며, 사무국은 이를 중재판정부에 보고하여야 한다.

제29조 긴급중재인

1. 중재판정부의 구성을 기다릴 수 없고 긴급한 임시적 또는 보전적 조치("비상조치")가 필요한 당사자는 긴급중재인규칙 부록 V에 따라 그러한 조취를 신청할 수 있다. 이러한 신청은 제16조에 따라 중재판정부로 서류가 이관되기 전에 사무국이 접수하였을 때만 받아지며 해당 당사자가 중재신청을 했는지와는 상관이 없다.

2. 긴급중재인의 결정은 명령의 형식으로 이루어져야 한다. 당사자는 긴급중재인이 내리는 어떠한 주문도 준수해야 한다.

3. 긴급중재인의 명령은 명령의 어떠한 문제, 사안 또는 논쟁에 관하여 중재판정부에 구속력을 갖지 아니한다. 중재판정부는 긴급중재인이 내린 명령이나 어떠한 수정도 수정, 중지 또는 철회할 수 있다.

4. 중재판정부는 일방당사자의 긴급중재인 절차에 관한 요청이나 청구에 따라 결정해야 한다. 이것은 이러한 절차비용의 재할당과 명령 준수와 비준수의 관계안에서나 밖에서 발생된 청구를 포함한다.

5. 제29조 (1)부터 (4)항까지의 조항 및 부속문서 5에 열거된 긴급 중재원 규칙(합칭 "긴급 중재원 규정")은 규칙에 따른 중재합의의 서명자이거나 그러한 서명자의 상속인인 당사자에게만 적용된다.

6. 다음과 같은 경우, 긴급중재자규정은 적용되지 않는다 만약:

   a) 중재규칙에 따른 중재합의가 2012년 1월 1일 전에 체결된 경우 ;

   b) 당사자가 긴급중재자규정 적용 배제를 합의한 경우 ; 또는

   c) 당사자가 보전조치, 임시조치 또는 이와 유사한 조치를 취하는 것을 보장하는 다른 중재전 절차를 약속한 경우

7. 긴급중재인규칙은 중재규칙에 따라 절적한 상황에서 그러한 조치들을 신청하기 전 어느 때나 또는 그 후에, 관할법원으로 긴급한 보전적, 중간적 처분을 요청하는 것을 막는 의도를 가지고 있지 않다. 관할법원의 이러한 조치를 위한 어떠한 신청도 중재합의의 위반이나 포기로 간주하지 않는다. 관할법원이 받은 이러한 신청이나 어떠한 조치들은 지체없이 사무국에 통지 되어야 한다.

arbitration agreement. Any such application and any measures taken by the judicial authority must be notified without delay to the Secretariat.

Article 30: Expedited Procedure

1) By agreeing to arbitration under the Rules, the parties agree that this Article 30 and the Expedited Procedure Rules set forth in Appendix VI (collectively the "Expedited Procedure Provisions") shall take precedence over any contrary terms of the arbitration agreement.

2) The Expedited Procedure Rules set forth in Appendix VI shall apply if:

   a) the amount in dispute does not exceed the limit set out in Article 1(2) of Appendix VI at the time of the communication referred to in Article 1(3) of that Appendix; or

   b) the parties so agree.

3) The Expedited Procedure Provisions shall not apply if:

   a) the arbitration agreement under the Rules was concluded before the date on which the Expedited Procedure Provisions came into force;

   b) the parties have agreed to opt out of the Expedited Procedure Provisions; or

   c) the Court, upon the request of a party before the constitution of the arbitral tribunal or on its own motion, determines that it is inappropriate in the circumstances to apply the Expedited Procedure Provisions.

AWARDS

Article 31: Time Limit for the Final Award

1) The time limit within which the arbitral tribunal must render its final award is six months. Such time limit shall start to run from the date of the last signature by the arbitral tribunal or by the parties of the Terms of Reference or, in the case of application of Article 23(3), the date of the notification to the arbitral tribunal by the Secretariat of the approval of the Terms of Reference by the Court. The Court may fix a different time limit based upon the procedural timetable established pursuant to Article 24(2).

2) The Court may extend the time limit pursuant to a reasoned request from the arbitral tribunal or on its own initiative if it decides it is necessary to do so.

Article 32: Making of the Award

1) When the arbitral tribunal is composed of more than one arbitrator, an award is made by a majority decision. If there is no majority, the award shall be made by the president of the arbitral tribunal alone.

2) The award shall state the reasons upon which it is based.

3) The award shall be deemed to be made at the place of the arbitration and on the date stated therein.

제30조 신속절차

1. 중재규칙에 따라 중재에 합의합으로서, 당사자들은 제30조와 부속문서 6에 기술된 신속절차규칙(통칭 "신속절차 규칙")이 중재협의의 어떤 반대조항보다 우선되어야 한다는 데 동의한다.

2. 다음과 같은 경우, 부속문서 6에 기술된 신속절차규칙은 적용되어야 한다 :

   a) 부속문서 6 제1조 제(3)항에 따른 의사소통의 발생 시, 논쟁 액은 당해 부속문서 제1조 제(2)항에 지정한 한도를 초과하지 아니한 때, 또는

   b) 당사자들이 그렇게 동의할 때.

3. 다음과 같은 경우, 신속절차규칙은 적용되지 않는다 :

   a) 중재 규칙에 따라 이루어진 중재합의가 신속중재절차 발효일 전에 종결이 된 경우;

   b) 당사자들이 신속절차규칙을 채택하지 않기로 동의하였을 때; 또는

   c) 중재법원이 중재판정부구성 전 일방 당사자에 요구에 따라 또는 자체적으로, 신속절차규칙을 적용하는 데 상황이 부절적하다고 판단하였을 때.

판정

제31조 판정의 기간

1. 중재판정부가 최종판정을 내려야 할 기간은 6개월 이내이다. 그 기간은 중재판정부나 당사자가 최종적으로 중재위탁요지서에 서명한 날로부터 또는 제23조 3항을 적용하는 경우 사무국이 중재판정부에 중재법원이 중재위탁요지서를 승인하였다는 사실을 통지한 날로부터 기산한다. 중재법원은 제24조 제(2)항에 따라 정한 절차의 시간표에 기초하여 별도로 하나의 다른 기한을 정할 수 있다.

2. 중재법원은 이유를 소명한 중재판정부의 요청에 따라, 필요하다고 인정하는 경우에는 직권으로, 제1조의 기간을 연장할 수 있다.

제32조 판정

1. 중재판정부가 1인보다 많은 수의 중재인으로 구성된 경우 판정은 다수결에 의하여 이루어진다. 다수가 존재하지 않는 경우에는 중재판정부 의장이 단독으로 판정한다.

2. 판정에는 그와 같은 판정을 내린 이유가 기재되어야 한다.

3. 판정은 중재 장소에서 표시된 일자에 작성된 것으로 간주된다.

Article 33: Award by Consent

If the parties reach a settlement after the file has been transmitted to the arbitral tribunal in accordance with Article 16, the settlement shall be recorded in the form of an award made by consent of the parties, if so requested by the parties and if the arbitral tribunal agrees to do so.

Article 34: Scrutiny of the Award by the Court

Before signing any award, the arbitral tribunal shall submit it in draft form to the Court. The Court may lay down modifications as to the form of the award and, without affecting the arbitral tribunal's liberty of decision, may also draw its attention to points of substance. No award shall be rendered by the arbitral tribunal until it has been approved by the Court as to its form.

Article 35: Notification, Deposit and Enforceability of the Award

1) Once an award has been made, the Secretariat shall notify to the parties the text signed by the arbitral tribunal, provided always that the costs of the arbitration have been fully paid to the ICC by the parties or by one of them.

2) Additional copies certified true by the Secretary General shall be made available on request and at any time to the parties, but to no one else.

3) By virtue of the notification made in accordance with Article 35(1), the parties waive any other form of notification or deposit on the part of the arbitral tribunal.

4) An original of each award made in accordance with the Rules shall be deposited with the Secretariat.

5) The arbitral tribunal and the Secretariat shall assist the parties in complying with whatever further formalities may be necessary.

6) Every award shall be binding on the parties. By submitting the dispute to arbitration under the Rules, the parties undertake to carry out any award without delay and shall be deemed to have waived their right to any form of recourse insofar as such waiver can validly be made.

Article 36: Correction and Interpretation of the Award; Remission of Awards

1) On its own initiative, the arbitral tribunal may correct a clerical, computational or typographical error, or any errors of similar nature contained in an award, provided such correction is submitted for approval to the Court within 30 days of the date of such award.

2) Any application of a party for the correction of an error of the kind referred to in Article 36(1), or for the interpretation of an award, must be made to the Secretariat within 30 days of the receipt of the award by such party, in a number of copies as stated in Article 3(1). After transmittal of the application to the arbitral tribunal, the latter shall grant the other party a short time limit, normally not exceeding 30 days, from the receipt of the application by that party, to submit any comments thereon. The arbitral tribunal shall submit its decision on

제33조 화해중재판정

제16조에 따라 기록이 중재판정부에 송부된 후에 당사자가 화해에 이르는 경우, 관련 당사자가 요청하고 중재판정부가 동의한다면, 그러한 화해는 화해중재판정의 형식으로 기록된다.

제34조 법원의 판정 검토

중재판정부는 판정문에 서명하기 전에 판정문의 초안을 중재법원에 제출하여야 한다. 법원은 판정문의 형식을 수정할 수 있으며, 또 중재판정부의 결정의 자유에 영향을 미침이 없이 실체적 쟁점에 관한 주의를 환기시킬 수 있다. 중재판정부는 그 형식에 관하여 중재법원의 승인을 얻기 전까지는 판정을 내보낼 수 없다.

제35조 판정의 통지, 기탁 및 집행

1   중재판정이 내려지면, 사무국은 중재판정부가 서명한 판정문을 당사자에게 통지하여야 한다. 다만 이는 당사자 쌍방 또는 그 일방이 국제상업회의소에 중재비용을 완납한 경우에 한한다.

2.   요청이 있을 때는 언제든지 사무총장에 의하여 인증된 판정문의 추가본이 당사자들에게 제공되어야 한다. 그러나 위와 같은 판정문은 당사자 아닌 자에게 제공하여서는 아니된다.

3.   제1항에 따른 통지로써 당사자는 중재판정부의 모든 형식의 통지 또는 기탁에 관한 일체의 권리를 포기한다.

4.   현행 규칙에 따라 작성된 각 판정문 원본은 사무국에 기탁된다.

5.   중재판정부와 사무국은 당사자가 추가로 필요한 절차를 이행하는 데 협조하여야 한다.

6.   모든 판정은 당사자 쌍방을 구속한다. 당사자는 동 규칙에 따라 분쟁을 중재에 회부함으로써 어떠한 판정이라도 지체없이 이행할 의무를 부담할 뿐 아니라, 그러한 권리의 포기가 유효하게 이루어질 수 있는 한, 어떠한 형태의 상환청구에 관한 권리도 모두 포기한 것으로 간주된다.

제36조 판정의 정정과 해석; 판정의 반송

1.   중재판정부는 직권으로 오기, 계산착오, 오타 또는 기타 판정문에 있는 유사한 오류를 정정할 수 있다. 다만 이러한 정정은 판정로부터 30일 이내에 승인을 위하여 중재법원에 제출되어야 한다.

2.   제1항에 언급된 종류의 오류의 정정 또는 판정문의 해석에 대한 당사자의 신청은 그 당사자가 판정문을 수령한 날로부터 30일 이내에 사무국에 제출되어야 한다. 그러한 신청서는 제3조 제1항에 규정된 수만큼 중재판정부와 상대방에게 제공되어야 한다. 중재판정부로 신청서가 송부된 후, 중재판정부는 다른 당사자가 위 신청서를 수령한 날로부터 통상적으로 30일을 초과하지 않는 짧은 기간을 두고 그 당사자에게 신청서에 대한 의견을 제출하게 하여야 한다. 중재판정부가 판정문을 정정 또는 해석하기로 결정한 경우, 중재판정부는 상대방의 의견제출기간의 만료일 이후 30일을 경과하지 아니한 기간 내에 또는 중재법원이 결정하는 기간 내에 중재법원에 결정 초안을 제출하여야 한다.

the application in draft form to the Court not later than 30 days following the expiration of the time limit for the receipt of any comments from the other party or within such other period as the Court may decide.

3) A decision to correct or to interpret the award shall take the form of an addendum and shall constitute part of the award. The provisions of Articles 32, 34 and 35 shall apply mutatis mutandis.

4) Where a court remits an award to the arbitral tribunal, the provisions of Articles 32, 34, 35 and this Article 36 shall apply mutatis mutandis to any addendum or award made pursuant to the terms of such remission. The Court may take any steps as may be necessary to enable the arbitral tribunal to comply with the terms of such remission and may fix an advance to cover any additional fees and expenses of the arbitral tribunal and any additional ICC administrative expenses.

COSTS

Article 37: Advance to Cover the Costs of the Arbitration

1) After receipt of the Request, the Secretary General may request the claimant to pay a provisional advance in an amount intended to cover the costs of the arbitration

   a) until the Terms of Reference have been drawn up; or

   b) when the Expedited Procedure Provisions apply, until the case management conference.

   Any provisional advance paid will be considered as a partial payment by the claimant of any advance on costs fixed by the Court pursuant to this Article 37.

2) As soon as practicable, the Court shall fix the advance on costs in an amount likely to cover the fees and expenses of the arbitrators and the ICC administrative expenses for the claims which have been referred to it by the parties, unless any claims are made under Article 7 or 8 in which case Article 37(4) shall apply. The advance on costs fixed by the Court pursuant to this Article 37(2) shall be payable in equal shares by the claimant and the respondent.

3) Where counterclaims are submitted by the respondent under Article 5 or otherwise, the Court may fix separate advances on costs for the claims and the counterclaims. When the Court has fixed separate advances on costs, each of the parties shall pay the advance on costs corresponding to its claims.

4) Where claims are made under Article 7 or 8, the Court shall fix one or more advances on costs that shall be payable by the parties as decided by the Court. Where the Court has previously fixed any advance on costs pursuant to this Article 37, any such advance shall be replaced by the advance(s) fixed pursuant to this Article 37(4), and the amount of any advance previously paid by any party will be considered as a partial payment by such party of its share of the advance(s) on costs as fixed by the Court pursuant to this Article 37(4).

5) The amount of any advance on costs fixed by the Court pursuant to this Article 37 may be subject to readjustment at any time during the arbitration. In all cases, any party shall be free to pay any other party's share of any advance on costs should such other party fail to pay its share.

6) When a request for an advance on costs has not been complied with, and after consultation with the arbitral

3. 판정문의 정정 또는 해석에 대한 결정은 판정문에 대한 부록의 형식으로 하며, 판정문의 일부를 구성한다. 이 경우 제32조, 제34조, 제35조가 준용된다.

4. 중재법원이 중재판정부에 판정을 반송하면, 제32,34,35조와 본조의 규칙이 이러한 반송에 대한 규정에 의거하여 만들어전 판정이나 부록에 준용되어야 한다. 중재법원은 이러한 반송 규정을 중재판정부가 준수하도록 필요한 절차들을 진행 할 수 있으며, 추가비용, 중재판정부의 지출과 추가적 ICC행정부 지출을 위해 예납금을 정할 수 있다.

비용

제37조 중재비용의 예납

1. 중재신청을 접수한 후에, 사무총장은 신청인이에 소요되는 중재비용을 지급하기 위한 잠정적인 예납급을 지불할 것을 요청할 수 있다.

    a)   중재위탁요지서가 작성 될 때까지; 또는

    b)   신속절차규정이 적용 될때, 사건관리회의 때까지.

    어떠한 잠정적인 예납은 본조에 따라 신청인이 지불하는 중재법원에 의해 결정된 예납금의 일부라고 고려될 수 있다.

2. 가능할 빨리, 본조 4항이 적용되는 제7조와 제8조에 의거하여 신청된 청구가 아니면, 중재법원은 중재인의 보수와 비용 그리고 당사자가 중재법원에 제출한 신청에 대한 ICC의 관리비용을 충당할 수 있는 예납금을 결정해야 한다. 본조 2항에 의거하여 중재법원에 의해 결정된 예납금은 신청인과 피신청인이 균등하게 분담한다.

3. 제5조에 따라 피신청인에 의해 반대신청이 제출된 경우, 중재법원은 신청과 반대신청을 분리하여 각 예납금을 결정할 수 있다. 중재법원이 예납금을 분리 해서 결정 한 경우, 각 당사자는 그 청구에 대하여 예납금을 납부해야 한다.

4. 제7조 또는 제8조에 의거하여 신청이 된 경우, 중재법원은 중재법원의 결정대로 당사자들이 지불해야 하는 하나 또는 다수의 예납금을 결정해야 한다. 중재법원이 본조에 따라 이미 결정한 예납금은 본조 4항에 의거하여 조정될 수 있다. 또한 본조 4항에 의거하여 당사자에 의해 이미 지불된 예납금은 전체 예납금의 일부로 고려될 수 있다.

5. 본조에 의거하여 중재법원에 의해 결정된 예납금은 중재기간 동안 언제든지 재조정될 수 있다. 모든 경우, 일방당사자는 상대방이 지불하지 못한 예납금에 대한 부담을 지지 않는다.

6. 당사자가 예납금의 청구에 응하지 아니할 경우, 사무총장은 중재판정부와 상의한 후 중재판정부에 중재절차를 정지하도록 지시하고 15일 이상의 납부기간을 정하여 그 기간이 도과하면 관련 신청 또는 반대신청이 철회된 것으로 간주되도록 할 수 있다. 당사자가 위 조치에 반대하고자 할 경우, 그 당사자는

tribunal, the Secretary General may direct the arbitral tribunal to suspend its work and set a time limit, which must be not less than 15 days, on the expiry of which the relevant claims shall be considered as withdrawn. Should the party in question wish to object to this measure, it must make a request within the aforementioned period for the matter to be decided by the Court. Such party shall not be prevented, on the ground of such withdrawal, from reintroducing the same claims at a later date in another proceeding.

7) If one of the parties claims a right to a set-off with regard to any claim, such set-off shall be taken into account in determining the advance to cover the costs of the arbitration in the same way as a separate claim insofar as it may require the arbitral tribunal to consider additional matters.

Article 38: Decision as to the Costs of the Arbitration

1) The costs of the arbitration shall include the fees and expenses of the arbitrators and the ICC administrative expenses fixed by the Court, in accordance with the scale in force at the time of the commencement of the arbitration, as well as the fees and expenses of any experts appointed by the arbitral tribunal and the reasonable legal and other costs incurred by the parties for the arbitration.

2) The Court may fix the fees of the arbitrators at a figure higher or lower than that which would result from the application of the relevant scale should this be deemed necessary due to the exceptional circumstances of the case.

3) At any time during the arbitral proceedings, the arbitral tribunal may make decisions on costs, other than those to be fixed by the Court, and order payment.

4) The final award shall fix the costs of the arbitration and decide which of the parties shall bear them or in what proportion they shall be borne by the parties.

5) In making decisions as to costs, the arbitral tribunal may take into account such circumstances as it considers relevant, including the extent to which each party has conducted the arbitration in an expeditious and cost-effective manner.

6) In the event of the withdrawal of all claims or the termination of the arbitration before the rendering of a final award, the Court shall fix the fees and expenses of the arbitrators and the ICC administrative expenses. If the parties have not agreed upon the allocation of the costs of the arbitration or other relevant issues with respect to costs, such matters shall be decided by the arbitral tribunal. If the arbitral tribunal has not been constituted at the time of such withdrawal or termination, any party may request the Court to proceed with the constitution of the arbitral tribunal in accordance with the Rules so that the arbitral tribunal may make decisions as to costs.

MISCELLANEOUS

Article 39: Modified Time Limits

1) The parties may agree to shorten the various time limits set out in the Rules. Any such agreement entered into subsequent to the constitution of an arbitral tribunal shall become effective only upon the approval of the

위 기간 내에 중재법원에 이 문제에 관한 판단을 요청하여야 한다. 그 당사자는 철회를 이유로 사후에 다른 절차를 통하여 동일한 신청 또는 반대신청을 다시 제출하는 데 제한을 받지 아니한다.

7. 관련 당사자 일방이 청구나 반대청구에 대한 상계권을 주장하는 경우, 그러한 상계권은 중재판정부로 하여금 추가적인 문제에 관하여 판단하게 할 수 있는 한, 중재비용의 예납액을 결정함에 있어서는 별도의 신청과 같은 방식으로 고려된다.

제38조 중재비용

1. 중재비용은 중재절차가 시작되는 시점에서 시행중인 요율에 따른 중재인의 보수와 경비 그리고 법원이 결정한 ICC 관리비용, 중재판정부가 선정한 전문가의 보수와 경비, 중재 당사자에 의하여 발생한 상당한 범위 내의 법률 비용과 기타 비용을 포함한다.

2. 중재법원은 해당 사건에서의 예외적인 상황으로 인하여 필요하다고 인정하는 경우에는 관련 요율보다 높거나 낮게 중재인의 보수를 정할 수 있다. 중재판정부는 중재가 진행중인 어느 시점에서든 중재법원이 결정하는 비용을 제외한 비용에 대한 결정을 내릴 수 있다.

3. 중재 절차 중 언제라도, 중재판정부는 중재법원이 결정한 비용외에 비용을 결정하고 지불을 명령할 수 있다.

4. 최종 판정은 중재비용을 정하고, 어느 당사자가 이를 부담할 것인지 또는 당사자들이 어떤 비율로 이를 각 부담할 것인지를 결정하여야 한다.

5. 비용을 결정 할때, 중재판정부는 신속하고 경제적인 방법으로 중재에 임한 당사자들의 정도등을 포함한 관련 상황 등을 고려할 수 있다.

6. 최종결정을 내리기 전에 모든 신청의 철회 또는 중재의 종결의 경우, 중재법원은 중재인들의 보수와 비용 그리고 ICC의 관리비용을 결정해야 한다. 만얀 중재 비용의 분담이나, 비용에 관련한 다른 문제들에 관해 협의를 못 하는 경우, 그러한 문제들은 중재판정부가 결정한다. 만약 그러한 철회나 종료의 시점에 중재판정부가 구성되어 있지 않다면 일방당사자는 중재법원에 중재판정부가 비용 결정을 내릴 수 있도록 중재규칙에 따라 중재판정부의 구성을 요청할 수 있다.

기타

제39조 기간의 변경

1. 당사자는 본 규칙에서 규정된 여러 가지 기간을 단축하는 데 합의할 수 있다. 중재판정부가 구성된 후 이루어진 그러한 합의는 중재판정부의 승인이 있어야만 효력을 가질 수 있다.

arbitral tribunal.

2) The Court, on its own initiative, may extend any time limit which has been modified pursuant to Article 39(1) if it decides that it is necessary to do so in order that the arbitral tribunal and the Court may fulfil their responsibilities in accordance with the Rules.

Article 40: Waiver

A party which proceeds with the arbitration without raising its objection to a failure to comply with any provision of the Rules, or of any other rules applicable to the proceedings, any direction given by the arbitral tribunal, or any requirement under the arbitration agreement relating to the constitution of the arbitral tribunal or the conduct of the proceedings, shall be deemed to have waived its right to object.

Article 41: Limitation of Liability

The arbitrators, any person appointed by the arbitral tribunal, the emergency arbitrator, the Court and its members, the ICC and its employees, and the ICC National Committees and Groups and their employees and representatives shall not be liable to any person for any act or omission in connection with the arbitration, except to the extent such limitation of liability is prohibited by applicable law.

Article 42: General Rule

In all matters not expressly provided for in the Rules, the Court and the arbitral tribunal shall act in the spirit of the Rules and shall make every effort to make sure that the award is enforceable at law.

2.	중재법원은 중재판정부 또는 법원이 본 규칙에 따라 책임을 수행하기 위해 필요하다고 결정하는 경우 제32조 제1항에 의하여 변경된 어떠한 기간이라도 직권으로 연장할 수 있다.

제40조 권리의 포기

본 규칙 또는 중재에 적용되는 기타 규칙의 규정, 중재판정부의 지시, 중재판정부의 구성 및 중재의 수행과 관련한 중재합의상의 요건 등이 지켜지지 않는 데 대하여 이의를 제기하지 않고 중재절차를 계속 진행하는 당사자는, 이의권을 포기한 것으로 간주된다.

제41조 책임면제

중재인, 중재법원과 그 위원, ICC와 그 직원, ICC 국내위원회는 중재와 관련된 어떠한 작위 또는 부작위에 대하여 어느 누구에게도 책임을 지지 아니한다.

제42조 일반 규칙

본 규칙에 명시적으로 규정되어 있지 않은 모든 문제에 관하여, 중재법원과 중재인은 본 규칙의 정신에 따라 행동하여야 하고, 판정이 법에 따라 진행될 수 있도록 모든 노력을 다하여야 한다.

저자소개

강흥중

- 건국대학교 졸업(상학사)
- 건국대학교 대학원 석사과정 수료(상학석사)
- 건국대학교 대학원 박사과정 수료(경제학박사)

직책
- (현)건국대학교 대학원 무역학과 주임교수
- (현)대한상사중재원 중재인
- (현)한국관세학회 이사장

저서
- 무역학 오디세이, 국제무역관습론 등

국제무역규칙

초판발행	2020년 1월 30일
지은이	강흥중
펴낸이	안종만·안상준
편 집	전채린
기획/마케팅	김한유
표지디자인	박현정
제 작	우인도·고철민
펴낸곳	(주) **박영사**
	서울특별시 종로구 새문안로3길 36, 1601
	등록 1959. 3. 11. 제300-1959-1호(倫)
전 화	02)733-6771
f a x	02)736-4818
e-mail	pys@pybook.co.kr
homepage	www.pybook.co.kr
ISBN	979-11-303-0913-2 93320

정 가   69,000원